VADE MECUM
de Legislação
PGE-PB

Caio Vinicius Sousa e Souza
Alan de Oliveira Dantas Cruz
Eloise Moreira Campos Monteiro Barreto

VADE MECUM de Legislação PGE-PB

2021

EDITORA JusPODIVM
www.editorajuspodivm.com.br

EDITORA *Jus*PODIVM
www.editorajuspodivm.com.br

Rua Canuto Saraiva, 131 – Mooca – CEP: 03113-010 – São Paulo – São Paulo
Tel: (11) 3582.5757
• Contato: https://www.editorajuspodivm.com.br/sac

Diagramação: SBNigri Artes e Textos Ltda. *(sbnigri@centroin.com.br)*

Capa: Ana Caquetti

V123 Vade Mecum De Legislação PGE-PB / organizadores Caio Vinicius Sousa e Souza, Alan de Oliveira Dantas Cruz e Eloise Moreira Campos Monteiro Barreto – São Paulo: Editora JusPodivm, 2021.
1.328 p.

Índices
ISBN 978-65-5680-743-0

1. Provas de seleção. I. Sousa, Caio Vinicius Souza e. II. Cruz, Alan de Oliveira Dantas. III. Barreto, Eloise Moreira Campos Monteiro. IV. Título.

CDD 341.33312

ÍNDICE CRONOLÓGICO

ÍNDICE ALFABÉTICO-REMISSIVO GERAL

A

C

D

IMPOSTO SOBRE A PROPRIEDADE DE VEÍCULOS AUTOMOTORES - IPVA

J

L

LICITAÇÃO PARA REGISTRO DE PREÇOS

M

MEIO AMBIENTE

O

P

Q

R

T

DIREITO CONSTITUCIONAL

CONSTITUIÇÃO DO ESTADO DA PARAÍBA

(ATUALIZADA ATÉ A EMENDA CONSTITUCIONAL Nº 47, DE 2020)

ÍNDICE

PREÂMBULO

Nós, os representantes do povo paraibano, reunidos em Assembleia Estadual Constituinte, conforme os princípios da Constituição Federal de 05 de outubro de 1988, objetivando instituir uma ordem jurídica autônoma, para uma democracia social participativa, legitimada pela vontade popular, que assegure o respeito à liberdade e à justiça, o progresso social, econômico e cultural, e o bem estar de todos os cidadãos, numa sociedade pluralista e sem preconceitos, decretamos e promulgamos, invocando a proteção de Deus, a seguinte Constituição do Estado da Paraíba.

TÍTULO I
DOS PRINCÍPIOS FUNDAMENTAIS

Art. 1º O Estado da Paraíba, com autonomia político- administrativa, é parte integrante da República Federativa do Brasil, ordem jurídica democrática, e tem por princípios a autonomia, a cidadania, a dignidade da pessoa humana, os valores sociais do trabalho e da livre iniciativa e o pluralismo político.

§1º Todo o poder emana do povo, que o exerce por meio de representantes eleitos ou diretamente, nos termos desta e da Constituição Federal.

§2º O cidadão exerce os seus direitos políticos participando das eleições, da iniciativa popular, do referendo, do plebiscito e do voto popular.

§3º O Estado buscará a integração política, econômica, social e cultural da comunidade brasileira.

Art. 2º São objetivos prioritários do Estado:

I – garantia da efetividade dos direitos subjetivos públicos do indivíduo e dos interesses da coletividade;

II – garantia da efetividade dos mecanismos de controle, pelo cidadão e segmentos da comunidade estadual, da legalidade, da legitimidade, dos atos do Poder Público e da eficácia dos serviços públicos;

III – preservação dos valores éticos;

IV – regionalização das ações administrativas, em busca do equilíbrio no desenvolvimento das coletividades;

V – segurança pública;

VI – fixação do homem no campo;

VII – garantia dos direitos sociais, essenciais à busca da felicidade, dentre eles, o bem-estar, a educação, a saúde, a seguridade social, o ensino, a habitação, o transporte, o lazer, a alimentação, a segurança, a proteção à maternidade, à infância e à velhice, e a assistência as pessoas desabrigadas por determinação do Poder Público, para atender necessidade de interesse da coletividade, e vítimas de desastres naturais; (Redação dada pela Emenda Constitucional nº 30, de 2012)

VIII – assistência aos Municípios;

IX – preservação dos interesses gerais, coletivos ou difusos;

X – respeito à vontade popular, de onde emana todo o poder;

XI – respeito aos direitos humanos e sua defesa;

XII – atendimento aos interesses da maioria da população; XIII – respeito aos direitos das minorias;

XIV – primazia do interesse público, objetivo e subjetivo;

XV – desenvolvimento econômico e social, harmônico e integrado;

XVI – autonomia político-administrativa;

XVII – descentralização político-administrativa;

XVIII – racionalidade na organização administrativa e no uso dos recursos públicos, humanos e materiais;

XIX – proteção ao meio ambiente e ao patrimônio histórico, cultural e urbanístico;

XX – planejamento e controle da qualidade do desenvolvi- mento urbano e rural;

XXI – erradicar a pobreza e reduzir as desigualdades sociais e regionais. (Incluído pela Emenda Constitucional nº 32, de 2013)

TÍTULO II
DOS DIREITOS E GARANTIAS FUNDAMENTAIS

Capítulo I
DOS DIREITOS E GARANTIAS INDIVIDUAIS E COLETIVOS

Art. 3º O Estado e os Municípios asseguram, em seus territórios e no limite de sua competência, a plenitude e inviolabilidade dos direitos e garantias fundamentais que a Constituição Federal reconhece e confere aos brasileiros e aos estrangeiros residentes no país, bem como outros quaisquer decorrentes do regime e dos princípios adotados.

§1º Incide na penalidade de destituição de mandato administrativo ou de cargo ou função de direção, em órgão de administração direta ou indireta, o agente público que, dentro de noventa dias do requerimento do interessado deixar, injustificadamente, de sanar omissão inviabilizadora do exercício de direito constitucional.

§2º Independe do pagamento de taxa ou emolumento ou garantia de instância o exercício do direito de petição ou representação, bem como a obtenção de certidão para a defesa de direito ou esclarecimento de situação de interesse pessoal.

§3º Ninguém será discriminado ou, de qualquer forma, prejudicado pelo fato de litigar com órgão estadual, no âmbito administrativo ou judicial.

§4º Nos processos administrativos, qualquer que seja o objeto e o procedimento, observar-se-ão, entre outros requisitos de validade, a publicidade, o contraditório, a defesa ampla e o despacho ou decisão motivados.

§5º Todos têm o direito de requerer e obter, em prazo razoável, informações sobre projetos do Poder Público, ressalvados os casos cujo sigilo seja comprovadamente imprescindível à segurança da sociedade e do Estado.

§6º A força pública garantirá o exercício do direito de reunião e de outras liberdades constitucionais, a defesa da ordem pública e da segurança pessoal, bem como do patrimônio público e privado, sob pena de responsabilidade pelos excessos que cometer.

§7º Obriga-se:

a) a autoridade competente a especificar área ou áreas de fácil acesso, abertas ao povo, a serem utilizadas para reuniões, nos termos constitucionais, sem prejuízo da ordem pública;

b) o Estado a destinar área pública para fins de recreação e execução de programas culturais e turísticos.

§8º É assegurado ao presidiário:

a) respeito à integridade moral e física;

b) informação de seus direitos, inclusive o de permanente assistência médica, jurídica, espiritual e familiar;

c) identificação dos responsáveis por sua prisão e por seu interrogatório;

d) acesso aos dados relativos à execução da respectiva pena;

e) aprendizado profissionalizante e trabalho produtivo e remunerado;

f) oferecimento de creche e de outras condições para que as presidiárias possam permanecer com seus filhos durante o período de amamentação, na forma do art. 5º, I, da Constituição Federal;

g) indenização para si ou para seus beneficiários nos casos

de lesão ou morte, durante o período de apenamento;

h) acesso à notícia gerada fora do ambiente carcerário.

§9º Todo preso, qualquer que seja sua condição, sem prejuízo do disposto na alínea a do parágrafo anterior, será submetido a exame completo e periódico de saúde, com intervalo não superior a seis meses, adotando-se de imediato as providências que couberem, sob pena de responsabilidade do órgão competente.

Art. 4º O Estado e os Municípios assegurarão, em seus territórios e nos limites de suas competências, a plenitude dos direitos sociais e econômicos determinados na Constituição Federal.

Parágrafo único. Todas as empresas públicas ou de economia mista controladas pelo Estado terão um Conselho de Servido- res, eleito pelos seus funcionários, com a finalidade de participar da elaboração dos planos e metas da empresa e de fiscalizar a sua execução.

TÍTULO III
DA ORGANIZAÇÃO DO ESTADO E DOS MUNICÍPIOS

Capítulo I
DAS DISPOSIÇÕES GERAIS

Art. 5º O Estado da Paraíba organiza-se e rege-se por esta Constituição e pelas leis que adotar, observados os princípios da Constituição Federal.

§1º O território do Estado é o da antiga província.

§2º A Capital do Estado é a cidade de João Pessoa.

§3º São símbolos do Estado a bandeira, o hino e o brasão,

definidos em lei complementar.

Art. 6º São Poderes do Estado, independentes e harmônicos entre si, o Legislativo, o Executivo e o Judiciário.

§1º O Poder Legislativo é exercido por representantes do povo eleitos na forma da lei.

§2º O Poder Executivo é exercido pelo Governador do Esta- do, auxiliado pelas autoridades que lhe são subordinadas.

§3º O Poder Judiciário é exercido por juízes e tribunais.

§4º Os Poderes Públicos promoverão as condições para o progresso social e econômico, garantindo uma política de estabilidade econômica, justapondo a iniciativa privada, o planejamento, a liberdade criadora e a justiça social.

§5º É vedado a qualquer dos poderes delegar atribuições, e ao cidadão, investido na função de um deles, o exercício de função em outro.

§6º É vedado ao Estado:

I – edificar templos religiosos, promover cultos, subvencioná-los, embaraçar-lhes o funcionamento ou manter com eles ou seus representantes relações de dependência ou aliança, ressalvada, na forma da lei, a colaboração;

II – recusar fé aos documentos públicos;

III – fazer distinções ou estabelecer preferências entre brasileiros;

IV – renunciar à receita e conceder isenções e anistias fiscais sem interesse público justificado definido em lei;

V – realizar operações externas de natureza financeira, sem prévia autorização do Senado Federal.

§7º É vedada a criação de Tribunais, Conselho ou Órgão de Contas Municipais.

Capítulo II
DA COMPETÊNCIA DO ESTADO

Art. 7º São reservadas ao Estado as competências que não sejam vedadas pela Constituição Federal.

§1º Compete exclusivamente ao Estado:

I – manter relações com a União, os Estados federados, o Distrito Federal e os Municípios que integram a República Federativa do Brasil;

II – organizar o seu governo e administração própria;

III – firmar acordos, convênios, ajustes ou outros instrumentos congêneres;

IV – promover a seguridade social, a educação, a cultura, o desporto, a ciência e a tecnologia;

V – manter e preservar a segurança, a ordem pública e a incolumidade das pessoas e do patrimônio;

VI – intervir nos Municípios;

VII – dispor sobre a divisão e a organização judiciárias e a divisão administrativa.

§2º Compete ao Estado legislar privativa e concorrentemente com a União sobre:

I – Direito tributário, financeiro, administrativo econômico e urbanístico;

II – orçamento;

III – juntas comerciais;

IV – custas dos serviços forenses;

V – produção e consumo;

VI – florestas, caça, fauna, conservação da natureza, defesa do solo e dos recursos naturais, proteção do meio ambiente e controle da poluição;

VII – proteção ao patrimônio histórico, cultural, artístico, turístico, paisagístico e urbanístico;

VIII – responsabilidade por danos ao meio ambiente, ao consumidor, a bens e direitos de valor artístico, estético, histórico, turístico, paisagístico e urbanístico;

IX – educação, cultura, ensino e desporto;

X – criação, funcionamento e processo do juizado de pequenas causas;

XI – procedimentos em matéria processual;

XII – previdência social, proteção e defesa da saúde;

XIII – assistência jurídica e defensoria pública;

XIV – proteção e integração social das pessoas portadoras de deficiência;

XV – proteção à infância, à juventude e à velhice;

XVI – organização, garantias, direitos e deveres da Polícia Civil e Militar.

§3º Compete ao Estado, juntamente com a União e os Municípios:

I – zelar pela guarda da Constituição Federal, desta Constituição, das leis e das instituições democráticas e conservar o patrimônio público;

II – cuidar da saúde e assistência pública, da proteção e garantia das pessoas portadoras de deficiência;

III – proteger os documentos, as obras e outros bens de valor histórico, artístico e cultural, os monumentos, as paisagens naturais notáveis e os sítios arqueológicos;

IV – impedir a evasão, a destruição e a descaracterização de obras de arte e de outras de valor histórico, artístico ou cultural;

V – proporcionar os meios de acesso à cultura, à educação e à ciência;

VI – proteger o meio ambiente e combater a poluição em qualquer de suas formas;

VII – preservar a fauna e a flora;

VIII – fomentar a produção agropecuária e organizar o abastecimento alimentar, proporcionando assistência técnica e extensão rural ao produtor;

IX – promover programas de construção de moradias e a melhoria das condições habitacionais e de saneamento básico;

X – combater as causas da pobreza e os fatores de marginalização, promovendo a integração social dos setores desfavorecidos;

XI – registrar, acompanhar e fiscalizar as concessões de direitos de pesquisa e exploração de recursos hídricos e minerais em seu território;

XII – estabelecer e implantar política de educação para a segurança do trânsito;

XIII – instituir por lei o plano plurianual de Saneamento Básico, estabelecendo diretrizes e programas para as ações nesse campo, com dotações previstas no Plano Plurianual, no Orçamento Plurianual e nos Orçamentos Anuais do Estado;

XIV – promover medidas de caráter preventivo sobre o fenômeno das secas, através de uma comissão permanente, composta de representantes dos setores competentes estaduais e regionais, devendo a comissão elaborar relatório anual, distribuindo-o com os Municípios para adoção das devidas providências.

§4º No domínio da legislação concorrente, o Estado exercerá competência suplementar.

§5º Inexistindo lei federal sobre normas gerais, o Estado exercerá a competência legislativa plena para atender as suas peculiaridades.

§6º A superveniência da lei federal sobre normas gerais suspende a eficácia da lei estadual, no que lhe for contrário.

Capítulo III
DO DOMÍNIO PÚBLICO

Art. 8º Formam o domínio público patrimonial do Estado os direitos, os rendimentos das atividades e serviços de sua competência, os bens móveis e imóveis.

§1º Incluem-se entre os bens do Estado, além dos descritos no art. 26 da Constituição Federal:

I – os que atualmente lhe pertencem;

II – os lagos em terreno do seu domínio e os rios que têm nascente e foz no seu território;

III – os bens de sua propriedade na forma da lei;

IV – a dívida ativa proveniente da receita não arrecadada.

§2º Os bens móveis e imóveis do Estado não poderão ser objeto de alienação, de aforamento ou de uso, senão em virtude de lei que disciplinará o seu procedimento.

§3º A aquisição de bens móveis e imóveis, a título oneroso, depende de avaliação prévia e de autorização legislativa.

§4º A alienação de bens móveis e imóveis depende de autorização legislativa, avaliação prévia e licitação, dispensada esta na forma da lei, nos casos de doação e permuta.

§5º O uso especial de bens patrimoniais do Estado por terceiros será objeto, na forma da lei, de:

a) concessão, remunerada ou gratuita, mediante contrato de direito público, podendo dar-se também a título de direito real resolúvel na forma da lei;

b) permissão;

c) cessão;

d) autorização.

§6º Os bens do patrimônio estadual devem ser cadastrados, zelados e tecnicamente identificados, especialmente as edificações de interesse administrativo e a documentação dos serviços públicos.

Capítulo IV
DA ORGANIZAÇÃO MUNICIPAL

Seção I
DAS DISPOSIÇÕES PRELIMINARES

Art. 9º O território do Estado da Paraíba divide-se em Municípios como unidades territoriais dotadas de autonomia política, administrativa e financeira, nos termos assegurados pela Constituição Federal, por esta Constituição, por lei complementar estadual e pelas leis orgânicas dos Municípios.

§1º O território dos Municípios será dividido, para fins administrativos, em Distritos, e suas circunscrições urbanas classificar-se-ão em cidades e vilas, na forma determinada pela lei.

§2º Os Municípios e Distritos adotarão, respectivamente, os nomes das cidades e vilas que lhes servem de sede, vedado o uso do mesmo nome para mais de uma cidade ou vila.

Art. 10. O Município reger-se-á por Lei Orgânica, votada em dois turnos, com interstício mínimo de dez dias, e aprovada por dois terços dos membros da Câmara Municipal, que a promulgará, atendidos os princípios estabelecidos na Constituição Federal, nesta Constituição e os seguintes preceitos:

I – eleição do Prefeito, Vice-Prefeito e dos Vereadores, para mandato de quatro anos, mediante pleito direto e simultâneo realizado em todo o país;

II – eleição do Prefeito e do Vice-prefeito realizada no primeiro domingo de outubro do ano anterior ao término do mandato dos que devam suceder, aplicadas as regras do art. 77 da Constituição Federal, no caso de Municípios com mais de duzentos mil eleitores; (Redação dada pela Emenda Constitucional nº 10, de 1999)

III – posse do Prefeito, do Vice-Prefeito e dos Vereadores no dia 1º de janeiro do ano subsequente ao da eleição;

IV – Câmara constituída de Vereadores cujo número será fixado de acordo com o estabelecido neste inciso, tendo em vista a população do Município no ano anterior ao da eleição, observadas as seguintes proporções:

a) nos Municípios de até cinco mil habitantes – nove Vereadores;

b) nos Municípios de cinco mil e um a dez mil habitantes – onze Vereadores;

c) nos Municípios de dez mil e um a vinte mil habitantes – treze Vereadores;

d) nos Municípios de vinte mil e um a quarenta mil habitantes – quinze Vereadores;

e) nos Municípios de quarenta mil e um a oitenta mil habitantes – dezessete Vereadores;

f) nos Municípios de oitenta mil e um a cento e sessenta mil habitantes – dezenove Vereadores;

g) nos Municípios com mais de cento e sessenta mil habitantes – vinte e um Vereadores.

V – remuneração do Prefeito, do Vice-Prefeito e dos Vereadores fixada pela Câmara Municipal em cada legislatura para a subsequente, observados os arts. 37, XI; 150, II; 153, III; e 153, § 2º, I, da Constituição Federal;

VI – inviolabilidade dos Vereadores por suas opiniões, palavras e votos, no exercício do mandato e na circunscrição do Município;

VII – proibições e incompatibilidades no exercício da vereança, similares, no que couber, ao disposto nesta Constituição, para os membros da Assembleia Legislativa;

VIII – julgamento do Prefeito perante o Tribunal de Justiça;

IX – organização das funções legislativa e fiscalizadora da Câmara Municipal;

X – cooperação das associações representativas no planeja- mento municipal;

XI – iniciativa popular de projeto de lei de interesse específico do Município, da cidade ou de bairros, através de manifestação de, pelo menos, cinco por cento do eleitorado;

XII – perda do mandato do Prefeito nos termos do art. 28, parágrafo único, da Constituição Federal;

XIII – obrigatoriedade do Plano Diretor, aprovado pela Câmara Municipal, nos Municípios com mais de vinte mil habitantes;

XIV – obrigatoriedade de aplicação de, pelo menos, vinte e cinco por cento da receita resultante de impostos, compreendida a proveniente de transferência, na manutenção e desenvolvimento do ensino.

Art. 11. Compete aos Municípios:

I – legislar sobre assuntos de interesse local;

II – suplementar a legislação federal e a estadual no que couber;

III – instituir e arrecadar os tributos de sua competência, bem como aplicar suas rendas, sem prejuízo da obrigatoriedade de

prestar contas e publicar balancetes nos prazos fixados em lei;

IV – criar, organizar e suprimir distritos, observada a legis- lação estadual;

V – organizar e prestar, diretamente ou sob regime de concessão, a permissão, os serviços públicos de interesse local, incluído o de transporte coletivo, que tem caráter essencial;

VI – manter, com a cooperação técnica e financeira da União e do Estado, programas de educação pré-escolar e ensino fundamental;

VII – prestar, com a cooperação técnica e financeira da União e do Estado, serviços de atendimento à saúde da população;

VIII – promover adequado ordenamento territorial mediante planejamento e controle do uso, do parcelamento e da ocupação do solo urbano;

IX – promover a proteção do patrimônio histórico-cultural local, observada a legislação e a ação fiscalizadora federal e estadual;

X – elaborar o estatuto dos seus servidores, observados os princípios da Constituição Federal, desta Constituição e das leis correlatas;

XI – constituir Guarda Municipal destinada à proteção de seus bens, serviços e instalações, conforme dispuser a lei, podendo firmar convênio com a Polícia Militar do Estado para atendimento deste objetivo;

XII – firmar convênios, contratos, acordos, ajustes e outros instrumentos congêneres;

XIII – estabelecer e executar a política de desenvolvimento urbano na forma do art. 182 da Constituição Federal;

XIV – assegurar a defesa da ecologia, mediante convênios com o Estado e a União, nos termos da legislação superior pertinente.

Parágrafo único. A concessão ou permissão para exploração dos serviços públicos de abastecimento de água e esgotamento sanitário, prevista no item V deste artigo, somente será feita à empresa pública estadual constituída para este fim.

Art. 12. São órgãos do Poder Municipal, independentes e harmônicos entre si, o Prefeito, com funções executivas, e a Câmara Municipal, com funções legislativa e fiscalizadora.

§1º São condições de elegibilidade do Prefeito, do Vice- Prefeito e dos Vereadores:

I – a nacionalidade brasileira;

II – o pleno exercício dos direitos políticos;

III – a idade mínima de vinte e um anos para Prefeito e Vice- Prefeito e de dezoito anos para Vereador;

IV – a filiação partidária, obedecendo ao prazo fixado em lei; V – o domicílio eleitoral no Município pelo prazo fixado em lei;

VI – o alistamento eleitoral.

§2º A Lei Orgânica Municipal poderá estabelecer proibições e incompatibilidades relativas aos cargos de Prefeito, Vice- Prefeito e Vereador observado o disposto na Constituição Federal para membros do Congresso Nacional e, nesta Constituição, para Deputados da Assembleia Legislativa.

Seção II
DA FISCALIZAÇÃO FINANCEIRA E ORÇAMENTÁRIA DOS MUNICÍPIOS

Art. 13. A fiscalização contábil, financeira, orçamentária, operacional e patrimonial do Município e de todas as entidades da administração direta e indireta, quanto aos aspectos de legalidade, legitimidade e economicidade, assim como a aplicação das subvenções e renúncia de receitas, será exercida pelo Poder Legislativo Municipal, mediante controle externo, e pelos sistemas de controle interno que, de forma integrada, serão mantidos pelos Poderes Legislativo e Executivo.

§1º O controle externo será exercido pela Câmara Municipal com o auxílio do Tribunal de Contas dos Municípios do Estado da Paraíba. (Redação dada pela Emenda Constitucional nº 05, de 1994)

§2º O parecer prévio, emitido pelo Tribunal de Contas dos Municípios, sobre as contas que o Prefeito e a Mesa da Câmara devem anualmente prestar, só deixará de prevalecer por decisão de dois terços dos membros da Câmara Municipal. (Redação dada pela Emenda Constitucional nº 05, de 1994)

§3º As contas do Prefeito e da Mesa da Câmara serão enviadas ao Tribunal de Contas dos Municípios até o dia 31(trinta e um) de março, devendo, a partir desta data, durante no mínimo sessenta dias, uma das vias permanecer à disposição, na Câmara e no Tribunal, para exame e apreciação de qualquer contribuinte, que poderá questionar sua legalidade, nos termos da lei. (Redação dada pela Emenda Constitucional nº 05, de 1994)

§4º Recebido o parecer prévio, a Câmara deverá pronunciar- se no prazo de sessenta dias, na forma que a lei dispuser.

§5º Se a Câmara não deliberar no prazo de que trata o parágrafo anterior, considerar-se-á prevalente o parecer do Tribunal de Contas dos Municípios. (Redação dada pela Emenda Constitucional nº 05, de 1994)

§6º Concluindo o parecer pela rejeição das contas, serão, de imediato, adotadas as providências, observadas as formalidades da lei.

§7º A partir da data do recebimento das contas do Município, o Tribunal de Contas dos Municípios terá o prazo de um ano para emitir parecer. (Redação dada pela Emenda Constitucional nº 05, de 1994)

§8º As contas do Prefeito, enviadas à apreciação do Tribunal de Contas dos Municípios, na forma e prazo descritos no § 3º deste artigo, também o serão à respectiva Câmara, acompanhadas dos devidos comprovantes de despesas a que elas se refiram, sempre através de recibos, faturas ou documento fiscal. (Redação dada pela Emenda Constitucional nº 05, de 1994)

Seção III
DA CRIAÇÃO, INCORPORAÇÃO, FUSÃO E DESMEMBRAMENTO DE MUNICÍPIOS

Art. 14. A criação, a incorporação, a fusão e o desmembra- mento de Municípios far-se-ão por lei estadual, dentro do período determinado por lei complementar federal, e dependerão de consulta prévia, mediante plebiscito, às populações dos Municípios envolvidos, após divulgação dos Estudos de Viabilidade Municipal, apresentados e publicados na forma da lei. (Redação dada pela Emenda Constitucional nº 11, de 1999)

Seção IV
DA INTERVENÇÃO DO ESTADO NOS MUNICÍPIOS

Art. 15. O Estado não intervirá nos Municípios, exceto quando:

I – deixar de ser paga, sem motivo de força maior, por dois anos consecutivos, a dívida fundada;

II – não forem prestadas as contas devidas, na forma da lei;

III – não tiver sido aplicado o mínimo exigido da receita municipal na manutenção e desenvolvimento do ensino;

IV – o Tribunal de Justiça der provimento à representação para assegurar a observância de princípios indicados nesta Constituição, ou para prover a execução de lei, de ordem ou de decisão judicial;

V – confirmada prática de atos de corrupção e/ou improbidade no Município, nos termos da lei;

VI – para garantir o livre exercício de qualquer dos poderes.

§1º O decreto de intervenção, que especificará a amplitude, o prazo e as condições de execução e que, se couber, nomeará o interventor, será submetido à apreciação da Assembleia Legislativa, no prazo de vinte e quatro horas. (Redação dada pela Emenda Constitucional nº 08, de 1996)

§2º Se não estiver funcionando a Assembleia Legislativa, far-se-á convocação extraordinária, no mesmo prazo de vinte e quatro horas. (Redação dada pela Emenda Constitucional nº 08, de 1996)

§3º No caso do item IV deste artigo, o Governador do Estado decretará a intervenção mediante solicitação do Tribunal de Justiça do Estado, limitando-se o decreto a suspender a execução do ato impugnado, se essa medida bastar ao restabelecimento da moralidade.

§4º Poderá ainda ser iniciado processo de intervenção em Município, mediante solicitação da Câmara Municipal aprovada pelo voto da maioria absoluta de seus membros, ou do Tribunal de Contas dos Municípios ao Governador, que procederá na forma estabelecida no § 1º deste artigo. (Redação dada pela Emenda Constitucional nº 05, de 1994)

§5º O interventor nomeado assumirá o cargo perante a autoridade judiciária competente, mediante a prestação do compromisso de cumprir as Constituições Federal e Estadual, observadas as leis e os limites do decreto interventivo, para bem e fielmente desempenhar as funções de seu encargo extraordinário.

§6º O interventor apresentará contas de sua administração à Câmara Municipal e ao Tribunal de Contas dos Municípios, sob as mesmas condições estabelecidas para o Prefeito Municipal. (Redação dada pela Emenda Constitucional nº 05, de 1994)

§7º Cessados os motivos da intervenção, as autoridades afastadas de seus cargos a estes retornarão, salvo impedimento legal.

§8º A renúncia, morte ou afastamento voluntário das autoridades responsáveis pelo Município não fazem cessar os motivos da intervenção. (Incluído pela Emenda Constitucional nº 08, de 1996)

Seção V
DA CÂMARA MUNICIPAL E DOS VEREADORES

Art. 16. O Poder Legislativo Municipal é exercido pela Câmara Municipal, que se compõe de Vereadores, em número proporcional à população do Município, observados os limites previstos no art. 29 da Constituição Federal e no art. 13 desta Constituição.

Parágrafo único. O número de Vereadores em cada Município será fixado em lei estadual, para cada legislatura, de acordo com a população existente, apurada pelo órgão federal competente, até o último dia do ano anterior à eleição.

Art. 17. Os Vereadores serão eleitos juntamente com o Prefeito e o Vice-Prefeito em pleito direto e simultâneo realizado em todo o país.

§1º A remuneração dos Vereadores será fixada pela respectiva Câmara Municipal, em cada legislatura, para a subsequente, observados os limites e critérios definidos nesta Constituição e na Constituição Federal.

§2º O limite máximo de remuneração do Vereador corresponde a 50% (cinquenta por cento) do percebido em espécie pelo Prefeito do Município, obedecido ao disposto no §3º, do art. 27, desta Constituição.

§3º Cada legislatura terá a duração de quatro anos.

§4º Os vereadores são invioláveis no exercício dos seus mandatos, por suas opiniões, palavras e votos, na circunscrição do Município.

Art. 18. Os vereadores não poderão:

I - desde a expedição do diploma:

a) firmar ou manter contrato com pessoa jurídica de direito público, autarquia, empresa pública, sociedade de economia mista ou empresa concessionária de serviço público, salvo quando o contrato obedecer a cláusula uniforme;

b) aceitar ou exercer cargo, função ou emprego remunerado, inclusive os de que sejam demissíveis ad nutum, nas entidades constantes da letra anterior;

II - desde a posse:

a) ser proprietários, controladores ou diretores de empresa que goze de favor decorrente de contrato com pessoa jurídica de direito público ou nela exercer função remunerada;

b) ocupar cargo ou função de que sejam demissíveis ad nutum, nas entidades referidas no inciso I, a, exceto investirem-se nos cargos de Ministro, de Secretário de Estado ou de Município, desde que autorizados pela respectiva Câmara;

c) patrocinar causa em que seja interessada qualquer das entidades a que se refere o inciso I, a;

d) ser titulares de mais de um cargo ou mandato público eletivo.

Art. 19. Perderá o mandato o Vereador:

I – que infringir qualquer das proibições estabelecidas no artigo anterior;

II – cujo procedimento for incompatível com o decoro par- lamentar;

III – deixar de comparecer, em cada sessão legislativa anual, à terça parte das sessões ordinárias da Câmara de Vereadores, salvo licença ou missão por esta autorizada;

IV – que perder ou tiver suspensos os direitos políticos;

V – quando o decretar a Justiça Eleitoral, nos casos previstos na Constituição Federal;

VI – que sofrer condenação criminal em sentença transitada em julgado.

§1º Não perderá o mandato o Vereador:

I – investido nas funções de Ministro, de Secretário de Esta- do ou de Município;

II – licenciado pela respectiva Câmara por motivo de doença, ou para tratar, sem remuneração, de interesse particular, desde que, neste caso, o afastamento não ultrapasse cento e vinte dias por sessão legislativa;

III – investido, interinamente, nos cargos de Deputado Federal, Deputado Estadual e Senador. (Incluído pela Emenda Constitucional nº 42, de 2016)

§2º O suplente será convocado nos casos de vaga, de investidura em funções previstas neste artigo, ou de licença superior a cento e vinte dias.

§3º Ocorrendo vaga, e não havendo suplente, far-se-á eleição para preenchê-la, se faltarem mais de quinze meses para o término do mandato.

§4º Na hipótese do inciso I, o Vereador poderá optar pela remuneração do mandato.

Art. 20. Ao servidor eleito Vereador aplicam-se as seguintes normas:

I – havendo compatibilidade de horário, perceberá as vantagens de seu cargo, emprego ou função, sem prejuízo dos subsídios a que faz jus;

II – não havendo compatibilidade, ficará afastado do seu cargo, emprego ou função, contando-se lhe o tempo de serviço para todos os efeitos legais, exceto para promoção por merecimento.

Seção VI
DO PROCESSO LEGISLATIVO MUNICIPAL

Art. 21. A Lei Orgânica do Município regulará o processo legislativo municipal, em obediência às regras do processo legislativo estadual.

§1º A iniciativa dos projetos de lei cabe aos cidadãos, a qualquer Vereador ou Comissão da Câmara Municipal e ao Prefeito, sendo privativa deste a do plano plurianual, da lei de diretrizes orçamentárias, dos orçamentos anuais, da criação de cargos, funções ou empregos públicos, nas administrações direta, indireta e autárquica ou do aumento de sua remuneração, da organização administrativa, do regime jurídico do servidor, do provimento de cargos, estabilidade e aposentadoria, da criação, estruturação e atribuições dos órgãos da administração pública, do plano diretor e da delimitação da zona urbana.

§2º A iniciativa popular das leis pode ser exercida pela apresentação à Câmara Municipal, de projeto de lei devidamente articulado e subscrito por, no mínimo, cinco por cento do eleitorado.

§3º A Lei Orgânica do Município assegurará a participação da comunidade e de suas entidades representativas na formulação do seu plano diretor, na gestão da cidade, na elaboração e execução de planos, orçamentos e diretrizes municipais, mediante audiências públicas, direito a informações, plebiscito e diversas formas de consultas populares como o referendo e iniciativa popular de leis.

Seção VII
DO PREFEITO E VICE-PREFEITO

Art. 22. O Prefeito é o chefe do governo municipal.

§1º A eleição de Prefeito e Vice-Prefeito far-se-á, na forma da Constituição Federal, e ambos tomarão posse no dia primeiro de janeiro subsequente, em sessão da Câmara Municipal ou, se esta não estiver reunida, perante o Juiz Eleitoral da Zona.

§2º Nos casos de Municípios com mais de duzentos mil eleitores, será considerado eleito o candidato que, registrado por partido político, obtiver a maioria absoluta de votos, não computados os brancos e os nulos.

§3º Se nenhum candidato alcançar maioria na primeira votação, far-se-á nova eleição em até vinte dias após a proclamação do resultado, concorrendo ao segundo escrutínio somente os dois candidatos mais votados e, considerando-se eleito, aquele que obtiver a maioria dos votos válidos.

§4º Se, antes de realizado o segundo turno, ocorrer morte, desistência ou impedimento legal de candidato, convocar-se-á, dentre os remanescentes, o de maior votação.

§5º Se, na hipótese dos parágrafos anteriores, remanescer, em segundo lugar, mais de um candidato com a mesma votação, qualificar-se-á o mais idoso.

§6º Nos casos de Municípios com menos de duzentos mil eleitores, será considerado eleito o candidato que obtiver a maioria dos votos válidos.

§7º O Prefeito residirá no Município e não poderá deste ausentar-se, por mais de quinze dias, sem prévia licença da Câmara.

§8º Compete ao Prefeito, além de outras atribuições que lhe forem conferidas em lei:

I – representar o Município em juízo e fora dele;

II – apresentar à Câmara Municipal projetos de lei, sancionar, promulgar, sem prejuízo da competência do Presidente da Câmara, e fazer publicar as leis, bem assim expedir decretos e regulamentos para sua fiel execução;

III – vetar projetos de lei total ou parcialmente;

IV – exercer, privativamente, a iniciativa de leis que disponham sobre a criação e extinção, formas de provimento, regime jurídico de cargo, funções ou empregos públicos ou que aumentem sua remuneração, criação e estrutura de secretarias e órgãos da administração e dos serviços públicos e matérias tributária e orçamentária;

V – prover e extinguir os cargos públicos municipais, exonerar, demitir, punir, colocar em disponibilidade e aposentar servido- res públicos, na forma da lei;

VI – exercer outras atribuições previstas nesta Constituição e na Lei Orgânica municipal e delegar competência;

VII – nomear e exonerar Secretários Municipais;

VIII – convocar extraordinariamente a Câmara Municipal;

IX – exercer, com o auxílio dos secretários municipais, a direção superior da administração municipal.

§ 9º O Prefeito poderá delegar aos Secretários Municipais, dirigentes de autarquias, de fundações municipais ou órgãos equivalentes, a competência para serem ordenadores de despesas das respectivas contas de gestão, com autoridade para emitir empenho e autorizar pagamentos, na forma da lei municipal, devendo os ordenadores de despesas, obrigatoriamente, ser cadastrados nos órgãos que gerem o sistema financeiro municipal, e no Tribunal de Contas do Estado (Redação dada pela Emenda Constitucional nº 45, de 2020).

Art. 23. O Prefeito eleito será substituído, nos casos de impedimento, licenças, ausências e afastamentos, e sucedido, no de vaga, pelo Vice-Prefeito, na forma que a lei indicar.

§1º Em caso de impedimento do Prefeito e do Vice-Prefeito ou vacância dos dois cargos, será convocado para o exercício do governo municipal o Presidente da Câmara Municipal.

§2º Vagando ambos os cargos, haverá eleição pela Câmara Municipal, caso a vacância ocorra na segunda metade do mandato.

§3º O Prefeito e Vice-Prefeito deverão, no ato de posse e no término do mandato, fazer declaração pública de bens.

§4º A remuneração do Prefeito e do Vice-Prefeito será fixada no último ano de cada legislatura para a subsequente, observados os critérios e limites estabelecidos na Constituição Federal e nesta Constituição, não podendo ser superior à percebida em espécie por Deputado Estadual e será corrigida monetariamente pelo índice inflacionário.

§5º A remuneração do Vice-Prefeito corresponderá à metade do valor mensal pago ao Prefeito. (VIDE ADIn nº 2738)

§6º O Prefeito prestará contas anuais da administração financeira geral do Município à Câmara Municipal, nos prazos e formas estabelecidos em lei, com parecer prévio do Tribunal de Contas que deverá ser elaborado no prazo máximo de 01 (um) ano após a sua apresentação.

Capítulo V
DAS REGIÕES METROPOLITANAS, AGLOMERAÇÕES URBANAS E MICRORREGIÕES

Art. 24. O Estado poderá, mediante lei complementar, ouvidos os Municípios a serem integrados, instituir regiões metropolitanas, aglomerações urbanas e microrregiões, constituídas por agrupamento de Municípios limítrofes, para integrar a organização, o planejamento e a execução de funções públicas de interesse comum, assegurando, paritariamente, a participação dos Municípios envolvidos e da sociedade civil na gestão regional.

Art. 25. É facultada a criação de órgãos ou entidades de apoio técnico, de âmbito regional, para organizar, planejar e executar as ações públicas de interesse comum.

Art. 26. A lei complementar que instituir as regiões metropolitanas, aglomerações urbanas e microrregiões disporá sobre as questões públicas de interesse comum.

Art. 27. Para a organização, planejamento e execução das funções públicas de interesse comum, no âmbito das regiões metropolitanas, aglomerações urbanas e microrregiões, serão destinados recursos financeiros do Estado, previstos nos respectivos orçamentos anuais.

Art. 28. Será instituído por lei complementar, mecanismo de compensação financeira aos Municípios que sofrerem diminuição ou perda de receita, por atribuições e funções decorrentes do planejamento regional.

Art. 29. Lei complementar estadual disporá sobre:

I - as condições para integração das regiões em desenvolvimento;

II - a composição dos organismos regionais, integrantes dos planos estaduais e municipais de desenvolvimento econômico e social, que deverão ser devidamente aprovados.

TÍTULO IV
DA ADMINISTRAÇÃO PÚBLICA

Capítulo I
DISPOSIÇÕES GERAIS

Art. 30. A administração pública direta, indireta ou fundacional de qualquer dos Poderes do Estado obedecerá aos princípios da legalidade, impessoalidade, moralidade, publicidade, eficiência, segurança jurídica e, também, ao seguinte: (Redação dada pela Emenda Constitucional nº 23, de 2007)

I - os atos administrativos são públicos, salvo quando o interesse da administração exigir sigilo declarado em lei; (Redação dada pela Emenda Constitucional nº 18, de 2003)

II - são vedados e considerados nulos de pleno direito, não gerando obrigações de espécie alguma para a pessoa jurídica interessada, nem qualquer direito para o beneficiário, os atos que importem em demitir, nomear, contratar, designar, promover, enquadrar, reclassificar, readaptar ou proceder a quaisquer outras formas de provimento de servidor público na administração direta e nas autarquias e empresas públicas mantidas pelo Poder Público, sem a obrigatória publicação no órgão oficial do Estado ou praticados sem observância dos princípios gerais da administração pública estabelecidos no art. 37 da Constituição Federal; (Redação dada pela Emenda Constitucional nº 18, de 2003)

III - as leis e atos administrativos serão publicados em órgão oficial, para que tenham eficácia e produzam seus efeitos jurídicos regulares; (Redação dada pela Emenda Constitucional nº 18, de 2003)

IV - todos os órgãos ou pessoas que recebem dinheiros ou valores públicos ficam obrigados à prestação de contas de sua aplicação ou utilização; (Redação dada pela Emenda Constitucional nº 18, de 2003)

V - a administração é obrigada a fornecer a qualquer interessado, no prazo previsto em lei federal, certidão de atos, contratos, decisões ou pareceres que não tenham sido previamente declarados sigilosos, sob pena de responsabilidade da autoridade ou do servidor que negar ou retardar a sua expedição; (Redação dada pela Emenda Constitucional nº 18, de 2003)

VI – as entidades da administração descentralizada ficam sujeitas aos princípios fixados neste Capítulo, quanto à publicidade de seus atos e à prestação de suas contas, além das normas estatuídas em lei; (Redação dada pela Emenda Constitucional nº 18, de 2003)

VII – os cargos, empregos e funções públicas são acessíveis aos brasileiros que preencham os requisitos estabelecidos em lei, assim como aos estrangeiros, na forma da lei; (Redação dada pela Emenda Constitucional nº 18, de 2003)

VIII – a investidura em cargo ou emprego público depende de aprovação prévia em concurso público de provas ou de provas e títulos, de acordo com a natureza e a complexidade do cargo ou emprego, na forma prevista em lei, ressalvadas as nomeações para cargo em comissão, declarado em lei de livre nomeação e exoneração; (Redação dada pela Emenda Constitucional nº 18, de 2003)

IX – o prazo de validade do concurso público será de até dois anos, prorrogável uma vez, por igual período; (Redação dada pela Emenda Constitucional nº 18, de 2003)

X – é garantido ao servidor público civil o direito à livre associação sindical; (Redação dada pela Emenda Constitucional nº 18, de 2003)

XI – o direito de greve será exercido nos termos e nos limites definidos em lei federal específica; (Redação dada pela Emenda Constitucional nº 18, de 2003)

XII – a lei reservará percentual dos cargos e empregos públicos para as pessoas portadoras de deficiência e definirá os critérios de sua admissão; (Redação dada pela Emenda Constitucional nº 18, de 2003)

XIII – a lei estabelecerá os casos de contratação por tempo determinado para atender à necessidade temporária de excepcional interesse público; (Redação dada pela Emenda Constitucional nº 18, de 2003)

XIV – a remuneração dos servidores públicos e o subsídio de que trata o § 3º do art. 32 somente poderão ser fixados ou alterados por lei específica, observada a iniciativa privativa em cada caso, assegurada revisão geral anual, sempre na mesma data e sem distinção de índices; (Redação dada pela Emenda Constitucional nº 18, de 2003)

XV – a remuneração e o subsídio dos ocupantes de cargos, funções e empregos públicos da administração direta, autárquica e fundacional, dos membros de qualquer dos Poderes do Estado, dos detentores de mandato eletivo e dos demais agentes políticos e os proventos, pensões ou outra espécie remuneratória, percebi- dos cumulativamente ou não, incluídas as vantagens pessoais ou de qualquer outra natureza, não poderão exceder o limite máximo previsto especificamente na Constituição Federal e serão disciplinados em lei estadual; (Redação dada pela Emenda Constitucional nº 18, de 2003)

XVI – os vencimentos dos cargos do Poder Legislativo e do Poder Judiciário não poderão ser superiores aos pagos pelo Poder Executivo; (Redação dada pela Emenda Constitucional nº 18, de 2003) XVII - é vedada a vinculação ou equiparação de quaisquer espécies remuneratórias para o efeito de remuneração de pessoal do serviço público; (Redação dada pela Emenda Constitucional nº 18, de 2003)

XVIII - os acréscimos pecuniários percebidos por servidor público não serão computados nem acumulados, para fins de concessão de acréscimos ulteriores; (Redação dada pela Emenda Constitucional nº 18, de 2003)

XIX - o subsídio e os vencimentos dos ocupantes de cargos e empregos públicos são irredutíveis, ressalvado o disposto nos incisos XV e XVIII deste artigo e nos arts. 39, § 4°, 150, II,153,III,e 153, § 2º, I, da Constituição Federal; (Redação dada pela Emenda Constitucional nº 18, de 2003)

XX - é vedada a acumulação remunerada de cargos públicos, exceto, quando houver compatibilidade de horários, observado em qualquer caso o disposto no inciso XV: (Redação dada pela Emenda Constitucional nº 18, de 2003)

a) a de dois cargos de professor; (Redação dada pela Emenda Constitucional nº 18, de 2003)

b) a de um cargo de professor com outro, técnico ou científico; (Redação dada pela Emenda Constitucional nº 18, de 2003)

c) a de dois cargos ou empregos privativos de profissionais de saúde, com profissões regulamentadas; (Redação dada pela Emenda Constitucional nº 18, de 2003)

XXI - a proibição de acumular estende-se a empregos e funções e abrange autarquias, fundações, empresas públicas, sociedades de economia mista, suas subsidiárias, e sociedades controladas, direta ou indiretamente, pelo Poder Público; (Redação dada pela Emenda Constitucional nº 18, de 2003)

XXII - a administração fazendária e seus servidores fiscais terão, dentro de suas áreas de competência e jurisdição, precedência sobre os demais setores administrativos, na forma da lei; (Redação dada pela Emenda Constitucional nº 18, de 2003)

XXIII - somente por lei específica poderá ser criada autarquia e autorizada a instituição de empresa pública, de sociedade de economia mista e de fundação, cabendo à lei complementar, neste último caso, definir as áreas de sua atuação, aplicando-se o disposto neste inciso à criação de subsidiárias das entidades mencionadas e à participação destas em empresas privadas; (Redação dada pela Emenda Constitucional nº 18, de 2003)

XXIV - as obras, serviços, compras e alienações do Estado serão contratados de acordo com o estabelecido na legislação federal específica; (Redação dada pela Emenda Constitucional nº 18, de 2003)

XXV - as funções de confiança, exercidas exclusivamente por servidores ocupantes de cargo efetivo, e os cargos em comissão, a serem preenchidos por servidores de carreira nos casos, condições e percentuais mínimos previstos em lei, destinam-se apenas às atribuições de direção, chefia e assessoramento. (Redação dada pela Emenda Constitucional nº 18, de 2003)

§1º A publicidade dos atos, programas, obras, serviços e campanhas dos órgãos públicos deverá ter caráter educativo, informativo ou de orientação social, dela não podendo constar nomes, símbolos ou imagens que caracterizem promoção pessoal de autoridades ou servidores públicos. (Redação dada pela Emenda Constitucional nº 18, de 2003)

§2º A não observância do disposto nos incisos VIII e IX implicará a nulidade do ato e a punição da autoridade responsável, nos termos da lei. (Redação dada pela Emenda Constitucional nº 18, de 2003)

§3º A lei disciplinará as formas de participação do usuário na administração pública direta e indireta, regulando especialmente: (Incluído pela Emenda Constitucional nº 18, de 2003)

I – as reclamações relativas à prestação dos serviços públicos em geral, asseguradas a manutenção de serviços de atendimento ao usuário e a avaliação periódica, externa e interna, da qualidade dos serviços; (Incluído pela Emenda Constitucional nº 18, de 2003)

II – o acesso dos usuários a registros administrativos e a in- formações sobre atos de governo, observado o disposto no art. 5º, X e XXXIII, da Constituição Federal; (Incluído pela Emenda Constitucional nº 18, de 2003)

III – a disciplina da representação contra o exercício negligente ou abusivo de cargo, emprego ou função na administração pública.(Incluído pela Emenda Constitucional nº 18, de 2003)

§4º A lei disporá sobre os requisitos e as restrições ao ocupante de cargo ou emprego da administração direta e indireta que possibilite o acesso a informações privilegiadas. (Incluído pela Emenda Constitucional nº 18, de 2003)

§5º A autonomia gerencial, orçamentária e financeira dos órgãos e entidades da administração direta e indireta poderá ser ampliada mediante contrato, a ser firmado entre seus administradores e o Poder Público, que tenha por objeto a fixação de metas de desempenho para o órgão ou entidade, cabendo à lei dispor sobre: (Incluído pela Emenda Constitucional nº 18, de 2003)

I – o prazo de duração do contrato; (Incluído pela Emenda Constitucional nº 18, de 2003)

II – os controles e critérios de avaliação de desempenho, direitos, obrigações e responsabilidade dos dirigentes; (Incluído pela Emenda Constitucional nº 18, de 2003)

III – a remuneração do pessoal. (Incluído pela Emenda Constitucional nº 18, de 2003)

§6º O disposto no inciso XV aplica-se às empresas públicas e às sociedades de economia mista e suas subsidiárias, que receberem recursos públicos para pagamento de despesas de pessoal ou de custeio em geral. (Incluído pela Emenda Constitucional nº 18, de 2003)

§7º É vedada a percepção simultânea de proventos e aposentadoria decorrentes dos arts. 34 e 41 com a remuneração de cargo, emprego ou função pública, ressalvados os cargos acumuláveis na forma desta Constituição, os cargos eletivos e os cargos em comissão declarados em lei de livre nomeação e exoneração. (Incluído pela Emenda Constitucional nº 18, de 2003)

Art. 31. Ao servidor público da administração direta, autárquica e fundacional, no exercício de mandato eletivo, aplicam-se as seguintes disposições: (Redação dada pela Emenda Constitucional nº 18, de 2003)

I – tratando-se de mandato eletivo federal ou estadual, ficará afastado de seu cargo, emprego ou função; (Redação dada pela Emenda Constitucional nº 18, de 2003)

II – investido no mandato de Prefeito, será afastado do cargo, emprego ou função, sendo-lhe facultado optar pela sua remuneração; (Redação dada pela Emenda Constitucional nº 18, de 2003)

III – investido no mandato de Vereador, havendo compatibilidade de horários, perceberá as vantagens de seu cargo, emprego ou função, sem prejuízo da remuneração do cargo eletivo, e, não havendo compatibilidade, será aplicada a norma do inciso anterior; (Redação dada pela Emenda Constitucional nº 18, de 2003)

IV – em qualquer caso que exija o afastamento para o exercício de mandato eletivo, seu tempo de serviço será contado para todos os efeitos legais, exceto para promoção por merecimento; (Redação dada pela Emenda Constitucional nº 18, de 2003)

V – para efeito de benefício previdenciário, no caso de afastamento, os valores serão determinados como se no exercício estivesse. (Redação dada pela Emenda Constitucional nº 18, de 2003).

VI – na hipótese de ser segurado de regime próprio de previdência social, permanecerá filiado a esse regime, no ente federativo de origem. (Redação dada pela Emenda Constitucional nº 46, de 2020).

Capítulo II
DOS SERVIDORES PÚBLICOS

(Redação dada pela Emenda Constitucional nº 18, de 2003)

Art. 32. O Estado instituirá conselho de política de administração e remuneração de pessoal, integrado por servidores designados pelos respectivos Poderes. (Redação dada pela Emenda Constitucional nº 18, de 2003)

§1º A fixação dos padrões de vencimento e dos demais componentes do sistema remuneratório observará: (Renumerado e com redação dada pela Emenda Constitucional nº 18, de 2003)

I - a natureza, o grau de responsabilidade e a complexidade dos cargos componentes de cada carreira; (Incluído pela Emenda Constitucional nº 18, de 2003)

II - os requisitos para a investidura; (Incluído pela Emenda Constitucional nº 18, de 2003)

III - as peculiaridades dos cargos. (Incluído pela Emenda Constitucional nº 18, de 2003)

§2º O Estado manterá escolas de governo para a formação e o aperfeiçoamento dos servidores públicos, constituindo-se a participação nos cursos um dos requisitos para a promoção na carreira, facultada, para isso, a celebração de convênios ou contratos entre os entes federados. (Incluído pela Emenda Constitucional nº 18, de 2003)

§3º O membro de Poder, o detentor de mandato eletivo e os Secretários Estaduais serão remunerados exclusivamente por subsídio fixado em parcela única, vedado o acréscimo de qualquer gratificação, adicional, abono, prêmio, verba de representação ou outra espécie remuneratória, obedecido, em qualquer caso, o disposto no art. 30, XIV e XV. (Incluído pela Emenda Constitucional nº 18, de 2003)

§4º A lei poderá estabelecer a relação entre a maior e a menor remuneração dos servidores públicos, obedecido, em qualquer caso, o disposto no art. 30, XV. (Incluído pela Emenda Constitucional nº 18, de 2003)

§5º Os Poderes Executivo, Legislativo e Judiciário publicarão anualmente os valores do subsídio e da remuneração dos cargos e empregos públicos. (Incluído pela Emenda Constitucional nº 18, de 2003)

§6º Lei disciplinará a aplicação de recursos orçamentários provenientes da economia com despesas correntes em cada órgão, autarquia e fundação, para aplicação no desenvolvimento de programas de qualidade e produtividade, treinamento e desenvolvimento, modernização, reaparelhamento e racionalização do serviço público, inclusive sob a forma de adicional ou prêmio de produtividade. (Incluído pela Emenda Constitucional nº 18, de 2003)

§7º A remuneração dos servidores públicos organizados em carreira poderá ser fixada nos termos do § 3º deste artigo. (Incluído pela Emenda Constitucional nº 18, de 2003)

Art. 33. São direitos dos servidores públicos: (Redação dada pela Emenda Constitucional nº 18, de 2003)

I - vencimento fixado em lei, sendo vedada sua vinculação para qualquer fim; (Redação dada pela Emenda Constitucional nº 18, de 2003)

II - garantia de remuneração não inferior ao salário mínimo; (Redação dada pela Emenda Constitucional nº 18, de 2003)

III - gratificação natalina com base na remuneração integral ou no valor dos proventos de aposentadoria; (Redação dada pela Emenda Constitucional nº 18, de 2003)

IV - remuneração do trabalho noturno superior à do diurno; (Redação dada pela Emenda Constitucional nº 18, de 2003)

V - salário-família pago em razão do dependente do servidor de baixa renda nos termos da lei; (Redação dada pela Emenda Constitucional nº 18, de 2003)

VI - duração do trabalho normal não superior a oito horas diárias e quarenta e quatro semanais, facultada a compensação de horários e a redução do expediente, a critério da Administração; (Redação dada pela Emenda Constitucional nº 18, de 2003)

VII - repouso semanal remunerado, preferencialmente, aos domingos; (Redação dada pela Emenda Constitucional nº 18, de 2003)

VIII - remuneração do serviço extraordinário superior, no mínimo, em cinquenta porcento à do normal; (Redação dada pela Emenda Constitucional nº 18, de 2003)

IX - gozo de férias anuais remuneradas com, pelo menos, um terço a mais do que a remuneração normal; (Redação dada pela Emenda Constitucional nº 18, de 2003)

X - licença à gestante e à mãe adotiva, independente da idade do adotado, sem prejuízo do emprego e da remuneração, com a duração de 180 (cento e oitenta) dias, sendo os últimos 60 (sessenta) dias em regime de meio expediente; (Redação dada pela Emenda Constitucional nº 28, de 2012)

XI - licença-paternidade, nos termos fixados em lei; (Redação dada pela Emenda Constitucional nº 18, de 2003)

XII - redução dos riscos inerentes ao trabalho, por meio de normas de saúde, higiene e segurança; (Redação dada pela Emenda Constitucional nº 18, de 2003)

XIII - proibição de diferença de remuneração, de exercício de funções e de critério de admissão por motivo de sexo, idade, cor ou estado civil; (Redação dada pela Emenda Constitucional nº 18, de 2003)

XIV - adicional de remuneração para as atividades penosas, insalubres ou perigosas, na forma da lei; (Redação dada pela Emenda Constitucional nº 18, de 2003)

XV - proteção do mercado de trabalho da mulher, mediante incentivos específicos, nos termos da lei. (Redação dada pela Emenda Constitucional nº 18, de 2003)

Art. 34. Os regimes próprios de previdência social dos servidores titulares de cargos efetivos do Estado e dos Municípios terão caráter contributivo e solidário, mediante contribuição do respectivo ente federativo, de servidores ativos, de aposentados e de pensionistas, observados critérios que preservem o equilíbrio financeiro e atuarial. (Redação dada pela Emenda Constitucional nº 46, de 2020).

§ 1º O servidor abrangido por regime próprio de previdência social será aposentado: (Redação dada pela Emenda Constitucional nº 46, de 2020).

I – por incapacidade permanente para o trabalho, no cargo em que estiver investido, quando insuscetível de readaptação, hipótese em que será obrigatória a realização de avaliações periódicas para verificação da continuidade das condições que ensejaram a concessão da aposentadoria, na forma de lei do respectivo ente federativo; (Redação dada pela Emenda Constitucional nº 46, de 2020).

II – compulsoriamente, aos 75 (setenta e cinco) anos de idade, com proventos proporcionais ao tempo de contribuição. (Redação dada pela Emenda Constitucional nº 47, de 2020).

III – voluntariamente, no âmbito do Estado, aos 62 (sessenta e dois) anos de idade, se mulher, e aos 65 (sessenta e cinco) anos de idade, se homem, e, no âmbito dos Municípios, na idade mínima estabelecida mediante alteração das respectivas Leis Orgânicas, observados o tempo de contribuição e os demais requisitos estabelecidos em lei complementar do respectivo ente federativo. (Redação dada pela Emenda Constitucional nº 46, de 2020).

§ 2º Os proventos de aposentadoria não poderão ser inferiores ao valor mínimo a que se refere o § 2º do art. 201 da Constituição Federal ou superiores ao limite máximo estabelecido para o Regime Geral de Previdência Social, observado o disposto nos §§ 16 a 18 deste artigo. (Redação dada pela Emenda Constitucional nº 46, de 2020).

§ 3º No âmbito do Estado, as regras de cálculo e reajustamento dos benefícios de aposentadoria serão as mesmas aplicáveis aos servidores da União e seus respectivos dependentes. (Redação dada pela Emenda Constitucional nº 47, de 2020).

§ 4º É vedada a adoção de requisitos ou critérios diferenciados para concessão de benefícios em regime próprio de previdência social, ressalvado o disposto nos §§ 5º ao 7º deste artigo. (Redação dada pela Emenda Constitucional nº 46, de 2020).

§ 5º No âmbito do Estado, a aposentadoria de servidores com deficiência, previamente submetidos à avaliação biopsicossocial, a ser realizada por equipe multiprofissional e interdisciplinar, observará os requisitos e critérios estabelecidos por lei complementar federal, que estabelecerá idade e tempo de contribuição diferenciados. (Redação dada pela Emenda Constitucional nº 46, de 2020).

§ 6º As aposentadorias de ocupantes dos cargos estaduais de agente penitenciário, de agente socioeducativo ou de policial civil observarão as mesmas regras aplicáveis aos servidores da União de que trata o art. 144, caput, incisos I a III da Constituição Federal. (Redação dada pela Emenda Constitucional nº 46, de 2020).

§ 7º Os requisitos e critérios para aposentadoria de servidores estaduais cujas atividades sejam exercidas com efetiva exposição a agentes nocivos químicos, físicos ou biológicos prejudiciais à saúde, ou associação desses agentes, vedada a caracterização por categoria profissional ou ocupação, e o enquadramento por periculosidade serão estabelecidos em lei complementar estadual, contemplando idade e tempo de contribuição diferenciados. (Redação dada pela Emenda Constitucional nº 46, de 2020).

§ 8º De acordo com o disposto em lei complementar estadual, os ocupantes do cargo de professor terão idade mínima reduzida em 5 (cinco) anos em relação ao disposto no inciso III do § 1º do caput deste artigo, desde que comprovem tempo de efetivo exercício das funções de magistério na educação infantil e no ensino fundamental e médio. (Redação dada pela Emenda Constitucional nº 46, de 2020).

§ 9º Ressalvadas as aposentadorias decorrentes dos cargos acumuláveis na forma da Constituição Federal, é vedada a percepção de mais de uma aposentadoria à conta do regime previsto neste artigo, aplicando-se outras vedações, regras e condições para a acumulação de benefícios previdenciários estabelecidas no Regime Geral de Previdência Social. (Redação dada pela Emenda Constitucional nº 46, de 2020).

§ 10. Observado o disposto no § 2º do art. 201 da Constituição Federal, quando se tratar da única fonte de renda formal auferida pelo dependente, o benefício de pensão por morte será concedido observando-se as mesmas regras aplicáveis aos servidores da União de que trata o art. 144, caput, incisos I a III da Constituição Federal, quando se tratar de benefício instituído por ocupantes dos cargos estaduais de agente penitenciário, de agente socioeducativo ou de policial civil. (Redação dada pela Emenda Constitucional nº 46, de 2020).

§ 11. O tempo de contribuição federal, estadual, distrital ou municipal será contado para fins de aposentadoria, observado o disposto nos §§ 9º e 9º-A do art. 201 da Constituição Federal, e o tempo de serviço correspondente será contado para fins de disponibilidade. (Redação dada pela Emenda Constitucional nº 46, de 2020).

§ 12. É vedada a contagem de tempo de contribuição fictício para todos os fins. (Redação dada pela Emenda Constitucional nº 46, de 2020).

§ 13. Aplica-se o limite fixado no art. 37, XI, da Constituição Federal, à soma total dos proventos de inatividade, inclusive quando decorrentes da acumulação de cargos ou empregos públicos, bem como de outras atividades sujeitas à contribuição para o Regime Geral de Previdência Social, e ao montante resultante da adição de proventos de inatividade com remuneração de cargo acumulável na forma desta Constituição, cargo em comissão declarado em lei de livre nomeação e exoneração, e de cargo eletivo. (Redação dada pela Emenda Constitucional nº 46, de 2020).

§ 14. Além do disposto neste artigo, serão observados, em regime próprio de previdência social, no que couber, os requisitos e critérios fixados para o Regime Geral de Previdência Social. (Redação dada pela Emenda Constitucional nº 46, de 2020).

§ 15. Aplica-se ao agente público ocupante, exclusivamente, de cargo em comissão declarado em lei de livre nomeação e exoneração, de outro cargo temporário, inclusive mandato eletivo, ou de emprego público, o Regime Geral de Previdência Social. (Redação dada pela Emenda Constitucional nº 46, de 2020).

§ 16. O Estado e os Municípios instituirão, por lei de iniciativa do respectivo Poder Executivo, regime de previdência complementar para servidores públicos ocupantes de cargo efetivo, observado o limite máximo dos benefícios do Regime Geral de Previdência Social para o valor das aposentadorias e das pensões em regime próprio de previdência social, ressalvado o disposto no § 18 deste artigo. (Redação dada pela Emenda Constitucional nº 46, de 2020).

§ 17. O regime de previdência complementar de que trata o § 16 deste artigo oferecerá plano de benefícios somente na modalidade contribuição definida, observará o disposto no art. 202 da Constituição Federal e será efetivado por intermédio de entidade fechada de previdência complementar ou de entidade aberta de previdência complementar. (Redação dada pela Emenda Constitucional nº 46, de 2020).

§ 18. Somente mediante sua prévia e expressa opção, o disposto nos §§ 16 e 17 deste artigo poderá ser aplicado ao servidor que tiver ingressado no serviço público até a data da publicação do ato de instituição do correspondente regime de previdência complementar. (Redação dada pela Emenda Constitucional nº 46, de 2020).

§ 19. Incidirá contribuição sobre os proventos de aposentadorias e pensões concedidas pelo regime de que trata este artigo que superem o limite máximo estabelecido para os benefícios do Regime Geral de Previdência Social de que trata o art. 201 da Constituição Federal, com percentual igual ao estabelecido para os servidores titulares de cargos efetivos. (Redação dada pela Emenda Constitucional nº 46, de 2020).

§ 20. Observados os critérios estabelecidos em lei estadual, o servidor titular de cargo efetivo que tenha completado as exigências para a aposentadoria voluntária e opte por permanecer em atividade, opção a ser exercida na forma da lei, fará jus a um abono de permanência equivalente, no máximo, ao valor da sua contribuição previdenciária, até completar a idade para aposentadoria compulsória. (Redação dada pela Emenda Constitucional nº 46, de 2020).

§ 21. Fica vedada a existência de mais de um regime próprio de previdência social e de mais de um órgão ou entidade gestora desse regime no Estado e nos Municípios, abrangidos todos os poderes, órgãos e entidades autárquicas e fundacionais, que serão responsáveis pelo seu financiamento, observados os critérios, os parâmetros e a natureza jurídica definidos em lei complementar federal. (Redação dada pela Emenda Constitucional nº 46, de 2020).

§ 22. Para fins de aposentadoria, será assegurada a contagem recíproca do tempo de contribuição entre o regime geral de previdência social e os regimes próprios de previdência social, e destes entre si, observada a compensação financeira, de acordo com os critérios estabelecidos em lei. (Redação dada pela Emenda Constitucional nº 46, de 2020).

§ 23. O tempo de serviço militar exercido nas atividades de que tratam os arts. 42, 142 e 143 da Constituição Federal e o tempo de contribuição ao regime geral de previdência social ou a regime próprio de previdência social terão contagem recíproca para fins de inativação militar ou aposentadoria, e a compensação financeira será devida entre as receitas de contribuição referentes aos militares e as receitas de contribuição aos demais regimes. (Redação dada pela Emenda Constitucional nº 46, de 2020).

Art. 34-A. O tempo de contribuição e os demais requisitos para a concessão de aposentadoria por incapacidade permanente para o trabalho, aposentadoria compulsória, aposentadoria voluntária e as regras de transição dos servidores públicos estaduais serão os mesmos aplicados pela União para seus servidores. (Redação dada pela Emenda Constitucional nº 47, de 2020).

§ 1º O disposto no caput inclui regras e demais requisitos para os servidores com direito a tratamento diferenciado previstos no art. 34, §§ 5º ao 8º, desta Constituição Estadual. (Redação dada pela Emenda Constitucional nº 46, de 2020).

§ 2° O disposto no caput aplica-se para as regras e demais requisitos de acumulação de benefícios. (Redação dada pela Emenda Constitucional nº 46, de 2020).

§ 3º As disposições deste artigo não se aplicam às pensões por morte, as quais ficam reguladas pela legislação então em vigor, sendo aplicado, contudo, o disposto no art. 24 da Emenda Constitucional nº 103/2019 (Redação dada pela Emenda Constitucional nº 47, de 2020).

Art. 35. São estáveis após três anos de efetivo exercício os servidores nomeados para cargo de provimento efetivo em virtude de concurso público. (Redação dada pela Emenda Constitucional nº 18, de 2003)

§1º O servidor público estável só perderá o cargo: (Redação dada pela Emenda Constitucional nº 18, de 2003)

I – em virtude de sentença judicial transitada em julgado; (Incluído pela Emenda Constitucional nº 18, de 2003)

II – mediante processo administrativo em que lhe seja assegurada ampla defesa; (Incluído pela Emenda Constitucional nº 18, de 2003)

III – mediante procedimento de avaliação periódica de desempenho, na forma de lei complementar, assegurada ampla defesa. (Incluído pela Emenda Constitucional nº 18, de 2003)

§2º Invalidada por sentença judicial a demissão do servidor estável, será ele reintegrado, e o eventual ocupante da vaga, se estável, reconduzido ao cargo de origem, sem direito à indenização, aproveitado em outro cargo ou posto em disponibilidade com remuneração proporcional ao tempo de serviço. (Redação dada pela Emenda Constitucional nº 18, de 2003)

§3º Extinto o cargo ou declarado a sua desnecessidade, o servidor estável ficará em disponibilidade, com remuneração proporcional ao tempo de serviço, até seu adequado aproveitamento em outro cargo. (Redação dada pela Emenda Constitucional nº 18, de 2003)

§4º Como condição para a aquisição da estabilidade, é obrigatória a avaliação especial de desempenho por comissão instituída para essa finalidade. (Incluído pela Emenda Constitucional nº 18, de 2003)

§ 5º O servidor público titular de cargo efetivo poderá ser readaptado para exercício de cargo cujas atribuições e responsabilidades sejam compatíveis com a limitação que tenha sofrido em sua capacidade física ou mental, enquanto permanecer nesta condição, desde que possua a habilitação e o nível de escolaridade exigidos para o cargo de destino, mantida a remuneração do cargo de origem. (Redação dada pela Emenda Constitucional nº 46, de 2020).

§ 6° A aposentadoria concedida com a utilização de tempo de contribuição decorrente de cargo, emprego ou função pública, inclusive do Regime Geral de Previdência Social, acarretará o rompimento do vínculo que gerou o referido tempo de contribuição. (Redação dada pela Emenda Constitucional nº 46, de 2020).

§ 7° É vedada a complementação de aposentadorias de servidores públicos e de pensões por morte a seus dependentes que não seja decorrente do disposto nos §§ 16 a 18 do art. 34 ou que não seja prevista em lei que extinga regime próprio de previdência social. (Redação dada pela Emenda Constitucional nº 46, de 2020).

Art. 36. Nos cargos organizados em carreira, as promoções serão feitas por merecimento e antiguidade, alternadamente.

Art. 37. Ao servidor é assegurado, na forma da lei, o direito de petição, para reclamar, requerer, representar, pedir reconsideração e recorrer. (Redação dada pela Emenda Constitucional nº 18, de 2003)

Art. 38. Lei Complementar, de iniciativa do Governador do Estado, disciplinará a política salarial do servidor público, fixando o limite máximo e a relação de valores entre a maior e menor remuneração, estabelecendo os pisos salariais das diversas categorias funcionais, a data base do reajuste de vencimentos e os critérios para a sua atualização permanente.

Parágrafo único. É vedada a incorporação de vantagens de caráter temporário ou vinculadas ao exercício de função de confiança ou de cargo em comissão à remuneração do cargo efetivo. (Redação dada pela Emenda Constitucional nº 46, de 2020).

Art. 39. É assegurado ao servidor público o princípio da hierarquia salarial, na formada lei, observada a iniciativa privada dos Poderes e Órgãos competentes e respeitado o disposto no art. 32, § 1º, I, II e III. (Redação dada pela Emenda Constitucional nº 18, de 2003)

Art. 40. É vedada a concessão e percepção de quaisquer vantagens remuneratórias não estabelecidas em lei específica. (Redação dada pela Emenda Constitucional nº 18, de 2003)

Capítulo III
DOS MILITARES

(Redação dada pela Emenda Constitucional nº 18, de 2003)

Art. 41. São militares do Estado os membros da Polícia Militar e do Corpo de Bombeiros, instituições organizadas com base na hierarquia e na disciplina, aplicando-se lhes, no que couber, o disposto no art. 42 da Constituição Federal, notadamente: (Redação dada pela Emenda Constitucional nº 18, de 2003)

I – as patentes, com as prerrogativas, direitos e deveres inerentes, são conferidas pelo Governador do Estado e asseguradas em plenitude aos oficiais da ativa, da reserva ou reformados, sendo- lhes privativos os títulos e postos militares e o uso dos uniformes, insígnias e distintivos da Polícia Militar e Corpo de Bombeiros Militar; (Incluído pela Emenda Constitucional nº 18, de 2003)

II – o militar em atividade que tomar posse em cargo ou emprego público civil permanente será transferido para a reserva, nos termos da lei; (Incluído pela Emenda Constitucional nº 18, de 2003)

III – o militar da ativa que, de acordo com a lei, tomar posse em cargo, emprego ou função pública civil temporária, não eletiva, ainda que da administração indireta, ficará agregado ao respectivo quadro e somente poderá, enquanto permanecer nessa situação, ser promovido por antiguidade, contando-se lhe o tempo de serviço apenas para aquela promoção e transferência para a reserva, ocorrendo esta depois de dois anos, contínuos ou não, de afastamento, nos termos da lei; (Incluído pela Emenda Constitucional nº 18, de 2003)

IV – ao militar são proibidas a sindicalização e a greve; (Incluído pela Emenda Constitucional nº 18, de 2003)

V – o militar, enquanto em serviço ativo, não pode estar filiado a partidos políticos; (Incluído pela Emenda Constitucional nº 18, de 2003)

VI – o oficial só perderá o posto e a patente se for julgado indigno do oficialato ou com ele incompatível, por decisão do Tribunal competente, em tempo de paz, ou de Tribunal especial, em tempo de guerra; (Incluído pela Emenda Constitucional nº 18, de 2003)

VII – o oficial condenado na justiça comum ou militar à pena privativa de liberdade superior a dois anos, por sentença transitada em julgado, será submetido ao julgamento previsto no inciso anterior; (Incluído pela Emenda Constitucional nº 18, de 2003)

VIII – aplica-se aos militares o disposto nos arts. 30, XV, XVII, XVIII e XIX, e 33, III, V,IX, X e XI desta Constituição e nos arts.7º, XXV, e 40, § 9º da Constituição Federal; (Incluído pela Emenda Constitucional nº 18, de 2003)

IX – aplica-se aos militares e a seus pensionistas o disposto no art. 40, §§ 7º e 8º da Constituição Federal; (Incluído pela Emenda Constitucional nº 18, de 2003)

X – a lei disporá sobre o ingresso na Polícia Militar e Corpo de Bombeiros Militar, os limites de idade, a estabilidade e outras condições de transferência do militar para a inatividade, os direitos, os deveres, a remuneração, as prerrogativas e situações especiais dos militares, consideradas as peculiaridades de suas atividades; (Incluído pela Emenda Constitucional nº 18, de 2003)

XI – não caberá habeas corpus sem relação a punições disciplinares militares; (Incluído pela Emenda Constitucional nº 18, de 2003)

XII – o militar alistável como eleitor é elegível, atendidas as seguintes condições: (Incluído pela Emenda Constitucional nº 18, de 2003)

a) se contar menos de dez anos de serviço, deverá afastar-se da atividade; (Incluída pela Emenda Constitucional nº 18, de 2003)

b) se contar mais de dez anos de serviço, será agregado pela autoridade superior e, se eleito, passará automaticamente, no ato da diplomação, para a inatividade. (Incluído pela Emenda Constitucional nº 18, de 2003)

XIII – As promoções dos militares serão feitas por mereci- mento e antiguidade, de acordo com a proporcionalidade estabelecida em lei. (Incluído pela Emenda Constitucional nº 18, de 2003)

Capítulo IV
DA SEGURANÇA PÚBLICA E DA DEFESA SOCIAL

(Redação dada pela Emenda Constitucional nº 25, de 2007)

Seção I
DISPOSIÇÕES GERAIS

Art. 42. A segurança e a defesa social constituem dever do Estado, direito e responsabilidade de todos, devendo ser exercidas para preservar a ordem pública, a incolumidade das pessoas, do patrimônio e, também, com o propósito de garantir a defesa civil da coletividade, por meio de um sistema organizacional submetido ao comando do Governador do Estado. (Redação dada pela Emenda Constitucional nº 25, de 2007)

Art. 43. Integram o Sistema Organizacional da Segurança e da Defesa Social, sendo, funcional e operacionalmente vinculados à orientação e ao planejamento da

Secretaria de Estado da Segurança e da Defesa Social, os seguintes Órgãos: (Redação dada pela Emenda Constitucional nº 25, de 2007)

I – Conselho Estadual da Segurança e da Defesa Social; (Incluído pela Emenda Constitucional nº 25, de 2007)

II – Conselho Estadual de Trânsito; (Incluído pela Emenda Constitucional nº 25, de 2007)

III – Polícia Militar do Estado da Paraíba; (Incluído pela Emenda Constitucional nº 25, de 2007)

IV – Corpo de Bombeiros Militar do Estado da Paraíba; (Incluído pela Emenda Constitucional nº 25, de 2007)

V – Polícia Civil do Estado da Paraíba; (Incluído pela Emenda Constitucional nº 25, de 2007)

VI – Departamento Estadual de Trânsito. (Incluído pela Emenda Constitucional nº 25, de 2007)

§1º A legislação estadual disciplinará a organização e o funcionamento da Secretaria de Estado encarregada de exercer, em nome do Governador, o comando do sistema organizacional da segurança e da defesa social. (Redação dada pela Emenda Constitucional nº 25, de 2007)

§2º A Polícia Civil, a Polícia Militar e o Corpo de Bombeiros Militar terão estatutos próprios e serão organizados pela legislação complementar, em carreiras regidas pelos princípios da hierarquia e da disciplina. (Redação dada pela Emenda Constitucional nº 25, de 2007)

§3º O Departamento Estadual de Trânsito será organizado por Lei como autarquia subordinada à Secretaria de Estado da Segurança e da Defesa Social. (Incluído pela Emenda Constitucional nº 25, de 2007)

§4º As competências, o funcionamento e a composição do Conselho Estadual da Segurança e da Defesa Social e do Conselho Estadual de Trânsito serão definidos em lei. (Incluído pela Emenda Constitucional nº 25, de 2007)

Seção II
DA POLÍCIA CIVIL

Art. 44. À Polícia Civil, instituída por lei como órgão de preservação da ordem jurídica, auxiliar direta e imediata da função jurisdicional do Estado, estruturada em carreira, incumbe, além de outras atribuições definidas em lei e, ressalvada a competência da União:

I – prevenir e exercer as funções de polícia judiciária;

II – prevenir e reprimir a criminalidade, bem como apurar as infrações penais, exceto as militares;

III – realizar as perícias criminais e médico-legais e a identificação civil e criminal;

IV – operacionalizar as ações ligadas à segurança pública do Estado, no que for de sua competência.

Parágrafo único. A Polícia Civil será chefiada por um Delegado de carreira, que será nomeado para exercer o cargo, em comissão, de Delegado-Geral da Polícia Civil. (Incluído pela Emenda Constitucional nº 25, de 2007)

Art. 45. O ingresso na carreira policial civil far-se-á nas classes iniciais de carreira, mediante concurso público de provas e títulos, em que se apurem qualificações e aptidões específicas para o desempenho das atribuições do cargo, exigido do candidato diploma de formação policial, ministrado por Academia de Polícia Civil.

§1º Além de outros estabelecidos em lei, são requisitos básicos para participar dos concursos públicos da Polícia Civil: ter o candidato, no mínimo, dezoito e, no máximo, trinta e cinco anos de idade, até a data de encerramento da inscrição, salvo se já for funcionário integrante do grupo da Polícia Civil; e, para ingresso em carreira de nível superior, vinte e um anos de idade, possuir o grau de bacharel em direito, para o cargo de Delegado de Polícia; ser graduado em Medicina e em Odontologia, para os de médico-legista e odontologista respectivamente; possuir curso superior para o de perito criminal, nas especialidades respectivas.

§2º O policial civil, por exercer atividade considerada penosa e perigosa, aposentar-se-á aos trinta anos de serviço público, se homem, e aos vinte e cinco, se mulher, conforme preceitua o art. 40, §1º, da Constituição Federal vigente, com proventos integrais.

§3º São policiais civis os integrantes do quadro de pessoal da Polícia Civil que serão regidos por estatuto funcional próprio.

§4º O preparo e aperfeiçoamento dos funcionários dos quadros policiais serão realizados por Academia de Polícia.

§5º O cargo de Delegado de Polícia Civil, privativo de bacharel em direito, integra para todos os fins as carreiras jurídicas do Estado. (Incluído pela Emenda Constitucional nº 31, de 2012)

Art. 46. O Estado promoverá, post mortem, o policial civil que vier a falecer no exercício da atividade profissional ou em razão dela.

Parágrafo único. Aplica-se aos beneficiários dos policiais civis promovidos post mortem, nas condições do art. 45 desta Constituição, o disposto no inciso V e §5º do art. 201 e no art. 202, da Constituição Federal.

Art. 47. Aplica-se também aos Policiais Civis, o disposto no art. 7º, VIII, XII, XVII, XVIII e XIX da Constituição Federal.

Seção III
DA POLÍCIA MILITAR E DO CORPO DE BOMBEIROS

(Redação dada pela Emenda Constitucional nº 25, de 2007)

Art. 48. A Polícia Militar do Estado da Paraíba e o Corpo de Bombeiros Militar do Estado da Paraíba, forças auxiliares e reservas do Exército, são instituições permanentes e organizadas com base na hierarquia e na disciplina. (Redação dada pela Emenda Constitucional nº 38, de 2014)

§1º Caberá à Polícia Militar do Estado da Paraíba, comandada por oficial do último posto da ativa da Corporação, nomeado para exercer, em comissão, o cargo de Comandante Geral da Polícia Militar, executar, em harmonia e cooperação com outros órgãos: (Renumerado pela Emenda Constitucional nº 25, de 2007, e com nova redação dada pela Emenda Constitucional nº 38, de 2014)

I – a polícia ostensiva em todas as suas formas; (Incluído pela Emenda Constitucional nº 25, de 2007)

II – as ações de preservação da ordem pública; (Incluído pela Emenda Constitucional nº 25, de 2007)

III – as atividades de defesa civil; (Incluído pela Emenda Constitucional nº 25, de 2007)

IV – a assistência e o auxílio às pessoas que necessitem de socorro e orientação; (Incluído pela Emenda Constitucional nº 25, de 2007)

V – a segurança pessoal do Governador e do Vice-Governador, bem como de seus familiares e dos locais de trabalho e de residência por eles utilizados; (Incluído pela Emenda Constitucional nº 25, de 2007)

VI – a assessoria militar às Presidências dos Poderes Legislativo e Judiciário, do Tribunal de Contas do Estado, do Ministério Público Estadual, da Defensoria Pública, bem como, à Prefeitura Municipal da Capital do Estado; (Incluído pela Emenda Constitucional nº 25, de 2007, e com nova redação dada pela Emenda Constitucional nº 38, de 2014)

VII – outras atividades compatíveis com seus objetivos, constantes em lei. (Incluído pela Emenda Constitucional nº 25, de 2007)

§2º Cabe ao Corpo de Bombeiros Militar do Estado da Paraíba, comandado por oficial do último posto da ativa da Corporação, nomeado para exercer, em comissão, o cargo de Comandante Geral do Corpo de Bombeiros Militar, executar, em harmonia e cooperação com outros órgãos: (Incluído pela Emenda Constitucional nº 25, de 2007)

I – as ações de prevenção e combate a incêndios; (Incluído pela Emenda Constitucional nº 25, de 2007)

II – as ações de busca e salvamento; (Incluído pela Emenda Constitucional nº 25, de 2007)

III – as atividades de defesa civil; (Incluído pela Emenda Constitucional nº 25, de 2007)

IV – as atividades de ajuda às vítimas de sinistros e calamidades; (Incluído pela Emenda Constitucional nº 25, de 2007)

V – outras atividades compatíveis com seus objetivos, constantes em lei. (Incluído pela Emenda Constitucional nº 25, de 2007) Art. 48-A. São militares do Estado, os integrantes da Polícia Militar e do Corpo de Bombeiros Militar, que serão regidos por estatuto próprio, estabelecido em lei complementar. (Incluído pela Emenda Constitucional nº 37, de 2014)

§1° As patentes, com prerrogativas, direitos e deveres a elas inerentes, são asseguradas em plenitude aos Oficiais da ativa, da reserva ou reformados, sendo-lhes privativos os títulos, postos e uniforme militares. (Incluído pela Emenda Constitucional nº 37, de 2014)

§2° As patentes dos Oficiais são conferidas pelo Governador do Estado. (Incluído pela Emenda Constitucional nº 37, de 2014)

§3° O militar em atividade que aceitar cargo ou emprego público permanentes será transferido para a reserva. (Incluído pela Emenda Constitucional nº 37, de 2014)

§4° O militar da ativa que aceitar cargo, emprego ou função públicos temporários não eletivos, ainda que de entidade da administração indireta, ficará agregado ao respectivo quadro e, enquanto permanecer nessa situação, somente poderá ser promovido por antiguidade, terá seu tempo de serviço contado apenas para aquela promoção e transferência para a reserva e será, depois de dois anos de afastamento, contínuos ou não, transferido para a inatividade. (Incluído pela Emenda Constitucional nº 37, de 2014)

§5° Ao militar, são proibidas a sindicalização e a greve. (Incluído pela Emenda Constitucional nº 37, de 2014)

§6° O militar, enquanto em efetivo serviço, não pode estar filiado a partidos políticos. (Incluído pela Emenda Constitucional nº 37, de 2014)

§7º O oficial somente perderá o posto e a patente se for julgado indigno do oficialato ou com ele incompatível, por decisão do Tribunal de Justiça Militar ou de Tribunal Especial, em tempo de guerra, e a Lei especificará os casos de submissão a processo e o rito deste. (Incluído pela Emenda Constitucional nº 37, de 2014)

§8º O militar condenado na justiça, comum ou militar, a pena privativa de liberdade superior a dois anos, por sentença transitada em julgado, será submetido ao julgamento previsto no parágrafo anterior. (Incluído pela Emenda Constitucional nº 37, de 2014)

§9º A Lei estabelecerá as condições em que a praça perderá a graduação, observado o disposto no art. 115. (Incluído pela Emenda Constitucional nº 37, de 2014)

§10. Os direitos, deveres, garantias e vantagens do servidor militar e as normas sobre admissão, promoção, estabilidade, limites de idade e condições de transferência para a inatividade serão estabelecidos no estatuto. (Incluído pela Emenda Constitucional nº 37, de 2014)

§11. Aplica-se ao militar, o disposto nos arts. 34 e 36 desta Constituição e nos incisos VIII, XII, XVII, XVIII e XIX do art. 7° da Constituição Federal. (Incluído pela Emenda Constitucional nº 37, de 2014)

§12. Os militares da mesma patente perceberão os mesmos vencimentos e vantagens, excetuadas as provenientes de curso ou tempo de serviço. (Incluído pela Emenda Constitucional nº 37, de 2014)

§13. Aos pensionistas dos militares, aplica-se o que for fixado em lei complementar específica. (Incluído pela Emenda Constitucional nº 37, de 2014)

§14. O servidor público militar estadual, que foi licenciado a pedido por ato administrativo sem atender às formalidades constitucionais em que pese também a publicação do ato em Diário Oficial, estabelecido no art. 37 da Constituição Federal, deve ser reintegrado à corporação com todos os direitos restabelecidos. (Incluído pela Emenda Constitucional nº 37, de 2014) (VIDE ADIn nº 2014272-83.2014.815.0000)

TÍTULO V
DA ORGANIZAÇÃO DOS PODERES

Capítulo I
DO PODER LEGISLATIVO

Seção I
DA ASSEMBLEIA LEGISLATIVA

Art. 49. O Poder Legislativo do Estado da Paraíba é exercido pela Assembleia Legislativa, composta de até o triplo da representação do Estado na Câmara Federal e, atingindo o número de trinta e seis, será acrescido de tantos quantos forem os Deputados Federais acima de doze.

Parágrafo único. Cada mandato terá duração de quatro anos. Art. 50. A Assembleia Legislativa compõe-se de representantes do povo eleitos pelo sistema proporcional, em escrutínio secreto e direto.

Art. 51. Salvo disposição constitucional em contrário, as deliberações da Casa e de suas Comissões serão tomadas por maioria de votos, presente a maioria absoluta de seus membros.

Seção II
DAS ATRIBUIÇÕES DO PODER LEGISLATIVO

Art. 52. Cabe à Assembleia Legislativa, com a sanção do Governador do Estado, dispor sobre todas as matérias de competência do Estado especialmente sobre:

I – sistema tributário, arrecadação e distribuição de rendas;

II – plano plurianual, diretrizes orçamentárias, orçamento anual, operações de crédito e dívida pública;

III – fixação e modificação do efetivo da Polícia Militar;

IV – planos e programas estaduais e setoriais de desenvolvimento;

V – limites territoriais do Estado, divisão administrativa e criação de Municípios;

VI – alienação, permuta, cessão ou arrendamento de bens do domínio do Estado, ou, recebimento de doação com encargo;

VII – transferência temporária da sede do Governo Estadual;

VIII – organização administrativa e judiciária do Ministério Público, Advocacia do Estado e da Defensoria Pública;

IX – criação, transformação e extinção de cargos, empregos e funções públicas;

X – criação, estruturação e atribuições das Secretarias de Estado e órgãos da administração pública estadual;

XI – matéria financeira e instituições financeiras e suas atribuições;

XII – normas gerais sobre pensões e subvenções;

XIII – bandeira, hino e brasão estaduais;

XIV – concessão de serviço.

Art. 53. A Assembleia Legislativa bem como qualquer de suas Comissões, poderá convocar Secretário de Estado para prestar, pessoalmente, informações sobre assunto previamente determinado, importando em crime de responsabilidade a ausência injustificada.

§1º O Secretário de Estado poderá comparecer à Assembleia Legislativa, ou a qualquer de suas Comissões, por iniciativa própria, mediante entendimento com a Mesa para expor assunto de relevância de sua Secretaria.

§2º A Mesa da Assembleia Legislativa poderá encaminhar, independentemente de votação, pedido escrito de informação às autoridades públicas estaduais de qualquer nível, importando crime de responsabilidade, com pena de destituição de função, a recusa ou não atendimento, no prazo de trinta dias, bem como a prestação de informações falsas.

Art. 54. Compete privativamente à Assembleia Legislativa:

I – autorizar, por maioria absoluta, a instauração de processo contra o Governador, o Vice-Governador e os Secretários de Estado; (VIDE ADIns nº 218 e nº 4778)

II – proceder à tomada de contas do Governador do Estado, quando não apresentadas à Assembleia Legislativa dentro de sessenta dias após abertura da sessão legislativa;

III – elaborar seu regimento interno;

IV – dispor sobre sua organização, funcionamento, polícia, criação, transformação ou extinção de cargos, empregos e funções de seus serviços, fixação e alteração da respectiva remuneração, observados os parâmetros estabelecidos na lei de diretrizes orçamentárias;

V – julgar, por dois terços dos seus membros, o Governador e o Vice-Governador do Estado, nos crimes de responsabilidade, e os Secretários de Estado nos crimes da mesma natureza conexos com aqueles; (VIDE ADIn nº 4778)

VI – processar e julgar os Secretários de Estado, o Procura- dor-Geral de Justiça e o Procurador-Geral do Estado, nos crimes de responsabilidade;

VII – autorizar o Governador e o Vice-Governador a se ausentarem do País, quando a ausência exceder de trinta dias e, do Estado, por mais de quinze dias;

VIII – aprovar, previamente, por voto secreto, após arguição pública, a escolha de:

a) Conselheiros do Tribunal de Contas e do Tribunal de Contas dos Municípios, indicados pelo Governador do Estado; (Redação dada pela Emenda Constitucional nº 05, de 1994)

b) titulares de outros cargos que a lei determinar;

c) presidente e diretores de estabelecimentos de crédito, cujo controle acionário pertençam ao Estado. (Incluído pela Emenda Constitucional nº 07, de 1995)

IX – dispor sobre limites e condições para a concessão de garantia do Estado em operações de crédito externo e interno;

X – suspender a execução, no todo ou em parte, de lei declarada inconstitucional por decisão definitiva do Poder Judiciário;

XI – conhecer do veto e sobre ele deliberar por maioria absoluta; (Redação dada pela Emenda Constitucional nº 41, de 2015)

XII – aprovar intervenção estadual no Município e o nome do interventor, ou suspendê-la; (Redação dada pela Emenda Constitucional nº 41, de 2015)

XIII – sustar os atos normativos do Poder Executivo que exorbitem do Poder regulamentar ou de limites da delegação legislativa;

XIV – fixar os subsídios dos Deputados Estaduais por lei, de iniciativa da Assembleia Legislativa, na razão de, no máximo, setenta e cinco por cento daqueles estabelecidos em espécie para os Deputados Federais, nos termos do § 2º do art. 27 da Constituição da República Federativa do Brasil; (Redação dada pela Emenda Constitucional nº 24, de 2007)

XV – fixar, para cada exercício financeiro, a remuneração do Governador, e do Vice-Governador e dos Secretários de Estado, observado o que dispõe o art. 150, II; 153, III § 2º, I da Constituição Federal;

XVI – julgar, anualmente, as contas prestadas pelo Governador do Estado e apreciar os relatórios sobre a execução de planos de governo;

XVII – fiscalizar e controlar, diretamente, ou por qualquer de suas Comissões, os atos do Poder Executivo, incluídos os da Administração indireta;

XVIII – zelar pela preservação de sua competência legislativa em face da atribuição normativa dos outros poderes;

XIX – escolher quatro Conselheiros do Tribunal de Contas do Estado e quatro do Tribunal de Contas dos Municípios; (Redação dada pela Emenda Constitucional nº 05, de 1994)

XX – convocar plebiscito e autorizar referendo;

XXI – aprovar, previamente, alienação ou concessão de bens públicos urbanos e rurais;

XXII – autorizar e resolver definitivamente sobre empréstimos, acordos e convênios que acarretem encargos ou compromissos gravosos ao patrimônio estadual;

XXIII – deliberar sobre intervenção nos Municípios, na forma prevista nesta Constituição;

XXIV – elaborar o seu plano plurianual, os dispositivos de suas diretrizes orçamentárias, para inclusão no Projeto de lei de diretrizes dos três Poderes e sua proposta de orçamento anual.

§1º Nos casos previstos nos incisos V e VI, funcionará como Presidente o do Tribunal de Justiça, limitando-se a condenação, que somente será proferida por dois terços dos votos da Assembleia, à perda do cargo, com inabilitação, por oito anos, para o exercício de função pública, sem prejuízo das demais sanções judiciais cabíveis.

§2º Por denúncia de fraude, ilegalidade ou irregularidade administrativa comprovada, a Assembleia Legislativa, pela maioria absoluta de seus membros, em votação única, poderá determinar a sustação da obra, contrato ou pagamento que envolva interesse público.

§3º Cessada a investidura no cargo de Governador do Estado, quem o tiver exercido em caráter permanente fará jus a um subsídio mensal vitalício, a título de pensão especial, paga com recursos do tesouro estadual, igual ao do Chefe do Poder Executivo. (Incluído pela Emenda Constitucional nº 21, de 2006) (VIDE ADIn nº 4562)

Seção III
DOS DEPUTADOS

Art. 55. Os Deputados Estaduais são invioláveis, civil e penalmente, por quaisquer de suas opiniões, palavras e votos. (Redação dada pela Emenda Constitucional nº 14, de 2002)

§1º Os Deputados, desde a expedição do diploma, serão submetidos a julgamento perante o Tribunal de Justiça. (Redação dada pela Emenda Constitucional nº 14, de 2002)

§2º Desde a expedição do diploma, os membros da Assembleia Legislativa não poderão ser presos, salvo em flagrante de crime inafiançável. Nesse caso, os autos serão remetidos, dentro de vinte e quatro horas, à Casa, para que, pelo voto da maioria de seus membros, resolva sobre a prisão. (Redação dada pela Emenda Constitucional nº 14, de 2002)

§3º Recebida a denúncia contra o Deputado Estadual, por crime ocorrido após a diplomação, o Tribunal de Justiça dará ciência à Assembleia Legislativa, que, por iniciativa de partido político nela representado e pelo voto da maioria de seus membros, poderá, até a decisão final, sustar o andamento da ação. (Redação dada pela Emenda Constitucional nº 14, de 2002)

§4º O pedido de sustação será apreciado pela Casa no prazo improrrogável de quarenta e cinco dias de seu recebimento pela Mesa Diretora. (Redação dada pela Emenda Constitucional nº 14, de 2002)

§5º A sustação do processo suspende a prescrição, enquanto durar o mandato. (Redação dada pela Emenda Constitucional nº 14, de 2002)

§6º Os Deputados não serão obrigados a testemunhar sobre informações recebidas ou prestadas em razão do exercício do mandato, nem sobre as pessoas que lhes confiarem ou deles receberam informações. (Redação dada pela Emenda Constitucional nº 14, de 2002)

§7° A incorporação às Forças Armadas de Deputados, em- bora militares e ainda que em tempo de guerra, dependerá de prévia licença da Assembleia Legislativa. (Redação dada pela Emenda Constitucional nº 14, de 2002)

§8º As imunidades dos Deputados subsistirão durante o estado de sítio, só podendo ser suspensas mediante o voto de dois terços dos membros da Casa, nos casos de atos praticados fora do recinto da Assembleia Legislativa, que sejam incompatíveis com a execução da medida. (Redação dada pela Emenda Constitucional nº 14, de 2002)

Art. 56. Os Deputados Estaduais não poderão:

I – desde a expedição do diploma:

a) firmar ou manter contrato com pessoa jurídica de direito público, autarquia, empresa pública, sociedade de economia mista ou empresa concessionária de serviço público, salvo quando o contrato obedecer a cláusulas uniformes;

b) aceitar ou exercer cargo, função ou emprego remunerado, inclusive os de que sejam demissíveis ad nutum, nas entidades constantes da letra anterior.

II – desde a posse:

a) ser proprietários, controladores ou diretores de empresa que goze de favor decorrente de contrato com pessoa jurídica de direito público, ou nela exercer função remunerada;

b) ocupar cargo ou função de que sejam demissíveis ad nutum, nas entidades referidas no inciso I, alínea a;

c) patrocinar causas em que seja interessada qualquer das entidades a que se refere o inciso I, alínea a;

d) ser titulares de mais de um cargo ou mandato público eletivo.

Art. 57. Perderá o mandato o Deputado Estadual:

I – que infringir qualquer das proibições estabelecidas no artigo anterior;

II – cujo procedimento for declarado incompatível com o decoro parlamentar;

III – que deixar de comparecer, em cada sessão legislativa, à terça parte das sessões ordinárias da Casa, salvo em licença ou missão por esta autorizada;

IV – o que perder ou tiver suspensos os direitos políticos;

V – quando o decretar a Justiça Eleitoral, nos casos previstos nesta Constituição e na Constituição Federal;

VI – que sofrer condenação criminal em sentença transitada em julgado.

§1º É incompatível com o decoro parlamentar, além dos casos definidos no regimento interno, o abuso das prerrogativas asseguradas a membro da Assembleia Legislativa ou a percepção de vantagens indevidas.

§2º Nos casos dos incisos I, II e VI, a perda do mandato será decidida pela Assembleia Legislativa, por voto secreto e maioria absoluta, mediante provocação da respectiva Mesa ou de partido político representado na Assembleia Legislativa, assegurada ampla defesa.

§3º Nos casos previstos nos incisos III a V, a perda será declarada pela Mesa da Casa, de ofício ou mediante provocação de qualquer de seus membros, ou de partido político representado na Assembleia Legislativa, assegurada ampla defesa.

Art. 58. Não perderá o mandato o Deputado:

I – investido no cargo de Ministro, Secretário de Estado, ou Secretário de Prefeitura com população superior a duzentos mil habitantes;

II – licenciado pela Mesa da Assembleia Legislativa por motivo de doença, ou para tratar, sem remuneração, de interesse particular, desde que, neste caso, o afastamento não ultrapasse cento e vinte dias por sessão legislativa.

§1º O suplente será convocado nos casos de vaga, de investidura em funções previstas neste artigo, ou de licença superior a cento e vinte dias.

§2º Ocorrendo vaga e não havendo suplente, far-se-á eleição para preenchê-la, se faltarem mais de quinze meses para o término do mandato.

§3º Na hipótese do inciso I, o Deputado poderá optar pela remuneração do mandato.

Seção IV
DAS REUNIÕES

Art. 59. A Assembleia Legislativa reunir-se-á, na Capital do Estado, anualmente, de 1º de fevereiro a 30 de junho e de 1º de agosto a 20 de dezembro, podendo neste ínterim, se reunir de forma itinerante em ponto diverso do território paraibano, por deliberação da maioria absoluta dos seus membros. (Redação dada pela Emenda Constitucional nº 40, de 2015)

§1º As reuniões marcadas para essas datas serão transferidas para o primeiro dia útil subsequente, quando recaírem em sábados, domingos ou feriados.

§2º A sessão legislativa não será interrompida sem a aprovação do projeto de lei de diretrizes orçamentárias.

§3º Além de outros casos previstos nesta Constituição, a Assembleia Legislativa reunir-se-á em sessão solene para:

I – inaugurar a legislatura e a sessão legislativa;

II – receber o compromisso do Governador e do Vice- Governador do Estado.

§4º A Assembleia Legislativa reunir-se-á em sessões preparatórias, a partir de1º de fevereiro, no primeiro ano da Legislatura, para a posse de seus membros e eleição da Mesa, para mandato de dois anos, permitida a recondução para o mesmo cargo. (Redação dada pela Emenda Constitucional nº 16, de 2003)

§5º A convocação extraordinária da Assembleia Legislativa far-se-á:

I – pelo Presidente da Assembleia, em caso de intervenção nos Municípios, e para o compromisso e posse do Governador e Vice-Governador do Estado;

II – pelo Governador do Estado, ou a requerimento da maioria dos membros da Casa, em caso de urgência ou interesse público relevante.

§6º Na sessão legislativa extraordinária, a Assembleia Legislativa somente deliberará sobre a matéria para a qual foi convocada. (Redação dada pela Emenda Constitucional nº 26, de 2007)

Seção V
DAS COMISSÕES

Art. 60. A Assembleia Legislativa terá comissões permanentes e temporárias, constituídas na forma e com as atribuições previstas no regimento ou no ato de que resultar sua criação.

§1º Na constituição da Mesa e de cada Comissão, é assegurada, tanto quanto possível, a representação proporcional dos partidos políticos ou dos blocos parlamentares que participam da Casa.

§2º Às comissões, em razão da matéria de sua competência, cabe:

I – discutir e votar projeto de lei que dispensar, na forma do regimento, a competência do Plenário, salvo se houver recurso de um sexto dos membros da casa;

II – realizar audiências públicas com entidades da sociedade civil;

III – convocar Secretários de Estado para prestar informações;

IV – receber petições, reclamações, representações ou queixas de qualquer pessoa contra atos ou omissões das autoridades ou entidades públicas;

V – solicitar depoimento de qualquer autoridade ou cidadão;

VI – apreciar programas de obras, planos estaduais, regionais e setoriais de desenvolvimento e sobre eles emitir parecer;

VII - requisitar ao Tribunal de Contas do Estado ou ao Tribunal de Contas dos Municípios, que proceda, em prazo determina- do, às inspeções e auditorias necessárias à apuração de denúncias de irregularidades em órgãos e entidades da administração estadual. (Redação dada pela Emenda Constitucional nº 05, de 1994)

§3º As comissões parlamentares de inquérito, que terão poderes de investigação próprios das autoridades judiciais, além de outros previstos no regimento da Casa, serão criadas mediante requerimento de um terço de seus membros, para apuração de fato determinado e por prazo certo, sendo suas conclusões, se for o caso, encaminhadas ao Ministério Público, para que promova a responsabilidade civil ou criminal dos infratores.

§4º Durante o recesso, haverá uma comissão representativa da Assembleia Legislativa, eleita pelos seus membros na última sessão ordinária do período legislativo, com atribuições definidas no regimento interno, cuja composição reproduzirá, tanto quanto possível, a proporcionalidade da representação partidária.

Seção VI
DO PROCESSO LEGISLATIVO

Subseção I
DISPOSIÇÕES GERAIS

Art. 61. O processo Legislativo compreende a elaboração de: (Redação dada pela Emenda Constitucional nº 06, de 1994)

I - emendas à Constituição; (Redação dada pela Emenda Constitucional nº 06, de 1994)

II - leis complementares; (Redação dada pela Emenda Constitucional nº 06, de 1994)

III - leis ordinárias; (Redação dada pela Emenda Constitucional nº 06, de 1994)

IV - leis delegadas; (Redação dada pela Emenda Constitucional nº 06, de 1994)

V - medidas provisórias; (Incluído pela Emenda Constitucional nº 06, de 1994)

VI - decretos legislativos; (Redação dada pela Emenda Constitucional nº 06, de 1994)

VII - resoluções. (Redação dada pela Emenda Constitucional nº 06, de 1994)

Subseção II
DA EMENDA À CONSTITUIÇÃO

Art. 62. A Constituição poderá ser emendada mediante proposta:

I - de um terço, no mínimo, dos membros da Casa;

II – do Governador do Estado;

III – de mais de um terço das Câmaras Municipais manifestando-se, cada uma delas, pela maioria relativa de seus membros; (Incluído pela Emenda Constitucional nº 02, de 1993)

IV – de cidadãos, mediante iniciativa popular assinada manual ou digitalmente, desde que, contida devida certificação, por no mínimo um por cento dos eleitores estaduais, distribuídos, no mínimo, em um décimo dos Municípios, com não menos de um por cento dos eleitores de cada um deles. (Incluído pela Emenda Constitucional nº 02, de 1993, e com nova redação dada pela Emenda Constitucional nº 43, de 2019).

§1º A Constituição não poderá ser emendada em qualquer dos casos previstos no art. 60, § 1º da Constituição Federal.

§2º A proposta será discutida e votada na Assembleia Legislativa, em dois turnos, considerando-se aprovada se obtiver, em ambos, três quintos dos votos dos de seus membros.

§3º A emenda à Constituição será promulgada pela Mesa da Assembleia Legislativa, com número de ordem.

§4º A matéria constante de proposta de emenda rejeitada ou havida por prejudicada não pode ser objeto de nova proposta na mesma sessão legislativa.

Subseção III
DAS LEIS

Art. 63. A iniciativa das leis complementares e ordinárias cabe a qualquer membro ou Comissão da Assembleia Legislativa, ao Governador do Estado, ao Tribunal de Justiça, ao Procurador-Geral de Justiça e aos cidadãos, na forma e nos casos previstos nesta Constituição.

§1º São de iniciativa do Governador do Estado as leis que:

I – fixem ou modifiquem os efetivos da Polícia Militar, obedecendo ao disposto no inciso III do art. 56 desta Constituição;

II – disponham sobre;

a) criação de cargos, funções ou empregos públicos na administração direta e autárquica ou aumento de sua remuneração;

b) organização administrativa, matéria orçamentária e serviços públicos; (Redação dada pela Emenda Constitucional nº 34, de 2014)

c) servidores públicos do Estado, seu regime jurídico, provimento de cargos, estabilidade e aposentadoria de civis, reforma e transferência de militares para a inatividade;

d) organização do Ministério Público, da Advocacia do Esta- do e da Defensoria Pública do Estado;

e) criação, estruturação e atribuições das Secretarias e órgãos da administração pública.

§2º A iniciativa popular pode ser exercida pela apresentação à Assembleia Legislativa de anteprojeto de lei assinado manual ou digitalmente, desde que, contida a devida certificação, por no mínimo, um por cento do eleitorado estadual, distribuído pelo menos por cinco Municípios, com não menos de um por cento dos eleitores de cada um deles (Redação dada pela Emenda Constitucional nº 43, de 2019).

§3º Em caso de relevância e urgência, o Governador do Estado poderá adotar medidas provisórias, com força na lei, devendo submetê-las de imediato à Assembleia Legislativa, que estando em recesso será convocada extraordinariamente para se reunir no prazo de cinco dias. (Incluído pela Emenda Constitucional nº 06, de 1994)

§4º As Medidas Provisórias, ressalvado o disposto nos §§ 11 e 12, perderão eficácia, desde a edição, se não forem convertidas em lei no prazo de 60 (sessenta) dias, prorrogável, nos termos do § 8°, uma vez por igual período, devendo a Assembleia Legislativa disciplinar, por decreto legislativo, as relações jurídicas delas decorrentes. (Redação dada pela Emenda Constitucional nº 36, de 2014)

§5º O prazo a que se refere o §4° contar-se-á da publicação da Medida Provisória, suspendendo-se durante os períodos de recesso da Assembleia Legislativa. (Incluído pela Emenda Constitucional nº 36, de 2014)

§6º A deliberação da Comissão de Constituição, Justiça e Redação sobre o mérito das Medidas Provisórias dependerá de juízo prévio sobre o atendimento de seus pressupostos constitucionais. (Incluído pela Emenda Constitucional nº 36, de 2014)

§7º Se a Medida Provisória não for apreciada em até 45 (quarenta e cinco) dias contados de sua publicação, entrará em regime de urgência, ficando sobrestadas, até que se ultime a votação, todas as demais deliberações legislativas que estiverem tramitando na Casa. (Incluído pela Emenda Constitucional nº 36, de 2014)

§8º Prorrogar-se-á uma única vez por igual período a vigência de Medida Provisória que, no prazo de 60 (sessenta) dias, contado de sua publicação, não tiver a sua votação encerrada pela Assembleia Legislativa. (Incluído pela Emenda Constitucional nº 36, de 2014)

§9º Caberá à Comissão de Constituição, Justiça e Redação examinar as Medidas Provisórias e sobre elas emitir parecer, antes de serem apreciadas pelo plenário da Assembleia Legislativa. (Incluído pela Emenda Constitucional nº 36, de 2014)

§10. É vedada a reedição, na mesma sessão legislativa, de Medida Provisória que tenha sido rejeitada ou que tenha perdido sua eficácia por decurso de prazo. (Incluído pela Emenda Constitucional nº 36, de 2014)

§11. Não editado o decreto legislativo a que se refere o §4° até 60 (sessenta) dias após a rejeição ou perda de eficácia de Medida Provisória, as relações jurídicas constituídas e decorrentes de atos praticados durante sua vigência conservar-se-ão por ela regidas. (Incluído pela Emenda Constitucional nº 36, de 2014)

§12. Aprovado Projeto de lei de conversão alterando o texto original da Medida Provisória, esta manter-se-á integralmente em vigor até que seja sancionado ou vetado o projeto.(Incluído pela Emenda Constitucional nº 36, de 2014)

Art. 64. Não será admitido aumento da despesa prevista:

I – nos projetos de iniciativa exclusiva do Governador do Estado, ressalvado o disposto no art. 169, § 3º e 4º;

II – nos projetos sobre organização dos serviços administrativos da Assembleia Legislativa, dos Tribunais de Justiça e de Contas, do Ministério Público e da Defensoria Pública. (Redação dada pela Emenda Constitucional nº 38, de 2014)

§1º O Governador do Estado poderá solicitar urgência para apreciação de projetos de sua iniciativa.

§2º Se, no caso do parágrafo anterior, a Assembleia não se manifestar em até quarenta e cinco dias, sobre a proposição, será incluída na Ordem do Dia, sobrestando-se a deliberação quanto aos demais assuntos, para que se ultime a votação.

§3º A apreciação de emendas far-se-á no prazo de três dias, observando-se quanto ao mais o disposto no parágrafo anterior.

§4º Os prazos do §2º não correm nos períodos de recesso da Assembleia Legislativa, nem se aplicam aos projetos de leis complementares.

Art. 65. Aprovado o projeto de lei, na forma regimental, será o autógrafo encaminhado ao Governador do Estado que o sancionará.

§1º Se o Governador do Estado considerar o projeto, no todo em parte, inconstitucional ou contrário ao interesse público, vetá-lo-á total ou parcialmente, no prazo de quinze dias úteis, contados da data do recebimento, e comunicará, dentro de quarenta e oito horas, ao Presidente da Assembleia Legislativa os motivos do veto.

§2º O veto parcial somente abrangerá texto integral de artigo, de parágrafo, de inciso ou de alínea.

§3º Decorrido o prazo de quinze dias, o silêncio do Governa- dor do Estado importará sanção.

§4º O veto será apreciado em sessão Plenária, dentro de 30 (trinta) dias a contar de seu recebimento, só podendo ser rejeitado pelo voto da maioria absoluta dos Deputados. (Redação dada pela Emenda Constitucional nº 41, de 2015)

§5º Se o veto não for mantido, será o projeto enviado, para promulgação, ao Governador do Estado.

§6º Esgotado sem deliberação o prazo estabelecido no §4º, o veto será colocado na Ordem do Dia da sessão imediata, sobrestadas as demais proposições, até sua votação final.

§7º Se a lei não for promulgada dentro de quarenta e oito horas pelo Governador do Estado, nos casos dos §§ 3º e 5º, o Presidente da Assembleia Legislativa a promulgará, e, se não o fizer em igual prazo, caberá ao Vice-Presidente fazê-lo.

Art. 66. A matéria constante de projeto de lei rejeitado somente poderá constituir objeto de novo projeto, na mesma sessão legislativa, mediante proposta da maioria absoluta dos membros da Casa.

Art. 67. As leis delegadas serão elaboradas pelo Governador do Estado, que deverá solicitar a delegação à Assembleia Legislativa. (Redação dada pela Emenda Constitucional nº 38, de 2014)

§1º Não será objeto de delegação os atos de competência exclusiva da Assembleia Legislativa, a matéria reservada à lei complementar e a matéria legislativa sobre: (Redação dada pela Emenda Constitucional nº 38, de 2014)

I – organização do Poder Judiciário, do Ministério Público e da Defensoria Pública, a carreira e a garantia de seus membros; (Redação dada pela Emenda Constitucional nº 38, de 2014)

II – planos plurianuais, diretrizes orçamentárias e orçamento.

§2º A delegação ao Governador do Estado terá forma de resolução da Assembleia Legislativa, e especificará seu conteúdo e os termos de seu exercício.

§3º Se a resolução determinar, a apreciação do projeto pela Assembleia Legislativa será feita em votação única, vedada qualquer emenda.

Art. 68. As leis complementares serão aprovadas por maioria absoluta.

Seção VII
PROCURADORIA DA ASSEMBLEIA LEGISLATIVA

Art. 69. A Procuradoria da Assembleia Legislativa é o órgão superior de assessoramento e consultoria jurídica do Poder Legislativo, incumbindo-lhe ainda as atividades de assistência técnica legislativa à Mesa Diretora, às Comissões, aos Deputados e às suas secretarias.

§1º Resolução de iniciativa da Mesa da Assembleia disporá sobre a organização e o funcionamento da Procuradoria, estendendo- se aos seus integrantes os direitos, deveres e vedações atinentes aos Procuradores do Estado.

§2º A Procuradoria é dirigida por um Procurador-Chefe, com posicionamento hierárquico de Secretário do Poder Legislativo, nomeado em Comissão pela Mesa Diretora. (Redação dada pela Emenda Constitucional nº 17, de 2003)

Seção VIII
DA FISCALIZAÇÃO CONTÁBIL, FINANCEIRA E ORÇAMENTÁRIA

Art. 70. A fiscalização contábil, financeira, orçamentária, operacional e patrimonial do Estado e das entidades da administração direta e indireta, quanto à legalidade, legitimidade, economicidade, aplicação das subvenções e renúncias de receitas será exercida pela Assembleia Legislativa, mediante controle externo, e pelo sistema de controle interno de cada um dos Poderes.

§1º Prestará contas qualquer pessoa física ou entidade pública que utilize, arrecade, guarde, gerencie ou administre dinheiros, bens e valores públicos ou pelos quais o Estado responda, ou que, em nome deste, assuma obrigações de natureza pecuniária.

§2º Fica criada a Comissão de Orçamento, Fiscalização, Tributação e Transparência na Assembleia Legislativa, à qual deverão ser encaminhados os balancetes mensais do Poder Executivo, do Poder Judiciário, do Tribunal de Contas, do Tribunal de Contas dos Municípios e da Procuradoria-Geral de Justiça. (Redação dada pela Emenda Constitucional nº 05, de 1994) (VIDE ADIn nº 469)

§3º O disposto nesta Seção aplica-se, no que couber no limite de sua jurisdição, ao Tribunal de Contas dos Municípios. (Incluído pela Emenda Constituição nº 05, de 1994)

Art. 71. O controle externo a cargo da Assembleia Legislativa será exercido com o auxílio do Tribunal de Contas do Estado ao qual compete:

I – apreciar as contas prestadas anualmente pelo Governador do Estado mediante parecer prévio que deverá ser elaborado, em sessenta dias, a contar do seu recebimento;

II – julgar as contas dos administradores e demais responsáveis por dinheiro, bens e valores públicos dos três Poderes, da administração direta e indireta, incluídas as fundações e sociedades instituídas ou mantidas pelo Poder Público Estadual, e as contas daqueles que derem causa a perda, extravio ou outra irregularidade de que resulte prejuízo ao erário; (Redação dada pela Emenda Constitucional nº 05, de 1994)

III – apreciar, para fins de registro, a legalidade dos atos de admissão de pessoal, a qualquer título, nas administrações direta e indireta, incluídas as fundações instituídas ou mantidas pelo Poder Público, excetuadas as nomeações para cargos de provimento em comissão, bem como as concessões de aposentadorias, reformas e pensões, ressalvadas as melhorias posteriores que não alterem o fundamento do ato concessório;

IV – realizar, por iniciativa própria, da Assembleia Legislativa, de Comissão técnica ou parlamentar de inquérito, inspeções e auditorias de natureza contábil, financeira, orçamentária, operacional e patrimonial, nos poderes Legislativo, Executivo e Judiciário, e demais entidades referidas no inciso II;

V – fiscalizar a aplicação de quaisquer dos recursos repassados pelo Estado mediante convênio, acordo, ajuste ou outros instrumentos congêneres;

VI – prestar informações solicitadas pela Assembleia Legislativa, ou por qualquer das suas comissões, sobre a fiscalização contábil, financeira e orçamentária, operacional, patrimonial e sobre resultados de auditorias e inspeções realizadas no prazo determinado na solicitação;

VII – aplicar aos responsáveis, em caso de ilegalidade de despesa ou irregularidade de contas, as sanções previstas em lei, que estabelecerá, entre outras cominações, multa proporcional ao dano causado ao erário;

VIII – assinar prazo para que o órgão ou entidade adote as providências necessárias ao exato cumprimento da lei, se verificada a ilegalidade;

IX – sustar, se não atendido, a execução do ato impugnado, comunicando a decisão à Assembleia Legislativa.

§1º No caso de contrato, o ato de sustação será adotado diretamente pela Assembleia Legislativa, que solicitará, de imediato, ao Poder Executivo as medidas cabíveis.

§2º Se a Assembleia Legislativa ou o Poder Executivo, no prazo de noventa dias, não efetivar as medidas previstas no parágrafo anterior, o Tribunal decidirá a respeito.

§3º As decisões do Tribunal de que resulte imputação de débito ou multa terão eficácia de título executivo.

§4º Se o Poder Público não promover a responsabilidade civil prevista no parágrafo anterior, deverá fazê-lo o Ministério Público, que também apurará a responsabilidade criminal da autoridade omissa.

§5º O Tribunal encaminhará à Assembleia Legislativa, trimestral e anualmente, relatório de suas atividades.

§6º (Revogado pela Emenda Constitucional nº 05, de 1994)

Art. 72. A Comissão permanente a que se refere o art. 70, § 2º, diante de indícios de despesas não autorizadas, ainda que sob a forma de investimento não programado ou de subsídios não aprovados, poderá solicitar à autoridade governamental responsável que, no prazo de cinco dias, preste os esclarecimentos necessários.

§1º Não prestados os esclarecimentos, ou considerados estes insuficientes, a Comissão solicitará ao Tribunal pronunciamento conclusivo sobre a matéria, no prazo de trinta dias.

§2º Entendendo o Tribunal irregular a despesa, a Comissão, se julgar que o gasto possa causar dano irreparável ou grave lesão à economia pública, proporá à Assembleia Legislativa sua sustação.

Art. 73. O Tribunal de Contas do Estado, integrado por sete Conselheiros, tem sede na Capital do Estado, quadro próprio de pessoal e jurisdição em todo o território estadual, exercendo no que couber, as atribuições previstas no art. 96 da Constituição Federal, sendo-lhe assegurada autonomia administrativa e financeira.

§1º Os Conselheiros do Tribunal de Contas serão nomeados dentre brasileiros que satisfaçam os seguintes requisitos:

I – mais de trinta e cinco e menos de sessenta e cinco anos de idade;

II – idoneidade moral e reputação ilibada;

III – notórios conhecimentos jurídicos, contábeis, econômicos e financeiros ou de administração;

IV – mais de dez anos de exercício de função ou de efetiva atividade profissional de nível superior que exija os conhecimentos mencionados no inciso anterior.

§2º Os Conselheiros do Tribunal de Contas do Estado serão escolhidos:

I – três pelo Governador do Estado, com a aprovação da Assembleia Legislativa, sendo dois alternadamente dentre auditores e membros do Ministério Público junto ao Tribunal indicados em lista tríplice pelo Tribunal, segundo os critérios de antiguidade e merecimento; (Redação dada pela Emenda Constitucional nº 05, de 1994)

II – quatro pela Assembleia Legislativa. (Redação dada pela Emenda Constitucional nº 05, de 1994)

§3º Os Conselheiros terão as mesmas garantias, prerrogativas, impedimentos, vencimentos e vantagens dos Desembargadores do Tribunal de Justiça e somente poderão aposentar-se com as vantagens do cargo, quando o tiverem exercido efetivamente por mais de cinco anos.

§4º Os Auditores, em número de sete, serão nomeados pelo Governador do Estado dentre bacharéis em Direito, em Economia, em Contabilidade ou em Administração, após aprovação em concurso público de provas e títulos, realizado pelo Tribunal de Contas.

§5º O Auditor, quando em substituição a Conselheiro, terá as mesmas garantias e impedimentos do titular e, quando no exercício das demais atribuições estabelecidas em lei, as de juiz da mais elevada entrância.

§6º O Ministério Público junto ao Tribunal de Contas do Estado, composto por sete Procuradores, que integrarão a carreira na forma estabelecida em lei, observado o disposto nos arts. 130 e 135 da Constituição Federal, terá como Chefes um Procurador-Geral e dois Subprocuradores.

Art. 74. É da competência exclusiva do Tribunal de Contas elaborar o seu regimento interno, e dispor sobre sua organização, e funcionamento, eleger seus órgãos diretores e organizar sua secretaria e serviços auxiliares.

Parágrafo único. Lei de iniciativa do Tribunal de Contas estabelecerá sobre a sua organização, podendo constituir Câmaras e Delegações ou órgãos destinados a auxiliá-lo no exercício de suas funções, dispor sobre o seu quadro de pessoal, criação, transformação e extinção de cargos, fixação e alteração da respectiva remuneração.

Art. 75. Os Conselheiros, nos crimes comuns e de responsabilidade, serão processados e julgados, originariamente, pelo Superior Tribunal de Justiça.

Art. 76. Os Poderes Legislativo, Executivo e Judiciário manterão de forma integrada, sistema de controle interno com a finalidade de:

I – avaliar o cumprimento de metas previstas no plano plurianual, a execução dos programas de governo e do orçamento do Estado;

II – comprovar a legalidade e avaliar os resultados, quanto à eficácia e eficiência da gestão orçamentária, financeira e patrimonial dos órgãos e entidades da administração estadual, bem como da aplicação de recursos públicos por entidades de direito privado;

III – exercer o controle das operações de crédito, avais e garantias, bem como dos direitos e haveres do Estado;

IV – apoiar o controle externo no exercício de sua missão institucional.

§1º Os responsáveis pelo controle interno ao tomarem conhecimento de qualquer irregularidade ou ilegalidade, dela darão ciência ao Tribunal de Contas do Estado, sob pena de responsabilidade solidária.

§2º Qualquer cidadão, partido político, associação ou sindicato é parte legítima para, na forma da lei, denunciar irregularidades ou ilegalidades perante o Tribunal de Contas do Estado, que procederá no prazo máximo de sessenta dias à apuração, enviando relatório conclusivo à Assembleia Legislativa e ao denunciante.

Art. 77. É vedado ao Conselheiro, sob pena de perda do cargo, ainda que em disponibilidade, o exercício de outra função, salvo de um cargo de magistério, bem como receber, a qualquer título, custas ou participação nos processos ou ainda dedicar-se à atividade político-partidária.

Capítulo II
DO PODER EXECUTIVO

Seção I
DO GOVERNADOR E DO VICE-GOVERNADOR DE ESTADO

Art. 78. O Poder Executivo é exercido pelo Governador, auxiliado pelos Secretários de Estado.

Art. 79. A eleição do Governador e do Vice-Governador do Estado, para mandato de quatro anos, realizar-se-á no primeiro domingo de outubro, em primeiro turno, e no último domingo de outubro, em segundo turno, se houver, do ano anterior ao do término do mandato de seus antecessores, e a posse ocorrerá em primeiro de janeiro do ano subsequente. (Redação dada pela Emenda Constitucional nº 10, de 1999)

§1º A eleição do Governador do Estado importará a do Vice-Governador com ele registrado.

§2º Será considerado eleito Governador o candidato que, registrado por partido político, obtiver a maioria absoluta de votos, não computados os em branco e os nulos.

§3º Se nenhum candidato alcançar maioria absoluta na primeira votação, far-se-á nova eleição em até vinte dias após a proclamação do resultado, concorrendo os dois candidatos mais votados e considerando-se eleito aquele que obtiver a maioria dos votos válidos.

§4º Se, antes de realizado o segundo turno, ocorrer morte, desistência ou impedimento legal do candidato, convocar-se-á, dentre os remanescentes, o de maior votação.

§5º Se na hipótese dos parágrafos anteriores, remanescer, em segundo lugar, mais de um candidato com a mesma votação, qualificar-se-á o mais idoso.

Art. 80. O Governador e o Vice-Governador do Estado tomarão posse em sessão da Assembleia Legislativa, prestando o compromisso de manter, defender e cumprir a Constituição, observar as leis e promover o bem geral do povo paraibano.

Parágrafo único. Se decorridos dez dias da data fixada para a posse, o Governador ou Vice-Governador, salvo motivo de força maior, não tiver assumido o cargo, este será declarado vago.

Art. 81. Substituirá o Governador, no caso de impedimento, e suceder-lhe-á, no de vaga, o Vice-Governador.

Parágrafo único. O Vice-Governador do Estado, além de outras atribuições que lhe forem conferidas por lei complementar, auxiliará o Governador, sempre que por ele convocado para missões especiais.

Art. 82. Em caso de impedimento do Governador e do Vice-Governador, ou vacância dos respectivos cargos, serão sucessivamente chamados ao exercício da chefia do Poder Executivo, o Presidente da Assembleia Legislativa e o do Tribunal de Justiça.

Art. 83. Vagando os cargos de Governador e Vice-Governador do Estado far-se-á eleição noventa dias depois de aberta a última vaga.

§1º Ocorrendo a vacância nos últimos dois anos do período Governamental, a eleição para ambos os cargos será feita trinta dias depois da última vaga, pela Assembleia Legislativa, na forma da lei.

§2º Em qualquer dos casos, os eleitos deverão completar o período de seus antecessores.

Art. 84. O Governador do Estado e quem o houver sucedido, ou substituído no curso do mandato poderá ser reeleito para um único período subsequente. (Redação dada pela Emenda Constitucional nº 10, de 1999)

Art. 85. O Governador e o Vice-Governador do Estado não poderão, sem licença da Assembleia Legislativa, ausentar-se do País por período superior a quinze dias, sob pena de perda do cargo.

Parágrafo único. O Governador residirá obrigatoriamente na Capital, não podendo ausentar-se do Estado por mais de quinze dias consecutivos sem a transmissão do cargo ao seu substituto constitucionalmente previsto, sob pena de perda do cargo.

Seção II
DAS ATRIBUIÇÕES DO GOVERNADOR DO ESTADO

Art. 86. Compete privativamente ao Governador do Estado:

I – nomear e exonerar os Secretários de Estado;

II – exercer, com o auxílio dos Secretários de Estado, a direção superior da administração estadual;

III – iniciar o processo legislativo, na forma e nos casos previstos nesta Constituição;

IV – sancionar, promulgar e fazer publicar as leis, expedir decretos e regulamentos para sua fiel execução;

V – vetar projeto de lei, total ou parcialmente;

VI – dispor sobre a organização e o funcionamento da administração estadual, na forma da lei;

VII – celebrar convênios, empréstimos acordos e atos congêneres, sujeitos a referendo da Assembleia Legislativa;

VIII - decretar e executar intervenção no Município, ouvida a Assembleia Legislativa;

IX - remeter mensagem e plano de Governo à Assembleia Legislativa, por ocasião da abertura da sessão legislativa, expondo a situação do Estado e solicitando as providências que julgar necessárias;

X - criar e extinguir os cargos públicos estaduais, na forma da lei; (Redação dada pela Emenda Constitucional nº 25, de 2007)

XI - realizar operações de crédito, autorizado pela Assembleia Legislativa;

XII - nomear, após aprovação pela Assembleia Legislativa, Conselheiros do Tribunal de Contas do Estado e do Tribunal de Contas dos Municípios, interventor em Município, e outros servidores, quando determinado em lei; (Redação dada pela Emenda Constitucional nº 05, de 1994)

XIII - enviar à Assembleia Legislativa o plano plurianual, o projeto de lei de diretrizes orçamentárias e as propostas de orçamento previstos nesta Constituição, com base nos textos específicos de cada Poder, não podendo um alterar as do outro, assegurado o direito de emenda do Poder Legislativo, na votação da matéria;

XIV - prestar, anualmente, à Assembleia Legislativa, as contas referentes ao exercício anterior;

XV - exercer outras atribuições previstas nesta Constituição;

XVI - contrair empréstimos, contratar operações ou celebrar acordos externos, observadas a Constituição Federal e as leis federais;

XVII - exercer o Poder regulamentar;

XVIII - exercer o comando supremo de todos os órgãos integrantes do Sistema Organizacional da Segurança e da Defesa Social; (Redação dada pela Emenda Constitucional nº 25, de 2007)

XIX - propor ação de inconstitucionalidade;

XX - prover, de forma definitiva ou temporária, as funções gratificadas e os cargos públicos criados por lei e integrados à Estrutura Organizacional do Poder Executivo Estadual. (Incluído pela Emenda Constitucional nº 25, de 2007)

Parágrafo único. O Chefe do Poder Executivo poderá delegar as atribuições constantes nos incisos deste artigo, exceto as dos incisos I, III, IV, V, VIII, X, XII, XIII, XVII e XVIII, por Decreto Governamental, aos Secretários de Estado e ao Procurador Geral do Estado, que observarão os limites traçados nas respectivas delegações. (Redação dada pela Emenda Constitucional nº 25, de 2007)

Seção III
DA RESPONSABILIDADE DO GOVERNADOR DO ESTADO

Art. 87. São crimes de responsabilidade os atos do Governador que atentem contra a Constituição Federal ou do Estado e, especialmente, contra:

I – a existência da União, do Estado e do Município;

II – o livre exercício do Poder Legislativo, do Poder Judiciário e do Ministério Público;

III – o livre exercício dos direitos políticos, individuais e sociais;

IV – a segurança interna do Estado;

V – a probidade na administração;

VI – o cumprimento das leis e das decisões judiciais;

VII – liberação, além dos prazos legais, de cotas, taxas, impostos e tributos de qualquer ordem, devidos aos Municípios, ou a liberação isolada a qualquer um deles;

VIII – a prestação de informações exatas solicitadas pela Assembleia Legislativa;

IX – a transferência, até o dia vinte de cada mês, das dotações orçamentárias dos Poderes Legislativo e Judiciário.

Art. 88. Admitida a acusação contra o Governador do Estado, por maioria absoluta da Assembleia Legislativa, ressalvada a competência do Superior Tribunal Militar, nos casos que configurem crime militar, será ele submetido a julgamento: (VIDE ADIns nº 185, 218 e 4778)

a) nas infrações penais comuns, perante o Superior Tribunal de Justiça;

b) nos crimes de responsabilidade pela Assembleia Legislativa, que, sob a presidência do Presidente do Tribunal de Justiça do Estado, decidirá por maioria de dois terços de seus membros. (VIDE ADIn nº 4778)

§1º O Governador do Estado ficará suspenso de suas funções:

I – nas infrações penais comuns, se recebida a denúncia ou queixa-crime pelo Superior Tribunal de Justiça;

II – nos crimes de responsabilidade, após a instauração do processo pela Assembleia Legislativa.

§2º Se, decorrido o prazo de cento e oitenta dias, o julgamento não estiver concluído, cessará o afastamento do Governador, sem prejuízo do regular prosseguimento do processo.

§3º Enquanto não sobrevier sentença condenatória, nas infrações comuns, o Governador do Estado não estará sujeito a prisão.

§4º O Governador do Estado, na vigência de seu mandato, não poderá ser responsabilizado por atos estranhos ao exercício de suas funções.

Seção IV
DOS SECRETÁRIOS DE ESTADO

Art. 89. Os Secretários de Estado, auxiliares diretos e da confiança do Governador, serão livremente escolhidos e nomeados dentre brasileiros maiores de vinte e um anos e no exercício dos direitos políticos. (VIDE ADIn nº 185)

Parágrafo único. Compete ao Secretário de Estado, além de outras atribuições estabelecidas nesta Constituição e na lei: (Renumerado pela Emenda Constitucional nº 25, de 2007) (VIDE ADIn nº 185)

I – exercer a orientação, coordenação e supervisão dos órgãos e entidades da administração estadual na área de sua competência e referendar os atos e decretos assinados pelo Governador do Estado;

II – expedir instruções para execução das leis, decretos e regulamentos;

III – apresentar ao Governador do Estado relatório anual da Secretaria;

IV – praticar os atos pertinentes às atribuições que lhe forem outorgadas ou delegadas pelo Governador do Estado;

V – comparecer perante a Assembleia Legislativa ou suas Comissões, quando regularmente convocado.

§2º (Revogado pela Emenda Constitucional nº 25, de 2007) (VIDE ADIn nº 185)

Art. 90. Lei disporá sobre a criação, estruturação e atribuições das Secretarias de Estado.

Capítulo III
DO PODER JUDICIÁRIO

Seção I
DISPOSIÇÕES GERAIS

Art. 91. São órgãos do Poder Judiciário do Estado:

I – o Tribunal de Justiça;

II – o Tribunal do Júri;

III – os Juízes de Direito;

IV – os Juízes Substitutos;

V – o Juiz Auditor Militar Estadual;

VI – outros juízes instituídos por lei.

Art. 92. A Lei de Organização Judiciária é de iniciativa do Tribunal de Justiça.

Art. 93. Serão criados, conforme dispuser o Código de Organização Judiciária:

I – juizados especiais de causas cíveis de menor complexidade e pequena relevância e de infrações penais de menor potencial ofensivo e juizados de instrução criminal;

II – justiça de paz.

Art. 94. O ingresso na magistratura de carreira dar-se-á no cargo de juiz substituto, após aprovação em concurso público de provas e títulos, com a participação da Ordem dos Advogados do Brasil, em todas as suas fases, obedecendo-se, nas nomeações, à ordem de classificação.

§1º São requisitos para inscrição no concurso a inscrição na Ordem dos Advogados do Brasil, a idade mínima de vinte e cinco anos e máxima de sessenta anos, além de outros que forem estabelecidos em lei.

§2º O cargo de Juiz Auditor Militar será provido na forma do que dispuser o Código de Organização Judiciária do Estado.

§3º A promoção por antiguidade e merecimento e o acesso ao tribunal dar-se-á de acordo com o estabelecido na Constituição Federal e no Estatuto da Magistratura.

Art. 95. As funções disciplinares e correcionais administrativas serão exercidas pelo Conselho da Magistratura, com a composição e as atribuições constantes das normas da Organização Judiciária.

Art. 96. Os magistrados gozam das seguintes garantias:

I – vitaliciedade que, no primeiro grau, será adquirida após dois anos de exercício, não podendo o juiz, nesse período, perder o cargo senão por proposta do Tribunal de Justiça e, nos demais casos, por sentença judicial transitada em julgado;

II – inamovibilidade, salvo por motivo de interesse público, na forma do §2º deste artigo;

III – irredutibilidade de vencimentos, sujeitos aos impostos gerais, incluídos os de renda e os extraordinários.

§1º A aposentadoria com vencimentos integrais é compulsória por invalidez ou aos setenta anos de idade, e facultativa aos trinta anos de serviço, após cinco anos de efetivo exercício na judicatura, assegurando-se à mulher magistrada, que houver cumprido este período de exercício na função, o disposto na alínea c do item III do art. 34 desta Constituição.

§2º O ato de remoção, disponibilidade e aposentadoria do magistrado, por interesse público, fundar-se-á em decisão por voto de dois terços do Tribunal de Justiça, assegurada ampla defesa. Igual procedimento será observado na perda de cargo do juiz não vitalício.

§3º Os vencimentos dos magistrados serão fixados com diferença não superior a dez por cento de uma para outra das categorias da carreira, não podendo, a título nenhum, exceder os dos Ministros do Supremo Tribunal Federal.

Art. 97. Aos Magistrados é vedado:

I – exercer, ainda que em disponibilidade, outro cargo ou função, salvo a de magistério;

II – receber, a qualquer título ou pretexto, custas ou participação em processo;

III – dedicar-se a atividade político-partidária.

Art. 98. O Juiz titular residirá na respectiva comarca e o Juiz substituto na comarca em que estiver servindo.

Art. 99. Ao Poder Judiciário é assegurada autonomia administrativa e financeira.

Art. 100. Todos os julgamentos dos órgãos do Poder Judiciário serão públicos e fundamentadas todas as decisões, sob pena de nulidade, podendo a lei, se o interesse público o exigir, limitar a sua presença, em determinados atos, às próprias partes e seus advogados, ou somente a estes.

Art. 101. As decisões administrativas do Tribunal de Justiça serão motivadas, sendo as disciplinares de natureza originária ou recursal, tomadas pelo voto da maioria absoluta dos seus membros.

Seção II
DO TRIBUNAL DE JUSTIÇA

Art. 102. O Tribunal de Justiça, com sede na Capital e jurisdição em todo o território do Estado compõe-se de vinte e um Desembargadores. (VIDE ADIn nº 469)

Art. 103. Um quinto do Tribunal de Justiça será composto de membros do Ministério Público, com mais de dez anos de carreira, e de advogados de notável saber jurídico e reputação ilibada, com mais de dez anos de efetiva atividade profissional e menos de sessenta e cinco anos de idade, indicados em lista sêxtupla pelos órgãos de representação respectivos, conforme a classe a que pertencer o cargo a ser provido.

Parágrafo único. O Tribunal de Justiça, pela totalidade de seus membros, reduzirá essa indicação a uma lista tríplice, encaminhada ao Governador do Estado que, nos vinte dias subsequentes, escolherá um dos seus integrantes para nomeação.

Art. 104. Compete ao Tribunal de Justiça:

I – eleger o seu Presidente e demais órgãos diretivos;

II – elaborar seu regimento interno, dispondo sobre a competência e o funcionamento dos respectivos órgãos jurisdicionais e administrativos;

III – organizar sua secretaria e serviços auxiliares, provendo- lhes os cargos na forma da lei;

IV – conceder licenças, férias e outros afastamentos aos seus membros, juízes e servidores da Secretaria e da Justiça Comum;

V – prover, por concurso público de provas ou de provas e títulos, os cargos necessários à administração da justiça, exceto os de confiança, assim definidos em lei;

VI – indicar, pelo voto secreto, dois juízes dentre os Desembargadores, dois entre os juízes de Direito e dois juízes dentre seis advogados de notável saber jurídico e idoneidade moral, para comporem o Tribunal Regional Eleitoral;

VII – designar Juiz de entrância final para dirimir conflito de natureza fundiária;

VIII – prover, na forma estabelecida na Constituição Federal e nesta, os cargos de carreira de Desembargadores, Juízes de Direito e Auditor Militar;

IX – indicar, pelo voto secreto, a lista tríplice do quinto constitucional reservado aos membros do Ministério Público e da Advocacia;

X – propor ao Poder Legislativo:

a) alteração do número de seus membros;

b) criação e extinção de cargos e a fixação dos vencimentos de seus membros, dos juízes do primeiro grau de jurisdição e dos serviços auxiliares da Justiça;

c) criação e extinção de cargos de sua Secretaria, fixação e alteração dos respectivos vencimentos;

d) alteração da Organização Judiciária;

e) a criação e extinção de novas comarcas ou varas;

f) o orçamento do Poder Judiciário.

XI – intervenção no Estado por intermédio do Supremo Tribunal Federal;

XII – nomear, na forma da lei, promover, remover, aposentar e colocar em disponibilidade os Juízes de sua jurisdição;

XIII – processar e julgar: (Redação dada pela Emenda Constitucional nº 25, de 2007)

a) os Secretários de Estado, o Procurador-Geral do Estado, o Defensor Público-Geral do Estado, bem como seus substitutos legais, nos crimes comuns e de responsabilidade, não conexos com os do Governador; (Redação dada pela Emenda Constitucional nº 25, de 2007)

b) nos crimes comuns e de responsabilidade, o Vice- Governador, os Deputados Estaduais, os Juízes Estaduais, os membros do Ministério Público, da Procuradoria-Geral do Estado, da Defensoria Pública e os Prefeitos, ressalvada a competência da Justiça Eleitoral; (VIDE ADIn nº 469)

c) os "habeas-corpus" quando o coator ou o paciente for juiz de primeiro grau, Deputado Estadual, Vice-Governador, membros da Procuradoria-Geral de Justiça, do Estado ou da Defensoria Pública, Prefeitos Municipais, Auditor e Juízes do Conselho Especial ou Permanente da Justiça Militar;

d) os mandados de segurança e "habeas-data" contra atos e omissões do Governador do Estado, dos Secretários de Estado, da Assembleia Legislativa e de seus órgãos, do Tribunal de Contas e de seus órgãos, do Tribunal de Contas dos Municípios e de órgãos; (Redação dada pela Emenda Constitucional nº 05, de 1994)

e) o mandado de injunção, quando a elaboração da norma regulamentadora for atribuição do Governador do Estado, da Mesa ou da própria Assembleia Legislativa, do Tribunal de Contas do Estado, do Tribunal de Contas dos Municípios, dos Prefeitos, da Mesa da Câmara de Vereadores, de órgãos, entidades ou autoridades das administrações direta ou indireta estaduais ou municipais ou do próprio Tribunal de Justiça do Estado; (Redação dada pela Emenda Constitucional nº 05, de 1994)

f) a revisão criminal e a ação rescisória.

XIV – elaborar o seu plano plurianual, os dispositivos de suas diretrizes orçamentárias, para inclusão no projeto de lei de diretrizes dos três poderes, e sua proposta de orçamento anual, a se- rem votados pela Assembleia Legislativa.

Art. 105. Compete ainda ao Tribunal de Justiça:

I – processar e julgar:

a) a representação e a ação direta de inconstitucionalidade de leis ou atos normativos estaduais ou municipais em face da Constituição, em que obrigatoriamente intervirá a Procuradoria-Geral da Justiça, estando legitimado para agir:

1 - o Governador do Estado;

2 - a Mesa da Assembleia Legislativa;

3 - o Procurador-Geral de Justiça e o Procurador-Geral do Estado;

4 - o Conselho Secional da Ordem dos Advogados do Brasil;

5 - os Partidos Políticos com representação na Assembleia Legislativa;

6 - o Prefeito e a Mesa da Câmara de Vereadores do respectivo Município, quando se tratar de lei ou ato normativo local;

7 - federação sindical, sindicato ou entidade de classe de âmbito estadual.

b) a execução de acórdão nas causas de sua competência originária, facultada a delegação de atribuições a juízo inferior para a prática de atos processuais;

c) os conflitos de competência entre os juízes a ele vinculados;

d) os conflitos de atribuições entre autoridades administrativas e judiciárias do Estado ou entre autoridades administrativas do Município da Capital e do interior e judiciárias do Estado;

e) a representação para assegurar a observância de princípios indicados nesta Constituição;

f) a representação para prover a execução de lei ou no caso de desobediência à ordem ou decisão judiciária emanada do próprio Tribunal, de Juiz de Direito ou de Auditor Militar Estadual;

g) a representação da Presidência do Tribunal de Justiça para garantia do livre exercício do Poder Judiciário do Estado, quando este se achar impedido ou coacto, encaminhando a requisição ao Supremo Tribunal Federal para fins de intervenção da União.

II - julgar os recursos previstos nas leis processuais.

Art. 106. Somente pelo voto da maioria absoluta de seus membros, poderá o Tribunal declarar a inconstitucionalidade de lei ou de ato normativo do Poder Público.

Art. 107. Declarada a inconstitucionalidade por omissão de medida para tornar efetiva norma desta Constituição ou da Constituição Federal, a decisão será comunicada ao Poder competente para a adoção das providências necessárias, prática do ato que lhe compete ou início do processo legislativo, e, em se tratando de órgão administrativo, para fazê-lo em trinta dias.

Art. 108. Na hipótese de inconstitucionalidade, a decisão será participada à Casa legislativa competente para promover a imediata suspensão de execução da lei ou ato afrontado em parte ou no seu todo.

Art. 109. O Ministério Público intervirá em todos os processos de competência do Tribunal Pleno e de seus órgãos.

Seção III
DO TRIBUNAL DO JÚRI

Art. 110. Na sede de cada Comarca haverá um ou mais Tribunais do Júri, com a organização e as atribuições estabelecidas em lei.

Seção IV
DOS JUÍZES DE DIREITO SUBSTITUTOS

Art. 111. A Lei de Organização Judiciária discriminará a competência territorial e material dos Juízes de Direito e dos Juízes Substitutos, segundo sistema de Comarcas e Varas que assegure a eficiência da prestação jurisdicional.

Parágrafo único. Nas comarcas com população superior a trinta mil habitantes, para cada quinze mil, haverá um Juiz de Direito.

Seção V
JUIZADOS ESPECIAIS

Art. 112. A competência e a composição dos juizados especiais de causas cíveis de menor complexidade e pequena relevância e de infrações penais de menor potencial ofensivo, e os juizados de instrução criminal, inclusive dos órgãos competentes para julga- mento de seus recursos, serão determinadas na Lei de Organização e Divisão Judiciária, observando o que dispõe a Constituição Federal.

Art. 113. A Lei de Organização Judiciária disporá sobre a distribuição dos juizados Especiais e de instrução criminal no território do Estado, atendidas as normas da legislação federal pertinente.

Seção VI
DA JUSTIÇA DE PAZ

Art. 114. A Lei de Organização e Divisão Judiciária disporá sobre a Justiça de Paz, observado o disposto na Constituição Federal.

Seção VII
DA JUSTIÇA MILITAR

Art. 115. A Justiça Militar do Estado reger-se-á pela legislação vigente, respeitado, no que couber, o disposto na lei penal, orgânica e processual militar da União.

Parágrafo único. Qualquer modificação na constituição e organização da Justiça Militar dependerá de proposta do Tribunal de Justiça.

Seção VIII
DAS FINANÇAS

Art. 116. O Tribunal de Justiça elaborará sua proposta orçamentária dentro dos limites estipulados conjuntamente com os demais Poderes, observando a lei de diretrizes orçamentárias.

Art. 117. Os recursos correspondentes às dotações orçamentárias, compreendidos os créditos suplementares e especiais destinados aos órgãos do Poder Judiciário, serão colocados à sua disposição, em parcelas duodecimais, até o dia vinte de cada mês, na forma da legislação complementar específica.

Art. 118. Os pagamentos devidos pela Fazenda Pública estadual e municipal, em virtude de condenação judicial, far-se-ão, exclusivamente, na ordem cronológica dos precatórios e à conta dos respectivos créditos, proibida a designação de casos ou de pessoas nas dotações orçamentárias e nos créditos adicionais abertos para esse fim, à exceção dos casos de créditos de natureza alimentar.

Art. 119. É obrigatória a inclusão, no orçamento das entidades de direito público, de verba necessária ao pagamento de seus débitos constantes de precatórios judiciais apresentados até primeiro de julho, data em que terão atualizados seus valores, fazendo-se o pagamento até o final do exercício.

Art. 120. As dotações orçamentárias e os créditos abertos serão consignados ao Poder Judiciário, recolhendo-se as importâncias respectivas à repartição competente. Caberá ao Presidente do Tribunal determinar o pagamento, segundo as possibilidades de depósito, e autorizar, a requerimento do credor e exclusivamente para o caso de preterição do seu direito de precedência, o sequestro da quantia necessária à satisfação do débito.

Art. 121. Será instituído, no âmbito do Poder Judiciário, um sistema de programação orçamentária e financeira, de modo a permitir o melhor gerenciamento dos recursos, inclusive, quando for o caso, de sua aplicação em letras do Tesouro do Estado, com a geração de novas receitas a serem integradas no orçamento do próprio Poder.

Seção IX
DOS SERVENTUÁRIOS DA JUSTIÇA

Art. 122. O provimento dos cargos de serventuários da Justiça far-se-á como dispuser a Lei de Organização Judiciária do Estado, observada esta Constituição.

Art. 123. O Quadro de Pessoal dos Serventuários da Justiça e respectivos vencimentos será criado e os vencimentos fixados em lei, compatibilizando-se com o nível da entrância respectiva.

§1º Os vencimentos dos escrivães substitutos serão pagos de acordo com a entrância a que estiverem vinculados.

§2º A Lei do Regimento de Custas disciplinará a percepção de custas deferidas aos serventuários que venham a receber vencimentos pelo Estado.

Art. 124. Entende-se por serviço judicial o realizado pelos escrivães, contadores, partidores, depositários públicos, avaliadores e distribuidores de atos judiciários.

Capítulo IV
DAS FUNÇÕES ESSENCIAIS À JUSTIÇA

Seção I
DO MINISTÉRIO PÚBLICO

Art. 125. O Ministério Público é instituição permanente, essencial à função jurisdicional do Estado, incumbindo-lhe a defesa da ordem jurídica, do regime democrático e dos interesses sociais e individuais indisponíveis.

§1º São princípios institucionais do Ministério Público a unidade, a indivisibilidade e a independência funcional.

§2º As funções do Ministério Público só podem ser exercidas por integrantes da carreira, que deverão residir na Comarca da respectiva lotação.

Art. 126. Ao Ministério Público é assegurada autonomia administrativa, funcional e financeira, cabendo-lhe:

I – prover os cargos iniciais de carreira e dos serviços auxiliares, bem como os casos de promoção, remoção e demais formas de provimento;

II – praticar atos e decidir sobre a situação funcional do pessoal da carreira e dos serviços auxiliares, organizados em quadros próprios;

III – propor à Assembleia Legislativa a criação e a extinção de seus cargos e serviços auxiliares, bem como a fixação e alteração dos vencimentos dos seus membros e servidores;

IV – compor os órgãos da administração superior, organizar sua secretaria e os serviços auxiliares das Promotorias de Justiça;

V – elaborar seu regimento interno e exercer outras competências dele decorrentes.

Parágrafo único. O Ministério Público, sem prejuízo de outras dependências, instalará as Promotorias de Justiça em prédios sob sua administração, integrantes do conjunto arquitetônico dos Fóruns.

Art. 127. O Ministério Público elaborará sua proposta orçamentária dentro dos limites da lei de diretrizes orçamentárias.

§1º Os recursos correspondentes às dotações orçamentárias próprias e globais, compreendidos os créditos suplementares e especiais, ser-lhe-ão entregues até o dia vinte de cada mês, na forma da lei complementar a que se refere o art. 176.

§2º Os recursos próprios, não originários do Tesouro do Estado, serão utilizados em programas vinculados às finalidades da instituição, vedada outra destinação.

Art. 128. Lei complementar de iniciativa do Procurador-Geral de Justiça disporá sobre:

I - normas específicas de organização, atribuições e Estatuto do Ministério Público, observados, dentre outros, os seguintes princípios:

a) ingresso na carreira mediante concurso público de provas e títulos, assegurada a participação da Ordem dos Advogados do Brasil em sua realização e observada, nas nomeações, a ordem de classificação;

b) promoção voluntária de entrância para entrância, alternadamente, por antiguidade e merecimento, e da entrância mais elevada para o cargo de Procurador de Justiça, atendidas as normas do art. 93, da Constituição Federal;

c) vencimentos fixados com diferença não excedente a dez por cento de uma para outra entrância e da entrância mais elevada para o cargo de Procurador de Justiça, garantindo-se a este, vencimentos não inferiores à remuneração em espécie e a qualquer título, do maior teto fixado como limite no âmbito dos Poderes do Estado;

d) aposentadoria com proventos integrais, sendo compulsória, por invalidez ou aos setenta anos de idade, e facultativa, aos trinta anos de serviço, após cinco anos de efetivo exercício no Ministério Público;

e) pensão integral por morte, reajustável sempre que forem elevados os vencimentos e proventos dos membros ativos e inativos e na mesma base.

II - elaboração da lista tríplice dentre integrantes da carreira para a escolha do Procurador-Geral de Justiça pelo Governador do Estado, para mandato de dois anos, permitida uma recondução por igual período;

III - destituição do Procurador-Geral de Justiça por deliberação da maioria absoluta e por voto secreto da Assembleia Legislativa;

IV - controle externo da atividade policial;

V - procedimentos administrativos de sua competência e demais matérias necessárias ao cumprimento de suas finalidades.

Art. 129. Os membros do Ministério Público têm as seguintes garantias:

I - vitaliciedade, após dois anos de exercício, não podendo perder o cargo senão por sentença judicial transitada em julgado;

II – inamovibilidade, salvo por motivo de interesse público, mediante decisão do órgão colegiado competente do Ministério Público, por voto de dois terços de seus membros, assegurada ampla defesa;

III – irredutibilidade de vencimentos, observado, quanto à remuneração, o disposto na Constituição Federal.

Parágrafo único. O ato de remoção e disponibilidade do membro do Ministério Público, por interesse público, fundar-se-á em decisão por voto de dois terços do órgão colegiado competente, assegurada ampla defesa.

Art. 130. Os membros do Ministério Público sujeitam-se dentre outras, às seguintes vedações:

I – receber, a qualquer título e sob qualquer pretexto, honorários, percentagens ou custas processuais;

II – exercer a advocacia;

III – participar de sociedade comercial na forma da lei;

IV – exercer, ainda que em disponibilidade, qualquer outra função pública, salvo uma de magistério;

V – exercer atividade político-partidária, salvo exceções previstas em lei.

Art. 131. Além das funções previstas na Constituição Federal e nas leis, incumbe, ainda, ao Ministério Público, nos termos de sua lei complementar:

I – exercer a fiscalização dos estabelecimentos carcerários e dos que abriguem idosos, menores, incapazes ou pessoas portadoras de deficiências;

II – deliberar sobre a participação em organismos estatais de defesa do meio ambiente, do consumidor, de política penal e penitenciária e de outros afetos à sua área de atuação;

III – receber petições, reclamações, representações ou queixas de qualquer pessoa por desrespeito aos direitos assegurados na Constituição Federal e nesta Constituição.

Parágrafo único. No exercício de suas funções, o Ministério Público poderá:

a) instaurar procedimentos administrativos e, para instruí-los, expedir notificações para colher depoimentos ou esclarecimentos, requisitar informações, exames da administração direta ou indireta, perícias e documentos de autoridades municipais, estaduais e federais, bem como promover inspeções e diligências investigatórias;

b) requisitar informações e documentos de entidades privadas para instruir procedimento ou processo em que oficie;

c) solicitar à autoridade competente a instauração de sindicância, acompanhá-la e produzir provas, requisitando os serviços temporários de servidores para realização de atividades específicas e dando publicidade aos procedimentos administrativos que instaurar e às medidas adotadas.

Seção II
DA ADVOCACIA-GERAL DO ESTADO

Art. 132. A Advocacia-Geral do Estado é atividade de natureza permanente e essencial à defesa dos interesses da Administração Pública, representada institucionalmente pela Procuradoria-Geral do Estado, órgão de nível hierárquico superior, vinculado diretamente à governadoria, com posicionamento organizacional de Secretaria de Estado.

Parágrafo único. São princípios institucionais inerentes à Advocacia do Estado a unidade, a indivisibilidade e a independência funcional.

Art. 133. A Procuradoria-Geral do Estado, órgão central do sistema jurídico do Estado, tem por competência exclusiva e indelegável a representação judicial e extrajudicial do Estado, além do desempenho das funções de assessoramento e de consultoria jurídica do Poder Executivo, e de outros encargos que lhe forem outorgados por lei, e especialmente:

I – o controle e a defesa do patrimônio imobiliário do Estado;

II – a defesa dos interesses da Fazenda Pública Estadual, com prevalência para a cobrança da dívida ativa de natureza tributária;

III – a defesa dos interesses da Administração Pública Estadual perante os contenciosos administrativos e órgãos internos e externos de fiscalização contábil, financeira e orçamentária, sem prejuízo das atribuições próprias de seus representantes junto ao Tribunal de Contas do Estado;

IV – a representação do Governo do Estado junto aos Conselhos de Administração, Assembleias Gerais, ou órgãos equivalentes, nas entidades da administração indireta estadual;

V – a unificação e a divulgação da jurisprudência administrativa predominante do Estado;

VI – a fixação e controle da orientação jurídico-normativa que deve prevalecer para todos os órgãos da administração estadual;

VII – a supervisão, na forma da lei, das atividades dos órgãos jurídicos setoriais da administração centralizada e autárquica.

Art. 134. A competência, atribuições e encargos conferidos por esta Constituição e por lei à Procuradoria-Geral do Estado serão exercidos privativamente pelos

Procuradores do Estado submetidos a regime jurídico especial e organizados em carreira composta exclusivamente por cargos de provimento efetivo, observado o disposto nos arts.37, XII; 39, §1º; 132 e 135, da Constituição Federal.

Art. 135. A estrutura organizacional, a competência, as atribuições e o funcionamento da Procuradoria-Geral do Estado e o Estatuto próprio dos Procuradores do Estado serão dispostos em lei complementar, obedecendo aos seguintes princípios:

I – autonomia funcional, administrativa e financeira;

II – ingresso na carreira de Procurador do Estado na classe inicial, exclusivamente por nomeação, precedida do indispensável concurso público de provas e títulos, organizado e realizado pela Procuradoria-Geral do Estado, com participação da Ordem dos Advogados do Brasil – Seccional Paraíba;

III – iguais direitos e deveres para cada ocupante de cargo de carreira;

IV – promoção na carreira, de classe a classe, em correspondência às categorias da carreira da Magistratura vitalícia, alternadamente, pelos critérios de antiguidade e merecimento, em lista tríplice elaborada pelo Conselho Superior da Procuradoria-Geral do Estado;

V – estratificação em classes, no máximo até quatro, nestas incluída a classe especial;

VI – provimento do cargo de Procurador do Estado somente para advogado.

Art. 136. São assegurados ao Procurador do Estado:

I – estabilidade, após dois anos de exercício, não podendo perder o cargo senão por sentença judicial irrecorrível;

II – irredutibilidade de vencimentos e proventos, inclusive se em disponibilidade, observado o disposto nos arts. 37, XI; 93, V; 150, II; 153, III e 153, §2º, I, da Constituição Federal;

IIII – inviolabilidade por seus atos e manifestações no exercício da função;

IV – inamovibilidade, salvo por motivo de interesse público, mediante decisão em escrutínio secreto de, no mínimo, dois terços dos membros efetivos do Conselho Superior da Procuradoria-Geral do Estado, assegurado o direito à ampla defesa;

V – aposentadoria compulsória aos setenta anos de idade ou por invalidez, e por tempo de serviço, a pedido, após trinta anos de serviço, com proventos integrais em qualquer dos casos;

VI – vencimentos fixados com diferença não excedente a dez por cento entre uma classe e a subsequente, atribuindo-se à classe de grau mais elevado remuneração não inferior à do Procurador-Geral do Estado;

VII – remuneração correspondente a vencimento, adicionais, vantagens pecuniárias e estatutárias, em níveis não inferiores aos de quaisquer das carreiras referidas nos arts. 93, 127 e seguintes, e 135, da Constituição Federal, observada a devida correspondência entre as classes e as entrâncias;

VIII – independência no exercício das respectivas funções;

IX – férias anuais de sessenta dias, facultado o gozo em períodos descontínuos;

X – prerrogativas inerentes à advocacia, podendo requisitar de qualquer órgão da administração estadual informações, subsídios, diligências e esclarecimentos necessários ao desempenho de suas atribuições;

XI – receber intimação pessoal em qualquer processo ou grau de jurisdição;

XII – ser processado e julgado, originariamente, pelo Tribunal de Justiça do Estado, nos crimes comuns ou de responsabilidade;

XIII – o encargo privativo de presidir as Comissões Permanentes ou Especiais de Inquérito, na forma prevista no Estatuto dos Servidores Públicos Civis do Estado da Paraíba;

XIV – os direitos e deveres inerentes aos servidores públicos civis.

§1º Os reajustamentos na remuneração dos Procuradores do Estado, em atividade ou aposentados, far-se-ão na mesma época e com os mesmos índices atribuídos aos membros da Magistratura e do Ministério Público.

§2º Aos Procuradores do Estado é vedado:

I – exercer, ainda que em disponibilidade, outro cargo público efetivo, exceto um de magistério;

II – o exercício da advocacia contra os interesses da Fazenda Pública federal, estadual ou municipal, sob pena de perda do cargo, ressalvada a hipótese do art. 149, da Lei nº 4.215, de 27/04/63 (Estatuto da Ordem dos Advogados do Brasil);

III – residir fora da sede de exercício, salvo no desempenho de mandato legislativo municipal ou por autorização do Procurador-Geral do Estado;

IV – receber, a qualquer título ou sob qualquer pretexto, percentagens ou custas processuais;

V – participar de sociedade comercial, salvo os casos previstos em lei;

VI – afastar-se, mediante ato da administração, do exercício das funções durante o estágio probatório;

VII – ser cedido a órgão público diverso daquele em que for lotado, exceto para o fim especial de exercício de cargo de provimento em comissão, ou de direção superior em entidades da administração indireta ou fundacional, de função gratificada ou para o desempenho de atividades típicas de assessoramento ou de consultoria jurídica.

Art. 137. Integram a Procuradoria-Geral do Estado, essencialmente, os seguintes órgãos:

I – o Procurador-Geral do Estado;

II – o Procurador-Geral Adjunto;

III – o Conselho Superior da Procuradoria-Geral do Estado;

IV – a Corregedoria-Geral da Procuradoria-Geral do Estado;

V – as Procuradorias Especializadas;

VI – os órgãos setoriais e regionais, na forma da lei de organização.

Art. 138. A Procuradoria-Geral do Estado será chefiada pelo Procurador-Geral do Estado, nomeado em Comissão pelo Governador do Estado, com prerrogativas de Secretário de Estado, dentre os membros estáveis da carreira, maiores de 30 (trinta) anos, de notório saber jurídico e reputação ilibada. (Redação dada pela Emenda Constitucional nº 35, de 2014) (VIDE ADIn nº 5211)

§1º O Procurador-Geral do Estado tem prerrogativas, privilégios, honras, distinção, remuneração e vedações inerentes aos Secretários de Estado.

§2º O Procurador-Geral do Estado detém, em relação aos Procuradores do Estado, atribuições para dar posse, tomar termos de compromisso e exercício, declarar a condição de vitaliciedade, remover por permuta ou a pedido, decidir sobre direitos de natureza patrimonial; exercer o poder disciplinar, ressalvada a competência do Conselho Superior da Procuradoria-Geral do Estado, e conceder férias, aposentadoria, licenças e afastamentos legais previstos no Estatuto dos Procuradores do Estado e no Estatuto dos Servidores Públicos Civis do Estado da Paraíba.

§3º Para preenchimento dos cargos de Procurador-Geral Adjunto e de Procurador Corregedor serão observadas as mesmas exigências e condições impostas ao exercício do cargo de Procurador-Geral do Estado.

Art. 139. O Conselho Superior da Procuradoria-Geral do Estado, órgão técnico-normativo de deliberação superior, é constituído por:

I – membros natos:

a) o Procurador-Geral do Estado, que é o seu Presidente;

b) o Procurador-Geral Adjunto;

c) o Procurador Corregedor;

d) o Presidente da Associação dos Procuradores e Assistentes Jurídicos do Estado da Paraíba - ASPAS, ou de outra entidade de representação da categoria que lhe venha a suceder;

II - três membros nomeados pelo Governador do Estado, para um mandato de dois anos, dentre os representantes da carreira de Procurador do Estado, sendo um da classe especial;

III - dois membros indicados pela ASPAS, nomeados pelo Governador do Estado para um mandato de dois anos.

§1º Cada membro do Conselho Superior da Procuradoria-Geral do Estado tem um suplente.

§2º As atividades do Conselho Superior da Procuradoria-Geral do Estado serão efetivadas em única Câmara Deliberativa, com atribuições, competência, composição e funcionamento definidos na lei de organização da Procuradoria-Geral do Estado.

Seção III
DA DEFENSORIA PÚBLICA

Art. 140. A Defensoria Pública é instituição permanente e essencial à função jurisdicional do Estado, incumbindo-lhe a orientação e a prestação da assistência jurídica integral e gratuita aos necessitados na forma da lei, em todos os graus de jurisdição.

Parágrafo único. Lei complementar organizará a Defensoria Pública e prescreverá normas gerais para sua organização em cargos de carreira, com prerrogativas e deveres adequados, provida a classe inicial, mediante concurso público de provas e títulos, assegurada a seus integrantes a garantia da inamovibilidade e vedado o exercício da advocacia fora das atribuições institucionais.

Art. 141. São princípios institucionais da Defensoria Pública a unicidade, a impessoalidade e a sua independência funcional. (Redação dada pela Emenda Constitucional nº 38, de 2014)

Parágrafo único. À Defensoria Pública é assegurada autonomia funcional e administrativa, podendo, observado o disposto no art. 169 da Constituição Federal e aos limites estabelecidos em lei, propor ao Poder Legislativo, a política remuneratória, os planos de carreira, a criação e extinção de seus cargos e serviços auxiliares, provendo-os por concurso público de provas ou de provas e títulos. (Incluído pela Emenda Constitucional nº 38, de 2014)

Art. 142. A Defensoria Pública do Estado tem por chefe o Defensor Público-Geral do Estado, nomeado pelo Governador do Estado dentre membros estáveis da carreira escolhidos em lista tríplice formada pelo voto direto, secreto, plurinominal e obrigatório de seus membros, na forma estabelecida em lei complementar, a quem compete, privativamente a administração superior da instituição, além de propor diretamente ao Poder Legislativo a criação e a alteração da legislação de interesse institucional. (Redação dada pela Emenda Constitucional nº 38, de 2014)

Art. 143. A organização da Defensoria Pública far-se-á em cargos de carreira, providos na classe inicial mediante concurso público de provas e títulos, promovido pela Defensoria Pública, obedecendo-se à ordem de classificação. (Redação dada pela Emenda Constitucional nº 38, de 2014)

Art. 144. A Defensoria Pública elaborará sua proposta orçamentária dentro dos limites estabelecidos na lei de diretrizes orçamentárias. (Redação dada pela Emenda Constitucional nº 38, de 2014)

§1º Se a Defensoria Pública não encaminhar a respectiva proposta orçamentária dentro do prazo estabelecido na lei de diretrizes orçamentárias, o Poder Executivo considerará, para fins de consolidação da proposta orçamentária anual, os valores propostos na lei orçamentária vigente, ajustados de acordo com os limites estipulados no caput. (Incluído pela Emenda Constitucional nº 38, de 2014)

§2° Se a proposta orçamentária de que trata este artigo for encaminhada em desacordo com os limites estipulados na forma do § 3°, o Poder Executivo procederá aos ajustes necessários para fins de consolidação da proposta orçamentária anual. (Incluído pela Emenda Constitucional nº 38, de 2014)

§3° Durante a execução orçamentária do exercício, não poderá haver a realização de despesas ou a assunção de obrigações que extrapolem os limites estabelecidos na lei de diretrizes orçamentárias, exceto se previamente autorizadas, mediante a abertura de créditos suplementares ou especiais. (Incluído pela Emenda Constitucional nº 38, de 2014)

Art. 145. Lei complementar disporá sobre a competência, estrutura, organização e funcionamento da Defensoria Pública e sobre a carreira, direitos, deveres, prerrogativas, atribuições e regime disciplinar de seus membros, asseguradas, entre outras, as seguintes:

I – garantias:

a) inviolabilidade, por seus atos e manifestações no exercício da função, nos limites da lei;

b) estabilidade, após dois anos de efetivo exercício, não podendo ser demitido senão por sentença judicial ou em virtude de processo administrativo em que se lhe faculte ampla defesa;

c) inamovibilidade, salvo por motivo de interesse público fundado em decisão adotada por voto de dois terços do Conselho Superior da Defensoria Pública, assegurada ampla defesa;

d) irredutibilidade de vencimentos e proventos, obedecidos aos mesmos parâmetros de remuneração fixados para os membros da Magistratura e do Ministério Público, de semelhante categoria funcional; (VIDE ADIn nº 469)

e) férias anuais de sessenta dias, em períodos descontínuos.

II – prerrogativas:

a) postular, no exercício da função, contra pessoa jurídica de direito público;

b) receber intimação pessoal em qualquer processo e grau de jurisdição; (VIDE ADIn nº 469)

c) ser processado e julgado, originariamente, pelo Tribunal de Justiça do Estado nos crimes comuns ou de responsabilidade. (VIDE ADIn nº 469)

III – direitos:

a) ser promovido, de uma para outra entrância e da última para a categoria integrante do órgão de atuação da Defensoria Pública, junto ao segundo grau de jurisdição, consoante os critérios alternativos de antiguidade e merecimento;

b) ser promovido, obrigatoriamente, após participação por três vezes consecutivas ou cinco alternadas em lista de merecimento;

c) obter a aposentadoria, com proventos integrais, compulsoriamente aos setenta anos de idade, por invalidez, ou voluntariamente aos trinta anos de serviço, após cinco anos de efetivo exercício em cargo de carreira;

d) os benefícios da pensão integral por morte, estendidos aos inativos, correspondentes à totalidade dos vencimentos ou proventos do servidor falecido, até o limite estabelecido por lei.

Art. 146. É vedado aos membros da Defensoria Pública:

I – participar de sociedade comercial;

II – receber a qualquer título e sob qualquer pretexto, honorários, percentagens ou custas processuais;

III – residir fora da comarca do respectivo exercício de suas funções, salvo quando expressamente autorizado pelo Procurador-Geral da Defensoria Pública;

IV – exercer qualquer outra função pública, salvo o magistério e os demais casos expressamente autorizados em lei;

V – afastar-se do exercício de suas funções durante o período de estágio probatório;

VI – exercer advocacia fora das atribuições institucionais.

Seção IV
DO CONSELHO ESTADUAL DE JUSTIÇA

Art. 147. O Conselho Estadual de Justiça é órgão de fiscalização da atividade administrativa e do desempenho dos deveres funcionais do Poder Judiciário, do Ministério Público, da Advocacia-Geral do Estado e da Defensoria Pública. (VIDE ADIn nº 185)

§1º O Conselho de Justiça será integrado por dois desembargadores, um representante da Assembleia Legislativa do Estado, o Procurador-Geral de Justiça, o Procurador-Geral do Estado e o Presidente da Ordem dos Advogados do Brasil – Seccional Paraíba. (VIDE ADIn nº 185)

§2º Lei complementar definirá a organização e o funcionamento do Conselho Estadual de Justiça. (VIDE ADIn nº 185)

Seção V
PARTE GERAL

Art. 148. Às carreiras disciplinadas no Capítulo IV deste Título aplica-se o princípio da isonomia salarial e terão os seus reajustes fixados na mesma época, atribuindo-se idênticos índices percentuais.

Art. 149. O advogado é indispensável à administração da justiça, sendo inviolável por seus atos e manifestações.

Art. 150. É dever do Estado prestar assistência judiciária integral e gratuita por meio de membros da Defensoria Pública ou de advogado designado pela Ordem dos Advogados do Brasil aos que comprovem a insuficiência de recursos.

Art. 151. O Poder Judiciário reservará em todos os Fóruns e Tribunais do Estado salas privativas, condignas e permanentes para os advogados.

Art. 152. As autoridades e agentes públicos zelarão para que os direitos e prerrogativas dos advogados sejam respeitados, sob pena de responsabilização, na forma da lei.

Art. 153. É indispensável a presença da Ordem dos Advogados do Brasil – Seccional Paraíba nos concursos para provimento de cargo ou função no serviço público estadual ou municipal cujas atividades exijam como pré-requisito a condição de bacharel em direito.

Art. 154. A lei disporá sobre a participação dos órgãos de representação de classe das entidades cujas funções ou atividades são essenciais à justiça no produto da arrecadação de custas, taxas e emolumentos decorrentes de atos judiciais.

Art. 155. Ao Presidente, a qualquer membro da Comissão de Direitos Humanos da Ordem dos Advogados do Brasil – Seccional Paraíba ou, ainda, a advogado especificamente credenciado pelo Conselho Estadual, será garantido livre e incondicional acesso às delegacias e presídios, com a segurança pessoal devida, para verificação das condições de tratamento a detentos e presidiários.

TÍTULO VI
DA TRIBUTAÇÃO E DO ORÇAMENTO

Capítulo I
DO SISTEMA TRIBUTÁRIO ESTADUAL

Seção I
DOS PRINCÍPIOS GERAIS

Art. 156. O Estado e os Municípios poderão instituir os seguintes tributos:

I - impostos;

II - taxas, em razão do exercício do poder de polícia ou pela utilização, efetiva ou potencial, de serviços públicos específicos e divisíveis, prestados ao contribuinte ou postos à sua disposição;

III - contribuição de melhoria pela valorização de imóvel decorrente de obras públicas.

§1º Sempre que possível, os impostos terão caráter pessoal e serão graduados segundo a capacidade econômica do contribuinte, facultado à administração tributária conferir efetividade a esses objetivos, identificar, respeitados os direitos individuais e nos termos da lei, o patrimônio, os rendimentos e as atividades econômicas do contribuinte.

§2º As taxas não poderão ter base de cálculo própria de impostos.

§3º O Estado e os Municípios poderão exigir contribuição dos seus servidores, para o custeio, em benefício destes, de sistema de previdência e assistência social.

§4º As normas do processo administrativo fiscal subordinam-se ao princípio da reserva legal.

§5º É vedada a imposição de que a obrigação tributária principal se antecipe à ocorrência do fato gerador.

§6º Os sistemas ordinários de controle e fiscalização têm precedência sobre os especiais, não se admitindo medidas excepcionais de apuração dos montantes fiscais, enquanto não restar demonstrada a ineficácia dos procedimentos usualmente adotados pela legislação tributária.

Art. 157. É vedado ao Estado e aos Municípios, sem prejuízo de outras garantias asseguradas ao contribuinte:

I - exigir ou aumentar tributos sem lei que os estabeleça;

II - instituir tratamento desigual entre contribuintes que se encontrem em situação equivalente, proibida qualquer distinção em razão de ocupação profissional ou função por eles exercida, independentemente da denominação jurídica dos rendimentos, títulos ou direitos;

III - cobrar tributos:

a) em relação a fatos geradores ocorridos antes do início da vigência da lei que os houver instituído ou aumentado;

b) no mesmo exercício financeiro em que haja sido publicada a lei que os instituiu ou aumentou;

IV - utilizar tributo com efeito de confisco;

V - estabelecer diferença tributária entre bens e serviços, de qualquer natureza, em razão da procedência ou destino;

VI - estabelecer limitações ao tráfego de bens, por meio de tributos interestaduais ou intermunicipais, ressalvada a cobrança de pedágio pela utilização de vias conservadas pelo Poder Público;

VII - instituir impostos sobre:

a) patrimônio, renda ou serviços, uns dos outros;

b) templos de qualquer culto; inclusive suas fundações, das entidades sindicais de trabalhadores, das instituições de educação e assistência social, sem fins lucrativos, observados os requisitos da lei;

d) livros, jornais, periódicos e o papel destinado a sua impressão.

§1º A vedação expressa na alínea a, do inciso VII, deste artigo estende-se às autarquias e às fundações instituídas pelo Poder Público, no que se refere ao patrimônio, à renda e aos serviços vinculados às suas finalidades essenciais ou delas decorrentes.

§2º A determinação estatuída na alínea a, do inciso VII, deste artigo e no parágrafo anterior, não compreende o patrimônio, a renda e os serviços relacionados com a exploração das atividades econômicas regidas pelas normas aplicáveis a entidades privadas, ou em que haja contraprestação ou pagamento de preços ou tarifas pelo usuário, nem exonera o promitente pagador da obrigação de pagar imposto relativamente ao bem imóvel.

§3º As vedações expressas nas alíneas b e c do inciso VII abrangem somente o patrimônio, a renda e os serviços relacionados com as finalidades essenciais nelas mencionadas.

§4º Qualquer anistia ou remissão que envolva matéria tributária ou previdenciária só poderá ser concedida através de lei específica, estadual ou municipal.

§5º As normas do processo administrativo fiscal subordinam-se ao princípio da reserva legal.

Art. 158. A concessão de isenção fiscal ou qualquer outro benefício por dispositivo legal, ressalvada a concedida por prazo certo ou sob condição, terá os seus efeitos avaliados durante o primeiro ano de cada legislatura, pela Assembleia Legislativa ou pelas Câmaras Municipais, nos termos de lei complementar federal.

§1º O Estado e os Municípios divulgarão, até o último dia do mês subsequente ao da arrecadação, os montantes de cada um dos tributos arrecadados, os recursos recebidos, os valores de origem tributária entregues e a entregar e as expressões numéricas dos critérios de rateio.

§2º Os dados divulgados pelo Estado serão discriminados por Municípios.

Seção II
DOS IMPOSTOS PERTENCENTES AO ESTADO

Art. 159. Compete ao Estado instituir tributos sobre:

I – transmissão causa mortis e doação de quaisquer bens ou direitos;

II – operações relativas à circulação de mercadorias e sobre prestação de serviços de transporte interestadual e intermunicipal e de comunicação, ainda que as operações e as prestações se iniciem no exterior;

III – propriedade de veículos automotores.

§1º O Estado poderá instituir adicional ao imposto sobre renda e proventos de qualquer natureza, incidente sobre lucros, ganhos e rendimentos de capital, até o limite de cinco por cento do imposto pago à União por pessoas físicas ou jurídicas residentes ou domiciliadas em seu território.

§2º Compete ao Estado da situação do bem o imposto de transmissão causa mortis e doação, de quaisquer bens ou direitos, relativamente a bens imóveis. O imposto é de competência do Estado onde se processar o inventário ou arrolamento, ou tiver domicílio o doador, relativamente a bens móveis, títulos e créditos. A competência para instituir o tributo obedecerá a lei complementar federal se o doador tiver domicílio ou residência no exterior, ou se o de cujus possuía bens, era residente, domiciliado ou teve o seu inventário processado no exterior.

§3º As alíquotas máximas do imposto previsto no §2º deste artigo serão fixadas por resoluções do Senado Federal.

§4º O imposto de que trata o inciso II deste artigo atenderá ao seguinte:

I - será não cumulativo, compensando-se o que for devido em cada operação relativa à circulação de mercadorias ou prestação de serviço com o montante cobrado nas anteriores pelo mesmo ou por outro Estado;

II - a isenção ou não incidência, salvo determinação em contrário à legislação:

a) não implicará crédito para compensação com montante devido das operações ou prestações seguintes;

b) acarretará a anulação do crédito relativo às operações anteriores;

III - poderá ser seletivo, em função da essencialidade das mercadorias e dos serviços;

IV - as alíquotas aplicáveis serão fixadas:

a) pelo Senado Federal, quanto às operações e prestações interestadual e de exportação;

b) por lei estadual, respeitados os incisos V e VI, quanto às operações e prestações internas, inclusive de exportação;

V - serão observadas, nas operações internas, as alíquotas mínimas e máximas que vierem a ser fixadas pelo Senado Federal, nos termos da Constituição Federal;

VI - salvo deliberação em contrário dos Estados e do Distrito Federal, nos termos do art. 155, §2º, VI, da Constituição Federal, as alíquotas internas, nas operações relativas à circulação de mercadorias e nas prestações de serviços, não poderão ser inferiores às previstas para as operações interestaduais;

VII - em relação às operações e prestações que destinem bens e serviços ao consumidor final localizado em outro Estado, adotar-se-á:

a) a alíquota interestadual, quando o destinatário for contribuinte do imposto;

b) a alíquota interna, quando o destinatário não for contribuinte dele.

VIII - em relação às operações e prestações que destinem bens e serviços a contribuinte do imposto que seja, ao mesmo tempo, consumidor final, localizado neste Estado, a este caberá o imposto correspondente à diferença entre a alíquota interna e a interestadual.

§5º O imposto de que trata o inciso II deste artigo:

I - incidirá:

a) sobre a entrada de mercadoria importada do exterior, ainda quando se tratar de bem destinado a consumo ou ativo fixo do estabelecimento, assim como sobre serviço prestado no exterior, cabendo ao Estado onde estiver situado o estabelecimento destinatário da mercadoria ou do serviço;

b) sobre o valor total da operação, quando mercadorias forem fornecidas com serviços não compreendidos na competência tributária dos Municípios.

II – não incidirá:

a) sobre operações que destinem ao exterior produtos industrializados, excluídos os semielaborados, definidos em lei complementar federal;

b) sobre operações que destinem a outros Estados, petróleo, inclusive lubrificantes, combustíveis líquidos e gasosos dele derivados e energia elétrica;

c) sobre o ouro nas hipóteses definidas no art. 153, §5º da Constituição Federal;

d) sobre energia elétrica rural.

III – não compreenderá, em sua base de cálculo, o montante sobre produtos industrializados, quando a operação, realizada entre contribuintes e relativa a produtos destinados à industrialização ou comercialização, configure hipótese de incidência dos dois impostos;

IV – ensejará o surgimento da obrigação tributária principal exclusivamente com a ocorrência do fato gerador, como definido em lei;

V – adotará lançamento por homologação, ficando os atos preparatórios a cargo do contribuinte, cuja omissão tornará obrigatório o lançamento de ofício, em procedimento vinculado que se reporte à ocorrência do fato gerador e aos valores então realmente praticados, sem preterição aos princípios do contraditório, do duplo grau de jurisdição administrativa, da ampla defesa e das demais normas legais, sob pena de invalidade;

VI – obedecerá a sistemas de controle fiscal que não inviabilizem ou tornem gravemente onerosa a sua adoção pelo contribuinte, sendo vinculativos da administração que os tenha adotado ao longo de tempo considerável, salvo quando houver prova de se haver tornado obsoleto e prejudicial ao erário.

§6º Sem prejuízo das normas dos incisos IV, V, VI e VII, do art. 155, da Constituição Federal, a lei orientará a seletividade do imposto de que trata o inciso II deste artigo, aos fins de barateamento das substâncias alimentícias, de flexibilidade de funcionamento da microempresa e da facilidade de consumo energético das populações carentes.

§7º Com exceção dos impostos de que tratam o inciso II deste artigo e os arts. 153, I e II, e 156, III, da Constituição Federal, nenhum outro tributo incidirá sobre operações relativas a energia elétrica, combustíveis líquidos e gasosos, lubrificantes e minerais do país.

Art. 160. Cabe a lei complementar federal, relativamente ao imposto de que trata o inciso II do art. 164:

a) definir seus contribuintes;

b) dispor sobre substituição tributária;

c) disciplinar o regime de compensação do imposto;

d) fixar, para efeito de sua cobrança e definição do estabelecimento responsável, o local das operações relativas à circulação de mercadorias e das prestações de serviços;

e) prever casos de manutenção de crédito relativo à remessa, para outros Estados, de serviços e de mercadorias;

f) regular a forma como, mediante deliberação dos Estados, isenções, incentivos e benefícios fiscais serão concedidos e revogados.

Art. 161. Integram o orçamento estadual as receitas destinadas à seguridade social, como dispuser a lei federal.

Parágrafo único. A lei determinará medidas para que os consumidores sejam esclarecidos acerca dos impostos que incidam sobre mercadorias e serviços.

Art. 162. O Estado ainda receberá como receita tributária:

I – o produto da arrecadação do imposto da União sobre a renda e proventos de qualquer natureza, incidente na fonte, sobre rendimentos pagos, a qualquer título, por ele, suas autarquias e pelas fundações que instituir e mantiver;

II – vinte por cento do produto da arrecadação do imposto que a União instituir, no exercício da competência que lhe é atribuída pelo art. 154, I, da Constituição Federal;

III – o percentual que lhe couber, no fundo de participação de que trata a alínea a do inciso I, do art. 159 da Constituição Federal;

IV – o percentual que couber, no produto do imposto sobre produtos industrializados, nos termos do inciso II do art. 159 da Constituição Federal.

Seção III
DOS IMPOSTOS PERTENCENTES AO MUNICÍPIO

Art. 163. Compete aos Municípios instituir impostos sobre:

I – propriedade predial e territorial urbana, que poderá ser progressivo, nos termos da lei municipal, para assegurar o cumprimento da função social da propriedade;

II – transmissões intervivos, a qualquer título, por ato oneroso, de bens imóveis por natureza ou acessão física, e de direitos reais sobre imóveis, exceto os de garantia, bem como cessão de direitos e sua aquisição, que competem ao Município da situação do bem;

III – vendas a varejo de combustíveis líquidos e gasosos, exceto óleo diesel;

IV – serviços de qualquer natureza, não compreendidos no art. 155, b da Constituição Federal, definidos em lei complementar.

§1º Cabe a lei complementar federal fixar as alíquotas máximas dos impostos referidos nos incisos III e IV deste artigo, bem como excluir da incidência do imposto previsto no inciso IV exportação de serviços para o exterior.

§2º O imposto de que trata o inciso II não incide sobre a transmissão de bens ou direitos incorporados ao patrimônio de pessoa jurídica em realização de capital, nem sobre a transmissão de bens ou direitos decorrentes de fusão, incorporação, cisão ou extinção de pessoa jurídica, salvo se, nesse caso, a atividade preponderante do adquirente for a compra e venda desses bens ou direitos, locação de bens imóveis ou arrendamento mercantil.

Art. 164. Os Municípios receberão ainda:

I – o produto da arrecadação do imposto da União sobre renda e proventos de qualquer natureza, incidente na fonte, sobre rendimentos pagos, a qualquer título, por eles, suas autarquias e pelas fundações que instituírem e mantiverem;

II – cinquenta por cento do produto da arrecadação da União sobre a propriedade territorial rural, relativamente aos imóveis neles situados;

III – cinquenta por cento da arrecadação do imposto do Estado sobre a propriedade de veículos automotores licenciados em seus territórios;

IV – vinte e cinco por cento do produto da arrecadação do imposto do Estado sobre operações relativas à circulação de mercadorias e sobre prestações de serviços de transporte interestadual e intermunicipal e de comunicação. As parcelas de receitas pertencentes aos Municípios, mencionadas neste inciso, serão creditadas conforme os seguintes critérios: três quartos, no mínimo, na proporção do valor adicionado nas operações relativas à circulação de mercadorias e nas prestações de serviços realizadas em seus territórios; até um quarto, de acordo com o que dispuser a lei estadual;

V – a percentagem que lhes couber, no Fundo de Participação dos Municípios, conforme o disposto no art. 159, I, b, da Constituição Federal;

VI – o percentual do produto de arrecadação do imposto sobre produtos industrializados, de competência da União, por esta entregue ao Estado, proporcionalmente ao valor das respectivas exportações dos referidos produtos;

VII – para efeito de cálculo da entrega a ser efetuada de acordo com o previsto no art. 159, da Constituição Federal, excluir-se-á a parcela de arrecadação do imposto de renda e proventos de qualquer natureza, pertencentes aos Municípios.

Capítulo II
DOS ORÇAMENTOS

Art. 165. Os orçamentos anuais do Estado e dos Municípios obedecerão às disposições da Constituição Federal, às normas gerais de direito financeiro e às desta Constituição.

Art. 166. Leis de iniciativa do Poder Executivo estabelecerão:

I - o Plano Plurianual;

II - as Diretrizes Orçamentárias;

III - os Orçamentos Anuais do Estado.

§1º A Lei do Plano Plurianual estabelecerá de forma regionalizada as diretrizes, objetivos e metas da administração pública estadual para as despesas de capital e outras delas decorrentes e para as relativas aos programas de duração continuada.

§2º A Lei de Diretrizes Orçamentárias compreenderá as metas e prioridades da administração pública estadual, incluindo as despesas de capital para o exercício financeiro subsequente, orientará a elaboração da lei orçamentária anual, disporá sobre as alterações na legislação tributária e estabelecerá a política de aplicação das agências financeiras oficiais de fomento.

§3º O Poder Executivo publicará, até trinta dias após o encerramento de cada bimestre, relatório resumido da execução orçamentária.

§4º A Lei Orçamentária Anual não conterá dispositivo estranho à previsão da receita e à fixação da despesa, não se incluindo na proibição a autorização para abertura de créditos suplementares e contratação de operações de crédito, ainda que por antecipação da receita, nos termos da lei.

§5º Os planos e programas regionais e setoriais serão elaborados em consonância com o plano plurianual e apreciados pela Assembleia Legislativa.

Art. 167. O orçamento será uno e a lei orçamentária anual compreenderá:

I - orçamento fiscal referente aos Poderes do Estado, seus fundos, órgãos e entidades da administração direta e indireta, inclusive fundações instituídas e mantidas pelo Poder Público;

II - o orçamento de investimento das empresas em que o Estado, direta ou indiretamente, detenha a maioria do capital social com direito a voto;

III - o orçamento da seguridade social, abrangendo todas as entidades e órgãos a elas vinculados, da administração direta ou indireta, bem como fundos e fundações instituídas e mantidas pelo Poder Público.

§1º O projeto de lei orçamentária será acompanhado de demonstrativo regionalizado do efeito, sobre as receitas e despesas, decorrente de isenções, remissões, subsídios e benefícios de natureza financeira, tributária e creditícia.

§2º O orçamento fiscal e o orçamento de investimento das empresas estatais, compatibilizados com o plano plurianual, terão entre suas funções a de reduzir desigualdades inter-regionais, segundo o critério populacional.

Art. 168. Observados os princípios estabelecidos na Constituição Federal e em lei complementar federal, o Estado legislará, também por lei complementar, para:

I – dispor sobre o exercício financeiro, a vigência, os prazos, a elaboração e a organização do plano plurianual, da lei de diretrizes orçamentárias e de orçamento anual;

II – estabelecer normas de gestão financeira e patrimonial da administração direta e indireta, inclusive fundações instituídas ou mantidas pelo Estado, bem como condições para a instituição e funcionamento de fundos.

Art. 169. Os projetos de lei relativos ao Plano Plurianual, às Diretrizes Orçamentárias, ao Orçamento Anual e aos créditos adicionais serão apreciados pela Assembleia Legislativa, na forma regimental.

§1º Os projetos serão apreciados por uma comissão permanente, à qual cabe examinar e emitir parecer sobre eles, sobre as contas apresentadas anualmente pelo Governador, assim como sobre os planos e programas regionais e setoriais e exercer o acompanhamento e a fiscalização orçamentária, sem prejuízo das demais Comissões da Assembleia Legislativa, criadas de acordo com o art. 64 desta Constituição.

§2º As emendas serão apresentadas na comissão permanente e apreciadas, na forma regimental, pelo Plenário da Assembleia Legislativa.

§3º As emendas ao projeto de lei do orçamento anual ou os projetos que o modifiquem somente podem ser aprovadas caso:

I – sejam compatíveis com o Plano Plurianual e com a Lei de Diretrizes Orçamentárias;

II – indiquem os recursos necessários, admitidos apenas os provenientes de anulação de despesa, excluídas as que incidam sobre:

a) dotação para pessoal e seus encargos;

b) serviços da dívida;

c) transferências tributárias constitucionais para o Estado e Municípios;

III – sejam relacionadas:

a) com a correção de erro ou omissão;

b) com os dispositivos do texto do projeto de lei.

§4º As emendas ao projeto de Lei de Diretrizes Orçamentárias não poderão ser aprovadas quando incompatíveis com o Plano Plurianual.

§5º O Poder Executivo poderá enviar mensagens à Assembleia Legislativa para propor modificação nos projetos a que se refere este artigo, enquanto não iniciada a votação, na comissão permanente, da parte cuja alteração é proposta.

§6º Aplicam-se aos projetos mencionados neste artigo, no que não contrariem o disposto neste capítulo, as normas constitucionais relativas a processo legislativo.

Art. 170. São vedados:

I – a transposição, o remanejamento ou transferência de recursos de uma categoria para outra ou de um órgão para outro, sem prévia autorização legislativa;

II – a concessão ou utilização de créditos ilimitados;

III – a abertura de crédito suplementar ou especial sem prévia autorização legislativa e sem indicação dos recursos correspondentes;

IV – a realização de operações de créditos que excedam o montante das despesas de capital, ressalvadas as autorizadas mediante créditos suplementares ou especiais com finalidade precisa, aprovadas pela Assembleia Legislativa por maioria absoluta;

V – o início de programas ou projetos não incluídos no orçamento;

VI – a realização de despesa ou a assunção de obrigações que excedam os créditos orçamentários ou adicionais;

VII – a vinculação de impostos a órgão, fundo ou despesas, ressalvada a repartição do produto da arrecadação dos impostos a que se referem os arts. 157 a 159, da Constituição Federal, a destinação de recursos para a manutenção e desenvolvimento do ensino, como determinado no art. 212 da Constituição Federal, e a prestação de garantia às operações de crédito por antecipação da receita a que se refere o art. 165, §8º da Constituição Federal;

VIII – na forma estabelecida em lei complementar federal, a utilização de recursos de regime próprio de previdência social, incluídos os valores integrantes dos fundos previstos no art. 249 da Constituição Federal, para a realização de despesas distintas do pagamento dos benefícios previdenciários do respectivo fundo vinculado àquele regime e das despesas necessárias à sua organização e ao seu funcionamento. (Redação dada pela Emenda Constitucional nº 46, de 2020).

IX – a instituição de fundos de qualquer natureza sem autorização legislativa.

§1º Nenhum investimento cuja execução ultrapasse um exercício financeiro poderá ser iniciado sem prévia inclusão no plano plurianual, ou sem lei que autorize a inclusão, sob pena de crime de responsabilidade.

§2º Os créditos especiais e extraordinários terão vigência no exercício financeiro em que forem autorizados, salvo se o ato de autorização for promulgado nos últimos quatro meses daquele exercício, caso em que, reabertos nos limites dos seus saldos, serão incorporados ao orçamento do exercício financeiro subsequente.

§3º A abertura de crédito extraordinário somente será admitida para atender a despesas imprevistas e urgentes, como as decorrentes de calamidade pública.

§4º É permitida a vinculação de receitas próprias geradas pelos impostos a que se referem os arts. 159 e 163 e dos recursos de que tratam os arts. 162 e 164, para prestação de garantia ou contragarantia à União e para pagamento de dívidas para com esta. (Incluído pela Emenda Constitucional nº 03, de 1993)

Art. 171. O numerário correspondente às dotações orçamentárias, inclusive créditos suplementares e especiais, destinados à Assembleia Legislativa, ao Tribunal de Contas do Estado, ao Tribunal de Contas dos Municípios, aos órgãos do Poder Judiciário, ao Ministério Público, à Defensoria Pública e à Procuradoria-Geral do Estado serão entregues até o dia 20 (vinte) de cada mês, em quotas estabelecidas na programação financeira do Estado, com participação nunca inferior à estabelecida pelo Poder Executivo para os seus próprios órgãos, na forma da lei complementar prevista no art. 165, §9°, da Constituição Federal. (Redação dada pela Emenda Constitucional nº 29, de 2012)

Art. 172. As propostas orçamentárias parciais dos Poderes Legislativo e Judiciário, do Tribunal de Contas, do Ministério Público, da Defensoria Pública e da Procuradoria-Geral do Estado serão entregues ao Poder Executivo até 60 (sessenta) dias antes do prazo estabelecido na lei complementar prevista no art. 165, §9°, da Constituição Federal, para efeito de compatibilização dos programas das despesas do Estado. (Redação dada pela Emenda Constitucional nº 29, de 2012)

Art. 173. A despesa com pessoal ativo e inativo do Estado e dos Municípios não poderá exceder os limites estabelecidos em lei complementar federal.

Parágrafo único. A concessão de qualquer vantagem ou aumento de remuneração, a criação de cargos ou alteração da estrutura de carreiras, bem como admissão de pessoal, a qualquer título, pelos órgãos e entidades da administração direta ou indireta, inclusive fundações instituídas e mantidas pelo Poder Público, só poderão ser feitas:

I – se houver dotação orçamentária suficiente para atender às projeções de despesa de pessoal e aos acréscimos dela decorrentes;

II – se houver autorização específica na Lei de Diretrizes Orçamentárias, ressalvadas as empresas públicas e as sociedades de economia mista.

Art. 174. As operações de câmbio realizadas por órgão e por entidades do Estado e dos Municípios obedecerão ao disposto em lei complementar federal.

Art. 175. As disponibilidades de caixa do Estado e Municípios, bem como dos órgãos ou entidades do Poder Público e das empresas por ele contratadas, serão depositadas em instituições financeiras oficiais, ressalvados os casos previstos em lei.

Art. 176. Os Municípios, para execução de projetos, programas, obras, serviços ou despesas, cuja execução se prolongue além de um exercício financeiro, deverão elaborar Planos Plurianuais, aprovados por lei.

Art. 177. O Estado consignará no orçamento dotações necessárias ao pagamento das desapropriações e outras indenizações, suplementando-as sempre que se revelem insuficientes para o atendimento das requisições judiciais.

TÍTULO VII
DA ORDEM ECONÔMICA

Capítulo I
DO DESENVOLVIMENTO ECONÔMICO

Art. 178. Nos limites de suas respectivas competências, o Estado e os Municípios promoverão o desenvolvimento econômico e social, conciliando a liberdade de iniciativa com os princípios da justiça social e visando à elevação do nível de vida e do bem-estar da população.

Parágrafo único. Para atingir esse objetivo, o Estado:

a) planejará o desenvolvimento econômico para o setor público e definirá parâmetros ao setor privado, através de um Conselho de Desenvolvimento Econômico a ser regulado por lei, com a participação dos seus representantes;

b) estabelecerá diretrizes visando à integração dos planos municipais e estadual ao planejamento global da União;

c) coibirá, nos termos da lei, o abuso do poder econômico, que vise à dominação dos mercados, à eliminação da concorrência e ao aumento arbitrário dos lucros;

d) concederá atenção especial à proteção do trabalho, como fator preponderante da riqueza;

e) fomentará o reflorestamento, protegerá a fauna, a flora e o solo, e assegurará a preservação e o aproveitamento adequado dos recursos minerais e hídricos;

f) proporcionará a assistência técnica e creditícia à produção agropecuária, objetivando o abastecimento alimentar;

g) incentivará a criação de cooperativas de produção, consumo e de eletrificação rural;

h) protegerá o meio ambiente;

i) favorecerá, com incentivos, as indústrias beneficiadoras de matéria-prima local;

j) aproveitará, nas atividades produtivas, as conquistas da ciência e da tecnologia;

l) criará distritos industriais, mantendo os existentes sempre afastados do perímetro urbano;

m) estimulará a pequena e microempresa, criando o Fundo Estadual de Desenvolvimento Econômico e Social, que será administrado pela instituição financeira a quem compete a promoção do desenvolvimento do Estado, sendo vedada ao Fundo a realização de operações não reembolsáveis. As prioridades, consignações dos recursos e princípios operacionais de aplicação do Fundo serão regulamentados em lei complementar;

n) desenvolverá o turismo, com a criação de polos e atrativos a investidores;

o) promoverá programa habitacional, melhorando as condições de higiene e saneamento nos bolsões de pobreza;

p) (Revogada pela Emenda Constitucional nº 09, de 1997)

q) garantirá o acesso da pequena e da microempresa aos programas de desenvolvimento científico e tecnológico administrados e apoiados pelo Estado;

r) incentivará a implantação, em seu território, de novas empresas de pequeno, médio e grande porte.

Art. 179. As atividades econômicas exploradas pelo Estado, através de empresas públicas, sociedades de economia mista e outras atividades descentralizadas, estão sujeitas a regime jurídico próprio.

Art. 180. O Poder Público estabelecerá diretrizes de política agrícola, pecuária e fundiária, visando a alcançar:

a) aumento de produtividade, armazenamento, escoamento e comercialização da produção agrícola e pecuária;

b) cobertura de riscos advindos das secas, inundações e de outras calamidades;

c) eliminação da intermediação comercial explorativa dos produtores;

d) estímulo à propriedade familiar e à associação comunitária para fins de atividade rural.

Art. 181. O Estado promoverá a fixação do homem ao campo, para evitar o êxodo rural, incentivando as cooperativas agrícolas e pecuárias, a habitação decente, a educação, a saúde, a eletrificação rural, e aproveitando, para tanto, terras públicas ou particulares, desapropriadas na forma da lei.

Art. 182. O Estado isentará de tributos as máquinas e implementos agrícolas do pequeno produtor rural e da micro e pequena empresa, inclusive, veículos utilizados no transporte de sua produção.

Art. 183. O Estado dispensará às micro e pequenas empresas tratamento diferenciado, favorecido e simplificado, referente a obrigações tributárias, creditícias e desenvolvimento empresarial.

Capítulo II
DA POLÍTICA URBANA

Art. 184. A política de desenvolvimento urbano será fixada em lei municipal e obedecerá às diretrizes gerais, com o objetivo de ordenar o pleno desenvolvimento das funções sociais da cidade e garantir o bem-estar de seus habitantes.

Parágrafo único. As diretrizes gerais do planejamento urbano constarão, obrigatoriamente, da lei orgânica dos Municípios e terão como parâmetros os princípios básicos inseridos nesta e na Constituição Federal.

Art. 185. A propriedade urbana realiza sua função social quando atende às exigências fundamentais de ordenação da cidade.

§1º É obrigatório para as cidades de mais de vinte mil habitantes um Plano Diretor Urbano, aprovado pela Câmara Municipal.

§2º O Município com população inferior a vinte mil habitantes será assistido pelo órgão ou entidade estadual de desenvolvimento urbano na elaboração das diretrizes gerais de ocupação de seu território.

§3º Pode ser exercida a iniciativa de projetos de lei, de interesse específico de cidade ou de bairros, mediante a manifestação de pelo menos cinco por cento do eleitorado.

§4º As desapropriações dos imóveis urbanos serão feitas com prévia e justa indenização em dinheiro.

§5º É facultado ao Poder Público Municipal, mediante lei específica, exigir do proprietário do solo urbano não edificado não utilizado ou subutilizado o seu adequado aproveitamento, conforme as normas previstas no Plano Diretor Urbanístico, aprovado pela Câmara de Vereadores, observada a lei federal.

§6º A desobediência a essa norma determinará pena, sucessivamente, de parcelamento ou edificação compulsória, estabelecimento de imposto progressivo no tempo e desapropriação com pagamento em títulos da dívida pública, de emissão previamente aprovada pelo Senado Federal.

§7º O prazo de resgate será de dez anos, em parcelas anuais, iguais e sucessivas, assegurados o valor real de indenização e os juros legais.

§8º Lei Municipal, de cujo processo de elaboração as entidades representativas da comunidade local participarão, estabelecerá, com base no plano diretor, normas sobre saneamento, parcelamento e loteamento, uso e ocupação de solo, índice urbanístico, proteção ambiental e demais limitações administrativas sobre edificações, construção de imóveis em geral, fixando prazos para a expedição de licenças e autorização.

Art. 186. O Estado assistirá os Municípios na elaboração dos Planos Diretores, caso o solicitem.

Parágrafo único. Na liberação de recursos do erário estadual e na concessão de outros benefícios em favor de objetivos de desenvolvimento urbano e social, o Estado atenderá, prioritariamente, ao Município já dotado de plano diretor, para o fim de:

a) preservação do meio ambiente natural e cultural;

b) ordenamento do território, sob os requisitos de zoneamento, do uso, de parcelamento e ocupação do solo urbano;

c) garantia de saneamento básico;

d) participação das entidades comunitárias no planejamento e controle da execução dos programas a elas pertinentes;

e) urbanizar e regularizar as áreas deterioradas, preferencial- mente, sem remoção dos moradores;

f) manutenção de sistema de limpeza pública e adequado tratamento final do lixo;

g) reserva de áreas urbanas para implantação de projetos de cunho social;

h) atividades extrativas de recursos minerais e hídricos em zonas urbanas.

Art. 187. O Estado só poderá construir penitenciárias em área não compreendida no perímetro urbano.

Capítulo III
DA POLÍTICA RURAL

Art. 188. O Estado promoverá a justa distribuição da propriedade, atendendo ao interesse social, mediante desapropriação, respeitada a legislação federal, de modo a assegurar o acesso à terra e aos meios de produção.

Art. 189. O Estado adotará programas de desenvolvimento rural destinados a fomentar a produção agropecuária, organizar o abastecimento alimentar e fixar o homem no campo, compatibilizados com a política agrícola e com o plano de reforma agrária estabelecidos pela União.

§1º Para a consecução desses objetivos será assegurada, no planejamento e na execução da política rural, na forma da lei, a participação dos setores de produção, envolvendo produtores e trabalhadores rurais, bem como dos setores de comercialização, armazenamento, transportes e abastecimentos, levando-se em conta, especialmente:

a) instrumentos creditícios e fiscais;

b) incentivo à pesquisa tecnológica e científica;

c) assistência técnica à extensão rural;

d) fomento e desenvolvimento do cooperativismo;

e) irrigação e eletrificação rural;

f) função social da propriedade;

g) habitação para o trabalhador rural;

h) preços compatíveis com os custos da produção e a garantia de comercialização.

§2º Aquele que tornar economicamente produtiva terra devoluta estadual e comprovar sua vinculação pessoal à terra terá preferência para adquirir-lhe o domínio, até a área de vinte e cinco hectares, contra o pagamento do valor da terra acrescido dos emolumentos.

Art. 190. O Estado fiscalizará a aquisição e o arrendamento de propriedade rural por pessoa física ou jurídica estrangeira, cujos atos dependerão de autorização do Congresso Nacional, vedada a concessão do subsolo com minérios.

Capítulo IV
DO TURISMO

Art. 191. O Estado apoiará e incentivará o turismo, como atividade econômica, reconhecendo-o como forma de promoção e desenvolvimento social e cultural.

Art. 192. O Estado, juntamente com os segmentos envolvidos no setor, definirá a política estadual de turismo, observadas as seguintes diretrizes e ações:

I – adoção de plano integrado e permanente, estabelecido em lei, para o desenvolvimento do turismo no Estado, observado o princípio da regionalização;

II – desenvolvimento da infraestrutura e a conservação dos parques estaduais, reservas biológicas, inscrições e pegadas rupestres, cavernas, bem como todo potencial natural que venha a ser de interesse turístico;

III – estímulo à produção artesanal, típica de cada região do Estado, mediante política de redução de tarifas devidas por serviços estaduais, conforme especificação em lei;

IV – apoio a programas de orientação e divulgação do turismo regional;

V – criação de um fundo de assistência ao turismo, em benefício das cidades históricas e estâncias hidrominerais desprovidas de recursos;

VI – regulamentação do uso, ocupação e fruição dos bens naturais e culturais de interesse turístico;

VII – manutenção e aparelhamento das estâncias hidrominerais e de seus conglomerados;

VIII – proteção ao patrimônio ecológico e histórico-cultural do Estado;

IX – apoio à iniciativa privada no desenvolvimento de programas de lazer e entretenimento para a população de modo geral;

X – criação do Conselho Estadual de Desenvolvimento Turístico, com o objetivo de promover e incentivar o turismo no Estado e com organização, estrutura e competência definidas em lei.

Capítulo V
DA PROTEÇÃO E DEFESA DO CONSUMIDOR

(Incluído pela Emenda Constitucional nº 39, de 2014)

Art. 192-A. Poderão o Poder Executivo, o Ministério Público e a Defensoria Pública do Estado da Paraíba implementar os seus próprios Programas Estaduais de Proteção e Defesa do Consumidor – PROCON, com as competências compatíveis com as respectivas finalidades institucionais e as estruturas organizacionais previstas em lei. (Incluído pela Emenda Constitucional nº 39, de 2014)

TÍTULO VIII
DA ORDEM SOCIAL

Capítulo I
DA SEGURIDADE SOCIAL

Seção I
DISPOSIÇÕES GERAIS

Art. 193. A seguridade social compreende o conjunto integrado de ações destinadas a assegurar os direitos relativos à saúde, à previdência e à assistência social.

Parágrafo único. Ao Estado, no âmbito de suas atribuições, compete organizar a seguridade social, obedecidos os seguintes princípios:

I - universalidade da cobertura e do atendimento;

II - uniformidade e equivalência dos benefícios e serviços às populações urbanas e rurais;

III - seletividade e distributividade na prestação dos benefícios e serviços;

IV - irredutibilidade do valor dos benefícios;

V - equidade na forma de participação no custeio;

VI - diversidade da base de financiamento;

VII - caráter democrático e descentralizado da gestão administrativa do servidor público ativo e inativo.

Art. 194. A seguridade social será financiada por toda a sociedade, de forma direta e indireta, mediante recursos provenientes dos orçamentos do Estado e do Município, das contribuições sociais destes, dos servidores e dos concursos de prognósticos.

§1º O Estado poderá instituir novas fontes de receita para financiar a seguridade social.

§2º Nenhum benefício ou serviço da seguridade social será criado, majorado ou estendido sem a correspondente fonte de custeio.

§ 3º O Estado e os Municípios instituirão, por meio de lei, contribuições para custeio de regime próprio de previdência social, cobradas dos servidores ativos, dos aposentados e dos pensionistas, que poderão ter alíquotas progressivas de acordo com o valor da base de contribuição ou dos proventos de aposentadoria e de pensões (Redação dada pela Emenda Constitucional nº 46, de 2020).

Art. 195. A pessoa jurídica em débito com o sistema da seguridade social não poderá contratar com o Estado nem dele receber benefícios, incentivos fiscais ou crédito.

Seção II
DA SAÚDE

Art. 196. A saúde é direito de todos e dever do Estado, garantida mediante políticas sociais, econômicas e ambientais, visando à redução do risco de doença e ao acesso igualitário e universal aos serviços de sua proteção e recuperação.

Art. 197. O Conselho Estadual de Saúde disporá sobre ações e serviços de saúde, fiscalizando-os e controlando-os nos termos da lei.

Parágrafo único. O Conselho Estadual de Saúde, órgão máximo no estabelecimento da política estadual de saúde, será composto, paritariamente, por órgãos públicos e entidades de classe da área de saúde, tendo sua organização, competência e funcionamento definidos em lei.

Art. 198. A iniciativa privada participará do sistema único e descentralizado de saúde, tendo prioridade as entidades filantrópicas sem fins lucrativos.

Art. 199. As ações e serviços públicos estaduais, juntamente com os federais e municipais de saúde, integram uma rede regionalizada e hierarquizada e constituem sistema único descentralizado, com direção em cada esfera de governo, atendendo, prioritariamente, às atividades preventivas, sem prejuízo dos serviços assistenciais.

Art. 200. A fluoretação da água para consumo humano nos sistemas públicos e privados de abastecimento no Estado da Paraíba, obedecidas as técnicas e normas pertinentes, será utilizada enquanto não desaconselhada pelo órgão público competente à vista de novas descobertas científicas.

Seção III
DA PREVIDÊNCIA SOCIAL

Art. 201. O Estado garantirá a previdência social aos seus servidores, de caráter contributivo e filiação obrigatórios, observados critérios que preservam o equilíbrio financeiro e atuarial, e atenderá, nos termos da lei: (Redação dada pela Emenda Constitucional nº 18, de 2003)

I – aposentadoria: (Incluído pela Emenda Constitucional nº 18, de 2003)

a) compulsória, por limite de idade ou por invalidez permanente; (Incluída pela Emenda Constitucional nº 18, de 2003)

b) facultativa, por tempo de serviço; (Incluída pela Emenda Constitucional nº 18, de 2003)

II – pensão por morte do segurado, homem ou mulher, ao cônjuge, companheiro ou dependente; (Incluído pela Emenda Constitucional nº 18, de 2003)

III – licença para tratamento de saúde do segurado; (Incluído pela Emenda Constitucional nº 18, de 2003)

IV – licença à gestante e à mãe adotiva, independente da idade do adotado, sem prejuízo do emprego e da remuneração, com duração de 180 (cento e oitenta) dias, sendo os últimos 60 (sessenta) dias em regime de meio expediente; (Redação dada pela Emenda Constitucional nº 28, de 2012)

VI – auxílio-reclusão; (Incluído pela Emenda Constitucional nº 18, de 2003)

VII – salário-família para os dependentes dos segurados de baixa renda. (Incluído pela Emenda Constitucional nº 18, de 2003)

§1º (Revogado pela Emenda Constitucional nº 18, de 2003) I – (Revogado pela Emenda Constitucional nº 18, de 2003) II – (Revogado pela Emenda Constitucional nº 18, de 2003) III – (Revogado pela Emenda Constitucional nº 18, de 2003) IV – (Revogado pela Emenda Constitucional nº 18, de 2003) V – (Revogado pela Emenda Constitucional nº 18, de 2003) VI – (Revogado pela Emenda Constitucional nº 18, de 2003) VII – (Revogado pela Emenda Constitucional nº 18, de 2003) VIII – (Revogado pela Emenda Constitucional nº 18, de IX – (Revogado pela Emenda Constitucional nº 18, de 2003)

§2º (Revogado pela Emenda Constitucional nº 18, de 2003)

Art. 202. O décimo terceiro mês de proventos ou pensões terá por base o valor da remuneração integral e da aposentadoria do mês de dezembro de cada ano.

Art. 203. Além do disposto no art. 34, o regime de previdência dos servidores públicos do Estado observará, no que couber, os requisitos e critérios fixados para o regime geral de previdência social. (Redação dada pela Emenda Constitucional nº 18, de 2003)

Art. 204. O Município poderá instituir órgão próprio para assegurar aos seus servidores os benefícios da previdência social.

Seção IV
DA ASSISTÊNCIA SOCIAL

Art. 205. A assistência social será prestada a quem dela necessite, independente de contribuição à seguridade social, devendo ser executada pelo Estado, diretamente, ou através da transferência de recursos a entidades públicas ou privadas, sem fins lucrativos.

Parágrafo único. A assistência social do Estado visará:

I – proteger a família, a maternidade, a infância, a adolescência e a velhice;

II – promover a integração ao mercado de trabalho e garantir o ensino profissionalizante;

III – habilitar e reabilitar a pessoa deficiente e integrá-las à comunidade.

Art. 206. O Estado não transferirá recursos a entidades assistenciais antes de verificar sua constituição regular e a idoneidade de seus dirigentes.

Parágrafo único. As entidades filantrópicas e sem fins lucrativos que recebem auxílio financeiro do Estado ficam obrigadas a prestar contas na forma da lei.

Capítulo II
DA EDUCAÇÃO, DA CULTURA E DO DESPORTO

Seção I
DA EDUCAÇÃO

Art. 207. A educação, direito de todos e dever do Estado e da família, será promovida e incentivada com a colaboração da sociedade, visando ao pleno desenvolvimento da pessoa, seu preparo para o exercício da cidadania, sua qualificação para o trabalho e objetivando a construção de uma sociedade democrática, justa e igualitária, com base nos seguintes princípios:

I – igualdade de condições para o acesso e permanência na escola;

II – liberdade de aprender, ensinar, pesquisar e divulgar o pensamento, a arte e o saber;

III – pluralismo de ideias e concepções pedagógicas e coexistência de instituições públicas e privadas de ensino;

IV – gratuidade do ensino público em estabelecimentos oficiais;

V – gestão democrática do ensino público, na forma da lei;

VI – garantia de padrão unitário de qualidade;

VII – valorização dos profissionais do ensino, garantindo, na forma da lei, planos de carreira, piso salarial profissional e ingresso exclusivamente por concurso público de provas e títulos.

§1° Para atingir estes objetivos, o Estado e os Municípios, em regime de colaboração com o Governo Federal, organizarão os seus sistemas de educação, assegurando:

I – ensino público gratuito nos estabelecimentos oficiais;

II – ensino fundamental obrigatório, inclusive para os que não frequentaram a escola na idade escolar;

III – oferta de ensino noturno regular e de programas e cursos de educação paraescolar;

IV – oferta de ensino religioso obrigatória nas escolas e de matrícula facultativa aos alunos;

V – atendimento em creches e em instituições pré-escolares à criança de até seis anos de idade, que propicie condições de êxito posterior no processo de alfabetização;

VI – apoio ao educando no que diz respeito à saúde, transporte, alimentação e material didático;

VII – progressiva extensão da obrigatoriedade e gratuidade ao ensino médio;

VIII – promoção da educação especial, preferencialmente na rede regular de ensino;

IX – atendimento educacional especializado aos portadores de deficiência, preferencialmente na rede regular de ensino.

§2º O acesso ao ensino obrigatório e gratuito é direito público subjetivo e o seu não oferecimento, pelo Poder Público, ou sua oferta irregular, importam em responsabilidade da autoridade competente.

§3º Caberá ao Estado e aos Municípios recensearem os educandos para o ensino básico e proceder à chamada anual, zelando pela frequência à escola.

§4º O Estado diligenciará para que os estudantes carentes tenham possibilidade de acesso aos graus mais elevados de ensino, inclusive no desenvolvimento de programas de concessão de bolsas de estudo em todos os níveis.

Art. 208. O Estado poderá criar instituições de ensino superior, mantidas as seguintes características:

I – unidade de patrimônio e administração;

II – desenvolvimento de áreas fundamentais do conhecimento humano;

III – autonomia científica, didático-pedagógica, administrativa e de gestão financeira;

IV – plano de cargos e salários para os servidores, assim como carreira unificada para o corpo docente.

Art. 209. O ensino é livre à iniciativa privada, atendidas as seguintes condições:

I – cumprimento das normas gerais da educação nacional;

II – a autorização e avaliação da qualidade de ensino pelo Poder Público.

§1º Caberá ao Poder Público a verificação da capacidade material, financeira e pedagógica das instituições privadas de ensino, e deverão ser asseguradas:

I – garantia de padrões salariais que levem em conta pisos salariais profissionais e planos de carreira, ressalvada a exigência nas escolas comunitárias;

II – atividades docentes obrigatórias, complementares à sala de aula, remuneradas, não exigida esta para as escolas da comunidade.

§2º Os recursos públicos serão destinados às escolas públicas, podendo ser dirigidos a escolas comunitárias, confessionais ou filantrópicas, definidas em lei, que:

I – comprovem finalidade não lucrativa e apliquem seus excedentes financeiros em educação;

II – assegurem a destinação de seu patrimônio a outra escola comunitária, filantrópica ou confessional, ou ao Poder Público, no caso de encerramento de suas atividades;

III – os recursos de que trata este artigo poderão ser destinados a bolsas de estudo para o ensino fundamental e médio, na forma da lei, para os que demonstrarem insuficiência de recursos, quando houver faltas de vagas e cursos regulares da rede pública na localidade da residência do educando, ficando o Poder Público obrigado a investir prioritariamente na expansão de sua rede na localidade;

IV – as atividades universitárias de pesquisa e extensão poderão receber apoio financeiro do Poder Público.

Art. 210. O Estado e os Municípios aplicarão anualmente, no mínimo, vinte e cinco por cento de sua receita de imposto, inclusive a resultante de transferências, na manutenção e desenvolvimento do ensino.

§1º A parcela de arrecadação de impostos, transferida pela União, ao Estado e aos Municípios, e pelo Estado, aos Municípios, não é considerada receita do governo que a transferir, para efeito do cálculo previsto neste artigo.

§2º A distribuição dos recursos públicos assegurará prioridade ao atendimento das necessidades do ensino público obrigatório, buscando a universalização do ensino fundamental e a expansão do ensino médio.

Art. 211. A lei estabelecerá o Plano Estadual de Educação, de duração plurianual, visando à articulação e ao desenvolvimento do ensino em seus diversos níveis, e à integração das ações do Poder Público que conduzam à:

I – erradicação do analfabetismo;

II – universalização do ensino fundamental e expansão progressiva do ensino médio;

III – melhoria da qualidade de ensino;

IV – formação humanística, científica e tecnológica voltada para o desenvolvimento da consciência crítica e da aptidão para o trabalho;

V – promoção da educação para escolar sob forma de programas, cursos e estágios de educação e formação com objetivos específicos, tendo em vista o caráter permanente da educação.

§1º Os Municípios alocarão recursos, prioritariamente, para ensino pré-escolar e fundamental.

§2º O Estado, em articulação com os Municípios, promoverá o mapeamento escolar, estabelecendo critérios para a ampliação e interiorização da rede escolar pública.

Art. 212. O Conselho Estadual de Educação é órgão normativo e deliberativo superior em matéria educacional, no âmbito do Sistema Estadual de Educação, devendo ser composto, paritariamente, por profissionais da educação, obedecendo ao seguinte:

I - representantes do Poder Público, indicados pelo Poder Executivo Estadual;

II - representantes de instituições educativas em todos os níveis de ensino, indicados através das suas entidades de representação;

III - representantes de sindicatos e associações de profissionais de educação, indicados por seus órgãos de representação;

IV - representantes de entidades da sociedade civil e comunitária que desenvolvam atividades educativas;

V - representantes do corpo discente, maiores de dezoito anos, indicados através das suas entidades de representação.

§1º A composição do Conselho Estadual de Educação será regulamentada pela Lei de Diretrizes e Bases da Educação Estadual.

§2º Compete ao Conselho Estadual de Educação:

I - elaborar, em primeira instância, o Plano Estadual de Educação a ser aprovado pelo Poder Legislativo, assim como realizar o acompanhamento e a avaliação de sua execução;

II - fixar normas complementares à Legislação do ensino estadual;

III - elaborar, evitando multiplicidade e pulverização de matérias, as diretrizes curriculares, adequadas às especificidades regionais;

IV - estabelecer as diretrizes de participação da comunidade escolar e da sociedade na elaboração das propostas pedagógicas das escolas.

Art. 213. O Poder Legislativo, obedecendo às disposições da Lei de Diretrizes e Bases da Educação Nacional, desta e da Constituição Federal, fixará as Diretrizes e Bases da Educação Estadual, em lei complementar, que regulamentará:

I - o sistema estadual de educação;

II - a administração do sistema de ensino do Estado;

III - as bases da política de valorização dos profissionais da educação;

IV – a criação e o funcionamento do Conselho de Educação em âmbito estadual;

V – as diretrizes do plano estadual de educação.

Seção II
DA CULTURA

Art. 214. O Estado garantirá a todos o pleno exercício dos direitos culturais e o acesso às fontes da cultura nacional e regional e apoiará e incentivará a valorização e a difusão das manifestações culturais.

§1º O Estado protegerá as manifestações das culturas populares, indígenas e afro-brasileiras e das de outros grupos participantes do processo civilizatório nacional.

§2º A lei disporá sobre a fixação de datas comemorativas de alta significação para a cultura estadual.

Art. 215. Ao Conselho Estadual de Cultura competirá estabelecer o planejamento e a orientação das atividades culturais no âmbito do Estado.

Art. 216. Constituem patrimônio cultural os bens de natureza material e imaterial, tomados individualmente ou em conjunto, portadores de referência à identidade, à ação e à memória dos diferentes grupos formadores da sociedade, nos quais se incluem:

I – as formas de expressão;

II – os modos de criar, fazer e viver;

III – as criações científicas, artísticas e tecnológicas;

IV – as obras, objetos, documentos, edificações e demais espaços destinados às manifestações artístico-culturais;

V – os conjuntos urbanos e sítios de valor histórico, paisagístico, artístico, arqueológico, paleontológico, ecológico e científico.

§1º O Poder Público, com a colaboração da comunidade, promoverá e protegerá o patrimônio cultural por meio de inventários, registros, vigilância, tombamentos e desapropriação, e de outras formas de acautelamento e preservação.

§2º Cabem à administração pública, na forma da lei, a gestão da documentação governamental e as providências para franquear sua consulta a quantos dela necessitem.

§3º A lei estabelecerá incentivos para a produção e o conhecimento de bens e valores culturais.

Art. 217. O Estado estimulará a instalação de bibliotecas públicas nas sedes dos Municípios e Distritos.

Art. 218. São considerados patrimônio histórico da Paraíba o Cabo Branco e a Praia do Seixas, saliência mais oriental da América.

Art. 219. Caberá ao Estado utilizar-se do seu sistema de comunicação e do seu sistema estadual de educação como meios de preservação, dinamização e divulgação da cultura estadual e nacional.

Art. 220. Os danos e as ameaças ao patrimônio cultural serão punidos, na forma da lei.

Seção III
DO DESPORTO

Art. 221. É dever do Estado fomentar a prática desportiva em todas as suas modalidades, quer diretamente, quer através de órgão especialmente criado com essa finalidade.

Art. 222. O orçamento estadual destinará recursos para o incentivo ao esporte.

Parágrafo único. A lei estabelecerá a criação de incentivos fiscais à iniciativa privada para o desporto amador.

Art. 223. O lazer é uma forma de promoção social que merecerá do Estado atenção especial.

Capítulo III
DA CIÊNCIA E DA TECNOLOGIA

Art. 224. O Estado promoverá e incentivará, através de uma política específica, o desenvolvimento científico e tecnológico, a pesquisa básica, a capacitação e a ampla difusão dos conhecimentos, tendo em vista a qualidade de vida da população, o desenvolvimento do sistema produtivo, a solução dos problemas sociais e o progresso das ciências.

§1º As pesquisas científicas e tecnológicas voltar-se-ão, prioritariamente, para a solução dos problemas regionais e para a preservação do meio ambiente.

§2º A capacitação científica e tecnológica será direcionada para a viabilização do desenvolvimento cultural, social e econômico do Estado, o bem-estar da população, a inovação e a autonomia tecnológica, e uma consciência crítica dos problemas regionais.

§3º O Estado destinará dotação mínima de dois e meio por cento de sua receita orçamentária anual como renda de sua privativa administração para o fomento ao ensino, à pesquisa científica e tecnológica.

Art. 225. O Governo do Estado promoverá e apoiará programas de formação de recursos humanos no domínio científico e tecnológico, dando prioridade às instituições públicas voltadas para o desenvolvimento da Paraíba.

Art. 226. O Estado manterá um Conselho Estadual de Ciências e Tecnologia, de caráter deliberativo, com o objetivo de formular, acompanhar e analisar a política científica e tecnológica da Paraíba.

§1º Caberá a este Conselho a formulação do Plano Estadual da Ciência e Tecnologia e o acompanhamento e fiscalização de sua execução.

§2º O Conselho Estadual de Ciência e Tecnologia será composto por:

I - 1/5 (um quinto) de representantes do Poder Executivo Estadual, indicado pelo Governador do Estado;

II - 1/5 (um quinto) de representantes de Institutos de Pesquisa, e de instituições educativas e de formação científica e tecnológica que desenvolvam programas ou atividades de pesquisa e tecnologia no Estado, indicados pelas respectivas instituições;

III - 1/5 (um quinto) de representantes de associações acadêmicas e científicas de categorias profissionais, ligadas à ciência e à tecnologia, indicados pelas mesmas;

IV - 1/5 (um quinto) de representantes de entidades sindicais patronais e de trabalhadores, indicados pelas suas representações de classe;

V - 1/5 (um quinto) formado por um representante do Poder Legislativo Estadual, indicado pela Assembleia Legislativa; dois representantes do Poder Executivo Municipal, indicados pelos municípios com mais de duzentos e cinquenta mil habitantes.

§3º A estrutura, competência e funcionamento deste Conselho serão definidos em lei, de conformidade com as normas desta Constituição.

Capítulo IV
DA PROTEÇÃO DO MEIO AMBIENTE E DO SOLO

Art. 227. O meio ambiente é bem de uso comum do povo e essencial à qualidade de vida, sendo dever do Estado defendê-lo e preservá-lo para as presentes e futuras gerações.

Parágrafo único. Para garantir esse objetivo, incumbe ao Poder Público:

I – preservar e restaurar os processos ecológicos essenciais;

II – proteger a fauna e a flora, proibindo as práticas que coloquem em risco sua função ecológica, provoquem a extinção da espécie ou submetam os animais à crueldade;

III – proibir as alterações físicas, químicas ou biológicas, direta ou indiretamente nocivas à saúde, à segurança e ao bem-estar da comunidade;

IV – promover a educação ambiental em todos os níveis de ensino e a conscientização pública para a preservação do meio ambiente;

V – criar a disciplina Educação Ambiental para os 1º, 2º e 3º graus, em todo o Estado;

VI – preservar os ecossistemas naturais, garantindo a sobrevivência da fauna e da flora silvestres, notadamente das espécies raras ou ameaçadas de extinção;

VII – considerar de interesse ecológico do Estado toda a faixa de praia de seu território até duzentos metros da maré de sizígia, bem como a falésia do Cabo Branco, Coqueirinho, Tambaba, Tabatinga, Forte e Cardosa e, ainda, os remanescentes da Mata Atlântica, compreendendo as matas de Mamanguape, Rio Vermelho, Buraquinho, Amém, Aldeia e Cavaçu, de Areia, as matas do Curimataú, Brejo, Agreste, Sertão, Cariri, a reserva florestal de São José da Mata, no Município de Campina Grande, e o Pico do Jabre, em Teixeira, sendo dever de todos preservá-los nos termos da lei e desta Constituição;

VIII – elaborar o inventário e o mapeamento das coberturas vegetais nativas, visando à adoção de medidas especiais de proteção;

IX – designar os mangues, estuários, dunas, restingas, recifes, cordões litorâneos, falésias e praias, como áreas de preservação permanente.

Art. 228. A construção, a instalação, a ampliação e o funcionamento de estabelecimentos, equipamentos, polos industriais, comerciais e turísticos, e as atividades utilizadoras de recursos ambientais, bem como as capazes, sob qualquer forma, de causar degradação ambiental, sem prejuízo de outras licenças exigíveis, dependerão de prévio licenciamento do órgão ou entidade estadual competente. (Redação dada pela Emenda Constitucional nº 33, de 2013)

§1º O órgão estadual de proteção ambiental, de que trata o caput deste artigo, garantirá, na forma do art. 225 da Constituição Federal, a efetiva participação do Poder Público e da coletividade, de forma paritária, através de seus respectivos órgãos engajados em atividades associadas à defesa e controle do meio ambiente sadio e equilibrado. (Redação dada pela Emenda Constitucional nº 33, de 2013)

§2º Estudo prévio de impacto ambiental será exigido para instalação de obra ou atividades potencialmente causadoras de degradação do meio ambiente.

Art. 229. A zona costeira, no território do Estado da Paraíba, é patrimônio ambiental, cultural, paisagístico, histórico e ecológico, na faixa de quinhentos metros de largura, a partir da preamar de sizígia para o interior do continente, cabendo ao órgão estadual de proteção ao meio ambiente sua defesa e preservação, na forma da lei.

§1º O Plano Diretor dos Municípios da faixa costeira disciplinará as construções, obedecidos, entre outros, os seguintes requisitos:

a) nas áreas a serem urbanizadas, a primeira quadra da praia deve distar cento e cinquenta metros da maré de sizígia para o continente, observado o disposto neste artigo;

b) nas áreas já urbanizadas ou loteadas, obedecer-se-á a um escalonamento de gabaritos a partir de doze metros, compreendendo pilotis ou três andares, podendo atingir trinta e cinco metros de altura, a partir da faixa mencionada neste artigo;

c) constitui crime de responsabilidade a concessão de licença para a construção ou reforma de prédios na orla marítima em desacordo com o disposto neste artigo.

d) excetua-se do disposto nas alíneas anteriores, a área do porto organizado do Município de Cabedelo, constituída na forma da legislação federal e respectivas normas regulamentares, para as construções e instalações industriais. (Incluída pela Emenda Constitucional nº 15, de 2003)

§2º As construções referidas no parágrafo anterior deverão obedecer a critérios que garantam os aspectos de aeração, iluminação e existência de infraestrutura urbana, compatibilizando-os, em cada caso, com os referenciais de adensamento demográfico, taxa de ocupação e índice de aproveitamento.

Art. 230. A conservação e a proteção dos componentes ecológicos e o controle da qualidade do meio ambiente serão atribuídos a um Conselho, que será formado na proporção de um terço de representantes do órgão estadual da área específica, um terço de representantes de entidades cujas atividades estejam associadas ao controle ambiental e um terço de representantes do Conselho Regional de Engenharia e Agronomia da Paraíba.

Art. 231. O Estado estabelecerá plano de proteção ao meio ambiente, adotando medidas indispensáveis à utilização racional da natureza e à redução da poluição causada pela atividade humana.

Art. 232. É vedado o depósito de lixo atômico não produzido no Estado e a instalação de usinas nucleares no território paraibano.

Art. 233. O Estado agirá direta ou supletivamente na proteção dos rios, córregos e lagoas e dos espécimes neles existentes contra a ação de agentes poluidores, provindos de despejos industriais.

Art. 234. O Estado elaborará programa de recuperação do solo agrícola, conservando-o e corrigindo-o, com o objetivo de aumentar a produtividade.

Art. 235. É vedada, no território estadual, a prática de queimadas danosas ao meio ambiente, bem como a construção em áreas de riscos geológicos.

Capítulo V
DA COMUNICAÇÃO SOCIAL

Art. 236. É assegurada ampla liberdade aos meios de comunicação nos termos da lei.

Parágrafo único. Na forma disciplinada pela Constituição Federal e pela lei federal, os Poderes Públicos do Estado e dos Municípios cooperarão:

I – na fiscalização das diversões e espetáculos públicos, na sua natureza, nas faixas etárias recomendadas, nos locais e horários de apresentação adequados;

II – no cumprimento dos meios legais, garantindo à pessoa e à família a possibilidade de se defenderem de produção ou de programas contrariando o art. 221 da Constituição Federal, bem como da propaganda de produtos, práticas e serviços nocivos à saúde e ao meio ambiente.

Art. 237. A produção e a programação das emissoras de rádio e de televisão oficiais atenderão aos seguintes princípios:

I – preferências e finalidades educativas, artísticas, culturais e informativas;

II – promoção da cultura nacional e regional e estímulo à produção independente que objetive sua divulgação;

III – respeito aos valores éticos e sociais da pessoa e da família.

Parágrafo único. As emissoras de rádio e televisão, sob controle do Estado ou de entidade de administração indireta, reservarão horário para divulgação das atividades dos Poderes do Estado, conforme dispuser a lei.

Art. 238. A publicidade do Estado poderá ser executada por meio dos veículos de comunicação particulares, segundo critérios técnicos e sem discriminação de ordem política ou ideológica, mediante licitação, nos termos desta Constituição.

Parágrafo único. Os valores destinados à publicidade do Estado serão tornados públicos mediante balancetes mensais.

Art. 239. A política de Comunicação Social, no âmbito do Estado e nos veículos de comunicação de massa mantidos pelo Poder Público sob a forma de fundação, autarquia ou empresa de economia mista, será definida, orientada, executada e fiscalizada pelo Conselho de Comunicação.

§1º O Conselho de Comunicação Social será regulamentado por lei complementar.

§2º A criação e funcionamento do Conselho de Comunicação Social serão instituídos, nos termos da lei.

Capítulo VI
DOS RECURSOS HÍDRICOS E MINERAIS

Art. 240. O Estado e os Municípios, de comum acordo com a União, zelarão pelos recursos hídricos e minerais.

§1º Ao agente poluidor cabe o ônus da recomposição ambiental, assegurado, nos termos do compromisso condicionante do licenciamento, na forma da lei.

§2º O comprador do produto da extração mineral só poderá adquiri-lo se o vendedor apresentar a devida licença ambiental, na forma da lei.

Art. 241. É dever do cidadão, da sociedade e dos entes estatais zelar pelo regime jurídico das águas.

Parágrafo único. O Estado garantirá livre acesso às águas públicas, onde quer que estejam localizadas, utilizando como servidões de trânsito as passagens por terras públicas ou particulares, necessárias para que sejam alcançados os rios, riachos, nascentes, fontes, lagos, açudes, barragens ou depósito de água potável, assegurando-se o uso comum do povo quando isso for essencial à sobrevivência das pessoas e dos animais.

Art. 242. A lei determinará:

I – o aproveitamento racional dos recursos hídricos para toda a sociedade;

II – proteção contra ações ou eventos que comprometam sua utilidade atual e futura, bem como a integridade física e ecológica do ciclo hidrológico;

III – seu controle, de modo a evitar ou minimizar os impactos danosos, causados por eventos críticos decorrentes da aleatoriedade e irregularidade que caracterizam os eventos hidrológicos;

IV – conservação dos ecossistemas aquáticos.

Art. 243. O Estado manterá e executará programas permanentes de levantamento geológico básico e os dotará de recursos.

Art. 244. O Estado aplicará os conhecimentos geológicos ao planejamento regional, às questões ambientais e geotécnicas, às explorações de recursos minerais e águas subterrâneas e às necessidades dos Municípios e da população em geral.

Parágrafo único. Para a consecução desses objetivos, serão criados o Serviço Geológico Estadual, o Plano e a Política Estaduais de Recursos Minerais, assegurada a participação dos diversos segmentos do setor mineral, levando-se em conta especialmente:

a) o fomento das atividades de mineração, através de instrumentos creditícios e fiscais, que assegurem o fornecimento dos minerais necessários ao atendimento da agricultura, da indústria de transformação e da construção civil;

b) o fomento das atividades garimpeiras em cooperativa dos pequenos e médios mineradores;

c) o incentivo à pesquisa científica e tecnológica;

d) definições dos incentivos fiscais.

Art. 245. O Estado assistirá, de modo especial, os Municípios que se desenvolvem em torno de atividade hidromineral, tendo em vista a diversificação de sua economia e a garantia de permanência de seu desenvolvimento em termos socioeconômicos.

Capítulo VII
DA FAMÍLIA, DA CRIANÇA, DO ADOLESCENTE, DO JOVEM, DO IDOSO, DOS ÍNDIOS E DA PESSOA PORTADORA DE DEFICIÊNCIA

(Redação dada pela Emenda Constitucional nº 27, de 2010)

Art. 246. A família receberá proteção do Estado, na forma da lei.

§1º O Poder Público, isoladamente ou em cooperação, manterá programas destinados à assistência à família, com o objetivo de assegurar:

a) o livre exercício do planejamento familiar;

b) orientação psicossocial às famílias de baixa renda;

c) prevenção da violência no ambiente das relações familiares.

§2º O direito da criança, do adolescente e do jovem à educação determina a obrigatoriedade, por parte do Estado, de oferta, a todas as famílias que desejarem, da educação especializada e gratuita em instituições como creches e pré-escolas para crianças de até seis anos, bem como do ensino universal, obrigatório e gratuito. (Redação dada pela Emenda Constitucional nº 27, de 2010)

Art. 247. É dever da família, da sociedade e do Estado promover ações que visem assegurar à criança, ao adolescente e ao jovem, com absoluta prioridade, o direito à vida, à saúde, à alimentação, à educação, ao lazer, à profissionalização, à cultura, à dignidade, ao respeito, à liberdade, à convivência familiar e comunitária, além de colocá-los a salvo de toda forma de negligência, discriminação, exploração, violência, crueldade e opressão. (Redação dada pela Emenda Constitucional nº 27, de 2010)

§1º A garantia de prioridade absoluta compreende:

I – primazia de receber proteção e socorro em qualquer circunstância;

II – precedência no atendimento por órgão público de qual- quer poder;

III – preferência aos programas de atendimento à criança, ao adolescente e ao jovem, na formulação e na execução da política social pública; (Redação dada pela Emenda Constitucional nº 27, de 2010)

IV – concessão privilegiada de recursos públicos para programas de atendimento a direitos e de proteção especial da criança, do adolescente, do jovem e da família, através de entidades governamentais sem fins lucrativos. (Redação dada pela Emenda Constitucional nº 27, de 2010)

§2º O Estado estimulará, mediante incentivos fiscais, subsídios e menções promocionais, nos termos da lei, o acolhimento ou a guarda de criança ou adolescente órfão ou abandonado.

§3º A prevenção da dependência a entorpecentes e drogas afins é dever do Estado, assim como o apoio a programas de integração do dependente na comunidade, na forma da lei.

Art. 248. O Conselho Estadual de Defesa dos Direitos da Criança e do Adolescente é órgão normativo, deliberativo, controlador e fiscalizador da política de atendimento à infância e à adolescência.

§1º São atribuições do Conselho Estadual de Defesa dos Direitos da Criança e do Adolescente:

I – estabelecer prioridades de atuação e definira aplicação dos recursos públicos destinados à criança e ao adolescente;

II – propor ao Governo do Estado modificações na estrutura dos órgãos diretamente ligados à defesa e à proteção da criança e do adolescente;

III – deliberar e quantificar a participação financeira para a execução dos programas das entidades não governamentais.

§2º A lei disporá acerca da organização, composição e funcionamento do Conselho, garantindo a participação de representantes do Poder Judiciário, Ministério Público, Ordem dos Advogados do Brasil – Seccional Paraíba, da Procuradoria da Defensoria Pública, dos Órgãos Públicos responsáveis pela política social relacionada à infância à adolescência, assim como, e com igual número, de representantes dos movimentos populares de defesa dos direitos da criança e do adolescente em funcionamento há pelo menos um ano.

§3º É obrigatória para as entidades da administração indireta do Estado, inclusive das fundações instituídas pelo Poder Público Estadual, que contem com mais de cem empregados, a criação e manutenção de creches destinadas ao atendimento dos filhos menores de seis anos de seus servidores.

§4º É facultada à mulher nutriz, desde que servidora pública, a redução de um quarto de sua jornada diária de trabalho durante a fase de amamentação, na forma da lei.

Art. 249. O Estado, o Município e a sociedade têm o dever de amparar as pessoas idosas com políticas e programas que assegurem a sua participação na comunidade e defendam sua dignidade, saúde e bem-estar.

§1º O amparo aos idosos será, o quanto possível, exercido no próprio lar.

§2º Para assegurar a integração do idoso na comunidade e na família, serão criados centros diurnos de lazer e amparo à velhice e programas de preparação para a aposentadoria, com a participação de instituições dedicadas a esta finalidade.

§3º Aos maiores de sessenta e cinco anos é garantida a gratuidade dos transportes coletivos urbanos.

Art. 250. O Estado cooperará com a União, na competência a esta atribuída, na proteção dos bens dos índios, no reconhecimento de seus direitos originários sobre as terras de posse imemorial, onde se acham permanentemente localizados.

Parágrafo único. O Estado dará aos índios de seu território, quando solicitado por suas comunidades e organizações, e sem interferir em seus hábitos, crenças e costumes, assistência técnica, creditícia, isenção de tributos estaduais e meios de sobrevivência e de preservação física e cultural.

Art. 251. O Estado respeitará e fará respeitar, em seu território, bens materiais, crenças, tradições e todas as garantias conferidas aos índios na Constituição Federal.

Art. 252. É dever do Estado assegurar à pessoa portadora de deficiência a plena inserção na vida econômica e social e o total desenvolvimento de suas potencialidades, observados os seguintes objetivos:

I – proibir a adoção de critérios para a admissão, a promoção, a remuneração e a dispensa do serviço público que a discriminem;

II – assegurar o direito à assistência desde o nascimento, à educação de primeiro, segundo e terceiro graus e profissionalizante, obrigatória e gratuita sem limite de idade;

III – assegurar o direito à habilitação e reabilitação com todos os equipamentos necessários;

IV – integrar socialmente o adolescente e o jovem mediante o treinamento, o trabalho e a convivência; (Redação dada pela Emenda Constitucional nº 27, de 2010)

V – garantir a formação de recursos humanos, em todos os níveis, especializados no tratamento, na assistência e na educação dos portadores de deficiência;

VI – garantir o direito à informação e à comunicação, considerando-se as adaptações necessárias;

VII – conceder gratuidade, nos transportes coletivos públicos;

VIII – promover censos periódicos desta população;

IX – o Estado implantará sistema de aprendizagem e comunicação para o deficiente visual e auditivo, de forma a atender às necessidades educacionais e sociais das pessoas portadoras de deficiência.

Capítulo VIII
DA PROTEÇÃO DOS ÍNDIOS, DOS CIGANOS E DOS QUILOMBOLAS

(Incluído pela Emenda Constitucional nº 19, de 2006)

Art. 252-A. O Estado promoverá a preservação e incentivará a autopreservação das comunidades indígenas, ciganas e remanescentes dos quilombos, assegurando-lhes o direito a sua cultura e à organização social. (Incluído pela Emenda Constitucional nº 19, de 2006)

§1º O Poder Público empreenderá programas especiais com vistas a integrar acultura dos índios, ciganos e dos remanescentes dos quilombos ao patrimônio cultural do Estado. (Incluído pela Emenda Constitucional nº 19, de 2006)

§2º Cabe ao Poder Público auxiliar as comunidades indígenas na organização, para suas populações nativas e ocorrentes, de programas de estudos e pesquisas de seu idioma, arte e cultura, a fim de transmitir seus conhecimentos às gerações futuras. (Incluído pela Emenda Constitucional nº 19, de 2006)

§3º É vedada qualquer forma de usurpação ou deturpação da cultura indígena, cigana e quilombola, violências às suas comunidades ou aos seus membros, bem como a utilização dessas culturas para fins de exploração. (Incluído pela Emenda Constitucional nº 19, de 2006)

§4º São assegurados às comunidades, estabelecidas no caput deste artigo, a proteção e a assistência social e de saúde prestadas pelos Poderes Públicos do Estado e dos Municípios onde se encontram as referidas comunidades. (Incluído pela Emenda Constitucional nº 19, de 2006)

Art. 252-B. O Estado proporcionará às comunidades indígenas, ciganas e remanescentes dos quilombos o ensino regular, ministrado de forma intercultural e bilíngue, conforme a língua e dialeto próprios e em língua portuguesa, respeitando, valorizando e resgatando seus métodos próprios de aprendizagem, suas línguas e suas tradições culturais. (Incluído pela Emenda Constitucional nº 19, de 2006)

Parágrafo único. O ensino de que trata o caput deste artigo será implementado por meio de formação específica e qualificada de professores indígenas, ciganos e quilombolas para o atendimento dessas comunidades, subordinando sua implantação à solicitação, por parte de cada comunidade interessada, ao órgão estadual de educação. (Incluído pela Emenda Constitucional nº 19, de 2006)

Art. 252-C. O Estado cooperará com a União, na competência a esta atribuída, na proteção dos bens dos índios, no reconhecimento de seus direitos originários sobre as terras de posse imemorial, onde se acham permanentemente localizados. (Incluído pela Emenda Constitucional nº 19, de 2006)

TÍTULO IX
DAS DISPOSIÇÕES CONSTITUCIONAIS GERAIS

Art. 253. As serventias do foro judicial constituem serviço público sujeito à administração, controle e fiscalização do Poder Judiciário.

Art. 254. O ingresso em cargos das serventias de foro judicial far-se-á mediante concurso público de provas e títulos, realizado com a participação da Ordem dos Advogados do Brasil - Seccional Paraíba e pelo Tribunal de Justiça, que fará o provimento dos cargos.

Parágrafo único. Os cargos de Secretário, Subsecretário do Tribunal de Justiça e dos Fóruns das Comarcas da Capital e de Campina Grande são de provimento em comissão.

Art. 255. Os servidores das serventias do foro judicial estarão sujeitos, na forma da Lei de Organização e Divisão Judiciária, ao regime jurídico único a que se refere o artigo 36 desta Constituição.

Art. 256. A fixação do vencimento dos oficiais de justiça obedecerá ao sistema de classificação adotado para os serviços judiciais, não podendo, em cada entrância, ser inferior a um terço do padrão do titular da serventia judicial respectiva. (VIDE ADIn nº 469)

Art. 257. Os serviços notariais e de registro são exercidos em caráter privado, por delegação do Poder Público.

§1º Entende-se por serviço extrajudicial aquele realizado por notários, registradores e distribuidores de atos extrajudiciais.

§2º O Poder Público, com base na Lei Federal, regulará as atividades dos notários, registradores e seus prepostos e definirá a fiscalização dos seus atos pelo Poder Judiciário.

§3º O ingresso na atividade notarial e registral depende de concurso público de provas e títulos, com a participação da Ordem dos Advogados do Brasil – Seccional Paraíba, não se permitindo que qualquer serventia fique vaga sem abertura de concurso, de provimento ou de remoção, por mais de 06 (seis) meses.

§4º O Poder Público, com base em lei federal, estabelecerá normas gerais para fixação de emolumentos relativos aos atos praticados pelos serviços notarias de registros.

§5º Em nenhum caso os titulares das serventias do foro judicial e extrajudicial, aposentados ou que venham a se aposentar, na forma da lei, poderão perceber proventos inferiores a dois terços do que perceber o Juiz Titular da Comarca correspondente. (VIDE ADIn nº 469)

§6º Aos substitutos, escreventes ou prepostos dos serviços judiciais e extrajudiciais fica assegurado o direito à aposentadoria, na forma da lei, com proventos correspondentes a cinquenta por cento do que couber aos titulares dos serviços. (VIDE ADIn nº 469) Art. 258. O Estado poderá celebrar convênios com Municípios para fins de arrecadação de impostos da competência destes.

Art. 259. Incumbe ao Estado, conjuntamente com os Municípios, realizar censo para levantamento do número de deficientes, de suas condições socioeconômicas, culturais e profissionais e das causas das deficiências, para orientação de planejamento de ações públicas.

Art. 260. A lei disporá sobre a adaptação dos logradouros, dos edifícios de uso público e dos veículos de transporte coletivo, a fim de se garantir o acesso adequado às pessoas portadoras de deficiência, conforme o disposto no art. 23 da Constituição Federal, num prazo máximo de cinco anos, a partir da promulgação desta Constituição.

Art. 261. O provimento dos cargos das unidades policiais especializadas relativas à mulher dar-se-á, preferencialmente, por servidores do sexo feminino.

Art. 262. Para fins do art. 209, o Estado apoiará, supletiva- mente, o ensino comunitário da rede estadual das escolas da Campanha Nacional de Escolas da Comunidade, desde que os recursos sejam aplicados, exclusiva e comprovadamente, na ministração do ensino gratuito.

Art. 263. Para os fins de plantão forense diuturno, nas comarcas com mais de uma Vara, fora do horário de funcionamento externo do foro, o Presidente do Tribunal de Justiça designará Juiz, na forma da Lei de Organização e Divisão Judiciária. (Redação dada pela Emenda Constitucional nº 38, de 2014)

Parágrafo único. Com a finalidade de que trata este artigo, igual providência será tomada pelo Procurador-Geral de Justiça em relação a um representante do Ministério Público e pelo Defensor Público-Geral, em relação a um representante da Defensoria Pública. (Redação dada pela Emenda Constitucional nº 38, de 2014)

Art. 264. Todo agente político ou agente público, qualquer que seja sua categoria ou a natureza do cargo, bem como o dirigente, a qualquer título, de entidade de administração indireta, obriga-se, ao empossar-se e ao ser exonerado, a declarar seus bens, sob pena de nulidade, de pleno direito, do ato de posse.

Parágrafo único. Obrigam-se à declaração de bens, registrada no Cartório de Títulos e Documentos, os ocupantes de cargos eletivos nos Poderes Legislativo e Executivo, os Secretários de Estado, os Procuradores-Gerais de Justiça, do Estado e da Defensoria Pública e os dirigentes de entidades da administração indireta, no ato de posse e no término de seu exercício, sob pena de responsabilidade.

Art. 265. A lei estabelecerá estímulo em favor de quem fizer doação de órgãos para transplante, na forma da lei federal, sob cadastramento e controle a cargo da Secretaria de Saúde.

Art. 266. O Estado manterá suas atuais instituições de pesquisa, ou as que lhes venham suceder, assegurando-lhes as condições necessárias ao cumprimento do disposto nesta Constituição.

Art. 267. O Estado instituirá contencioso administrativo para a apreciação de recursos contra as decisões da Fazenda Estadual, com composição paritária entre o Estado e os recorrentes, sem prejuízo da competência do Poder Judiciário.

Art. 268. Proclamados oficialmente os resultados das eleições municipais, o Prefeito eleito poderá indicar uma Comissão de Transição, destinada a proceder ao levantamento das condições administrativas do Município.

Parágrafo único. O Prefeito em exercício não poderá dificultar os trabalhos da Comissão de Transição, nem retardar ou impedir o início de seu trabalho.

Art. 269. Os Municípios poderão participar de um Fundo de Fiscalização Financeira e Orçamentária Municipal destinado a assegurar recursos para a realização de inspeções nas Prefeituras, mediante a contribuição dos que a ele aderirem.

Parágrafo único. O Fundo será administrado pelo Presidente do Tribunal de Contas dos Municípios, na forma estabelecida em lei de iniciativa do Tribunal. (Redação dada pela Emenda Constitucional nº 05, de 1994)

Art. 270. O Titular de mandato eletivo ou função temporária, estadual ou municipal, terá direito à aposentadoria proporcional ao tempo de exercício, nos termos da lei.

Parágrafo único. O benefício a que se refere o caput deste artigo será concedido àquele que contar com, pelo menos, 8 (oito) anos de serviço público em qualquer das funções mencionadas.

Art. 271. Aos Delegados de Polícia de carreira e aos Peritos de carreira, que com eles mantenham correlação de funções, na forma do que dispõe o art.241 da Constituição Federal, aplica-se o disposto no art. 36, parágrafo único em correspondência às carreiras disciplinadas no Capítulo IV, do Título V, desta Constituição.

Art. 272. Os imóveis de entidades, associações, fundações, instituições de ensino, de saúde, filantrópicas ou de assistência social que tenham sido construídos, ampliados ou melhorados com o apoio de recurso do Poder Público somente poderão ser vendidos, permutados ou doados a terceiros mediante autorização especial do Procurador-Geral do Estado, do Município ou do Procurador-Chefe da Assembleia Legislativa do Estado ou da respectiva Câmara Municipal.

Art. 273. As comarcas cuja população seja igual ou superior a cem mil habitantes integrarão a entrância mais elevada. (VIDE ADIn nº 469)

Art. 274. O Conselho Consultivo do Estado é o órgão superior de consulta e assessoria do Governador do Estado, incumbindo-lhe, na forma da Lei, as seguintes atribuições:

I - opinar sobre questões submetidas pelo Governador do Estado;

II - colaborar na elaboração dos Programas de Governo e dos Planos Plurianuais de desenvolvimento a serem submetidos à Assembleia Legislativa;

III - opinar e decidir sobre assuntos de defesa civil, prevenção às calamidades públicas ou da ameaça à segurança da população;

IV - opinar sobre sugestões que envolvam os interesses de mais de um Município, de modo a garantir a efetiva integração do planejamento e da execução de funções públicas de interesse comum, nas regiões metropolitanas, aglomerações urbanas e microrregiões, constituídas de Municípios limítrofes;

V - propor a outorga de comendas;

VI - zelar pela manutenção da harmonia e igualdade dos Poderes, inclusive, através de mediação de eventuais conflitos;

VII - sugerir medidas de preservação ambiental e defesa dos interesses difusos da sociedade;

VIII - praticar os atos pertinentes às atribuições que lhe forem outorgadas pelos Estados, ou pelos respectivos Presidentes dos Poderes Legislativo e Judiciário.

Art. 275. O Conselho Consultivo do Estado da Paraíba é presidido pelo Governador do Estado e dele participam como membros natos:

I - o Vice-Governador;

II - o Presidente da Assembleia Legislativa;

III - o Presidente do Tribunal de Justiça;

IV - os Líderes da maioria e da minoria da Assembleia Legislativa;

V - um Secretário de Estado indicado pelo Colégio de Secretários;

VI - os Ex-Governadores do Estado, desde que tenham exercido a Chefia do Poder Executivo em caráter permanente, ou em caráter de substituição por período superior a 1 (um) ano.

Art. 276. Integram o Conselho Consultivo, na condição de membros efetivos, para o exercício de um mandato de 3 (três) anos, permitida a recondução uma só vez, sete cidadãos brasileiros com mais de 35 (trinta e cinco) anos de idade e de notório saber, assim indicados: (Redação dada pela Emenda Constitucional nº 38, de 2014)

I - 1 (um) pelo Ministério Público do Estado; (Redação dada pela Emenda Constitucional nº 38, de 2014)

II - 1 (um) pela Defensoria Pública do Estado; (Redação dada pela Emenda Constitucional nº 38, de 2014)

III - 1 (um) pela Ordem dos Advogados do Brasil - Seccional Paraíba; (Redação dada pela Emenda Constitucional nº 38, de 2014)

IV - 2 (dois) eleitos pela Assembleia Legislativa do Estado, por indicação das entidades representativas da Sociedade Civil; (Redação dada pela Emenda Constitucional nº 38, de 2014)

V - 2 (dois) escolhidos pelo Governador do Estado dentre os indicados por entidades de representação de classe dos empregados e dos empregadores. (Redação dada pela Emenda Constitucional nº 38, de 2014)

Art. 277. Aos membros natos e aos membros efetivos do Conselho, enquanto no exercício do mandato, são asseguradas as garantias conferidas aos Secretários de Estado e as honras correspondentes a esse posicionamento hierárquico, inclusive, o seu julgamento, nos crimes comuns, pelo Tribunal de Justiça do Estado.

Parágrafo único. O mandato de Conselheiro se reveste do caráter de gratuidade, sendo o seu exercício considerado de prestação de serviço público de natureza relevante.

Art. 278. A lei regulará a organização e funcionamento do Conselho Consultivo do Estado.

Art. 279. Torna-se efetiva, em caso de vacância, a delegação dos serviços notariais e de registro em favor dos substitutos e responsáveis pela titularidade, desde que legalmente investidos na função à data da promulgação desta Constituição. (VIDE ADIn nº 469)

Art. 280. Em cumprimento ao determinado no art. 31 do Ato das Disposições Transitórias da Constituição Federal, ficam estatizadas as serventias do foro judicial, assim definidas em lei, respeitados os direitos dos atuais titulares.

Parágrafo único. Caberá ao Tribunal de Justiça, na conformidade do art. 96 da Constituição Federal, fixar normas de funcionamento das serventias judiciais, como serviço auxiliar, criando, provendo e fixando vencimentos dos seus titulares.

Art. 281. Ficam asseguradas as vantagens de que tratam as Leis nº 4.650de 29 de novembro de 1984, e 4.835 de 01 de julho de 1986, independentemente de outros benefícios que venham a ser estabelecidos.

Art. 282. As Comissões de Licitação de obras e serviços de órgãos da Administração Estadual terão como membro um representante indicado pelo Sindicato da Construção Civil, na sua jurisdição.

§1º Fica proibido, para efeito de licitação, a junção de várias obras num mesmo processo licitatório.

§2º Toda e qualquer obra licitada sem os recursos previamente assegurados fica passiva de nulidade, por manifestação de qualquer interessado.

§3º Toda e qualquer modalidade de licitação para obras e serviços, promovida por órgão da Administração Estadual deverá ser comunicada ao Sindicato da Construção Civil, na sua jurisdição, cinco dias antes de sua realização, sob pena de nulidade.

§4º A modalidade de licitação Carta Convite será endereçada aos interessados legalmente habilitados, qualquer que seja o seu número.

§5º Nas licitações de obras pelo sistema de autofinanciamento, trinta por cento dos recursos destinar-se-ão a empresas genuinamente paraibanas.

Art. 283. Fica instituído o Fundo de Melhoramento da Mão de Obra da Construção Civil.

§1º O Fundo de melhoramento da Mão de Obra da Construção Civil tem como objetivo promover o desenvolvimento, aperfeiçoamento e melhoramento da mão de obra da construção civil em todos os níveis.

§2º Os recursos necessários à sua efetivação serão oriundos de um por cento de todas as obras e serviços executados pelo Governo do Estado.

§3º O Fundo de Melhoramento da Mão de Obra da Construção Civil será regulamentado por lei, num prazo de cento e vinte dias, a contar da promulgação desta Constituição, e será gerido por uma comissão composta de cinco membros, sendo dois representantes do Governo do Estado, dois membros indicados pelo Sindicato da Construção Civil da Capital e um representante do Sindicato dos Engenheiros do Estado da Paraíba.

Art. 284. O Estado da Paraíba manterá o seu sistema de ensino superior através da Universidade Estadual da Paraíba com sede e foro na cidade de Campina Grande.

Art. 285. A Universidade Estadual da Paraíba é autarquia especial, "multicampi", dotada de autonomia didático-científica, administrativa e de gestão financeira e patrimonial, obedecendo ao princípio de indissociabilidade entre ensino, pesquisa e extensão.

Art. 286. A Universidade Estadual da Paraíba, mantida pelo Governo do Estado, garantirá aos seus alunos ensino público e gratuito.

Parágrafo único. A Universidade Estadual da Paraíba manterá, em caráter excepcional, ensino técnico de segundo grau.

JOÃO PESSOA, 05 de outubro de 1989

ATO DAS DISPOSIÇÕES CONSTITUCIONAIS TRANSITÓRIAS

Art. 1º O Governador do Estado, o Presidente do Tribunal de Justiça e os Deputados à Assembleia Legislativa prestarão o compromisso de manter, defender e cumprir a Constituição, no ato e na data de sua promulgação.

Art. 2º Promulgada a Constituição do Estado, caberá às Câmaras Municipais, no prazo de seis meses, votarem as Leis Orgânicas respectivas, respeitado o disposto na Constituição Federal e nesta Constituição.

Art. 3º Os vencimentos, a remuneração, as vantagens e os adicionais, bem como os proventos da aposentadoria que estejam sendo percebidos em desacordo com a Constituição Federal serão imediatamente reduzidos aos limites dela decorrentes.

Art. 4º A contar da promulgação desta Constituição, proceder-se-á à revisão dos direitos dos servidores públicos do Estado, inativos e pensionistas e dos serventuários do foro judicial e extrajudicial aposentados e à atualização dos proventos e pensões a eles devidos, a fim de ajustá-los ao disposto nesta Constituição.

Art. 5º Os Poderes Executivos do Estado e do Município reavaliarão todos os incentivos fiscais de natureza setorial ora em vigor, propondo aos Poderes Legislativos respectivos as medidas cabíveis.

§1º Considerar-se-ão revogados após dois anos, a partir da data de promulgação da Constituição Federal, os incentivos que não forem confirmados por lei.

§2º A revogação não prejudicará os direitos adquiridos àquela data, em relação a incentivos concedidos sob condições e com prazo certo.

Art. 6º O Estado e o Município promoverão a compatibilização dos seus quadros de pessoal às necessidades do serviço público, cumprindo-lhes, no prazo de dezoito meses, a partir da data de promulgação da Constituição Federal, remanejar cargos e lotações dos respectivos serviços.

Parágrafo único. É facultado a servidor público cedido a órgão ou entidade pública diverso de sua lotação originária, o direito de optar pela sua permanência na instituição cessionária, integrando o seu quadro de pessoal em cargo ou função igual ou assemelhado ao desempenhado atualmente, desde que possua os requisitos necessários ao seu provimento, conte com pelo menos cinco anos de serviço público, que a cessão tenha ocorrido até a data da promulgação desta Constituição e a manifestação expressa de opção ocorra até noventa dias da data da promulgação desta Constituição. (VIDE ADIn nº 345)

Art. 7º O servidor público estadual de qualquer um dos Po- deres, em qualquer nível de administração que, à data da promulgação desta Constituição, contar mais de oito anos de serviço prestado ao Poder Público, fará jus à transferência ou transposição para cargo, emprego ou função, correspondente ou compatível com sua graduação e capacitação, de nível médio ou superior. (VIDE ADIn nº 469)

Art. 8º Os servidores públicos civis do Estado, da administração direta, autárquica e fundacional, em exercício na data da promulgação da Constituição Federal, há pelo menos cinco anos, e que não tenham sido admitidos na forma regulada no seu art. 37, são considerados estáveis no serviço público.

§1º O disposto neste artigo não se aplica aos ocupantes de cargos, funções e empregos de confiança ou em comissão, nem aos que a lei declare de livre exoneração, cujo tempo de serviço não será computado para os fins do caput deste artigo, exceto se tratar-se de servidor.

§2º Para os efeitos deste artigo, considera-se como tempo de serviço público o período correspondente ao exercício de mandato eletivo.

Art. 9º O servidor público estadual, da administração direta, indireta desconcentrada ou autárquica, portador de curso superior, que, à data da promulgação desta Constituição, conte mais de cinquenta por cento do tempo de serviço necessário à aposentadoria voluntária, será enquadrado na classe inicial de cargo, constante do plano de classificação de cargos e sua graduação.

Art. 10. É de nenhum efeito a agregação de Oficial da Polícia Militar feita em desacordo com a redação original da Lei nº. 3.909/77.

Art. 11. O Estado, no prazo máximo de cento e oitenta dias, relacionará os presos em regime de cumprimento de pena definitiva, a fim de se evitar a privação da liberdade por tempo superior à condenação.

Parágrafo único. A relação será enviada, no prazo de trinta dias, aos juízes das execuções penais.

Art. 12. O Tribunal de Contas do Estado, no prazo de cento e oitenta dias, a contar da promulgação desta Constituição, emitirá parecer prévio sobre as contas enviadas pelos Municípios e ainda não apreciadas até 1988, considerando-se como recomendada a sua aprovação se, findo aquele prazo, não tiver havido qualquer manifestação a respeito.

Art. 13. O Estado promoverá, na forma da lei, a defesa do consumidor com a participação paritária de segmentos organizados da sociedade civil, no prazo máximo de cento e vinte dias da promulgação desta Constituição.

Art. 14. O Tribunal do Júri da Comarca de João Pessoa e o de Campina Grande passam a se denominar 1° Tribunal do Júri da Comarca de João Pessoa e 1° Tribunal do Júri da Comarca de Campina Grande, respectivamente, sendo criados o 2° Tribunal do Júri da Comarca de João Pessoa e o 2° Tribunal do Júri da Comarca de Campina Grande.

Parágrafo único. Para cada Vara e Tribunal do Júri criados neste artigo e nos antecedentes é criada uma Promotoria de Justiça. Art. 15. Ficam criadas na Comarca de João Pessoa, de terceira entrância, quatro Varas Cíveis, quatro Criminais, duas de Família, duas de Menores, e igual número destas mesmas Varas Cíveis, Criminais, de Família e de Menores, na Comarca de Campina Grande, de terceira entrância.

Parágrafo único. Uma das Varas Criminais ora criadas, tanto na Comarca de João Pessoa quanto na de Campina Grande, será destinada ao processo e julgamento dos crimes oriundos de acidentes de trânsito.

Art. 16. Os cargos de Desembargadores acrescidos na com- posição do Tribunal de Justiça (art. 106) serão preenchidos em duas etapas, da seguinte forma: (VIDE ADIn n° 469)

I – a primeira, reservada à promoção de dois Juízes de carreira, ocorrerá cento e oitenta dias após a data da promulgação desta Constituição, assegurada a composição paritária e o quinto constitucional previsto no art. 106;

II – a segunda, reservada à promoção de três Juízes de carreira, e à nomeação de um advogado, dar-se-á dez meses após o provimento a que se refere o inciso anterior, devendo a escolha dos Juízes a serem promovidos ocorrer na primeira sessão ordinária do Tribunal Pleno, no exercício de 1991, e a indicação do advogado cabente à Ordem dos Advogados do Brasil – Seccional Paraíba ser feita nos cento e vinte dias anteriores.

Art. 17. Os Tribunais e cargos criados pelos arts. 14 e 15 e seus parágrafos, deste Ato das Disposições Constitucionais Transitórias, serão providos no prazo não superior a seis meses, a contar da data da promulgação desta Constituição.

Parágrafo único. Até que sejam providos esses cargos, fica mantida a atual competência atribuída às varas e Tribunal do Júri existentes.

Art. 18. A primeira lista tríplice para escolha do Procurador-Geral de Justiça será formulada a 15 de março de 1991, na forma prevista nesta Constituição e na lei complementar.

Art. 19. São nulos os atos de admissão de pessoal para a administração direta e autárquica do Estado praticados a partir de 05 de outubro de 1988, sem a necessária publicação na imprensa oficial.

Art. 20. O Poder Público, no prazo máximo de noventa dias, contados a partir da promulgação desta Constituição, promoverá, mediante processo administrativo, a desacumulação de todos os cargos ocupados ilegalmente.

Art. 21. São enquadrados no cargo de Auxiliar de Fiscalização de Mercadorias em Trânsito, Código AFMT-502-A, do Grupo Tributação, Arrecadação e Fiscalização, os servidores públicos que, à data da promulgação desta Constituição, foram credenciados para a função de Fiscal de Mercadorias em Trânsito, na forma das Leis nos. 4.125 e 4.591/84, desde que contem com mais de 2 (dois) anos de credenciamento.

Art. 22. Passa a denominar-se São João do Rio do Peixe, a partir da promulgação desta Constituição, o atual Município de Antenor Navarro, revogado o Decreto nº 284, de 03 de junho de 1932. Art. 23. No prazo de um ano, a contar da promulgação desta Constituição, a Assembleia Legislativa promoverá, mediante Comissão, exame analítico e pericial dos atos e fatos geradores do endividamento do Estado.

§1º A Comissão terá força legal de Comissão Parlamentar de Inquérito para fins de requisição e convocação e atuará, se necessário, com auxílio do Tribunal de Contas.

§2º Apurada irregularidade, a Assembleia Legislativa pro- porá ao Poder Executivo a declaração de nulidade do ato e encaminhará processo ao Ministério Público, que formalizará, no prazo de sessenta dias, a ação cabível.

Art. 24. A Procuradoria de Assistência Judiciária passa a denominar-se Procuradoria-Geral da Defensoria Pública, englobando as atribuições da Advocacia de Ofício e da Defensoria Pública do Estado.

§1º É assegurado aos atuais Advogados de Ofício e aos Defensores Públicos, investidos na função na data da promulgação desta Constituição, e aos Assistentes Jurídicos, atualmente em exercício na Procuradoria de Assistência Judiciária, desde que contem mais de cinco anos no desempenho de suas funções, o direito de opção pela carreira, com a observância das garantias e vedações previstas no art. 134, parágrafo único, da Constituição Federal e na Legislação Complementar, respeitados os direitos adquiridos e os princípios da precedência e da hierarquia funcional.

§2º Os Assistentes Jurídicos, Advogados do Quadro Especial e do Quadro Permanente que, na data acima, tenham lotação ou prestem serviços junto à Procuradoria de Assistência Judiciária, integram a Defensoria Pública.

Art. 25. As obras e projetos em fase de implantação pelo Poder Público estadual na orla marítima e áreas de preservação ambiental, diretamente ou sob sua delegação, concessão ou permissão, feitos sem autorização legislativa e em desacordo com os princípios desta Constituição, terão o prazo de noventa dias, a contar da data da promulgação desta, para promover a sua efetiva regularização, sob pena de nulidade das licenças concedidas e o consequente embargo da obra, sem indenização de qualquer benfeitoria realizada.

Art. 26. O Tribunal de Justiça proporá a alteração da organização e da divisão judiciárias, no prazo máximo de cento e vinte dias, contado da promulgação desta Constituição, cabendo à Assembleia Legislativa sobre ela deliberar em prazo não superior a cento e vinte dias, contado do recebimento da mensagem. (VIDE ADIn nº 469)

Art. 27. (Revogado pela Emenda Constitucional nº 39, de 2014)

Art. 28. Ficam mantidos os adicionais do art. 160, bem como o benefício do art. 231, da Lei Complementar nº 39, de 26 de dezembro de 1985, para todos os membros e servidores públicos civis dos Poderes do Estado, observado o disposto no art. 17 do Ato das Disposições Constitucionais Transitórias da Constituição Federal.

Art. 29. O sistema de governo parlamentarista deverá ser implantado no Estado, no caso de resultado favorável do plebiscito a que se refere o art. 2º do Ato das Disposições Constitucionais Transitórias da Constituição Federal.

Parágrafo único. Decorridos até dez dias da conclusão dos trabalhos de adaptação à Constituição Federal, a Assembleia Legislativa reunir-se-á para proceder à revisão desta Constituição, pelo voto da maioria absoluta, com vista à alteração do sistema de governo.

Art. 30. Fica o Estado da Paraíba obrigado a regulamentar o uso de agrotóxicos até o dia 31 de dezembro de 1989.

Art. 31. A Imprensa Oficial promoverá edição popular do texto integral desta Constituição, que será posta à disposição das escolas, cartórios, sindicatos, quartéis, igrejas e de outras instituições representativas, gratuitamente.

Art. 32. Até que sejam fixadas em lei complementar, as alíquotas máximas do imposto sobre a venda de combustíveis, líquidos e gasosos a varejo, de competência tributária dos Municípios, nos termos do art. 156,§4º, I, da Constituição Federal, não excederão de três por cento.

Art. 33. As leis complementares previstas nesta Constituição e que não dependam de ato normativo federal e as leis que a ela deverão adaptar-se serão elaboradas até o fim da atual legislatura.

Art. 34. Durante dez anos, o Estado, em consonância com o art. 42 do Ato das Disposições Transitórias da Constituição Federal, aplicará, dos recursos destinados à irrigação:

I – vinte por cento para a região do Cariri;

II – cinquenta por cento para as regiões do Semiárido e do Sertão.

Art. 35. Aos servidores ocupantes de cargos na administração direta, indireta, autárquica ou fundacional, até a data da instalação da Assembleia Estadual Constituinte, são assegurados todos os direitos e vantagens constantes de seus Planos de Classificação de Cargos e Salários, bem como aqueles decorrentes de decisão judicial.

Parágrafo único. Os direitos e vantagens a que se refere o caput deste artigo não poderão ser cumulativos com direitos e vantagens assemelhados, outorgados por esta Constituição, ressalvado o direito de opção do interessado mediante requerimento encaminhado ao setor de pessoal do órgão ao qual esteja vinculado o servidor.

Art. 36. Fica assegurado o direito de permanência no cargo aos atuais titulares dos serviços notariais e de registro nomeados na forma da lei até 5 de outubro de 1988.

Art. 37. Ficam os Poderes Executivo estadual e municipal obrigados a transferir num prazo de 24 meses, para local adequado e com infraestrutura urbana, as atuais favelas e aglomerados urbanos periféricos situados à margem de rios, na falésia do Cabo Branco, nos leitos das avenidas, ruas e praças, transferindo-as para terrenos públicos desocupados, concedendo aos habitantes dessas comunidades a titulação de gleba onde serão relocalizados, na Capital, e em cidades com mais de cem mil habitantes, reservados do orçamento de cada um, nos próximos cinco exercícios financeiros, recursos suficientes para ocorrer com os custos dos presentes dispositivos.

Parágrafo único. As moradias para pessoas de que trata o presente artigo deverão ser construídas em regime de mutirão, onde o Estado e o Município entram com o material e infraestrutura e a comunidade com mão de obra, vedada a comercialização desses imóveis.

Art. 38. No prazo de 90 (noventa) dias após a publicação desta Constituição, o Governo do Estado é obrigado a remeter à Assembleia Legislativa Estadual, plano conceituando a política de apoio à assistência ao menor, onde fique assegurada sua responsabilidade com a reabilitação dos meninos de rua através de seu aproveitamento em Escola e Centros de formação, em tempo integral, nas cidades de João Pessoa e Campina Grande, vinculando parcela de sua receita orçamentária para atendimento ao programa.

Parágrafo único. O plano referido no caput deste artigo será antecedido de cadastramento da população-alvo ali especificada.

Art. 39. As transferências de imóveis do Poder Público para terceiros, feitas em desacordo com o disposto nesta Constituição, terão o prazo de noventa dias, a contar da data da promulgação desta Carta Estadual, para promoverem a sua integral regularização, findo o qual a cessão será nula, revertendo o imóvel para o patrimônio público.

Art. 40. É assegurado o exercício cumulativo de dois cargos ou empregos privativos de profissionais de saúde que estejam sendo exercidos na administração pública direta ou indireta estadual ou municipal, na data da promulgação desta Constituição.

Art. 41. O Poder Executivo Estadual é obrigado a, no prazo de trinta dias, a contar da Promulgação desta Constituição, proceder à atualização dos vencimentos dos servidores estaduais, cujo pagamento mensal, em nenhuma hipótese, será inferior ao salário mínimo nacional vigente.

Art. 42. A atualização de que trata o artigo anterior garantirá, para cada categoria, piso salarial proporcional à extensão e à complexidade do trabalho e o integral cumprimento da isonomia salarial prevista na Constituição Federal.

Art. 43. A atualização de que tratam os artigos anteriores será efetuada através da elevação uniforme da remuneração dos servidores públicos, em índice geral não inferior à variação do índice de Preços ao Consumidor (IPC) ocorrida entre o mês de março de 1989 e a data do reajustamento previsto no art. 42 desta Constituição.

Parágrafo único. Se, antes da data da promulgação desta Constituição, ocorrer reajustamento na remuneração dos servidores públicos do índice de variação estabelecido no caput deste artigo será deduzido o índice relativo a tal reajustamento.

Art. 44. Procedida à atualização de que tratam os artigos anteriores, e até a data da publicação de lei complementar estadual que dispuser sobre o sistema de remuneração do servidor público, os salários, vencimentos, soldos e proventos dos servidores civis e militares da administração direta, das autarquias e das fundações públicas estaduais, serão reajustados, trimestralmente, em percentual igual à variação acumulada do índice de Preços ao Consumidor (IPC) verificada nos três meses anteriores, deduzidas as antecipações a que se refere o art. 34, XVIII, desta Constituição.

Art. 45. Sempre que a variação do IPC verificada no mês anterior for superior a 5% (cinco por cento), os vencimentos de que tratam o artigo antecedente serão reajustados, a título de antecipação, pelo percentual correspondente a este excedente.

Parágrafo único. O disposto neste artigo aplicar-se-á a partir da promulgação desta Constituição.

Art. 46. O Poder Executivo promoverá, automática e imediatamente, a revisão e nivelamento de vencimentos das categorias funcionais indicadas no TÍTULO IV da Constituição Federal, de modo a garantir a aplicação do princípio de isonomia de remuneração.

Parágrafo único. Os efeitos financeiros da aplicação deste artigo são devidos, a partir do dia 05 de outubro de 1988, e as diferenças encontradas em cada caso, em relação aos meses anteriores, serão pagas, parceladamente, no prazo de seis meses.

Art. 47. O Governador do Estado, trinta dias após a promulgação desta Constituição, fará publicar, obrigatoriamente, no Diário Oficial do Estado a relação nominal de todos os servidores públicos por unidade administrativa de lotação, matrícula, cargo ou função, valor e nível de vencimento, data de admissão e regime jurídico de vinculação.

Art. 48. São nulos os atos de admissão de pessoal para as administrações direta e autárquica do Governo Estadual, praticados no período compreendido entre 1º de junho de 1988 e até a data da instalação da Assembleia Estadual Constituinte, sem a necessária publicação dos atos respectivos na Imprensa Oficial.

Art. 49. É garantida aos Procuradores das autarquias e fundações a percepção de vencimentos isonômicos aos de Procurador do Estado.

Art. 50. Às microempresas urbanas e rurais, com débitos fiscais constituídos e inscritos, ou não, na dívida ativa do Estado, ainda que ajuizado, é concedido um prazo de noventa dias, contados a partir da data da promulgação desta Constituição, para que liquidem as suas dívidas junto ao Tesouro Estadual com o pagamento apenas do valor principal.

§1º Consideram-se para efeito deste artigo, microempresas, as pessoas jurídicas e as firmas individuais com receitas anuais de valor equivalente a 61.700 (sessenta e um mil e setecentos) BTNs (Bônus do Tesouro Nacional).

§2º Serão beneficiárias desta concessão as microempresas, cujos débitos fiscais, inscritos ou não na dívida ativa, incidam sobre o período entre vinte e sete de junho de 1985 e vinte e quatro de agosto de 1989.

§3º Os benefícios de que trata este artigo não se estendem aos débitos quitados e aos devedores que sejam Deputados Estaduais Constituintes.

Art. 51. Os limites do Município do Conde, criados pela Lei nº 3.107, de 18 de novembro de 1963, passam a figurar na forma adiante descrita:

Ao Norte: divisa de Conde com o Município de João Pessoa, que tem início com a extrema do Município de Santa Rita, seguindo na talvegue do rio Gramame a jusante até o limite de suas águas territoriais; Ao Leste com o Oceano Atlântico, que tem início com os limites das águas territoriais brasileiras, defronte ao meio da foz do Rio Gramame, seguindo o referido limite até defrontar ao meio da foz do Rio Grau; Ao Sul: divisa entre o Município de Conde e Alhandra, inicia na extrema dos limites de Conde e Pitimbú, na nascente do Rio Grau, seguindo em linha reta até o eixo da barragem do complexo Gramame/Mamuaba e daí até a extrema com o Município de Santa Rita, inicia ao Sul no complexo da Barragem de Gramame, seguindo no meio do rio em seu talvegue em direção a sua jusante até a extrema do Município de Santa Rita com o de João Pessoa.

Art. 52. O Município de Juripiranga passará a pertencer à Comarca de Itabaiana.

Art. 53. Na data da promulgação desta Constituição, ficam revogados, e sem quaisquer efeitos, todas as disposições legais que tenham congelado vencimentos, salários, soldos, adicionais, proventos ou quaisquer vantagens de servidor público previstas em lei. (VIDE ADIn nº 345)

Art. 54. (Revogado pela Emenda Constitucional nº 01, de 1991) (VIDE ADIn nº 185)

Art. 55. (Revogado pela Emenda Constitucional nº 01, de 1991) (VIDE ADIn nº 185)

Art. 56. (Revogado pela Emenda Constitucional nº 01, de 1991) (VIDE ADIn nº 185)

Art. 57. (Revogado pela Emenda Constitucional nº 01, de 1991) (VIDE ADIn nº 185)

Art. 58. (Revogado pela Emenda Constitucional nº 01, de 1991) (VIDE ADIn nº 185)

Art. 59. (Revogado pela Emenda Constitucional nº 01, de 1991) (VIDE ADIn nº 185)

Art. 60. Ficam tombados, para fins de preservação e conservação, o Altiplano do Cabo Branco, a Ponta e a Praia do Seixas, saliências mais orientais das Américas, o Pico do Jabre, o Pico do Yayú em Santa Luzia e a Estância Hidromineral de Brejo das Freiras.

Art. 61. O disposto no art. 268 das Disposições Constitucionais Gerais desta Constituição não se aplica aos serviços notariais e de registro que já tenham sido oficializados pelo Poder Público, respeitado o direito de seus servidores.

Art. 62. Em cumprimento das disposições constitucionais que impliquem variações de receita e despesa do Estado após a promulgação desta Constituição, o Poder Executivo encaminhará à Assembleia Legislativa, para apreciação, projeto de revisão da Lei Orçamentária relativa ao Exercício Financeiro de 1989.

Art. 63. Ficam revogados, a partir da promulgação desta Constituição, todos os dispositivos legais que atribuem ou delegam a órgão do Poder Executivo competência assinada pela Constituição à Assembleia Legislativa, especialmente no que tange à:

I – ação normativa;

II – alocação ou transferência de recursos de qualquer espécie.

Art. 64. A Assembleia Legislativa criará, dentro de noventa dias da promulgação desta Constituição, a Comissão para apresentar estudos sobre as implicações da nova Constituição e anteprojetos relativos às matérias objeto da legislação complementar.

§1º A Comissão de que trata este artigo será composta de quinze membros, sendo cinco indicados pela Assembleia Legislativa, quatro pelo Poder Executivo, dois pelo Poder Judiciário, um pelo Ministério Público, um pelo Tribunal de Contas, um pela Procuradoria-Geral do Estado e um pela Defensoria Pública.

§2º A Comissão submeterá à Assembleia e ao Executivo o resultado de seus estudos para que sejam apreciados, nos termos desta Constituição, e, em seguida, será extinta.

Art. 65. Fica revogado o art. 1º da Lei nº 2.638, de 20 de dezembro de 1961, que criou o Distrito de Tambaú, reincorporando-se sua área à zona urbana da cidade de João Pessoa.

Art. 66. Ficam isentos da contribuição do Instituto de Previdência do Estado da Paraíba os funcionários aposentados do Município de João Pessoa, sem prejuízo dos direitos, vantagens e benefícios que lhes estão assegurados.

Parágrafo único. A isenção de que trata este artigo se fará paulatinamente nas seguintes condições:

a) 25% da contribuição, a partir de 1990;

b) 50% da contribuição, a partir de 1991;

c) total isenção, a partir de 1992.

Art. 67. É obrigatório para os Municípios criados em decorrência desta Constituição e facultativo para os atualmente existentes, a fixação da remuneração do Prefeito, do Vice-Prefeito e do Vereador, na forma e limites estabelecidos nesta Constituição.

Parágrafo único. A fixação da remuneração ocorrerá:

a) em relação aos Municípios ora criados, até trinta dias da data de sua instalação;

b) em relação aos já existentes, no prazo de até trinta dias da data da promulgação desta Constituição.

Art. 68. Dentro de cento e oitenta dias da data da promulgação desta Constituição, o Poder Executivo transformará em coordenadoria a Comissão Estadual de Emancipação da pessoa Portadora de Deficiência, com a participação de representantes eleitos pelas entidades de deficientes e prestadoras de serviços afins.

Art. 69. Ao ex-combatente que tenha efetivamente participado de operações bélicas durante a Segunda Guerra Mundial, nos termos da Lei nº. 5.315, de 12 de setembro de 1967, serão assegura- dos os seguintes direitos:

I – aproveitamento no serviço público, sem exigência de concurso, com estabilidade;

II – pensão especial correspondente à deixada por Segundo-Tenente das Forças Armadas, que poderá ser requerida a qualquer tempo, sendo inacumulável com quaisquer rendimentos recebidos dos cofres públicos, exceto os benefícios previdenciários, ressalvado o direito de opção;

III – em caso de morte, pensão à viúva ou companheira, no valor integral estabelecido no inciso anterior;

IV – assistência médica hospitalar e educação gratuita, extensiva aos dependentes;

V – aposentadoria com proventos integrais aos vinte e cinco anos de serviço efetivo, em qualquer regime jurídico;

VI – prioridade na aquisição de casa própria para os que não a possuam ou para suas viúvas ou companheiras;

VII – percepção de adicional de vinte por cento sobre os proventos, inclusive pensões, aos que não possuam este benefício ou que tenham sido aposentados sem ele;

VIII – passe livre em linhas municipais e intermunicipais regulares de ônibus ou veículos, cujo serviço dependa de concessão do Poder Público Estadual, inclusive Municípios, ou dele recebam benefício.

§1º A concessão da pensão especial do inciso II substitui, para todos os efeitos legais, qualquer outra pensão já concedida ao ex-combatente, inclusive as resultantes de morte concedida às pessoas referidas no inciso III.

§2º Aos descendentes de ex-combatentes de 1º e 2º graus é assegurada a prioridade para matrículas nos estabelecimentos de ensino das redes estadual, municipal e conveniadas, bem como a isenção de qualquer taxa cobrada.

§3º O Estado da Paraíba e seus Municípios asseguram o cumprimento dos direitos concedidos aos ex-combatentes na Constituição Federal, nesta Constituição, bem como previstos em lei.

Art. 70. Ao servidor estável, admitido por concurso público para cargo de carreira, que tenha pedido transferência para cargo assemelhado e que deseje voltar ao cargo anterior por ter sido prejudicado por atos posteriores do Poder Executivo, reduzindo-lhe a remuneração no novo cargo, ser-lhe-á concedida, de forma irretratável, a reversão para o antigo cargo.

§1º A reversão deverá ser requerida ao Governador do Estado, dentro do prazo de cento e oitenta dias a contar da promulgação desta Constituição, e só poderá ser feita para vaga a ser provida por merecimento e o regresso dar-se-á na mesma classe que o funcionário ocupava quando da sua transferência.

§2º Concedida a reversão e inexistindo a vaga de que trata o parágrafo anterior, o funcionário ficará em disponibilidade, sem prejuízo de seus vencimentos, até que seja obrigatoriamente aproveitado na primeira oportunidade que ocorrer, dando-se prioridade ao funcionário de maior tempo de disponibilidade e, no caso de empate, de maior tempo de serviço público.

§3º A partir da data do reingresso no cargo anterior, o funcionário passará a figurar em último lugar na lista para promoção por antiguidade, não importando o tempo de serviço prestado, e só poderá ser promovido por merecimento, após decorridos dois anos de exercício no cargo.

§4º Aos servidores aposentados, que tenham sido prejudica- dos por fatos assemelhados, cabe também o direito de recorrer.

Art. 71. Ficam assegurados ao funcionário ativo e inativo da Secretaria das Finanças que, na conformidade da legislação então vigente, tenha exercido as funções de Tesoureiro ou de Tesoureiro-Auxiliar das Recebedorias de Rendas de João Pessoa ou de Campina Grande, até a data da promulgação desta Constituição, os vencimentos ou proventos correspondentes aos atribuídos ao Agente Fiscal dos Tributos Estaduais, símbolo TAF-501.1.

Art. 72. Fica o Poder Executivo obrigado a elaborar e enviar à Assembleia Legislativa, no prazo de 6 (seis) meses, a partir da promulgação desta Constituição, projeto de Lei Orgânica para o Fisco Estadual.

Art. 73. Os servidores estaduais da administração direta, pertencentes a Quadros Especiais, em qualquer um dos Poderes, com exercício à data da promulgação desta Constituição, passam a integrar o Quadro Permanente do órgão respectivo, ficando extintos aqueles.

Art. 74. Incumbirá ao Poder Público implantar, no prazo de 01(um) ano a partir da promulgação desta Constituição, o Conselho Estadual do Meio Ambiente. (Incluído pela Emenda Constitucional nº 38, de 2014)

Parágrafo único. O Conselho Estadual do Meio Ambiente será composto paritariamente pelo: (Incluído pela Emenda Constitucional nº 38, de 2014)

I – Órgão público com atuação nas questões ambientais; (Incluído pela Emenda Constitucional nº 38, de 2014)

II – Ministério Público; (Incluído pela Emenda Constitucional nº 38, de 2014)

III – Defensoria Pública; (Incluído pela Emenda Constitucionalnº 38, de 2014)

IV – Representantes das associações ambientais e da comunidade. (Incluído pela Emenda Constitucional nº 38, de 2014)

Art. 75. É criado o Conselho Estadual de Defesa dos Direitos do Homem e do Cidadão, ao qual incumbe articular as ações da sociedade civil organizada, defensora dos direitos fundamentais do homem e do cidadão, com as ações desenvolvidas nessa área pelo Poder Público Estadual.

§1º O Conselho Estadual de Defesa dos Direitos do Homem e do Cidadão, órgão vinculado aos três Poderes do Estado, terá sua organização, composição, competência e funcionamento definidos em lei, garantida a participação, em igual número, de representantes do Ministério Público Estadual, da Defensoria Pública, da Ordem dos Advogados do Brasil, da Corregedoria de Justiça e dos órgãos públicos incumbidos da execução da política estadual de promoção e defesa dos direitos do homem e do cidadão, assim como de representantes de entidades privadas de defesa destes direitos, legalmente constituídas. (Redação dada pela Emenda Constitucional nº 38, de 2014)

§2º A lei a que se refere o parágrafo anterior será de iniciativa da Assembleia Legislativa, devendo ser publicada até um ano após a promulgação desta Constituição.

§3º Enquanto não estiver em vigor a lei a que alude o §1º deste artigo, o Conselho Estadual dos Direitos do Homem e do Cidadão funcionará com as regras definidas neste artigo.

Art. 76. O Governador do Estado deve promover ação política e administrativa, perante a União, com vistas à obtenção de desapropriação de bens, em seu território, com interesse social, para fins de reforma agrária, em áreas-sede de conflitos sociais.

Art. 77. Compete ao Estado promover ação discriminatória de terras devolutas.

§1º As terras públicas devolutas discriminadas serão destinadas para assentamento de família de origem rural ou projetos de proteção ambiental.

§2º Caberá ao Estado promover desapropriação necessária à completa execução dos planos de assentamento.

Art. 78. Fica criado o Fundo Estadual de Saúde, constituído de recursos do orçamento estadual e das transferências da União.

§1º Será regulamentado em lei e disporá sobre o repasse mensal aos Municípios.

§2º É vedado o repasse de recursos do Fundo de Saúde sob forma de auxílio ou subvenção para entidades privadas com fins lucrativos.

Art. 79. O Estado criará a Fundação de Amparo à Pesquisa do Estado da Paraíba com objetivo exclusivo de fomento à pesquisa científica e tecnológica em todas as suas modalidades.

Art. 80. Para promover a defesa do meio ambiente e os interesses difusos da sociedade, o Ministério Público fará instalar Curadoria Especial.

Art. 81. Fica criado o Conselho Estadual de Desenvolvimento Turístico, com objetivo de promover e incentivar o turismo no Estado e com organização, estrutura e competência definida em lei. Art. 82. O Tribunal Regional Eleitoral realizará consulta plebiscitária, objetivando saber do povo de João Pessoa qual o nome de sua preferência para esta cidade.

Art. 83. A diretoria do Instituto Histórico e Artístico do Estado da Paraíba (IPHAEP) será indicada pelo Poder Executivo e referendada pelo Poder Legislativo, por maioria absoluta de seus membros.

Parágrafo único. O mandato da diretoria, bem como o de cada membro do Conselho, terá a duração de dois anos, devendo os diretores ser escolhidos trinta dias após a promulgação desta Constituição.

Art. 84. Esta Constituição entra em vigor na data de sua promulgação.

JOÃO PESSOA, 05 de outubro de 1989

DIREITO ADMINISTRATIVO

LEI ESTADUAL Nº 7.486, DE 01 DE DEZEMBRO DE 2003

- DEFINE O QUE SÃO OBRIGAÇÕES DE PEQUENO VALOR, PARA FINS QUE ESPECIFICA.

Art. 1º Para os efeitos do que dispõe o §3º do art. 100, da Constituição Federal, consideram-se obrigações de pequeno valor aquelas que não ultrapassem o montante equivalente a 10 (dez) salários mínimos.

§ 1º – Quando o valor do crédito, oriundo de sentença judicial, for superior ao montante previsto nesta Lei, e o credor renunciar ao valor excedente, o processo respectivo poderá ser liquidado na forma prevista neste artigo.

§2º – Fica o Chefe do Poder Executivo autorizado a baixar, mediante Decreto, os índices de atualização monetária dos débitos de que trata esta Lei, utilizando, como parâmetro, os índices de correção dos tributos estaduais.

Art. 2º Esta Lei entra em vigor na data de sua publicação.

PALÁCIO DO GOVERNO DO ESTADO DA PARAÍBA, em João Pessoa, 01 de dezembro de 2003.

LEI COMPLEMENTAR ESTADUAL Nº 58, DE 30 DE DEZEMBRO DE 2003

- REGIME JURÍDICO DOS SERVIDORES PÚBLICOS CIVIS DO ESTADO DA PARAÍBA

ÍNDICE

Dispõe sobre o Regime Jurídico dos Servidores Públicos Civis do Estado da Paraíba e dá outras providências.

O GOVERNADOR DO ESTADO DA PARAÍBA:

Faço saber que o Poder Legislativo decreta e eu sanciono a seguinte Lei:

TÍTULO I

Capítulo ÚNICO
DAS DISPOSIÇÕES PRELIMINARES

Art. 1º – Esta Lei disciplina o Regime Jurídico dos Servidores Públicos Civis das administrações direta e indireta do Estado da Paraíba, excetuados aqueles regidos pela Consolidação das Leis do Trabalho ou por outra legislação especial.

Art. 2º – Para os efeitos desta Lei, servidor é a pessoa legalmente investida em cargo público.

Art. 3º – Cargo público é o conjunto de atribuições e de responsabilidades cometidas a um servidor na estrutura organizacional.

Parágrafo único - Os cargos públicos, acessíveis a todos os brasileiros, são criados por lei, com denominação própria e vencimento pago pelos cofres públicos, para provimento em caráter efetivo ou em comissão.

Art. 4º - É proibida a prestação de serviços gratuitos, salvo os casos previstos em lei.

TÍTULO II
DO PROVIMENTO, VACÂNCIA, REMOÇÃO, REDISTRIBUIÇÃO E SUBSTITUIÇÃO

Capítulo I
DO PROVIMENTO

Seção I
DISPOSIÇÕES GERAIS

Art. 5º - São requisitos básicos para investidura em cargo público:

I - a nacionalidade brasileira, salvo exceções previstas em lei;

II - o gozo dos direitos políticos;

III - a quitação com as obrigações militares e eleitorais;

IV - o nível de escolaridade exigido para o exercício do cargo;

V - a idade mínima de dezoito anos;

VI - aptidão física e mental.

Parágrafo único - As atribuições e a natureza do cargo podem justificar o estabelecimento, em lei, de requisitos específicos.

Art. 6º - O provimento dos cargos públicos far-se-á mediante ato da autoridade competente.

Art. 7º - A investidura em cargo público ocorrerá com a posse.

Art. 8º - São formas de provimento de cargo público:

I - nomeação;

II - promoção;

III - readaptação;

IV - reversão;

V – aproveitamento;

VI – reintegração;

VII – recondução.

Seção II
DA NOMEAÇÃO

Art. 9º – A nomeação far-se-á:

I – em caráter efetivo, quando se destinar ao provimento de cargos efetivos, isolados ou de carreira;

II – em comissão, quando se destinar ao provimento de cargos de confiança.

§1º – O servidor ocupante de cargo em comissão poderá ser nomeado para exercer interinamente outro cargo de confiança, sem prejuízo das atribuições do que ocupar, devendo optar pela remuneração de um deles durante o período da interinidade.

§2º – Somente por lei serão criados cargos efetivos e em comissão e estabelecida a remuneração correspondente.

Art. 10 – A nomeação para cargo efetivo, de carreira ou isolado, depende de prévia habilitação em concurso público de provas ou de provas e títulos, obedecidos o prazo de validade e a ordem de classificação.

Parágrafo único – Os demais requisitos para o ingresso e o desenvolvimento do servidor na carreira, mediante promoção, serão estabelecidos por lei específica.

Seção III
DO CONCURSO PÚBLICO

Art. 11 – O concurso de provas ou de provas e títulos para provimento de cargos efetivos será disciplinado, conforme a lei, em edital.

§1º – O Edital será publicado, na íntegra, no Diário Oficial do Estado, e, por extrato, em, pelo menos, um jornal de grande circulação, devendo explicitar, no mínimo:

I – processo e requisitos de inscrição;

II – programa de provas;

III – calendário, local e condições para a realização de provas e a apresentação de títulos, conforme o caso;

IV – indicação do cargo objeto do concurso e a remuneração inerente;

V – critérios de julgamento de provas e títulos.

§2º – Às pessoas com deficiência serão reservadas até 10% das vagas oferecidas no concurso público. (Redação dada pela Lei Complementar 154, de 07/05/2019)

Art. 12 – O concurso público terá validade de até 2 (dois) anos, prorrogável uma única vez, por igual período, a critério da Administração.

Parágrafo único – Não se abrirá novo concurso, enquanto houver candidato aprovado em concurso anterior cuja validade não tenha expirado.

Seção IV
DA POSSE E DO EXERCÍCIO

Art. 13 – A posse dar-se-á pela assinatura do respectivo termo, atendidas as exigências legais.

§1º – São competentes para dar posse:

I – o Chefe do Poder Executivo, às autoridades que lhe sejam subordinadas;

II – o Secretário de Estado, aos nomeados para cargos de direção e de assessoramento superior da pasta correspondente;

III – o órgão colegiado, aos respectivos membros;

IV – o titular do setor de recursos humanos da Secretaria da Administração, ou quem o represente, aos nomeados para o exercício dos demais cargos.

§2º – A posse ocorrerá no prazo de 30 dias contados da publicação do ato de provimento.

§3º – A requerimento do interessado ou de seu representante legal, o prazo para a posse poderá ser prorrogado, uma única vez e até o máximo de 30 dias, a contar do término do prazo previsto no parágrafo anterior, a critério da autoridade competente.

§4º – Só haverá posse nos casos de provimento de cargo por nomeação.

§5º – No ato da posse, o servidor apresentará declaração dos bens e valores que constituem seu patrimônio e declaração quanto ao exercício ou não de outro cargo, emprego ou função pública.

§6º – Será tornado sem efeito o ato de provimento se a posse não ocorrer no prazo previsto neste artigo.

Art. 14 – A posse em cargo público dependerá de prévia inspeção médica oficial para aferir a aptidão física e mental exigida.

Art. 15 – Exercício é o efetivo desempenho das atribuições do cargo público.

§1º – É de 15 dias, contados da posse, o prazo para o servidor entrar em exercício.

§2º – Se não entrar em exercício o servidor será exonerado do cargo.

§3º – O acesso ao exercício será assegurado pela autoridade competente do órgão ou da entidade para onde for nomeado ou designado o servidor.

Art. 16 – O início, a suspensão, a interrupção e o reinício do exercício serão devidamente registrados nos assentos funcionais do servidor.

Art. 17 – A promoção não interrompe o tempo de exercício.

Art. 18 – A autoridade competente fixará prazo de até 30 dias, notificado o interessado, para retomada do exercício, em sua nova lotação, pelo servidor removido, redistribuído, requisitado, cedido ou designado para exercício interino.

Parágrafo único – O prazo a que se refere este artigo não será contado durante licença ou afastamento legal.

Art. 19 – A jornada máxima semanal de trabalho é de 44 horas, respeitada duração mínima e máxima de 6 e 8 horas diárias, respectivamente.

§1º – O ocupante de cargo em comissão ou de função de confiança submete-se a regime de integral dedicação ao serviço, observado o disposto no artigo 110, podendo ser convocado sempre que houver interesse para a Administração.

§2º – O disposto neste artigo não se aplica à duração de trabalho estabelecida em leis especiais.

Art. 20 – Ao entrar em exercício, o servidor nomeado para cargo de provimento efetivo iniciará estágio probatório de 3 anos, durante os quais serão avaliadas a aptidão e a capacidade para o desempenho do cargo, observados os seguintes fatores:

I – assiduidade;

II – disciplina;

III – iniciativa;

IV – produtividade;

V – responsabilidade.

§1º – Quatro meses antes de findo o período do estágio probatório, a avaliação do desempenho do servidor será submetida à decisão da autoridade competente, inclusive para os efeitos legais subsequentes.

§2º - A avaliação de desempenho será realizada de acordo com as normas aplicáveis, sem prejuízo da continuidade de apuração dos fatores enumerados nos incisos I a V deste artigo.

§3º - O servidor não aprovado no estágio probatório será exonerado após o devido processo legal.

§4º - Ao servidor em estágio probatório somente poderão ser concedidas as licenças e o afastamento previstos nos artigos 82, incisos I a IV, e 91, bem assim afastamento para participar de curso de formação decorrente de aprovação em concurso para outro cargo na Administração Pública Estadual.

§5º. O estágio probatório ficará suspenso durante as licenças previstas nos artigos 84, 85 e 87, bem assim na hipótese de participação em curso de formação, e será retomado a partir do término do impedimento.

Seção V
DA ESTABILIDADE

Art. 21 - O servidor habilitado em concurso público, empossado em cargo de provimento efetivo e aprovado em estágio probatório adquirirá estabilidade após três anos de efetivo exercício no serviço público.

Art. 22 - O servidor estável só perderá o cargo em virtude de sentença judicial transitada em julgado ou de processo administrativo disciplinar, em que lhe seja assegurada ampla defesa.

Seção VI
DA REVERSÃO

Art. 23 - REVERSÃO é o retorno à atividade de servidor aposentado:

I - por invalidez, quando junta médica oficial declarar insubsistentes os motivos da aposentadoria; ou

II - no interesse da Administração, desde que cumulativamente:

a) o servidor a tenha solicitado;

b) a aposentadoria tenha sido voluntária;

c) estável quando na atividade;

d) a aposentadoria tenha ocorrido nos 5 anos anteriores à solicitação;

e) haja cargo vago.

§1º - A reversão far-se-á no mesmo cargo ou no cargo resultante de sua transformação.

§2º - O tempo em que o servidor estiver em exercício será considerado para concessão da aposentadoria.

§3º - No caso do inciso I, encontrando-se provido o cargo, o servidor exercerá suas atribuições como excedente, até a ocorrência de vaga.

§4º - O servidor que retornar à atividade por interesse da Administração perceberá, em substituição aos proventos da aposentadoria, a remuneração do cargo que voltar a exercer.

§5º - O servidor de que trata o inciso II somente terá os proventos calculados com base nas regras atuais, se permanecer, pelo menos, 5 anos no cargo.

§6º - O Poder Executivo regulamentará o disposto neste artigo.

Art. 24 - O aposentado que já tiver atingido o limite de idade para aposentadoria compulsória não tem direito à reversão.

Seção VII
DA READAPTAÇÃO

Art. 25 - Readaptação é a investidura do servidor em cargo de atribuições e responsabilidades compatíveis com a limitação que tenha sofrido em sua capacidade física ou mental, verificada em inspeção médica.

§1º - Será aposentado o servidor que, durante o processo de readaptação, for julgado incapaz para o serviço público.

§2º - A readaptação será efetivada em cargo de atribuições afins, respeitada a habilitação exigida, o nível de escolaridade e a equivalência de vencimentos, e, na hipótese de inexistência de cargo vago, o servidor exercerá suas atribuições como excedente, até a ocorrência de vaga.

Seção VIII
DA REINTEGRAÇÃO

Art. 26 - A reintegração é o retorno do servidor estável ao cargo anteriormente ocupado ou ao cargo resultante da transformação deste último, em decorrência de decisão judicial ou de decisão administrativa resultante de revisão prevista no art. 162.

§1º - Na hipótese de o cargo ter sido extinto, o servidor ficará em disponibilidade, observado o disposto nos artigos 28 e 29.

§2º - Encontrando-se provido o cargo, seu eventual ocupante será reconduzido ao cargo que exerceu anteriormente, sem direito à indenização, aproveitado em outro cargo ou posto em disponibilidade.

Seção IX
DA RECONDUÇÃO

Art. 27 - Recondução é o retorno do servidor estável ao cargo anteriormente ocupado e decorrerá de reintegração deferida a anterior ocupante.

Parágrafo único - Encontrando-se provido o cargo de origem, observar-se-á o disposto no artigo 26, § 2º.

Seção X
DA DISPONIBILIDADE E DO APROVEITAMENTO

Art. 28 - Extinto o cargo ou declarada a sua desnecessidade, o servidor estável ficará em disponibilidade, com remuneração proporcional ao tempo de serviço, até seu adequado aproveitamento em outro cargo.

Parágrafo único - O retorno à atividade de servidor em disponibilidade far-se-á mediante aproveitamento obrigatório em cargo de atribuições e vencimentos compatíveis com o anteriormente ocupado.

Art. 29 - A Secretaria de Administração determinará o imediato aproveitamento de servidor em disponibilidade em vaga que vier a ocorrer nos órgãos ou entidades do Poder Executivo Estadual.

Parágrafo único - Na hipótese prevista no § 3º do artigo 35, o servidor posto em disponibilidade ficará lotado na Secretaria de Administração até o seu adequado aproveitamento em outro órgão ou entidade.

Art. 30 - Será tornado sem efeito o aproveitamento e cassada a disponibilidade, se o servidor não retornar ao exercício no prazo legal, salvo doença comprovada por junta médica oficial.

Capítulo II
DA VACÂNCIA

Art. 31. A vacância do cargo público decorrerá de:

I - exoneração;

II - demissão;

III - readaptação;

IV - aposentadoria;

V - posse em outro cargo inacumulável;

VI - falecimento.

Art. 32 - A exoneração de cargo efetivo dar-se-á a pedido do servidor ou de ofício.

Parágrafo único - A exoneração de ofício dar-se-á:

I - quando insuficiente a avaliação de desempenho relativa ao estágio probatório;

II - quando, tendo tomado posse, o servidor não entrar em exercício no prazo estabelecido.

Art. 33 - A exoneração de cargo em comissão e a dispensa de função de confiança dar-se-á:

I - a juízo da autoridade competente;

II - a pedido do próprio servidor.

Capítulo III
DA REMOÇÃO E DA REDISTRIBUIÇÃO

Seção I
DA REMOÇÃO

Art. 34 - Remoção é o deslocamento do servidor para outra repartição, a pedido ou de ofício, no âmbito do mesmo quadro, com ou sem mudança de sede.

Parágrafo único - Para fins do disposto neste artigo, entende-se por modalidades de remoção:

I - de ofício, no interesse da Administração;

II - a pedido, a critério da Administração;

III - a pedido, para outra localidade, independentemente do interesse da Administração:

a) para acompanhar cônjuge ou companheiro, também servidor público civil ou militar estadual, deslocado no interesse da Administração;

b) por motivo de doença, comprovada por junta médica oficial, do servidor, do cônjuge, do companheiro ou de dependente legalmente reconhecido, que viva às suas expensas, segundo registro em seu cadastro funcional.

Seção II
DA REDISTRIBUIÇÃO

Art. 35 - Redistribuição é o deslocamento de cargo de provimento efetivo, ocupado ou vago, no âmbito do quadro geral de pessoal, para outro órgão ou entidade da Administração Direta e Indireta do Poder Executivo, com prévia apreciação da Secretaria da Administração, observados os seguintes preceitos:

I - interesse da Administração;

II - equivalência de vencimento;

III - manutenção da essência das atribuições do cargo;

IV - vinculação entre os graus de responsabilidade e complexidade das atividades;

V - mesmo nível de escolaridade, especialidade ou habilitação profissional;

VI - compatibilidade entre as atribuições do cargo e as finalidades institucionais do órgão ou entidade.

§1º - A redistribuição ocorrerá «ex officio» para ajustamento da força de trabalho às necessidades dos serviços, inclusive nos casos de reorganização, extinção ou criação de órgão ou entidade.

§2º - A redistribuição de cargos efetivos vagos dar-se-á mediante ato conjunto entre a Secretaria de Administração e os órgãos e entidades da Administração Pública Estadual envolvidos.

§3º - Nos casos de reorganização ou de extinção de órgão ou entidade, extinto o cargo ou declarada sua desnecessidade no órgão ou entidade, o servidor estável que não for redistribuído será colocado em disponibilidade, até seu aproveitamento na forma dos artigos 28 e 29.

§4º - O servidor que não for redistribuído ou colocado em disponibilidade poderá ser mantido sob responsabilidade da Secretaria de Administração, ou ter exercício provisório, em outro órgão ou entidade, até seu adequado aproveitamento.

Capítulo IV
DA SUBSTITUIÇÃO

Art. 36 - Os substitutos de servidores ocupantes de cargo em comissão ou de função de confiança serão indicados pela autoridade competente.

§1º - O substituto assumirá automática e cumulativamente, sem prejuízo do cargo que ocupe, o exercício do cargo em comissão ou da função de confiança, nos afastamentos, nos impedimentos legais ou regulamentares do titular e na vacância do cargo, hipóteses em que deverá optar pela remuneração de um deles durante o respectivo período.

§2º - O substituto fará jus à retribuição pelo exercício do cargo ou da função de direção ou de chefia, nos casos de afastamentos ou impedimentos legais do titular, superiores a 30 dias consecutivos, paga na proporção dos dias de efetiva substituição, que excederem o referido período.

Art. 37 - O disposto no artigo anterior aplica-se aos titulares de unidades administrativas organizadas em nível de assessoria.

TÍTULO III
DOS DIREITOS E VANTAGENS

Capítulo I
DO VENCIMENTO E DA REMUNERAÇÃO

Art. 38 - Vencimento é a retribuição pecuniária pelo exercício de cargo público, com valor fixado em lei.

Art. 39 - Remuneração é o vencimento do cargo acrescido das vantagens pecuniárias estabelecidas em lei.

§1º - Nenhum servidor receberá remuneração inferior ao salário mínimo.

§2º - O servidor investido em cargo em comissão de órgão ou entidade diversa do de sua lotação receberá a remuneração de acordo com o estabelecido no § 1º do artigo 90.

§3º - Ressalvadas as exceções legais, o vencimento do cargo efetivo é irredutível.

Art. 40 - A remuneração do servidor, incluídas as vantagens pessoais ou de qualquer outra natureza, não poderá ultrapassar o teto fixado na Constituição Federal para o serviço público estadual e será disciplinado em lei estadual.

Art. 41 - O servidor perderá:

I - a remuneração do dia em que faltar ao serviço;

II - a parcela de remuneração diária, proporcional aos atrasos, às ausências não justificadas, ressalvadas as concessões de que tratam os artigos 92 e 93, e às saídas antecipadas, salvo na hipótese de compensação de horário, até o mês subsequente ao da ocorrência, a ser estabelecida pela chefia imediata.

Parágrafo único - A critério da chefia imediata, as faltas justificadas decorrentes de caso fortuito ou de força maior poderão ser compensadas e consideradas como efetivo exercício.

Art. 42 - Salvo por imposição legal ou por mandado judicial, nenhum desconto incidirá sobre a remuneração ou o provento.

Parágrafo único - Mediante autorização do servidor, poderá haver consignação em folha de pagamento a favor de terceiros, a critério da Administração e com reposição de custos, na forma definida em regulamento.

Art. 43 - As reposições e as indenizações ao erário serão previamente comunicadas ao servidor ativo, aposentado ou ao pensionista, e pagas no prazo máximo de 30 dias, podendo ser parceladas, a pedido do responsável.

§1° - O valor de cada parcela não poderá ser inferior a dez por cento nem superior a trinta por cento da remuneração, do provento ou da pensão.

§2° - Na hipótese de valores recebidos em decorrência de cumprimento a decisão liminar, tutela antecipada ou sentença que venha a ser revogada ou rescindida, os montantes devidos serão atualizados na forma da lei até a data da reposição.

Art. 44 - O servidor em débito com o erário, que for demitido, exonerado ou que tiver sua aposentadoria ou disponibilidade cassada, terá o prazo de sessenta dias para quitar o débito.

Parágrafo único - A não-quitação do débito, no prazo fixado no caput, implicará a sua inscrição na dívida ativa e a cobrança, inclusive por via judicial.

Art. 45 - O vencimento, a remuneração e o provento só poderão ser objeto de arresto, sequestro ou penhora, decorrente de decisão judicial nos casos de prestação de alimentos.

Capítulo II
DAS VANTAGENS

Art. 46 - Além do vencimento, poderão ser pagas ao servidor as seguintes vantagens:

I - indenizações

II - gratificações

III - adicionais

§1° - As vantagens não se incorporam ao vencimento para qualquer efeito.

§2° - Somente por lei, serão criadas vantagens, fixados os respectivos valores e estabelecidas as condições de percepção.

Art. 47 - As vantagens pecuniárias não serão computadas nem acumuladas, para efeito de concessão de quaisquer outros acréscimos pecuniários ulteriores.

Seção I
DAS INDENIZAÇÕES

Art. 48. Constituem indenizações ao servidor:

I - ajuda de custo;

II – diárias;

III – transporte.

Art. 49 – Os valores das indenizações, assim como as condições para a sua concessão, serão estabelecidos em lei e atualizados pela forma que esta determinar.

Subseção I
DA AJUDA DE CUSTO

Art. 50 – A ajuda de custo destina-se a compensar as despesas de instalação do servidor que, no interesse do serviço, passar a ter exercício em nova sede, com mudança de domicílio civil, em caráter permanente, vedado o duplo pagamento de indenização, a qualquer tempo, no caso de o cônjuge ou o companheiro que detenha também a condição de servidor vir a ter exercício na mesma sede.

§1º – Correm por conta da Administração as despesas de transporte do servidor e de sua família, compreendendo passagem, bagagem e bens pessoais.

§2º – À família do servidor que falecer na nova sede de trabalho, são assegurados ajuda de custo e transporte para a localidade de origem, dentro do prazo de 1 ano, contado do óbito.

Art. 51 – A ajuda de custo, não superior ao triplo da remuneração do servidor, será proporcional às despesas efetivas de instalação devidamente comprovadas.

Art. 52 – Não será concedida ajuda de custo quando o servidor:

I – afastar-se do cargo ou reassumi-lo em virtude de mandato eletivo;

II – for posto à disposição ou cedido a outra entidade;

III – for designado a pedido para a nova repartição ou localidade.

Art. 53 – O servidor restituirá a ajuda de custo quando:

I – não se mudar para a nova sede no prazo determinado no ato de transferência;

II – antes de decorridos 3 meses, regressar, pedir exoneração ou abandonar o serviço.

§1º – A restituição é de exclusiva responsabilidade do servidor e não poderá ser feita parceladamente.

§2º – Não haverá obrigação de restituir quando o regresso do servidor for determinado «ex officio».

Subseção II
DAS DIÁRIAS

Art. 54 - O servidor que, a serviço, afastar-se da sede, em caráter eventual ou transitório, para outro ponto do território nacional ou para o exterior, fará jus a passagens e a diárias destinadas a indenizar as parcelas de despesas extraordinárias com estada, alimentação e locomoção urbana.

§1º - A diária será concedida por dia de afastamento, sendo devida pela metade, quando o deslocamento não exigir pernoite fora da sede.

§2º - Não se concederá diária:

I - ao servidor que se deslocar dentro da mesma região metropolitana, aglomeração urbana ou microrregião, salvo se houver pernoite fora da sede;

II - quando o Estado custear diretamente as despesas extraordinárias cobertas por diárias;

III - nos casos em que o deslocamento do servidor constituir exigência permanente do exercício do cargo.

Art. 55 - O servidor que receber diárias e não se afastar da sede, por qualquer motivo, fica obrigado a restituí-las integralmente, no prazo de dois dias úteis.

Parágrafo único - Na hipótese de o servidor retornar à sede em prazo menor do que o previsto para o seu afastamento, restituirá as diárias recebidas em excesso, no prazo previsto no caput.

Subseção III
DA INDENIZAÇÃO DE TRANSPORTE

Art. 56 - O servidor será indenizado das despesas de transportes em que incidir em serviços externos, por força das atribuições próprias do cargo, conforme dispuser a lei.

Seção II
DAS GRATIFICAÇÕES E DO ADICIONAL DE REPRESENTAÇÃO

Art. 57 - Além do vencimento e das vantagens previstas nesta Lei e das estabelecidas em lei específica, poderão ser deferidos aos servidores:

I - gratificação pelo exercício de função;

II - gratificação natalina;

III - REVOGADO; (revogado pela Lei Complementar 74/2007)

IV – gratificação de produtividade;

V – gratificação de exercício em órgãos fazendários;

VI – gratificação de interiorização;

VII – gratificação de atividades especiais;

VIII – gratificação pelo exercício em gabinete;

IX – gratificação de assessoria especial;

X – gratificação pelas férias;

XI – gratificação adicional pelo exercício de atividades insalubres, perigosas ou penosas;

XII – gratificação pela prestação de serviço extraordinário;

XIII – gratificação pelo trabalho noturno;

XIV – adicional de representação;

XV – gratificação de representação (redação dada pela Lei Complementar 74/2007)

Subseção I
DA GRATIFICAÇÃO PELO EXERCÍCIO DE FUNÇÃO

Art. 58 – Ao servidor ocupante de cargo efetivo é devida a retribuição pelo exercício de função de chefia ou de assessoramento.

Subseção II
DA GRATIFICAÇÃO NATALINA

Art. 59 – A gratificação natalina corresponde a 1/12 (um doze avos) da remuneração a que o servidor fizer jus no mês de dezembro, por mês de exercício no respectivo ano.

Parágrafo único – A fração igual ou superior a 15 (quinze) dias será considerada como mês integral.

Art. 60 – A gratificação será paga até o final do mês de dezembro de cada ano.

Art. 61 – O servidor exonerado perceberá gratificação natalina proporcional aos meses de exercicio efetivo, calculada sobre a remuneração do mês da exoneração.

Art. 62 – A gratificação natalina não será considerada para cálculo de qualquer outra vantagem pecuniária.

Subseção III
DA GRATIFICAÇÃO PELO EXERCÍCIO DE CARGO EM COMISSÃO

Art. 63 – A gratificação pelo exercício de cargo em comissão é inerente ao desempenho das atribuições do cargo respectivo.

Subseção IV
DA GRATIFICAÇÃO DE PRODUTIVIDADE

Art. 64 – A gratificação de produtividade destina-se a incentivar o servidor do grupo fiscal a promover maior rendimento no exercício de suas atribuições específicas.

Subseção V
DA GRATIFICAÇÃO DE EXERCÍCIO EM ÓRGÃOS FAZENDÁRIOS

Art. 65 – A gratificação de exercício em órgãos fazendários poderá ser concedida aos servidores que sejam titulares de cargos de provimento em comissão integrantes da estrutura organizacional da Secretaria de Estado das Finança, Secretaria de Estado da Receita e Controladoria Geral do Estado. (redação dada pela Lei Complementar 74/2007)

Subseção VI
DA GRATIFICAÇÃO DE INTERIORIZAÇÃO

Art. 66 – A gratificação de interiorização poderá ser concedida ao servidor que desempenhe atividades em localidades do interior do Estado de difícil acesso e em condições adversas.

Subseção VII
DA GRATIFICAÇÃO DE ATIVIDADES ESPECIAIS

Art. 67 – A gratificação de atividades especiais poderá ser concedida a servidor ou a grupo de servidores, pelo desempenho de atividades especiais ou excedentes às atribuições dos respectivos cargos ou pela participação em comissões, grupo ou equipes de trabalho constituídas através de ato do Governador do Estado.

Subseção VIII
DA GRATIFICAÇÃO PELO EXERCÍCIO EM GABINETE

Art. 68 – A gratificação pelo exercício em gabinete poderá ser concedida ao servidor em razão da posição e do desempenho de atividades de apoio junto aos titulares dos órgãos respectivos.

Subseção IX
DA GRATIFICAÇÃO DE ASSESSORIA ESPECIAL

Art. 69 – A gratificação de assessoria especial poderá ser concedida pelo desempenho de assessoramento direto e imediato a Secretário de Estado e a dirigente máximo de órgão subordinado diretamente à Governadoria.

Subseção X
DA GRATIFICAÇÃO DE FÉRIAS

Art. 70 – Independentemente de solicitação, será paga ao servidor, por ocasião das férias, a gratificação correspondente a 1/3 (um terço) da remuneração a que tiver direito no período correspondente às férias.

Subseção XI
DA GRATIFICAÇÃO DE INSALUBRIDADE, PERICULOSIDADE OU ATIVIDADES PENOSAS

Art. 71 – Os servidores que trabalhem, com habitualidade, em locais insalubres ou em contato permanente com substâncias tóxicas ou radioativas fazem jus à gratificação de insalubridade, periculosidade ou atividades penosas.

§1º – O servidor que fizer jus à gratificação de insalubridade e de periculosidade ou atividades penosas deverá optar por uma delas.

§2º – O direito à gratificação de insalubridade e de periculosidade ou atividades penosas cessa com a eliminação das condições ou dos riscos que deram causa a sua concessão.

Art. 72 – Haverá permanente controle da atividade de servidores em operações ou locais considerados penosos, insalubres ou perigosos.

Parágrafo único – Enquanto durar a gestação e a lactação, a servidora gestante ou lactante será afastada das operações e dos locais mencionados neste artigo e passará a exercer suas atividades em local salubre e serviço não penoso e não perigoso, sem prejuízo da remuneração.

Art. 73 – Na concessão da gratificação de atividades penosas, de insalubridade e de periculosidade, serão observadas as disposições da legislação específica.

Art. 74 – Os locais de trabalho, com instalações de Raios X ou de substâncias radioativas, e os servidores que operam os respectivos aparelhos e instrumentos serão mantidos sob controle permanente, de modo que as doses de radiação ionizante não ultrapassem o nível máximo previsto na legislação própria.

Parágrafo único – Os servidores a que se refere este artigo serão submetidos a exames médicos a cada 6 meses.

Subseção XII
DA GRATIFICAÇÃO POR SERVIÇO EXTRAORDINÁRIO

Art. 75 - O serviço extraordinário será remunerado com acréscimo de 50% em relação ao valor da hora normal de trabalho.

Art. 76 - Somente será permitido serviço extraordinário para atender a situações excepcionais e temporárias, respeitado o limite máximo de 2 horas por jornada de trabalho diária.

Subseção XIII
DA GRATIFICAÇÃO POR TRABALHO NOTURNO

Art. 77 - O serviço noturno, prestado em horário compreendido entre 22 (vinte e duas) horas de um dia e 5 (cinco) horas do dia seguinte, terá o valor-hora acrescido de 25% (vinte e cinco por cento), computando-se cada hora como cinquenta e dois minutos e trinta segundos.

Parágrafo único. Em se tratando de serviço extraordinário, o acréscimo de que trata este artigo incidirá sobre o valor da hora normal de trabalho, conforme previsto no art. 75.

Subseção XIV
DO ADICIONAL DE REPRESENTAÇÃO

Art. 78 - O adicional de representação é a vantagem concedida por lei em virtude da natureza e das peculiaridades dos cargos exercidos.

Subseção XV
DA GRATIFICAÇÃO DE REPRESENTAÇÃO

Art. 78-A - A gratificação de representação é a parcela remuneratória mensal devida ao servidor ocupante de cargo de provimento em comissão, pelo desempenho das atribuições do cargo respectivo. (redação dada pela Lei Complementar 74/2007)

Capítulo III
DAS FÉRIAS

Art. 79 - O servidor fará jus a 30 dias consecutivos de férias anuais, que podem ser acumuladas, até o máximo de 2 períodos, no caso de necessidade de serviço.

§1º - O direito às férias se perfaz a cada 12 meses de efetivo exercício.

§2º - O gozo de férias, observado o interesse público, dar-se-á até o 24º mês após a aquisição do direito de que trata o § 1º deste artigo.

§3º - No 23º mês após a aquisição de cada período, a Administração deverá conceder automaticamente o gozo de férias.

§4º – É vedada a compensação de faltas ou afastamentos legais com os dias correspondentes ao período de férias.

Art. 80 – As férias anuais do servidor que opera, direta e permanentemente, com aparelhos de Raios X ou substâncias radioativas, serão de 40 dias, gozadas 20 dias consecutivos, por semestre de atividade profissional, proibido o parcelamento e a acumulação.

Art. 81 – As férias somente poderão ser interrompidas por motivo de calamidade pública ou de comoção interna, por necessidade do serviço declarada pela autoridade máxima do órgão ou entidade ou por outra necessidade de serviço público assim declarada em lei.

Parágrafo único – O restante do período interrompido será gozado de uma só vez, observado o disposto no artigo 79.

Capítulo IV
DAS LICENÇAS

Seção I
DISPOSIÇÕES GERAIS

Art. 82 – Conceder-se-á ao servidor licença:

I – por motivo de doença em pessoa da família;

II – por motivo de afastamento do cônjuge ou do companheiro;

III – para o serviço militar;

IV – para atividade política;

V – para capacitação, treinamento, reciclagem e aperfeiçoamento;

VI – para tratar de interesses particulares;

VII – para desempenho de mandato classista.

§1º – A licença prevista no inciso I será precedida de exame por médico ou junta médica oficial.

§2º – É assegurada a remuneração do cargo efetivo durante as licenças previstas nos incisos I e VII deste artigo.

§3º – Será objeto de regulamentação a licença prevista no inciso VII deste artigo.

Art. 83 – A licença concedida dentro de 60 dias do término de outra da mesma espécie será considerada como prorrogação.

Seção II
DA LICENÇA POR MOTIVO DE DOENÇA EM PESSOA DA FAMÍLIA

Art. 84 - Poderá ser concedido licença ao servidor por motivo de doença, comprovada por junta médica oficial, do cônjuge, do companheiro, dos pais, dos filhos, do padrasto, da madrasta, do enteado ou de dependente que viva às suas expensas devidamente indicado no registro funcional.

§1º - A licença somente será deferida se a assistência direta do servidor for indispensável e não puder ser prestada simultaneamente com exercício do cargo ou mediante compensação de horário, na forma do disposto no inciso II do artigo 41.

§2º - A licença será concedida sem prejuízo da remuneração do cargo efetivo, até trinta dias, podendo ser prorrogada por mais trinta dias, mediante novo parecer de junta médica oficial e, excedidos estes prazos, sem remuneração e sem contagem de tempo de serviço, renovado o exame por junta médica a cada sessenta dias.

§3º - A licença de que trata este artigo não poderá ser repetida sem o interstício mínimo de 12 meses.

Seção III
DA LICENÇA POR MOTIVO DE AFASTAMENTO DO CÔNJUGE

Art. 85 - Poderá ser concedido licença, não remunerada e sem contagem de tempo de serviço, para que o servidor acompanhe cônjuge ou companheiro durante exercício de mandato eletivo dos Poderes Executivo e Legislativo da União, dos Estados, do Distrito Federal e dos Municípios.

Seção IV
DA LICENÇA PARA O SERVIÇO MILITAR

Art. 86 - Ao servidor convocado para o serviço militar será concedida licença, na forma e condições previstas na legislação específica.

Parágrafo único - Concluído o serviço militar, o servidor terá até 30 dias não remunerados, para reassumir o exercício do cargo.

Seção V
DA LICENÇA PARA ATIVIDADE POLÍTICA

Art. 87 - O servidor terá direito à licença, sem remuneração, durante o período que mediar entre a sua escolha em convenção partidária, como candidato a cargo eletivo, e a véspera do registro de sua candidatura perante a Justiça Eleitoral.

§1º - O servidor candidato a cargo eletivo na localidade onde desempenha suas funções e que exerça cargo de direção, chefia, assessoramento, arrecadação ou fiscalização, dele será afastado, a partir do dia imediato ao do registro de sua candidatura perante a Justiça Eleitoral até o décimo dia seguinte ao do pleito.

§2º - A partir do registro da candidatura até o 10º dia seguinte ao da eleição, o servidor fará jus à licença, assegurados os vencimentos do cargo efetivo somente pelo período de três meses.

§3º - O servidor que tiver direito à licença prevista neste artigo afastar-se-á do cargo, mediante comunicação escrita ao chefe imediato, a quem incumbe encaminhar o expediente à Secretaria da Administração, para efeito de concessão da licença.

Seção VI
DA LICENÇA PARA CAPACITAÇÃO, TREINAMENTO, RECICLAGEM E APERFEIÇOAMENTO

Art. 88 - Como dispuser legislação específica, o servidor poderá, no interesse da Administração, afastar-se do exercício do cargo efetivo, sem prejuízo da respectiva remuneração, para participar de curso de capacitação, treinamento, reciclagem e aperfeiçoamento.

Seção VII
DA LICENÇA PARA TRATAR DE INTERESSES PARTICULARES

Art. 89 - A critério da Administração, poderá ser concedida ao servidor ocupante de cargo efetivo, desde que não esteja em estágio probatório, a licença para trato de assuntos particulares pelo prazo de até três anos consecutivos, sem remuneração e sem contagem de tempo de serviço, não podendo esta licença ser renovada sem o decurso de interstício mínimo de cinco anos.

Capítulo V
DOS AFASTAMENTOS

Seção I
DO AFASTAMENTO PARA SERVIR A OUTRO ÓRGÃO OU ENTIDADE

Art. 90 - O servidor poderá ser cedido para ter exercício em outro órgão ou entidade dos Poderes da União, dos Estados, do Distrito Federal e dos Municípios, nas seguintes hipóteses:

I - para exercício de cargo em comissão ou função de confiança;

II - em casos previstos em leis específicas.

§1º – Na hipótese do inciso I, sendo a cessão para órgãos ou entidades da União, dos Estados, do Distrito Federal ou dos Municípios, o ônus da remuneração caberá ao órgão ou entidade cessionário.

§2º – Na hipótese de o servidor cedido a empresa pública ou sociedade de economia mista, nos termos das respectivas normas, optar pela remuneração do cargo efetivo, a entidade cessionária reembolsará as despesas realizadas pelo órgão ou entidade cedente.

§3º – A cessão far-se-á mediante Portaria publicada no Diário Oficial do Estado.

§4º – Mediante autorização expressa do Governador, o servidor do Poder Executivo, para fim determinado e a prazo certo, poderá ter exercício em outro órgão da Administração Estadual direta e indireta que não tenha quadro próprio de pessoal.

§5º – O Governador do Estado, com a finalidade de promover a composição da força de trabalho dos órgãos e entidades da Administração Pública Estadual, poderá determinar a lotação ou o exercício de empregado ou servidor, independentemente da observância do disposto no inciso I e nos §§ 1º e 2º deste artigo.

Seção II
DO AFASTAMENTO PARA EXERCÍCIO DE MANDATO ELETIVO

Art. 91 – Ao servidor investido em mandato eletivo aplicam-se as seguintes disposições:

I – tratando-se de mandato federal, estadual ou distrital,

ficará afastado do cargo;

II – investido no mandato de Prefeito ou de Governador, será afastado do cargo, sendo-lhe facultado optar entre sua remuneração no Estado e a do cargo eletivo;

III – investido no mandato de Vereador:

a) havendo compatibilidade de horário, perceberá as vantagens de seu cargo, sem prejuízo da remuneração do cargo eletivo;

b) não havendo compatibilidade de horário, será afastado do cargo, sendo-lhe facultado optar pela remuneração, nos termos do inciso II deste artigo.

§1º – No caso de afastamento do cargo, o servidor contribuirá para a seguridade social, como se em exercício estivesse.

§2º – O servidor investido em mandato eletivo não poderá ser removido ou redistribuído de ofício para localidade diversa daquela onde exerce o mandato.

Capítulo VI
DAS CONCESSÕES

Art. 92 - Sem qualquer prejuízo, poderá o servidor ausentar-se do serviço:

I - por um dia, para doação de sangue devidamente comprovada;

II - por até 2 (dois) dias, para se alistar como eleitor;

III - por até 8 (oito) dias consecutivos, no caso do homem, pelo nascimento ou adoção de filhos;

IV - por até 8 (oito) dias consecutivos em razão de:

a) casamento;

b) falecimento do cônjuge, companheiro, pais, madrasta ou padrasto, filhos, enteados, menor sob tutela e irmãos.

Art. 93 - Será concedido horário especial, independentemente de compensação, ao servidor portador de deficiência comprovada por junta médica oficial.

Capítulo VII
DO TEMPO DE SERVIÇO

Art. 94 - O tempo de serviço do servidor estadual é computado de acordo e para os fins previstos na Constituição Federal.

Parágrafo único - A contagem e a averbação do tempo de serviço do servidor, para fins previdenciários, serão regulamentadas na lei que instituir o regime próprio de previdência social do Estado.

Capítulo VIII
DO DIREITO DE PETIÇÃO

Art. 95 - É assegurado ao servidor o direito de requerer aos Poderes Públicos, em defesa de direito ou interesse legítimo.

Art. 96 - O requerimento será dirigido à autoridade competente, para decidi-lo, e encaminhado por intermédio daquela a que estiver imediatamente subordinado o requerente.

Art. 97 - Cabe pedido de reconsideração, não renovável, à autoridade que houver expedido o ato ou proferido a primeira decisão.

Parágrafo único - O requerimento e o pedido de reconsideração de que tratam os artigos anteriores deverão ser despachados no prazo de 5 dias e decididos dentro de 30 dias.

Art. 98 - Caberá recurso:

I - do indeferimento do pedido de reconsideração;

II - das decisões sobre os recursos sucessivamente interpostos.

§1º - O recurso será dirigido à autoridade imediatamente superior que tiver expedido o ato ou proferido a decisão e, sucessivamente, em escala ascendente, às demais autoridades.

§2º - O recurso será encaminhado por intermédio da autoridade a que estiver imediatamente subordinado o requerente.

Art. 99 - O prazo para interposição de pedido de reconsideração ou de recurso é de 30 dias, a contar da publicação ou da ciência, pelo interessado, da decisão recorrida.

Art. 100 - O recurso poderá ser recebido com efeito suspensivo, a juízo da autoridade competente.

Parágrafo único - Em caso de acolhimento do pedido de reconsideração ou do recurso, os efeitos da decisão retroagirão à data do ato impugnado.

Art. 101 - O direito de requerer prescreve:

I - em 5 (cinco) anos, quanto aos atos de demissão e de cassação de aposentadoria ou disponibilidade, ou que afetem interesse patrimonial e créditos resultantes das relações de trabalho;

II - em 120 (cento e vinte) dias, nos demais casos, salvo quando outro prazo for fixado em lei.

Parágrafo único - O prazo de prescrição será contado da data da publicação do ato impugnado ou da data da ciência pelo interessado, quando o ato não for publicado.

Art. 102 - O pedido de reconsideração e o recurso, quando cabíveis, interrompem a prescrição.

Art. 103 - A prescrição é de ordem pública, não podendo ser relevada pela Administração.

Art. 104 - Para o exercício do direito de petição, são assegurados ao servidor ou a procurador por ele constituído, na repartição, vistas do processo ou documento.

Art. 105 - São fatais e improrrogáveis os prazos estabelecidos neste Capítulo, salvo motivo de força maior.

TÍTULO IV
DO REGIME DISCIPLINAR

Capítulo I
DOS DEVERES

Art. 106 – São deveres do servidor:

I – exercer com zelo e dedicação as atribuições do cargo;

II – ser leal às instituições a que servir;

III – observar as normas legais e regulamentares;

IV – cumprir as ordens superiores, exceto quando manifestamente ilegais;

V – atender com presteza:

a) ao público em geral, prestando as informações requeridas, ressalvadas as protegidas por sigilo;

b) à expedição de certidões requeridas para defesa de direito ou esclarecimento de situações de interesse pessoal;

c) às requisições para a defesa da Fazenda Pública;

VI – levar ao conhecimento da autoridade superior as irregularidades praticadas contra a Administração de que tiver ciência;

VII – zelar pela economia do material e a conservação do patrimônio público;

VIII – guardar sigilo nos casos previstos em lei;

IX – manter conduta compatível com a moralidade, inclusive administrativa;

X – ser assíduo e pontual ao serviço;

XI – tratar com urbanidade as pessoas;

XII – representar contra ilegalidade, omissão ou abuso de poder.

Parágrafo único – A representação de que trata o inciso XII será encaminhada pela via hierárquica e apreciada pela autoridade superior àquela contra a qual é formulada, assegurando-se ao representando ampla defesa.

Capítulo II
DAS PROIBIÇÕES

Art. 107 – Ao servidor é proibido:

I – referir-se de modo depreciativo, em informação, parecer ou despacho, às autoridades e aos atos da Administração pública, podendo, entretanto, em trabalho assinado, criticá-los do ponto de vista doutrinário ou de organização de serviço;

II – retirar, modificar, substituir documento, sem prévia anuência da autoridade competente, ou dar causa ao seu extravio;

III – expedir documento ou prestar informação, em desacordo parcial ou total com a verdade;

IV – obter proveito pessoal ou favorecer outrem, em razão do cargo ou função pública;

V – coagir ou aliciar servidores ou usuários do serviço com objetivo de natureza político-partidária ou de apoio à greve;

VI – participar do capital social, da diretoria, da gerência, da administração, do conselho técnico ou administrativo de empresa ou sociedade privada:

a) contratante, convenente, permissionária ou concessionária de serviço público;

b) prestadora ou fornecedora de serviço ou bem de qualquer natureza a qualquer órgão ou entidade estadual;

VII – praticar usura sob qualquer de suas formas;

VIII – pleitear, em proveito de terceiro, junto a órgão ou a entidade estaduais, como procurador ou intermediário;

IX – pleitear ou receber benefícios indevidos em razão do cargo ou função;

X – revelar fato ou informação de que deva guardar sigilo em razão do cargo ou função, salvo as exceções legalmente determinadas ou autorizadas;

XI – retirar, empregar ou utilizar bem ou serviço do Estado em benefício próprio ou de terceiro;

XII – desatender às regras constitucionais e legais para o exercício do direito de greve no serviço público;

XIII – ausentar-se do serviço durante o expediente, sem prévia autorização do chefe imediato;

XIV – recusar fé a documentos públicos legitimamente expedidos;

XV – opor resistência injustificada ao andamento oportuno de processo, procedimento ou serviço;

XVI – cometer atribuição a pessoa estranha à repartição, fora dos casos previstos em lei;

XVII – comprometer a imagem do serviço público mediante conduta ou procedimento inadequado ou desidioso;

XVIII – exercer quaisquer atividades incompatíveis, inclusive quanto ao horário de trabalho, com o exercício do cargo ou função;

XIX – recusar-se a atualizar seus dados cadastrais, quando solicitado.

Capítulo III
DA ACUMULAÇÃO

Art. 108 – Ressalvados os casos previstos na Constituição Federal, é vedada a acumulação de remuneração.

Art. 109 – O servidor que acumular licitamente dois cargos efetivos, quando investido em cargo de provimento em comissão, ficará afastado daqueles, percebendo apenas a remuneração do cargo em comissão.

Capítulo IV
DAS RESPONSABILIDADES

Art. 110 – O servidor responde civil, penal e administrativamente pelo exercício irregular de suas atribuições.

Art. 111 – A responsabilidade civil decorre de ato omissivo ou comissivo, doloso ou culposo, que resulte em prejuízo ao erário ou a terceiros.

§1º – Somente na falta de outros bens que assegurem a execução do débito por via judicial, a indenização de prejuízo dolosamente causado ao erário poderá ser liquidada na forma prevista no artigo 43 (desconto direto).

§2º – A Fazenda Pública promoverá ação regressiva quando for condenada em virtude de dano causado por servidor a terceiro.

§3º – A obrigação de reparar o dano estende-se aos sucessores, até o limite do valor da herança recebida.

Art. 112 – A responsabilidade penal resulta de crimes e contravenções praticados pelo servidor nessa qualidade.

Art. 113 – A responsabilidade civil-administrativa resulta de ato omissivo ou comissivo praticado no desempenho do cargo ou função.

Art. 114 – As sanções civis, penais e administrativas são independentes entre si e poderão cumular-se.

Art. 115 – A responsabilidade administrativa do servidor só será afastada, no caso de absolvição criminal que negue a existência do fato ou sua autoria.

Capítulo V
DAS PENALIDADES

Art. 116 - São penalidades disciplinares:

I - advertência;

II - suspensão;

III - demissão;

IV - cassação de aposentadoria ou de disponibilidade;

V - destituição de cargo em comissão;

VI - destituição de função comissionada.

Art. 117 - Na aplicação das penalidades serão consideradas:

a) a natureza e a gravidade da infração cometida,

b) os danos que dela provierem para o serviço público,

c) as circunstâncias agravantes ou atenuantes

d) e os antecedentes funcionais.

Parágrafo único - O ato de imposição da penalidade mencionará sempre o fundamento legal e a causa da sanção disciplinar.

Art. 118 - A advertência será aplicada por escrito, nos casos de violação de proibição constante do artigo 107, incisos XIII, XIV, XV, XVI, XIX, e de inobservância de dever funcional previsto em lei, regulamentação ou norma interna, que não justifique imposição de penalidade mais grave.

Art. 119 - A suspensão será aplicada em caso de reincidência nas faltas punidas com advertência e de violação das demais proibições que não tipifiquem infração sujeita a penalidade de demissão, não podendo exceder de 90 dias.

§1º - O servidor será punido com suspensão de até 15 dias, quando não se submeter, no prazo que lhe for assinado, à inspeção médica justificadamente determinada pela autoridade competente, cessando os efeitos da penalidade uma vez cumprida a determinação.

§2º - Quando houver conveniência para o serviço, a penalidade de suspensão poderá ser convertida em multa, na base de 50% da remuneração diária por dia de suspensão, ficando o servidor obrigado a permanecer em serviço.

Art. 120 - A demissão será aplicada nos seguintes casos:

I - crime contra a administração pública;

II - abandono de cargo;

III - inassiduidade habitual;

IV - improbidade administrativa;

V - incontinência pública e conduta escandalosa, na repartição;

VI - insubordinação grave em serviço;

VII - ofensa física, em serviço, a servidor ou a particular, salvo em legítima defesa própria ou de outrem;

VIII - aplicação irregular de dinheiro público;

IX - revelação de segredo a que teve acesso em razão do cargo;

X - lesão ou dano ao patrimônio do Estado;

XI - corrupção ativa ou passiva;

XII - acumulação ilegal de remuneração;

XIII - transgressão dos incisos IV, VI, VII, VIII, IX, XI e XVII do artigo 107.

Art. 121 - Detectada, a qualquer tempo, a acumulação ilegal de remuneração e/ou de provento, a autoridade a que se refere o art. 131 notificará o servidor, para apresentar opção por uma das remunerações, no prazo improrrogável de 5 dias, contados da data da ciência, e, na hipótese de omissão, adotará procedimento sumário para apuração da irregularidade e aplicação das medidas cabíveis, observado o seguinte:

I - instauração, com a publicação do ato que constituir a comissão, a ser composta por 2 servidores estáveis, e simultaneamente indicar a autoria e a materialidade da transgressão objeto da apuração;

II - instrução sumária, que compreende indiciação, defesa e relatório;

III - julgamento

§1º - A identificação se dará pelo nome e matrícula do servidor, e caracterização da materialidade, pela indicação dos cargos, empregos ou funções públicas remunerados cumulativamente, dos órgãos ou entidades de vinculação, das datas de ingresso, do horário de trabalho, do correspondente regime jurídico e outros elementos, eventualmente disponíveis.

§2º - A comissão lavrará, até 3 dias após a publicação do ato que a constituiu, termo de indiciação em que serão transcritas as informações de que trata o parágrafo anterior, bem como promoverá a citação pessoal do servidor indiciado, para, no prazo de 5 dias, apresentar defesa escrita, assegurando-se lhe vista do processo na repartição, observando, no que couber, o disposto nos artigos 151 e 152.

§3º - Apresentada a defesa, a comissão elaborará relatório contendo:

I - resumo das principais peças;

II - opinião conclusiva sobre a legalidade ou não da situação objeto do procedimento;

III - indicação do dispositivo legal em que se funda a conclusão;

§4º - Com o relatório, os autos do processo serão encaminhados à autoridade instauradora, para julgamento.

§5º - No prazo de 5 dias, contados do recebimento do processo, a autoridade julgadora proferirá a sua decisão, aplicando-se, quando for o caso, o disposto no § 3º do artigo 155.

§6º - A opção pelo servidor até o último dia de prazo para defesa configurará sua boa-fé e implica, automaticamente, pedido de exoneração do outro cargo ou função.

§7º - Caracterizada a acumulação ilegal e provada a má-fé, aplicar-se-á a pena de demissão ou cassação de aposentadoria, conforme o caso, em relação aos cargos, empregos ou funções públicas em regime de acumulação ilegal de remuneração, assim considerado o cargo ou os cargos ocupados posteriormente à investidura inicial.

§8º - O prazo para conclusão do processo administrativo disciplinar submetido ao rito sumário não excederá 30 dias, contados da data de publicação do ato que constituir a comissão, admitida a sua prorrogação por até 15 dias, quando as circunstâncias o exigirem, a juízo da autoridade instauradora.

§9º - O procedimento sumário rege-se pelas disposições deste artigo, observando-se, no que lhe for aplicável, subsidiariamente, as disposições dos Títulos IV e V desta Lei.

Art. 122 - Será cassada a aposentadoria ou a disponibilidade do inativo que houver praticado, na atividade, falta punível com a demissão.

Art. 123 - A destituição de cargo em comissão exercido por não ocupante de cargo efetivo será aplicada nos casos de infração sujeita às penalidades de suspensão e de demissão.

Parágrafo único - Constatada a hipótese de que trata este artigo, a exoneração efetuada nos termos do artigo 33 será convertida em destituição de cargo em comissão.

Art. 124 - A demissão ou a destituição de cargo em comissão, nos casos dos incisos IV, VIII, X e XI do artigo 120, implica a indisponibilidade dos bens e o ressarcimento ao erário, na forma da lei, sem prejuízo da ação penal cabível.

Art. 125 - A demissão ou a destituição de cargo em comissão por infringência do artigo 120, inciso XIII, incompatibiliza o ex-servidor para nova investidura em cargo público, pelo prazo de 5 anos.

Parágrafo único - Não poderá retornar ao serviço público estadual o servidor que for demitido ou destituído do cargo em comissão por infringência do artigo 120, incisos I, IV, VIII, X e XI.

Art. 126 - Configura abandono de cargo a ausência não autorizada ou injustificada do servidor ao serviço por 30 dias consecutivos ou mais.

Art. 127 - Entende-se por inassiduidade habitual a falta ao serviço, sem causa justificada, por 60 dias ou mais, intercaladamente, durante o período de 12 meses consecutivos.

Art. 128 - Na apuração de abandono de cargo ou de inassiduidade habitual, também será adotado, no que couber, o procedimento sumário a que se refere o artigo 121, observando-se, para indicação da materialidade, o seguinte:

I - na hipótese de abandono de cargo, pela indicação precisa do período de ausência intencional do servidor ao serviço, 30 dias ou mais;

II - no caso de inassiduidade habitual, pela indicação dos dias de falta ao serviço, sem causa justificada, por período igual ou superior a 60 dias intercaladamente, durante o período de 12 meses consecutivos.

Art. 129 - As penalidades disciplinares serão aplicadas:

I - pela autoridade que nomeou, concedeu a aposentadoria ou pôs em disponibilidade, quando se tratar de demissão, destituição de cargo em comissão, cassação de aposentadoria ou de disponibilidade;

II - pelos Secretários de Estado e dirigentes máximos dos órgãos da Administração indireta quando se tratar de advertência ou suspensão;

III - pelo chefe da repartição e outras autoridades, na forma dos respectivos regimentos ou regulamentos, nos casos de advertência ou de suspensão de até 30 (trinta) dias.

Art. 130 - PRESCREVE a ação disciplinar:

I - 5 (cinco) anos, quanto às infrações puníveis com demissão, cassação de aposentadoria ou disponibilidade e destituição de cargo em comissão;

II - 2 (dois) anos, quanto à suspensão;

III - 180 (cento e oitenta) dias, quanto à advertência.

§1º – O prazo de prescrição começa a correr da data em que o fato se tornou conhecido.

§2º – Os prazos de prescrição previstos na lei penal aplicam-se às infrações disciplinares capituladas também como crime.

§3º – A abertura de sindicância ou a instauração de processo disciplinar interrompe a prescrição, até a decisão final proferida por autoridade competente.

§4º – Interrompido o curso da prescrição, o prazo começará a correr a partir do dia em que cessar a interrupção.

TÍTULO V
DO PROCESSO ADMINISTRATIVO DISCIPLINAR

Capítulo I
DISPOSIÇÕES GERAIS

Art. 131 – A autoridade que tiver ciência de irregularidade no serviço público é obrigada a promover a sua apuração imediata, mediante sindicância ou processo administrativo disciplinar, assegurada ampla defesa e o contraditório ao acusado.

Parágrafo único – A pedido da autoridade a que se refere o caput, a apuração poderá ser promovida por comissão de órgão ou entidade diversa daquela em que tenha ocorrido a irregularidade, mediante competência específica para tal finalidade, delegada, em caráter permanente ou temporário, pelo Governador, preservada a competência para o respectivo julgamento.

Art. 132 – As denúncias sobre irregularidades serão objeto de apuração, desde que formuladas por escrito, contendo a identificação e o endereço do denunciante.

Art. 133 – Da sindicância poderá resultar:

I – arquivamento do processo correspondente;

II – aplicação de penalidade de advertência ou de suspensão de até 30 dias;

III – instauração de processo disciplinar.

Parágrafo único – O prazo para conclusão da sindicância não excederá 30 dias, podendo ser prorrogado por igual período, a critério da autoridade que a determinou.

Art. 134 – Será obrigatoriamente instaurado processo administrativo disciplinar para apurar responsabilidade de servidor por ilícito sujeito à imposição de penalidade de suspensão por mais de 30 dias, de demissão, de cassação de aposentadoria ou disponibilidade e de destituição de cargo em comissão.

Capítulo II
DO AFASTAMENTO PREVENTIVO

Art. 135 – Como medida cautelar, a autoridade instauradora do processo disciplinar poderá, fundamentadamente, determinar o afastamento do servidor do exercício do cargo, pelo prazo de até 60 dias, sem prejuízo da remuneração, prorrogável uma só vez, por igual prazo, se não concluído o processo.

Capítulo III
DO PROCESSO DISCIPLINAR

Art. 136 – O processo disciplinar é o instrumento destinado a apurar responsabilidade de servidor por infração prevista nesta Lei.

Art. 137 – O processo disciplinar será conduzido por comissão composta de três servidores, dos quais, pelo menos, dois estáveis, designados pela autoridade competente, que indicará, dentre eles, o seu Presidente, devendo este ser ocupante de cargo equivalente ou superior ao do indiciado.

§1º – A comissão terá como secretário servidor designado pelo seu Presidente, podendo a indicação recair em um de seus membros.

§2º – Não poderão participar da comissão de sindicância ou de inquérito:

I – cônjuges ou companheiros, parentes, consanguíneos ou afins, em linha reta ou colateral, até o terceiro grau;

II – cônjuge ou companheiro, parente, consanguíneo ou afim, em linha reta ou colateral, até o terceiro grau do acusado.

Art. 138 – A Comissão exercerá suas atividades com independência e imparcialidade, assegurado o sigilo necessário à elucidação do fato ou exigido pelo interesse da Administração.

Parágrafo único – As reuniões e as audiências das comissões terão caráter reservado.

Art. 139 – O processo disciplinar se desenvolve nas seguintes fases:

I – instauração, com a publicação do ato que constituir a comissão;

II – inquérito administrativo, compreendendo instrução, ampla defesa e contraditório e relatório;

III – julgamento.

Art. 140 – O prazo para a conclusão do processo disciplinar não excederá 60 (sessenta) dias, contados da data de publicação do ato que constituir a comissão, admitida a sua prorrogação por igual período, quando as circunstâncias o exigirem.

§1º – Sempre que necessário, a comissão dedicará tempo integral aos seus trabalhos.

§2º – As reuniões e as deliberações da comissão serão registradas em atas.

Seção I
DO INQUÉRITO

Art. 141 – O inquérito administrativo obedecerá ao princípio do contraditório, assegurada ao acusado a ampla defesa e a utilização dos meios e dos recursos admitidos em direito.

Art. 142 – Os autos da sindicância integrarão o processo disciplinar, como peça informativa da instrução.

Parágrafo único – Se a sindicância concluir que a infração está capitulada como ilícito penal, a autoridade competente encaminhará cópia dos autos ao Ministério Público, independentemente da imediata instauração do processo disciplinar.

Art. 143 – Na fase do inquérito, a comissão promoverá tomada de depoimentos, acareações, investigações e diligências cabíveis, objetivando a coleta de prova, e recorrerá, quando necessário, a técnicos e a peritos, para completa elucidação dos fatos.

Art. 144 – É assegurado ao servidor o direito de acompanhar o processo pessoalmente ou por intermédio de procurador, arrolar e reinquirir testemunhas, produzir provas e contraprovas e formular quesitos, quando se tratar de prova pericial.

Parágrafo único – O Presidente da comissão poderá denegar, fundamentadamente, pedidos, inclusive de prova pericial, considerados impertinentes, meramente protelatórios ou de nenhum interesse para o esclarecimento dos fatos.

Art. 145 – As testemunhas serão intimadas a depor pelo Presidente da comissão, o qual anexará aos autos prova da intimação.

Parágrafo único – No caso de servidor público, sua intimação será, com a antecedência necessária, comunicada ao chefe da repartição onde servir, com indicação de dia, hora e local marcados para inquirição.

Art. 146 – O depoimento será prestado oralmente e reduzido a termo.

§1º – As testemunhas serão inquiridas separadamente, preservada a incomunicabilidade.

§2º – Na hipótese de depoimentos contraditórios ou que se infirmem, proceder-se-á à acareação entre os depoentes envolvidos.

Art. 147 – Concluída a inquirição das testemunhas, a comissão promoverá o interrogatório do acusado, observados os procedimentos previstos nos artigos 145 e 146.

§1º – No caso de mais de um acusado, cada um deles será ouvido separadamente, preservada a incomunicabilidade, e, sempre que divergirem, em suas declarações, sobre fatos ou circunstâncias, será promovida a acareação entre os divergentes.

§2º – O procurador do acusado poderá assistir ao interrogatório, bem como à inquirição das testemunhas, sendo-lhe vedado interferir nas perguntas e nas respostas, facultando-se lhe, porém, reperguntas e reinquirições, por intermédio do Presidente da comissão.

Art. 148 – Quando houver dúvida sobre a sanidade mental do acusado, a comissão proporá à autoridade competente que ele seja submetido a exame por junta médica oficial, da qual participe, pelo menos, um médico psiquiatra.

Parágrafo único – O incidente de sanidade mental será processado em autos apartados e apensos aos do processo principal, após a expedição do laudo pericial.

Art. 149 – Tipificada a infração disciplinar, será formulada a indiciação do servidor, com a especificação dos fatos a ele imputados e das respectivas provas.

§1º – O indiciado será citado por mandado expedido pelo Presidente da comissão para apresentar defesa escrita, no prazo de 10 dias, assegurando-se lhe vista dos autos do processo na repartição.

§2º – No caso de recusa do indiciado em apor o ciente na cópia da citação, o prazo para defesa contar-se-á da data declarada, em termo próprio, lavrado pelo servidor encarregado de fazê-la e assinado por 2 testemunhas.

§3º – Havendo mais de um indiciado, o prazo estabelecido no parágrafo anterior será comum.

§4º – O prazo de defesa poderá ser suspenso para execução de diligências reputadas indispensáveis, retomando-se sua contagem no término destas últimas.

§5º – O prazo para realização de diligências não poderá ultrapassar 30 dias.

Art. 150 – O indiciado que mudar de residência fica obrigado a comunicar à comissão o lugar onde poderá ser encontrado.

Art. 151 – Achando-se o indiciado em lugar incerto e não sabido, será citado por edital, publicado no Diário Oficial do Estado e em jornal de grande circulação no Estado, para apresentar defesa.

Parágrafo único – Na hipótese deste artigo, o prazo para defesa será de 10 dias a partir da última publicação do edital.

Art. 152 – Considerar-se-á revel o indiciado que, regularmente citado, não apresentar defesa no prazo legal.

Parágrafo único – A revelia será declarada por termo, nos autos do processo, e, em seguida, a autoridade instauradora deste designará defensor público indicado pelo Procurador Chefe da Defensoria Pública para, no prazo de 10 dias, apresentar defesa prévia.

Art. 153 – Apreciada a defesa, a comissão elaborará relatório minucioso, onde resumirá as peças principais dos autos e mencionará as provas em que se baseou para formar sua convicção.

§1º – O relatório será sempre conclusivo quanto à inocência ou à responsabilidade do servidor.

§2º – Reconhecida a responsabilidade do servidor, a comissão indicará o dispositivo legal ou regulamentar transgredido, bem como as circunstâncias agravantes ou atenuantes.

Art. 154. Os autos do processo disciplinar, com o relatório da comissão, serão remetidos à autoridade que determinou a instauração, para julgamento.

Seção II
DO JULGAMENTO

Art. 155 – No prazo de 30 dias, contados do recebimento dos autos do processo, a autoridade julgadora proferirá a sua decisão.

§1º – Se a penalidade a ser aplicada exceder a alçada da autoridade instauradora do processo, este será encaminhado à autoridade competente, que decidirá em igual prazo.

§2º – Havendo mais de um indiciado e diversidade de sanções, o julgamento caberá à autoridade competente para a imposição da pena mais grave.

§3º – Se a penalidade prevista for a demissão ou a cassação de aposentadoria ou disponibilidade, o julgamento caberá à autoridade de que trata o inciso I do artigo 129.

Art. 156 – O julgamento acatará o relatório da comissão, salvo quando for contrário às provas dos autos.

Parágrafo único – Quando a autoridade julgadora entender, motivadamente, que o relatório da comissão contraria a prova dos autos, poderá:

I – se houver sugestão de aplicação de pena, isentar o servidor de responsabilidade, atenuar a pena ou agravá-la;

II – se houver conclusão pela inocência do servidor, aplicar a este a pena considerada compatível com a natureza da infração cometida.

Art. 157 – Verificada a ocorrência de vício, a autoridade que determinou a instauração do processo ou outra de hierarquia superior:

I – se insanável, declarará a nulidade total e determinará, no mesmo ato, a instauração de novo processo, inclusive, se for o caso, por outra comissão;

II – se sanável, devolverá os autos à comissão para as providências cabíveis, observados os prazos aplicáveis de acordo com esta Lei.

§1º – O julgamento fora do prazo legal não implica nulidade do processo, respondendo, na forma desta Lei, pelo atraso, quem a este der causa.

§2º – A autoridade julgadora que der causa à prescrição de que trata o artigo 130 será responsabilizada na forma do Capítulo IV do Título IV.

Art. 158 – Extinta a punibilidade pela prescrição, a autoridade julgadora determinará o registro do fato nos assentamentos individuais do servidor.

Art. 159 – Quando a infração estiver capitulada como crime, os autos do processo disciplinar serão remetidos ao Ministério Público para instauração da ação penal, ficando traslado na repartição.

Art. 160 – O servidor que responder a processo disciplinar só poderá ser exonerado a pedido ou aposentado voluntariamente após a conclusão do processo e o cumprimento da penalidade, caso aplicada.

Parágrafo único – Ocorrida a exoneração de que trata o parágrafo único, inciso I, do artigo 32, o ato será convertido em demissão, se for o caso.

Art. 161 – Serão assegurados transporte e diárias:

I – ao servidor convocado para prestar depoimento fora da sede de sua repartição, na condição de testemunha, denunciado ou indiciado;

II – aos membros da comissão e ao secretário, quando obrigados a se deslocarem da sede dos trabalhos para a realização de missão essencial ao esclarecimento dos fatos.

Seção III
DA REVISÃO DO PROCESSO

Art. 162 – O processo disciplinar poderá ser revisto, até 5 anos contados da aplicação da penalidade, a pedido ou de ofício, se novos fatos ou circunstâncias puderem ensejar o reconhecimento da inocência ou a inadequação da penalidade aplicada.

§1º – Em caso de falecimento, de ausência ou de desaparecimento do servidor, qualquer pessoa da família poderá requerer a revisão do processo.

§2º – No caso de incapacidade mental do servidor, a revisão será requerida pelo respectivo curador.

§3º - Observado o prazo previsto no caput, a revisão de ofício será iniciada, motivadamente, no prazo de até 30 dias a partir do conhecimento dos fatos ou das circunstâncias referidos no caput.

Art. 163 - No processo revisional a pedido, o ônus da prova cabe ao requerente.

Art. 164 - A simples alegação de injustiça da penalidade não constitui fundamento para a revisão, que requer elementos novos, ainda não apreciados no processo originário.

Art. 165 - O requerimento de revisão do processo será dirigido à autoridade que aplicou a pena ou à imediatamente superior, e, no caso de deferimento, a revisão será processada no órgão onde tramitou o processo disciplinar, observado o artigo 137.

Art. 166 - A revisão correrá em apenso ao processo original.

Parágrafo único - Na inicial da revisão a pedido, o requerente pleiteará dia, hora e local para a produção de provas e inquirição das testemunhas que arrolar.

Art. 167 - A comissão revisora terá 60 dias para a conclusão dos trabalhos.

Art. 168 - Aplicam-se, no que couber, aos trabalhos da comissão revisora as normas e os procedimentos próprios da comissão do processo disciplinar.

Art. 169 - O julgamento caberá à autoridade que aplicou a penalidade, nos termos do artigo 129.

Parágrafo único - O prazo para eventuais diligências complementares e julgamento será de 20 dias, contados do recebimento dos autos do processo.

Art. 170 - Julgada procedente a revisão, será corrigida ou declarada sem efeito a penalidade aplicada, restabelecendo-se, no que couber, os direitos do servidor, exceto em relação à destituição de cargo em comissão, que será convertida em exoneração.

Parágrafo único - Da revisão do processo não poderá resultar agravamento de penalidade.

TÍTULO VI
DA PREVIDÊNCIA

Capítulo I
DISPOSIÇÕES GERAIS

Art. 171 - Aos titulares de cargos efetivos do Estado, incluídas as autarquias e as fundações, e aos estabilizados extraordinariamente no serviço público por força do disposto no art. 19 do ADCT da Constituição Federal, é assegurado Regime Próprio de Previdência Social, de caráter contributivo, mediante Lei Complementar Estadual, observado o disposto na Constituição Federal.

Art. 172 – A previdência social do servidor público do Estado da Paraíba atenderá: (redação dada pela Lei Complementar 161/2020)

I – quanto ao servidor:

a) – aposentadoria;

b) – licença para tratamento de saúde;

c) – salário-família;

d) – licença-maternidade.

II – quanto ao dependente:

a) – pensão por morte;

b) – auxílio-reclusão.

§ 1º O recebimento de benefícios havidos por fraude, dolo ou má-fé implicará devolução ao erário do total auferido, sem prejuízo da ação penal cabível. (redação dada pela Lei Complementar 161/2020)

§ 2º Por força do art. 9º, § 2º, da Emenda Constitucional nº 103, de 12 de novembro de 2019, exceto as prestações dispostas no artigo 172, incisos I, "a", e II, "a", desta Lei, os demais serão custeados à conta do Tesouro Estadual, no orçamento próprio do órgão de vinculação do segurado. (redação dada pela Lei Complementar 161/2020)

Capítulo II
DOS BENEFÍCIOS

Seção I
DA APOSENTADORIA

Art. 173. O servidor público estadual será aposentado de acordo com a idade mínima estabelecida pela Constituição Estadual, aplicando-se ainda as regras da Constituição Federal, no que couber, sendo que as regras de tempo de contribuição, cálculo de proventos de aposentadoria e demais requisitos serão disciplinados em lei de iniciativa do Poder Executivo. (redação dada pela Lei Complementar 161/2020)

Parágrafo único. O servidor titular de cargo efetivo que tenha completado as exigências para a aposentadoria voluntária e que opte por permanecer em atividade fará jus a um abono de permanência equivalente ao valor da sua contribuição previdenciária, até completar a idade para aposentadoria compulsória. (redação dada pela Lei Complementar 161/2020)

Seção II
DO SALÁRIO-FAMÍLIA

Art. 174 – O salário-família é devido ao servidor público de baixa renda, titular de cargo efetivo.

Parágrafo único – Para os efeitos desta Lei, compreende-se por servidor público de baixa renda aquele que se enquadra no limite de remuneração bruta previsto no art. 13, da Emenda Constitucional nº 20, de 15 de dezembro de 1998, com as modificações posteriores procedidas pelo regime geral de previdência social.

Art. 175 – O salário-família será devido ao servidor em função dos dependentes que lhe estejam afetos, compreendidos como tais filho menor de 14 (catorze) anos, pessoa da mesma idade a ele equiparado e, finalmente, inválido de qualquer idade, assim reconhecido pela perícia médica competente.

Art. 176 – O salário-família poderá ser requerido a qualquer tempo e será devido a partir da data de entrada do requerimento na repartição que tiver de processá-lo, devendo ser anexados ao pedido os seguintes documentos:

I – certidão de nascimento do filho ou tutela e, para o caso do inválido maior de 14 anos, laudo de invalidez da perícia médica do órgão previdenciário;

II – atestado de vacinação, para o menor de 7 anos;

III – comprovante de frequência à escola, a partir dos 7 anos.

§1° – Para a continuidade do pagamento do benefício o atestado de vacinação deve ser apresentado todo mês de maio, e o de frequência escolar nos meses de maio e de novembro de cada ano.

§2° – Não será devido o salário-família enquanto a respectiva concessão estiver pendente da apresentação dos documentos previstos neste artigo.

§3° – Quando o pedido de salário-família envolver inválido, será obrigatoriamente instruído por laudo da perícia médica competente.

§4º – Verificada, a qualquer tempo, a falsidade dos documentos apresentados para habilitação ao salário-família, será suspenso o seu pagamento e determinada a reposição ao Erário das importâncias indevidamente percebidas, em parcelas não excedentes a 10% da remuneração bruta do servidor, sem prejuízo da instauração do competente processo disciplinar.

Seção III
DA LICENÇA PARA TRATAMENTO DE SAÚDE

Art. 177 – Será concedida ao servidor a licença para tratamento de saúde, a pedido ou de ofício, com base em perícia médica, sem prejuízo da remuneração a que fizer jus.

Art. 178 - Para licença de até 05 (cinco) dias, o exame médico poderá ser feito por profissional da repartição onde o servidor for lotado, e, no caso de licença por período superior, o exame deverá ser procedido por junta médica oficial.

§1º - Sempre que necessário, o exame médico será realizado no local onde se encontre o servidor.

§2º - Inexistindo serviço médico oficial no local onde estiver o servidor, será aceito atestado fornecido por médico particular.

§3º - No caso do parágrafo anterior, o atestado somente produzirá efeitos depois de homologado pela Junta Médica Oficial.

§4º - O servidor que, durante o mesmo exercício, perfizer 30 dias de licença para tratamento de saúde, consecutivos ou não, somente poderá obter nova licença mediante prévia inspeção por perícia médica oficial.

Art. 179 - Findo o prazo da licença, o servidor será submetido a nova inspeção médica, que concluirá pela volta ao serviço, pela prorrogação da licença ou pela aposentadoria.

Art. 180 - O atestado e o laudo da junta médica não se referirão ao nome ou à natureza da doença, salvo quando se tratar de lesões produzidas por acidentes em serviço, doença profissional ou doença grave, contagiosa ou incurável, tuberculose ativa, alienação mental, esclerose múltipla, neoplasia maligna, cegueira posterior ao ingresso no serviço público, hanseníase, cardiopatia grave, doença de Parkinson, paralisia irreversível e incapacitante, espondiloartrose anquilosante, nefropatia grave, estados avançados do mal de Paget (osteíte deformante), Síndrome de Imunodeficiência Adquirida - AIDS e outras especificadas em lei.

Seção IV
DA LICENÇA-MATERNIDADE

Art. 181 - - Será concedida a licença à servidora gestante por 120 (cento e vinte) dias consecutivos, sem prejuízo da remuneração.

§1º - A licença poderá ter início no 1º dia do nono mês de gestação, salvo antecipação por prescrição médica.

§2º - No caso de nascimento prematuro, a licença terá início na data do parto.

§3º - Nos casos de natimorto e aborto, a servidora será submetida a exame médico, que determinará o prazo para seu retorno ao serviço ou recomendará a conversão do afastamento em licença para tratamento de saúde por prazo tecnicamente adequado, superior a 30 dias.

Art. 182 - Para amamentar o próprio filho, até a idade de 6 meses, a servidora lactante terá direito, durante a jornada de trabalho, a uma hora de descanso, que poderá ser parcelada em dois períodos de meia hora.

Art. 183 – À servidora que adotar ou obtiver tutela judicial de criança com até 1 (um) ano de idade, serão concedidos 90 (noventa) dias de licença remunerada.

Parágrafo único – No caso de adoção ou de tutela judicial de criança com mais de 1 (um) ano de idade, o prazo de que trata este artigo será de 30 (trinta) dias.

Seção V
DA PENSÃO

Art. 184 – Por morte do servidor, os dependentes fazem jus a uma pensão mensal nos termos do artigo 40 da Constituição Federal.

Seção VI
DO AUXÍLIO-RECLUSÃO

Art. 185 – É devido auxílio-reclusão à família do servidor ativo de baixa renda assim definido no parágrafo único do artigo 174, observado o seguinte:

I – dois terços da remuneração, enquanto durar a prisão, se esta tiver ocorrido em flagrante ou tiver sido decretada preventivamente por autoridade competente;

II – metade da remuneração, durante o afastamento, em virtude de condenação, por sentença definitiva, quando a pena não ensejar a perda do cargo.

§1º – No caso de absolvição, o servidor terá direito a receber a diferença entre a remuneração integral, se em exercício, e o valor do auxílio reclusão percebido pela família.

§2º – O direito ao auxílio-reclusão cessará a partir do dia imediato àquele em que o servidor for posto em liberdade, ainda que condicional.

Capítulo III
DO CUSTEIO

Art. 186 – O custeio das aposentadorias e pensões é de responsabilidade do Estado e de seus servidores nos termos definidos na Constituição Federal.

Art. 187 – Os benefícios não previstos no art. 172 desta Lei não poderão ser pagos com recursos previdenciários.

TÍTULO VII

Capítulo ÚNICO
DA ASSISTÊNCIA À SAÚDE

Art. 188 – A assistência à saúde do servidor será objeto de lei específica, vedada a utilização para este fim de recursos ou bens vinculados ao regime próprio de previdência social.

TÍTULO VIII

Capítulo ÚNICO
DAS DISPOSIÇÕES GERAIS

Art. 189 - Os prazos previstos nesta Lei serão contados em dias corridos, excluindo-se o dia do começo e incluindo-se o do vencimento, ficando prorrogado, para o primeiro dia útil seguinte, o prazo vencido em dia em que não haja expediente.

Art. 190 - Por motivo de crença religiosa ou de convicção filosófica ou política, o servidor não poderá ser privado de quaisquer dos seus direitos, sofrer discriminação em sua vida funcional nem se eximir do cumprimento de seus deveres.

TÍTULO IX

Capítulo ÚNICO
DAS DISPOSIÇÕES TRANSITÓRIAS E FINAIS

Art. 191 - Consoante dispõe o art. 46, §1º, desta Lei, nenhuma parcela percebida por exercício de função de direção, chefia ou assessoramento, cargo de provimento em comissão ou de Natureza Especial, após a vigência desta Lei, poderá ser incorporada à remuneração do Servidor Público Estadual. (Artigo 191 e seus parágrafos com redação dada pela LC 73/2007)

§1º - Os acréscimos incorporados ao vencimento dos servidores antes da vigência desta Lei continuarão a ser pagos pelos seus valores nominais a título de vantagem pessoal, sendo reajustados de acordo com o art. 37, inciso X, da Constituição Federal.

§2º - O acréscimo ao vencimento que estiver sendo percebido na data da vigência desta lei, a título de abono de permanência, será pago apenas até a concessão da aposentadoria do beneficiário.

§3º - Os servidores que receberam abono de permanência, extinto por esta Lei, em exercício igual ou superior a um ano, terão direito a incorporar o benefício ao provento de aposentadoria.

Art. 191-A Fica transformada em "Vantagem pessoal Nominalmente Identificada - VPNI" - toda importância paga em razão da incorporação de retribuição pelo exercício de função de direção, chefia ou assessoramento, cargo de provimento em comissão ou de Natureza Especial, exercido em qualquer dos Poderes, a que se refiram os arts. 154, 230 e 232, parágrafo único, da Lei Complementar nº 39, de 26 de dezembro de 1985, revogada pela Lei Complementar nº 58, de 30 de dezembro de 2003. (artigo 191-A acrescido pela Lei Complementar 73/2007)

Parágrafo único. A VPNI de que trata o caput deste artigo estará desatrelada e não mais vinculada, a partir da vigência desta Lei, aos valores atribuídos à parcela que originou a sua incorporação ao patrimônio financeiro do servidor, bem como suas posteriores correções e atualizações, somente sujeitando-se às revisões gerais de remuneração dos servidores públicos estaduais de que trata o inciso X do art. 37 da Constituição Federal. (artigo 191-A acrescido pela Lei Complementar 73/2007)

Art. 192 - As gratificações e o adicional de representação previstos no artigo 57, salvo alterações procedidas por esta Lei, serão pagos nos valores absolutos praticadas no momento de sua vigência e somente serão alteradas na forma do artigo 37, inciso X, observando-se o disposto do inciso XIII do mesmo artigo e no art. 169, § 1°, inciso I e II da Constituição Federal.

Art. 193 - A gratificação de que trata o artigo 64 permanecerá sendo paga de acordo com os critérios fixados em lei específica, observando o disposto no art. 46, § 1° desta Lei, e também o disposto no § 3°, do art. 40 da Constituição Federal.

Art. 194 - O auxílio-funeral é devido à família do servidor falecido na atividade ou aposentado, no valor R$ 1.500,00 (Hum mil e quinhentos reais), independente do valor percebido a título de remuneração ou provento.

Parágrafo único - O valor fixado no "caput" deste artigo será atualizado anualmente, de forma a preservar seu valor real, tendo por base a variação da Unidade Fiscal de Referência da Paraíba (UFR-PB) ou do indicador que vier a substitui-la.

Art. 195 - Esta Lei entra em vigor na data de sua publicação.

Art. 196 - Ficam revogadas a Lei Complementar nº 39, de 26 de dezembro de 1985, e todas as demais disposições em contrário.

DECRETO FEDERAL Nº 6.017, DE 17 DE JANEIRO DE 2007

- REGULAMENTA A LEI Nº 11.107, DE 6 DE ABRIL DE 2005, QUE DISPÕE SOBRE NORMAS GERAIS DE CONTRATAÇÃO DE CONSÓRCIOS PÚBLICOS.

ÍNDICE

O PRESIDENTE DA REPÚBLICA, no uso da atribuição que lhe confere o art. 84, inciso IV, da Constituição, e tendo em vista o disposto no art. 20 da Lei no 11.107, de 6 de abril de 2005,

DECRETA:

Capítulo I
DO OBJETO E DAS DEFINIÇÕES

Art. 1º Este Decreto estabelece normas para a execução da Lei no 11.107, de 6 de abril de 2005.

Art. 2º Para os fins deste Decreto, consideram-se:

I – consórcio público: pessoa jurídica formada exclusivamente por entes da Federação, na forma da Lei no 11.107, de 2005, para estabelecer relações de cooperação federativa, inclusive a realização de objetivos de interesse comum, constituída como associação pública, com personalidade jurídica de direito público e natureza autárquica, ou como pessoa jurídica de direito privado sem fins econômicos;

II – área de atuação do consórcio público: área correspondente à soma dos seguintes territórios, independentemente de figurar a União como consorciada:

a) dos Municípios, quando o consórcio público for constituído somente por Municípios ou por um Estado e Municípios com territórios nele contidos;

b) dos Estados ou dos Estados e do Distrito Federal, quando o consórcio público for, respectivamente, constituído por mais de um Estado ou por um ou mais Estados e o Distrito Federal; e

c) dos Municípios e do Distrito Federal, quando o consórcio for constituído pelo Distrito Federal e Municípios.

III – protocolo de intenções: contrato preliminar que, ratificado pelos entes da Federação interessados, converte-se em contrato de consórcio público;

IV – ratificação: aprovação pelo ente da Federação, mediante lei, do protocolo de intenções ou do ato de retirada do consórcio público;

V – reserva: ato pelo qual ente da Federação não ratifica, ou condiciona a ratificação, de determinado dispositivo de protocolo de intenções;

VI – retirada: saída de ente da Federação de consórcio público, por ato formal de sua vontade;

VII – contrato de rateio: contrato por meio do qual os entes consorciados comprometem-se a fornecer recursos financeiros para a realização das despesas do consórcio público;

VIII – convênio de cooperação entre entes federados: pacto firmado exclusivamente por entes da Federação, com o objetivo de autorizar a gestão associada de serviços públicos, desde que ratificado ou previamente disciplinado por lei editada por cada um deles;

IX – gestão associada de serviços públicos: exercício das atividades de planejamento, regulação ou fiscalização de serviços públicos por meio de consórcio público ou de convênio de cooperação entre entes federados, acompanhadas ou não da prestação de serviços públicos ou da transferência total ou parcial de encargos, serviços, pessoal e bens essenciais à continuidade dos serviços transferidos;

X – planejamento: as atividades atinentes à identificação, qualificação, quantificação, organização e orientação de todas as ações, públicas e privadas, por meio das quais um serviço público deve ser prestado ou colocado à disposição de forma adequada;

XI – regulação: todo e qualquer ato, normativo ou não, que discipline ou organize um determinado serviço público, incluindo suas características, padrões de qualidade, impacto socioambiental, direitos e obrigações dos usuários e dos responsáveis por sua oferta ou prestação e fixação e revisão do valor de tarifas e outros preços públicos;

XII – fiscalização: atividades de acompanhamento, monitoramento, controle ou avaliação, no sentido de garantir a utilização, efetiva ou potencial, do serviço público;

XIII – prestação de serviço público em regime de gestão associada: execução, por meio de cooperação federativa, de toda e qualquer atividade ou obra com o objetivo de permitir aos usuários o acesso a um serviço público com características e padrões de qualidade determinados pela regulação ou pelo contrato de programa, inclusive quando operada por transferência total ou parcial de encargos, serviços, pessoal e bens essenciais à continuidade dos serviços transferidos;

XIV – serviço público: atividade ou comodidade material fruível diretamente pelo usuário, que possa ser remunerado por meio de taxa ou preço público, inclusive tarifa;

XV – titular de serviço público: ente da Federação a quem compete prover o serviço público, especialmente por meio de planejamento, regulação, fiscalização e prestação direta ou indireta;

XVI – contrato de programa: instrumento pelo qual devem ser constituídas e reguladas as obrigações que um ente da Federação, inclusive sua administração indireta, tenha para com outro ente da Federação, ou para com consórcio público, no âmbito da prestação de serviços públicos por meio de cooperação federativa;

XVII – termo de parceria: instrumento passível de ser firmado entre consórcio público e entidades qualificadas como Organizações da Sociedade Civil de Interesse Público, destinado à formação de vínculo de cooperação entre as partes para o fomento e a execução de atividades de interesse público previstas no art. 3º da Lei no 9.790, de 23 de março de 1999; e

XVIII – contrato de gestão: instrumento firmado entre a administração pública e autarquia ou fundação qualificada como Agência Executiva, na forma do art. 51 da Lei no 9.649, de 27 de maio de 1998, por meio do qual se estabelecem objetivos, metas e respectivos indicadores de desempenho da entidade, bem como os recursos necessários e os critérios e instrumentos para a avaliação do seu cumprimento.

Parágrafo único. A área de atuação do consórcio público mencionada no inciso II do caput deste artigo refere-se exclusivamente aos territórios dos entes da Federação que tenham ratificado por lei o protocolo de intenções.

Capítulo II
DA CONSTITUIÇÃO DOS CONSÓRCIOS PÚBLICOS

Seção I
DOS OBJETIVOS

Art. 3º Observados os limites constitucionais e legais, os objetivos dos consórcios públicos serão determinados pelos entes que se consorciarem, admitindo-se, entre outros, os seguintes:

I – a gestão associada de serviços públicos;

II – a prestação de serviços, inclusive de assistência técnica, a execução de obras e o fornecimento de bens à administração direta ou indireta dos entes consorciados;

III – o compartilhamento ou o uso em comum de instrumentos e equipamentos, inclusive de gestão, de manutenção, de informática, de pessoal técnico e de procedimentos de licitação e de admissão de pessoal;

IV – a produção de informações ou de estudos técnicos;

V – a instituição e o funcionamento de escolas de governo ou de estabelecimentos congêneres;

VI – a promoção do uso racional dos recursos naturais e a proteção do meio-ambiente;

VII – o exercício de funções no sistema de gerenciamento de recursos hídricos que lhe tenham sido delegadas ou autorizadas;

VIII – o apoio e o fomento do intercâmbio de experiências e de informações entre os entes consorciados;

IX – a gestão e a proteção de patrimônio urbanístico, paisagístico ou turístico comum;

X – o planejamento, a gestão e a administração dos serviços e recursos da previdência social dos servidores de qualquer dos entes da Federação que integram o consórcio, vedado que os recursos arrecadados em um ente federativo sejam utilizados no pagamento de benefícios de segurados de outro ente, de forma a atender o disposto no art. 1º, inciso V, da Lei no 9.717, de 1998;

XI – o fornecimento de assistência técnica, extensão, treinamento, pesquisa e desenvolvimento urbano, rural e agrário;

XII – as ações e políticas de desenvolvimento urbano, socioeconômico local e regional; e

XIII – o exercício de competências pertencentes aos entes da Federação nos termos de autorização ou delegação.

§ 1º Os consórcios públicos poderão ter um ou mais objetivos e os entes consorciados poderão se consorciar em relação a todos ou apenas a parcela deles.

§ 2º Os consórcios públicos, ou entidade a ele vinculada, poderão desenvolver as ações e os serviços de saúde, obedecidos os princípios, diretrizes e normas que regulam o Sistema Único de Saúde – SUS.

Seção II
DO PROTOCOLO DE INTENÇÕES

Art. 4º A constituição de consórcio público dependerá da prévia celebração de protocolo de intenções subscrito pelos representantes legais dos entes da Federação interessados.

Art. 5º O protocolo de intenções, sob pena de nulidade, deverá conter, no mínimo, cláusulas que estabeleçam:

I - a denominação, as finalidades, o prazo de duração e a sede do consórcio público, admitindo-se a fixação de prazo indeterminado e a previsão de alteração da sede mediante decisão da Assembléia Geral;

II - a identificação de cada um dos entes da Federação que podem vir a integrar o consórcio público, podendo indicar prazo para que subscrevam o protocolo de intenções;

III - a indicação da área de atuação do consórcio público;

IV - a previsão de que o consórcio público é associação pública, com personalidade jurídica de direito público e natureza autárquica, ou pessoa jurídica de direito privado;

V - os critérios para, em assuntos de interesse comum, autorizar o consórcio público a representar os entes da Federação consorciados perante outras esferas de governo;

VI - as normas de convocação e funcionamento da assembléia geral, inclusive para a elaboração, aprovação e modificação dos estatutos do consórcio público;

VII - a previsão de que a assembléia geral é a instância máxima do consórcio público e o número de votos para as suas deliberações;

VIII - a forma de eleição e a duração do mandato do representante legal do consórcio público que, obrigatoriamente, deverá ser Chefe do Poder Executivo de ente da Federação consorciado;

IX - o número, as formas de provimento e a remuneração dos empregados do consórcio público;

X - os casos de contratação por tempo determinado para atender a necessidade temporária de excepcional interesse público;

XI - as condições para que o consórcio público celebre contrato de gestão, nos termos da Lei nº 9.649, de 1998, ou termo de parceria, na forma da Lei nº 9.790, de 1999;

XII - a autorização para a gestão associada de serviço público, explicitando:

a) competências cuja execução será transferida ao consórcio público;

b) os serviços públicos objeto da gestão associada e a área em que serão prestados;

c) a autorização para licitar e contratar concessão, permissão ou autorizar a prestação dos serviços;

d) as condições a que deve obedecer o contrato de programa, no caso de nele figurar como contratante o consórcio público; e

e) os critérios técnicos de cálculo do valor das tarifas e de outros preços públicos, bem como os critérios gerais a serem observados em seu reajuste ou revisão;

XIII – o direito de qualquer dos contratantes, quando adimplentes com as suas obrigações, de exigir o pleno cumprimento das cláusulas do contrato de consórcio público.

§ 1º O protocolo de intenções deve definir o número de votos que cada ente da Federação consorciado possui na assembléia geral, sendo assegurado a cada um ao menos um voto.

§ 2º Admitir-se-á, à exceção da assembléia geral:

I – a participação de representantes da sociedade civil nos órgãos colegiados do consórcio público;

II – que órgãos colegiados do consórcio público sejam compostos por representantes da sociedade civil ou por representantes apenas dos entes consorciados diretamente interessados nas matérias de competência de tais órgãos.

§ 3º Os consórcios públicos deverão obedecer ao princípio da publicidade, tornando públicas as decisões que digam respeito a terceiros e as de natureza orçamentária, financeira ou contratual, inclusive as que digam respeito à admissão de pessoal, bem como permitindo que qualquer do povo tenha acesso a suas reuniões e aos documentos que produzir, salvo, nos termos da lei, os considerados sigilosos por prévia e motivada decisão.

§ 4º O mandato do representante legal do consórcio público será fixado em um ou mais exercícios financeiros e cessará automaticamente no caso de o eleito não mais ocupar a Chefia do Poder Executivo do ente da Federação que representa na assembléia geral, hipótese em que será sucedido por quem preencha essa condição.

§ 5º Salvo previsão em contrário dos estatutos, o representante legal do consórcio público, nos seus impedimentos ou na vacância, será substituído ou sucedido por aquele que, nas mesmas hipóteses, o substituir ou o suceder na Chefia do Poder Executivo.

§ 6º É nula a cláusula do protocolo de intenções que preveja determinadas contribuições financeiras ou econômicas de ente da Federação ao consórcio público, salvo a doação, destinação ou cessão do uso de bens móveis ou imóveis e as transferências ou cessões de direitos operadas por força de gestão associada de serviços públicos.

§ 7º O protocolo de intenções deverá ser publicado na imprensa oficial.

§ 8º A publicação do protocolo de intenções poderá dar-se de forma resumida, desde que a publicação indique o local e o sítio da rede mundial de computadores – internet em que se poderá obter seu texto integral.

Seção III
DA CONTRATAÇÃO

Art. 6º O contrato de consórcio público será celebrado com a ratificação, mediante lei, do protocolo de intenções.

§ 1º A recusa ou demora na ratificação não poderá ser penalizada.

§ 2º A ratificação pode ser realizada com reserva que deverá ser clara e objetiva, preferencialmente vinculada à vigência de cláusula, parágrafo, inciso ou alínea do protocolo de intenções, ou que imponha condições para a vigência de qualquer desses dispositivos.

§ 3º Caso a lei mencionada no caput deste artigo preveja reservas, a admissão do ente no consórcio público dependerá da aprovação de cada uma das reservas pelos demais subscritores do protocolo de intenções ou, caso já constituído o consórcio público, pela assembléia geral.

§ 4º O contrato de consórcio público, caso assim esteja previsto no protocolo de intenções, poderá ser celebrado por apenas uma parcela dos seus signatários, sem prejuízo de que os demais venham a integrá-lo posteriormente.

§ 5º No caso previsto no § 4º deste artigo, a ratificação realizada após dois anos da primeira subscrição do protocolo de intenções dependerá da homologação dos demais subscritores ou, caso já constituído o consórcio, de decisão da assembléia geral.

§ 6º Dependerá de alteração do contrato de consórcio público o ingresso de ente da Federação não mencionado no protocolo de intenções como possível integrante do consórcio público.

§ 7º É dispensável a ratificação prevista no caput deste artigo para o ente da Federação que, antes de subscrever o protocolo de intenções, disciplinar por lei a sua participação no consórcio público, de forma a poder assumir todas as obrigações previstas no protocolo de intenções.

Seção IV
DA PERSONALIDADE JURÍDICA

Art. 7º O consórcio público adquirirá personalidade jurídica:

I – de direito público, mediante a vigência das leis de ratificação do protocolo de intenções; e

II – de direito privado, mediante o atendimento do previsto no inciso I e, ainda, dos requisitos previstos na legislação civil.

§ 1º Os consórcios públicos, ainda que revestidos de personalidade jurídica de direito privado, observarão as normas de direito público no que concerne à realização de licitação, celebração de contratos, admissão de pessoal e à prestação de contas.

§ 2º Caso todos os subscritores do protocolo de intenções encontrem-se na situação prevista no § 7º do art. 6º deste Decreto, o aperfeiçoamento do contrato de consórcio público e a aquisição da personalidade jurídica pela associação pública dependerão apenas da publicação do protocolo de intenções.

§ 3º Nas hipóteses de criação, fusão, incorporação ou desmembramento que atinjam entes consorciados ou subscritores de protocolo de intenções, os novos entes da Federação, salvo disposição em contrário do protocolo de intenções, serão automaticamente tidos como consorciados ou subscritores.

Seção V
DOS ESTATUTOS

Art. 8º O consórcio público será organizado por estatutos cujas disposições, sob pena de nulidade, deverão atender a todas as cláusulas do seu contrato constitutivo.

§ 1º Os estatutos serão aprovados pela assembléia geral.

§ 2º Com relação aos empregados públicos do consórcio público, os estatutos poderão dispor sobre o exercício do poder disciplinar e regulamentar, as atribuições administrativas, hierarquia, avaliação de eficiência, lotação, jornada de trabalho e denominação dos cargos.

§ 3º Os estatutos do consórcio público de direito público produzirão seus efeitos mediante publicação na imprensa oficial no âmbito de cada ente consorciado.

§ 4º A publicação dos estatutos poderá dar-se de forma resumida, desde que a publicação indique o local e o sítio da rede mundial de computadores – internet em que se poderá obter seu texto integral.

Capítulo III
DA GESTÃO DOS CONSÓRCIOS PÚBLICOS

Seção I
DISPOSIÇÕES GERAIS

Art. 9º Os entes da Federação consorciados respondem subsidiariamente pelas obrigações do consórcio público.

Parágrafo único. Os dirigentes do consórcio público responderão pessoalmente pelas obrigações por ele contraídas caso pratiquem atos em desconformidade com a lei, os estatutos ou decisão da assembléia geral.

Art. 10. Para cumprimento de suas finalidades, o consórcio público poderá:

I – firmar convênios, contratos, acordos de qualquer natureza, receber auxílios, contribuições e subvenções sociais ou econômicas;

II - ser contratado pela administração direta ou indireta dos entes da Federação consorciados, dispensada a licitação; e

III - caso constituído sob a forma de associação pública, ou mediante previsão em contrato de programa, promover desapropriações ou instituir servidões nos termos de declaração de utilidade ou necessidade pública, ou de interesse social.

Parágrafo único. A contratação de operação de crédito por parte do consórcio público se sujeita aos limites e condições próprios estabelecidos pelo Senado Federal, de acordo com o disposto no art. 52, inciso VII, da Constituição.

Seção II
DO REGIME CONTÁBIL E FINANCEIRO

Art. 11. A execução das receitas e das despesas do consórcio público deverá obedecer às normas de direito financeiro aplicáveis às entidades públicas.

Art. 12. O consórcio público está sujeito à fiscalização contábil, operacional e patrimonial pelo Tribunal de Contas competente para apreciar as contas do seu representante legal, inclusive quanto à legalidade, legitimidade e economicidade das despesas, atos, contratos e renúncia de receitas, sem prejuízo do controle externo a ser exercido em razão de cada um dos contratos que os entes da Federação consorciados vierem a celebrar com o consórcio público.

Seção III
DO CONTRATO DE RATEIO

Art. 13. Os entes consorciados somente entregarão recursos financeiros ao consórcio público mediante contrato de rateio.

§ 1º O contrato de rateio será formalizado em cada exercício financeiro, com observância da legislação orçamentária e financeira do ente consorciado contratante e depende da previsão de recursos orçamentários que suportem o pagamento das obrigações contratadas.

§ 2º Constitui ato de improbidade administrativa, nos termos do disposto no art. 10, inciso XV, da Lei no 8.429, de 2 de junho de 1992, celebrar contrato de rateio sem suficiente e prévia dotação orçamentária, ou sem observar as formalidades previstas em Lei.

§ 3º As cláusulas do contrato de rateio não poderão conter disposição tendente a afastar, ou dificultar a fiscalização exercida pelos órgãos de controle interno e externo ou pela sociedade civil de qualquer dos entes da Federação consorciados.

§ 4º Os entes consorciados, isolados ou em conjunto, bem como o consórcio público, são partes legítimas para exigir o cumprimento das obrigações previstas no contrato de rateio.

Art. 14. Havendo restrição na realização de despesas, de empenhos ou de movimentação financeira, ou qualquer outra derivada das normas de direito financeiro, o ente consorciado, mediante notificação escrita, deverá informá-la ao consórcio público, apontando as medidas que tomou para regularizar a situação, de modo a garantir a contribuição prevista no contrato de rateio.

Parágrafo único. A eventual impossibilidade de o ente consorciado cumprir obrigação orçamentária e financeira estabelecida em contrato de rateio obriga o consórcio público a adotar medidas para adaptar a execução orçamentária e financeira aos novos limites.

Art. 15. É vedada a aplicação dos recursos entregues por meio de contrato de rateio, inclusive os oriundos de transferências ou operações de crédito, para o atendimento de despesas classificadas como genéricas.

§ 1º Entende-se por despesa genérica aquela em que a execução orçamentária se faz com modalidade de aplicação indefinida.

§ 2º Não se considera como genérica as despesas de administração e planejamento, desde que previamente classificadas por meio de aplicação das normas de contabilidade pública.

Art. 16. O prazo de vigência do contrato de rateio não será superior ao de vigência das dotações que o suportam, com exceção dos que tenham por objeto exclusivamente projetos consistentes em programas e ações contemplados em plano plurianual.

Art. 17. Com o objetivo de permitir o atendimento dos dispositivos da Lei Complementar no 101, de 4 de maio de 2000, o consórcio público deve fornecer as informações financeiras necessárias para que sejam consolidadas, nas contas dos entes consorciados, todas as receitas e despesas realizadas, de forma a que possam ser contabilizadas nas contas de cada ente da Federação na conformidade dos elementos econômicos e das atividades ou projetos atendidos.

Seção IV
DA CONTRATAÇÃO DO CONSÓRCIO POR ENTE CONSORCIADO

Art. 18. O consórcio público poderá ser contratado por ente consorciado, ou por entidade que integra a administração indireta deste último, sendo dispensada a licitação nos termos do art. 2º, inciso III, da Lei no 11.107, de 2005.

Parágrafo único. O contrato previsto no caput, preferencialmente, deverá ser celebrado sempre quando o consórcio fornecer bens ou prestar serviços para um determinado ente consorciado, de forma a impedir que sejam eles custeados pelos demais.

Seção V
DAS LICITAÇÕES COMPARTILHADAS

Art. 19. Os consórcios públicos, se constituídos para tal fim, podem realizar licitação cujo edital preveja contratos a serem celebrados pela administração direta ou indireta dos entes da Federação consorciados, nos termos do § 1º do art. 112 da Lei no 8.666, de 21 de junho de 1993.

Seção VI
DA CONCESSÃO, PERMISSÃO OU AUTORIZAÇÃO DE SERVIÇOS PÚBLICOS OU DE USO DE BENS PÚBLICOS

Art. 20. Os consórcios públicos somente poderão outorgar concessão, permissão, autorização e contratar a prestação por meio de gestão associada de obras ou de serviços públicos mediante:

I - obediência à legislação de normas gerais em vigor; e

II - autorização prevista no contrato de consórcio público.

§ 1º A autorização mencionada no inciso II do caput deverá indicar o objeto da concessão, permissão ou autorização e as condições a que deverá atender, inclusive metas de desempenho e os critérios para a fixação de tarifas ou de outros preços públicos.

§ 2º Os consórcios públicos poderão emitir documentos de cobrança e exercer atividades de arrecadação de tarifas e outros preços públicos pela prestação de serviços ou pelo uso ou outorga de uso de bens públicos ou, no caso de específica autorização, serviços ou bens de ente da Federação consorciado.

Art. 21. O consórcio público somente mediante licitação contratará concessão, permissão ou autorizará a prestação de serviços públicos.

§ 1º O disposto neste artigo aplica-se a todos os ajustes de natureza contratual, independentemente de serem denominados como convênios, acordos ou termos de cooperação ou de parceria.

§ 2º O disposto neste artigo não se aplica ao contrato de programa, que poderá ser contratado com dispensa de licitação conforme o art. 24, inciso XXVI, da Lei no. 8.666, de 21 de junho de 1993.

Seção VII
DOS SERVIDORES

Art. 22. A criação de empregos públicos depende de previsão do contrato de consórcio público que lhe fixe a forma e os requisitos de provimento e a sua respectiva remuneração, inclusive quanto aos adicionais, gratificações, e quaisquer outras parcelas remuneratórias ou de caráter indenizatório.

Art. 23. Os entes da Federação consorciados, ou os com eles conveniados, poderão ceder-lhe servidores, na forma e condições da legislação de cada um.

§ 1º Os servidores cedidos permanecerão no seu regime originário, somente lhe sendo concedidos adicionais ou gratificações nos termos e valores previstos no contrato de consórcio público.

§ 2º O pagamento de adicionais ou gratificações na forma prevista no § 1º deste artigo não configura vínculo novo do servidor cedido, inclusive para a apuração de responsabilidade trabalhista ou previdenciária.

§ 3º Na hipótese de o ente da Federação consorciado assumir o ônus da cessão do servidor, tais pagamentos poderão ser contabilizados como créditos hábeis para operar compensação com obrigações previstas no contrato de rateio.

Capítulo IV
DA RETIRADA E DA EXCLUSÃO DE ENTE CONSORCIADO

Seção I
DISPOSIÇÃO GERAL

Art. 24. Nenhum ente da Federação poderá ser obrigado a se consorciar ou a permanecer consorciado.

Seção II
DO RECESSO

Art. 25. A retirada do ente da Federação do consórcio público dependerá de ato formal de seu representante na assembléia geral, na forma previamente disciplinada por lei.

§ 1º Os bens destinados ao consórcio público pelo consorciado que se retira somente serão revertidos ou retrocedidos no caso de expressa previsão do contrato de consórcio público ou do instrumento de transferência ou de alienação.

§ 2º A retirada não prejudicará as obrigações já constituídas entre o consorciado que se retira e o consórcio público.

§ 3º A retirada de um ente da Federação do consórcio público constituído por apenas dois entes implicará a extinção do consórcio.

Seção III
DA EXCLUSÃO

Art. 26. A exclusão de ente consorciado só é admissível havendo justa causa.

§ 1º Além das que sejam reconhecidas em procedimento específico, é justa causa a não inclusão, pelo ente consorciado, em sua lei orçamentária ou em créditos adicionais, de dotações suficientes para suportar as despesas que, nos termos do orçamento do consórcio público, prevê-se devam ser assumidas por meio de contrato de rateio.

§ 2º A exclusão prevista no § 1º deste artigo somente ocorrerá após prévia suspensão, período em que o ente consorciado poderá se reabilitar.

Art. 27. A exclusão de consorciado exige processo administrativo onde lhe seja assegurado o direito à ampla defesa e ao contraditório.

Art. 28. Mediante previsão do contrato de consórcio público, poderá ser dele excluído o ente que, sem autorização dos demais consorciados, subscrever protocolo de intenções para constituição de outro consórcio com finalidades, a juízo da maioria da assembléia geral, iguais, assemelhadas ou incompatíveis.

Capítulo V
DA ALTERAÇÃO E DA EXTINÇÃO DOS CONTRATOS DE CONSÓRCIO PÚBLICO

Art. 29. A alteração ou a extinção do contrato de consórcio público dependerá de instrumento aprovado pela assembléia geral, ratificado mediante lei por todos os entes consorciados.

§ 1º Em caso de extinção:

I – os bens, direitos, encargos e obrigações decorrentes da gestão associada de serviços públicos custeados por tarifas ou outra espécie de preço público serão atribuídos aos titulares dos respectivos serviços;

II – até que haja decisão que indique os responsáveis por cada obrigação, os entes consorciados responderão solidariamente pelas obrigações remanescentes, garantido o direito de regresso em face dos entes beneficiados ou dos que deram causa à obrigação.

§ 2º Com a extinção, o pessoal cedido ao consórcio público retornará aos seus órgãos de origem, e os empregados públicos terão automaticamente rescindidos os seus contratos de trabalho com o consórcio.

Capítulo VI
DO CONTRATO DE PROGRAMA

Seção I
DAS DISPOSIÇÕES PRELIMINARES

Art. 30. Deverão ser constituídas e reguladas por contrato de programa, como condição de sua validade, as obrigações contraídas por ente da Federação, inclusive entidades de sua administração indireta, que tenham por objeto a prestação de serviços por meio de gestão associada ou a transferência total ou parcial de encargos, serviços, pessoal ou de bens necessários à continuidade dos serviços transferidos.

§ 1º Para os fins deste artigo, considera-se prestação de serviço público por meio de gestão associada aquela em que um ente da Federação, ou entidade de sua administração indireta, coopere com outro ente da Federação ou com consórcio público, independentemente da denominação que venha a adotar, exceto quando a prestação se der por meio de contrato de concessão de serviços públicos celebrado após regular licitação.

§ 2º Constitui ato de improbidade administrativa, a partir de 7 de abril de 2005, celebrar contrato ou outro instrumento que tenha por objeto a prestação de serviços públicos por meio de cooperação federativa sem a celebração de contrato de programa, ou sem que sejam observadas outras formalidades previstas em lei, nos termos do disposto no art. 10, inciso XIV, da Lei no 8.429, de 1992.

§ 3º Excluem-se do previsto neste artigo as obrigações cujo descumprimento não acarrete qualquer ônus, inclusive financeiro, a ente da Federação ou a consórcio público.

Art. 31. Caso previsto no contrato de consórcio público ou em convênio de cooperação entre entes federados, admitir-se-á a celebração de contrato de programa de ente da Federação ou de consórcio público com autarquia, empresa pública ou sociedade de economia mista.

§ 1º Para fins do caput, a autarquia, empresa pública ou sociedade de economia mista deverá integrar a administração indireta de ente da Federação que, por meio de consórcio público ou de convênio de cooperação, autorizou a gestão associada de serviço público.

§ 2º O contrato celebrado na forma prevista no caput deste artigo será automaticamente extinto no caso de o contratado não mais integrar a administração indireta do ente da Federação que autorizou a gestão associada de serviços públicos por meio de consórcio público ou de convênio de cooperação.

§ 3º É lícito ao contratante, em caso de contrato de programa celebrado com sociedade de economia mista ou com empresa pública, receber participação societária com o poder especial de impedir a alienação da empresa, a fim de evitar que o contrato de programa seja extinto na conformidade do previsto no § 2º deste artigo.

§ 4º O convênio de cooperação não produzirá efeitos entre os entes da Federação cooperantes que não o tenham disciplinado por lei.

Seção II
DA DISPENSA DE LICITAÇÃO

Art. 32. O contrato de programa poderá ser celebrado por dispensa de licitação nos termos do art. 24, inciso XXVI, da Lei no 8.666, de 1993.

Parágrafo único. O termo de dispensa de licitação e a minuta de contrato de programa deverão ser previamente examinados e aprovados por assessoria jurídica da Administração.

Seção III
DAS CLÁUSULAS NECESSÁRIAS

Art. 33. Os contratos de programa deverão, no que couber, atender à legislação de concessões e permissões de serviços públicos e conter cláusulas que estabeleçam:

I – o objeto, a área e o prazo da gestão associada de serviços públicos, inclusive a operada por meio de transferência total ou parcial de encargos, serviços, pessoal e bens essenciais à continuidade dos serviços;

II – o modo, forma e condições de prestação dos serviços;

III – os critérios, indicadores, fórmulas e parâmetros definidores da qualidade dos serviços;

IV – o atendimento à legislação de regulação dos serviços objeto da gestão associada, especialmente no que se refere à fixação, revisão e reajuste das tarifas ou de outros preços públicos e, se necessário, as normas complementares a essa regulação;

V – procedimentos que garantam transparência da gestão econômica e financeira de cada serviço em relação a cada um de seus titulares, especialmente de apuração de quanto foi arrecadado e investido nos territórios de cada um deles, em relação a cada serviço sob regime de gestão associada de serviço público;

VI – os direitos, garantias e obrigações do titular e do prestador, inclusive os relacionados às previsíveis necessidades de futura alteração e expansão dos serviços e conseqüente modernização, aperfeiçoamento e ampliação dos equipamentos e instalações;

VII – os direitos e deveres dos usuários para obtenção e utilização dos serviços;

VIII – a forma de fiscalização das instalações, dos equipamentos, dos métodos e práticas de execução dos serviços, bem como a indicação dos órgãos competentes para exercê-las;

IX – as penalidades contratuais e administrativas a que se sujeita o prestador dos serviços, inclusive quando consórcio público, e sua forma de aplicação;

X – os casos de extinção;

XI – os bens reversíveis;

XII – os critérios para o cálculo e a forma de pagamento das indenizações devidas ao prestador dos serviços, inclusive quando consórcio público, especialmente do valor dos bens reversíveis que não foram amortizados por tarifas e outras receitas emergentes da prestação dos serviços;

XIII – a obrigatoriedade, forma e periodicidade da prestação de contas do consórcio público ou outro prestador dos serviços, no que se refere à prestação dos serviços por gestão associada de serviço público;

XIV – a periodicidade em que os serviços serão fiscalizados por comissão composta por representantes do titular do serviço, do contratado e dos usuários, de forma a cumprir o disposto no art. 30, parágrafo único, da Lei no 8.987, de 13 de fevereiro de 1995;

XV – a exigência de publicação periódica das demonstrações financeiras relativas à gestão associada, a qual deverá ser específica e segregada das demais demonstrações do consórcio público ou do prestador de serviços; e

XVI – o foro e o modo amigável de solução das controvérsias contratuais.

§ 1º No caso de transferência total ou parcial de encargos, serviços, pessoal e bens essenciais à continuidade dos serviços transferidos, o contrato de programa deverá conter também cláusulas que prevejam:

I – os encargos transferidos e a responsabilidade subsidiária do ente que os transferiu;

II – as penalidades no caso de inadimplência em relação aos encargos transferidos;

III – o momento de transferência dos serviços e os deveres relativos à sua continuidade;

IV – a indicação de quem arcará com o ônus e os passivos do pessoal transferido;

V – a identificação dos bens que terão apenas a sua gestão e administração transferidas e o preço dos que sejam efetivamente alienados ao prestador dos serviços ou ao consórcio público; e

VI – o procedimento para o levantamento, cadastro e avaliação dos bens reversíveis que vierem a ser amortizados mediante receitas de tarifas ou outras emergentes da prestação dos serviços.

§ 2º O não pagamento da indenização prevista no inciso XII do caput, inclusive quando houver controvérsia de seu valor, não impede o titular de retomar os serviços ou adotar outras medidas para garantir a continuidade da prestação adequada do serviço público.

§ 3º É nula a cláusula de contrato de programa que atribuir ao contratado o exercício dos poderes de planejamento, regulação e fiscalização dos serviços por ele próprio prestados.

Seção IV
DA VIGÊNCIA E DA EXTINÇÃO

Art. 34. O contrato de programa continuará vigente mesmo quando extinto o contrato de consórcio público ou o convênio de cooperação que autorizou a gestão associada de serviços públicos.

Art. 35. A extinção do contrato de programa não prejudicará as obrigações já constituídas e dependerá do prévio pagamento das indenizações eventualmente devidas.

Capítulo VII
DAS NORMAS APLICÁVEIS À UNIÃO

Art. 36. A União somente participará de consórcio público em que também façam parte todos os Estados em cujos territórios estejam situados os Municípios consorciados.

Art. 37. Os órgãos e entidades federais concedentes darão preferência às transferências voluntárias para Estados, Distrito Federal e Municípios cujas ações sejam desenvolvidas por intermédio de consórcios públicos.

Art. 38. Quando necessário para que sejam obtidas as escalas adequadas, a execução de programas federais de caráter local poderá ser delegada, no todo ou em parte, mediante convênio, aos consórcios públicos.

Parágrafo único. Os Estados e Municípios poderão executar, por meio de consórcio público, ações ou programas a que sejam beneficiados por meio de transferências voluntárias da União.

Art. 39. A partir de 1º de janeiro de 2008 a União somente celebrará convênios com consórcios públicos constituídos sob a forma de associação pública ou que para essa forma tenham se convertido.

§ 1º A celebração dos convênios de que trata o caput está condicionada à comprovação do cumprimento das exigências legais pelo consórcio público, conforme o disposto no parágrafo único do art. 14 da Lei nº 11.107, de 2005. (Redação dada pelo Decreto nº 10.243, de 2020)

§ 2º A comprovação do cumprimento das exigências legais para a celebração de convênios poderá ser feita por meio de extrato emitido no Serviço Auxiliar de Informações para Transferências Voluntárias - CAUC ou por outro meio que venha a ser estabelecido por ato do Secretário do Tesouro Nacional da Secretaria Especial de Fazenda do Ministério da Economia. (Redação dada pelo Decreto nº 10.243, de 2020)

Capítulo VIII
DAS DISPOSIÇÕES FINAIS E TRANSITÓRIAS

Art. 40. Para que a gestão financeira e orçamentária dos consórcios públicos se realize na conformidade dos pressupostos da responsabilidade fiscal, a Secretaria do Tesouro Nacional do Ministério da Fazenda:

I – disciplinará a realização de transferências voluntárias ou a celebração de convênios de natureza financeira ou similar entre a União e os demais Entes da Federação que envolvam ações desenvolvidas por consórcios públicos;

II – editará normas gerais de consolidação das contas dos consórcios públicos, incluindo:

a) critérios para que seu respectivo passivo seja distribuído aos entes consorciados;

b) regras de regularidade fiscal a serem observadas pelos consórcios públicos.

Art. 41. Os consórcios constituídos em desacordo com a Lei nº 11.107, de 2005, poderão ser transformados em consórcios públicos de direito público ou de direito privado, desde que atendidos os requisitos de celebração de protocolo de intenções e de sua ratificação por lei de cada ente da Federação consorciado.

Parágrafo único. Caso a transformação seja para consórcio público de direito público, a eficácia da alteração estatutária não dependerá de sua inscrição no registro civil das pessoas jurídicas.

Art. 42. Este Decreto entra em vigor na data de sua publicação.

Brasília, 17 de janeiro de 2007; 186º da Independência e 119º da República.

LEI COMPLEMENTAR ESTADUAL Nº 86, DE 02 DE DEZEMBRO DE 2008

- LEI ORGÂNICA DA PROCURADORIA GERAL DA PARAÍBA

ÍNDICE

TÍTULO I
DA CARACTERIZAÇÃO E DA COMPETÊNCIA DA PROCURADORIA GERAL DO ESTADO

Capítulo I
DA CARACTERIZAÇÃO

Art. 1º A Procuradoria Geral do Estado, órgão de natureza permanente e essencial à Justiça e à Administração Pública Estadual, é instituição de excelência na defesa dos interesses do Estado da Paraíba e no zelo e controle da coisa pública, exercendo, com exclusividade, a representação global do Estado em juízo, o assessoramento direto do Governador, a consultoria superior do Poder Executivo e o controle jurídico-administrativo dos órgãos e entidades da administração estadual.

Parágrafo único. A representação judicial dos órgãos integrantes do Poder Judiciário Estadual, do Tribunal de Contas do Estado, do Ministério Público Estadual e da Assembléia Legislativa incumbe, precipuamente, à Procuradoria Geral do Estado, ressalvadas as hipóteses de atuação de tais órgãos na defesa de seus direitos e prerrogativas institucionais.

Art. 2º São princípios institucionais da Procuradoria Geral do Estado:

I – a legalidade;

II – a moralidade;

III – a indisponibilidade do interesse público e coletivo;

IV – a unidade;

V – a indivisibilidade.

Capítulo II
DA COMPETÊNCIA

Art. 3º São funções institucionais da Procuradoria Geral do Estado, dentre outras:

I – patrocinar, com exclusividade, os interesses judiciais e extrajudiciais da Administração Pública Estadual;

II – exercer as atividades de assessoramento jurídico aos órgãos da Administração Pública Estadual, bem como o controle da legalidade e da moralidade dos atos administrativos;

III – representar a Fazenda Pública Estadual junto ao Tribunal de Contas do Estado;

IV – exercer a defesa dos interesses da Administração Estadual junto aos órgãos de fiscalização financeira e orçamentária, interna e externa;

V – representar, obrigatoriamente, o Estado da Paraíba perante os Conselhos Fiscais e Assembléias Gerais Ordinárias e Extraordinárias das entidades em que tenha participação societária;

VI – ter representação obrigatória perante o Conselho Fiscal da Secretaria de Estado da Receita;

VII – representar, obrigatoriamente o Estado da Paraíba perante os Conselhos Administrativos das entidades em que tenha participação societária;

VIII – representar o Governador do Estado nas ações diretas de constitucionalidade e de inconstitucionalidade de sua iniciativa;

IX – representar o Governador do Estado nas providências de ordem jurídica reclamadas pelo interesse público e coletivo e pela boa aplicação das leis;

X – propor ao Governador do Estado as medidas de caráter jurídico que visem a proteger os direitos reais e possessórios referentes ao patrimônio público estadual;

XI – ajuizar as medidas judiciais visando à proteção do meio ambiente e do patrimônio histórico, artístico-cultural, turístico e paisagístico do Estado;

XII – propor ao Governador do Estado a abertura de processo administrativo contra agentes públicos, nos casos de malversação de verbas do erário estadual ou quando da ocorrência de ato administrativo praticado com excesso de poder ou desvio de finalidade;

XIII – opinar sobre as matérias que lhe forem submetidas pelo Governador do Estado, Secretários de Estado e outros dirigentes máximos de órgãos e entidades da Administração estadual;

XIV – opinar, previamente, sobre a forma de cumprimento de decisões e precatórios judiciais;

XV – apurar a liquidez e certeza do crédito tributário, além de inscrever, controlar, cobrar e executar, com exclusividade, a dívida ativa do Estado;

XVI – executar as modificações, após prévio parecer, nos quadros societários das empresas portadoras de Inscrição Estadual;

XVII – coordenar, orientar e supervisionar, tecnicamente, as atividades da Assessoria Jurídica Estadual;

XVIII – promover a regularização dos títulos de propriedade do Estado, bem como oficiar em todos os processos de alienação, concessão, reconhecimento de domínio ou posse de terras públicas e outros imóveis estaduais;

XIX – celebrar contratos, acordos e convênios relacionados à qualificação funcional dos Procuradores do Estado e dos servidores da Procuradoria Geral do Estado;

XX – emitir parecer nos processos administrativos de competência dos Conselhos instituídos no âmbito da Administração Pública do Estado, quando solicitado pelo órgão;

XXI – quando expressamente autorizada pelo Governador, mediante ato específico, transigir, desistir, fazer acordo, firmar compromisso, confessar, receber e dar quitação, nas ações em que o Estado figure como parte;

XXII – coligir elementos de fato e de direito e preparar, em regime de urgência, as informações que devem ser prestadas em Mandado de Segurança em que figure como autoridade coatora o Governador do Estado;

XXIII – examinar os expedientes de natureza jurídica dos órgãos setoriais ou locais do sistema jurídico do Estado.

XXIV – praticar atos próprios de gestão, administrar os fundos vinculados à Procuradoria Geral do Estado, expedindo os competentes demonstrativos, adquirir bens e contratar serviços, efetuando a respectiva contabilização;

XXV – praticar atos e decidir sobre a situação funcional, administrativa e patrimonial do pessoal ativo de carreira e dos serviços auxiliares, organizados em quadro próprio;

XXVI – propor ao Poder Executivo a criação e a extinção de seus cargos e serviços auxiliares, bem como a fixação e o reajustamento da remuneração dos seus servidores;

XXVII – dispor sobre seus regimentos e regulamentos;

XXVIII – exercer, privativamente, as funções de assessoramento e consultoria jurídica do Governador do Estado;

XXIX – exercer outras competências definidas em lei e compatíveis com seus princípios institucionais;

§ 1º Os pronunciamentos da Procuradoria Geral do Estado, nos processos submetidos a seu exame e parecer, quando homologados pelo Procurador-Geral, esgotam a apreciação da matéria no âmbito do Poder Executivo Estadual, sendo vinculantes.

§ 2º Se a autoridade administrativa interessada discordar das conclusões expostas no parecer, caber-lhe-á suscitar o reexame da matéria ao Conselho Superior da Procuradoria Geral do Estado, no prazo de 10(dez) dias a contar da publicação oficial.

§ 3º Salvo exceções expressamente previstas em lei, o Procurador do Estado subscritor do parecer não estará sujeito à responsabilização em razão do conteúdo de sua manifestação técnico- jurídica, excetuando-se ainda os casos de dolo, erro grosseiro ou comprovada má-fé por parte do parecerista.

§ 4º A Procuradoria Geral do Estado deverá executar, no prazo máximo de 90 (noventa dias), as certidões de dívida ativa, os Acórdãos do Tribunal de Contas do Estado e demais títulos executivos, judiciais ou extrajudiciais, cuja cobrança situe-se no âmbito de sua esfera de competência.

§ 5º Caso os títulos apresentados não preencham os requisitos mínimos para a sua válida e efetiva execução, em face da ausência de informações que inviabilizem a propositura da competente ação, compete à Procuradoria Geral do Estado comunicar ao órgão de origem do título, a fim de possibilitar a correção da irregularidade, recomeçando a fluir o prazo previsto neste dispositivo a contar da cessação da lacuna.

§ 6º As autoridades administrativas do Estado da Paraíba que figurem como coatoras em ações de Mandado de Segurança deverão encaminhar à Procuradoria Geral do Estado, no prazo máximo de 10 (dez) dias, a contar do encaminhamento da respectiva peça informativa, cópia da petição inicial e das informações que porventura houverem prestado.

Art. 4º A consulta à Procuradoria Geral do Estado só poderá ser formulada pelo Governador do Estado, por Secretários de Estado ou pelo dirigente máximo de entidades da Administração Indireta, após manifestação opinativa das respectivas assessorias jurídicas.

Capítulo III
DA ESTRUTURA ORGANIZACIONAL

Art. 5º A estrutura da Procuradoria Geral do Estado é composta por:

I – Direção Superior, integrada por:

a) Conselho Superior da Procuradoria Geral do Estado;

b) Gabinete do Procurador Geral do Estado;

c) Gabinete do Procurador Geral Adjunto do Estado;

d) Corregedoria da Procuradoria Geral do Estado e sua Câmara de Ética e Disciplina;

II – Órgãos e Unidades das Áreas Instrumental, Finalística e de Assessoramento, dispostas em legislação específica.

Parágrafo único. A estrutura organizacional da Procuradoria Geral do Estado é composta pelos cargos de provimento em comissão constantes no Anexo I desta Lei Complementar.

Seção I
DO CONSELHO SUPERIOR DA PROCURADORIA GERAL DO ESTADO

Art. 6º O Conselho Superior da Procuradoria Geral do Estado, órgão técnico e normativo de deliberação superior, é constituído de 09 (nove) membros, sendo:

I – Membros Natos:

a) o Procurador Geral do Estado;

b) o Procurador Geral Adjunto do Estado;

c) o Procurador Corregedor;

d) o Presidente da Associação dos Procuradores do Estado da Paraíba ou de outra entidade de representação da categoria;

II – 03 (três) membros nomeados pelo Governador do Estado, para um mandato de 02 (dois) anos, dentre os representantes da carreira de Procurador do Estado, sendo, pelo menos, um Procurador do Estado SEJ-301;

III – 02 (dois) membros indicados pela Associação dos Procuradores do Estado ou de outra entidade de representação da categoria, nomeados pelo Governador do Estado para um mandato de 02 (dois) anos.

Parágrafo único. A cada membro a que se refere os incisos II e III deste artigo, corresponde um suplente, que substituirá o membro titular em suas faltas, ausências e impedimentos e complementará o mandato, em caso de vacância.

Art. 7º O Conselho Superior da Procuradoria Geral do Estado reunir-se-á, ordinariamente, uma vez a cada 02 (dois) meses e, extraordinariamente, sempre que convocado pelo Procurador Geral do Estado ou pela maioria absoluta de seus membros. (redação dada pela Lei Complementar 148/2018)

Parágrafo único. As decisões do Conselho Superior da Procuradoria Geral do Estado serão tomadas pela maioria de seus membros.

Art. 8º Compete ao Conselho Superior da Procuradoria Geral do Estado:

I – elaborar o Regulamento Geral da Procuradoria Geral do Estado, a ser aprovado mediante Decreto do Chefe do Poder Executivo;

II – expedir o seu Regimento Interno;

III – deliberar sobre normas de concurso para o regulamento de promoção dos integrantes da carreira de Procurador do Estado;

IV - organizar, anualmente, as listas de antiguidade e de merecimento dos Procuradores do Estado;

V - processar e julgar as reclamações e recursos em matéria de promoções e ingresso em carreira;

VI - deliberar sobre a oportunidade de realização dos concursos para ingresso na carreira de Procurador de Estado e decidir sobre as inscrições, programas e normas reguladoras;

VII - exercer o poder disciplinar relativamente aos membros da Procuradoria Geral do Estado, na forma Regimental;

VIII - conhecer as representações dos Procuradores do Estado, quando decorrentes do exercício de atribuições;

IX - exercitar outras competências estabelecidas no Regulamento Geral da Procuradoria Geral do Estado.

X - dar posse aos Procuradores de Estado nomeados em virtude da aprovação em Concurso Público;

XI - editar Resoluções e Portarias.

Seção II
DO PROCURADOR GERAL DO ESTADO

Art. 9º. A Procuradoria Geral do Estado será dirigida pelo Procurador Geral do Estado, nomeado em cargo de provimento em comissão, por Ato do Chefe do Poder Executivo, dentre advogados de notório saber jurídico e reputação ilibada, incumbindo-lhe:

I - orientar, coordenar e supervisionar as atividades da Instituição;

II - receber, pessoalmente, as citações iniciais, intimações e notificações referentes a quaisquer ações ou procedimentos judiciais contra o Estado ou àqueles em que este seja parte interessada, encaminhando-os para distribuição ou distribuindo-os diretamente aos Procuradores do Estado;

III - representar o Estado em juízo ou fora dele, nos casos em que entender conveniente;

IV - autorizar a não apresentação de recursos nos processos judiciais de interesse da Fazenda Pública Estadual;

V - transacionar, firmar acordo e termo de compromisso mediante delegação expressa do Governador;

VI – exarar despacho conclusivo sobre os pareceres e informações dos Procuradores do Estado nos processos que tramitem pela Procuradoria Geral do Estado, ordenando, quando for o caso, sua restituição ao órgão de origem;

VII – assistir o Governador do Estado no controle interno da legalidade dos atos da Administração;

VIII – propor ao Governador do Estado a declaração de nulidade ou revogação de atos administrativos, bem como o ajuizamento de procedimentos judiciais que visem à declaração judicial de inconstitucionalidade de leis ou atos normativos;

IX – propor ao Governador do Estado a abertura de processo administrativo disciplinar contra agentes públicos, nos casos de malversação de verbas do erário estadual, ou quando da ocorrência de ato administrativo praticado com excesso de poder ou desvio de finalidade;

X – editar os atos, inclusive os normativos, inerentes às suas atribuições;

XI – editar portarias, instruções normativas e atos ordinatórios relativas às matérias de interesse da Procuradoria Geral do Estado;

XII – representar o Governo do Estado nas Assembléias Gerais das Sociedades de Economia Mista, podendo delegar essas atribuições aos Procuradores do Estado;

XIII – remeter aos órgãos internos os processos ou consultas administrativas para elaboração de pareceres, assim como os expedientes para a propositura de ações ou a defesa judicial da Fazenda Pública Estadual;

XIV – requisitar processos, documentos, bem como solicitar informações e esclarecimentos aos Secretários de Estado ou a quaisquer autoridades da Administração Estadual;

XV – dispor sobre a lotação do pessoal da Procuradoria Geral do Estado;

XVI – conceder licenças, férias, direitos e vantagens, na forma da lei, aos servidores lotados na Procuradoria Geral do Estado;

XVII – determinar o registro dos elogios funcionais e aplicar as penalidades disciplinares objetos de deliberação do Conselho Superior da Procuradoria Geral do Estado, na forma prescrita nesta Lei Complementar;

XVIII – instaurar, de ofício ou por deliberação do Conselho Superior da Procuradoria Geral do Estado, processos disciplinares referentes às infrações cometidas por Procuradores do Estado e por servidores lotados na Procuradoria Geral do Estado;

XIX – designar os Procuradores do Estado para prestar assessoramento, em caráter complementar, junto às Secretarias de Estado ou a outros órgãos onde a

Procuradoria Geral do Estado tenha a representação, sempre que a conveniência do serviço ou o interesse da Administração Pública assim o exigirem;

XX – elaborar anualmente o relatório geral das atividades funcionais da Instituição, dando conhecimento ao Conselho Superior da Procuradoria Geral do Estado;

XXI – elaborar a proposta orçamentário-financeira da Procuradoria Geral do Estado;

XXII – convocar e presidir as reuniões ordinárias e extraordinárias do Conselho Superior da Procuradoria Geral do Estado, submetendo à sua deliberação os assuntos de maior complexidade e interesse institucional;

XXIII – cumprir e fazer cumprir as deliberações do Conselho Superior da Procuradoria Geral do Estado;

XXIV – presidir a comissão de concurso para ingresso na carreira de Procurador do Estado, podendo delegar tal atribuição a Procurador do Estado;

XXV – autorizar a seleção de estagiários;

XXVI – representar a Procuradoria Geral do Estado na celebração de convênios, contratos e acordos que visem à qualificação funcional dos Procuradores do Estado e dos servidores da Instituição;

XXVII – despachar diretamente com o Governador do Estado;

XXVIII – promover a uniformidade do entendimento das leis aplicáveis à Administração Estadual, prevenindo e dirimindo conflitos de interpretação entre seus órgãos, podendo emitir súmulas administrativas e pareceres normativos que terão natureza vinculante perante os órgãos e entidades da Administração Estadual;

XXIX – elaborar, em articulação com a unidade correspondente, a proposta orçamentária da PGE, autorizar as despesas e ordenar os empenhos;

XXX – desempenhar outras atribuições que lhe forem conferidas pelo Regulamento desta Lei Complementar, em outras leis ou por ato do Chefe do Poder Executivo.

§ 1º O Procurador Geral do Estado, em caráter excepcional, poderá delegar competência aos Procuradores do Estado, para exarar despacho conclusivo nos processos que lhes forem submetidos à análise, ordenando, quando for o caso, sua restituição ao órgão de origem.

§ 2º O Procurador Geral do Estado poderá, excepcionalmente e de forma fundamentada, avocar atos e processos que reputar imprescindíveis ao exercício do controle direto da legalidade pela Procuradoria Geral do Estado.

Seção III
DO PROCURADOR GERAL ADJUNTO DO ESTADO

Art. 10. O Procurador Geral Adjunto do Estado será nomeado em cargo de provimento em comissão, por Ato do Chefe do Poder Executivo, dentre os integrantes ativos do quadro da carreira de Procurador do Estado, incumbindo-lhe:

I – substituir, eventual e automaticamente, o Procurador Geral do Estado, em seus impedimentos, férias, licenças ou afastamentos temporários;

II – planejar, orientar, dirigir e controlar, em articulação com o Procurador Geral do Estado, as atividades dos Órgãos da estrutura organizacional da PGE;

III – exercer as demais atividades que lhe forem cometidas no Regimento Interno e as que lhe forem delegadas pelo Procurador Geral do Estado.

Seção IV
DA CORREGEDORIA E DA CÂMARA DE ÉTICA E DISCIPLINA

Art. 11. A Corregedoria Geral da Procuradoria Geral do Estado é órgão de ouvidoria, orientação, supervisão e inspeção permanente da conduta moral e ético-profissional e controle direto das atividades funcionais dos Procuradores do Estado e dos servidores lotados na Procuradoria Geral do Estado.

Art. 12. A Corregedoria da Procuradoria Geral do Estado será ocupada por membro da ativa do quadro da carreira de Procurador do Estado, nomeado pelo Governador do Estado, incumbindo-lhe:

I – ouvir, dos administrados e das autoridades públicas em geral, quaisquer reclamações sobre abusos, irregularidades ou ineficiências a respeito dos serviços prestados diretamente ao público pelos Procuradores do Estado e servidores da Procuradoria Geral do Estado;

II – avaliar diretamente o desempenho funcional e a forma de condução dos trabalhos dos Procuradores do Estado e dos servidores lotados na Procuradoria Geral do Estado;

III – analisar os relatórios mensais remetidos, adotando, de imediato, as providências que se fizerem necessárias;

IV – realizar visitas periódicas aos Conselhos administrativos do Estado, Juízos Federais e Estaduais onde tramitem feitos do interesse da Fazenda Pública Estadual, para fins de inspeção e correição das atividades desenvolvidas pela Procuradoria Geral do Estado;

V – examinar, permanentemente, o funcionamento da Procuradoria Geral do Estado e os órgãos jurídicos a ela vinculados, sugerindo o que for necessário à racionalização dos serviços;

VI – instaurar, de ofício, procedimentos administrativos de averiguação contra Procuradores do Estado e servidores da Procuradoria Geral do Estado;

VII – determinar, em ato ou provimento, a providência a ser tomada ou a corrigenda a ser feita;

VIII – comunicar ao Procurador-Geral do Estado os fatos relevantes apurados no exercício de sua competência;

IX – requisitar aos órgãos da Procuradoria Geral do Estado os documentos necessários à sua avaliação e correição;

X – ter integral acesso às dependências e aos documentos públicos dos órgãos da Procuradoria Geral do Estado;

XI – atuar no controle da disciplina devida e manter a fiscalização da assiduidade, da pontualidade e da eficiência dos trabalhos realizados, adotando ou sugerindo as medidas cabíveis;

XII – cumprir e fazer cumprir as deliberações do Conselho Superior da Procuradoria Geral do Estado, no âmbito de sua competência;

XIII – apresentar, a cada ano ou sempre que necessário, ao Conselho Superior da Procuradoria Geral do Estado, o relatório das atividades da Corregedoria-Geral, sugerindo as medidas e as providências que julgar necessárias;

XIV – acompanhar o estágio probatório do Procurador do Estado;

XV – fiscalizar as atividades dos Estagiários da Procuradoria Geral do Estado;

XVI – prestar informações e responder a requisições do Ministério Público e Magistratura;

XVII – desempenhar outras atribuições previstas no Regulamento Geral da Procuradoria Geral do Estado, aprovado por Decreto do Chefe do Executivo.

Art. 13. A Câmara de Ética e de Disciplina, órgão colegiado de assessoramento à Corregedoria-Geral da Procuradoria Geral do Estado, organizada e disciplinada em regimento próprio, presidida pelo Corregedor-Geral e composta por mais dois (02) Procuradores do Estado, efetivados e designados pelo Procurador-Geral do Estado, tem a função de instruir, recomendar providências e sugerir soluções para os processos administrativos de averiguação de conduta referentes às questões de ética no exercício da função pública e nas questões de disciplina que envolvam os integrantes da Procuradoria Geral do Estado, sugerindo à Corregedoria Geral do Estado a solução adequada.

§ 1º As resoluções da Câmara de Ética e de Disciplina somente serão dotadas de efeitos jurídicos após homologadas pelo Conselho Superior da Procuradoria Geral do Estado.

§ 2º O Procurador do Estado em estágio probatório não poderá integrar a Câmara de Ética e de Disciplina.

§ 3º A Câmara de Ética e de Disciplina promoverá as audiências e as diligências necessárias à formalização das conclusões a serem encaminhadas às autoridades competentes para decidir sobre tais procedimentos.

Seção V
DAS UNIDADES INTEGRANTES DAS ÁREAS INSTRUMENTAL, FINALÍSTICA E DE ASSESSORAMENTO

Art. 14. Integra a estrutura organizacional da Procuradoria Geral do Estado Unidades das Áreas Instrumental, Finalística e de Assessoramento, dirigidas e gerenciadas por servidores ocupantes de cargos de provimento em comissão, a serem dispostas em legislação específica.

TÍTULO II
DO ESTATUTO DOS PROCURADORES DO ESTADO

Capítulo I
DA CARREIRA DE PROCURADOR DO ESTADO

Seção I
DA ESTRUTURA DA CARREIRA E DAS ATRIBUIÇÕES DOS PROCURADORES DO ESTADO

Art. 15. A Carreira de Procurador do Estado fica estruturada funcionalmente em três classes, da seguinte forma:

I - Procurador do Estado de Classe Especial (SEJ-301) - 40 cargos; (redação dada pela Lei Complementar 148/2018)

II - Procurador do Estado SEJ-302 - 25 cargos;

III - Procurador do Estado SEJ-303 - 30 cargos.

Parágrafo único. Os quantitativos dos cargos a que se refere este artigo serão dispostos em legislação específica.

Art. 16. São atribuições do cargo de Procurador do Estado:

I - defender, judicial ou extrajudicialmente, os interesses do Estado da Paraíba;

II - realizar os trabalhos de assessoramento jurídico e de consultoria do interesse do Estado que lhe sejam submetidos;

III - participar de comissões, grupos de trabalho e órgãos colegiados;

IV – zelar pelos princípios e funções institucionais;

V – sugerir a declaração de nulidade de qualquer ato administrativo ou sua revogação;

VI – representar o Estado nas sociedades de economia mista, empresas públicas, agências de fomento ou reguladoras dos serviços públicos, quando designado pelo Procurador-Geral do Estado;

VII – requisitar às repartições e às autoridades administrativas do Estado os esclarecimentos indispensáveis ao desempenho de suas atribuições, e, quando se fizer necessário, propor ou solicitar a requisição de processos e de outros papéis ou documentos;

VIII – denunciar agentes públicos ao Governador e ao Ministério Público, propondo, inclusive, a abertura de processo administrativo e instauração de ação penal, nos casos de malversação de verbas do erário estadual ou quando da ocorrência de ato administrativo praticado com excesso de poder ou desvio de finalidade;

IX – exercer outras atividades inerentes à advocacia pública do Estado.

§ 1º O Procurador do Estado não poderá eximir-se ou recusar-se a praticar os atos necessários à defesa dos interesses do Estado, salvo em casos de impedimento declarado ou suspeição justificados.

§ 2º O Procurador do Estado não poderá transigir confessar, desistir ou acordar em juízo ou fora dele, salvo quando expressamente autorizado pelo Governador do Estado.

§ 3º É vedado ao Procurador de Estado advogar, assistir ou intervir, ainda que informalmente, nos processos judiciais ou administrativos que versem sobre matérias contrárias ou conflitantes com os interesses do Estado.

§ 4º Salvo nas hipóteses elencadas nesta Lei Complementar, ao Procurador do Estado é vedado recusar-se a receber processos, judiciais ou administrativos, que lhe sejam distribuídos por determinação ou delegação do Procurador Geral do Estado e do Procurador Geral Adjunto do Estado, sob pena de responsabilização funcional, nos termos desta Lei.

Art. 17. Nos casos em que entender incabíveis recursos ou medidas judiciais, o Procurador do Estado, logo no início do prazo para tal fim, deverá justificá-lo por escrito ao Procurador-Geral do Estado.

Seção II
DO CONCURSO PÚBLICO PARA INGRESSO NA CARREIRA

Art. 18. O ingresso na carreira de Procurador do Estado dar-se-á, exclusivamente, no cargo de Procurador do Estado SEJ-303, mediante aprovação prévia em concurso público de provas e títulos, organizado e realizado pela Procuradoria Geral do Estado, com a participação do representante da Ordem dos Advogados do Brasil.

§ 1º Verificada a existência das vagas, após a autorização do Governador do Estado, o Procurador-Geral do Estado convocará, no prazo de cinco dias, o Conselho Superior da Procuradoria-Geral do Estado para a elaboração do Regulamento do Concurso e respectivo edital.

§ 2º A consecução do concurso público de ingresso na carreira poderá ser transferida à Secretaria de Estado da Administração, mediante autorização do Conselho Superior da Procuradoria Geral do Estado, facultando-se, inclusive, a contratação de instituição especializada para a sua realização.

Art. 19. A Comissão Organizadora do Concurso Público elaborará o programa do concurso abrangendo as matérias compreendidas nas áreas de atuação da Procuradoria Geral do Estado.

Art. 20. A inscrição para o concurso ficará aberta durante trinta dias contínuos, com edital publicado no Diário Oficial do Estado, admitindo-se a prorrogação do prazo, a critério da Comissão Organizadora.

§ 1º A publicação do edital, no Diário Oficial do Estado, será feita integralmente ou por extrato e com antecedência mínima de cinco dias do início do prazo de inscrição.

§ 2º O edital, após a aprovação de ato pelo Conselho Superior da Procuradoria-Geral do Estado, mencionará os requisitos exigidos para a inscrição, as condições para o provimento do cargo, o programa de cada matéria, as modalidades de provas e a pontuação mínima exigida, os títulos suscetíveis de apresentação e os critérios de sua valoração, o dia e a hora do encerramento da inscrição, bem como outros esclarecimentos relativos ao concurso.

Art. 21. São requisitos para a inscrição no concurso de ingresso:

I - ser brasileiro;

II - ter concluído o curso de bacharelado em Direito, em Faculdade oficial ou reconhecida no país;

III - comprovar quitação ou isenção do serviço militar;

IV - estar em gozo dos direitos políticos e quite com as obrigações eleitorais;

V - possuir idoneidade moral e não registrar antecedentes criminais;

VI - gozar de higidez física e mental;

§ 1º A prova da inexistência de antecedentes criminais será feita mediante certificado de antecedentes criminais da Justiça e da Polícia dos Estados em que o candidato houver residido nos últimos cinco anos, podendo o Conselho Superior da Procuradoria-Geral do Estado realizar investigações sobre a conduta do candidato.

§ 2º O Conselho Superior da Procuradoria-Geral do Estado poderá autorizar a dispensa, no ato da inscrição, da prova de atendimento pelos candidatos dos requisitos exigidos nos incisos V e VI, determinando o momento adequado para sua apresentação.

Art. 22. O concurso será válido pelo prazo de dois anos, contado da data de homologação, permitida sua prorrogação por igual período mediante deliberação do Procurador-Geral do Estado, ouvido o Conselho Superior da Procuradoria Geral do Estado.

Seção III
DA POSSE E DO EXERCÍCIO

Art. 23. Para tomar posse, o Procurador do Estado deverá exibir à autoridade competente o título de sua nomeação, o laudo de sanidade física e mental, comprovado em inspeção pela Junta Médica Oficial do Estado, e a declaração de seus bens, prestando o compromisso em sessão solene do Conselho Superior da Procuradoria Geral do Estado.

Parágrafo único. No ato da posse, o Procurador do Estado prestará o seguinte compromisso: "Prometo, no exercício do cargo de Procurador do Estado, bem e fielmente, cumprir a Constituição Federal, a Constituição Estadual, a Lei Orgânica da Procuradoria Geral do Estado, o Estatuto dos Procuradores do Estado e as demais leis do meu país, conduzindo-me sob os preceitos da ética e da salvaguarda do interesse público e coletivo".

Art. 24. O Procurador do Estado tomará posse dentro de trinta dias da data da publicação do ato de nomeação, prorrogáveis por mais trinta, a pedido do interessado.

§ 1º É competente para receber o compromisso e dar posse aos Procuradores do Estado o Conselho Superior da Procuradoria Geral do Estado.

§ 2º A posse poderá efetuar-se mediante procuração, em casos especiais, a critério da autoridade competente.

§ 3º Para fins da posse prevista no cargo de Procurador do Estado, será assegurada a ordem de classificação final obtida no respectivo concurso.

Art. 25. O Procurador do Estado deverá entrar em exercício no prazo de quinze dias da conclusão do estágio de adaptação, prorrogável por igual tempo, havendo motivo de força maior, reconhecido pelo Procurador Geral do Estado.

Parágrafo único. Se o Procurador do Estado, no caso de nomeação, deixar de assumir, dentro do prazo, o exercício do cargo, será declarado sem efeito o respectivo ato de nomeação.

Seção IV
DO ESTÁGIO DE ADAPTAÇÃO

Art. 26. Os Procuradores do Estado SEJ-303, depois de empossados, participarão de estágio de adaptação, pelo período de trinta dias, destinado ao treinamento para as funções que irão desempenhar.

§ 1º No período do estágio de adaptação, o Procurador do Estado SEJ-303 prestará auxílio nas Procuradorias Especializadas, sob a orientação e supervisão do Procurador do Estado Chefe do órgão, sob a coordenação do Procurador Geral Adjunto do Estado.

§ 2º A programação do estágio poderá exigir como atividade complementar a participação do Procurador do Estado SEJ-303 em curso ou palestra de atualização e aperfeiçoamento funcional.

§ 3º Incumbirá ao Chefe da Procuradoria Especializada onde tiver estagiado o Procurador do Estado SEJ-303 encaminhar, no prazo de dez dias da conclusão do estágio, à Corregedoria-Geral relatório pormenorizado das atividades e do aproveitamento do estagiário.

Seção V
DO ESTÁGIO PROBATÓRIO

Art. 27. Nos três primeiros anos de exercício no cargo, o Procurador do Estado terá seu trabalho e sua conduta examinados pelos órgãos de Administração Superior da Procuradoria Geral do Estado, a fim de que venha a ser, ao término desse período, confirmado ou não na carreira.

Parágrafo único. Para esse exame, o Corregedor-Geral determinará, por meio de ato próprio, aos Procuradores do Estado em estágio probatório, que lhe remeta cópias de trabalhos jurídicos apresentados e de relatório e outras peças que possam influir na avaliação do desempenho funcional.

Art. 28. O Corregedor-Geral, no período compreendido entre os três últimos meses antes de decorrido o triênio, remeterá ao Conselho Superior da Procuradoria Geral do Estado relatório circunstanciado sobre a atuação pessoal e funcional dos Procuradores do Estado em estágio, concluindo, fundamentadamente, pela sua confirmação ou não, com base nos seguintes requisitos:

I – idoneidade moral;

II – disciplina;

III – dedicação ao trabalho;

IV – eficiência no desempenho das funções.

§ 1º Se a conclusão do relatório for desfavorável à confirmação, o Conselho Superior da Procuradoria-Geral do Estado ouvirá, no prazo de dez dias, o Procurador do Estado interessado, que exercerá o direito de ampla defesa, podendo requerer e assistir à sessão de julgamento.

§ 2º Esgotado o prazo, com a defesa ou sem ela, e produzidas as provas requeridas, o Conselho Superior da Procuradoria Geral do Estado, após sustentação oral facultada ao Procurador do Estado interessado, pelo prazo de trinta minutos, decidirá pelo voto de dois terços ou mais de seus membros, excluído da votação o Corregedor-Geral.

§ 3º O Procurador Geral do Estado comunicará, no prazo de cinco dias, ao Governador do Estado a decisão do Conselho Superior da Procuradoria Geral do Estado contrária à confirmação, para efeito de exoneração do Procurador do Estado.

Seção VI
DAS FORMAS DE PROVIMENTO DERIVADO

Art. 29. O provimento derivado das vagas verificadas na carreira dos Procuradores do Estado far-se-á mediante promoção, reintegração e aproveitamento.

Subseção I
DA PROMOÇÃO

Art. 30. A promoção do Procurador do Estado consiste em seu acesso à classe imediatamente superior àquela em que se encontra.

Art. 31. As promoções são processadas pelo Conselho Superior da Procuradoria-Geral do Estado, segundo os critérios alternativos de antiguidade e de merecimento, a começar pelo primeiro, reservando-se ao segundo, porém, dois terços das vagas existentes.

§ 1º O merecimento dos Procuradores do Estado para fins de promoção será apurado levando-se em consideração, especialmente, o período de exercício na carreira, e aferido com a prevalência de critérios objetivos, tendo-se em conta:

I – sua pontualidade e dedicação no cumprimento das obrigações funcionais e das instruções da Procuradoria Geral do Estado, aquilatadas pelos relatórios de suas atividades;

II – sua eficiência no desempenho das funções, verificadas por intermédio das referências dos Chefes dos órgãos da Procuradoria Geral do Estado nas inspeções permanentes;

III – sua presteza e segurança nas informações processuais;

IV – sua colaboração ao aperfeiçoamento dos trabalhos desenvolvidos pela Procuradoria Geral do Estado;

V - o aprimoramento de sua cultura jurídica, por meio da participação em cursos de pós-graduação e de aperfeiçoamento, publicação de livros, teses, estudos e artigos, de natureza jurídica, bem como a obtenção de prêmios relacionados com sua atividade funcional;

VI - as informações constantes nos relatórios relativos a visitas de inspeção e correição.

§ 2º A promoção pressupõe dois anos de efetivo exercício na classe de origem.

§ 3º Na aferição da antiguidade, será levado em conta o tempo de serviço em cada classe, contado da data da investidura no cargo.

Art. 32. O Conselho Superior da Procuradoria Geral do Estado, mediante resolução, baixará as instruções complementares quanto à aferição dos critérios explicitados no artigo anterior e estabelecerá a pontuação pertinente a cada um deles.

Art. 33. Nos processos referentes à promoção do Procurador do Estado, haverá parecer prévio do Corregedor-Geral, cujos feitos serão examinados e decididos pelo Conselho Superior da Procuradoria Geral do Estado, no prazo máximo de dez dias.

Art. 34. O Conselho Superior, no exame que fizer, além de considerar os dados fornecidos pelo Procurador do Estado, consultará a respectiva ficha funcional, mantida pela Corregedoria-Geral, da qual constará:

I - seus assentamentos individuais;

II - as ocorrências de sua vida funcional;

III - os relatórios mensais e documentos de apresentação obrigatória;

IV - as apreciações do Procurador Geral do Estado, do Corregedor-Geral e dos Chefes do órgão de lotação do Procurador do Estado sobre os relatórios e outros documentos funcionais;

V - os títulos que o Procurador do Estado julgou capazes de atestar seu mérito intelectual e cultura jurídica.

Art. 35. O Conselho Superior da Procuradoria Geral do Estado publicará resolução certificando a classificação dos Procuradores do Estado, na pontuação aferida, para fins de promoção por merecimento.

§ 1º Caberá pedido de reconsideração, dentro de 05 (cinco) dias, do Procurador do Estado que se sentir prejudicado quanto à aferição dos critérios utilizados.

§ 2º Não poderá constar da lista de promoção por merecimento o Procurador do Estado que estiver afastado do exercício do cargo na Procuradoria Geral do Estado ou gozando da licença prevista nesta Lei Complementar.

§ 3º Decididas as impugnações, o Conselho Superior da Procuradoria Geral do Estado publicará a relação dos promovidos.

Subseção II
DA REINTEGRAÇÃO

Art. 36. A reintegração é o retorno do Procurador do Estado estável ao cargo anteriormente ocupado ou ao cargo resultante da transformação deste último, em decorrência de decisão judicial ou de decisão administrativa resultante de revisão.

§ 1º Achando-se provido o cargo em que foi reintegrado o Procurador do Estado, o seu ocupante passará à disponibilidade remunerada, até posterior aproveitamento.

§ 2º O Procurador do Estado reintegrado será submetido à inspeção médica e, se considerado incapaz, será aposentado compulsoriamente, com as vantagens a que teria direito se efetivada a reintegração.

Subseção III
DO APROVEITAMENTO

Art. 37. O aproveitamento é o retorno do Procurador do Estado em disponibilidade ao exercício funcional.

§ 1º Ao retornar à atividade, será o Procurador do Estado submetido à inspeção médica e, se julgado incapaz, será aposentado compulsoriamente, com as vantagens a que teria direito, se efetivado o seu retorno.

§ 2º O Procurador do Estado em disponibilidade remunerada continuará sujeito as vedações constitucionais e será classificado em quadro especial, provendo-se a vaga que ocorrer.

§ 3º A disponibilidade, no caso previsto no § 1º, do art. 85, desta Lei Complementar, outorga ao Procurador do Estado o direito à percepção de subsídio e a contagem do tempo de serviço como se em exercício estivesse.

Seção VII
DA EXONERAÇÃO

Art. 38. A exoneração do Procurador do Estado dar-se-á:

I – a pedido;

II – de ofício.

Parágrafo único. Ao Procurador do Estado em estágio probatório sujeito a processo administrativo ou judicial, somente se concederá a exoneração a pedido depois de julgado o processo e cumprida a pena disciplinar eventualmente imposta.

Seção VIII
DAS GARANTIAS E PRERROGATIVAS DOS PROCURADORES DO ESTADO

Art. 39. Os Procuradores do Estado gozam das seguintes garantias:

I – a estabilidade, após o cumprimento do estágio probatório de três anos de exercício, não podendo perder o cargo, senão por processo administrativo disciplinar ou sentença judicial transitada em julgado;

II – a irredutibilidade de subsídio, na forma do disposto no art.37, inciso XV, da Constituição Federal.

Art. 40. Constituem prerrogativas dos Procuradores do Estado:

I – gozar de inviolabilidade pelas opiniões que externar ou pelo teor de suas manifestações processuais ou em procedimentos;

II – exercer os direitos relativos à liberdade sindical;

III – requisitar informações ou diligências a qualquer órgão público estadual;

IV – obter, sem despesa, a realização de buscas e o fornecimento de certidões dos cartórios ou de quaisquer outras repartições públicas estaduais;

V – ser custodiado ou recolhido à prisão domiciliar ou à sala especial de Estado Maior, por ordem e à disposição do Tribunal competente, quando sujeito a prisão antes do julgamento final;

VI – não ser preso senão por ordem judicial escrita, salvo em flagrante delito de crime inafiançável, caso em que a autoridade fará, no prazo máximo de vinte e quatro horas, a comunicação e a apresentação do Procurador do Estado ao Procurador Geral do Estado;

VII – ter assegurado o direito de acesso, retificação e complementação dos dados e informações relativos à sua pessoa, existentes no órgão da Instituição;

VIII – ser ouvido, como testemunha ou ofendido, em qualquer processo ou inquérito, em dia, hora e local previamente ajustados com o Juiz ou a autoridade competente.

Art. 41. Ao Procurador do Estado será fornecida carteira de identidade funcional, expedida pela Procuradoria Geral do Estado, para fins de uso no desempenho de suas atribuições, podendo requisitar das autoridades policiais, de trânsito, fiscais e sanitárias as providências que se fizerem necessárias ao cumprimento de suas atribuições.

Art. 42. As garantias e prerrogativas dos Procuradores do Estado são inerentes ao exercício de suas funções e são irrenunciáveis.

Seção IX
DOS DEVERES, VEDAÇÕES E IMPEDIMENTOS DOS PROCURADORES DO ESTADO

Subseção I
DOS DEVERES

Art. 43. São deveres dos Procuradores do Estado, além de outros previstos em lei:

I - manter ilibada a conduta pública e particular;

II - zelar pelo prestígio da Justiça e da Administração Pública, por suas prerrogativas e pela dignidade de suas funções;

III - indicar os fundamentos jurídicos de seus pronunciamentos processuais;

IV - obedecer aos prazos processuais, não excedendo, sem justo motivo, os prazos nos serviços a seu cargo;

V - velar pela regularidade e celeridade dos processos em que intervenha;

VI - assistir os atos judiciais, quando obrigatória ou conveniente a sua presença;

VII - guardar segredo sobre assunto de caráter reservado que conheça em razão do cargo ou função;

VIII - declarar-se impedido, nos termos da lei;

IX - adotar, nos limites de suas atribuições, as providências cabíveis em face de irregularidade de que tenha conhecimento ou que ocorra nos serviços a seu cargo;

X - prestar informação aos órgãos da Administração Superior da Procuradoria Geral do Estado, quando solicitada;

XI - manter atualizados os seus dados pessoais e curriculares junto à unidade competente da Procuradoria Geral do Estado, informando eventuais mudanças no seu endereço residencial;

XII - representar ao Procurador-Geral sobre irregularidades que afetem o bom desempenho de suas atribuições;

XIII - comparecer às reuniões dos órgãos colegiados da Instituição a que pertencer;

XIV - comparecer às reuniões dos órgãos de execução que componha;

XV - praticar os atos de ofício, cumprir e fazer cumprir as disposições legais, com independência, serenidade e exatidão;

XVI – identificar-se em suas manifestações funcionais;

XVII – acatar, no plano administrativo, as decisões dos órgãos de Administração Superior da Procuradoria Geral do Estado.

Subseção II
DAS VEDAÇÕES

Art. 44. Aos Procuradores do Estado, aplicam-se as seguintes vedações:

I – receber dos administrados, a qualquer título e sob qualquer pretexto, honorários ou outras vantagens;

II – acumular, ainda que em disponibilidade, qualquer outra função pública, salvo uma de magistério, na forma da Constituição Federal;

III – empregar, em suas manifestações processuais ou extrajudicialmente, mesmo que independente do exercício de suas funções, por qualquer meio de comunicação, expressão ou termo desrespeitoso à Procuradoria Geral do Estado, à Justiça, ao Ministério Público, aos advogados e às autoridades constituídas ou à Lei, ressalvada a crítica nos autos e em obras técnicas ou no exercício do magistério;

IV – manifestar-se, por qualquer meio de divulgação, sobre assunto pertinente às suas funções, salvo ordem ou autorização expressa do Procurador Geral do Estado;

V – contrariar súmula administrativa, parecer normativo ou orientação técnica adotada pelo Procurador Geral do Estado.

Subseção III
DOS IMPEDIMENTOS

Art. 45. É vedado ao Procurador do Estado exercer suas funções em processo judicial ou administrativo:

I – em que em seja parte;

II – em que haja atuado como advogado de qualquer das partes;

III – em que seja interessado parente consangüíneo ou afim, em linha reta ou colateral, inclusive até o terceiro grau, bem como cônjuge ou companheiro;

IV – nas hipóteses da legislação processual.

Art. 46. Os Procuradores do Estado devem dar-se por impedidos:

I – quando hajam proferido parecer favorável à pretensão deduzida em juízo pela parte adversa;

II – nas hipóteses da legislação processual.

Parágrafo único. Nas situações previstas neste artigo, cumpre seja dada ciência ao superior hierárquico imediato, em expediente reservado, dos motivos do impedimento, objetivando a designação de substituto.

Art. 47. Os Procuradores do Estado não podem participar de comissão ou banca de concurso, intervir no seu julgamento e participar na organização de lista para promoção, quando concorrer parente consangüíneo ou afim, em linha reta ou colateral, até o terceiro grau, bem como cônjuge ou companheiro.

Seção X
DA REMUNERAÇÃO, VANTAGENS E DIREITOS

Subseção I
DA REMUNERAÇÃO

Art. 48. A remuneração dos Procuradores do Estado é constituída por subsídio, fixado em parcela única, vedado o acréscimo de qualquer gratificação, adicional, abono, prêmio, verba de representação ou outra espécie remuneratória, não podendo ultrapassar, em nenhuma hipótese, o limite previsto no art. 37, inciso XI, da Constituição Federal, a ser fixada na forma do Anexo II desta Lei Complementar.

Parágrafo único. O subsídio dos integrantes da classe final da carreira de que trata esta Lei Complementar observará o disposto no art. 37, XI, da Constituição Federal.

Art. 49. Estão incorporadas ao subsídio de que trata o artigo anterior desta Lei e não são devidas a qualquer título as seguintes parcelas remuneratórias atualmente pagas aos ocupantes da carreira de Procurador de Estado:

I – Vencimento;

II – Adicionais por Tempo de Serviço;

III – Adicionais de Permanência;

IV – Adicionais de Representação;

V – Outros Acréscimos Pecuniários;

VI – V.Pes.Nomin.Ident-VPNI-LC73/07

VII – Antecipação de Aumento

VIII – Adicionais de Inatividade

IX – Produtividade do Fisco

X - Outros Acréscimos da Inatividade

XI - V.Incorp Lei Guerra 3360/65;

XII - Decisão Judicial

Art. 50. O subsídio não exclui o direito à percepção, nos termos da legislação e regulamentação específica, das seguintes espécies remuneratórias:

I - Ajuda de custo;

II - Diária;

III - Auxílio funeral;

VI - Gratificação natalina, de acordo com o art. 39, § 3º, da Constituição Federal;

V - Adicional de férias, de acordo com o art. 39, § 3º, da Constituição Federal.

Parágrafo único. O disposto no "caput" deste artigo aplica-se à retribuição pelo exercício de função de direção, chefia e assessoramento e às parcelas indenizatórias previstas em lei.

Art. 51. A remuneração por subsídio aplica-se aos Procuradores do Estado ativos e inativos, bem como aos pensionistas de Procurador do Estado, e não poderá implicar redução de remuneração, de proventos e de pensões.

Subseção II
DA AJUDA DE CUSTO

Art. 52. Ao Procurador do Estado removido de ofício para sede de exercício que importe em alteração do domicílio legal, será paga uma ajuda de custo correspondente a um mês de remuneração, para indenização das despesas de mudança, transporte e instalação na nova sede do exercício.

Parágrafo único. Não terá direito à ajuda de custo o Procurador do Estado com residência no lugar onde passar a exercer o cargo.

Subseção III
DAS DIÁRIAS

Art. 53. O Procurador do Estado que, a serviço, em caráter eventual ou transitório, afastar-se da sede do seu local de trabalho em que tenha exercício para outro ponto do território estadual ou nacional fará jus a passagens e a diárias para cobrir as despesas de hospedagem e de alimentação.

§ 1º A diária será concedida por dia de afastamento, sendo devida pela metade, quando o deslocamento não exigir pernoite fora da sede.

§ 2º Na hipótese de o Procurador do Estado retornar à sede em prazo menor do que o previsto para o seu afastamento, restituirá as diárias recebidas em excesso, no prazo de 02 (dois) dias.

§ 3º Nos casos em que o deslocamento da sede constituir exigência permanente do cargo, o Procurador do Estado não fará jus a diárias.

Subseção IV
DO AUXÍLIO-FUNERAL

Art. 54. Ao cônjuge sobrevivente ou ao companheiro e, em sua falta, aos herdeiros do Procurador do Estado falecido, ainda que aposentado ou em disponibilidade, será paga importância descrita na Lei Complementar nº 58, de 30 de dezembro de 2003, para atender às despesas de funeral e luto.

Parágrafo único. Na falta das pessoas enumeradas, quem houver custeado o funeral do Procurador do Estado será indenizado da despesa feita até o montante a que se refere este artigo.

Seção XI
DOS DIREITOS

Art. 55. Além da remuneração e das vantagens previstas nesta Lei Complementar, asseguram-se aos Procuradores do Estado os seguintes direitos:

I – férias;

II – licença e afastamento;

III – aposentadoria.

Parágrafo único. O Procurador do Estado de férias ou licenciado não poderá exercer qualquer de suas funções.

Subseção I
DAS FÉRIAS

Art. 56. Os Procuradores do Estado terão direito a férias anuais, por 60 (sessenta) dias, que serão concedidas pelo Procurador Geral do Estado, no prazo de até doze meses após o período aquisitivo.

§ 1º O direito a férias será adquirido após o primeiro ano de exercício.

§ 2º As férias não poderão ser fracionadas em períodos inferiores a 30 (trinta) dias e somente podem acumular-se por imperiosa necessidade do serviço pelo máximo de dois períodos.

Subseção II
DAS LICENÇAS

Art. 57. Os Procuradores do Estado terão direito às seguintes licenças:

I – para tratamento de saúde;

II – por acidente de serviço;

III – por motivo de doença em pessoa da família;

IV – à gestante;

V – paternidade;

VI – para casamento;

VII – para aperfeiçoamento jurídico;

VIII – para tratar de interesse particular;

IX – por luto, em virtude de falecimento de pessoa da família;

X – as demais licenças concedidas aos servidores públicos em geral.

§ 1º As licenças previstas neste artigo serão concedidas sem prejuízo da remuneração do cargo de Procurador do Estado, salvo disposição legal expressa em contrário.

§ 2º A licença concedida dentro de 60 (sessenta) dias do término de outra da mesma espécie será considerada como prorrogação.

§ 3º As licenças constantes neste artigo serão concedidas pelo Procurador-Geral do Estado, a requerimento do interessado ou de ofício, salvo àquelas concedidas ao Procurador Geral do Estado, que serão deferidas pelo Conselho Superior da Procuradoria Geral do Estado.

Art. 58. A licenca prevista no inciso I do art. 57 será deferida pelo Procurador Geral do Estado, após inspeção realizada pela Junta Médica do Estado.

Art. 59. A licença por acidente em serviço, concedida a pedido ou de ofício, observará as seguintes condições:

I – configura acidente em serviço o dano físico ou mental que se relacione, mediata ou imediatamente, com as funções exercidas;

II – equipara-se ao acidente em serviço o dano decorrente de agressão não provocada e sofrida no exercício funcional, bem como o dano sofrido em trânsito a ele pertinente;

III - deverá ser feita no prazo de 10 (dez) dias contados de sua ocorrência, prorrogável quando as circunstâncias o exigirem.

Art. 60. A licença prevista no inciso III do art. 57 será precedida de exame pela Junta Médica do Estado, considerando-se pessoas da família o cônjuge ou companheiro, o ascendente, o descendente, o colateral consangüíneo ou afim até o segundo grau civil, e respeitará, ainda, as seguintes condições:

I - somente será deferida, se a assistência direta do Procurador do Estado for indispensável e não puder ser dada simultaneamente com o exercício do cargo;

II - será concedida sem prejuízo da remuneração ou qualquer direito inerente ao cargo, salvo para contagem de tempo de serviço em estágio probatório, até 90 (noventa) dias, podendo ser prorrogada por igual prazo nas mesmas condições, hipótese em que será considerada como para tratar de interesses particulares.

Art. 61. A licença gestante, por 180 (cento e oitenta) dias, observará as seguintes condições:

I - poderá ter início no primeiro dia do nono mês de gestação, salvo antecipação por prescrição médica;

II - no caso de nascimento prematuro, a licença terá início a partir do parto;

III - no caso de natimorto, decorridos 30 (trinta) dias do evento, a mãe será submetida a exame médico e, julgada apta, reassumirá as funções;

IV - em caso de aborto atestado por médico oficial, a licença dar-se-á por 30 (trinta) dias, a partir da sua ocorrência.

Parágrafo único. Na adoção ou na obtenção de guarda judicial de criança de até 1 (um) ano de idade, o prazo da licença da adotante ou detentora da guarda será de 120 (cento e vinte) dias; de criança de 1 (um) até 4 (quatro) anos de idade, a licença será de 60 (sessenta) dias e, no caso de criança de 4 (quatro) até 8 (oito) anos de idade, a licença será de 30 (trinta) dias.

Art. 62. A licença prevista no inciso V do artigo 57 será concedida, a requerimento do interessado, pelo nascimento ou a adoção de filho, ao pai ou adotante, até 5 (cinco) dias úteis.

Art. 63. A licença para casamento será concedida pelo prazo de 8 (oito) dias, findos os quais deverá haver comprovação da celebração do matrimônio, sob pena de desconto em folha dos dias licenciados e sem prejuízo das penalidades disciplinares cabíveis.

Art. 64. A licença prevista no inciso VII do artigo 57 será deferida ao Procurador do Estado, pelo prazo máximo de 8 (oito) dias, para freqüentar palestras, seminários e cursos de curta duração, nas áreas afetas às atribuições do seu cargo, a critério do Procurador Geral do Estado, condicionada à prévia comprovação do pagamento da respectiva inscrição.

Art. 65. A licença prevista no inciso VIII do artigo 57 pode ser concedida ao Procurador do Estado estável, pelo prazo de até 2 (dois) anos consecutivos, sem remuneração, observadas as seguintes condições:

I – poderá ser interrompida, a qualquer tempo, a pedido do interessado;

II – não será concedida nova licença antes de decorridos 2 (dois) anos do término da anterior.

Art. 66. A licença prevista no inciso IX do artigo 57 desta Lei Complementar será deferida pelo prazo de 08 (oito) dias, contado da data do óbito, em virtude de falecimento de parente em linha reta, afim ou colateral até o segundo grau do Procurador do Estado.

Subseção III
DO AFASTAMENTO E DO TEMPO DE SERVIÇO

Art. 67. São considerados como de efetivo exercício para todos os efeitos legais, exceto para estabilidade, os dias em que o Procurador do Estado estiver afastado de suas funções em razão:

I – das licenças previstas na Subseção anterior;

II – de férias;

III – de cursos ou seminários de aperfeiçoamento e estudos, no país ou no exterior, de duração máxima de dois anos e mediante prévia autorização do Conselho Superior da Procuradoria Geral do Estado;

IV – de período de trânsito;

V – de disponibilidade remunerada, exceto para promoção;

VI – de desempenho de função eletiva ou para concorrer à respectiva eleição;

VII – de cessão a órgão público;

VIII – de convocação para serviço militar ou outros serviços por lei obrigatórios;

IX – de outras hipóteses definidas em lei.

Art. 68. A apuração do tempo de serviço será feita em dias.

Art. 69. É vedada a acumulação de tempo concorrente ou simultaneamente prestado ao serviço público.

Subseção IV
DA APOSENTADORIA E DA PENSÃO

Art. 70. O Procurador do Estado será aposentado em consonância com as normas previstas na Constituição Federal e na legislação previdenciária infraconstitucional reguladora dessas normas.

Art. 71. Os proventos da aposentadoria concedidos sob a garantia da paridade salarial, que corresponderão à totalidade da remuneração percebida no serviço ativo, serão revistas na mesma proporção e na mesma data, sempre que se modificar a remuneração dos Procuradores do Estado em atividade, quando da revisão geral anual, estendendo-se aos inativos quaisquer benefícios ou vantagens posteriormente concedidas àqueles, inclusive quando decorrente de transformação ou reclassificação do cargo ou função em que se deu a aposentadoria.

Parágrafo único. Os proventos dos Procuradores do Estado aposentados serão pagos na mesma ocasião em que o forem a remuneração dos Procuradores do Estado em atividade.

Art. 72. A pensão por morte, igual à totalidade da remuneração ou dos proventos percebidos pelos Procuradores do Estado em atividade ou inatividade, será reajustada na mesma data e em proporção daqueles, observado o disposto no § 7º do art. 40 da Constituição Federal.

Parágrafo único. A pensão obrigatória não impedirá a percepção de benefícios decorrentes de contribuição voluntária para qualquer entidade de previdência.

Art. 73. Para os fins desta Subseção, equipara-se à esposa a companheira, nos termos da lei.

TÍTULO II
DO REGIME DISCIPLINAR

Capítulo I
DAS DISPOSIÇÕES GERAIS

Seção I
DAS CORREIÇÕES

Art. 74. A atividade funcional dos Procuradores do Estado está sujeita a:

I – inspeção permanente;

II – visita de inspeção;

III – correição ordinária;

IV – correição extraordinária.

Parágrafo único. Qualquer pessoa poderá reclamar ao Corregedor-Geral da Procuradoria Geral do Estado sobre os abusos, erros ou omissões de Procuradores do Estado sujeitos à correição.

Art. 75. A inspeção permanente será procedida pelos Procuradores-Chefes dos órgãos da Procuradoria Geral do Estado onde os Procuradores do Estado estejam lotados.

Parágrafo único. O Corregedor-Geral, de ofício ou à vista das informações enviadas pelos Procuradores-Chefes, fará aos Procuradores do Estado oralmente ou por escrito, em caráter reservado, as recomendações ou observações que julgar cabíveis, dando-lhes ciência dos elogios.

Art. 76. A correição ordinária será efetuada anualmente pelo Corregedor-Geral, para verificar a regularidade do serviço, a eficiência e a pontualidade com o cumprimento das obrigações legais e das determinações da Procuradoria-Geral do Estado e da Corregedoria-Geral.

Art. 77. A correição extraordinária será realizada pelo Corregedor-Geral, de ofício, por determinação do Procurador Geral do Estado ou pelo Conselho Superior da Procuradoria Geral do Estado.

§ 1º Concluída a correição, o Corregedor-Geral apresentará ao Procurador Geral do Estado e ao órgão que houver determinado relatório circunstanciado, mencionando os fatos observados, as providências adotadas e propondo as medidas de caráter disciplinar ou administrativo que excedam suas atribuições, bem como informando sobre os aspectos da conduta social, intelectual e funcional dos Procuradores do Estado.

§ 2º Com base nas observações feitas nas correições, o Corregedor-Geral poderá baixar instruções aos Procuradores do Estado.

Art. 78. Sempre que, em correição ou visita de inspeção, verificar a violação dos deveres impostos aos Procuradores do Estado, o órgão de correição tomará notas reservadas do que coligir no exame dos autos, livros e papéis e das informações que obtiver.

Parágrafo único. Quando, no curso da investigação ou mediante acusação documentada, o órgão de correição verificar possível infração disciplinar, comunicará imediatamente ao Corregedor-Geral, para o fim de instauração de sindicância.

Seção II
DAS FALTAS E DAS PENALIDADES

Art. 79. Os Procuradores do Estado são passíveis das seguintes penalidades disciplinares:

I – advertência;

II - censura;

III - suspensão de até 90 (noventa) dias;

IV - demissão;

V - cassação de disponibilidade remunerada ou aposentadoria.

Art. 80. A pena de advertência será aplicada reservadamente, por escrito, nos seguintes casos:

I - negligência no exercício de suas funções;

II - desobediência às determinações e às instruções dos órgãos da Direção Superior da Procuradoria Geral do Estado;

III - prática de ato reprovável.

Art. 81. A penalidade de censura será aplicada reservadamente, por escrito, no caso de reincidência em falta já punida com advertência.

Art. 82. A penalidade de suspensão será aplicada no caso de violação das proibições estabelecidas ao Procurador do Estado na Constituição Federal, na Constituição do Estado e nesta Lei Complementar.

Art. 83. A penalidade de demissão, enquanto não decorrido o estágio probatório, será aplicada nos casos de:

I - falta grave;

II - abandono de cargo;

III - conduta incompatível com o exercício do cargo;

IV - lesão aos cofres públicos, dilapidação do patrimônio público ou de bens confiados à sua guarda;

V - sentença condenatória, com trânsito em julgado, pela prática de crime contra o patrimônio, os costumes, a Administração e a fé pública, a posse e o tráfico de entorpecentes e de abuso de autoridade, quando a pena aplicada for igual ou superior a dois anos.

§ 1º Considera-se abandono de cargo a ausência do Procurador do Estado ao exercício de suas funções, sem causa justificada, por mais de 30 (trinta) dias consecutivos.

§ 2º Equiparam-se ao abandono de cargo as faltas injustificadas por mais de 60 (sessenta) dias intercalados, no período de 12 (doze) meses.

§ 3º Considera-se conduta incompatível com o exercício do cargo a prática habitual de ato de incontinência pública e escandalosa.

§ 4º Considera-se, ainda, conduta incompatível com o exercício do cargo a reiteração de atos que violem proibição expressamente imposta por este Estatuto, quando já punidos, mais de uma vez, com a penalidade de suspensão.

Art. 84. Aplica-se a pena de cassação de aposentadoria ao Procurador do Estado inativo que houver praticado, quando em atividade ou em disponibilidade, falta sujeita à penalidade de demissão.

Art. 85. Na aplicação das penalidades disciplinares, considerar-se-ão a natureza e a gravidade da infração, os danos que dela provierem para o serviço e os antecedentes do infrator.

Parágrafo único. Compete ao Procurador Geral do Estado aplicar as penalidades previstas nos incisos I, II e III do artigo 83, e ao Governador do Estado as penalidades previstas nos incisos IV e V do mesmo artigo.

Art. 86. Considera-se reincidência, para os efeitos desta Lei Complementar, a prática de nova infração, dentro do prazo de 5 (cinco) anos após a cientificação do infrator, do ato que lhe tenha imposto penalidade disciplinar.

Art. 87. Ficam assegurados ao Procurador do Estado a ampla defesa e o contraditório nos procedimentos disciplinares respectivos.

Art. 88. Deverão constar do assentamento individual do Procurador do Estado as penalidades que lhe forem impostas, vedada a sua publicação, exceto no caso de pena de demissão e nas hipóteses de revelia.

Parágrafo único. É vedado fornecer a terceiros certidões relativas às penalidades de advertência, de censura e de suspensão, salvo para defesa de direito.

Seção III
DA PRESCRIÇÃO

Art. 89. Prescreverá:

I – em um ano, a falta punível com advertência ou censura;

II – em dois anos, a falta punível com suspensão;

III – em cinco anos, a falta punível com demissão ou cassação de disponibilidade.

Art. 90. A prescrição começa a correr:

I – no dia em que a Administração tomar ciência do cometimento da falta;

II – no dia que tenha cessado a continuidade ou permanência, nas faltas continuadas ou permanentes.

Parágrafo único. Interrompem a prescrição a instauração de processo administrativo e a citação para a ação de perda do cargo.

Seção IV
DA REABILITAÇÃO

Art. 91. O Procurador do Estado que houver sido punido disciplinarmente com advertência ou censura poderá obter do Conselho Superior da Procuradoria Geral do Estado o cancelamento das respectivas notas constantes da sua ficha funcional, decorridos dois anos do trânsito em julgado da decisão administrativa que as aplicou, desde que, nesse período, não haja sofrido outra punição disciplinar.

Capítulo II
DO PROCESSO DISCIPLINAR

Seção I
DAS DISPOSIÇÕES PRELIMINARES

Art. 92. A apuração das infrações será feita por sindicância ou processo administrativo disciplinar, que serão instaurados pelo Corregedor-Geral da Procuradoria-Geral do Estado, de ofício ou mediante representação de qualquer autoridade ou pessoa interessada, assegurado o direito à ampla defesa.

§ 1º As sindicâncias e os processos administrativos disciplinares correrão em segredo, até a sua decisão final, a ele só tendo acesso o sindicado ou acusado, o seu defensor e os Procuradores do Estado integrantes da Câmara de Ética e de Disciplina.

§ 2º A representação oferecida por pessoa estranha à Instituição deverá trazer reconhecida a firma do seu autor, sem o que não será processada.

§ 3º A representação incluirá todas as informações e documentos que possam servir à apuração do fato e da sua autoria, sendo liminarmente arquivada, se o fato narrado não constituir, em tese, infração administrativa ou penal.

§ 4º A autoridade não poderá negar-se a receber a representação, desde que devidamente formalizada.

§ 5º Os autos dos procedimentos administrativos serão arquivados na Corregedoria-Geral.

Seção II
DA SINDICÂNCIA

Art. 93. Promover-se-á a sindicância para a apuração de fatos irregulares no serviço público e também como preliminar do processo administrativo disciplinar, quando a medida possa ensejar a aplicação de penalidade disciplinar a Procurador de Estado.

Art. 94. A sindicância, após o ato de sua instauração, será remetida à Câmara de Ética e de Disciplina, encarregada do processamento.

Art. 95. A sindicância terá caráter inquisitivo e valor meramente informativo, obedecendo a procedimento sumário, que deverá concluir-se no prazo de trinta dias, a contar da instalação dos trabalhos.

§ 1º O prazo estabelecido neste artigo poderá ser prorrogado por mais quinze dias, a critério do Presidente da Câmara de Ética e de Disciplina.

§ 2º Em virtude de seu caráter meramente informativo e não comportar o contraditório ou a necessidade de apresentação de defesa, da sindicância, não poderá resultar nem uma penalidade a servidor.

Art. 96. O Presidente da Câmara de Ética e de Disciplina procederá às seguintes diligências:

I – a instalação dos trabalhos que deverá ocorrer no prazo máximo de cinco dias, a contar da ciência do sindicante de sua designação, lavrando-se ata resumida da ocorrência;

II – ouvirá o sindicado, se houver, e conceder-lhe-á o prazo de cinco dias para apresentar justificação, podendo este juntar provas e arrolar até três testemunhas por cada fato a ser apurado;

III – no prazo de cinco dias, colherá as provas que entender necessárias, ouvindo, a seguir, quando houver, as testemunhas do sindicado.

§ 1º Encerrada a instrução, o Presidente da Câmara de Ética e de Disciplina elaborará relatório conclusivo pelo arquivamento ou pela instauração de procedimento administrativo e encaminhará os autos ao Conselho Superior da Procuradoria Geral do Estado, que decidirá sobre a abertura do processo disciplinar.

§ 2º O parecer que concluir pela instauração do processo administrativo formulará a súmula de acusação, que conterá a exposição do fato imputado, com todas as suas circunstâncias e a capitulação legal da infração.

Seção III
DO PROCESSO ADMINISTRATIVO

Art. 97. A portaria de instauração de processo administrativo, expedida pelo Corregedor- Geral da Procuradoria Geral do Estado, conterá o nome dos integrantes da Câmara de Ética e Disciplina, a qualificação do acusado, a exposição circunstanciada dos fatos a ele imputados, a previsão legal sancionada e a expressa salvaguarda dos princípios constitucionais do devido processo legal, do contraditório e da ampla defesa.

Art. 98. Durante o processo administrativo, poderá o Procurador Geral do Estado afastar o acusado do exercício do cargo, sem prejuízo de sua remuneração, pelo prazo máximo de noventa dias.

ADMINISTRATIVO

Parágrafo único. O afastamento não ocorrerá, quando o fato imputado corresponder às penas de advertência ou de censura.

Art. 99. O processo administrativo será presidido pelo Presidente da Câmara de Ética e de Disciplina, salvo quando o acusado for o Procurador Geral do Estado, ocasião em que os autos serão encaminhados ao Conselho Superior da Procuradoria Geral do Estado.

Art. 100. O processo administrativo iniciar-se-á dentro de cinco dias após a expedição da sua portaria de instauração e deverá estar concluído dentro de sessenta dias, prorrogáveis por mais trinta dias, a juízo da Câmara de Ética e de Disciplina, à vista de proposta fundamentada do Presidente.

Art. 101. Ao receber a portaria de instauração do processo, os autos da sindicância com a súmula de acusação ou peças informativas, o Presidente da Câmara de Ética e de Disciplina imediatamente convocará os membros para a instalação dos trabalhos, ocasião em que será compromissado o Secretário e se fará a autuação, deliberar-se-á sobre a realização das provas e diligências necessárias à comprovação dos fatos e de sua autoria, designando-se data para audiência do denunciante, se houver, e do acusado, lavrando-se ata circunstanciada.

§ 1º O Presidente da Câmara de Ética e de Disciplina mandará intimar o denunciante e citar o acusado, com antecedência mínima de seis dias, com a entrega de cópia de Portaria, do relatório final da sindicância, as súmulas da acusação e da ata de deliberação.

§ 2º Se o acusado não for encontrado ou furtar-se à citação, esta será feita por AR (Aviso de Recebimento), frustrando-se a efetivação do ato, esta será feita por Edital, devendo o mesmo ser publicado por 3 (três) vezes consecutivas no Diário Oficial do Estado e 1 (uma) vez em jornal de grande circulação do Estado.

§ 3º Se o acusado não atender à citação por edital, será declarado revel, designando-se, para promover-lhe a defesa, Procurador do Estado, de classe igual ou superior, o qual não poderá escusar-se da incumbência, sem justo motivo, sob pena de advertência.

§ 4º O acusado, depois de citado, não poderá, sob pena de prosseguir o processo à sua revelia, deixar de comparecer, sem justo motivo, aos atos processuais para os quais tenha sido regularmente intimado.

§ 5º A todo tempo, o acusado revel poderá constituir defensor, que substituirá o Procurador do Estado designado.

§ 6º Nessa fase, os autos poderão ser vistos pelo acusado ou seu procurador em mãos do Presidente da Câmara de Ética e de Disciplina.

§ 7º Se a autoridade processante verificar que a presença do acusado poderá influir no ânimo do denunciante ou de testemunha, de modo que prejudique a verdade do depoimento, solicitará a sua retirada, prosseguindo na inquirição com a presença de seu defensor, devendo constar do termo a ocorrência e os motivos que a determinaram.

Art. 102. Após o interrogatório, o acusado terá dez dias para apresentar defesa prévia, oferecer provas e requerer a produção de outras, que poderão ser indeferidas, se forem impertinentes ou tiverem intuito meramente protelatório, a critério do Presidente da Câmara de Ética e de Disciplina.

Parágrafo único. No prazo da defesa prévia, os autos ficarão à disposição do acusado para consulta, na Secretaria da Comissão, ou poderão ser retirados pelo Procurador do Estado designado como defensor dativo, mediante carga.

Art. 103. Findo o prazo, o Presidente designará audiência para inquirição das testemunhas de acusação e da defesa, mandando intimá-las, bem como o acusado e seu defensor.

§ 1º Havendo mais de um acusado, cada um poderá arrolar até oito testemunhas.

§ 2º Prevendo a impossibilidade de inquirir todas as testemunhas na audiência, o Presidente poderá, desde logo, desdobrar a audiência em quantas sessões forem necessárias.

§ 3º A ausência injustificada do acusado a qualquer ato para o qual haja sido regularmente intimado não obstará sua realização.

§ 4º Na ausência ocasional do defensor do acusado, o Presidente da Câmara de Ética e de Disciplina designará um defensor dativo, cuja atuação cessará, quando o acusado revel constituir defensor próprio nos autos.

Art. 104. Finda a produção da prova testemunhal e na própria audiência, o Presidente, de ofício, por proposta de qualquer membro da Comissão ou a requerimento do acusado, determinará a complementação das provas, se necessário, sanadas as eventuais falhas, no prazo de cinco dias.

Art. 105. Encerrada a instrução, o acusado terá cinco dias para oferecer alegações finais.

Art. 106. As testemunhas são obrigadas a comparecer às audiências, quando regularmente intimadas.

Art. 107. O acusado e seu defensor deverão ser intimados pessoalmente de todos os atos e termos do processo, com antecedência mínima de cinco dias, quando não o forem em audiência.

Art. 108. As testemunhas poderão ser inquiridas por todos os integrantes da Comissão, pelo defensor e reinquiridas pelo Presidente.

Art. 109. Os atos e termos para os quais não foram fixados prazos serão realizados dentro daqueles que o Presidente determinar, respeitado o limite máximo de trinta dias.

Art. 110. Esgotado o prazo para alegações finais, a Câmara de Ética e de Disciplina, em dez dias, apreciará os elementos do processo, apresentando relatório em que proporá justificadamente a absolvição ou a punição do acusado, indicando a pena cabível e seu fundamento legal.

§ 1º Havendo divergência nas conclusões, ficará constando, no relatório, o voto de cada membro da Câmara de Ética e de Disciplina.

§ 2º Juntado o relatório, serão os autos remetidos, desde logo, ao órgão julgador.

Art. 111. Nos casos em que a Câmara de Ética e de Disciplina opinar pela imposição de pena, o órgão julgador decidirá no prazo de vinte dias, contado do recebimento dos autos.

§ 1º Se o órgão julgador não se considerar habilitado a decidir, poderá converter o julgamento em diligência, devolvendo os autos à comissão, para os fins que indicar, com o prazo não superior a dez dias.

§ 2º Retornando os autos, o órgão julgador decidirá em cinco dias.

Art. 112. O Procurador Geral do Estado, quando o relatório concluir pela aplicação das penalidades de advertência ou de censura, será competente para decidir o processo administrativo disciplinar.

Parágrafo único. Na hipótese de o Procurador Geral do Estado entender cabível ao acusado penalidade diversa das referidas no "caput" deste artigo, remeterá os autos que receber ao Conselho Superior da Procuradoria-Geral do Estado para julgamento.

Art. 113. O acusado, em qualquer caso, será intimado da decisão pessoalmente ou, se for revel, através do Diário Oficial do Estado.

Art. 114. Não será declarada a nulidade de nenhum ato processual que não houver influído na apuração da verdade substancial ou na decisão do processo.

Art. 115. Aplicam-se subsidiariamente ao processo administrativo disciplinar o Código de Processo Penal e as normas da Lei Complementar nº 58, de 30 de dezembro de 2003 – Regime Jurídico dos Servidores Públicos Civis do Estado da Paraíba.

Seção IV
DOS RECURSOS

Art. 116. Os recursos, que terão, sempre, efeito suspensivo, serão conhecidos pelo Conselho Superior da Procuradoria-Geral do Estado, contra decisão:

I – de estabilidade ou não de Procurador do Estado;

II – condenatória em processo administrativo disciplinar;

III – proferida em reclamação sobre o quadro geral de antiguidade;

IV – de disponibilidade ou remoção de Procurador do Estado por motivo de interesse público.

Art. 117. São irrecorríveis as decisões que determinarem a instauração de sindicância e os atos de mero expediente.

Art. 118. O recurso será interposto pelo acusado ou seu defensor, no prazo de dez dias, contado da intimação da decisão, por petição dirigida ao Procurador Geral do Estado, e deverá conter, desde logo, as razões do recorrente.

Art. 119. Recebida a petição, o Procurador Geral do Estado determinará sua juntada ao processo, se tempestiva, sorteará relator e revisor entre os Procuradores do Estado com assento no Conselho Superior da Procuradoria Geral do Estado e convocará uma reunião deste, no prazo de vinte dias.

Parágrafo único. Nas quarenta e oito horas subseqüentes ao sorteio, o processo será entregue ao relator, que terá prazo de dez dias para elaborar seu relatório, encaminhando, em seguida, ao revisor, que devolverá no prazo de cinco dias ao Conselho Superior da Procuradoria Geral do Estado, onde permanecerá para exame de seus membros.

Art. 120. O julgamento realizar-se-á de acordo com as normas regimentais, intimando-se o recorrente da decisão no prazo de dez dias.

Art. 121. A nova decisão proferida em sede de recurso não poderá agravar a situação do recorrente.

Seção V
DA REVISÃO DO PROCESSO ADMINISTRATIVO

Art. 122. Admitir-se-á, na esfera administrativa, a qualquer tempo, a revisão do processo disciplinar de que tenha resultado imposição de pena, quando:

I – a decisão for contrária ao texto expresso da lei ou à evidência dos autos;

II – a decisão se fundar em depoimento, exame ou documento falso;

III – aduzirem-se fatos ou circunstâncias suscetíveis de provar inocência ou justificar a imposição de pena mais branda.

§ 1º A simples alegação da injustiça da decisão não será considerada como fundamento para a revisão.

§ 2º Não será admitida a reiteração de pedido pelo mesmo motivo.

Art. 123. A instauração do processo revisional poderá ser determinada, de ofício, pelo Procurador Geral do Estado, a requerimento do próprio interessado ou, se falecido ou interdito, do seu cônjuge, ascendente, descendente, irmão ou curador.

Art. 124. O processo de revisão terá o mesmo rito do processo administrativo disciplinar.

Art. 125. O pedido de revisão será dirigido ao Procurador Geral do Estado, que, se o admitir, determinará o apensamento da petição ao processo disciplinar e sorteará Comissão Revisora composta de três Procuradores do Estado.

§ 1º A petição será instruída com as provas que o infrator possuir, devendo indicar as que pretenda produzir.

§ 2º Não poderão integrar a Comissão Revisora aqueles que tenham funcionado na sindicância ou no processo administrativo.

Art. 126. A Comissão Revisora, no prazo de 10 (dez) dias, relatará o processo e o encaminhará ao Procurador Geral do Estado.

Art. 127. A revisão será julgada pelo Conselho Superior da Procuradoria Geral do Estado dentro de vinte dias da entrega do relatório da Comissão Revisora.

Parágrafo único. O julgamento realizar-se-á de acordo com as normas regimentais.

Art. 128. Deferida a revisão, a autoridade competente poderá alterar a classificação da infração, absolver o punido, modificar a pena ou anular o processo, vedado, em qualquer caso, o agravamento da pena.

Art. 129. Julgada procedente a revisão, será tornada sem efeito a sanção aplicada, restabelecendo-se, em sua plenitude, os direitos atingidos pela punição, exceto se for o caso de aplicar-se pena inferior.

TÍTULO IV
DA ORIENTAÇÃO NORMATIVA E SUPERVISÃO TÉCNICA DOS ÓRGÃOS E ENTIDADES ADMINISTRATIVAS

Art. 130. Sujeitam-se à orientação normativa e à supervisão técnica da Procuradoria Geral do Estado os órgãos, assessorias e unidades jurídicas da Administração Direta, das autarquias estaduais e fundações instituídas e mantidas pelo Estado.

Parágrafo único. A supervisão técnica a que se refere este artigo compreende a prévia manifestação do Procurador Geral do Estado sobre os nomes indicados para a chefia dos órgãos, assessorias e unidades jurídicas referidos no "caput".

Art. 131. Cabe ao Procurador Geral do Estado, quando necessário, expedir recomendações dirigidas aos órgãos, assessorias e unidades jurídicas da Administração Direta, das autarquias e fundações mencionadas no artigo anterior, no sentido de que sejam alteradas as teses jurídicas sustentadas nas ações da responsabilidade daquelas entidades, visando a adequá-las à jurisprudência dominante no Tribunal de Justiça do Estado da Paraíba, nos Tribunais Superiores e no Supremo Tribunal Federal.

Parágrafo único. Têm natureza vinculante e são de observância obrigatória as recomendações expedidas pelo Procurador Geral do Estado com base no "caput" deste artigo.

Art. 132. O Procurador Geral do Estado fica autorizado a assumir, excepcional e temporariamente, a representação judicial de autarquias estaduais e de fundações instituídas e mantidas pelo Estado, nas seguintes hipóteses:

I – ausência de Procurador, Assessor ou Advogado;

II – impedimento dos integrantes dos órgãos, assessorias ou unidades jurídicas das autarquias ou fundações.

§ 1º A representação extraordinária prevista neste artigo pode ser assumida por solicitação do dirigente das entidades ou por iniciativa do Procurador Geral do Estado.

§ 2º A inexistência de órgão, assessoria ou unidade jurídica integrante de autarquias estaduais ou fundações instituídas e mantidas pelo Estado em Comarca onde corra feito ou tramite processo de interesse dessas entidades configura a hipótese de ausência prevista no inciso I deste artigo.

§ 3º O Procurador Geral do Estado, com a finalidade de suprir deficiências ocasionais de órgãos, assessorias ou unidades jurídicas de autarquias estaduais ou de fundações instituídas ou mantidas pelo Estado, pode designar, para prestar-lhes colaboração temporária, Procurador do Estado, que, nessa oportunidade, será investido, também temporariamente, dos mesmos poderes conferidos aos integrantes dos órgãos e entidades autárquicas e fundacionais.

Art. 133. O Procurador Geral do Estado, na defesa dos interesses deste e em situações que possam trazer reflexos de natureza econômica, ainda que indiretos, ao erário estadual, pode avocar ou integrar e coordenar os trabalhos judiciais e extrajudiciais a cargo de órgãos, assessorias ou unidades jurídicas de autarquias estaduais ou de fundações instituídas e mantidas pelo Estado.

Art. 134. O Procurador Geral do Estado pode delegar ao Procurador-Geral Adjunto do Estado, no todo ou em parte, a competência para a prática dos atos elencados nesta Lei.

TÍTULO V
DAS DISPOSIÇÕES FINAIS E TRANSITÓRIAS

Art. 135. Fica criada a Escola Superior da Procuradoria Geral do Estado, diretamente vinculado ao Procurador Geral do Estado, consistindo no órgão encarregado de promover o aperfeiçoamento técnico-profissional dos Procuradores do Estado e dos servidores da Procuradoria Geral do Estado.

Parágrafo único. Legislação específica disporá acerca das competências e da estrutura organizacional da Escola Superior a que se refere o artigo anterior.

Art. 136. Fica criada a Medalha do Mérito "Procurador José Américo de Almeida", a ser conferida às personalidades que colaboraram para o desenvolvimento da Instituição.

Parágrafo único. A concessão da medalha de que trata o caput deste artigo será concedida, conforme os critérios e datas que dispuser o Regimento Interno do Conselho Superior da Procuradoria Geral do Estado.

Art. 137. A cessão de Procurador do Estado para qualquer órgão dos Poderes da União, dos Estados, dos Municípios e do Distrito Federal somente poderá se efetivar com ônus para o ente cessionário, salvo para cumprir tarefa jurídica específica, de duração não superior a cento e vinte dias, ou para exercer, na Administração Estadual, cargo de Secretário de Estado, Secretário Executivo ou equivalente na administração autárquica, nos Municípios, nos Estados e no Distrito Federal, inclusive como Chefe de Órgãos Jurídicos, admitida, no caso, a opção remuneratória, sendo limitado em cinco o número de Procuradores do Estado afastados da Procuradoria Geral do Estado.

Art. 138. A cessão de servidores públicos, civis ou militares, à Procuradoria Geral do Estado, pertencentes a qualquer órgão integrante da estrutura do Poder Executivo Estadual, dar-se-á sem prejuízo da manutenção da remuneração do servidor cedido.

Art. 139. O produto da arrecadação da dívida ativa estadual será depositado em conta bancária específica, sob a gerência e responsabilidade da Secretaria de Estado da Receita, obrigando-se o órgão gestor a informar à Procuradoria Geral do Estado, mensalmente, o montante total dos recursos aportados referentes ao período de respectiva apuração.

Art. 140. Somente será permitido o afastamento de 03 (três) Procuradores do Estado, para fins da realização de pós-graduação.

Art. 141. Aplica-se aos Procuradores do Estado, supletivamente, naquilo que não conflitar com as disposições desta Lei Complementar, o disposto na Lei Complementar nº 58, de 30 de dezembro de 2003 – Regime Jurídico dos Servidores Públicos Civis do Estado da Paraíba.

Art. 142. VETADO

Art. 143. Revogam-se as Leis Complementares nos 42, de 16 de dezembro de 1986; 47, de 04 de outubro de 1988; 56, de 09 de dezembro de 2003, e 76, de 14 de maio de 2007.

Art. 144. Esta Lei Complementar entra em vigor na data da sua publicação.

PALÁCIO DO GOVERNO DO ESTADO DA PARAÍBA, em João Pessoa, 01 de dezembro de 2008; 120º da Proclamação da República.

CÁSSIO CUNHA LIMA

Governador

DECRETO FEDERAL Nº 7.892, DE 23 DE JANEIRO DE 2013

- REGULAMENTA O SISTEMA DE REGISTRO DE PREÇOS PREVISTO NO ART. 15 DA LEI Nº 8.666, DE 21 DE JUNHO DE 1993.

ÍNDICE

A PRESIDENTA DA REPÚBLICA, no uso da atribuição que lhe confere o art. 84, caput, inciso IV, da Constituição, e tendo em vista o disposto no art. 15 da Lei nº 8.666, de 21 de junho de 1993, e no art. 11 da Lei nº 10.520, de 17 de julho de 2002,

DECRETA:

Capítulo I
DISPOSIÇÕES GERAIS

Art. 1º As contratações de serviços e a aquisição de bens, quando efetuadas pelo Sistema de Registro de Preços – SRP, no âmbito da administração pública federal direta, autárquica e fundacional, fundos especiais, empresas públicas, sociedades de economia mista e demais entidades controladas, direta ou indiretamente pela União, obedecerão ao disposto neste Decreto.

Art. 2º Para os efeitos deste Decreto, são adotadas as seguintes definições:

I – Sistema de Registro de Preços – conjunto de procedimentos para registro formal de preços relativos à prestação de serviços e aquisição de bens, para contratações futuras;

II – ata de registro de preços – documento vinculativo, obrigacional, com característica de compromisso para futura contratação, em que se registram os preços, fornecedores, órgãos participantes e condições a serem praticadas, conforme as disposições contidas no instrumento convocatório e propostas apresentadas;

III – órgão gerenciador – órgão ou entidade da administração pública federal responsável pela condução do conjunto de procedimentos para registro de preços e gerenciamento da ata de registro de preços dele decorrente;

IV – órgão participante – órgão ou entidade da administração pública que participa dos procedimentos iniciais do Sistema de Registro de Preços e integra a ata de registro de preços; (Redação dada pelo Decreto nº 8.250, de 2.014)

V – órgão não participante – órgão ou entidade da administração pública que, não tendo participado dos procedimentos iniciais da licitação, atendidos os requisitos desta norma, faz adesão à ata de registro de preços.

VI – compra nacional – compra ou contratação de bens e serviços, em que o órgão gerenciador conduz os procedimentos para registro de preços destinado à execução descentralizada de programa ou projeto federal, mediante prévia indicação da demanda pelos entes federados beneficiados; e (Incluído pelo Decreto nº 8.250, de 2.014)

VII – órgão participante de compra nacional – órgão ou entidade da administração pública que, em razão de participação em programa ou projeto federal, é contemplado no registro de preços independente de manifestação formal. (Incluído pelo Decreto nº 8.250, de 2.014)

Art. 3º O Sistema de Registro de Preços poderá ser adotado nas seguintes hipóteses:

I – quando, pelas características do bem ou serviço, houver necessidade de contratações frequentes;

II – quandc for conveniente a aquisição de bens com previsão de entregas parceladas ou contratação de serviços remunerados por unidade de medida ou em regime de tarefa;

III – quando for conveniente a aquisição de bens ou a contratação de serviços para atendimento a mais de um órgão ou entidade, ou a programas de governo; ou

IV – quando, pela natureza do objeto, não for possível definir previamente o quantitativo a ser demandado pela Administração.

Capítulo II
DA INTENÇÃO PARA REGISTRO DE PREÇOS

Art. 4º Fica instituído o procedimento de Intenção de Registro de Preços – IRP, a ser operacionalizado por módulo do Sistema de Administração e Serviços Gerais – SIASG, que deverá ser utilizado pelos órgãos e entidades integrantes do Sistema de Serviços Gerais – SISG, para registro e divulgação dos itens a serem licitados e para a realização dos atos previstos nos incisos II e V do caput do art. 5º e dos atos previstos no inciso II e caput do art. 6º.

§ 1 º A divulgação da intenção de registro de preços poderá ser dispensada, de forma justificada pelo órgão gerenciador. (Redação dada pelo Decreto nº 8.250, de 2.014)

§ 1º-A O prazo para que outros órgãos e entidades manifestem interesse em participar de IRP será de oito dias úteis, no mínimo, contado da data de divulgação da IRP no Portal de Compras do Governo federal. (Incluído pelo Decreto nº 9.488, de 2018) (Vigência)

§ 2º O Ministério do Planejamento, Orçamento e Gestão editará norma complementar para regulamentar o disposto neste artigo.

§ 3 º Caberá ao órgão gerenciador da Intenção de Registro de Preços – IRP: (Incluído pelo Decreto nº 8.250, de 2.014)

I – estabelecer, quando for o caso, o número máximo de participantes na IRP em conformidade com sua capacidade de gerenciamento; (Incluído pelo Decreto nº 8.250, de 2.014)

II – aceitar ou recusar, justificadamente, os quantitativos considerados ínfimos ou a inclusão de novos itens; e (Incluído pelo Decreto nº 8.250, de 2.014)

III – deliberar quanto à inclusão posterior de participantes que não manifestaram interesse durante o período de divulgação da IRP. (Incluído pelo Decreto nº 8.250, de 2.014)

§ 4 º Os procedimentos constantes dos incisos II e III do § 3 º serão efetivados antes da elaboração do edital e de seus anexos. (Incluído pelo Decreto nº 8.250, de 2.014)

§ 5 º Para receber informações a respeito das IRPs disponíveis no Portal de Compras do Governo Federal, os órgãos e entidades integrantes do SISG se cadastrarão no módulo IRP e inserirão a linha de fornecimento e de serviços de seu interesse. (Incluído pelo Decreto nº 8.250, de 2.014)

§ 6 º É facultado aos órgãos e entidades integrantes do SISG, antes de iniciar um processo licitatório, consultar as IRPs em andamento e deliberar a respeito da conveniência de sua participação. (Incluído pelo Decreto nº 8.250, de 2.014)

Capítulo III
DAS COMPETÊNCIAS DO ÓRGÃO GERENCIADOR

Art. 5º Caberá ao órgão gerenciador a prática de todos os atos de controle e administração do Sistema de Registro de Preços, e ainda o seguinte:

I - registrar sua intenção de registro de preços no Portal de Compras do Governo federal;

II - consolidar informações relativas à estimativa individual e total de consumo, promovendo a adequação dos respectivos termos de referência ou projetos básicos encaminhados para atender aos requisitos de padronização e racionalização;

III - promover atos necessários à instrução processual para a realização do procedimento licitatório;

IV - realizar pesquisa de mercado para identificação do valor estimado da licitação e, consolidar os dados das pesquisas de mercado realizadas pelos órgãos e entidades participantes, inclusive nas hipóteses previstas nos §§ 2 º e 3 º do art. 6 º deste Decreto; (Redação dada pelo Decreto nº 8.250, de 2.014)

V - confirmar junto aos órgãos participantes a sua concordância com o objeto a ser licitado, inclusive quanto aos quantitativos e termo de referência ou projeto básico;

VI - realizar o procedimento licitatório;

VII - gerenciar a ata de registro de preços;

VIII - conduzir eventuais renegociações dos preços registrados;

IX - aplicar, garantida a ampla defesa e o contraditório, as penalidades decorrentes de infrações no procedimento licitatório; e

X - aplicar, garantida a ampla defesa e o contraditório, as penalidades decorrentes do descumprimento do pactuado na ata de registro de preços ou do descumprimento das obrigações contratuais, em relação às suas próprias contratações.

XI – autorizar, excepcional e justificadamente, a prorrogação do prazo previsto no § 6 º do art. 22 deste Decreto, respeitado o prazo de vigência da ata, quando solicitada pelo órgão não participante. (Incluído pelo Decreto nº 8.250, de 2.014)

§ 1º A ata de registro de preços, disponibilizada no Portal de Compras do Governo federal, poderá ser assinada por certificação digital.

§ 2º O órgão gerenciador poderá solicitar auxílio técnico aos órgãos participantes para execução das atividades previstas nos incisos III, IV e VI do caput.

Capítulo IV
DAS COMPETÊNCIAS DO ÓRGÃO PARTICIPANTE

Art. 6º O órgão participante será responsável pela manifestação de interesse em participar do registro de preços, providenciando o encaminhamento ao órgão gerenciador de sua estimativa de consumo, local de entrega e, quando couber, cronograma de contratação e respectivas especificações ou termo de referência ou projeto básico, nos termos da Lei nº 8.666, de 21 de junho de 1993, e da Lei nº 10.520, de 17 de julho de 2002, adequado ao registro de preços do qual pretende fazer parte, devendo ainda:

I – garantir que os atos relativos a sua inclusão no registro de preços estejam formalizados e aprovados pela autoridade competente;

II – manifestar, junto ao órgão gerenciador, mediante a utilização da Intenção de Registro de Preços, sua concordância com o objeto a ser licitado, antes da realização do procedimento licitatório; e

III – tomar conhecimento da ata de registros de preços, inclusive de eventuais alterações, para o correto cumprimento de suas disposições.

§ 1 º Cabe ao órgão participante aplicar, garantida a ampla defesa e o contraditório, as penalidades decorrentes do descumprimento do pactuado na ata de registro de preços ou do descumprimento das obrigações contratuais, em relação às suas próprias contratações, informando as ocorrências ao órgão gerenciador. (Incluído pelo Decreto nº 8.250, de 2.014)

§ 2 º No caso de compra nacional, o órgão gerenciador promoverá a divulgação da ação, a pesquisa de mercado e a consolidação da demanda dos órgãos e entidades da administração direta e indireta da União, dos Estados, do Distrito Federal e dos Municípios. (Incluído pelo Decreto nº 8.250, de 2.014)

§ 3 º Na hipótese prevista no § 2 º, comprovada a vantajosidade, fica facultado aos órgãos ou entidades participantes de compra nacional a execução da ata de registro de preços vinculada ao programa ou projeto federal. (Incluído pelo Decreto nº 8.250, de 2.014)

§ 4 º Os entes federados participantes de compra nacional poderão utilizar recursos de transferências legais ou voluntárias da União, vinculados aos processos ou projetos objeto de descentralização e de recursos próprios para suas demandas de aquisição no âmbito da ata de registro de preços de compra nacional. (Incluído pelo Decreto nº 8.250, de 2.014)

§ 5 º Caso o órgão gerenciador aceite a inclusão de novos itens, o órgão participante demandante elaborará sua especificação ou termo de referência ou projeto básico, conforme o caso, e a pesquisa de mercado, observado o disposto no art. 6 º. (Incluído pelo Decreto nº 8.250, de 2.014)

§ 6 º Caso o órgão gerenciador aceite a inclusão de novas localidades para entrega do bem ou execução do serviço, o órgão participante responsável pela demanda elaborará, ressalvada a hipótese prevista no § 2º, pesquisa de mercado que contemple a variação de custos locais ou regionais. (Incluído pelo Decreto nº 8.250, de 2.014)

Capítulo V
DA LICITAÇÃO PARA REGISTRO DE PREÇOS

Art. 7º A licitação para registro de preços será realizada na modalidade de concorrência, do tipo menor preço, nos termos da Lei nº 8.666, de 1993, ou na modalidade de pregão, nos termos da Lei nº 10.520, de 2002, e será precedida de ampla pesquisa de mercado.

§ 1 º O julgamento por técnica e preço, na modalidade concorrência, poderá ser excepcionalmente adotado, a critério do órgão gerenciador e mediante despacho fundamentado da autoridade máxima do órgão ou entidade. (Redação dada pelo Decreto nº 8.250, de 2.014)

§ 2º Na licitação para registro de preços não é necessário indicar a dotação orçamentária, que somente será exigida para a formalização do contrato ou outro instrumento hábil.

Art. 8º O órgão gerenciador poderá dividir a quantidade total do item em lotes, quando técnica e economicamente viável, para possibilitar maior competitividade, observada a quantidade mínima, o prazo e o local de entrega ou de prestação dos serviços.

§ 1 º No caso de serviços, a divisão considerará a unidade de medida adotada para aferição dos produtos e resultados, e será observada a demanda específica de cada órgão ou entidade participante do certame. (Redação dada pelo Decreto nº 8.250, de 2.014)

§ 2º Na situação prevista no § 1º, deverá ser evitada a contratação, em um mesmo órgão ou entidade, de mais de uma empresa para a execução de um mesmo serviço, em uma mesma localidade, para assegurar a responsabilidade contratual e o princípio da padronização.

Art. 9º O edital de licitação para registro de preços observará o disposto nas Leis nº 8.666, de 1993, e nº 10.520, de 2002, e contemplará, no mínimo:

I – a especificação ou descrição do objeto, que explicitará o conjunto de elementos necessários e suficientes, com nível de precisão adequado para a caracterização do bem ou serviço, inclusive definindo as respectivas unidades de medida usualmente adotadas;

II – estimativa de quantidades a serem adquiridas pelo órgão gerenciador e órgãos participantes;

III – estimativa de quantidades a serem adquiridas por órgãos não participantes, observado o disposto no § 4º do art. 22, no caso de o órgão gerenciador admitir adesões;

IV – quantidade mínima de unidades a ser cotada, por item, no caso de bens;

V – condições quanto ao local, prazo de entrega, forma de pagamento, e nos casos de serviços, quando cabível, frequência, periodicidade, características do pessoal, materiais e equipamentos a serem utilizados, procedimentos, cuidados, deveres, disciplina e controles a serem adotados;

VI – prazo de validade do registro de preço, observado o disposto no caput do art. 12;

VII – órgãos e entidades participantes do registro de preço;

VIII – modelos de planilhas de custo e minutas de contratos, quando cabível;

IX – penalidades por descumprimento das condições;

X – minuta da ata de registro de preços como anexo; e

XI – realização periódica de pesquisa de mercado para comprovação da vantajosidade.

§ 1º O edital poderá admitir, como critério de julgamento, o menor preço aferido pela oferta de desconto sobre tabela de preços praticados no mercado, desde que tecnicamente justificado.

§ 2º Quando o edital previr o fornecimento de bens ou prestação de serviços em locais diferentes, é facultada a exigência de apresentação de proposta diferenciada por região, de modo que aos preços sejam acrescidos custos variáveis por região.

§ 3º A estimativa a que se refere o inciso III do caput não será considerada para fins de qualificação técnica e qualificação econômico-financeira na habilitação do licitante.

§ 4 º O exame e a aprovação das minutas do instrumento convocatório e do contrato serão efetuados exclusivamente pela assessoria jurídica do órgão gerenciador. (Incluído pelo Decreto nº 8.250, de 2.014)

Art. 10. Após o encerramento da etapa competitiva, os licitantes poderão reduzir seus preços ao valor da proposta do licitante mais bem classificado.

Parágrafo único. A apresentação de novas propostas na forma do caput não prejudicará o resultado do certame em relação ao licitante mais bem classificado.

Capítulo VI
DO REGISTRO DE PREÇOS E DA VALIDADE DA ATA

Art. 11. Após a homologação da licitação, o registro de preços observará, entre outras, as seguintes condições:

I – serão registrados na ata de registro de preços os preços e quantitativos do licitante mais bem classificado durante a fase competitiva; (Redação dada pelo Decreto nº 8.250, de 2.014)

II – será incluído, na respectiva ata na forma de anexo, o registro dos licitantes que aceitarem cotar os bens ou serviços com preços iguais aos do licitante vencedor na sequência da classificação do certame, excluído o percentual referente à margem de preferência, quando o objeto não atender aos requisitos previstos no art. 3º da Lei nº 8.666, de 1993; (Redação dada pelo Decreto nº 8.250, de 2.014)

III – o preço registrado com indicação dos fornecedores será divulgado no Portal de Compras do Governo Federal e ficará disponibilizado durante a vigência da ata de registro de preços; e (Redação dada pelo Decreto nº 8.250, de 2.014)

IV – a ordem de classificação dos licitantes registrados na ata deverá ser respeitada nas contratações. (Redação dada pelo Decreto nº 8.250, de 2.014)

§ 1º O registro a que se refere o inciso II do caput tem por objetivo a formação de cadastro de reserva no caso de impossibilidade de atendimento pelo primeiro colocado da ata, nas hipóteses previstas nos arts. 20 e 21. (Redação dada pelo Decreto nº 8.250, de 2.014)

§ 2º Se houver mais de um licitante na situação de que trata o inciso II do caput, serão classificados segundo a ordem da última proposta apresentada durante a fase competitiva. (Redação dada pelo Decreto nº 8.250, de 2.014)

§ 3º A habilitação dos fornecedores que comporão o cadastro de reserva a que se refere o inciso II do caput será efetuada, na hipótese prevista no parágrafo único do art. 13 e quando houver necessidade de contratação de fornecedor remanescente, nas hipóteses previstas nos arts. 20 e 21. (Redação dada pelo Decreto nº 8.250, de 2.014)

§ 4º O anexo que trata o inciso II do caput consiste na ata de realização da sessão pública do pregão ou da concorrência, que conterá a informação dos licitantes que aceitarem cotar os bens ou serviços com preços iguais ao do licitante vencedor do certame. (Incluído pelo Decreto nº 8.250, de 2.014)

Art. 12. O prazo de validade da ata de registro de preços não será superior a doze meses, incluídas eventuais prorrogações, conforme o inciso III do § 3º do art. 15 da Lei nº 8.666, de 1993.

§ 1º É vedado efetuar acréscimos nos quantitativos fixados pela ata de registro de preços, inclusive o acréscimo de que trata o § 1º do art. 65 da Lei nº 8.666, de 1993.

§ 2º A vigência dos contratos decorrentes do Sistema de Registro de Preços será definida nos instrumentos convocatórios, observado o disposto no art. 57 da Lei nº 8.666, de 1993.

§ 3º Os contratos decorrentes do Sistema de Registro de Preços poderão ser alterados, observado o disposto no art. 65 da Lei nº 8.666, de 1993.

§ 4º O contrato decorrente do Sistema de Registro de Preços deverá ser assinado no prazo de validade da ata de registro de preços.

Capítulo VII
DA ASSINATURA DA ATA E DA CONTRATAÇÃO COM FORNECEDORES REGISTRADOS

Art. 13. Homologado o resultado da licitação, o fornecedor mais bem classificado será convocado para assinar a ata de registro de preços, no prazo e nas condições estabelecidos no instrumento convocatório, podendo o prazo ser prorrogado uma vez, por igual período, quando solicitado pelo fornecedor e desde que ocorra motivo justificado aceito pela administração. (Redação dada pelo Decreto nº 8.250, de 2.014)

Parágrafo único. É facultado à administração, quando o convocado não assinar a ata de registro de preços no prazo e condições estabelecidos, convocar os licitantes remanescentes, na ordem de classificação, para fazê-lo em igual prazo e nas mesmas condições propostas pelo primeiro classificado.

Art. 14. A ata de registro de preços implicará compromisso de fornecimento nas condições estabelecidas, após cumpridos os requisitos de publicidade.

Parágrafo único. A recusa injustificada de fornecedor classificado em assinar a ata, dentro do prazo estabelecido neste artigo, ensejará a aplicação das penalidades legalmente estabelecidas.

Art. 15. A contratação com os fornecedores registrados será formalizada pelo órgão interessado por intermédio de instrumento contratual, emissão de nota de empenho de despesa, autorização de compra ou outro instrumento hábil, conforme o art. 62 da Lei nº 8.666, de 1993.

Art. 16. A existência de preços registrados não obriga a administração a contratar, facultando-se a realização de licitação específica para a aquisição pretendida, assegurada preferência ao fornecedor registrado em igualdade de condições.

Capítulo VIII
DA REVISÃO E DO CANCELAMENTO DOS PREÇOS REGISTRADOS

Art. 17. Os preços registrados poderão ser revistos em decorrência de eventual redução dos preços praticados no mercado ou de fato que eleve o custo dos serviços ou bens registrados, cabendo ao órgão gerenciador promover as negociações junto aos fornecedores, observadas as disposições contidas na alínea "d" do inciso II do caput do art. 65 da Lei nº 8.666, de 1993.

Art. 18. Quando o preço registrado tornar-se superior ao preço praticado no mercado por motivo superveniente, o órgão gerenciador convocará os fornecedores para negociarem a redução dos preços aos valores praticados pelo mercado.

§ 1º Os fornecedores que não aceitarem reduzir seus preços aos valores praticados pelo mercado serão liberados do compromisso assumido, sem aplicação de penalidade.

§ 2º A ordem de classificação dos fornecedores que aceitarem reduzir seus preços aos valores de mercado observará a classificação original.

Art. 19. Quando o preço de mercado tornar-se superior aos preços registrados e o fornecedor não puder cumprir o compromisso, o órgão gerenciador poderá:

I - liberar o fornecedor do compromisso assumido, caso a comunicação ocorra antes do pedido de fornecimento, e sem aplicação da penalidade se confirmada a veracidade dos motivos e comprovantes apresentados; e

II - convocar os demais fornecedores para assegurar igual oportunidade de negociação.

Parágrafo único. Não havendo êxito nas negociações, o órgão gerenciador deverá proceder à revogação da ata de registro de preços, adotando as medidas cabíveis para obtenção da contratação mais vantajosa.

Art. 20. O registro do fornecedor será cancelado quando:

I - descumprir as condições da ata de registro de preços;

II - não retirar a nota de empenho ou instrumento equivalente no prazo estabelecido pela Administração, sem justificativa aceitável;

III - não aceitar reduzir o seu preço registrado, na hipótese deste se tornar superior àqueles praticados no mercado; ou

IV - sofrer sanção prevista nos incisos III ou IV do caput do art. 87 da Lei nº 8.666, de 1993, ou no art. 7º da Lei nº 10.520, de 2002.

Parágrafo único. O cancelamento de registros nas hipóteses previstas nos incisos I, II e IV do caput será formalizado por despacho do órgão gerenciador, assegurado o contraditório e a ampla defesa.

Art. 21. O cancelamento do registro de preços poderá ocorrer por fato superveniente, decorrente de caso fortuito ou força maior, que prejudique o cumprimento da ata, devidamente comprovados e justificados:

I – por razão de interesse público; ou

II – a pedido do fornecedor.

Capítulo IX
DA UTILIZAÇÃO DA ATA DE REGISTRO DE PREÇOS POR ÓRGÃO OU ENTIDADES NÃO PARTICIPANTES

Art. 22. Desde que devidamente justificada a vantagem, a ata de registro de preços, durante sua vigência, poderá ser utilizada por qualquer órgão ou entidade da administração pública federal que não tenha participado do certame licitatório, mediante anuência do órgão gerenciador.

§ 1º Os órgãos e entidades que não participaram do registro de preços, quando desejarem fazer uso da ata de registro de preços, deverão consultar o órgão gerenciador da ata para manifestação sobre a possibilidade de adesão.

§ 1º-A A manifestação do órgão gerenciador de que trata o § 1º fica condicionada à realização de estudo, pelos órgãos e pelas entidades que não participaram do registro de preços, que demonstre o ganho de eficiência, a viabilidade e a economicidade para a administração pública federal da utilização da ata de registro de preços, conforme estabelecido em ato do Secretário de Gestão do Ministério do Planejamento, Desenvolvimento e Gestão. (Incluído pelo Decreto nº 9.488, de 2018) (Vigência)

§ 1º-B O estudo de que trata o § 1º-A, após aprovação pelo órgão gerenciador, será divulgado no Portal de Compras do Governo federal. (Incluído pelo Decreto nº 9.488, de 2018) (Vigência)

§ 2º Caberá ao fornecedor beneficiário da ata de registro de preços, observadas as condições nela estabelecidas, optar pela aceitação ou não do fornecimento decorrente de adesão, desde que não prejudique as obrigações presentes e futuras decorrentes da ata, assumidas com o órgão gerenciador e órgãos participantes.

§ 3º As aquisições ou as contratações adicionais de que trata este artigo não poderão exceder, por órgão ou entidade, a cinquenta por cento dos quantitativos dos itens do instrumento convocatório e registrados na ata de registro de preços para o órgão gerenciador e para os órgãos participantes. (Redação dada pelo Decreto nº 9.488, de 2018) (Vigência)

§ 4º O instrumento convocatório preverá que o quantitativo decorrente das adesões à ata de registro de preços não poderá exceder, na totalidade, ao dobro do quantitativo de cada item registrado na ata de registro de preços para o órgão gerenciador e para os órgãos participantes, independentemente do número de órgãos não participantes que aderirem. (Redação dada pelo Decreto nº 9.488, de 2018) (Vigência)

§ 4º-A Na hipótese de compra nacional: (Incluído pelo Decreto nº 9.488, de 2018) (Vigência)

I – as aquisições ou as contratações adicionais não excederão, por órgão ou entidade, a cem por cento dos quantitativos dos itens do instrumento convocatório e registrados na ata de registro de preços para o órgão gerenciador e para os órgãos participantes; e (Incluído pelo Decreto nº 9.488, de 2018) (Vigência)

II – o instrumento convocatório da compra nacional preverá que o quantitativo decorrente das adesões à ata de registro de preços não excederá, na totalidade, ao quíntuplo do quantitativo de cada item registrado na ata de registro de preços para o órgão gerenciador e para os órgãos participantes, independentemente do número de órgãos não participantes que aderirem. (Incluído pelo Decreto nº 9.488, de 2018) (Vigência)

§ 5º O órgão gerenciador somente poderá autorizar adesão à ata após a primeira aquisição ou contratação por órgão integrante da ata, exceto quando, justificadamente, não houver previsão no edital para aquisição ou contratação pelo órgão gerenciador. (Revogado pelo Decreto nº 8.250, de 2.014)

§ 6º Após a autorização do órgão gerenciador, o órgão não participante deverá efetivar a aquisição ou contratação solicitada em até noventa dias, observado o prazo de vigência da ata.

§ 7º Compete ao órgão não participante os atos relativos à cobrança do cumprimento pelo fornecedor das obrigações contratualmente assumidas e a aplicação, observada a ampla defesa e o contraditório, de eventuais penalidades decorrentes do descumprimento de cláusulas contratuais, em relação às suas próprias contratações, informando as ocorrências ao órgão gerenciador.

§ 8º É vedada aos órgãos e entidades da administração pública federal a adesão a ata de registro de preços gerenciada por órgão ou entidade municipal, distrital ou estadual.

§ 9º É facultada aos órgãos ou entidades municipais, distritais ou estaduais a adesão a ata de registro de preços da Administração Pública Federal.

§ 9º-A Sem prejuízo da observância ao disposto no § 3º, à hipótese prevista no § 9º não se aplica o disposto nos § 1º-A e § 1º-B no caso de órgãos e entidades de outros entes federativos. (Incluído pelo Decreto nº 9.488, de 2018) (Vigência)

§ 10. É vedada a contratação de serviços de tecnologia da informação e comunicação por meio de adesão a ata de registro de preços que não seja: (Incluído pelo Decreto nº 9.488, de 2018) (Vigência)

I – gerenciada pelo Ministério do Planejamento, Desenvolvimento e Gestão; ou (Incluído pelo Decreto nº 9.488, de 2018) (Vigência)

II – gerenciada por outro órgão ou entidade e previamente aprovada pela Secretaria de Tecnologia da Informação e Comunicação do Ministério do Planejamento, Desenvolvimento e Gestão. (Incluído pelo Decreto nº 9.488, de 2018) (Vigência)

§ 11. O disposto no § 10 não se aplica às hipóteses em que a contratação de serviços esteja vinculada ao fornecimento de bens de tecnologia da informação e comunicação constante da mesma ata de registro de preços. (Incluído pelo Decreto nº 9.488, de 2018) (Vigência)

Capítulo X
DISPOSIÇÕES FINAIS E TRANSITÓRIAS

Art. 23. A Administração poderá utilizar recursos de tecnologia da informação na operacionalização do disposto neste Decreto e automatizar procedimentos de controle e atribuições dos órgãos gerenciadores e participantes.

Art. 24. As atas de registro de preços vigentes, decorrentes de certames realizados sob a vigência do Decreto nº 3.931, de 19 de setembro de 2001, poderão ser utilizadas pelos órgãos gerenciadores e participantes, até o término de sua vigência.

Art. 25. Até a completa adequação do Portal de Compras do Governo federal para atendimento ao disposto no § 1º do art. 5º, o órgão gerenciador deverá:

I – providenciar a assinatura da ata de registro de preços e o encaminhamento de sua cópia aos órgãos ou entidades participantes; e

II – providenciar a indicação dos fornecedores para atendimento às demandas, observada a ordem de classificação e os quantitativos de contratação definidos pelos órgãos e entidades participantes.

Art. 26. Até a completa adequação do Portal de Compras do Governo federal para atendimento ao disposto nos incisos I e II do caput do art. 11 e no inciso II do § 2º do art. 11, a ata registrará os licitantes vencedores, quantitativos e respectivos preços.

Art. 27. O Ministério do Planejamento, Orçamento e Gestão poderá editar normas complementares a este Decreto.

Art. 28. Este Decreto entra em vigor trinta dias após a data de sua publicação.

Art. 29. Ficam revogados:

I – o Decreto nº 3.931, de 19 de setembro de 2001; e

II – o Decreto nº 4.342, de 23 de agosto de 2002.

Brasília, 23 de janeiro de 2013; 192º da Independência e 125º da República.

LEI ESTADUAL Nº 10.495, DE 17 DE JULHO DE 2015

- INSTITUI A CÂMARA DE CONCILIAÇÃO DE PRECATÓRIOS E DISPÕE SOBRE A CELEBRAÇÃO DE ACORDOS E TRANSAÇÕES EM AÇÕES JUDICIAIS CONSOLIDADAS NO REGIME DE PRECATÓRIOS DO ESTADO DA PARAÍBA, DE SUA ADMINISTRAÇÃO, DIRETA E INDIRETA, E DÁ OUTRAS PROVIDÊNCIAS.

O Governador do Estado da Paraíba:

Faço saber que o Poder Legislativo decreta e eu sanciono a seguinte Lei:

Art. 1º Fica o Estado da Paraíba, autorizado realizar acordos diretos para pagamento de precatórios, alimentícios e comuns, de sua Administração, Direta e Indireta, observadas as disposições desta lei.

Art. 2º Para a celebração dos acordos referidos no art. 1º desta lei, fica instituída a Câmara de Conciliação de Precatórios - CONPREC, vinculada à Procuradoria Geral do Estado - PGE (PB).

Art. 3º A Câmara de Conciliação de Precatórios será composta pelo Procurador-Geral do Estado, pelo Procurador-Geral Adjunto, como membros natos, um (01) Procurador de Estado integrante, preferencialmente, da Gerência Operacional de Precatórios, e por 02 (dois) Procuradores de Estado da ativa, indicados pelo Procurador-Geral do Estado.

§ 1º Cabe ao Procurador-Geral exercer a presidência da Câmara de Conciliação de Precatórios e convocar as sessões para deliberação das propostas de acordos diretos.

§ 2º Para cada membro titular deverá ser indicado um suplente, à exceção dos membros natos, obedecida a composição prevista para a Câmara de Conciliação de Precatórios, cujas sessões só serão instaladas se presentes o quórum mínimo de 2/3 (dois terços) de seus membros, sendo exigido igual quórum para deliberação acerca das propostas de acordo.

§ 3º A Câmara de Conciliação de Precatórios funcionará no âmbito da Procuradoria-Geral do Estado, que fornecerá apoio material e administrativo às suas atividades.

Art. 4º O Presidente da Câmara de Conciliação de Precatórios solicitará ao Tribunal de Justiça da Paraíba, a cada 3 (três) meses, o saldo disponível para a realização de acordos diretos decorrentes dos depósitos obrigatórios na conta específica criada para esta finalidade.

§ 1º Será depositado 50% (cinquenta por cento) do montante total dos repasses ao Tribunal de Justiça da Paraíba, na conta vinculada de que trata o caput deste artigo, destinado ao pagamento dos acordos diretos. (Redação do parágrafo dada pela Lei Nº 10701 DE 25/05/2016).

§ 2º O percentual do parágrafo anterior é aplicável a todos os repasses realizados a partir de 1º de janeiro de 2016. (Redação do parágrafo dada pela Lei Nº 10701 DE 25/05/2016).

Art. 5º As sessões da Câmara de Conciliação de Precatórios serão públicas, convocadas ordinariamente, e conforme a discricionariedade de seu Presidente, uma vez por mês, ou, em sessões extraordinárias, em razão do volume excessivo de pedidos a serem julgados.

Art. 6º A convocação de titulares de créditos de precatórios para a celebração de acordos diretos, far-se-á por meio de edital, elaborado pela Câmara de Conciliação de Precatórios, o qual fixará as condições e os requisitos a serem observados e será divulgado no Diário Oficial do Estado e no portal eletrônico da Procuradoria Geral do Estado, com antecedência mínima de 15 (quinze) dias da data da sessão.

Parágrafo único. Os credores serão convocados obedecendo-se à ordem cronológica para pagamento de precatórios, fixada em lista expedida pelo tribunal respectivo.

Art. 7º Publicado o edital, o credor interessado em realizar acordo, pessoalmente ou por intermédio de advogado com procuração pública específica, deverá apresentar a proposta por escrito, em requerimento padrão disponibilizado no endereço eletrônico da Procuradoria Geral do Estado, contendo todos os dados atualizados e individualizados para a correta identificação da situação de seu precatório, além de outros documentos necessários previstos no edital.

§ 1º O pedido deverá vir acompanhado da declaração de concordância com o percentual mínimo a ser reduzido no acordo, de renúncia de qualquer pendência judicial ou administrativa, atual ou futura, em relação ao precatório e de titularidade do crédito, sob as penalidades legais.

§ 2º O acordo poderá ser celebrado:

I – com o titular original do precatório ou seus sucessores causa mortis habilitados;

II – os sucessores causa mortis do titular originário, desde que estejam devidamente habilitados e a partilha definitiva esteja concluída, com as respectivas cotas-partes;

III – com o procurador do titular do precatório, especificamente constituído para o ato;

IV – com o cessionário do precatório devidamente habilitado.

§ 3º As propostas formalizadas por meio de advogado somente serão aceitas caso a procuração pública, outorgada há não mais de 60 (sessenta) dias, atribua poderes específicos para a celebração de acordos perante a Câmara de Conciliação de Precatórios – CONPREC.

§ 4º Com expressa anuência do advogado constituído, os honorários de sucumbência poderão integrar o acordo a ser celebrado.

§ 5º Poderão ser objeto de acordo perante a CONPREC somente os precatórios expedidos e incluídos na lista expedida pelo tribunal respectivo, sendo vedada a celebração de acordos em processos judiciais na fase de conhecimento ou execução.

§ 6º Somente será admitido acordo sobre a totalidade do valor do precatório, vedado seu desmembramento ou quitação parcial, exceto na hipótese de litisconsórcio ativo ou ações coletivas, em que será admitido o pagamento parcial por credor habilitado.

Art. 8º A regra do § 5º do art. 7º aplicar-se-á aos honorários contratuais apenas quando estiverem destacados no processo de precatório pelo juízo de origem, não repercutindo em prejuízo à Fazenda Pública quando a convenção particular de contrato de honorários não tiver sido juntada ao processo judicial pelo advogado, nos termos do art. 22, § 4º, da Lei Federal nº 8.906, de 4 de julho de 1964.

Art. 9º Se os valores das propostas apresentadas forem superiores ao valor disponível para celebração dos acordos, os credores serão ordenados conforme um ou mais critérios de desempate fixados no edital, dentre os abaixo enumerados:

I – portadores de doença grave nos precatórios alimentares e, nesses, por ordem cronológica do precatório;

II – maiores de 60 (sessenta anos) nos precatórios alimentares e, nesses, por ordem cronológica do precatório;

III – ordem cronológica do precatório.

Art. 10. Fica vedada a celebração de acordos diretos nas hipóteses de precatórios sujeitos a discussão judicial ou recurso, salvo desistência de eventuais recursos pendentes.

Parágrafo único. A celebração de acordo direto implicará renúncia expressa a quaisquer discussões acerca dos critérios de apuração do valor devido.

Art. 11. Na hipótese de cessão do precatório a terceiros, nos termos do § 13 do art. 100 da Constituição Federal, o cessionário deverá comunicar o ato, por meio de petição, protocolizada à entidade devedora e ao tribunal de origem do requisitório.

Parágrafo único. A cessão do precatório a terceiros somente produzirá efeitos após comprovação, junto ao tribunal de origem do ofício requisitório, de que o ente devedor foi cientificado de sua ocorrência, ficando desobrigado o Estado, por sua Administração, Direta ou Indireta, do pagamento de parcela feita ao titular do precatório em data anterior à comunicação.

Art. 12. As propostas apresentadas serão analisadas individualmente pela Câmara de Conciliação de Precatórios, observando-se a ordem cronológica dos precatórios definida pelo tribunal de origem do ofício requisitório, devendo ser certificado nos autos administrativos próprios o sucesso ou não da conciliação.

Parágrafo único. A celebração dos acordos dependerá da disponibilidade financeira de recursos para essa finalidade, atendendo-se ao seguinte:

I – havendo sucesso na conciliação, adotar-se-ão as providências do art. 13 e 14;

II – frustrada a conciliação, a proposta apresentada ficará pendente de avaliação e deliberação pela Câmara de Conciliação, sobrestando-se seu exame à disponibilidade de recursos para formalização dos acordos.

Art. 13. Aprovado o acordo pela Câmara de Conciliação de Precatórios, deverá ser lavrado termo, elaborado em 04 (quatro) vias, sendo uma entregue ao requerente, outra encaminhada ao Tribunal de origem do ofício requisitório, a terceira juntada aos autos do processo administrativo respectivo e a última a ser arquivada na Procuradoria Geral do Estado.

Art. 14. Homologado o acordo direto pelo Presidente do Tribunal expedidor do precatório ou juízo de conciliação por ele instituído, o pagamento do valor será feito pelo TJPB, responsável pela gestão dos depósitos decorrentes do art. 97 do ADCT.

§ 1º A celebração de acordo não dispensa o cumprimento, pelo credor, dos requisitos legais exigidos para o levantamento da quantia depositada.

§ 2º Antes do pagamento, o tribunal de origem do ofício requisitório deverá efetuar os descontos relativos ao imposto de renda, nos termos do art. 157, I, da Constituição Federal, bem como os descontos de contribuições previdenciárias, ressalvadas as hipóteses de isenção previstas em lei.

Art. 15. A celebração dos acordos diretos perante a Câmara de Conciliação de Precatórios deve respeitar os princípios constitucionais que dirigem a atividade administrativa, em especial, os princípios da legalidade, impessoalidade, moralidade, publicidade e eficiência.

Art. 16. A Procuradoria Geral do Estado providenciará a publicação, no Diário Oficial do Estado, do extrato dos acordos celebrados.

Art. 17. Para pagamento dos acordos diretos serão utilizados exclusivamente os recursos destinados para esse fim, conforme previsão do inciso III do § 8º do artigo 97 do Ato das Disposições Constitucionais Transitórias da Constituição da República.

Art. 18. Ato do Chefe do Poder Executivo fixará o valor do deságio a ser aplicado para celebração dos acordos diretos perante a Câmara de Conciliação de Precatórios, entre outros requisitos.

Art. 19. Esta Lei entra em vigor na data da sua publicação, revogadas as disposições em contrário.

PALÁCIO DO GOVERNO DO ESTADO DA PARAÍBA, em João Pessoa, 16 de julho de 2015; 127º da Proclamação da República.

DECRETO ESTADUAL Nº 39.463, DE 18 DE SETEMBRO DE 2019

- DISPÕE SOBRE A CELEBRAÇÃO DE TERMOS DE AJUSTAMENTO DE CONDUTA, ACORDOS EM PROCESSOS JUDICIAIS OU ADMINISTRATIVOS, TRANSAÇÕES, CONCILIAÇÕES, AUTORIZAÇÕES PARA PARCELAMENTO DE DÉBITOS COM O PODER PÚBLICO, OU QUALQUER OUTRO TIPO DE AJUSTE QUE IMPORTE EM ASSUNÇÃO DE OBRIGAÇÕES PELO PODER PÚBLICO, NO ÂMBITO DA ADMINISTRAÇÃO DIRETA E INDIRETA DO ESTADO DA PARAÍBA.

O GOVERNADOR DO ESTADO DA PARAÍBA, no uso de suas atribuições legais que lhe são conferidas pelo Art. 86, inciso IV, da Constituição Estadual,

Considerando a necessidade de se uniformizar a atuação da Administração Pública;

Considerando os riscos às finanças públicas na celebração de compromissos e acordos, sem a análise jurídica pertinente;

Considerando que a Procuradoria-Geral do Estado é o órgão central de assessoramento jurídico do Estado, conforme disposições da Constituição da República, da Constituição do Estado da Paraíba e da Lei Complementar nº 86/2008.

DECRETA:

Art. 1º Os Termos de Ajustamento de Conduta – TAC´s, acordos em processos judiciais ou administrativos, transações, conciliações, autorizações para parcelamento de débitos e com o Poder Público, ou qualquer outro tipo de ajuste que importe em assunção de obrigações por entidades e órgãos públicos estaduais ó podem ser celebrados com observância do disposto neste decreto.

Art. 2º Os ajustes tratados no artigo anterior poderão ser celebrados, após autorização expressa do Governador do Estado, pelos titulares das:

I – secretarias de estado;

II – autarquias, inclusive de regime especial, exceto da Universidade Estadual da Paraíba;

III – empresas públicas e sociedades de economia mista, sob o controle do Estado pela sua Administração centralizada ou descentralizada;

IV – fundações instituídas ou mantidas pelo Estado.

Art. 3º – Compete à Procuradoria-Geral do Estado, órgão de natureza permanente e essencial à Justiça e à Administração Pública Estadual, instituição de excelência na defesa dos interesses do Estado da Paraíba e no zelo e controle da coisa pública, nos termos da Lei Complementar nº 86/2008, manifestar-se, previamente, em todos os procedimentos para celebração de acordos mencionados no artigo 1º deste decreto, envolvendo qualquer matéria, recomendando ou não a celebração do ajuste.

Parágrafo único. Terão natureza vinculante, e serão de observância obrigatória, as recomendações que a Procuradoria-Geral do Estado fizer, sob pena de nulidade do acordo e responsabilização dos gestores.

Art. 4º Os processos e expedientes respectivos deverão ser enviados ao Gabinete do Procurador-Geral do Estado, instruídos com:

I – manifestação conclusiva dos órgãos técnicos e jurídicos competentes;

II – manifestação conclusiva do Secretário de Estado, do Superintendente ou Diretor da autarquia, do Presidente da Empresa Pública ou Sociedade de Economia Mista, do Presidente da Fundação ou autoridade competente equivalente, sobre a conveniência de ser firmado o acordo ou transação;

III – estudos que levaram à apresentação da minuta do termo de acordo, ajuste ou transação.

Parágrafo único. Os processos e expedientes oriundos dos órgãos e das entidades de eu tratam os incisos I a IV do artigo 2º deste decreto deverão ser remetidos ao Gabinete do Procurador-Geral do Estado por intermédio do Titular da Pasta a que estejam vinculados.

Art. 5º O Gabinete da Procuradoria-Geral do Estado devolverá de plano os processos e expedientes que não observarem o disposto no artigo 4º deste decreto.

Art. 6º A realização do acordo ou transação implica em confissão irrevogável e irretratável dos débitos por eles abrangidos, nos termos dos arts. 289 e 395 do Código de Processo Civil.

Art. 7º Nos processos judiciais, cabe ao Procurador-Geral do Estado, quando expressamente autorizado pelo Governador, mediante ato específico, transigir, desistir, fazer acordo, firmar compromisso, confessar, receber e dar quitação, nas ações em que o Estado figure como arte, nos termos do disposto no artigo 3º, inciso XXI, e 9º, inciso V, da Lei Complementar nº 86/2008;

Art. 8º Todos os termos de conciliação, acordo e ajustamento de conduta serão publicados no sítio eletrônico oficial da Procuradoria-Geral do Estado.

Art. 9º Fica revogado o decreto nº 30.349, de 20 de maio de 2009.

Art. 10. Este decreto entra em vigor na data de sua publicação.

PALÁCIO DO GOVERNO DO ESTADO DA PARAÍBA, em João Pessoa, 18 de setembro de 2019.

LEI FEDERAL Nº 14.133, DE 1º DE ABRIL DE 2021

- LEI DE LICITAÇÕES E CONTRATOS ADMINISTRATIVOS.

ÍNDICE

O PRESIDENTE DA REPÚBLICA Faço saber que o Congresso Nacional decreta e eu sanciono a seguinte Lei:

TÍTULO I
DISPOSIÇÕES PRELIMINARES

Capítulo I
DO ÂMBITO DE APLICAÇÃO DESTA LEI

Art. 1º Esta Lei estabelece normas gerais de licitação e contratação para as Administrações Públicas diretas, autárquicas e fundacionais da União, dos Estados, do Distrito Federal e dos Municípios, e abrange:

I – os órgãos dos Poderes Legislativo e Judiciário da União, dos Estados e do Distrito Federal e os órgãos do Poder Legislativo dos Municípios, quando no desempenho de função administrativa;

II – os fundos especiais e as demais entidades controladas direta ou indiretamente pela Administração Pública.

§ 1º Não são abrangidas por esta Lei as empresas públicas, as sociedades de economia mista e as suas subsidiárias, regidas pela Lei nº 13.303, de 30 de junho de 2016, ressalvado o disposto no art. 178 desta Lei.

§ 2º As contratações realizadas no âmbito das repartições públicas sediadas no exterior obedecerão às peculiaridades locais e aos princípios básicos estabelecidos nesta Lei, na forma de regulamentação específica a ser editada por ministro de Estado.

§ 3º Nas licitações e contratações que envolvam recursos provenientes de empréstimo ou doação oriundos de agência oficial de cooperação estrangeira ou de organismo financeiro de que o Brasil seja parte, podem ser admitidas:

I – condições decorrentes de acordos internacionais aprovados pelo Congresso Nacional e ratificados pelo Presidente da República;

II – condições peculiares à seleção e à contratação constantes de normas e procedimentos das agências ou dos organismos, desde que:

a) sejam exigidas para a obtenção do empréstimo ou doação;

b) não conflitem com os princípios constitucionais em vigor;

c) sejam indicadas no respectivo contrato de empréstimo ou doação e tenham sido objeto de parecer favorável do órgão jurídico do contratante do financiamento previamente à celebração do referido contrato;

d) (VETADO).

§ 4º A documentação encaminhada ao Senado Federal para autorização do empréstimo de que trata o § 3º deste artigo deverá fazer referência às condições contratuais que incidam na hipótese do referido parágrafo.

§ 5º As contratações relativas à gestão, direta e indireta, das reservas internacionais do País, inclusive as de serviços conexos ou acessórios a essa atividade, serão disciplinadas em ato normativo próprio do Banco Central do Brasil, assegurada a observância dos princípios estabelecidos no caput do art. 37 da Constituição Federal.

Art. 2º Esta Lei aplica-se a:

I – alienação e concessão de direito real de uso de bens;

II – compra, inclusive por encomenda;

III – locação;

IV – concessão e permissão de uso de bens públicos;

V – prestação de serviços, inclusive os técnico-profissionais especializados;

VI – obras e serviços de arquitetura e engenharia;

VII – contratações de tecnologia da informação e de comunicação.

Art. 3º Não se subordinam ao regime desta Lei:

I – contratos que tenham por objeto operação de crédito, interno ou externo, e gestão de dívida pública, incluídas as contratações de agente financeiro e a concessão de garantia relacionadas a esses contratos;

II – contratações sujeitas a normas previstas em legislação própria.

Art. 4º Aplicam-se às licitações e contratos disciplinados por esta Lei as disposições constantes dos arts. 42 a 49 da Lei Complementar nº 123, de 14 de dezembro de 2006.

§ 1º As disposições a que se refere o caput deste artigo não são aplicadas:

I – no caso de licitação para aquisição de bens ou contratação de serviços em geral, ao item cujo valor estimado for superior à receita bruta máxima admitida para fins de enquadramento como empresa de pequeno porte;

II – no caso de contratação de obras e serviços de engenharia, às licitações cujo valor estimado for superior à receita bruta máxima admitida para fins de enquadramento como empresa de pequeno porte.

§ 2º A obtenção de benefícios a que se refere o caput deste artigo fica limitada às microempresas e às empresas de pequeno porte que, no ano-calendário de realização da licitação, ainda não tenham celebrado contratos com a Administração Pública cujos valores somados extrapolem a receita bruta máxima admitida para fins de enquadramento como empresa de pequeno porte, devendo o órgão ou entidade exigir do licitante declaração de observância desse limite na licitação.

§ 3º Nas contratações com prazo de vigência superior a 1 (um) ano, será considerado o valor anual do contrato na aplicação dos limites previstos nos §§ 1º e 2º deste artigo.

Capítulo II
DOS PRINCÍPIOS

Art. 5º Na aplicação desta Lei, serão observados os princípios da legalidade, da impessoalidade, da moralidade, da publicidade, da eficiência, do interesse público, da probidade administrativa, da igualdade, do planejamento, da transparência, da eficácia, da segregação de funções, da motivação, da vinculação ao edital, do julgamento objetivo, da segurança jurídica, da razoabilidade, da competitividade, da proporcionalidade, da celeridade, da economicidade e do desenvolvimento nacional sustentável, assim como as disposições do Decreto-Lei nº 4.657, de 4 de setembro de 1942 (Lei de Introdução às Normas do Direito Brasileiro).

Capítulo III
DAS DEFINIÇÕES

Art. 6º Para os fins desta Lei, consideram-se:

I – órgão: unidade de atuação integrante da estrutura da Administração Pública;

II – entidade: unidade de atuação dotada de personalidade jurídica;

III – Administração Pública: administração direta e indireta da União, dos Estados, do Distrito Federal e dos Municípios, inclusive as entidades com personalidade jurídica de direito privado sob controle do poder público e as fundações por ele instituídas ou mantidas;

IV – Administração: órgão ou entidade por meio do qual a Administração Pública atua;

V – agente público: indivíduo que, em virtude de eleição, nomeação, designação, contratação ou qualquer outra forma de investidura ou vínculo, exerce mandato, cargo, emprego ou função em pessoa jurídica integrante da Administração Pública;

VI – autoridade: agente público dotado de poder de decisão;

VII – contratante: pessoa jurídica integrante da Administração Pública responsável pela contratação;

VIII – contratado: pessoa física ou jurídica, ou consórcio de pessoas jurídicas, signatária de contrato com a Administração;

IX – licitante: pessoa física ou jurídica, ou consórcio de pessoas jurídicas, que participa ou manifesta a intenção de participar de processo licitatório, sendo-lhe equiparável, para os fins desta Lei, o fornecedor ou o prestador de serviço que, em atendimento à solicitação da Administração, oferece proposta;

X – compra: aquisição remunerada de bens para fornecimento de uma só vez ou parceladamente, considerada imediata aquela com prazo de entrega de até 30 (trinta) dias da ordem de fornecimento;

XI – serviço: atividade ou conjunto de atividades destinadas a obter determinada utilidade, intelectual ou material, de interesse da Administração;

XII – obra: toda atividade estabelecida, por força de lei, como privativa das profissões de arquiteto e engenheiro que implica intervenção no meio ambiente por meio de um conjunto harmônico de ações que, agregadas, formam um todo que inova o espaço físico da natureza ou acarreta alteração substancial das características originais de bem imóvel;

XIII – bens e serviços comuns: aqueles cujos padrões de desempenho e qualidade podem ser objetivamente definidos pelo edital, por meio de especificações usuais de mercado;

XIV – bens e serviços especiais: aqueles que, por sua alta heterogeneidade ou complexidade, não podem ser descritos na forma do inciso XIII do caput deste artigo, exigida justificativa prévia do contratante;

XV – serviços e fornecimentos contínuos: serviços contratados e compras realizadas pela Administração Pública para a manutenção da atividade administrativa, decorrentes de necessidades permanentes ou prolongadas;

XVI – serviços contínuos com regime de dedicação exclusiva de mão de obra: aqueles cujo modelo de execução contratual exige, entre outros requisitos, que:

a) os empregados do contratado fiquem à disposição nas dependências do contratante para a prestação dos serviços;

b) o contratado não compartilhe os recursos humanos e materiais disponíveis de uma contratação para execução simultânea de outros contratos;

c) o contratado possibilite a fiscalização pelo contratante quanto à distribuição, controle e supervisão dos recursos humanos alocados aos seus contratos;

XVII – serviços não contínuos ou contratados por escopo: aqueles que impõem ao contratado o dever de realizar a prestação de um serviço específico em período predeterminado, podendo ser prorrogado, desde que justificadamente, pelo prazo necessário à conclusão do objeto;

XVIII – serviços técnicos especializados de natureza predominantemente intelectual: aqueles realizados em trabalhos relativos a:

a) estudos técnicos, planejamentos, projetos básicos e projetos executivos;

b) pareceres, perícias e avaliações em geral;

c) assessorias e consultorias técnicas e auditorias financeiras e tributárias;

d) fiscalização, supervisão e gerenciamento de obras e serviços;

e) patrocínio ou defesa de causas judiciais e administrativas;

f) treinamento e aperfeiçoamento de pessoal;

g) restauração de obras de arte e de bens de valor histórico;

h) controles de qualidade e tecnológico, análises, testes e ensaios de campo e laboratoriais, instrumentação e monitoramento de parâmetros específicos de obras e do meio ambiente e demais serviços de engenharia que se enquadrem na definição deste inciso;

XIX – notória especialização: qualidade de profissional ou de empresa cujo conceito, no campo de sua especialidade, decorrente de desempenho anterior, estudos, experiência, publicações, organização, aparelhamento, equipe técnica ou outros requisitos relacionados com suas atividades, permite inferir que o seu trabalho é essencial e reconhecidamente adequado à plena satisfação do objeto do contrato;

XX – estudo técnico preliminar: documento constitutivo da primeira etapa do planejamento de uma contratação que caracteriza o interesse público envolvido e a sua melhor solução e dá base ao anteprojeto, ao termo de referência ou ao projeto básico a serem elaborados caso se conclua pela viabilidade da contratação;

XXI – serviço de engenharia: toda atividade ou conjunto de atividades destinadas a obter determinada utilidade, intelectual ou material, de interesse para a Administração e que, não enquadradas no conceito de obra a que se refere o inciso XII do caput deste artigo, são estabelecidas, por força de lei, como privativas das profissões de arquiteto e engenheiro ou de técnicos especializados, que compreendem:

a) serviço comum de engenharia: todo serviço de engenharia que tem por objeto ações, objetivamente padronizáveis em termos de desempenho e qualidade, de manutenção, de adequação e de adaptação de bens móveis e imóveis, com preservação das características originais dos bens;

b) serviço especial de engenharia: aquele que, por sua alta heterogeneidade ou complexidade, não pode se enquadrar na definição constante da alínea "a" deste inciso;

XXII – obras, serviços e fornecimentos de grande vulto: aqueles cujo valor estimado supera R$ 200.000.000,00 (duzentos milhões de reais);

XXIII – termo de referência: documento necessário para a contratação de bens e serviços, que deve conter os seguintes parâmetros e elementos descritivos:

a) definição do objeto, incluídos sua natureza, os quantitativos, o prazo do contrato e, se for o caso, a possibilidade de sua prorrogação;

b) fundamentação da contratação, que consiste na referência aos estudos técnicos preliminares correspondentes ou, quando não for possível divulgar esses estudos, no extrato das partes que não contiverem informações sigilosas;

c) descrição da solução como um todo, considerado todo o ciclo de vida do objeto;

d) requisitos da contratação;

e) modelo de execução do objeto, que consiste na definição de como o contrato deverá produzir os resultados pretendidos desde o seu início até o seu encerramento;

f) modelo de gestão do contrato, que descreve como a execução do objeto será acompanhada e fiscalizada pelo órgão ou entidade;

g) critérios de medição e de pagamento;

h) forma e critérios de seleção do fornecedor;

i) estimativas do valor da contratação, acompanhadas dos preços unitários referenciais, das memórias de cálculo e dos documentos que lhe dão suporte, com os parâmetros utilizados para a obtenção dos preços e para os respectivos cálculos, que devem constar de documento separado e classificado;

j) adequação orçamentária;

XXIV - anteprojeto: peça técnica com todos os subsídios necessários à elaboração do projeto básico, que deve conter, no mínimo, os seguintes elementos:

a) demonstração e justificativa do programa de necessidades, avaliação de demanda do público-alvo, motivação técnico-econômico-social do empreendimento, visão global dos investimentos e definições relacionadas ao nível de serviço desejado;

b) condições de solidez, de segurança e de durabilidade;

c) prazo de entrega;

d) estética do projeto arquitetônico, traçado geométrico e/ou projeto da área de influência, quando cabível;

e) parâmetros de adequação ao interesse público, de economia na utilização, de facilidade na execução, de impacto ambiental e de acessibilidade;

f) proposta de concepção da obra ou do serviço de engenharia;

g) projetos anteriores ou estudos preliminares que embasaram a concepção proposta;

h) levantamento topográfico e cadastral;

i) pareceres de sondagem;

j) memorial descritivo dos elementos da edificação, dos componentes construtivos e dos materiais de construção, de forma a estabelecer padrões mínimos para a contratação;

XXV – projeto básico: conjunto de elementos necessários e suficientes, com nível de precisão adequado para definir e dimensionar a obra ou o serviço, ou o complexo de obras ou de serviços objeto da licitação, elaborado com base nas indicações dos estudos técnicos preliminares, que assegure a viabilidade técnica e o adequado tratamento do impacto ambiental do empreendimento e que possibilite a avaliação do custo da obra e a definição dos métodos e do prazo de execução, devendo conter os seguintes elementos:

a) levantamentos topográficos e cadastrais, sondagens e ensaios geotécnicos, ensaios e análises laboratoriais, estudos socioambientais e demais dados e levantamentos necessários para execução da solução escolhida;

b) soluções técnicas globais e localizadas, suficientemente detalhadas, de forma a evitar, por ocasião da elaboração do projeto executivo e da realização das obras e montagem, a necessidade de reformulações ou variantes quanto à qualidade, ao preço e ao prazo inicialmente definidos;

c) identificação dos tipos de serviços a executar e dos materiais e equipamentos a incorporar à obra, bem como das suas especificações, de modo a assegurar os melhores resultados para o empreendimento e a segurança executiva na utilização do objeto, para os fins a que se destina, considerados os riscos e os perigos identificáveis, sem frustrar o caráter competitivo para a sua execução;

d) informações que possibilitem o estudo e a definição de métodos construtivos, de instalações provisórias e de condições organizacionais para a obra, sem frustrar o caráter competitivo para a sua execução;

e) subsídios para montagem do plano de licitação e gestão da obra, compreendidos a sua programação, a estratégia de suprimentos, as normas de fiscalização e outros dados necessários em cada caso;

f) orçamento detalhado do custo global da obra, fundamentado em quantitativos de serviços e fornecimentos propriamente avaliados, obrigatório exclusivamente para os regimes de execução previstos nos incisos I, II, III, IV e VII do caput do art. 46 desta Lei;

XXVI – projeto executivo: conjunto de elementos necessários e suficientes à execução completa da obra, com o detalhamento das soluções previstas no projeto básico, a identificação de serviços, de materiais e de equipamentos a serem incorporados à obra, bem como suas especificações técnicas, de acordo com as normas técnicas pertinentes;

XXVII - matriz de riscos: cláusula contratual definidora de riscos e de responsabilidades entre as partes e caracterizadora do equilíbrio econômico-financeiro inicial do contrato, em termos de ônus financeiro decorrente de eventos supervenientes à contratação, contendo, no mínimo, as seguintes informações:

a) listagem de possíveis eventos supervenientes à assinatura do contrato que possam causar impacto em seu equilíbrio econômico-financeiro e previsão de eventual necessidade de prolação de termo aditivo por ocasião de sua ocorrência;

b) no caso de obrigações de resultado, estabelecimento das frações do objeto com relação às quais haverá liberdade para os contratados inovarem em soluções metodológicas ou tecnológicas, em termos de modificação das soluções previamente delineadas no anteprojeto ou no projeto básico;

c) no caso de obrigações de meio, estabelecimento preciso das frações do objeto com relação às quais não haverá liberdade para os contratados inovarem em soluções metodológicas ou tecnológicas, devendo haver obrigação de aderência entre a execução e a solução predefinida no anteprojeto ou no projeto básico, consideradas as características do regime de execução no caso de obras e serviços de engenharia;

XXVIII - empreitada por preço unitário: contratação da execução da obra ou do serviço por preço certo de unidades determinadas;

XXIX - empreitada por preço global: contratação da execução da obra ou do serviço por preço certo e total;

XXX - empreitada integral: contratação de empreendimento em sua integralidade, compreendida a totalidade das etapas de obras, serviços e instalações necessárias, sob inteira responsabilidade do contratado até sua entrega ao contratante em condições de entrada em operação, com características adequadas às finalidades para as quais foi contratado e atendidos os requisitos técnicos e legais para sua utilização com segurança estrutural e operacional;

XXXI - contratação por tarefa: regime de contratação de mão de obra para pequenos trabalhos por preço certo, com ou sem fornecimento de materiais;

XXXII - contratação integrada: regime de contratação de obras e serviços de engenharia em que o contratado é responsável por elaborar e desenvolver os projetos básico e executivo, executar obras e serviços de engenharia, fornecer bens ou prestar serviços especiais e realizar montagem, teste, pré-operação e as demais operações necessárias e suficientes para a entrega final do objeto;

XXXIII - contratação semi-integrada: regime de contratação de obras e serviços de engenharia em que o contratado é responsável por elaborar e desenvolver o projeto executivo, executar obras e serviços de engenharia, fornecer bens ou prestar serviços especiais e realizar montagem, teste, pré-operação e as demais operações necessárias e suficientes para a entrega final do objeto;

XXXIV – fornecimento e prestação de serviço associado: regime de contratação em que, além do fornecimento do objeto, o contratado responsabiliza-se por sua operação, manutenção ou ambas, por tempo determinado;

XXXV – licitação internacional: licitação processada em território nacional na qual é admitida a participação de licitantes estrangeiros, com a possibilidade de cotação de preços em moeda estrangeira, ou licitação na qual o objeto contratual pode ou deve ser executado no todo ou em parte em território estrangeiro;

XXXVI – serviço nacional: serviço prestado em território nacional, nas condições estabelecidas pelo Poder Executivo federal;

XXXVII – produto manufaturado nacional: produto manufaturado produzido no território nacional de acordo com o processo produtivo básico ou com as regras de origem estabelecidas pelo Poder Executivo federal;

XXXVIII – concorrência: modalidade de licitação para contratação de bens e serviços especiais e de obras e serviços comuns e especiais de engenharia, cujo critério de julgamento poderá ser:

a) menor preço;

b) melhor técnica ou conteúdo artístico;

c) técnica e preço;

d) maior retorno econômico;

e) maior desconto;

XXXIX – concurso: modalidade de licitação para escolha de trabalho técnico, científico ou artístico, cujo critério de julgamento será o de melhor técnica ou conteúdo artístico, e para concessão de prêmio ou remuneração ao vencedor;

XL – leilão: modalidade de licitação para alienação de bens imóveis ou de bens móveis inservíveis ou legalmente apreendidos a quem oferecer o maior lance;

XLI – pregão: modalidade de licitação obrigatória para aquisição de bens e serviços comuns, cujo critério de julgamento poderá ser o de menor preço ou o de maior desconto;

XLII – diálogo competitivo: modalidade de licitação para contratação de obras, serviços e compras em que a Administração Pública realiza diálogos com licitantes previamente selecionados mediante critérios objetivos, com o intuito de desenvolver uma ou mais alternativas capazes de atender às suas necessidades, devendo os licitantes apresentar proposta final após o encerramento dos diálogos;

XLIII - credenciamento: processo administrativo de chamamento público em que a Administração Pública convoca interessados em prestar serviços ou fornecer bens para que, preenchidos os requisitos necessários, se credenciem no órgão ou na entidade para executar o objeto quando convocados;

XLIV - pré-qualificação: procedimento seletivo prévio à licitação, convocado por meio de edital, destinado à análise das condições de habilitação, total ou parcial, dos interessados ou do objeto;

XLV - sistema de registro de preços: conjunto de procedimentos para realização, mediante contratação direta ou licitação nas modalidades pregão ou concorrência, de registro formal de preços relativos a prestação de serviços, a obras e a aquisição e locação de bens para contratações futuras;

XLVI - ata de registro de preços: documento vinculativo e obrigacional, com característica de compromisso para futura contratação, no qual são registrados o objeto, os preços, os fornecedores, os órgãos participantes e as condições a serem praticadas, conforme as disposições contidas no edital da licitação, no aviso ou instrumento de contratação direta e nas propostas apresentadas;

XLVII - órgão ou entidade gerenciadora: órgão ou entidade da Administração Pública responsável pela condução do conjunto de procedimentos para registro de preços e pelo gerenciamento da ata de registro de preços dele decorrente;

XLVIII - órgão ou entidade participante: órgão ou entidade da Administração Pública que participa dos procedimentos iniciais da contratação para registro de preços e integra a ata de registro de preços;

XLIX - órgão ou entidade não participante: órgão ou entidade da Administração Pública que não participa dos procedimentos iniciais da licitação para registro de preços e não integra a ata de registro de preços;

L - comissão de contratação: conjunto de agentes públicos indicados pela Administração, em caráter permanente ou especial, com a função de receber, examinar e julgar documentos relativos às licitações e aos procedimentos auxiliares;

LI - catálogo eletrônico de padronização de compras, serviços e obras: sistema informatizado, de gerenciamento centralizado e com indicação de preços, destinado a permitir a padronização de itens a serem adquiridos pela Administração Pública e que estarão disponíveis para a licitação;

LII - sítio eletrônico oficial: sítio da internet, certificado digitalmente por autoridade certificadora, no qual o ente federativo divulga de forma centralizada as informações e os serviços de governo digital dos seus órgãos e entidades;

LIII – contrato de eficiência: contrato cujo objeto é a prestação de serviços, que pode incluir a realização de obras e o fornecimento de bens, com o objetivo de proporcionar economia ao contratante, na forma de redução de despesas correntes, remunerado o contratado com base em percentual da economia gerada;

LIV – seguro-garantia: seguro que garante o fiel cumprimento das obrigações assumidas pelo contratado;

LV – produtos para pesquisa e desenvolvimento: bens, insumos, serviços e obras necessários para atividade de pesquisa científica e tecnológica, desenvolvimento de tecnologia ou inovação tecnológica, discriminados em projeto de pesquisa;

LVI – sobrepreço: preço orçado para licitação ou contratado em valor expressivamente superior aos preços referenciais de mercado, seja de apenas 1 (um) item, se a licitação ou a contratação for por preços unitários de serviço, seja do valor global do objeto, se a licitação ou a contratação for por tarefa, empreitada por preço global ou empreitada integral, semi-integrada ou integrada;

LVII – superfaturamento: dano provocado ao patrimônio da Administração, caracterizado, entre outras situações, por:

a) medição de quantidades superiores às efetivamente executadas ou fornecidas;

b) deficiência na execução de obras e de serviços de engenharia que resulte em diminuição da sua qualidade, vida útil ou segurança;

c) alterações no orçamento de obras e de serviços de engenharia que causem desequilíbrio econômico-financeiro do contrato em favor do contratado;

d) outras alterações de cláusulas financeiras que gerem recebimentos contratuais antecipados, distorção do cronograma físico-financeiro, prorrogação injustificada do prazo contratual com custos adicionais para a Administração ou reajuste irregular de preços;

LVIII – reajustamento em sentido estrito: forma de manutenção do equilíbrio econômico-financeiro de contrato consistente na aplicação do índice de correção monetária previsto no contrato, que deve retratar a variação efetiva do custo de produção, admitida a adoção de índices específicos ou setoriais;

LIX – repactuação: forma de manutenção do equilíbrio econômico-financeiro de contrato utilizada para serviços contínuos com regime de dedicação exclusiva de mão de obra ou predominância de mão de obra, por meio da análise da variação dos custos contratuais, devendo estar prevista no edital com data vinculada à apresentação das propostas, para os custos decorrentes do mercado, e com data vinculada ao acordo, à convenção coletiva ou ao dissídio coletivo ao qual o orçamento esteja vinculado, para os custos decorrentes da mão de obra;

LX – agente de contratação: pessoa designada pela autoridade competente, entre servidores efetivos ou empregados públicos dos quadros permanentes da Administração Pública, para tomar decisões, acompanhar o trâmite da licitação, dar impulso ao procedimento licitatório e executar quaisquer outras atividades necessárias ao bom andamento do certame até a homologação.

Capítulo IV
DOS AGENTES PÚBLICOS

Art. 7º Caberá à autoridade máxima do órgão ou da entidade, ou a quem as normas de organização administrativa indicarem, promover gestão por competências e designar agentes públicos para o desempenho das funções essenciais à execução desta Lei que preencham os seguintes requisitos:

I – sejam, preferencialmente, servidor efetivo ou empregado público dos quadros permanentes da Administração Pública;

II – tenham atribuições relacionadas a licitações e contratos ou possuam formação compatível ou qualificação atestada por certificação profissional emitida por escola de governo criada e mantida pelo poder público; e

III – não sejam cônjuge ou companheiro de licitantes ou contratados habituais da Administração nem tenham com eles vínculo de parentesco, colateral ou por afinidade, até o terceiro grau, ou de natureza técnica, comercial, econômica, financeira, trabalhista e civil.

§ 1º A autoridade referida no caput deste artigo deverá observar o princípio da segregação de funções, vedada a designação do mesmo agente público para atuação simultânea em funções mais suscetíveis a riscos, de modo a reduzir a possibilidade de ocultação de erros e de ocorrência de fraudes na respectiva contratação.

§ 2º O disposto no caput e no § 1º deste artigo, inclusive os requisitos estabelecidos, também se aplica aos órgãos de assessoramento jurídico e de controle interno da Administração.

Art. 8º A licitação será conduzida por agente de contratação, pessoa designada pela autoridade competente, entre servidores efetivos ou empregados públicos dos quadros permanentes da Administração Pública, para tomar decisões, acompanhar o trâmite da licitação, dar impulso ao procedimento licitatório e executar quaisquer outras atividades necessárias ao bom andamento do certame até a homologação.

§ 1º O agente de contratação será auxiliado por equipe de apoio e responderá individualmente pelos atos que praticar, salvo quando induzido a erro pela atuação da equipe.

§ 2º Em licitação que envolva bens ou serviços especiais, desde que observados os requisitos estabelecidos no art. 7º desta Lei, o agente de contratação poderá ser substituído por comissão de contratação formada por, no mínimo, 3 (três) membros, que responderão solidariamente por todos os atos praticados pela comissão, ressalvado o membro que expressar posição individual divergente fundamentada e registrada em ata lavrada na reunião em que houver sido tomada a decisão.

§ 3º As regras relativas à atuação do agente de contratação e da equipe de apoio, ao funcionamento da comissão de contratação e à atuação de fiscais e gestores de contratos de que trata esta Lei serão estabelecidas em regulamento, e deverá ser prevista a possibilidade de eles contarem com o apoio dos órgãos de assessoramento jurídico e de controle interno para o desempenho das funções essenciais à execução do disposto nesta Lei.

§ 4º Em licitação que envolva bens ou serviços especiais cujo objeto não seja rotineiramente contratado pela Administração, poderá ser contratado, por prazo determinado, serviço de empresa ou de profissional especializado para assessorar os agentes públicos responsáveis pela condução da licitação.

§ 5º Em licitação na modalidade pregão, o agente responsável pela condução do certame será designado pregoeiro.

Art. 9º É vedado ao agente público designado para atuar na área de licitações e contratos, ressalvados os casos previstos em lei:

I – admitir, prever, incluir ou tolerar, nos atos que praticar, situações que:

a) comprometam, restrinjam ou frustrem o caráter competitivo do processo licitatório, inclusive nos casos de participação de sociedades cooperativas;

b) estabeleçam preferências ou distinções em razão da naturalidade, da sede ou do domicílio dos licitantes;

c) sejam impertinentes ou irrelevantes para o objeto específico do contrato;

II – estabelecer tratamento diferenciado de natureza comercial, legal, trabalhista, previdenciária ou qualquer outra entre empresas brasileiras e estrangeiras, inclusive no que se refere a moeda, modalidade e local de pagamento, mesmo quando envolvido financiamento de agência internacional;

III – opor resistência injustificada ao andamento dos processos e, indevidamente, retardar ou deixar de praticar ato de ofício, ou praticá-lo contra disposição expressa em lei.

§ 1º Não poderá participar, direta ou indiretamente, da licitação ou da execução do contrato agente público de órgão ou entidade licitante ou contratante, devendo ser observadas as situações que possam configurar conflito de interesses no exercício ou após o exercício do cargo ou emprego, nos termos da legislação que disciplina a matéria.

§ 2º As vedações de que trata este artigo estendem-se a terceiro que auxilie a condução da contratação na qualidade de integrante de equipe de apoio, profissional especializado ou funcionário ou representante de empresa que preste assessoria técnica.

Art. 10. Se as autoridades competentes e os servidores públicos que tiverem participado dos procedimentos relacionados às licitações e aos contratos de que trata esta Lei precisarem defender-se nas esferas administrativa, controladora ou judicial em razão de ato praticado com estrita observância de orientação constante em parecer jurídico elaborado na forma do § 1º do art. 53 desta Lei, a advocacia pública promoverá, a critério do agente público, sua representação judicial ou extrajudicial.

§ 1º Não se aplica o disposto no caput deste artigo quando:

I - (VETADO);

II – provas da prática de atos ilícitos dolosos constarem nos autos do processo administrativo ou judicial.

§ 2º Aplica-se o disposto no caput deste artigo inclusive na hipótese de o agente público não mais ocupar o cargo, emprego ou função em que foi praticado o ato questionado.

TÍTULO II
DAS LICITAÇÕES

Capítulo I
DO PROCESSO LICITATÓRIO

Art. 11. O processo licitatório tem por objetivos:

I – assegurar a seleção da proposta apta a gerar o resultado de contratação mais vantajoso para a Administração Pública, inclusive no que se refere ao ciclo de vida do objeto;

II – assegurar tratamento isonômico entre os licitantes, bem como a justa competição;

III – evitar contratações com sobrepreço ou com preços manifestamente inexequíveis e superfaturamento na execução dos contratos;

IV – incentivar a inovação e o desenvolvimento nacional sustentável.

Parágrafo único. A alta administração do órgão ou entidade é responsável pela governança das contratações e deve implementar processos e estruturas, inclusive de gestão de riscos e controles internos, para avaliar, direcionar e monitorar os processos licitatórios e os respectivos contratos, com o intuito de alcançar os objetivos estabelecidos no caput deste artigo, promover um ambiente íntegro e confiável, assegurar o alinhamento das contratações ao planejamento estratégico e às leis orçamentárias e promover eficiência, efetividade e eficácia em suas contratações.

Art. 12. No processo licitatório, observar-se-á o seguinte:

I – os documentos serão produzidos por escrito, com data e local de sua realização e assinatura dos responsáveis;

II – os valores, os preços e os custos utilizados terão como expressão monetária a moeda corrente nacional, ressalvado o disposto no art. 52 desta Lei;

III – o desatendimento de exigências meramente formais que não comprometam a aferição da qualificação do licitante ou a compreensão do conteúdo de sua proposta não importará seu afastamento da licitação ou a invalidação do processo;

IV – a prova de autenticidade de cópia de documento público ou particular poderá ser feita perante agente da Administração, mediante apresentação de original ou de declaração de autenticidade por advogado, sob sua responsabilidade pessoal;

V – o reconhecimento de firma somente será exigido quando houver dúvida de autenticidade, salvo imposição legal;

VI – os atos serão preferencialmente digitais, de forma a permitir que sejam produzidos, comunicados, armazenados e validados por meio eletrônico;

VII – a partir de documentos de formalização de demandas, os órgãos responsáveis pelo planejamento de cada ente federativo poderão, na forma de regulamento, elaborar plano de contratações anual, com o objetivo de racionalizar as contratações dos órgãos e entidades sob sua competência, garantir o alinhamento com o seu planejamento estratégico e subsidiar a elaboração das respectivas leis orçamentárias.

§ 1º O plano de contratações anual de que trata o inciso VII do caput deste artigo deverá ser divulgado e mantido à disposição do público em sítio eletrônico oficial e será observado pelo ente federativo na realização de licitações e na execução dos contratos.

§ 2º É permitida a identificação e assinatura digital por pessoa física ou jurídica em meio eletrônico, mediante certificado digital emitido em âmbito da Infraestrutura de Chaves Públicas Brasileira (ICP-Brasil).

Art. 13. Os atos praticados no processo licitatório são públicos, ressalvadas as hipóteses de informações cujo sigilo seja imprescindível à segurança da sociedade e do Estado, na forma da lei.

Parágrafo único. A publicidade será diferida:

I – quanto ao conteúdo das propostas, até a respectiva abertura;

II – quanto ao orçamento da Administração, nos termos do art. 24 desta Lei.

Art. 14. Não poderão disputar licitação ou participar da execução de contrato, direta ou indiretamente:

I - autor do anteprojeto, do projeto básico ou do projeto executivo, pessoa física ou jurídica, quando a licitação versar sobre obra, serviços ou fornecimento de bens a ele relacionados;

II - empresa, isoladamente ou em consórcio, responsável pela elaboração do projeto básico ou do projeto executivo, ou empresa da qual o autor do projeto seja dirigente, gerente, controlador, acionista ou detentor de mais de 5% (cinco por cento) do capital com direito a voto, responsável técnico ou subcontratado, quando a licitação versar sobre obra, serviços ou fornecimento de bens a ela necessários;

III - pessoa física ou jurídica que se encontre, ao tempo da licitação, impossibilitada de participar da licitação em decorrência de sanção que lhe foi imposta;

IV - aquele que mantenha vínculo de natureza técnica, comercial, econômica, financeira, trabalhista ou civil com dirigente do órgão ou entidade contratante ou com agente público que desempenhe função na licitação ou atue na fiscalização ou na gestão do contrato, ou que deles seja cônjuge, companheiro ou parente em linha reta, colateral ou por afinidade, até o terceiro grau, devendo essa proibição constar expressamente do edital de licitação;

V - empresas controladoras, controladas ou coligadas, nos termos da Lei nº 6.404, de 15 de dezembro de 1976, concorrendo entre si;

VI - pessoa física ou jurídica que, nos 5 (cinco) anos anteriores à divulgação do edital, tenha sido condenada judicialmente, com trânsito em julgado, por exploração de trabalho infantil, por submissão de trabalhadores a condições análogas às de escravo ou por contratação de adolescentes nos casos vedados pela legislação trabalhista.

§ 1º O impedimento de que trata o inciso III do caput deste artigo será também aplicado ao licitante que atue em substituição a outra pessoa, física ou jurídica, com o intuito de burlar a efetividade da sanção a ela aplicada, inclusive a sua controladora, controlada ou coligada, desde que devidamente comprovado o ilícito ou a utilização fraudulenta da personalidade jurídica do licitante.

§ 2º A critério da Administração e exclusivamente a seu serviço, o autor dos projetos e a empresa a que se referem os incisos I e II do caput deste artigo poderão participar no apoio das atividades de planejamento da contratação, de execução da licitação ou de gestão do contrato, desde que sob supervisão exclusiva de agentes públicos do órgão ou entidade.

§ 3º Equiparam-se aos autores do projeto as empresas integrantes do mesmo grupo econômico.

§ 4º O disposto neste artigo não impede a licitação ou a contratação de obra ou serviço que inclua como encargo do contratado a elaboração do projeto básico e do projeto executivo, nas contratações integradas, e do projeto executivo, nos demais regimes de execução.

§ 5º Em licitações e contratações realizadas no âmbito de projetos e programas parcialmente financiados por agência oficial de cooperação estrangeira ou por organismo financeiro internacional com recursos do financiamento ou da contrapartida nacional, não poderá participar pessoa física ou jurídica que integre o rol de pessoas sancionadas por essas entidades ou que seja declarada inidônea nos termos desta Lei.

Art. 15. Salvo vedação devidamente justificada no processo licitatório, pessoa jurídica poderá participar de licitação em consórcio, observadas as seguintes normas:

I – comprovação de compromisso público ou particular de constituição de consórcio, subscrito pelos consorciados;

II – indicação da empresa líder do consórcio, que será responsável por sua representação perante a Administração;

III – admissão, para efeito de habilitação técnica, do somatório dos quantitativos de cada consorciado e, para efeito de habilitação econômico-financeira, do somatório dos valores de cada consorciado;

IV – impedimento de a empresa consorciada participar, na mesma licitação, de mais de um consórcio ou de forma isolada;

V – responsabilidade solidária dos integrantes pelos atos praticados em consórcio, tanto na fase de licitação quanto na de execução do contrato.

§ 1º O edital deverá estabelecer para o consórcio acréscimo de 10% (dez por cento) a 30% (trinta por cento) sobre o valor exigido de licitante individual para a habilitação econômico-financeira, salvo justificação.

§ 2º O acréscimo previsto no § 1º deste artigo não se aplica aos consórcios compostos, em sua totalidade, de microempresas e pequenas empresas, assim definidas em lei.

§ 3º O licitante vencedor é obrigado a promover, antes da celebração do contrato, a constituição e o registro do consórcio, nos termos do compromisso referido no inciso I do caput deste artigo.

§ 4º Desde que haja justificativa técnica aprovada pela autoridade competente, o edital de licitação poderá estabelecer limite máximo para o número de empresas consorciadas.

§ 5º A substituição de consorciado deverá ser expressamente autorizada pelo órgão ou entidade contratante e condicionada à comprovação de que a nova empresa do consórcio possui, no mínimo, os mesmos quantitativos para efeito de habilitação técnica e os mesmos valores para efeito de qualificação econômico-financeira apresentados pela empresa substituída para fins de habilitação do consórcio no processo licitatório que originou o contrato.

Art. 16. Os profissionais organizados sob a forma de cooperativa poderão participar de licitação quando:

I - a constituição e o funcionamento da cooperativa observarem as regras estabelecidas na legislação aplicável, em especial a Lei nº 5.764, de 16 de dezembro de 1971, a Lei nº 12.690, de 19 de julho de 2012, e a Lei Complementar nº 130, de 17 de abril de 2009;

II - a cooperativa apresentar demonstrativo de atuação em regime cooperado, com repartição de receitas e despesas entre os cooperados;

III - qualquer cooperado, com igual qualificação, for capaz de executar o objeto contratado, vedado à Administração indicar nominalmente pessoas;

IV - o objeto da licitação referir-se, em se tratando de cooperativas enquadradas na Lei nº 12.690, de 19 de julho de 2012, a serviços especializados constantes do objeto social da cooperativa, a serem executados de forma complementar à sua atuação.

Art. 17. O processo de licitação observará as seguintes fases, em sequência:

I - preparatória;

II - de divulgação do edital de licitação;

III - de apresentação de propostas e lances, quando for o caso;

IV - de julgamento;

V - de habilitação;

VI - recursal;

VII - de homologação.

§ 1º A fase referida no inciso V do caput deste artigo poderá, mediante ato motivado com explicitação dos benefícios decorrentes, anteceder as fases referidas nos incisos III e IV do caput deste artigo, desde que expressamente previsto no edital de licitação.

§ 2º As licitações serão realizadas preferencialmente sob a forma eletrônica, admitida a utilização da forma presencial, desde que motivada, devendo a sessão pública ser registrada em ata e gravada em áudio e vídeo.

§ 3º Desde que previsto no edital, na fase a que se refere o inciso IV do caput deste artigo, o órgão ou entidade licitante poderá, em relação ao licitante provisoriamente vencedor, realizar análise e avaliação da conformidade da proposta, mediante homologação de amostras, exame de conformidade e prova de conceito, entre outros testes de interesse da Administração, de modo a comprovar sua aderência às especificações definidas no termo de referência ou no projeto básico.

§ 4º Nos procedimentos realizados por meio eletrônico, a Administração poderá determinar, como condição de validade e eficácia, que os licitantes pratiquem seus atos em formato eletrônico.

§ 5º Na hipótese excepcional de licitação sob a forma presencial a que refere o § 2º deste artigo, a sessão pública de apresentação de propostas deverá ser gravada em áudio e vídeo, e a gravação será juntada aos autos do processo licitatório depois de seu encerramento.

§ 6º A Administração poderá exigir certificação por organização independente acreditada pelo Instituto Nacional de Metrologia, Qualidade e Tecnologia (Inmetro) como condição para aceitação de:

I – estudos, anteprojetos, projetos básicos e projetos executivos;

II – conclusão de fases ou de objetos de contratos;

III – material e corpo técnico apresentados por empresa para fins de habilitação.

Capítulo II
DA FASE PREPARATÓRIA

Seção I
DA INSTRUÇÃO DO PROCESSO LICITATÓRIO

Art. 18. A fase preparatória do processo licitatório é caracterizada pelo planejamento e deve compatibilizar-se com o plano de contratações anual de que trata o inciso VII do caput do art. 12 desta Lei, sempre que elaborado, e com as leis orçamentárias, bem como abordar todas as considerações técnicas, mercadológicas e de gestão que podem interferir na contratação, compreendidos:

I – a descrição da necessidade da contratação fundamentada em estudo técnico preliminar que caracterize o interesse público envolvido;

II – a definição do objeto para o atendimento da necessidade, por meio de termo de referência, anteprojeto, projeto básico ou projeto executivo, conforme o caso;

III – a definição das condições de execução e pagamento, das garantias exigidas e ofertadas e das condições de recebimento;

IV – o orçamento estimado, com as composições dos preços utilizados para sua formação;

V – a elaboração do edital de licitação;

VI – a elaboração de minuta de contrato, quando necessária, que constará obrigatoriamente como anexo do edital de licitação;

VII - o regime de fornecimento de bens, de prestação de serviços ou de execução de obras e serviços de engenharia, observados os potenciais de economia de escala;

VIII - a modalidade de licitação, o critério de julgamento, o modo de disputa e a adequação e eficiência da forma de combinação desses parâmetros, para os fins de seleção da proposta apta a gerar o resultado de contratação mais vantajoso para a Administração Pública, considerado todo o ciclo de vida do objeto;

IX - a motivação circunstanciada das condições do edital, tais como justificativa de exigências de qualificação técnica, mediante indicação das parcelas de maior relevância técnica ou valor significativo do objeto, e de qualificação econômico-financeira, justificativa dos critérios de pontuação e julgamento das propostas técnicas, nas licitações com julgamento por melhor técnica ou técnica e preço, e justificativa das regras pertinentes à participação de empresas em consórcio;

X - a análise dos riscos que possam comprometer o sucesso da licitação e a boa execução contratual;

XI - a motivação sobre o momento da divulgação do orçamento da licitação, observado o art. 24 desta Lei.

§ 1º O estudo técnico preliminar a que se refere o inciso I do caput deste artigo deverá evidenciar o problema a ser resolvido e a sua melhor solução, de modo a permitir a avaliação da viabilidade técnica e econômica da contratação, e conterá os seguintes elementos:

I - descrição da necessidade da contratação, considerado o problema a ser resolvido sob a perspectiva do interesse público;

II - demonstração da previsão da contratação no plano de contratações anual, sempre que elaborado, de modo a indicar o seu alinhamento com o planejamento da Administração;

III - requisitos da contratação;

IV - estimativas das quantidades para a contratação, acompanhadas das memórias de cálculo e dos documentos que lhes dão suporte, que considerem interdependências com outras contratações, de modo a possibilitar economia de escala;

V - levantamento de mercado, que consiste na análise das alternativas possíveis, e justificativa técnica e econômica da escolha do tipo de solução a contratar;

VI - estimativa do valor da contratação, acompanhada dos preços unitários referenciais, das memórias de cálculo e dos documentos que lhe dão suporte, que poderão constar de anexo classificado, se a Administração optar por preservar o seu sigilo até a conclusão da licitação;

VII – descrição da solução como um todo, inclusive das exigências relacionadas à manutenção e à assistência técnica, quando for o caso;

VIII – justificativas para o parcelamento ou não da contratação;

IX – demonstrativo dos resultados pretendidos em termos de economicidade e de melhor aproveitamento dos recursos humanos, materiais e financeiros disponíveis;

X – providências a serem adotadas pela Administração previamente à celebração do contrato, inclusive quanto à capacitação de servidores ou de empregados para fiscalização e gestão contratual;

XI – contratações correlatas e/ou interdependentes;

XII – descrição de possíveis impactos ambientais e respectivas medidas mitigadoras, incluídos requisitos de baixo consumo de energia e de outros recursos, bem como logística reversa para desfazimento e reciclagem de bens e refugos, quando aplicável;

XIII – posicionamento conclusivo sobre a adequação da contratação para o atendimento da necessidade a que se destina.

§ 2º O estudo técnico preliminar deverá conter ao menos os elementos previstos nos incisos I, IV, VI, VIII e XIII do § 1º deste artigo e, quando não contemplar os demais elementos previstos no referido parágrafo, apresentar as devidas justificativas.

§ 3º Em se tratando de estudo técnico preliminar para contratação de obras e serviços comuns de engenharia, se demonstrada a inexistência de prejuízo para a aferição dos padrões de desempenho e qualidade almejados, a especificação do objeto poderá ser realizada apenas em termo de referência ou em projeto básico, dispensada a elaboração de projetos.

Art. 19. Os órgãos da Administração com competências regulamentares relativas às atividades de administração de materiais, de obras e serviços e de licitações e contratos deverão:

I – instituir instrumentos que permitam, preferencialmente, a centralização dos procedimentos de aquisição e contratação de bens e serviços;

II – criar catálogo eletrônico de padronização de compras, serviços e obras, admitida a adoção do catálogo do Poder Executivo federal por todos os entes federativos;

III – instituir sistema informatizado de acompanhamento de obras, inclusive com recursos de imagem e vídeo;

IV – instituir, com auxílio dos órgãos de assessoramento jurídico e de controle interno, modelos de minutas de editais, de termos de referência, de contratos padronizados e de outros documentos, admitida a adoção das minutas do Poder Executivo federal por todos os entes federativos;

V – promover a adoção gradativa de tecnologias e processos integrados que permitam a criação, a utilização e a atualização de modelos digitais de obras e serviços de engenharia.

§ 1º O catálogo referido no inciso II do caput deste artigo poderá ser utilizado em licitações cujo critério de julgamento seja o de menor preço ou o de maior desconto e conterá toda a documentação e os procedimentos próprios da fase interna de licitações, assim como as especificações dos respectivos objetos, conforme disposto em regulamento.

§ 2º A não utilização do catálogo eletrônico de padronização de que trata o inciso II do caput ou dos modelos de minutas de que trata o inciso IV do caput deste artigo deverá ser justificada por escrito e anexada ao respectivo processo licitatório.

§ 3º Nas licitações de obras e serviços de engenharia e arquitetura, sempre que adequada ao objeto da licitação, será preferencialmente adotada a Modelagem da Informação da Construção (Building Information Modelling – BIM) ou tecnologias e processos integrados similares ou mais avançados que venham a substitui-la.

Art. 20. Os itens de consumo adquiridos para suprir as demandas das estruturas da Administração Pública deverão ser de qualidade comum, não superior à necessária para cumprir as finalidades às quais se destinam, vedada a aquisição de artigos de luxo.

§ 1º Os Poderes Executivo, Legislativo e Judiciário definirão em regulamento os limites para o enquadramento dos bens de consumo nas categorias comum e luxo.

§ 2º A partir de 180 (cento e oitenta) dias contados da promulgação desta Lei, novas compras de bens de consumo só poderão ser efetivadas com a edição, pela autoridade competente, do regulamento a que se refere o § 1º deste artigo.

§ 3º (VETADO).

Art. 21. A Administração poderá convocar, com antecedência mínima de 8 (oito) dias úteis, audiência pública, presencial ou a distância, na forma eletrônica, sobre licitação que pretenda realizar, com disponibilização prévia de informações pertinentes, inclusive de estudo técnico preliminar e elementos do edital de licitação, e com possibilidade de manifestação de todos os interessados.

Parágrafo único. A Administração também poderá submeter a licitação a prévia consulta pública, mediante a disponibilização de seus elementos a todos os interessados, que poderão formular sugestões no prazo fixado.

Art. 22. O edital poderá contemplar matriz de alocação de riscos entre o contratante e o contratado, hipótese em que o cálculo do valor estimado da contratação poderá considerar taxa de risco compatível com o objeto da licitação e com os riscos atribuídos ao contratado, de acordo com metodologia predefinida pelo ente federativo.

§ 1º A matriz de que trata o caput deste artigo deverá promover a alocação eficiente dos riscos de cada contrato e estabelecer a responsabilidade que caiba a cada parte contratante, bem como os mecanismos que afastem a ocorrência do sinistro e mitiguem os seus efeitos, caso este ocorra durante a execução contratual.

§ 2º O contrato deverá refletir a alocação realizada pela matriz de riscos, especialmente quanto:

I – às hipóteses de alteração para o restabelecimento da equação econômico-financeira do contrato nos casos em que o sinistro seja considerado na matriz de riscos como causa de desequilíbrio não suportada pela parte que pretenda o restabelecimento;

II – à possibilidade de resolução quando o sinistro majorar excessivamente ou impedir a continuidade da execução contratual;

III – à contratação de seguros obrigatórios previamente definidos no contrato, integrado o custo de contratação ao preço ofertado.

§ 3º Quando a contratação se referir a obras e serviços de grande vulto ou forem adotados os regimes de contratação integrada e semi-integrada, o edital obrigatoriamente contemplará matriz de alocação de riscos entre o contratante e o contratado.

§ 4º Nas contratações integradas ou semi-integradas, os riscos decorrentes de fatos supervenientes à contratação associados à escolha da solução de projeto básico pelo contratado deverão ser alocados como de sua responsabilidade na matriz de riscos.

Art. 23. O valor previamente estimado da contratação deverá ser compatível com os valores praticados pelo mercado, considerados os preços constantes de bancos de dados públicos e as quantidades a serem contratadas, observadas a potencial economia de escala e as peculiaridades do local de execução do objeto.

§ 1º No processo licitatório para aquisição de bens e contratação de serviços em geral, conforme regulamento, o valor estimado será definido com base no melhor preço aferido por meio da utilização dos seguintes parâmetros, adotados de forma combinada ou não:

I – composição de custos unitários menores ou iguais à mediana do item correspondente no painel para consulta de preços ou no banco de preços em saúde disponíveis no Portal Nacional de Contratações Públicas (PNCP);

II – contratações similares feitas pela Administração Pública, em execução ou concluídas no período de 1 (um) ano anterior à data da pesquisa de preços, inclusive mediante sistema de registro de preços, observado o índice de atualização de preços correspondente;

III – utilização de dados de pesquisa publicada em mídia especializada, de tabela de referência formalmente aprovada pelo Poder Executivo federal e de sítios eletrônicos especializados ou de domínio amplo, desde que contenham a data e hora de acesso;

IV - pesquisa direta com no mínimo 3 (três) fornecedores, mediante solicitação formal de cotação, desde que seja apresentada justificativa da escolha desses fornecedores e que não tenham sido obtidos os orçamentos com mais de 6 (seis) meses de antecedência da data de divulgação do edital;

V - pesquisa na base nacional de notas fiscais eletrônicas, na forma de regulamento.

§ 2º No processo licitatório para contratação de obras e serviços de engenharia, conforme regulamento, o valor estimado, acrescido do percentual de Benefícios e Despesas Indiretas (BDI) de referência e dos Encargos Sociais (ES) cabíveis, será definido por meio da utilização de parâmetros na seguinte ordem:

I - composição de custos unitários menores ou iguais à mediana do item correspondente do Sistema de Custos Referenciais de Obras (Sicro), para serviços e obras de infraestrutura de transportes, ou do Sistema Nacional de Pesquisa de Custos e Índices de Construção Civil (Sinapi), para as demais obras e serviços de engenharia;

II - utilização de dados de pesquisa publicada em mídia especializada, de tabela de referência formalmente aprovada pelo Poder Executivo federal e de sítios eletrônicos especializados ou de domínio amplo, desde que contenham a data e a hora de acesso;

III - contratações similares feitas pela Administração Pública, em execução ou concluídas no período de 1 (um) ano anterior à data da pesquisa de preços, observado o índice de atualização de preços correspondente;

IV - pesquisa na base nacional de notas fiscais eletrônicas, na forma de regulamento.

§ 3º Nas contratações realizadas por Municípios, Estados e Distrito Federal, desde que não envolvam recursos da União, o valor previamente estimado da contratação, a que se refere o caput deste artigo, poderá ser definido por meio da utilização de outros sistemas de custos adotados pelo respectivo ente federativo.

§ 4º Nas contratações diretas por inexigibilidade ou por dispensa, quando não for possível estimar o valor do objeto na forma estabelecida nos §§ 1º, 2º e 3º deste artigo, o contratado deverá comprovar previamente que os preços estão em conformidade com os praticados em contratações semelhantes de objetos de mesma natureza, por meio da apresentação de notas fiscais emitidas para outros contratantes no período de até 1 (um) ano anterior à data da contratação pela Administração, ou por outro meio idôneo.

§ 5º No processo licitatório para contratação de obras e serviços de engenharia sob os regimes de contratação integrada ou semi-integrada, o valor estimado da contratação será calculado nos termos do § 2º deste artigo, acrescido ou não de parcela referente à remuneração do risco, e, sempre que necessário e o anteprojeto o permitir, a estimativa de preço será baseada em orçamento sintético, balizado em sistema de custo definido no inciso I do § 2º deste artigo, devendo a utilização de metodologia expedita ou paramétrica e de avaliação aproximada baseada em outras contratações similares ser reservada às frações do empreendimento não suficientemente detalhadas no anteprojeto.

§ 6º Na hipótese do § 5º deste artigo, será exigido dos licitantes ou contratados, no orçamento que compuser suas respectivas propostas, no mínimo, o mesmo nível de detalhamento do orçamento sintético referido no mencionado parágrafo.

Art. 24. Desde que justificado, o orçamento estimado da contratação poderá ter caráter sigiloso, sem prejuízo da divulgação do detalhamento dos quantitativos e das demais informações necessárias para a elaboração das propostas, e, nesse caso:

I – o sigilo não prevalecerá para os órgãos de controle interno e externo;

II – (VETADO).

Parágrafo único. Na hipótese de licitação em que for adotado o critério de julgamento por maior desconto, o preço estimado ou o máximo aceitável constará do edital da licitação.

Art. 25. O edital deverá conter o objeto da licitação e as regras relativas à convocação, ao julgamento, à habilitação, aos recursos e às penalidades da licitação, à fiscalização e à gestão do contrato, à entrega do objeto e às condições de pagamento.

§ 1º Sempre que o objeto permitir, a Administração adotará minutas padronizadas de edital e de contrato com cláusulas uniformes.

§ 2º Desde que, conforme demonstrado em estudo técnico preliminar, não sejam causados prejuízos à competitividade do processo licitatório e à eficiência do respectivo contrato, o edital poderá prever a utilização de mão de obra, materiais, tecnologias e matérias-primas existentes no local da execução, conservação e operação do bem, serviço ou obra.

§ 3º Todos os elementos do edital, incluídos minuta de contrato, termos de referência, anteprojeto, projetos e outros anexos, deverão ser divulgados em sítio eletrônico oficial na mesma data de divulgação do edital, sem necessidade de registro ou de identificação para acesso.

§ 4º Nas contratações de obras, serviços e fornecimentos de grande vulto, o edital deverá prever a obrigatoriedade de implantação de programa de integridade pelo licitante vencedor, no prazo de 6 (seis) meses, contado da celebração do contrato, conforme regulamento que disporá sobre as medidas a serem adotadas, a forma de comprovação e as penalidades pelo seu descumprimento.

§ 5º O edital poderá prever a responsabilidade do contratado pela:

I – obtenção do licenciamento ambiental;

II – realização da desapropriação autorizada pelo poder público.

ADMINISTRATIVO

§ 6º Os licenciamentos ambientais de obras e serviços de engenharia licitados e contratados nos termos desta Lei terão prioridade de tramitação nos órgãos e entidades integrantes do Sistema Nacional do Meio Ambiente (Sisnama) e deverão ser orientados pelos princípios da celeridade, da cooperação, da economicidade e da eficiência.

§ 7º Independentemente do prazo de duração do contrato, será obrigatória a previsão no edital de índice de reajustamento de preço, com data-base vinculada à data do orçamento estimado e com a possibilidade de ser estabelecido mais de um índice específico ou setorial, em conformidade com a realidade de mercado dos respectivos insumos.

§ 8º Nas licitações de serviços contínuos, observado o interregno mínimo de 1 (um) ano, o critério de reajustamento será por:

I - reajustamento em sentido estrito, quando não houver regime de dedicação exclusiva de mão de obra ou predominância de mão de obra, mediante previsão de índices específicos ou setoriais;

II - repactuação, quando houver regime de dedicação exclusiva de mão de obra ou predominância de mão de obra, mediante demonstração analítica da variação dos custos.

§ 9º O edital poderá, na forma disposta em regulamento, exigir que percentual mínimo da mão de obra responsável pela execução do objeto da contratação seja constituído por:

I - mulheres vítimas de violência doméstica;

II - oriundos ou egressos do sistema prisional.

Art. 26. No processo de licitação, poderá ser estabelecida margem de preferência para:

I - bens manufaturados e serviços nacionais que atendam a normas técnicas brasileiras;

II - bens reciclados, recicláveis ou biodegradáveis, conforme regulamento.

§ 1º A margem de preferência de que trata o caput deste artigo:

I - será definida em decisão fundamentada do Poder Executivo federal, no caso do inciso I do caput deste artigo;

II - poderá ser de até 10% (dez por cento) sobre o preço dos bens e serviços que não se enquadrem no disposto nos incisos I ou II do caput deste artigo;

III - poderá ser estendida a bens manufaturados e serviços originários de Estados Partes do Mercado Comum do Sul (Mercosul), desde que haja reciprocidade com o País prevista em acordo internacional aprovado pelo Congresso Nacional e ratificado pelo Presidente da República.

§ 2º Para os bens manufaturados nacionais e serviços nacionais resultantes de desenvolvimento e inovação tecnológica no País, definidos conforme regulamento do Poder Executivo federal, a margem de preferência a que se refere o caput deste artigo poderá ser de até 20% (vinte por cento).

§ 3º (VETADO).

§ 4º (VETADO).

§ 5º A margem de preferência não se aplica aos bens manufaturados nacionais e aos serviços nacionais se a capacidade de produção desses bens ou de prestação desses serviços no País for inferior:

I – à quantidade a ser adquirida ou contratada; ou

II – aos quantitativos fixados em razão do parcelamento do objeto, quando for o caso.

§ 6º Os editais de licitação para a contratação de bens, serviços e obras poderão, mediante prévia justificativa da autoridade competente, exigir que o contratado promova, em favor de órgão ou entidade integrante da Administração Pública ou daqueles por ela indicados a partir de processo isonômico, medidas de compensação comercial, industrial ou tecnológica ou acesso a condições vantajosas de financiamento, cumulativamente ou não, na forma estabelecida pelo Poder Executivo federal.

§ 7º Nas contratações destinadas à implantação, à manutenção e ao aperfeiçoamento dos sistemas de tecnologia de informação e comunicação considerados estratégicos em ato do Poder Executivo federal, a licitação poderá ser restrita a bens e serviços com tecnologia desenvolvida no País produzidos de acordo com o processo produtivo básico de que trata a Lei nº 10.176, de 11 de janeiro de 2001.

Art. 27. Será divulgada, em sítio eletrônico oficial, a cada exercício financeiro, a relação de empresas favorecidas em decorrência do disposto no art. 26 desta Lei, com indicação do volume de recursos destinados a cada uma delas.

Seção II
DAS MODALIDADES DE LICITAÇÃO

Art. 28. São modalidades de licitação:

I – pregão;

II – concorrência;

III – concurso;

IV - leilão;

V - diálogo competitivo.

§ 1º Além das modalidades referidas no caput deste artigo, a Administração pode servir-se dos procedimentos auxiliares previstos no art. 78 desta Lei.

§ 2º É vedada a criação de outras modalidades de licitação ou, ainda, a combinação daquelas referidas no caput deste artigo.

Art. 29. A concorrência e o pregão seguem o rito procedimental comum a que se refere o art. 17 desta Lei, adotando-se o pregão sempre que o objeto possuir padrões de desempenho e qualidade que possam ser objetivamente definidos pelo edital, por meio de especificações usuais de mercado.

Parágrafo único. O pregão não se aplica às contratações de serviços técnicos especializados de natureza predominantemente intelectual e de obras e serviços de engenharia, exceto os serviços de engenharia de que trata a alínea "a" do inciso XXI do caput do art. 6º desta Lei.

Art. 30. O concurso observará as regras e condições previstas em edital, que indicará:

I - a qualificação exigida dos participantes;

II - as diretrizes e formas de apresentação do trabalho;

III - as condições de realização e o prêmio ou remuneração a ser concedida ao vencedor.

Parágrafo único. Nos concursos destinados à elaboração de projeto, o vencedor deverá ceder à Administração Pública, nos termos do art. 93 desta Lei, todos os direitos patrimoniais relativos ao projeto e autorizar sua execução conforme juízo de conveniência e oportunidade das autoridades competentes.

Art. 31. O leilão poderá ser cometido a leiloeiro oficial ou a servidor designado pela autoridade competente da Administração, e regulamento deverá dispor sobre seus procedimentos operacionais.

§ 1º Se optar pela realização de leilão por intermédio de leiloeiro oficial, a Administração deverá selecioná-lo mediante credenciamento ou licitação na modalidade pregão e adotar o critério de julgamento de maior desconto para as comissões a serem cobradas, utilizados como parâmetro máximo os percentuais definidos na lei que regula a referida profissão e observados os valores dos bens a serem leiloados.

§ 2º O leilão será precedido da divulgação do edital em sítio eletrônico oficial, que conterá:

I – a descrição do bem, com suas características, e, no caso de imóvel, sua situação e suas divisas, com remissão à matrícula e aos registros;

II – o valor pelo qual o bem foi avaliado, o preço mínimo pelo qual poderá ser alienado, as condições de pagamento e, se for o caso, a comissão do leiloeiro designado;

III – a indicação do lugar onde estiverem os móveis, os veículos e os semoventes;

IV – o sítio da internet e o período em que ocorrerá o leilão, salvo se excepcionalmente for realizado sob a forma presencial por comprovada inviabilidade técnica ou desvantagem para a Administração, hipótese em que serão indicados o local, o dia e a hora de sua realização;

V – a especificação de eventuais ônus, gravames ou pendências existentes sobre os bens a serem leiloados.

§ 3º Além da divulgação no sítio eletrônico oficial, o edital do leilão será afixado em local de ampla circulação de pessoas na sede da Administração e poderá, ainda, ser divulgado por outros meios necessários para ampliar a publicidade e a competitividade da licitação.

§ 4º O leilão não exigirá registro cadastral prévio, não terá fase de habilitação e deverá ser homologado assim que concluída a fase de lances, superada a fase recursal e efetivado o pagamento pelo licitante vencedor, na forma definida no edital.

Art. 32. A modalidade diálogo competitivo é restrita a contratações em que a Administração:

I – vise a contratar objeto que envolva as seguintes condições:

a) inovação tecnológica ou técnica;

b) impossibilidade de o órgão ou entidade ter sua necessidade satisfeita sem a adaptação de soluções disponíveis no mercado; e

c) impossibilidade de as especificações técnicas serem definidas com precisão suficiente pela Administração;

II – verifique a necessidade de definir e identificar os meios e as alternativas que possam satisfazer suas necessidades, com destaque para os seguintes aspectos:

a) a solução técnica mais adequada;

b) os requisitos técnicos aptos a concretizar a solução já definida;

c) a estrutura jurídica ou financeira do contrato;

III – (VETADO).

ADMINISTRATIVO

§ 1º Na modalidade diálogo competitivo, serão observadas as seguintes disposições:

I – a Administração apresentará, por ocasião da divulgação do edital em sítio eletrônico oficial, suas necessidades e as exigências já definidas e estabelecerá prazo mínimo de 25 (vinte e cinco) dias úteis para manifestação de interesse na participação da licitação;

II – os critérios empregados para pré-seleção dos licitantes deverão ser previstos em edital, e serão admitidos todos os interessados que preencherem os requisitos objetivos estabelecidos;

III – a divulgação de informações de modo discriminatório que possa implicar vantagem para algum licitante será vedada;

IV – a Administração não poderá revelar a outros licitantes as soluções propostas ou as informações sigilosas comunicadas por um licitante sem o seu consentimento;

V – a fase de diálogo poderá ser mantida até que a Administração, em decisão fundamentada, identifique a solução ou as soluções que atendam às suas necessidades;

VI – as reuniões com os licitantes pré-selecionados serão registradas em ata e gravadas mediante utilização de recursos tecnológicos de áudio e vídeo;

VII – o edital poderá prever a realização de fases sucessivas, caso em que cada fase poderá restringir as soluções ou as propostas a serem discutidas;

VIII – a Administração deverá, ao declarar que o diálogo foi concluído, juntar aos autos do processo licitatório os registros e as gravações da fase de diálogo, iniciar a fase competitiva com a divulgação de edital contendo a especificação da solução que atenda às suas necessidades e os critérios objetivos a serem utilizados para seleção da proposta mais vantajosa e abrir prazo, não inferior a 60 (sessenta) dias úteis, para todos os licitantes pré-selecionados na forma do inciso II deste parágrafo apresentarem suas propostas, que deverão conter os elementos necessários para a realização do projeto;

IX – a Administração poderá solicitar esclarecimentos ou ajustes às propostas apresentadas, desde que não impliquem discriminação nem distorçam a concorrência entre as propostas;

X – a Administração definirá a proposta vencedora de acordo com critérios divulgados no início da fase competitiva, assegurada a contratação mais vantajosa como resultado;

XI – o diálogo competitivo será conduzido por comissão de contratação composta de pelo menos 3 (três) servidores efetivos ou empregados públicos pertencentes aos quadros permanentes da Administração, admitida a contratação de profissionais para assessoramento técnico da comissão;

XII – (VETADO).

§ 2º Os profissionais contratados para os fins do inciso XI do § 1º deste artigo assinarão termo de confidencialidade e abster-se-ão de atividades que possam configurar conflito de interesses.

Seção III
DOS CRITÉRIOS DE JULGAMENTO

Art. 33. O julgamento das propostas será realizado de acordo com os seguintes critérios:

I - menor preço;

II - maior desconto;

III - melhor técnica ou conteúdo artístico;

IV - técnica e preço;

V - maior lance, no caso de leilão;

VI - maior retorno econômico.

Art. 34. O julgamento por menor preço ou maior desconto e, quando couber, por técnica e preço considerará o menor dispêndio para a Administração, atendidos os parâmetros mínimos de qualidade definidos no edital de licitação.

§ 1º Os custos indiretos, relacionados com as despesas de manutenção, utilização, reposição, depreciação e impacto ambiental do objeto licitado, entre outros fatores vinculados ao seu ciclo de vida, poderão ser considerados para a definição do menor dispêndio, sempre que objetivamente mensuráveis, conforme disposto em regulamento.

§ 2º O julgamento por maior desconto terá como referência o preço global fixado no edital de licitação, e o desconto será estendido aos eventuais termos aditivos.

Art. 35. O julgamento por melhor técnica ou conteúdo artístico considerará exclusivamente as propostas técnicas ou artísticas apresentadas pelos licitantes, e o edital deverá definir o prêmio ou a remuneração que será atribuída aos vencedores.

Parágrafo único. O critério de julgamento de que trata o caput deste artigo poderá ser utilizado para a contratação de projetos e trabalhos de natureza técnica, científica ou artística.

Art. 36. O julgamento por técnica e preço considerará a maior pontuação obtida a partir da ponderação, segundo fatores objetivos previstos no edital, das notas atribuídas aos aspectos de técnica e de preço da proposta.

§ 1º O critério de julgamento de que trata o caput deste artigo será escolhido quando estudo técnico preliminar demonstrar que a avaliação e a ponderação da qua-

ADMINISTRATIVO

lidade técnica das propostas que superarem os requisitos mínimos estabelecidos no edital forem relevantes aos fins pretendidos pela Administração nas licitações para contratação de:

I – serviços técnicos especializados de natureza predominantemente intelectual, caso em que o critério de julgamento de técnica e preço deverá ser preferencialmente empregado;

II – serviços majoritariamente dependentes de tecnologia sofisticada e de domínio restrito, conforme atestado por autoridades técnicas de reconhecida qualificação;

III – bens e serviços especiais de tecnologia da informação e de comunicação;

IV – obras e serviços especiais de engenharia;

V – objetos que admitam soluções específicas e alternativas e variações de execução, com repercussões significativas e concretamente mensuráveis sobre sua qualidade, produtividade, rendimento e durabilidade, quando essas soluções e variações puderem ser adotadas à livre escolha dos licitantes, conforme critérios objetivamente definidos no edital de licitação.

§ 2º No julgamento por técnica e preço, deverão ser avaliadas e ponderadas as propostas técnicas e, em seguida, as propostas de preço apresentadas pelos licitantes, na proporção máxima de 70% (setenta por cento) de valoração para a proposta técnica.

§ 3º O desempenho pretérito na execução de contratos com a Administração Pública deverá ser considerado na pontuação técnica, observado o disposto nos §§ 3º e 4º do art. 88 desta Lei e em regulamento.

Art. 37. O julgamento por melhor técnica ou por técnica e preço deverá ser realizado por:

I – verificação da capacitação e da experiência do licitante, comprovadas por meio da apresentação de atestados de obras, produtos ou serviços previamente realizados;

II – atribuição de notas a quesitos de natureza qualitativa por banca designada para esse fim, de acordo com orientações e limites definidos em edital, considerados a demonstração de conhecimento do objeto, a metodologia e o programa de trabalho, a qualificação das equipes técnicas e a relação dos produtos que serão entregues;

III – atribuição de notas por desempenho do licitante em contratações anteriores aferida nos documentos comprobatórios de que trata o § 3º do art. 88 desta Lei e em registro cadastral unificado disponível no Portal Nacional de Contratações Públicas (PNCP).

§ 1º A banca referida no inciso II do caput deste artigo terá no mínimo 3 (três) membros e poderá ser composta de:

I – servidores efetivos ou empregados públicos pertencentes aos quadros permanentes da Administração Pública;

II – profissionais contratados por conhecimento técnico, experiência ou renome na avaliação dos quesitos especificados em edital, desde que seus trabalhos sejam supervisionados por profissionais designados conforme o disposto no art. 7º desta Lei.

§ 2º Ressalvados os casos de inexigibilidade de licitação, na licitação para contratação dos serviços técnicos especializados de natureza predominantemente intelectual previstos nas alíneas "a", "d" e "h" do inciso XVIII do caput do art. 6º desta Lei cujo valor estimado da contratação seja superior a R$ 300.000,00 (trezentos mil reais), o julgamento será por:

I – melhor técnica; ou

II – técnica e preço, na proporção de 70% (setenta por cento) de valoração da proposta técnica."

Art. 38. No julgamento por melhor técnica ou por técnica e preço, a obtenção de pontuação devido à capacitação técnico-profissional exigirá que a execução do respectivo contrato tenha participação direta e pessoal do profissional correspondente.

Art. 39. O julgamento por maior retorno econômico, utilizado exclusivamente para a celebração de contrato de eficiência, considerará a maior economia para a Administração, e a remuneração deverá ser fixada em percentual que incidirá de forma proporcional à economia efetivamente obtida na execução do contrato.

§ 1º Nas licitações que adotarem o critério de julgamento de que trata o caput deste artigo, os licitantes apresentarão:

I – proposta de trabalho, que deverá contemplar:

a) as obras, os serviços ou os bens, com os respectivos prazos de realização ou fornecimento;

b) a economia que se estima gerar, expressa em unidade de medida associada à obra, ao bem ou ao serviço e em unidade monetária;

II – proposta de preço, que corresponderá a percentual sobre a economia que se estima gerar durante determinado período, expressa em unidade monetária.

§ 2º O edital de licitação deverá prever parâmetros objetivos de mensuração da economia gerada com a execução do contrato, que servirá de base de cálculo para a remuneração devida ao contratado.

§ 3º Para efeito de julgamento da proposta, o retorno econômico será o resultado da economia que se estima gerar com a execução da proposta de trabalho, deduzida a proposta de preço.

§ 4º Nos casos em que não for gerada a economia prevista no contrato de eficiência:

I – a diferença entre a economia contratada e a efetivamente obtida será descontada da remuneração do contratado;

II – se a diferença entre a economia contratada e a efetivamente obtida for superior ao limite máximo estabelecido no contrato, o contratado sujeitar-se-á, ainda, a outras sanções cabíveis.

Seção IV
DISPOSIÇÕES SETORIAIS

Subseção I
DAS COMPRAS

Art. 40. O planejamento de compras deverá considerar a expectativa de consumo anual e observar o seguinte:

I – condições de aquisição e pagamento semelhantes às do setor privado;

II – processamento por meio de sistema de registro de preços, quando pertinente;

III – determinação de unidades e quantidades a serem adquiridas em função de consumo e utilização prováveis, cuja estimativa será obtida, sempre que possível, mediante adequadas técnicas quantitativas, admitido o fornecimento contínuo;

IV – condições de guarda e armazenamento que não permitam a deterioração do material;

V – atendimento aos princípios:

a) da padronização, considerada a compatibilidade de especificações estéticas, técnicas ou de desempenho;

b) do parcelamento, quando for tecnicamente viável e economicamente vantajoso;

c) da responsabilidade fiscal, mediante a comparação da despesa estimada com a prevista no orçamento.

§ 1º O termo de referência deverá conter os elementos previstos no inciso XXIII do caput do art. 6º desta Lei, além das seguintes informações:

I – especificação do produto, preferencialmente conforme catálogo eletrônico de padronização, observados os requisitos de qualidade, rendimento, compatibilidade, durabilidade e segurança;

II – indicação dos locais de entrega dos produtos e das regras para recebimentos provisório e definitivo, quando for o caso;

III – especificação da garantia exigida e das condições de manutenção e assistência técnica, quando for o caso.

§ 2º Na aplicação do princípio do parcelamento, referente às compras, deverão ser considerados:

I – a viabilidade da divisão do objeto em lotes;

II – o aproveitamento das peculiaridades do mercado local, com vistas à economicidade, sempre que possível, desde que atendidos os parâmetros de qualidade; e

III – o dever de buscar a ampliação da competição e de evitar a concentração de mercado.

§ 3º O parcelamento não será adotado quando:

I – a economia de escala, a redução de custos de gestão de contratos ou a maior vantagem na contratação recomendar a compra do item do mesmo fornecedor;

II – o objeto a ser contratado configurar sistema único e integrado e houver a possibilidade de risco ao conjunto do objeto pretendido;

III – o processo de padronização ou de escolha de marca levar a fornecedor exclusivo.

§ 4º Em relação à informação de que trata o inciso III do § 1º deste artigo, desde que fundamentada em estudo técnico preliminar, a Administração poderá exigir que os serviços de manutenção e assistência técnica sejam prestados mediante deslocamento de técnico ou disponibilizados em unidade de prestação de serviços localizada em distância compatível com suas necessidades.

Art. 41. No caso de licitação que envolva o fornecimento de bens, a Administração poderá excepcionalmente:

I – indicar uma ou mais marcas ou modelos, desde que formalmente justificado, nas seguintes hipóteses:

a) em decorrência da necessidade de padronização do objeto;

b) em decorrência da necessidade de manter a compatibilidade com plataformas e padrões já adotados pela Administração;

c) quando determinada marca ou modelo comercializados por mais de um fornecedor forem os únicos capazes de atender às necessidades do contratante;

d) quando a descrição do objeto a ser licitado puder ser mais bem compreendida pela identificação de determinada marca ou determinado modelo aptos a servir apenas como referência;

II – exigir amostra ou prova de conceito do bem no procedimento de pré-qualificação permanente, na fase de julgamento das propostas ou de lances, ou no período de vigência do contrato ou da ata de registro de preços, desde que previsto no edital da licitação e justificada a necessidade de sua apresentação;

III – vedar a contratação de marca ou produto, quando, mediante processo administrativo, restar comprovado que produtos adquiridos e utilizados anteriormente pela Administração não atendem a requisitos indispensáveis ao pleno adimplemento da obrigação contratual;

IV – solicitar, motivadamente, carta de solidariedade emitida pelo fabricante, que assegure a execução do contrato, no caso de licitante revendedor ou distribuidor.

Parágrafo único. A exigência prevista no inciso II do caput deste artigo restringir-se-á ao licitante provisoriamente vencedor quando realizada na fase de julgamento das propostas ou de lances.

Art. 42. A prova de qualidade de produto apresentado pelos proponentes como similar ao das marcas eventualmente indicadas no edital será admitida por qualquer um dos seguintes meios:

I – comprovação de que o produto está de acordo com as normas técnicas determinadas pelos órgãos oficiais competentes, pela Associação Brasileira de Normas Técnicas (ABNT) ou por outra entidade credenciada pelo Inmetro;

II – declaração de atendimento satisfatório emitida por outro órgão ou entidade de nível federativo equivalente ou superior que tenha adquirido o produto;

III – certificação, certificado, laudo laboratorial ou documento similar que possibilite a aferição da qualidade e da conformidade do produto ou do processo de fabricação, inclusive sob o aspecto ambiental, emitido por instituição oficial competente ou por entidade credenciada.

§ 1º O edital poderá exigir, como condição de aceitabilidade da proposta, certificação de qualidade do produto por instituição credenciada pelo Conselho Nacional de Metrologia, Normalização e Qualidade Industrial (Conmetro).

§ 2º A Administração poderá, nos termos do edital de licitação, oferecer protótipo do objeto pretendido e exigir, na fase de julgamento das propostas, amostras do licitante provisoriamente vencedor, para atender a diligência ou, após o julgamento, como condição para firmar contrato.

§ 3º No interesse da Administração, as amostras a que se refere o § 2º deste artigo poderão ser examinadas por instituição com reputação ético-profissional na especialidade do objeto, previamente indicada no edital.

Art. 43. O processo de padronização deverá conter:

I – parecer técnico sobre o produto, considerados especificações técnicas e estéticas, desempenho, análise de contratações anteriores, custo e condições de manutenção e garantia;

II – despacho motivado da autoridade superior, com a adoção do padrão;

III – síntese da justificativa e descrição sucinta do padrão definido, divulgadas em sítio eletrônico oficial.

§ 1º É permitida a padronização com base em processo de outro órgão ou entidade de nível federativo igual ou superior ao do órgão adquirente, devendo o ato que decidir pela adesão a outra padronização ser devidamente motivado, com indicação da necessidade da Administração e dos riscos decorrentes dessa decisão, e divulgado em sítio eletrônico oficial.

§ 2º As contratações de soluções baseadas em software de uso disseminado serão disciplinadas em regulamento que defina processo de gestão estratégica das contratações desse tipo de solução.

Art. 44. Quando houver a possibilidade de compra ou de locação de bens, o estudo técnico preliminar deverá considerar os custos e os benefícios de cada opção, com indicação da alternativa mais vantajosa.

Subseção II
DAS OBRAS E SERVIÇOS DE ENGENHARIA

Art. 45. As licitações de obras e serviços de engenharia devem respeitar, especialmente, as normas relativas a:

I – disposição final ambientalmente adequada dos resíduos sólidos gerados pelas obras contratadas;

II – mitigação por condicionantes e compensação ambiental, que serão definidas no procedimento de licenciamento ambiental;

III – utilização de produtos, de equipamentos e de serviços que, comprovadamente, favoreçam a redução do consumo de energia e de recursos naturais;

IV – avaliação de impacto de vizinhança, na forma da legislação urbanística;

V – proteção do patrimônio histórico, cultural, arqueológico e imaterial, inclusive por meio da avaliação do impacto direto ou indireto causado pelas obras contratadas;

VI – acessibilidade para pessoas com deficiência ou com mobilidade reduzida.

Art. 46. Na execução indireta de obras e serviços de engenharia, são admitidos os seguintes regimes:

I - empreitada por preço unitário;

II - empreitada por preço global;

III - empreitada integral;

IV - contratação por tarefa;

V - contratação integrada;

VI - contratação semi-integrada;

VII - fornecimento e prestação de serviço associado.

§ 1º É vedada a realização de obras e serviços de engenharia sem projeto executivo, ressalvada a hipótese prevista no § 3º do art. 18 desta Lei.

§ 2º A Administração é dispensada da elaboração de projeto básico nos casos de contratação integrada, hipótese em que deverá ser elaborado anteprojeto de acordo com metodologia definida em ato do órgão competente, observados os requisitos estabelecidos no inciso XXIV do art. 6º desta Lei.

§ 3º Na contratação integrada, após a elaboração do projeto básico pelo contratado, o conjunto de desenhos, especificações, memoriais e cronograma físico-financeiro deverá ser submetido à aprovação da Administração, que avaliará sua adequação em relação aos parâmetros definidos no edital e conformidade com as normas técnicas, vedadas alterações que reduzam a qualidade ou a vida útil do empreendimento e mantida a responsabilidade integral do contratado pelos riscos associados ao projeto básico.

§ 4º Nos regimes de contratação integrada e semi-integrada, o edital e o contrato, sempre que for o caso, deverão prever as providências necessárias para a efetivação de desapropriação autorizada pelo poder público, bem como:

I - o responsável por cada fase do procedimento expropriatório;

II - a responsabilidade pelo pagamento das indenizações devidas;

III - a estimativa do valor a ser pago a título de indenização pelos bens expropriados, inclusive de custos correlatos;

IV - a distribuição objetiva de riscos entre as partes, incluído o risco pela diferença entre o custo da desapropriação e a estimativa de valor e pelos eventuais danos e prejuízos ocasionados por atraso na disponibilização dos bens expropriados;

V - em nome de quem deverá ser promovido o registro de imissão provisória na posse e o registro de propriedade dos bens a serem desapropriados.

§ 5º Na contratação semi-integrada, mediante prévia autorização da Administração, o projeto básico poderá ser alterado, desde que demonstrada a superioridade das inovações propostas pelo contratado em termos de redução de custos, de aumento da qualidade, de redução do prazo de execução ou de facilidade de manutenção ou operação, assumindo o contratado a responsabilidade integral pelos riscos associados à alteração do projeto básico.

§ 6º A execução de cada etapa será obrigatoriamente precedida da conclusão e da aprovação, pela autoridade competente, dos trabalhos relativos às etapas anteriores.

§ 7º (VETADO).

§ 8º (VETADO).

§ 9º Os regimes de execução a que se referem os incisos II, III, IV, V e VI do caput deste artigo serão licitados por preço global e adotarão sistemática de medição e pagamento associada à execução de etapas do cronograma físico-financeiro vinculadas ao cumprimento de metas de resultado, vedada a adoção de sistemática de remuneração orientada por preços unitários ou referenciada pela execução de quantidades de itens unitários.

Subseção III
DOS SERVIÇOS EM GERAL

Art. 47. As licitações de serviços atenderão aos princípios:

I – da padronização, considerada a compatibilidade de especificações estéticas, técnicas ou de desempenho;

II – do parcelamento, quando for tecnicamente viável e economicamente vantajoso.

§ 1º Na aplicação do princípio do parcelamento deverão ser considerados:

I – a responsabilidade técnica;

II – o custo para a Administração de vários contratos frente às vantagens da redução de custos, com divisão do objeto em itens;

III – o dever de buscar a ampliação da competição e de evitar a concentração de mercado.

§ 2º Na licitação de serviços de manutenção e assistência técnica, o edital deverá definir o local de realização dos serviços, admitida a exigência de deslocamento de técnico ao local da repartição ou a exigência de que o contratado tenha unidade de prestação de serviços em distância compatível com as necessidades da Administração.

Art. 48. Poderão ser objeto de execução por terceiros as atividades materiais acessórias, instrumentais ou complementares aos assuntos que constituam área de competência legal do órgão ou da entidade, vedado à Administração ou a seus agentes, na contratação do serviço terceirizado:

I - indicar pessoas expressamente nominadas para executar direta ou indiretamente o objeto contratado;

II - fixar salário inferior ao definido em lei ou em ato normativo a ser pago pelo contratado;

III - estabelecer vínculo de subordinação com funcionário de empresa prestadora de serviço terceirizado;

IV - definir forma de pagamento mediante exclusivo reembolso dos salários pagos;

V - demandar a funcionário de empresa prestadora de serviço terceirizado a execução de tarefas fora do escopo do objeto da contratação;

VI - prever em edital exigências que constituam intervenção indevida da Administração na gestão interna do contratado.

Parágrafo único. Durante a vigência do contrato, é vedado ao contratado contratar cônjuge, companheiro ou parente em linha reta, colateral ou por afinidade, até o terceiro grau, de dirigente do órgão ou entidade contratante ou de agente público que desempenhe função na licitação ou atue na fiscalização ou na gestão do contrato, devendo essa proibição constar expressamente do edital de licitação.

Art. 49. A Administração poderá, mediante justificativa expressa, contratar mais de uma empresa ou instituição para executar o mesmo serviço, desde que essa contratação não implique perda de economia de escala, quando:

I - o objeto da contratação puder ser executado de forma concorrente e simultânea por mais de um contratado; e

II - a múltipla execução for conveniente para atender à Administração.

Parágrafo único. Na hipótese prevista no caput deste artigo, a Administração deverá manter o controle individualizado da execução do objeto contratual relativamente a cada um dos contratados.

Art. 50. Nas contratações de serviços com regime de dedicação exclusiva de mão de obra, o contratado deverá apresentar, quando solicitado pela Administração, sob pena de multa, comprovação do cumprimento das obrigações trabalhistas e com o Fundo de Garantia do Tempo de Serviço (FGTS) em relação aos empregados diretamente envolvidos na execução do contrato, em especial quanto ao:

I - registro de ponto;

II - recibo de pagamento de salários, adicionais, horas extras, repouso semanal remunerado e décimo terceiro salário;

III - comprovante de depósito do FGTS;

IV – recibo de concessão e pagamento de férias e do respectivo adicional;

V – recibo de quitação de obrigações trabalhistas e previdenciárias dos empregados dispensados até a data da extinção do contrato;

VI – recibo de pagamento de vale-transporte e vale-alimentação, na forma prevista em norma coletiva.

Subseção IV
DA LOCAÇÃO DE IMÓVEIS

Art. 51. Ressalvado o disposto no inciso V do caput do art. 74 desta Lei, a locação de imóveis deverá ser precedida de licitação e avaliação prévia do bem, do seu estado de conservação, dos custos de adaptações e do prazo de amortização dos investimentos necessários.

Subseção V
DAS LICITAÇÕES INTERNACIONAIS

Art. 52. Nas licitações de âmbito internacional, o edital deverá ajustar-se às diretrizes da política monetária e do comércio exterior e atender às exigências dos órgãos competentes.

§ 1º Quando for permitido ao licitante estrangeiro cotar preço em moeda estrangeira, o licitante brasileiro igualmente poderá fazê-lo.

§ 2º O pagamento feito ao licitante brasileiro eventualmente contratado em virtude de licitação nas condições de que trata o § 1º deste artigo será efetuado em moeda corrente nacional.

§ 3º As garantias de pagamento ao licitante brasileiro serão equivalentes àquelas oferecidas ao licitante estrangeiro.

§ 4º Os gravames incidentes sobre os preços constarão do edital e serão definidos a partir de estimativas ou médias dos tributos.

§ 5º As propostas de todos os licitantes estarão sujeitas às mesmas regras e condições, na forma estabelecida no edital.

§ 6º Observados os termos desta Lei, o edital não poderá prever condições de habilitação, classificação e julgamento que constituam barreiras de acesso ao licitante estrangeiro, admitida a previsão de margem de preferência para bens produzidos no País e serviços nacionais que atendam às normas técnicas brasileiras, na forma definida no art. 26 desta Lei.

Capítulo III
DA DIVULGAÇÃO DO EDITAL DE LICITAÇÃO

Art. 53. Ao final da fase preparatória, o processo licitatório seguirá para o órgão de assessoramento jurídico da Administração, que realizará controle prévio de legalidade mediante análise jurídica da contratação.

§ 1º Na elaboração do parecer jurídico, o órgão de assessoramento jurídico da Administração deverá:

I - apreciar o processo licitatório conforme critérios objetivos prévios de atribuição de prioridade;

II - redigir sua manifestação em linguagem simples e compreensível e de forma clara e objetiva, com apreciação de todos os elementos indispensáveis à contratação e com exposição dos pressupostos de fato e de direito levados em consideração na análise jurídica;

III - (VETADO).

§ 2º (VETADO).

§ 3º Encerrada a instrução do processo sob os aspectos técnico e jurídico, a autoridade determinará a divulgação do edital de licitação conforme disposto no art. 54.

§ 4º Na forma deste artigo, o órgão de assessoramento jurídico da Administração também realizará controle prévio de legalidade de contratações diretas, acordos, termos de cooperação, convênios, ajustes, adesões a atas de registro de preços, outros instrumentos congêneres e de seus termos aditivos.

§ 5º É dispensável a análise jurídica nas hipóteses previamente definidas em ato da autoridade jurídica máxima competente, que deverá considerar o baixo valor, a baixa complexidade da contratação, a entrega imediata do bem ou a utilização de minutas de editais e instrumentos de contrato, convênio ou outros ajustes previamente padronizados pelo órgão de assessoramento jurídico.

§ 6º (VETADO).

Art. 54. A publicidade do edital de licitação será realizada mediante divulgação e manutenção do inteiro teor do ato convocatório e de seus anexos no Portal Nacional de Contratações Públicas (PNCP).

§ 1º Sem prejuízo do disposto no caput, é obrigatória a publicação de extrato do edital no Diário Oficial da União, do Estado, do Distrito Federal ou do Município, ou, no caso de consórcio público, do ente de maior nível entre eles, bem como em jornal diário de grande circulação.

§ 2º É facultada a divulgação adicional e a manutenção do inteiro teor do edital e de seus anexos em sítio eletrônico oficial do ente federativo do órgão ou entidade responsável pela licitação ou, no caso de consórcio público, do ente de maior nível entre eles, admitida, ainda, a divulgação direta a interessados devidamente cadastrados para esse fim.

§ 3º Após a homologação do processo licitatório, serão disponibilizados no Portal Nacional de Contratações Públicas (PNCP) e, se o órgão ou entidade responsável pela licitação entender cabível, também no sítio referido no § 2º deste artigo, os documentos elaborados na fase preparatória que porventura não tenham integrado o edital e seus anexos.

Capítulo IV
DA APRESENTAÇÃO DE PROPOSTAS E LANCES

Art. 55. Os prazos mínimos para apresentação de propostas e lances, contados a partir da data de divulgação do edital de licitação, são de:

I – para aquisição de bens:

a) 8 (oito) dias úteis, quando adotados os critérios de julgamento de menor preço ou de maior desconto;

b) 15 (quinze) dias úteis, nas hipóteses não abrangidas pela alínea "a" deste inciso;

II – no caso de serviços e obras:

a) 10 (dez) dias úteis, quando adotados os critérios de julgamento de menor preço ou de maior desconto, no caso de serviços comuns e de obras e serviços comuns de engenharia;

b) 25 (vinte e cinco) dias úteis, quando adotados os critérios de julgamento de menor preço ou de maior desconto, no caso de serviços especiais e de obras e serviços especiais de engenharia;

c) 60 (sessenta) dias úteis, quando o regime de execução for de contratação integrada;

d) 35 (trinta e cinco) dias úteis, quando o regime de execução for o de contratação semi-integrada ou nas hipóteses não abrangidas pelas alíneas "a", "b" e "c" deste inciso;

III – para licitação em que se adote o critério de julgamento de maior lance, 15 (quinze) dias úteis;

IV – para licitação em que se adote o critério de julgamento de técnica e preço ou de melhor técnica ou conteúdo artístico, 35 (trinta e cinco) dias úteis.

§ 1º Eventuais modificações no edital implicarão nova divulgação na mesma forma de sua divulgação inicial, além do cumprimento dos mesmos prazos dos atos e procedimentos originais, exceto quando a alteração não comprometer a formulação das propostas.

§ 2º Os prazos previstos neste artigo poderão, mediante decisão fundamentada, ser reduzidos até a metade nas licitações realizadas pelo Ministério da Saúde, no âmbito do Sistema Único de Saúde (SUS).

Art. 56. O modo de disputa poderá ser, isolada ou conjuntamente:

I - aberto, hipótese em que os licitantes apresentarão suas propostas por meio de lances públicos e sucessivos, crescentes ou decrescentes;

II - fechado, hipótese em que as propostas permanecerão em sigilo até a data e hora designadas para sua divulgação.

§ 1º A utilização isolada do modo de disputa fechado será vedada quando adotados os critérios de julgamento de menor preço ou de maior desconto.

§ 2º A utilização do modo de disputa aberto será vedada quando adotado o critério de julgamento de técnica e preço.

§ 3º Serão considerados intermediários os lances:

I - iguais ou inferiores ao maior já ofertado, quando adotado o critério de julgamento de maior lance;

II - iguais ou superiores ao menor já ofertado, quando adotados os demais critérios de julgamento.

§ 4º Após a definição da melhor proposta, se a diferença em relação à proposta classificada em segundo lugar for de pelo menos 5% (cinco por cento), a Administração poderá admitir o reinício da disputa aberta, nos termos estabelecidos no instrumento convocatório, para a definição das demais colocações.

§ 5º Nas licitações de obras ou serviços de engenharia, após o julgamento, o licitante vencedor deverá reelaborar e apresentar à Administração, por meio eletrônico, as planilhas com indicação dos quantitativos e dos custos unitários, bem como com detalhamento das Bonificações e Despesas Indiretas (BDI) e dos Encargos Sociais (ES), com os respectivos valores adequados ao valor final da proposta vencedora, admitida a utilização dos preços unitários, no caso de empreitada por preço global, empreitada integral, contratação semi-integrada e contratação integrada, exclusivamente para eventuais adequações indispensáveis no cronograma físico-financeiro e para balizar excepcional aditamento posterior do contrato.

Art. 57. O edital de licitação poderá estabelecer intervalo mínimo de diferença de valores entre os lances, que incidirá tanto em relação aos lances intermediários quanto em relação à proposta que cobrir a melhor oferta.

Art. 58. Poderá ser exigida, no momento da apresentação da proposta, a comprovação do recolhimento de quantia a título de garantia de proposta, como requisito de pré-habilitação.

§ 1º A garantia de proposta não poderá ser superior a 1% (um por cento) do valor estimado para a contratação.

§ 2º A garantia de proposta será devolvida aos licitantes no prazo de 10 (dez) dias úteis, contado da assinatura do contrato ou da data em que for declarada fracassada a licitação.

§ 3º Implicará execução do valor integral da garantia de proposta a recusa em assinar o contrato ou a não apresentação dos documentos para a contratação.

§ 4º A garantia de proposta poderá ser prestada nas modalidades de que trata o § 1º do art. 96 desta Lei.

Capítulo V
DO JULGAMENTO

Art. 59. Serão desclassificadas as propostas que:

I – contiverem vícios insanáveis;

II – não obedecerem às especificações técnicas pormenorizadas no edital;

III – apresentarem preços inexequíveis ou permanecerem acima do orçamento estimado para a contratação;

IV – não tiverem sua exequibilidade demonstrada, quando exigido pela Administração;

V – apresentarem desconformidade com quaisquer outras exigências do edital, desde que insanável.

§ 1º A verificação da conformidade das propostas poderá ser feita exclusivamente em relação à proposta mais bem classificada.

§ 2º A Administração poderá realizar diligências para aferir a exequibilidade das propostas ou exigir dos licitantes que ela seja demonstrada, conforme disposto no inciso IV do caput deste artigo.

§ 3º No caso de obras e serviços de engenharia e arquitetura, para efeito de avaliação da exequibilidade e de sobrepreço, serão considerados o preço global, os quantitativos e os preços unitários tidos como relevantes, observado o critério de aceitabilidade de preços unitário e global a ser fixado no edital, conforme as especificidades do mercado correspondente.

§ 4º No caso de obras e serviços de engenharia, serão consideradas inexequíveis as propostas cujos valores forem inferiores a 75% (setenta e cinco por cento) do valor orçado pela Administração.

§ 5º Nas contratações de obras e serviços de engenharia, será exigida garantia adicional do licitante vencedor cuja proposta for inferior a 85% (oitenta e cinco por cento) do valor orçado pela Administração, equivalente à diferença entre este último e o valor da proposta, sem prejuízo das demais garantias exigíveis de acordo com esta Lei.

Art. 60. Em caso de empate entre duas ou mais propostas, serão utilizados os seguintes critérios de desempate, nesta ordem:

I - disputa final, hipótese em que os licitantes empatados poderão apresentar nova proposta em ato contínuo à classificação;

II - avaliação do desempenho contratual prévio dos licitantes, para a qual deverão preferencialmente ser utilizados registros cadastrais para efeito de atesto de cumprimento de obrigações previstos nesta Lei;

III - desenvolvimento pelo licitante de ações de equidade entre homens e mulheres no ambiente de trabalho, conforme regulamento;

IV - desenvolvimento pelo licitante de programa de integridade, conforme orientações dos órgãos de controle.

§ 1º Em igualdade de condições, se não houver desempate, será assegurada preferência, sucessivamente, aos bens e serviços produzidos ou prestados por:

I - empresas estabelecidas no território do Estado ou do Distrito Federal do órgão ou entidade da Administração Pública estadual ou distrital licitante ou, no caso de licitação realizada por órgão ou entidade de Município, no território do Estado em que este se localize;

II - empresas brasileiras;

III - empresas que invistam em pesquisa e no desenvolvimento de tecnologia no País;

IV - empresas que comprovem a prática de mitigação, nos termos da Lei nº 12.187, de 29 de dezembro de 2009.

§ 2º As regras previstas no caput deste artigo não prejudicarão a aplicação do disposto no art. 44 da Lei Complementar nº 123, de 14 de dezembro de 2006.

Art. 61. Definido o resultado do julgamento, a Administração poderá negociar condições mais vantajosas com o primeiro colocado.

§ 1º A negociação poderá ser feita com os demais licitantes, segundo a ordem de classificação inicialmente estabelecida, quando o primeiro colocado, mesmo após a negociação, for desclassificado em razão de sua proposta permanecer acima do preço máximo definido pela Administração.

§ 2º A negociação será conduzida por agente de contratação ou comissão de contratação, na forma de regulamento, e, depois de concluída, terá seu resultado divulgado a todos os licitantes e anexado aos autos do processo licitatório.

Capítulo VI
DA HABILITAÇÃO

Art. 62. A habilitação é a fase da licitação em que se verifica o conjunto de informações e documentos necessários e suficientes para demonstrar a capacidade do licitante de realizar o objeto da licitação, dividindo-se em:

I – jurídica;

II – técnica;

III – fiscal, social e trabalhista;

IV – econômico-financeira.

Art. 63. Na fase de habilitação das licitações serão observadas as seguintes disposições:

I – poderá ser exigida dos licitantes a declaração de que atendem aos requisitos de habilitação, e o declarante responderá pela veracidade das informações prestadas, na forma da lei;

II – será exigida a apresentação dos documentos de habilitação apenas pelo licitante vencedor, exceto quando a fase de habilitação anteceder a de julgamento;

III – serão exigidos os documentos relativos à regularidade fiscal, em qualquer caso, somente em momento posterior ao julgamento das propostas, e apenas do licitante mais bem classificado;

IV – será exigida do licitante declaração de que cumpre as exigências de reserva de cargos para pessoa com deficiência e para reabilitado da Previdência Social, previstas em lei e em outras normas específicas.

§ 1º Constará do edital de licitação cláusula que exija dos licitantes, sob pena de desclassificação, declaração de que suas propostas econômicas compreendem a integralidade dos custos para atendimento dos direitos trabalhistas assegurados na Constituição Federal, nas leis trabalhistas, nas normas infralegais, nas convenções coletivas de trabalho e nos termos de ajustamento de conduta vigentes na data de entrega das propostas.

§ 2º Quando a avaliação prévia do local de execução for imprescindível para o conhecimento pleno das condições e peculiaridades do objeto a ser contratado, o edital de licitação poderá prever, sob pena de inabilitação, a necessidade de o licitante atestar que conhece o local e as condições de realização da obra ou serviço, assegurado a ele o direito de realização de vistoria prévia.

§ 3º Para os fins previstos no § 2º deste artigo, o edital de licitação sempre deverá prever a possibilidade de substituição da vistoria por declaração formal assinada pelo responsável técnico do licitante acerca do conhecimento pleno das condições e peculiaridades da contratação.

§ 4º Para os fins previstos no § 2º deste artigo, se os licitantes optarem por realizar vistoria prévia, a Administração deverá disponibilizar data e horário diferentes para os eventuais interessados.

Art. 64. Após a entrega dos documentos para habilitação, não será permitida a substituição ou a apresentação de novos documentos, salvo em sede de diligência, para:

I – complementação de informações acerca dos documentos já apresentados pelos licitantes e desde que necessária para apurar fatos existentes à época da abertura do certame;

II – atualização de documentos cuja validade tenha expirado após a data de recebimento das propostas.

§ 1º Na análise dos documentos de habilitação, a comissão de licitação poderá sanar erros ou falhas que não alterem a substância dos documentos e sua validade jurídica, mediante despacho fundamentado registrado e acessível a todos, atribuindo-lhes eficácia para fins de habilitação e classificação.

§ 2º Quando a fase de habilitação anteceder a de julgamento e já tiver sido encerrada, não caberá exclusão de licitante por motivo relacionado à habilitação, salvo em razão de fatos supervenientes ou só conhecidos após o julgamento.

Art. 65. As condições de habilitação serão definidas no edital.

§ 1º As empresas criadas no exercício financeiro da licitação deverão atender a todas as exigências da habilitação e ficarão autorizadas a substituir os demonstrativos contábeis pelo balanço de abertura.

§ 2º A habilitação poderá ser realizada por processo eletrônico de comunicação a distância, nos termos dispostos em regulamento.

Art. 66. A habilitação jurídica visa a demonstrar a capacidade de o licitante exercer direitos e assumir obrigações, e a documentação a ser apresentada por ele limita-se à comprovação de existência jurídica da pessoa e, quando cabível, de autorização para o exercício da atividade a ser contratada.

Art. 67. A documentação relativa à qualificação técnico-profissional e técnico-operacional será restrita a:

I – apresentação de profissional, devidamente registrado no conselho profissional competente, quando for o caso, detentor de atestado de responsabilidade técnica por execução de obra ou serviço de características semelhantes, para fins de contratação;

II – certidões ou atestados, regularmente emitidos pelo conselho profissional competente, quando for o caso, que demonstrem capacidade operacional na execução de serviços similares de complexidade tecnológica e operacional equivalente ou superior, bem como documentos comprobatórios emitidos na forma do § 3º do art. 88 desta Lei;

III – indicação do pessoal técnico, das instalações e do aparelhamento adequados e disponíveis para a realização do objeto da licitação, bem como da qualificação de cada membro da equipe técnica que se responsabilizará pelos trabalhos;

IV – prova do atendimento de requisitos previstos em lei especial, quando for o caso;

V – registro ou inscrição na entidade profissional competente, quando for o caso;

VI – declaração de que o licitante tomou conhecimento de todas as informações e das condições locais para o cumprimento das obrigações objeto da licitação.

§ 1º A exigência de atestados será restrita às parcelas de maior relevância ou valor significativo do objeto da licitação, assim consideradas as que tenham valor individual igual ou superior a 4% (quatro por cento) do valor total estimado da contratação.

§ 2º Observado o disposto no caput e no § 1º deste artigo, será admitida a exigência de atestados com quantidades mínimas de até 50% (cinquenta por cento) das parcelas de que trata o referido parágrafo, vedadas limitações de tempo e de locais específicos relativas aos atestados.

§ 3º Salvo na contratação de obras e serviços de engenharia, as exigências a que se referem os incisos I e II do caput deste artigo, a critério da Administração, poderão ser substituídas por outra prova de que o profissional ou a empresa possui conhecimento técnico e experiência prática na execução de serviço de características semelhantes, hipótese em que as provas alternativas aceitáveis deverão ser previstas em regulamento.

§ 4º Serão aceitos atestados ou outros documentos hábeis emitidos por entidades estrangeiras quando acompanhados de tradução para o português, salvo se comprovada a inidoneidade da entidade emissora.

§ 5º Em se tratando de serviços contínuos, o edital poderá exigir certidão ou atestado que demonstre que o licitante tenha executado serviços similares ao objeto da licitação, em períodos sucessivos ou não, por um prazo mínimo, que não poderá ser superior a 3 (três) anos.

§ 6º Os profissionais indicados pelo licitante na forma dos incisos I e III do caput deste artigo deverão participar da obra ou serviço objeto da licitação, e será admitida a sua substituição por profissionais de experiência equivalente ou superior, desde que aprovada pela Administração.

§ 7º Sociedades empresárias estrangeiras atenderão à exigência prevista no inciso V do caput deste artigo por meio da apresentação, no momento da assinatura do contrato, da solicitação de registro perante a entidade profissional competente no Brasil.

§ 8º Será admitida a exigência da relação dos compromissos assumidos pelo licitante que importem em diminuição da disponibilidade do pessoal técnico referido nos incisos I e III do caput deste artigo.

§ 9º O edital poderá prever, para aspectos técnicos específicos, que a qualificação técnica seja demonstrada por meio de atestados relativos a potencial subcontratado, limitado a 25% (vinte e cinco por cento) do objeto a ser licitado, hipótese em que mais de um licitante poderá apresentar atestado relativo ao mesmo potencial subcontratado.

§ 10. Em caso de apresentação por licitante de atestado de desempenho anterior emitido em favor de consórcio do qual tenha feito parte, se o atestado ou o contrato de constituição do consórcio não identificar a atividade desempenhada por cada consorciado individualmente, serão adotados os seguintes critérios na avaliação de sua qualificação técnica:

I – caso o atestado tenha sido emitido em favor de consórcio homogêneo, as experiências atestadas deverão ser reconhecidas para cada empresa consorciada na proporção quantitativa de sua participação no consórcio, salvo nas licitações para contratação de serviços técnicos especializados de natureza predominantemente intelectual, em que todas as experiências atestadas deverão ser reconhecidas para cada uma das empresas consorciadas;

II – caso o atestado tenha sido emitido em favor de consórcio heterogêneo, as experiências atestadas deverão ser reconhecidas para cada consorciado de acordo com os respectivos campos de atuação, inclusive nas licitações para contratação de serviços técnicos especializados de natureza predominantemente intelectual.

§ 11. Na hipótese do § 10 deste artigo, para fins de comprovação do percentual de participação do consorciado, caso este não conste expressamente do atestado ou da certidão, deverá ser juntada ao atestado ou à certidão cópia do instrumento de constituição do consórcio.

§ 12. Na documentação de que trata o inciso I do caput deste artigo, não serão admitidos atestados de responsabilidade técnica de profissionais que, na forma de regulamento, tenham dado causa à aplicação das sanções previstas nos incisos III e IV do caput do art. 156 desta Lei em decorrência de orientação proposta, de prescrição técnica ou de qualquer ato profissional de sua responsabilidade.

Art. 68. As habilitações fiscal, social e trabalhista serão aferidas mediante a verificação dos seguintes requisitos:

I – a inscrição no Cadastro de Pessoas Físicas (CPF) ou no Cadastro Nacional da Pessoa Jurídica (CNPJ);

II – a inscrição no cadastro de contribuintes estadual e/ou municipal, se houver, relativo ao domicílio ou sede do licitante, pertinente ao seu ramo de atividade e compatível com o objeto contratual;

III – a regularidade perante a Fazenda federal, estadual e/ou municipal do domicílio ou sede do licitante, ou outra equivalente, na forma da lei;

IV – a regularidade relativa à Seguridade Social e ao FGTS, que demonstre cumprimento dos encargos sociais instituídos por lei;

V – a regularidade perante a Justiça do Trabalho;

VI – o cumprimento do disposto no inciso XXXIII do art. 7º da Constituição Federal.

§ 1º Os documentos referidos nos incisos do caput deste artigo poderão ser substituídos ou supridos, no todo ou em parte, por outros meios hábeis a comprovar a regularidade do licitante, inclusive por meio eletrônico.

§ 2º A comprovação de atendimento do disposto nos incisos III, IV e V do caput deste artigo deverá ser feita na forma da legislação específica.

Art. 69. A habilitação econômico-financeira visa a demonstrar a aptidão econômica do licitante para cumprir as obrigações decorrentes do futuro contrato, devendo ser comprovada de forma objetiva, por coeficientes e índices econômicos previstos no edital, devidamente justificados no processo licitatório, e será restrita à apresentação da seguinte documentação:

I – balanço patrimonial, demonstração de resultado de exercício e demais demonstrações contábeis dos 2 (dois) últimos exercícios sociais;

II – certidão negativa de feitos sobre falência expedida pelo distribuidor da sede do licitante.

§ 1º A critério da Administração, poderá ser exigida declaração, assinada por profissional habilitado da área contábil, que ateste o atendimento pelo licitante dos índices econômicos previstos no edital.

§ 2º Para o atendimento do disposto no caput deste artigo, é vedada a exigência de valores mínimos de faturamento anterior e de índices de rentabilidade ou lucratividade.

§ 3º É admitida a exigência da relação dos compromissos assumidos pelo licitante que importem em diminuição de sua capacidade econômico-financeira, excluídas parcelas já executadas de contratos firmados.

§ 4º A Administração, nas compras para entrega futura e na execução de obras e serviços, poderá estabelecer no edital a exigência de capital mínimo ou de patrimônio líquido mínimo equivalente a até 10% (dez por cento) do valor estimado da contratação.

§ 5º É vedada a exigência de índices e valores não usualmente adotados para a avaliação de situação econômico-financeira suficiente para o cumprimento das obrigações decorrentes da licitação.

§ 6º Os documentos referidos no inciso I do caput deste artigo limitar-se-ão ao último exercício no caso de a pessoa jurídica ter sido constituída há menos de 2 (dois) anos.

Art. 70. A documentação referida neste Capítulo poderá ser:

I – apresentada em original, por cópia ou por qualquer outro meio expressamente admitido pela Administração;

II – substituída por registro cadastral emitido por órgão ou entidade pública, desde que previsto no edital e que o registro tenha sido feito em obediência ao disposto nesta Lei;

III – dispensada, total ou parcialmente, nas contratações para entrega imediata, nas contratações em valores inferiores a 1/4 (um quarto) do limite para dispensa de licitação para compras em geral e nas contratações de produto para pesquisa e desenvolvimento até o valor de R$ 300.000,00 (trezentos mil reais).

Parágrafo único. As empresas estrangeiras que não funcionem no País deverão apresentar documentos equivalentes, na forma de regulamento emitido pelo Poder Executivo federal.

Capítulo VII
DO ENCERRAMENTO DA LICITAÇÃO

Art. 71. Encerradas as fases de julgamento e habilitação, e exauridos os recursos administrativos, o processo licitatório será encaminhado à autoridade superior, que poderá:

I – determinar o retorno dos autos para saneamento de irregularidades;

II – revogar a licitação por motivo de conveniência e oportunidade;

III – proceder à anulação da licitação, de ofício ou mediante provocação de terceiros, sempre que presente ilegalidade insanável;

IV – adjudicar o objeto e homologar a licitação.

§ 1º Ao pronunciar a nulidade, a autoridade indicará expressamente os atos com vícios insanáveis, tornando sem efeito todos os subsequentes que deles dependam, e dará ensejo à apuração de responsabilidade de quem lhes tenha dado causa.

§ 2º O motivo determinante para a revogação do processo licitatório deverá ser resultante de fato superveniente devidamente comprovado.

§ 3º Nos casos de anulação e revogação, deverá ser assegurada a prévia manifestação dos interessados.

§ 4º O disposto neste artigo será aplicado, no que couber, à contratação direta e aos procedimentos auxiliares da licitação.

Capítulo VIII
DA CONTRATAÇÃO DIRETA

Seção I
DO PROCESSO DE CONTRATAÇÃO DIRETA

Art. 72. O processo de contratação direta, que compreende os casos de inexigibilidade e de dispensa de licitação, deverá ser instruído com os seguintes documentos:

I – documento de formalização de demanda e, se for o caso, estudo técnico preliminar, análise de riscos, termo de referência, projeto básico ou projeto executivo;

II – estimativa de despesa, que deverá ser calculada na forma estabelecida no art. 23 desta Lei;

III – parecer jurídico e pareceres técnicos, se for o caso, que demonstrem o atendimento dos requisitos exigidos;

IV – demonstração da compatibilidade da previsão de recursos orçamentários com o compromisso a ser assumido;

V – comprovação de que o contratado preenche os requisitos de habilitação e qualificação mínima necessária;

VI – razão da escolha do contratado;

VII – justificativa de preço;

VIII – autorização da autoridade competente.

Parágrafo único. O ato que autoriza a contratação direta ou o extrato decorrente do contrato deverá ser divulgado e mantido à disposição do público em sítio eletrônico oficial.

Art. 73. Na hipótese de contratação direta indevida ocorrida com dolo, fraude ou erro grosseiro, o contratado e o agente público responsável responderão solidariamente pelo dano causado ao erário, sem prejuízo de outras sanções legais cabíveis.

Seção II
DA INEXIGIBILIDADE DE LICITAÇÃO

Art. 74. É inexigível a licitação quando inviável a competição, em especial nos casos de:

I - aquisição de materiais, de equipamentos ou de gêneros ou contratação de serviços que só possam ser fornecidos por produtor, empresa ou representante comercial exclusivos;

II - contratação de profissional do setor artístico, diretamente ou por meio de empresário exclusivo, desde que consagrado pela crítica especializada ou pela opinião pública;

III - contratação dos seguintes serviços técnicos especializados de natureza predominantemente intelectual com profissionais ou empresas de notória especialização, vedada a inexigibilidade para serviços de publicidade e divulgação:

a) estudos técnicos, planejamentos, projetos básicos ou projetos executivos;

b) pareceres, perícias e avaliações em geral;

c) assessorias ou consultorias técnicas e auditorias financeiras ou tributárias;

d) fiscalização, supervisão ou gerenciamento de obras ou serviços;

e) patrocínio ou defesa de causas judiciais ou administrativas;

f) treinamento e aperfeiçoamento de pessoal;

g) restauração de obras de arte e de bens de valor histórico;

h) controles de qualidade e tecnológico, análises, testes e ensaios de campo e laboratoriais, instrumentação e monitoramento de parâmetros específicos de obras e do meio ambiente e demais serviços de engenharia que se enquadrem no disposto neste inciso;

IV - objetos que devam ou possam ser contratados por meio de credenciamento;

V - aquisição ou locação de imóvel cujas características de instalações e de localização tornem necessária sua escolha.

§ 1º Para fins do disposto no inciso I do caput deste artigo, a Administração deverá demonstrar a inviabilidade de competição mediante atestado de exclusividade, contrato de exclusividade, declaração do fabricante ou outro documento idôneo capaz de comprovar que o objeto é fornecido ou prestado por produtor, empresa ou representante comercial exclusivos, vedada a preferência por marca específica.

§ 2º Para fins do disposto no inciso II do caput deste artigo, considera-se empresário exclusivo a pessoa física ou jurídica que possua contrato, declaração, carta ou outro documento que ateste a exclusividade permanente e contínua de representação, no País ou em Estado específico, do profissional do setor artístico, afastada a possibilidade de contratação direta por inexigibilidade por meio de empresário com representação restrita a evento ou local específico.

§ 3º Para fins do disposto no inciso III do caput deste artigo, considera-se de notória especialização o profissional ou a empresa cujo conceito no campo de sua especialidade, decorrente de desempenho anterior, estudos, experiência, publicações, organização, aparelhamento, equipe técnica ou outros requisitos relacionados com suas atividades, permita inferir que o seu trabalho é essencial e reconhecidamente adequado à plena satisfação do objeto do contrato.

§ 4º Nas contratações com fundamento no inciso III do caput deste artigo, é vedada a subcontratação de empresas ou a atuação de profissionais distintos daqueles que tenham justificado a inexigibilidade.

§ 5º Nas contratações com fundamento no inciso V do caput deste artigo, devem ser observados os seguintes requisitos:

I – avaliação prévia do bem, do seu estado de conservação, dos custos de adaptações, quando imprescindíveis às necessidades de utilização, e do prazo de amortização dos investimentos;

II – certificação da inexistência de imóveis públicos vagos e disponíveis que atendam ao objeto;

III – justificativas que demonstrem a singularidade do imóvel a ser comprado ou locado pela Administração e que evidenciem vantagem para ela.

Seção III
DA DISPENSA DE LICITAÇÃO

Art. 75. É dispensável a licitação:

I – para contratação que envolva valores inferiores a R$ 100.000,00 (cem mil reais), no caso de obras e serviços de engenharia ou de serviços de manutenção de veículos automotores;

II – para contratação que envolva valores inferiores a R$ 50.000,00 (cinquenta mil reais), no caso de outros serviços e compras;

III – para contratação que mantenha todas as condições definidas em edital de licitação realizada há menos de 1 (um) ano, quando se verificar que naquela licitação:

a) não surgiram licitantes interessados ou não foram apresentadas propostas válidas;

b) as propostas apresentadas consignaram preços manifestamente superiores aos praticados no mercado ou incompatíveis com os fixados pelos órgãos oficiais competentes;

IV – para contratação que tenha por objeto:

a) bens, componentes ou peças de origem nacional ou estrangeira necessários à manutenção de equipamentos, a serem adquiridos do fornecedor original desses equipamentos durante o período de garantia técnica, quando essa condição de exclusividade for indispensável para a vigência da garantia;

b) bens, serviços, alienações ou obras, nos termos de acordo internacional específico aprovado pelo Congresso Nacional, quando as condições ofertadas forem manifestamente vantajosas para a Administração;

c) produtos para pesquisa e desenvolvimento, limitada a contratação, no caso de obras e serviços de engenharia, ao valor de R$ 300.000,00 (trezentos mil reais);

d) transferência de tecnologia ou licenciamento de direito de uso ou de exploração de criação protegida, nas contratações realizadas por instituição científica, tecnológica e de inovação (ICT) pública ou por agência de fomento, desde que demonstrada vantagem para a Administração;

e) hortifrutigranjeiros, pães e outros gêneros perecíveis, no período necessário para a realização dos processos licitatórios correspondentes, hipótese em que a contratação será realizada diretamente com base no preço do dia;

f) bens ou serviços produzidos ou prestados no País que envolvam, cumulativamente, alta complexidade tecnológica e defesa nacional;

g) materiais de uso das Forças Armadas, com exceção de materiais de uso pessoal e administrativo, quando houver necessidade de manter a padronização requerida pela estrutura de apoio logístico dos meios navais, aéreos e terrestres, mediante autorização por ato do comandante da força militar;

h) bens e serviços para atendimento dos contingentes militares das forças singulares brasileiras empregadas em operações de paz no exterior, hipótese em que a contratação deverá ser justificada quanto ao preço e à escolha do fornecedor ou executante e ratificada pelo comandante da força militar;

i) abastecimento ou suprimento de efetivos militares em estada eventual de curta duração em portos, aeroportos ou localidades diferentes de suas sedes, por motivo de movimentação operacional ou de adestramento;

j) coleta, processamento e comercialização de resíduos sólidos urbanos recicláveis ou reutilizáveis, em áreas com sistema de coleta seletiva de lixo, realizados por associações ou cooperativas formadas exclusivamente de pessoas físicas de baixa renda reconhecidas pelo poder público como catadores de materiais recicláveis, com o uso de equipamentos compatíveis com as normas técnicas, ambientais e de saúde pública;

k) aquisição ou restauração de obras de arte e objetos históricos, de autenticidade certificada, desde que inerente às finalidades do órgão ou com elas compatível;

l) serviços especializados ou aquisição ou locação de equipamentos destinados ao rastreamento e à obtenção de provas previstas nos incisos II e V do caput do art. 3º da Lei nº 12.850, de 2 de agosto de 2013, quando houver necessidade justificada de manutenção de sigilo sobre a investigação;

m) aquisição de medicamentos destinados exclusivamente ao tratamento de doenças raras definidas pelo Ministério da Saúde;

V – para contratação com vistas ao cumprimento do disposto nos arts. 3º, 3º-A, 4º, 5º e 20 da Lei nº 10.973, de 2 de dezembro de 2004, observados os princípios gerais de contratação constantes da referida Lei;

VI – para contratação que possa acarretar comprometimento da segurança nacional, nos casos estabelecidos pelo Ministro de Estado da Defesa, mediante demanda dos comandos das Forças Armadas ou dos demais ministérios;

VII – nos casos de guerra, estado de defesa, estado de sítio, intervenção federal ou de grave perturbação da ordem;

VIII – nos casos de emergência ou de calamidade pública, quando caracterizada urgência de atendimento de situação que possa ocasionar prejuízo ou comprometer a continuidade dos serviços públicos ou a segurança de pessoas, obras, serviços, equipamentos e outros bens, públicos ou particulares, e somente para aquisição dos bens necessários ao atendimento da situação emergencial ou calamitosa e para as parcelas de obras e serviços que possam ser concluídas no prazo máximo de 1 (um) ano, contado da data de ocorrência da emergência ou da calamidade, vedadas a prorrogação dos respectivos contratos e a recontratação de empresa já contratada com base no disposto neste inciso;

IX – para a aquisição, por pessoa jurídica de direito público interno, de bens produzidos ou serviços prestados por órgão ou entidade que integrem a Administração Pública e que tenham sido criados para esse fim específico, desde que o preço contratado seja compatível com o praticado no mercado;

X – quando a União tiver que intervir no domínio econômico para regular preços ou normalizar o abastecimento;

XI – para celebração de contrato de programa com ente federativo ou com entidade de sua Administração Pública indireta que envolva prestação de serviços públicos de forma associada nos termos autorizados em contrato de consórcio público ou em convênio de cooperação;

XII – para contratação em que houver transferência de tecnologia de produtos estratégicos para o Sistema Único de Saúde (SUS), conforme elencados em ato da direção nacional do SUS, inclusive por ocasião da aquisição desses produtos durante as etapas de absorção tecnológica, e em valores compatíveis com aqueles definidos no instrumento firmado para a transferência de tecnologia;

XIII – para contratação de profissionais para compor a comissão de avaliação de critérios de técnica, quando se tratar de profissional técnico de notória especialização;

XIV – para contratação de associação de pessoas com deficiência, sem fins lucrativos e de comprovada idoneidade, por órgão ou entidade da Administração Pública, para a prestação de serviços, desde que o preço contratado seja compatível com o praticado no mercado e os serviços contratados sejam prestados exclusivamente por pessoas com deficiência;

XV – para contratação de instituição brasileira que tenha por finalidade estatutária apoiar, captar e executar atividades de ensino, pesquisa, extensão, desenvolvimento institucional, científico e tecnológico e estímulo à inovação, inclusive para gerir administrativa e financeiramente essas atividades, ou para contratação de instituição dedicada à recuperação social da pessoa presa, desde que o contratado tenha inquestionável reputação ética e profissional e não tenha fins lucrativos;

XVI – para aquisição, por pessoa jurídica de direito público interno, de insumos estratégicos para a saúde produzidos por fundação que, regimental ou estatutariamente, tenha por finalidade apoiar órgão da Administração Pública direta, sua autarquia ou fundação em projetos de ensino, pesquisa, extensão, desenvolvimento institucional, científico e tecnológico e de estímulo à inovação, inclusive na gestão administrativa e financeira necessária à execução desses projetos, ou em parcerias que envolvam transferência de tecnologia de produtos estratégicos para o SUS, nos termos do inciso XII do caput deste artigo, e que tenha sido criada para esse fim específico em data anterior à entrada em vigor desta Lei, desde que o preço contratado seja compatível com o praticado no mercado.

§ 1º Para fins de aferição dos valores que atendam aos limites referidos nos incisos I e II do caput deste artigo, deverão ser observados:

I – o somatório do que for despendido no exercício financeiro pela respectiva unidade gestora;

II – o somatório da despesa realizada com objetos de mesma natureza, entendidos como tais aqueles relativos a contratações no mesmo ramo de atividade.

§ 2º Os valores referidos nos incisos I e II do caput deste artigo serão duplicados para compras, obras e serviços contratados por consórcio público ou por autarquia ou fundação qualificadas como agências executivas na forma da lei.

§ 3º As contratações de que tratam os incisos I e II do caput deste artigo serão preferencialmente precedidas de divulgação de aviso em sítio eletrônico oficial, pelo prazo mínimo de 3 (três) dias úteis, com a especificação do objeto pretendido e com a manifestação de interesse da Administração em obter propostas adicionais de eventuais interessados, devendo ser selecionada a proposta mais vantajosa.

§ 4º As contratações de que tratam os incisos I e II do caput deste artigo serão preferencialmente pagas por meio de cartão de pagamento, cujo extrato deverá ser divulgado e mantido à disposição do público no Portal Nacional de Contratações Públicas (PNCP).

§ 5º A dispensa prevista na alínea "c" do inciso IV do caput deste artigo, quando aplicada a obras e serviços de engenharia, seguirá procedimentos especiais instituídos em regulamentação específica.

§ 6º Para os fins do inciso VIII do caput deste artigo, considera-se emergencial a contratação por dispensa com objetivo de manter a continuidade do serviço público, e deverão ser observados os valores praticados pelo mercado na forma do art. 23 desta Lei e adotadas as providências necessárias para a conclusão do processo licitatório, sem prejuízo de apuração de responsabilidade dos agentes públicos que deram causa à situação emergencial.

§ 7º Não se aplica o disposto no § 1º deste artigo às contratações de até R$ 8.000,00 (oito mil reais) de serviços de manutenção de veículos automotores de propriedade do órgão ou entidade contratante, incluído o fornecimento de peças.

Capítulo IX
DAS ALIENAÇÕES

Art. 76. A alienação de bens da Administração Pública, subordinada à existência de interesse público devidamente justificado, será precedida de avaliação e obedecerá às seguintes normas:

I – tratando-se de bens imóveis, inclusive os pertencentes às autarquias e às fundações, exigirá autorização legislativa e dependerá de licitação na modalidade leilão, dispensada a realização de licitação nos casos de:

a) dação em pagamento;

b) doação, permitida exclusivamente para outro órgão ou entidade da Administração Pública, de qualquer esfera de governo, ressalvado o disposto nas alíneas "f", "g" e "h" deste inciso;

c) permuta por outros imóveis que atendam aos requisitos relacionados às finalidades precípuas da Administração, desde que a diferença apurada não ultrapasse a metade do valor do imóvel que será ofertado pela União, segundo avaliação prévia, e ocorra a torna de valores, sempre que for o caso;

d) investidura;

e) venda a outro órgão ou entidade da Administração Pública de qualquer esfera de governo;

f) alienação gratuita ou onerosa, aforamento, concessão de direito real de uso, locação e permissão de uso de bens imóveis residenciais construídos, destinados ou efetivamente usados em programas de habitação ou de regularização fundiária de interesse social desenvolvidos por órgão ou entidade da Administração Pública;

g) alienação gratuita ou onerosa, aforamento, concessão de direito real de uso, locação e permissão de uso de bens imóveis comerciais de âmbito local, com área de até 250 m^2 (duzentos e cinquenta metros quadrados) e destinados a programas de regularização fundiária de interesse social desenvolvidos por órgão ou entidade da Administração Pública;

h) alienação e concessão de direito real de uso, gratuita ou onerosa, de terras públicas rurais da União e do Instituto Nacional de Colonização e Reforma Agrária (Incra) onde incidam ocupações até o limite de que trata o § 1º do art. 6º da Lei nº 11.952, de 25 de junho de 2009, para fins de regularização fundiária, atendidos os requisitos legais;

i) legitimação de posse de que trata o art. 29 da Lei nº 6.383, de 7 de dezembro de 1976, mediante iniciativa e deliberação dos órgãos da Administração Pública competentes;

j) legitimação fundiária e legitimação de posse de que trata a Lei nº 13.465, de 11 de julho de 2017;

II – tratando-se de bens móveis, dependerá de licitação na modalidade leilão, dispensada a realização de licitação nos casos de:

a) doação, permitida exclusivamente para fins e uso de interesse social, após avaliação de oportunidade e conveniência socioeconômica em relação à escolha de outra forma de alienação;

b) permuta, permitida exclusivamente entre órgãos ou entidades da Administração Pública;

c) venda de ações, que poderão ser negociadas em bolsa, observada a legislação específica;

d) venda de títulos, observada a legislação pertinente;

e) venda de bens produzidos ou comercializados por entidades da Administração Pública, em virtude de suas finalidades;

f) venda de materiais e equipamentos sem utilização previsível por quem deles dispõe para outros órgãos ou entidades da Administração Pública.

§ 1º A alienação de bens imóveis da Administração Pública cuja aquisição tenha sido derivada de procedimentos judiciais ou de dação em pagamento dispensará autorização legislativa e exigirá apenas avaliação prévia e licitação na modalidade leilão.

§ 2º Os imóveis doados com base na alínea "b" do inciso I do caput deste artigo, cessadas as razões que justificaram sua doação, serão revertidos ao patrimônio da pessoa jurídica doadora, vedada sua alienação pelo beneficiário.

§ 3º A Administração poderá conceder título de propriedade ou de direito real de uso de imóvel, admitida a dispensa de licitação, quando o uso destinar-se a:

I – outro órgão ou entidade da Administração Pública, qualquer que seja a localização do imóvel;

II – pessoa natural que, nos termos de lei, regulamento ou ato normativo do órgão competente, haja implementado os requisitos mínimos de cultura, de ocupação mansa e pacífica e de exploração direta sobre área rural, observado o limite de que trata o § 1º do art. 6º da Lei nº 11.952, de 25 de junho de 2009.

§ 4º A aplicação do disposto no inciso II do § 3º deste artigo será dispensada de autorização legislativa e submeter-se-á aos seguintes condicionamentos:

I – aplicação exclusiva às áreas em que a detenção por particular seja comprovadamente anterior a 1º de dezembro de 2004;

II – submissão aos demais requisitos e impedimentos do regime legal e administrativo de destinação e de regularização fundiária de terras públicas;

III – vedação de concessão para exploração não contemplada na lei agrária, nas leis de destinação de terras públicas ou nas normas legais ou administrativas de zoneamento ecológico-econômico;

IV – previsão de extinção automática da concessão, dispensada notificação, em caso de declaração de utilidade pública, de necessidade pública ou de interesse social;

V – aplicação exclusiva a imóvel situado em zona rural e não sujeito a vedação, impedimento ou inconveniente à exploração mediante atividade agropecuária;

VI – limitação a áreas de que trata o § 1º do art. 6º da Lei nº 11.952, de 25 de junho de 2009, vedada a dispensa de licitação para áreas superiores;

VII – acúmulo com o quantitativo de área decorrente do caso previsto na alínea "i" do inciso I do caput deste artigo até o limite previsto no inciso VI deste parágrafo.

§ 5º Entende-se por investidura, para os fins desta Lei, a:

I – alienação, ao proprietário de imóvel lindeiro, de área remanescente ou resultante de obra pública que se tornar inaproveitável isoladamente, por preço que não seja inferior ao da avaliação nem superior a 50% (cinquenta por cento) do valor máximo permitido para dispensa de licitação de bens e serviços previsto nesta Lei;

II – alienação, ao legítimo possuidor direto ou, na falta dele, ao poder público, de imóvel para fins residenciais construído em núcleo urbano anexo a usina hidrelétrica, desde que considerado dispensável na fase de operação da usina e que não integre a categoria de bens reversíveis ao final da concessão.

§ 6º A doação com encargo será licitada e de seu instrumento constarão, obrigatoriamente, os encargos, o prazo de seu cumprimento e a cláusula de reversão, sob pena de nulidade do ato, dispensada a licitação em caso de interesse público devidamente justificado.

§ 7º Na hipótese do § 6º deste artigo, caso o donatário necessite oferecer o imóvel em garantia de financiamento, a cláusula de reversão e as demais obrigações serão garantidas por hipoteca em segundo grau em favor do doador.

Art. 77. Para a venda de bens imóveis, será concedido direito de preferência ao licitante que, submetendo-se a todas as regras do edital, comprove a ocupação do imóvel objeto da licitação.

Capítulo X
DOS INSTRUMENTOS AUXILIARES

Seção I
DOS PROCEDIMENTOS AUXILIARES

Art. 78. São procedimentos auxiliares das licitações e das contratações regidas por esta Lei:

I – credenciamento;

II – pré-qualificação;

III – procedimento de manifestação de interesse;

IV – sistema de registro de preços;

V – registro cadastral.

§ 1º Os procedimentos auxiliares de que trata o caput deste artigo obedecerão a critérios claros e objetivos definidos em regulamento.

§ 2º O julgamento que decorrer dos procedimentos auxiliares das licitações previstos nos incisos II e III do caput deste artigo seguirá o mesmo procedimento das licitações.

Seção II
DO CREDENCIAMENTO

Art. 79. O credenciamento poderá ser usado nas seguintes hipóteses de contratação:

I – paralela e não excludente: caso em que é viável e vantajosa para a Administração a realização de contratações simultâneas em condições padronizadas;

II – com seleção a critério de terceiros: caso em que a seleção do contratado está a cargo do beneficiário direto da prestação;

III – em mercados fluidos: caso em que a flutuação constante do valor da prestação e das condições de contratação inviabiliza a seleção de agente por meio de processo de licitação.

Parágrafo único. Os procedimentos de credenciamento serão definidos em regulamento, observadas as seguintes regras:

I – a Administração deverá divulgar e manter à disposição do público, em sítio eletrônico oficial, edital de chamamento de interessados, de modo a permitir o cadastramento permanente de novos interessados;

II – na hipótese do inciso I do caput deste artigo, quando o objeto não permitir a contratação imediata e simultânea de todos os credenciados, deverão ser adotados critérios objetivos de distribuição da demanda;

III – o edital de chamamento de interessados deverá prever as condições padronizadas de contratação e, nas hipóteses dos incisos I e II do caput deste artigo, deverá definir o valor da contratação;

IV – na hipótese do inciso III do caput deste artigo, a Administração deverá registrar as cotações de mercado vigentes no momento da contratação;

V – não será permitido o cometimento a terceiros do objeto contratado sem autorização expressa da Administração;

VI – será admitida a denúncia por qualquer das partes nos prazos fixados no edital.

Seção III
DA PRÉ-QUALIFICAÇÃO

Art. 80. A pré-qualificação é o procedimento técnico-administrativo para selecionar previamente:

I – licitantes que reúnam condições de habilitação para participar de futura licitação ou de licitação vinculada a programas de obras ou de serviços objetivamente definidos;

II – bens que atendam às exigências técnicas ou de qualidade estabelecidas pela Administração.

§ 1º Na pré-qualificação observar-se-á o seguinte:

I – quando aberta a licitantes, poderão ser dispensados os documentos que já constarem do registro cadastral;

II – quando aberta a bens, poderá ser exigida a comprovação de qualidade.

§ 2º O procedimento de pré-qualificação ficará permanentemente aberto para a inscrição de interessados.

§ 3º Quanto ao procedimento de pré-qualificação, constarão do edital:

I – as informações mínimas necessárias para definição do objeto;

II – a modalidade, a forma da futura licitação e os critérios de julgamento.

§ 4º A apresentação de documentos far-se-á perante órgão ou comissão indicada pela Administração, que deverá examiná-los no prazo máximo de 10 (dez) dias úteis e determinar correção ou reapresentação de documentos, quando for o caso, com vistas à ampliação da competição.

§ 5º Os bens e os serviços pré-qualificados deverão integrar o catálogo de bens e serviços da Administração.

§ 6º A pré-qualificação poderá ser realizada em grupos ou segmentos, segundo as especialidades dos fornecedores.

§ 7º A pré-qualificação poderá ser parcial ou total, com alguns ou todos os requisitos técnicos ou de habilitação necessários à contratação, assegurada, em qualquer hipótese, a igualdade de condições entre os concorrentes.

§ 8º Quanto ao prazo, a pré-qualificação terá validade:

I – de 1 (um) ano, no máximo, e poderá ser atualizada a qualquer tempo;

II – não superior ao prazo de validade dos documentos apresentados pelos interessados.

§ 9º Os licitantes e os bens pré-qualificados serão obrigatoriamente divulgados e mantidos à disposição do público.

§ 10. A licitação que se seguir ao procedimento da pré-qualificação poderá ser restrita a licitantes ou bens pré-qualificados.

Seção IV
DO PROCEDIMENTO DE MANIFESTAÇÃO DE INTERESSE

Art. 81. A Administração poderá solicitar à iniciativa privada, mediante procedimento aberto de manifestação de interesse a ser iniciado com a publicação de edital de chamamento público, a propositura e a realização de estudos, investigações, levantamentos e projetos de soluções inovadoras que contribuam com questões de relevância pública, na forma de regulamento.

§ 1º Os estudos, as investigações, os levantamentos e os projetos vinculados à contratação e de utilidade para a licitação, realizados pela Administração ou com a sua autorização, estarão à disposição dos interessados, e o vencedor da licitação deverá ressarcir os dispêndios correspondentes, conforme especificado no edital.

§ 2º A realização, pela iniciativa privada, de estudos, investigações, levantamentos e projetos em decorrência do procedimento de manifestação de interesse previsto no caput deste artigo:

I – não atribuirá ao realizador direito de preferência no processo licitatório;

II – não obrigará o poder público a realizar licitação;

III – não implicará, por si só, direito a ressarcimento de valores envolvidos em sua elaboração;

IV – será remunerada somente pelo vencedor da licitação, vedada, em qualquer hipótese, a cobrança de valores do poder público.

§ 3º Para aceitação dos produtos e serviços de que trata o caput deste artigo, a Administração deverá elaborar parecer fundamentado com a demonstração de que o produto ou serviço entregue é adequado e suficiente à compreensão do objeto, de que as premissas adotadas são compatíveis com as reais necessidades do órgão e de que a metodologia proposta é a que propicia maior economia e vantagem entre as demais possíveis.

§ 4º O procedimento previsto no caput deste artigo poderá ser restrito a startups, assim considerados os microempreendedores individuais, as microempresas e as empresas de pequeno porte, de natureza emergente e com grande potencial, que se dediquem à pesquisa, ao desenvolvimento e à implementação de novos produtos ou serviços baseados em soluções tecnológicas inovadoras que possam causar alto impacto, exigida, na seleção definitiva da inovação, validação prévia fundamentada em métricas objetivas, de modo a demonstrar o atendimento das necessidades da Administração.

Seção V
DO SISTEMA DE REGISTRO DE PREÇOS

Art. 82. O edital de licitação para registro de preços observará as regras gerais desta Lei e deverá dispor sobre:

I – as especificidades da licitação e de seu objeto, inclusive a quantidade máxima de cada item que poderá ser adquirida;

II – a quantidade mínima a ser cotada de unidades de bens ou, no caso de serviços, de unidades de medida;

III – a possibilidade de prever preços diferentes:

a) quando o objeto for realizado ou entregue em locais diferentes;

b) em razão da forma e do local de acondicionamento;

c) quando admitida cotação variável em razão do tamanho do lote;

d) por outros motivos justificados no processo;

IV – a possibilidade de o licitante oferecer ou não proposta em quantitativo inferior ao máximo previsto no edital, obrigando-se nos limites dela;

V – o critério de julgamento da licitação, que será o de menor preço ou o de maior desconto sobre tabela de preços praticada no mercado;

VI – as condições para alteração de preços registrados;

VII – o registro de mais de um fornecedor ou prestador de serviço, desde que aceitem cotar o objeto em preço igual ao do licitante vencedor, assegurada a preferência de contratação de acordo com a ordem de classificação;

VIII – a vedação à participação do órgão ou entidade em mais de uma ata de registro de preços com o mesmo objeto no prazo de validade daquela de que já tiver participado, salvo na ocorrência de ata que tenha registrado quantitativo inferior ao máximo previsto no edital;

IX – as hipóteses de cancelamento da ata de registro de preços e suas consequências.

§ 1º O critério de julgamento de menor preço por grupo de itens somente poderá ser adotado quando for demonstrada a inviabilidade de se promover a adjudicação por item e for evidenciada a sua vantagem técnica e econômica, e o critério de aceitabilidade de preços unitários máximos deverá ser indicado no edital.

§ 2º Na hipótese de que trata o § 1º deste artigo, observados os parâmetros estabelecidos nos §§ 1º, 2º e 3º do art. 23 desta Lei, a contratação posterior de item específico constante de grupo de itens exigirá prévia pesquisa de mercado e demonstração de sua vantagem para o órgão ou entidade.

§ 3º É permitido registro de preços com indicação limitada a unidades de contratação, sem indicação do total a ser adquirido, apenas nas seguintes situações:

I – quando for a primeira licitação para o objeto e o órgão ou entidade não tiver registro de demandas anteriores;

II – no caso de alimento perecível;

III – no caso em que o serviço estiver integrado ao fornecimento de bens.

§ 4º Nas situações referidas no § 3º deste artigo, é obrigatória a indicação do valor máximo da despesa e é vedada a participação de outro órgão ou entidade na ata.

§ 5º O sistema de registro de preços poderá ser usado para a contratação de bens e serviços, inclusive de obras e serviços de engenharia, observadas as seguintes condições:

I – realização prévia de ampla pesquisa de mercado;

II – seleção de acordo com os procedimentos previstos em regulamento;

III – desenvolvimento obrigatório de rotina de controle;

IV – atualização periódica dos preços registrados;

V – definição do período de validade do registro de preços;

VI – inclusão, em ata de registro de preços, do licitante que aceitar cotar os bens ou serviços em preços iguais aos do licitante vencedor na sequência de classificação da licitação e inclusão do licitante que mantiver sua proposta original.

§ 6º O sistema de registro de preços poderá, na forma de regulamento, ser utilizado nas hipóteses de inexigibilidade e de dispensa de licitação para a aquisição de bens ou para a contratação de serviços por mais de um órgão ou entidade.

Art. 83. A existência de preços registrados implicará compromisso de fornecimento nas condições estabelecidas, mas não obrigará a Administração a contratar, facultada a realização de licitação específica para a aquisição pretendida, desde que devidamente motivada.

Art. 84. O prazo de vigência da ata de registro de preços será de 1 (um) ano e poderá ser prorrogado, por igual período, desde que comprovado o preço vantajoso.

Parágrafo único. O contrato decorrente da ata de registro de preços terá sua vigência estabelecida em conformidade com as disposições nela contidas.

Art. 85. A Administração poderá contratar a execução de obras e serviços de engenharia pelo sistema de registro de preços, desde que atendidos os seguintes requisitos:

I – existência de projeto padronizado, sem complexidade técnica e operacional;

II – necessidade permanente ou frequente de obra ou serviço a ser contratado.

Art. 86. O órgão ou entidade gerenciadora deverá, na fase preparatória do processo licitatório, para fins de registro de preços, realizar procedimento público de intenção de registro de preços para, nos termos de regulamento, possibilitar, pelo prazo mínimo de 8 (oito) dias úteis, a participação de outros órgãos ou entidades na respectiva ata e determinar a estimativa total de quantidades da contratação.

§ 1º O procedimento previsto no caput deste artigo será dispensável quando o órgão ou entidade gerenciadora for o único contratante.

§ 2º Se não participarem do procedimento previsto no caput deste artigo, os órgãos e entidades poderão aderir à ata de registro de preços na condição de não participantes, observados os seguintes requisitos:

I - apresentação de justificativa da vantagem da adesão, inclusive em situações de provável desabastecimento ou descontinuidade de serviço público;

II - demonstração de que os valores registrados estão compatíveis com os valores praticados pelo mercado na forma do art. 23 desta Lei;

III - prévias consulta e aceitação do órgão ou entidade gerenciadora e do fornecedor.

§ 3º A faculdade conferida pelo § 2º deste artigo estará limitada a órgãos e entidades da Administração Pública federal, estadual, distrital e municipal que, na condição de não participantes, desejarem aderir à ata de registro de preços de órgão ou entidade gerenciadora federal, estadual ou distrital.

§ 4º As aquisições ou as contratações adicionais a que se refere o § 2º deste artigo não poderão exceder, por órgão ou entidade, a 50% (cinquenta por cento) dos quantitativos dos itens do instrumento convocatório registrados na ata de registro de preços para o órgão gerenciador e para os órgãos participantes.

§ 5º O quantitativo decorrente das adesões à ata de registro de preços a que se refere o § 2º deste artigo não poderá exceder, na totalidade, ao dobro do quantitativo de cada item registrado na ata de registro de preços para o órgão gerenciador e órgãos participantes, independentemente do número de órgãos não participantes que aderirem.

§ 6º A adesão à ata de registro de preços de órgão ou entidade gerenciadora do Poder Executivo federal por órgãos e entidades da Administração Pública estadual, distrital e municipal poderá ser exigida para fins de transferências voluntárias, não ficando sujeita ao limite de que trata o § 5º deste artigo se destinada à execução descentralizada de programa ou projeto federal e comprovada a compatibilidade dos preços registrados com os valores praticados no mercado na forma do art. 23 desta Lei.

§ 7º Para aquisição emergencial de medicamentos e material de consumo médico-hospitalar por órgãos e entidades da Administração Pública federal, estadual, distrital e municipal, a adesão à ata de registro de preços gerenciada pelo Ministério da Saúde não estará sujeita ao limite de que trata o § 5º deste artigo.

§ 8º Será vedada aos órgãos e entidades da Administração Pública federal a adesão à ata de registro de preços gerenciada por órgão ou entidade estadual, distrital ou municipal.

Seção VI
DO REGISTRO CADASTRAL

Art. 87. Para os fins desta Lei, os órgãos e entidades da Administração Pública deverão utilizar o sistema de registro cadastral unificado disponível no Portal Nacional de Contratações Públicas (PNCP), para efeito de cadastro unificado de licitantes, na forma disposta em regulamento.

§ 1º O sistema de registro cadastral unificado será público e deverá ser amplamente divulgado e estar permanentemente aberto aos interessados, e será obrigatória a realização de chamamento público pela internet, no mínimo anualmente, para atualização dos registros existentes e para ingresso de novos interessados.

§ 2º É proibida a exigência, pelo órgão ou entidade licitante, de registro cadastral complementar para acesso a edital e anexos.

§ 3º A Administração poderá realizar licitação restrita a fornecedores cadastrados, atendidos os critérios, as condições e os limites estabelecidos em regulamento, bem como a ampla publicidade dos procedimentos para o cadastramento.

§ 4º Na hipótese a que se refere o § 3º deste artigo, será admitido fornecedor que realize seu cadastro dentro do prazo previsto no edital para apresentação de propostas.

Art. 88. Ao requerer, a qualquer tempo, inscrição no cadastro ou a sua atualização, o interessado fornecerá os elementos necessários exigidos para habilitação previstos nesta Lei.

§ 1º O inscrito, considerada sua área de atuação, será classificado por categorias, subdivididas em grupos, segundo a qualificação técnica e econômico-financeira avaliada, de acordo com regras objetivas divulgadas em sítio eletrônico oficial.

§ 2º Ao inscrito será fornecido certificado, renovável sempre que atualizar o registro.

§ 3º A atuação do contratado no cumprimento de obrigações assumidas será avaliada pelo contratante, que emitirá documento comprobatório da avaliação realizada, com menção ao seu desempenho na execução contratual, baseado em indicadores objetivamente definidos e aferidos, e a eventuais penalidades aplicadas, o que constará do registro cadastral em que a inscrição for realizada.

§ 4º A anotação do cumprimento de obrigações pelo contratado, de que trata o § 3º deste artigo, será condicionada à implantação e à regulamentação do cadastro de atesto de cumprimento de obrigações, apto à realização do registro de forma objetiva, em atendimento aos princípios da impessoalidade, da igualdade, da isonomia, da publicidade e da transparência, de modo a possibilitar a implementação de medidas de incentivo aos licitantes que possuírem ótimo desempenho anotado em seu registro cadastral.

§ 5º A qualquer tempo poderá ser alterado, suspenso ou cancelado o registro de inscrito que deixar de satisfazer exigências determinadas por esta Lei ou por regulamento.

§ 6º O interessado que requerer o cadastro na forma do caput deste artigo poderá participar de processo licitatório até a decisão da Administração, e a celebração do contrato ficará condicionada à emissão do certificado referido no § 2º deste artigo.

TÍTULO III
DOS CONTRATOS ADMINISTRATIVOS

Capítulo I
DA FORMALIZAÇÃO DOS CONTRATOS

Art. 89. Os contratos de que trata esta Lei regular-se-ão pelas suas cláusulas e pelos preceitos de direito público, e a eles serão aplicados, supletivamente, os princípios da teoria geral dos contratos e as disposições de direito privado.

§ 1º Todo contrato deverá mencionar os nomes das partes e os de seus representantes, a finalidade, o ato que autorizou sua lavratura, o número do processo da licitação ou da contratação direta e a sujeição dos contratantes às normas desta Lei e às cláusulas contratuais.

§ 2º Os contratos deverão estabelecer com clareza e precisão as condições para sua execução, expressas em cláusulas que definam os direitos, as obrigações e as responsabilidades das partes, em conformidade com os termos do edital de licitação e os da proposta vencedora ou com os termos do ato que autorizou a contratação direta e os da respectiva proposta.

Art. 90. A Administração convocará regularmente o licitante vencedor para assinar o termo de contrato ou para aceitar ou retirar o instrumento equivalente, dentro do prazo e nas condições estabelecidas no edital de licitação, sob pena de decair o direito à contratação, sem prejuízo das sanções previstas nesta Lei.

§ 1º O prazo de convocação poderá ser prorrogado 1 (uma) vez, por igual período, mediante solicitação da parte durante seu transcurso, devidamente justificada, e desde que o motivo apresentado seja aceito pela Administração.

§ 2º Será facultado à Administração, quando o convocado não assinar o termo de contrato ou não aceitar ou não retirar o instrumento equivalente no prazo e nas condições estabelecidas, convocar os licitantes remanescentes, na ordem de classificação, para a celebração do contrato nas condições propostas pelo licitante vencedor.

§ 3º Decorrido o prazo de validade da proposta indicado no edital sem convocação para a contratação, ficarão os licitantes liberados dos compromissos assumidos.

§ 4º Na hipótese de nenhum dos licitantes aceitar a contratação nos termos do § 2º deste artigo, a Administração, observados o valor estimado e sua eventual atualização nos termos do edital, poderá:

I – convocar os licitantes remanescentes para negociação, na ordem de classificação, com vistas à obtenção de preço melhor, mesmo que acima do preço do adjudicatário;

II – adjudicar e celebrar o contrato nas condições ofertadas pelos licitantes remanescentes, atendida a ordem classificatória, quando frustrada a negociação de melhor condição.

§ 5º A recusa injustificada do adjudicatário em assinar o contrato ou em aceitar ou retirar o instrumento equivalente no prazo estabelecido pela Administração caracterizará o descumprimento total da obrigação assumida e o sujeitará às penalidades legalmente estabelecidas e à imediata perda da garantia de proposta em favor do órgão ou entidade licitante.

§ 6º A regra do § 5º não se aplicará aos licitantes remanescentes convocados na forma do inciso I do § 4º deste artigo.

§ 7º Será facultada à Administração a convocação dos demais licitantes classificados para a contratação de remanescente de obra, de serviço ou de fornecimento em consequência de rescisão contratual, observados os mesmos critérios estabelecidos nos §§ 2º e 4º deste artigo.

Art. 91. Os contratos e seus aditamentos terão forma escrita e serão juntados ao processo que tiver dado origem à contratação, divulgados e mantidos à disposição do público em sítio eletrônico oficial.

§ 1º Será admitida a manutenção em sigilo de contratos e de termos aditivos quando imprescindível à segurança da sociedade e do Estado, nos termos da legislação que regula o acesso à informação.

§ 2º Contratos relativos a direitos reais sobre imóveis serão formalizados por escritura pública lavrada em notas de tabelião, cujo teor deverá ser divulgado e mantido à disposição do público em sítio eletrônico oficial.

§ 3º Será admitida a forma eletrônica na celebração de contratos e de termos aditivos, atendidas as exigências previstas em regulamento.

§ 4º Antes de formalizar ou prorrogar o prazo de vigência do contrato, a Administração deverá verificar a regularidade fiscal do contratado, consultar o Cadastro Nacional de Empresas Inidôneas e Suspensas (Ceis) e o Cadastro Nacional de Empresas Punidas (Cnep), emitir as certidões negativas de inidoneidade, de impedimento e de débitos trabalhistas e juntá-las ao respectivo processo.

Art. 92. São necessárias em todo contrato cláusulas que estabeleçam:

I – o objeto e seus elementos característicos;

II – a vinculação ao edital de licitação e à proposta do licitante vencedor ou ao ato que tiver autorizado a contratação direta e à respectiva proposta;

III – a legislação aplicável à execução do contrato, inclusive quanto aos casos omissos;

IV – o regime de execução ou a forma de fornecimento;

V – o preço e as condições de pagamento, os critérios, a data-base e a periodicidade do reajustamento de preços e os critérios de atualização monetária entre a data do adimplemento das obrigações e a do efetivo pagamento;

VI – os critérios e a periodicidade da medição, quando for o caso, e o prazo para liquidação e para pagamento;

VII – os prazos de início das etapas de execução, conclusão, entrega, observação e recebimento definitivo, quando for o caso;

VIII – o crédito pelo qual correrá a despesa, com a indicação da classificação funcional programática e da categoria econômica;

IX – a matriz de risco, quando for o caso;

X – o prazo para resposta ao pedido de repactuação de preços, quando for o caso;

XI – o prazo para resposta ao pedido de restabelecimento do equilíbrio econômico-financeiro, quando for o caso;

XII – as garantias oferecidas para assegurar sua plena execução, quando exigidas, inclusive as que forem oferecidas pelo contratado no caso de antecipação de valores a título de pagamento;

XIII – o prazo de garantia mínima do objeto, observados os prazos mínimos estabelecidos nesta Lei e nas normas técnicas aplicáveis, e as condições de manutenção e assistência técnica, quando for o caso;

XIV – os direitos e as responsabilidades das partes, as penalidades cabíveis e os valores das multas e suas bases de cálculo;

XV – as condições de importação e a data e a taxa de câmbio para conversão, quando for o caso;

XVI – a obrigação do contratado de manter, durante toda a execução do contrato, em compatibilidade com as obrigações por ele assumidas, todas as condições exigidas para a habilitação na licitação, ou para a qualificação, na contratação direta;

XVII – a obrigação de o contratado cumprir as exigências de reserva de cargos prevista em lei, bem como em outras normas específicas, para pessoa com deficiência, para reabilitado da Previdência Social e para aprendiz;

XVIII – o modelo de gestão do contrato, observados os requisitos definidos em regulamento;

XIX – os casos de extinção.

§ 1º Os contratos celebrados pela Administração Pública com pessoas físicas ou jurídicas, inclusive as domiciliadas no exterior, deverão conter cláusula que declare competente o foro da sede da Administração para dirimir qualquer questão contratual, ressalvadas as seguintes hipóteses:

I – licitação internacional para a aquisição de bens e serviços cujo pagamento seja feito com o produto de financiamento concedido por organismo financeiro internacional de que o Brasil faça parte ou por agência estrangeira de cooperação;

II – contratação com empresa estrangeira para a compra de equipamentos fabricados e entregues no exterior precedida de autorização do Chefe do Poder Executivo;

III – aquisição de bens e serviços realizada por unidades administrativas com sede no exterior.

§ 2º De acordo com as peculiaridades de seu objeto e de seu regime de execução, o contrato conterá cláusula que preveja período antecedente à expedição da ordem de serviço para verificação de pendências, liberação de áreas ou adoção de outras providências cabíveis para a regularidade do início de sua execução.

§ 3º Independentemente do prazo de duração, o contrato deverá conter cláusula que estabeleça o índice de reajustamento de preço, com data-base vinculada à data do orçamento estimado, e poderá ser estabelecido mais de um índice específico ou setorial, em conformidade com a realidade de mercado dos respectivos insumos.

§ 4º Nos contratos de serviços contínuos, observado o interregno mínimo de 1 (um) ano, o critério de reajustamento de preços será por:

I – reajustamento em sentido estrito, quando não houver regime de dedicação exclusiva de mão de obra ou predominância de mão de obra, mediante previsão de índices específicos ou setoriais;

II – repactuação, quando houver regime de dedicação exclusiva de mão de obra ou predominância de mão de obra, mediante demonstração analítica da variação dos custos.

§ 5º Nos contratos de obras e serviços de engenharia, sempre que compatível com o regime de execução, a medição será mensal.

§ 6º Nos contratos para serviços contínuos com regime de dedicação exclusiva de mão de obra ou com predominância de mão de obra, o prazo para resposta ao pedido de repactuação de preços será preferencialmente de 1 (um) mês, contado da data do fornecimento da documentação prevista no § 6º do art. 135 desta Lei.

Art. 93. Nas contratações de projetos ou de serviços técnicos especializados, inclusive daqueles que contemplem o desenvolvimento de programas e aplicações de internet para computadores, máquinas, equipamentos e dispositivos de tratamento e de comunicação da informação (software) - e a respectiva documentação técnica associada -, o autor deverá ceder todos os direitos patrimoniais a eles relativos para a Administração Pública, hipótese em que poderão ser livremente utilizados e alterados por ela em outras ocasiões, sem necessidade de nova autorização de seu autor.

§ 1º Quando o projeto se referir a obra imaterial de caráter tecnológico, insuscetível de privilégio, a cessão dos direitos a que se refere o caput deste artigo incluirá o fornecimento de todos os dados, documentos e elementos de informação pertinentes à tecnologia de concepção, desenvolvimento, fixação em suporte físico de qualquer natureza e aplicação da obra.

§ 2º É facultado à Administração Pública deixar de exigir a cessão de direitos a que se refere o caput deste artigo quando o objeto da contratação envolver atividade de pesquisa e desenvolvimento de caráter científico, tecnológico ou de inovação, considerados os princípios e os mecanismos instituídos pela Lei nº 10.973, de 2 de dezembro de 2004.

§ 3º Na hipótese de posterior alteração do projeto pela Administração Pública, o autor deverá ser comunicado, e os registros serão promovidos nos órgãos ou entidades competentes.

Art. 94. A divulgação no Portal Nacional de Contratações Públicas (PNCP) é condição indispensável para a eficácia do contrato e de seus aditamentos e deverá ocorrer nos seguintes prazos, contados da data de sua assinatura:

I - 20 (vinte) dias úteis, no caso de licitação;

II - 10 (dez) dias úteis, no caso de contratação direta.

§ 1º Os contratos celebrados em caso de urgência terão eficácia a partir de sua assinatura e deverão ser publicados nos prazos previstos nos incisos I e II do caput deste artigo, sob pena de nulidade.

§ 2º A divulgação de que trata o caput deste artigo, quando referente à contratação de profissional do setor artístico por inexigibilidade, deverá identificar os custos do cachê do artista, dos músicos ou da banda, quando houver, do transporte, da hospedagem, da infraestrutura, da logística do evento e das demais despesas específicas.

§ 3º No caso de obras, a Administração divulgará em sítio eletrônico oficial, em até 25 (vinte e cinco) dias úteis após a assinatura do contrato, os quantitativos e os preços unitários e totais que contratar e, em até 45 (quarenta e cinco) dias úteis após a conclusão do contrato, os quantitativos executados e os preços praticados.

§ 4º (VETADO).

§ 5º (VETADO).

Art. 95. O instrumento de contrato é obrigatório, salvo nas seguintes hipóteses, em que a Administração poderá substituí-lo por outro instrumento hábil, como carta-contrato, nota de empenho de despesa, autorização de compra ou ordem de execução de serviço:

I – dispensa de licitação em razão de valor;

II – compras com entrega imediata e integral dos bens adquiridos e dos quais não resultem obrigações futuras, inclusive quanto a assistência técnica, independentemente de seu valor.

§ 1º Às hipóteses de substituição do instrumento de contrato, aplica-se, no que couber, o disposto no art. 92 desta Lei.

§ 2º É nulo e de nenhum efeito o contrato verbal com a Administração, salvo o de pequenas compras ou o de prestação de serviços de pronto pagamento, assim entendidos aqueles de valor não superior a R$ 10.000,00 (dez mil reais).

Capítulo II
DAS GARANTIAS

Art. 96. A critério da autoridade competente, em cada caso, poderá ser exigida, mediante previsão no edital, prestação de garantia nas contratações de obras, serviços e fornecimentos.

§ 1º Caberá ao contratado optar por uma das seguintes modalidades de garantia:

I – caução em dinheiro ou em títulos da dívida pública emitidos sob a forma escritural, mediante registro em sistema centralizado de liquidação e de custódia autorizado pelo Banco Central do Brasil, e avaliados por seus valores econômicos, conforme definido pelo Ministério da Economia;

II – seguro-garantia;

III – fiança bancária emitida por banco ou instituição financeira devidamente autorizada a operar no País pelo Banco Central do Brasil.

§ 2º Na hipótese de suspensão do contrato por ordem ou inadimplemento da Administração, o contratado ficará desobrigado de renovar a garantia ou de endossar a apólice de seguro até a ordem de reinício da execução ou o adimplemento pela Administração.

§ 3º O edital fixará prazo mínimo de 1 (um) mês, contado da data de homologação da licitação e anterior à assinatura do contrato, para a prestação da garantia pelo contratado quando optar pela modalidade prevista no inciso II do § 1º deste artigo.

Art. 97. O seguro-garantia tem por objetivo garantir o fiel cumprimento das obrigações assumidas pelo contratado perante à Administração, inclusive as multas, os prejuízos e as indenizações decorrentes de inadimplemento, observadas as seguintes regras nas contratações regidas por esta Lei:

I - o prazo de vigência da apólice será igual ou superior ao prazo estabelecido no contrato principal e deverá acompanhar as modificações referentes à vigência deste mediante a emissão do respectivo endosso pela seguradora;

II - o seguro-garantia continuará em vigor mesmo se o contratado não tiver pago o prêmio nas datas convencionadas.

Parágrafo único. Nos contratos de execução continuada ou de fornecimento contínuo de bens e serviços, será permitida a substituição da apólice de seguro-garantia na data de renovação ou de aniversário, desde que mantidas as mesmas condições e coberturas da apólice vigente e desde que nenhum período fique descoberto, ressalvado o disposto no § 2º do art. 96 desta Lei.

Art. 98. Nas contratações de obras, serviços e fornecimentos, a garantia poderá ser de até 5% (cinco por cento) do valor inicial do contrato, autorizada a majoração desse percentual para até 10% (dez por cento), desde que justificada mediante análise da complexidade técnica e dos riscos envolvidos.

Parágrafo único. Nas contratações de serviços e fornecimentos contínuos com vigência superior a 1 (um) ano, assim como nas subsequentes prorrogações, será utilizado o valor anual do contrato para definição e aplicação dos percentuais previstos no caput deste artigo.

Art. 99. Nas contratações de obras e serviços de engenharia de grande vulto, poderá ser exigida a prestação de garantia, na modalidade seguro-garantia, com cláusula de retomada prevista no art. 102 desta Lei, em percentual equivalente a até 30% (trinta por cento) do valor inicial do contrato.

Art. 100. A garantia prestada pelo contratado será liberada ou restituída após a fiel execução do contrato ou após a sua extinção por culpa exclusiva da Administração e, quando em dinheiro, atualizada monetariamente.

Art. 101. Nos casos de contratos que impliquem a entrega de bens pela Administração, dos quais o contratado ficará depositário, o valor desses bens deverá ser acrescido ao valor da garantia.

Art. 102. Na contratação de obras e serviços de engenharia, o edital poderá exigir a prestação da garantia na modalidade seguro-garantia e prever a obrigação de a seguradora, em caso de inadimplemento pelo contratado, assumir a execução e concluir o objeto do contrato, hipótese em que:

I – a seguradora deverá firmar o contrato, inclusive os aditivos, como interveniente anuente e poderá:

a) ter livre acesso às instalações em que for executado o contrato principal;

b) acompanhar a execução do contrato principal;

c) ter acesso a auditoria técnica e contábil;

d) requerer esclarecimentos ao responsável técnico pela obra ou pelo fornecimento;

II – a emissão de empenho em nome da seguradora, ou a quem ela indicar para a conclusão do contrato, será autorizada desde que demonstrada sua regularidade fiscal;

III – a seguradora poderá subcontratar a conclusão do contrato, total ou parcialmente.

Parágrafo único. Na hipótese de inadimplemento do contratado, serão observadas as seguintes disposições:

I – caso a seguradora execute e conclua o objeto do contrato, estará isenta da obrigação de pagar a importância segurada indicada na apólice;

II – caso a seguradora não assuma a execução do contrato, pagará a integralidade da importância segurada indicada na apólice.

Capítulo III
DA ALOCAÇÃO DE RISCOS

Art. 103. O contrato poderá identificar os riscos contratuais previstos e presumíveis e prever matriz de alocação de riscos, alocando-os entre contratante e contratado, mediante indicação daqueles a serem assumidos pelo setor público ou pelo setor privado ou daqueles a serem compartilhados.

§ 1º A alocação de riscos de que trata o caput deste artigo considerará, em compatibilidade com as obrigações e os encargos atribuídos às partes no contrato, a natureza do risco, o beneficiário das prestações a que se vincula e a capacidade de cada setor para melhor gerenciá-lo.

§ 2º Os riscos que tenham cobertura oferecida por seguradoras serão preferencialmente transferidos ao contratado.

§ 3º A alocação dos riscos contratuais será quantificada para fins de projeção dos reflexos de seus custos no valor estimado da contratação.

§ 4º A matriz de alocação de riscos definirá o equilíbrio econômico-financeiro inicial do contrato em relação a eventos supervenientes e deverá ser observada na solução de eventuais pleitos das partes.

§ 5º Sempre que atendidas as condições do contrato e da matriz de alocação de riscos, será considerado mantido o equilíbrio econômico-financeiro, renunciando as partes aos pedidos de restabelecimento do equilíbrio relacionados aos riscos assumidos, exceto no que se refere:

I – às alterações unilaterais determinadas pela Administração, nas hipóteses do inciso I do caput do art. 124 desta Lei;

II – ao aumento ou à redução, por legislação superveniente, dos tributos diretamente pagos pelo contratado em decorrência do contrato.

§ 6º Na alocação de que trata o caput deste artigo, poderão ser adotados métodos e padrões usualmente utilizados por entidades públicas e privadas, e os ministérios e secretarias supervisores dos órgãos e das entidades da Administração Pública poderão definir os parâmetros e o detalhamento dos procedimentos necessários a sua identificação, alocação e quantificação financeira.

Capítulo IV
DAS PRERROGATIVAS DA ADMINISTRAÇÃO

Art. 104. O regime jurídico dos contratos instituído por esta Lei confere à Administração, em relação a eles, as prerrogativas de:

I – modificá-los, unilateralmente, para melhor adequação às finalidades de interesse público, respeitados os direitos do contratado;

II – extingui-los, unilateralmente, nos casos especificados nesta Lei;

III – fiscalizar sua execução;

IV – aplicar sanções motivadas pela inexecução total ou parcial do ajuste;

V – ocupar provisoriamente bens móveis e imóveis e utilizar pessoal e serviços vinculados ao objeto do contrato nas hipóteses de:

a) risco à prestação de serviços essenciais;

b) necessidade de acautelar apuração administrativa de faltas contratuais pelo contratado, inclusive após extinção do contrato.

§ 1º As cláusulas econômico-financeiras e monetárias dos contratos não poderão ser alteradas sem prévia concordância do contratado.

§ 2º Na hipótese prevista no inciso I do caput deste artigo, as cláusulas econômico-financeiras do contrato deverão ser revistas para que se mantenha o equilíbrio contratual.

Capítulo V
DA DURAÇÃO DOS CONTRATOS

Art. 105. A duração dos contratos regidos por esta Lei será a prevista em edital, e deverão ser observadas, no momento da contratação e a cada exercício financeiro, a disponibilidade de créditos orçamentários, bem como a previsão no plano plurianual, quando ultrapassar 1 (um) exercício financeiro.

Art. 106. A Administração poderá celebrar contratos com prazo de até 5 (cinco) anos nas hipóteses de serviços e fornecimentos contínuos, observadas as seguintes diretrizes:

I – a autoridade competente do órgão ou entidade contratante deverá atestar a maior vantagem econômica vislumbrada em razão da contratação plurianual;

II – a Administração deverá atestar, no início da contratação e de cada exercício, a existência de créditos orçamentários vinculados à contratação e a vantagem em sua manutenção;

III – a Administração terá a opção de extinguir o contrato, sem ônus, quando não dispuser de créditos orçamentários para sua continuidade ou quando entender que o contrato não mais lhe oferece vantagem.

§ 1º A extinção mencionada no inciso III do caput deste artigo ocorrerá apenas na próxima data de aniversário do contrato e não poderá ocorrer em prazo inferior a 2 (dois) meses, contado da referida data.

§ 2º Aplica-se o disposto neste artigo ao aluguel de equipamentos e à utilização de programas de informática.

Art. 107. Os contratos de serviços e fornecimentos contínuos poderão ser prorrogados sucessivamente, respeitada a vigência máxima decenal, desde que haja previsão em edital e que a autoridade competente ateste que as condições e os preços permanecem vantajosos para a Administração, permitida a negociação com o contratado ou a extinção contratual sem ônus para qualquer das partes.

Art. 108. A Administração poderá celebrar contratos com prazo de até 10 (dez) anos nas hipóteses previstas nas alíneas "f" e "g" do inciso IV e nos incisos V, VI, XII e XVI do caput do art. 75 desta Lei.

Art. 109. A Administração poderá estabelecer a vigência por prazo indeterminado nos contratos em que seja usuária de serviço público oferecido em regime de monopólio, desde que comprovada, a cada exercício financeiro, a existência de créditos orçamentários vinculados à contratação.

Art. 110. Na contratação que gere receita e no contrato de eficiência que gere economia para a Administração, os prazos serão de:

I - até 10 (dez) anos, nos contratos sem investimento;

II - até 35 (trinta e cinco) anos, nos contratos com investimento, assim considerados aqueles que impliquem a elaboração de benfeitorias permanentes, realizadas exclusivamente a expensas do contratado, que serão revertidas ao patrimônio da Administração Pública ao término do contrato.

Art. 111. Na contratação que previr a conclusão de escopo predefinido, o prazo de vigência será automaticamente prorrogado quando seu objeto não for concluído no período firmado no contrato.

Parágrafo único. Quando a não conclusão decorrer de culpa do contratado:

I - o contratado será constituído em mora, aplicáveis a ele as respectivas sanções administrativas;

II - a Administração poderá optar pela extinção do contrato e, nesse caso, adotará as medidas admitidas em lei para a continuidade da execução contratual.

Art. 112. Os prazos contratuais previstos nesta Lei não excluem nem revogam os prazos contratuais previstos em lei especial.

Art. 113. O contrato firmado sob o regime de fornecimento e prestação de serviço associado terá sua vigência máxima definida pela soma do prazo relativo ao fornecimento inicial ou à entrega da obra com o prazo relativo ao serviço de operação e manutenção, este limitado a 5 (cinco) anos contados da data de recebimento do objeto inicial, autorizada a prorrogação na forma do art. 107 desta Lei.

Art. 114. O contrato que previr a operação continuada de sistemas estruturantes de tecnologia da informação poderá ter vigência máxima de 15 (quinze) anos.

Capítulo VI
DA EXECUÇÃO DOS CONTRATOS

Art. 115. O contrato deverá ser executado fielmente pelas partes, de acordo com as cláusulas avençadas e as normas desta Lei, e cada parte responderá pelas consequências de sua inexecução total ou parcial.

§ 1º É proibido à Administração retardar imotivadamente a execução de obra ou serviço, ou de suas parcelas, inclusive na hipótese de posse do respectivo chefe do Poder Executivo ou de novo titular no órgão ou entidade contratante.

§ 2º (VETADO).

§ 3º (VETADO).

§ 4º Nas contratações de obras e serviços de engenharia, sempre que a responsabilidade pelo licenciamento ambiental for da Administração, a manifestação prévia ou licença prévia, quando cabíveis, deverão ser obtidas antes da divulgação do edital.

§ 5º Em caso de impedimento, ordem de paralisação ou suspensão do contrato, o cronograma de execução será prorrogado automaticamente pelo tempo correspondente, anotadas tais circunstâncias mediante simples apostila.

§ 6º Nas contratações de obras, verificada a ocorrência do disposto no § 5º deste artigo por mais de 1 (um) mês, a Administração deverá divulgar, em sítio eletrônico oficial e em placa a ser afixada em local da obra de fácil visualização pelos cidadãos, aviso público de obra paralisada, com o motivo e o responsável pela inexecução temporária do objeto do contrato e a data prevista para o reinício da sua execução.

§ 7º Os textos com as informações de que trata o § 6º deste artigo deverão ser elaborados pela Administração.

Art. 116. Ao longo de toda a execução do contrato, o contratado deverá cumprir a reserva de cargos prevista em lei para pessoa com deficiência, para reabilitado da Previdência Social ou para aprendiz, bem como as reservas de cargos previstas em outras normas específicas.

Parágrafo único. Sempre que solicitado pela Administração, o contratado deverá comprovar o cumprimento da reserva de cargos a que se refere o caput deste artigo, com a indicação dos empregados que preencherem as referidas vagas.

Art. 117. A execução do contrato deverá ser acompanhada e fiscalizada por 1 (um) ou mais fiscais do contrato, representantes da Administração especialmente designados conforme requisitos estabelecidos no art. 7º desta Lei, ou pelos respectivos substitutos, permitida a contratação de terceiros para assisti-los e subsidiá-los com informações pertinentes a essa atribuição.

§ 1º O fiscal do contrato anotará em registro próprio todas as ocorrências relacionadas à execução do contrato, determinando o que for necessário para a regularização das faltas ou dos defeitos observados.

§ 2º O fiscal do contrato informará a seus superiores, em tempo hábil para a adoção das medidas convenientes, a situação que demandar decisão ou providência que ultrapasse sua competência.

§ 3º O fiscal do contrato será auxiliado pelos órgãos de assessoramento jurídico e de controle interno da Administração, que deverão dirimir dúvidas e subsidiá-lo com informações relevantes para prevenir riscos na execução contratual.

§ 4º Na hipótese da contratação de terceiros prevista no caput deste artigo, deverão ser observadas as seguintes regras:

I – a empresa ou o profissional contratado assumirá responsabilidade civil objetiva pela veracidade e pela precisão das informações prestadas, firmará termo de compromisso de confidencialidade e não poderá exercer atribuição própria e exclusiva de fiscal de contrato;

II – a contratação de terceiros não eximirá de responsabilidade o fiscal do contrato, nos limites das informações recebidas do terceiro contratado.

Art. 118. O contratado deverá manter preposto aceito pela Administração no local da obra ou do serviço para representá-lo na execução do contrato.

Art. 119. O contratado será obrigado a reparar, corrigir, remover, reconstruir ou substituir, a suas expensas, no total ou em parte, o objeto do contrato em que se verificarem vícios, defeitos ou incorreções resultantes de sua execução ou de materiais nela empregados.

Art. 120. O contratado será responsável pelos danos causados diretamente à Administração ou a terceiros em razão da execução do contrato, e não excluirá nem reduzirá essa responsabilidade a fiscalização ou o acompanhamento pelo contratante.

Art. 121. Somente o contratado será responsável pelos encargos trabalhistas, previdenciários, fiscais e comerciais resultantes da execução do contrato.

§ 1º A inadimplência do contratado em relação aos encargos trabalhistas, fiscais e comerciais não transferirá à Administração a responsabilidade pelo seu pagamento e não poderá onerar o objeto do contrato nem restringir a regularização e o uso das obras e das edificações, inclusive perante o registro de imóveis, ressalvada a hipótese prevista no § 2º deste artigo.

§ 2º Exclusivamente nas contratações de serviços contínuos com regime de dedicação exclusiva de mão de obra, a Administração responderá solidariamente pelos encargos previdenciários e subsidiariamente pelos encargos trabalhistas se comprovada falha na fiscalização do cumprimento das obrigações do contratado.

§ 3º Nas contratações de serviços contínuos com regime de dedicação exclusiva de mão de obra, para assegurar o cumprimento de obrigações trabalhistas pelo contratado, a Administração, mediante disposição em edital ou em contrato, poderá, entre outras medidas:

I – exigir caução, fiança bancária ou contratação de seguro-garantia com cobertura para verbas rescisórias inadimplidas;

II – condicionar o pagamento à comprovação de quitação das obrigações trabalhistas vencidas relativas ao contrato;

III – efetuar o depósito de valores em conta vinculada;

IV – em caso de inadimplemento, efetuar diretamente o pagamento das verbas trabalhistas, que serão deduzidas do pagamento devido ao contratado;

V – estabelecer que os valores destinados a férias, a décimo terceiro salário, a ausências legais e a verbas rescisórias dos empregados do contratado que participarem da execução dos serviços contratados serão pagos pelo contratante ao contratado somente na ocorrência do fato gerador.

§ 4º Os valores depositados na conta vinculada a que se refere o inciso III do § 3º deste artigo são absolutamente impenhoráveis.

§ 5º O recolhimento das contribuições previdenciárias observará o disposto no art. 31 da Lei nº 8.212, de 24 de julho de 1991.

Art. 122. Na execução do contrato e sem prejuízo das responsabilidades contratuais e legais, o contratado poderá subcontratar partes da obra, do serviço ou do fornecimento até o limite autorizado, em cada caso, pela Administração.

§ 1º O contratado apresentará à Administração documentação que comprove a capacidade técnica do subcontratado, que será avaliada e juntada aos autos do processo correspondente.

§ 2º Regulamento ou edital de licitação poderão vedar, restringir ou estabelecer condições para a subcontratação.

§ 3º Será vedada a subcontratação de pessoa física ou jurídica, se aquela ou os dirigentes desta mantiverem vínculo de natureza técnica, comercial, econômica, financeira, trabalhista ou civil com dirigente do órgão ou entidade contratante ou com agente público que desempenhe função na licitação ou atue na fiscalização ou na gestão do contrato, ou se deles forem cônjuge, companheiro ou parente em linha reta, colateral, ou por afinidade, até o terceiro grau, devendo essa proibição constar expressamente do edital de licitação.

Art. 123. A Administração terá o dever de explicitamente emitir decisão sobre todas as solicitações e reclamações relacionadas à execução dos contratos regidos por esta Lei, ressalvados os requerimentos manifestamente impertinentes, meramente protelatórios ou de nenhum interesse para a boa execução do contrato.

Parágrafo único. Salvo disposição legal ou cláusula contratual que estabeleça prazo específico, concluída a instrução do requerimento, a Administração terá o prazo de 1 (um) mês para decidir, admitida a prorrogação motivada por igual período.

Capítulo VII
DA ALTERAÇÃO DOS CONTRATOS E DOS PREÇOS

Art. 124. Os contratos regidos por esta Lei poderão ser alterados, com as devidas justificativas, nos seguintes casos:

I - unilateralmente pela Administração:

a) quando houver modificação do projeto ou das especificações, para melhor adequação técnica a seus objetivos;

b) quando for necessária a modificação do valor contratual em decorrência de acréscimo ou diminuição quantitativa de seu objeto, nos limites permitidos por esta Lei;

II - por acordo entre as partes:

a) quando conveniente a substituição da garantia de execução;

b) quando necessária a modificação do regime de execução da obra ou do serviço, bem como do modo de fornecimento, em face de verificação técnica da inaplicabilidade dos termos contratuais originários;

c) quando necessária a modificação da forma de pagamento por imposição de circunstâncias supervenientes, mantido o valor inicial atualizado e vedada a antecipação do pagamento em relação ao cronograma financeiro fixado sem a correspondente contraprestação de fornecimento de bens ou execução de obra ou serviço;

d) para restabelecer o equilíbrio econômico-financeiro inicial do contrato em caso de força maior, caso fortuito ou fato do príncipe ou em decorrência de fatos imprevisíveis ou previsíveis de consequências incalculáveis, que inviabilizem a execução do contrato tal como pactuado, respeitada, em qualquer caso, a repartição objetiva de risco estabelecida no contrato.

§ 1º Se forem decorrentes de falhas de projeto, as alterações de contratos de obras e serviços de engenharia ensejarão apuração de responsabilidade do responsável técnico e adoção das providências necessárias para o ressarcimento dos danos causados à Administração.

§ 2º Será aplicado o disposto na alínea "d" do inciso II do caput deste artigo às contratações de obras e serviços de engenharia, quando a execução for obstada pelo atraso na conclusão de procedimentos de desapropriação, desocupação, servidão administrativa ou licenciamento ambiental, por circunstâncias alheias ao contratado.

Art. 125. Nas alterações unilaterais a que se refere o inciso I do caput do art. 124 desta Lei, o contratado será obrigado a aceitar, nas mesmas condições contratuais, acréscimos ou supressões de até 25% (vinte e cinco por cento) do valor inicial atualizado do contrato que se fizerem nas obras, nos serviços ou nas compras, e, no caso de reforma de edifício ou de equipamento, o limite para os acréscimos será de 50% (cinquenta por cento).

Art. 126. As alterações unilaterais a que se refere o inciso I do caput do art. 124 desta Lei não poderão transfigurar o objeto da contratação.

Art. 127. Se o contrato não contemplar preços unitários para obras ou serviços cujo aditamento se fizer necessário, esses serão fixados por meio da aplicação da relação geral entre os valores da proposta e o do orçamento-base da Administração sobre os preços referenciais ou de mercado vigentes na data do aditamento, respeitados os limites estabelecidos no art. 125 desta Lei.

Art. 128. Nas contratações de obras e serviços de engenharia, a diferença percentual entre o valor global do contrato e o preço global de referência não poderá ser reduzida em favor do contratado em decorrência de aditamentos que modifiquem a planilha orçamentária.

Art. 129. Nas alterações contratuais para supressão de obras, bens ou serviços, se o contratado já houver adquirido os materiais e os colocado no local dos trabalhos, estes deverão ser pagos pela Administração pelos custos de aquisição regularmente comprovados e monetariamente reajustados, podendo caber indenização por outros danos eventualmente decorrentes da supressão, desde que regularmente comprovados.

Art. 130. Caso haja alteração unilateral do contrato que aumente ou diminua os encargos do contratado, a Administração deverá restabelecer, no mesmo termo aditivo, o equilíbrio econômico-financeiro inicial.

Art. 131. A extinção do contrato não configurará óbice para o reconhecimento do desequilíbrio econômico-financeiro, hipótese em que será concedida indenização por meio de termo indenizatório.

Parágrafo único. O pedido de restabelecimento do equilíbrio econômico-financeiro deverá ser formulado durante a vigência do contrato e antes de eventual prorrogação nos termos do art. 107 desta Lei.

Art. 132. A formalização do termo aditivo é condição para a execução, pelo contratado, das prestações determinadas pela Administração no curso da execução do contrato, salvo nos casos de justificada necessidade de antecipação de seus efeitos, hipótese em que a formalização deverá ocorrer no prazo máximo de 1 (um) mês.

Art. 133. Nas hipóteses em que for adotada a contratação integrada ou semi-integrada, é vedada a alteração dos valores contratuais, exceto nos seguintes casos:

I – para restabelecimento do equilíbrio econômico-financeiro decorrente de caso fortuito ou força maior;

II – por necessidade de alteração do projeto ou das especificações para melhor adequação técnica aos objetivos da contratação, a pedido da Administração, desde que não decorrente de erros ou omissões por parte do contratado, observados os limites estabelecidos no art. 125 desta Lei;

III – por necessidade de alteração do projeto nas contratações semi-integradas, nos termos do § 5º do art. 46 desta Lei;

IV - por ocorrência de evento superveniente alocado na matriz de riscos como de responsabilidade da Administração.

Art. 134. Os preços contratados serão alterados, para mais ou para menos, conforme o caso, se houver, após a data da apresentação da proposta, criação, alteração ou extinção de quaisquer tributos ou encargos legais ou a superveniência de disposições legais, com comprovada repercussão sobre os preços contratados.

Art. 135. Os preços dos contratos para serviços contínuos com regime de dedicação exclusiva de mão de obra ou com predominância de mão de obra serão repactuados para manutenção do equilíbrio econômico-financeiro, mediante demonstração analítica da variação dos custos contratuais, com data vinculada:

I - à da apresentação da proposta, para custos decorrentes do mercado;

II - ao acordo, à convenção coletiva ou ao dissídio coletivo ao qual a proposta esteja vinculada, para os custos de mão de obra.

§ 1º A Administração não se vinculará às disposições contidas em acordos, convenções ou dissídios coletivos de trabalho que tratem de matéria não trabalhista, de pagamento de participação dos trabalhadores nos lucros ou resultados do contratado, ou que estabeleçam direitos não previstos em lei, como valores ou índices obrigatórios de encargos sociais ou previdenciários, bem como de preços para os insumos relacionados ao exercício da atividade.

§ 2º É vedado a órgão ou entidade contratante vincular-se às disposições previstas nos acordos, convenções ou dissídios coletivos de trabalho que tratem de obrigações e direitos que somente se aplicam aos contratos com a Administração Pública.

§ 3º A repactuação deverá observar o interregno mínimo de 1 (um) ano, contado da data da apresentação da proposta ou da data da última repactuação.

§ 4º A repactuação poderá ser dividida em tantas parcelas quantas forem necessárias, observado o princípio da anualidade do reajuste de preços da contratação, podendo ser realizada em momentos distintos para discutir a variação de custos que tenham sua anualidade resultante em datas diferenciadas, como os decorrentes de mão de obra e os decorrentes dos insumos necessários à execução dos serviços.

§ 5º Quando a contratação envolver mais de uma categoria profissional, a repactuação a que se refere o inciso II do caput deste artigo poderá ser dividida em tantos quantos forem os acordos, convenções ou dissídios coletivos de trabalho das categorias envolvidas na contratação.

§ 6º A repactuação será precedida de solicitação do contratado, acompanhada de demonstração analítica da variação dos custos, por meio de apresentação da planilha de custos e formação de preços, ou do novo acordo, convenção ou sentença normativa que fundamenta a repactuação.

Art. 136. Registros que não caracterizam alteração do contrato podem ser realizados por simples apostila, dispensada a celebração de termo aditivo, como nas seguintes situações:

I – variação do valor contratual para fazer face ao reajuste ou à repactuação de preços previstos no próprio contrato;

II – atualizações, compensações ou penalizações financeiras decorrentes das condições de pagamento previstas no contrato;

III – alterações na razão ou na denominação social do contratado;

IV – empenho de dotações orçamentárias.

Capítulo VIII
DAS HIPÓTESES DE EXTINÇÃO DOS CONTRATOS

Art. 137. Constituirão motivos para extinção do contrato, a qual deverá ser formalmente motivada nos autos do processo, assegurados o contraditório e a ampla defesa, as seguintes situações:

I – não cumprimento ou cumprimento irregular de normas editalícias ou de cláusulas contratuais, de especificações, de projetos ou de prazos;

II – desatendimento das determinações regulares emitidas pela autoridade designada para acompanhar e fiscalizar sua execução ou por autoridade superior;

III – alteração social ou modificação da finalidade ou da estrutura da empresa que restrinja sua capacidade de concluir o contrato;

IV – decretação de falência ou de insolvência civil, dissolução da sociedade ou falecimento do contratado;

V – caso fortuito ou força maior, regularmente comprovados, impeditivos da execução do contrato;

VI – atraso na obtenção da licença ambiental, ou impossibilidade de obtê-la, ou alteração substancial do anteprojeto que dela resultar, ainda que obtida no prazo previsto;

VII – atraso na liberação das áreas sujeitas a desapropriação, a desocupação ou a servidão administrativa, ou impossibilidade de liberação dessas áreas;

VIII – razões de interesse público, justificadas pela autoridade máxima do órgão ou da entidade contratante;

IX – não cumprimento das obrigações relativas à reserva de cargos prevista em lei, bem como em outras normas específicas, para pessoa com deficiência, para reabilitado da Previdência Social ou para aprendiz.

§ 1º Regulamento poderá especificar procedimentos e critérios para verificação da ocorrência dos motivos previstos no caput deste artigo.

§ 2º O contratado terá direito à extinção do contrato nas seguintes hipóteses:

I - supressão, por parte da Administração, de obras, serviços ou compras que acarrete modificação do valor inicial do contrato além do limite permitido no art. 125 desta Lei;

II - suspensão de execução do contrato, por ordem escrita da Administração, por prazo superior a 3 (três) meses;

III - repetidas suspensões que totalizem 90 (noventa) dias úteis, independentemente do pagamento obrigatório de indenização pelas sucessivas e contratualmente imprevistas desmobilizações e mobilizações e outras previstas;

IV - atraso superior a 2 (dois) meses, contado da emissão da nota fiscal, dos pagamentos ou de parcelas de pagamentos devidos pela Administração por despesas de obras, serviços ou fornecimentos;

V - não liberação pela Administração, nos prazos contratuais, de área, local ou objeto, para execução de obra, serviço ou fornecimento, e de fontes de materiais naturais especificadas no projeto, inclusive devido a atraso ou descumprimento das obrigações atribuídas pelo contrato à Administração relacionadas a desapropriação, a desocupação de áreas públicas ou a licenciamento ambiental.

§ 3º As hipóteses de extinção a que se referem os incisos II, III e IV do § 2º deste artigo observarão as seguintes disposições:

I - não serão admitidas em caso de calamidade pública, de grave perturbação da ordem interna ou de guerra, bem como quando decorrerem de ato ou fato que o contratado tenha praticado, do qual tenha participado ou para o qual tenha contribuído;

II - assegurarão ao contratado o direito de optar pela suspensão do cumprimento das obrigações assumidas até a normalização da situação, admitido o restabelecimento do equilíbrio econômico-financeiro do contrato, na forma da alínea "d" do inciso II do caput do art. 124 desta Lei.

§ 4º Os emitentes das garantias previstas no art. 96 desta Lei deverão ser notificados pelo contratante quanto ao início de processo administrativo para apuração de descumprimento de cláusulas contratuais.

Art. 138. A extinção do contrato poderá ser:

I - determinada por ato unilateral e escrito da Administração, exceto no caso de descumprimento decorrente de sua própria conduta;

II - consensual, por acordo entre as partes, por conciliação, por mediação ou por comitê de resolução de disputas, desde que haja interesse da Administração;

III – determinada por decisão arbitral, em decorrência de cláusula compromissória ou compromisso arbitral, ou por decisão judicial.

§ 1º A extinção determinada por ato unilateral da Administração e a extinção consensual deverão ser precedidas de autorização escrita e fundamentada da autoridade competente e reduzidas a termo no respectivo processo.

§ 2º Quando a extinção decorrer de culpa exclusiva da Administração, o contratado será ressarcido pelos prejuízos regularmente comprovados que houver sofrido e terá direito a:

I – devolução da garantia;

II – pagamentos devidos pela execução do contrato até a data de extinção;

III – pagamento do custo da desmobilização.

Art. 139. A extinção determinada por ato unilateral da Administração poderá acarretar, sem prejuízo das sanções previstas nesta Lei, as seguintes consequências:

I – assunção imediata do objeto do contrato, no estado e local em que se encontrar, por ato próprio da Administração;

II – ocupação e utilização do local, das instalações, dos equipamentos, do material e do pessoal empregados na execução do contrato e necessários à sua continuidade;

III – execução da garantia contratual para:

a) ressarcimento da Administração Pública por prejuízos decorrentes da não execução;

b) pagamento de verbas trabalhistas, fundiárias e previdenciárias, quando cabível;

c) pagamento das multas devidas à Administração Pública;

d) exigência da assunção da execução e da conclusão do objeto do contrato pela seguradora, quando cabível;

IV – retenção dos créditos decorrentes do contrato até o limite dos prejuízos causados à Administração Pública e das multas aplicadas.

§ 1º A aplicação das medidas previstas nos incisos I e II do caput deste artigo ficará a critério da Administração, que poderá dar continuidade à obra ou ao serviço por execução direta ou indireta.

§ 2º Na hipótese do inciso II do caput deste artigo, o ato deverá ser precedido de autorização expressa do ministro de Estado, do secretário estadual ou do secretário municipal competente, conforme o caso.

Capítulo IX
DO RECEBIMENTO DO OBJETO DO CONTRATO

Art. 140. O objeto do contrato será recebido:

I – em se tratando de obras e serviços:

a) provisoriamente, pelo responsável por seu acompanhamento e fiscalização, mediante termo detalhado, quando verificado o cumprimento das exigências de caráter técnico;

b) definitivamente, por servidor ou comissão designada pela autoridade competente, mediante termo detalhado que comprove o atendimento das exigências contratuais;

II – em se tratando de compras:

a) provisoriamente, de forma sumária, pelo responsável por seu acompanhamento e fiscalização, com verificação posterior da conformidade do material com as exigências contratuais;

b) definitivamente, por servidor ou comissão designada pela autoridade competente, mediante termo detalhado que comprove o atendimento das exigências contratuais.

§ 1º O objeto do contrato poderá ser rejeitado, no todo ou em parte, quando estiver em desacordo com o contrato.

§ 2º O recebimento provisório ou definitivo não excluirá a responsabilidade civil pela solidez e pela segurança da obra ou serviço nem a responsabilidade ético-profissional pela perfeita execução do contrato, nos limites estabelecidos pela lei ou pelo contrato.

§ 3º Os prazos e os métodos para a realização dos recebimentos provisório e definitivo serão definidos em regulamento ou no contrato.

§ 4º Salvo disposição em contrário constante do edital ou de ato normativo, os ensaios, os testes e as demais provas para aferição da boa execução do objeto do contrato exigidos por normas técnicas oficiais correrão por conta do contratado.

§ 5º Em se tratando de projeto de obra, o recebimento definitivo pela Administração não eximirá o projetista ou o consultor da responsabilidade objetiva por todos os danos causados por falha de projeto.

§ 6º Em se tratando de obra, o recebimento definitivo pela Administração não eximirá o contratado, pelo prazo mínimo de 5 (cinco) anos, admitida a previsão de prazo de garantia superior no edital e no contrato, da responsabilidade objetiva pela solidez e pela segurança dos materiais e dos serviços executados e pela funcionalidade da construção, da reforma, da recuperação ou da ampliação do bem imóvel, e, em caso de vício, defeito ou incorreção identificados, o contratado ficará responsável pela reparação, pela correção, pela reconstrução ou pela substituição necessárias.

Capítulo X
DOS PAGAMENTOS

Art. 141. No dever de pagamento pela Administração, será observada a ordem cronológica para cada fonte diferenciada de recursos, subdividida nas seguintes categorias de contratos:

I – fornecimento de bens;

II – locações;

III – prestação de serviços;

IV – realização de obras.

§ 1º A ordem cronológica referida no caput deste artigo poderá ser alterada, mediante prévia justificativa da autoridade competente e posterior comunicação ao órgão de controle interno da Administração e ao tribunal de contas competente, exclusivamente nas seguintes situações:

I – grave perturbação da ordem, situação de emergência ou calamidade pública;

II – pagamento a microempresa, empresa de pequeno porte, agricultor familiar, produtor rural pessoa física, microempreendedor individual e sociedade cooperativa, desde que demonstrado o risco de descontinuidade do cumprimento do objeto do contrato;

III – pagamento de serviços necessários ao funcionamento dos sistemas estruturantes, desde que demonstrado o risco de descontinuidade do cumprimento do objeto do contrato;

IV – pagamento de direitos oriundos de contratos em caso de falência, recuperação judicial ou dissolução da empresa contratada;

V – pagamento de contrato cujo objeto seja imprescindível para assegurar a integridade do patrimônio público ou para manter o funcionamento das atividades finalísticas do órgão ou entidade, quando demonstrado o risco de descontinuidade da prestação de serviço público de relevância ou o cumprimento da missão institucional.

§ 2º A inobservância imotivada da ordem cronológica referida no caput deste artigo ensejará a apuração de responsabilidade do agente responsável, cabendo aos órgãos de controle a sua fiscalização.

§ 3º O órgão ou entidade deverá disponibilizar, mensalmente, em seção específica de acesso à informação em seu sítio na internet, a ordem cronológica de seus pagamentos, bem como as justificativas que fundamentarem a eventual alteração dessa ordem.

Art. 142. Disposição expressa no edital ou no contrato poderá prever pagamento em conta vinculada ou pagamento pela efetiva comprovação do fato gerador.

Parágrafo único. (VETADO).

Art. 143. No caso de controvérsia sobre a execução do objeto, quanto a dimensão, qualidade e quantidade, a parcela incontroversa deverá ser liberada no prazo previsto para pagamento.

Art. 144. Na contratação de obras, fornecimentos e serviços, inclusive de engenharia, poderá ser estabelecida remuneração variável vinculada ao desempenho do contratado, com base em metas, padrões de qualidade, critérios de sustentabilidade ambiental e prazos de entrega definidos no edital de licitação e no contrato.

§ 1º O pagamento poderá ser ajustado em base percentual sobre o valor economizado em determinada despesa, quando o objeto do contrato visar à implantação de processo de racionalização, hipótese em que as despesas correrão à conta dos mesmos créditos orçamentários, na forma de regulamentação específica.

§ 2º A utilização de remuneração variável será motivada e respeitará o limite orçamentário fixado pela Administração para a contratação.

Art. 145. Não será permitido pagamento antecipado, parcial ou total, relativo a parcelas contratuais vinculadas ao fornecimento de bens, à execução de obras ou à prestação de serviços.

§ 1º A antecipação de pagamento somente será permitida se propiciar sensível economia de recursos ou se representar condição indispensável para a obtenção do bem ou para a prestação do serviço, hipótese que deverá ser previamente justificada no processo licitatório e expressamente prevista no edital de licitação ou instrumento formal de contratação direta.

§ 2º A Administração poderá exigir a prestação de garantia adicional como condição para o pagamento antecipado.

§ 3º Caso o objeto não seja executado no prazo contratual, o valor antecipado deverá ser devolvido.

Art. 146. No ato de liquidação da despesa, os serviços de contabilidade comunicarão aos órgãos da administração tributária as características da despesa e os valores pagos, conforme o disposto no art. 63 da Lei nº 4.320, de 17 de março de 1964.

Capítulo XI
DA NULIDADE DOS CONTRATOS

Art. 147. Constatada irregularidade no procedimento licitatório ou na execução contratual, caso não seja possível o saneamento, a decisão sobre a suspensão da execução ou sobre a declaração de nulidade do contrato somente será adotada na hipótese em que se revelar medida de interesse público, com avaliação, entre outros, dos seguintes aspectos:

I – impactos econômicos e financeiros decorrentes do atraso na fruição dos benefícios do objeto do contrato;

II – riscos sociais, ambientais e à segurança da população local decorrentes do atraso na fruição dos benefícios do objeto do contrato;

III – motivação social e ambiental do contrato;

IV – custo da deterioração ou da perda das parcelas executadas;

V – despesa necessária à preservação das instalações e dos serviços já executados;

VI – despesa inerente à desmobilização e ao posterior retorno às atividades;

VII – medidas efetivamente adotadas pelo titular do órgão ou entidade para o saneamento dos indícios de irregularidades apontados;

VIII – custo total e estágio de execução física e financeira dos contratos, dos convênios, das obras ou das parcelas envolvidas;

IX – fechamento de postos de trabalho diretos e indiretos em razão da paralisação;

X – custo para realização de nova licitação ou celebração de novo contrato;

XI – custo de oportunidade do capital durante o período de paralisação.

Parágrafo único. Caso a paralisação ou anulação não se revele medida de interesse público, o poder público deverá optar pela continuidade do contrato e pela solução da irregularidade por meio de indenização por perdas e danos, sem prejuízo da apuração de responsabilidade e da aplicação de penalidades cabíveis.

Art. 148. A declaração de nulidade do contrato administrativo requererá análise prévia do interesse público envolvido, na forma do art. 147 desta Lei, e operará retroativamente, impedindo os efeitos jurídicos que o contrato deveria produzir ordinariamente e desconstituindo os já produzidos.

§ 1º Caso não seja possível o retorno à situação fática anterior, a nulidade será resolvida pela indenização por perdas e danos, sem prejuízo da apuração de responsabilidade e aplicação das penalidades cabíveis.

§ 2º Ao declarar a nulidade do contrato, a autoridade, com vistas à continuidade da atividade administrativa, poderá decidir que ela só tenha eficácia em momento futuro, suficiente para efetuar nova contratação, por prazo de até 6 (seis) meses, prorrogável uma única vez.

Art. 149. A nulidade não exonerará a Administração do dever de indenizar o contratado pelo que houver executado até a data em que for declarada ou tornada eficaz, bem como por outros prejuízos regularmente comprovados, desde que não lhe seja imputável, e será promovida a responsabilização de quem lhe tenha dado causa.

Art. 150. Nenhuma contratação será feita sem a caracterização adequada de seu objeto e sem a indicação dos créditos orçamentários para pagamento das parcelas contratuais vincendas no exercício em que for realizada a contratação, sob pena de nulidade do ato e de responsabilização de quem lhe tiver dado causa.

Capítulo XII
DOS MEIOS ALTERNATIVOS DE RESOLUÇÃO DE CONTROVÉRSIAS

Art. 151. Nas contratações regidas por esta Lei, poderão ser utilizados meios alternativos de prevenção e resolução de controvérsias, notadamente a conciliação, a mediação, o comitê de resolução de disputas e a arbitragem.

Parágrafo único. Será aplicado o disposto no caput deste artigo às controvérsias relacionadas a direitos patrimoniais disponíveis, como as questões relacionadas ao restabelecimento do equilíbrio econômico-financeiro do contrato, ao inadimplemento de obrigações contratuais por quaisquer das partes e ao cálculo de indenizações.

Art. 152. A arbitragem será sempre de direito e observará o princípio da publicidade.

Art. 153. Os contratos poderão ser aditados para permitir a adoção dos meios alternativos de resolução de controvérsias.

Art. 154. O processo de escolha dos árbitros, dos colegiados arbitrais e dos comitês de resolução de disputas observará critérios isonômicos, técnicos e transparentes.

TÍTULO IV
DAS IRREGULARIDADES

Capítulo I
DAS INFRAÇÕES E SANÇÕES ADMINISTRATIVAS

Art. 155. O licitante ou o contratado será responsabilizado administrativamente pelas seguintes infrações:

I – dar causa à inexecução parcial do contrato;

II – dar causa à inexecução parcial do contrato que cause grave dano à Administração, ao funcionamento dos serviços públicos ou ao interesse coletivo;

III – dar causa à inexecução total do contrato;

IV – deixar de entregar a documentação exigida para o certame;

V – não manter a proposta, salvo em decorrência de fato superveniente devidamente justificado;

VI – não celebrar o contrato ou não entregar a documentação exigida para a contratação, quando convocado dentro do prazo de validade de sua proposta;

VII – ensejar o retardamento da execução ou da entrega do objeto da licitação sem motivo justificado;

VIII – apresentar declaração ou documentação falsa exigida para o certame ou prestar declaração falsa durante a licitação ou a execução do contrato;

IX – fraudar a licitação ou praticar ato fraudulento na execução do contrato;

X – comportar-se de modo inidôneo ou cometer fraude de qualquer natureza;

XI – praticar atos ilícitos com vistas a frustrar os objetivos da licitação;

XII – praticar ato lesivo previsto no art. 5º da Lei nº 12.846, de 1º de agosto de 2013.

Art. 156. Serão aplicadas ao responsável pelas infrações administrativas previstas nesta Lei as seguintes sanções:

I – advertência;

II – multa;

III – impedimento de licitar e contratar;

IV – declaração de inidoneidade para licitar ou contratar.

§ 1º Na aplicação das sanções serão considerados:

I – a natureza e a gravidade da infração cometida;

II – as peculiaridades do caso concreto;

III – as circunstâncias agravantes ou atenuantes;

IV – os danos que dela provierem para a Administração Pública;

V – a implantação ou o aperfeiçoamento de programa de integridade, conforme normas e orientações dos órgãos de controle.

§ 2º A sanção prevista no inciso I do caput deste artigo será aplicada exclusivamente pela infração administrativa prevista no inciso I do caput do art. 155 desta Lei, quando não se justificar a imposição de penalidade mais grave.

§ 3º A sanção prevista no inciso II do caput deste artigo, calculada na forma do edital ou do contrato, não poderá ser inferior a 0,5% (cinco décimos por cento) nem superior a 30% (trinta por cento) do valor do contrato licitado ou celebrado com contratação direta e será aplicada ao responsável por qualquer das infrações administrativas previstas no art. 155 desta Lei.

§ 4º A sanção prevista no inciso III do caput deste artigo será aplicada ao responsável pelas infrações administrativas previstas nos incisos II, III, IV, V, VI e VII do caput do art. 155 desta Lei, quando não se justificar a imposição de penalidade mais grave, e impedirá o responsável de licitar ou contratar no âmbito da Administração Pública direta e indireta do ente federativo que tiver aplicado a sanção, pelo prazo máximo de 3 (três) anos.

§ 5º A sanção prevista no inciso IV do caput deste artigo será aplicada ao responsável pelas infrações administrativas previstas nos incisos VIII, IX, X, XI e XII do caput do art. 155 desta Lei, bem como pelas infrações administrativas previstas nos incisos II, III, IV, V, VI e VII do caput do referido artigo que justifiquem a imposição de penalidade mais grave que a sanção referida no § 4º deste artigo, e impedirá o responsável de licitar ou contratar no âmbito da Administração Pública direta e indireta de todos os entes federativos, pelo prazo mínimo de 3 (três) anos e máximo de 6 (seis) anos.

§ 6º A sanção estabelecida no inciso IV do caput deste artigo será precedida de análise jurídica e observará as seguintes regras:

I – quando aplicada por órgão do Poder Executivo, será de competência exclusiva de ministro de Estado, de secretário estadual ou de secretário municipal e, quando aplicada por autarquia ou fundação, será de competência exclusiva da autoridade máxima da entidade;

II – quando aplicada por órgãos dos Poderes Legislativo e Judiciário, pelo Ministério Público e pela Defensoria Pública no desempenho da função administrativa, será de competência exclusiva de autoridade de nível hierárquico equivalente às autoridades referidas no inciso I deste parágrafo, na forma de regulamento.

§ 7º As sanções previstas nos incisos I, III e IV do caput deste artigo poderão ser aplicadas cumulativamente com a prevista no inciso II do caput deste artigo.

§ 8º Se a multa aplicada e as indenizações cabíveis forem superiores ao valor de pagamento eventualmente devido pela Administração ao contratado, além da perda desse valor, a diferença será descontada da garantia prestada ou será cobrada judicialmente.

§ 9º A aplicação das sanções previstas no caput deste artigo não exclui, em hipótese alguma, a obrigação de reparação integral do dano causado à Administração Pública.

Art. 157. Na aplicação da sanção prevista no inciso II do caput do art. 156 desta Lei, será facultada a defesa do interessado no prazo de 15 (quinze) dias úteis, contado da data de sua intimação.

Art. 158. A aplicação das sanções previstas nos incisos III e IV do caput do art. 156 desta Lei requererá a instauração de processo de responsabilização, a ser conduzido por comissão composta de 2 (dois) ou mais servidores estáveis, que avaliará fatos e circunstâncias conhecidos e intimará o licitante ou o contratado para, no prazo de 15 (quinze) dias úteis, contado da data de intimação, apresentar defesa escrita e especificar as provas que pretenda produzir.

§ 1º Em órgão ou entidade da Administração Pública cujo quadro funcional não seja formado de servidores estatutários, a comissão a que se refere o caput deste artigo será composta de 2 (dois) ou mais empregados públicos pertencentes aos seus quadros permanentes, preferencialmente com, no mínimo, 3 (três) anos de tempo de serviço no órgão ou entidade.

§ 2º Na hipótese de deferimento de pedido de produção de novas provas ou de juntada de provas julgadas indispensáveis pela comissão, o licitante ou o contratado poderá apresentar alegações finais no prazo de 15 (quinze) dias úteis, contado da data da intimação.

§ 3º Serão indeferidas pela comissão, mediante decisão fundamentada, provas ilícitas, impertinentes, desnecessárias, protelatórias ou intempestivas.

§ 4º A prescrição ocorrerá em 5 (cinco) anos, contados da ciência da infração pela Administração, e será:

I – interrompida pela instauração do processo de responsabilização a que se refere o caput deste artigo;

II – suspensa pela celebração de acordo de leniência previsto na Lei nº 12.846, de 1º de agosto de 2013;

III – suspensa por decisão judicial que inviabilize a conclusão da apuração administrativa.

Art. 159. Os atos previstos como infrações administrativas nesta Lei ou em outras leis de licitações e contratos da Administração Pública que também sejam tipificados como atos lesivos na Lei nº 12.846, de 1º de agosto de 2013, serão apurados e julgados conjuntamente, nos mesmos autos, observados o rito procedimental e a autoridade competente definidos na referida Lei.

Parágrafo único. (VETADO).

Art. 160. A personalidade jurídica poderá ser desconsiderada sempre que utilizada com abuso do direito para facilitar, encobrir ou dissimular a prática dos atos ilícitos previstos nesta Lei ou para provocar confusão patrimonial, e, nesse caso, todos os efeitos das sanções aplicadas à pessoa jurídica serão estendidos aos seus administradores e sócios com poderes de administração, a pessoa jurídica sucessora ou a empresa do mesmo ramo com relação de coligação ou controle, de fato ou de direito, com o sancionado, observados, em todos os casos, o contraditório, a ampla defesa e a obrigatoriedade de análise jurídica prévia.

Art. 161. Os órgãos e entidades dos Poderes Executivo, Legislativo e Judiciário de todos os entes federativos deverão, no prazo máximo 15 (quinze) dias úteis, contado da data de aplicação da sanção, informar e manter atualizados os dados relativos às sanções por eles aplicadas, para fins de publicidade no Cadastro Nacional de Empresas Inidôneas e Suspensas (Ceis) e no Cadastro Nacional de Empresas Punidas (Cnep), instituídos no âmbito do Poder Executivo federal.

Parágrafo único. Para fins de aplicação das sanções previstas nos incisos I, II, III e IV do caput do art. 156 desta Lei, o Poder Executivo regulamentará a forma de cômputo e as consequências da soma de diversas sanções aplicadas a uma mesma empresa e derivadas de contratos distintos.

Art. 162. O atraso injustificado na execução do contrato sujeitará o contratado a multa de mora, na forma prevista em edital ou em contrato.

Parágrafo único. A aplicação de multa de mora não impedirá que a Administração a converta em compensatória e promova a extinção unilateral do contrato com a aplicação cumulada de outras sanções previstas nesta Lei.

Art. 163. É admitida a reabilitação do licitante ou contratado perante a própria autoridade que aplicou a penalidade, exigidos, cumulativamente:

I – reparação integral do dano causado à Administração Pública;

II – pagamento da multa;

III – transcurso do prazo mínimo de 1 (um) ano da aplicação da penalidade, no caso de impedimento de licitar e contratar, ou de 3 (três) anos da aplicação da penalidade, no caso de declaração de inidoneidade;

IV – cumprimento das condições de reabilitação definidas no ato punitivo;

V – análise jurídica prévia, com posicionamento conclusivo quanto ao cumprimento dos requisitos definidos neste artigo.

Parágrafo único. A sanção pelas infrações previstas nos incisos VIII e XII do caput do art. 155 desta Lei exigirá, como condição de reabilitação do licitante ou contratado, a implantação ou aperfeiçoamento de programa de integridade pelo responsável.

Capítulo II
DAS IMPUGNAÇÕES, DOS PEDIDOS DE ESCLARECIMENTO E DOS RECURSOS

Art. 164. Qualquer pessoa é parte legítima para impugnar edital de licitação por irregularidade na aplicação desta Lei ou para solicitar esclarecimento sobre os seus termos, devendo protocolar o pedido até 3 (três) dias úteis antes da data de abertura do certame.

Parágrafo único. A resposta à impugnação ou ao pedido de esclarecimento será divulgada em sítio eletrônico oficial no prazo de até 3 (três) dias úteis, limitado ao último dia útil anterior à data da abertura do certame.

Art. 165. Dos atos da Administração decorrentes da aplicação desta Lei cabem:

I – recurso, no prazo de 3 (três) dias úteis, contado da data de intimação ou de lavratura da ata, em face de:

a) ato que defira ou indefira pedido de pré-qualificação de interessado ou de inscrição em registro cadastral, sua alteração ou cancelamento;

b) julgamento das propostas;

c) ato de habilitação ou inabilitação de licitante;

d) anulação ou revogação da licitação;

e) extinção do contrato, quando determinada por ato unilateral e escrito da Administração;

II – pedido de reconsideração, no prazo de 3 (três) dias úteis, contado da data de intimação, relativamente a ato do qual não caiba recurso hierárquico.

§ 1º Quanto ao recurso apresentado em virtude do disposto nas alíneas "b" e "c" do inciso I do caput deste artigo, serão observadas as seguintes disposições:

I – a intenção de recorrer deverá ser manifestada imediatamente, sob pena de preclusão, e o prazo para apresentação das razões recursais previsto no inciso I do caput deste artigo será iniciado na data de intimação ou de lavratura da ata de habilitação ou inabilitação ou, na hipótese de adoção da inversão de fases prevista no § 1º do art. 17 desta Lei, da ata de julgamento;

II – a apreciação dar-se-á em fase única.

§ 2º O recurso de que trata o inciso I do caput deste artigo será dirigido à autoridade que tiver editado o ato ou proferido a decisão recorrida, que, se não reconsiderar o ato ou a decisão no prazo de 3 (três) dias úteis, encaminhará o recurso com a sua motivação à autoridade superior, a qual deverá proferir sua decisão no prazo máximo de 10 (dez) dias úteis, contado do recebimento dos autos.

§ 3º O acolhimento do recurso implicará invalidação apenas de ato insuscetível de aproveitamento.

§ 4º O prazo para apresentação de contrarrazões será o mesmo do recurso e terá início na data de intimação pessoal ou de divulgação da interposição do recurso.

§ 5º Será assegurado ao licitante vista dos elementos indispensáveis à defesa de seus interesses.

Art. 166. Da aplicação das sanções previstas nos incisos I, II e III do caput do art. 156 desta Lei caberá recurso no prazo de 15 (quinze) dias úteis, contado da data da intimação.

Parágrafo único. O recurso de que trata o caput deste artigo será dirigido à autoridade que tiver proferido a decisão recorrida, que, se não a reconsiderar no prazo de 5 (cinco) dias úteis, encaminhará o recurso com sua motivação à autoridade superior, a qual deverá proferir sua decisão no prazo máximo de 20 (vinte) dias úteis, contado do recebimento dos autos.

Art. 167. Da aplicação da sanção prevista no inciso IV do caput do art. 156 desta Lei caberá apenas pedido de reconsideração, que deverá ser apresentado no prazo de 15 (quinze) dias úteis, contado da data da intimação, e decidido no prazo máximo de 20 (vinte) dias úteis, contado do seu recebimento.

Art. 168. O recurso e o pedido de reconsideração terão efeito suspensivo do ato ou da decisão recorrida até que sobrevenha decisão final da autoridade competente.

Parágrafo único. Na elaboração de suas decisões, a autoridade competente será auxiliada pelo órgão de assessoramento jurídico, que deverá dirimir dúvidas e subsidiá-la com as informações necessárias.

Capítulo III
DO CONTROLE DAS CONTRATAÇÕES

Art. 169. As contratações públicas deverão submeter-se a práticas contínuas e permanentes de gestão de riscos e de controle preventivo, inclusive mediante adoção de recursos de tecnologia da informação, e, além de estar subordinadas ao controle social, sujeitar-se-ão às seguintes linhas de defesa:

I – primeira linha de defesa, integrada por servidores e empregados públicos, agentes de licitação e autoridades que atuam na estrutura de governança do órgão ou entidade;

II – segunda linha de defesa, integrada pelas unidades de assessoramento jurídico e de controle interno do próprio órgão ou entidade;

III – terceira linha de defesa, integrada pelo órgão central de controle interno da Administração e pelo tribunal de contas.

§ 1º Na forma de regulamento, a implementação das práticas a que se refere o caput deste artigo será de responsabilidade da alta administração do órgão ou entidade e levará em consideração os custos e os benefícios decorrentes de sua implementação, optando-se pelas medidas que promovam relações íntegras e confiáveis, com segurança jurídica para todos os envolvidos, e que produzam o resultado mais vantajoso para a Administração, com eficiência, eficácia e efetividade nas contratações públicas.

§ 2º Para a realização de suas atividades, os órgãos de controle deverão ter acesso irrestrito aos documentos e às informações necessárias à realização dos trabalhos, inclusive aos documentos classificados pelo órgão ou entidade nos termos da Lei nº 12.527, de 18 de novembro de 2011, e o órgão de controle com o qual foi compartilhada eventual informação sigilosa tornar-se-á corresponsável pela manutenção do seu sigilo.

§ 3º Os integrantes das linhas de defesa a que se referem os incisos I, II e III do caput deste artigo observarão o seguinte:

I – quando constatarem simples impropriedade formal, adotarão medidas para o seu saneamento e para a mitigação de riscos de sua nova ocorrência, preferencialmente com o aperfeiçoamento dos controles preventivos e com a capacitação dos agentes públicos responsáveis;

II – quando constatarem irregularidade que configure dano à Administração, sem prejuízo das medidas previstas no inciso I deste § 3º, adotarão as providências necessárias para a apuração das infrações administrativas, observadas a segregação de funções e a necessidade de individualização das condutas, bem como remeterão ao Ministério Público competente cópias dos documentos cabíveis para a apuração dos ilícitos de sua competência.

Art. 170. Os órgãos de controle adotarão, na fiscalização dos atos previstos nesta Lei, critérios de oportunidade, materialidade, relevância e risco e considerarão as razões apresentadas pelos órgãos e entidades responsáveis e os resultados obtidos com a contratação, observado o disposto no § 3º do art. 169 desta Lei.

§ 1º As razões apresentadas pelos órgãos e entidades responsáveis deverão ser encaminhadas aos órgãos de controle até a conclusão da fase de instrução do processo e não poderão ser desentranhadas dos autos.

§ 2º A omissão na prestação das informações não impedirá as deliberações dos órgãos de controle nem retardará a aplicação de qualquer de seus prazos de tramitação e de deliberação.

§ 3º Os órgãos de controle desconsiderarão os documentos impertinentes, meramente protelatórios ou de nenhum interesse para o esclarecimento dos fatos.

§ 4º Qualquer licitante, contratado ou pessoa física ou jurídica poderá representar aos órgãos de controle interno ou ao tribunal de contas competente contra irregularidades na aplicação desta Lei.

Art. 171. Na fiscalização de controle será observado o seguinte:

I – viabilização de oportunidade de manifestação aos gestores sobre possíveis propostas de encaminhamento que terão impacto significativo nas rotinas de trabalho dos órgãos e entidades fiscalizados, a fim de que eles disponibilizem subsídios para avaliação prévia da relação entre custo e benefício dessas possíveis proposições;

II – adoção de procedimentos objetivos e imparciais e elaboração de relatórios tecnicamente fundamentados, baseados exclusivamente nas evidências obtidas e organizados de acordo com as normas de auditoria do respectivo órgão de controle, de modo a evitar que interesses pessoais e interpretações tendenciosas interfiram na apresentação e no tratamento dos fatos levantados;

III – definição de objetivos, nos regimes de empreitada por preço global, empreitada integral, contratação semi-integrada e contratação integrada, atendidos os requisitos técnicos, legais, orçamentários e financeiros, de acordo com as finalidades da contratação, devendo, ainda, ser perquirida a conformidade do preço global com os parâmetros de mercado para o objeto contratado, considerada inclusive a dimensão geográfica.

§ 1º Ao suspender cautelarmente o processo licitatório, o tribunal de contas deverá pronunciar-se definitivamente sobre o mérito da irregularidade que tenha dado causa à suspensão no prazo de 25 (vinte e cinco) dias úteis, contado da data do recebimento das informações a que se refere o § 2º deste artigo, prorrogável por igual período uma única vez, e definirá objetivamente:

I – as causas da ordem de suspensão;

II – o modo como será garantido o atendimento do interesse público obstado pela suspensão da licitação, no caso de objetos essenciais ou de contratação por emergência.

§ 2º Ao ser intimado da ordem de suspensão do processo licitatório, o órgão ou entidade deverá, no prazo de 10 (dez) dias úteis, admitida a prorrogação:

I – informar as medidas adotadas para cumprimento da decisão;

II – prestar todas as informações cabíveis;

III – proceder à apuração de responsabilidade, se for o caso.

§ 3º A decisão que examinar o mérito da medida cautelar a que se refere o § 1º deste artigo deverá definir as medidas necessárias e adequadas, em face das alternativas possíveis, para o saneamento do processo licitatório, ou determinar a sua anulação.

§ 4º O descumprimento do disposto no § 2º deste artigo ensejará a apuração de responsabilidade e a obrigação de reparação do prejuízo causado ao erário.

Art. 172. (VETADO).

Art. 173. Os tribunais de contas deverão, por meio de suas escolas de contas, promover eventos de capacitação para os servidores efetivos e empregados públicos designados para o desempenho das funções essenciais à execução desta Lei, incluídos cursos presenciais e a distância, redes de aprendizagem, seminários e congressos sobre contratações públicas.

TÍTULO V
DISPOSIÇÕES GERAIS

Capítulo I
DO PORTAL NACIONAL DE CONTRATAÇÕES PÚBLICAS (PNCP)

Art. 174. É criado o Portal Nacional de Contratações Públicas (PNCP), sítio eletrônico oficial destinado à:

I – divulgação centralizada e obrigatória dos atos exigidos por esta Lei;

II – realização facultativa das contratações pelos órgãos e entidades dos Poderes Executivo, Legislativo e Judiciário de todos os entes federativos.

§ 1º O PNCP será gerido pelo Comitê Gestor da Rede Nacional de Contratações Públicas, a ser presidido por representante indicado pelo Presidente da República e composto de:

I – 3 (três) representantes da União indicados pelo Presidente da República;

II – 2 (dois) representantes dos Estados e do Distrito Federal indicados pelo Conselho Nacional de Secretários de Estado da Administração;

III – 2 (dois) representantes dos Municípios indicados pela Confederação Nacional de Municípios.

§ 2º O PNCP conterá, entre outras, as seguintes informações acerca das contratações:

I – planos de contratação anuais;

II – catálogos eletrônicos de padronização;

III – editais de credenciamento e de pré-qualificação, avisos de contratação direta e editais de licitação e respectivos anexos;

IV – atas de registro de preços;

V – contratos e termos aditivos;

VI – notas fiscais eletrônicas, quando for o caso.

§ 3º O PNCP deverá, entre outras funcionalidades, oferecer:

I – sistema de registro cadastral unificado;

II – painel para consulta de preços, banco de preços em saúde e acesso à base nacional de notas fiscais eletrônicas;

III – sistema de planejamento e gerenciamento de contratações, incluído o cadastro de atesto de cumprimento de obrigações previsto no § 4º do art. 88 desta Lei;

IV – sistema eletrônico para a realização de sessões públicas;

V – acesso ao Cadastro Nacional de Empresas Inidôneas e Suspensas (Ceis) e ao Cadastro Nacional de Empresas Punidas (Cnep);

VI – sistema de gestão compartilhada com a sociedade de informações referentes à execução do contrato, que possibilite:

a) envio, registro, armazenamento e divulgação de mensagens de texto ou imagens pelo interessado previamente identificado;

b) acesso ao sistema informatizado de acompanhamento de obras a que se refere o inciso III do caput do art. 19 desta Lei;

c) comunicação entre a população e representantes da Administração e do contratado designados para prestar as informações e esclarecimentos pertinentes, na forma de regulamento;

d) divulgação, na forma de regulamento, de relatório final com informações sobre a consecução dos objetivos que tenham justificado a contratação e eventuais condutas a serem adotadas para o aprimoramento das atividades da Administração.

§ 4º O PNCP adotará o formato de dados abertos e observará as exigências previstas na Lei nº 12.527, de 18 de novembro de 2011.

§ 5º (VETADO).

Art. 175. Sem prejuízo do disposto no art. 174 desta Lei, os entes federativos poderão instituir sítio eletrônico oficial para divulgação complementar e realização das respectivas contratações.

§ 1º Desde que mantida a integração com o PNCP, as contratações poderão ser realizadas por meio de sistema eletrônico fornecido por pessoa jurídica de direito privado, na forma de regulamento.

§ 2º Até 31 de dezembro de 2023, os Municípios deverão realizar divulgação complementar de suas contratações mediante publicação de extrato de edital de licitação em jornal diário de grande circulação local.

Art. 176. Os Municípios com até 20.000 (vinte mil) habitantes terão o prazo de 6 (seis) anos, contado da data de publicação desta Lei, para cumprimento:

I – dos requisitos estabelecidos no art. 7º e no caput do art. 8º desta Lei;

II – da obrigatoriedade de realização da licitação sob a forma eletrônica a que se refere o § 2º do art. 17 desta Lei;

III – das regras relativas à divulgação em sítio eletrônico oficial.

Parágrafo único. Enquanto não adotarem o PNCP, os Municípios a que se refere o caput deste artigo deverão:

I – publicar, em diário oficial, as informações que esta Lei exige que sejam divulgadas em sítio eletrônico oficial, admitida a publicação de extrato;

II – disponibilizar a versão física dos documentos em suas repartições, vedada a cobrança de qualquer valor, salvo o referente ao fornecimento de edital ou de cópia de documento, que não será superior ao custo de sua reprodução gráfica.

Capítulo II
DAS ALTERAÇÕES LEGISLATIVAS

Art. 177. O caput do art. 1.048 da Lei nº 13.105, de 16 de março de 2015 (Código de Processo Civil), passa a vigorar acrescido do seguinte inciso IV:

"Art.1.048...

....

IV – em que se discuta a aplicação do disposto nas normas gerais de licitação e contratação a que se refere o inciso XXVII do caput do art. 22 da Constituição Federal.

...." (NR)

Art. 178. O Título XI da Parte Especial do Decreto-Lei nº 2.848, de 7 de dezembro de 1940 (Código Penal), passa a vigorar acrescido do seguinte Capítulo II-B:

Capítulo II-B
DOS CRIMES EM LICITAÇÕES E CONTRATOS ADMINISTRATIVOS

Contratação direta ilegal

Art. 337-E. Admitir, possibilitar ou dar causa à contratação direta fora das hipóteses previstas em lei:

Pena – reclusão, de 4 (quatro) a 8 (oito) anos, e multa.

Frustração do caráter competitivo de licitação

Art. 337-F. Frustrar ou fraudar, com o intuito de obter para si ou para outrem vantagem decorrente da adjudicação do objeto da licitação, o caráter competitivo do processo licitatório:

Pena – reclusão, de 4 (quatro) anos a 8 (oito) anos, e multa.

Patrocínio de contratação indevida

Art. 337-G. Patrocinar, direta ou indiretamente, interesse privado perante a Administração Pública, dando causa à instauração de licitação ou à celebração de contrato cuja invalidação vier a ser decretada pelo Poder Judiciário:

Pena – reclusão, de 6 (seis) meses a 3 (três) anos, e multa.

Modificação ou pagamento irregular em contrato administrativo

Art. 337-H. Admitir, possibilitar ou dar causa a qualquer modificação ou vantagem, inclusive prorrogação contratual, em favor do contratado, durante a execução dos contratos celebrados com a Administração Pública, sem autorização em lei, no edital da licitação ou nos respectivos instrumentos contratuais, ou, ainda, pagar fatura com preterição da ordem cronológica de sua exigibilidade:

Pena – reclusão, de 4 (quatro) anos a 8 (oito) anos, e multa.

Perturbação de processo licitatório

Art. 337-I. Impedir, perturbar ou fraudar a realização de qualquer ato de processo licitatório:

Pena – detenção, de 6 (seis) meses a 3 (três) anos, e multa.

Violação de sigilo em licitação

Art. 337-J. Devassar o sigilo de proposta apresentada em processo licitatório ou proporcionar a terceiro o ensejo de devassá-lo:

Pena – detenção, de 2 (dois) anos a 3 (três) anos, e multa.

Afastamento de licitante

Art. 337-K. Afastar ou tentar afastar licitante por meio de violência, grave ameaça, fraude ou oferecimento de vantagem de qualquer tipo:

Pena – reclusão, de 3 (três) anos a 5 (cinco) anos, e multa, além da pena correspondente à violência.

Parágrafo único. Incorre na mesma pena quem se abstém ou desiste de licitar em razão de vantagem oferecida.

Fraude em licitação ou contrato

Art. 337-L. Fraudar, em prejuízo da Administração Pública, licitação ou contrato dela decorrente, mediante:

I – entrega de mercadoria ou prestação de serviços com qualidade ou em quantidade diversas das previstas no edital ou nos instrumentos contratuais;

II – fornecimento, como verdadeira ou perfeita, de mercadoria falsificada, deteriorada, inservível para consumo ou com prazo de validade vencido;

III – entrega de uma mercadoria por outra;

IV – alteração da substância, qualidade ou quantidade da mercadoria ou do serviço fornecido;

V – qualquer meio fraudulento que torne injustamente mais onerosa para a Administração Pública a proposta ou a execução do contrato:

Pena – reclusão, de 4 (quatro) anos a 8 (oito) anos, e multa.

Contratação inidônea

Art. 337-M. Admitir à licitação empresa ou profissional declarado inidôneo:

Pena – reclusão, de 1 (um) ano a 3 (três) anos, e multa.

§ 1º Celebrar contrato com empresa ou profissional declarado inidôneo:

Pena – reclusão, de 3 (três) anos a 6 (seis) anos, e multa.

§ 2º Incide na mesma pena do caput deste artigo aquele que, declarado inidôneo, venha a participar de licitação e, na mesma pena do § 1º deste artigo, aquele que, declarado inidôneo, venha a contratar com a Administração Pública.

Impedimento indevido

Art. 337-N. Obstar, impedir ou dificultar injustamente a inscrição de qualquer interessado nos registros cadastrais ou promover indevidamente a alteração, a suspensão ou o cancelamento de registro do inscrito:

Pena – reclusão, de 6 (seis) meses a 2 (dois) anos, e multa.

Omissão grave de dado ou de informação por projetista

Art. 337-O. Omitir, modificar ou entregar à Administração Pública levantamento cadastral ou condição de contorno em relevante dissonância com a realidade, em frustração ao caráter competitivo da licitação ou em detrimento da seleção da proposta mais vantajosa para a Administração Pública, em contratação para a elaboração de projeto básico, projeto executivo ou anteprojeto, em diálogo competitivo ou em procedimento de manifestação de interesse:

Pena – reclusão, de 6 (seis) meses a 3 (três) anos, e multa.

§ 1º Consideram-se condição de contorno as informações e os levantamentos suficientes e necessários para a definição da solução de projeto e dos respectivos preços pelo licitante, incluídos sondagens, topografia, estudos de demanda, condições ambientais e demais elementos ambientais impactantes, considerados requisitos mínimos ou obrigatórios em normas técnicas que orientam a elaboração de projetos.

§ 2º Se o crime é praticado com o fim de obter benefício, direto ou indireto, próprio ou de outrem, aplica-se em dobro a pena prevista no caput deste artigo.

Art. 337-P. A pena de multa cominada aos crimes previstos neste Capítulo seguirá a metodologia de cálculo prevista neste Código e não poderá ser inferior a 2% (dois por cento) do valor do contrato licitado ou celebrado com contratação direta."

Art. 179. Os incisos II e III do caput do art. 2º da Lei nº 8.987, de 13 de fevereiro de 1995, passam a vigorar com a seguinte redação:

"Art. 2º...

....

II – concessão de serviço público: a delegação de sua prestação, feita pelo poder concedente, mediante licitação, na modalidade concorrência ou diálogo competitivo, a pessoa jurídica ou consórcio de empresas que demonstre capacidade para seu desempenho, por sua conta e risco e por prazo determinado;

III – concessão de serviço público precedida da execução de obra pública: a construção, total ou parcial, conservação, reforma, ampliação ou melhoramento de quaisquer obras de interesse público, delegados pelo poder concedente, mediante licitação, na modalidade concorrência ou diálogo competitivo, a pessoa jurídica ou consórcio de empresas que demonstre capacidade para a sua realização, por sua conta e risco, de forma que o investimento da concessionária seja remunerado e amortizado mediante a exploração do serviço ou da obra por prazo determinado;

...." (NR)

Art. 180. O caput do art. 10 da Lei nº 11.079, de 30 de dezembro de 2004, passa a vigorar com a seguinte redação:

"Art. 10. A contratação de parceria público-privada será precedida de licitação na modalidade concorrência ou diálogo competitivo, estando a abertura do processo licitatório condicionada a:

...." (NR)

Capítulo III
DISPOSIÇÕES TRANSITÓRIAS E FINAIS

Art. 181. Os entes federativos instituirão centrais de compras, com o objetivo de realizar compras em grande escala, para atender a diversos órgãos e entidades sob sua competência e atingir as finalidades desta Lei.

Parágrafo único. No caso dos Municípios com até 10.000 (dez mil) habitantes, serão preferencialmente constituídos consórcios públicos para a realização das atividades previstas no caput deste artigo, nos termos da Lei nº 11.107, de 6 de abril de 2005.

Art. 182. O Poder Executivo federal atualizará, a cada dia 1º de janeiro, pelo Índice Nacional de Preços ao Consumidor Amplo Especial (IPCA-E) ou por índice que venha a substituí-lo, os valores fixados por esta Lei, os quais serão divulgados no PNCP.

Art. 183. Os prazos previstos nesta Lei serão contados com exclusão do dia do começo e inclusão do dia do vencimento e observarão as seguintes disposições:

I – os prazos expressos em dias corridos serão computados de modo contínuo;

II – os prazos expressos em meses ou anos serão computados de data a data;

III – nos prazos expressos em dias úteis, serão computados somente os dias em que ocorrer expediente administrativo no órgão ou entidade competente.

§ 1º Salvo disposição em contrário, considera-se dia do começo do prazo:

I – o primeiro dia útil seguinte ao da disponibilização da informação na internet;

II – a data de juntada aos autos do aviso de recebimento, quando a notificação for pelos correios.

§ 2º Considera-se prorrogado o prazo até o primeiro dia útil seguinte se o vencimento cair em dia em que não houver expediente, se o expediente for encerrado antes da hora normal ou se houver indisponibilidade da comunicação eletrônica.

§ 3º Na hipótese do inciso II do caput deste artigo, se no mês do vencimento não houver o dia equivalente àquele do início do prazo, considera-se como termo o último dia do mês.

Art. 184. Aplicam-se as disposições desta Lei, no que couber e na ausência de norma específica, aos convênios, acordos, ajustes e outros instrumentos congêneres celebrados por órgãos e entidades da Administração Pública, na forma estabelecida em regulamento do Poder Executivo federal.

Art. 185. Aplicam-se às licitações e aos contratos regidos pela Lei nº 13.303, de 30 de junho de 2016, as disposições do Capítulo II-B do Título XI da Parte Especial do Decreto-Lei nº 2.848, de 7 de dezembro de 1940 (Código Penal).

Art. 186. Aplicam-se as disposições desta Lei subsidiariamente à Lei nº 8.987, de 13 de fevereiro de 1995, à Lei nº 11.079, de 30 de dezembro de 2004, e à Lei nº 12.232, de 29 de abril de 2010.

Art. 187. Os Estados, o Distrito Federal e os Municípios poderão aplicar os regulamentos editados pela União para execução desta Lei.

Art. 188. (VETADO).

Art. 189. Aplica-se esta Lei às hipóteses previstas na legislação que façam referência expressa à Lei nº 8.666, de 21 de junho de 1993, à Lei nº 10.520, de 17 de julho de 2002, e aos arts. 1º a 47-A da Lei nº 12.462, de 4 de agosto de 2011.

Art. 190. O contrato cujo instrumento tenha sido assinado antes da entrada em vigor desta Lei continuará a ser regido de acordo com as regras previstas na legislação revogada.

Art. 191. Até o decurso do prazo de que trata o inciso II do caput do art. 193, a Administração poderá optar por licitar ou contratar diretamente de acordo com esta Lei ou de acordo com as leis citadas no referido inciso, e a opção escolhida deverá ser indicada expressamente no edital ou no aviso ou instrumento de contratação direta, vedada a aplicação combinada desta Lei com as citadas no referido inciso.

Parágrafo único. Na hipótese do caput deste artigo, se a Administração optar por licitar de acordo com as leis citadas no inciso II do caput do art. 193 desta Lei, o contrato respectivo será regido pelas regras nelas previstas durante toda a sua vigência.

Art. 192. O contrato relativo a imóvel do patrimônio da União ou de suas autarquias e fundações continuará regido pela legislação pertinente, aplicada esta Lei subsidiariamente.

Art. 193. Revogam-se:

I – os arts. 89 a 108 da Lei nº 8.666, de 21 de junho de 1993, na data de publicação desta Lei;

II – a Lei nº 8.666, de 21 de junho de 1993, a Lei nº 10.520, de 17 de julho de 2002, e os arts. 1º a 47-A da Lei nº 12.462, de 4 de agosto de 2011, após decorridos 2 (dois) anos da publicação oficial desta Lei.

Art. 194. Esta Lei entra em vigor na data de sua publicação.

Brasília, 1º de abril de 2021; 200o da Independência e 133º da República.

DIREITO TRIBUTÁRIO E FINANCEIRO

LEI ESTADUAL Nº 5.123, DE 27 DE JANEIRO DE 1989

- INSTITUI O IMPOSTO SOBRE A TRANSMISSÃO *CAUSA MORTIS* E DOAÇÃO DE QUAISQUER BENS OU DIREITOS.

ÍNDICE

O GOVERNADOR DO ESTADO DA PARAÍBA:

Faço saber que o Poder Legislativo decreta e eu sanciono a seguinte Lei:

Art. 1º Fica instituído o Imposto sobre a Transmissão "Causa Mortis" e Doação de Quaisquer Bens ou Direitos - ITCD.

Capítulo I
DA INCIDÊNCIA E DA NÃO-INCIDÊNCIA

Seção I
DA INCIDÊNCIA

Art. 2º O imposto de que trata o art. 1º incide sobre transmissão "causa mortis" e doação, a qualquer título, de: (Redação do caput do artigo dada pela Lei nº 10507 de 18/09/2015, efeitos a partir de 01/01/2016):

I – propriedade ou domínio útil de bem imóvel; (Redação do inciso dada pela Lei nº 10136 de 06/11/2013).

II – direitos reais sobre bens imóveis;

III – bens móveis, títulos, créditos e respectivos direitos.

Parágrafo único. Para efeito desta Lei, a doação abrange:

a) a desistência ou renúncia de herança ou legado por ato de liberalidade que importe ou se resolva em transmissão de quaisquer bens ou direitos;

b) qualquer ato ou fato, não oneroso, que importe ou se resolva em transmissão de quaisquer bens ou direitos, inclusive cessão por ato de liberalidade.

Art. 3º Incluem-se entre as hipóteses definidas no artigo anterior, além de outras estabelecidas em regulamento:

I – a sucessão legítima ou testamentária de bens imóveis situados no Estado e de direitos a eles relativos;

II – a sucessão legítima ou testamentária de bens móveis, títulos e créditos, quando o inventário ou arrolamento se processar neste Estado;

III – a doação, a qualquer título, de bens imóveis e respectivos direitos e de bens móveis, títulos, créditos e direitos a eles relativos;

IV – a instituição de usufruto; (Redação do inciso dada pela Lei nº 10507 de 18/09/2015, efeitos a partir de 01/01/2016);

V – a sentença declaratória ou o reconhecimento extrajudicial de usucapião; (Redação do inciso dada pela Lei nº 11301 de 13/03/2019, efeitos a partir de 01/01/2020).

VI – a reversão dos bens ao patrimônio do doador ou de terceiro, por morte do donatário;

VII – a incorporação de bem móvel ou imóvel ao patrimônio de pessoa jurídica;

VIII – a transferência de bem móvel ou imóvel do patrimônio de pessoa jurídica para o de qualquer dos seus sócios, acionistas ou respectivos sucessores;

IX – a quota-parte que exceder ao valor da meação do patrimônio comunial em virtude da separação judicial, separação extrajudicial ou falecimento; (Redação do inciso dada pela Lei nº 9455 de 06/10/2011, conversão da Medida Provisória nº 180 DE 19/08/2011).

X – a divisão para extinção de condomínio, quando for recebida, por qualquer condômino, quota-parte material que excede ao valor da quota-parte ideal.

Parágrafo único. Nas transmissões causa mortis e nas doações ocorrem tantos fatos geradores distintos quantos forem os herdeiros, legatários, donatários, fiduciários e fideicomissários. (Redação do inciso dada pela Lei nº 9455 de 06/10/2011, conversão da Medida Provisória nº 180 DE 19/08/2011).

Seção II
DA NÃO INCIDÊNCIA

Art. 4º O imposto não incide sobre:

I – as transmissões de bens ou direitos legados ou doados:

a) a União, aos Estados, ao Distrito Federal e aos Municípios;

b) aos partidos políticos e suas fundações;

c) às entidades sindicais dos trabalhadores;

d) às instituições de educação e assistência social, sem fins lucrativos, atendidos os requisitos estabelecidos no §1º deste artigo;

e) às autarquias e fundações instituídas e mantidas pelo poder público, no que se refere ao patrimônio vinculado às suas finalidades essenciais ou às delas decorrentes;

f) aos templos de qualquer culto; (Alínea acrescentada pela Lei nº 9455 de 06/10/2011, conversão da Medida Provisória nº 180 DE 19/08/2011).

II – a desistência ou renúncia à herança ou legado, desde que quaisquer delas se efetive de conformidade com o disposto nas alíneas seguintes, concomitantemente:

a) seja feita, sem ressalva, em benefício do monte;

b) não tenha o desistente ou renunciante praticado qualquer ato que evidencie intenção de aceitar a herança ou legado;

III - a meação do patrimônio resultante de separação judicial ou falecimento, havendo ocorrido o casamento sob o regime de comunhão de bens, quando o valor da meação corresponder à metade do valor da totalidade dos bens que integram o patrimônio comunial;

IV - a transmissão resultante da arrecadação de bens vacantes, na forma da lei civil.

V - a extinção ou a renúncia aos direitos do usufruto, exceto para os casos em que a sua instituição tenha ocorrido até31 de dezembro de 2015. (Redação do inciso dada pela Lei nº 11301 de 13/03/2019, efeitos a partir de 01/01/2020).

§ 1º O disposto nas alíneas «b», «c», «d», «e» e «f» do inciso I deste artigo está subordinado à observância pelas entidades nelas referidas, dos seguintes requisitos: (Redação dada pela Lei nº 9455 de 06/10/2011, conversão da Medida Provisória nº 180 de 19/08/2011).

I - não distribuírem qualquer parcela de seu patrimônio ou de suas rendas, a título de lucro ou participação no seu resultado;

II - aplicarem integralmente, no País, os seus recursos, na manutenção dos seus objetivos institucionais;

III - manterem escrituração de suas receitas e despesas em livros revestidos de formalidades capazes de assegurar sua exatidão.

§ 2º A falta de cumprimento do disposto no § 1º implica a suspensão do benefício respectivo. (Redação do parágrafo dada pela Lei nº 10136 de 06/11/2013).

§ 3º O disposto no inciso I deste artigo não se aplica ao patrimônio relacionado com a exploração de atividades econômicas regidas pelas normas atinentes a empreendimentos privados ou em que haja contraprestação ou pagamento de preços ou tarifas pelo usuário.

Capítulo II
DA ISENÇÃO

Art. 5º São isentos do imposto:

I - a transmissão "causa mortis" e a doação de bens quando o herdeiro, o legatário ou o donatário for servidor público ou autárquico, ativo ou inativo, deste Estado, ou ex-combatente da Força Expedicionária Brasileira, desde que o beneficiário não possua outro imóvel e o bem assim adquirido se destine à sua residência;

II - a transmissão "causa mortis" ou doação de imóvel rural cuja área não exceda à legalmente fixada para o módulo rural da região, quando o adquirente não possuir outro imóvel;

III - a transmissão "causa mortis" e a doação de bens móveis sem expressão econômica, na forma do regulamento;

IV – a doação de imóvel rural com o objetivo de desenvolver programa de reforma agrária, promovido pelo Poder Público;

V – a transmissão "causa mortis" de imóvel residencial destinado à moradia do cônjuge supérstite ou herdeiro, desde que o beneficiário não possua outro imóvel e a transmissão assim efetivada se restrinja a esse bem.

VI – a transmissão por doação de bem imóvel destinado a empreendimento vinculado ao Programa Minha Casa, Minha Vida – PMCMV, uma única vez, observadas as disposições contidas em ato do Poder Executivo. (Inciso acrescentado pela Lei nº 9455 de 06/10/2011, conversão da Medida Provisória nº 180 de 19/08/2011).

VII – a doação de recursos financeiros, entre parentes de 1º (primeiro) grau, para aquisição de veículo automotor com isenção de ICMS e IPVA para pessoas com deficiência física, visual, mental severa ou profunda, ou autistas, nos termos definidos no Decreto nº 33.616, de 14 de dezembro de 2012 e na Lei nº 11.007, de 06 de novembro de 2017, observado o disposto no § 3º deste artigo. (Inciso acrescentado pela Lei nº 11470 de 25/10/2019, efeitos a partir de 01/01/2020).

§ 1º As isenções previstas nos incisos I e V do «caput» deste artigo alcançam o patrimônio deixado pelo «de cujus» ao herdeiro ou legatário, desde que o valor do respectivo quinhão ou legado não ultrapasse 2.000 (duas mil) UFR-PB. (Redação do parágrafo dada pela Lei nº 11301 de 13/03/2019).

§ 2º O valor alcançado pela isenção será deduzido da base de cálculo para fins de aplicação da alíquota do imposto de que trata esta Lei. (Parágrafo acrescentado pela Lei nº 10507 de 18/09/2015, efeitos a partir de 01/01/2016).

§ 3º A doação de que trata o inciso VII do «caput» deste artigo limita-se a recursos financeiros no montante necessário para a aquisição de um único veículo no valor definido na legislação de isenção de ICMS e de IPVA. (Parágrafo acrescentado pela Lei nº 11470 de 25/10/2019, efeitos a partir de 01/01/2020).

Capítulo III
DA ALÍQUOTA E DA BASE DE CÁLCULO

Seção I
DA ALÍQUOTA

Art. 6º As alíquotas do ITCD são as seguintes: (Redação do artigo dada pela Lei nº 10507 de 18/09/2015, efeitos a partir de 01/01/2016):

I – nas transmissões por "causa mortis":

a) com valor até R$ 75.000,00 (setenta e cinco mil reais), 2% (dois por cento); (Redação da alínea dada pela Lei Nº 11470 DE 25/10/2019).

b) com valor acima de R$ 75.000,00 (setenta e cinco mil reais) e até R$ 150.000,00 (cento e cinquenta mil reais), 4% (quatro por cento); (Redação da alínea dada pela Lei nº 11470 de 25/10/2019).

c) com valor acima de R$ 150.000,00 (cento e cinquenta mil reais) e até R$ 290.000,00 (duzentos e noventa mil reais), 6% (seis por cento); (Redação da alínea dada pela Lei nº 11470 de 25/10/2019).

d) com valor acima de R$ 290.000,00 (duzentos e noventa mil reais), 8% (oito por cento); (Redação da alínea dada pela Lei nº 11470 de 25/10/2019).

II – nas transmissões por doações:

a) com valor até R$ 75.000,00 (setenta e cinco mil reais), 2% (dois por cento); (Redação da alínea dada pela Lei nº 11470 de 25/10/2019).

b) com valor acima de R$ 75.000,00 (setenta e cinco mil reais) e até R$ 590.000,00 (quinhentos e noventa mil reais), 4% (quatro por cento); (Redação da alínea dada pela Lei nº 11470 de 25/10/2019).

c) com valor acima de R$ 590.000,00 (quinhentos e noventa mil reais) e até R$ 1.180.000,00 (um milhão, cento e oitenta mil reais), 6% (seis por cento); (Redação da alínea dada pela Lei nº 11470 de 25/10/2019).

d) com valor acima de R$ 1.180.000,00 (um milhão, cento e oitenta mil reais), 8% (oito por cento). (Redação da alínea dada pela Lei nº 11470 de 25/10/2019).

Parágrafo único. A apuração do imposto devido será efetuada mediante a decomposição em faixas de valores totais dos bens e direitos transmitidos, aplicando-se a cada uma das faixas a alíquota respectiva.

Art. 7º As alíquotas do imposto serão definidas com base no resultado da soma do valor da totalidade dos bens e direitos transmitidos ou doados, inclusive, na hipótese de liberação de parte dos bens do espólio, por meio de autorização ou alvará judicial. (Redação do artigo dada pela Lei nº 10507 de 18/09/2015, efeitos a partir de 01/01/2016)

Parágrafo único. O imposto sobre transmissão "causa mortis" é devido pela alíquota vigente ao tempo da abertura da sucessão, nos termos do art. 1.787 da Lei nº 10.406, de 10 de janeiro de 2002, que institui o Código Civil Brasileiro.

Seção II
DA BASE DE CÁLCULO

Art. 8º A base de cálculo do ITCD é o valor venal dos bens ou direitos transmitidos, expresso em moeda nacional. (Redação do artigo dada pela Lei nº 11301 de 13/03/2019)

§ 1º O valor venal do bem ou do direito transmitido será apurado na data da declaração pelo contribuinte ou responsável ou da avaliação pelo Fisco deste Estado, e atualizado nos termos definidos na legislação.

§ 2º O valor venal do bem ou direito transmitido, declarado pelo contribuinte ou responsável, fica sujeito à avaliação pelo Fisco deste Estado.

§ 3º Do valor venal que servir de base de cálculo do imposto não poderão ser deduzidas quaisquer parcelas correspondentes a custas, emolumentos, tributos e honorários advocatícios.

§ 4º Para efeitos de base de cálculo, o valor mínimo dos bens e direitos poderá ser estabelecido pelo Fisco deste Estado por meio de valores de referência, conforme definido em regulamento.

§ 5º Excluem-se da base de cálculo do imposto as dívidas do falecido, desde que sejam devidamente comprovadas a origem, autenticidade e pré-existência à morte.

§ 6º Na doação com reserva de usufruto, a base de cálculo será igual a 100% (cem por cento) do valor de mercado do bem.

§ 7º Na instituição do usufruto, a base de cálculo será igual a 50% (cinquenta por cento) do valor de mercado do bem, correspondendo o valor restante a propriedade separada do usufruto.

§ 8º Na doação da nua-propriedade para o usufrutuário do mesmo bem, a base de cálculo será igual a 50% (cinquenta por cento) do valor de mercado do bem, correspondendo o valor restante ao usufruto separado da propriedade.

§ 9º Na doação da nua-propriedade para terceiros, a base de cálculo será igual a 100% (cem por cento) do valor da mercadoria ou do bem.

§ 10. Na hipótese de sucessivas doações entre os mesmos doadores e donatários, serão consideradas todas as transmissões realizadas a esse título, dentro de cada exercício civil, devendo o imposto ser recalculado a cada nova doação, adicionando-se a cada nova base de cálculo os valores dos bens anteriormente transmitidos, deduzindo-se os valores dos impostos recolhidos anteriormente em cada exercício civil. (Parágrafo acrescentado pela Lei nº 11615 de 26/12/2019).

§ 11. Para a apuração da base de cálculo, poderá ser exigida a apresentação da declaração de ajuste anual do imposto sobre a renda ou outra que se fizer necessária, conforme disposto em regulamento. (Parágrafo acrescentado pela Lei nº 11615 de 26/12/2019).

Art. 8º-A No caso de bem móvel ou direito não abrangido pelo disposto no art. 8º desta Lei, a base de cálculo é o valor corrente de mercado do bem, título, crédito ou direito, na data da constituição do crédito tributário. (Artigo acrescentado pela Lei nº 11301 de 13/03/2019)

TRIBUTÁRIO E FINANCEIRO

§ 1º Na falta do valor de que trata o «caput» deste artigo, admitir-se-á o que for declarado pelo interessado, ressalvada a revisão do lançamento pela autoridade competente, nos termos do art. 149 do Código Tributário Nacional - CTN, e do art. 8º desta Lei.

§ 2º No caso de bens e direitos relativos ao patrimônio vinculado a pessoas jurídicas, a base de cálculo é:

I - em relação ao acervo patrimonial de empresário individual, o valor do patrimônio líquido ajustado, para aferir a avaliação e determinação do laudo fiscal, na data da declaração ou da avaliação;

II - na transmissão de ações de sociedades de capital fechado ou de quotas de sociedades simples ou empresária, o valor da ação da quota obtido por meio do patrimônio líquido ajustado, para aferir a avaliação e determinação do laudo fiscal, na data da declaração ou da avaliação;

III - na transmissão de ações de sociedade anônima de capital aberto, o valor de sua última cotação na Bolsa de Valores na data da declaração ou da avaliação, ou na imediatamente anterior quando não houver pregão ou quando essas não tiverem sido negociadas naquele dia, regredindo-se, se for o caso, até o máximo de 180 (cento e oitenta) dias, ou por levantamento de balanço especial, realizado na data da declaração ou da avaliação.

§ 3º No caso em que a ação, quota, participação ou qualquer título representativo do capital de sociedade não tenha sido objeto de negociação nos últimos 180 (cento e oitenta) dias, admitir-se-á seu valor patrimonial na data da transmissão, nos termos do regulamento.

§ 4º Na hipótese em que o capital da sociedade tiver sido integralizado em prazo inferior a 5 (cinco) anos, mediante incorporação de bens móveis e imóveis ou de direitos a eles relativos, a base de cálculo do imposto não será inferior ao valor venal atualizado dos referidos bens e direitos.

§ 5º Quando o valor do patrimônio líquido de que trata o § 2º deste artigo não corresponder ao valor de mercado, a autoridade fiscal deverá proceder aos ajustes necessários à sua determinação, conforme as normas e práticas contábeis aplicáveis à apuração de haveres e à avaliação patrimonial.

Art. 8º-B Na sobrepartilha, à base de cálculo original serão acrescentados os novos bens, conforme definido em regulamento. (Artigo acrescentado pela Lei nº 11301 de 13/03/2019).

Art. 8º-C O contribuinte ou responsável que discordar do valor atribuído pelo Fisco deste Estado poderá impugná-lo administrativamente no prazo de até 30 (trinta) dias, contado a partir da ciência da notificação expedida pelo Fisco, nos termos definidos em regulamento. (Artigo acrescentado pela Lei nº 11301 de 13/03/2019).

Art. 8º-D Na transmissão "causa mortis" de valores e direitos relativos a planos de previdência complementar com cobertura por sobrevivência, estruturados sob o regime financeiro de capitalização, tais como, Plano Gerador de Benefício Livre – PGBL ou Vida Gerador de Benefício Livre -VGBL, para os beneficiários indicados pelo falecido ou pela legislação, a base de cálculo é o valor total: (Artigo acrescentado pela Lei nº 11301 de 13/03/2019, efeitos a partir de 01/01/2020)

I – das quotas dos fundos de investimento, vinculados ao plano de que o falecido era titular na data do fato gerador, se o óbito tiver ocorrido antes do recebimento do benefício; ou

II – do saldo da provisão matemática de benefícios concedidos, na data do fato gerador, se o óbito tiver ocorrido durante a fase de recebimento da renda.".

Capítulo IV
DO SUJEITO PASSIVO

Seção I
DO CONTRIBUINTE

Art. 9º Contribuinte do imposto é:

I – nas transmissões "causa mortis", o herdeiro ou legatário;

II – nas doações, o donatário;

III – nas cessões de direitos, o cessionário;

IV – na instituição de usufruto ou sua extinção, respectivamente, o usufrutuário ou beneficiário da extinção; (Redação do inciso dada pela Lei nº 10136 de 06/11/2013).

V – o beneficiário, na desistência de quinhão ou de direito, por herdeiro ou legatário; (Inciso acrescentado pela Lei nº 9455 de 06/10/2011, conversão da Medida Provisória nº 180 de 19/08/2011).

VI – na instituição do fideicomisso, o fiduciário; (Inciso acrescentado pela Lei nº 9455 de 06/10/2011, conversão da Medida Provisória nº 180 de 19/08/2011).

VII – na substituição do fideicomisso, o fideicomissário; (Inciso acrescentado pela Lei nº 9455 de 06/10/2011, conversão da Medida Provisória nº 180 de 19/08/2011).

VIII – na transmissão de direito real, o beneficiário. (Inciso acrescentado pela Lei nº 9455 de 06/10/2011, conversão da Medida Provisória nº 180 de 19/08/2011).

Parágrafo único. No caso do inciso II deste artigo, se o donatário não residir e nem for domiciliado no Estado da Paraíba, o contribuinte será o doador. (Parágrafo acrescentado pela Lei nº 9455 de 06/10/2011, conversão da Medida Provisória nº 180 de 19/08/2011).

Seção II
DO RESPONSÁVEL

Art. 10. São solidariamente responsáveis pelo pagamento do imposto e acréscimos legais:

I – os tabeliães, escrivães e demais serventuários de ofício, inclusive substitutos, pelos tributos devidos sobre os atos por eles ou perante eles praticados, em razão do seu ofício;

II – as empresas, as instituições financeiras ou bancárias, os servidores da Junta Comercial do Estado da Paraíba – JUCEP responsáveis por informar ao Fisco Estadual atos relacionados com as pessoas jurídicas, empresários e acionistas, e todo aquele a quem caiba a responsabilidade do registro ou a prática de ato que implique transmissão de bens, títulos, créditos e respectivos direitos e ações; (Redação do inciso dada pela Lei nº 10507 de 18/09/2015, efeitos a partir de 01/01/2016);

III – o doador, em caso de inadimplência do donatário.

IV – o doador, o cedente ou o donatário quando não contribuinte; (Inciso acrescentado pela Lei nº 9455 de 06/10/2011, conversão da Medida Provisória Nº 180 DE 19/08/2011).

V – o inventariante ou o testamenteiro em relação aos atos que praticarem; (Inciso acrescentado pela Lei nº 9455 de 06/10/2011, conversão da Medida Provisória nº 180 de 19/08/2011).

VI – o titular, o administrador e o servidor dos demais órgãos ou entidades de direito público ou privado onde se processe o registro, a anotação ou a averbação de doação; (Inciso acrescentado pela Lei nº 9455 de 06/10/2011, conversão da Medida Provisória nº 180 de 19/08/2011).

VII – qualquer pessoa natural ou jurídica que detenha a posse do bem transmitido ou doado; (Inciso acrescentado pela Lei nº 9455 de 06/10/2011, conversão da Medida Provisória nº 180 de 19/08/2011).

VIII – a pessoa natural ou jurídica que tenha interesse comum na situação que constitua o fato gerador da obrigação principal. (Inciso acrescentado pela Lei nº 9455 de 06/10/2011, conversão da Medida Provisória nº 180 de 19/08/2011).

Parágrafo único. Responderão pelo pagamento do imposto, na falta de cumprimento da obrigação tributária principal:

I – os bancos, as casas bancárias e as instituições financeiras que entregarem valores ou títulos depositados em nome de pessoa falecida, sem o respectivo alvará, expedido pelo juiz competente;

II – as empresas que procederem ao registro ou qualquer ato translativo de direitos e ações.

Capítulo V
DO LOCAL DO PAGAMENTO E DO RECOLHIMENTO DO IMPOSTO

Seção I
DO LOCAL DO PAGAMENTO

Art. 11. O imposto será pago:

I – tratando-se de bens imóveis e respectivos direitos, no lugar da situação dos bens;

II – tratando-se de bens móveis, títulos e créditos:

a) relativamente à transmissão "causa mortis" no lugar onde se processar o inventário ou arrolamento;

b) relativamente à doação, no lugar do domicílio do doador.

Parágrafo único. Na hipótese da alínea "a", do inciso II deste artigo, se o "de cujus" possuía bens, era residente ou domiciliado, ou teve o seu inventário processado no exterior, ou se o doador tiver domicílio ou residência no exterior, o local do pagamento será o indicado em lei complementar. (Redação do parágrafo dada pela Lei nº 10136 de 06/11/2013).

Seção II
DO RECOLHIMENTO

Art. 12. O imposto será recolhido através de guias instituídas pela Secretaria de Estado da Receita – SER, conforme dispuser o regulamento. (Redação do artigo dada pela Lei nº 10136 de 06/11/2013).

Capítulo VI
DO PRAZO, DA FORMA DE PAGAMENTO E DO PARCELAMENTO

(Redação do título do capítulo dada pela Lei nº 10136 de 06/11/2013).

Art. 13. Nas transmissões "causa mortis", o pagamento do imposto será feito no prazo de 30 (trinta) dias contados da data da ciência de sentença homologatória do cálculo ou da partilha amigável.

Parágrafo único. Respondem pelo não cumprimento do disposto neste artigo, as pessoas indicadas no inciso I do art. 10 desta Lei. (Redação do parágrafo dada pela Lei nº 10136 de 06/11/2013).

Art. 14. Nas doações e demais hipóteses definidas nos arts. 3º e 4º desta Lei, o imposto será pago:

I – antes da lavratura do instrumento público;

II – 30 (trinta) dias após a lavratura do instrumento particular, mediante a apresentação deste ao órgão fazendário competente para a avaliação da base de cálculo do imposto devido.

Art. 14-A. Os prazos fixados na legislação serão contínuos, excluindo-se, na sua contagem, o dia de início e incluindo-se o de vencimento. (Artigo acrescentado pela Lei nº 10136 de 06/11/2013):

§ 1º Os prazos só se iniciam ou se vencem em dia de expediente normal na repartição fiscal, observado o disposto no § 2º deste artigo.

§ 2º Quanto ao término do prazo de recolhimento do imposto será observado o seguinte:

I – se este cair em dia não útil ou em dia que não haja expediente bancário ou nas repartições fiscais arrecadadoras, o referido prazo será postergado para o primeiro dia útil subsequente;

II – se cair no último dia do mês e este não for dia útil, considerar-se-á antecipado o prazo para o primeiro dia útil que o anteceder.

Art. 15. Nas transmissões por instrumento público ou particular lavrados em outro Estado, ou em virtude de adjudicação ou sentença judicial, bem como em decorrência de doação ou sucessão legítima ou testamentária, o imposto será pago no prazo de 60 (sessenta) dias contados da data da assinatura do ato ou contrato, devendo o respectivo instrumento ser apresentado ao órgão fazendário estadual para cálculo do imposto ou reconhecimento da isenção ou não-incidência.

Art. 16. O pagamento do imposto será feito nas repartições arrecadadoras ou na rede bancária devidamente credenciada para o recebimento, do município onde estiver situado o imóvel ou, tratando-se de bem móvel, títulos e créditos, do município onde se processar o inventário, arrolamento, doação ou ato que configure qualquer das hipóteses previstas nos arts. 3º e 4º desta Lei. (Redação do caput dada pela Lei nº 10136 de 06/11/2013).

§ 1º Quando não houver repartição arrecadadora ou estabelecimento bancário credenciado no município referido no caput deste artigo, o imposto será pago junto à repartição fiscal a que estiver jurisdicionado o município.

§ 2º No caso de localização do imóvel em mais de um município do Estado, o imposto será recolhido naquele onde estiver situada a maior parte da área do imóvel.

Art. 16-A. Os créditos tributários vencidos poderão ser pagos, parceladamente, conforme critérios fixados em regulamento. (Artigo acrescentado pela Lei nº 10136 de 06/11/2013):

§ 1º Na transmissão «causa mortis», o imposto poderá ser pago parceladamente se não houver no monte importância suficiente em dinheiro, título negociável, para o pagamento integral do valor devido.

§ 2º No caso de parcelamento de débito proveniente de auto de infração ou de representação fiscal, inscrito ou não em Dívida Ativa, aplicar-se-ão as mesmas regras estabelecidas no inciso I do art. 16-A.

Art. 16-B. Fica o Poder Executivo autorizado, mediante decreto, reduzir em até 10% (dez por cento) o valor do ITCD devido, quando o correspondente pagamento for efetuado à vista, até a data do respectivo vencimento. (Artigo acrescentado pela Lei nº 10136 de 06/11/2013).

Art. 16-C. Os débitos decorrentes do não recolhimento do imposto no prazo legal ficarão sujeitos a: (Artigo acrescentado pela Lei nº 10136 de 06/11/2013)

I – juros de mora equivalentes à taxa referencial do Sistema Especial de Liquidação e de Custódia – SELIC, para títulos federais, ou qualquer outro índice que vier a substitui-la, acumulada mensalmente, calculados a partir do primeiro dia do mês subsequente ao do vencimento do prazo até o mês anterior ao da liquidação, acrescidos de 1% (um por cento) no mês do pagamento;

II – multa de mora, calculada à taxa de 0,33% (trinta e três centésimos por cento), por dia de atraso, limitada a 20% (vinte por cento).

§ 1º Os juros a que se refere este artigo incidirão sobre o principal e sobre as multas por infração, quando for o caso, bem como, sobre os débitos parcelados, relativamente às prestações vincendas.

§ 2º A incidência dos acréscimos legais abrangerá o período em que a cobrança estiver suspensa por qualquer ato do contribuinte na esfera administrativa ou judicial, ressalvada a decisão definitiva na instância administrativa em processo de consulta.

§ 3º Tratando-se de parcelamento, o disposto neste artigo, incidirá sobre o crédito tributário.

Capítulo VII
DAS PENALIDADES

Art. 17. As infrações à legislação tributária serão punidas com multas: (Redação do caput dada pela Lei nº 11615 de 26/12/2019).

I – de 30% (trinta por cento) do valor do imposto, tratando-se de infração por falta de recolhimento no prazo legal;

II – de 60% (sessenta por cento) do valor do imposto, no caso de falta ou inexatidão de declaração relativa a elementos que possam influir no cálculo do imposto, com intuito de fraude ou sonegação;

III – de 40% (quarenta por cento), nos demais casos.

IV – De 50 (cinquenta) UFR-PB, ao órgão de registro público mencionado no § 6º do art. 49 da Lei nº 10.094, de 27 de setembro de 2013, que não comunicar à Secretaria de Estado da Fazenda – SEFAZ-PB – a alteração promovida no registro público em decorrência de alienação, oneração ou transferência, a qualquer título, inclusive aquela decorrente de cisão parcial, arrematação ou adjudicação em leilão ou pregão, desapropriação ou perda total, de qualquer dos bens ou direitos arrolados; (Inciso acrescentado pela Lei nº 11615 de 26/12/2019).

V – De 100 (cem) UFR-PB, ao proprietário dos bens e direitos arrolados que não comunicar à Secretaria de Estado da Fazenda – SEFAZ-PB – a alteração promovida no registro público em decorrência de alienação, oneração ou transferência, a qualquer título, inclusive aquela decorrente de cisão parcial, arrematação ou adjudicação em leilão ou pregão, desapropriação ou perda total, de qualquer dos bens ou direitos arrolados;(Inciso acrescentado pela Lei nº 11615 de 26/12/2019).

VI – De 10% (dez por cento) do valor dos bens ou direitos não informados à Secretaria de Estado da Fazenda – SEFAZ-PB – quando solicitados pela fiscalização para formação do arrolamento.(Inciso acrescentado pela Lei nº 11615 de 26/12/2019).

Parágrafo único. A reincidência será punida com a majoração de 50% (cinquenta por cento) do valor da multa.

Art. 17-A. O valor da multa será reduzido de: (Artigo acrescentado pela Lei nº 10136 de 06/11/2013)

I – 50% (cinquenta por cento), no caso de recolhimento integral da importância exigida, dentro de 30 (trinta) dias contados da data da ciência do auto de infração ou da representação fiscal;

II – 40% (quarenta por cento), no caso de recolhimento integral da importância exigida, quando decorridos mais de 30 (trinta) dias contados da data de ciência do auto de infração ou da representação fiscal até a data da inscrição em Dívida Ativa;

III – 30% (trinta por cento), no caso de recolhimento parcelado da importância exigida, no prazo de 30 (trinta) dias contados da data da ciência do auto de infração ou da representação fiscal;

IV – 20% (vinte por cento), no caso de recolhimento parcelado da importância exigida, quando decorridos mais de 30 (trinta) dias da data da ciência do auto de infração ou da representação fiscal até a data da inscrição em Dívida Ativa.

Art. 17-B. Os que, antes de qualquer procedimento fiscal, procurarem, espontaneamente, a repartição fazendária de seu domicílio para sanar irregularidades, não sofrerão penalidades, salvo, quando se tratar de falta de lançamento ou de recolhimento do imposto, caso em que ficarão sujeitos aos juros e à multa de mora de que trata o art. 16-C desta Lei. (Artigo acrescentado pela Lei nº 10136 de 06/11/2013)

§ 1º A multa de que trata o «caput» deste artigo será calculada a partir do primeiro dia subsequente ao do vencimento do prazo previsto para o pagamento do imposto, até o dia em que ocorrer a sua liquidação.

§ 2º A espontaneidade de que cuida o «caput» deste artigo não se aplica aos casos em que o contribuinte esteja obrigado a apresentar documentos de controle e informações econômico-fiscais, nos prazos estabelecidos em regulamento.

Art. 18. A inobservância das disposições legais, regulamentares e complementares relativas ao imposto, por parte dos serventuários de ofício e dos servidores da Junta Comercial do Estado da Paraíba – JUCEP, referidos nos incisos I e II do "caput" do art. 10, respectivamente, desta Lei, ou dos servidores do Fisco que, de qualquer modo, concorram para o seu não pagamento, sujeita os infratores às mesmas penalidades estabelecidas para os contribuintes, sem prejuízo dos processos criminal e administrativo cabíveis. (Redação do artigo dada Lei nº 10507 de 18/09/2015, efeitos a partir de 01/01/2016).

Art. 19. Será aplicada a multa de 10% (dez por cento) sobre o valor do Imposto de Transmissão "Causa Mortis", quando o inventário ou arrolamento for aberto após 60 (sessenta) dias da ocorrência do óbito. (Redação do artigo dada pela Lei nº 10136 de 06/11/2013).

Capítulo VIII
DA FISCALIZAÇÃO

Art. 20. A fiscalização do imposto compete aos auditores fiscais da Secretaria de Estado da Receita – SER, no exercício dos seus respectivos cargos. (Redação do artigo dada pela Lei nº 10136 de 06/11/2013).

Art. 20-A. A lavratura de auto de infração, de representação fiscal e a imposição de penalidades são atos de competência privativa dos auditores fiscais da Secretaria de Estado da Receita. (Artigo acrescentado pela Lei nº 10136 de 06/11/2013):

Parágrafo único. Aplica-se, no que couber, ao procedimento decorrente de autuação e imposição de penalidade, a disciplina processual estabelecida na legislação do Imposto sobre Operações Relativas à Circulação de Mercadorias e Sobre Prestações de Serviços de Transporte Interestadual e Intermunicipal e de Comunicação – ICMS.

Art. 20-B. O Processo Contencioso Tributário para apuração das infrações à legislação do ITCD terá como peça base o auto de infração, não tendo como objeto a representação fiscal a que se refere o art. 20-A. (Artigo acrescentado pela Lei nº 10136 de 06/11/2013):

§ 1 º O auto de infração poderá ser precedido de notificação, conforme dispuser o regulamento.

§ 2º A representação fiscal de que trata o «caput» deste artigo terá como objeto qualquer das seguintes hipóteses, sem prejuízo daquelas que forem estabelecidas em regulamento:

I – imposto declarado e não recolhido;

II – o saldo de parcelamento em atraso.

§ 3 º Os requisitos e exigências do auto de infração e da representação fiscal obedecerão ao disposto em regulamento ou, naquilo que couber, à legislação aplicável ao ICMS.

Art. 21. São também responsáveis pela fiscalização nos atos oficiais de que participem, as autoridades judiciárias, os serventuários da Justiça, os membros do Ministério Público Estadual, na conformidade do disposto nesta Lei, no Código de Processo Civil, Código de Organização Judiciária e Lei Orgânica do Ministério Público.

§ 1º Incluem-se, também, na categoria de responsáveis pela fiscalização, as entidades referidas no inciso II, do art. 10, desta Lei.

§ 2º Os serventuários da Justiça, as empresas, instituições financeiras ou bancárias e assemelhadas são obrigadas a:

I – proceder à transcrição literal da guia de recolhimento do imposto ou documento que a represente e da certidão negativa de débito para com a Fazenda Pública Estadual, nos instrumentos formais de transmissão de bens imóveis e respectivos direitos;

II – facilitar aos funcionários do Fisco Estadual o exame dos livros, autos, registros, fichas, papéis ou quaisquer documentos de interesse da fiscalização ou arrecadação do imposto.

Capítulo IX
DA RESTITUIÇÃO

Art. 22. O imposto será restituído, no todo ou em parte, na forma do regulamento, quando:

I – não se efetivar o ato ou contrato sobre que se tiver pago;

II – for declarada, por decisão judicial, transitada em julgado, a nulidade de ato ou contrato sobre que se tiver pago;

III – for posteriormente reconhecida a não-incidência ou isenção;

IV – houver sido recolhido a maior que o devido.

Parágrafo único. A restituição do imposto será acrescida de juros equivalentes à taxa referencial do Sistema Especial de Liquidação e de Custódia – SELIC, para títulos federais, acumulada mensalmente, ou qualquer outro índice que vier substituí-la, calculados a partir da data do pagamento indevido ou a maior até o mês anterior ao da restituição, acrescidos de 1% (um por cento) relativamente ao mês em que estiver sendo efetuada. (Parágrafo acrescentado pela Lei nº 10136 de 06/11/2013).

Capítulo X
DAS DISPOSIÇÕES GERAIS E FINAIS

Art. 23. As cartas precatórias provenientes de outros Estados para avaliação de bens situados neste Estado serão devolvidas mediante pagamento do imposto devido. (Redação do artigo dada pela Lei nº 10136 de 06/11/2013):

Parágrafo único. Para efeito do disposto no "caput" deste artigo, caso não ocorra o pagamento do imposto, deverá ser lavrado auto de infração ou representação fiscal, observando o que preceitua o art. 20-A.

Art. 24. Não serão lavrados, registrados, inscritos, autenticados ou averbados, pelos tabeliães, escrivães e oficiais do registro de imóveis, os atos e termos em razão dos seus cargos, sem a prova de pagamento do imposto devido, sob pena de multa correspondente a 50% (cinquenta por cento) do valor do débito tributário.

Art. 24-A. É vedado proceder ao julgamento de processos de partilha, inclusive de pedido de alvará judicial, que não esteja instruído com as certidões negativas das Fazendas Públicas Federal, Estadual e Municipal, e com a prova de quitação do imposto que trata esta Lei. (Artigo acrescentado pela Lei nº 10136 de 06/11/2013)

Art. 24-B. A Junta Comercial do Estado da Paraíba - JUCEP, enviará, mensalmente, à Gerência Operacional de Fiscalização do ITCD da Secretaria de Estado da Receita, informações sobre todos os atos relativos à constituição, modificação e extinção de pessoas jurídicas, bem como de empresários, realizados no mês imediatamente anterior, que constituam fato gerador do imposto. (Artigo acrescentado pela Lei nº 10507 de 18/09/2015, efeitos a partir de 01/01/2016)

Parágrafo único. A informação de que trata o "caput" deverá ser efetuada até o dia 10 (dez) do mês subsequente àquele em que ocorrer a referida entrada.

Art. 24-C. Os titulares de Cartórios de Notas, de Registro de Pessoas Jurídicas, de Registro de Títulos e Documentos, de Cartórios de Registro de Imóveis e de Cartórios de Registro Civil das Pessoas Naturais prestarão informações referentes à escritura ou registro de doação, de constituição de usufruto ou de fideicomisso, de formalização ou registro de qualquer instrumento que altere a participação societária de sócios, em razão de transferência por cessão, doação, renúncia ou falecimento, ou do qual decorra a transferência de imóveis, desde que constitua fato gerador do imposto, sob pena de responder solidariamente pela omissão. (Artigo acrescentado pela Lei nº 10507 de 18/09/2015, efeitos a partir de 01/01/2016):

§ 1º Para a prestação de informação de que trata o «caput», aplica-se o prazo de até 30 (trinta) dias, contados do primeiro dia útil após a alteração de participação societária ou transferência de imóveis.

§ 2º Os titulares mencionados no «caput» deste artigo exibirão à autoridade fazendária, quando solicitados, livros, registros, fichas e quaisquer outros instrumentos que estiverem em seu poder, inclusive, produzindo, se for o caso, fotocópias ou certidões de inteiro teor dos documentos exigidos pela fiscalização.

Art. 25. Nenhuma sociedade anônima averbará transferência de ações sem a prova do pagamento do imposto devido, sob pena da multa fixada no artigo anterior.

Art. 26. A pessoa jurídica cujo sócio venha a falecer disponibilizará à autoridade fazendária os haveres apurados do sócio falecido, por meio de balanço patrimonial ou outros documentos exigidos pela Secretaria de Estado da Receita.

Parágrafo único. O disposto no "caput" deste artigo aplica-se, ainda, nos casos de doação de quotas ou ações.

Art. 26-A. O Processo Administrativo Tributário relativo ao imposto de que trata esta Lei observará, naquilo que for aplicável, as normas estabelecidas no âmbito da Secretaria de Estado da Receita para a Administração Tributária, o Ordenamento Processual Tributário, o Processo Administrativo Tributário e a legislação do ICMS. (Artigo acrescentado pela Lei nº 10136 de 06/11/2013).

Art. 27. Fica o Chefe do Poder Executivo autorizado a editar os atos regulamentares, necessários à execução desta Lei. (Redação do artigo dada pela Medida Provisória nº 180 de 19/08/2011).

Art. 28. Esta Lei entrará em vigor em 1º de março do corrente ano.

Art. 29. Revogam-se as disposições em contrário.

PALÁCIO DO GOVERNO DO ESTADO DA PARAÍBA, em João pessoa, 27 de janeiro de 1989; 101º da Proclamação de República.

LEI ESTADUAL Nº 6.379, DE 2 DE DEZEMBRO DE 1996

- TRATA DO IMPOSTO SOBRE OPERAÇÕES RELATIVAS À CIRCULAÇÃO DE MERCADORIAS E SOBRE PRESTAÇÕES DE SERVIÇOS DE TRANSPORTE INTERESTADUAL E INTERMUNICIPAL E DE COMUNICAÇÃO - ICMS.

ÍNDICE

Art. 1º Esta Lei dispõe quanto ao Imposto sobre Operações Relativas à Circulação de Mercadorias e sobre Prestações de Serviços de Transporte Interestadual e Intermunicipal e de Comunicação – ICMS, instituído pela Lei Nº 5.122 DE 27 de janeiro de 1989, fundamentada no § 8º, do art. 34, do Ato das Disposições Constitucionais Transitórias – ADCT, e atualmente disciplinado com base na Lei Complementar Nº 87 DE 13 de setembro de 1996, tudo de conformidade com as disposições contidas nos arts. 146 e 155 da Constituição Federal DE 05 de outubro de 1988.

Art. 2º O Imposto sobre Operações Relativas à Circulação de Mercadorias e sobre Prestações de Serviços de Transporte Interestadual e Intermunicipal e de Comunicação – ICMS, tem como fato gerador as operações relativas à circulação de mercadorias e as prestações de serviços de transporte interestadual e intermunicipal e de comunicação, ainda que as operações e as prestações se iniciem no exterior.

LIVRO PRIMEIRO

Capítulo I
DO IMPOSTO

Seção I
DA INCIDÊNCIA

Art. 3º O imposto incide sobre:

I – operações relativas à circulação de mercadorias, inclusive o fornecimento de alimentação e bebidas em bares, restaurantes e estabelecimentos similares;

II – prestações de serviços de transporte interestadual e intermunicipal, por qualquer via, de pessoas, bens, mercadorias ou valores;

III – prestações onerosas de serviços de comunicação, por qualquer meio, inclusive a geração, a emissão, a recepção, a transmissão, a retransmissão, a repetição e a ampliação de comunicação de qualquer natureza;

IV – fornecimento de mercadorias com prestações de serviços não compreendidos na competência tributária dos Municípios;

V – fornecimento de mercadorias com prestações de serviços sujeitos ao imposto sobre serviços de competência dos Municípios, quando a Lei Complementar aplicável expressamente o sujeitar à incidência do imposto estadual.

§ 1º O imposto incide também:

I – sobre a entrada de mercadoria ou bem importados do exterior, por pessoa física ou jurídica, ainda que não seja contribuinte habitual do imposto, qualquer que seja a sua finalidade; (Redação do inciso dada pela Lei Nº 7334 DE 29/04/2003).

II – sobre o serviço prestado no exterior ou cuja prestação se tenha iniciado no exterior;

III – sobre a entrada, no território do Estado destinatário de petróleo, inclusive lubrificantes e combustíveis líquidos e gasosos, dele derivados, e de energia elétrica, quando não destinados à comercialização ou à industrialização, decorrentes de operações interestaduais, cabendo o imposto ao Estado onde estiver localizado o adquirente;

IV – sobre a entrada, no estabelecimento do contribuinte, de mercadoria ou bem oriundos de outra unidade da Federação, destinados a uso, consumo ou ativo imobilizado; (Redação do inciso dada pela Lei Nº 11031 DE 12/12/2017).

V – sobre a utilização, por contribuinte, de serviço cuja prestação se tenha iniciado em outro Estado e não esteja vinculada a operação ou prestação subsequente.

TRIBUTÁRIO E FINANCEIRO

VI – sobre a entrada de mercadorias ou bens, quando destinados à comercialização, no momento do ingresso no território do Estado, nos termos do regulamento. (Inciso acrescentado pela Lei Nº 7.488 DE 01.12.2003, DOE PB de 02.12.2003)

VII – sobre as operações e prestações interestaduais que destinem mercadorias, bens e serviços a consumidor final não contribuinte do imposto localizado neste Estado, e corresponde à diferença entre a alíquota interna deste Estado e a alíquota interestadual, inclusive quando realizadas diretamente no estabelecimento comercial, exceto quando do autoconsumo. (Inciso acrescentado pela Lei Nº 10507 DE 18/09/2015, efeitos a partir de 01/01/2016).

VIII – sobre a transferência de propriedade do veículo automotor para pessoa física ou outra pessoa jurídica, por desincorporação do ativo imobilizado de estabelecimentos da empresa, inclusive dos localizados em outras unidades da Federação. (Inciso acrescentado pela Lei Nº 11031 DE 12/12/2017).

§ 2º A caracterização do fato gerador independe da natureza jurídica da operação que o constitua.

§ 3º Equipara-se à entrada no estabelecimento importador a transmissão de propriedade ou a transferência de mercadoria, quando esta não transitar pelo respectivo estabelecimento.

§ 4º Equipara-se à saída:

I – a transmissão da propriedade de mercadoria, decorrente de alienação onerosa ou gratuita de título que a represente, ou a sua transferência, mesmo que não haja circulação física;

II – a transmissão da propriedade de mercadoria estrangeira, efetuada antes de sua entrada no estabelecimento importador;

III – a transmissão da propriedade de mercadoria, quando efetuada em razão de qualquer operação ou a sua transferência, antes de sua entrada no estabelecimento do adquirente-alienante;

IV – a posterior transmissão da propriedade ou a transferência de mercadoria que, tendo transitado, real ou simbolicamente, pelo estabelecimento, deste tenha saído sem débito do imposto;

V – o abate de gado em matadouro:

a) público;

b) particular, não pertencente este a quem tenha promovido a matança;

VI – o consumo ou a integração ao ativo imobilizado de mercadoria produzida pelo próprio estabelecimento ou adquirida para industrialização ou comercialização. (Redação do inciso dada pela Lei Nº 11031 DE 12/12/2017).

§ 5º Para os efeitos desta Lei, considera-se:

I – saída do estabelecimento a mercadoria constante do estoque final na data de encerramento de suas atividades;

II – saída do estabelecimento remetente, a mercadoria remetida para armazém geral ou para depósito fechado do próprio contribuinte neste Estado:

a) no momento da saída da mercadoria do armazém geral ou depósito fechado, salvo se para retornar ao estabelecimento de origem;

b) no momento da transmissão de propriedade da mercadoria depositada;

III – saída do estabelecimento do importador ou arrematante, neste Estado, a mercadoria estrangeira saída da repartição aduaneira com destino a estabelecimento diverso daquele que a tiver importado ou arrematado;

IV – saída do estabelecimento autor da encomenda dentro do Estado, a mercadoria que, pelo estabelecimento executor da industrialização, for remetida diretamente a terceiros adquirentes ou a estabelecimento diferente daquele que a tiver mandado industrializar;

V – mercadoria, qualquer bem móvel, novo ou usado, inclusive semovente.

§ 6º Compreende-se no conceito de mercadoria a energia elétrica, os combustíveis líquidos e gasosos, os lubrificantes e minerais do País.

§ 7º É irrelevante, para a caracterização da incidência:

I – a natureza jurídica da operação relativa à circulação da mercadoria e prestação relativa ao serviço de transporte interestadual ou intermunicipal e de comunicação;

II – o título jurídico pelo qual o sujeito passivo se encontre na posse da mercadoria que efetivamente tenha saído do seu estabelecimento;

III – o fato de uma mesma pessoa atuar simultaneamente, com estabelecimentos de natureza diversa, ainda que se trate de atividades integradas;

IV – o fato de a operação realizar-se entre estabelecimentos do mesmo titular.

§ 8º Autorizam a presunção de omissão de saídas de mercadorias tributárias ou de prestações de serviços sem o recolhimento do imposto, ressalvada ao contribuinte a prova da improcedência da presunção (Redação do parágrafo dada pela Lei Nº 11801 DE 27/10/2020):

I – o fato de a escrituração indicar insuficiência de caixa e bancos, suprimentos a caixa e bancos não comprovados ou a manutenção no passivo de obrigações já pagas ou inexistentes;

II – a ocorrência de entrada de mercadorias não contabilizadas ou de declarações de vendas pelo contribuinte, por meio de cartão de crédito ou de débito, em valores inferiores às informações fornecidas por instituições e intermediadores financeiros e de pagamento, integrantes ou não do Sistema de Pagamentos Brasileiro – SPB, relativas às transações com cartões de débito, crédito, de loja (private label), transferência de recursos, transações eletrônicas do Sistema de Pagamento Instantâneo e demais instrumentos de pagamentos eletrônicos, bem como às informações prestadas por intermediadores de serviços e de negócios referentes às transações comerciais ou de prestação de serviços intermediadas.

§ 9º A presunção de que cuida o § 8º aplica-se, igualmente, a qualquer situação em que a soma dos desembolsos no exercício seja superior à receita do estabelecimento, levando-se em consideração os saldos inicial e final de caixa e bancos, assim como a diferença tributável verificada no levantamento da Conta Mercadorias, quando do arbitramento do lucro bruto ou da comprovação de que houve saídas de mercadorias de estabelecimento industrial em valor inferior ao Custo dos Produtos Fabricados ou Vendidos, conforme o caso. (Redação do parágrafo dada pela Lei Nº 9.550 DE 06.12.2011, DOE PB de 07.12.2011)

§ 10. A não comprovação do desinternamento dos bens ou das mercadorias, na forma prevista em Regulamento, caracteriza a presunção de que os mesmos foram internados em território paraibano, em local diverso do indicado nos documentos fiscais de origem, ficando o responsável obrigado ao pagamento do ICMS devido, da multa e dos acréscimos legais, se for o caso. (Parágrafo acrescentado pela Lei Nº 10008 DE 05/06/2013, efeitos a partir de 01/09/2013).

Seção II
DOS ACRÉSCIMOS LEGAIS

(Redação do título da seção dada pela Lei Nº 9884 DE 19/09/2012).

Art. 4º O imposto não incide sobre:

I – operações com livros, jornais, periódicos e o papel destinado à sua impressão;

II – operações e prestações que destinem ao exterior mercadorias, inclusive produtos primários e produtos industrializados e semielaborados, ou serviços;

III – operações interestaduais relativas a energia elétrica e petróleo, inclusive lubrificantes e combustíveis líquidos e gasosos dele derivados, quando destinados à industrialização ou comercialização;

IV – operações com ouro, quando definido em lei como ativo financeiro ou instrumento cambial;

V – operações relativas a mercadorias que tenham sido ou que se destinem a ser utilizadas na prestação, pelo próprio autor da saída, de serviço de qualquer natureza definido em lei complementar como sujeito ao imposto sobre serviços, de competência dos Municípios, ressalvadas as hipóteses previstas na mesma lei complementar;

VI – operações de qualquer natureza decorrentes da transferência de propriedade de estabelecimento industrial, comercial ou de outra espécie;

VII – operações decorrentes de alienação fiduciária em garantia, inclusive a operação efetuada pelo credor em decorrência de inadimplemento do devedor;

VIII – operações de arrendamento mercantil não compreendida a venda do bem arrendado ao arrendatário, nas hipóteses de cláusula de opção de compra por este;

IX – operações de qualquer natureza decorrentes da transferência de bens móveis salvados de sinistro para companhias seguradoras;

X – operações de remessa de mercadorias destinadas a armazém geral ou depósito fechado, de retorno ao estabelecimento remetente, quando situados no território do Estado;

XI – operações com impressos personalizados promovidas por estabelecimentos gráficos a usuário final;

XII – operações com mercadorias, nas saídas internas, destinadas a conserto, reparo ou industrialização, exceto sucatas e produtos primários de origem animal ou vegetal;

XIII – o fornecimento de energia elétrica para consumo de produtor rural, pessoa física ou jurídica, conforme dispuser a legislação; (Redação do inciso dada pela Lei Nº 11301 DE 13/03/2019).

XIV – fonogramas e videofonogramas musicais produzidos no Brasil contendo obras musicais ou literomusicais de autores brasileiros e/ou obras em geral interpretadas por artistas brasileiros bem como os suportes materiais ou arquivos digitais que os contenham, salvo na etapa de replicação industrial de mídias ópticas de leitura a laser. (Inciso acrescentado pela Lei Nº 10507 DE 18/09/2015, efeitos a partir de 01/01/2016).

§ 1º Equipara-se às operações de que trata o inciso II a saída de mercadoria realizada com o fim específico de exportação para o exterior, destinada a:

I – empresa comercial exportadora, inclusive "trading", ou outro estabelecimento da mesma empresa, desde que, em qualquer hipótese, seja essencial a comprovação de seu destino ao exterior do País;

II – armazém alfandegado ou entreposto aduaneiro.

§ 2º Na hipótese do parágrafo anterior, tornar-se-á exigível o imposto quando a mercadoria exportada for reintroduzida no mercado interno.

§ 3º O disposto no inciso I, do «caput» deste artigo não se aplica às operações relativas à circulação das seguintes mercadorias:

I - livros em branco ou apenas pautado, bem como os utilizados para escrituração de qualquer natureza;

II - agendas e similares;

III - catálogos, listas e outros impressos que contenham propaganda comercial.

§ 4º Para os efeitos do inciso XI, consideram-se:

I - impressos personalizados, os papéis ou formulários cuja impressão inclua o nome, firma, razão social ou marca de indústria, de comércio ou de serviço (monogramas, símbolos, logotipos e demais sinais distintivos) para uso ou consumo exclusivo do próprio encomendante;

II - usuário final, a pessoa física ou jurídica que adquira sob encomenda o impresso personalizado, diretamente de estabelecimento gráfico e para uso exclusivo.

§ 5º As mercadorias referidas no inciso XII deverão retornar ao estabelecimento de origem no prazo de 180 (cento e oitenta) dias, contados da data das respectivas saídas, prorrogável por igual prazo, a critério da Secretaria das Finanças.

§ 6º (Revogado pela Lei Nº 11470 DE 25/10/2019)

Seção III
DAS ISENÇÕES, INCENTIVOS E BENEFÍCIOS FISCAIS

Art. 5º As isenções, incentivos e benefícios fiscais do imposto serão concedidos ou revogados mediante convênio celebrado nos termos da Lei Complementar Nº 24 DE 07 de janeiro de 1975.

Parágrafo único. O regulamento indicará os benefícios vigentes, fazendo referência ao convênio que os instituiu.

Art. 6º Quando o reconhecimento do benefício do imposto depender de condição, não sendo esta satisfeita, o imposto será considerado devido no momento em que ocorreu a operação ou a prestação.

Art. 7º A concessão de qualquer benefício não dispensa o contribuinte do cumprimento de obrigações acessórias.

Seção IV
DA SUSPENSÃO

Art. 8º Ocorrerá a suspensão quando a incidência do imposto ficar condicionada a evento futuro.

Parágrafo único. O regulamento indicará esses eventos, fazendo referência ao convênio que instituiu ou autorizou a hipótese de suspensão, se for o caso.

Seção V
DO DIFERIMENTO

Art. 9º Dar-se-á o diferimento, quando o lançamento e pagamento do imposto incidente sobre determinada operação ou prestação forem adiados para uma etapa posterior, atribuindo-se a responsabilidade pelo pagamento do imposto diferido ao adquirente ou destinatário da mercadoria, ou usuário do serviço, na qualidade de sujeito passivo por substituição, vinculado à etapa posterior.

§ 1º O regulamento poderá submeter ao regime de diferimento, operações ou prestações, estabelecendo o momento em que devam ocorrer o lançamento e pagamento do imposto e atribuindo a responsabilidade, por substituição, a qualquer contribuinte vinculado ao momento final do diferimento.

§ 2º Ressalvadas as hipóteses previstas em regulamento, ocorrido o momento final previsto para o diferimento, será exigido o imposto diferido, independentemente de qualquer circunstância superveniente e ainda que a operação final do diferimento não esteja sujeita ao pagamento do imposto ou, por qualquer evento, essa operação tenha ficado impossibilitada de se efetivar. (Redação do parágrafo dada pela Lei Nº 10977 DE 25/09/2017).

Art. 10. O regulamento poderá estabelecer exigências e condições para autorizar o contribuinte a operar no regime de diferimento.

Capítulo II
DOS ELEMENTOS QUANTIFICADORES

Seção I
DAS ALÍQUOTAS

Art. 11. As alíquotas do imposto são as seguintes:

I – 18% (dezoito por cento), nas operações e prestações internas e na importação de bens e mercadorias do exterior; (Redação do inciso dada pela Lei Nº 10507 DE 18/09/2015, efeitos a partir de 01/01/2016).

II – 12% (doze por cento), nas operações e prestações interestaduais que destinem mercadorias, bens ou serviços a contribuintes ou não do imposto; (Redação do inciso dada pela Lei Nº 10507 DE 18/09/2015, efeitos a partir de 01/01/2016);

III – 13% (treze por cento), nas operações de exportação de mercadorias e nas prestações de serviços de comunicação para o exterior;

IV – 25% (vinte e cinco por cento), nas operações internas realizadas com os seguintes produtos: fumo, cigarro e demais artigos de tabacaria; aparelhos ultraleves e

TRIBUTÁRIO E FINANCEIRO

asas-delta; embarcações esportivas; automóveis importados do exterior; armas e munições; bebidas alcóolicas, exceto aguardente de cana;

a) (Revogado pela Lei Nº 10544 DE 29/10/2015):

b) aparelhos ultraleves e asas-delta;

c) embarcações esportivas;

d) automóveis importados do exterior;

e) armas e munições;

f) bebidas alcóolicas, exceto aguardente de cana;

g) gasolina, álcool anidro e hidratado para qualquer fim. (Redação da alínea dada pela Lei Nº 7598 DE 28/06/2004).

V – 28% (vinte e oito por cento), nas prestações de serviços de comunicação; (Redação do inciso dada pela Lei Nº 7598 DE 28/06/2004).

VI – 25% (vinte cinco por cento) no fornecimento de energia elétrica; (Redação do inciso dada pela Lei Nº 11247 DE 13/12/2018, efeitos a partir de 01/01/2019).

VII – 4% (quatro por cento), nas operações interestaduais que destinem bens e mercadorias importados do exterior a contribuintes ou não do imposto. (Redação do inciso dada pela Lei Nº 10507 DE 18/09/2015, efeitos a partir de 01/01/2016).

VIII – 23% (vinte e três por cento), nas operações internas realizadas com álcool anidro e hidratado para qualquer fim; (Inciso acrescentado pela Lei Nº 10507 DE 18/09/2015, efeitos a partir de 01/01/2016).

IX – 27% (vinte e sete por cento), nas operações internas realizadas com gasolina; (Inciso acrescentado pela Lei Nº 10507 DE 18/09/2015, efeitos a partir de 01/01/2016).

X – 29% (vinte e nove por cento), nas operações internas realizadas com fumo, cigarro e demais artigos de tabacaria. (Redação do inciso dada pela Lei Nº 10860 DE 17/03/2017).

§1º Para efeito deste artigo, considera-se como operação interna aquela em que:

I – o remetente ou o prestador e o destinatário da mercadoria ou do serviço estejam situados neste Estado;

II – a prestação do serviço de transporte seja iniciada ou contratada no exterior do País;

III – a prestação do serviço de comunicação transmitida ou emitida no estrangeiro seja recebida neste Estado;

IV – o destinatário da mercadoria ou do serviço seja consumidor final, não contribuinte do imposto, localizado em outro Estado.

(Redação dada pela Lei Nº 9883 DE 19/09/2012):

§ 2º O disposto no inciso VII deste artigo aplica-se aos bens e mercadorias importados do exterior que, após seu desembaraço aduaneiro:

I – não tenham sido submetidos a processo de industrialização;

II – ainda que submetidos a qualquer processo de transformação, beneficiamento, montagem, acondicionamento, reacondicionamento, renovação ou recondicionamento, resultem em mercadorias ou bens com Conteúdo de Importação superior a 40% (quarenta por cento).

§ 3º O Conteúdo de Importação a que se refere o inciso II do § 2º deste artigo é o percentual correspondente ao quociente entre o valor da parcela importada do exterior e o valor total da operação de saída interestadual da mercadoria ou bem, observado as disposições contidas no § 4º deste artigo.

§ 4º O Conselho Nacional de Política Fazendária (CONFAZ) poderá baixar normas para fins de definição dos critérios e procedimentos a serem observados no processo de Certificação de Conteúdo de Importação (CCI).

§ 5º O disposto nos §§ 2º e 3º deste artigo não se aplica:

I – aos bens e mercadorias importados do exterior que não tenham similar nacional, a serem definidos em lista a ser editada pelo Conselho de Ministros da Câmara de Comércio Exterior (Camex) para os fins da Resolução do Senado Nº 13 DE 25 de abril de 2012;

II – aos bens produzidos em conformidade com os processos produtivos básicos de que tratam o Decreto-Lei Nº 288 DE 28 de fevereiro de 1967, e as Leis nºs 8.248 DE 23 de outubro de 1991, 8.387 DE 30 de dezembro de 1991, 10.176 DE 11 de janeiro de 2001, e 11.484 DE 31 de maio de 2007.

§ 6º O disposto no inciso VII deste artigo não se aplica às operações que destinem gás natural importado do exterior a outros Estados.

Seção II
DO FATO GERADOR

Art. 12. Considera-se ocorrido o fato gerador do imposto no momento:

I – da saída de mercadoria de estabelecimento de contribuinte, ainda que para outro estabelecimento do mesmo titular;

II - do fornecimento de alimentação, bebidas e outras mercadorias por qualquer estabelecimento;

III - da transmissão a terceiro de mercadoria depositada em armazém geral ou em depósito fechado, no Estado do transmitente;

IV - da transmissão de propriedade de mercadoria, ou de título que a represente, quando a mercadoria não tiver transitado pelo estabelecimento transmitente;

V - do início da prestação de serviços de transporte interestadual e intermunicipal, de qualquer natureza;

VI - do ato final do transporte iniciado no exterior;

VII - das prestações onerosas de serviços de comunicação, feitas por qualquer meio, inclusive, a geração, a emissão, a recepção, a transmissão, a retransmissão, a repetição e a ampliação de comunicação de qualquer natureza;

VIII - do fornecimento de mercadoria com prestação de serviços: não compreendidos na competência tributária dos Municípios; compreendidos na competência tributária dos Municípios e com indicação expressa de incidência do imposto de competência estadual, como definido na lei complementar aplicável;

IX - do desembaraço aduaneiro de mercadorias ou bens importados do exterior; (Redação do inciso dada pela Lei Nº 7334 DE 29/04/2003).

X - do recebimento, pelo destinatário, de serviço prestado no exterior;

XI - da aquisição em licitação pública de mercadorias ou bens importados do exterior e apreendidos ou abandonados; (Redação do inciso dada pela Lei Nº 7334 DE 29/04/2003).

XII - da entrada, no território do Estado, de lubrificantes e combustíveis líquidos e gasosos derivados de petróleo e energia elétrica oriundos de outro Estado, quando não destinados à comercialização ou à industrialização; (Redação do inciso dada pela Lei Nº 6941 DE 26/12/2000).

XIII - da utilização, por contribuinte, de serviço cuja prestação se tenha iniciado em outro Estado e não esteja vinculada a operação ou prestação subsequente;

XIV - da entrada, no estabelecimento de contribuinte, de mercadoria ou bem oriundos de outra unidade da Federação, destinado a uso, consumo ou ativo imobilizado; (Redação do inciso dada pela Lei Nº 11031 DE 12/12/2017).

XV - da entrada, no território do Estado, de mercadorias ou bens destinados à comercialização, nos casos estabelecidos em regulamento. (Inciso acrescentado pela Lei Nº 7.488 DE 01.12.2003, DOE PB de 02.12.2003)

XVI – da saída de mercadoria ou bens de estabelecimento de contribuinte de outra unidade da Federação, bem como do início da prestação de serviço originada em outro Estado, destinada a consumidor final não contribuinte localizado neste Estado, inclusive quando realizadas diretamente no estabelecimento comercial, exceto quando do autoconsumo, observado o disposto no inciso XIV deste artigo. (Inciso acrescentado pela Lei Nº 10507 DE 18/09/2015, efeitos a partir de 01/01/2016).

XVII – da transferência de propriedade do veículo automotor para pessoa física ou outra pessoa jurídica, por desincorporação do ativo imobilizado de estabelecimentos da empresa, inclusive dos localizados em outras unidades da Federação. (Inciso acrescentado pela Lei Nº 11031 DE 12/12/2017).

§ 1º Na hipótese do inciso VII, quando o serviço for prestado mediante pagamento em ficha, cartão ou assemelhados, considera-se ocorrido o fato gerador do imposto quando do fornecimento desses instrumentos ao adquirente.

§ 2º Na hipótese do inciso IX, após o desembaraço aduaneiro, a entrega, pelo depositário, de mercadoria ou bem importados do exterior deverá ser autorizada pelo órgão responsável pelo seu desembaraço, que somente se fará mediante a exibição do comprovante de pagamento do imposto incidente no ato do despacho aduaneiro, salvo disposição em contrário.

§ 3º Para efeito de exigência do imposto por substituição tributária, inclui-se, também, como fato gerador do imposto, a entrada de mercadoria ou bem no estabelecimento do adquirente ou em outro por ele indicado.

§ 4º Na hipótese de entrega de mercadoria ou bem importados do exterior antes do desembaraço aduaneiro, considera-se ocorrido o fato gerador neste momento, devendo a autoridade responsável, salvo disposição em contrário, exigir a comprovação do pagamento do imposto. (Parágrafo acrescentado pela Lei Nº 7334 DE 29/04/2003).

§ 5º Serão consideradas inexistentes as operações declaradas em documentos fiscais que não tenham sua materialidade comprovada. (Parágrafo acrescentado pela Lei Nº 11615 DE 26/12/2019).

§ 6º A declaração de inexistência das operações de que trata o § 5º deste artigo só ocorrerá após processo regular que confira ao contribuinte o devido direito de defesa, nos termos do Regulamento do ICMS. (Parágrafo acrescentado pela Lei Nº 11615 DE 26/12/2019).

§ 7º Na hipótese da declaração de inexistência das operações de que trata o § 6º deste artigo, os documentos fiscais objeto de tais operações serão considerados inidôneos para todos os efeitos fiscais e penais, os quais constituirão prova em favor do Fisco, salvo comprovação em contrário. (Parágrafo acrescentado pela Lei Nº 11615 DE 26/12/2019).

§ 8º Serão considerados inidôneos, neste Estado, os documentos fiscais emitidos em outras unidades da Federação quando estes tenham sido declarados inidôneos por tais unidades Federadas com fundamento na comprovação da inexistência material das operações declaradas nos referidos documentos. (Parágrafo acrescentado pela Lei Nº 11615 DE 26/12/2019).

§ 9º Presumem-se saídas as mercadorias e/ou prestados os serviços tributáveis, sem pagamento do ICMS devido, quando tais mercadorias e prestações tenham sido declaradas em documentos fiscais para os quais se tenha comprovada a inexistência material das referidas operações e/ou prestações, nos termos dos §§ 5º, 6º, 7º e 8º, deste artigo. (Parágrafo acrescentado pela Lei Nº 11615 DE 26/12/2019).

§ 10. O imposto a que se refere o § 9º deste artigo será calculado considerando como:

I – Base de cálculo, o valor da operação ou da prestação declarada em cada documento fiscal, observados os arts. 18, 22, 23 e 24 desta Lei;

II – Alíquota, aquela estabelecida nesta Lei;

III – Data de saída das mercadorias ou da prestação dos serviços, a data de saída informada no documento fiscal de que trata o § 9º deste artigo, ou, na falta desta, a data de emissão do referido documento fiscal

Seção III
Da Base de Cálculo

Art. 13. A base de cálculo do imposto é:

I – na saída de mercadoria prevista nos incisos I, III e IV, do art. 12, o valor da operação;

II – na hipótese do inciso II, do art. 12, o valor da operação, compreendendo mercadoria e serviço;

III – na prestação de serviço de transporte interestadual e intermunicipal e de comunicação, o preço do serviço;

IV – no fornecimento de que trata o inciso VIII, do art. 12:

a) o valor da operação, na hipótese da alínea a;

b) o preço corrente da mercadoria fornecida ou empregada, na hipótese da alínea b;

V – na hipótese do inciso IX, do art. 12, a soma das seguintes parcelas:

a) o valor da mercadoria ou bem constante dos documentos de importação, observado o disposto no art. 14;

b) imposto de importação;

c) imposto de produtos industrializados;

d) imposto sobre operações de câmbio;

e) quaisquer outros impostos, taxas, contribuições e despesas aduaneiras; (Redação da alínea dada pela Lei Nº 7334 DE 29/04/2003).

VI – na hipótese do inciso X do "caput" do art. 12, o valor da prestação do serviço, acrescido, se for o caso, de todos os encargos relacionados com a sua utilização, bem como do valor do ICMS devido na prestação; (Redação do inciso dada pela Lei Nº 11470 DE 25/10/2019, efeitos a partir de 01/01/2020).

VII – na hipótese do inciso XI do "caput" do art. 12, o valor da operação acrescido do valor dos impostos de importação e sobre produtos industrializados e do ICMS devido na operação, quando for o caso, e de todas as despesas cobradas ou debitadas ao destinatário; (Redação do inciso dada pela Lei Nº 11470 DE 25/10/2019, efeitos a partir de 01/01/2020).

VIII – na hipótese do inciso XII, do art. 12, o valor da operação de que decorrer a entrada;

(Redação do inciso dada pela Lei Nº 11470 DE 25/10/2019, efeitos a partir de 01/01/2020):

IX – na hipótese do inciso XIII do "caput" do art. 12, o valor obtido nos seguintes termos:

a) do valor da prestação realizada na unidade federada de origem, exclui-se o respectivo ICMS;

b) ao valor encontrado na forma da alínea "a" deste inciso, inclui-se o montante equivalente ao imposto devido na prestação, utilizando-se para tanto a alíquota interna, nos termos do § 1º deste artigo;

(Redação do inciso dada pela Lei Nº 11470 DE 25/10/2019, efeitos a partir de 01/01/2020):

X – na hipótese do inciso XIV do "caput" do art. 12, o valor obtido nos seguintes termos:

a) do valor da operação realizada na unidade federada de origem, exclui-se o respectivo ICMS;

b) ao valor encontrado na forma da alínea "a" deste inciso, inclui-se o montante equivalente ao imposto devido na operação, utilizando-se para tanto a alíquota interna, nos termos do § 1º deste artigo;

(Redação do inciso dada pela Lei Nº 11470 DE 25/10/2019, efeitos a partir de 01/01/2020):

XI - na hipótese do inciso XV do "caput" do art. 12, o valor obtido nos seguintes termos: (Redação dada pela Lei Nº 11801 DE 27/10/2020).

a) do valor da operação realizada na unidade federada de origem, exclui-se o respectivo ICMS;

b) ao valor encontrado na forma da alínea "a" deste inciso, inclui-se o montante equivalente ao imposto devido na prestação, utilizando-se para tanto a alíquota interna, nos termos do § 1º deste artigo;

XII - na hipótese do inciso XVII do "caput" do art. 12, o valor da operação, não podendo ser inferior ao estabelecido pela Secretaria de Estado da Receita para cobrança do Imposto sobre a Propriedade de Veículos Automotores - IPVA. (Inciso acrescentado pela Lei Nº 11031 DE 12/12/2017).

§ 1º Integra a base de cálculo do imposto, inclusive na hipótese do inciso V do caput deste artigo: (Redação dada pela Lei Nº 7334 DE 29/04/2003).

I - o montante do próprio imposto, constituindo o respectivo destaque mera indicação para fins de controle;

II - o valor correspondente a: seguros, juros e demais importâncias pagas, recebidas ou debitadas, bem como descontos concedidos sob condição; frete, caso o transporte seja efetuado pelo próprio remetente ou por sua conta e ordem e seja cobrado em separado.

§ 2º Não integra a base de cálculo do imposto o montante do Imposto sobre Produtos Industrializados, quando a operação, realizada entre contribuintes e relativa a produto destinado à industrialização ou à comercialização, configurar fato gerador de ambos os impostos.

§ 3º Nos casos dos incisos IX, X e XI, o imposto a pagar será o valor resultante da aplicação do percentual equivalente à diferença entre a alíquota interna e a interestadual sobre o valor ali previsto. (Redação dada pela Lei Nº 7.488 DE 01.12.2003, DOE PB de 02.12.2003)

§ 4º Na saída de mercadoria para estabelecimento localizado em outro Estado, pertencente ao mesmo titular, a base de cálculo do imposto é:

I - o valor correspondente a entrada mais recente da mercadoria;

II - o custo da mercadoria produzida, assim entendida a soma do custo da matéria-prima, material secundário, mão de obra e acondicionamento;

III - tratando-se de mercadorias não industrializadas, o seu preço corrente no mercado atacadista do estabelecimento remetente.

§ 5º Nas operações e prestações interestaduais entre estabelecimentos de contribuintes diferentes, caso haja reajuste do valor depois da remessa ou prestação, a diferença fica sujeita ao imposto no estabelecimento do remetente ou do prestador.

Art. 14. O preço de importação expresso em moeda estrangeira será convertido em moeda nacional pela mesma taxa de câmbio utilizada no cálculo do imposto de importação, sem qualquer acréscimo ou devolução posterior se houver variação da taxa de câmbio até o pagamento efetivo do preço.

Parágrafo único. O valor fixado pela autoridade aduaneira para base de cálculo do imposto de importação, nos termos da lei aplicável, substituirá o preço declarado.

Art. 15. Na falta do valor a que se referem os incisos I e VIII, do art. 13, a base de cálculo do imposto é:

I – o preço corrente da mercadoria, ou de seu similar, no mercado atacadista do local da operação ou, na sua falta, no mercado atacadista regional, caso o remetente seja produtor, extrator ou gerador, inclusive de energia;

II – o preço FOB estabelecimento industrial à vista, caso o remetente seja industrial;

III – o preço FOB estabelecimento comercial à vista, na venda a outros comerciantes ou industriais, caso o remetente seja comerciante.

§ 1º Para aplicação dos incisos II e III, do caput, adotar-se-á sucessivamente:

I – o preço efetivamente cobrado pelo estabelecimento remetente na operação mais recente;

II – caso o remetente não tenha efetuado venda de mercadoria, o preço corrente da mercadoria ou de seu similar no mercado atacadista do local da operação ou, na falta deste, no mercado atacadista regional.

§ 2º Na hipótese do inciso II, do caput, se o estabelecimento remetente não efetuar vendas a outros comerciantes ou industriais ou, em qualquer caso, se não houver mercadoria similar, a base de cálculo será equivalente a 75% (setenta e cinco por cento) do preço de venda corrente no varejo.

Art. 16. Nas prestações sem preço determinado, a base de cálculo do imposto é o valor corrente do serviço, no local da prestação.

Art. 17. Quando o valor do frete, cobrado por estabelecimento pertencente ao mesmo titular da mercadoria ou por outro estabelecimento de empresa que com aquele mantenha relação de interdependência, exceder os níveis normais de preços em vigor, no mercado local para serviço semelhante, constantes de tabelas elaboradas pelos órgãos competentes, o valor excedente será havido como parte do preço da mercadoria.

Parágrafo único. Para os efeitos deste artigo, considerar-se-ão interdependentes duas empresas quando:

I – uma delas, por si, seus sócios ou acionistas, e respectivos cônjuges ou filhos menores, for titular de mais de 50% (cinquenta por cento) do capital da outra;

II – uma mesma pessoa fizer parte de ambas, na qualidade de diretor, ou sócio com funções de gerência, ainda que exercidas sob outra denominação;

III – uma delas locar ou transferir a outra, a qualquer título, veículo destinado ao transporte de mercadorias.

Art. 18. Quando o cálculo do tributo tiver por base, ou tomar em consideração, o valor ou o preço de mercadorias, bens, serviços, direitos ou despesas, a autoridade lançadora, mediante processo regular, arbitrará aquele valor ou preço, sempre que sejam omissos ou não mereçam fé as declarações ou os esclarecimentos prestados ou os documentos expedidos pelo sujeito passivo ou pelo terceiro legalmente obrigado, ressalvada, em caso de contestação, avaliação contraditória, administrativa ou judicial. (Redação do artigo dada pela Lei Nº 11615 DE 26/12/2019).

Art. 19. A base de cálculo, para fins de substituição tributária, será:

I – em relação às operações ou prestações antecedentes ou concomitantes, o valor da operação ou prestação praticado pelo contribuinte substituído;

II – em relação às operações subsequentes, obtida pelo somatório das parcelas seguintes:

a) valor da operação ou prestação própria realizada pelo substituto tributário ou pelo substituído intermediário;

b) o montante dos valores de seguro, de frete, e de outros encargos cobrados ou transferíveis aos adquirentes ou tomadores de serviço;

c) a margem de valor agregado, inclusive lucro, relativa às operações ou prestações subsequentes.

§ 1º Na hipótese de responsabilidade tributária em relação às operações ou prestações antecedentes, o imposto devido pelas referidas operações ou prestações será pago pelo responsável, quando:

I – da entrada ou recebimento da mercadoria, do bem ou do serviço; (Redação do inciso dada pela Lei Nº 7334 DE 29/04/2003).

II – da saída subsequente por ele promovida ainda que isenta ou não tributada;

III – ocorrer qualquer saída ou evento que impossibilite a ocorrência do fato determinante do pagamento do imposto.

§ 2º Tratando-se de mercadoria ou serviço cujo preço final a consumidor, único ou máximo, seja fixado por órgão público competente, a base de cálculo do imposto, para fins de substituição tributária, é o referido preço por ele estabelecido.

§ 3º Existindo preço final a consumidor sugerido pelo fabricante ou importador, a base de cálculo será este preço.

§ 4º A margem a que se refere a alínea c, do inciso, II do caput será estabelecida com base em preços usualmente praticados no mercado considerado, obtidos por levantamento, ainda que por amostragem ou através de informações e outros elementos fornecidos por entidades representativas dos respectivos setores, adotando-se a média ponderada dos preços coletados, sendo permitido eventualmente, acrescentar-se outros critérios que venham a subsidiar a sua fixação.

§ 5º O imposto a ser pago por substituição tributária, na hipótese do inciso II, do caput, corresponderá a diferença entre o valor resultante da aplicação da alíquota prevista para às operações ou prestações internas do Estado de destino sobre a respectiva base de cálculo e o valor do imposto devido pela operação ou prestação própria do substituto.

§ 6º Em substituição ao disposto no inciso II do caput, a base de cálculo em relação às operações ou prestações subseqüentes poderá ser o preço a consumidor final usualmente praticado no mercado considerado, relativamente ao serviço, à mercadoria ou sua similar, em condições de livre concorrência, adotando-se para sua apuração as regras estabelecidas no § 4º deste artigo. (Parágrafo acrescentado pela Lei Nº 7334 DE 29/04/2003).

Art. 20. O montante do imposto integra a sua própria base de cálculo, constituindo o respectivo destaque mera indicação para fins de controle.

Art. 21. A base de cálculo do imposto devido pelas empresas distribuidoras de energia elétrica, responsáveis pelo pagamento do imposto relativamente às operações anteriores e posteriores, na condição de contribuintes substitutos, é o valor da operação da qual decorra a entrega ao consumidor.

Art. 22. O Poder Executivo poderá manter atualizada tabela de valores referenciais de preços correntes de mercadorias, para efeito de parametrar a base de cálculo nas operações e prestações internas, observado o disposto no art. 18.

Parágrafo único. Nas operações e prestações interestaduais a aplicação do disposto no caput deste artigo dependerá de acordo ou convênio celebrado nos termos do art. 199, do Código Tributário Nacional.

Art. 23. Nos seguintes casos especiais o valor das operações ou das prestações poderá ser arbitrado pela autoridade fiscal, sem prejuízo das penalidades cabíveis, observado o disposto no art. 18:

I - Não exibição, à fiscalização, dentro do prazo da intimação, dos elementos necessários à comprovação do valor real da operação, da prestação ou das despesas, inclusive nos casos de perda ou extravio de livros ou documentos fiscais; (Redação do inciso dada pela Lei Nº 11615 DE 26/12/2019).

II - fundada suspeita de que os documentos e livros fiscais não refletem o valor real da operação ou da prestação; (Redação do inciso dada pela Lei Nº 9.550 DE 06.12.2011, DOE PB de 07.12.2011)

III - declaração nos documentos fiscais, sem motivo justificado, de valores notoriamente inferiores ao preço corrente das mercadorias ou dos serviços;

IV - transporte ou estocagem de mercadorias desacompanhadas de documentos fiscais.

Parágrafo único. Para arbitrar o valor das operações ou prestações, nas hipóteses deste artigo, a autoridade fiscal levará em conta um dos seguintes critérios:

I - o preço constante de pautas elaboradas pela Secretaria de Estado da Receita;

II - o preço corrente da mercadoria ou sua similar na praça do contribuinte fiscalizado ou no local da autuação, ou o preço FOB à vista da mercadoria, calculado para qualquer operação;

III - o preço de custo das mercadorias vendidas (CMV) acrescido do percentual nunca inferior a 30% (trinta por cento), para qualquer tipo de atividade, nos termos do Regulamento;

IV - o preço nunca inferior ao custo dos produtos fabricados ou vendidos,

V - o que mais se aproximar dos critérios previstos nos incisos anteriores, quando a hipótese não se enquadrar, expressamente em qualquer um deles. (Parágrafo acrescentado pela Lei Nº 9.550 DE 06.12.2011, DOE PB de 07.12.2011)

Art. 24. Nas hipóteses dos arts. 22 e 23, havendo discordância em relação ao valor fixado ou arbitrado, caberá ao contribuinte comprovar a exatidão do valor por ele declarado, que prevalecerá como base de cálculo.

Art. 25. A critério da autoridade fiscal, o imposto devido por determinados contribuintes, cujo volume ou modalidade de negócios aconselhe tratamento tributário mais simples e econômico, conforme o disposto no art. 43, poderá ser apurado através de regime de recolhimento na fonte. (Redação do artigo dada pela Lei Nº 8247 DE 31/05/2007).

Art. 26. Nas entradas de mercadorias trazidas por contribuintes de outras unidades da Federação sem destinatário certo neste Estado, a base de cálculo será o valor constante do documento fiscal de origem, inclusive as parcelas correspondentes ao Imposto sobre Produtos Industrializados e às despesas acessórias, acrescido de 30% (trinta por cento), se inexistir percentual de agregação específico para as mercadorias respectivas.

§ 1º O disposto neste artigo aplica-se às mercadorias trazidas por comerciantes ambulantes ou não estabelecidos.

§ 2º Ocorrendo a situação descrita neste artigo, deduzir-se-á, para fins de cálculo do imposto devido a este Estado, o montante cobrado na unidade da Federação de origem.

Art. 27. Quando a fixação de preços ou a apuração do valor tributável depender de fatos ou condições verificáveis após a saída da mercadoria, tais como pesagem, medições, análise e classificação, o imposto será calculado inicialmente sobre o preço corrente da mercadoria e, após essa verificação, sobre a diferença, se houver, atendidas as normas fixadas em regulamento.

Art. 28. Quando, em virtude de contrato escrito, ocorrer reajustamento de preço, o imposto correspondente ao acréscimo do valor será recolhido juntamente com o montante devido no período em que for apurado, atendidas as normas fixadas em regulamento.

Capítulo III
DA SUJEIÇÃO PASSIVA

Seção I
DO CONTRIBUINTE

Art. 29. Contribuinte é qualquer pessoa, física ou jurídica, que realize, com habitualidade ou em volume que caracterize intuito comercial, operações de circulação de mercadorias ou prestações de serviços de transporte interestadual e intermunicipal e de comunicação, ainda que as operações se iniciem no exterior.

§ 1º É também contribuinte a pessoa física ou jurídica que, mesmo sem habitualidade ou intuito comercial: (Redação dada pela Lei Nº 7334 DE 29/04/2003).

I – importe mercadorias ou bens do exterior, qualquer que seja a sua finalidade; (Redação do inciso dada pela Lei Nº 7334 DE 29/04/2003).

II – seja destinatária de serviço prestado no exterior ou cuja prestação se tenha iniciado no exterior;

III – adquira em licitação mercadorias ou bens apreendidos ou abandonados; (Redação do inciso dada pela Lei Nº 7334 DE 29/04/2003).

IV – adquira lubrificantes e combustíveis líquidos e gasosos derivados de petróleo e energia elétrica oriundos de outro Estado, quando não destinados à comercialização ou à industrialização; (Redação do inciso dada pela Lei Nº 6941 DE 26/12/2000).

V – estando enquadrada no "caput" deste artigo, seja destinatária, em operação interestadual, de mercadoria ou bem destinado a uso, consumo ou ativo imobilizado do estabelecimento; (Redação do inciso dada pela Lei Nº 11031 DE 12/12/2017).

VI - estando enquadrada no caput deste artigo, seja destinatária, em prestação interestadual, de serviço cuja utilização não esteja vinculada a operação ou prestação subsequente.

V - estando enquadrada no "caput" deste artigo, seja destinatária, em operação interestadual, de mercadoria ou bem destinado a uso, consumo ou ativo imobilizado do estabelecimento; (Redação do inciso dada pela Lei Nº 11031 DE 12/12/2017).

VI - estando enquadrada no "caput" deste artigo, seja destinatária, em prestação interestadual, de serviço cuja utilização não esteja vinculada a operação ou prestação subseqüente.

§ 2º Incluem-se entre os contribuintes do imposto:

I - o produtor, o extrator, o industrial e o comerciante;

II - o prestador de serviços de transporte interestadual e intermunicipal e de comunicação;

III - a cooperativa;

IV - a instituição financeira e a seguradora;

V - a sociedade civil de fim econômico;

VI - a sociedade civil de fim não econômico que explore estabelecimentos de extração de substância mineral ou fóssil, de produção agropecuária, industrial ou que comercialize mercadorias que para esse fim adquira ou produza;

VII - os órgãos da Administração Pública, as entidades de Administração Indireta e as fundações instituídas e mantidas pelo Poder Público;

VIII - a concessionária ou permissionária de serviço público de transporte, de comunicação e de energia elétrica;

IX - o prestador de serviços não compreendidos na competência tributária dos Municípios, que envolvam fornecimento de mercadorias;

X - o prestador de serviços compreendidos na competência tributária dos Municípios, que envolvam fornecimento de mercadorias ressalvadas em lei complementar;

XI - o fornecedor de alimentação, bebidas e outras mercadorias, em qualquer estabelecimento;

XII - qualquer pessoa indicada nos incisos anteriores que, na condição de consumidor final, adquira bens ou serviços em operações e prestações interestaduais.

XIII - a pessoa jurídica atuante na atividade de produtor agropecuário, locação de veículos e arrendamento mercantil, que transfere a propriedade de veículo automotor para pessoa física ou outra pessoa jurídica, por desincorporação do ativo imobilizado de estabelecimentos da empresa, inclusive dos localizados em outras unidades da Federação, com habitualidade ou em quantidade que caracterize intuito comercial. (Inciso acrescentado pela Lei Nº 11031 DE 12/12/2017).

§ 3º Para efeito do diferencial de alíquota, não se considera contribuinte a empresa de construção civil, ainda que possua inscrição estadual, observado o disposto no § 4º deste artigo. (Parágrafo acrescentado pela Lei Nº 10008 DE 05/06/2013, efeitos a partir de 01/09/2013).

§ 4º Na aquisição interestadual de mercadorias, bens ou serviços, o destinatário deverá informar ao remetente sua condição de não contribuinte do imposto, se for o caso. (Parágrafo acrescentado pela Lei Nº 10008 DE 05/06/2013, efeitos a partir de 01/09/2013).

Art. 30. Considera-se autônomo cada estabelecimento produtor extrator, industrial, comercial, importador ou prestador de serviços de transporte e de comunicação, do mesmo contribuinte.

Seção II
DO RESPONSÁVEL

Art. 31. São responsáveis pelo pagamento do imposto e respectivos acréscimos legais: (Redação do caput dada pela Lei Nº 10008 DE 05/06/2013, efeitos a partir de 01/09/2013).

I - os armazéns gerais e estabelecimentos depositários congêneres:

a) na saída de mercadoria depositada por contribuinte de outro Estado;

b) na transmissão de propriedade de mercadoria depositada por contribuinte de outro Estado;

c) no recebimento para depósito ou na saída de mercadoria sem documento fiscal ou com documento fiscal inidôneo;

II - o transportador, inclusive o autônomo, em relação à mercadoria: (Redação dada pela Lei Nº 10008 DE 05/06/2013, efeitos a partir de 01/09/2013).

a) proveniente de outro Estado para entrega em território deste Estado, a destinatário não designado;

b) negociada em território deste Estado durante o transporte;

c) que aceitar para despacho ou transportar sem documento fiscal, ou acompanhada de documento fiscal inidôneo;

d) que entregar a destinatário ou em local diverso do indicado no documento fiscal;

TRIBUTÁRIO E FINANCEIRO

e) que não comprovar o desinternamento do território deste Estado, quando destinada a outra Unidade da Federação; (Alínea acrescentada pela Lei Nº 8613 DE 30/06/2008).

f) sem a comprovação do pagamento do imposto correspondente ao diferencial de alíquotas devido nas operações interestaduais destinadas a consumidor final não contribuinte do imposto localizado neste Estado, quando o remetente não possuir inscrição no Cadastro de Contribuintes do ICMS do Estado da Paraíba – CCICMS/PB. (Alínea acrescentada pela Lei Nº 10507 DE 18/09/2015, efeitos a partir de 01/01/2016).

III – qualquer possuidor ou detentor de mercadoria desacompanhada de documento fiscal ou acompanhada de documento fiscal inidôneo;

IV – os adquirentes, em relação a mercadorias cujo imposto não tenha sido pago no todo ou em parte;

V – os contribuintes, em relação a operações ou prestações cuja fase de diferimento tenha sido encerrada ou interrompida;

VI – os síndicos, comissários, inventariantes ou liquidantes, em relação ao imposto devido sobre a saída de mercadoria decorrente de sua alienação em falência, concordata, inventário ou dissolução de sociedade, respectivamente;

VII – os leiloeiros, em relação ao imposto devido sobre a saída de mercadoria decorrente de arrematação em leilão, excetuado o referente à mercadoria importada e apreendida;

VIII – as empresas distribuidoras de energia elétrica e de combustíveis líquidos e gasosos e lubrificantes derivados de petróleo, na condição de contribuintes ou de substitutos tributários, por ocasião da saída do produto de seus estabelecimentos, ainda que destinado a outra unidade da Federação, pelo pagamento do imposto incidente desde a produção ou importação de petróleo e de energia elétrica até a última operação.

IX – os adquirentes de ficha, cartão ou assemelhados, provenientes de outra unidade da Federação, destinados à prestação onerosa de serviço de comunicação, para utilização, exclusivamente, em terminais de uso público em geral. (Inciso acrescentado pela Lei Nº 9.201 DE 29.07.2010).

X – os prestadores de serviços de intermediação comercial em ambiente virtual, com utilização de tecnologia da informação, inclusive, por meio de leilões eletrônicos; (Inciso acrescentado pela Lei Nº 10008 DE 05/06/2013, efeitos a partir de 01/09/2013).

XI – os prestadores de serviços de tecnologia da informação, tendo por objeto o gerenciamento e o controle de operações comerciais em meio eletrônico, inclusive, dos respectivos meios de pagamento. (Inciso acrescentado pela Lei Nº 10008 DE 05/06/2013, efeitos a partir de 01/09/2013).

Art. 31-A. Na hipótese do inciso VII do "caput" do § 1º do art. 3º desta Lei, a responsabilidade pelo recolhimento do imposto e respectivos acréscimos legais, caberá ao: (Redação do caput dada pela Lei Nº 10606 DE 18/12/2015) (Artigo acrescentado pela Lei Nº 10507 DE 18/09/2015, efeitos a partir de 01/01/2016:

I - destinatário localizado neste Estado, quando este for contribuinte do imposto, inclusive se optante pelo Simples Nacional;

II - remetente localizado em outra unidade da Federação, inclusive o optante pelo Simples Nacional, quando o destinatário deste Estado não for contribuinte do imposto; (Redação do inciso dada pela Lei Nº 10606 DE 18/12/2015):

III - prestador do serviço, inclusive o optante pelo Simples Nacional, quando o destinatário deste Estado não for contribuinte do imposto, em relação ao recolhimento não efetuado. (Redação do inciso dada pela Lei Nº 10606 DE 18/12/2015):

Art. 31-B. O recolhimento para este Estado do valor correspondente à diferença entre a alíquota interna deste Estado e a interestadual nos casos dos incisos II e III do "caput" do art. 31-A deverá ser realizado pelo remetente localizado em outra unidade da Federação e pelo prestador do serviço, respectivamente, na seguinte proporção: (Redação do caput dada pela Lei Nº 10606 DE 18/12/2015):

I - para o ano de 2016: 40% (quarenta por cento);

II - para o ano de 2017: 60% (sessenta por cento);

III - para o ano de 2018: 80% (oitenta por cento);

IV - a partir do ano de 2019: 100% (cem por cento).";

(Artigo acrescentado pela Lei Nº 10507 DE 18/09/2015, efeitos a partir de 01/01/2016):

Art. 31-C. Nas operações ou prestações que destinarem mercadorias, bens ou serviços a consumidor final não contribuinte do imposto localizado em outra unidade da Federação, deverá ser recolhido para este Estado, além do imposto calculado mediante utilização da alíquota interestadual, o valor correspondente à diferença entre a alíquota interna da unidade federada de destino e a alíquota interestadual, na seguinte proporção:

I - em 2016: 60% (sessenta por cento);

II - em 2017: 40% (quarenta por cento);

III - em 2018: 20% (vinte por cento).".

g) da alínea "e" ao inciso II do "caput" do art. 85:

"e) aos que, nas saídas internas e interestaduais, deixarem de informar no DANFE os dados referentes à prestação do serviço de transporte de carga;";

III – com os seguintes dispositivos revogados:

a) a alínea "g" do inciso IV do "caput" do art. 11;

b) o inciso IV do "caput" do § 1º do art. 11;

c) o art. 25;

d) o inciso III do "caput" e o § 8º do art. 33;

e) o inciso III do "caput" e os §§ 1º e 2º do art. 43;

f) o Anexo Único – Relação de Mercadorias para Efeito de Substituição Tributária.

Seção III
DA RESPONSABILIDADE SOLIDÁRIA

Art. 32. Respondem solidariamente pelo pagamento do imposto e respectivos acréscimos legais: (Redação do caput dada pela Lei Nº 10008 DE 05/06/2013, efeitos a partir de 01/09/2013).

I – o entreposto aduaneiro ou qualquer pessoa que promova:

a) a saída de mercadoria para o exterior sem documento fiscal correspondente;

b) a saída de mercadoria estrangeira com destino ao mercado interno, sem a documentação fiscal correspondente ou com destino a estabelecimento de titular diverso daquele que houver importado ou arrematado;

c) a reintrodução no mercado interno, de mercadoria depositada para o fim específico de exportação;

II – o representante, mandatário ou gestor de negócio, em relação à operação realizada por seu intermédio;

III – os contribuintes que receberem mercadorias contempladas com isenção condicionada, quando não ocorrer a implementação da condição prevista;

IV – os estabelecimentos industrializadores, nas saídas de mercadorias recebidas para industrialização, quando destinadas a pessoa ou estabelecimento que não o de origem;

V – os estabelecimentos gráficos, relativamente ao débito do imposto decorrente da utilização indevida, por terceiros, de documentos fiscais que imprimirem, quando:

a) não houver o prévio credenciamento do referido estabelecimento gráfico;

b) não houver a prévia autorização fazendária para a sua impressão;

c) a impressão for vedada pela legislação tributária;

VI - os fabricantes e as pessoas credenciadas que prestem assistência técnica em máquinas, aparelhos e equipamentos destinados a emissão de documentos fiscais, quando a irregularidade por eles cometida concorrer para a omissão total ou parcial dos valores registrados nos totalizadores e consequentemente para a falta de recolhimento do imposto;

VII - o remetente ou destinatário indicado pelo transportador como responsável pela remessa ou recebimento de mercadoria transportada sem documento fiscal ou acompanhada de documentação fiscal inidôneo; (Redação do inciso dada pela Lei Nº 6823 DE 16/12/1999).

VIII - todos aqueles que, mediante conluio, concorrerem para a sonegação do imposto. (Inciso acrescentado pela Lei Nº 6823 DE 16/12/1999).

IX - a concessionária de serviço de comunicação estabelecida neste Estado, pelo imposto não recolhido, no todo ou em parte, em relação ao serviço prestado, na hipótese do inciso IX do art. 31. (Inciso acrescentado pela Lei Nº 9.201 DE 29.07.2010, DOE PB de 30.07.2010)

X - As empresas que, por meio de aplicativos, softwares e/ou plataformas de informática, realizem intermediação, entre dois ou mais contribuintes ou entre contribuintes e consumidores finais, de operações e/ou prestações de serviços sujeitas à incidência do ICMS, quando forem responsáveis pelo recebimento e repasse dos pagamentos realizados para a concretização de tais operações e/ou prestações. (Parágrafo acrescentado pela Lei Nº 11615 DE 26/12/2019).

Parágrafo único. A solidariedade referida neste artigo não comporta benefício de ordem.

Seção IV
DA SUBSTITUIÇÃO TRIBUTÁRIA

Art. 33. Fica atribuída a responsabilidade pelo recolhimento do imposto e respectivos acréscimos legais, na qualidade de sujeito passivo por substituição, ao: (Redação do caput dada pela Lei Nº 10008 DE 05/06/2013, efeitos a partir de 01/09/2013).

I - industrial, comerciante, produtor, extrator, gerador, inclusive de energia elétrica ou outra categoria de contribuinte, em relação às mercadorias ou bens sujeitos à substituição tributária indicadas na legislação tributária estadual; (Redação do inciso dada pela Lei Nº 10507 DE 18/09/2015, efeitos a partir de 01/01/2016);

II - contratante de serviço ou terceiro, nas prestações de serviços de transporte interestadual e intermunicipal e de comunicação de que participem; (Redação do inciso dada pela Lei Nº 7334 DE 29/04/2003).

III - remetente, em relação ao imposto devido pelos contribuintes sujeitos ao regime de recolhimento fonte, na forma e prazo estabelecidos no Regulamento, observado o disposto no § 8º (Redação do inciso dada pela Lei Nº 7334 DE 29/04/2003).

§ 1º A responsabilidade será atribuída em relação ao imposto e respectivos acréscimos legais incidentes sobre uma ou mais operações ou prestações, sejam antecedentes, concomitantes ou subsequentes, inclusive, ao valor decorrente da diferença entre alíquotas interna e interestadual nas operações e prestações que destinem bens e serviços a consumidor final localizado em outro Estado, que seja contribuinte do imposto. (Redação do parágrafo dada pela Lei Nº 10008 DE 05/06/2013, efeitos a partir de 01/09/2013).

§ 2º A responsabilidade será também atribuída:

I – ao contribuinte que realizar operação interestadual com petróleo, inclusive lubrificantes, combustíveis líquidos e gasosos dele derivados, em relação às operações subsequentes;

II – às empresas geradoras de energia elétrica, nas operações e prestações internas e interestaduais, na condição de contribuinte ou de substituto tributário, pelo pagamento do imposto e respectivos acréscimos legais, desde a produção ou importação até a última operação, sendo seu cálculo efetuado sobre o preço praticado na operação final, assegurado seu recolhimento ao Estado onde deva ocorrer essa operação. (Redação do inciso dada pela Lei Nº 10008 DE 05/06/2013, efeitos a partir de 01/09/2013).

§ 3º Nas operações interestaduais com as mercadorias de que tratam os incisos I e II, do parágrafo anterior, que tenham como destinatário consumidor final, o imposto incidente na operação será devido ao Estado onde estiver localizado o adquirente e será pago pelo remetente.

§ 4º O regime de substituição tributária nas operações interestaduais dependerá de acordo entre este Estado e as demais unidades da Federação interessadas.

§ 5º O sujeito passivo por substituição sub-roga-se em todas as obrigações do contribuinte substituído, relativamente às operações internas.

§ 6º A substituição tributária não exclui a responsabilidade do contribuinte substituído, na hipótese de o documento fiscal próprio não indicar o valor do imposto, objeto da substituição tributária.

§ 7º O recolhimento do imposto pelo regime de substituição tributária encerrará a fase de tributação e não dará ensejo a utilização de crédito fiscal pelo adquirente, salvo exceções expressas.

§ 8º A responsabilidade de que trata o inciso III do caput não exclui a do contribuinte substituído, na hipótese de o documento fiscal próprio não indicar o valor do imposto, objeto do recolhimento fonte. (Parágrafo acrescentado pela Lei Nº 7334 DE 29/04/2003).

Art. 34. É assegurado ao contribuinte substituído o direito à restituição do imposto pago por força da substituição tributária, correspondente ao fato gerador presumido que não se realizar.

§ 1º Formulado o pedido de restituição e não havendo deliberação no prazo de noventa dias, o contribuinte substituído poderá se creditar, em sua escrita fiscal, do valor objeto do pedido, devidamente atualizado, segundo os mesmos critérios aplicados ao tributo.

§ 2º Na hipótese do parágrafo anterior, sobrevindo decisão contrária irrecorrível, o contribuinte substituído, no prazo de quinze dias da respectiva notificação procederá ao estorno dos créditos lançados, também devidamente atualizados, com o pagamento dos acréscimos legais cabíveis.

Art. 35. A responsabilidade pelo imposto devido nas operações entre o associado e a cooperativa de produtores de que faça parte, situada neste Estado, fica transferida para a destinatária.

§ 1º O disposto neste artigo é aplicável às mercadorias remetidas pelo estabelecimento de cooperativa de produtores para estabelecimento, neste Estado, da própria cooperativa, de cooperativa central ou de federação de cooperativas de que a cooperativa remetente faça parte.

§ 2º O imposto devido pelas saídas mencionadas neste artigo será recolhido pela destinatária, na condição de sujeito passivo por substituição, quando da saída subsequente, esteja esta sujeita ou não ao pagamento do imposto.

Art. 36. O Poder Executivo poderá, a qualquer momento, suspender a aplicação do regime de substituição tributária em razão do descredenciamento do sujeito passivo por substituição, verificado por motivo da inadimplência deste em relação ao imposto retido e não recolhido nos prazos regulamentares.

Parágrafo único. A responsabilidade pelo recolhimento do imposto e respectivos acréscimos legais, a partir das operações ou prestações subsequentes ao descredenciamento, ficará transferida para o adquirente da mercadoria ou prestador do serviço, conforme se dispuser em regulamento. (Redação do parágrafo dada pela Lei Nº 10008 DE 05/06/2013, efeitos a partir de 01/09/2013).

Seção V
DAS DISPOSIÇÕES GERAIS SOBRE SUJEIÇÃO PASSIVA

Art. 37. São irrelevantes para excluir a responsabilidade pelo cumprimento da obrigação tributária ou a decorrente de sua inobservância:

I – a causa que, de acordo com o direito privado, exclua a capacidade civil da pessoa natural;

II – o fato de achar-se a pessoa natural sujeita a medidas que importem privação ou limitação do exercício de atividades civis, comerciais ou profissionais, ou da administração direta de seus bens ou negócios;

III – a irregularidade formal na constituição da pessoa jurídica de direito privado ou de firma individual, bastando que configure uma unidade econômica ou profissional;

IV – a inexistência de estabelecimento fixo e a sua clandestinidade, ou a precariedade de suas instalações.

Art. 38. As convenções particulares relativas à responsabilidade pelo pagamento do imposto não podem ser opostas à Fazenda Pública, para modificar a definição legal do sujeito passivo das obrigações tributárias correspondentes.

Capítulo IV
DO LOCAL DA OPERAÇÃO E DA PRESTAÇÃO

Art. 39. O local da operação ou da prestação para os efeitos da cobrança do imposto e definição de estabelecimento responsável é:

I – tratando-se de mercadoria ou bem:

a) o do estabelecimento onde se encontre, no momento da ocorrência do fato gerador;

b) onde se encontre, quando em situação irregular, pela falta de documentação fiscal ou quando acompanhado de documentação inidônea, como dispuser o regulamento;

c) o do estabelecimento que transfira a propriedade, ou o título que a represente, de mercadoria por ele adquirida no País e que por ele não tenha transitado;

d) importado do exterior, o do estabelecimento onde ocorrer a entrada física;

e) importado do exterior, o do domicílio do adquirente, quando não estabelecido;

f) aquele onde seja realizada a licitação, no caso de arrematação de mercadoria ou bem importados do exterior e apreendidos ou abandonados; (Redação da alínea dada pela Lei Nº 7334 DE 29/04/2003).

g) o do Estado onde estiver localizado o adquirente, inclusive consumidor final, nas operações com energia elétrica e petróleo, lubrificantes e combustíveis dele derivados, quando não destinados a industrialização e comercialização;

h) o do Estado onde o ouro tenha sido extraído, quando não considerado como ativo financeiro ou instrumento cambial;

i) o de desembarque do produto, na hipótese de captura de peixe, crustáceos e moluscos;

j) relativamente ao pagamento da diferença de alíquotas (Redação da alínea dada pela Lei Nº 10507 DE 18/09/2015, efeitos a partir de 01/01/2016):

1. o do estabelecimento destinatário da mercadoria ou bem para uso, consumo ou ativo permanente, na hipótese do inciso XIV do "caput" do art. 12 e para os efeitos do § 3º do art. 13;

2. o do estabelecimento remetente de mercadorias ou bem destinados a consumidor final não contribuinte do imposto, na hipótese do inciso XVI do art. 12;

II – tratando-se de prestação de serviço de transporte: onde tenha início a prestação; onde se encontre o transportador quando em situação irregular pela falta de documentação fiscal ou quando acompanhada de documentação inidônea como dispuser a legislação tributária;

a) onde tenha início a prestação;

b) onde se encontre o transportador quando em situação irregular pela falta de documentação fiscal ou quando acompanhada de documentação inidônea como dispuser a legislação tributária;

c) relativamente ao pagamento da diferença de alíquotas (Redação da alínea dada pela Lei Nº 10507 DE 18/09/2015, efeitos a partir de 01/01/2016):

1. o do estabelecimento destinatário do serviço, na hipótese do inciso XIII do "caput" do art. 12, e do § 3º do art. 13;

2. onde tenha início a prestação, na hipótese do inciso XVI do "caput" do art. 12;

III – tratando-se de prestação onerosa dos serviços de comunicação: o da prestação do serviço de radiodifusão sonora e de som e imagem, assim entendido o da geração, emissão, transmissão, retransmissão, repetição, ampliação e recepção; o do estabelecimento da concessionária ou da permissionária que forneça ficha, cartão ou assemelhados com que o serviço é pago; o do estabelecimento destinatário do serviço, na hipótese e para os efeitos, respectivamente, do inciso XIII, do art. 12, e parágrafo 3º, do art. 13;

a) o da prestação do serviço de radiodifusão sonora e de som e imagem, assim entendido o da geração, emissão, transmissão, retransmissão, repetição, ampliação e recepção;

b) o do estabelecimento da concessionária ou da permissionária que forneça ficha, cartão ou assemelhados com que o serviço é pago;

c) o do estabelecimento destinatário do serviço, na hipótese e para os efeitos, respectivamente, do inciso XIII, do art. 12, e parágrafo 3º, do art. 13;

d) o do estabelecimento ou domicílio do tomador do serviço, quando prestado por meio de satélite; (Redação da alínea dada pela Lei Nº 6941 DE 26/12/2000).

e) onde seja cobrado o serviço, nos demais casos; (Alínea acrescentada pela Lei Nº 6941 DE 26/12/2000).

IV – tratando-se de serviços prestados ou iniciados no exterior, o do estabelecimento ou do domicílio do destinatário.

§ 1º O disposto na alínea c, do inciso I, não se aplica às mercadorias recebidas em regime de depósito de contribuinte de Estado que não o do depositário.

§ 2º Para os efeitos da alínea h, do inciso I, o ouro, quando definido como ativo financeiro ou instrumento cambial, deve ter sua origem identificada.

§ 3º Para os efeitos desta Lei, estabelecimento é o local, privado ou público, edificado ou não, próprio ou de terceiro, onde pessoas físicas ou jurídicas exerçam suas atividades em caráter temporário ou permanente, bem como onde se encontrem armazenadas mercadorias, observado, ainda, o seguinte:

I – na impossibilidade de determinação do estabelecimento, considera-se como tal o local em que tenha sido efetuada a operação ou prestação, encontrada a mercadoria ou constatada a prestação;

II – é autônomo cada estabelecimento do mesmo titular;

III – considera-se também como estabelecimento autônomo o veículo usado no comércio ambulante e na captura de pescado;

IV – respondem pelo crédito tributário todos os estabelecimentos do mesmo titular.

§ 4º Quando a mercadoria for remetida para armazém geral ou para depósito fechado do próprio contribuinte no mesmo Estado, a posterior saída considerar-se-á ocorrida no estabelecimento do depositante, salvo se para retornar ao estabelecimento remetente.

§ 5º Para os fins deste Capítulo, a plataforma continental, o mar territorial e a zona econômica exclusiva integram o território do Estado na parte que lhe é confrontante.

§ 6º Na hipótese do inciso III do caput deste artigo, tratando-se de serviços não medidos, que envolvam localidades situadas em diferentes unidades da Federação e cujo preço seja cobrado por períodos definidos, o imposto devido será recolhido em partes iguais para as unidades da Federação onde estiverem localizados o prestador e o tomador. (Parágrafo acrescentado pela Lei Nº 6941 DE 26/12/2000).

Capítulo V
DA SISTEMÁTICA DE APURAÇÃO DO IMPOSTO

Seção I
DA NÃO CUMULATIVIDADE

Art. 40. O imposto é não cumulativo, compensando-se o que for devido em cada operação relativa à circulação de mercadorias ou prestação de serviços de transporte interestadual e intermunicipal e de comunicação com o montante cobrado nas anteriores pelo mesmo ou por outro Estado.

Art. 41. O mês será o período considerado para efeito de apuração e lançamento do imposto com base na escrituração em conta gráfica.

Parágrafo único. As obrigações consideram-se vencidas na data em que termina o período de apuração e são liquidadas por compensação ou mediante pagamento em dinheiro como disposto neste parágrafo:

I – as obrigações consideram-se liquidadas por compensação até o montante dos créditos escriturados no mesmo período mais o saldo credor de período ou períodos anteriores, se for o caso;

II – se o montante dos débitos do período superar o dos créditos, a diferença será liquidada dentro do prazo fixado em regulamento;

III – se o montante dos créditos superar o dos débitos, a diferença será transportada para o período seguinte.

Art. 42. Para aplicação do disposto no art. 41 desta Lei, os débitos e créditos devem ser apurados em cada estabelecimento, compensando-se os saldos credores e devedores entre os estabelecimentos do mesmo sujeito passivo localizados no Estado, nos termos do Regulamento.(Redação do artigo dada pela Lei Nº 11247 DE 13/12/2018, efeitos a partir de 01/01/2019).

Art. 42-A. Saldos credores acumulados, por estabelecimentos que realizem operações e prestações de que tratam o inciso II do art. 4º e seu § 1º desta Lei, podem ser, na proporção que estas saídas representem do total das saídas realizadas pelo estabelecimento e mediante a emissão pela autoridade competente de documento que reconheça o crédito (Artigo acrescentado pela Lei Nº 11247 DE 13/12/2018, efeitos a partir de 01/01/2019):

I – imputados pelo sujeito passivo a qualquer estabelecimento seu neste Estado;

II – havendo saldo remanescente, transferidos pelo sujeito passivo a outros contribuintes deste Estado.

§ 1º O saldo credor acumulado a que se refere o «caput» deste artigo não sofrerá incidência de juros ou de qualquer tipo de atualização.

§ 2º O direito de pleitear a transferência do saldo credor acumulado dos incisos I e II do «caput» deste artigo, extingue-se com o decurso do prazo de 5 (cinco) anos, contados do encerramento do mês calendário de apuração do saldo credor.

Art. 43. Em substituição ao regime de apuração mencionado nos arts. 41 e 42, poderão ser utilizados os seguintes critérios:

I – que o cotejo entre créditos e débitos se faça por mercadoria ou serviço dentro de determinado período;

II – que o cotejo entre créditos e débitos se faça por mercadoria ou serviço em cada operação;

III – que em função do porte ou atividade do estabelecimento o imposto seja exigido através do regime de recolhimento na fonte. (Redação do inciso dada pela Lei Nº 8247 DE 31/05/2007).

a) o imposto seja pago em parcelas periódicas e calculado por estimativa, para um determinado período, assegurado ao sujeito passivo o direito de impugná-lo e instaurar processo contraditório;

b) o imposto seja exigido através do regime de recolhimento na fonte. (Redação do inciso dada pela Lei Nº 6941 DE 26/12/2000)."

§ 1º A inclusão de estabelecimentos no regime de que trata o inciso III não dispensa o sujeito passivo do cumprimento de obrigações acessórias. (Redação do parágrafo dada pela Lei Nº 8247 DE 31/05/2007).

§ 2º Na hipótese do inciso III, observar-se-á o seguinte:

I – nas operações internas realizadas por contribuintes sujeitos ao regime de apuração normal, o imposto será retido e recolhido no prazo estabelecido no Regulamento;

II – nas operações internas entre não contribuintes e nas operações interestaduais, o imposto será exigido antecipadamente, nos termos do Regulamento. (Redação do parágrafo dada pela Lei Nº 8247 DE 31/05/2007).

§ 3º (Suprimido pela Lei Nº 8247 DE 31/05/2007).

Seção II
DO CRÉDITO DO IMPOSTO

Art. 44. Para fins de compensação do imposto devido, é assegurado ao sujeito passivo o direito de creditar-se do imposto anteriormente cobrado em operações de que tenha resultado a entrada de mercadoria, real ou simbólica, no estabelecimento, inclusive a destinada ao seu uso ou consumo ou ao ativo imobilizado ou ao recebimento de serviços de transporte interestadual e intermunicipal ou de comunicação. (Redação do caput dada pela Lei Nº 11031 DE 12/12/2017).

§ 1º Para aplicação do caput, observar-se-á o seguinte: (Antigo parágrafo único renomeado pela Lei Nº 9.201 DE 29.07.2010, DOE PB de 30.07.2010 e com redação dada pela Lei Nº 7334 DE 29/04/2003).

I – somente darão direito de crédito as mercadorias destinadas ao uso ou consumo do estabelecimento, nele entradas a partir da data prevista na Lei Complementar Federal nº 87, de 13 de setembro de 1996. (Redação do inciso dada pela Lei Nº 11689 DE 13/05/2020).

II – somente dará direito a crédito a entrada de energia elétrica no estabelecimento: (Redação dada pela Lei Nº 7334 DE 29/04/2003).

a) quando for objeto de operação de saída de energia elétrica; (Redação da alínea dada pela Lei Nº 7334 DE 29/04/2003).

b) quando consumida no processo de industrialização; (Redação da alínea dada pela Lei Nº 7334 DE 29/04/2003).

c) quando seu consumo resultar em operação de saída ou prestação para o exterior, na proporção destas sobre as saídas ou prestações totais; e (Alínea acrescentada pela Lei Nº 7334 DE 29/04/2003).

d) a partir da data prevista na Lei Complementar Federal nº 87, de 13 de setembro de 1996, nas demais hipóteses; (Redação da alínea dada pela Lei Nº 11690 DE 13/05/2020).

III – somente darão direito de crédito as mercadorias destinadas ao ativo permanente do estabelecimento, nele entradas a partir de 16 de setembro de 1996; (Redação do inciso dada pela Lei Nº 7334 DE 29/04/2003).

IV – somente dará direito a crédito o recebimento de serviços de comunicação utilizados pelo estabelecimento: (Acrescentado pela Lei Nº 7334 DE 29/04/2003).

a) ao qual tenham sido prestados na execução de serviços da mesma natureza; (Alínea acrescentado pela Lei Nº 7334 DE 29/04/2003).

b) quando sua utilização resultar em operação de saída ou prestação para o exterior, na proporção desta sobre as saídas ou prestações totais; e (Alínea acrescentado pela Lei Nº 7334 DE 29/04/2003).

c) a partir da data prevista na Lei Complementar Federal nº 87, de 13 de setembro de 1996, nas demais hipóteses. (Redação da alínea dada pela Lei Nº 11690 DE 13/05/2020).

§ 2º O disposto na alínea «b» do inciso II do § 1º aplica-se, também, a outras fontes de energia. (Parágrafo acrescentado pela Lei Nº 9.201 DE 29.07.2010, DOE PB de 30.07.2010)

Art. 45. O direito de crédito, para efeito de compensação com débito do imposto, reconhecido ao estabelecimento que tenha recebido as mercadorias ou para o qual tenham sido prestados os serviços, está condicionado à idoneidade da documentação e, se for o caso, à escrituração nos prazos e condições estabelecidos na legislação.

Parágrafo único. O direito de utilizar o crédito extingue-se após decorridos cinco anos contados da data da emissão do documento.

TRIBUTÁRIO E FINANCEIRO

Art. 46. Para efeito do disposto no art. 44, relativamente aos créditos decorrentes da aquisição, a partir de 1º de janeiro de 2001, de mercadorias destinadas ao ativo permanente do estabelecimento, deverá ser observado: (Redação dada pela Lei Nº 7334 DE 29/04/2003).

I – a apropriação será feita à razão de um quarenta e oito avos por mês, devendo a primeira fração ser apropriada no mês em que ocorrer a entrada no estabelecimento; (Inciso acrescentado pela Lei Nº 6941 DE 26/12/2000).

II – em cada período de apuração do imposto, não será admitido o creditamento de que trata o inciso I, em relação à proporção das operações de saídas ou prestações isentas ou não tributadas sobre o total das operações de saídas ou prestações efetuadas no mesmo período; (Inciso acrescentado pela Lei Nº 6941 DE 26/12/2000).

III – para aplicação do disposto nos incisos I e II, o montante do crédito a ser apropriado mensalmente será o obtido multiplicando-se o valor total do respectivo crédito pelo fator igual a um quarenta e oito avos da relação entre o valor das operações de saídas e prestações tributadas e o total das operações de saídas e prestações do período, equiparando-se às tributadas, para fins deste inciso, as saídas e prestações com destino ao exterior; (Inciso acrescentado pela Lei Nº 6941 DE 26/12/2000).

IV – o quociente de um quarenta e oito avos será proporcionalmente aumentado ou diminuído, pro rata die, caso o período de apuração seja superior ou inferior a um mês; (Inciso acrescentado pela Lei Nº 6941 DE 26/12/2000).

V – na hipótese de alienação dos bens do ativo permanente, antes de decorrido o prazo de quatro anos, contado da data de sua aquisição, o creditamento de que trata este artigo em relação à fração que corresponderia ao restante do quadriênio, somente poderá ser aproveitado pelo novo destinatário dos bens localizado neste Estado, na forma prevista no Regulamento; (Redação do inciso dada pela Lei Nº 7334 DE 29/04/2003).

VI – serão objeto de outro lançamento, além do lançamento em conjunto com os demais créditos, para efeito da compensação prevista neste artigo e no art. 19, em livro próprio ou de outra forma que estabelecer o Regulamento, para aplicação do disposto neste artigo; (Inciso acrescentado pela Lei Nº 6941 DE 26/12/2000).

VII – ao final do quadragésimo oitavo mês contado da data da entrada do bem no estabelecimento, o saldo remanescente do crédito será cancelado. (Inciso acrescentado pela Lei Nº 6941 DE 26/12/2000).

Art. 47. Operações tributadas, posteriores às saídas de que trata o § 2º, do art. 50, dão ao estabelecimento que as praticar direito a creditar-se do imposto cobrado nas operações anteriores às isentas ou não tributadas, sempre que a saída isenta ou não tributada seja relativa a:

I – produtos agropecuários;

II – outras mercadorias, na forma que dispuser o regulamento.

Art. 48. Fica ainda assegurado o direito ao crédito quando as mercadorias, anteriormente oneradas pelo imposto, forem objeto de:

I – devolução por consumidor final, na forma e nos prazos previstos em regulamento;

II – retorno, por não terem sido negociadas no comércio ambulante e por não ter ocorrido a tradição real.

Art. 49. Quando o imposto destacado no documento fiscal for maior do que o exigível na forma da lei, o seu aproveitamento como crédito terá por limite o valor correto, observadas as normas sobre correção previstas em regulamento.

Seção III
DA VEDAÇÃO DO CRÉDITO

Art. 50. Não implicará em crédito do imposto as entradas de mercadorias ou utilização de serviços resultantes de operações ou prestações isentas ou não tributadas, ou que se refiram a mercadorias ou serviços alheios à atividade do estabelecimento, conforme definidos em regulamento. (Redação do artigo dada pela Lei Nº 11615 DE 26/12/2019).

§ 1º Salvo prova em contrário, presumem-se alheios à atividade do estabelecimento os veículos de transporte pessoal.

§ 2º É vedado o crédito relativo à mercadoria entrada no estabelecimento ou a prestação de serviços a ele feita:

I – para integração ou consumo em processo de industrialização ou produção rural, quando a saída do produto resultante não for tributada ou estiver isenta do imposto, exceto quando se tratar de saída para o exterior;

II – para comercialização ou prestação de serviço, quando a saída ou a prestação subsequente não forem tributadas ou estiverem isentas do imposto, exceto as destinadas ao exterior.

Art. 51. Ressalvada a hipótese do inciso I, do § 4º, do art. 3º, é vedado ao contribuinte creditar-se do imposto antes da entrada da mercadoria em seu estabelecimento.

Seção IV
DA ANULAÇÃO DO CRÉDITO

Art. 52. O sujeito passivo deverá efetuar estorno do imposto de que se tiver creditado sempre que o serviço tomado ou a mercadoria entrada no estabelecimento:

I - for objeto de saída ou prestação de serviço não tributada ou isenta, sendo esta circunstância imprevisível na data da entrada da mercadoria ou da utilização do serviço;

II - for integrada ou consumida em processo de industrialização, quando a saída do produto resultante não for tributada ou estiver isenta do imposto;

III - vier a ser utilizada em fim alheio à atividade do estabelecimento;

IV - vier a perecer, deteriorar-se ou extraviar-se;

V - for objeto de saída com redução de base de cálculo, hipótese em que o estorno será proporcional à redução.

§ 1º Devem ser também estornados os créditos referentes a bens do ativo permanente, adquiridos até 31 de dezembro de 2000, alienados antes de decorrido o prazo de cinco anos contado da data da sua aquisição, hipótese em que o estorno será de vinte por cento por ano ou fração que faltar para completar o quinquênio, observado o disposto nos §§ 4º a 7º. (Parágrafo revigorado e com redação dada pela Lei Nº 7334 DE 29/04/2003).

§ 2º Não se estornam créditos referentes a mercadorias e serviços que venham a ser objeto de operações ou prestações destinadas ao exterior.

§ 3º O não creditamento ou estorno a que se referem o § 2º, do art. 50 e o caput deste artigo, não impedem a utilização dos mesmos créditos em operações posteriores, sujeitas ao imposto, com a mesma mercadoria. (Redação do parágrafo dada pela Lei Nº 6.646 DE 26.06.1998, DOE PB de 27.06.1998)

§ 4º Se bens do ativo permanente forem utilizados para produção de mercadorias cuja saída resulte de operações isentas ou não tributadas ou para prestação de serviços isentos ou não tributados, haverá estorno dos créditos escriturados conforme dispuser o Regulamento. (Parágrafo revigorado e com redação dada pela Lei Nº 7.334 DE 290.04.2003, DOE PB de 30.04.2003)

§ 5º Em cada período de apuração, o montante do estorno previsto no parágrafo anterior será o que se obtiver multiplicando-se o respectivo crédito pelo fator igual a um sessenta avos da relação entre a soma das saídas e prestações isentas e não tributadas e o total das saídas e prestações no mesmo período. Para este efeito, as saídas e prestações com destino ao exterior equiparam-se às tributadas. (Parágrafo revogado pela Lei Nº 6.941 DE 26.12.2000, DOE PB de 27.12.2000 e restabelecido pela Lei Nº 7334 DE 29/04/2003).

§ 6º O montante que resultar da aplicação dos §§ 4º e 5º deste artigo será lançado nos livro fiscal próprio e na forma estabelecida em Regulamento. (Parágrafo revigorado e com redação dada pela Lei Nº 7.334 DE 290.04.2003, DOE PB de 30.04.2003)

§ 7º Ao fim do 5º ano contado da data a que se refere o § 1º, o saldo remanescente do crédito será cancelado de modo a não mais ocasionar estornos. (Parágrafo revigorado e com redação dada pela Lei Nº 7.334 DE 290.04.2003, DOE PB de 30.04.2003)

Capítulo VI
DO LANÇAMENTO DO IMPOSTO

Art. 53. O lançamento do imposto será feito nos documentos e nos livros fiscais com a descrição das operações realizadas na forma prevista no regulamento, observado o disposto no art. 46.

Parágrafo único. O lançamento é de responsabilidade do contribuinte e está sujeito a posterior homologação pela autoridade administrativa.

Capítulo II
DO RECOLHIMENTO DO IMPOSTO

Seção I
DA FORMA E DOS PRAZOS

Art. 54. O imposto será recolhido na forma e nos prazos estabelecidos em regulamento, observados, quanto aos prazos, os limites fixados em convênio celebrado nos termos de lei complementar.

§ 1º Fica dispensado o recolhimento do imposto em valor inferior a 0,2 (dois décimos) da Unidade Fiscal de Referência do Estado da Paraíba - UFR-PB. (Parágrafo acrescentado pela Lei Nº 11031 DE 12/12/2017).

§ 2º O ICMS a recolher sob um determinado código de receita, que no período de apuração, resultar inferior a 0,2 (dois décimos) da UFR-PB, deverá ser adicionado ao ICMS do mesmo código, correspondente aos períodos subsequentes, até que o total seja igual ou superior ao previsto no § 1º deste artigo, quando, então, será pago ou recolhido no prazo estabelecido na legislação para este último período de apuração. (Parágrafo acrescentado pela Lei Nº 11031 DE 12/12/2017).

Art. 55. Os prazos fixados na legislação serão contínuos, excluindo-se, na sua contagem, o dia de início e incluindo-se o de vencimento. (Redação dada pela Lei Nº 9884 DE 19/09/2012)

§ 1º Os prazos só se iniciam ou se vencem em dia de expediente normal na repartição fiscal, observado o disposto no § 2º deste artigo.

§ 2º Quanto ao término do prazo de recolhimento do imposto será observado o seguinte:

I – se este cair em dia não útil ou em dia que não haja expediente bancário, o referido prazo será postergado para o primeiro dia útil subsequente; (Redação do inciso dada pela Lei Nº 10977 DE 25/09/2017).

II – se cair no último dia do mês e este não for dia útil, considerar-se-á antecipado o prazo para o primeiro dia útil que o anteceder.

Art. 56. O Estado, por razão de ordem econômica e no interesse de simplificar o processo de arrecadação, poderá, nos casos e na forma previstos em regulamento, e relativamente a determinadas mercadorias ou categorias de contribuintes, exigir o pagamento antecipado do imposto.

Art. 57. Quando o pagamento do imposto estiver subordinado a regime de substituição tributária ou de diferimento, o regulamento poderá dispor que o recolhimento do imposto seja feito independentemente do prazo de pagamento relativo às operações normais do responsável.

Art. 58. A data do encerramento das atividades do contribuinte é o prazo de recolhimento do imposto, relativamente às mercadorias constantes do estoque final do estabelecimento.

Seção II
DA CORREÇÃO MONETÁRIA

Art. 59. Os débitos decorrentes do não recolhimento do imposto no prazo legal ficarão sujeitos a (Redação dada pela Lei Nº 9884 DE 19/09/2012):

I – juros de mora equivalentes à taxa referencial do Sistema Especial de Liquidação e de Custódia – SELIC, para títulos federais, ou qualquer outro índice que vier a substituí-la, acumulada mensalmente, calculados a partir do primeiro dia do mês subsequente ao do vencimento do prazo até o mês anterior ao da liquidação, acrescidos de 1% (um por cento) no mês do pagamento;

II – multa de mora, calculada à taxa de 0,33% (trinta e três centésimos por cento), por dia de atraso, limitada a 20% (vinte por cento).

§ 1º Os juros a que se refere este artigo incidirão sobre o principal e sobre as multas por infração, quando for o caso, bem como, sobre os débitos parcelados, relativamente às prestações vincendas. (Redação do parágrafo dada pela Lei Nº 9976 DE 07/05/2013).

§ 2º A incidência dos acréscimos legais abrangerá o período em que a cobrança estiver suspensa por qualquer ato do contribuinte na esfera administrativa ou judicial, ressalvada a decisão definitiva na instância administrativa em processo de consulta.

§ 3º Tratando-se de débito correspondente a período de apuração, que pela natureza do levantamento se torne impossível identificar, com precisão, a data de ocorrência do fato gerador do imposto, o termo inicial, para cálculo e apuração dos acréscimos legais, será contado a partir do 9º (nono) dia após o último mês daquele período.

§ 4º Tratando-se de parcelamento, o disposto no caput deste artigo, incidirá sobre o crédito tributário. (Redação do parágrafo dada pela Lei Nº 9976 DE 07/05/2013).

Art. 60. As disposições contidas nesta Seção aplicam-se, também, aos (Redação do artigo dada pela Lei Nº 9884 DE 19/09/2012):

I – saldos dos créditos tributários existentes, que tenham sido atualizados, monetariamente, até 31 de dezembro de 2012, por outros índices anteriormente utilizados;

II – débitos inscritos em Dívida Ativa para cobrança executiva.

Parágrafo único. Entende-se como crédito tributário, o principal, a multa por infração e a atualização monetária, bem como, os juros e a multa de mora de que trata o art. 59.

Art. 61. Somente o depósito em dinheiro da importância exigida, a partir de quando efetivado, evitará ou sustará a incidência dos acréscimos legais de que trata o art. 59. (Redação dada pela Lei Nº 9884 DE 19/09/2012)

Art. 62. A incidência dos acréscimos legais sobre os débitos fiscais do falido será feita até a data da sentença declaratória da falência, ficando suspensa por um ano, a partir dessa data. (Redação dada pela Lei Nº 9884 DE 19/09/2012)

§ 1º Se os débitos de que trata o «caput» não forem liquidados até 30 (trinta) dias após o término do prazo previsto neste artigo, os acréscimos legais serão calculados até a data do pagamento, incluindo o período em que esteve suspensa a exigência. (Redação dada pela Lei Nº 9884 DE 19/09/2012)

§ 2º O pedido de concordata suspensiva não interferirá na fluência dos prazos fixados neste artigo.

Art. 63. Os acréscimos legais serão calculados pela repartição arrecadadora, na forma que dispuser a legislação específica. (Redação dada pela Lei Nº 9884 DE 19/09/2012)

Seção III
DO PARCELAMENTO

Art. 64. Os créditos tributários vencidos poderão ser pagos parceladamente, conforme critérios fixados em regulamento.

§ 1º No caso de parcelamento de débito proveniente de Auto de Infração ou de Representação Fiscal, inscrito ou não na Dívida Ativa, aplicar-se-ão as mesmas regras estabelecidas no art. 59 desta Lei. (Redação dada pela Lei Nº 9884 DE 19/09/2012)

§ 2º No caso de parcelamento oriundo de REFIS, o valor consolidado até 31 de dezembro de 2012 será submetido ao disposto no art. 59 desta Lei, bem como, aos acréscimos estabelecidos em legislação específica.(Redação dada pela Lei Nº 9884 DE 19/09/2012)

Capítulo VIII
DA RESTITUIÇÃO

Art. 65. As quantias indevidamente recolhidas aos cofres do Estado serão restituídas a requerimento do contribuinte, desde que este comprove que o respectivo encargo financeiro não foi transferido a terceiro, ou, no caso de tê-lo recebido de outrem, estar por este devidamente autorizado a recebê-las.

§ 1º O terceiro que fizer prova de lhe haver sido transferido o encargo financeiro do imposto pago pelo contribuinte, sub-roga-se no direito daquele à respectiva restituição.

§ 2º O imposto indevidamente recolhido, a partir da vigência desta Lei, terá seu valor corrigido em função da variação do poder aquisitivo da moeda, segundo coeficientes fixados pelo órgão federal competente, na forma que dispuser o regulamento.

§ 3º A restituição de tributos será acrescida de juros equivalentes à taxa referencial do Sistema Especial de Liquidação e de Custódia - SELIC, para títulos federais, acumulada mensalmente, ou qualquer outro índice que vier substituí-la, calculados a partir do primeiro dia do mês subsequente ao do pagamento indevido ou a maior até o mês anterior ao da restituição, acrescidos de 1% (um por cento) relativo ao mês em que houver a decisão da autoridade competente para reconhecimento da dívida e autorização da restituição. (Redação do parágrafo dada pela Lei Nº 11247 DE 13/12/2018, efeitos a partir de 01/01/2019).

Art. 66. A restituição das quantias referidas no artigo anterior dá lugar à restituição, na mesma proporção dos juros de mora e das penalidades pecuniárias, salvo às referentes a infrações de caráter formal que não se devam reputar prejudicadas pela causa assecuratória da restituição.

Capítulo IX
DAS OBRIGAÇÕES

Seção I
DOS CONTRIBUINTES

Art. 67. São obrigações do contribuinte, dentre outras previstas no Regulamento: (Redação do caput dada pela Lei Nº 9.550 DE 06.12.2011, DOE PB de 07.12.2011)

I – inscrever-se na repartição fiscal, antes do início das suas atividades, na forma que dispuser o regulamento;

II – manter livros fiscais devidamente registrados na repartição fiscal de seu domicílio, bem como os documentos fiscais, pelo prazo previsto na legislação tributária;

III – exibir ou entregar ao Fisco, quando exigido ou solicitado, os livros e/ou documentos fiscais e contábeis, assim como outros elementos auxiliares relacionados com a sua condição de contribuinte; (Redação do inciso dada pela Lei Nº 9.550 DE 06.12.2011, DOE PB de 07.12.2011)

IV – comunicar à repartição fiscal as alterações contratuais e estatutárias de interesse do Fisco, bem como as mudanças de domicílio fiscal, venda ou transferência de estabelecimento e encerramento de atividade, na forma e prazos estabelecidos no regulamento;

V – solicitar autorização da repartição fiscal competente, quando para imprimir ou mandar imprimir documento fiscal;

VI – solicitar à repartição fiscal competente a autenticação de livros e documentos fiscais, antes de sua utilização;

VII – escriturar os livros e emitir documentos fiscais na forma regulamentar;

VIII – entregar ao adquirente, ainda que não solicitado, o documento fiscal correspondente às mercadorias cuja saída promover;

IX – comunicar ao Fisco quaisquer irregularidades de que tiver conhecimento;

X – pagar o imposto devido na forma e prazos estipulados na legislação tributária;

XI – exigir de outro contribuinte, nas operações que com ele realizar, a exibição da ficha de inscrição cadastral, sob pena de responder solidariamente pelo imposto devido, calculado na forma que o regulamento estabelecer, se de tal descumprimento decorrer o seu não recolhimento no todo ou em parte;

XII – exibir a outro contribuinte a ficha de inscrição cadastral nas operações que com ele realizar;

XIII – acompanhar, pessoalmente ou por preposto a contagem física de mercadoria, promovida pelo Fisco, fazendo por escrito as observações que julgar convenientes, sob pena de reconhecer exata a referida contagem.

Seção II
DO CADASTRO

Art. 68. Inscrever-se-ão no Cadastro de Contribuinte do ICMS, antes de iniciarem as atividades:

I – os comerciantes, os industriais e os produtores;

II – (Revogado pela Lei Nº 7.909 DE 27.12.2005, DOE PB de 28.12.2005)

III – as cooperativas;

IV – as companhias de armazéns gerais;

V – as empresas de transportes;

VI – os representantes ou pessoas a eles equiparadas e demais contribuintes definidos nesta Lei;

VII – as empresas de prestação de serviços, quando estes se enquadrarem no campo de incidência do ICMS;

VIII – os leiloeiros e as demais pessoas ou jurídicas, de direito público ou privado que praticarem em nome próprio ou de terceiros, operações relativas à circulação de mercadorias e serviços incluídos no campo de incidência do ICMS.

§ 1º Se as pessoas mencionadas neste artigo mantiverem mais de um estabelecimento, em relação a cada um deles será exigida inscrição. (Antigo parágrafo único renomeado pela Lei Nº 8247 DE 31/05/2007).

§ 2º Constarão do Regulamento a forma e as condições para inscrição no Cadastro de Contribuintes do ICMS, inclusive local, prazo, renovação e cancelamento. (Parágrafo acrescentado pela Lei Nº 8247 DE 31/05/2007).

Art. 69. A inscrição estadual será cancelada "ex-offício" nos casos de infrações praticadas com dolo, fraude, simulação ou de irregularidades que caracterizem crime de sonegação fiscal na forma estabelecida em lei, comprovadas através de processo regular.

Parágrafo único. Na hipótese de que trata o "caput", antes do cancelamento, a inscrição estadual poderá ser suspensa pelo chefe da repartição fiscal ou por autoridade fiscal superior competente até a decisão definitiva transitada em julgado. (Redação do parágrafo dada pela Lei Nº 10802 DE 12/12/2016).

Art. 69-A. A inscrição estadual será cassada no caso de se comprovar que a respectiva empresa tenha realizado emissão de documentos fiscais para os quais se comprove a inexistência da materialidade das operações ou prestação de serviços neles declaradas, nos termos previstos em regulamento, excetuados os casos expressamente previstos na legislação tributária deste Estado. (Artigo acrescentado pela Lei Nº 11615 DE 26/12/2019).

Seção III
DAS OBRIGAÇÕES DE TERCEIROS

(título da seção acrescentado pela Lei nº 8247 de 31/05/2007)

Art. 70. Ficam obrigadas a fornecer à Secretaria de Estado da Fazenda – SEFAZ-PB, até o último dia do mês subsequente, as informações relativas às operações realizadas pelos beneficiários de pagamentos que utilizem os instrumentos de pagamento referentes às transações com cartões de débito, crédito, de loja (private label) e demais instrumentos de pagamento: (Redação do artigo dada pela Lei Nº 11615 DE 26/12/2019):

I – as instituições e os intermediadores financeiros e de pagamento, integrantes ou não do Sistema de Pagamentos Brasileiros – SBP; (Redação do inciso dada pela Lei Nº 11801 DE 27/10/2020).

II – As empresas que, por meio de aplicativos, softwares e/ou plataformas de informática, realizem intermediação, entre dois ou mais contribuintes ou entre contribuintes e consumidores finais, de operações e/ou prestações de serviços sujeitas à incidência do ICMS, quando sejam responsáveis pelo recebimento e repasse dos pagamentos realizados para a concretização de tais operações e/ou prestações.

III – os intermediadores de serviços e de negócios em relação às informações relativas às operações realizadas pelos estabelecimentos e usuários de seus serviços. (Inciso acrescentado pela Lei Nº 11801 DE 27/10/2020).

Parágrafo único. Norma do Poder Executivo disporá acerca da apresentação das informações de que trata esta Seção.

Capítulo X
DO DOCUMENTÁRIO E DA ESCRITA FISCAL

Art. 71. Os livros e documentos fiscais relativos ao ICMS, a serem utilizados pelos contribuintes, bem como sua forma de escrituração, utilização e outras obrigações acessórias, serão estabelecidos em regulamento, observados os convênios e ajustes celebrados e ratificados pelos Estados e o Distrito Federal, na forma prevista na legislação complementar pertinente.

Parágrafo único. O Poder Executivo poderá instituir outros documentos fiscais de interesse da Fazenda Estadual.

Capítulo XI
DA FISCALIZAÇÃO

Art. 72. A fiscalização do imposto compete à Secretaria das Finanças, através dos órgãos próprios, pelos seus funcionários para isso credenciados.

Art. 73. As pessoas físicas ou jurídicas domiciliadas no Estado, contribuintes do imposto ou intermediários de negócios, não poderão escusar-se de exibir à fiscalização os livros e documentos das escritas fiscal e contábil, bem como todos os papéis relacionados com a sua escrituração.

Parágrafo único. No caso de recusa, a fiscalização poderá lacrar os móveis ou depósitos onde possivelmente estejam os documentos exigidos, lavrando termo desse procedimento, do qual deixará cópia com o contribuinte, solicitando de imediato, à autoridade administrativa a que estiver subordinada, providências para que se faça a exibição judicial.

Art. 74. O Secretário das Finanças, em casos excepcionais expressamente previstos no regulamento, poderá submeter o contribuinte ou responsável a regime especial de controle e fiscalização.

Art. 74-A. A Secretaria de Estado da Receita deverá declarar como devedor contumaz o contribuinte do ICMS que se enquadrar em uma das seguintes condições: (Artigo acrescentado pela Lei Nº 11247 DE 13/12/2018, efeitos a partir de 01/01/2019).

I - sistematicamente deixar de recolher, no prazo regulamentar, o imposto declarado na Escrituração Fiscal Digital - EFD por qualquer de seus estabelecimentos localizados no Estado, relativo a 8 (oito) períodos de apuração, sucessivos ou não, nos últimos 12 (doze) meses;

II - sistematicamente deixar de recolher, no prazo regulamentar, mais de 70% (setenta por cento) do imposto declarado na Escrituração Fiscal Digital - EFD pela totalidade dos seus estabelecimentos localizados no Estado, nos últimos 12 (doze) meses;

III - tiver créditos tributários inscritos em Dívida Ativa do Estado da Paraíba em valor superior a 8.000 (oito mil) UFR-PB, referente à totalidade dos seus estabelecimentos localizados no Estado.

§ 1º O contribuinte deverá ser notificado que está enquadrado em uma das condições previstas para ser declarado devedor contumaz, facultando-o o prazo de 30 (trinta) dias da ciência para se regularizar.

§ 2º Esgotado o prazo concedido no § 1º deste artigo sem que a empresa se regularize, o Secretário de Estado da Receita deverá emitir portaria declarando o contribuinte devedor contumaz.

§ 3º O contribuinte que for declarado devedor contumaz ficará sujeito, isolada ou cumulativamente, às seguintes medidas:

I - Regime Especial de Fiscalização, Controle, Apuração e Arrecadação na forma prevista em regulamento;

II - impedimento à utilização de benefícios ou incentivos fiscais relativos ao ICMS, na forma prevista em regulamento;

III - apuração do ICMS por operação ou prestação;

IV - pagamento antecipado do ICMS na entrada de mercadoria em seu estabelecimento;

V - pagamento antecipado do ICMS devido pela saída de mercadoria do seu estabelecimento.

§ 4º Serão desconsiderados, para fins de declaração de devedor contumaz:

I – os créditos tributários cuja exigibilidade estiver suspensa;

II – os contribuintes que forem titulares originários de créditos relativos a precatórios inadimplidos pelo Estado ou por suas autarquias, até o limite do respectivo crédito tributário inscrito em Dívida Ativa;

III – o sujeito passivo que esteja submetido à recuperação judicial.

§ 5º O enquadramento do regime especial de que trata o inciso I do § 3º deste artigo não dispensará o contribuinte do cumprimento das demais obrigações acessórias.

§ 6º A Secretaria de Estado da Receita poderá aplicar outras medidas que julgar necessárias, tais como arrolamento administrativo de bens, formalização de Representação Fiscal para Fins Penais ou representação para propositura de medida cautelar fiscal.

§ 7º O contribuinte deixará de ser considerado devedor contumaz se os débitos que motivaram essa condição forem extintos ou tiverem sua exigibilidade suspensa.

Capítulo XII
DAS MERCADORIAS EM SITUAÇÃO IRREGULAR E OS EFEITOS FISCAIS

(Redação do título do capítulo dada pela Lei Nº 10008 DE 05/06/2013, efeitos a partir de 01/09/2013).

Art. 75. Serão apreendidas e apresentadas à repartição competente, mediante as formalidades legais, as mercadorias, notas fiscais, livros e demais documentos em contravenção às disposições da legislação do imposto e todas as coisas móveis que forem necessárias à comprovação da infração.

§ 1º Se não for possível efetuar a remoção das mercadorias ou objetos apreendidos, o apreensor, tomadas as necessárias cautelas, incumbirá de sua guarda ou depósito, pessoa idônea, que poderá ser o próprio infrator, mediante termo de depósito.

§ 2º Se as provas das faltas existentes em livros ou documentos fiscais ou comerciais, ou verificada através deles, independer de verificação da mercadoria, será feita a apreensão somente do documento que contiver a infração ou que comprovar a sua existência.

Art. 76. Havendo prova ou fundada suspeita de que as mercadorias, objeto e livros fiscais se encontram em residência particular ou em dependência de estabelecimento comercial, industrial, produtor, profissional ou qualquer outro utilizado como moradia, tomadas as necessárias cautelas para evitar a sua remoção clandestina, será promovida judicialmente a busca e apreensão se o morador ou detentor, pessoalmente intimado, recusar-se a fazer a sua entrega.

Art. 77. No caso de suspeita de estarem em situação irregular as mercadorias que devam ser expedidas nas estações de transportes ferroviário, rodoviário, aéreo, fluvial ou marítimo, serão tomadas as medidas necessárias à retenção dos volumes até que se proceda à verificação.

§ 1º No caso de ausência da fiscalização, a empresa transportadora se encarregará de comunicar o fato ao órgão fiscalizador mais próximo, aguardando as providências legais.

§ 2º Se a suspeita ocorrer na ocasião da descarga, a empresa transportadora agirá pela forma indicada no final deste artigo e no seu § 1º

Art. 78. As mercadorias apreendidas poderão ser restituídas antes do julgamento definitivo do processo, a requerimento da parte, depois de sanadas as irregularidades que motivaram a apreensão e mediante depósito, na repartição competente, do valor do imposto e do máximo da multa aplicável ou prestação de fiança idônea quando cabível, ficando retidos os espécimes necessários ao esclarecimento do processo.

§ 1º (Revogado pela Lei Nº 10446 DE 30/03/2015)

§ 2º (Revogado pela Lei Nº 10446 DE 30/03/2015)

§ 3º Os produtos falsificados, adulterados ou deteriorados serão inutilizados logo que a decisão do processo tiver passado em julgado.

Art. 79. As mercadorias e os objetos apreendidos que estiverem depositados em poder de comerciante que vier a falir não serão arrecadados na massa, mas removidos para outro local a pedido do chefe da repartição arrecadadora ou de autoridade fiscal superior competente. (Redação do artigo dada pela Lei Nº 10802 DE 12/12/2016).

Capítulo XIII
DAS PENALIDADES

Art. 80. As multas serão calculadas tomando-se como base:

I – o valor da Unidade Fiscal de Referência do Estado da Paraíba (UFR-PB), prevista no art. 184 desta Lei, vigente no exercício em que se tenha constatado a infração;

II – o valor do imposto não recolhido tempestivamente, no todo ou em parte;

III – o valor do acréscimo de que trata o art. 90;

IV – os valores das operações e das prestações ou do faturamento. (Inciso revigorado e com redação dada pela Lei Nº 10008 DE 05/06/2013, efeitos a partir de 01/09/2013).

§ 1º As multas são cumulativas quando resultarem concomitantemente do não cumprimento das obrigações tributárias principal e acessória.

§ 2º O pagamento de multa não dispensa a exigência do imposto, quando devido, e a imposição de outras penalidades.

§ 3º (Revogado pela Lei Nº 6823 DE 16/12/1999).

Art. 81. A multa para a qual se adotará o critério referido no inciso III, do art. 80, é fixada em 50% (cinquenta por cento) do valor do acréscimo e será aplicada aos que recolherem o imposto devido, fora do prazo legal, espontaneamente, sem a multa de mora correspondente. (Redação do artigo dada pela Lei Nº 10008 DE 05/06/2013, efeitos a partir de 01/09/2013).

Art. 81-A. As multas para as quais se adotará o critério referido no inciso IV do art. 80 serão as seguintes: (Redação do artigo dada pela Lei Nº 10312 DE 15/05/2014 conversão da Medida Provisória Nº 215 DE 30/12/2013)

I - 2% (dois por cento) do valor das operações ou prestações no período contemplado na notificação fiscal, não inferior a 5 (cinco) UFR-PB, aos que não fornecerem ou fornecerem incompletas as informações econômico-fiscais relativas a operações ou prestações de terceiros realizadas em ambiente virtual ou mediante utilização de cartões de crédito ou de débito;

II - 5% (cinco por cento) do somatório dos valores totais das operações ou das prestações que deveriam constar no arquivo magnético/digital fornecido, exclusivamente, por meio da Guia de Informação Mensal - GIM, ou aqueles que, mesmo constando do arquivo, apresentem omissão ou divergência entre as informações constantes do arquivo magnético/digital e as constantes dos livros fiscais obrigatórios, não podendo a multa ser inferior a 10 (dez) UFR-PB e nem superior a 400 (quatrocentas) UFR-PB; (Redação do inciso dada pela Lei Nº 10977 DE 25/09/2017).

III - 70% (setenta por cento) do valor da operação ou prestação pela aquisição de mercadoria ou serviço, em operação ou prestação interestadual, acobertada por documento fiscal, no qual se consigne, indevidamente, a alíquota interestadual, sob a pretensa condição de contribuinte do destinatário da mercadoria ou do serviço;

IV - 0,2% (dois décimos por cento) sobre o valor médio mensal das saídas, excluídas as deduções previstas em Regulamento, não podendo ser inferior a 5 (cinco) UFR-PB, aos que, estando obrigados à entrega de Escrituração Fiscal Digital - EFD, deixarem de enviar, mensalmente, ao Fisco, os arquivos nos prazos estabelecidos pela legislação;

V - 5% (cinco por cento), aos que deixarem de informar ou informarem com divergência, na forma e prazo regulamentares, em registros do bloco específico de escrituração:

a) documento fiscal relativo à operação de circulação de mercadorias ou de prestação de serviço, por documento não informado ou divergência de valores encontrada, não podendo a multa ser inferior a 10 (dez) UFR-PB e nem superior a 400 (quatrocentas) UFR-PB; (Redação da alínea dada pela Lei Nº 10977 DE 25/09/2017).

b) o valor total das vendas realizadas com uso de cartão de crédito ou de débito, por venda não informada ou divergência de valores encontrada;

c) os documentos vinculados à exportação, por documento não informado ou divergência de valores encontrada, não podendo a multa ser inferior a 10 (dez) UFR-PB e nem superior a 400 (quatrocentas) UFR-PB; (Redação da alínea dada pela Lei Nº 10977 DE 25/09/2017).

d) na apuração do ICMS da EFD, o valor do ICMS devido por substituição tributária, por valor não informado ou divergência encontrada;

e) as movimentações de entrada e saída de créditos fiscais extra-apuração, por movimentação não informada, divergência de valores encontrada ou sem o correspondente detalhamento;

f) o valor total de estornos de créditos de ICMS relativo às prestações de serviços de transporte aéreo de passageiros, por valor não informado, divergência de valores encontrada ou sem o correspondente detalhamento;

g) os documentos fiscais nas operações de saídas interestaduais de energia elétrica, por documento não informado ou divergência de valores encontrada, não podendo a multa ser inferior a 10 (dez) UFR-PB e nem superior a 400 (quatrocentas) UFR-PB; (Redação da alínea dada pela Lei Nº 10977 DE 25/09/2017).

h) as informações mensais utilizadas para o cálculo do valor adicionado por município, por valor não informado ou divergência encontrada.

§ 1º Para efeitos de aplicação da multa prevista no inciso IV deste artigo, a autoridade fiscal poderá utilizar informações disponibilizadas pelo Fisco de outra unidade da Federação, bem como, aquelas fornecidas pelo contribuinte e por outros sujeitos passivos e registradas na base de dados da Administração Tributária Estadual.

§ 2º Verificado que a empresa deixou de informar ou informou a menor, em um ou mais meses, as saídas anteriores ao período em que se deu a obrigação e que serviram de base para determinar a penalidade prevista no inciso IV deste artigo, a autoridade fiscal deverá lavrar Auto de Infração, nos termos do Regulamento.

§ 3º Para os efeitos de aplicação da penalidade prevista no inciso IV do «caput» deste artigo, o valor médio mensal será obtido pela média aritmética das saídas dos 6 (seis) meses anteriores ao período em que se deu a obrigação, observado o disposto no § 4º deste artigo. (Parágrafo acrescentado pela Lei Nº 10802 DE 12/12/2016).

§ 4º No caso de início de atividade, o valor apurado nos termos do § 3º deste artigo será proporcional ao número de meses de funcionamento da empresa no período. (Parágrafo acrescentado pela Lei Nº 10802 DE 12/12/2016).

§ 5º Não sendo possível obter o valor médio mensal das saídas na forma prevista nos §§ 1º, 3º e 4º deste artigo, aplicar-se-á a penalidade igual à mínima estabelecida no inciso IV do «caput» deste artigo. (Parágrafo acrescentado pela Lei Nº 10802 DE 12/12/2016).

Art. 82. As multas para as quais se adotará o critério referido no inciso II, do art. 80, serão as seguintes:

I - de 20% (vinte por cento): (Redação dada pela Lei Nº 10008 DE 05/06/2013, efeitos a partir de 01/09/2013).

aos que, desobrigados da escrita fiscal e da emissão de documentos, deixarem de recolher o imposto no prazo legal;

aos que, tendo emitido os documentos fiscais e lançado no livro próprio as operações e prestações efetivadas, deixarem de recolher no prazo legal, no todo ou em parte, o imposto correspondente;

II - de 50% (cinquenta por cento): (Redação dada pela Lei Nº 10008 DE 05/06/2013, efeitos a partir de 01/09/2013).

a) (Revogada pela Lei Nº 8247 DE 31/05/2007).

b) aos que, sujeitos a escrita fiscal, não lançarem nos livros fiscais próprios, as notas fiscais emitidas e deixarem de recolher no prazo legal, no todo ou em parte, o imposto correspondente;

c) aos que deixarem de recolher o imposto em decorrência do uso antecipado de crédito fiscal;

d) aos que transferirem para outros estabelecimentos créditos do imposto, nas hipóteses não permitidas pela legislação tributária;

e) aos que deixarem de recolher o imposto no todo ou em parte, nas demais hipóteses não contidas neste artigo;

III - de 60% (sessenta por cento) aos que deixarem de recolher o imposto em virtude de haver registrado de forma incorreta, nos livros fiscais, o valor real das operações ou prestações; (Redação do inciso dada pela Lei Nº 10008 DE 05/06/2013, efeitos a partir de 01/09/2013).

IV - de 75% (setenta e cinco por cento) aos que indicarem como isentas ou não tributadas, nos documentos fiscais, as operações ou prestações sujeitas ao imposto; (Redação do inciso dada pela Lei Nº 10008 DE 05/06/2013, efeitos a partir de 01/09/2013).

V - de 100% (cem por cento): (Redação dada pela Lei Nº 10008 DE 05/06/2013, efeitos a partir de 01/09/2013).

a) aos que deixarem de emitir nota fiscal pela entrada ou saída de mercadorias, de venda a consumidor ou de serviço, ou as emitirem sem observância dos requisitos legais;

TRIBUTÁRIO E FINANCEIRO

b) aos que entregarem, remeterem, transportarem, receberem, estocarem, depositarem mercadorias ou efetuarem prestações desacompanhadas de documentos fiscais hábeis;

c) aos que entregarem, remeterem, transportarem, receberem, estocarem ou depositarem mercadorias sujeitas a substituição tributária, sem o recolhimento do imposto;

d) aos que desviarem, do seu destino, mercadorias em trânsito ou as entregarem sem prévia autorização do órgão competente a destinatário diverso do indicado no documento fiscal;

e) aos que entregarem mercadorias depositadas a pessoa ou estabelecimento diverso do depositante, quando este não tenha emitido o documento fiscal correspondente;

f) aos que deixarem de recolher o imposto proveniente de saída de mercadoria ou de prestação serviço, dissimulada por receita de origem não comprovada, inclusive, a representada por despesa realizada a descoberto de caixa, pela existência de passivo fictício ou por qualquer outra forma apurada através de levantamento da escrita contábil ou do livro Caixa quando o contribuinte não estiver obrigado à escrituração; (Redação da alínea dada pela Lei Nº 10008 DE 05/06/2013, efeitos a partir de 01/09/2013).

g) aos que deixarem de reter, na qualidade de sujeito passivo por substituição, e/ou de recolher, nesta condição, o imposto retido na fonte;

h) Aos que utilizarem crédito indevidamente; (Alínea acrescentada pela Lei Nº 11615 DE 26/12/2019).

h) aos que utilizarem crédito indevido ou inexistente, desde que resulte na falta de recolhimento do imposto, sem prejuízo do estorno do crédito;

i) aos que emitirem documento fiscal com numeração e/ou seriação em duplicidade;

j) aos que emitirem documento fiscal contendo indicações diferentes nas respectivas vias;

k) aos que consignarem no documento fiscal importância diversa do valor da operação ou da prestação;

l) aos que forjarem, adulterarem ou falsificarem livros ou documentos fiscais ou contábeis, com finalidade de se eximirem do pagamento do imposto ou proporcionarem a outrem a mesma vantagem;

m) aos que receberem mercadorias ou utilizarem serviço cujo documento fiscal de origem consigne importância inferior à do efetivo valor da operação ou prestação ou quantidade inferior à efetivamente entrada, sobre a diferença apurada;

n) aos que emitirem documento fiscal que não corresponda efetivamente a uma prestação, a uma saída de mercadoria, a uma transmissão de propriedade desta ou ainda a uma entrada no estabelecimento.

o) aos que não efetuarem baixa no Termo de Responsabilidade de Mercadorias em Trânsito, do Passe Fiscal, ou não comprovarem o desinternamento das mercadorias do território paraibano. (Redação da alínea dada pela Lei Nº 7598 DE 28/06/2004).

p) aos que não efetuarem o registro de passagem do Documento Auxiliar da Nota Fiscal Eletrônica (DANFE) e não comprovarem o desinternamento do território paraibano, das mercadorias indicadas nos respectivos documentos fiscais. (Alínea acrescentada pela Lei Nº 8613 DE 30/06/2008).

Art. 83. Não se aplicará a penalidade prevista na alínea g, do inciso V, do artigo anterior, quando ficar provado o recolhimento do imposto pelo contribuinte substituído.

Art. 84. Além das penalidades previstas no inciso V do art. 82, o contribuinte poderá responder por crime contra a ordem tributária, nos termos definidos na Lei Federal Nº 8.137 DE 27 de dezembro de 1990. (Redação do artigo dada pela Lei Nº 6823 DE 16/12/1999).

Art. 85. As multas para as quais se adotará o critério referido no inciso I, do art. 80, serão as seguintes:

I - (Revogado pela Lei Nº 9.550 DE 06.12.2011, DOE PB de 07.12.2011)

II - de 03 (três) UFR-PB:

a) aos que, nas operações ou prestações não sujeitas ao pagamento do imposto, sendo legalmente obrigados a emitir nota fiscal ou outro documento de controle, não o fizerem;

b) aos que, sujeitos à escrita fiscal, não lançarem as notas fiscais correspondentes às mercadorias recebidas ou às prestações efetuadas nos livros fiscais próprios, por documento; (Redação da alínea dada pela Lei Nº 8247 DE 31/05/2007).

c) aos que sujeitos à escrita fiscal, deixarem de apresentar no prazo legal, o documento de arrecadação próprio, quando exigido;

d) aos contribuintes com faturamento inferior a R$ 1.200.000,00 (um milhão e duzentos mil reais) que não fizerem a entrega de quaisquer documentos de controle e informações econômico-fiscais, nos prazos estabelecidos na legislação, por documento; (Alínea acrescentada pela Lei Nº 8613 DE 30/06/2008).

III - de 05 (cinco) UFR-PB:

a) aos que utilizarem livros ou notas fiscais sem autenticação na repartição competente, nos prazos estabelecidos no Regulamento; (Redação da alínea dada pela Lei Nº 6941 DE 26/12/2000).

b) aos que não fizerem a entrega de quaisquer documentos de controle e informações econômico-fiscais, nos prazos estabelecidos, por documento;

c) aos que deixarem de comunicar à repartição fiscal o encerramento ou suspensão da atividade do estabelecimento;

d) aos que deixarem de comunicar à repartição competente o montante das mercadorias existentes em seu estabelecimento por ocasião do encerramento do exercício financeiro, no prazo e na forma previstos no regulamento;

IV - de 10 (dez) UFR-PB:

a) aos que deixarem de comunicar à repartição fazendária as alterações contratuais e estatutárias, bem como as mudanças de domicílio fiscal, venda, fusão, cisão, transformação, incorporação, sucessão motivada pela morte do titular, transferência de estabelecimento, no prazo de 30 (trinta) dias após a ocorrência do fato; (Redação da alínea dada pela Lei Nº 10341 DE 02/07/2014).

b) aos que imprimirem ou mandarem imprimir nota fiscal sem autorização da repartição competente ou em desacordo com a mesma;

V - 10, 20, 30, 100, 200 (dez, vinte, trinta, cem ou duzentas) UFR-PB, aos que por qualquer forma embaraçarem ou iludirem a ação fiscal, ou ainda, se recusarem a apresentar livros ou documentos exigidos pela fiscalização, na forma estabelecida no § 1º deste artigo; (Redação do inciso dada pela Lei Nº 8247 DE 31/05/2007).

VI - de 5, 10, 15 ou 20 (cinco, dez, quinze ou vinte) UFR-PB, aos que infringirem disposições da legislação do imposto para as quais não haja penalidade, como disposto no § 2º deste artigo;

VII - de 1 (uma) a 200 (duzentas) UFR-PB, aos que cometerem as infrações abaixo relacionadas relativas ao uso de Equipamento Emissor de Cupom Fiscal - ECF ou equipamentos similares: (Redação dada pela Lei Nº 7334 DE 29/04/2003).

a) deixar de utilizar, quando obrigado pela legislação - 100 (cem) UFR-PB por estabelecimento; (Redação da alínea dada pela Lei Nº 7334 DE 29/04/2003).

b) utilizar fora do recinto de atendimento ou em local não visível ou sem dispositivo de visualização ao consumidor das operações ou prestações realizadas - 50 (cinquenta) UFR-PB por equipamento; (Redação da alínea dada pela Lei Nº 7334 DE 29/04/2003).

c) utilizar no recinto de atendimento ao público, sem autorização fazendária, equipamento que possibilite o registro ou o processamento de dados relativos às operações com mercadorias ou prestações de serviços - 100 (cem) UFR-PB por equipamento, sem prejuízo de sua apreensão e utilização como prova de infração à legislação tributária; (Redação da alínea dada pela Lei Nº 7334 DE 29/04/2003).

d) deixar de emitir ou não entregar ao consumidor o cupom fiscal ou seccionar a bobina que contém a fita detalhe – 10 (dez) UFR-PB por documento, ato ou situação; (Redação da alínea dada pela Lei Nº 7334 DE 29/04/2003).

e) emitir documento fiscal para consumidor final por outro meio, que não seja através do ECF, exceto nas condições previstas na legislação – 20 (vinte) UFR-PB por cada documento emitido em desacordo com as exigências da legislação; (Redação da alínea dada pela Lei Nº 7334 DE 29/04/2003).

f) utilizar programas aplicativos que permitam o registro de vendas sem a impressão concomitante do cupom fiscal ou a interferência nos valores registrados que impossibilite sua acumulação no totalizador geral e nos totalizadores parciais, ou ainda, o registro de vendas através de equipamento fiscal ou qualquer outro equipamento com possibilidade de emissão que se assemelhe ou possa ser confundido com cupom fiscal – 200 (duzentas) UFR-PB por equipamento, sem prejuízo da representação a ser encaminhada ao Ministério Público, nas hipóteses de crime contra a ordem tributária definidas na Lei Federal Nº 8.137 DE 27 de dezembro de 1990; (Redação da alínea dada pela Lei Nº 7334 DE 29/04/2003).

g) indicar a expressão "sem valor fiscal" ou equivalente em documento referente à operação sujeita ao imposto – 10 (dez) UFR-PB por documento, ato ou situação; (Redação da alínea dada pela Lei Nº 7334 DE 29/04/2003).

h) utilizar equipamento sem o dispositivo de segurança, quando exigido, ou com este rompido ou adulterado – 100 (cem) UFR-PB por equipamento; (Redação da alínea dada pela Lei Nº 7334 DE 29/04/2003).

i) utilizar equipamento em estabelecimento diverso daquele para o qual tenha sido autorizado, ainda que os estabelecimentos pertençam ao mesmo titular – 30 (trinta) UFR-PB por equipamento; (Redação da alínea dada pela Lei Nº 7334 DE 29/04/2003).

j) deixar de apresentar o cupom de leitura das operações ou prestações do dia (redução Z) ou da leitura da memória fiscal do período de apuração – 5 (cinco) UFR-PB por documento não apresentado; (Redação da alínea dada pela Lei Nº 7334 DE 29/04/2003).

k) deixar de apresentar a fita-detalhe ou apresentação desta com indicações ilegíveis ou com ausência de indicações que tenham repercussão na obrigação tributária – 10 (dez) UFR-PB por dia de operação; (Redação da alínea dada pela Lei Nº 7334 DE 29/04/2003).

l) deixar de emitir o cupom de leitura X do equipamento fiscal no início do dia e no início e no fim da fita-detalhe – 5 (cinco) UFR-PB por bobina; (Redação da alínea dada pela Lei Nº 7334 DE 29/04/2003).

m) escriturar incorretamente os lançamentos das operações e prestações no Mapa Resumo e no livro Registro de Saídas – 5 (cinco) UFR-PB por lançamento; (Redação da alínea dada pela Lei Nº 7334 DE 29/04/2003).

n) descumprir formalidade relacionada ao uso dos equipamentos, para a qual não esteja prevista penalidade específica - 15 (quinze) UFR-PB por ato ou situação; (Redação da alínea dada pela Lei Nº 7334 DE 29/04/2003).

o) extraviar, destruir ou utilizar equipamento ECF de forma irregular - 200 (duzentos) UFR-PB por equipamento; (Alínea acrescentada pela Lei Nº 7334 DE 29/04/2003).

p) retirar equipamento ECF do estabelecimento sem a prévia anuência da SEFIN-PB, exceto no caso de remessa para conserto em empresa credenciada a intervir no ECF - 50 (cinquenta) UFR-PB por equipamento; (Alínea acrescentada pela Lei Nº 7334 DE 29/04/2003).

q) deixar de exibir em local visível e de fácil leitura, cartazes informativos destacando a obrigatoriedade de emissão de cupom fiscal - 10 (dez) UFR-PB por estabelecimento; (Alínea acrescentada pela Lei Nº 7334 DE 29/04/2003).

r) deixar de emitir, pelo equipamento ECF, o comprovante de pagamento de operação ou prestação efetuado por cartão de crédito ou débito, nos termos da legislação vigente - 200 (duzentos) UFR-PB por equipamento; (Alínea acrescentada pela Lei Nº 7334 DE 29/04/2003).

s) deixar de apresentar, quando solicitado pelo Fisco, listagem atualizada contendo código, descrição e situação tributária e valor unitário das mercadorias comercializadas pelo estabelecimento - 30 (trinta) UFR-PB por estabelecimento; (Alínea acrescentada pela Lei Nº 7334 DE 29/04/2003).

t) utilizar programa aplicativo para impressão de cupom fiscal sem prévia comunicação de uso à SEFIN - 50 (cinquenta) UFR-PB por estabelecimento; (Alínea acrescentada pela Lei Nº 7334 DE 29/04/2003).

u) deixar de fornecer, quando solicitado, a documentação técnica relativa ao programa aplicativo destinado à impressão de cupom fiscal - 200 (duzentas) UFR-PB, por estabelecimento; (Alínea acrescentada pela Lei Nº 7334 DE 29/04/2003).

v) deixar de exibir ao Fisco, quando solicitado, ou manter em desacordo com a legislação tributária arquivos eletrônicos, cópias-demonstração de programas aplicativos, senha ou meio eletrônico que possibilite o acesso a equipamento, banco de dados, telas, funções e comandos de programa aplicativo fiscal, bem como a realização de leituras, consultas e gravação de conteúdo das memórias de ECF - 200 (duzentas) UFR-PB, por estabelecimento; (Alínea acrescentada pela Lei Nº 7598 DE 28/06/2004).

x) deixar de substituir, quando intimada pelo Fisco, em todos os equipamentos que utilizarem o programa aplicativo, as versões que contiverem rotinas prejudiciais aos controles fiscais - 100 (cem) UFR-PB, por estabelecimento; (Alínea acrescentada pela Lei Nº 7598 DE 28/06/2004).

VIII - de 5 (cinco) a 200 (duzentas) UFR-PB, aos que, na qualidade de credenciados, cometerem as infrações abaixo relacionadas, relativas ao uso de Equipamento Emissor de Cupom Fiscal - ECF ou equipamentos similares: (Redação do inciso dada pela Lei Nº 7334 DE 29/04/2003)

a) deixar de exercer o credenciamento com exemplar probidade ou fornecer informações inverídicas - 100 (cem) UFR-PB por ato ou situação;

b) deixar de emitir o Atestado de Intervenção Técnica sempre que exercer vistoria, reparo, manutenção ou atividade afim, ou emiti-lo de forma inexata, incompleta ou com a finalidade de simular intervenção não realizada - 50 (cinquenta) UFR-PB;

c) realizar intervenção técnica sem a emissão, imediata, antes e depois da intervenção, dos cupons de leitura X - 10 (dez) UFR-PB por leitura;

d) deixar de apresentar à repartição do domicílio fiscal do contribuinte o atestado de intervenção técnica, ou apresentá-lo fora do prazo estabelecido - 20 (vinte) UFR-PB por intervenção técnica;

e) deixar de apresentar ao Fisco, mensalmente, comunicação da comercialização a usuário final dos equipamentos ECF, dos mapas de lacres e atestados de intervenção utilizados - 10 (dez) UFR-PB por ato;

f) instalar, fornecer ou divulgar programas aplicativos que permitam o registro de vendas sem a impressão concomitante do cupom fiscal ou a interferência nos valores registrados que impossibilite sua acumulação no totalizador geral e nos totalizadores parciais, ou ainda, o registro de vendas através de equipamento fiscal ou qualquer outro equipamento com possibilidade de emissão que se assemelhe ou possa ser confundido com cupom fiscal - 200 (duzentos) UFR-PB por equipamento, sem prejuízo da representação a ser encaminhada ao Ministério Público, nas hipóteses de crimes contra a ordem tributária definidos na Lei Federal Nº 8.137 DE 27 de dezembro de 1990;

g) adulterar dados acumulados no totalizador geral - GT, na memória fiscal, memória de trabalho ou na memória de fita-detalhe de equipamento ECF ou contribuir para adulteração destes - 200 (duzentos) UFR-PB por ato;

h) liberar equipamentos sem observância dos requisitos legais - 20 (vinte) UFR-PB por equipamento;

i) extraviar, deixar de instalar ou instalar incorretamente lacres fornecidos pelo Fisco - 50 (cinquenta) UFR-PB por lacre;

j) deixar de proceder à substituição da versão do "software" básico, quando obrigada sua troca, no prazo previsto no Ato Homologatório - 30 (trinta) UFR-PB por equipamento;

k) instalar, no estabelecimento usuário de ECF, programa aplicativo destinado à impressão do cupom fiscal sem o cadastramento prévio do fornecedor responsável - 100 (cem) UFR-PB por programa;

l) deixar de apor, nas extremidades do local seccionado da fita detalhe, o nome da empresa credenciada, o número do atestado de intervenção, a data e a assinatura do interventor - 20 (vinte) UFR-PB por ato ou situação;

m) incorrer em infração para a qual não haja penalidade específica - 15 (quinze) UFR-PB por ato, situação ou circunstância;

IX - de 5 (cinco) a 400 (quatrocentas) UFR-PB, aos que cometerem as infrações relativas a processamento de dados, abaixo relacionadas: (Redação dada pela Lei Nº 7334 DE 29/04/2003).

a) utilizar sistemas para escrituração de livros fiscais, em desacordo com a legislação - 15 (quinze) UFR-PB, por livro, por mês escriturado; (Redação da alínea dada pela Lei Nº 7334 DE 29/04/2003).

b) emitir documentos fiscais sem autorização ou autenticação fazendária - 5 (cinco) UFR-PB, por documento; (Redação da alínea dada pela Lei Nº 8247 DE 31/05/2007).

c) Não entregar ou entregar em desacordo com a legislação tributária ou não manter ou manter em divergência com a legislação tributária arquivos eletrônicos referentes à emissão de documentos fiscais, à escrituração de livros fiscais ou à Escrituração Fiscal Digital - 300 (trezentas) UFR-PB (Unidades Fiscais de Referência do Estado da Paraíba), por período de apuração, independentemente de intimação e/ou notificação do Fisco; (Redação da alínea dada pela Lei Nº 11615 DE 26/12/2019).

d) deixar de manter arquivo magnético/digital ou mantê-lo fora das especificações previstas na legislação tributária - 100 (cem) UFR-PB, por mês; (Redação da alínea dada pela Lei Nº 7334 DE 29/04/2003).

e) utilizar processamento de dados em desacordo com a respectiva autorização - 50 (cinqüenta) UFR-PB, por mês; (Redação da alínea dada pela Lei Nº 7334 DE 29/04/2003).

f) deixar de fornecer ao Fisco, quando solicitado, documentação técnica relativa ao programa ou sistema eletrônico de processamento de dados e suas alterações - 400 (quatrocentas) UFR-PB, por estabelecimento; (Redação da alínea dada pela Lei Nº 7334 DE 29/04/2003).

g) utilizar processamento de dados em desacordo com a respectiva autorização - 50 (cinqüenta) UFR-PB; (Redação da alínea dada pela Lei Nº 7334 DE 29/04/2003).

h) vender, adquirir ou utilizar formulário de segurança sem autorização, aplicável tanto ao fabricante quanto ao usuário - 10 (dez) UFR-PB, por formulário; (Redação da alínea dada pela Lei Nº 7334 DE 29/04/2003).

i) faltar com a numeração tipográfica nos formulários contínuos - 05 (cinco) UFR-PB, por formulário; (Redação da alínea dada pela Lei Nº 7334 DE 29/04/2003).

j) deixar de comunicar ao Fisco o vínculo e a cessação deste com o desenvolvedor ou responsável pelo programa aplicativo utilizado para emissão de documentos fiscais – 50 (cinqüenta) UFR-PB por estabelecimento; (Redação da alínea dada pela Lei Nº 7334 DE 29/04/2003).

k) (Revogado pela Lei Nº 10008 DE 05/06/2013, efeitos a partir de 01/09/2013)

l) utilizar, fornecer ou divulgar programas relativos à emissão de documentos fiscais que permitam manter informação fiscal/contábil diversa daquela legalmente fornecida ao Fisco ou em desacordo com a legislação – 100 (cem) UFR-PB por estabelecimento, sem prejuízo da representação a ser encaminhada ao Ministério Público, nas hipóteses de crime contra a ordem tributária definidas na Lei Federal Nº 8.137 DE 27 de dezembro de 1990; (Redação da alínea dada pela Lei Nº 7334 DE 29/04/2003).

m) incorrer em infração para a qual não haja penalidade específica – 10 (dez) UFR-PB, por ato, situação ou circunstância; (Alínea acrescentada pela Lei Nº 7334 DE 29/04/2003).

X – de 10 (dez) a 50 (cinquenta) UFR-PB, aos que cometerem as infrações relativas ao uso do selo de autenticação fiscal, abaixo relacionadas: (Inciso acrescentado pela Lei Nº 6941 DE 26/12/2000):

a) deixar de informar à repartição fiscal e de publicar no Diário Oficial do Estado, no prazo de até 05 (cinco) dias, o extravio de documento fiscal selado – 10 (dez) UFR-PB, por documento extraviado;

b) deixar de comunicar à repartição fiscal e de publicar no Diário Oficial do Estado, o extravio do selo de autenticação fiscal – 10 (dez) UFR-PB, por selo extraviado;

c) falta de aposição do selo de autenticação fiscal no correspondente documento estabelecido na Autorização de Impressão de Documentos Fiscais – AIDF – 05 (cinco) UFR-PB, por documento irregular;

d) aposição do selo de autenticação fiscal em documento diverso do estabelecido na Autorização de Impressão de Documentos Fiscais – AIDF – 05 (cinco) UFR-PB, por documento irregular;

e) deixar de devolver à repartição competente o saldo de selos de autenticação fiscal não utilizados, em razão de encerramento de atividade – 15 (quinze) UFR-PB, por selo não devolvido;

f) deixar de comunicar à repartição fiscal irregularidade constatada na conferência dos documentos selados – 20 (vinte) UFR-PB, por documento;

g) deixar de comunicar à repartição fiscal a existência de documento com selo de autenticação fiscal irregular que tenha acobertado aquisição de mercadoria ou prestação de serviço – 25 (vinte e cinco) UFR-PB, por documento;

h) outras irregularidades constatadas pela fiscalização – 50 (cinquenta) UFR-PB, por ocorrência.

XI – 20 (vinte) UFR-PB, por cada um dos contribuintes, em relação aos quais a instituição financeira e de pagamento, integrantes ou não do Sistema de Pagamento Brasileiro – SPB, deixar de prestar as informações a que se refere o art. 70 desta Lei, no período fixado na legislação. (Redação do inciso dada pela Lei Nº 10912 DE 12/06/2017).

XII – de 1 (uma) a 10 (dez) UFR-PB, aos que cometerem as infrações relativas ao selo fiscal, abaixo relacionadas: (Redação do inciso dada pela Lei Nº 11247 DE 13/12/2018, efeitos a partir de 01/01/2019):

a) falta de aposição do selo fiscal pelo estabelecimento envasador, em vasilhame de 20 (vinte) litros que contenha água mineral natural, água natural ou água adicionada de sais, flagrado em trânsito no território paraibano, em veículo de sua propriedade ou de terceiro contratado – 1 (uma) UFR-PB, por vasilhame;

b) aposição irregular do selo fiscal pelo estabelecimento envasador, em desacordo com o estabelecido na legislação específica, flagrado em trânsito no território paraibano, em veículo de sua propriedade ou de terceiro contratado – 1 (uma) UFR-PB por vasilhame de 20 (vinte) litros que contenha água mineral natural, água natural ou água adicionada de sais, conforme o caso;

c) falta de comunicação ao Fisco estadual, pelo estabelecimento envasador de água mineral natural, água natural ou água adicionada de sais, de inutilização de selo fiscal, até o quinto dia do mês subsequente relativo às ocorrências do mês anterior – 01 (uma) UFR-PB, por selo fiscal inutilizado;

d) falta do selo fiscal em vasilhame de 20 (vinte) litros contendo água mineral natural, água natural ou água adicionada de sais que for encontrado em estabelecimento distribuidor ou revendedor, bem como, aquele que for flagrado em trânsito no território paraibano, em veículo de sua propriedade ou de terceiro contratado – 1 (uma) UFR-PB, por vasilhame;

e) falta de comunicação ao Fisco estadual pelo estabelecimento envasador de água mineral natural, água natural ou água adicionada de sais, de extravio de selo fiscal, até o quinto dia após a ocorrência – 6 (seis) UFR-PB, por selo fiscal extraviado; (Redação da alínea dada pela Lei Nº 11301 DE 13/03/2019).

f) exposição de vasilhame de 20 (vinte) litros que contenha água mineral natural, água natural ou água adicionada de sais, encontrado para comercialização em estabelecimentos envasadores, distribuidores ou revendedores com a presença de selo fiscal falsificado ou adulterado, sem prejuízo de outras penalidades cabíveis – 10 (dez) UFR-PB, por vasilhame."

g) saídas de vasilhames de 20 (vinte) litros contendo água mineral natural, água natural ou água adicionada de sais em quantidade superior à emissão de selos fiscais – 1 (uma) UFR-PB por vasilhame desacompanhado de selo fiscal, limitada a 500 (quinhentas) UFR-PB por exercício. (Alínea acrescentada pela Lei Nº 11470 DE 25/10/2019).

§ 1º As multas previstas no inciso V do «caput» deste artigo serão aplicadas:

I - de 10 (dez) UFR-PB aos estabelecimentos com faturamento mensal até 100 (cem) UFR-PB;

II - de 20 (vinte) UFR-PB aos estabelecimentos com faturamento mensal superior a 100 (cem) até 250 (duzentos e cinqüenta) UFR-PB;

III - de 30 (trinta) UFR-PB aos estabelecimentos com faturamento mensal superior a 250 (duzentos e cinqüenta) até 350 (trezentas e cinqüenta) UFR-PB;

IV - de 100 (cem) UFR-PB aos estabelecimentos com faturamento mensal superior a 350 (trezentas e cinqüenta) até 500 (quinhentas) UFR-PB;

V - de 200 (duzentas) UFR-PB aos estabelecimentos com faturamento mensal superior a 500 (quinhentas) UFR-PB. (Redação do parágrafo dada pela Lei Nº 8247 DE 31/05/2007).

§ 2º As multas previstas no inciso VI, do «caput» deste artigo serão aplicadas:

I - de 5 (cinco) UFR-PB, quando o estabelecimento tenha faturamento mensal até 100 (cem) UFR-PB;

II - de 10 (dez) UFR-PB, quando o estabelecimento tenha faturamento mensal até 200 (duzentas) UFR-PB;

III - de 15 (quinze) UFR-PB, quando o estabelecimento tenha faturamento mensal até 300 (trezentas) UFR-PB;

IV - de 20 (vinte) UFR-PB, quando o estabelecimento tenha faturamento mensal superior a 300 (trezentas) UFR-PB.

§ 3º (Revogado pela Lei Nº 7334 DE 29/04/2003).

§ 4º (Revogado pela Lei Nº 7334 DE 29/04/2003).

§ 5º Nas hipóteses previstas no inciso XII, alíneas «a», «b», «d» e «f», será feita a apreensão das mercadorias, nos termos de legislação específica. (Redação do parágrafo dada pela Lei Nº 10008 DE 05/06/2013, efeitos a partir de 01/09/2013).

Art. 86. Para fins do disposto nos incisos V, do art. 85, e II, do art. 88, constitui embaraço à ação fiscal o não atendimento das solicitações da fiscalização, em razão de circunstâncias que dependam da vontade do sujeito passivo. (Redação do artigo dada pela Lei Nº 7.488 DE 01.12.2003, DOE PB de 02.12.2003)

Art. 87. A reincidência punir-se-á com multa acrescida de 50% (cinquenta por cento), adicionando-se a essa pena 10% (dez por cento) da multa original a cada nova recidiva.

Parágrafo único. Considera-se reincidência a prática de nova infração ao mesmo dispositivo legal, por parte da mesma pessoa, natural ou jurídica, dentro de 5 (cinco) anos contados da data do pagamento da infração, da decisão definitiva referente à infração anterior ou da inscrição em Dívida Ativa, na hipótese de crédito tributário não quitado ou não parcelado, conforme disposto no art. 39 da Lei nº 10.094, de 27 de setembro de 2013. (Redação do parágrafo dada pela Lei Nº 10446 DE 30/03/2015).

Art. 88. Será adotado, também, o critério referido no inciso I do art. 80, com aplicação de multa, na forma a seguir: (Redação dada pela Lei Nº 7.488 DE 01.12.2003, DOE PB de 02.12.2003)

I - de 10 (dez) a 300 (trezentas) UFR-PB, nos seguintes casos: (Redação dada pela Lei Nº 7.488 DE 01.12.2003, DOE PB de 02.12.2003)

a) aos que transportarem, receberem, estocarem, depositarem mercadorias ou efetuarem prestações de serviços de transporte sem etiqueta ou visto no documento fiscal, Termo de Responsabilidade de Mercadorias em Trânsito ou Passe Fiscal, emitidos pelos Postos Fiscais de fronteira, ou sem o registro de passagem do Documento Auxiliar da Nota Fiscal Eletrônica (DANFE); (Redação da alínea dada pela Lei Nº 9.550 DE 06.12.2011, DOE PB de 07.12.2011)

b) aos que, antes de qualquer ação fiscal, deixarem de entregar documentos fiscais correspondentes às mercadorias ou aos bens transportados; (Alínea acrescentada pela Lei Nº 7.488 DE 01.12.2003, DOE PB de 02.12.2003)

c) aos que violarem o lacre de segurança aposto nos malotes ou veículos pela fiscalização de mercadorias em trânsito, sem prejuízo do disposto no art. 69; (Alínea acrescentada pela Lei Nº 8613 DE 30/06/2008).

II - de 50 (cinqüenta) UFR-PB, aos que, por qualquer forma, embaraçarem a ação da fiscalização de trânsito de mercadoria. (Redação do inciso dada pela Lei Nº 7.488 DE 01.12.2003, DOE PB de 02.12.2003)

III - 60 (sessenta) UFR-PB aos que deixarem de comunicar à repartição fiscal de seu domicílio: (Redação dada pela Lei Nº 8613 DE 30/06/2008).

a) qualquer intervenção em bomba de combustível utilizada no estabelecimento ou quando esta apresentar problemas, descrevendo a ocorrência pormenorizadamente na comunicação; (Alínea acrescentada pela Lei Nº 8247 DE 31/05/2007).

b) a aquisição de novos tanques de combustíveis para uso do estabelecimento, ainda que sob a modalidade do comodato ou arrendamento, a reutilização de tanque para acondicionamento de outro tipo de combustível, bem como a cessação de uso do tanque de combustível. (Alínea acrescentada pela Lei Nº 8247 DE 31/05/2007).

(Inciso acrescentado pela Lei Nº 9.328 DE 11.01.2011):

IV - de 10 (dez) a 300 (trezentas) UFR-PB, aos que cometerem as infrações relativas a documentos fiscais eletrônicos, abaixo relacionadas:

a) deixarem de emitir documento fiscal eletrônico, quando este for exigido, desde que a irregularidade não tenha sido detectada na fiscalização de trânsito de mercadorias;

b) deixar o destinatário de comunicar ao Fisco erros de validade, de autenticidade e de existência de autorização de uso do documento fiscal eletrônico;

c) deixar o emitente de transmitir, de acordo com a legislação vigente, os documentos fiscais eletrônicos emitidos em contingência, quando exigido pela legislação;

d) (Revogado pela Lei Nº 10977 DE 25/09/2017 e pela Medida Provisória Nº 263 DE 28/07/2017)

e) deixar o emitente de encaminhar ou não disponibilizar ao destinatário, imediatamente após o recebimento da autorização de uso, o arquivo do documento fiscal eletrônico e seu respectivo protocolo de autorização de uso;

f) deixar o destinatário de comunicar ao Fisco a falta de autorização de uso do documento fiscal eletrônico, emitido em contingência, até 30 dias contados a partir do prazo estabelecido na legislação para o emitente autorizar a NF-e;

g) deixarem de guardar os arquivos digitais de documentos fiscais eletrônicos, na forma e prazos previstos na legislação;

h) (Revogado pela Lei Nº 10544 DE 29/10/2015):

i) cancelar o emitente o documento fiscal eletrônico, após a circulação física da mercadoria ou a prestação do serviço de transporte;

j) (Revogado pela Lei Nº 10544 DE 29/10/2015)

k) emitirem documento fiscal eletrônico em desacordo com a legislação tributária;

V - de 03 (três) UFR-PB por documento, aos que emitirem ou danificarem documentos auxiliar de documento fiscal eletrônico de forma que impossibilite a leitura da chave de acesso por acesso por meio de código de barras; (Inciso acrescentado pela Lei Nº 9.328 DE 11.01.2011).

VI - de 05 (cinco) UFR-PB por documento, ao emitente que deixar de solicitar, no prazo previsto na legislação, a inutilização de numeração em série de documento fiscal eletrônico. (Inciso acrescentado pela Lei Nº 9.328 DE 11.01.2011).

VII - (Revogado pela Lei Nº 10312 DE 15/05/2014 conversão da Medida Provisória Nº 215 DE 30/12/2013):

VIII – de 5 (cinco) UFR-PB, aos que deixarem de informar, ou informarem com divergência, em registros do bloco específico de escrituração do Controle do Crédito de ICMS do Ativo Permanente – CIAP, por informação omitida ou divergência encontrada; (Redação do inciso dada pela Lei Nº 10312 DE 15/05/2014 conversão da Medida Provisória Nº 215 DE 30/12/2013).

IX – de 5 (cinco) UFR-PB, aos que deixarem de informar ou informarem com divergência, na forma e prazo regulamentares, em registros do bloco específico de escrituração (Redação do inciso dada pela Lei Nº 10312 DE 15/05/2014 conversão da Medida Provisória Nº 215 DE 30/12/2013):

a) os estoques diários de combustíveis, por estoque não informado ou divergência encontrada;

b) as movimentações diárias de entrada e saída de combustíveis, por movimentação não informada ou divergência encontrada;

c) a produção diária da usina, por produção não informada ou divergência encontrada.

X – de 100 (cem) UFR-PB, aos que deixarem de enviar, ou enviarem com divergência, na forma e no prazo regulamentares, os registros da EFD que estejam obrigados, quando não cabíveis as sanções previstas nos incisos V do art. 81-A e VIII e IX deste artigo. (Inciso acrescentado pela Lei Nº 10312 DE 15/05/2014 conversão da Medida Provisória Nº 215 DE 30/12/2013).

XI – de 3 (três) UFR-PB por documento fiscal eletrônico, quando o destinatário deixar de prestar informações sobre o recebimento das mercadorias, caso exigidas, na forma e prazos previstos na legislação, limitada a 500 (quinhentas) UFR-PB por exercício. (Inciso acrescentado pela Lei Nº 10544 DE 29/10/2015).

XII – de 1 (uma) UFR-PB por documento, aos que emitirem Nota Fiscal de Consumidor Eletrônica-NFC-e, modelo 65, de valor igual ou superior ao fixado em Portaria do titular da Secretaria de Estado da Receita, sem inserir o CPF do consumidor, limitado a 20 (vinte) UFR-PB por mês. (Inciso acrescentado pela Lei Nº 10912 DE 12/06/2017).

XIII – de 2 (duas) UFR-PB por documento, aos que deixarem de transmitir para o Sistema SEFAZ/VIRTUAL, Nota Fiscal de Consumidor Eletrônica – NFC-e, modelo 65, emitida em contingência. (Redação do inciso dada pela Lei Nº 10977 DE 25/09/2017).

XIV – de 1 (uma) UFR-PB por documento, limitada a 10 (dez) UFR-PB por mês, aos que transmitirem com atraso para o Sistema SEFAZ/VIRTUAL, Nota Fiscal de Consumidor Eletrônica – NFC-e, modelo 65, emitida em contingência. (Inciso acrescentado pela Lei Nº 11031 DE 12/12/2017).

XV – de 100 (cem) UFR-PB por documento fiscal, às empresas de prestação de serviço de transporte de cargas que, consideradas fiéis depositárias, inscritas no Cadastro de Contribuintes do ICMS do Estado da Paraíba - CCICMS-PB, efetuarem a entrega de mercadorias ou bens antes da liberação pelo fisco de Nota Fiscal Eletrônica - NF-e bloqueada, listada ou não em Manifesto Eletrônico de Documentos Fiscais - MDF-e, por qualquer situação prevista na legislação vigente. (Inciso acrescentado pela Lei Nº 11247 DE 13/12/2018, efeitos a partir de 01/01/2019).

XVI - de 5 (cinco) UFR-PB por documento, ao emitente que deixar de informar em documento fiscal eletrônico os registros e os campos obrigatórios; (Inciso acrescentado pela Lei Nº 11301 DE 13/03/2019).

XVII - de 100 (cem) UFR-PB por equipamento de cartão utilizado pela empresa que não emita documento fiscal eletrônico de forma integrada. (Inciso acrescentado pela Lei Nº 11301 DE 13/03/2019).

Parágrafo único. (Suprimido pela Lei Nº 7.488 DE 01.12.2003, DOE PB de 02.12.2003)

XVIII - De 100 (cem) UFR-PB, ao contribuinte que não emita CT-e, NF-e e MDF-e quando esteja obrigado pela legislação tributária à emissão de tais documentos fiscais; (Inciso acrescentado pela Lei Nº 11615 DE 26/12/2019).

XIX - De 10 (dez) UFR-PB, ao transportador que circule sem o Documento Auxiliar de Manifesto Eletrônico de Documentos Fiscais - DAMDF-e, ou não o apresente quando solicitado; (Inciso acrescentado pela Lei Nº 11615 DE 26/12/2019).

XX - De 10 (dez) UFR-PB, por documento fiscal, ao transportador que circule com mercadoria ou bem cujo documento fiscal não esteja relacionado no respectivo Manifesto Eletrônico de Documentos Fiscais - MDF-e - que acompanhe a carga; (Inciso acrescentado pela Lei Nº 11615 DE 26/12/2019).

XXI - De 20 (vinte) UFR-PB, ao transportador que circule com Documento Auxiliar do Manifesto Eletrônico de Documentos Fiscais - DAMDF-e - com situação "cancelado" ou "encerrado"; (Inciso acrescentado pela Lei Nº 11615 DE 26/12/2019).

XXII - De 15 (quinze) UFR-PB, ao transportador que circule com veículo diverso do consignado no Documento Auxiliar do Manifesto Eletrônico de Documentos Fiscais - DAMDF-e, ou o faça com documento fiscal que não possua indicação da(s) placa(s) do veículo; (Inciso acrescentado pela Lei Nº 11615 DE 26/12/2019).

XXIII - De 50 (cinquenta) UFR-PB, ao órgão de registro público mencionado no § 6º do art. 49 da Lei nº 10.094, de 27 de setembro de 2013, que não comunicar à Secretaria de Estado da Fazenda - SEFAZ-PB - a alteração promovida no registro público em decorrência de alienação, oneração ou transferência, a qualquer título, inclusive aquela decorrente de cisão parcial, arrematação ou adjudicação em leilão ou pregão, desapropriação ou perda total, de qualquer dos bens ou direitos arrolados; (Inciso acrescentado pela Lei Nº 11615 DE 26/12/2019).

XXIV – De 100 (cem) UFR-PB, ao proprietário dos bens e direitos arrolados que não comunicar à Secretaria de Estado da Fazenda – SEFAZ-PB – a alteração promovida no registro público em decorrência de alienação, oneração ou transferência, a qualquer título, inclusive aquela decorrente de cisão parcial, arrematação ou adjudicação em leilão ou pregão, desapropriação ou perda total, de qualquer dos bens ou direitos arrolados; (Inciso acrescentado pela Lei Nº 11615 DE 26/12/2019).

XXV – De 10% (dez por cento) do valor dos bens ou direitos não informados à Secretaria de Estado da Fazenda – SEFAZ-PB – quando solicitados pela fiscalização para formação do arrolamento. (Parágrafo acrescentado pela Lei Nº 11615 DE 26/12/2019).

§ 1º Na hipótese dos incisos I e IV deste artigo, a multa a ser aplicada será: (Redação dada pela Lei Nº 9.328 DE 11.01.2011).

I – de 10 (dez) UFR-PB, por documento com valor até 100 (cem) UFR-PB;

II – de 50 (cinqüenta) UFR-PB, por documento com valor superior a 100 (cem) e inferior a 500 (quinhentas) UFR-PB;

III – de 100 (cem) UFR-PB, por documento com valor igual ou superior a 500 (quinhentas) e inferior a 1000 (mil) UFR-PB;

IV – de 200 (duzentas) UFR-PB, por documento com valor igual ou superior a 1000 (mil) e inferior a 2000 (duas mil) UFR-PB;

V – de 300 (trezentas) UFR-PB, por documento com valor igual ou superior a 2000 (duas mil) UFR-PB. (Parágrafo acrescentado pela Lei Nº 7.488 DE 01.12.2003, DOE PB de 02.12.2003)

§ 2º – As multas previstas neste artigo terão como limite máximo 20% do valor das mercadorias ou bens. (Parágrafo acrescentado pela Lei Nº 7.488 DE 01.12.2003, DOE PB de 02.12.2003)

Art. 89. O valor da multa será reduzido de:

I – (Revogado pela Lei Nº 11690 DE 13/05/2020):

II – 50% (cinquenta por cento), no caso de recolhimento integral da importância exigida, dentro de 30 (trinta) dias contados da data da ciência do auto de infração ou da representação fiscal, observado o inciso VII deste artigo; (Redação do inciso dada pela Lei Nº 10802 DE 12/12/2016).

III – 40% (quarenta por cento), no caso de recolhimento integral da importância exigida, quando decorridos mais de 30 (trinta) dias da data de ciência do auto de infração ou da representação fiscal até a data da inscrição em dívida ativa; (Redação do inciso dada pela Lei Nº 10008 DE 05/06/2013, efeitos a partir de 01/09/2013).

IV - 30% (trinta por cento), no caso de recolhimento parcelado da importância exigida, no prazo de 30 (trinta) dias contados da data da ciência do auto de infração ou da representação fiscal; (Redação do inciso dada pela Lei Nº 10008 DE 05/06/2013, efeitos a partir de 01/09/2013).

V - 20% (vinte por cento), no caso de recolhimento parcelado da importância exigida, quando decorridos mais de 30 (trinta) dias da data da ciência do auto de infração ou da representação fiscal até a data da inscrição em dívida ativa. (Redação do inciso dada pela Lei Nº 10008 DE 05/06/2013, efeitos a partir de 01/09/2013).

VI - 50% (cinquenta por cento), no caso de pagamento integral da importância exigida, dentro de 30 (trinta) dias contados da ciência do auto de infração, quando da prática das irregularidades descritas no inciso III do art. 81-A desta Lei. (Inciso acrescentado pela Lei Nº 10008 DE 05/06/2013, efeitos a partir de 01/09/2013).

VII - 75% (setenta e cinco por cento), no caso de pagamento integral da importância exigida, no prazo de 30 (trinta) dias contados da data de ciência do auto de infração ou da representação fiscal, quando da prática da irregularidade descrita no inciso IV do "caput" do art. 81-A, nas seguintes situações: (Inciso acrescentado pela Lei Nº 10802 DE 12/12/2016)

a) operações não sujeitas ao recolhimento do imposto;

b) operações sujeitas ao regime de substituição tributária, quando o imposto devido já tiver sido recolhido.

§ 1º O disposto neste artigo não se aplica às multas previstas nos artigos 81-A, 85 e 88 desta Lei. (Redação do parágrafo dada pela Lei Nº 11690 DE 13/05/2020).

§ 2º O disposto no inciso I não se aplica às autuações efetuadas no trânsito de mercadorias e nos casos previstos no art. 81. (Redação do parágrafo dada pela Lei Nº 7.334 DE 29.040.2003, DOE PB de 30.04.2003)

§ 3º As reduções de que tratam os incisos IV e V aplicam-se, também, às parcelas recolhidas fora dos prazos estabelecidos em composição de parcelamento, desde que o recolhimento da parcela em atraso seja efetuado no prazo máximo de 30 dias, contados da data do seu vencimento. (Redação do parágrafo dada pela Lei Nº 8247 DE 31/05/2007).

§ 4º Não será permitido o pagamento parcelado previsto no inciso I deste artigo quando se tratar de imposto retido na fonte pelo contribuinte, na condição de sujeito passivo por substituição tributária. (Parágrafo acrescentado pela Lei Nº 11615 DE 26/12/2019).

Art. 90. Os que, antes de qualquer procedimento fiscal, procurarem, espontaneamente, a repartição fazendária de seu domicílio para sanar irregularidades, não sofrerão penalidades, salvo, quando se tratar de falta de lançamento ou de recolhimento do imposto, caso em que ficarão sujeitos aos juros e à multa de mora de que trata o art. 59 desta Lei. (Redação dada pela Lei Nº 9884 DE 19/09/2012)

§ 1º A multa de que trata o «caput» deste artigo será calculada a partir do primeiro dia subsequente ao do vencimento do prazo previsto para o pagamento do imposto, até o dia em que ocorrer a sua liquidação. (Redação dada pela Lei Nº 9884 DE 19/09/2012)

§ 2º A espontaneidade de que cuida o «caput» deste artigo não se aplica aos casos em que o contribuinte esteja obrigado a apresentar documentos de controle e informações econômico-fiscais, nos prazos estabelecidos em regulamento. (Redação dada pela Lei Nº 9884 DE 19/09/2012)

§ 3º Os débitos, cujos fatos geradores tenham ocorrido até 31 de dezembro de 2012, deverão ser atualizados por outros índices anteriormente utilizados e, a partir da vigência desta Lei, submeter-se-ão às regras estabelecidas neste artigo. (Redação dada pela Lei Nº 9884 DE 19/09/2012)

LIVRO SEGUNDO

TÍTULO I
DO PROCESSO ADMINISTRATIVO TRIBUTÁRIO

Capítulo I
DAS DISPOSIÇÕES GERAIS

Arts. 91 ao 157 (Revogados pela Lei Nº 10094 DE 27/09/2013)

Seção IV
DOS PROCESSOS DE REGIMES ESPECIAIS

Art. 158. Os regimes especiais de tributação e os que versem sobre concessão de inscrição; emissão, escrituração, dispensa de documentos e livros fiscais; apuração e recolhimento do imposto; transporte fracionado de mercadorias; outras obrigações acessórias, bem como os mecanismos e medidas de proteção à economia do Estado, inclusive as que visem ao apoio a novos empreendimentos, mediante a instituição de tratamentos fiscais diferenciados, serão processados e concedidos na forma estabelecida no Regulamento.

§ 1º Para aplicação do disposto no caput, será observado o seguinte:

I – na concessão e aplicação das medidas e dos procedimentos a que se refere este artigo, será considerado o critério da proporcionalidade em relação à carga tributária final a ser praticada pelo segmento;

II – a necessidade de garantir a competitividade dos setores ou segmentos da economia estadual, mediante a adesão às isenções, aos incentivos e aos benefícios fiscais ou financeiro-fiscais concedidos ou prorrogados por outra unidade federada da Região Nordeste. (Redação do inciso dada pela Lei Nº 11247 DE 13/12/2018, efeitos a partir de 01/01/2019).

§ 2º O pedido de concessão de regime especial, de que trata o «caput» deste artigo, atenderá aos ritos e às formalidades previstas em Regulamento. (Redação do parágrafo dada pela Lei Nº 11801 DE 27/10/2020).

§ 3º O Regulamento fixará normas pertinentes à averbação, à utilização, à renovação, à alteração e à cassação de regimes especiais. (Redação do artigo dada pela Lei Nº 8.697 DE 26.11.2008, DOE PB de 27.11.2008, conversão da Medida Provisória Nº 109 DE 26.08.2008, DOE PB de 27.08.2008)

TÍTULO II
DA ADMINISTRAÇÃO TRIBUTÁRIA

Capítulo I
DA JUSTIÇA FISCAL ADMINISTRATIVA

Seção I
DAS DISPOSIÇÕES GERAIS

Arts. 159 ao 178 (Revogados pela Lei Nº 10094 DE 27/09/2013)

Capítulo V
DAS FORMAS ESPECIAIS DE PAGAMENTO

Art. 179. O Poder Executivo, através de decreto que indicará a autoridade competente, poderá autorizar a realização de compensação, transação, concessão de anistia, remissão, moratória e ampliação do prazo de recolhimento do ICMS, observadas as condições gerais definidas em convênios celebrados e ratificados pelos Estados e Distrito Federal, na forma prevista em Lei Complementar. (Redação do artigo dada pela Lei Nº 6823 DE 16/12/1999).

Capítulo VI
DA CERTIDÃO NEGATIVA DE DÉBITO

Arts. 180 ao 183 (Revogados pela Lei Nº 10094 DE 27/09/2013)

TÍTULO III
DAS DISPOSIÇÕES GERAIS, FINAIS E TRANSITÓRIAS

Art. 184. As importâncias fixas correspondentes a multas, limites para fixação de multas ou a limites de faixas para efeito de tributação serão expressas por meio da unidade denominada "Unidade Fiscal de Referência do Estado da Paraíba" que figurará na legislação sob a forma abreviada de UFR-PB.

Parágrafo único. A UFR-PB será atualizada por ato da autoridade indicada no regulamento, segundo coeficientes fixados pelo órgão federal competente.

Art. 185. O Poder Executivo decretará, até o dia 31 de janeiro de cada ano, a incorporação à legislação tributária de todas as normas gerais de direito tributário que vierem a ser reguladas por atos de competência da União, de cumprimento obrigatório para os Estados, bem como as disposições constantes de convênios, protocolos e ajustes, celebrados e ratificados com base na legislação tributária.

Art. 186. Fica o Chefe do Poder Executivo autorizado a editar os atos regulamentares necessários à execução desta Lei.

Parágrafo único. Enquanto não forem editados os atos a que se refere este artigo, continuam em vigor, no que não colidirem com esta Lei, o atual Regulamento do ICMS, aprovado pelo Decreto Nº 14.100 DE 27 de setembro de 1991, e os demais atos normativos que o complementam.

Art. 187. Esta Lei entra em vigor na data de sua publicação, produzindo seus efeitos a partir de 1º de novembro de 1996, exceto o disposto no inciso II, do art. 4º e no inciso I, parágrafo único, do art. 44, que retroagem a 16 de setembro de 1996, data da publicação da Lei Complementar Nº 87/1996.

Art. 188. Revogam-se as disposições em contrário.

PALÁCIO DO GOVERNO DO ESTADO DA PARAÍBA, em João Pessoa, 02 de dezembro de 1996; 108º da Proclamação da República.

JOSÉ TARGINO MARANHÃO

Governador

ANEXO ÚNICO

(Redação do Anexo pela Lei Nº 8247 DE 31/05/2007):

RELAÇÃO DE MERCADORIAS PARA EFEITO DE SUBSTITUTIÇÃO TRIBUTÁRIA

ART. 33, DA LEI Nº 6.379 DE 02.12.96

ITEM MERCADORIA

1 AGUARDENTE DE CANA

2 GASOLINA AUTOMOTIVA

3 GASOLINA DE AVIAÇÃO

4 ÓLEO DIESEL, GLP, QUEROSENE DE AVIAÇÃO

5 DEMAIS COMBUSTÍVEIS DERIVADOS DE PETRÓLEO, CONTEMPLADOS COM A " NÃO INCIDÊNCIA" PREVISTA NO ART. 155, § 2º, X, "B", DA CONSTITUIÇÃO FEDERAL

6 GÁS NATURAL

7 ÁLCOOL ANIDRO CARBURANTE E ÁLCOOL HIDRATADO CARBURANTE

8 ADITIVOS, ANTICORROSIVOS, DESENGRAXANTES, FLUÍDOS, GRAXAS E ÓLEOS DE TÊMPERA, PROTETIVOS E PARA TRANSFORMADORES, AINDA QUE NÃO DERIVADOS DE PETRÓLEO, TODOS PARA USO EM APARELHOS, QUIPAMENTOS, MÁQUINAS, MOTORES E VEÍCULOS E AGUARRÁS MINERAL

9 LUBRIFICANTES

10 CIMENTO DE QUALQUER ESPÉCIE

11 CERVEJA, CHOPE, REFRIGERANTES, XAROPE OU EXTRATO CONCENTRADO DESTINADO AO PREPARO DE REFRIGERANTES EM MÁQUINAS PRE-MIX E POST-MIX, BEBIDAS HIDROELETROLÍTICAS (ISOTÔNICAS) E ENERGÉTICAS

12 ÁGUA MINERAL

13 GELO

14 LÂMPADA ELÉTRICA E ELETRÔNICA, REATOR E STARTER

15 PILHAS E BATERIAS ELÉTRICAS

16 LÂMINA DE BARBEAR, APARELHO DE BARBEAR E ISQUEIRO DE BOLSO A GÁS

17 FILME FOTOGRÁFICO E CINEMATOGRÁFICO E SLIDE

18 DISCO FONOGRÁFICO, FITA VIRGEM OU GRAVADA E OUTROS SUPORTES PARA REPRODUÇÃO OU GRAVAÇÃO DE SOM OU IMAGEM

19 TRIGO EM GRÃO, FARINHA DE TRIGO E MISTURA DE FARINHA

20 MASSAS ALIMENTÍCIAS NÃO COZIDAS NEM RECHEADAS, BISCOITOS, BOLACHAS, BOLOS, WAFERS, PÃES, PANETONES E SIMILARES DERIVADOS DA FARINHA DE TRIGO

21 PRODUTOS FARMACÊUTICOS

22 RAÇÕES TIPO "PET" PARA ANIMAIS DOMÉSTICOS

23 HIDRATANTES

24 LEITE EM PÓ

25 SORVETE DE QUALQUER ESPÉCIE E PREPARADOS PARA FABRICAÇÃO DE SORVETES EM MÁQUINA

26 PNEUS, CÂMARA DE AR E PROTETORES DE BORRACHA

27 ENERGIA ELÉTRICA

28 TINTAS E VERNIZES

29 FIO DE ALGODÃO

30 CIGARROS E PRODUTOS DERIVADOS DO FUMO

31 VEÍCULOS AUTOMOTORES NOVOS

32 VEÍCULOS NOVOS DE DUAS RODAS MOTORIZADOS (MOTOCICLETAS E CICLOMOTORES

33 PEÇAS, COMPONENTES E ACESSÓRIOS PARA AUTOPROPULSADOS

DECRETO ESTADUAL Nº 18.930, DE 19 DE JUNHO DE 1997

- APROVA O REGULAMENTO DO IMPOSTO SOBRE OPERAÇÕES RELATIVAS À CIRCULAÇÃO DE MERCADORIAS E SOBRE PRESTAÇÕES DE SERVIÇOS DE TRANSPORTE INTERESTADUAL E INTERMUNICIPAL E DE COMUNICAÇÃO - ICMS

ÍNDICE

- Conforme o art. 3º da Lei nº 7.838/05 – DOE de 29.10.05: "Nas normas tributárias do Estado da Paraíba, onde se trata da competência e atribuições da Secretaria das Finanças e do Secretário das Finanças, entenda-se e denomine-se como competência e atribuições da Secretaria de Estado da Receita e do Secretário de Estado da Receita".

LIVRO PRIMEIRO
PARTE GERAL

TÍTULO I
DO IMPOSTO

Capítulo I
DA INCIDÊNCIA

Art. 1º O Imposto sobre Operações Relativas à Circulação de Mercadorias e sobre Prestações de Serviços de Transporte Interestadual e Intermunicipal e de Comunicação – ICMS tem como fato gerador as operações relativas à circulação de mercadorias e as prestações de serviços de transporte interestadual e intermunicipal e de comunicação, ainda que as operações e as prestações se iniciem no exterior.

Art. 2º O imposto incide sobre:

I – operações relativas à circulação de mercadorias, inclusive o fornecimento de alimentação e bebidas em bares, restaurantes e estabelecimentos similares;

II – prestações de serviços de transporte interestadual e intermunicipal, por qualquer via, de pessoas, bens, mercadorias ou valores;

III – prestações onerosas de serviços de comunicação, por qualquer meio, inclusive a geração, a emissão, a recepção, a transmissão, a retransmissão, a repetição e a ampliação de comunicação de qualquer natureza;

IV – fornecimento de mercadorias com prestações de serviços não compreendidos na competência tributária dos Municípios;

V – fornecimento de mercadorias com prestações de serviços sujeitos ao Imposto sobre Serviços de competência dos Municípios, quando a Lei Complementar aplicável expressamente o sujeitar à incidência do imposto estadual.

§ 1º O imposto incide também:

I– sobre a entrada de mercadoria ou bem importados do exterior, por pessoa física ou jurídica, ainda que não seja contribuinte habitual do imposto, qualquer que seja a sua finalidade (Lei nº 7.334/03);

II – sobre o serviço prestado no exterior ou cuja prestação se tenha iniciado no exterior;

III – sobre a entrada, no território do Estado destinatário, de petróleo, inclusive lubrificantes e combustíveis líquidos e gasosos, dele derivados, e de energia elétrica, quando não destinados à comercialização ou à industrialização, decorrentes de operações interestaduais, cabendo o imposto ao Estado onde estiver localizado o adquirente;

IV – sobre a entrada, no estabelecimento do contribuinte, de mercadoria ou bem oriundos de outra unidade da Federação, destinados a uso, consumo ou ativo imobilizado (Lei nº 11.031/17);

V – sobre a utilização, por contribuinte, de serviço cuja prestação se tenha iniciado em outro Estado e não esteja vinculada a operação ou prestação subsequente;

VI– sobre a entrada de mercadorias ou bens, quando destinados à comercialização, no momento do ingresso no território do Estado;

VII – sobre as operações e prestações interestaduais que destinem mercadorias, bens e serviços a consumidor final não contribuinte do imposto localizado neste Estado, e corresponde à diferença entre a alíquota interna deste Estado e a alíquota interestadual, inclusive quando realizadas diretamente no estabelecimento comercial, exceto quando do autoconsumo.

VIII – sobre a transferência de propriedade do veículo automotor para pessoa física ou outra pessoa jurídica, por desincorporação do ativo imobilizado de estabelecimentos da empresa, inclusive dos localizados em outras unidades da Federação (Lei nº 11.031/17).

§ 2º A caracterização do fato gerador independe da natureza jurídica da operação que o constitua.

§ 3º Equipara-se à entrada no estabelecimento importador a transmissão de propriedade ou a transferência de mercadoria, quando esta não transitar pelo respectivo estabelecimento.

§ 4º Equipara-se à saída:

I – a transmissão da propriedade de mercadoria, decorrente de alienação onerosa ou gratuita de título que a represente, ou a sua transferência, mesmo que não haja circulação física;

II – a transmissão da propriedade de mercadoria estrangeira, efetuada antes de sua entrada no estabelecimento importador;

III – a transmissão da propriedade de mercadoria, quando efetuada em razão de qualquer operação ou a sua transferência, antes de sua entrada no estabelecimento do adquirente-alienante;

IV – a posterior transmissão da propriedade ou a transferência de mercadoria que, tendo transitado, real ou simbolicamente, pelo estabelecimento, deste tenha saído sem débito do imposto;

V – o abate de gado em matadouro:

a) público;

b) particular, não pertencente este a quem tenha promovido a matança;

VI – o consumo ou a integração ao ativo imobilizado de mercadoria produzida pelo próprio estabelecimento ou adquirida para industrialização ou comercialização (Lei nº 11.031/17);.

§ 5º Para os efeitos deste Regulamento, considera-se:

I – saída do estabelecimento a mercadoria constante do estoque final na data de encerramento de suas atividades;

II – saída do estabelecimento remetente, a mercadoria remetida para armazém geral ou para depósito fechado do próprio contribuinte neste Estado:

a) no momento da saída da mercadoria do armazém geral ou depósito fechado, salvo se para retornar ao estabelecimento de origem;

b) no momento da transmissão de propriedade da mercadoria depositada;

III - saída do estabelecimento do importador ou arrematante, neste Estado, a mercadoria estrangeira saída da repartição aduaneira com destino a estabelecimento diverso daquele que a tiver importado ou arrematado;

IV - saída do estabelecimento autor da encomenda dentro do Estado, a mercadoria que, pelo estabelecimento executor da industrialização, for remetida diretamente a terceiros adquirentes ou a estabelecimento diferente daquele que a tiver mandado industrializar;

V - mercadoria, qualquer bem móvel, novo ou usado, inclusive semovente.

§ 6º Compreende-se no conceito de mercadoria a energia elétrica, os combustíveis líquidos e gasosos, os lubrificantes e minerais do País.

§ 7º É irrelevante, para a caracterização da incidência:

I - a natureza jurídica da operação relativa à circulação da mercadoria e prestação relativa ao serviço de transporte interestadual ou intermunicipal e de comunicação;

II - o título jurídico pelo qual o sujeito passivo se encontre na posse da mercadoria que efetivamente tenha saído do seu estabelecimento;

III - o fato de uma mesma pessoa atuar simultaneamente, com estabelecimentos de natureza diversa, ainda que se trate de atividades integradas;

IV- o fato de a operação realizar-se entre estabelecimentos do mesmo titular.

§ 8º Autorizam a presunção de omissão de saídas de mercadorias tributáveis ou de prestações de serviços sem o recolhimento do imposto, ressalvada ao contribuinte a prova da improcedência da presunção:

I - o fato de a escrituração indicar insuficiência de caixa e bancos, suprimentos a caixa e bancos não comprovados ou a manutenção no passivo de obrigações já pagas ou inexistentes;

II - a ocorrência de entrada de mercadorias não contabilizadas ou de declarações de vendas pelo contribuinte, por meio de cartão de crédito ou de débito, em valores inferiores às informações fornecidas por instituições e intermediadores financeiros e de pagamento, integrantes ou não do Sistema de Pagamentos Brasileiro - SPB, relativas às transações com cartões de débito, crédito, de loja (private label), transferência de recursos, transações eletrônicas do Sistema de Pagamento Instantâneo e demais instrumentos de pagamento eletrônicos, bem como às informações prestadas por intermediadores de serviços e de negócios referentes às transações comerciais ou de prestação de serviços intermediadas.

§ 9º A presunção de que cuida o parágrafo anterior aplica-se, igualmente, a qualquer situação em que a soma das despesas, pagamentos de títulos, salários, retiradas, pró-labore, serviços de terceiros, aquisição de bens em geral e outras aplicações do contribuinte seja superior à receita do estabelecimento.

§ 10. A não comprovação do desinternamento dos bens ou das mercadorias, na forma prevista neste Regulamento, caracteriza a presunção de que os mesmos foram internados em território paraibano, em local diverso do indicado nos documentos fiscais de origem, ficando o responsável obrigado ao pagamento do ICMS devido, da multa e dos acréscimos legais, se for o caso.

§ 11. Considera-se industrialização qualquer operação que modifique a natureza, o funcionamento, o acabamento, a apresentação ou a finalidade do produto, ou o aperfeiçoe para consumo, tal como, a que:

I – exercida sobre matérias-primas ou produtos intermediários, importe na obtenção de espécie nova (transformação);

II – importe em modificar, aperfeiçoar ou, de qualquer forma, alterar o funcionamento, a utilização, o acabamento ou a aparência do produto (beneficiamento);

III – consista na reunião de produtos, peças ou partes e de que resulte um novo produto ou unidade autônoma, ainda que sob a mesma classificação fiscal (montagem);

IV – importe em alterar a apresentação do produto, pela colocação da embalagem, ainda que em substituição da original, salvo quando a embalagem colocada se destine apenas ao transporte da mercadoria (acondicionamento ou reacondicionamento); ou

V – exercida sobre produto usado ou parte remanescente de produto deteriorado ou inutilizado, renove ou restaure o produto para utilização (renovação ou recondicionamento).

§ 12. Para efeitos do inciso I do § 11 deste artigo, considera-se atividade típica de industrialização, a geração de energia elétrica a partir da ação dos ventos, da energia solar e de gases e vapores do subsolo.

§ 13. Consideram-se comerciais as empresas dos ramos de hotelaria, parques de diversões, parques temáticos, parques aquáticos e assemelhados, nos casos de fornecimento de alimentação, bebidas e de comercialização de mercadorias cujos valores não sejam incluídos nas respectivas diárias e/ou ingressos.

Capítulo II
DO FATO GERADOR

Art. 3º Considera-se ocorrido o fato gerador do imposto no momento:

I – da saída de mercadoria de estabelecimento de contribuinte, ainda que para outro estabelecimento do mesmo titular;

II – do fornecimento de alimentação, bebidas e outras mercadorias por qualquer estabelecimento;

III – da transmissão a terceiros de mercadoria depositada em armazém geral ou em depósito fechado, no Estado do transmitente;

IV – da transmissão de propriedade de mercadoria, ou de título que a represente, quando a mercadoria não tiver transitado pelo estabelecimento transmitente;

V – do início da prestação de serviços de transporte interestadual e intermunicipal, de qualquer natureza;

VI – do ato final do transporte iniciado no exterior;

VII – das prestações onerosas de serviços de comunicação, feitas por qualquer meio, inclusive, a geração, a emissão, a recepção, a transmissão, a retransmissão, a repetição e a ampliação de comunicação de qualquer natureza, observado o disposto nos §§ 4º e 5º (Convênio ICMS 10/98);

VIII – do fornecimento de mercadoria com prestação de serviços:

a) não compreendidos na competência tributária dos Municípios;

b) compreendidos na competência tributária dos Municípios e com indicação expressa de incidência do imposto de competência estadual, como definido na lei complementar aplicável;

IX– do desembaraço aduaneiro de mercadorias ou bens importados do exterior (Lei nº 7.334/03);

X – do recebimento, pelo destinatário, de serviço prestado no exterior;

XI– da aquisição em licitação pública de mercadorias ou bens importados do exterior e apreendidos ou abandonados (Lei nº 7.334/03);

XII – da entrada, no território do Estado, de lubrificantes e combustíveis líquidos e gasosos derivados de petróleo e energia elétrica oriundos de outro Estado, quando não destinados à comercialização ou à industrialização;

XIII – da utilização, por contribuinte, de serviço cuja prestação se tenha iniciado em outro Estado e não esteja vinculada a operação ou prestação subsequente;

XIV – da entrada, no estabelecimento de contribuinte, de mercadoria ou bem oriundos de outra unidade da Federação, destinado a uso, consumo ou ativo imobilizado (Lei nº 11.031/17);;

XV– da entrada, no território do Estado, de mercadorias ou bens relacionados em portaria do Secretário de Estado da Receita, destinados à estabelecimentos comerciais;

XVI – da saída de mercadoria ou bens de estabelecimento de contribuinte de outra unidade da Federação, bem como do início da prestação de serviço originada em outro Estado, destinada a consumidor final não contribuinte localizado neste Estado, inclusive quando realizadas diretamente no estabelecimento comercial, exceto quando do autoconsumo, observado o disposto no inciso XIV deste artigo;

XVII – da transferência de propriedade do veículo automotor para pessoa física ou outra pessoa jurídica, por desincorporação do ativo imobilizado de estabelecimentos da empresa, inclusive dos localizados em outras unidades da Federação, observado o inciso XIII do art. 14 (Lei nº 11.031/17).

§ 1º Na hipótese do inciso VII, quando o serviço for prestado mediante pagamento em ficha, cartão ou assemelhados, considera-se ocorrido o fato gerador do imposto quando do fornecimento desses instrumentos ao adquirente.

§ 2º Na hipótese do inciso IX, após o desembaraço aduaneiro, a entrega, pelo depositário, de mercadoria ou bem importados do exterior, deverá ser autorizada pelo órgão responsável pelo seu desembaraço, que somente se fará mediante a exibição do comprovante de pagamento do imposto incidente no ato do despacho aduaneiro, salvo disposição em contrário.

§ 3º Para efeito de exigência do imposto por substituição tributária, inclui-se, também, como fato gerador do imposto, a entrada de mercadoria ou bem no estabelecimento do adquirente ou em outro por ele indicado.

§ 4º Nas prestações de serviços de comunicação, referentes a recepção de sons e imagens por meio de satélite, quando o tomador do serviço estiver localizado em outra unidade da Federação, as empresas prestadoras de serviços, aqui localizadas, recolherão o imposto em favor da unidade federada onde ocorrer a recepção da respectiva comunicação (Convênio ICMS 10/98).

§ 5º A empresa prestadora do serviço de que trata o parágrafo anterior deverá enviar, mensalmente, a cada unidade federada de localização do tomador do serviço, relação contendo nome, endereço dos mesmos e valores da prestação do serviço e correspondente imposto (Convênio ICMS 10/98).

§ 6º Na hipótese de entrega de mercadoria ou bem importados do exterior antes do desembaraço aduaneiro, considera-se ocorrido o fato gerador neste momento, devendo a autoridade responsável, salvo disposição em contrário, exigir a comprovação do pagamento do imposto (Lei nº 7.334/03).

§ 7º Serão consideradas inexistentes as operações declaradas em documentos fiscais que não tenham sua materialidade comprovada.

§ 8º A declaração de inexistência das operações de que trata o § 7º deste artigo só ocorrerá após processo regular que confira ao contribuinte o devido direito de defesa, nos termos da legislação tributária estadual.

§ 9º Na hipótese da declaração de inexistência das operações de que trata o § 8º deste artigo, os documentos fiscais objeto de tais operações serão considerados inidôneos para todos os efeitos fiscais e penais, os quais constituirão prova em favor do Fisco, salvo comprovação em contrário.

§ 10. Serão considerados inidôneos, neste Estado, os documentos fiscais emitidos em outras unidades da Federação quando estes tenham sido declarados inidôneos por tais unidades Federadas com fundamento na comprovação da inexistência material das operações declaradas nos referidos documentos.

§ 11. Presumem-se saídas as mercadorias e/ou prestados os serviços tributáveis, sem pagamento do ICMS devido, quando tais mercadorias e prestações tenham sido declaradas em documentos fiscais para os quais se tenha comprovada a inexistência material das referidas operações e/ou prestações, nos termos dos §§ 7º, 8º, 9º e 10, deste artigo.

§ 12. O imposto a que se refere o § 11 deste artigo será calculado considerando como:

I – base de cálculo, o valor da operação ou da prestação declarada em cada documento fiscal, observados os arts. 19, 23, 24 e 25 deste Regulamento;

II – alíquota, aquela estabelecida neste Regulamento;

III – data de saída das mercadorias ou da prestação dos serviços, a data de saída informada no documento fiscal de que trata o § 11 deste artigo, ou, na falta desta, a data de emissão do referido documento fiscal.

Capítulo III
DA NÃO-INCIDÊNCIA

Art. 4º O imposto não incide sobre:

I – operações com livros, jornais, periódicos e o papel destinado à sua impressão;

II – operações e prestações que destinem ao exterior mercadorias, inclusive produtos primários e produtos industrializados e semielaborados, ou serviços;

III – operações interestaduais relativas à energia elétrica e petróleo, inclusive lubrificantes e combustíveis líquidos e gasosos dele derivados, quando destinados à industrialização ou comercialização;

IV – operações com ouro, quando definido em lei como ativo financeiro ou instrumento cambial;

V – operações relativas a mercadorias que tenham sido ou que se destinem a ser utilizadas na prestação, pelo próprio autor da saída, de serviço de qualquer natureza definido em lei complementar como sujeito ao Imposto sobre Serviços, de competência dos Municípios, ressalvadas as hipóteses previstas na mesma lei complementar;

VI – operações de qualquer natureza decorrentes da transferência de propriedade de estabelecimento industrial, comercial ou de outra espécie;

VII – operações decorrentes de alienação fiduciária em garantia, inclusive a operação efetuada pelo credor em decorrência de inadimplemento do devedor;

VIII – operações de arrendamento mercantil não compreendida a venda do bem arrendado ao arrendatário, nas hipóteses de cláusula de opção de compra por este;

IX – operações de qualquer natureza decorrentes da transferência de bens móveis salvados de sinistro para companhias seguradoras;

X – operações de remessa de mercadorias destinadas a armazém geral ou depósito fechado e de retorno ao estabelecimento remetente, quando situados no território do Estado;

XI – operações com impressos personalizados promovidas por estabelecimentos gráficos a usuário final;

XII – operações com mercadorias, nas saídas internas, destinadas a conserto, reparo ou industrialização, exceto sucatas e produtos primários de origem animal ou vegetal;

XIII – o fornecimento de energia elétrica para consumo de produtor rural, pessoa física ou jurídica, conforme dispuser a legislação;

XIV – fonogramas e videofonogramas musicais produzidos no Brasil contendo obras musicais ou literomusicais de autores brasileiros e/ou obras em geral interpretadas por artistas brasileiros bem como os suportes materiais ou arquivos digitais que os contenham, salvo na etapa de replicação industrial de mídias ópticas de leitura a laser (Decreto nº 36.213/15).

§ 1º Equipara-se às operações de que trata o inciso II, a saída de mercadoria realizada com o fim específico de exportação para o exterior, destinada a:

I – empresa comercial exportadora, inclusive "trading", ou outro estabelecimento da mesma empresa, desde que, em qualquer hipótese, seja essencial a comprovação de seu destino ao exterior do País, obedecidos os mecanismos de controle de que tratam os arts. 625 a 631, deste Regulamento;

II – armazém alfandegado ou entreposto aduaneiro.

§ 2º Na hipótese do parágrafo anterior, tornar-se-á exigível o imposto quando a mercadoria exportada for reintroduzida no mercado interno.

§ 3º O disposto no inciso I, do "caput" deste artigo não se aplica às operações relativas à circulação das seguintes mercadorias:

I - livros em branco ou apenas pautado, bem como os utilizados para escrituração de qualquer natureza;

II - agendas e similares;

III - catálogos, listas e outros impressos que contenham propaganda comercial.

§ 4º Para os efeitos do inciso XI, consideram-se:

I - impressos personalizados, os papéis ou formulários cuja impressão inclua o nome, firma, razão social ou marca de indústria, de comércio ou de serviço (monogramas, símbolos, logotipos e demais sinais distintivos) para uso ou consumo exclusivo do próprio encomendante;

II - usuário final, a pessoa física ou jurídica que adquira sob encomenda o impresso personalizado, diretamente de estabelecimento gráfico e para uso exclusivo.

§ 5º As mercadorias referidas no inciso XII, deverão retornar ao estabelecimento de origem no prazo de 180 (cento e oitenta) dias, contados da data das respectivas saídas, prorrogável por igual prazo, a critério da Secretaria de Estado da Receita.

§ 6º Fica equiparada à exportação de que trata o inciso II do "caput" deste artigo, para os efeitos fiscais previstos na legislação vigente, a saída de produtos destinada ao uso ou consumo de bordo, em embarcações ou aeronaves exclusivamente em tráfego internacional com destino ao exterior, observados os §§ 6º-A, 6º-B, 7º-A, 7º-B e 7º-B1 deste artigo (Convênios ICMS 12/75 e 55/21).

§ 6º-A A equiparação de que trata o § 6º deste artigo condiciona-se a que ocorra (Convênio ICMS 55/21):

I - a confirmação do uso ou do consumo de bordo nos termos previstos neste Regulamento;

II - o abastecimento de combustível ou lubrificante ou a entrega do produto exclusivamente em zona primária alfandegada ou área de porto organizado alfandegado.

6º-B Nas operações de que trata o § 6º deste artigo não será exigido o estorno de crédito previsto no inciso I do art. 21 da Lei Complementar nº 87, de 13 de setembro de 1996 (Convênio ICMS 55/21).

§ 7º A disposição prevista no parágrafo anterior se estende aos fornecimentos efetuados nas condições ali indicadas, qualquer que seja a finalidade do produto a bordo, podendo este destinar-se ao consumo da tripulação ou passageiros, ao uso ou consumo durável da própria embarcação ou aeronave, bem como a sua conservação ou manutenção (Convênios ICM 12/75, ICMS 37/90, 102/90, 80/91 e 124/93).

§7º-A Para efeitos do disposto no § 7º deste artigo, o estabelecimento remetente deverá (Convênio ICMS 55/21):

I – emitir Nota Fiscal Eletrônica – NF-e, modelo 55, contendo, além dos requisitos exigidos pela legislação, a indicação de Código Fiscal de Operações e Prestações – CFOP – específico para a operação de saída de produtos destinada ao uso ou consumo de bordo, em embarcações ou aeronaves exclusivamente em tráfego internacional com destino ao exterior;

II – registrar a Declaração Única de Exportação – DU-E – para o correspondente despacho aduaneiro da operação junto à Receita Federal do Brasil – RFB;

III – indicar, no campo de dados adicionais, a expressão "Procedimento previsto no Convênio ICM 12/75".

§7º-B Considera-se não confirmada a operação de uso ou consumo de bordo nos termos previstos neste Regulamento a falta de registro do evento de averbação na NF-e de que trata o inciso I do § 7º-A deste artigo após o prazo de sessenta dias a contar da sua emissão (Convênio ICMS 55/21).

§7º-B1 O estabelecimento remetente fica obrigado ao recolhimento do ICMS devido, monetariamente atualizado, com os acréscimos legais, inclusive multa, segundo a legislação deste Estado, na hipótese de não-confirmação da operação (Convênio ICMS 55/21).

§ 8º REVOGADO (Decreto nº 38.320/18).

§ 9º REVOGADO (Decreto nº 40.006/20 – DOE de 30.01.2020. Republicado no Doe de 31.01.2020.

Capítulo IV
DAS ISENÇÕES

Seção I
DAS ISENÇÕES SEM PRAZO DETERMINADO

Art. 5º São isentas do imposto:

I – REVOGADO (Decreto nº 20.275/99);

II – REVOGADO (Decreto nº 20.275/99);

III – as entradas decorrentes de importação de mercadorias doadas por organizações internacionais ou estrangeiras ou países estrangeiros para distribuição gratuita em programas implementados por instituição educacional ou de assistência social relacionados com suas finalidades essenciais, bem como as saídas subsequentes com a mesma destinação (Convênios ICMS 55/89 e 82/89);

IV – as operações interestaduais de transferências de bens do ativo fixo e de uso e consumo realizadas pelas empresas prestadoras de serviços de transporte aéreo (Convênio ICMS 18/97);

V – as prestações de serviço de transporte rodoviário de passageiros, realizadas por veículos registrados na categoria de aluguel-táxi (Convênio ICMS 99/89);

VI – as saídas de amostra grátis de diminuto ou nenhum valor comercial e em quantidade necessária para dar a conhecer sua natureza, espécie, quantidade e utilização e desde que traga, em caracteres bem visíveis, declaração neste sentido, estendendo-se a isenção (Convênio de Fortaleza e Convênio ICMS 29/90):

a) às amostras de tecido de qualquer largura, até 0,45 m de comprimento, para as de algodão estampado, e 0,30 m de comprimento para as demais, desde que contenham, em qualquer caso, impressa ou a carimbo, a indicação "sem valor comercial", dispensadas desta exigência as amostras cujo comprimento não exceda a 0,25 m e 0,15 m, respectivamente;

b) na hipótese de saída de medicamento, a amostra gratuita que contenha (Convênio ICMS 171/10):

1.quantidade suficiente para o tratamento de um paciente, tratando-se de antibióticos;

2.100% (cem por cento) da quantidade de peso, volume líquido ou unidades farmacotécnicas da apresentação registrada na Agência Nacional de Vigilância Sanitária - ANVISA e comercializada pela empresa, tratando-se de anticoncepcionais;

3.no mínimo, 50% (cinquenta por cento) da quantidade total de peso, volume líquido ou unidades farmacotécnicas da apresentação registrada na ANVISA e comercializada pela empresa, nos demais casos (Convênio ICMS 61/11); (OBS: Efeitos a partir de 01.10.11).

4.na embalagem, as expressões "AMOSTRA GRÁTIS" e "VENDA PROIBIDA" de forma clara e não removível;

5.o número de registro com treze dígitos correspondentes à embalagem original, registrada e comercializada, da qual se fez a amostra;

6.no rótulo e no envoltório, as demais indicações de caráter geral ou especial exigidas ou estabelecidas pelo órgão competente do Ministério da Saúde;

c) aos pés isolados de calçados, conduzidos por viajantes de estabelecimento industrial ou comercial, desde que tenham gravada no solado a declaração "amostra para viajante";

VII – as operações internas e interestaduais com oócito, embrião ou sêmen congelado ou resfriado de bovino, de ovino, de caprino ou de suíno (Convênios ICMS 70/92, 36/99, 27/02 e 26/15);

VIII – as saídas de papel-moeda, moeda metálica e cupons de distribuição de leite promovidas pela Casa da Moeda do Brasil (Convênio ICMS 01/91);

IX - as saídas internas de mudas de plantas, exceto as ornamentais (Convênio ICMS 54/91);

X - REVOGADO (Decreto nº 19.471/98);

XI - as saídas (Convênio ICMS 88/91):

a) de vasilhames, recipientes e embalagens, inclusive sacaria, quando não cobrados do destinatário ou não computados no valor das mercadorias que acondicionem e desde que devam retornar ao estabelecimento remetente ou a outro do mesmo titular;

b) de vasilhames, recipientes e embalagens, inclusive sacaria, em retorno ao estabelecimento remetente ou a outro do mesmo titular ou a depósito em seu nome, devendo o trânsito ser acobertado por via adicional da nota fiscal relativa à operação de que trata a alínea anterior ou pelo DANFE referente à Nota Fiscal Eletrônica de entrada correspondente ao retorno, conforme o caso (Convênio ICMS 118/09);

c) relacionadas com a destroca de botijões vazios (vasilhame) destinados ao acondicionamento de gás liquefeito de petróleo (GLP), promovidas por distribuidor de gás, como tal definido pela legislação federal específica, seus revendedores credenciados e pelos estabelecimentos responsáveis pela destroca dos botijões (Convênio ICMS 103/96);

XII - as operações de entrada de máquina para limpar ou selecionar frutas, classificadas no código 8433.60.0200 da NBM/SH, sem similar nacional, quando importada diretamente do exterior para integrar o ativo imobilizado do estabelecimento (Convênio ICMS 93/91);

XIII - as saídas internas e interestaduais das mercadorias constantes das posições NBM/SH 8444 a 8453, em razão de doação ou cessão, em regime de comodato, efetuadas pela indústria de máquinas e equipamentos, para os Centros de Formação de Recursos Humanos do Sistema SENAI, visando o reequipamento desses Centros, observado o disposto no § 1º deste artigo e no inciso IV do art. 87 (Convênio ICMS 60/92);

XIV - as operações internas com veículos, adquiridos pela Secretaria de Estado da Receita, para reequipamento da fiscalização estadual, e pela Secretaria de Segurança Pública, quando vinculadas ao "Programa de Reequipamento Policial" ou congênere, observado o disposto no inciso XX do art. 87 (Convênio ICMS 34/92);

XV - as saídas internas de casulo do bicho-da-seda, assegurada a manutenção do crédito fiscal, observado o disposto no inciso II do art. 87 (Convênio ICMS 76/93);

XVI - no desembaraço aduaneiro, as operações decorrentes de importação do exterior de tratores agrícolas de quatro rodas e de colheitadeiras mecânicas de algodão, classificados, respectivamente, no código 8701.90.00 e na subposição 8433.59 da Nomenclatura Brasileira de Mercadorias - Sistema Harmonizado - NBM/SH, sem similar produzido no País, quando a importação for efetuada diretamente do exterior para integração do ativo imobilizado, para uso exclusivo na atividade agrícola realizada pelo estabelecimento importador, desde que contemplados com isenção ou com alíquota zero dos Impostos sobre Importação e sobre Produtos Industrializados, observado o disposto no § 2º (Convênios ICMS 77/93 e 129/98);

XVII – as saídas internas e interestaduais dos produtos a seguir enumerados, em estado natural, desde que não se destinem à industrialização (Convênios ICM 44/75, 07/80, 24/85 e ICMS 78/91, 17/93, 124/93 e 21/15):

a) hortifrutícolas em estado natural, observados os §§ 42 e 43 deste artigo:

1.abóbora, abobrinha, acelga, agrião, aipim, aipo, alface, almeirão, alcachofra, araruta, alecrim, arruda, alfavaca, alfazema, aneto, anis, azedim, aspargo;

2.batata inglesa, batata doce, berinjela, bertalha, beterraba, brócolis;

3.camomila, cará, cardo, catalonha, cebola, cebolinha, cenoura, chicória, chuchu, coentro, couves, couve-flor, cogumelo, cominho;

4.erva cidreira, erva de santa maria, ervilha, espinafre, escarola, endívia;

5.funcho, frutas frescas nacionais ou provenientes dos países membros da Associação Latino – Americana de Livre Comércio (ALALC), exceto avelã, castanha, noz e amêndoa (Decretos nºs 19.282/97 e 29.198/08);

6.gengibre, inhame, jiló, losna;

7.milho verde, manjericão, manjerona, maxixe, moranga, macaxeira;

8.nabo, nabiça;

9.palmito, pepino, pimentão, pimenta;

10.quiabo, repolho, rabanete, rúcula, raiz-forte, ruibarbo, salsa, salsão, segurelha;

11.taioba, tampala, tomate, tomilho, vagem;

12.brotos de vegetais, cacateira, cambuquira, godo, hortelã, mostarda, repolho chinês e demais folhas usadas na alimentação humana (Convênio ICM 24/85);

b) ovos, observado o disposto no inciso XXII do "caput" do art. 87, e pintos de um dia; XVIII – as saídas internas ou interestaduais de reprodutores e matrizes de animais vacuns, ovinos, suínos, bufalinos e de fêmeas de gado girolando, puros de origem, puros por cruza ou de livro aberto de vacuns, desde que possuam registro genealógico oficial e sejam destinados a estabelecimentos agropecuários devidamente cadastrados na repartição fiscal a que estiverem jurisdicionados (Convênio ICMS 74/04);

XIX – as entradas de reprodutores e matrizes de animais vacuns, ovinos, suínos ou bufalinos, importados do exterior pelo titular do estabelecimento, em condições de obter no País o registro genealógico a que se refere o inciso anterior (Convênios ICMS 78/91 e 124/93);

XX – as saídas de leite "in natura" ou pasteurizado, tipos "B" e "C", com destino a consumidor final, situado neste Estado, assegurado ao varejista o não recolhimento do imposto diferido, inclusive nas hipóteses de responsabilidade por substituição de que trata o inciso VI, do art. 41, observado o disposto no § 1º, do art. 10 (Convênios ICM 7/77, 25/83, ICMS 121/89, 43/90, 78/91 e 124/93);

XXI – as operações interestaduais com estacas de amoreira e lagartas de 3ª idade destinadas à criação do bicho-da-seda, bem como casulos verdes destinados às unidades de secagem (Convênio ICMS 131/93);

XXII – as operações a seguir indicadas realizadas com produtos, classificados nos seguintes códigos da Nomenclatura Brasileira de Mercadorias – Sistema Harmonizado – NBM/SH, observado o disposto nos §§ 3º e 18 deste artigo (Convênio ICMS 10/02):

a) recebimento pelo importador de:

1.produtos intermediários a seguir indicados, destinados à produção de medicamento de uso humano para o tratamento de portadores do vírus da AIDS:

1.1.Ácido3-hidroxi-2-metilbenzoico, 2918.19.90;

1.2.Glioxilato de L-Mentila, e 1,4-Ditiano 2,5 Diol, Mentiloxatiolano, 2930.90.39;

1.3.Cloridrato de 3-cloro-metilpiridina, 2-Cloro-3-(2-clorometil-4-piridilcar-boxamido) -4- metilpiridina, 2-Cloro-3-(2-ciclopropilamino-3-piridilcarboxami-do) -4-metilpiridina, 2933.39.29;

1.4.Benzoato de [3S-(2(2S*3S*)2alfa, 4aBeta, 8aBeta)]-N-(1,1-dimetiletil) decahidro-2-(2- hidroxi-3-amino-4-(feniltiobutil) -3-isoquinolina carboxamida, 2933.49.90;

1.5.N-terc-butil-1-(2(S)-hidroxi-4-(R)-[N-[(2)-hidroxiindan-1(S)-il]carba-moil]-5- fenilpentil) piperazina-2(S)-carboxamida, 2933.59.19;

1.6.Indinavir Base: [1(1S,2R), 5(S)]-2,3,5-trideoxi-N-(2,3-dihidro-2-hidroxi-1H-inden-1-il) -5- [2-[[(1,1-dimetiletil) -amino]carbonil]-4-(3-piridinilmetil) -1-piperazinil]-2-(fenilmetil) -D-eritro-pentonamida, 2933.59.19;

1.7. Citosina, 2933.59.99;

1.8. Timidina, 2934.99.23;

1.9.Hidroxibenzoato de (2R-cis) -4-amino-1-[2-hidroxi-metil) -1,3-oxati-olan-5-il]-2(1H)- pirimidinona, 2934.99.39;

1.10.(2R,5R)-5-(4-amino-2-oxo-2H-pirimidin-1-il) -[1,3]-oxatiolan-2-carbo-xilato de 2S- isopropil-5R-metil-1R-ciclohexila, 2934.99.99;

1.11- Ciclopropil-Acetileno, 2902.90.90;

1.12- Cloreto de Tritila, 2903.69.19;

1.13 – Tiofenol, 2908.20.90;

1.14- 4-Cloro-2-(trifluoroacetil) -anilina, 2921.42.29;

1.15- N-tritil-4-cloro-2-(trifluoroacetil) -anilina, 2921.42.29;

1.16- (S)-4-cloro-alfa-ciclopropiletinil-alfa-trifluorometil-anilina, 2921.42.29;

1.17- N-metil-2-pirrolidinona, 2924.21.90;

1.18- Cloreto de terc-butil-dimetil-silano, 2931.00.29;

1.19 – (3S,4aS,8aS)-2-{(2R)-2-[(4S)-2-(3-hidroxi-2-metil-fenil) -4,5-dihidro-1,-3-oxazol-4-il]-2-hidroxietil}-N-(1,1-dimetil-etil) -decahidroisoquinolina-3-carboxamida, 2933.49.90;

1.20 – Oxetano (ou: 3´,5´-Anidro-timidina), 2934.99.29;

1.21 – 5-metil-uridina, 2934.99.29;

1.22 – Tritil-azido-timidina, 2334.99.29;

1.23 – 2,3-Dideidro-2,3-dideoxi-inosina, 2934.99.39;

1.24 – Inosina, 2934.99.39;

1.25- 3-(2-cloro-3-piridil-carbonil) -amino-2-cloro-4-metilpiridina, 2933.39.29;

1.26- N-(2-cloro-4-metil-3-piridil-2-ciclopropilamino) -3-pridinocarboxamida. 2933.39.29;

1.27- 5' – Benzoil – 2' – 3' – dideidro – 3' – deoxi-timidina;

1.28-5-cloro-alfa-(ciclopropiletinil) -2-[((4-metoxifenil) -metil) amino]-alfa-(trifluormetil) benzenometanol – 2921.42.29 (Convênio ICMS 80/08);

1.29- Chloromethyl Isopropil Carbonate, 2920.90.90 (Convênio ICMS 84/10);

1.30- (R)–[[2-(6-Amino-9H-purin-9-yl) -1-methylethoxy]methyl]phosporic acid, 2934.99.99 (Convênio ICMS 84/10);

1.31- Fumarato de Tenofovir Desoproxila e Entricitabina – 3004.90.68 (Convênio ICMS157/19);

2.dos fármacos a seguir indicados, destinados à produção de medicamentos de uso humano para o tratamento de portadores do vírus da AIDS:

2.1.Nelfinavir Base: 3S-[2(2S*,3S*), 3alfa,4aBeta, 8aBeta]]-N-(1,1-dimeti-letil) decahidro-2- [2-hidroxi-3-[(3-hidroxi-2-etilbenzoil) amino]-4-(feniltio) butil]-3-is-soquinolina carboxamida, 2933.49.90;

2.2.Zidovudina - AZT, 2934.99.22;

2.3.Sulfato de Indinavir, 2924.29.99;

2.4. Lamivudina, 2934.99.93;

2.5. Didanosina, 2934.99.29;

2.6. Nevirapina, 2934.99.99;

2.7. Mesilato de nelfinavir, 2933.49.90;

2.8- REVOGADO (Decreto nº 31.750/10);

2.9- Fumarato de Tenofovir Desoproxila - 2933.59.49 (Convênio ICMS 157/19);

2.10- Entricitabina - 2934.99.29 (Convênio ICMS 157/19);

3.dos medicamentos de uso humano para o tratamento de portadores do vírus da AIDS, a base de:

3.1.Zalcitabina, Didanosina, Estavudina, Delavirdina, Lamivudina, medicamento resultante da associação de Lopinavir e Ritonavir, 3003.90.99, 3004.90.99, 3003.90.69, 3004.90.59;

3.2.Saquinavir, Sulfato de Indinavir, Sulfato de Abacavir, 3003.90.78, 3004.90.68;
3.3. Ziagenavir, 3003.90.79, 3004.90.69;

3.4. Efavirenz, Ritonavir, 3003.90.88, 3004.90.78;

3.5. Mesilato de nelfinavir, 3004.90.68 e 3003.90.78;

3.6sulfato de atazanavir, 3004.90.68 (Convênio ICMS 121/06);

3.7darunavir, 3004.90.79 (Convênio ICMS 137/08);

3.8 - Enfurvitida - T - 20, 3004.90.68;

3.9 - Fosamprenavir, 3003.90.88 e 3004.90.78;

3.10 - Raltegravir, 3004.90.79;

3.11- Tipranavir, 3004.90.79;

3.12- Maraviroque,3004.90.69;

3.13 - Etravirina, 3004.90.69 (Convênio ICMS 157/19);

b) saídas interna e interestadual:

1.dos fármacos destinados a produção de medicamentos de uso humano para o tratamento dos portadores do vírus da AIDS:

1.1.Sulfato de Indinavir, 2924.29.99;

1.2. Ganciclovir, 2933.59.49;

1.3. Zidovudina, 2934.99.22;

1.4. Didanosina, 2934.99.29;

1.5. Estavudina, 2934.99.27;

1.6. Lamivudina, 2934.99.93;

1.7. Nevirapina, 2934.99.99;

1.8 – Efavirenz –2933.99.99 (Convênio ICMS 80/08);

1.9 – Tenofovir, 2933.59.49 (Convênio ICMS 84/10);

1.10- Etravirina, 2933.59.99 (Convênio ICMS 157/19);

1.11- Sulfato de Atazanavir, 2933.39.99 (Convênio ICMS 13/20);

2.dos medicamentos de uso humano, destinados ao tratamento dos portadores do vírus da AIDS, a base de:

2.1. Ritonavir, 3003.90.88, 3004.90.78;

2.2.Zalcitabina, Didanosina, Estavudina, Delavirdina, Lamivudina, medicamento resultante da associação de Lopinavir e Ritonavir, 3003.90.99, 3004.90.99, 3003.90.69, 3004.90.59;

2.3.Saquinavir, Sulfato de Indinavir, Sulfato de Abacavir, 3003.90.78, 3004.90.68;

2.4. Ziagenavir, 3003.90.79, 3004.90.69;

2.5. Mesilato de nelfinavir, 3004.90.68 e 3003.90.78;

2.6sulfato de atazanavir, 3004.90.68 (Convênio ICMS 121/06);

2.7darunavir, 3004.90.79 (Convênio ICMS 137/08);

2.8. Fumarato de tenofovir desoproxila, 3003.90.78 (Convênio ICMS 150/10);

2.9 – REVOGADO (Decreto nº 39.744/19)

2.10 – Enfurvitida – T – 20, 3004.90.68;

2.11 - Fosamprenavir, 3003.90.88 e 3004.90.78;

2.12 - Raltegravir, 3004.90.79;

2.13 - Tipranavir, 3004.90.79;

2.14 - Maraviroque, 3004.90.69;

XXIII - REVOGADO (Decreto nº 32.020/11 - Convênio ICMS 10/02);

XXIV - as saídas internas de produtos resultantes do trabalho dos detentos, promovidas pelos estabelecimentos do Sistema Penitenciário do Estado, desde que cumpridas as obrigações acessórias previstas neste Regulamento (Convênio ICMS 85/94);

XXV - as operações de importação realizadas sob o regime aduaneiro especial na modalidade drawback integrado suspensão, em que a mercadoria seja empregada ou consumida no processo de industrialização de produto a ser exportado, observadas as condições estabelecidas nos arts. 615 a 623 (Convênios ICMS 27/90, 185/10 e 48/17);

XXVI - as saídas de mercadorias com destino a exposições ou feiras, para fins de exposição ao público em geral, desde que devam retornar ao estabelecimento de origem no prazo de 60 (sessenta) dias, contados da data de saída (I Convênio do Rio de Janeiro, Convênio de Cuiabá, Convênios ICMS 30/90, 80/91 e 151/94);

XXVII - as saídas promovidas por estabelecimentos concessionários de serviço público de energia elétrica de (Convênios AE 05/72, ICMS 33/90, 100/90, 80/91 e 151/94):

a) bens destinados a utilização em suas próprias instalações ou guarda em outro estabelecimento da mesma empresa;

b) bens destinados a utilização por outra empresa concessionária dos mesmos serviços públicos de energia elétrica, desde que os mesmos bens ou outro de natureza idêntica devam retornar aos estabelecimentos da empresa remetente;

c) bens referidos na alínea anterior, em retorno ao estabelecimento de origem;

XXVIII - as saídas relativas a (Convênio de Fortaleza, Convênios ICM 01/75, ICMS 35/90, 101/90, 80/91 e 151/94):

a) fornecimento de refeições por organizações estudantis, instituições de educação e de assistência social, sindicatos e associações de classe, exclusivamente aos seus empregados, associados, beneficiários e assistidos, desde que as mercadorias adquiridas para sua feitura estejam devidamente acobertadas por documentação fiscal;

b) fornecimento de refeições por estabelecimento de contribuinte, direta e exclusivamente a seus empregados, desde que as mercadorias adquiridas para sua feitura estejam devidamente acobertadas por documentação fiscal;

XXIX - as prestações de serviços de transporte intermunicipal de passageiros, desde que com características de transporte urbano ou metropolitano, observado o disposto no § 11, deste artigo (Convênios ICM 24/89, ICMS 25/89, 37/89, 113/89, 93/90, 80/91 e 151/94);

XXX - REVOGADO (Decreto nº 21.978/01); XXXI - REVOGADO (Decreto nº 38.892/18);

XXXII - as saídas internas (Convênios ICMS 70/90, 80/91 e 151/94):

a) entre estabelecimentos de uma mesma empresa, de bens integrados ao ativo imobilizado e produtos que tenham sido adquiridos de terceiros e não sejam utilizados para comercialização ou para integrar um novo produto ou, ainda, consumidos no respectivo processo de industrialização;

b) de bens integrados ao ativo imobilizado, bem como de moldes, matrizes, gabaritos, padrões, chapelonas, modelos e estampas, para fornecimento de serviços fora do estabelecimento ou com destino a outro estabelecimento inscrito como contribuinte, para serem utilizados na elaboração de produtos encomendados pelo remetente e desde que devam retornar ao estabelecimento de origem;

c) dos bens a que se refere a alínea anterior em retorno ao estabelecimento de origem;

XXXIII - as saídas de mercadorias e prestações de serviços de transporte em decorrência de doações a entidades governamentais ou a entidades assistenciais reconhecidas de utilidade pública, que atendam aos requisitos do art. 14, do Código Tributário Nacional, para assistência a vítimas de calamidades públicas, assim declaradas por ato expresso da autoridade competente, observado o disposto no inciso XV do art. 87 (Convênios ICM 26/75, ICMS 39/90, 80/91, 58/92 e 151/94);

XXXIV - as saídas de produtos típicos de artesanato regional, quando confeccionados sem utilização de trabalho assalariado, da residência ou cooperativa de artesãos, bem como as promovidas com a interveniência de órgão ou entidade vinculados à administração pública federal, estadual ou municipal (Convênios ICM 01/75, 32/75, ICMS 40/90, 103/90, 80/91 e 151/94);

XXXV - as saídas de produtos farmacêuticos nas operações realizadas entre órgãos ou entidades, inclusive fundações, da administração pública federal, estadual ou municipal, direta ou indireta, bem como as saídas promovidas pelos referidos órgãos, para consumidores finais, desde que, nesta última hipótese, sejam efetuadas por preço não superior ao custo dos produtos (Convênios ICM 40/75, ICMS 41/90, 80/91 e 151/94);

XXXVI - as saídas de obras de arte, decorrentes de operações realizadas pelo próprio autor, observado o disposto no § 12, e as operações de importação de obra de arte recebida em doação, realizada pelo próprio autor ou quando adquirida com recursos da Secretaria de Fomento e Incentivo à Cultura do Ministério da Cultura (Convênio ICMS 56/10);

XXXVII - as operações internas com veículos, quando adquiridos pela Secretaria da Educação e Cultura, para viabilizar a operacionalidade do programa "Segurança nas Escolas", e pela Secretaria da Saúde, para reequipamento de suas frotas, observado o disposto no § 4º (Convênio ICMS 146/94);

XXXVIII - REVOGADO (Decreto nº 22.972/02);

XXXIX – as operações internas e interestaduais com caprinos e ovinos, e dos produtos comestíveis resultantes do seu abate (Convênios ICM 44/75, ICMS 78/91 e 24/95);

XL - recebimento, por doação, de produtos do exterior, diretamente por órgão da administração pública, direta ou indireta, bem como fundações ou entidades beneficentes ou de assistência social que preencham os requisitos previstos no art. 14, do Código Tributário Nacional, desde que observado o disposto nos §§ 5º, 9º e 10 (Convênios ICMS 20/95 e 80/95);

XLI - recebimento, pelo respectivo exportador, em retorno ao país, de mercadoria ou bem, que tenha sido objeto de exportação, observado o disposto nos §§ 6º e 6º-A deste artigo (Convênios ICMS 18/95 e 114/20):

a) em que não tenha havido recebimento pelo importador localizado no exterior;

b) em que tenha havido recebimento pelo importador localizado no exterior, contendo defeito impeditivo de utilização do bem ou da mercadoria;

c) a título de consignação mercantil sem que tenha havido comercialização;

d) destinada à execução de contrato de arrendamento operacional, de aluguel, de empréstimo ou de prestação de serviços, no exterior;

XLII – recebimento, pelo respectivo importador, de mercadoria ou bem estrangeiro idêntico, em igual quantidade e valor, e que se destine à reposição de outro anteriormente importado cujo imposto tenha sido pago e que se tenha revelado, após o desembaraço aduaneiro, defeituoso ou imprestável para o fim a que se destinava, observado o disposto na legislação federal e nos §§ 6º e 6º-A deste artigo (Convênios ICMS 18/95 e 114/20);

XLIII - recebimento de amostra do exterior, sem valor comercial, tal como definida pela legislação federal que outorga a isenção do Imposto de Importação, observado o disposto nos §§ 6º e 6º-A deste artigo (Convênios ICMS 18/95 e 114/20);

XLIV - REVOGADO (Decreto nº 40.957/20, art.1º, III, "a");

XLV - recebimento de medicamentos importados do exterior por pessoa física para uso humano, próprio ou individual, observado o disposto nos §§ 6º e 6º-A deste artigo (Convênios ICMS 18/95 e 114/20);

XLVI - ingresso de bens procedentes do exterior integrantes de bagagem de viajante, observado o disposto nos §§ 6º e 6º-A (Convênio ICMS 18/95);

XLVII - REVOGADO (Decreto nº 40.957/20, art.1º, III, "a");

XLVIII - as importações de equipamentos científicos e de informática, suas partes, peças de reposição e acessórios, bem como de reagentes químicos, em razão de doação efetuada a órgãos da União, dos Estados, do Distrito Federal e dos Municípios, bem como suas autarquias e fundações públicas (Convênios ICMS 38/95 e 80/95);

XLIX - as importações de aparelhos, máquinas e equipamentos, instrumentos técnico- científicos laboratoriais, partes e peças de reposição, acessórios, matérias-primas e produtos intermediários, destinados à pesquisa científica e tecnológica, realizadas diretamente pela Empresa Brasileira de Pesquisa Agropecuária - EMBRAPA, com financiamento de empréstimos internacionais, firmados pelo Governo Federal (Convênio ICMS 64/95);

L - às saídas interestaduais de equipamentos pertencentes à Empresa Brasileira de Telecomunicações S/A - EMBRATEL, nos seguintes casos (Convênio ICMS 105/95):

a) destinados à prestação de seus serviços, junto a seus usuários, desde que estes bens devam retornar ao estabelecimento remetente ou a outro da mesma empresa;

b) dos equipamentos referidos na alínea anterior em retorno ao estabelecimento de origem ou a outro da mesma empresa;

LI - recebimento de mercadorias ou bens, importados do exterior, sujeitos ao Regime de Tributação Simplificada, observado o disposto §§ 6º, 6º-A e 8º deste artigo (Convênios ICMS 106/95 e 114/20);

LII - às saídas de mercadorias de produção própria, promovidas por instituições de assistência social e educação, sem fins lucrativos, cujas vendas líquidas sejam integralmente aplicadas na manutenção de suas finalidades assistenciais ou educacionais no País, sem distribuição de qualquer parcela a título de lucro ou participação e cujas vendas no ano anterior não tenham ultrapassado o limite de 3.000 Unidades Fiscais de Referência - UFR/PB, tomando-se por referência o valor dessa unidade no mês de dezembro do período considerado, extensivo à transferência de mercadoria do estabelecimento que a produziu para estabelecimento varejista da mesma entidade (Convênios ICM 38/82 e 47/89 e ICMS 52/90 e 121/95);

LIII - as operações com medicamentos usados no tratamento de câncer, relacionados no Anexo 115, do RICMS, observado o disposto no § 39 e no inciso XXXV do art. 87 (Convênios ICMS 162/94 e 118/11);

LIV - as prestações de serviço de transporte ferroviário de carga vinculadas a operações de importação de países signatários do "Acordo sobre o Transporte Internacional", e desde que ocorram, cumulativamente, as seguintes situações (Convênio ICMS 30/96):

a) a emissão do Conhecimento-Carta de Porte Internacional - TIF/Declaração de Trânsito Aduaneiro - DTA, conforme previsto no Decreto nº 99.704, de 20 de novembro de 1990, e na Instrução Normativa nº 12, de 25 de janeiro de 1993, da Secretaria da Receita Federal;

b) o transporte internacional de carga por ferrovia seja efetuado na forma prevista no Decreto nº 99.704, de 20 de novembro de 1990;

c) a inexistência de mudança no modal de transporte, exceto a transferência da carga de vagão nacional para vagão de ferrovia de outro país e vice-versa;

d) a empresa transportadora contratada esteja impedida de efetuar, diretamente, o transporte ao destinatário, em razão da existência de bitolas diferentes nas linhas ferroviárias dos países de origem e destino;

LV - as prestações de serviços locais de difusão sonora, condicionado o benefício, a partir de 1º de abril de 1989, à divulgação pelo beneficiário de matéria aprovada pelo Conselho Nacional de Política Fazendária - CONFAZ, relativa ao ICMS, para informar e conscientizar a população, visando combater a sonegação desse imposto, sem ônus para o erário (Convênios ICMS 08/89, 80/91 e 102/96);

LVI - as saídas de embarcações construídas no País, bem como a aplicação de peças, partes e componentes utilizados no seu reparo, conserto e reconstrução, excluídas as embarcações (Convênios ICM 33/77, 59/87, ICMS 18/89, 44/90 e 102/96):

a) com menos de 3 (três) toneladas brutas de registro, salvo as de madeira utilizadas na pesca artesanal;

b) recreativas e esportivas de qualquer porte;

c) dragas classificadas na posição 8905.10.0000 da NBM/SH;

LVII - as seguintes saídas e recebimentos de máquinas, equipamentos, aparelhos, instrumentos ou material, ou respectivos acessórios, sobressalentes ou ferramentas, desde que as operações estejam amparadas por programa especial de exportação (Programa BEFIEX) aprovado até 31/12/89, que o adquirente das mercadorias seja empresa industrial e que as mercadorias se destinem a integrar o ativo imobilizado da empresa industrial adquirente, para uso exclusivo na atividade produtiva realizada pelo estabelecimento importador, observado o disposto no § 13 (Convênios ICMS 130/94, 23/95 e 130/98):

a) recebimentos, pelo importador, das supramencionadas mercadorias, quando procedentes do exterior, com a condição de que haja, neste caso, isenção do Imposto sobre a Importação;

b) saídas, no mercado interno, das supramencionadas mercadorias, sendo que:

TRIBUTÁRIO E FINANCEIRO

1.não prevalecerá a isenção, quando o adquirente puder importar a mercadoria com a redução da base de cálculo de que cuida o inciso IV do art. 30, caso em que a base de cálculo será reduzida de acordo com o percentual ali estipulado;

2.o fornecedor deverá manter comprovação, relativamente ao adquirente, de que as operações deste estejam amparadas por programa especial de exportação (Programa BEFIEX) aprovado até a data mencionada neste inciso;

LVIII – as operações de fornecimento de energia elétrica e prestação de serviço de telecomunicação a Missões Diplomáticas, Repartições Consulares e Representações de Organismos Internacionais, de caráter permanente e respectivos funcionários estrangeiros indicados pelo Ministério das Relações Exteriores, nos termos estabelecidos neste Regulamento, observado o disposto no § 14 (Convênios ICMS 158/94 e 90/97);

LIX – as saídas de veículos nacionais, observado o disposto nos §§ 14 e 15, deste artigo, e no inciso XVI do art. 87, adquiridos por (Convênios ICMS 158/94 e 90/97):

a) Missões Diplomáticas, Repartições Consulares de caráter permanente e respectivos funcionários estrangeiros;

b) Representações de Organismos Internacionais de caráter permanente e respectivos funcionários estrangeiros;

LX – as entradas de mercadorias adquiridas do exterior, observado o disposto nos §§ 14, 16 e 17, diretamente por (Convênios ICMS 158/94 e 90/97):

a) Missões Diplomáticas, Repartições Consulares de caráter permanente e respectivos funcionários estrangeiros;

b) Representações de Organismos Internacionais de caráter permanente e respectivos funcionários estrangeiros;

LXI – as operações com os produtos indicados no Anexo 113 – Lista de Produtos e Aparelhos Ortopédicos e para Fraturas, deste Regulamento (Convênio ICMS 126/10);

LXII – as saídas de produtos industrializados de origem nacional para comercialização ou industrialização na Zona Franca de Manaus, desde que o estabelecimento destinatário tenha domicílio no Município de Manaus, observado o disposto no § 20 deste artigo no art. 435 e, ainda, o seguinte (Convênios ICM 65/88, 52/92 e ICMS 49/94):

a) a isenção não se aplica às operações com os seguintes produtos: armas e munições, perfumes, fumo, bebidas alcoólicas e automóvel de passageiro;

b) para efeito de fruição do benefício, o estabelecimento remetente deverá abater do preço da mercadoria o valor indicado expressamente na nota fiscal equivalente ao imposto que seria devido se não houvesse isenção;

c) a isenção fica condicionada à comprovação da entrada efetiva dos produtos no estabelecimento destinatário;

LXIII – as importações e as saídas internas das mercadorias destinadas à ampliação do Sistema de Informática da Secretaria de Estado da Receita, observado o disposto no § 19 (Convênio ICMS 61/97);

LXIV – recebimento do exterior decorrente de retorno de mercadorias que tenham sido remetidas com destino à exposição ou feira, observado o disposto §§ 6º e 6º-A deste artigo (Convênios ICMS 56/98 e 114/20);

LXIV-A – recebimento do exterior decorrente de retorno de mercadorias que tenham sido remetidas, no regime aduaneiro especial de exportação temporária, sendo devido o imposto, por ocasião do retorno, em relação ao valor adicionado ou às partes e peças empregadas, observado o disposto §§ 6º e 6º-A deste artigo (Convênio ICMS 114/20);

LXV – REVOGADO (Decreto nº 24.806/04);

LXVI – operações internas de transferência de estoque decorrente de mudança de endereço do estabelecimento;

LXVII – as operações de devolução impositiva de embalagens vazias de agrotóxicos e respectivas tampas, realizadas sem ônus (Convênio ICMS 42/01);

LXVIII – as operações decorrentes da importação do exterior de aparelhos, máquinas, equipamentos e instrumentos, suas partes e peças de reposição e acessórios, e de matérias-primas e produtos intermediários, em que a importação seja beneficiada com as isenções previstas na Lei Federal n° 8.010, de 29 de março de 1990, realizadas pelas Instituições abaixo listadas, observado o disposto nos §§ 22, 23 e 24 deste artigo (Convênios ICMS 93/98 e 43/02):

a) institutos de pesquisa federais ou estaduais;

b) institutos de pesquisa sem fins lucrativos instituídos por leis federais ou estaduais;

c) universidades federais ou estaduais;

d) organizações sociais com contrato de gestão com o Ministério da Ciência e Tecnologia;

e) fundações sem fins lucrativos das instituições referidas nas alíneas anteriores, que atendam aos requisitos do artigo 14 do Código Tributário Nacional, para o estrito atendimento de suas finalidades estatutárias de apoio às entidades beneficiadas (Convênio ICMS 111/04);

f) pesquisadores e cientistas credenciados e no âmbito de projeto aprovado pelo Conselho Nacional de Desenvolvimento Científico e Tecnológico – CNPq (Convênio ICMS 57/05);

g) a partir de 1º de dezembro de 2010, fundações de direito privado, sem fins lucrativos, que atendam aos requisitos do art. 14 do Código Tributário Nacional, contratadas pelas instituições ou fundações referidas nos incisos anteriores, nos termos da Lei Federal nº 8.958/94, desde que os bens adquiridos integrem o patrimônio da contratante (Convênio ICMS 131/10);

LXIX – as saídas de produtos farmacêuticos e de fraldas geriátricas da Fundação Oswaldo Cruz - FIOCRUZ destinadas às farmácias que façam parte do "Programa Farmácia Popular do Brasil", instituído pela Lei nº 10.858, de 13 de abril de 2004 (Convênio ICMS 81/08);

LXX – as saídas internas a pessoa física, consumidor final de produtos farmacêuticos e de fraldas geriátricas promovidas pelas farmácias referidas no inciso anterior (Convênio ICMS 81/08);

LXXI – as saídas de selos destinados ao controle fiscal federal, promovidas pela Casa da Moeda do Brasil, observado o disposto no § 27 (Convênio ICMS 80/05);

LXXII – as saídas internas com queijo de coalho e queijo de manteiga, produzidos artesanalmente, quando promovidas por produtor ou cooperativa de produtores deste Estado, observado o § 51 deste artigo (Convênio ICMS 46/06);

LXXIII – as saídas de pilhas e baterias usadas, após seu esgotamento energético, que contenham em sua composição chumbo, cádmio, mercúrio e seus compostos e que tenham como objetivo sua reutilização, reciclagem, tratamento ou disposição final ambientalmente adequada, observado o disposto no § 28 e no inciso XXV do art. 87 (Convênio ICMS 27/05);

LXXIV – as saídas de medidores de vazão e condutivímetros, bem assim de aparelhos para o controle, registro e gravação dos quantitativos medidos, que atendam às especificações fixadas pela Secretaria da Receita Federal, quando adquiridos por estabelecimentos industriais fabricantes dos produtos classificados nas posições 2202 e 2203 da Tabela de Incidência do Imposto sobre Produtos Industrializados, (Tipi), aprovada pelo Decreto nº 4.542, de 26 de dezembro de 2002 (Convênio ICMS 69/06);

LXXV – as operações de importação de ração para larvas de camarão, classificada no código 2309.90.90 NCM/SH se houver inexistência de produto similar nacional devidamente comprovada por órgão federal competente ou por entidade representativa do setor produtivo correspondente (Convênio ICMS 78/08);

LXXVI – as prestações de serviço de comunicação referente ao acesso à internet e ao de conectividade em banda larga no âmbito do Programa Governo Eletrônico de Serviço de Atendimento do Cidadão - GESAC, instituído pelo Governo Federal, observado o disposto no inciso XXX do art. 87 (Convênio ICMS 141/07);

LXXVII – as saídas internas de mel de abelha produzido neste Estado (Decreto nº 30.229/09).

LXXVIII - as saídas de pneus usados, mesmo que recuperados de abandono, que tenham como objetivo sua reciclagem, tratamento ou disposição final ambientalmente adequada, observado o disposto nos §§ 33 e 34 (Convênio ICMS 33/10);

LXXIX - a partir de 1º de maio de 2010, as operações e prestações na aquisição de equipamentos de segurança eletrônica, realizadas através do Departamento Penitenciário Nacional - CNPJ 00.394.494/0008-02 e de distribuição às diversas Unidades Prisionais Brasileiras, desde que estejam desoneradas (Convênio ICMS 43/10):

a) do Imposto de Importação (II) ou do Imposto sobre Produtos Industrializados (IPI);

b) das contribuições para os Programas de Integração Social e de Formação do Patrimônio do Servidor Público (PIS/PASEP) e para o Financiamento da Seguridade Social (COFINS).

LXXX - as saídas de gêneros alimentícios para alimentação escolar promovida por agricultor familiar ou empreendedor familiar rural ou de suas organizações, para serem utilizados por estabelecimentos das redes de ensino das Secretarias Estadual ou Municipal de ensino ou por escolas de educação básica pertencentes às suas respectivas redes de ensino, decorrente do Programa de Aquisição de Alimentos - Atendimento da Alimentação Escolar, instituído pela Lei Federal nº 10.696, de 02 de julho de 2003, no âmbito do Programa Nacional de Alimentação Escolar - PNAE, nos termos da Lei Federal nº 11.947, de 16 de junho de 2009, observado o disposto no § 35 deste artigo (Convênios ICMS 143/10 e 11/14);

LXXXI - as operações internas de fornecimento de energia elétrica, destinadas ao consumo da Companhia de Água e Esgoto da Paraíba - CAGEPA, observado o disposto no § 37 (Convênios ICMS 37/10 e 95/11);

LXXXII - as operações realizadas com os seguintes fármacos e medicamentos derivados do plasma humano coletado nos hemocentros de todo o Brasil, efetuadas pela Empresa Brasileira de Hemoderivados e Biotecnologia - Hemobrás, observado o disposto no § 38 (Convênios ICMS 103/11 e 134/12):

Item	Fármacos	NCM Fármacos	Medicamentos	NCM Medicamentos
I	Albumina Humana	3504.00.90	Soroalbumina humana a 20% - Frasco Ampola 200mg/ml	3002.10.37
II	Concentrado de Fator IX	3504.00.90	Concentrado de Fator IX da Coagulação Frasco de 500 UI	3002.10.39

III	Concentrado de Fator VIII	3504.00.90	Concentrado de Fator VIII da Coagulação Frasco de 250 UI	3002.10.39
IV	Concentrado de Fator VIII	3504.00.90	Concentrado de Fator VIII da Coagulação Frasco de 500 UI	3002.10.39
V	Concentrado de Fator VIII	3504.00.90	Concentrado de Fator VIII da Coagulação Frasco de 1.000 UI	3002.10.39
VI	Concentrado de Fator de Von Willebrand	3504.00.90	Concentrado de Fator de Von Willebrand Frasco de 1.000 UI	3002.10.39
VII	Concentrado de Fator VIII	3504.00.90	Concentrado de Fator VIII da Coagulação Recombinante Frasco de 250 UI	3002.10.39
VIII	Concentrado de Fator VIII	3504.00.90	Concentrado de Fator VIII da Coagulação Recombinante Frasco de 500 UI	3002.10.39
IX	Concentrado de Fator VIII	3504.00.90	Concentrado de Fator VIII da Coagulação Recombinante Frasco de 1.000 UI	3002.10.39

LXXXIII – as prestações de serviço de comunicação referentes ao acesso à internet por conectividade em banda larga prestadas no âmbito do Programa Internet Popular, observado o disposto no § 40 deste artigo e no inciso XXXVI do art. 87 (Convênios ICMS 38/09 e 25/12);

LXXXIV – as operações de importação amparadas pelo Regime Especial Aduaneiro de Admissão Temporária, previsto na legislação federal específica, quando sobre o respectivo desembaraço aduaneiro houver suspensão total dos impostos federais, nos termos da mencionada legislação, observado o disposto no § 41 (Convênio ICMS 58/99);

LXXXV – as operações com aceleradores lineares, classificados no código 9022.21.90 da Nomenclatura Comum do Mercosul – NCM (Convênio ICMS 66/19):

LXXXV – as operações com aceleradores lineares, classificados nos códigos 9022.14.90 e 9022.21.90 da Nomenclatura Comum do Mercosul baseada no Sistema Harmonizado – NCM/SH (Convênios ICMS 140/13, 66/19 e 51/21):

a) realizadas no âmbito do Programa Nacional de Oncologia do Ministério da Saúde;

b) com destino a entidades filantrópicas, desde que classificadas como entidade beneficente de assistência social, nos termos da Lei Federal nº 12.101, de 27 de novembro de 2009;

LXXXVI – as saídas internas de:

a) mandioca em estado natural, desde que não se destine à industrialização, observado o disposto nos §§ 42 e 43 (Convênios ICM 44/75 e 36/84);

b) farinha de mandioca (Convênio ICMS 59/98);

LXXXVII – as saídas internas de pescados frescos, ainda que congelados, lavados, eviscerados, cortados em postas, inclusive impróprios para o consumo humano utilizados como isca para pesca, observado o § 44 deste artigo, exceto:

a) crustáceo, molusco, adoque, bacalhau, merluza, pirarucu, salmão e rã;

b) operações que destinem pescado à industrialização;

c) pescado filetado, salgado ou seco;

LXXXVIII – a energia elétrica fornecida pela distribuidora à unidade consumidora, na quantidade correspondente à soma da energia elétrica injetada na rede de distribuição pela mesma unidade consumidora com os créditos de energia ativa originados na própria unidade consumidora no mesmo mês, em meses anteriores ou em outra unidade consumidora do mesmo titular, nos termos do Sistema de Compensação de Energia Elétrica, estabelecido pela Resolução Normativa nº 482, de 17 de abril de 2012, observado o disposto nos §§ 45 e 46 deste artigo (Convênios ICMS 16/15 e 59/16). (OBS: efeitos a partir de 01.01.17);

LXXXIX – a doação, a incorporação ou a destruição, nos termos da Lei nº 10.094, de 27 de setembro de 2013, de bem ou mercadoria apreendida e declarada abandonada em decisão administrativa irreformável da Secretaria de Estado da Receita;

XC – as prestações internas de serviço de transporte rodoviário de água potável por meio de "carro pipa", observado o § 47 deste artigo (Convênio ICMS 47/18);

XCI – as operações de saídas internas de gado bovino de estabelecimento produtor, quando destinado a abatedouro, observado o § 48 deste artigo (Convênio ICMS 59/18);

XCII – as operações com o medicamento Spinraza (Nusinersena) injection 12mg/5ml, classificado no código 3004.90.79 da Nomenclatura Comum do Mercosul, destinado a tratamento da Atrofia Muscular Espinal – AME, observados os §§ 49 e 50 (Convênio ICMS 96/18);

XCIII – as operações relativas ao fornecimento de energia elétrica, para consumidor integrante da subclasse residencial baixa renda, nos termos das Leis Federais nºs 10.438, de 26 de abril de 2002, e 12.212, de 20 de janeiro de 2010, até o consumo médio de 3kwh (três quilowatts/hora) por dia. (Convênios ICMS 54/07 e 233/17);

XCIV - as saídas internas de biogás proveniente de aterros sanitários quando utilizado como matéria-prima na geração de energia elétrica, observado o § 52 deste artigo (Convênio ICMS 06/19).

XCV - as operações com unidades de entrada de dados tipo mouse controláveis pelo movimento dos olhos, destinados a pessoas com deficiência, classificados nos códigos 8471.49.00 e 8471.60.53 da Nomenclatura Comum do Mercosul - NCM, observado o disposto no § 54 deste artigo (Convênio ICMS 160/19);

XCVI - as operações com o medicamento Zolgensma (princípio ativo Onasemnogene Abeparvovec-xioi), classificado no código 3002.90.92 da Nomenclatura Comum do Mercosul - NCM, destinado atratamentodaAtrofia Muscular Espinal - AME, observado o § 55 deste artigo (Convênios ICMS 52/20 e 80/20);

XCVII - as saídas de óleo lubrificantes usado ou contaminado para estabelecimento re-refinador ou coletor revendedor autorizado pela Agência Nacional do Petróleo, Gás Natural e Biocombustíveis -ANP, observado o § 56 (Convênios ICMS 03/90 e 135/20).

§ 1º Fica assegurada a manutenção do crédito do imposto relativo às metérias--primas, produtos intermediários e material de embalagem efetivamente utilizados na industrialização dos produtos a que se refere o inciso XIII (Convênio ICMS 60/92).

§ 2º Em relação ao beneplácito fiscal de que trata o inciso XVI, será observado o seguinte:

I - a comprovação da ausência de similaridade nacional será feita por laudo emitido por entidade representativa do setor de abrangência nacional ou por órgão federal especializado;

II - a isenção será efetivada, em cada caso, por despacho do Secretário de Estado da Receita, em requerimento com a correspondente prova do preenchimento dos requisitos exigidos;

III - a inexistência de produto similar produzido no País será atestada por órgão federal competente ou por entidade representativa do setor produtivo de máquinas, aparelhos e equipamentos, com abrangência em todo o território nacional (Convênio ICMS 129/98).

§ 3º O benefício de que trata o inciso XXII, somente se aplica se o produto estiver alcançado com isenção ou alíquota zero do Imposto de Importação ou do Imposto sobre Produtos Industrializados (Convênio ICMS 10/02).

§ 4º O aproveitamento do benefício a que se refere o inciso XXXVII, fica condicionado à sua transferência mediante redução do preço do veículo no momento da aquisição (Convênio ICMS 146/94).

§ 5º A fruição do benefício a que se refere o inciso XL, fica condicionada:

I - que a operação não requeira contratação de câmbio;

II - que a operação não seja tributada ou tenha tributação com alíquota zero dos Impostos de Importação ou sobre Produtos Industrializados;

III - que os produtos recebidos sejam utilizados na consecução dos objetivos fins do importador, devendo estes constarem da petição a ser encaminhada, caso a caso, ao Secretário de Estado da Receita.

§ 6º O disposto nos incisos XLI a XLIII, XLV, XLVI, LI, LXIV e LXIV-A deste artigo somente se aplica quando não tenha havido contratação de câmbio e a operação não tenha sido onerada pelo Imposto de Importação (Convênio ICMS 114/20).

§ 6º-A. As isenções previstas nos incisos XLI a XLIII, XLV, XLVI, LI, LXIV e LXIV-A deste artigo estendem-se à parcela correspondente à diferença existente entre o valor do imposto apurado com base na taxa cambial vigente no momento da ocorrência do fato gerador e o valor do imposto apurado com base na taxa cambial utilizada pela Receita Federal do Brasil, para cálculo do imposto na importação de bens ou mercadorias sujeitos ao regime de tributação simplificada (Convênio ICMS 114/20).

§ 7º REVOGADO (Decreto nº 40.957/20, art. 1º, III, "b").

§ 8º Atendidos os requisitos da isenção previstos no § 6º deste artigo, desde que as importações sejam amparadas por Declaração Simplificada de Importação - DSI ou por Declaração de Importação de Remessa - DIR, nas hipóteses dos incisos XLV e XLVI, fica dispensada a apresentação da Guia para Liberação de Mercadoria Estrangeira sem Comprovação do Recolhimento do ICMS - GLME - Anexo 79, na liberação de mercadoria estrangeira (Convênios ICMS 106/95, 132/98, 114/20 e 147/20).

§ 9º O benefício de que trata o inciso XL, poderá ser estendido às aquisições, a qualquer título, obedecidas as mesmas condições, exceto a do inciso I, do § 5º, efetuadas pelos órgãos da administração pública direta ou indireta, de equipamentos científicos e de informática, suas partes, peças de reposição e acessórios, bem como de reagentes químicos, desde que os produtos adquiridos não possuam similar nacional (Convênio ICMS 80/95).

§ 10. A ausência de similaridade referida no parágrafo anterior deverá ser comprovada por laudo emitido por órgão especializado do Ministério da Indústria, Comércio e Turismo, ou por este credenciado (Convênio ICMS 80/95).

§ 11. Para os efeitos do inciso XXIX, considera-se transporte urbano ou metropolitano aquele cuja linha destina-se ao atendimento restrito entre os municípios de João Pessoa, Bayeux, Santa Rita, Cabedelo e Conde, e ainda entre as localidades de Campina Grande, Lagoa Seca, Queimadas, Massaranduba, Montadas, Puxinanã, Alagoa Nova e Serra Redonda (Decreto nº 28.401/07).

§ 12. Ao estabelecimento que promover saída de obra de arte recebida diretamente do autor com isenção do imposto, fica concedido crédito presumido em percentual igual a 50% (cinquenta por cento) do valor do imposto incidente na operação (Convênio ICMS 59/91).

§ 13. Nas aquisições de mercadorias no mercado interno com os benefícios de que trata o inciso LVII, não será exigido o estorno do crédito fiscal relativamente à matéria-prima, material secundário e material de embalagem, empregados na fabricação, bem como, à prestação de serviço de transporte dessas mercadorias (Convênio ICMS 23/95).

§ 14. A concessão do benefício de que tratam os incisos LVIII, LIX e LX, condiciona-se à existência de reciprocidade de tratamento tributário, declarada, anualmente, pelo Ministério das Relações Exteriores (Convênios ICMS158/94 e 90/97).

§ 15. O benefício de que trata o inciso LIX, somente se aplica ao veículo isento do Imposto sobre Produtos Industrializados ou contemplado com a redução para zero da alíquota desse imposto (Convênio ICMS 158/94).

§ 16. O benefício de que trata o inciso LX, somente se aplica à mercadoria isenta dos Impostos de Importação e sobre Produtos Industrializados ou contemplada com a redução para zero da alíquota desses impostos (Convênio ICMS 158/94).

§ 17. Na hipótese da importação de veículo por funcionários estrangeiros de Missões Diplomáticas, Repartições Consulares ou Organismos Internacionais, a isenção de que trata o inciso LX, condiciona-se à observância do disposto na legislação federal aplicável (Convênio ICMS 158/94).

§ 18. Nas hipóteses dos incisos XXII e LXI, não será exigido o estorno do crédito fiscal (Convênios ICMS 47/97 e 10/02).

§ 19. A isenção de que trata o inciso LXIII, será concedida mediante apresentação, pelo contribuinte, de planilha de custos na qual comprove a eficácia da desoneração do ICMS no preço final do produto.

§ 20. O benefício de que trata o inciso LXII, estende-se às Áreas de Livre Comércio de Macapá e Santana, no Estado do Amapá, Bonfim e Boa Vista, no Estado de Roraima, Guajaramirim, no Estado de Rondônia, Tabatinga, Rio Preto da Eva e Presidente Figueiredo, no Estado do Amazonas, e Cruzeiro do Sul e Brasiléia, com extensão para o Município de Epitaciolândia, no Estado do Acre (Convênios ICMS 52/92, 49/94, 37/97 e 25/08).

§ 21. Em relação à operação com ovos beneficiada com a isenção prevista na alínea «k» do inciso XVII, não será exigido o estorno do crédito fiscal (Convênio ICMS 89/00).

§ 22. O disposto no inciso LXVIII somente se aplica na hipótese das mercadorias se destinarem a atividades de ensino e pesquisa científica ou tecnológica, estendendo-se, também, às importações de artigos de laboratórios, desde que não possuam similar produzido no País (Convênio ICMS 96/01).

§ 23. A inexistência de produto similar produzido no país, de que trata o parágrafo anterior, será atestada através de certificado com validade máxima de 6 (seis) meses, emitido da seguinte forma (Convênio ICMS 111/04):

I – por órgão federal competente ou por entidade representativa do setor produtivo de máquinas, aparelhos e equipamentos com abrangência em todo o território nacional;

II – na hipótese de partes, peças e artigos de uso em laboratório, sendo inaplicável o disposto no inciso I, por órgão legitimado da correspondente Secretaria de Estado da Receita.

§ 24. Para efeitos do disposto no inciso LXVIII, observar-se-á o seguinte (Convênios ICMS 93/98 e 43/02):

I – o benefício será concedido mediante despacho da autoridade fazendária competente, em petição do interessado;

II – a isenção somente será aplicada se a importação estiver amparada por isenção ou alíquota zero dos Impostos de Importação ou sobre Produtos Industrializados;

III – relativamente às organizações indicadas na alínea "d" do inciso LXVIII e suas fundações, somente se aplica o benefício às seguintes empresas (Convênios ICMS 93/98, 43/02 e 87/12)

a) Associação Rede Nacional de Ensino e Pesquisa (RNP);

b) Associação Instituto de Matemática Pura e Aplicada (IMPA);

c) Centro Nacional de Pesquisa em Energia e Materiais – CNPEM;

d) Centro de Gestão e Estudos Estratégicos – CGEE;

e) Instituto de Desenvolvimento Sustentável Mamirauá;

IV – a concessão do benefício fica condicionada a credenciamento prévio das instituições pela fundação estadual de amparo a pesquisa ou entidade equivalente.

§ 25. A isenção prevista nos incisos XVIII, XIX e XXXIX, aplica-se também ao animal que ainda não tenha atingido a maturidade para reproduzir (Convênio ICMS 12/04).

§ 26. O benefício previsto nos incisos LXIX e LXX condiciona-se (Convênio ICMS 81/08):

I – a entrega do produto ao consumidor pelo valor de ressarcimento à Fundação Oswaldo Cruz - FIOCRUZ, correspondente ao custo de produção ou aquisição, distribuição e dispensação;

II – a que a parcela relativa à receita bruta decorrente das operações previstas neste Regulamento esteja desonerada das contribuições para os Programas de Integração Social e de Formação do Patrimônio do Servidor Público – PIS/PASEP e da Contribuição para o Financiamento da Seguridade Social - COFINS.

§ 27. O benefício previsto no inciso LXXI fica condicionado à desoneração dos impostos e contribuições federais (Convênio ICMS 80/05).

§ 28. REVOGADO (Decreto nº 41.250/21 - Convênio ICMS 57/21)

§ 29 A isenção prevista no inciso LXXIV fica condicionada a que os produtos sejam desonerados das contribuições para os Programas de Integração Social e de Formação do Patrimônio do Servidor Público (PIS/PASEP) e da Contribuição para o Financiamento da Seguridade Social (COFINS) (Convênio ICMS 69/06).

§ 30. As farmácias integrantes do Programa que comercializarem exclusivamente os produtos de que trata o inciso LXIX (Convênio ICMS 81/08):

I – deverão:

a) ser inscritas no Cadastro de Contribuintes do ICMS do Estado da Paraíba;

b) ser usuárias do Equipamento Emissor de Cupom Fiscal – ECF, do Sistema de Autenticação e Transmissão de Cupom Fiscal Eletrônico – SAT-CF-e ou da Nota Fiscal de Consumidor Eletrônica – NFC-e, nos termos da legislação própria (Convênio ICMS 162/13); (OBS: Efeitos a partir de 01.02.14)

c) apresentar mensalmente a Guia de Informação Mensal do ICMS – GIM, quando não exigida a Escrituração Fiscal Digital – EFD (Decreto nº 34.133/13);

d) arquivar, em ordem cronológica, pelo prazo decadencial previsto neste Regulamento, os documentos fiscais de compras, por estabelecimento fornecedor, e de vendas;

II– ficam dispensadas:

a) da escrituração dos seguintes livros fiscais:

1.Registro de Saídas;

2.Registro de Apuração do ICMS;

b) do cumprimento das demais obrigações acessórias.

§ 31. Nas operações de que tratam os incisos LXIX e LXX, o Registro de Utilização de Documentos Fiscais e Termos de Ocorrências, deverá ser escriturado normalmente e deverá ser apresentado, sempre que regularmente notificado, à autoridade fiscal (Convênio ICMS 81/08).

§ 32. Em relação às operações de que tratam os incisos LXIX e LXX, a FIOCRUZ disponibilizará pela internet a relação de farmácias que façam parte do "Programa Farmácia Popular do Brasil" (Convênio ICMS 81/08).

§ 33. O benefício previsto no inciso LXXVIII não se aplica quando a saída for destinada à remoldagem, recapeamento, recauchutagem ou processo similar (Convênio ICMS 33/10).

§ 34. Em relação às operações descritas no inciso LXXVIII, os contribuintes deverão (Convênio ICMS 33/10):

I- emitir, diariamente, documento fiscal para documentar o recebimento de pneus usados, quando o remetente não for contribuinte obrigado à emissão de documento fiscal, consignando no campo "INFORMAÇÕES COMPLEMENTARES" a seguinte expressão: "Produtos usados isentos do ICMS, coletados de consumidores finais, conforme inciso LXXVIII do art. 5º do RICMS/PB";

II- emitir documento fiscal para documentar a saída dos produtos coletados, consignando no campo "INFORMAÇÕES COMPLEMENTARES" a seguinte expressão: "Produtos usados isentos do ICMS nos termos do inciso LXXVIII do art. 5º do RICMS/PB".

§ 35. O benefício previsto no inciso LXXX (Convênio ICMS 143/10):

I- somente se aplica:

a) aos agricultores familiares e empreendedores familiares rurais ou de suas organizações, detentores de Declaração de Aptidão ao Programa Nacional de Fortalecimento da Agricultura Familiar e enquadrados no Programa Nacional de Fortalecimento da Agricultura Familiar - PRONAF;

b) até o limite de R$ 20.000,00 (vinte mil reais) a cada ano civil, por agricultor ou empreendedor (Convênio ICMS 107/12);

II - alcança as saídas de gêneros alimentícios para alimentação escolar promovidas por agricultor familiar ou empreendedor familiar rural ou por suas organizações destinadas ao Ministério do Desenvolvimento Social e Combate à Fome, para operacionalização dos programas nacionais mencionados no inciso LXXX deste artigo (Convênio ICMS 11/14);

III - estende-se para outras destinações do Programa de Aquisição de Alimentos, instituído pela Lei nº 10.696/2003, observadas as demais limitações estabelecidas neste Regulamento (Convênio ICMS 109/19).

§ 36. Em relação às operações de que trata o inciso LXIX, na devolução de bens ou mercadorias pela farmácia integrante do programa à Fundação Oswaldo Cruz –

FIOCRUZ, a nota fiscal da operação poderá ser emitida pelo destinatário, devendo o respectivo DANFE acompanhar o trânsito dos bens ou mercadorias (Convênio ICMS 65/11). (OBS: Efeitos a partir de 01.10.11).

§ 37. O benefício de que trata o inciso LXXXI fica condicionado a que a Companhia de Água e Esgoto da Paraíba - CAGEPA seja (Convênios ICMS 37/10 e 95/11):

I - empresa pública ou de economia mista, com participação majoritária estadual; ou

II - autarquia estadual.

§ 38. A isenção prevista no inciso LXXXII fica condicionada a que (Convênio ICMS103/11):

I - os medicamentos estejam beneficiados com isenção ou alíquota zero dos Impostos de Importação ou sobre Produtos Industrializados;

II - a parcela relativa à receita bruta decorrente das operações previstas no referido inciso esteja desonerada das contribuições do PIS/PASEP e COFINS.

§ 39. A fruição do benefício de que trata o inciso LIII fica condicionada:

I - ao cumprimento, pelos contribuintes, das obrigações instituídas na legislação estadual (Convênios ICMS 118/11 e 210/17);

II- a que o valor correspondente à isenção do ICMS seja deduzido do preço do respectivo produto, devendo o contribuinte demonstrar a dedução, expressamente, no documento fiscal (Convênio ICMS 32/14);

III - relativamente ao produto previsto no item 69 do Anexo 115 - MEDICAMENTOS DESTINADOS AO TRATAMENTO DO CÂNCER deste Regulamento, a que a operação esteja contemplada (Convênio ICMS 210/17):

a) com isenção ou tributação com alíquota zero pelo Imposto de Importação ou pelo Imposto sobre Produtos Industrializados (Convênio ICMS 03/19);

b) com desoneração das contribuições para os Programas de Integração Social e de Formação do Patrimônio do Servidor Público - PIS/PASEP e da Contribuição para o Financiamento da Seguridade Social - COFINS.

§ 40 O benefício previsto no inciso LXXXIII fica condicionado a que (Convênios ICMS 38/09 e 25/12):

I- a empresa prestadora forneça, incluídos no preço do serviço, todos os meios e equipamentos necessários à prestação do serviço;

II - o preço referente à prestação do serviço não ultrapasse o valor mensal de R$ 30,00 (trinta reais);

III– o tomador e a empresa prestadora do serviço sejam domiciliados neste Estado.

§ 41. Para efeitos do disposto no inciso LXXXIV, observar-se-á o seguinte (Convênio ICMS 58/99):

I – a mercadoria deverá ser utilizada para o fim previsto no regime mencionado;

II – será exigido o imposto, a multa por infração quando devida, e os demais acréscimos legais cabíveis, a partir da data da descaracterização do Regime Especial Aduaneiro de Admissão Temporária, pela inobservância das condições exigidas para sua fruição, especialmente, nos casos de:

a) expiração do prazo concedido para a permanência da mercadoria ou bem no país;

b) utilização da mercadoria ou bem em finalidade diversa daquela que tenha justificado a concessão do regime;

c) perda da mercadoria ou bem.

§ 42. As isenções constantes nas alíneas "a" do inciso XVII e "a" do inciso LXXXVI do "caput" deste artigo (Convênio ICMS 44/75):

I – aplicam-se, ainda que os produtos sejam ralados, exceto coco seco, cortados, picados, fatiados, torneados, descascados, desfolhados, lavados, higienizados, embalados ou resfriados, desde que não cozidos e não tenham adição de quaisquer outros produtos que não os relacionados, mesmo que simplesmente para conservação (Convênio ICMS 21/15);

II – estendem-se aos produtos submetidos ao processo de branqueamento (Convênio ICMS 62/19).

§ 43. Tratando-se de produtos resfriados, o benefício previsto no § 42 deste artigo somente se aplica nas operações internas, desde que atendidas as demais condições lá estabelecidas (Convênio ICMS 21/15).

§ 44. Durante a sua vigência, o benefício previsto no inciso LXXXVII do "caput" deste artigo será acompanhado e, a critério da Secretaria de Estado da Receita, anualmente revisado.

§ 45. O benefício previsto no inciso LXXXVIII deste artigo (Convênio ICMS 16/15): (OBS: efeitos a partir de 01.01.17).

I – aplica-se somente à compensação de energia elétrica produzida por microgeração e minigeração definidas na referida resolução, cuja potência instalada seja, respectivamente, menor ou igual a 75 kW e superior a 75 kW e menor ou igual a 1 MW (Convênio ICMS 18/18);

II - não se aplica ao custo de disponibilidade, à energia reativa, à demanda de potência, aos encargos de conexão ou uso do sistema de distribuição, e a quaisquer outros valores cobrados pela distribuidora;

III - fica condicionado a:

a) observância pelas distribuidoras e pelos microgeradores e minigeradores dos procedimentos previstos em Ajuste SINIEF;

b) que as operações estejam contempladas com desoneração das contribuições para os Programas de Integração Social e de Formação do Patrimônio do Servidor Público - PIS/PASEP e da Contribuição para o Financiamento da Seguridade Social - COFINS.

§ 46. Em relação à isenção prevista no inciso LXXXVIII deste artigo não se exigirá o estorno do crédito fiscal previsto no art. 21 da Lei Complementar nº 87, de 13 de setembro de 1996 (Convênio ICMS 16/15). (OBS: efeitos a partir de 01.01.17).

§ 47. A isenção prevista no inciso XC do "caput" deste artigo alcança somente a prestação interna do serviço de transporte contratado por órgão público para abastecer municípios da zona do semiárido paraibano, constantes na lista do semiárido estabelecida oficialmente pela Superintendência do Desenvolvimento do Nordeste - SUDENE, ou em situação de emergência decretada pelo Governador do Estado da Paraíba.

§ 48. A isenção prevista no inciso XCI deste artigo (Convênio ICMS 59/18):

I - obriga os estabelecimentos envolvidos a serem inscritos no Cadastro de Contribuintes do ICMS deste Estado;

II - não se estende à prestação de serviço de transporte, relacionada com as operações envolvendo as mercadorias.

§ 49. A aplicação da isenção prevista no inciso XCII deste artigo fica condicionada a que o (Convênio ICMS 96/18):

I - medicamento tenha autorização para importação concedida pela Agência Nacional de Vigilância Sanitária - ANVISA;

II - valor correspondente à isenção do ICMS seja deduzido do preço do respectivo produto, devendo o contribuinte demonstrar a dedução, expressamente, no documento fiscal.

§ 50. Em relação à isenção prevista no inciso XCII deste artigo, fica autorizada a dispensa da exigência de estorno do crédito fiscal de que trata o art. 21 da Lei Complementar nº 87, de 13 de setembro de 1996 (Convênio ICMS 96/18).

§ 51. Legislação Estadual poderá estabelecer condições para a fruição do benefício de que trata o inciso LXXII deste artigo.

§ 52. Para efeitos do disposto no inciso XCIV do "caput" deste artigo, considera-se biogás, o gás oriundo do processo de biodigestão anaeróbica de resíduos orgânicos, proveniente de aterros sanitários e que seja composto majoritariamente de metano (Convênio ICMS 06/19).

§ 53. Em relação à isenção prevista no inciso LXXXV do art. 5º será observado o seguinte (Convênio ICMS 66/19):

I - não será exigido o estorno do crédito fiscal, nos termos do art. 21 da Lei Complementar nº 87, de 13 de setembro de 1996;

II - o disposto previsto na alínea "b" do inciso citado no "caput" deste parágrafo aplicar-se-á às operações de importações com peças e partes, sem similar nacional, utilizados na produção de aceleradores lineares pelo próprio importador, desde que a saída posterior seja destinada a entidades filantrópicas a que se refere o citado dispositivo (Convênio ICMS 66/19);

III - a inexistência de produto similar produzido no país será atestada por entidade representativa do setor produtivo de máquinas, aparelhos e equipamentos com abrangência em todo território nacional ou por órgão federal competente.

§ 54. A fruição do benefício fiscal de que trata o inciso XCV deste artigo fica condicionada a que a operação esteja contemplada com a isenção ou tributação com alíquota zero pelo Imposto de Importação ou pelo Imposto sobre Produtos Industrializados (Convênio ICMS 160/19).

§ 55. Em relação à isenção prevista no inciso XCVI do "caput" deste artigo, será observado o seguinte (Convênio ICMS 52/20):

I - a sua aplicação ficará condicionada a que o medicamento tenha autorização para importação concedida pela Agência Nacional de Vigilância Sanitária - ANVISA;

II - não se exigirá o estorno do crédito do ICMS, nos termos do art. 21 da Lei Complementar nº 87, de 13 de setembro de 1996;

III - o valor correspondente à isenção do ICMS deverá ser deduzido do preço do respectivo produto, devendo o contribuinte demonstrar a dedução, expressamente, no documento fiscal.

§ 56. O trânsito das mercadorias previstas no inciso XCVII do "caput" deste artigo até o estabelecimento re-refinador ou coletor revendedor autorizado pela ANP deverá ser acompanhado por Nota Fiscal Eletrônica - NF-e, modelo 55, emitida pelo destinatário, como operação de entrada, dispensando o estabelecimento remetente da emissão de documento fiscal (Convênios ICMS 03/90 e 135/20).

Seção II
DAS ISENÇÕES COM PRAZO DETERMINADO

Art. 6º São isentas do imposto:

I - REVOGADO (Decreto nº 36.187/15);

II - até 31 de março de 2022, as entradas de mercadorias importadas do exterior a serem utilizadas no processo de fracionamento e industrialização de componentes e derivados de sangue ou na sua embalagem, acondicionamento ou reacondicionamento, desde que realizadas por órgãos e entidades de hematologia e hemoterapia dos governos federal, estadual ou municipal, sem fins lucrativos, e a importação seja efetuada com isenção ou alíquota zero do Imposto de Importação (Convênios ICMS 24/89, 87/89, 110/89, 90/90, 80/91, 124/93, 121/95, 05/99, 10/01, 30/03, 18/05, 53/08, 71/08, 138/08, 69/09, 119/09, 01/10, 101/12, 191/13, 27/15, 107/15, 49/17, 133/19, 101/20,133/20 e 28/21);

III - REVOGADO (Decreto nº 20.555/99);

IV - REVOGADO (Decreto nº 20.555/99);

V - até 31 de março de 2022, as operações relativas às saídas de rapadura de qualquer tipo (Convênios ICMS 74/90, 80/91, 124/93, 22/95, 20/97, 48/97, 67/97, 121/97, 23/98, 05/99, 10/01, 48/03, 10/04, 48/07, 76/07, 106/07, 117/07, 18/05, 53/08, 71/08, 138/08, 69/09, 119/09, 01/10,101/12, 191/13, 27/15, 107/15, 49/17, 133/19, 101/20, 133/20 e 28/21);

VI - até 31 de março de 2022, o recebimento dos produtos relacionados no Anexo 114 - Lista de Produtos Importados pela APAE, sem similar nacional, importados do exterior diretamente pela APAE - Associação de Pais e Amigos dos Excepcionais - (Convênios ICMS 41/91, 18/11, 101/12, 191/13, 27/15, 107/15, 49/17, 133/19,101/20, 133/20 e 28/21);

VII - até 31 de março de 2022, o recebimento de aparelhos, máquinas, equipamentos e instrumentos médico-hospitalares ou técnico-científicos laboratoriais, sem similar produzido no País, importados do exterior diretamente por órgãos ou entidades da administração pública, direta ou indireta, bem como fundações ou entidades beneficentes ou de assistência social, certificadas nos termos da Lei nº 12.101, de 27 de novembro de 2009, observado o disposto nos §§ 1º, 6º, 23 e 24 (Convênios ICMS 104/89, 80/91, 124/93, 95/95, 121/95, 20/99, 07/00, 21/02, 10/04, 24/07, 124/07, 148/05, 53/08, 71/08, 138/08, 69/09, 119/09, 01/10, 90/10, 101/12, 191/13, 27/15, 107/15, 49/17, 133/19, 01/20, 133/20 e 28/21);

VIII - até 31 de março de 2022, as operações relativas às aquisições de equipamentos e acessórios constantes do Anexo 12, que se destinem, exclusivamente, ao atendimento às pessoas portadoras de deficiência física, auditiva, mental, visual e múltipla, estendendo-se o benefício às importações do exterior, desde que inexista similar nacional, observado o disposto no § 2º (Convênios ICMS 38/91, 80/91, 124/93, 121/95, 05/99, 18/05, 124/07, 148/05, 53/08, 71/08, 138/08, 69/09, 119/09, 01/10, 101/12, 191/13, 27/15, 107/15, 49/17, 133/19, 101/20, 133/20 e 28/21);

IX – até 31 de março de 2022, as entradas decorrentes de importação do exterior de reprodutores e matrizes caprinas de comprovada superioridade genética, mediante prévio conhecimento do Fisco e quando efetuadas diretamente por produtores (Convênios ICMS 20/92, 121/95 05/99, 18/05, 124/07, 148/05, 53/08, 71/08, 138/08, 69/09, 119/09, 01/10, 101/12, 191/13, 27/15, 107/15, 49/17, 133/19, 101/20, 133/20 e 28/21);

X – até 31 de março de 2022, operações decorrentes de doações efetuadas por contribuintes do imposto à Secretaria de Educação e Cultura, para serem distribuídas à rede oficial de ensino, de forma gratuita, observado o disposto no inciso V do art. 87 (Convênios ICMS 78/92, 124/93, 22/95, 20/97, 48/97, 67/97, 121/97, 23/98, 05/99, 18/05, 53/08, 71/08, 138/08, 69/09, 119/09, 01/10, 101/12, 191/13, 27/15, 107/15, 49/17, 133/19, 101/20, 133/20 e 28/21);

XI – até 31 de março de 2022, as saídas internas e interestaduais de pós-larvas de camarão (Convênios ICMS 123/92, 148/92, 121/95, 20/97, 48/97, 67/97, 121/97, 23/98, 05/99, 18/05, 124/07, 148/05, 53/08, 71/08, 138/08, 69/09, 119/09, 01/10, 101/12, 191/13, 27/15, 107/15, 49/17, 133/19, 101/20, 133/20 e 28/21);

XII – até 30 de abril de 2003, o diferencial de alíquota referente a bens destinados ao ativo fixo ou imobilizado de estabelecimentos industriais e/ou agropecuários, observado o disposto nos §§ 3º e 7º (Convênios ICMS 55/93, 151/94, 102/96, 121/97, 23/98, 05/99 e 10/01);

XIII – até 31 de dezembro de 2025, as operações internas com os seguintes produtos, observado o disposto nos §§ 9º a 17 deste artigo (Convênios ICMS 36/92, 21/96, 68/96, 20/97, 48/97, 67/97, 100/97, 05/99, 53/08, 71/08, 138/08, 69/09, 119/09, 01/10, 101/12, 14/13, 191/13, 27/15, 107/15, 49/17, 133/17, 28/19, 22/20, 133/20 e 26/21):

a) inseticidas, fungicidas, formicidas, herbicidas, parasiticidas, germicidas, acaricidas, nematicidas, raticidas, desfolhantes, dessecantes, espalhantes, adesivos, estimuladores e inibidores de crescimento (reguladores), vacinas, soros e medicamentos, produzidos para uso na agricultura e na pecuária, inclusive inoculantes, vedada a sua aplicação quando dada ao produto destinação diversa (Convênio ICMS 99/04);

b) ácido nítrico e ácido sulfúrico, ácido fosfórico, fosfato natural bruto e enxofre, saídos dos estabelecimentos extratores, fabricantes ou importadores para:

1.estabelecimento onde sejam industrializados adubos simples e/ou compostos, fertilizantes e fosfato bi-cálcio destinados à alimentação animal;

2.estabelecimento de produtor agropecuário;

3.quaisquer estabelecimentos com fins exclusivos de armazenagem;

4.outro estabelecimento da mesma empresa daquela onde se tiver processado a industrialização;

c) rações para animais, concentrados, suplementos, aditivos, premix ou núcleo, fabricados pelas respectivas indústrias, devidamente registradas no Ministério da Agricultura, Pecuária e Abastecimento-MAPA, desde que (Convênio ICMS 93/06):

1.os produtos estejam registrados no órgão competente do Ministério da Agricultura, Pecuária e Abastecimento e o número do registro seja indicado no documento fiscal, quando exigido (Convênio ICMS 17/11);

2.haja o respectivo rótulo ou etiqueta identificando o produto;

3.os produtos se destinem exclusivamente ao uso na pecuária;

d) calcário e gesso, destinados ao uso exclusivo na agricultura, como corretivo ou recuperador do solo;

e) semente genética, semente básica, semente certificada de primeira geração - C1, semente certificada de segunda geração - C2, semente não certificada de primeira geração - S1 e semente não certificada de segunda geração - S2, destinadas à semeadura, desde que produzidas sob controle de entidades certificadoras ou fiscalizadoras, bem como as importadas, atendidas as disposições da Lei nº 10.711, de 05 de agosto de 2003, regulamentada pelo Decreto nº 5.153, de 23 de julho de 2004, e as exigências estabelecidas pelos órgãos do Ministério da Agricultura, Pecuária e Abastecimento ou por outros órgãos e entidades da Administração Federal, dos Estados e do Distrito Federal, que mantiverem convênio com aquele Ministério (Convênio ICMS 16/05);

f) alho em pó, sorgo, milheto, sal mineralizado, farinhas de peixe, de ostra, de carne, de osso, de pena, de sangue e de víscera, calcário calcítico, caroço de algodão, farelos e tortas de algodão, de babaçu, de cacau, de amendoim, de linhaça, de mamona, de milho e de trigo, farelos de arroz, de girassol, de glúten de milho, de gérmen de milho desengordurado, de quirera de milho, de casca e de semente de uva e de polpa cítrica, glúten de milho, silagens de forrageiras e de produtos vegetais, feno, óleos de aves, resíduos de óleo e gordura de origem animal ou vegetal, descartados por empresas do ramo alimentício, e outros resíduos industriais, destinados à alimentação animal ou ao emprego na fabricação de ração animal (Convênio ICMS 21/16);

g) esterco animal;

h) mudas de plantas;

i) embriões, sêmen congelado ou resfriado, exceto os de bovino, ovos férteis, aves de um dia, exceto as ornamentais, girinos e alevinos (Convênio ICMS 89/01);

j) farelos e tortas de soja e de canola, cascas e farelos de cascas de soja e de canola, sojas desativadas e seus farelos, quando destinados à alimentação animal ou ao emprego na fabricação de ração animal (Convênio ICMS 62/11); (OBS: Efeitos a partir de 01.10.11).

k) amônia, uréia, sulfato de amônio, nitrato de amônio, nitrocálcio, MAP (Mono-amônio fosfato), DAP (diamônio fosfato), cloreto de potássio, adubos simples e compostos, fertilizantes e DL Metionina e seus análogos, produzidos para uso na agricultura e na pecuária, vedada a sua aplicação quando dada ao produto destinação diversa;

l) milho, quando destinado a produtor, à cooperativa de produtores, à indústria de ração animal ou órgão oficial de fomento e desenvolvimento agropecuário vinculado ao Estado (Convênio ICMS 123/11);

m) enzimas preparadas para decomposição de matéria orgânica animal, classificadas no código 3507.90.4, da Nomenclatura Brasileira de Mercadorias - Sistema Harmonizado - NBM/SH;

n) vermiculita para uso como condicionador e ativador de solo (Convênio ICMS 93/03);

o) aveia e farelo de aveia, destinados à alimentação animal ou ao emprego na fabricação de ração animal (Convênio ICMS 149/05);

p) casca de coco triturada para uso na agricultura (Convênio ICMS 25/03);

q) extrato pirolenhoso decantado, piro alho, silício líquido piro alho e bio bire plus, para uso na agropecuária (Convênio ICMS 156/08);

r) óleo, extrato seco e torta de Nim (Azadirachta indica A. Juss) (Convênio ICMS 55/09);

s) condicionadores de solo e substratos para plantas, desde que os produtos estejam registrados no órgão competente do Ministério da Agricultura, Pecuária e Abastecimento e que o número do registro seja indicado no documento fiscal (Convênio ICMS 195/10);

t) gipsita britada destinada ao uso na agropecuária ou à fabricação de sal mineralizado (Convênio ICMS 106/02);

u) torta de filtro e bagaço de cana, cascas e serragem de pinus e eucalipto, turfa, torta de oleaginosas, resíduo da indústria de celulose (dregs e grits), ossos de bovino autoclavado, borra de carnaúba, cinzas, resíduos agroindustriais orgânicos, destinados para uso exclusivo como matéria prima na fabricação de insumos para a agricultura (Convênio ICMS 49/11); (OBS: Efeitos a partir de 01.10.11);

XIV - até 31 de março de 2022, as saídas de mercadorias decorrentes de doações efetuadas ao Governo do Estado, para distribuição gratuita a pessoas necessitadas ou vítimas de catástrofes, em decorrência de programa instituído para esse fim, bem como a prestação de serviço de transporte dessas mercadorias, observado o § 5º deste artigo e o inciso VII do art. 87 (Convênios ICMS 82/95, 117/98, 18/05, 53/08, 71/08, 138/08, 69/09, 119/09, 01/10, 101/12, 191/13, 27/15, 107/15, 49/17,133/19, 101/20, 133/20 e 28/21);

XV – até 31 de dezembro de 2005, as operações com mercadorias, bem como as prestações de serviços de transporte a elas relativas, destinadas ao Programa de Fortalecimento e Modernização da Área Fiscal Estadual, adquiridas através de licitações ou contratações efetuadas dentro das normas estabelecidas pelo Banco Interamericano de Desenvolvimento – BID (Convênios ICMS 94/96, 20/97, 48/97, 67/97,121/97, 23/98, 05/99 e 123/04);

XVI – REVOGADO (Decreto nº 40.980/21 – DOE de 14.01.2021)

XVII – até 30 de abril de 2019, as operações com Coletores Eletrônicos de Voto (CEV), suas partes, peças de reposição e acessórios, adquiridos diretamente pelo Tribunal Superior Eleitoral – TSE, observado o disposto no § 4º, deste artigo e no inciso XVIII do art. 87 (Convênios ICMS 75/97, 05/99, 10/01, 163/02, 124/04, 01/07, 48/07, 76/07, 106/07, 117/07, 124/07, 148/05, 53/08, 71/08, 138/08, 69/09, 119/09, 01/10, 101/12, 191/13, 27/15, 107/15, 49/17 e 127/17);

XVIII – até 31 de março de 2022, as operações com os produtos e equipamentos utilizados em diagnóstico em imunohematologia, sorologia e coagulação, abaixo relacionados, destinados a órgãos ou entidades da administração pública, direta ou indireta, bem como suas autarquias e fundações (Convênios ICMS 84/97, 05/99, 18/05, 53/08, 71/08, 138/08, 69/09, 119/09, 01/10, 101/12, 191/13, 27/15, 107/15, 49/17, 133/19,101/20, 133/20 e 28/21):

DESCRIÇÃO DOS PRODUTOS	POSIÇÃO NBM/SH
1. Da linha de imunohematologia	
Reagentes, painéis de hemácias e diluentes destinados à determinação dos grupos ou dos fatores sanguíneos pela técnica de Gel-Teste.	3006.20.00
2. Da linha de sorologia	
Reagentes para diagnósticos de enfermidades transmissíveis pela técnica ID-PaGIA;.	3822.00.00
Reagentes para diagnóstico de malária e leishmaniose pelas técnicas de Elisa, Imunocromatografia ou em qualquer suporte	3822.00.90
3. Da linha de coagulação	
Reagentes para diagnósticos de coagulação pelas técnicas de Gel-Teste e ID-PaGIA.	3006.20.00
4. Equipamentos:	
a) centrífugas para diagnósticos em imunohematologia / sorologia / coagulação pelas técnicas de Gel-Teste e ID-PaGIA;;	8421.19.10

b) incubadoras para diagnósticos em imunohematologia / sorologia / coagulação pelas técnicas de Gel-Teste e ID-PaGIA	8419.89.99
c) readers (leitor automático) para diagnósticos em imunohematologia / sorologia / coagulação pelas técnicas de Gel-Teste e IDPaGIA;	8471.90.12
d) samplers (pipetador automático) para diagnósticos em imunohematologia / sorologia / coagulação pelas técnicas de Gel-Teste e IDPaGIA;	8479.89.12;

XIX - REVOGADO (Decreto nº 20.555/99);

XX - até 31 de março de 2022, as operações que destinem equipamentos didáticos, científicos e médico-hospitalares, inclusive peças de reposição e os materiais necessários às respectivas instalações, ao Ministério da Educação e do Desporto - MEC para atender ao "Programa de Modernização e Consolidação da Infra-Estrutura Acadêmica das Instituições Federais de Ensino Superior e Hospitais Universitários" instituído pela Portaria nº 469, de 25 de março de 1997, do Ministério d/ Educação e do Desporto, observado o disposto no § 20 (Convênios ICMS 123/97, 23/98, 05/99, 18/05, 124/07, 148/05, 53/08, 71/08, 138/08, 69/09, 119/09, 01/10, 101/12, 191/13, 27/15, 107/15, 49/17, 133/19 e 101/20);

XXI – até 31 de dezembro de 2028, as operações com os produtos a seguir indicados e respectivas classificações na Nomenclatura Comum do Mercosul –Sistema Harmonizado – NCM/SH, observado o disposto no § 21 (Convênios ICMS 101/97, 10/14 e 156/17):

a) aerogeradores para conversão de energia dos ventos em energia mecânica para fins de bombeamento de água e/ou moagem de grãos – 8412.80.00;

b) bomba para líquidos, para uso em sistema de energia solar fotovoltaico em corrente contínua, com potência não superior a 2 HP – 8413.81.00;

c) aquecedores solares de água – 8419.19.10;

d) gerador fotovoltaico de potência não superior a 750W – 8501.31.20;

e) gerador fotovoltaico de potência superior a 750W, mas não superior a 75KW -8501.32.20;

f) gerador fotovoltaico de potência superior a 75KW, mas não superior a 375KW -8501.33.20;

g) gerador fotovoltaico de potência superior a 375KW – 8501.34.20;

h) aerogeradores de energia eólica – 8502.31.00;

i) células solares não montadas – 8541.40.16;

j) células solares em módulos ou painéis – 8541.40.32;

k) torre para suporte de gerador de energia eólica – 7308.20.00 e 9406.90.90 (Convênio ICMS 204/19);

l) pá de motor ou turbina eólica - 8503.00.90 (Convênio ICMS 25/11);

m) partes e peças utilizadas (Convênio ICMS 10/14):

1.exclusiva ou principalmente em aerogeradores - 8502.31.00 (Convênio ICMS 25/11), e em geradores fotovoltaicos - 8501.31.20, 8501.32.20, 8501.33.20 e 8501.34.20 - 8503.00.90;

2.em torres para suporte de energia eólica – 7308.20.00 – 7308.90.90;

n) chapas de aço – 7308.90.10 (Convênio ICMS 11/11);

o) cabos de controle – 8544.49.00 (Convênio ICMS 11/11);

p) cabos de potência – 8544.49.00 (Convênio ICMS 11/11);

q) anéis de modelagem – 8479.89.99 (Convênio ICMS 11/11);

r) conversor de frequência de 1600 KVA e 620V – 8504.40.50 (Convênio ICMS 10/14);

s) fio retangular de cobre esmaltado 10 x 3,55mm – 8544.11.00 (Convênio ICMS 10/14);

t) barra de cobre 9,4 x 3,5mm – 8544.11.00 (Convênio ICMS 10/14);

XXII – até 31 de março de 2022 (Convênios ICMS 47/98, 51/01, 69/03, 123/04, 148/05, 53/08, 71/08, 138/08, 69/09, 119/09, 01/10, 101/12, 191/13, 27/15, 107/15, 49/17, 133/19,101/20, 133/20 e 28/21);

a) a saída de bens do ativo imobilizado e de uso ou consumo de estabelecimento da Empresa Brasileira de Pesquisa Agropecuária – EMBRAPA para outro estabelecimento da mesma ou para estabelecimento de empresa estadual integrante do Sistema Nacional de Pesquisa Agropecuária (Convênio ICMS 47/98 e 123/04);

b) relativamente ao diferencial de alíquotas, a aquisição interestadual, pela EMBRAPA, de bens do ativo imobilizado e de uso ou consumo (Convênio ICMS 47/98);

c) a remessa de animais para a EMBRAPA para fins de inseminação e inovulação com animais de raça, e respectivo retorno (Convênio ICMS 47/98);

XXIII – até 31 de março de 2022, as operações com preservativos, classificados no código 4014.10.00 da Nomenclatura Brasileira de Mercadorias – Sistema Harmonizado – NBM/SH, observado o disposto nos §§ 22 e 29 (Convênios ICMS 116/98, 90/99, 10/01,127/01, 119/03, 40/07, 163/13, 27/16, 49/17, 133/19, 101/20, 133/20 e 28/21);

XXIV – até 31 de março de 2022, as operações de importação de equipamento médico- hospitalar, sem similar produzido no País, realizadas por clínica ou hospital, que se comprometa a compensar este benefício com a prestação de serviços médicos, exames radiológicos, de diagnóstico por imagem e laboratoriais, programados pelas Secretarias Estaduais de Saúde e da Administração, e de, em valor igual ou superior a desoneração, observado o disposto no § 25 (Convênios ICMS 05/98, 90/99, 14/00, 10/01, 30/03, 91/03, 18/05, 124/07, 148/05, 53/08, 71/08, 138/08, 69/09, 119/09, 01/10, 101/12, 191/13, 27/15, 107/15, 49/17, 133/19, 101/20, 133/20 e 28/21);

XXV – até 31 de outubro de 2001, as operações com lâmpadas fluorescentes de descarga em baixa pressão, de base única, com ou sem reator eletrônico incorporado, com eficiência superior a 40 lúmens por W, classificadas no código 8539.31.00 da NBM/SH – Nomenclatura Brasileira de Mercadorias – Sistema Harmonizado, e lâmpadas de vapor de sódio, de alta pressão, classificadas no código 8539.32.00 da NBM/SH – Nomenclatura Brasileira de Mercadorias – Sistema Harmonizado (Convênio ICMS 27/01);

XXVI – até 31 de março de 2022, as operações realizadas com os medicamentos relacionados a seguir, observado o disposto no § 26 e no inciso XXIV do art. 87 (Convênios ICMS 140/01, 46/03, 18/05, 53/08, 71/08, 138/08, 69/09, 119/09, 01/10, 101/12, 191/13, 27/15, 107/15, 49/17, 133/19, 101/20, 133/20 e 28/21);

a) à base de mesilato de imatinib – NBM/SH 3003.90.78 e NBM/SH 3004.90.68 (Convênio ICMS 17/05);

b) interferon alfa-2A – NBM/SH 3002.10.39;

c) interferon alfa-2B – NBM/SH 3002.10.39;

d) peg interferon alfa-2-A – NBM/SH 3004.90.95 (Convênio ICMS 118/07);

e) peg interferon alfa-2B – NBM/SH 3004.90.99;

f) à base de cloridrato de erlotinibe – NBM/SH 3004.90.69 (Convênio ICMS 62/09);

g) malato de sunitinibe, nas concentrações 12,5 mg, 25 mg e 50 mg – NBM/SH 3004.90.69 (Convênio ICMS 62/09);

h) telbivudina 600 mg – NBM/SH 3003.90.89 e NBM/SH 3004.90.79 (Convênio ICMS 62/09);

i) ácido zoledrônico – NBM/SH 3003.90.79 e NBM/SH 3004.90.69 (Convênio ICMS 62/09);

j) letrozol – NBM/SH 3003.90.78 e NBM/SH 3004.90.68 (Convênio ICMS 62/09);

k) nilotinibe 200 mg – NBM/SH 3003.90.79 e NBM/SH 3004.90.69 (Convênio ICMS 62/09);

l) a partir de 1º de maio de 2010, desatinibe 20 mg ou 50 mg, ambos com 60 comprimidos – NBM/SH 3003.90.89 e NBM/SH 3004.90.79 (Convênio ICMS 42/10);

m) Complexo Protrombínico Parcialmente Ativado (a PCC) – NCM/SH 3002.10.39 (Convênio ICMS 100/10);

n) rituximabe – NBM/SH 3002.10.38 (Convênio ICMS 159/10);

o) alteplase, nas concentrações de 10 mg, 20 mg e 50 mg – NCM 3004.90.99 (Convênio ICMS 33/11);

p) Tenecteplase, nas concentrações de 40 mg e 50 mg – NCM 3004.90.99 (Convênio ICMS 139/13);

XXVII – até 31 de março de 2022, as operações com leite de cabra (Convênios ICMS 63/00, 21/02, 30/03, 10/04, 48/07, 76/07, 106/07, 117/07, 124/07, 148/05, 53/08, 71/08, 138/08, 69/09, 119/09, 01/10, 101/12, 191/13, 27/15, 107/15, 49/17, 133/19, 101/20, 133/20 e 28/21);

XXVIII – até 31 de março de 2022, as operações realizadas com os fármacos e medicamentos relacionados no Anexo 105 – Lista de Fármacos e Medicamentos, destinados a órgãos da Administração Pública Direta e Indireta Federal, Estadual e Municipal e a suas fundações públicas, observado o disposto no § 27 e no inciso XXIV do art. 87 (Convênios ICMS 87/02, 126/02, 45/03, 18/05, 53/08, 71/08, 138/08, 69/09, 119/09, 01/10, 101/12, 191/13, 27/15, 107/15, 49/17, 133/19, 101/20, 133/20 e 28/21);

XXIX – até 31 de março de 2022, as operações internas com água dessalinizada envasada, doada às pessoas carentes que residem em locais não assistidos pela empresa estatal distribuidora de água natural canalizada (Convênio ICMS 89/03, 139/05, 53/06, 48/07, 76/07, 106/07, 117/07, 124/07, 148/05, 53/08, 71/08, 138/08, 69/09, 119/09, 01/10, 101/12, 191/13, 27/15, 107/15, 49/17, 133/19, 101/20, 133/20 e 28/21);

XXX – até 31 de março de 2022, as saídas internas de fibra de sisal efetuadas por estabelecimento produtor (Convênio ICMS 90/03, 139/05, 148/05, 53/08, 71/08, 138/08, 69/09, 119/09, 01/10, 101/12, 191/13, 27/15, 107/15, 49/17, 133/19, 101/20, 133/20 e 28/21);

XXXI – até 31 de março de 2022, as operações de importação realizadas pela Fundação Nacional de Saúde e pelo Ministério da Saúde, por meio da Coordenação-Geral de Recursos Logísticos, CNPJ base 00.394.544, ou qualquer de suas unidades, dos produtos relacionados na Lista de Produtos Imunobiológicos, Medicamentos e Inseticidas, Anexo 99 deste Regulamento, destinados às campanhas de vacinação, Programas Nacionais de combate à dengue, malária, febre amarela, e outros agravos promovidas pelo Governo Federal (Convênios ICMS 95/98, 78/00, 120/03, 147/05, 40/07, 163/13, 27/16, 49/17, 133/19, 101/20, 133/20 e 28/21);

XXXII – REVOGADO (Decreto nº 27.508/06);

XXXIII - até 31 de março de 2022, as operações com mercadorias, bem como as prestações de serviços de transporte a elas relativas, destinadas a programas de fortalecimento e modernização das áreas fiscal, de gestão, de planejamento e de controle externo, dos Estados e do Distrito Federal, adquiridas através de licitações ou contratações efetuadas dentro das normas estabelecidas pelo Banco Interamericano de Desenvolvimento - BID e Banco Nacional de Desenvolvimento Econômico e Social - BNDES (Convênios ICMS 79/05, 101/12, 191/13, 27/15, 107/15, 49/17, 133/19,101/20, 133/20 e 28/21);

XXXIV - até 31 de dezembro de 2015, as saídas internas de animais financiados pelo Programa Nacional de Fortalecimento da Agricultura Familiar - PRONAF, atendidos os requisitos do programa e observado o disposto no § 34 (Decretos nº 31.383/10 e 33.464/12);

XXXV - até 31 de março de 2022, as saídas internas dos bens relacionados no Anexo 107 -Bens Destinados à Modernização e à Ampliação da Estrutura Portuária - Reporto, a serem utilizados para integrar o ativo imobilizado de empresas beneficiadas pelo Regime Tributário para Incentivo à Modernização e à Ampliação da Estrutura Portuária - REPORTO, instituído pela Lei nº 11.033, de 21 de dezembro de 2004, observado o disposto nos §§ 35 e 36 (Convênios ICMS 03/06, 148/05, 53/08, 71/08, 138/08, 69/09, 119/09, 01/10, 101/12, 191/13, 27/15, 107/15, 49/17, 133/19, 101/20, 133/20 e 28/21);

XXXVI - até 31 de dezembro de 2021, as transferências de bens indicados no Anexo 108 -Equipamentos e Peças a Serem Utilizados na Manutenção do Gasoduto Brasil-Bolívia, destinados à manutenção do Gasoduto Brasil-Bolívia, observado o disposto nos §§ 37 e 38 e no inciso XXVI do art. 87 (Convênios ICMS 09/06, 148/05, 53/08, 71/08, 138/08, 69/09, 119/09, 01/10, 101/12, 191/13, 27/15, 107/15, 49/17, 133/19,101/20, 133/20 e 29/21);

XXXVII - até 31 de dezembro de 2015, as saídas internas de mercadorias promovidas elos produtores rurais participantes do "Programa de Compra Direta Local da Agricultura Familiar" do Ministério do Desenvolvimento Social e Combate à Fome, quando destinadas aos Municípios para serem distribuídos, exclusivamente, em programas sociais da edilidade (Decretos nº 31.383/10 e 33.464/12);

XXXVIII- até 31 de julho de 2009, as prestações de serviços de transporte intermunicipal de cargas destinadas a contribuinte do imposto, que tenham início e término neste Estado (Convênios ICMS 04/04, 153/06, 48/07, 76/07, 106/07, 117/07, 124/07, 148/05, 53/08, 71/08, e 138/08);

XXXIX - até 31 de março de 2022, as operações internas e interestaduais e a importação de medicamentos e reagentes químicos, relacionados no Anexo 109 - Medicamentos e Reagentes Químicos, kits laboratoriais e equipamentos, bem como suas partes e peças, destinados a pesquisas envolvendo seres humanos, destinados ao desenvolvimento de novos medicamentos, inclusive em programas de acesso expandi-

TRIBUTÁRIO E FINANCEIRO

do, desde que (Convênios ICMS 09/07, 62/08, 101/12, 191/13, 27/15, 107/15, 49/17, 133/19, 101/20, 133/20 e 28/21):

a) a pesquisa e o programa sejam registrados pela Agência Nacional de Vigilância Sanitária - ANVISA/MS ou, se estes estiverem dispensados de registro na ANVISA/MS, tenham sido aprovados pelo Comitê de Ética em Pesquisa - CEP da instituição que for realizar a pesquisa ou o programa;

b) a importação dos medicamentos, reagentes químicos, kits laboratoriais e equipamentos, bem como suas partes e peças, ainda que constem da Lista da Tarifa Externa Comum (TEC), seja contemplada com isenção, alíquota zero ou não seja tributada pelos Impostos de Importação e sobre Produtos Industrializados (Convênio ICMS 62/08);

c) os produtos sejam desonerados das contribuições para os Programas de Integração Social e de Formação do Patrimônio do Servidor Público (PIS/PASEP) e da Contribuição para o Financiamento da Seguridade Social (COFINS);

d) em relação à importação de equipamentos, não existam similares de suas partes e peças produzidos no país;

e) seja comprovada a ausência de produtos similares produzidos no país, através de laudo emitido por entidade representativa do setor produtivo de máquinas, aparelhos e equipamentos, com abrangência em todo território nacional ou por órgão federal especializado;

XL - até 31 de março de 2022, a importação de máquinas, equipamentos, aparelhos, instrumentos, suas respectivas partes, peças e acessórios, arrolados no Anexo 110 - Máquinas e Equipamentos de Radiodifusão Sonora, sem similar produzido no País, efetuada por empresa concessionária da prestação de serviços públicos de radiodifusão sonora e de sons e imagens de recepção livre e gratuita, desde que (Convênios ICMS 10/07, 119/09, 01/10, 101/12, 191/13, 27/15, 107/15, 49/17, 127/17, 28/19, 22/20, 133/20 e 28/21):

a) os produtos sejam desonerados do Imposto de Importação - II e das contribuições para os Programas de Integração Social e de Formação do Patrimônio do Servidor Público - PIS/PASEP e da Contribuição para o Financiamento da Seguridade Social - COFINS;

b) a inexistência de produto similar produzido no País seja atestada por órgão federal competente ou por entidade representativa do setor produtivo de máquinas, aparelhos e equipamentos, com abrangência em todo território nacional;

XLI - até 31 de março de 2022, a saída destinada a órgão ou entidade da Administração Pública Direta, suas autarquias e fundações do seguinte reagente, observado o disposto no § 42 (Convênios ICMS 23/07, 138/08, 69/09, 119/09, 01/10, 101/12, 191/13, 27/15, 107/15, 49/17, 133/19, 101/20, 133/20 e 28/21):

Descrição do produto	NCM/SH
Reagente para diagnóstico da Doença de Chagas pela técnica de enzimaimunoesai (ELISA) em microplacas utilizando uma mistura de Antigenos Recombinantes e Antígenos lisados purificados, para detecção simultânea qualitativa e semi-quantitativa de anticorpos IgG e IgM anti Trypanosoma cruzi em soro ou plasma humano	3002.10.29

XLII – até 31 de março de 2022, o fornecimento de alimentação e bebida não alcoólica, realizado por restaurantes populares integrantes de programas específicos instituídos pela União, Estados ou Municípios, observado o disposto no § 43, desde que (Convênios ICMS 89/07, 97/10, 132/12, 191/13, 27/15, 107/15, 49/17, 133/19,101/20, 133/20 e 28/21):

a) a entidade que instituir o programa encaminhe à Secretaria de Estado da Receita relação dos restaurantes enquadrados no respectivo programa;

b) a parcela relativa à receita bruta decorrente das operações previstas neste inciso esteja desonerada das contribuições do PIS/PASEP e COFINS, quando o programa for instituído pela União.

XLIII – até 31 de dezembro de 2010, o fornecimento de alimentação e a comercialização de comidas, bebidas, objetos artesanais e produtos típicos dos Estados, e outras mercadorias, efetuados por entidades beneficentes, representações dos Estados ou entidades diplomáticas, realizada na "Festa dos Estados", no Distrito Federal (Convênio ICMS 105/07).

XLIV – até 31 de dezembro de 2020, as operações com computadores portáteis educacionais, classificados nos códigos 8471.3012, 8471.3019 e 8471.3090 e kit completo para montagem de computadores portáteis educacionais, adquiridos no âmbito do Programa Nacional de Informática na Educação – PROINFO – em seu Projeto Especial "Um Computador por Aluno – UCA" -, do Ministério da Educação – MEC, instituído pela Portaria nº 522, de 09 de abril de 1997, e do "Programa Um Computador por Aluno – PROUCA" e "Regime Especial para Aquisição de Computadores para Uso Educacional – RECOMPE", instituídos pela Lei n 12.249, de 11 de junho de 2010, e do Regime Especial de Incentivo a Computadores para Uso Educacional – REICOMP, instituído pela Medida Provisória n. 563, de 3 de abril de 2012, observado o disposto no inciso XXIX do art. 87, desde que (Convênios ICMS 147/07, 172/10, 89/12, 107/15, 49/17, 133/19 e 101/20):

a) a operação esteja contemplada com a desoneração das contribuições para o Programa de Integração Social e de Formação do Patrimônio do Servidor Público – PIS/PASEP – e da Contribuição para o Financiamento da Seguridade Social – COFINS;

b) a aquisição seja realizada por meio de Pregão ou outros processos licitatórios, realizados pelo Fundo Nacional de Desenvolvimento da Educação – FNDE;

c) a importação do kit completo para montagem de computadores portáteis educacionais também esteja desonerada do Imposto de Importação;

d) o valor correspondente à desoneração dos tributos mencionados seja deduzido do preço dos respectivos produtos, mediante indicação expressa no documento fiscal relativo à operação.

e) a isenção prevista para o "kit completo para montagem de computadores portáteis educacionais" se aplica, também, nas operações com embalagens, componentes, partes e peças para montagem desses computadores no âmbito do PROUCA, ainda que adquiridos de forma individual (Convênios ICMS 147/07 e 89/12).

XLV - até 31 de dezembro de 2008, as saídas internas de armas, munições, suas partes e acessórios adquiridos pelas Forças Armadas para seu uso exclusivo, desde que - Convênio ICMS 102/08 (Decreto nº 29.931/08):

I - as operações estejam contempladas com desoneração das contribuições para os Programas de Integração Social e de Formação do Patrimônio do Servidor Público (PIS/PASEP) e da Contribuição para o Financiamento da Seguridade Social (COFINS);

II - estas operações, quando destinadas ao aparelhamento da polícia estadual, estejam desoneradas dos impostos e contribuições federais.

XLVI - até 31 de março de 2022, as operações com os equipamentos e insumos indicados no Anexo 111 - Lista de Insumos Destinados à Prestação de Serviços de Saúde, observado o disposto no inciso XXXI do art. 87 (Convênios ICMS 01/99, 40/07, 163/13, 27/16, 49/17, 133/19,101/20, 133/20 e 28/21);

XLVII - até 31 de março de 2022, as operações com fosfato de oseltamivir, classificado no código 3003.90.79 ou 3004.90.69 da Nomenclatura Comum de Mercadorias - NCM, vinculadas ao Programa Farmácia Popular do Brasil - Aqui Tem Farmácia Popular e destinadas ao tratamento dos portadores da Gripe A (H1N1), desde que (Convênios ICMS 73/10, 101/12, 191/13, 27/15, 107/15, 49/17, 133/19, 101/20, 133/20 e 28/21):

a) o medicamento esteja beneficiado com isenção ou alíquota zero dos Impostos de Importação ou sobre Produtos Industrializados;

b) a parcela relativa à receita bruta decorrente das operações previstas neste inciso esteja desonerada das contribuições para os Programas de Integração Social e de Formação do Patrimônio do Servidor Público (PIS/PASEP) e da Contribuição para o Financiamento da Seguridade Social (COFINS).

XLVIII - até 30 de setembro de 2010, as doações de mercadorias destinadas aos Estados de Alagoas e Pernambuco para prestação de socorro, atendimento e distribuição às vítimas das calamidades climáticas recentemente ocorridas nesses Estados, bem como o serviço de transporte prestado, relativo às mercadorias doadas, observado o disposto no inciso XXXIII do art. 87 (Convênio ICMS 85/10).

XLIX - até 31 de março de 2022, às operações de importação de bens relacionados no Anexo 107 - Bens Destinados à Modernização e à Ampliação da Estrutura Portuária - Reporto, destinados a integrar o ativo imobilizado de empresas beneficiadas pelo Regime Tributário para Incentivo à Modernização e à Ampliação da Estrutura Portuária - REPORTO, instituído pela Lei nº 11.033, de 21 de dezembro de 2004, para utilização exclusiva em portos localizados neste Estado, na execução de serviços de carga, descarga e movimentação de mercadorias, observado o disposto nos §§ 45 a 47 e no inciso XXXIV do art. 87 (Convênios ICMS 28/05, 101/12, 191/13, 27/15, 107/15, 49/17, 133/19, 101/20, 133/20 e 28/21);

L - até 31 de março de 2022, as prestações de serviços de transporte intermunicipal de cargas destinadas a contribuinte do imposto, que tenha início ou término neste Estado, observado o § 48 deste artigo (Convênios ICMS 04/04, 212/19, 101/20, 133/20 e 28/21);

LI - até 31 de dezembro de 2025, devido relativamente à aplicação do diferencial de alíquotas nas aquisições interestaduais de máquinas, aparelhos, equipamentos, suas partes e peças, quando adquiridos para construção ou ampliação dos Terminais Portuários Marítimos localizados neste Estado, observados os §§ 49 a 51 (Convênio ICMS 202/19).

§ 1º Para efeitos do disposto no inciso VII, observar-se-á o seguinte:

a) somente se aplica na hipótese de as mercadorias se destinarem a atividades de ensino, pesquisa ou prestação de serviços médico-hospitalares;

b) estende-se aos casos de doação, ainda que exista similar nacional do bem importado;

c) será concedida individualmente, a critério do Fisco, à vista de requerimento da parte interessada.

§ 2º A isenção prevista no inciso VIII, somente se aplica às aquisições efetuadas por instituições públicas estaduais ou entidades assistenciais sem fins lucrativos e que estejam vinculadas a programas de recuperação de portadores de deficiência.

§ 3º O benefício previsto no inciso XII, somente se aplica quando os bens adquiridos forem empregados no processo produtivo do estabelecimento.

§ 4º O benefício previsto no inciso XVII fica condicionado a que (Convênio ICMS 55/01):

I - o produto esteja beneficiado com isenção ou alíquota zero dos Impostos de Importação ou sobre Produtos Industrializados;

II - a partir de 1º de janeiro de 2002, a parcela relativa à receita bruta decorrente dessas operações esteja desonerada das contribuições do PIS/PASEP e COFINS.

§ 5º Em relação às operações ou prestações alcançadas pela isenção prevista no inciso XIV (Convênio ICMS 82/95):

I - não se exigirá o estorno do crédito do imposto relativo aos serviços tomados e às entradas de mercadorias para utilização como matéria-prima ou material secundário utilizado na fabricação ou embalagem do produto industrializado, bem como às mercadorias entradas para comercialização;

II - ficará dispensado o pagamento do imposto eventualmente diferido.

§ 6º O disposto previsto no inciso VII, aplica-se, também, sob as mesmas condições, e desde que contemplados com isenção ou com alíquota reduzida a zero dos Impostos de Importação ou sobre Produtos Industrializados (Convênio ICMS 95/95):

I - a partes e peças, para aplicação em máquinas, aparelhos, equipamentos e instrumentos;

II - a reagentes químicos destinados à pesquisa médico-hospitalar;

III - a medicamentos a seguir relacionados:

Aldesleukina	Interferon Alfa 2ª
Domatostatina cíclica sintética	Tamoxifeno
Teixoplanin	Paclitaxel
Imipenem	Tramadol
Iodamida Meglumínica	Vancomicina
Vimblastina	Etoposide
Teniposide	Idarrubicina
Ondansetron	Doxorrubicina
Albumina	Citarabina
Acetato de Ciproterona	Ramitidina
Pamidronato Dissódico	Bleomicina
Clindamicina	Propofol
Cloridrato de Dobutamina	Midazolam
Dacarbazina	Enflurano
Fludarabina	5 Fluoro Uracil
Isoflurano	Ceftazidima
Ciclofosfamida	Filgrastima
Isosfamida	Lopamidol
Cefalotina	Granisetrona

Molgramostima	Ácido Folínico
Cladribina	Cefoxitina
Acetato de Megestrol	Methotrexate
Mesna (2 Mercaptoetano – Sulfonato Sódico)	Mitomicina
Vinorelbine	Amicacina
Vincristina	Carboplatina

§ 7º A isenção de que trata o inciso XII, será efetivada, em cada caso, por despacho do Secretário de Estado da Receita, à vista de requerimento da parte interessada, onde se justifiquem as reais necessidades dos bens adquiridos, bem como a sua destinação.

§ 8º REVOGADO (Decreto nº 40.980/21 - DOE de 14.01.2021)

§ 9º O benefício previsto na alínea "b", do inciso XIII, estende-se:

I – às saídas promovidas, entre si, pelos estabelecimentos referidos em seus itens;

II – às saídas, a título de retorno, real ou simbólico, da mercadoria remetida para fins de armazenagem.

§ 10. Para efeito de aplicação do benefício previsto na alínea "c" do inciso XIII, entende-se por:

I – RAÇÃO ANIMAL, qualquer mistura de ingredientes capaz de suprir as necessidades nutritivas para manutenção, desenvolvimento e produtividade dos animais a que se destinam;

II – CONCENTRADO, a mistura de ingredientes que, adicionada a um ou mais elementos em proporção adequadas e devidamente especificada pelo seu fabricante, constitua uma ração animal;

III – SUPLEMENTO, o ingrediente ou a mistura de ingredientes capaz de suprir a ração ou concentrado, em vitaminas, aminoácidos ou minerais, permitida a inclusão de aditivos (Convênio ICMS 20/02).

IV– ADITIVO, substâncias e misturas de substâncias ou microorganismos adicionados intencionalmente aos alimentos para os animais que tenham ou não valor nutritivo, e que afetem ou melhorem as características dos alimentos ou dos produtos destinados à alimentação dos animais (Convênio ICMS 54/06);

V– PREMIX ou NÚCLEO, mistura de aditivos para produtos destinados à alimentação animal ou mistura de um ou mais destes aditivos com matérias-primas usadas como excipientes que não se destinam à alimentação direta dos animais (Convênio ICMS 54/06).

§ 11. O benefício previsto na alínea "c" do inciso XIII, aplica-se, ainda, à ração animal, preparada em estabelecimento produtor, na transferência a estabelecimento produtor do mesmo titular ou na remessa a outro estabelecimento produtor em relação ao qual o titular remetente mantiver contrato de produção integrada.

§ 12. Relativamente ao disposto na alínea "e" do inciso XIII, o benefício não se aplicará se a semente não satisfizer os padrões estabelecidos para o Estado de destino pelo órgão competente, ou, ainda que atenda ao padrão, tenha a semente outro destino que não seja a semeadura.

§ 13. O benefício previsto na alínea "f" do inciso XIII, somente se aplica quando o produto for destinado a produtor, cooperativa de produtores, indústria de ração animal ou órgão estadual de fomento e desenvolvimento agropecuário.

§ 14. O benefício de que trata o inciso XIII, outorgado às saídas dos produtos destinados à pecuária, estende-se às remessas com destino a:

I - apicultura;

II - aquicultura;

III - avicultura;

IV - cunicultura;

V - ranicultura;

VI - sericicultura.

§ 15. Para efeito do disposto no inciso XIII, não se exigirá a anulação do crédito nos termos do art. 87, deste Regulamento.

§ 16. Aos produtos de que trata o inciso XIII, aplica-se o disposto nos §§ 13 e 15, quanto a alínea "a" e no § 15, quanto a alínea "b".

§ 17. Para efeito de fruição dos benefícios de que trata o inciso XIII, fica o estabelecimento vendedor obrigado a deduzir do preço da mercadoria o valor correspondente ao imposto dispensado, demonstrando-se expressamente na nota fiscal a respectiva dedução.

§ 18. REVOGADO (Decreto nº 20.555/99).

§ 19. REVOGADO (Decreto nº 20.555/99).

§ 20. A isenção de que trata o inciso XX:

I - alcança, também, as distribuições das mercadorias pelo MEC a cada uma das instituições beneficiadas;

II – será reconhecida pela unidade federada onde estiver estabelecido o fornecedor ou importador da mercadoria;

III – terá o reconhecimento condicionado a que os produtos estejam contemplados com isenção ou com redução a zero das alíquotas dos impostos federais;

IV – obedecerá a mecanismos de controle a serem estabelecidos pela Secretaria de Estado da Receita, no sentido de assegurar o efetivo destino das mercadorias e comprovação de que as mesmas fazem parte do programa de modernização;

V – fica condicionada a que a parcela relativa à receita bruta decorrente das operações previstas no inciso XX esteja desonerada das contribuições do PIS/PASEP e CONFINS (Convênio ICMS 56/01).

§ 21. Em relação às operações alcançadas pelo beneplácito fiscal de que trata o inciso XXI:

I – fica assegurada a manutenção do crédito do imposto nas respectivas operações;

II – o benefício somente se aplica aos equipamentos que forem isentos ou tributados à alíquota zero do Imposto sobre Produtos Industrializados;

III – o benefício relativo aos produtos constantes das alíneas "n" a "q" somente se aplica quando estes forem destinados à fabricação de torres para suporte de energia eólica (Convênio ICMS 11/11);

IV – o benefício relativo aos produtos constantes das alíneas "r" a "t" somente se aplica quando estes forem destinados à fabricação de Aerogeradores de Energia Eólica classificados no código NCM – 8502.31.00 (Convênio ICMS 10/14).

§ 22. O benefício fiscal previsto no inciso XXIII, fica condicionado a que o contribuinte abata do preço da mercadoria o valor equivalente ao imposto que seria devido se não houvesse a isenção, indicando expressamente no documento fiscal (Convênio ICMS 116/98).

§ 23. A inexistência de produto similar produzido no país, de que trata o inciso VII, será atestada através de certificado com validade máxima de 6 (seis) meses, emitido da seguinte forma (Convênio ICMS 110/04):

I – por órgão federal competente ou por entidade representativa do setor produtivo de máquinas, aparelhos e equipamentos com abrangência em todo o território nacional;

II– na hipótese de partes, peças e reagentes químicos, sendo inaplicável o disposto no inciso I, por órgão legitimado da correspondente Secretaria de Estado da Receita.

§ 24. Fica dispensada a apresentação do atestado de inexistência de similaridade de que trata o parágrafo anterior nas importações beneficiadas pela Lei Federal nº

8.010, de 29 de março de 1990, realizadas pelo Conselho Nacional de Desenvolvimento Científico e Tecnológico (CNPq) e por entidades sem fins lucrativos por ele credenciadas para fomento, coordenação e execução de programas de pesquisa científica e tecnológica ou de ensino (Convênio ICMS 24/00).

§ 25. A comprovação da ausência de similaridade de que trata o inciso XXIV, deverá ser feita por laudo emitido por entidade representativa do setor, de abrangência nacional, ou órgão federal competente (Convênio ICMS 14/00).

§ 26. A partir de 1º de outubro de 2002, a aplicação do benefício previsto no inciso XXVI fica condicionada a que a parcela relativa à receita bruta, decorrente das operações realizadas com os produtos listados no referido inciso, esteja desonerada das contribuições do PIS/PASEP e COFINS (Convênios ICMS 140/01 e 119/02).

§ 27. A isenção prevista no inciso XXVIII fica condicionada a que (Convênio ICMS 87/02):

I - os fármacos e medicamentos estejam beneficiados com isenção ou alíquota zero dos Impostos de Importação ou sobre Produtos Industrializados;

II - a parcela relativa à receita bruta decorrente das operações previstas no inciso XXVIII esteja desonerada das contribuições do PIS/PASEP e COFINS;

III - REVOGADO (Decreto nº 32.990/12 - Convênio ICMS 50/12). (OBS: Efeitos a partir de 30.05.12)

IV - REVOGADO (Decreto nº 32.990/12 - Convênio ICMS 50/12). (OBS: Efeitos a partir de 30.05.12)

§ 28. REVOGADO (Decreto nº 36.187/15).

§ 29. Na hipótese do inciso XXIII, não será exigido o estorno do crédito fiscal (Convênio ICMS 119/03).

§ 30. O benefício fiscal concedido às sementes referidas na alínea "e" do inciso XIII estende-se à saída interna do campo de produção, desde que (Convênio ICMS 63/05):

I- o campo de produção seja inscrito no Ministério da Agricultura, Pecuária e Abastecimento ou em órgão por ele delegado;

II- o destinatário seja beneficiador de sementes inscrito no Ministério da Agricultura, Pecuária e Abastecimento ou em órgão por ele delegado;

III- a produção de cada campo não exceda à quantidade estimada, por ocasião da aprovação de sua inscrição, pelo Ministério da Agricultura, Pecuária e Abastecimento ou por órgão por ele delegado;

IV- a semente satisfaça o padrão estabelecido pelo Ministério da Agricultura, Pecuária e Abastecimento;

V– a semente não tenha outro destino que não seja a semeadura.

§ 31. As sementes discriminadas na alínea "e" do inciso XIII do art. 6º poderão ser comercializadas com a denominação "fiscalizadas" pelo período de dois anos, contado de 06 de agosto de 2003.

§ 32. A estimativa a que se refere o inciso III do § 30, deverá ser mantida à disposição do Fisco pelo Ministério da Agricultura, Pecuária e Abastecimento pelo prazo de cinco anos (Convênio ICMS 63/05).

§ 33. REVOGADO (Decreto nº 27.508/06).

§ 34. Em relação às operações descritas no inciso XXXIV, os beneficiários deverão apresentar, no ato da emissão da nota fiscal, os seguintes documentos:

I– Declaração de Aptidão ao PRONAF (DAP) emitida por entidades autorizadas pela Secretaria da Agricultura Familiar - SAF do Ministério do Desenvolvimento Agrário;

II– cópia do Instrumento de Crédito (contrato), emitido pela instituição financeira, em que é discriminado o que será financiado.

§ 35. O benefício previsto no inciso XXXV fica condicionado (Convênio ICMS 03/06):

I - à integral desoneração dos impostos federais, em razão de suspensão, isenção ou alíquota zero, nos termos e condições da Lei nº11.033/04, ao referido bem;

II - à integração do bem ao ativo imobilizado de empresas beneficiadas pelo Regime Tributário para Incentivo à Modernização e à Ampliação da Estrutura Portuária - REPORTO e seu efetivo uso, na execução dos serviços de carga, descarga e movimentação de mercadorias, pelo prazo mínimo de 5 (cinco) anos.

§ 36. A inobservância das condições previstas no parágrafo anterior, inclusive a não conversão, por qualquer motivo, da suspensão do Imposto de Importação e do IPI em isenção, acarretará a obrigação do recolhimento do imposto acrescido de multa de mora e de juros moratórios (Convênio ICMS 03/06).

§ 37. O benefício previsto no inciso XXXVI somente se aplica aos bens transferidos dentro do território nacional pela Transportadora Brasileira Gasoduto Bolívia Brasil (TBG) (Convênio ICMS 09/06).

§ 38. A fruição do benefício a que se refere o inciso XXXVI fica condicionada à comprovação do efetivo emprego dos bens na manutenção do Gasoduto Brasil-Bolívia e a outros controles exigidos pela Secretaria de Estado da Receita (Convênio ICMS 09/06).

§ 39. O benefício previsto no inciso XXXVII alcança os produtos em que os fabricantes adotem tão-somente processos primários de produção ou utilizem equipamentos rudimentares, devendo o trânsito dos produtos ser acobertado, exclusivamente, por Nota Fiscal Avulsa, de emissão da Secretaria de Estado da Receita.

§ 40. Para a regular fruição do benefício previsto no inciso XXXVII do «caput» deste artigo, a emissão da Nota Fiscal Avulsa de que trata o § 39 deverá ser obtida pelo interessado junto à Secretaria de Estado da Receita por ocasião da saída dos produtos. (Decreto nº 35.933/15)

§ 41. O disposto no inciso XXXVII aplica-se, também, às prestações de serviços de transporte.

§ 42. A isenção de que trata o inciso XLI fica condicionada (Convênio ICMS 23/07):

I – ao desconto no preço, do valor equivalente ao imposto dispensado;

II – à indicação, no respectivo documento fiscal, do valor do desconto.

§ 43. O benefício previsto no inciso XLII não dispensa o imposto devido nas operações com mercadorias sujeitas ao regime de substituição tributária (Convênio ICMS 89/07).

§ 44. A fruição do benefício previsto no inciso XLVI do "caput" deste artigo fica condicionada (Convênios ICMS 01/99, 40/07 e 212/17):

I – ao estabelecimento de isenção ou alíquota zero do Imposto sobre Produtos Industrializados ou do Imposto de Importação, para os equipamentos e acessórios indicados no Anexo 111 – LISTA DE INSUMOS DESTINADOS A PRESTAÇÃO DE SERVIÇOS DE SAÚDE deste Regulamento;

II – a que a operação esteja contemplada com a desoneração das contribuições para os Programas de Integração Social e de Formação do Patrimônio do Servidor Público – PIS/PASEP e da Contribuição para o Financiamento da Seguridade Social – COFINS, relativamente o item 73 do Anexo 111 – LISTA DE INSUMOS DESTINADOS A PRESTAÇÃO DE SERVIÇOS DE SAÚDE deste Regulamento.

§ 45. O benefício previsto no inciso XLIX fica condicionado (Convênio ICMS 28/05):

I – à integral desoneração dos tributos federais, em razão de suspensão, isenção ou alíquota zero, nos termos e condições da Lei nº 11.033/04, ao referido bem;

II – à integração do bem ao ativo imobilizado de empresas beneficiadas pelo REPORTO e seu efetivo uso, em portos localizados neste Estado, na execução dos serviços referidos no "caput", pelo prazo mínimo de 05 (cinco) anos;

III – a que o desembaraço aduaneiro seja efetuado diretamente pelas empresas beneficiárias do REPORTO, para seu uso exclusivo;

IV – à comprovação de inexistência de similar produzido no país, que deverá ser feita por laudo emitido por entidade representativa do setor produtivo com abrangência em todo território nacional ou por órgão federal especializado.

§ 46. A inobservância das condições previstas no § 45 acarretará a obrigação do recolhimento do imposto, acrescido de multa de mora e de juros moratórios (Convênio ICMS 28/05).

§ 47. Não será exigida a comprovação de inexistência de similar nacional, prevista no inciso IV do § 45, para os guindastes autopropelidos sobre pneumáticos, acionados por motor a diesel, com lança telescópica, próprios para elevação, transporte e armazenagem de contêineres de 20' e 40' (reach stacker), classificados no item 8426.41.90 da NCM, no período de vigência do § 2º do art. 35 da Portaria SECEX nº 25, de 30 de novembro de 2008, expedida pela Secretaria de Comércio Exterior do Ministério do Desenvolvimento, Indústria e Comércio Exterior (Convênio ICMS 28/05).

§ 48. A isenção de que trata o inciso L deste artigo só se aplica se a prestação de serviço de transporte intermunicipal de carga tiver início ou término no Porto de Cabedelo (Convênio ICMS 212/19).

§ 49. A isenção de que trata o inciso LI deste artigo (Convênio ICMS 202/19):

I – aplica-se, também, à importação dos produtos elencados no referido inciso, desde que sem similar produzido no país;

II – fica limitada à parcela do imposto devido que exceder a aplicação do percentual de 12% (doze por cento) sobre a respectiva base de cálculo de entrada da mercadoria.

§ 50. Para efeitos do inciso I do § 49 deste artigo, a inexistência de similar produzido no país será atestada por órgão federal competente ou por entidade representativa do setor produtivo de máquinas, aparelhos e equipamentos, com abrangência em todo território nacional (Convênio ICMS 202/19).

§ 51. A fruição do benefício de que trata o inciso LI deste artigo fica condicionada à comprovação do efetivo emprego das mercadorias e bens nas obras a que se refere ao mencionado inciso (Convênio ICMS 202/19).

Capítulo V
DA SUSPENSÃO

Art. 7º Ocorre a suspensão nos casos em que a incidência do imposto fica condicionada a evento futuro.

Art. 8º A incidência do imposto será suspensa:

I – nas remessas interestaduais de mercadorias destinadas a conserto, reparo ou industrialização, exceto sucatas e produtos primários de origem animal e vegetal (Convênios AE 15/74, ICM 32/78, 25/81, 35/82, ICMS 34/90 e 151/94);

II – nas saídas interestaduais, relativas às transferências de estabelecimento da mesma empresa de bens integrados ao ativo imobilizado, bem como de moldes, matrizes, gabaritos, padrões, chapelonas, modelos e estampas para fornecimento de serviços fora do estabelecimento, ou com destino a outro estabelecimento inscrito como contribuinte do imposto para serem utilizados na elaboração de produtos encomendados pelo remetente e desde que devam retornar ao estabelecimento de origem no prazo de 180 (cento e oitenta) dias, contados da saída efetiva, observado o disposto no art. 638.

§ 1º As mercadorias referidas neste artigo deverão retornar ao estabelecimento de origem no prazo de 180 (cento e oitenta) dias, contados da data das respectivas saídas, prorrogável por até 180 (cento e oitenta) dias, a critério da Secretaria de Estado da Receita, findo o qual, não tendo retornado ao estabelecimento remetente, as saídas se consideram definitivas para fins de tributação.

§ 2º As saídas referidas neste artigo serão registradas no Registro de Saídas, na coluna «Isentas ou não Tributadas», sob os títulos «ICMS – Valores Fiscais» e «Operações sem Débito do Imposto».

§ 3º Na documentação fiscal relativa às operações com suspensão do imposto, deverá constar, em destaque, o dispositivo legal concessor do benefício.

Capítulo VI
DO DIFERIMENTO

Art. 9º Dar-se-á o diferimento, quando o lançamento e pagamento do imposto incidente sobre determinada operação ou prestação forem adiados para uma etapa posterior, atribuindo-se a responsabilidade pelo imposto diferido ao adquirente ou destinatário da mercadoria ou usuário do serviço, na qualidade de sujeito passivo por substituição, vinculado à etapa posterior.

§ 1º O diferimento previsto neste Regulamento não exclui a responsabilidade supletiva do contribuinte originário, no caso de descumprimento total ou parcial da obrigação pelo contribuinte destinatário.

§ 2º Ressalvadas as hipóteses previstas nos §§ 1º, 11, 12 e 18 do art. 10, ocorrido o momento final previsto para o diferimento, será exigido o imposto diferido, independentemente de qualquer circunstância superveniente e ainda que a operação final do diferimento não esteja sujeita ao pagamento do imposto ou, por qualquer evento, essa operação tenha ficado impossibilitada de se efetivar. (Nova Redação – efeitos desde 29.07.17)

Art. 10. O pagamento do imposto será diferido:

I – nas saídas de leite do produtor com destino às indústrias beneficiadoras, estabelecimentos atacadistas ou varejistas localizados neste Estado, observado o disposto nos §§ 1º, 2º, 18 e 19 deste artigo (Convênios ICM 7/77, 25/83, ICMS 43/90, 78/91 e 124/93);

II - nas saídas de estabelecimento produtor, de algodão em caroço, observado o disposto nos arts. 474 a 480;

III - nas saídas de sucata, resíduos ou fragmentos, observado o disposto nos arts. 481 a 484;

IV - nas saídas de cana-de-açúcar de estabelecimento produtor para estabelecimento industrial, localizado neste Estado;

V - nas saídas de energia elétrica para estabelecimento de empresa concessionária distribuidora do produto;

VI - nas importações do exterior do País de álcool destinado a estabelecimento industrial localizado neste Estado, condicionada a concessão ao prévio conhecimento e anuência do Fisco, observado o disposto no § 5º;

VII - na importação do exterior do País de matérias-primas e insumos, destinados à industrialização, adquiridas diretamente por empresa industrial, observado o disposto no § 18 deste artigo;

VIII - nas operações internas, inclusive de importação do exterior do País, de aparelhos, máquinas, equipamentos e instrumentos médico-hospitalares, radiológicos ou técnico-científicos laboratoriais, sem similar nacional, realizadas diretamente por hospitais, laboratórios, clínicas, bancos de sangue e demais estabelecimentos congêneres, desde que destinados a integralização no ativo fixo, observado o disposto nos

§§ 3º, 4º, 7º e 10 (Decreto nº 19.269/97);

IX - nas operações internas, interestaduais e de importação, realizadas com máquinas, aparelhos e equipamentos industriais destinados a integrar o ativo fixo de estabelecimento industrial e relacionados com o processo produtivo, observado o disposto no § 8º (Decreto nº 19.111/97);

X - nas saídas de frutas frescas de estabelecimento de produtor para estabelecimento industrial, localizado neste Estado, observado o § 18 deste artigo;

XI - nas operações internas entre produtores de aves e produtos resultantes de sua matança, observado o disposto no § 11 (Decreto nº 19.311/97);

XII - nas saídas internas de algodão em pluma da usina de beneficiamento para estabelecimento industrial, como matéria-prima;

XIII- nas operações internas com lagosta, camarão e pescado, realizadas entre produtores ou pescadores e estabelecimentos beneficiadores, industriais ou comerciais, para o momento em que acorrerem as saídas nas operações subsequentes, observado o disposto no § 12;

XIV– nas operações com material de embalagem para fins de acondicionamento de produtos destinados, exclusivamente, a operações de exportação para o exterior, observado o disposto nos arts. 625 a 631 e no § 13 deste artigo;

XV– nas importações do exterior do País dos produtos a seguir indicados, classificados na posição ou código da Nomenclatura Brasileira de Mercadorias - Sistema Harmonizado - NBM/SH, destinados a estabelecimentos industriais localizados neste Estado, observado o disposto no § 14 (Decreto nº 27.122/06):

DISCRIMINAÇÃO	CÓDIGO NBM/SH
Uréia	3102.10.0200
Nitrato de amônio	3102.30.0000
Nitrato de cálcio	2834.29.0300
Sulfato de amônio	3102.21.0000
Fosfato natural bruto	2510.20.0000
Superfosfato simples	3103.10.0100
Superfosfato triplo	3103.10.0200
MAP (Diidrogeno-ortofosfato de amônio)	3105.40.0000
Cloreto de potássio	3104.20.0200
Enxofre	2503.10.0100.

XVI - REVOGADO (Decreto nº 30.229/09);

XVII - REVOGADO (Decreto nº 38.695/18);

XVIII - nas aquisições em outra unidade da federação e na importação de bens, produtos, ou seus similares, não industrializados e/ou não produzidos neste Estado, destinados ao ativo imobilizado, uso ou consumo, na fase de implantação dos estabelecimentos comerciais para o momento em que ocorrer, quando aplicável, as seguintes hipóteses, sem prejuízo do disposto nos §§ 24 a 27 deste artigo:

a) transferência interestadual dos referidos bens;

b) desincorporação do ativo fixo;

c) cassação do regime especial previsto no § 24 deste artigo.

§ 1º Nas saídas isentas de leite de que trata o inciso XX do art. 5º, fica dispensado o pagamento do imposto diferido.

§ 2º Considera-se encerrada a fase de diferimento prevista no inciso I, quando ocorrerem as seguintes operações:

I – saídas isentas;

II – saídas de produtos resultantes da industrialização do leite, ressalvado o disposto no §18 deste artigo;

III – saídas para outras unidades da Federação.

§ 3º Na hipótese do inciso VIII, serão observadas as seguintes condições:

I – o imposto devido será recolhido pelo adquirente quando da operação subsequente, esteja esta sujeita ou não ao pagamento do tributo, observado o § 4º;

II – o diferimento se aplica, inclusive, quanto à complementação devida a este Estado, na forma prevista no § 3º do art. 14, deste Regulamento;

III – a qualquer tempo, desde que fique comprovada destinação diversa do bem, o contribuinte deverá recolher o ICMS diferido, acrescido de juros e atualização monetária, sem prejuízo das penalidades cabíveis.

§ 4º Para efeito do inciso I, do § 3º, a base de cálculo do imposto é o valor de que decorrer a saída do bem, com redução de:

I – 20% (vinte por cento) – após 1 (um) e até 2 (dois) anos de uso;

II – 40% (quarenta por cento) – após 2 (dois) anos e até 3 (três) anos de uso;

III – 60% (sessenta por cento) – após 3 (três) anos e até 4 (quatro) anos de uso;

IV – 80% (oitenta por cento) – a partir do quinto ano de uso.

§ 5º Na hipótese do inciso VI, o recolhimento do imposto diferido dar-se-á até o 10º (décimo) dia do segundo mês subsequente ao da entrada do álcool no estabelecimento industrial.

§ 6º REVOGADO (Decreto nº 37.536/17)

§ 7º A concessão do diferimento de que trata este Capítulo fica condicionada a efetiva regularidade fiscal do contribuinte, cuja comprovação far-se-á por meio de certidão negativa de débitos estaduais.

§ 8º Na hipótese do inciso IX, serão observadas as seguintes condições:

I – o imposto devido será recolhido pelo adquirente quando da operação subsequente, esteja esta sujeita ou não ao pagamento do tributo, observado o parágrafo seguinte;

II – o diferimento se aplica, inclusive, quanto à complementação devida a este Estado, na forma prevista no inciso X do art. 14;

III – a qualquer tempo, desde que fique comprovada destinação diversa do bem, o contribuinte deverá recolher o ICMS diferido, acrescido de juros e atualização monetária, sem prejuízo das penalidades cabíveis.

§ 9º Para efeito do inciso I, do parágrafo anterior, a base de cálculo do imposto é o valor de que decorrer a saída do bem, com redução de:

I - 20% - após 1 (um) e até 2 (dois) anos de uso;

II - 40% - após 2 (dois) anos e até 3 (três) anos de uso;

III - 60% - após 3 (três) anos e até 4 (quatro) anos de uso; IV - 80% - a partir do quinto ano de uso.

§ 10. Considera-se encerrada a fase de diferimento previsto no inciso VIII, quando da desincorporação do bem do ativo fixo, devendo o pagamento do imposto diferido ser efetuado de imediato.

§ 11. Nas operações de que trata o inciso XI, fica dispensado o pagamento do imposto diferido.

§ 12. Nas operações de que trata o inciso XIII, quando a saída for destinada ao exterior do País, fica dispensado o recolhimento do imposto.

§ 13. Não se exigirá a anulação dos créditos relativos aos insumos utilizados na fabricação da embalagem a que se refere o inciso XIV, cujas saídas se realizarem com diferimento.

§ 14. Nas operações de que trata o inciso XV, quando a saída subsequente do estabelecimento industrial for destinada a produtor rural localizado neste Estado, fica dispensado o recolhimento do imposto.

§ 15. REVOGADO (Decreto nº 30.229/09).

§ 16. REVOGADO (Decreto nº 30.229/09).

§ 17. Para os efeitos do recolhimento do ICMS diferido, não será considerada operação subsequente a transferência interna entre estabelecimentos do mesmo titular.

§ 18. Nas hipóteses de diferimento previstas nos incisos I, VII e X do "caput" deste artigo, o imposto diferido será considerado recolhido com a saída subsequente da mercadoria resultante da sua industrialização, ainda que:

I - a alíquota aplicada seja inferior à prevista para a operação anterior realizada com o diferimento;

II - a apuração do imposto devido pela saída subsequente tributada esteja sujeita à apropriação de crédito presumido, independentemente do montante deste, inclusive, na hipótese em que o crédito presumido seja aplicado cumulativamente aos demais créditos do imposto relacionados à mercadoria;

III - a operação ocorra sem débito do imposto por não incidência ou isenção.

§ 19. O disposto no § 18 alcança, também:

I – o imposto diferido correspondente à prestação de serviço de transporte vinculada à operação de entrada das mercadorias;

II – a saída subsequente da mesma mercadoria em se tratando das operações previstas no inciso I do "caput" deste artigo.

§ 20 ao 23. REVOGADO (Decreto nº 38.695/18).

§ 24. O diferimento previsto no inciso XVIII do "caput" deste artigo ficará condicionado à concessão de regime especial, mediante parecer conjugado com termo de acordo, a ser requerido à Secretaria de Estado da Fazenda – SEFAZ-PB, desde que o interessado comprometa-se a atender as seguintes condições, durante a fase de implantação:

I – geração de, no mínimo, 200 (duzentos) empregos diretos ou terceirizados;

II – investimento de, no mínimo, R$ 10.000.000,00 (dez milhões de reais);

III – localização do empreendimento no compartimento geográfico que perfaz o Distrito Industrial do Turismo do Estado da Paraíba, definido na legislação pertinente.

§ 25. Considera-se como fase de implantação, conforme referido no "caput" do inciso XVIII deste artigo, o período compreendido entre a assinatura do termo de acordo e a primeira operação comercial realizada pelo contribuinte detentor do regime especial, ou o prazo máximo de até 36 (trinta e seis) meses contados da data da assinatura do referido termo, o que ocorrer primeiro.

§ 26. Caberá à Gerência Executiva de Tributação da Secretaria de Estado da Fazenda a verificação do atendimento às condições previstas no § 24 deste artigo.

§ 27. O não atendimento das condições previstas no § 24 deste artigo implicará na cassação do regime especial e na cobrança do ICMS diferido de que trata o inciso XVIII do "caput" deste artigo.

Art. 11. É vedado o destaque do imposto em documento fiscal correspondente à operação beneficiada por diferimento.

Art. 12. Na documentação fiscal relativa às operações com o imposto diferido deverá constar, em destaque, o dispositivo legal concessor do diferimento.

TÍTULO II
DA OBRIGAÇÃO PRINCIPAL

Capítulo I
DAS ALÍQUOTAS

Art. 13. As alíquotas do imposto são as seguintes:

I - 4% (quatro por cento), nas prestações de serviço de transporte aéreo interestadual, quando tomadas por contribuintes do ICMS ou a estes destinadas;

II - 12% (doze por cento), nas operações e prestações interestaduais que destinem mercadorias, bens ou serviços a contribuintes ou não do imposto;

III - 13% (treze por cento), nas operações de exportação de mercadorias e nas prestações de serviços de comunicação para o exterior;

IV - 18% (dezoito por cento), nas operações e prestações internas e na importação de bens e mercadorias do exterior;

V - 25% (vinte e cinco por cento), nas operações internas realizadas com os seguintes produtos:

a) REVOGADA (Decreto nº 36.393/15);

b) aparelhos ultraleves e asas-delta;

c) embarcações esportivas;

d) automóveis importados do exterior;

e) armas e munições;

f) bebidas alcoólicas, exceto aguardente de cana;

g) REVOGADA (Decreto nº 36.213/15);

VI - 28% (vinte e oito por cento), nas prestações de serviços de comunicação;

VII - 25% (vinte cinco por cento) no fornecimento de energia elétrica;

VIII - 4% (quatro por cento), nas operações interestaduais que destinem bens e mercadorias importados do exterior a contribuintes ou não do imposto que, após o desembaraço aduaneiro, observado o disposto nos §§ 2º a 5º deste artigo e no art. 265-C deste Regulamento (Convênio ICMS 123/12):

a) não tenham sido submetidos a processo de industrialização;

b) ainda que submetidos a processo de transformação, beneficiamento, montagem, acondicionamento, reacondicionamento, renovação ou recondicionamento, resultem em mercadorias ou bens com Conteúdo de Importação superior a 40% (quarenta por cento);

IX - 23% (vinte e três por cento), nas operações internas realizadas com álcool anidro e hidratado para qualquer fim;

X - 27% (vinte e sete por cento), nas operações internas realizadas com gasolina;

XI - 29% (vinte e nove por cento), nas operações internas realizadas com fumo, cigarro e demais artigos de tabacaria.

§ 1º Para efeito deste artigo, considera-se como operação interna àquela em que:

I - o remetente ou o prestador e o destinatário da mercadoria ou do serviço estejam situados neste Estado;

II - a prestação do serviço de transporte seja iniciada ou contratada no exterior do País;

III - a prestação do serviço de comunicação transmitida ou emitida no estrangeiro seja recebida neste Estado;

IV - REVOGADO (Decreto nº 36.213/15).

§ 2º O disposto no inciso VIII deste artigo não se aplica às operações interestaduais com (Convênio ICMS 38/13):

I - bens e mercadorias importados do exterior que não tenham similar nacional, definidos em lista editada pelo Conselho de Ministros da Câmara de Comércio Exterior (CAMEX) para os fins da Resolução do Senado nº 13, de 25 de abril de 2012;

II - bens e mercadorias produzidos em conformidade com os processos produtivos básicos de que tratam o Decreto-Lei nº 288, de 28 de fevereiro de 1967, e as Leis nºs 8.248, de 23 de outubro de 1991, 8.387, de 30 de dezembro de 1991, 10.176, de 11 de janeiro de 2001, e 11.484, de 31 de maio de 2007;

III - gás natural importado do exterior.

§ 3º Na operação interestadual com bem ou mercadoria importados do exterior, ou com Conteúdo de Importação, sujeito à alíquota de 4% (quatro por cento), não se aplicam os benefícios fiscais anteriormente concedidos por Convênio celebrado entre os Estados, nos termos da Lei Complementar Federal nº 24, de 7 de janeiro de 1975, exceto se (Convênio ICMS 123/12):

I - de sua aplicação, em 31 de dezembro de 2012, resultar carga tributária menor que 4% (quatro por cento);

II - tratar-se de isenção.

§ 4º Na hipótese do inciso I do § 3º deste artigo, deverá ser mantida a carga tributária prevista na data de 31 de dezembro de 2012 (Convênio ICMS 123/12).

§ 5º Para efeitos do disposto na alínea "b" do inciso VIII deste artigo, considera-se Conteúdo de Importação o percentual correspondente ao quociente entre o valor da parcela importada do exterior e o valor total da operação de saída interestadual da mercadoria ou bem submetido a processo de industrialização (Convênio ICMS 38/13):

I - o Conteúdo de Importação deverá ser recalculado sempre que, após sua última aferição, a mercadoria ou bem objeto de operação interestadual tenha sido submetido a novo processo de industrialização;

II - será considerado valor da parcela importada do exterior, quando os bens ou mercadorias forem:

a) importados diretamente pelo industrializador, o valor aduaneiro, assim entendido como a soma do valor "free on board" (FOB) do bem ou mercadoria importada e os valores do frete e seguro internacional;

b) adquiridos no mercado nacional:

1.não submetidos à industrialização no território nacional, o valor do bem ou mercadoria informado no documento fiscal emitido pelo remetente, excluídos os valores do ICMS e do Imposto sobre Produtos Industrializados - IPI;

2.submetidos à industrialização no território nacional, com Conteúdo de Importação superior a 40% (quarenta por cento), o valor do bem ou mercadoria informado no documento fiscal emitido pelo remetente, excluídos os valores do ICMS e do Imposto sobre Produtos Industrializados - IPI, observando-se o disposto no inciso IV do § 5º deste artigo;

III - considera-se valor total da operação de saída interestadual, o valor do bem ou mercadoria, na operação própria do remetente, excluídos os valores de ICMS e do IPI (Convênio ICMS 38/13);

IV - exclusivamente para fins do cálculo de que trata este parágrafo, o adquirente, no mercado nacional, de bem ou mercadoria com Conteúdo de Importação, deverá considerar (Convênio ICMS 38/13):

a) como nacional, quando o Conteúdo de Importação for de até 40% (quarenta por cento);

b) como 50% (cinquenta por cento) nacional e 50% (cinquenta por cento) importada, quando o Conteúdo de Importação for superior a 40% (quarenta por cento) e inferior ou igual a 70% (setenta por cento);

c) como importada, quando o Conteúdo de Importação for superior a 70% (setenta por cento);

V - o valor dos bens e mercadorias referidos no § 2º deste artigo não será considerado no cálculo do valor da parcela importada (Convênio ICMS 38/13).

§ 6º REVOGADO (Decreto nº 35.513/14).

Capítulo II
DA BASE DE CÁLCULO

Art. 14. A base de cálculo do imposto é:

I – na saída de mercadoria prevista nos incisos I, III e IV do art. 3º, o valor da operação;

II – na hipótese do inciso II do art. 3º, o valor da operação, compreendendo mercadoria e serviço;

III – na prestação de serviço de transporte interestadual e intermunicipal e de comunicação, o preço do serviço;

IV – no fornecimento de que trata o inciso VIII do art. 3º:

a) o valor da operação, na hipótese da alínea "a";

b) o preço corrente da mercadoria fornecida ou empregada, na hipótese da alínea "b";

V – na hipótese do inciso IX do art. 3º, a soma das seguintes parcelas:

a) o valor da mercadoria ou bem constante dos documentos de importação, observado o disposto no art. 15;

b) Imposto de Importação;

c) Imposto sobre Produtos Industrializados;

d) Imposto sobre Operações de Câmbio;

e) quaisquer outros impostos, taxas, contribuições e despesas aduaneiras (Lei nº 7.334/03);

VI – na hipótese do inciso X do "caput" do art. 3°, o valor da prestação do serviço, acrescido, se for o caso, de todos os encargos relacionados com a sua utilização, bem como do valor do ICMS devido na prestação;

VII – na hipótese do inciso XI do "caput" do art. 3º, o valor da operação acrescido do valor dos impostos de importação e sobre produtos industrializados e do ICMS devido na operação, quando for o caso, e de todas as despesas cobradas ou debitadas ao destinatário;

VIII – na hipótese do inciso XII do art. 3º, o valor da operação de que decorrer a entrada; IX – na hipótese do inciso XIII do "caput" do art. 3º, o valor obtido nos seguintes termos:

a) do valor da prestação realizada na unidade federada de origem, exclui-se o respectivo ICMS;

TRIBUTÁRIO E FINANCEIRO

b) ao valor encontrado na forma da alínea "a" deste inciso, inclui-se o montante equivalente ao imposto devido na prestação, utilizando-se para tanto a alíquota interna, nos termos do § 1º deste artigo;

X – na hipótese do inciso XIV do "caput" do art. 3º, o valor obtido nos seguintes termos:

a) do valor da operação realizada na unidade federada de origem, exclui-se o respectivo ICMS;

b) ao valor encontrado na forma da alínea "a" deste inciso, inclui-se o montante equivalente ao imposto devido na operação, utilizando-se para tanto a alíquota interna, nos termos do § 1º deste artigo;

XI – na hipótese do inciso I do § 5º do art. 2º, o valor provável da venda futura;

XII – nas hipóteses dos incisos XV e XVI do "caput" do art. 3º, o valor da operação, acrescido, se for o caso, do Imposto sobre Produtos Industrializados e de outras despesas cobradas ou debitadas ao destinatário;

XII – na hipótese do inciso XV do "caput" do art. 3º, o valor obtido nos seguintes termos:

a) do valor da operação realizada na unidade federada de origem, exclui-se o respectivo ICMS;

b) ao valor encontrado na forma da alínea "a" deste inciso, inclui-se o montante equivalente ao imposto devido na operação, utilizando-se para tanto a alíquota interna, observado o disposto nos §§ 1º e 2º deste artigo;

XIII – na hipótese do inciso XVII do "caput" do art. 3º, o valor da operação, não podendo a base de cálculo ser inferior a estabelecida pela Secretaria de Estado da Receita para cobrança do Imposto sobre a Propriedade de Veículos Automotores – IPVA (Lei nº 11.031/17).

§ 1º Integra a base de cálculo do imposto, inclusive na hipótese do inciso V do "caput" deste artigo (Lei nº 7.334/03):

I – o montante do próprio imposto, constituindo o respectivo destaque mera indicação para fins de controle;

II – o valor correspondente a:

a) seguros, juros e demais importâncias pagas, recebidas ou debitadas, bem como descontos concedidos sob condição;

b) frete, caso o transporte seja efetuado pelo próprio remetente ou por sua conta e ordem e seja cobrado em separado.

§ 2º Não integra a base de cálculo do imposto o montante do Imposto sobre Produtos Industrializados, quando a operação, realizada entre contribuintes e relativa a produto destinado à industrialização ou à comercialização, configurar fato gerador de ambos os impostos.

§ 3º Nos casos dos incisos IX, X e XII, o imposto a pagar será o valor resultante da aplicação do percentual equivalente à diferença entre a alíquota interna e a interestadual sobre o valor ali previsto.

§ 4º Na saída de mercadoria para estabelecimento localizado em outro Estado, pertencente ao mesmo titular, a base de cálculo do imposto é:

I - o valor correspondente a entrada mais recente da mercadoria;

II - o custo da mercadoria produzida, assim entendida a soma dos custos da matéria- prima, material secundário, mão-de-obra e acondicionamento;

III - tratando-se de mercadorias não industrializadas, o seu preço corrente no mercado atacadista do estabelecimento remetente.

§ 5º Nas operações e prestações interestaduais entre estabelecimentos de contribuintes diferentes, caso haja reajuste do valor depois da remessa ou prestação, a diferença fica sujeita ao imposto no estabelecimento do remetente ou do prestador.

§ 6º REVOGADO (Decreto nº 26.144/05).

§ 7º O valor correspondente à gorjeta fica excluído da base de cálculo do ICMS incidente no fornecimento de alimentação e bebidas promovido por bares, restaurantes, hotéis e estabelecimentos similares, observando-se que (Convênio ICMS 125/11):

I - não poderá ultrapassar 10% (dez por cento) do valor da conta;

II - tratando-se de gorjeta cobrada pelo contribuinte ao cliente, como adicional na conta, o valor deverá ser discriminado no respectivo documento fiscal;

III - tratando-se de gorjeta espontânea, para ter reconhecida a exclusão do valor da gorjeta da base de cálculo do ICMS, o contribuinte deverá manter à disposição da fiscalização, pelo prazo decadencial:

a) documentação comprobatória de que os empregados trabalham, nos termos de legislação, acordo ou convenção coletiva, sob a modalidade de gorjeta espontânea;

b) expressa indicação nas contas, cardápios ou em avisos afixados no estabelecimento de que o serviço (gorjeta) não é obrigatório;

c) demonstrativo mensal do valor da gorjeta espontânea que circulou pelos meios de recebimento da receita do estabelecimento.

IV – o benefício e condições previstos neste parágrafo aplicam-se também a contribuinte sujeito às normas do Regime Especial Unificado de Arrecadação de Tributos e Contribuições devidos pelas Microempresas e Empresas de Pequeno Porte – "Simples Nacional".

§ 8º Nas operações com mercadorias ou bens de que trata o inciso XV do "caput" do art. 3º, quando as saídas subsequentes forem objeto de benefício fiscal de redução da base de cálculo ou de isenção do ICMS, o imposto será calculado considerando estes benefícios.

Art. 15. O preço de importação expresso em moeda estrangeira será convertido em moeda nacional pela mesma taxa de câmbio utilizada no cálculo do Imposto de Importação, sem qualquer acréscimo ou devolução posterior se houver variação da taxa de câmbio até o pagamento efetivo do preço.

Parágrafo único. O valor fixado pela autoridade aduaneira para base de cálculo do Imposto de Importação, nos termos da lei aplicável, substituirá o preço declarado.

Art. 16. Na falta do valor a que se referem os incisos I e VIII do art. 14, a base de cálculo do imposto é:

I – o preço corrente da mercadoria, ou de seu similar, no mercado atacadista do local da operação ou, na sua falta, no mercado atacadista regional, caso o remetente seja produtor, extrator ou gerador, inclusive de energia;

II – o preço FOB estabelecimento industrial à vista, caso o remetente seja industrial;

III – o preço FOB estabelecimento comercial à vista, na venda a outros comerciantes ou industriais, caso o remetente seja comerciante.

§ 1º Para aplicação dos incisos II e III, do "caput", adotar-se-á sucessivamente:

I – o preço efetivamente cobrado pelo estabelecimento remetente na operação mais recente;

II – caso o remetente não tenha efetuado venda de mercadoria, o preço corrente da mercadoria ou de seu similar no mercado atacadista do local da operação ou, na falta deste, no mercado atacadista regional.

§ 2º Na hipótese do inciso II, do "caput", se o estabelecimento remetente não efetuar vendas a outros comerciantes ou industriais ou, em qualquer caso, se não houver mercadoria similar, a base de cálculo será equivalente a 75% (setenta e cinco por cento) do preço de venda corrente no varejo.

Art. 17. Nas prestações sem preço determinado, a base de cálculo do imposto é o valor corrente do serviço, no local da prestação.

Art. 18. Quando o valor do frete, cobrado por estabelecimento pertencente ao mesmo titular da mercadoria ou por outro estabelecimento de empresa que com aquele mantenha relação de interdependência, exceder os níveis normais de preços em vigor, no mercado local para serviço semelhante, constantes de tabelas elaboradas pelos órgãos competentes, o valor excedente será havido como parte do preço da mercadoria.

Parágrafo único. Para os efeitos deste artigo, considerar-se-ão interdependentes duas empresas quando:

I - uma delas, por si, seus sócios ou acionistas, e respectivos cônjuges ou filhos menores, for titular de mais de 50% (cinquenta por cento) do capital da outra;

II - uma mesma pessoa fizer parte de ambas, na qualidade de diretor, ou sócio com funções de gerência, ainda que exercidas sob outra denominação;

III - uma delas locar ou transferir a outra, a qualquer título, veículo destinado ao transporte de mercadorias.

Art. 19. Quando o cálculo do tributo tiver por base, ou tomar em consideração, o valor ou o preço de mercadorias, bens, serviços, direitos ou despesas, a autoridade lançadora, mediante processo regular, arbitrará aquele valor ou preço, sempre que sejam omissos ou não mereçam fé as declarações ou os esclarecimentos prestados ou os documentos expedidos pelo sujeito passivo ou pelo terceiro legalmente obrigado, ressalvada, em caso de contestação, avaliação contraditória, administrativa ou judicial.

Art. 20. A base de cálculo, para fins de substituição tributária, será:

I - em relação às operações ou prestações antecedentes ou concomitantes, o valor da operação ou prestação praticado pelo contribuinte substituído;

II - em relação às operações subsequentes, obtida pelo somatório das parcelas seguintes:

a) o valor da operação ou prestação própria realizada pelo substituto tributário ou pelo substituído intermediário;

b) o montante dos valores de seguro, de frete, e de outros encargos cobrados ou transferíveis aos adquirentes ou tomadores de serviço;

c) a margem de valor agregado, inclusive lucro, relativa às operações ou prestações subsequentes.

§ 1º Na hipótese de responsabilidade tributária em relação às operações ou prestações antecedentes, o imposto devido pelas referidas operações ou prestações será pago pelo responsável, quando:

I – da entrada ou recebimento da mercadoria, do bem ou do serviço (Lei nº 7.334/03);

II – da saída subsequente por ele promovida ainda que isenta ou não tributada;

III – ocorrer qualquer saída ou evento que impossibilite a ocorrência do fato determinante do pagamento do imposto.

§ 2º Tratando-se de mercadoria ou serviço cujo preço final a consumidor, único ou máximo, seja fixado por órgão público competente, a base de cálculo do imposto, para fins de substituição tributária, é o referido preço por ele estabelecido.

§ 3º Existindo preço final a consumidor sugerido pelo fabricante ou importador, a base de cálculo será este preço.

§ 4º A margem a que se refere à alínea "c" do inciso II, do "caput" será estabelecida com base em preços usualmente praticados no mercado considerado, obtidos por levantamento, ainda que por amostragem ou através de informações e outros elementos fornecidos por entidades representativas dos respectivos setores, adotando-se a média ponderada dos preços coletados, sendo permitido, eventualmente, acrescentar-se outros critérios que venham a subsidiar a sua fixação.

§ 5º O imposto a ser pago por substituição tributária, na hipótese do inciso II, do "caput", corresponderá a diferença entre o valor resultante da aplicação da alíquota prevista para as operações ou prestações internas do Estado de destino sobre a respectiva base de cálculo e o valor do imposto devido pela operação ou prestação própria do substituto.

§ 6º Em substituição ao disposto no inciso II do caput, a base de cálculo em relação às operações ou prestações subsequentes poderá ser o preço a consumidor final usualmente praticado no mercado considerado, relativamente ao serviço, à mercadoria ou sua similar, em condições de livre concorrência, adotando-se para sua apuração as regras estabelecidas no § 4º deste artigo (Lei nº 7.334/03).

Art. 21. O montante do imposto integra a sua própria base de cálculo, constituindo o respectivo destaque mera indicação para fins de controle.

Art. 22. A base de cálculo do imposto devido pelas empresas distribuidoras de energia elétrica, responsáveis pelo pagamento do imposto relativamente às operações anteriores e posteriores, na condição de sujeitos passivos por substituição, é o valor da operação da qual decorra a entrega ao consumidor.

Art. 23. O Secretário de Estado da Receita poderá manter atualizada tabela de valores referenciais de preços correntes de mercadorias, servindo de parâmetro para a valoração da base de cálculo nas operações e prestações internas, observado o disposto no art. 19.

Parágrafo único. Nas operações e prestações interestaduais a aplicação do disposto no "caput" deste artigo dependerá de acordo ou convênio celebrado nos termos do art. 199, do Código Tributário Nacional.

Art. 24. Nos seguintes casos especiais o valor das operações ou das prestações poderá ser arbitrado pela autoridade fiscal, sem prejuízo das penalidades cabíveis, observado o disposto no art. 19:

I – não exibição, à fiscalização, dentro do prazo da intimação, dos elementos necessários à comprovação do valor real da operação, da prestação ou das despesas, inclusive nos casos de perda ou extravio de livros ou documentos fiscais;

II – fundada suspeita de que os documentos e livros fiscais não refletem o valor real da operação ou da prestação;

III – declaração nos documentos fiscais, sem motivo justificado, de valores notoriamente inferiores ao preço corrente das mercadorias ou dos serviços;

IV – transporte ou estocagem de mercadorias desacompanhadas de documentos fiscais.

Parágrafo único. Para arbitrar o valor das operações ou prestações, nas hipóteses deste artigo, a autoridade fiscal levará em conta um dos seguintes critérios:

I – o preço constante de pautas elaboradas pela Secretaria Executiva da Receita;

II – o preço corrente da mercadoria ou sua similar na praça do contribuinte fiscalizado ou no local da autuação, ou o preço FOB à vista da mercadoria, calculado para qualquer operação;

III – o preço de custo das mercadorias vendidas (CMV) acrescido do percentual nunca inferior a 30% (trinta por cento), para qualquer tipo de atividade, nos termos do inciso II do § 4º do art. 643;

IV – na saída de mercadorias de estabelecimentos industriais, o preço nunca inferior ao custo dos produtos fabricados ou vendidos, conforme o caso, nos termos do art. 645;

V – o que mais se aproximar dos critérios previstos nos incisos anteriores, quando a hipótese não se enquadrar, expressamente, em qualquer um deles.

Art. 25. Nas hipóteses dos arts. 23 e 24, havendo discordância em relação ao valor fixado ou arbitrado, caberá ao contribuinte comprovar a exatidão do valor por ele declarado, que prevalecerá como base de cálculo.

Art. 26. REVOGADO (Decreto nº 36.213/15).

Art. 27. Nas entradas de mercadorias trazidas por contribuintes de outras unidades da Federação sem destinatário certo neste Estado, a base de cálculo será o valor constante do documento fiscal de origem, inclusive as parcelas correspondentes ao Imposto sobre Produtos Industrializados e às despesas acessórias, acrescido de 30% (trinta por cento), se inexistir percentual de agregação específico para as mercadorias respectivas, observado o disposto no art. 610.

§ 1º O disposto neste artigo aplica-se às mercadorias trazidas por comerciantes ambulantes ou não estabelecidos.

§ 2º Ocorrendo a situação descrita neste artigo, deduzir-se-á, para fins de cálculo do imposto devido a este Estado, o montante cobrado na unidade da Federação de origem.

Art. 28. Quando a fixação de preços ou a apuração do valor tributável depender de fatos ou condições verificáveis após a saída da mercadoria, tais como pesagem, medições, análise e classificação, o imposto será calculado inicialmente sobre o preço corrente da mercadoria e, após essa verificação, sobre a diferença, se houver, atendidas as normas fixadas neste Regulamento.

Art. 29. Quando, em virtude de contrato escrito, ocorrer reajustamento de preço, o imposto correspondente ao acréscimo do valor será recolhido juntamente com o montante devido no período em que for apurado, observado o seguinte:

I - pelo remetente da mercadoria, nas operações interestaduais entre contribuintes diferentes;

II - pelo adquirente, na qualidade de sujeito passivo por substituição, nas operações internas.

Capítulo III
DA REDUÇÃO DA BASE DE CÁLCULO

Seção I
DA REDUÇÃO DA BASE DE CÁLCULO SEM PRAZO DETERMINADO

Art. 30. Fica reduzida a base de cálculo do ICMS nas operações seguintes, de tal forma que a carga tributária resulte nos percentuais abaixo indicados:

I - REVOGADO (Decreto nº 19.471/98);

II - REVOGADO (Decreto nº 21.042/00);

III - 7% (sete por cento), nas operações com programas para computadores, em meio magnético ou ótico (disquete ou CD Rom) (Convênio ICMS 84/96);

IV- percentual proporcional à redução do Imposto de Importação, nos recebimentos, pelo importador, de máquinas, equipamentos, aparelhos, instrumentos ou material, ou seus respectivos acessórios, sobressalentes ou ferramentas, quando procedentes do exterior, observado o disposto nos §§ 3º e 4º deste artigo e no inciso IX do art. 87, ficando a fruição do benefício condicionada a que (Convênios ICMS 130/94 e 23/95):

a) as operações estejam amparadas por programa especial de exportação (Programa BEFIEX) aprovado até 31/12/89;

b) o adquirente da mercadoria seja empresa industrial;

c) as mercadorias se destinem a integrar o ativo imobilizado da empresa industrial adquirente, para uso exclusivo na atividade produtiva realizada pelo estabelecimento importador (Convênio ICMS 130/98);

V - 12% (doze por cento), a partir de 1º de janeiro de 1997 (Convênio ICMS 120/96):

a) nas prestações internas de serviços de transporte aéreo;

b) nas prestações de serviço de transporte aéreo interestadual de pessoa, carga e mala postal, quando tomadas por não contribuintes do ICMS, ou a estes destinadas;

VI - 1% (um por cento), na saída resultante da comercialização de veículos usados, observados o § 5º deste artigo e as alíneas "b" e "e" do inciso I do art. 31 (Convênio ICMS 33/93);

VII - a partir de 1º de janeiro de 2006, 7% (sete por cento) nas saídas interestaduais de carne e demais produtos comestíveis frescos, resfriados, congelados, salgados, secos ou temperados, resultantes do abate de gado bovino, bufalino e suíno e de leporídeos (Convênio ICMS 89/05).

§ 1º A redução da base de cálculo de que trata o inciso V, será aplicada opcionalmente pelo contribuinte, em substituição ao sistema de tributação normal previsto neste Regulamento.

§ 2º O contribuinte que optar pelo benefício previsto no inciso V, não poderá utilizar créditos fiscais relativos a entradas tributadas.

§ 3º Nas aquisições, no mercado interno, das mercadorias de que trata o inciso IV, quando as mesmas puderem ser importadas com a redução da base de cálculo nele prevista, a base de cálculo será reduzida em idêntico percentual, não prevalecendo, neste caso, a isenção contemplada no inciso LVII do art. 5º.

§ 4º Nas aquisições de que trata o parágrafo anterior, não será exigido o estorno de crédito relativamente à matéria-prima, material secundário e material de embalagem, empregados na fabricação, bem como à prestação de serviço de transporte dessas mercadorias (Convênio ICMS 23/95).

§ 5º Quando se tratar de veículo usado, o vendedor fica obrigado a provar tal condição, mediante indicação, na nota fiscal correspondente à saída, do número do Certificado de Registro e Licenciamento de Veículo emitido pela repartição de trânsito competente, não se considerando usado o veículo se não for atendida esta exigência.

§ 6º REVOGADO (Decreto nº 38.006/17 - DOE de 27.12.17).

§ 7º Nas operações de que trata o inciso VI do "caput" deste artigo, oriundas de outra unidade da Federação, será observado o disposto no § 8º do art.14 deste Regulamento.".

Art. 31. A base de cálculo do imposto será reduzida de:

I - 80% (oitenta por cento), na saída de máquinas, motores e aparelhos usados, inclusive na saída de mercadorias desincorporadas do ativo imobilizado de estabelecimento de contribuintes do ICMS, observado o seguinte (Convênios ICM 15/81, ICMS 97/89, 50/90, 06/92 e 151/94):

a) o disposto neste inciso só se aplica à mercadoria adquirida na condição de usada e quando a operação de que houver decorrido a sua entrada não tiver sido onerada pelo imposto ou quando, sobre a referida operação, o imposto tiver sido calculado também sobre base de cálculo reduzida, sob o mesmo fundamento;

b) a redução da base de cálculo prevista neste inciso não se aplica:

1.às mercadorias cujas entradas e saídas não se realizarem mediante a emissão dos documentos fiscais próprios ou estes deixarem de ser regularmente escriturados nos livros fiscais pertinentes;

2.às mercadorias de origem estrangeira que não tiverem sido oneradas pelo imposto em etapas anteriores de sua circulação em território nacional ou por ocasião de sua entrada no estabelecimento importador;

c) o imposto devido sobre qualquer peça, parte, acessório ou equipamento aplicado nas mercadorias de que trata este inciso será calculado tendo por base o respectivo preço de venda no varejo ou o seu valor estimado, no equivalente ao preço de aquisição, inclusive o valor das despesas do Imposto sobre Produtos Industrializados, se incidente na operação, acrescido de 30% (trinta por cento);

d) REVOGADA (Decreto nº 19.761/98);

e) para efeitos do benefício previsto neste inciso, considera-se usada a mercadoria que já tiver sido objeto de venda com destino a consumidor final;

f) o disposto no "caput" deste inciso aplica-se, ainda, sobre a transferência de propriedade de veículo automotor para pessoa física ou outra pessoa jurídica, por desincorporação do ativo imobilizado de estabelecimentos de contribuinte do ICMS, sendo que a redução de base de cálculo só se aplica após o uso normal a que se destinar o veículo e decorridos 12 (doze) meses da respectiva entrada, observado o art. 78 deste Regulamento (Lei nº 11.031/17);

II - 60% (sessenta por cento) na saída de obra de arte de qualquer natureza, promovida por estabelecimento inscrito no Cadastro de Contribuintes do ICMS e legalmente estabelecido no comércio de arte (Convênio ICM 11/80);

III - 100% (cem por cento) nas operações com água natural canalizada por órgão da administração direta ou indireta, bem como por empresa concessionária ou permissionária para fornecimento desse produto (Convênios ICMS 77/95 e 30/97);

IV – 28% (vinte e oito por cento), nas operações com veículos importados do exterior do País (Convênio ICMS 79/92);

V – 80% (oitenta por cento), nas saídas internas de leite pasteurizado tipos "B" e "C", de estabelecimento industrial, observado o disposto no parágrafo único deste artigo e no inciso XX do art. 5º;

VI – 80% (oitenta por cento), nas operações internas com gado bovino, suíno e bufalino para abate neste Estado;

VII – 20% (vinte por cento) do preço de venda do bem, material ou peça nova, praticado pelo fabricante, nas saídas de bens, materiais ou peças com defeito, na prestação de serviços de assistência técnica, manutenção e reparo prevista no Ajuste SINIEF 14/17, de 29 de setembro de 2017 (Convênio ICMS 104/17).

Parágrafo único. Para os efeitos do inciso V, consideram-se, também, como operações internas as entradas de leite pasteurizado procedentes de outras unidades da Federação com exoneração tributária.

Seção II
DA REDUÇÃO DA BASE DE CÁLCULO COM PRAZO DETERMINADO

Art. 32. Até 31 de dezembro de 2021, fica reduzida a base de cálculo do imposto, nas operações com os seguintes produtos, de forma que a carga tributária seja equivalente a 4% (quatro por cento) aplicada sobre o valor da operação (Convênios ICMS 75/91, 28/15, 49/17, 133/19,101/20, 133/20 e 29/21):

I – aeronaves, inclusive veículo aéreo não-tripulado (VANT);

II – veículos espaciais;

III – sistemas de aeronave não-tripulada (SANT);

IV – paraquedas;

V – aparelhos e dispositivos para lançamento e aterrissagem de veículos aéreos e espaciais;

VI – simuladores de voo e similares;

VII – equipamentos de apoio no solo;

VIII – equipamentos de auxílio à comunicação, navegação e controle de tráfego aéreo;

IX – partes, peças, acessórios, sistemas ou componentes separados, incluindo aqueles destinados ao projeto e desenvolvimento, montagem, integração, testes e funcionamento dos produtos de que tratam os incisos I a VIII do "caput" deste artigo;

X – equipamento, gabarito e ferramental, empregados no apoio ao processo produtivo e na manutenção, modificação e reparo dos produtos de que tratam os incisos I a IX do "caput" deste artigo;

XI – matérias-primas e materiais de uso e consumo utilizados na fabricação, manutenção, modificação e reparo dos produtos descritos nos incisos I a VI, VIII e X do "caput" deste artigo, e no funcionamento dos produtos do inciso II do "caput" deste artigo.

§ 1º Para fins de definições dos termos técnicos utilizados nos incisos I a XI do "caput" deste artigo, serão observados as seguintes definições:

I – acessório, o item ou sistema mecânico, de vídeo, sonoro, elétrico, eletrônico ou eletromecânico, que complementa partes, sistemas e equipamentos, tais como o reverso, a unidade auxiliar de potência, a antiderrapagem e acessórios do motor e ar condicionado;

II – aeronave, o aparelho manobrável em voo, ou que possa sustentar-se e circular no espaço aéreo mediante reações do ar, tais como: avião, helicóptero, veículo aéreo não-tripulado (VANT), planador, motoplanador, ultraleve, balão e dirigível;

III – componente separado, o item que passa a fazer parte da configuração da aeronave militar, do VANT ou do veículo espacial, após estes serem submetidos a um processo de modificação, tais como: cargas internas e externas, propulsadas ou não, sensores, satélites, sondas, cargas úteis, bem como suas respectivas interfaces de instalação;

IV – equipamento, o conjunto essencial ao funcionamento correto de um determinado sistema, projetado e construído para testes e ensaios ou para produzir e transmitir trabalho ou energia (mecânica, hidráulica, elétrica, eletrônica, sonora, luminosa ou de outras formas), sendo individualizado por número de parte e especificação;

V – equipamento de apoio no solo, o equipamento destinado ao projeto e desenvolvimento, à manutenção, funcionamento, serviço de carga, descarga e preparação para voo dos veículos listados nos incisos I a III do "caput" deste artigo;

VI – equipamentos de auxílio à comunicação, navegação e controle de tráfego aéreo, os equipamentos destinados a proporcionar apoio às aeronaves para sua navegação em rota, em áreas de controle terminal (TMA) e em suas manobras de pouso e decolagem;

VII – ferramental e gabarito, o conjunto de todos os dispositivos mecânicos de uso geral ou específico, destinados a permitir, facilitar ou acelerar operações fabris, tais como: corte, usinagem, estiramento, prensagem, maceração, bobinagem, medição, controle dimensional, proteção, tratamento e outras tarefas de manufatura, bem como a facilitar a ajustagem, posicionamento, montagem, acabamento, testes e ensaios e também assegurar o intercâmbio entre conjuntos ou partes;

VIII – partes, o subconjunto de produto, completamente individualizado ou definido por um número e especificação, tais como: asa, fuselagem, profundor, estabilizador, propulsor, ogiva, tubeira, coletor solar, motor, turbina, rotor, cauda, trem de pouso, porta, hélice, superfície de comando, cadeira, para-brisa, estrutura mecânica, mecanismos, painel solar, baterias, distribuição de potência, sensores, atuadores, computadores de bordo, transmissores, receptores, e antenas;

IX – peças, o item cuja utilização está imediatamente associada a partes ou a sistemas de produto, sendo, porém, completamente individualizado ou definido por um número de parte e especificação, tais como peças estruturais usinadas, parafusos, arruelas, porcas, perfis, conectores, flanges, componentes eletroeletrônicos, cabos e fios e placas de circuitos;

X – simulador, o aparelho utilizado para treinamento associado ao emprego operacional de aeronaves ou de veículos espaciais, bem como para o desenvolvimento e para os ensaios de sistemas ou de componentes separados;

XI – sistema, o conjunto de partes e peças com função específica e essencial à operação dos produtos listados de I a IX deste parágrafo, tais como: hidráulico, lubrificação, refrigeração, pneumático, oxigênio, propulsão, separação, guiagem, controle de atitude e de órbita, controle de potência e distribuição, controle térmico, aquisição de dados, óptico, telecomando, telemetria, combustível, armamento, comunicação, elétrico, eletrônico, pirotécnico, navegação, autodefesa, freio, comandos de voo e pressurização;

XII – sistema de aeronave não-tripulado (SANT), o sistema composto por veículo aéreo não-tripulado (VANT), carga útil e sistema e estação de controle em terra;

XIII – veículo aéreo não-tripulado (VANT), a aeronave que não necessita de piloto embarcado para ser guiada, com aplicação específica civil ou militar;

XIV – veículo espacial, o veículo utilizado para transportar cargas ao espaço, incluindo-se os veículos lançadores utilizados para transportar satélites, sondas ou cargas úteis orbitais, e os foguetes de sondagem utilizados para transportar sondas ou cargas úteis suborbitais.

§ 2º O disposto no inciso XIII do § 1º deste artigo não alcança os veículos de uso recreativo.

Art. 32-A O disposto nos incisos IX, X e XI do "caput" do art. 32 só se aplica a operações efetuadas pelos contribuintes a que se refere o art. 32-B e desde que os produtos se destinem a (Convênios ICMS 75/91 e 28/15):

I – empresa nacional da indústria aeroespacial e seus fornecedores nacionais, ou estabelecimento da rede de comercialização de produtos aeroespaciais;

II – empresa de transporte ou de serviços aéreos, aeroclubes e escolas de aviação civil, identificados pelo registro na Agência Nacional de Aviação Civil;

III – oficinas de manutenção, modificação e reparos em aeronaves, identificadas pelo registro na Agência Nacional de Aviação Civil;

IV – proprietários ou arrendatários de aeronaves identificados como tais pela anotação da respectiva matrícula e prefixo no documento fiscal.

Art. 32-B. O benefício previsto no art. 32 será aplicado exclusivamente às empresas nacionais da indústria aeroespacial e seus fornecedores nacionais, às da rede de comercialização, às importadoras de material aeroespacial, às oficinas de manutenção, modificação e reparos em aeronaves, relacionadas em ato pelo Comando da Aeronáutica do Ministério da Defesa no qual deverão ser indicados, obrigatoriamente, os números de inscrição no Cadastro Nacional de Pessoa Jurídica – CNPJ e no cadastro de contribuinte das unidades federadas (Convênios ICMS 75/91, 28/15 e 89/18).

§ 1º A fruição do benefício em relação às empresas relacionadas pelo Comando da Aeronáutica do Ministério da Defesa fica condicionada à publicação de Ato COTEPE/ICMS, precedida de manifestação das unidades federadas envolvidas.

§ 2º A empresa interessada em constar da relação de candidatas ao benefício previsto no art. 32, relacionada pelo Comando da Aeronáutica do Ministério da Defesa, deverá cumprir, também, os requisitos estabelecidos por aquele órgão.

Art. 33. Fica reduzida a base de cálculo do ICMS nas operações seguintes, de forma que a carga tributária resulte nos percentuais abaixo indicados:

I – REVOGADO;

II – até 31 de março de 2022, nas operações com máquinas, aparelhos e equipamentos industriais, arrolados no Anexo 10, de forma que a carga tributária seja equivalente aos percentuais seguintes, observado o disposto nos §§ 2º, 3º e 4º deste artigo e no inciso X do art. 87 (Convênios ICMS 52/91, 87/91, 90/91, 13/92, 148/92, 02/93, 124/93, 22/95, 21/96, 21/97, 23/98, 05/99, 10/04, 124/07, 148/05, 53/08, 91/08, 138/08, 69/09, 119/09, 01/10,101/12, 14/13, 191/13, 27/15, 154/15, 49/17, 133/19,22/20, 133/20 e 28/21);

a) nas operações de entradas provenientes dos Estados das regiões Sul e Sudeste, exclusive o Espírito Santo: 5,14% (Convênio ICMS 01/00);

b) demais operações interestaduais: 8,8% (Convênio ICMS 01/00);

c) nas operações internas: 8,80% (oito inteiros e oitenta centésimos por cento) (Convênios ICMS 01/10 e 154/15);

III – até 31 de março de 2022, nas operações com máquinas e implementos agrícolas, arrolados no Anexo 11 – Máquinas e Equipamentos Agrícolas, de forma que a carga tributária seja equivalente aos percentuais seguintes, observado o disposto nos §§ 2º, 3º e 4º deste artigo e no inciso X do art. 87 (Convênios ICMS 52/91, 87/91, 90/91, 13/92, 148/92, 02/93, 65/93, 124/93, 22/95, 21/96, 21/97, 23/98, 05/99, 10/04,

148/05, 124/07, 53/08, 91/08, 138/08, 69/09, 119/09, 01/10, 101/12, 14/13, 191/13, 27/15, 154/15, 49/17, 133/19, 22/20, 133/20 e 28/21):

a) nas operações de entradas provenientes dos Estados das Regiões Sul e Sudeste, exclusive o Espírito Santo: 4,1% (Convênio ICMS 01/00);

b) nas demais operações interestaduais: 7% (Convênio ICMS 01/00);

c) nas operações internas: 5,60% (cinco inteiros e sessenta centésimos por cento) (Convênios ICMS 01/10 e 154/15);

IV - REVOGADO (Decreto nº 20.555/99);

V – nas prestações de serviços de radiochamada, observado o disposto nos §§ 11 e 12 (Convênios ICMS 115/96, 23/98, 60/98, 47/99 e 86/99):

a) 5% (cinco por cento), até 31 de julho de 2002 (Convênio ICMS 50/01);

b) 7,5% (sete inteiros e cinco décimos por cento), de 1º de agosto a 31 de dezembro de 2002 (Convênio ICMS 50/01);

c) 10% (dez por cento), a partir de 1º de janeiro de 2003 (Convênio ICMS 50/01);
VI - PERDA DE EFICÁCIA;

VII - PERDA DE EFICÁCIA;

VIII - até 31 de dezembro de 2015, 12% (doze por cento), nas operações com motocicletas (incluídos os ciclomotores) e outros ciclos equipados com motor auxiliar, mesmo com carro lateral, carros laterais, classificados na posição 8711, da NBM/SH, observado o disposto nos §§ 5º, 6º, 7º, 10 e 13 (Convênios ICMS 52/93, 52/95, 102/96, 20/97, 48/97, 67/97, 129/97, 23/98 e 26/99 e Decreto nº 24.437/03);

IX - até 31 de dezembro de 2015, 7% (sete por cento) nas operações internas e de importação, com produtos de informática e automação, relacionados no Anexo 13, observado o disposto no § 13 (Convênios ICMS 23/97, 121/97, 23/98, 60/98, 101/98 e Decretos nº 20.308/99 e nº 24.437/03);

X - até 31 de dezembro de 2000, 5% (cinco por cento) nas prestações de serviço de radiodifusão sonora e/ou de imagem, observado o seguinte (Convênios ICMS 05/95 e 56/99):

a) a redução da base de cálculo será aplicada, opcionalmente, pelo contribuinte, em substituição ao sistema normal de tributação;

b) o contribuinte que optar pelo benefício previsto neste inciso não poderá utilizar créditos fiscais relativos a entradas tributadas;

c) na determinação da base de cálculo dos serviços de difusão sonora e de imagens, prestados através de contratos de veiculação em rede nacional ou regional, adotar-se-á a proporcionalidade em relação à população de cada Estado, de acordo com o último recenseamento do IBGE;

XI - nas prestações de serviço de televisão por assinatura, observado o disposto nos §§ 20 a 23 (Convênios ICMS 78/15 e 99/15);

a) 7,5% (sete inteiros e cinco décimos por cento), de 1º de janeiro a 31 de dezembro de 2000;

b) 15% (quinze por cento) (Convênios ICMS 78/15 e 99/15);

XII - até 31 de março de 2022, 12% (doze por cento) nas operações de saídas de biodiesel (B-100) resultante da industrialização dos produtos elencados nas alíneas abaixo, observadas, no que couber, as normas de controle referentes aos demais combustíveis existentes neste Regulamento e na legislação em vigor (Convênios ICMS 113/06, 160/06, 101/12, 191/13, 27/15, 107/15, 22/16, 49/17, 127/17, 28/19, 22/20, 133/20 e 28/21):

a) grãos;

b) sebo de origem animal (Convênio ICMS 22/16);

c) sementes;

d) palma;

e) óleos de origem animal e vegetal (Convênio ICMS 22/16);

f) algas marinhas (Convênio ICMS 22/16);

XIII - REVOGADO (Decreto nº 39.153/19 - Convênio ICMS 21/19);

XIV - nas prestações de serviço de comunicação por meio de veiculação de mensagens de publicidade e propaganda na televisão por assinatura, observado o disposto nos §§ 14 a 19 (Convênio ICMS 09/08):

a) 5% (cinco por cento), até 31 de dezembro de 2008;

b) 7,5% (sete inteiros e cinco décimos por cento), de 1º de janeiro a 31 de dezembro de 2009;

c) 10% (dez por cento), a partir de 1º de janeiro de 2010;

XV - 5% (cinco por cento), nas prestações onerosas de serviço de comunicação na modalidade de monitoramento e rastreamento de veículo e carga, observados os §§ 24 e 25 deste artigo (Convênio ICMS 139/06);

XVI - até 31 de dezembro de 2025, 12% (doze por cento), nas operações internas com máquinas, aparelhos, equipamentos, suas partes e peças, quando adquiridos para construção ou ampliação dos Terminais Portuários Marítimos localizados neste Estado, desde que destinadas a contribuintes envolvidos na construção ou ampliação dos referidos Terminais (Convênio ICMS 202/19).

§ 1º REVOGADO.

§ 2º Nas entradas dos bens referidos nos incisos II e III, para integrar o ativo imobilizado de estabelecimento situado neste Estado, quando provenientes dos Estados das Regiões Sul e Sudeste, exclusive Espírito Santo, o imposto correspondente ao diferencial de alíquota será calculado sobre os valores dos documentos fiscais de aquisições das mercadorias, inclusive IPI e frete, se este for de responsabilidade do estabelecimento adquirente, utilizando-se os seguintes percentuais, observado o disposto no § 3º:

I – na hipótese da alínea "a" do inciso II: 3,66% (Convênio ICMS 01/00);

II – na hipótese da alínea "a" do inciso III: 1,5% (Convênio ICMS 01/00).

§ 3º O valor do imposto calculado na forma do parágrafo anterior não será exigido quando os bens adquiridos forem provenientes dos Estados das Regiões Norte, Nordeste, Centro-Oeste e do Estado do Espírito Santo.

§ 4º Não se exigirá a anulação do crédito relativo à entrada de mercadoria cuja saída esteja amparada pela redução de base de cálculo prevista nos incisos II e III;

§ 5º REVOGADO (art. 3º do Decreto nº 35.023/14).

§ 6º REVOGADO (Decreto nº 22.055/01).

§ 7º Para efeito de exigência do ICMS devido em razão do diferencial de alíquota, de que tratam os incisos VI, VII e VIII, a base de cálculo do imposto será reduzida, de tal forma que a carga tributária total corresponda ao percentual ali determinado.

§ 8º REVOGADO (Decreto nº 19.761/98).

§ 9º REVOGADO (Decreto nº 19.761/98).

§ 10 REVOGADO (art. 3º do Decreto nº 35.023/14).

§ 11. A utilização do benefício previsto no inciso V observará ainda o seguinte:

I – será aplicada, opcionalmente, pelo contribuinte, em substituição ao sistema de tributação previsto neste Regulamento;

II – o contribuinte que optar pelo benefício não poderá utilizar quaisquer créditos fiscais.

§ 12. A opção a que se referem os incisos I e II do parágrafo anterior será feita para cada ano civil.

§ 13. Durante a sua vigência, o benefício previsto no inciso IX será acompanhado e, a critério da Secretaria de Estado da Receita – SER, anualmente revisado.

§ 14. A fruição do benefício previsto no inciso XIV fica condicionada à observância cumulativa dos seguintes requisitos:

I – será aplicada, opcionalmente, pelo contribuinte, em substituição ao regime de tributação normal previsto na legislação estadual;

II – o contribuinte que optar pelo benefício não poderá utilizar quaisquer créditos fiscais;

III– manter regular cumprimento da obrigação tributária principal, no prazo e forma previstos na legislação vigente.

§ 15. A opção a que se referem os incisos I e II do parágrafo anterior será feita para cada ano civil.

§ 16. Na hipótese de prestação de serviço de comunicação por meio de veiculação de mensagem de publicidade ou propaganda na televisão por assinatura, em rede nacional ou interestadual, adotar-se-á a proporcionalidade em relação à quantidade de assinantes de cada unidade federada, para fins de rateio do imposto devido entre as unidades federadas em cujo território ocorrer a prestação de serviço.

§ 17. Para efeito do disposto no parágrafo anterior, aplicar-se-á o coeficiente proporcional à quantidade de assinantes de cada unidade federada sobre a base de cálculo original, sem redução, seguindo-se o cálculo do imposto devido pela aplicação do percentual de redução de base de cálculo e da alíquota previstas na legislação tributária de cada unidade federada.

§ 18. O imposto será recolhido pelo estabelecimento prestador do serviço:

I – à unidade federada de sua localização, nos prazos e formas estabelecidos na legislação vigente;

II – às demais unidades federadas beneficiárias, até o décimo dia do mês subsequente à ocorrência do fato gerador, por meio de Guia Nacional de Recolhimento de Tributos Estaduais – GNRE.

§ 19. O estabelecimento que efetuar o recolhimento do imposto de que trata o § 17, deverá:

I – discriminar no livro registro de apuração do ICMS o valor recolhido em favor do Estado da Paraíba;

II – remeter à Secretaria de Estado da Receita, até o último dia útil do mês subsequente à ocorrência do fato gerador, arquivo magnético, contendo as seguintes informações:

a) o número, a data de emissão e a identificação completa do destinatário da nota fiscal pertinente;

b) o valor da prestação e do ICMS total incidente, bem como o seu rateio ao Estado da Paraíba.

§ 20. A utilização do benefício previsto no inciso XI observará, ainda, o seguinte (Convênio ICMS 78/15):

I - será aplicada, opcionalmente, pelo contribuinte, em substituição ao sistema normal de tributação;

II - o contribuinte que optar pelo benefício não poderá utilizar quaisquer créditos fiscais;

III - fica condicionada ao regular cumprimento da obrigação tributária principal, no prazo e forma previstos na legislação;

IV- que todos os meios e equipamentos necessários à prestação do serviço, quando fornecidos pela empresa prestadora, estejam incluídos no preço total do serviço de comunicação;

V - o contribuinte deverá (Convênio ICMS 135/13):

a) divulgar no seu site, de forma permanente e atualizada, a descrição de todos os tipos de pacotes de televisão por assinatura comercializados, isoladamente ou em conjunto com outros serviços, com os correspondentes preços e condições;

b) manter à disposição do fisco, em meio magnético, as ofertas comercializadas, por período de apuração;

c) quando da comercialização conjunta, em pacotes, de serviço de televisão por assinatura e outros serviços:

1.discriminar, nas respectivas faturas e notas fiscais, os preços correspondentes a cada modalidade de serviço, de forma a demonstrar a sua independência e a sua aderência às ofertas divulgadas nos sites;

2.observar que o valor da prestação de serviço de televisão por assinatura não será superior ao preço do mesmo serviço, prestado isoladamente em iguais condições a assinantes individuais ou coletivos.

§ 21. A opção a que se referem os incisos I e II do § 20 será feita para cada ano civil (Convênios ICMS 78/15).

§ 22. O descumprimento das condições previstas nos incisos II ao V do § 20 deste artigo implica perda do benefício a partir do mês subsequente àquele em que se verificar o inadimplemento (Convênios ICMS 78/15).

§ 23. A reabilitação do contribuinte à fruição do benefício previsto no inciso XI ficará condicionada ao recolhimento do débito fiscal remanescente ou ao pedido de seu parcelamento, a partir do mês subsequente ao da regularização (Convênio ICMS 78/15).

§ 24. O benefício previsto no inciso XV do "caput" deste artigo será concedido pela Secretaria de Estado da Receita - SER por meio de regime especial, que disporá sobre as condições para a sua fruição, nos termos do Convênio ICMS 139/06 e deste Regulamento.

§ 25. A concessão do regime especial de que trata o § 24 requer manifestação prévia do contribuinte, mediante requerimento dirigido ao Secretário de Estado da Receita.

§ 26. A fruição do benefício de que trata o inciso XVI deste artigo fica condicionada à comprovação do efetivo emprego das mercadorias e bens nas obras a que se refere o citado inciso (Convênio ICMS 202/19).

Art. 34. A base de cálculo do imposto será reduzida:

I - REVOGADO (Decreto nº 20.555/99);

II - até 31 de dezembro de 2025, 60% (sessenta por cento), nas saídas interestaduais com os seguintes produtos, observado o disposto nos §§ 1º a 7º e 9º deste artigo e no inciso XII do art. 87 (Convênios ICMS 36/92, 21/96, 68/96, 20/97, 48/97, 67/97, 100/97, 05/99, 18/05, 53/08, 71/08, 138/08, 69/09, 119/09, 01/10, 101/12, 14/13, 191/13, 27/15, 107/15, 49/17, 133/17, 28/19, 22/20, 133/20 e 26/21):

a) inseticidas, fungicidas, formicidas, herbicidas, parasiticidas, germicidas, acaricidas, nematicidas, raticidas, desfolhantes, dessecantes, espalhantes, adesivos, estimuladores e inibidores de crescimento (reguladores), vacinas, soros e medicamentos, produzidos para uso na agricultura e na pecuária, inclusive inoculantes, vedada a sua aplicação quando dada ao produto destinação diversa (Convênio ICMS 99/04);

b) ácido nítrico e ácido sulfúrico, ácido fosfórico, fosfato natural bruto e enxofre, saídos dos estabelecimentos extratores, fabricantes ou importadores para:

1.estabelecimento onde sejam industrializados adubos simples e/ou compostos, fertilizantes e fosfato bi-cálcio destinados à alimentação animal;

2.estabelecimento produtor agropecuário;

3.quaisquer estabelecimentos com fins exclusivos de armazenagem;

4.outro estabelecimento da mesma empresa daquela onde se tiver processado a industrialização;

c) rações para animais, concentrados, suplementos, aditivos, premix ou núcleo, fabricados pelas respectivas indústrias, devidamente registradas no Ministério da Agricultura, Pecuária e Abastecimento - MAPA, desde que (Convênio ICMS 93/06):

1.os produtos estejam registrados no órgão competente do Ministério da Agricultura, Pecuária e Abastecimento e o número do registro seja indicado no documento fiscal, quando exigido (Convênio ICMS 17/11);

2.haja o respectivo rótulo ou etiqueta identificando o produto;

3.os produtos se destinem exclusivamente ao uso na pecuária;

d) calcário e gesso, destinados ao uso exclusivo na agricultura, como corretivo ou recuperador do solo;

e) semente genética, semente básica, semente certificada de primeira geração - C1, semente certificada de segunda geração - C2, destinadas à semeadura, desde que produzidas sob controle de entidades certificadoras ou fiscalizadoras, bem como as importadas, atendidas as disposições da Lei nº 10.711, de 05 de agosto de 2003, regulamentada pelo Decreto nº 5.153, de 23 de julho de 2004, e as exigências estabelecidas pelos órgãos do Ministério da Agricultura, Pecuária e Abastecimento ou por outros órgãos e entidades da Administração Federal dos Estados e do Distrito Federal, que mantiverem convênio com aquele Ministério (Convênio ICMS 99/04);

f) - alho em pó, sorgo, milheto, sal mineralizado, farinhas de peixe, de ostra, de carne, de osso, de pena, de sangue e de víscera, calcário calcítico, caroço de algodão, farelos e tortas de algodão, de babaçu, de cacau, de amendoim, de linhaça, de mamona, de milho e de trigo, farelos de arroz, de girassol, de glúten de milho, de gérmen de milho desengordurado, de quirera de milho, de casca e de semente de uva e de polpa cítrica, glúten de milho, silagens de forrageiras e de produtos vegetais, feno, óleos de aves, resíduos de óleo e gordura de origem animal ou vegetal, descartados por empresas do ramo alimentício, e outros resíduos industriais, destinados à alimentação animal ou ao emprego na fabricação de ração animal (Convênio ICMS 21/16);

g) esterco animal;

h) mudas de plantas;

i) embriões, sêmen congelado ou resfriado, exceto os de bovino, ovos férteis, aves de um dia, exceto as ornamentais, girinos e alevinos (Convênio ICMS 89/01);

j) enzimas preparadas para decomposição de matéria orgânica animal, classificadas no código 3507.90.4, da Nomenclatura Brasileira de Mercadorias - Sistema Harmonizado - NBM/SH;

k) gipsita britada destinada ao uso na agropecuária ou à fabricação de sal mineralizado (Convênio ICMS 106/02);

l) casca de coco triturada para uso na agricultura (Convênio ICMS 25/03);

m) vermiculita para uso como condicionador e ativador de solo (Convênio ICMS 93/03);

n) REVOGADA (Decreto nº 32.020/11);

o) extrato pirolenhoso decantado, piro alho, silício líquido piro alho e bio bire plus, para uso na agropecuária (Convênio ICMS 156/08);

p) óleo, extrato seco e torta de Nim (Azadirachta indica A. Juss) (Convênio ICMS 55/09);

q) condicionadores de solo e substratos para plantas, desde que os produtos estejam registrados no órgão competente do Ministério da Agricultura, Pecuária e Abastecimento e que o número do registro seja indicado no documento fiscal (Convênio ICMS 195/10);

r) torta de filtro e bagaço de cana, cascas e serragem de pinus e eucalipto, turfa, torta de oleaginosas, resíduo da indústria de celulose (dregs e grits), ossos de bovino autoclavado, borra de carnaúba, cinzas, resíduos agroindustriais orgânicos, destinados para uso exclusivo como matéria prima na fabricação de insumos para a agricultura (Convênio ICMS 49/11); (OBS: Efeitos a partir de 01.10.11);

III – até 31 de dezembro de 2025, 30% (trinta por cento), nas saídas interestaduais dos seguintes produtos, observado o disposto nos §§ 8º e 9º (Convênios ICMS 36/92, 21/96, 68/96, 20/97, 48/97, 67/97, 100/97, 05/99, 18/05, 53/08, 71/08, 138/08, 69/09, 119/09, 01/10,101/12, 14/13, 191/13, 27/15, 107/15, 49/17, 133/17, 28/19, 22/20, 133/20 e 26/21):

a) farelos e tortas de soja e de canola, cascas e farelos de cascas de soja e de canola, sojas desativadas e seus farelos, quando destinados à alimentação animal ou ao emprego na fabricação de ração animal (Convênio ICMS 62/11); (OBS: Efeitos a partir de 01.10.11).

b) amônia, uréia, sulfato de amônio, nitrato de amônio, nitrocálcio, MAP (Mono-amônio fosfato), DAP (diamônio fosfato), cloreto de potássio, adubos simples e compostos, fertilizantes e DL Metionina e seus análogos, produzidos para uso na agricultura e na pecuária, vedada a sua aplicação quando dada ao produto destinação diversa;

c) milho, quando destinado a produtor, à cooperativa de produtores, à indústria de ração animal ou órgão oficial de fomento e desenvolvimento agropecuário vinculado ao Estado (Convênio ICMS 123/11);

d) aveia e farelo de aveia, destinados à alimentação animal ou ao emprego na fabricação de ração animal (Convênio ICMS 149/05).

IV – até 31 de março de 2022, 30% (trinta por cento), no fornecimento de refeição promovido por bares, restaurantes e estabelecimentos similares, assim como na saída promovida por empresas preparadoras de refeições coletivas, excetuando, em quaisquer das hipóteses, o fornecimento ou a saída de bebidas (Convênios ICMS

09/93, 67/97, 121/97, 23/98, 05/99, 18/05, 124/07, 148/05, 53/08, 71/08, 138/08, 69/09, 119/09, 01/10, 101/12, 191/13, 27/15, 107/15, 49/17, 133/19, 101/20, 133/20 e 28/21);

V - REVOGADO (Decreto nº 30.229/09);

VI - até 31 de março de 2022, 80% (oitenta por cento) nas prestações de serviço de transporte intermunicipal de pessoas, passageiros ou não (Convênios ICMS 218/19, 133/20 e 28/21).

§ 1º O benefício previsto na alínea "b", do inciso II, estende-se:

I - às saídas promovidas, entre si, pelos estabelecimentos referidos em seus itens;

II - às saídas, a título de retorno, real ou simbólico, da mercadoria remetida para fins de armazenagem.

§ 2º Para efeito de aplicação do benefício previsto na alínea "c", do inciso II, entende-se por:

I - ração animal, qualquer mistura de ingredientes capaz de suprir as necessidades nutritivas para manutenção, desenvolvimento e produtividade dos animais a que se destinam;

II - concentrado, a mistura de ingredientes que, adicionada a um ou mais elementos em proporção adequadas e devidamente especificada pelo seu fabricante, constitua uma ração animal;

III- suplemento, o ingrediente ou a mistura de ingredientes capaz de suprir a ração ou concentrado, em vitaminas, aminoácidos ou minerais, permitida a inclusão de aditivos (Convênio ICMS 20/02).

IV- ADITIVO, substâncias e misturas de substâncias ou microorganismos adicionados intencionalmente aos alimentos para os animais que tenham ou não valor nutritivo, e que afetem ou melhorem as características dos alimentos ou dos produtos destinados à alimentação dos animais (Convênio ICMS 54/06);

V- PREMIX ou NÚCLEO, mistura de aditivos para produtos destinados à alimentação animal ou mistura de um ou mais destes aditivos com matérias-primas usadas como excipientes que não se destinam à alimentação direta dos animais (Convênio ICMS 54/06).

§ 3º O benefício previsto na alínea "b", do inciso II, aplica-se, ainda, à ração animal, preparada em estabelecimento produtor, na transferência a estabelecimento produtor do mesmo titular ou na remessa a outro estabelecimento produtor em relação ao qual o titular remetente mantiver contrato de produção integrada.

§ 4º Relativamente ao disposto na alínea "e", do inciso II, o benefício não se aplicará se a semente não satisfizer os padrões estabelecidos para o Estado de destino pelo órgão competente, ou, ainda que atenda ao padrão, tenha a semente outro destino que não seja a semeadura.

§ 5º O benefício previsto na alínea "f", do inciso II, somente se aplica quando o produto for destinado a produtor, cooperativa de produtores, indústria de ração animal ou Órgão Estadual de fomento e desenvolvimento agropecuário.

§ 6º O benefício de que trata o inciso II, outorgado às saídas dos produtos destinados à pecuária, estende-se às remessas com destino a:

I - apicultura;

II - aquicultura;

III - avicultura;

IV - cunicultura;

V - ranicultura;

VI - sericicultura.

§ 7º Para efeito do disposto no inciso II, não se exigirá a anulação do crédito nos termos do art. 87.

§ 8º Aos produtos de que trata o inciso III, aplica-se o disposto nos §§ 5º e 7º, quanto a alínea "a" e no § 7º, quanto à alínea "b".

§ 9º Para efeito de fruição dos benefícios de que trata o inciso II e III, fica o estabelecimento vendedor obrigado a deduzir do preço da mercadoria o valor correspondente ao imposto dispensado, demonstrando-se expressamente na nota fiscal a respectiva dedução.

§ 10. REVOGADO (Decreto nº 26.144/05).

§ 11. As sementes discriminadas na alínea "e" do inciso II do art. 34 poderão ser comercializadas com a denominação "fiscalizadas" pelo período de dois anos, contado de 06 de agosto de 2003 (Convênio ICMS 99/04).

§ 12. REVOGADO (Decreto nº 26.144/05).

§ 13. REVOGADO (Decreto nº 30.229/09).

Capítulo IV
DO CRÉDITO PRESUMIDO

Art. 35. Serão concedidos, em substituição ao sistema normal de tributação previsto neste Regulamento, créditos presumidos do ICMS, nos percentuais abaixo indicados, para fins de compensação do imposto devido em operações ou prestações subsequentes:

I - a partir de 1º de janeiro de 1997, 4% (quatro por cento) do valor da operação nas prestações internas de serviço de transporte aéreo, observado o disposto nos §§ 1º e 7º (Convênios ICMS 120/96 e 95/99);

II - a partir de 1º de janeiro de 1997, 20% (vinte por cento), do valor do ICMS devido nas prestações de serviço de transporte, observado o disposto nos §§ 1º, 3º e 7º (Convênios ICMS 106/96 e 95/99);

III - 50% (cinquenta por cento) do valor do imposto incidente na operação, ao estabelecimento que promover saída de obra de arte recebida diretamente do autor, com isenção do imposto (Convênios ICMS 59/91, 148/92 e 151/94);

IV - REVOGADO (Decreto nº 20.555/99);

V - até 31 de dezembro de 2004, 2,5% (dois inteiros e cinco décimos por cento) sobre as saídas de cana-de-açúcar, em substituição ao sistema normal de tributação (Convênios ICMS 22/97, 45/97, 23/98, 05/99 e 93/04);

VI - 100% (cem por cento) do valor do ICMS devido nas operações de aves e produtos de sua matança, congelados ou simplesmente temperados aos estabelecimentos produtores devidamente inscrito no CCICMS, deste Estado (Decretos nºs 19.269/97 e 19.311/97);

VII - até 31 de dezembro de 2015, 100% (cem por cento) do valor do ICMS devido nas operações com camarão aos produtores devidamente inscritos no CCICMS, deste Estado, observado o disposto nos §§ 1º e 8º (Decretos nº 19.471/98, 19.761/98, 20.130/98, 24.437/03 e 27.476/06);

VIII - até 31 de dezembro de 2015, 80% (oitenta por cento) do valor do ICMS devido nas operações internas com gado bovino, suíno e bufalino, promovidas por estabelecimentos produtores devidamente inscritos no CCICMS, deste Estado, observado o disposto nos §§ 1º e 8º (Decretos nº 19.532/98, 19.761/98, 20.130/98, 24.437/03 e 27.476/06);

IX - 100% (cem por cento) do valor do ICMS devido nas operações internas com produtos comestíveis resultantes da matança de gado bovino, suíno e bufalino, promovidas por estabelecimentos, abatedor ou frigorífico, devidamente inscritos no CCICMS, deste Estado, observado o disposto nos §§ 1º, 8º e 9º (Decretos nºs 19.532/98, 19.761/98, 20.130/98, 24.437/03, 27.476/06 e 36.536/15);

X- até 31 de dezembro de 2015, 80% (oitenta por cento) do valor do ICMS devido nas operações com aguardente de cana promovidas por estabelecimentos produtores, devidamente inscritos no CCICMS, deste Estado, observado o disposto nos §§ 1º e 8º (Decreto nº 23.027/02 e 24.437/03);

XI- a partir de 1º de agosto de 2002, 76,47% (setenta e seis inteiros e quarenta e sete centésimos por cento), do valor do ICMS devido nas prestações de serviços de transporte de passageiros, observado o disposto no § 1º;

XII- 20% (vinte por cento) do valor do ICMS devido nas operações de saídas de telhas, tijolos, lajotas e manilhas, promovidas pelas indústrias ceramistas, devidamente inscritas no CCICMS deste Estado, observado o disposto no § 1º (Convênio ICMS 26/94);

XIII - a partir de 1º de setembro de 2020, 100% (cem por cento), às empresas fornecedoras de energia elétrica e prestadoras de serviços de comunicação, calculado sobre o valor do faturamento bruto de energia elétrica e de serviços de comunicação destinados ao Estado no segundo mês anterior ao do crédito, observado os §§ 10 a 14 deste artigo (Convênios ICMS 102/13 e 56/20).

§ 1º O contribuinte que optar pelo benefício previsto nos incisos I, II, V, VI, VII, VIII, X, XI e XII não poderá aproveitar quaisquer outros créditos (Convênio ICMS 26/94).

§ 2º A opção de que trata o parágrafo anterior deverá ser previamente comunicada à Secretaria de Estado da Receita antes do início de cada exercício.

§ 3º O benefício de que trata o inciso II, não se aplica às empresas prestadoras de serviços de transporte aéreo.

§ 4º ao 6º REVOGADO (Decreto nº 20.555/99).

§ 7º A opção pelo crédito presumido de que trata os incisos I e II deverá alcançar todos os estabelecimentos do contribuinte localizados no território nacional e será consignada no livro Registro de Utilização de Documentos Fiscais e Termos de Ocorrências de cada estabelecimento (Convênio 95/99).

§ 8º Durante a sua vigência, os benefícios previstos nos incisos VII, VIII, IX e X serão acompanhados e, a critério da SER, anualmente revisados.

§ 9º O disposto no inciso IX deste artigo não se aplica nas saídas destinadas a estabelecimentos enquadrados no regime de apuração normal.

§ 10. O crédito presumido estabelecido no inciso XIII do "caput" deste artigo, será utilizado exclusivamente para liquidação de débitos decorrentes das aquisições de energia elétrica e serviços de comunicação pelos órgãos do Poder Executivo da Administração Pública Direta Estadual e suas Fundações e Autarquias Públicas.

§ 11. A apropriação do crédito presumido de que trata o inciso XIII do "caput" deste artigo, para fins de compensação com o saldo do imposto apurado, deverá ser feita na Escrituração Fiscal Digital - EFD, nos termos da Orientação Técnica EFD pertinente.

§ 12. O valor do crédito presumido apropriado em cada mês de competência não poderá ser superior ao valor total das aquisições de energia elétrica e serviços de comunicação referentes ao segundo mês anterior ao do crédito.

§ 13. As faturas emitidas no fornecimento de energia elétrica e na prestação de serviços de comunicação aos órgãos ou entidades indicados no § 10 deste artigo, para fins da respectiva liquidação, deverão ser apresentadas à SEFAZ-PB até o mês imediatamente anterior ao da apropriação do crédito presumido.

§ 14. Os procedimentos realizados para fins de utilização do crédito presumido estabelecido no inciso XIII do "caput" deste artigo, para liquidação de débitos relativos à energia elétrica e aos serviços de comunicação adquiridos por órgãos ou entidades indicadas no § 10 deste artigo, serão submetidos à posterior averiguação e ajustes pela SEFAZ-PB.

§ 15. A utilização do crédito presumido previsto no inciso XIII do "caput" deste artigo dependerá de formalização prévia de regime especial de tributação a ser firmado entre a Secretaria de Estado da Fazenda - SEFAZ-PB - e a empresa fornecedora de energia elétrica e a empresa prestadora de serviços de comunicação, o qual disporá sobre as condições para fruição do referido regime, bem como sobre formas gerais de controle para execução e acompanhamento.

TÍTULO III
DA SUJEIÇÃO PASSIVA

Capítulo I
DOS CONTRIBUINTES E DOS RESPONSÁVEIS

Seção I
DOS CONTRIBUINTES

Art. 36. Contribuinte é qualquer pessoa, física ou jurídica, que realize, com habitualidade ou em volume que caracterize intuito comercial, operações de circulação de mercadorias ou prestações de serviços de transporte interestadual e intermunicipal e de comunicação, ainda que as operações se iniciem no exterior.

§ 1º É também contribuinte a pessoa física ou jurídica que, mesmo sem habitualidade ou intuito comercial (Lei nº 7.334/03):

I - importe mercadorias ou bens do exterior, qualquer que seja a sua finalidade (Lei nº 7.334/03);

II - seja destinatária de serviço prestado no exterior ou cuja prestação se tenha iniciado no exterior;

III - adquira em licitação mercadorias ou bens apreendidos ou abandonados (Lei nº7.334/03);

IV - adquira lubrificantes e combustíveis líquidos e gasosos derivados de petróleo e energia elétrica oriundos de outro Estado, quando não destinados à comercialização ou à industrialização;

V – estando enquadrada no "caput" deste artigo, seja destinatária, em operação interestadual, de mercadoria ou bem destinado a uso, consumo ou ativo imobilizado do estabelecimento (Lei nº 11.031/17);

VI – estando enquadrada no "caput" deste artigo, seja destinatária, em prestação interestadual, de serviço cuja utilização não esteja vinculada a operação ou prestação subsequente.

§ 2º Incluem-se entre os contribuintes do imposto:

I – o produtor, o extrator, o industrial e o comerciante;

II – os prestadores de serviços de transporte interestadual e intermunicipal e de comunicação;

III – a cooperativa;

IV – a instituição financeira e a seguradora;

V – a sociedade civil de fim econômico;

VI – a sociedade civil de fim não econômico que explore estabelecimentos de extração de substância mineral ou fóssil, de produção agropecuária, industrial ou que comercialize mercadorias que para esse fim adquira ou produza;

VII – os órgãos da Administração Pública, as entidades de Administração Indireta e as fundações instituídas e mantidas pelo Poder Público;

VIII – a concessionária ou permissionária de serviço público de transporte, de comunicação e de energia elétrica;

IX – o prestador de serviços não compreendidos na competência tributária dos Municípios, que envolvam fornecimento de mercadorias;

X – o prestador de serviços compreendidos na competência tributária dos Municípios, que envolvam fornecimento de mercadorias ressalvadas em lei complementar;

XI – o fornecedor de alimentação, bebidas e outras mercadorias, em qualquer estabelecimento;

XII – qualquer pessoa indicada nos incisos anteriores que, na condição de consumidor final, adquira bens ou serviços em operações e prestações interestaduais.

XIII – a pessoa jurídica atuante na atividade de produtor agropecuário, locação de veículos e arrendamento mercantil, que transfere a propriedade de veículo automotor para pessoa física ou outra pessoa jurídica, por desincorporação do ativo imobilizado de estabelecimentos da empresa, inclusive dos localizados em outras unidades da Federação, com habitualidade ou em quantidade que caracterize intuito comercial (Lei nº 11.031/17);

XIV – as empresas dos ramos de hotelaria, parques de diversões, parques temáticos, parques aquáticos e assemelhados, quando realizarem operações de fornecimento de alimentação, bebidas e comercialização de mercadorias cujos valores não estejam incluídos nas respectivas diárias e/ou ingressos.

§ 3º Para efeito do diferencial de alíquota, não se considera contribuinte a empresa de construção civil, ainda que possua inscrição estadual, observado o disposto no § 4º deste artigo.

§ 4º Na aquisição interestadual de mercadorias, bens ou serviços, o destinatário deverá informar ao remetente sua condição de não contribuinte do imposto, se for o caso.

Art. 37. Considera-se autônomo cada estabelecimento produtor, extrator, industrial, comercial, importador ou prestador de serviços de transporte e de comunicação, do mesmo contribuinte.

Seção II
DOS RESPONSÁVEIS

Art. 38. São responsáveis pelo pagamento do imposto e respectivos acréscimos legais:

I – os armazéns gerais e estabelecimentos depositários congêneres:

a) na saída de mercadoria depositada por contribuinte de outra unidade da Federação;

b) na transmissão de propriedade de mercadoria depositada por contribuinte de outra unidade da Federação;

c) no recebimento para depósito ou na saída de mercadoria sem documento fiscal ou com documento fiscal inidôneo;

II – o transportador, inclusive o autônomo, em relação à mercadoria:

a) proveniente de outra unidade da Federação para entrega em território deste Estado, a destinatário não designado;

b) negociada em território deste Estado durante o transporte;

c) que aceitar para despacho ou transportar sem documento fiscal, ou acompanhada de documento fiscal inidôneo;

d) que entregar a destinatário ou em local diverso do indicado no documento fiscal;

e) que não comprovar o desinternamento do território deste Estado, quando destinada à outra unidade da Federação (Lei nº 8.613/08);

f) sem a comprovação do pagamento do imposto correspondente ao diferencial de alíquotas devido nas operações interestaduais destinadas a consumidor final não contribuinte do imposto localizado neste Estado, quando o remetente não possuir inscrição no Cadastro de Contribuintes do ICMS do Estado da Paraíba - CCICMS/PB (Decreto nº 36.213/15);

III - qualquer possuidor ou detentor de mercadoria desacompanhada de documento fiscal ou acompanhada de documento fiscal inidôneo;

IV - os adquirentes, em relação a mercadorias cujo imposto não tenha sido pago no todo ou em parte;

V - os contribuintes, em relação a operações ou prestações cuja fase de diferimento tenha sido encerrada ou interrompida;

VI - os síndicos, comissários, inventariantes ou liquidantes, em relação ao imposto devido sobre a saída de mercadoria decorrente de sua alienação em falência, concordata, inventário ou dissolução de sociedade, respectivamente;

VII - os leiloeiros, em relação ao imposto devido sobre a saída de mercadorias decorrente de arrematação em leilão, excetuado o referente à mercadoria importada e apreendida;

VIII - as empresas distribuidoras de energia elétrica e de combustíveis líquidos e gasosos e lubrificantes derivados de petróleo, na condição de contribuintes ou de substitutos tributários, por ocasião da saída do produto de seus estabelecimentos, ainda que destinado a outra unidade da Federação, pelo pagamento do imposto incidente desde a produção ou importação de petróleo e de energia elétrica até a última operação.

IX- os adquirentes de ficha, cartão ou assemelhados, provenientes de outra unidade da Federação, destinados à prestação onerosa de serviço de comunicação, para utilização, exclusivamente, em terminais de uso público em geral (Lei nº 9.201/10);

X - os prestadores de serviços de intermediação comercial em ambiente virtual, com utilização de tecnologia da informação, inclusive, por meio de leilões eletrônicos;

XI - os prestadores de serviços de tecnologia da informação, tendo por objeto o gerenciamento e o controle de operações comerciais em meio eletrônico, inclusive, dos respectivos meios de pagamento.

Art. 38-A. Na hipótese do inciso VII do "caput" do § 1º do art. 2º, a responsabilidade pelo recolhimento do imposto correspondente à diferença entre a alíquota interna deste Estado e a interestadual caberá ao (Decreto nº 36.213/15):

I - destinatário localizado neste Estado, quando este for contribuinte do imposto, inclusive se optante pelo Simples Nacional;

II – remetente e ao prestador, localizados em outra unidade da Federação, inclusive o optante pelo Simples Nacional, quando o destinatário deste Estado não for contribuinte do imposto.

Art. 38-B. O recolhimento para este Estado do valor correspondente à diferença entre a alíquota interna deste Estado e a interestadual a que se refere o inciso II do "caput" do art. 38-A deverá ser realizado pelo remetente ou prestador, localizado em outra unidade da Federação, na seguinte proporção (Decreto nº 36.213/15):

I – para o ano de 2016: 40% (quarenta por cento); II – para o ano de 2017: 60% (sessenta por cento); III – para o ano de 2018: 80% (oitenta por cento); IV – a partir do ano de 2019: 100% (cem por cento).

Art. 38-C. Nas operações ou prestações que destinarem mercadorias, bens ou serviços a consumidor final não contribuinte do imposto localizado em outra unidade da Federação, deverá ser recolhido para este Estado, além do imposto calculado mediante utilização da alíquota interestadual, o valor correspondente à diferença entre a alíquota interna da unidade federada de destino e a alíquota interestadual, na seguinte proporção (Decreto nº 36.213/15):

I – em 2016: 60% (sessenta por cento);

II – em 2017: 40% (quarenta por cento);

III – em 2018: 20% (vinte por cento).

Art. 38-D. Os benefícios fiscais da redução da base de cálculo ou de isenção do ICMS, autorizados por meio de convênios ICMS com base na Lei Complementar nº 24, de 7 de janeiro de 1975, implementados nas respectivas unidades federadas de origem ou de destino serão considerados no cálculo do valor do ICMS devido, correspondente à diferença entre a alíquota interestadual e a alíquota interna da unidade federada de destino da localização do consumidor final não contribuinte do ICMS (Convênio ICMS 191/17).

§ 1º No cálculo do valor do ICMS correspondente à diferença entre as alíquotas interestadual e interna de que trata o "caput" será considerado o benefício fiscal de redução da base de cálculo de ICMS ou de isenção de ICMS concedido na operação ou prestação interna, sem prejuízo da aplicação da alíquota interna prevista na legislação da unidade federada de destino.

§ 2º É devido à unidade federada de destino o ICMS correspondente à diferença entre a alíquota interna da unidade federada de destino e a alíquota interestadual estabelecida pelo Senado Federal para a respectiva operação ou prestação, ainda que a unidade federada de origem tenha concedido redução da base de cálculo do imposto ou isenção na operação interestadual.

Seção III
DA RESPONSABILIDADE SOLIDÁRIA

Art. 39. Respondem solidariamente pelo pagamento do imposto e respectivos acréscimos legais:

I – o entreposto aduaneiro ou qualquer pessoa que promova:

a) a saída de mercadoria para o exterior sem documento fiscal correspondente;

b) a saída de mercadoria estrangeira com destino ao mercado interno, sem a documentação fiscal correspondente ou com destino a estabelecimento de titular diverso daquele que houver importado, arrematado ou adquirido em licitação promovida pelo Poder Público;

c) a reintrodução no mercado interno, de mercadoria depositada para o fim específico de exportação;

d) a entrega de mercadorias ou bens importados do exterior sem comprovação do recolhimento do imposto;

II – o representante, mandatário ou gestor de negócio, em relação à operação realizada por seu intermédio;

III – os contribuintes que receberem mercadorias contempladas com isenção condicionada, quando não ocorrer a implementação da condição prevista;

IV – os estabelecimentos industrializadores, nas saídas de mercadorias recebidas para industrialização, quando destinadas a pessoa ou estabelecimento que não o de origem;

V – os estabelecimentos gráficos, relativamente ao débito do imposto decorrente da utilização indevida, por terceiros, de documentos fiscais que imprimirem, quando:

a) não houver o prévio credenciamento do referido estabelecimento gráfico;

b) não houver a prévia autorização fazendária para a sua impressão;

c) a impressão for vedada pela legislação tributária;

VI – o arrematante, em relação à saída de mercadoria objeto de arrematação judicial;

VII – a pessoa que realize intermediação de serviços:

a) com destino ao exterior, sem a documentação fiscal;

b) iniciados ou prestados no exterior, sem a documentação fiscal ou que tenham sido destinados à pessoa diversa daquela que os tenha contratado;

VIII - os fabricantes e as pessoas credenciadas que prestem assistência técnica em máquinas, aparelhos e equipamentos destinados a emissão de documentos fiscais, quando a irregularidade por eles cometida concorrer para a omissão total ou parcial dos valores registrados nos totalizadores e consequentemente para a falta de recolhimento do imposto;

IX - as pessoas que tenham interesse comum na situação que dê origem à obrigação principal, observado o disposto no § 2º;

X - aquele que não efetive a exportação de mercadoria recebida para esse fim, ainda que decorrente de perda ou reintrodução no mercado interno;

XI - o remetente ou destinatário indicado pelo transportador como responsável pela remessa ou recebimento de mercadoria transportada sem documento fiscal ou acompanhada de documentação fiscal inidônea;

XII - todos aqueles que, mediante conluio, concorrerem para a sonegação do imposto.

XIII - a concessionária de serviço de comunicação estabelecida neste Estado, pelo imposto não recolhido, no todo ou em parte, em relação ao serviço prestado, na hipótese do inciso IX do art. 38 (Lei nº 9.201/10);

XIV - as empresas que, por meio de aplicativos, softwares e/ou plataformas de informática, realizem intermediação, entre dois ou mais contribuintes ou entre contribuintes e consumidores finais, de operações e/ou prestações de serviços sujeitas à incidência do ICMS, quando forem responsáveis pelo recebimento e repasse dos pagamentos realizados para a concretização de tais operações e/ou prestações.

§ 1º A solidariedade referida neste artigo não comporta benefício de ordem.

§ 2º Presume-se ter interesse comum, para os efeitos do disposto no inciso IX, o adquirente da mercadoria ou o tomador do serviço em operação ou prestação realizada sem documentação fiscal ou acompanhadas de documentos fiscais inidôneos.

Art. 40. São também responsáveis:

I - solidariamente, a pessoa natural ou jurídica, pelo débito fiscal do alienante, quando venha a adquirir fundo de comércio ou estabelecimento comercial, industrial ou profissional, na hipótese de cessação por parte deste da exploração do comércio, indústria ou atividade;

II - solidariamente, a pessoa natural ou jurídica, pelo débito fiscal do alienante, até a data do ato, quando adquirir fundo de comércio ou estabelecimento comercial, industrial ou profissional e continuar a respectiva exploração, sob a mesma ou outra denominação ou razão social, ou sob firma ou nome individual, na hipótese do alienante prosseguir na exploração ou iniciar, dentro de 6 (seis) meses, a contar da data da alienação, nova atividade no mesmo ou em outro ramo de comércio, indústria ou profissão;

III – a pessoa jurídica que resulte fusão, transformação ou incorporação, pelo débito fiscal da pessoa jurídica fusionada, transformada ou incorporada;

IV – solidariamente, a pessoa jurídica que tenha absorvido patrimônio de outra em razão de cisão, total ou parcial, pelo débito fiscal da pessoa jurídica cindida, até a data do ato;

V – o espólio, pelo débito fiscal do "de cujus", até a data da abertura da sucessão;

VI – o sócio remanescente ou seu espólio, pelo débito fiscal da pessoa jurídica extinta, caso continue a respectiva atividade, sob a mesma razão ou sob firma individual;

VII – solidariamente, o sócio, no caso de liquidação de sociedade de pessoas, pelo débito fiscal da sociedade;

VIII – solidariamente, o tutor ou o curador, pelo débito fiscal de seu tutelado ou curatelado;

IX – a empresa interdependente, conforme definido no parágrafo único do art. 18, deste Regulamento, nos casos de falta de pagamento do imposto pelo contribuinte, em relação às operações ou prestações em que intervier ou em decorrência de omissão de que for responsável.

Parágrafo único. A solidariedade referida neste artigo não comporta benefício de ordem.

Seção IV
DA SUJEIÇÃO PASSIVA POR SUBSTITUIÇÃO TRIBUTÁRIA

Art. 41. São responsáveis pelo pagamento do imposto devido e seus acréscimos legais na condição de sujeito passivo por substituição:

I – o industrial, o comerciante ou outra categoria de contribuintes, quanto às operações ou prestações anteriores e concomitantes, a eles destinadas, sem documentação fiscal ou com documentação fiscal inidônea;

II – relativamente às operações subsequentes e concomitantes, quanto às mercadorias arroladas no Anexo 05, desde que as tenham recebido sem cobrança do imposto pelo regime de substituição tributária:

a) o produtor, o extrator, o gerador, inclusive de energia elétrica, o industrial, o distribuidor, o comerciante atacadista ou o transportador;

b) os contribuintes de outras unidades da Federação que remeterem mercadorias para este Estado com retenção do imposto, nos termos de convênios ou protocolos dos quais o Estado da Paraíba seja signatário;

III - o depositário a qualquer título, em relação à mercadoria depositada por contribuinte;

IV - o contratante de serviço ou terceiro que participe da prestação de serviços de transporte interestadual e intermunicipal e de comunicação, quando o prestador não for inscrito no Cadastro de Contribuintes do ICMS ou for estabelecido noutra unidade da Federação;

V - a cooperativa de produtores, com relação às operações a ela destinadas, promovidas por seus associados, observado o disposto no § 3º;

VI - qualquer contribuinte que receba mercadorias ou serviços amparados por diferimento e não promova nova operação diferida ou a promova com isenção ou não-incidência, ressalvada a hipótese prevista no inciso XX do art. 5º;

VII - as empresas distribuidoras de energia elétrica, nas operações internas e interestaduais, na condição de contribuinte ou de substituto tributário, pelo pagamento do imposto, desde a produção ou importação até a última operação, sendo seus cálculos efetuados sobre o preço praticado na operação final, assegurado seu recolhimento ao Estado onde deva ocorrer essa operação, observado o disposto no § 10;

VIII - ao contribuinte que realizar operação interestadual com petróleo, inclusive lubrificantes, combustíveis líquidos e gasosos dele derivados, em relação as operações subsequentes, observado o disposto no § 10;

IX - REVOGADO (Decreto nº 36.213/15).

§ 1º Caso o responsável e o contribuinte não estejam ambos situados em território paraibano, a substituição tributária prevista neste artigo dependerá de acordo firmado entre os Poderes Executivos das unidades da Federação.

§ 2º O disposto neste artigo não elide a responsabilidade das pessoas nele citadas, quanto ao imposto devido relativamente às operações ou prestações desacompanhadas de documentação fiscal idônea.

§ 3º O imposto devido pelas saídas mencionadas no inciso V, será recolhido pelo destinatário quando da saída subsequente, estando esta sujeita ou não ao pagamento do imposto.

§ 4º Nas entradas de mercadorias provenientes de outras unidades da Federação, sujeitas ao regime de substituição tributária, o destinatário é solidariamente responsável com o remetente substituto pelo recolhimento do imposto relativo às operações e prestações subsequentes.

§ 5º Nos serviços de transporte e de comunicação, quando a prestação for efetuada por mais de uma empresa, a responsabilidade pelo pagamento do imposto poderá ser atribuída, por convênio celebrado pelo Poder Executivo com outras unidades da Federação, àquela que promover a cobrança integral do respectivo valor diretamente do usuário do serviço.

§ 6º O convênio de que trata o parágrafo anterior estabelecerá a forma de participação na respectiva arrecadação.

§ 7º Para efeito de retenção do imposto devido nas operações subsequentes, fica facultado aos estabelecimentos industriais elegerem distribuidores exclusivos de seus produtos, desde que devidamente autorizados pela Secretaria de Estado da Receita.

§ 8º O recolhimento do imposto pelo regime de substituição tributária encerrará a fase de tributação e não dará ensejo a utilização de crédito fiscal pelo adquirente, ressalvado o disposto no art. 72, incisos II, V, VI e VII.

§ 9º Na hipótese do parágrafo anterior, os documentos fiscais relativos às saídas subsequentes à antecipação do imposto, salvo exceções expressas, não terão destaque do ICMS, mas apenas a indicação, ainda que por meio de carimbo, de que o tributo foi recolhido pelo regime de substituição tributária.

§ 10. Nas operações interestaduais com as mercadorias de que tratam os incisos VII e VIII, que tenham como destinatário consumidor final, o imposto incidente na operação será devido ao Estado onde estiver localizado o adquirente e será pago pelo remetente.

§ 11. O sujeito por substituição sub-roga-se em todas as obrigações do contribuinte substituído, relativamente às operações internas.

§ 12. A substituição tributária não exclui a responsabilidade do contribuinte substituído, na hipótese de o documento fiscal próprio não indicar o valor do imposto, objeto da substituição tributária.

Art. 42. É assegurado ao sujeito passivo por substituição o direito à restituição do imposto pago por força da substituição tributária, correspondente ao fato gerador presumido que não se realizar.

§ 1º Formulado o pedido de restituição, dirigido ao Secretário de Estado da Receita, e não havendo deliberação no prazo de noventa dias, o contribuinte substituído poderá se creditar, em sua escrita fiscal, do valor objeto do pedido, devidamente atualizado, segundo os mesmos critérios aplicados ao tributo.

§ 2º Na hipótese do parágrafo anterior, sobrevindo decisão contrária irrecorrível, o contribuinte substituído, no prazo de quinze dias da respectiva notificação procederá ao estorno dos créditos lançados, também devidamente atualizados, com o pagamento dos acréscimos legais cabíveis.

Seção V
DAS DISPOSIÇÕES GERAIS SOBRE SUJEIÇÃO PASSIVA

Art. 43. São irrelevantes para excluir a responsabilidade pelo cumprimento da obrigação tributária ou a decorrente de sua inobservância:

I – a causa que, de acordo com o direito privado, exclua a capacidade civil da pessoa natural;

II – o fato de achar-se a pessoa natural sujeita a medidas que importem privação ou limitação do exercício de atividades civis, comerciais ou profissionais, ou da administração direta de seus bens ou negócios;

III – a irregularidade formal na constituição da pessoa jurídica de direito privado ou de firma individual, bastando que configure uma unidade econômica ou profissional;

IV – a inexistência de estabelecimento fixo e a sua clandestinidade, ou a precariedade de suas instalações.

Art. 44. As convenções particulares relativas à responsabilidade pelo pagamento do imposto não podem ser opostas à Fazenda Pública, para modificar a definição legal do sujeito passivo das obrigações tributárias correspondentes.

Capítulo II
DO LOCAL DA OPERAÇÃO E DA PRESTAÇÃO

Art. 45. O local da operação ou da prestação para os efeitos da cobrança do imposto e definição de estabelecimento responsável é:

I – tratando-se de mercadoria ou bem, observado o disposto nos §§ 1º e 2º:

a) o do estabelecimento onde se encontre, no momento da ocorrência do fato gerador;

b) onde se encontre, quando em situação irregular, pela falta de documentação fiscal ou quando acompanhado de documentação inidônea, como dispuser este Regulamento;

c) o do estabelecimento que transfira a propriedade, ou o título que a represente, de mercadoria por ele adquirida no País e que por ele não tenha transitado;

d) importado do exterior, o do estabelecimento onde ocorrer a entrada física;

e) importado do exterior, o do domicílio do adquirente, quando não estabelecido;

f) aquele onde seja realizada a licitação, no caso de arrematação de mercadoria ou bem importados do exterior e apreendidos ou abandonados (Lei nº 7.334/03);

g) o do Estado onde estiver localizado o adquirente, inclusive consumidor final, nas operações com energia elétrica e petróleo, lubrificantes e combustíveis dele derivados, quando não destinados a industrialização e comercialização;

h) o do Estado onde o ouro tenha sido extraído, quando não considerado como ativo financeiro ou instrumento cambial;

i) o de desembarque do produto, na hipótese de captura de peixe, crustáceos e moluscos;

j) relativamente ao pagamento da diferença de alíquotas:

1.o do estabelecimento destinatário da mercadoria ou bem para uso, consumo ou ativo permanente, na hipótese do inciso XIV do "caput" do art. 3º e para os efeitos do § 3º do art. 14;

2.o do estabelecimento remetente de mercadorias ou bem destinados a consumidor final não contribuinte do imposto, na hipótese do inciso XVI do "caput" do art. 3º;

II – tratando-se de prestação de serviço de transporte:

a) onde tenha início a prestação;

b) se encontre o transportador quando em situação irregular pela falta de documentação fiscal ou quando acompanhada de documentação inidônea como dispuser a legislação tributária;

c) relativamente ao pagamento da diferença de alíquotas:

1.o do estabelecimento destinatário do serviço, na hipótese do inciso XIII do "caput" do art. 3º e do § 3º do art. 14;

2.onde tenha início a prestação, na hipótese do inciso XVI do "caput" do art. 3º;

III – tratando-se de prestação onerosa dos serviços de comunicação:

a) o da prestação do serviço de radiodifusão sonora e de som e imagem, assim entendido o da geração, emissão, transmissão, retransmissão, repetição, ampliação e recepção;

b) o do estabelecimento da concessionária ou da permissionária que forneça ficha, cartão ou assemelhados com que o serviço é pago;

c) o do estabelecimento destinatário do serviço, na hipótese e para os efeitos, respectivamente, do inciso XIII do art. 3º e § 3º do art. 14;

d) o do estabelecimento ou domicílio do tomador do serviço, quando prestado por meio de satélite;

e) onde seja cobrado o serviço, nos demais casos;

IV – tratando-se de serviços prestados ou iniciados no exterior, o do estabelecimento ou do domicílio do destinatário.

§ 1º O disposto na alínea "c", do inciso I, não se aplica às mercadorias recebidas em regime de depósito de contribuinte de Estado que não o do depositário.

§ 2º Para os efeitos da alínea "h", do inciso I, o ouro, quando definido como ativo financeiro ou instrumento cambial, deve ter sua origem identificada.

§ 3º Quando a mercadoria for remetida para armazém geral ou para depósito fechado do próprio contribuinte no mesmo Estado, a posterior saída considerar-se-á ocorrida no estabelecimento do depositante, salvo se para retornar ao estabelecimento remetente.

§ 4º Para os fins deste Capítulo, a plataforma continental, o mar territorial e a zona econômica exclusiva integram o território do Estado na parte que lhe é confrontante.

§ 5º Consideram-se locais de início da prestação, no caso de serviço de transporte de passageiros, aqueles onde se iniciarem trechos da viagem indicados no bilhete de passagem.

§ 6º O disposto no parágrafo anterior não se aplica às escalas e conexões no transporte aéreo.

§ 7º Na hipótese do inciso III do "caput" deste artigo, tratando-se de serviços não medidos, que envolvam localidades situadas em diferentes unidades da Federação e cujo preço seja cobrado por períodos definidos, o imposto devido será recolhido em partes iguais para as unidades da Federação onde estiverem localizados o prestador e o tomador.

Capítulo III
DO ESTABELECIMENTO

Art. 46. Estabelecimento é o local, privado ou público, edificado ou não, onde pessoas físicas ou jurídicas exercem suas atividades, em caráter temporário ou permanente, bem como se encontrem armazenadas mercadorias, ainda que o local pertença a terceiros.

§ 1º Na impossibilidade de determinação do estabelecimento, considera-se como tal, para os efeitos deste Regulamento, o local em que tenha sido efetuada a operação ou prestação, ou encontrada a mercadoria.

§ 2º É autônomo cada estabelecimento do mesmo titular.

§ 3º Considera-se autônomo cada estabelecimento produtor, extrator, gerador, inclusive de energia elétrica, industrial, comercial e importador ou prestador de serviços de transporte e de comunicação do mesmo contribuinte.

§ 4º Considera-se como estabelecimento autônomo, em relação ao estabelecimento beneficiador, industrial, comercial ou cooperativo, ainda que do mesmo titular, cada local de produção agropecuária ou extrativa, vegetal ou mineral, de geração, inclusive de energia elétrica, ou de captura pesqueira, situado na mesma área ou em áreas diversas do referido estabelecimento.

§ 5º É facultado aos estabelecimentos prestadores de serviços de transporte, da mesma empresa, situados no Estado, centralizar os controles fiscais, documentário fiscal e o recolhimento do tributo, devendo, para os fins de apuração do valor adicionado, desmembrar as informações econômico-fiscais relativas a cada Município.

§ 6º Equipara-se a estabelecimento autônomo o veículo utilizado no comércio ambulante e na captura de pescado.

Art. 47. O estabelecimento, quanto à natureza, pode ser:

I – comercial;

II – industrial;

III – produtor;

IV – prestador de serviços;

V – outros.

Art. 48. Os estabelecimentos adotarão os códigos de atividades econômicas que compõem a Classificação Nacional de Atividades Econômicas-Fiscal – CNAE – Fiscal, disponível no "site" http://www.cnae.ibge.gov.br, aprovada por resolução do Instituto Brasileiro de Geografia e Estatística – IBGE e da Comissão Nacional de Classificação – CONCLA, e enquadrar-se-ão em uma das seguintes classes, na sua atividade principal, e uma ou mais, na sua atividade secundária (Ajuste SINIEF 02/99):

I – agricultura, pecuária, silvicultura e exploração florestal;

II – pesca;

III– indústrias extrativas;

IV– indústria de transformação;

V – produção e distribuição de eletricidade, gás e água;

VI – construção;

VII – comércio; reparação de veículos automotores, objetos pessoais e domésticos;

VIII – alojamento e alimentação;

IX – transporte, armazenagem e comunicações;

X - intermediação financeira, seguros, previdência complementar e serviços relacionados;

XI - atividades imobiliárias, aluguéis e serviços prestados às empresas;

XII - administração pública, defesa e seguridade social;

XIII - educação;

XIV - saúde e serviços sociais;

XV - outros serviços coletivos, sociais e pessoais;

XVI - serviços domésticos;

XVII - organismos internacionais e outras instituições extraterritoriais.

Art. 49. Todos os estabelecimentos do mesmo titular serão considerados em conjunto para efeito de responder por débitos do imposto e acréscimos de qualquer natureza, inclusive multas.

Capítulo IV
DO DOMICÍLIO TRIBUTÁRIO

Art. 50. Para os efeitos do cumprimento da obrigação tributária e da determinação de competência das autoridades administrativas considerar-se-á domicílio tributário do contribuinte ou responsável aquele previsto nos arts. 4° e 5°da Lei n° 10.094, de 27 de setembro de 2013.

Parágrafo único. O domicílio do fiador é o mesmo do devedor originário.

Art. 51. O sujeito passivo comunicará, previamente, à repartição preparadora de sua circunscrição, qualquer alteração de seu domicílio tributário atendidas as disposições contidas no art. 6º da Lei nº 10.094, de 27 de setembro de 2013.

Capítulo V
DA SISTEMÁTICA DE APURAÇÃO DO IMPOSTO

Seção I
DA NÃO-CUMULATIVIDADE

Art. 52. O imposto é não-cumulativo, compensando-se o que seja devido em cada operação ou prestação de serviços de transporte interestadual e intermunicipal e de comunicação com o anteriormente cobrado por este Estado ou por outra unidade da Federação, relativamente à mercadoria entrada ou à prestação de serviço recebida, acompanhada de documento fiscal hábil, emitido por contribuinte em situação regular perante e Fisco.

Parágrafo único. Para os efeitos deste artigo, considera-se:

I – imposto devido, o resultante da aplicação da alíquota cabível sobre a base de cálculo de cada operação ou prestação sujeita à cobrança do imposto;

II – imposto anteriormente cobrado, a importância calculada nos termos do inciso anterior e destacada em documento fiscal hábil;

III – documento fiscal hábil, o que atenda a todas as exigências da legislação pertinente, seja emitido por contribuinte em situação regular perante o Fisco e esteja acompanhado, quando exigido, de comprovante do recolhimento do imposto;

IV – situação regular perante o Fisco, a do contribuinte, que à data da operação ou prestação, esteja inscrito na repartição fiscal competente, se encontre em atividade no local indicado e possibilite a comprovação da autenticidade dos demais dados cadastrais apontados ao Fisco.

Art. 53. A compensação a que se refere o artigo anterior não será permitida, ainda que o imposto tenha sido destacado em documento fiscal, quando, em desacordo com a legislação a que estiverem sujeitas todas as unidades da Federação, for concedido, por quaisquer destas, benefícios de que resulte exoneração ou devolução do tributo, total ou parcial, direta ou indiretamente, condicionada ou incondicionada.

Seção II
DA APURAÇÃO DO IMPOSTO

Art. 54. O valor do imposto a recolher corresponde à diferença, em cada período de apuração, entre o imposto devido sobre as operações ou prestações tributadas e o cobrado relativamente às anteriores.

§ 1º Para efeito de apuração do débito do imposto, salvo exceções expressas, deverão ser excluídos os valores correspondentes às saídas de mercadorias cujas entradas tenham ocorrido com retenção do imposto na fonte, observado o disposto no inciso II do art. 72.

§ 2º O imposto será apurado:

I – por período;

II – por mercadoria ou serviço, dentro de determinado período;

III – por mercadoria ou serviço, à vista de cada operação ou prestação, nas seguintes hipóteses:

a) contribuinte dispensado de escrita fiscal;

b) contribuinte submetido a regime especial de fiscalização.

Art. 55. O mês será o período considerado para efeito de apuração e lançamento do imposto com base na escrituração em conta gráfica.

Parágrafo único. As obrigações consideram-se vencidas na data em que termina o período de apuração e são liquidadas por compensação ou mediante pagamento em dinheiro como disposto neste parágrafo:

I - as obrigações consideram-se liquidadas por compensação até o montante dos créditos escriturados no mesmo período mais o saldo credor de período ou períodos anteriores, se for o caso;

II - se o montante dos débitos do período superar o dos créditos, a diferença será liquidada dentro do prazo fixado neste Regulamento;

III - se o montante dos créditos superar o dos débitos, a diferença será transportada para o período seguinte.

Art. 56. Para aplicação do disposto no art. 55 deste Regulamento, os débitos e créditos devem ser apurados em cada estabelecimento, compensando-se os saldos credores e devedores entre os estabelecimentos do mesmo sujeito passivo localizado no Estado.

§ 1º A transferência de créditos entre estabelecimentos do mesmo sujeito passivo far-se-á mediante a emissão de Nota Fiscal Eletrônica - NF-e, que, além dos demais requisitos exigidos, conterá:

I - natureza da operação: "Transferência de Créditos de ICMS";

II - no campo:

a) CFOP: o código 5.602;

b) Destinatário/Remetente: a indicação completa do estabelecimento destinatário;

III - no "Cálculo do Imposto", no campo "Valor do ICMS": o valor do crédito a transferir; IV - no corpo da Nota Fiscal, no campo:

a) "Descrição do Produto/Serviço", a seguinte expressão: "Transferência de Crédito de ICMS entre estabelecimentos da mesma empresa";

b) "Dados Adicionais", o seguinte: "Transferência de Crédito de ICMS referente ao mês de 20, emitida nos termos do art. 56 do RICMS-PB".

§ 2º A transferência do saldo credor fica limitada ao saldo devedor apurado pelo destinatário.

§ 3º A soma das transferências de créditos efetuadas no período de apuração será lançada em campo próprio no Registro de Apuração do ICMS da Escrituração Fiscal Digital-EFD.

§ 4º A transferência de crédito não implicará reconhecimento do saldo credor, nem homologação dos lançamentos efetuados pelo contribuinte.

Art. 57. Os estabelecimentos dos contribuintes obrigados à escrituração fiscal apurarão o valor do imposto a recolher, de conformidade com o regime de apuração normal.

Art. 58. Tratando-se de contribuinte não obrigado a manter escrituração fiscal, bem como nos casos expressamente previstos, o montante do imposto a recolher corresponderá à diferença, a maior, entre o imposto devido sobre a operação ou prestação tributada e o cobrado na operação ou prestação imediatamente anterior, efetuada com a mesma mercadoria ou serviço.

Parágrafo único. Na hipótese deste artigo, deverão ser anexados ao documento de recolhimento do imposto, os documentos fiscais comprobatórios da identidade da mercadoria e do pagamento do imposto na operação ou prestação imediatamente anterior.

Art. 59. Na hipótese do artigo anterior, ocorrendo saídas parceladas da mercadoria, quando o crédito referente à entrada seja comprovado por um único documento em relação à totalidade da mesma mercadoria, o documento comprobatório deverá ser desdobrado pela repartição fiscal do local em que ocorrer a operação tributável.

Seção III
DO REGIME DE APURAÇÃO NORMAL

Art. 60. Os estabelecimentos enquadrados no regime de apuração normal, apurarão no último dia de cada mês:

I – no Registro de Saídas:

a) o valor contábil total das operações e/ou prestações efetuadas no mês;

b) o valor total da base de cálculo das operações e/ou prestações com débito do imposto e o valor do respectivo imposto debitado;

c) o valor fiscal total das operações e/ou prestações isentas ou não tributadas;

d) o valor fiscal total de outras operações e/ou prestações sem débito do imposto;

II – no Registro de Entradas:

a) o valor contábil total das operações e/ou prestações efetuadas no mês;

b) o valor total da base de cálculo das operações e/ou prestações com crédito do imposto e o valor total do respectivo imposto creditado;

c) o valor fiscal total das operações e/ou prestações isentas ou não tributadas;

d) o valor fiscal total de outras operações e/ou prestações sem crédito do imposto;

III - no Registro de Apuração do ICMS, após os lançamentos correspondentes às operações de entradas e saídas de mercadorias e dos serviços tomados e prestados durante o mês:

a) o valor do débito do imposto, relativamente às operações de saída e aos serviços prestados;

b) o valor de outros débitos;

c) o valor dos estornos de créditos;

d) o valor total do débito do imposto;

e) o valor do crédito do imposto, relativamente às operações de entradas e aos serviços tomados;

f) o valor de outros créditos;

g) o valor dos estornos de débitos;

h) o valor total do crédito do imposto;

i) o valor do saldo devedor, que corresponderá à diferença entre o valor mencionado na alínea "d" e o valor referido na alínea "h";

j) o valor das deduções previstas pela legislação;

l) o valor do imposto a recolher;

m) o valor do saldo credor a transportar para o período seguinte, que corresponderá à diferença entre o valor mencionado na alínea "h" e o valor referido na alínea "d".

Art. 61. O regime de apuração previsto no artigo anterior poderá ser estendido, mediante requerimento, aos contribuintes não obrigados a escrituração fiscal que se comprometerem a mantê-la nas condições deste Regulamento.

Seção IV
DO REGIME DE RECOLHIMENTO FONTE

(REVOGADA - arts. 62 a 69 - Decreto nº 36.213/15)

Arts. 62 ao 69. REVOGADO (Decreto nº 36.213/15).

Seção V
DISPOSIÇÕES COMUNS AOS REGIMES DE APURAÇÃO DO IMPOSTO

Art. 70. Nos casos em que este Regulamento confere ao estabelecimento destinatário a obrigação de pagar o imposto relativo às mercadorias entradas ou a serviços tomados, observar-se-ão as seguintes normas:

I – o imposto a pagar será escriturado no Registro de Apuração do ICMS, quadro "Débito do Imposto" – "Outros Débitos", com a expressão, conforme o caso, "Entrada com Imposto a Pagar" ou "Serviço Tomado com Imposto a Pagar";

II – o imposto devido na forma deste artigo será computado, quando for o caso, como crédito no Registro de Entradas, no mesmo período em que as mercadorias e/ou serviços foram recebidos no estabelecimento ou por eles adquiridos.

Parágrafo único. O disposto neste artigo não se aplica às operações ou prestações abrangidas pelo diferimento do imposto.

Art. 71. As diferenças do imposto apuradas pelo contribuinte serão lançadas no Registro de Apuração do ICMS, quadro "Débito do Imposto" – "Outros Débitos", com a expressão "Diferenças Apuradas", consignando-se em "Observações" a origem da respectiva diferença apurada.

Seção VI
DO CRÉDITO DO IMPOSTO

Art. 72. Para fins de compensação do imposto devido, constitui crédito fiscal o valor do imposto relativo:

I – à entrada de mercadorias, real ou simbólica, no estabelecimento, inclusive a destinada ao seu uso ou consumo ou ao ativo imobilizado, ou ao recebimento de serviços de transporte interestadual e intermunicipal ou de comunicação, observado o disposto nos §§ 1º, 10 e 11 deste artigo e no § 4º do art. 85;

II – ao efetivamente recolhido a título de substituição tributária de operações anteriores e ao correspondente às entradas de mercadorias cujo imposto tenha sido retido pelo remetente, sempre que:

a) o contribuinte receber mercadoria não incluída no regime de substituição tributária, mas que, por qualquer circunstância, tiver sofrido cobrança antecipada do imposto;

b) não sendo o adquirente considerado contribuinte substituído, receber, com imposto pago por antecipação, mercadorias sujeitas ao regime de substituição tributária;

III – à repetição de indébito, quando autorizado por decisão final de autoridade competente;

IV - às mercadorias recebidas para emprego na prestação de serviços, na hipótese dos incisos IV e V do art. 2º;

V - ao ICMS destacado e ao retido, quando o estabelecimento industrial receber mercadoria sujeita a substituição tributária para utilização em processo industrial de produto cuja saída seja tributada;

VI - às mercadorias recebidas com substituição tributária, por estabelecimento industrial, na forma do art. 76;

VII - ao efetivamente recolhido a título de substituição tributária nas operações interestaduais com açúcar (Protocolos ICMS 33/91 e 41/91);

VIII - REVOGADO (Decreto nº 23.325/02).

§ 1º Na utilização dos créditos de que trata esta Seção, observar-se-á o seguinte (Lei nº 7.334/03):

I - somente darão direito de crédito as mercadorias destinadas ao uso ou consumo do estabelecimento, nele entradas a partir da data prevista na Lei Complementar Federal nº 87, de 13 de setembro de 1996;

II- somente dará direito a crédito a entrada de energia elétrica no estabelecimento:

a) quando for objeto de operação de saída de energia elétrica;

b) quando consumida no processo de industrialização;

c) quando seu consumo resultar em operação de saída ou prestação para o exterior, na proporção destas sobre as saídas ou prestações totais; e

d) a partir da data prevista na Lei Complementar Federal nº 87, de 13 de setembro de 1996, nas demais hipóteses;

III- somente darão direito de crédito as mercadorias destinadas ao ativo permanente do estabelecimento, nele entradas a partir de 16 de setembro de 1996;

IV- somente dará direito a crédito o recebimento de serviços de comunicação utilizados pelo estabelecimento:

a) ao qual tenham sido prestados na execução de serviços da mesma natureza;

b) quando sua utilização resultar em operação de saída ou prestação para o exterior, na proporção desta sobre as saídas ou prestações totais; e

c) a partir da data prevista na Lei Complementar Federal nº 87, de 13 de setembro de 1996, nas demais hipóteses.

§ 2º O imposto incidente sobre o frete será creditado:

I - pelo destinatário, quando a operação de origem for FOB e o transportador for contratado por ele;

II - pelo remetente, quando a operação de circulação for CIF, o transportador for contratado por ele e a respectiva base de cálculo incluir o preço do serviço, desde que este esteja destacado no corpo da nota fiscal.

§ 3º Para os efeitos do parágrafo anterior, entende-se por:

I - preço FOB, aquele em que as despesas de frete e seguro correrem por conta do adquirente da mercadoria;

II - preço CIF, aquele em que as despesas de frete e seguro estejam incluídas no preço da mercadoria.

§ 4º Na hipótese de perda, extravio, desaparecimento, sinistro ou quebra anormal de mercadorias recebidas com ICMS pago por antecipação, quando devidamente comprovadas tais ocorrências, sendo impossível a revenda das mercadorias, o contribuinte poderá utilizar como crédito fiscal a parcela do ICMS pago antecipadamente, vedado, contudo, o crédito relativo ao ICMS normal, devendo a nota fiscal a ser emitida para esse fim, especificar, resumidamente, além dos elementos regularmente exigidos, as quantidades e espécies de mercadorias, seu valor e o ICMS recuperado, e conter observações acerca do motivo determinante desses procedimentos.

§ 5º Nos casos em que a legislação permita a utilização, como créditos fiscais, de ambas as parcelas do tributo, o normal e o antecipado, o destinatário lançará o documento fiscal no Registro de Entradas, na forma regulamentar, indicando na coluna «Observações» o valor do ICMS antecipado, cujo montante, no final do período, será transportado para o item «007. Outros Créditos», do Registro de Apuração do ICMS.

§ 6º Para efeitos de compensação na conta gráfica do ICMS, constitui-se também crédito o valor dos direitos autorais, artísticos e conexos, comprovadamente pagos aos autores ou artistas nacionais ou a empresas que os representem e das quais sejam titulares ou sócios majoritários, que com eles mantenham contratos de edição, nos termos do art. 53 da Lei nº 9.610/98 ou com eles possuam contratos de cessão ou transferência de direitos autorais, nos termos do art. 49 da Lei nº 9.610/98, observado o seguinte (Convênios ICMS 23/90, 10/94, 30/98 e 61/99):

I - o aproveitamento do crédito de que trata este parágrafo somente poderá ser efetuado até o segundo mês subsequente ao em que ocorreu o pagamento dos direitos autorais, artísticos e conexos, e até os limites abaixo elencados, aplicáveis sobre o valor do imposto debitado no mês correspondente às operações efetuadas com discos fonográficos e com outros suportes com sons gravados, ficando vedado o aproveitamento de quaisquer outros créditos, bem como o aproveitamento do excedente em quaisquer estabelecimentos do mesmo titular ou de terceiros ou a transferência para outra empresa (Convênios ICMS 83/01 e 105/01):

a) 70% (setenta por cento), até 31 de dezembro de 2001;

b) 60% (sessenta por cento), de 1° de janeiro de 2002 a 31 de dezembro de 2002;

c) 50% (cinquenta por cento), de 1° de janeiro de 2003 a 30 de junho de 2003;

d) 40% (quarenta por cento), de 1° de julho de 2003 a 31 de março de 2021 (Convênios ICMS 23/90, 118/03, 40/04, 139/04, 119/09, 01/10, 101/12, 191/13, 27/15, 107/15, 49/17, 127/17, 28/19, 22/20 e 133/20);

II – fica expressamente vedado o aproveitamento do excedente em quaisquer estabelecimentos do mesmo titular ou de terceiro, ou a transferência de crédito de uma para outra empresa;

III – o contribuinte deverá confeccionar, mensalmente, demonstrativo que indique o valor do imposto devido nas operações realizadas com discos fonográficos e com outros suportes com sons gravados;

IV – o benefício previsto neste parágrafo fica condicionado à elaboração de relação dos pagamentos efetuados no mês a título de direitos autorais, artísticos e conexos, com a identificação dos beneficiários, seus domicílios e inscrição no CPF ou no CNPJ, em 2 (duas) vias, no mínimo, devendo uma delas ser entregue à repartição fiscal de seu domicílio, até o dia 15 do mês subsequente, e a outra ao Departamento da Receita Federal;

V – o benefício previsto neste parágrafo fica condicionado também à elaboração de declaração sobre o limite referido no inciso I, contendo reprodução do demonstrativo mencionado no inciso III, a ser entregue à repartição fiscal do seu domicílio, juntamente com a relação mencionada no inciso IV, no prazo ali previsto;

VI – se o contribuinte objeto desta norma der saída a outras mercadorias que não somente discos fonográficos e outros suportes com sons gravados, deverá providenciar a impressão de nota fiscal distinta, exclusivamente para estas mercadorias, após a devida autorização da repartição fiscal.

§ 7º REVOGADO (Decreto nº 22.271/01).

§ 8º O disposto na alínea "b" do inciso II do § 1º aplica-se, também, a outras fontes de energia (Lei nº 9.201/10).

§ 9º No caso do inciso II do § 2º deste artigo, havendo a comprovação, através de auditoria fiscal, de que o frete, mesmo sem estar destacado no corpo da nota fiscal, foi incluído no preço do produto e que o ICMS incidente sobre o referido frete foi pago, a empresa responderá apenas pelo descumprimento de obrigação acessória, nos termos da legislação vigente.

§ 10. Para fins de aproveitamento de crédito, o bem destinado ao ativo imobilizado de que trata o inciso I do "caput" deste artigo deverá satisfazer, de forma cumulativa, os seguintes requisitos:

I - ser de propriedade do contribuinte;

II - ser utilizado nas atividades operacionais do contribuinte;

III - ter vida útil superior a 12 (doze) meses;

IV - não integrar o produto final, exceto de forma residual;

V - ser contabilizado no ativo imobilizado.

§ 11. A limitação de vida útil prevista no inciso III do § 10 deste artigo deverá decorrer apenas de causas físicas, tais como o uso, o desgaste natural e a ação dos elementos da natureza e de causas funcionais como a inadequação e o obsoletismo.

Art. 73. Fica ainda assegurado o direito ao crédito quando as mercadorias, anteriormente oneradas pelo imposto, forem objeto de:

I - devolução por consumidor final, na forma e nos prazos previstos no art. 88;

II - retorno, por não terem sido negociadas no comércio ambulante e por não ter ocorrido a tradição real, conforme disposto no art. 89.

Art. 74. Quando o imposto destacado no documento fiscal for maior do que o exigível na forma da lei, o seu aproveitamento como crédito terá por limite o valor correto, observadas as normas concernentes à base de cálculo e alíquota aplicável.

Parágrafo único. Na entrada de mercadorias remetidas por estabelecimento de outras unidades da Federação, o crédito fiscal só será admitido se calculado pelas seguintes alíquotas:

I - tratando-se de mercadorias oriundas das Regiões Norte, Nordeste, Centro-Oeste e Estado do Espírito Santo: 12%;

II - tratando-se de mercadorias provenientes das Regiões Sudeste e Sul: 7%;

III - tratando-se de serviço de transporte aéreo: 4%;

IV - tratando-se de mercadorias ou bens importados do exterior nos termos do inciso VIII do art. 13 deste Regulamento: 4% (quatro por cento).

Art. 75. Salvo disposição expressa em contrário, não será admitida a dedução do imposto não destacado na nota fiscal ou calculado em desacordo com as normas da legislação vigente.

§ 1º Na hipótese do imposto destacado a menor, o contribuinte poderá creditar-se, apenas, do valor destacado na primeira via da nota fiscal emitida pelo vendedor ou prestador de serviço, observado o disposto no parágrafo seguinte.

§ 2º A utilizacão de crédito fiscal não destacado na nota fiscal ou a diferença relativa a crédito destacado a menor, na hipótese do § 1º deste artigo, somente será admitida após autorização da Secretaria Executiva da Secretaria de Estado da Receita exarada em processo devidamente instruído com a prova documental de que o imposto foi recolhido pelo estabelecimento remetente.

Art. 76. Os contribuintes que realizarem vendas de mercadorias para emprego no processo produtivo, cujo imposto já tenha sido pago por substituição tributária, deverão fazer constar na nota fiscal de saída, no campo "INFORMAÇÕES COMPLEMENTARES", a indicação da base de cálculo que serviu para a retenção e o imposto correspondente.

Parágrafo único. Para efeitos de creditamento do imposto, a indústria adquirente deverá, quando do lançamento do documento de aquisição, informar no Registro de Entradas, na coluna "OBSERVAÇÕES", o valor do imposto de que trata o "caput" deste artigo, e transportá-lo para o Registro de Apuração do ICMS, no item "007 Outros Créditos".

Art. 77. O direito de crédito, para efeito de compensação com débito do imposto, reconhecido ao estabelecimento que tenha recebido as mercadorias ou para o qual tenham sido prestados os serviços, está condicionado à idoneidade da documentação e, se for o caso, à escrituração nos prazos e condições estabelecidos neste Regulamento.

Art. 78. Para efeito do disposto no art. 72, relativamente aos créditos decorrentes das aquisições, a partir de 1º de janeiro de 2001, de mercadorias destinadas ao ativo permanente do estabelecimento, deverá ser observado (Lei nº 7.334/03):

I – a apropriação será feita à razão de um quarenta e oito avos por mês, devendo a primeira fração ser apropriada no mês em que ocorrer a entrada no estabelecimento;

II – em cada período de apuração do imposto, não será admitido o creditamento de que trata o inciso I, em relação à proporção das operações de saídas ou prestações isentas ou não tributadas sobre o total das operações de saídas ou prestações efetuadas no mesmo período;

III – para aplicação do disposto nos incisos I e II, o montante do crédito a ser apropriado mensalmente será o obtido multiplicando-se o valor total do respectivo crédito pelo fator igual a um quarenta e oito avos da relação entre o valor das operações de saídas e prestações tributadas e o total das operações de saídas e prestações do período, equiparando-se às tributadas, para fins deste inciso, as saídas e prestações com destino ao exterior;

IV – o quociente de um quarenta e oito avos será proporcionalmente aumentado ou diminuído, pro rata die, caso o período de apuração seja superior ou inferior a um mês;

V – na hipótese de alienação dos bens do ativo permanente, antes de decorrido o prazo de quatro anos, contado da data de sua aquisição, o creditamento de que trata este artigo em relação à fração que corresponderia ao restante do quadriênio, somente poderá ser aproveitado mensalmente pelo novo destinatário dos bens localizado neste Estado, através da emissão de Nota Fiscal Modelo 1 ou 1-A, na forma do inciso I (Lei nº 7.334/03);

VI – serão objeto de outro lançamento, além do lançamento em conjunto com os demais créditos, para efeito da compensação prevista neste artigo e no art. 20, em documento próprio, para aplicação do disposto neste artigo, observado os §§ 1º ao 3º;

VII – ao final do quadragésimo oitavo mês contado da data da entrada do bem no estabelecimento, o saldo remanescente do crédito será cancelado.

§ 1º O documento fiscal relativo a bem do ativo permanente, além de sua escrituração nos livros próprios, será, também, escriturado no «Controle de Créditos do ICMS do Ativo Permanente – CIAP», Anexos 98 e 98-A, observado o seguinte (Ajuste SINIEF 03/01):

I – Anexo 98: destinado à apuração do valor da base do estorno de crédito e do total do estorno mensal do crédito, relativamente ao crédito apropriado até 1º de janeiro de 2001;

II – Anexo 98-A: destinado à apuração do valor do crédito a ser mensalmente apropriado nos termos deste artigo;

III– modelo previsto pela Escrituração Fiscal Digital – EFD, instituído pelo Decreto nº 30.478, de 28 de julho de 2009, destinado à apuração do valor do crédito a ser mensalmente apropriado nos termos deste artigo (Ajuste SINIEF 07/10).

§ 2º A escrituração do CIAP, deverá ser feita (Ajuste SINIEF 03/01):

I – até o dia seguinte ao da:

a) entrada do bem;

b) emissão da nota fiscal referente à saída do bem;

c) ocorrência do perecimento, extravio ou deterioração do bem;

II – no último dia do período de apuração, com relação aos lançamentos das parcelas correspondentes, conforme o caso, ao estorno ou ao crédito do imposto, não podendo atrasar-se por mais de 05 (cinco) dias.

§ 3º Ao contribuinte será permitido relativamente à escrituração do CIAP:

I – utilizar o sistema eletrônico de processamento de dados;

II - manter os dados em meio magnético;

III - substituí-lo por livro, desde que este contenha, no mínimo, os dados do documento.

§ 4º Para fins de apuração dos valores das operações de saídas e prestações de serviço, deverão ser computados apenas os valores das saídas que afiguram caráter definitivo, ou seja, que transfiram a titularidade, devendo ser desconsideradas as saídas provisórias, pois constituem simples deslocamentos físicos, sem implicações de ordem patrimonial.

§ 5º Para efeitos do disposto no § 4º deste artigo, consideram-se como saídas provisórias, as remessas destinadas a:

I - conserto;

II - industrialização;

III - depósito fechado;

IV - armazém geral;

V - feiras e exposições.

§ 6º Equiparam-se às saídas tributadas, para fins do inciso III do "caput" deste artigo, as saídas isentas ou com base de cálculo reduzida em que haja previsão de manutenção integral do crédito.

Art. 79. Operações tributadas, posteriores às saídas de que trata o inciso III do art. 82, dão ao estabelecimento que as praticar direito a creditar-se do imposto cobrado nas operações anteriores às isentas ou não tributadas, sempre que a saída isenta ou não tributada seja relativa a produtos agropecuários.

Art. 80. O aproveitamento do crédito a que se refere o artigo anterior, dependerá de requerimento dirigido ao Secretário de Estado da Receita, devidamente instruído com os elementos que subsidiaram a operação.

Art. 81. O direito de utilizar o crédito extingue-se após decorridos cinco anos contados da data da emissão do documento.

Seção VII
DA VEDAÇÃO DO CRÉDITO

Art. 82. Não implicará crédito do imposto:

I - a entrada de mercadorias ou utilização de serviços resultantes de operações ou prestações isentas, não tributadas ou sem manutenção de crédito, ou que se refiram a mercadorias ou serviços alheios à atividade do estabelecimento, sendo estas circunstâncias previsíveis por ocasião da entrada da mercadoria ou utilização do serviço, observado o disposto no § 1º, deste artigo e § 6º do art. 85;

II - até 31 de dezembro de 2032, a entrada real ou simbólica de mercadorias destinadas ao uso ou consumo do estabelecimento;

III - a mercadoria entrada no estabelecimento ou a prestação de serviços a ele feita:

a) para integração ou consumo em processo de industrialização ou produção rural, quando a saída do produto resultante não for tributada ou estiver isenta do imposto, exceto quando se tratar de saída para o exterior;

b) para comercialização ou prestação de serviço, quando a saída ou a prestação subsequente não for tributada ou estiver isenta do imposto, exceto a destinada ao exterior;

IV - o valor do crédito que, referente à mercadoria ou serviço, tenha sido substituído por crédito presumido de valor não inferior ao vedado;

V - o documento fiscal em que não seja identificado claramente o destinatário ou que indicar estabelecimento diferente daquele que o registrar;

VI - o crédito do próprio contribuinte, para abatimento do imposto devido na condição de responsável ou substituto tributário;

VII - a entrada de mercadoria cujo imposto destacado no documento fiscal de origem tiver sido devolvido, no todo ou em parte, pela entidade tributante sob a forma de prêmio ou estímulo, sendo o fato conhecido antes do registro do documento, salvo se esse benefício tiver sido concedido nos termos de convênio celebrado com base em lei complementar;

VIII - o documento fiscal relativo à operação ou prestação sujeita ao pagamento do imposto por ocasião de sua realização, desacompanhado do respectivo documento de arrecadação;

IX - quando as mercadorias forem objeto de furto, roubo, extravio, deterioração, sinistro ou qualquer outro evento que impossibilite a entrada da mercadoria no estabelecimento;

X - entradas de mercadorias acobertadas por documento fiscal inidôneo, nos termos do §1º do art. 143;

XI - a entrada de mercadoria para integrar o produto ou ser consumida no respectivo processo de industrialização, para comercialização e nas prestações de serviços, quando a saída dos produtos ou as prestações subsequentes estejam beneficiadas com redução de base de cálculo, proporcionalmente à parcela correspondente à redução;

XII - a operação ou prestação acobertada por documentação fiscal falsa, assim entendida a que:

a) tenha sido confeccionada sem a respectiva Autorização de Impressão de Documentos Fiscais;

b) embora revestida das formalidades legais, tenha sido utilizada para fraude comprovada;

XIII - REVOGADO (Decreto nº 21.678/00).

XIV - a prestação de serviços de transporte de mercadorias objeto de antecipação ou substituição tributária;

XV - quando nas entradas de mercadorias procedentes de outra unidade da Federação, o imposto houver sido recolhido com base em pauta fiscal superior ao valor da operação, relativamente à parte excedente.

§ 1º Uma vez provado que as mercadorias e serviços mencionados no inciso I ficaram sujeitos ao imposto por ocasião da saída do estabelecimento ou que foram empregadas em processo de industrialização de que resultou mercadorias cujas saídas se sujeitam ao imposto, o estabelecimento poderá creditar-se do imposto relativo às respectivas entradas na mesma proporção das saídas tributadas.

§ 2º Ocorrendo ou sendo previsível quaisquer das hipóteses previstas neste artigo, deverá o contribuinte:

I - deixar de registrar, desde logo, o crédito fiscal, se a situação for conhecida;

II - excluir o crédito, se dele se valeu por ser a circunstância imprevisível.

§ 3º Salvo prova em contrário, presumem-se alheios à atividade do estabelecimento os veículos de transporte pessoal.

§ 4º Para os efeitos do inciso I do "caput" deste artigo, consideram-se alheios à atividade do estabelecimento, todos os bens que não sejam utilizados diretamente na comercialização, na industrialização, na produção, na extração, na geração e nos serviços de transporte interestadual e intermunicipal e de comunicação.

§ 5º Fica vedada a apropriação do crédito nos períodos em que não ocorrerem saídas de mercadorias e de prestações de serviço de transporte interestadual e intermunicipal e de comunicação, em caráter definitivo.

Art. 83. Ressalvada a hipótese do § 3º do art. 2º, é vedado ao contribuinte creditar-se do imposto antes da entrada da mercadoria em seu estabelecimento ou da utilização do serviço.

Art. 84. Também não é admitido o crédito fiscal destacado em documento que não tenha sido escriturado no Registro de Entradas, no prazo fixado neste Regulamento, exceto se:

I – houver comunicação escrita do contribuinte à repartição fiscal de seu domicílio, narrando as causas determinantes do lançamento extemporâneo, consignada na coluna "Observações" do Registro de Entradas;

II – for feita pelo Fisco a reconstituição da escrita.

Parágrafo único. A comunicação referida no inciso I, deverá ser lavrada em duas vias, uma das quais será devolvida ao contribuinte, devidamente visada, para comprovação junto ao Fisco, quando necessário.

Seção VIII
DA ANULAÇÃO DO CRÉDITO

Art. 85. O sujeito passivo deverá efetuar estorno do imposto de que se tiver creditado sempre que o serviço tomado ou a mercadoria entrada no estabelecimento, observado o disposto no § 6º:

I – for objeto de saídas não sujeitas ao imposto, por isenção, não-incidência ou redução de base de cálculo, sendo esta circunstância imprevisível à data da entrada, ressalvadas as disposições expressas de manutenção de crédito;

II – tiver o imposto devolvido, no todo ou em parte, ao próprio ou a outro contribuinte, mesmo sob a forma de prêmio ou estímulo;

III – for objeto de saída com base de cálculo inferior à operação de entrada, hipótese em que o valor do estorno será proporcional à redução;

IV – não for objeto de operação posterior, em virtude de furto, roubo, extravio, deterioração, quebra normal, sinistro ou qualquer outro evento;

V – for objeto de locação ou arrendamento a terceiros;

VI – for integrada ou consumida em processo de industrialização, quando da saída do produto resultante não for tributada ou estiver isenta do imposto, sendo esta circunstância imprevisível à data da entrada da mercadoria ou da utilização do serviço;

VII – vier a ser utilizada em fim alheio à atividade do estabelecimento.

§ 1º A anulação deverá ser feita por valor idêntico ao dos créditos gerados nas operações ou prestações anteriores.

§ 2º Quando uma mesma matéria-prima for utilizada na fabricação de produtos tributados e de não tributados, o estorno será efetuado de forma proporcional, relativamente à matéria-prima empregada nos produtos não tributados.

§ 3º Na determinação do valor a estornar, observar-se-á o seguinte:

I – quando não for conhecido o seu valor exato, será calculado mediante a aplicação da alíquota vigente no momento da entrada ou da aquisição da mercadoria, sobre o preço da aquisição mais recente para o mesmo tipo de mercadoria;

II – não sendo possível precisar a alíquota vigente no momento da entrada da mercadoria, ou se as alíquotas forem diversas, em razão da natureza das operações, aplicar-se-á a alíquota da operação preponderante, se possível identificá-la, ou a média das alíquotas vigentes para as diversas operações de entrada, ao tempo do estorno;

III – quando houver mais de uma aquisição e não for possível determinar a qual delas corresponde a mercadoria, aplicar-se-á a alíquota vigente na data do estorno, sobre o preço da aquisição mais recente para o mesmo tipo de mercadoria.

§ 4º Devem ser também estornados os créditos referentes a bens do ativo permanente, adquiridos até 31 de dezembro de 2000, alienados antes de decorrido o prazo de cinco anos contado da data da sua aquisição, hipótese em que o estorno será de vinte por cento por ano ou fração que faltar para completar o quinquênio, observado o disposto nos §§ 7º a 11 (Lei nº 7.334/03).

§ 5º Não se estornam créditos referentes a mercadorias e serviços que venham a ser objeto de operações ou prestações destinadas ao exterior.

§ 6º O não creditamento ou estorno a que se refere este artigo e o inciso III do art. 82, não impede a utilização dos mesmos créditos em operações posteriores, sujeitas ao imposto, com a mesma mercadoria.

§ 7º Se bens do ativo permanente forem utilizados para produção de mercadorias cuja saída resulte de operações isentas ou não tributadas ou para prestação de serviços isentos ou não tributados, haverá estorno dos créditos na forma estabelecida neste regulamento.

§ 8º Em cada período de apuração, o montante do estorno previsto no parágrafo anterior será o que se obtiver multiplicando-se o respectivo crédito pelo fator igual a um sessenta avos da relação entre a soma das saídas e prestações isentas e não tributadas e o total das saídas e prestações no mesmo período. Para este efeito, as saídas e prestações com destino ao exterior equiparam-se às tributadas (Lei nº 7.334/03).

§ 9º O montante que resultar da aplicação dos §§ 7º e 8º deste artigo será lançado nos livros fiscais próprios e na forma estabelecida no inciso I do § 1º do art. 78 (Lei nº 7.334/03).

§ 10. Ao fim do 5º ano contado da data a que se refere o § 1º, o saldo remanescente do crédito será cancelado de modo a não mais ocasionar estornos (Lei nº 7.334/03).

§ 11. O quociente de um sessenta avos de que trata o § 8º, será proporcionalmente aumentado ou diminuído "pro rata die", caso o período de apuração seja superior ou inferior a um mês (Lei nº 7.334/03).

Art. 86. A escrituração fiscal do estorno de crédito será feita mediante nota fiscal, cuja natureza da operação será "Estorno de Crédito", explicitando-se no corpo do referido documento a origem do lançamento, bem como o cálculo do seu valor.

Seção IX
DA MANUTENÇÃO DO CRÉDITO

Art. 87. Não se exigirá o estorno do crédito do imposto relativo:

I – às mercadorias e serviços que venham a ser objeto de operações ou prestações destinadas ao exterior;

II – à entrada de mercadorias ou dos respectivos insumos objeto de saídas internas de casulo do bicho-da-seda (Convênio ICMS 76/93);

III – à matéria-prima, material secundário e material de embalagem empregados na fabricação, bem como à prestação de serviço de transporte dessas mercadorias, nas aquisições de mercadorias no mercado interno, de máquinas, equipamentos, aparelhos, instrumentos ou material, ou respectivos acessórios, sobressalentes ou ferramentas amparadas por programa especial de exportação (BEFIEX) (Convênio ICMS 23/95);

IV – às matérias-primas, produtos intermediários e material de embalagem efetivamente utilizados na industrialização dos produtos classificados nas posições da NBM/SH 8444 a 8453, nas hipóteses de que trata o inciso XIII do art. 5º (Convênio ICMS 60/92);

V – até 31 de março de 2022, às operações decorrentes de doações efetuadas por contribuintes do imposto à Secretaria de Educação e Cultura, nos termos do inciso X do art. 6º (Convênios ICMS 78/92, 124/93, 22/95, 20/97, 48/97, 67/97, 121/97, 23/98, 05/99, 18/05, 53/08, 71/08, 138/08, 69/09, 119/09, 01/10, 101/12, 191/13, 27/15, 107/15, 49/17, 133/19, 101/20, 133/20 e 28/21);

VI – REVOGADO (Decreto nº 20.555/99);

VII – até 31 de março de 2022, aos serviços tomados e às entradas de mercadorias para utilização como matéria-prima ou material secundário utilizado na fabricação ou embalagem do produto industrializado, bem como às mercadorias entradas para comercialização, nas operações de que trata o inciso XIV do art. 6º (Convênios ICMS 82/95, 117/98, 18/05, 53/08, 71/08, 138/08, 69/09, 119/09, 01/10, 101/12, 191/13, 27/15, 107/15, 49/17, 133/19, 101/20, 133/20 e 28/21);

VIII – até 31 de dezembro de 2021, as aquisições internas com os insumos agropecuários de que trata o inciso XIII do art. 6º (Convênios 36/92, 21/96, 68/96, 20/97, 48/97, 67/97, 100/97, 05/99, 18/05, 53/08, 71/08, 138/08, 69/09, 119/09, 01/10, 101/12, 14/13, 191/13, 27/15, 107/15, 49/17, 133/17, 28/19, 22/20, 133/20 e 26/21)

IX – à matéria-prima, material secundário e material de embalagem, empregados na fabricação, bem como à prestação de serviço de transporte dessas mercadorias, relativamente aos recebimentos de que trata o inciso IV do art. 30 (Convênios ICMS 130/94 e 23/95);

X – até 31 de março de 2022, à entrada de mercadoria cuja saída esteja amparada pela redução de base de cálculo prevista nos incisos II e III do art. 33 (Convênios ICMS 52/91, 87/91, 90/91, 13/92, 148/92, 22/95, 21/96, 21/97, 23/98, 05/99, 10/04, 124/07, 53/08 e 91/08, 138/08, 69/09, 119/09, 01/10, 101/12,14/13, 191/13, 27/15, 154/15, 49/17,133/19, 22/20, 133/20 e 28/21);

XI – até 31 de dezembro de 2015, as operações promovidas pela indústria com veículos automotores e de duas rodas de que trata o inciso VIII do art. 33, observado o disposto no § 2º (Convênios ICMS 37/92, 132/92, 52/93, 71/99 e 72/00, Lei nº 7.334/03 e Decreto nº 24.437/03);

XII – até 31 de dezembro de 2021, as aquisições interestaduais dos insumos agropecuários de que tratam os incisos II e III do art. 34, observado o disposto no seu § 8º (Convênios 36/92, 21/96, 68/96, 20/97, 48/97, 67/97, 100/97, 05/99, 18/05, 53/08, 71/08, 138/08, 69/09, 119/09, 01/10,101/12, 14/13, 191/13, 27/15, 107/15, 49/17, 133/17, 28/19, 22/20, 133/20 e 26/21);

XIII – REVOGADO (Decreto nº 20.555/99);

XIV – as operações com os produtos a que se refere o inciso XXII do art. 5º (Convênios ICMS 10/02);

XV – à entrada de mercadorias ou respectivos insumos objeto das saídas a que se refere o inciso XXXIII do art. 5º (Convênios ICM 26/75 e ICMS 39/90, 80/91, 82/92 e 151/94);

XVI – às entradas de mercadorias utilizadas na fabricação dos veículos de que trata o inciso LIX do art. 5º, como matéria-prima ou material secundário (Convênio ICMS 158/94);

XVII – às operações de que tratam o inciso LXI do art. 5º (Convênio ICMS 47/97);

XVIII – até 30 de abril de 2019, às aquisições dos insumos, partes, peças e acessórios destinados à produção dos coletores a que se refere o inciso XVII do art. 6º (Convênios ICMS 75/97, 05/99, 10/01, 163/02, 124/04, 01/07, 48/07, 76/07, 106/07, 117/07, 124/07, 148/05, 53/08, 71/08, 138/08, 69/09, 119/09, 01/10, 101/12, 191/13, 27/15, 107/15, 49/17 e 127/17);

XIX – REVOGADO (Decreto nº 26.836/06).

XX – às operações de que trata o inciso XIV do art. 5º (Convênio ICMS 56/00);

XXI – até 31 de março de 2022, às operações de que trata o inciso XVIII do art. 6º (Convênio ICMS 84/97, 66/00, 18/07, 71/08, 138/08, 69/09, 119/09, 01/10,101/12, 191/13, 27/15, 107/15, 49/17, 133/19, 101/20, 133/20 e 28/21);

XXII – às operações com ovos de que trata a alínea "b" do inciso XVII do "caput" do art. 5º (Convênio ICMS 89/00);

XXIII – até 31 de outubro de 2001, às operações de que trata o inciso XXV do art. 6º (Convênio ICMS 27/01);

XXIV – às operações de que tratam os incisos XXVI e XXVIII do art. 6º (Convênios ICMS 45/03, 46/03 e 191/13);

XXV – às operações beneficiadas com a isenção prevista no inciso LXXIII do art. 5º (Convênio ICMS 27/05);

XXVI – até 31 de dezembro de 2021, às transferências contempladas com o benefício previsto no inciso XXXVI do art. 6º (Convênios ICMS 09/06, 148/05, 53/08, 71/08, 138/08, 69/09, 01/10, 101/12, 191/13, 27/15, 107/15, 49/17, 133/19, 101/20, 133/20 e 29/21);

XXVII – até 31 de março de 2022, às operações de que trata o inciso XXXIX do art. 6º (Convênios ICMS 09/07, 101/12, 191/13, 27/15, 107/15, 49/17, 133/19, 101/20, 133/20 e 28/21);

XXVIII – até 31 de março de 2022, às operações de que trata o inciso XLI do art. 6º (Convênios ICMS 23/07, 138/08, 69/09, 119/09, 01/10, 101/12, 191/13, 27/15, 107/15, 49/17, 133/19, 101/20, 133/20 e 28/21);

XXIX – até 31 de dezembro de 2020, às operações de que trata o inciso XLIV do art. 6º (Convênios ICMS 147/07, 119/09, 01/10, 89/12, 107/15, 49/17, 133/19 e 101/20);

XXX – às prestações de serviço de comunicação de que trata o inciso LXXVI do art. 5º (Convênio ICMS 141/07);

XXXI – até 31 de março de 2022, às operações de que trata o inciso XLVI do art. 6º (Convênios ICMS 01/99, 40/07, 104/11, 163/13, 27/16, 49/17, 133/19,101/20, 133/20 e 28/21);

XXXII – até 31 de março de 2022, as operações de que trata o inciso XLVII do art. 6º (Convênios ICMS 73/10, 101/12, 191/13, 27/15, 107/15, 49/17, 133/19, 101/20, 133/20 e 28/21);

XXXIII– até 30 de setembro de 2010, às operações de que trata o inciso XLVIII do art. 6º (Convênio ICMS 85/10).

XXXIV – até 31 de março de 2022, às operações de que trata o inciso XLIX do art. 6º (Convênios ICMS 28/05, 101/12, 191/13, 27/15, 107/15, 49/17, 133/19, 101/20, 133/20 e 28/21);

XXXV – às operações com medicamentos destinados ao tratamento de que trata o inciso LIII do art. 5º (Convênios ICMS 162/94 e 118/11);

XXXVI – às operações de serviço de comunicação de que trata o inciso LXXXIII do art. 5º (Convênios ICMS 38/09 e 25/12).

§ 1º Nas operações de que tratam os incisos IX, X, XI e XII será observada a regra da proporcionalidade do estorno do crédito fiscal.

§ 2º Durante a sua vigência, o benefício previsto no inciso I será acompanhado e, a critério da SER, anualmente revisado.

Seção X
DO CRÉDITO RELATIVO À DEVOLUÇÃO E RETORNO DE MERCADORIAS

Subseção I
DA DEVOLUÇÃO DE MERCADORIAS

Art. 88. O estabelecimento que receber, em virtude de garantia ou troca, mercadoria devolvida por pessoa física ou jurídica não considerada contribuinte ou não obrigada a emissão de documentos fiscais, poderá se creditar do imposto pago por ocasião da saída da mercadoria, desde que:

I – haja prova cabal da devolução, sendo a mercadoria identificável pela marca, modelo, numeração e demais elementos que a individualizem;

II – a devolução se verifique:

a) dentro do prazo de 30 (trinta) dias, contados da data de saída da mercadoria, quando se tratar de devolução para troca;

b) dentro do prazo determinado no documento respectivo, quando se tratar de devolução em virtude de garantia.

§ 1º Considera-se garantia a obrigação assumida pelo remetente ou fabricante, de substituir ou consertar a mercadoria remetida ou fabricada, se esta apresentar defeito, no decorrer de determinado tempo.

§ 2º Para o disposto neste artigo, o estabelecimento recebedor da devolução deverá:

I – emitir nota fiscal na entrada, mencionando:

a) quando se tratar de nota fiscal, número, série e subsérie, data e valor do documento fiscal anteriormente emitido;

b) quando se tratar de cupom fiscal, número sequencial do ECF e do contador de ordem de operação COO;

II – obter declaração, na nota fiscal emitida ou em documento em separado, da pessoa física ou jurídica que promover a devolução, mencionando na oportunidade, seu endereço, número da identidade e do CPF ou CNPJ, quando for o caso;

III – lançar o documento fiscal referido nos incisos anteriores no Registro de Entradas, consignando os respectivos valores nas colunas "ICMS – Valores Fiscais" e "Operações com Crédito do Imposto";

IV – manter em arquivo, separadamente, os documentos fiscais relativos a devoluções.

§ 3º Quando o estabelecimento vendedor assumir a responsabilidade de retirar ou transportar a mercadoria devolvida, a nota fiscal, previamente emitida, servirá para acompanhá-la no trânsito.

§ 4º As mercadorias devolvidas na forma deste artigo ficarão sujeitas ao imposto quando novamente saírem do estabelecimento.

§ 5º REVOGADO (Decreto nº 21.147/00).

§ 6º Não dará direito ao crédito do imposto de que trata este artigo, a reentrada no estabelecimento, de mercadoria que não deva mais ser objeto de saída tributada.

§ 7º No caso de devolução com emissão de novo documento fiscal, observar-se-ão as normas relativas à operação desfeita, como se esta fora, especialmente quanto ao cálculo do imposto.

§ 8º O estabelecimento que, por autorização do fabricante, promover a reposição de peças ou receber mercadoria defeituosa para substituição, em virtude de garantia, procederá da seguinte forma:

I – na entrada da mercadoria defeituosa a ser substituída, emitirá nota fiscal, contendo as seguintes indicações:

a) discriminação da mercadoria defeituosa;

b) valor atribuído à mercadoria defeituosa, que será equivalente a (dez por cento) do preço de venda da mercadoria nova, em vigor na data da sua substituição, sem destaque do ICMS;

c) número da respectiva ordem de serviço ou da nota fiscal – ordem de serviço (Convênios ICMS 129/06 e 27/07);

d) número, data da expedição do certificado de garantia e termo final de sua validade (Convênios ICMS 129/06 e 27/07);

II – a nota fiscal pela entrada de que trata o inciso anterior será emitida na data do recebimento da mercadoria defeituosa, podendo, entretanto, ser extraída mensalmente, dispensadas as indicações previstas nas alíneas "a" e "d" do mesmo inciso, no último dia de cada mês, desde que:

a) sejam discriminadas, nas ordens de serviço ou na nota fiscal, devidamente numeradas e de exibição obrigatória ao Fisco, as mercadorias defeituosas substituídas (Convênios ICMS 129/06 e 27/07);

b) nas ordens de serviço ou na nota fiscal, constem indicações que identifiquem perfeitamente os bens, tais como números do chassis ou motor, bem como número, data da expedição do certificado de garantia e termo final de sua validade (Convênios ICMS 129/06 e 27/07);

c) a remessa das mercadorias defeituosas ao fabricante seja efetuada após o encerramento do mês;

III – a nota fiscal pela entrada será escriturada no livro Registro de Entradas, na coluna "Outras – Operações sem Crédito do Imposto";

IV – na saída da mercadoria defeituosa para o fabricante, será emitida nota fiscal contendo, as seguintes indicações:

a) discriminação da mercadoria;

b) valor atribuído às mercadorias defeituosas, nunca inferior ao previsto na alínea "b" do inciso I;

c) destaque do ICMS, se devido;

V – na saída da mercadoria nova, em substituição à defeituosa, em virtude da garantia, observar-se-á o seguinte:

a) a base de cálculo, para efeito de pagamento do imposto, será o preço da mercadoria cobrado do fabricante, e a alíquota será a aplicável às operações internas;

b) a nota fiscal a ser emitida com destaque do imposto, quando devido, deverá, além dos demais requisitos exigidos, indicar (Convênios ICMS 129/06 e 27/07):

1.nome do destinatário proprietário da mercadoria;

2.discriminação da mercadoria;

3.número da ordem de serviço correspondente;

4.valor da operação, na forma definida na alínea anterior;

5.como natureza da operação: "Substituição de mercadoria defeituosa em virtude de garantia";

6.REVOGADO (Decreto nº 28.222/07);

c) REVOGADA (Decreto nº 28.222/07);

d) a nota fiscal referida na alínea "b", deste inciso, poderá conter outras indicações, devendo a 1ª via ser enviada ao fabricante, juntamente com o documento interno em que se relatar a garantia executada.

§ 9º O fabricante que houver concedido a garantia, ao receber em devolução mercadoria defeituosa, lançará nota fiscal emitida de acordo com o inciso IV, do parágrafo anterior, no livro Registro de Entradas, na coluna "Operações com Crédito do Imposto", quando for o caso.

§ 10. Na hipótese do parágrafo anterior, a mercadoria devolvida ficará sujeita ao ICMS, quando sair novamente do estabelecimento.

§ 11. Na hipótese de a mercadoria defeituosa vir a ser inutilizada no estabelecimento do fabricante, este deverá proceder ao estorno do crédito lançado por ocasião de sua entrada, salvo se transformada em outro produto ou resíduo cuja saída seja tributada.

§ 12. Na operação de que trata o inciso IV, do § 8º, o remetente deverá proceder da seguinte forma:

I - escriturar a nota fiscal emitida no livro Registro de Saídas, na coluna "Outras - Operações com Débito do Imposto";

II - efetuar o estorno do imposto debitado diretamente no livro Registro de Apuração do ICMS, no item "008 - Estorno de Débito".

§ 13. Fica isenta do ICMS a remessa da peça defeituosa para o fabricante executada pelo estabelecimento que promover a reposição de peças ou receber mercadoria defeituosa para reposição, desde que a remessa ocorra até trinta dias depois do prazo de vencimento da garantia (Convênios ICMS 129/06 e 27/07).

§ 14. Para efeito do disposto no parágrafo anterior, o prazo de garantia é aquele fixado no certificado de garantia, contado da data de sua expedição ao consumidor (Convênios ICMS 129/06 e 27/07).

§ 15. Na operação interestadual de devolução, total ou parcial, de mercadoria ou bem, inclusive recebido em transferência, aplicar-se-á a mesma base de cálculo e a mesma alíquota constante do documento que acobertar a operação anterior de recebimento da mercadoria ou bem (Convênio ICMS 54/00).

Subseção II
DO RETORNO DE MERCADORIAS

Art. 89. O estabelecimento que receber, em retorno, mercadoria, por qualquer motivo não entregue ao destinatário, poderá creditar-se do imposto pago por ocasião da saída, observado o seguinte:

I – antes de iniciado o retorno mencionar no verso da 1ª via da nota fiscal o motivo por que a mercadoria não foi entregue, com assinatura do destinatário ou visto da repartição fiscal do destino;

II – efetuar o transporte em retorno acompanhado da própria nota mencionada no inciso anterior;

III – emitir nota fiscal pela entrada, lançando-a no Registro de Entradas, consignando-se os respectivos valores nas colunas "ICMS – Valores Fiscais" e "Operações com Crédito do Imposto";

IV – manter, em pasta em separado, a 1ª via da nota fiscal emitida por ocasião da saída, bem como memorando do transportador, explicativo do fato, se o transporte tiver sido efetuado por terceiros;

V – anotar a ocorrência nas demais vias presas ao bloco ou em documento equivalente;

VI – exibir ao Fisco, quando exigidos, os elementos, inclusive contábeis, comprobatórios de que a importância eventualmente debitada ao destinatário não foi recebida.

Parágrafo único. Na nota fiscal referida no inciso III, deverá constar número, data da emissão e valor da nota fiscal que acobertou a saída da mercadoria.

Seção XI
DOS CRÉDITOS ACUMULADOS

Art. 90. Constitui crédito acumulado o imposto decorrente de operações e prestações destinadas ao exterior de produtos primários, industrializados, semielaborados e serviços, em razão de entradas de matéria-prima, material secundário e material de embalagem empregados na fabricação desses produtos.

§ 1º REVOGADO (Decreto nº 39.095/19).

§ 2º Saldos credores acumulados por estabelecimentos que realizem operações e prestações, de que tratam o inciso II do art. 4º e seu § 1º deste Regulamento, podem ser, na proporção que estas saídas representem do total das saídas realizadas pelo estabelecimento e mediante a emissão pela autoridade competente de documento que reconheça o crédito:

I – imputados pelo sujeito passivo a qualquer estabelecimento seu neste Estado;

II – havendo saldo remanescente, transferidos pelo sujeito passivo a outros contribuintes deste Estado.

§ 3º O saldo credor acumulado a que se refere o "caput" deste artigo não sofrerá incidência de juros ou de qualquer tipo de atualização.

§ 4º O direito de pleitear a transferência do saldo credor acumulado, previsto nos incisos I e II do § 2º deste artigo, extingue-se com o decurso do prazo de 5 (cinco) anos, contado do encerramento do mês calendário de apuração do saldo credor.

Art. 91. A utilização dos saldos credores acumulados previstos no § 2º do art. 90 deste Regulamento deverá ser autorizada pelo Secretário de Estado da Receita.

Parágrafo único. Na petição do interessado deverá constar:

I - a indicação do fim a que se destina o crédito fiscal, bem como o valor a ser utilizado;

II - na hipótese de transferência de crédito a outro estabelecimento: o nome, o endereço e os números de inscrição estadual e no CNPJ, do beneficiário.

Art. 92. A transferência de crédito acumulado referente a mercadorias destinadas a uso ou consumo terá sua vigência a partir de 1º de janeiro de 2033.

Art. 93. O valor do crédito acumulado transferível nos termos dos artigos precedentes será determinado com base no saldo existente no mês imediatamente anterior.

Art. 94. A transferência do crédito acumulado far-se-á mediante a emissão de Nota Fiscal Eletrônica, com autorização prévia da Secretaria Executiva da Secretaria de Estado da Receita, e o visto no Documento Auxiliar da Nota Fiscal Eletrônica - DANFE emitido em duas cópias, que, além dos demais requisitos exigidos, conterá:

I - natureza da operação: "Transferência de Crédito do ICMS";

II - o valor do crédito transferido, em algarismo e por extenso;

III - a data da emissão, indicando-se o mês, por extenso;

IV - assinatura do contribuinte;

V - REVOGADO (Decreto nº 20.555/99);

VI - o valor do crédito transferido será mencionado no retângulo destinado ao destaque do imposto.

§ 1º As cópias do DANFE, de que trata este artigo, terão as seguintes destinações:

I - uma será encaminhada à Secretaria Executiva da Secretaria de Estado da Receita para controle;

II - a outra ficará em poder do contribuinte, e permanecerá em arquivo pelo prazo decadencial.

§ 2º A soma das transferências de crédito efetuadas no período de apuração será lançada em campo próprio do Registro de Apuração do ICMS.

Art. 95. Para controle da utilização do crédito transferido, o estabelecimento preencherá, demonstrativo de créditos acumulados, em duas vias, sendo uma remetida, até o último dia do mês seguinte, à Diretoria de Administração Tributária, ficando a outra em seu arquivo para exibição ao Fisco, quando solicitado.

Art. 96. O crédito recebido deverá ser relacionado em demonstrativo emitido em duas vias, discriminando-se a empresa remetente, endereço, número da nota fiscal e valor, sendo lançado pelo estabelecimento recebedor em campo adequado do Registro de Apuração do ICMS somente após o visto da Diretoria de Administração Tributária, que reterá a segunda via.

Art. 97. Não poderão fazer uso das permissões contidas no § 2º do art. 90 deste Regulamento, os contribuintes devedores da Fazenda Pública Estadual, quando do lançamento não couber mais discussão na esfera administrativa.

Parágrafo único A transferência de créditos acumulados, não implica reconhecimento definitivo da legitimidade do saldo credor acumulado, nem homologação dos lançamentos efetuados pelo contribuinte.

Art. 98. É vedada a retransferência de créditos para o estabelecimento de origem ou para terceiros.

Parágrafo único. REVOGADO (Decreto nº 19.471/98).

Art. 99. REVOGADO (Decreto nº 20.555/99).

Art. 100. REVOGADO (Decreto nº 20.555/99).

Capítulo VI
DO LANÇAMENTO E RECOLHIMENTO DO IMPOSTO

Seção I
DO LANÇAMENTO

Art. 101. O lançamento do imposto será feito nos documentos e nos livros fiscais, com a descrição da operação ou prestação realizada, na forma prevista neste Regulamento.

Art. 102. O lançamento a que se refere o artigo anterior é de exclusiva responsabilidade do contribuinte, ficando sujeito a posterior homologação pela autoridade administrativa.

Parágrafo único. Os dados relativos ao lançamento serão fornecidos à Secretaria de Estado da Receita mediante a apresentação da Guia de Informação Mensal do ICMS – GIM ou da Escrituração Fiscal Digital – EFD, conforme o caso, e de outros documentos de informações econômico- fiscais (Decreto nº 34.333/13).

Seção II
DO LOCAL DO RECOLHIMENTO

Art. 103. O pagamento do imposto será feito na rede bancária autorizada, a que estiver jurisdicionado o estabelecimento que realizar qualquer operação tributável ou que, nos termos da legislação tributária, for responsável pelo cumprimento da obrigação.

§ 1º Não sendo inscrito ou não estabelecido o responsável pela obrigação tributária, o imposto deverá ser recolhido exclusivamente junto aos funcionários fiscais de plantão onde houver ocorrido o fato gerador ou constatada a sua ocorrência.

§ 2º Nas operações efetuadas por contribuintes ambulantes de outras unidades da Federação, o imposto será recolhido na primeira repartição fiscal, quando do ingresso da mercadoria em território paraibano, observado o disposto no art. 610.

§ 3º O Secretário de Estado da Receita poderá determinar outros locais de pagamento do imposto e das penalidades decorrentes da aplicação da legislação tributária.

Seção III
DAS FORMAS DE RECOLHIMENTO

Art. 104. O imposto será recolhido mediante:

I - REVOGADO (Decreto nº 33.669/13);

II – Documento de Arrecadação Estadual – DAR, modelo 2, Anexo 43;

III – Documento de Arrecadação Estadual – DAR, modelo 3, Anexo 44;

IV – Guia Nacional de Recolhimento de Tributos Estaduais – GNRE, modelos 23 ou 28, Anexos 45 ou 119, respectivamente (Ajustes SINIEF 11/97 e 01/10);

V – Ficha de Compensação Bancária – FCB, Anexo 120.

§ 1º Os documentos de que trata este artigo serão utilizados e/ou preenchidos pelos contribuintes, obedecidos os modelos apresentados neste Regulamento.

§ 2º Na hipótese de saldo credor do imposto, fica dispensada a exigência da apresentação do documento de arrecadação, nos prazos estabelecidos no art. 106.

§ 3º O recolhimento do imposto, em relação aos documentos de que tratam os incisos I a V, poderá ser efetuado, pelo contribuinte, através do uso de cartão magnético ou lançado em sua conta corrente existente em instituição financeira devidamente credenciada pela Secretaria de Estado da Receita.

§ 4º Fica dispensado o recolhimento do imposto em valor inferior a 0,2 (dois décimos) da Unidade Fiscal de Referência do Estado da Paraíba - UFR-PB (Lei nº 11.031/17).

§ 5º O ICMS a recolher sob um determinado código de receita, que no período de apuração, resultar inferior a 0,2 (dois décimos) da UFR-PB, deverá ser adicionado ao ICMS do mesmo código, correspondente aos períodos subsequentes, até que o total seja igual ou superior ao previsto no § 4º deste artigo, quando, então, será pago ou recolhido no prazo estabelecido na legislação para este último período de apuração (Lei nº 11.031/17).

Art. 105. O Secretário de Estado da Receita baixará normas complementares quanto ao uso dos documentos constantes do artigo anterior, podendo, de acordo com a conveniência do serviço, modificá-los ou substituí-los no todo ou em parte.

Seção IV
DOS PRAZOS DE RECOLHIMENTO

Art. 106. O recolhimento do imposto de responsabilidade direta do contribuinte far-se-á:

I – antecipadamente:

a) na saída de mercadorias de estabelecimento produtor ou extrator de substâncias minerais, que não tenha organização administrativa e comercial adequada ao atendimento das obrigações fiscais, no momento da expedição da Nota Fiscal Avulsa;

b) na prestação de serviços de transporte por pessoa física ou jurídica, autônoma ou não, que não seja inscrita no CCICMS deste Estado;

c) na prestação de serviços de transporte iniciada onde o contribuinte não possua estabelecimento inscrito, ainda que o serviço seja prestado dentro do Estado;

d) na saída de mercadoria de repartição fiscal que processar despacho aduaneiro, inclusive na realização de leilão;

e) REVOGADA (Decreto nº 35.604/14);

f) REVOGADA (Decreto nº 36.213/15);

g) nas operações e prestações interestaduais com produtos relacionados em Portaria do Secretário de Estado da Fazenda realizadas por estabelecimentos comerciais ou contribuintes optantes pelo SIMPLES NACIONAL, para efeitos de recolhimento do ICMS, observado o disposto nos §§ 2º, 3º e 7º deste artigo;

h) nas operações e prestações interestaduais promovidas por estabelecimento comercial ou industrial que esteja inadimplente com suas obrigações principal ou acessória, observado o disposto nos §§ 6º e 7º deste artigo (Decreto nº 35.604/14);

i) nas entradas, no território deste Estado, de ficha, cartão ou assemelhados para uso em serviços de telefonia em terminal de uso público provenientes de outras unidades da Federação, observado o disposto no § 7º deste artigo (Decreto nº 35.604/14);

j) nas operações e prestações interestaduais promovidas por estabelecimento comercial ou industrial, cujo quadro societário seja composto por pessoas físicas ou jurídicas corresponsáveis por débito inscrito em Dívida Ativa, observado o disposto nos §§ 6º e 7º deste artigo (Decreto nº 35.604/14);

II – até o 15º (décimo quinto) dia do mês subsequente ao em que tiver ocorrido o fato gerador, nos casos de (Decreto nº 30.177/09):

a) estabelecimentos comerciais, inclusive distribuidores de lubrificantes e combustíveis líquidos e gasosos;

b) estabelecimentos produtores;

c) aquisições em outra unidade da Federação de mercadorias ou bens destinados a consumo ou a integrar o ativo fixo não relacionados ao processo produtivo, para os estabelecimentos enquadrados no regime de apuração normal e optantes pelo SIMPLES NACIONAL (Decreto nº 35.604/14);

d) utilização de serviços cuja prestação se inicie em outra unidade da Federação e não esteja vinculada à operação subsequente alcançada pela incidência do imposto, para contribuintes enquadrados no regime de apuração normal ou optantes pelo SIMPLES NACIONAL (Decreto nº 35.604/14);

e) estabelecimentos em regime de pagamento normal que estejam obrigados a emitir nota fiscal, na aquisição de mercadorias a contribuintes não inscritos no CCICMS, ou que não tenham organização administrativa e comercial que justifique a emissão de documento fiscal;

III – até o 20º (vigésimo) dia do mês subsequente ao em que tiver ocorrido o fato gerador, nos casos de:

a) empresas distribuidoras de energia elétrica;

b) empresas prestadoras de serviços de transporte, quando regularmente inscritas neste Estado;

c) empresas prestadoras de serviços de comunicação;

IV – até o 10º (décimo) dia do segundo mês subsequente ao da ocorrência do fato gerador, nos casos de estabelecimentos industriais;

V – no prazo normal estabelecido para a respectiva categoria econômica, pelo contribuinte regularmente inscrito neste Estado, quando emitente do Conhecimento de Transporte Rodoviário de Cargas – CTRC, na prestação de serviços de transporte de mercadorias ou bens de sua propriedade, produção, comercialização ou em consignação, utilizando veículo próprio ou contratado a transportador autônomo;

VI - na data do encerramento das atividades do contribuinte, relativamente às mercadorias constantes do estoque final do estabelecimento, observado o disposto no inciso XI do art. 14;

VII - no caso de transporte aéreo, o recolhimento do imposto será efetuado, parcialmente, em percentual não inferior a 70% (setenta por cento) do valor devido no mês anterior ao da ocorrência dos fatos geradores, até o dia 10 (dez) e a sua complementação até o último dia útil do mês subsequente ao da prestação dos serviços;

VIII- nos demais casos, no momento em que surgir a obrigação tributária.

§ 1º O recolhimento previsto nas alíneas "c" e "d" do inciso II do "caput" deste artigo, será o resultante da diferença de alíquota (Decreto nº 35.604/14).

§ 2º O recolhimento previsto na alínea "g" do inciso I deste artigo será o valor resultante da aplicação do percentual equivalente à diferença entre a alíquota interna e a interestadual sobre o valor da base de cálculo apurado nos termos da alínea "b" do inciso XII do art. 14 deste Regulamento, devendo o valor da operação de origem ou da pauta fiscal ser acrescido, quando for o caso, do IPI, do seguro, do transporte e de outras despesas debitadas ao estabelecimento destinatário, assegurada a utilização do crédito fiscal no mês do efetivo recolhimento, nos termos de Portaria do Secretário de Estado da Fazenda.

§ 3º Nas operações destinadas a contribuintes enquadrados no SIMPLES NACIONAL, salvo exceções expressas, o recolhimento previsto na alínea "g" do inciso I deste artigo será o valor resultante da aplicação do percentual equivalente à diferença entre a alíquota interna e a interestadual sobre o valor da base de cálculo apurado nos termos da alínea "b" do inciso XII do art. 14 deste Regulamento, devendo o valor da operação de origem ou da pauta fiscal ser acrescido, quando for o caso, do IPI, do seguro, do transporte e de outras despesas debitadas ao estabelecimento destinatário, ficando vedado o aproveitamento da importância recolhida como crédito fiscal.

§ 4º REVOGADO (Decreto nº 24.061/03).

§ 5º REVOGADO (Decreto nº 24.061/03).

§ 6º O recolhimento previsto nas alíneas "h" e "j", do inciso I deste artigo, salvo exceções expressas, será:

I - nas operações destinadas a estabelecimentos comerciais, o valor resultante da aplicação do percentual equivalente à diferença entre a alíquota interna e a interestadual sobre o valor da base de cálculo apurado nos termos da alínea "b" do inciso

XII do art. 14 do Regulamento, devendo o valor da operação de origem ou da pauta fiscal ser acrescido, quando for o caso, do IPI, do seguro, do transporte e de outras despesas debitadas ao estabelecimento destinatário, acrescido de percentual de 20% (vinte por cento), assegurada a utilização do crédito fiscal na apuração quando da efetiva entrada da mercadoria;

II – nas operações destinadas a estabelecimentos industriais, o valor resultante da aplicação do percentual equivalente à diferença entre a alíquota interna e a interestadual sobre o valor da base de cálculo apurado nos termos da alínea "b" do inciso XII do art. 14 do Regulamento, devendo o valor da operação própria ou da pauta fiscal, ser acrescido, quando for o caso, do IPI, do seguro, do transporte e de outras despesas debitadas ao estabelecimento destinatário, assegurada a utilização do crédito fiscal quando da efetiva entrada da mercadoria;

III – nas operações destinadas a contribuintes enquadrados no SIMPLES NACIONAL, o valor resultante da aplicação do percentual equivalente à diferença entre a alíquota interna e a interestadual sobre o valor da base de cálculo apurado nos termos da alínea "b" do inciso XII do art. 14 deste Regulamento, devendo o valor da operação própria ou da pauta fiscal ser acrescido, quando for o caso, do IPI, do seguro, do transporte e de outras despesas debitadas ao estabelecimento destinatário, ficando vedado o aproveitamento da importância recolhida como crédito fiscal.

§ 7º A cobrança à que se referem as alíneas "g" "h", "i" e "j" do inciso I, as alíneas "c" e "d" do inciso II, do "caput", e os incisos do § 6º, deste artigo, será efetuada, conforme o caso, diretamente nos postos fiscais no momento do ingresso das mercadorias em território paraibano ou nos centros de operações e prestações, por ocasião do tratamento da nota fiscal, com base nas faturas disponibilizadas no "site" da Secretaria de Estado da Receita.

§ 8º Portaria do Secretário de Estado da Fazenda poderá dispor sobre o prazo e a forma de recolhimento das operações e prestações previstas neste artigo.

§ 9º REVOGADO (Decreto nº 35.604/14).

Art. 107. Nas operações com produtos submetidos ao regime de substituição tributária, observar-se-ão os prazos de recolhimento previstos no art. 399.

Art. 108. Nas operações ou prestações efetuadas pelos contribuintes que exerçam o comércio de produtos agropecuários poderá ser exigido o recolhimento antecipado do imposto referente às mercadorias entradas em seus estabelecimentos comerciais.

Parágrafo único. O disposto neste artigo aplica-se também aos contribuintes submetidos a regime especial de controle e fiscalização pelo Secretário de Estado da Receita, nos termos do art. 653.

Art. 109. No caso de atividade de caráter eventual ou temporário, poderá ser exigido o recolhimento antecipado do imposto, na forma de instruções a serem baixadas pelo Secretário de Estado da Receita.

Art. 110. Os prazos fixados na legislação serão contínuos, excluindo-se, na sua contagem, o dia de início e incluindo-se o de vencimento.

§ 1º Os prazos só se iniciam ou se vencem em dia de expediente normal na repartição fiscal, observado o disposto no § 2º deste artigo.

§ 2º Quanto ao término do prazo de recolhimento do imposto será observado o seguinte:

I - se este cair em dia não útil ou em dia que não haja expediente bancário, o referido prazo será postergado para o primeiro dia útil subsequente; (Nova Redação - efeitos desde 29.07.17)

II - se cair no último dia do mês e este não for dia útil, considerar-se-á antecipado o prazo para o primeiro dia útil que o anteceder.

Art. 111. O imposto será recolhido pelo seu valor nominal até o 9º (nono) dia subsequente ao do encerramento do período de apuração ou da ocorrência do fato gerador.

Art. 112. A partir do 10º (décimo) dia, inclusive, subsequente ao de encerramento do período de apuração ou da ocorrência do fato gerador, e independentemente do respectivo prazo de recolhimento, o valor do imposto devido será atualizado monetariamente com base em índice de variação instituído para correção dos tributos federais.

Parágrafo único. Se do confronto da apuração resultar saldo credor, este será atualizado e transferido para o período seguinte, obedecida a mesma regra de correção estabelecida neste artigo.

Art. 113. O recolhimento do imposto após os prazos regulamentares será feito com as penalidades e acréscimos previstos na legislação vigente, sem prejuízo da aplicação do disposto no artigo anterior.

Seção V
DOS ACRÉSCIMOS LEGAIS

Art. 114 - Os débitos decorrentes do não recolhimento do imposto no prazo legal ficarão sujeitos a:

I - juros de mora equivalentes à taxa referencial do Sistema Especial de Liquidação e de Custódia - SELIC, para títulos federais, ou qualquer outro índice que vier a substitui-la, acumulada mensalmente, calculados a partir do primeiro dia do mês subsequente ao do vencimento do prazo até o mês anterior ao da liquidação, acrescidos de 1% (um por cento) no mês do pagamento;

II – multa de mora, calculada à taxa de 0,33% (trinta e três centésimos por cento), por dia de atraso, limitada a 20% (vinte por cento).

§ 1º Os juros a que se refere este artigo incidirão sobre o principal e sobre as multas por infração, quando for o caso, bem como, sobre os débitos parcelados, relativamente às prestações vincendas.

§ 2º A incidência dos acréscimos legais abrangerá o período em que a cobrança estiver suspensa por qualquer ato do contribuinte na esfera administrativa ou judicial, ressalvada a decisão definitiva na instância administrativa em processo de consulta.

§ 3º Tratando-se de débito correspondente a período de apuração, que pela natureza do levantamento se torne impossível identificar, com precisão, a data de ocorrência do fato gerador do imposto, o termo inicial, para cálculo e apuração dos acréscimos legais, será contado a partir do 9º (nono) dia após o último mês daquele período.

§ 4º Tratando-se de parcelamento, o disposto no "caput" deste artigo, incidirá sobre o crédito tributário.

Art. 115. As disposições contidas nesta Seção aplicam-se, também, aos:

I – saldos dos créditos tributários existentes, que tenham sido atualizados, monetariamente, até 31 de dezembro de 2012, por outros índices anteriormente utilizados;

II – débitos inscritos em Dívida Ativa para cobrança executiva.

Parágrafo único. Entende-se como crédito tributário, o principal, a multa por infração e a atualização monetária, bem como, os juros e a multa de mora de que trata o art. 114.

Art. 116. Somente o depósito em dinheiro da importância exigida, a partir de quando efetivado, evitará ou sustará a incidência dos acréscimos legais de que trata o art. 114.

Art. 117. A incidência dos acréscimos legais sobre os débitos fiscais do falido será feita até a data da sentença declaratória da falência, ficando suspensa por um ano, a partir dessa data.

§ 1º Se os débitos de que trata o "caput" não forem liquidados em até 30 (trinta) dias após o término do prazo previsto neste artigo, os acréscimos legais serão calculados até a data do pagamento, incluindo o período em que esteve suspensa a exigência.

§ 2º O período de concordata suspensiva não interferirá na fluência dos prazos fixados neste artigo.

Art. 118. Os acréscimos legais serão calculados pela repartição arrecadadora na conformidade do disposto nesta Seção, no momento do pagamento, acrescentado ao valor do imposto e ao da penalidade, o correspondente às respectivas atualizações.

TÍTULO IV
DAS OBRIGAÇÕES ACESSÓRIAS

Capítulo I
DO CONTRIBUINTE

Art. 119. São obrigações do contribuinte:

I – inscrever-se na repartição fiscal antes do início de suas atividades, na forma estabelecida nos arts. 120 a 122;

II – solicitar autorização da repartição fiscal competente, para imprimir ou mandar imprimir documento fiscal;

III – solicitar à repartição fiscal competente a autenticação de livros e documentos fiscais, antes de sua utilização;

IV – manter em seu poder, em boa ordem, devidamente registrados na repartição fiscal do seu domicílio, os livros e documentos fiscais, até que ocorra a decadência dos créditos tributários decorrentes das operações e prestações a que se refiram, observado o § 3º e o disposto a seguir (Decreto nº 29.006/07):

a) em se tratando de livros, o prazo se contará a partir do último lançamento nele consignado, quando obedecido o prazo legal de escrituração;

b) em se tratando de documento fiscal, o prazo ocorrerá a partir da data de sua emissão;

V – exibir ou entregar ao Fisco, quando exigido ou solicitado, os livros e/ou documentos fiscais e contábeis, assim como outros elementos auxiliares relacionados com a sua condição de contribuinte;

VI – remeter à repartição fiscal de seu domicílio, quando de início e todas as vezes em que houver substituição, comunicação contendo dados do responsável pela sua escrita contábil;

VII – comunicar à repartição fazendária as alterações contratuais e estatutárias, bem como as mudanças de domicílio fiscal, venda, fusão, cisão, transformação, incorporação, sucessão motivada pela morte do titular, transferência de estabelecimento, no prazo de 30 (trinta) dias após a ocorrência do fato, observado o disposto no art. 123;

VIII – escriturar os livros e emitir documentos fiscais, observadas as disposições constantes dos Capítulos próprios deste Regulamento;

IX – entregar ao adquirente, ainda que não solicitado, o documento fiscal correspondente à mercadoria cuja saída promover;

X – exigir de outro contribuinte, nas operações que com ele realizar, a exibição da Ficha de Inscrição do Contribuinte (FIC), sob pena de responder solidariamente pelo imposto devido, calculado na forma deste Regulamento, se de tal descumprimento decorrer o seu não recolhimento, no todo ou em parte;

XI – exibir a outro contribuinte a FIC, nas operações que com ele realizar;

XII – acompanhar, pessoalmente ou por preposto, a contagem física de mercadorias promovidas pelo Fisco, fazendo por escrito as observações que julgar convenientes, sob pena de reconhecer como exata a referida contagem, observado o seguinte:

a) antes de ser iniciada a contagem física das mercadorias, a autoridade fiscal intimará o contribuinte ou seu representante a acompanhá-la ou fazê-la acompanhar;

b) a intimação será em duas vias, ficando uma em poder do Fisco e outra em poder do intimado;

c) o contribuinte ou seu preposto dará o "ciente" na via da intimação que ficará em poder da autoridade fiscal e, nesta oportunidade, mencionará, por escrito, a pessoa que deverá acompanhar a contagem e que poderá, no decorrer da mesma, fazer, por escrito, as observações que julgar convenientes;

d) encerrada a contagem, o contribuinte ou seu preposto assinará, juntamente com a autoridade fiscal, o documento em que esta ficou consignada;

e) se o contribuinte ou seu representante se recusar a cumprir o disposto nas alíneas "c" e "d", esta circunstância será certificada pela autoridade fiscal em ambas as vias da intimação e na documentação em que a contagem ficou consignada;

XIII – comunicar imediatamente à repartição fiscal de seu domicílio o extravio ou perecimento de livros e documentos fiscais, bem como o roubo ou inutilização do equipamento ECF, observado o disposto nos §§ 1º e 2º deste artigo;

XIV – comunicar ao Fisco quaisquer irregularidades de que tiver conhecimento;

XV – cumprir todas as exigências fiscais previstas na legislação tributária;

XVI– restabelecer o uso de equipamento ECF, no caso de quebra, problemas de "software" básico do ECF ou com o programa aplicativo do usuário, no prazo de 7 (sete) dias a contar da data da ocorrência, observado o disposto no § 2º do art. 386;

XVII– requerer o uso e utilizar novo equipamento ECF, no caso de roubo, furto ou dano irrecuperável do equipamento ECF, no prazo de 30 (trinta) dias, ou comunicar imediatamente ao Fisco outras providências neste sentido;

XVIII – no caso de não possuir escrita contábil regular, manter devidamente escriturado e atualizado o Livro Caixa com a movimentação analítica dos recebimentos e pagamentos ocorridos em cada mês, inclusive, a movimentação bancária, devendo apresentá-lo à repartição fiscal, quando solicitado.

§ 1º Na hipótese do inciso XIII, a comunicação deverá ser feita preferencialmente pelo próprio contribuinte, na qual descreverá pormenorizadamente a ocorrência, acompanhada dos seguintes documentos:

I – comprovante de comunicação do fato à autoridade policial, no caso de roubo, furto ou sinistro;

II – comprovante de publicação, em periódico local de maior circulação e no órgão da imprensa oficial do Estado, de aviso do perecimento ou extravio dos documentos fiscais, roubo ou inutilização do equipamento ECF, identificados através de suas características.

§ 2º Caberá à repartição fiscal, após receber a comunicação prevista no inciso XIII do "caput" deste artigo, diligenciar junto ao contribuinte para apurar a veracidade de suas informações e, cumprida a diligência, enviar expediente à Gerência Regional da Receita Estadual a que esteja subordinada, a fim de que esta, tomadas as necessárias providências, faça publicar o ocorrido no órgão da imprensa oficial do Estado ou da Secretaria de Estado da Receita, inclusive, determinando o cancelamento dos talonários em branco, porventura extraviados, e da autorização de uso de equipamento ECF, quando for o caso, observado o § 3º do art. 340, para salvaguardar os interesses da Fazenda Estadual.

§ 3º O prazo para a guarda dos livros e documentos fiscais que contiverem registros de operações e prestações objeto de processo pendente será o de sua decisão definitiva, na hipótese em que esta seja proferida após o prazo referido no inciso IV (Decreto nº 29.006/07).

Capítulo II
DO CADASTRO DE CONTRIBUINTES

Seção I
DA INSCRIÇÃO

Art. 120. Inscrever-se-ão no Cadastro de Contribuintes do ICMS – CCICMS, antes de iniciarem suas atividades:

I – os contribuintes arrolados no art. 36;

II - as empresas de armazéns gerais, de armazéns frigoríficos, de silos e de outros armazéns de depósito de mercadorias;

III - os representantes ou pessoas a eles equiparadas;

IV - o sujeito passivo por substituição de outra unidade da Federação, observado o disposto no § 1º do art. 401;

V - os leiloeiros e as demais pessoas, físicas ou jurídicas, de direito público ou privado, que pratiquem com habitualidade ou em volume que caracterize intuito comercial, em nome próprio ou de terceiros, operações sujeitas ao imposto.

§ 1º Todo aquele que produzir em propriedade alheia e promover a saída de mercadoria em seu próprio nome, fica também obrigado à inscrição.

§ 2º A imunidade, não-incidência ou isenção não desobrigam as pessoas de que trata este artigo de se inscreverem, nem as desoneram do cumprimento das obrigações acessórias previstas neste Regulamento.

§ 3º A inscrição será feita na repartição fiscal em cuja circunscrição esteja localizado o estabelecimento.

Art. 121. Cada estabelecimento receberá um número de inscrição, vedada a concessão de inscrição única a estabelecimentos distintos.

§ 1º Consideram-se estabelecimentos distintos, para efeito de inscrição:

I - os que, embora situados no mesmo local e com atividade da mesma natureza ou não, pertençam a diferentes pessoas e tenham seus espaços físicos e endereços individualizados;

II - os que, embora pertencentes à mesma pessoa e com atividade da mesma natureza, estejam situados em locais diversos;

III - REVOGADO (DECRETO Nº 35.717/15);

IV - as lojas situadas em "shopping centers", centros comerciais, galerias, mercados e outros locais similares, ainda que pertencentes à mesma pessoa, quando não contíguas e intercomunicáveis.

§ 2º Para os efeitos do inciso IV do parágrafo anterior, consideram-se contíguos e intercomunicáveis os imóveis que tenham comunicação interna que possibilite o livre acesso do público consumidor.

§ 3º O Secretário de Estado da Receita, mediante Portaria, poderá editar normas complementares regulamentando as condições à concessão de inscrição considerando a natureza de atividade econômica, o tipo de unidade, a natureza jurídica, ou ainda a existência de outro estabelecimento pertencente à mesma pessoa física ou jurídica no local solicitado.

Seção II
DA ATUALIZAÇÃO CADASTRAL

Art. 122. A inscrição será solicitada em Ficha de Atualização Cadastral -FAC, Anexo 69 ou por meio de aplicativo de coleta de dados relacionado à integração de cadastros legalmente previsto.

Parágrafo único. O Secretário de Estado da Receita expedirá portaria instituindo as formas de preenchimento e de encaminhamento das informações coletadas através da FAC ou aplicativo de coleta de dados, a relação dos documentos necessários a instruir o processo e os procedimentos adotados, considerando o tipo, a natureza da atividade e o regime de pagamento do imposto, bem como a simplificação e a sincronização dos procedimentos cadastrais.

Art. 123. Será igualmente exigido o preenchimento da FAC ou do aplicativo de coleta de dados quando se verificar, em qualquer ocasião, alteração dos dados cadastrais do estabelecimento ou da firma, tais como: mudança de endereço, de ramo de negócio ou de atividade, alteração de nome ou de natureza da firma ou sociedade e alterações de capital social, entre outros, devendo ainda, ser anexadas, quando for o caso, cópias autenticadas dos documentos relativos às alterações, observado o disposto na portaria de que trata o parágrafo único do art. 122.

§ 1º Nas alterações de que trata este artigo, será lançado na FAC ou no aplicativo de coleta de dados apenas o número de inscrição estadual e os campos alusivos às modificações a serem introduzidas.

§ 2º Os dados cadastrais a que se refere o "caput" deste artigo, também poderão ser alterados "ex officio", quando, mediante ação fiscal, for detectada "in loco" a necessidade de alteração ou atualização das informações.

§ 3º As alterações de que trata o § 2º deverão ser acompanhadas de justificativas e de documentos, em meio físico ou eletrônico, que instruam tais procedimentos.

§ 4º Os dados de contato do contribuinte, do Profissional da Contabilidade e dos integrantes do quadro de sócios e administradores poderão ser atualizados por meio de procedimento alternativo previsto em norma expedida pelo Secretário de Estado da Receita.

Art. 124. Preenchidos os requisitos da portaria a que se refere o parágrafo único do art. 122, o chefe da repartição fiscal deferirá o pedido.

§ 1º Deferido o pedido previsto no "caput" a repartição fiscal providenciará:

I – a inscrição ou a alteração no Cadastro de Contribuintes do CICMS;

II – a disponibilização da Ficha de Inscrição do Contribuinte (FIC), que conterá:

a) o número de inscrição no Cadastro de Contribuintes do ICMS;

b) o número de inscrição no Cadastro Nacional da Pessoa Jurídica, CNPJ;

c) o código e a descrição da atividade econômica;

d) o nome da empresa;

e) o endereço completo;

f) a repartição fiscal;

g) o regime de apuração;

h) o tipo de estabelecimento;

i) o tipo de unidade;

j) a forma de atuação;

k) o controle de emissão.;

l) o código e a descrição da natureza jurídica;

m) a data de abertura;

n) o título do estabelecimento (nome fantasia).

§ 2º Procedida à inscrição, a reativação ou o restabelecimento de inscrição ou a alteração de endereço, o chefe da repartição determinará a fiscalização competente o preenchimento do relatório de vistoria, em modelo aprovado pela Secretaria de Estado da Receita.

§ 3º O relatório de vistoria referido no § 2º antecederá o deferimento da solicitação do contribuinte, para as atividades econômicas listadas na portaria a que se refere o parágrafo único do art. 122.

§ 4º Nos casos em que haja ausência ou impedimento do chefe da repartição fiscal, as atribuições referidas neste artigo poderão ser exercidas, excepcionalmente, pelo titular da respectiva Gerência Regional.

Art. 125. Verificado, mediante instauração de processo administrativo regular, assegurada a ampla defesa, que a FAC ou o aplicativo de coleta de dados foi preenchido com informações inverídicas, o chefe da repartição fiscal encaminhará o processo ao Gerente Regional, que por sua vez o encaminhará ao Ministério Público para as providências necessárias à instrução de procedimento criminal, quando for o caso.

Art. 126. REVOGADO (DECRETO Nº 35.717/15).

Art. 127. O número de inscrição concedido ao estabelecimento constará obrigatoriamente:

I - dos papéis apresentados às repartições estaduais;

II - dos atos e contratos firmados no País;

III - das faturas, notas fiscais, notas fiscais-faturas, documentos de recolhimento de tributos e demais efeitos fiscais exigidos pela legislação estadual;

IV - de quaisquer outros documentos fiscais que a pessoa inscrita emitir ou subscrever.

Art. 128. A saída de mercadorias de estabelecimentos comerciais, industriais ou produtores, que devam ser, por sua natureza, quantidade ou qualidade, comercializadas ou utilizadas em processo de produção ou industrialização, somente poderá ser promovida se destinada a pessoa inscrita.

Art. 129. A prova da inscrição far-se-á mediante a apresentação da respectiva Ficha de Inscrição do Contribuinte - FIC, da certidão de dados do Cadastro de Contribuintes do ICMS da Paraíba - CCICMS/PB ou outro documento previsto em legislação que ateste a condição de inscrito, devidamente válido.

Seção III
DA FICHA DE INSCRIÇÃO DO CONTRIBUINTE

Art. 130. A Ficha de Inscrição do Contribuinte - FIC deverá ser entregue pela repartição fiscal ou emitida por meio do sítio da Secretaria de Estado da Receita na Internet após o cadastramento da inscrição estadual ou atualização dos dados cadastrais.

Art. 131. A FIC deverá ser apreendida pela fiscalização sempre que houver prova ou suspeita de falsificação ou adulteração, parcial ou total, lavrando-se o auto ou termo com indicação de suas características e os motivos da apreensão.

Art. 132. Permanecerá o mesmo número de inscrição estadual em qualquer alteração cadastral, desde que seja mantido o mesmo número de inscrição no Cadastro Nacional da Pessoa Jurídica - CNPJ.

Arts. 133 ao 136. REVOGADO (Decreto nº 36.733/16).

Seção IV
DA BAIXA DA INSCRIÇÃO ESTADUAL

Art. 137. O contribuinte deverá solicitar a baixa da sua inscrição, com a devida anotação no competente órgão de registro, quando ocorrer:

I - o encerramento das suas atividades;

II – a exclusão de todas as atividades econômicas sujeitas ao ICMS;

III – a mudança de endereço para outra unidade da Federação.

Art. 137-A. A inscrição do contribuinte poderá ser baixada "ex officio" pela autoridade fiscal competente ou pelo Secretário de Estado da Receita, com a publicação do ato em Diário Oficial Eletrônico – DOe-SER, nos seguintes casos:

I – constatação de que o contribuinte não exerce atividade econômica que o obriga a inscrição estadual;

II – constatação no Cadastro Nacional da Pessoa Jurídica de que o contribuinte obteve baixa ou mudou o domicílio tributário para outra unidade da Federação, por meio de aplicativo de coleta informatizado relacionado à integração de cadastros legalmente prevista, sem ter havido a correspondente criação automática de pedido de baixa ao CCICMS por aquele mecanismo;

III – situação cadastral cancelado, suspenso a pedido ou suspenso "ex officio" no CCICMS há mais de cinco anos, a contar do primeiro dia útil do ano seguinte à inaptidão cadastral;

IV – revisão do ato de concessão da inscrição;

V – não obrigatoriedade de inscrição em função de o Tipo de Unidade do estabelecimento ser auxiliar, a natureza jurídica não ser ligada a fins econômicos ou não enquadramento nos termos do art. 37.

Parágrafo único. O restabelecimento da inscrição baixada "ex officio" será publicado em Diário Oficial Eletrônico – DOe-SER a partir de iniciativa:

I – da repartição fiscal competente ou pelo Secretário de Estado da Receita, quando constatado que a baixa "ex officio" foi indevida;

II – do contribuinte, mediante requerimento, acrescido de atualização cadastral na forma do art. 123 quando for o caso, comprovando-se a resolução do motivo que originou a baixa "ex officio".

Art. 138. A baixa a pedido ou "ex officio", bem como a reativação ou o restabelecimento, não implicará quitação de tributos ou exoneração de qualquer responsabilidade tributária ou de outra natureza, apurados antes ou após o ato cadastral correspondente.

§ 1º O disposto no "caput" não impedirá que, posteriormente, sejam lançados ou cobrados tributos e respectivas penalidades, decorrentes da simples falta de recolhimento ou da prática comprovada e apurada em processo administrativo ou judicial de outras irregularidades praticadas pelo contribuinte, sócios ou administradores.

§ 2º A baixa da inscrição do contribuinte importará responsabilidade solidária dos titulares, dos sócios e dos administradores no período da ocorrência dos respectivos fatos geradores.

Art. 139. O pedido de reativação da inscrição ocorrerá por iniciativa do contribuinte, mediante FAC ou outro aplicativo de coleta de dados informatizado, após o reinício das atividades, em função de anterior pedido de baixa de atividade, observados os requisitos previstos nos arts. 122 e 123.

Seção IV-A
DA SUSPENSÃO DA INSCRIÇÃO ESTADUAL

Art. 139-A. O contribuinte deverá solicitar a suspensão de sua inscrição quando ocorrer suspensão temporária de suas atividades.

Art. 139-B. A inscrição do contribuinte será suspensa "ex officio" pelo chefe da repartição fiscal competente, ficando o contribuinte sujeito às mesmas disposições contidas nos incisos I a VI do § 1º do art. 140, com a publicação do ato no Diário Oficial Eletrônico -Doe-SER, nos seguintes casos:

I - quando o contribuinte apresentar sem movimento, durante 6 (seis) meses consecutivos, a Guia de Informação Mensal do ICMS - GIM, Anexo 46, verificada por meio de processo informativo (Decreto nº 35.124/14);

II - na falta de recolhimento do ICMS, declarado ou apurado mediante ação fiscal, por dois ou mais períodos de referência (Decreto nº 35.783/15);

III - quando o contribuinte, reiteradamente, deixar de atender atos de ofício do Fisco (Decreto nº 35.783/15);

IV - após transitar em julgado sentença homologatória da falência do contribuinte;

V - quando, utilizando-se de crédito fiscal indevido, transferi-los para outros estabelecimentos comerciais ou industriais;

VI - quando o contribuinte apresentar sem movimento, durante 3 (três) meses consecutivos, a Escrituração Fiscal Digital - EFD, verificada por meio de processo informativo (Decreto nº 35.124/14);

VII - quando o contribuinte optante pelo SIMPLES NACIONAL apresentar sem movimento, durante 6 (seis) meses consecutivos, o Programa Gerador do Documento de Arrecadação do Simples Nacional - Declaratório - PGDAS-D;

VIII - quando o contribuinte optante pelo SIMPLES NACIONAL apresentar sem movimento, durante 6 (seis) meses alternados dentro do ano-calendário, o Programa Gerador do Documento de Arrecadação do Simples Nacional - Declaratório - PGDAS-D;

IX - quando o valor das aquisições de mercadorias ou o valor da receita bruta do contribuinte optante pelo Sistema de Recolhimento em Valores Fixos Mensais dos

Tributos Abrangidos pelo Simples Nacional - SIMEI, no próprio ano-calendário, for superior a 20% (vinte por cento) dos limites previstos nos §§ 1º e 2º do art. 18-A da Lei Complementar nº 123, de 14 de dezembro de 2006;

X - quando o sujeito passivo por substituição tributária, durante 6 (seis) meses consecutivos, apresentar sem movimento a Guia Nacional de Informação e Apuração do ICMS - Substituição Tributária - GIA-ST, Anexo 101, verificado por meio de processo informativo;

XI - quando o contribuinte do ICMS que for obrigado a efetuar seu credenciamento no Domicílio Tributário Eletrônico - DT-e da SER, deixar de fazê-lo no prazo estabelecido na legislação tributária deste estado;

XII - quando o contribuinte optante pelo Sistema de Recolhimento em Valores Fixos Mensais dos Tributos Abrangidos pelo Simples Nacional - SIMEI sofrer, por qualquer hipótese, desenquadramento ou exclusão do Simples Nacional, permanecendo a suspensão enquanto não apresentar à repartição do domicílio fiscal comprovação de endereço e contabilista conforme art. 121 deste Regulamento.

Art. 139-C. O restabelecimento da inscrição, em função da suspensão "ex officio", será publicado no Diário Oficial Eletrônico - DOe-SER, a partir de iniciativa:

I - do contribuinte, mediante requerimento ao chefe da repartição fiscal competente, comprovando-se a resolução do motivo que originou a suspensão;

II - da autoridade fiscal responsável pela repartição fiscal do domicílio do contribuinte, constatando-se que a suspensão foi indevida.

Art. 139-D. O pedido de reativação da inscrição ocorrerá por iniciativa do contribuinte, mediante FAC ou outro aplicativo de coleta de dados informatizado, após o reinício das atividades, em função de anterior pedido de suspensão de atividade, observados os requisitos previstos nos arts. 122 e 123 deste Regulamento.

Art. 139-E. A suspensão a pedido ou "ex officio", bem como a reativação ou o restabelecimento, não implicará quitação de tributos ou exoneração de qualquer responsabilidade tributária ou de outra natureza, apurados antes ou após o ato cadastral correspondente, sem prejuízo do disposto no § 1º do art. 138 deste Regulamento.

Seção V
DO CANCELAMENTO DA INSCRIÇÃO

Art. 140. A inscrição será cancelada "ex officio" pelo chefe da repartição fiscal competente, nos seguintes casos:

I - quando o contribuinte, durante 06 (seis) meses consecutivos, não apresentar a Guia de Informação Mensal - GIM, Anexo 46;

II - REVOGADO (Decreto nº 22.320/01 - DOE de 11.10.01)

III - quando, por meio de processo administrativo tributário regular, for comprovado que o contribuinte em nenhum momento exerceu suas atividades ou no caso de ter exercido não mais as exerce no local da inscrição e não tenha solicitado atualização cadastral informando a mudança de endereço;

IV - nos casos de infrações praticadas com dolo, fraude, simulação ou de irregularidades que caracterizem crime de sonegação fiscal na forma estabelecida em lei, comprovadas através de processo regular, observado o disposto no § 4º (Lei nº 7.334/03);

V - quando, decorrido o prazo de 01 (um) ano, contado da data da suspensão temporária de atividade, o contribuinte não houver solicitado a reativação de sua inscrição;

VI - quando, por meio de processo administrativo regular, for constatada irregularidade no fornecimento de informações referentes à inscrição ou atualização cadastral, a exemplo de sócios inexistentes, exercício de atividades econômicas divergentes do informado, endereço que impossibilite a localização ou local impróprio para a atividade econômica;

VII- quando o contribuinte, durante 03 (três) meses consecutivos, não apresentar a Escrituração Fiscal Digital - EFD (Decreto nº 34.333/13);

VIII - quando o contribuinte optante pelo SIMPLES NACIONAL não apresentar, durante 6 (seis) meses consecutivos, o Programa Gerador do Documento de Arrecadação do Simples Nacional - Declaratório - PGDAS-D;

IX - quando o contribuinte optante pelo SIMPLES NACIONAL não apresentar, durante 6 (seis) meses alternados dentro do ano-calendário, o Programa Gerador do Documento de Arrecadação do Simples Nacional - Declaratório - PGDAS-D;

X - quando a inscrição no Cadastro Nacional da Pessoa Jurídica não estiver com situação cadastral ativa e o contribuinte não tiver comunicado o encerramento ou a suspensão temporária de suas atividades a repartição fiscal competente no prazo devido;

XI - quando o sujeito passivo por substituição tributária, durante 6 (seis) meses consecutivos, deixar de apresentar a Guia Nacional de Informação e Apuração do ICMS - Substituição Tributária - GIA-ST, Anexo 101, verificado por meio de processo informativo.

§ 1º O cancelamento previsto neste artigo implica considerar o contribuinte como não inscrito no Cadastro de Contribuinte do ICMS, sem prejuízo de outras implicações legais, ficando sujeito:

I - à apreensão das mercadorias encontradas em seu poder;

II - à apreensão dos livros e documentos fiscais;

III - ao cancelamento dos talonários de notas fiscais em seu poder;

IV - à interdição ou apreensão dos equipamentos ECF;

V- ao cancelamento de ofício da autorização de uso dos equipamentos ECF;

VI - ao cancelamento de ofício da autorização de emissão de documentos fiscais.

§ 2º O ato da autoridade fiscal que considerar cancelada a inscrição fará menção às disposições do § 1° deste artigo e será publicado no Diário Oficial Eletrônico - DOe-SER, não sendo permitida a utilização por terceiros de crédito fiscal decorrente de operações realizadas com o contribuinte incluso no disposto neste artigo.

§ 3º O restabelecimento da inscrição cancelada será publicado no Diário Oficial Eletrônico - DOe-SER, e poderá ocorrer:

I - por iniciativa do contribuinte, mediante requerimento, juntamente com a atualização cadastral prevista no art. 123 deste Regulamento, quando for o caso, comprovando-se a regularização dos motivos que originaram o cancelamento;

II - por iniciativa da autoridade fiscal responsável pela repartição fiscal do domicílio do contribuinte, quando constatado que o cancelamento foi indevido.

§ 4º Na hipótese de que trata o "caput", antes do cancelamento, a inscrição estadual poderá ser suspensa pelo chefe da repartição fiscal ou por autoridade fiscal superior competente até a decisão definitiva transitada em julgado.

§ 5º O cancelamento e o restabelecimento previstos neste artigo não implicarão quitação de tributos ou exoneração de qualquer responsabilidade tributária ou de outra natureza, apurados antes ou após o ato correspondente.

Art. 140-A. A inscrição estadual será cassada no caso de se comprovar que a respectiva empresa tenha realizado emissão de documentos fiscais para os quais se comprove a inexistência da materialidade das operações ou prestação de serviços neles declaradas, nos termos previstos neste Regulamento, excetuados os casos expressamente previstos na legislação tributária deste Estado.

Art. 141. A autoridade fiscal poderá exigir a apresentação de outros documentos, na forma estabelecida em ato da Secretaria de Estado da Receita, bem como determinar que se prestem, por escrito ou verbalmente, outras informações que se fizerem necessárias à apreciação dos pedidos de inscrição, atualização e baixa no CCICMS.

Parágrafo único. Portaria do Secretário de Estado da Receita instituirá normas complementares às regras estabelecidas neste Capítulo.

Capítulo III
DOS DOCUMENTOS FISCAIS

Seção I
DOS DOCUMENTOS EM GERAL

Art. 142. Os contribuintes do imposto emitirão, conforme as operações ou prestações que realizarem, os seguintes documentos fiscais:

I - Nota Fiscal, modelo 1 ou 1-A, Anexos 15 e 16;

II - Nota Fiscal de Venda a Consumidor, modelo 2, Anexo 17;

III - Cupom Fiscal emitido por Equipamento Emissor de Cupom Fiscal (ECF);

IV - Nota Fiscal de Produtor, modelo 4, Anexo 18;

V - Nota Fiscal/Conta de Energia Elétrica, modelo 6, Anexo 19;

VI - Nota Fiscal de Serviço de Transporte, modelo 7, Anexo 20;

VII - Conhecimento de Transporte Rodoviário de Cargas, modelo 8, Anexo 51;

VIII - Conhecimento de Transporte Aquaviário de Cargas, modelo 9, Anexo 52;

IX - Conhecimento Aéreo, modelo 10, Anexo 53;

X - Conhecimento de Transporte Ferroviário de Cargas, modelo 11, Anexo 54;

XI - Bilhete de Passagem Rodoviário, modelo 13, Anexo 56;

XII - Bilhete de Passagem Aquaviário, modelo 14, Anexo 57;

XIII - Bilhete de Passagem e Nota de Bagagem, modelo 15, Anexo 58;

XIV - Bilhete de Passagem Ferroviário, modelo 16, Anexo 59;

XV - Despacho de Transporte, modelo 17, Anexo 60;

XVI - Resumo de Movimento Diário, modelo 18, Anexo 61;

XVII - Conhecimento de Transporte Multimodal de Cargas, modelo 26, Anexo 55 (Ajuste SINIEF 06/03);

XVIII - Ordem de Coleta de Cargas, modelo 20, Anexo 62;

XIX - Nota Fiscal de Serviço de Comunicação, modelo 21, Anexo 21;

XX - Nota Fiscal de Serviço de Telecomunicação, modelo 22, Anexo 22;

XXI - REVOGADO (Decreto nº 33.952/13 - Ajuste SINIEF 03/13);

XXII - Manifesto de Carga, modelo 25, Anexo 64;

XXIII - Guia Nacional de Recolhimento de Tributos Estaduais - GNRE, modelo 23, Anexo 45 ou modelo 28, Anexo 119 (Ajustes SINIEF 11/97 e 01/10);

XXIV - Nota Fiscal Eletrônica - NF-e - Ajuste SINIEF 07/05 (Decreto nº 28.820/07);

XXV - Documento Auxiliar da NF-e - DANFE - Ajuste SINIEF 07/05 (Decreto nº 28.820/07).

XXVI - Conhecimento de Transporte Eletrônico - CT-e, modelo 57 (Ajustes SINIEF 09/07 e 32/19);

XXVII- Documento Auxiliar do CT-e - DACTE e - Ajuste SINIEF 09/07 (Decreto nº 30.084/08).

XXVIII- Manifesto Eletrônico de Documentos Fiscais - MDF-e, modelo 58 - Ajuste SINIEF 21/10;

XXIX - Documento Auxiliar do MDF-e - DAMDFE - Ajuste SINIEF 21/10.

XXX - Nota Fiscal de Consumidor Eletrônica- NFC-e, modelo 65 - Ajuste SINIEF 19/16;

XXXI - Documento Auxiliar da NFC-e - DANFE-NFC-e - Ajuste SINIEF 19/16;

XXXII - Bilhete de Passagem Eletrônico - BP-e, modelo 63 (Ajuste SINIEF 01/17);

XXXIII - Documento Auxiliar do BP-e - DABPE (Ajuste SINIEF 01/17);

XXXIV - Nota Fiscal de Energia Elétrica Eletrônica - NF3e, modelo 66 (Ajuste SINIEF 01/19);

XXXV - Documento Auxiliar da Nota Fiscal de Energia Eletrônica - DANF3E (Ajuste SINIEF 01/19);

XXXVI - Conhecimento de Transporte Eletrônico para Outros Serviços - CT-e OS, modelo 67 (Ajuste SINIEF 36/19);

XXXVII - Documento Auxiliar do CT-e Outros Serviços - DACTE OS (Ajuste SINIEF 36/19);

XXXVIII - Guia de Transporte de Valores Eletrônica - GTV-e, modelo 64 (Ajuste SINIEF 03/20).

§ 1º Os documentos referidos neste artigo obedecerão aos modelos anexos.

§ 2º É vedada a utilização simultânea dos modelos 1 e 1-A do documento fiscal de que trata o inciso I, salvo quando adotadas séries distintas, nos termos do § 3º do art. 147 (Ajuste SINIEF 09/97).

§ 3º Os documentos previstos nos incisos I a XXIII do "caput" deverão ser extraídos a carbono de dupla face ou em papel carbonado, com preenchimentos à máquina ou manuscritos à tinta ou a lápis-tinta, devendo ainda os seus dizeres e indicações estarem bem legíveis em todas as vias.

Art. 143. Os documentos fiscais referidos no art. 142 deverão ser emitidos de acordo com as exigências previstas na legislação vigente, sob pena de serem desconsiderados pelo fisco estadual, em decorrência de sua inidoneidade.

§ 1º É considerado inidôneo, para todos os efeitos fiscais, fazendo prova apenas em favor do Fisco, os documentos previstos no art. 142 que:

I - omitam informações, no seu preenchimento, essenciais ao controle do fisco, ou as prestem com imprecisão, entre as quais as referentes:

a) ao emitente;

b) ao destinatário;

c) à discriminação das mercadorias, à quantidade, à unidade de medida, ao valor e à alíquota;

d) à natureza da operação ou CFOP;

e) aos dados do transportador;

f) à data de emissão e saída das mercadorias;

II - não sejam os legalmente exigidos para a respectiva operação, quando esta circunstância for detectada pela fiscalização de trânsito de mercadorias;

III - não guardem as exigências ou requisitos previstos na legislação vigente, quanto ao seu "layout";

IV- em se tratando dos documentos previstos nos incisos I a XXIII, os que contenham declarações inexatas, estejam preenchidos de forma ilegível ou apresentem emendas ou rasuras que lhes prejudique a clareza;

V- em se tratando dos documentos previstos nos incisos I a XXIII, os que apresentem divergências entre os dados constantes de suas diversas vias, entre as quantidades consignadas no documento fiscal e as transportadas e as divergências relativas à quantidade ou discriminação das mercadorias;

VI- acobertem operação com combustível derivado ou não do petróleo, em desacordo com a legislação federal competente, inclusive as normas emanadas da Agência Nacional do Petróleo - ANP e do Instituto Nacional de Metrologia, Normalização e Qualidade Industrial - INMETRO.

§ 2º Relativamente aos documentos referidos, é permitido:

I – o acréscimo de indicações necessárias ao controle de outros tributos federais e municipais, desde que atendidas as normas da legislação de cada tributo;

II – o acréscimo de indicações de interesse do emitente, que não lhes prejudiquem a clareza;

III – a supressão dos campos referentes ao controle do Imposto sobre Produtos Industrializados, no caso de utilização de documentos em operações não sujeitas a esse tributo, exceto o campo "VALOR TOTAL DO IPI", do quadro "CÁLCULO DO IMPOSTO", hipótese em que nada será anotado neste campo (Ajuste SINIEF 03/94);

IV – a alteração na disposição e no tamanho dos diversos campos, desde que não lhes prejudiquem a clareza e o objetivo (Ajuste SINIEF 16/89).

§ 3º O disposto nos incisos II e IV, do § 2º deste artigo não se aplica aos documentos fiscais modelos 1 e 1-A, exceto quanto:

I – à inclusão do nome de fantasia, endereço telegráfico, número de telex e o da caixa postal, no quadro "EMITENTE";

II – à inclusão no quadro "DADOS DO PRODUTO":

a) de colunas destinadas à indicação de descontos concedidos e outras informações correlatas que complementem as indicações previstas para o referido quadro;

b) de pauta gráfica, quando os documentos forem manuscritos;

III – à inclusão, na parte inferior da nota fiscal, de indicações expressas em código de barras, desde que determinadas ou autorizadas pelo Fisco;

IV – à alteração no tamanho dos quadros e campos, respeitados o tamanho mínimo, quando estipulado neste Regulamento, e a sua disposição gráfica;

V – à inclusão, de propaganda na margem esquerda dos modelos 1 e 1-A, desde que haja separação de, no mínimo, 0,5 (cinco décimos) de centímetro do quadro do modelo;

VI – à deslocação do comprovante de entrega, na forma de canhoto destacável para a lateral direita ou para a extremidade superior do impresso;

VII – à utilização de retícula e fundos decorativos ou personalizantes, desde que não excedentes aos seguintes valores da escala "europa":

a) 10% (dez por cento) para as cores escuras;

b) 20% (vinte por cento) para as cores claras;

c) 30% (trinta por cento) para as cores creme, rosa, azul, verde e cinza, em tintas próprias para fundos.

Art. 144. As diversas vias dos documentos fiscais não se substituirão em suas respectivas funções e a sua disposição obedecerá ordem sequencial que as diferencia, vedada a intercalação de vias adicionais.

Art. 145. Quando a operação esteja amparada por imunidade ou não incidência ou beneficiada por isenção, diferimento, suspensão ou redução de base de cálculo do imposto, essa circunstância será mencionada no documento fiscal, indicando-se o dispositivo legal respectivo.

Art. 146. Os documentos fiscais serão numerados em todas as vias, por espécie, em ordem crescente de 1 a 999.999 e enfeixados em blocos uniformes de 20 (vinte), no mínimo, e 50 (cinquenta), no máximo, podendo, em substituição aos blocos, ser confeccionados em formulários contínuos ou jogos soltos, observados os requisitos estabelecidos pela legislação específica para emissão dos correspondentes documentos.

§ 1º Atingido o número 999.999, a numeração deverá ser recomeçada com a mesma designação de série e subsérie.

§ 2º A emissão dos documentos fiscais, em cada bloco, será feita pela ordem de numeração referida neste artigo.

§ 3º Os blocos serão usados pela ordem de numeração dos documentos, não podendo ser utilizados, sem que estejam simultaneamente em uso, ou já tenham sido usados os de numeração inferior.

§ 4º Cada estabelecimento, seja matriz, filial, sucursal, agência, depósito ou qualquer outro, terá talonário próprio.

§ 5º Em relação aos produtos ou serviços imunes à tributação, a emissão dos documentos poderá ser dispensada mediante prévia autorização da Secretaria de Estado da Receita.

§ 6º REVOGADO (Decreto nº 39.095/19).

§ 7º REVOGADO (Decreto nº 22.928/02).

§ 8º Na hipótese de que trata o § 6º, é permitido o uso de jogos soltos ou formulários contínuos para emissão de Nota Fiscal de Venda a Consumidor, modelo 2, sem distinção por subsérie, englobando operações para as quais sejam exigidas subséries especiais, devendo constar a designação "Única" após a letra indicativa da série.

§ 9º Ao contribuinte que se utilizar do sistema previsto no § 8º é permitido, ainda, o uso de documento fiscal emitido à máquina ou manuscrito, observado o disposto nos §§ 1º e 2º do art. 147.

§ 10. As vias dos jogos soltos ou formulários contínuos destinados à exibição ao Fisco poderão, em substituição à microfilmagem ou à adoção de copiador, ser destacadas, enfeixadas e encadernadas em volumes uniformes de até 200 (duzentos) documentos, mediante autorização prévia do chefe da repartição fiscal do domicílio do contribuinte.

§ 11. A numeração dos modelos de notas fiscais 1 e 1-A será reiniciada sempre que houver:

I - adoção de séries distintas, nos termos do inciso I do § 3º do art. 147 (Ajuste SINIEF 09/97);

II - troca do modelo 1 para 1-A e vice-versa.

§ 12. A numeração do documento fiscal de que trata o inciso IV do art. 142, será reiniciada sempre que houver adoção de séries distintas, nos termos do § 3º do art. 147.

§ 13. Quando os documentos fiscais forem emitidos por sistema eletrônico de processamento de dados, deverão ser observadas as normas estabelecidas nos arts. 301 a 336.

Art. 147. Os documentos fiscais serão confeccionados e utilizados com observância das seguintes séries, observado o disposto no § 3º, deste artigo:

I - "B" - na saída de energia elétrica ou na prestação de serviços a destinatários ou usuários localizados no Estado ou no exterior;

II - "C" - na saída de energia elétrica ou na prestação de serviços a destinatários ou usuários localizados em outro Estado;

III - "D" - na saída de mercadorias a consumidor final quando retiradas pelo comprador e na prestação de serviço de transporte de passageiros;

IV - "F" - na utilização do Resumo de Movimento Diário, modelo 18.

§ 1º Os documentos fiscais deverão conter o algarismo designativo da subsérie, em ordem crescente a partir de 1, que será aposto à letra indicativa da série.

§ 2º É permitido em cada uma das séries dos documentos fiscais o uso simultâneo de duas ou mais subséries.

§ 3º Relativamente à utilização de séries nos documentos a que aludem os incisos I, II e IV do art. 142, observar-se-á o seguinte (Ajuste SINIEF 09/97):

I - na Nota Fiscal, modelos 1 e 1-A:

a) será obrigatória a utilização de séries distintas no caso de uso concomitante da Nota Fiscal e da Nota Fiscal Fatura a que se refere o § 7º do art. 159, ou quando houver determinação por parte do Fisco, para separar as operações de entrada das de saída;

b) sem prejuízo do disposto na alínea anterior, poderá ser permitida a utilização de séries distintas, quando houver interesse do contribuinte;

c) as séries serão designadas por algarismos arábicos, em ordem crescente, a partir de 1, vedada a utilização de subsérie;

II – na Nota Fiscal de Venda a Consumidor, modelo 2:

a) será adotada a série "D";

b) poderá conter subséries com algarismo arábico, em ordem crescente, a partir de 1, impresso após a letra indicativa da série;

c) poderão ser utilizadas simultaneamente duas ou mais subséries;

d) deverão ser utilizados documentos de subsérie distinta sempre que forem realizadas operações com produtos estrangeiros de importação própria ou operações com produtos estrangeiros adquiridos no mercado interno;

III – na Nota Fiscal de Produtor, modelo 4:

a) será obrigatória a utilização de séries distintas no caso de uso concomitante da Nota Fiscal de Produtor e da Nota Fiscal Fatura de Produtor a que se refere o § 5º do art. 178 ou, quando houver determinação por parte do Fisco, para separar as operações de entrada das de saída;

b) sem prejuízo do disposto na alínea anterior, poderá ser permitida a utilização de séries distintas, quando houver interesse por parte do contribuinte;

c) as séries serão designadas por algarismos arábicos, em ordem crescente, a partir de 1, vedada a utilização de subsérie.

§ 4º No fornecimento de energia elétrica e nas prestações de serviços sujeitos a diferentes alíquotas do ICMS é obrigatório o uso de subsérie distinta dos documentos fiscais previstos neste Regulamento para cada alíquota aplicável, podendo o contribuinte utilizar-se da faculdade a que se refere o §6º.

§ 5º Ao contribuinte que utilizar sistema eletrônico de processamento de dados é permitido, ainda, o uso de documento fiscal emitido a máquina ou manuscrito, observado o disposto nos §§ 1º, 2º e 3º (Ajuste SINIEF 09/97).

§ 6º Nas operações e prestações a que se refere o § 4º, observado o disposto no § 9º, é permitido o uso:

I – de documentos fiscais sem distinção por série e subsérie, devendo constar a designação "Série Única";

II – das séries "B" e "C", conforme o caso, sem distinção por subséries, para as quais sejam exigidas subséries especiais, devendo constar a designação "Única", após a letra indicativa da série.

TRIBUTÁRIO E FINANCEIRO

§ 7º No exercício da faculdade a que alude o parágrafo anterior, será obrigatório a separação, ainda que por meio de códigos, das operações e prestações em relação as quais são exigidas subséries distintas.

§ 8º Nas vendas fora do estabelecimento, inclusive por meio de veículos, poderá ser adotada uma série para as operações de remessa e outra, comum a todos os vendedores, para as operações de venda.

§ 9º O disposto no § 6º não se aplica aos produtores agropecuários.

§ 10. O Fisco poderá restringir o número de séries e subséries (Ajuste SINIEF 09/97).

Art. 148. Quando o documento fiscal for cancelado, conservar-se-ão no talonário ou formulário contínuo, todas as suas vias, com declaração dos motivos que determinaram o cancelamento e referência, se for o caso, ao novo documento emitido.

Parágrafo único. No caso de documento copiado, far-se-ão os assentamentos no livro copiador, arquivando-se todas as vias do documento cancelado.

Art. 149. Em casos especiais, a emissão da nota fiscal poderá ser dispensada pela autoridade fiscal, quando se referir a operações ou prestações realizadas por estabelecimento não contribuinte do Imposto sobre Produtos Industrializados.

Art. 150. Sempre que for obrigatória a emissão de documentos fiscais, aqueles a quem se destinarem as mercadorias são obrigados a exigir tais documentos dos que devam emiti-los, contendo todos os requisitos legais, observado ainda o disposto no inciso IX do art. 119.

Art. 151. Os transportadores não poderão aceitar despacho ou efetuar o transporte de mercadorias que não estejam acompanhadas dos documentos fiscais próprios.

Art. 152. A impressão dos documentos fiscais referidos no art. 142, inclusive os aprovados através de regime especial, somente poderá ser efetuada por estabelecimentos gráficos previamente credenciados perante a Secretaria de Estado da Receita.

Parágrafo único. O credenciamento para impressão de documentos fiscais será individual em relação a cada estabelecimento gráfico, ainda que da mesma empresa, e será efetuado pela Gerência Operacional de Informações Econômico-Fiscais – GOIEF, observado:

I – tratando-se de estabelecimento gráfico situado neste Estado, através da repartição fiscal de seu domicílio;

II – tratando-se de estabelecimento gráfico situado em outra unidade da Federação, através de qualquer repartição fiscal onde possua cliente ou diretamente na GOIEF;

III – tratando-se de estabelecimentos fabricantes de Formulários de Segurança, através de habilitação de ofício no sistema de credenciamento de gráficas da SER-PB, atendidos o disposto em Convênios celebrados no âmbito do Conselho Nacional de Política Fazendária - CONFAZ, especialmente quanto:

a) ao credenciado junto à Comissão Técnica Permanente do ICMS - COTEPE/ ICMS, mediante ato publicado no Diário Oficial da União;

b) às especificações técnicas que deverão obedecer aos padrões do modelo disponibilizado na COTEPE/ICMS.

Art. 153. Para fins de credenciamento como impressores de documentos fiscais, os estabelecimentos gráficos deverão:

I – estar em situação regular perante o Cadastro de Contribuintes do ICMS;

II – estar em dia com o recolhimento dos tributos estaduais;

III – apresentar "Termo de Compromisso" assinado pelo titular.

§ 1º Tratando-se de estabelecimento gráfico situado em outra unidade da Federação, o credenciamento será efetuado, de forma especial, apenas pelo CNPJ, no sistema da Secretaria de Estado da Receita, devendo integrar o cadastro de instituições deste órgão.

§ 2º Na hipótese de que trata o parágrafo anterior, a comprovação de que trata o inciso II, do "caput", será exigida em relação à unidade da Federação da situação do estabelecimento gráfico requerente do credenciamento.

§ 3º O «Termo de Compromisso» a que se refere o inciso III, estabelecerá a responsabilidade do estabelecimento gráfico credenciado pela utilização e guarda das autorizações para impressão de documentos fiscais que lhe forem entregues, e pelo cumprimento de todas as demais obrigações pertinentes.

§ 4º O credenciamento para impressão de documentos fiscais terá validade pelo prazo de 02 (dois) anos.

§ 5º Em hipótese alguma será permitido ao estabelecimento gráfico, que não estiver credenciado ou que estiver com credenciamento vencido, imprimir documentos fiscais.

§ 6º Poderão ser solicitados outros documentos não relacionados neste artigo, a critério da Secretaria de Estado da Receita.

Art. 154. A Autorização de Impressão de Documentos Fiscais - AIDF, Anexo 71, e o Pedido de Autorização de Formulário de Segurança – PAFS, serão confeccionados pelos estabelecimentos gráficos credenciados como impressor de documentos fiscais e preenchida quando da encomenda do usuário dos documentos fiscais, devendo ser apresentada na repartição fiscal do domicílio fiscal do contribuinte para conferência dos dados, anotações e numeração da autorização.

§ 1º As diversas vias da Autorização de Impressão de Documentos Fiscais - AIDF e do Pedido de Autorização de Formulário de Segurança - PAFS, uma vez feita a sua utilização, terão o seguinte destino:

I - 1ª via, para entrega, pelo estabelecimento gráfico, à repartição fiscal do seu domicílio;

II - 2ª via, para entrega, pelo estabelecimento gráfico, ao usuário dos documentos fiscais;

III - 3ª via, para arquivo no estabelecimento gráfico.

§ 2º REVOGADO.

§ 3º O Pedido de Autorização de Formulário de Segurança para emissão de Documento Auxiliar de Documentos Fiscais Eletrônicos, denominado FS-DA, será fornecido para contribuinte emissor de Nota Fiscal Eletrônica, modelo 55 ou de Conhecimento de Transporte Eletrônico, modelo 57, nos termos do Convênio ICMS nº 96/09.

§ 4º O Pedido de Autorização de Formulário de Segurança para emissão de Nota Fiscal modelo ou 1 ou 1-A em Formulário de Segurança, denominado impressor autônomo, FS-IA, será fornecido mediante Regime Especial concedido pela SER, nos termos do Convênio ICMS nº 96/09.

§ 5º O pedido de Autorização de Impressão de Documentos Fiscais e o Pedido de Autorização de Formulário de Segurança - PAFS poderão ser solicitados pelo contribuinte, por meio do Portal "SER VIRTUAL", da Secretaria de Estado da Receita, ou outro que o substitua, com acesso restrito do solicitante, mediante senha de uso pessoal e intransferível.

§ 6º Os pedidos a que se refere o § 5º serão homologados pelo chefe da repartição fiscal do domicílio do contribuinte solicitante, por meio do Portal "SER VIRTUAL".

§ 7º Após a homologação prevista no § 6º, o contribuinte imprimirá sua Autorização como segue:

I- a AIDF em 2 (duas) vias, com o seguinte destino:

a) 1ª via, do próprio contribuinte;

b) 2ª via, estabelecimento gráfico impressor, devendo este conservar em seu arquivo em rigorosa ordem sequencial;

II- o PAFS em 3 (três) vias, nos termos do Convênio ICMS 96/09.

§ 8º O estabelecimento gráfico impressor responsável pela confecção dos documentos homologados pela "SER VIRTUAL" deverá cumprir as exigências previstas no inciso II do "caput" e no parágrafo único do art. 155 deste Regulamento.

Art. 155. O estabelecimento gráfico deverá:

I - preencher todos os campos da Autorização de Impressão de Documentos Fiscais, vedada a entrega desses documentos para preenchimento por terceiros;

II - mencionar no rodapé dos documentos fiscais impressos o número da correspondente autorização para impressão, além dos demais elementos exigidos pelo inciso VIII do art. 159;

III - apor a assinatura de seu representante legal e colher, por ocasião da entrega dos documentos fiscais, a assinatura do representante legal do usuário, nos campos especialmente destinados a este fim;

IV - conservar, em seus arquivos, em rigorosa ordem sequencial, as terceiras vias das Autorizações para Impressão de Documentos Fiscais.

Parágrafo único. O estabelecimento gráfico sediado em outra unidade da Federação, sem prejuízo da necessidade de credenciamento para impressão de documentos fiscais a usuários deste Estado e da respectiva autorização, deverá observar, ainda, as formalidades previstas na legislação de seu domicílio para imprimir documentos fiscais.

Art. 156. A Gerência Operacional de Informações Econômico- Fiscais - GOIEF e demais repartições fiscais da Secretaria de Estado da Receita poderão:

I - sustar o credenciamento do estabelecimento gráfico quando comprovada irregularidade na utilização das Autorizações para Impressão de Documentos Fiscais;

II - limitar, por contribuinte, ou a determinada categoria econômica, o número de documentos a serem impressos e, ainda, fixar prazo para sua utilização e revalidá-los, se for o caso;

III - proibir a impressão de documentos fiscais para estabelecimentos que praticarem irregularidades na sua utilização.

§ 1º As providências previstas neste artigo poderão ser adotadas quando o encomendante for devedor da Fazenda Estadual, por débito inscrito em Dívida Ativa e não possuir bens livres suficientes para garantir o seu pagamento.

§ 2º Negada a autorização para impressão, as operações realizadas pelo contribuinte serão acobertadas por Nota Fiscal Avulsa, a ser emitida pela Secretaria de Estado da Receita, obedecido o disposto neste Regulamento.(Decreto nº 35.933/15)

§ 3º Da negativa caberá recurso, em instância única, ao Secretário Executivo da Receita.

Art. 157. As Notas Fiscais cuja impressão seja autorizada por meio de AIDF serão autenticadas pela repartição fiscal do domicílio do contribuinte.

Seção II
DOS DOCUMENTOS FISCAIS RELATIVOS A OPERAÇÕES COM MERCADORIAS

Subseção I
DA NOTA FISCAL

Art. 158. Os contribuintes, excetuados os produtores agropecuários, emitirão Nota Fiscal, modelos 1 ou 1-A, Anexos 15 e 16:

I – sempre que promoverem saída de mercadorias;

II – na transmissão de propriedade das mercadorias quando estas não devam transitar pelo estabelecimento transmitente;

III – sempre que, no estabelecimento, entrarem bens ou mercadorias, real ou simbolicamente, nas hipóteses do art. 172.

Art. 159. A nota fiscal conterá, nos quadros e campos próprios, observada disposição gráfica dos modelos 1 e 1-A, as seguintes indicações:

I – no quadro "EMITENTE":

a) o nome ou razão social;

b) o endereço;

c) o bairro ou distrito;

d) o Município;

e) a unidade da Federação;

f) o telefone e/ou fax;

g) o Código de Endereçamento Postal;

h) o número de inscrição no Cadastro Nacional da Pessoa Jurídica do Ministério da Fazenda;

i) a natureza da operação de que decorrer a saída ou a entrada, tais como: venda, compra, transferência, devolução, importação, consignação, remessa (para fins de demonstração, de industrialização ou outra);

j) o Código Fiscal de Operações e Prestações - CFOP;

l) o número de inscrição estadual do substituto tributário na unidade da Federação em favor da qual é retido o imposto, quando for o caso;

m) o número de inscrição estadual;

n) a denominação "NOTA FISCAL";

o) a indicação da operação, se de entrada ou de saída;

p) o número de ordem da nota fiscal e, imediatamente abaixo, a expressão SÉRIE, acompanhada do número correspondente, se adotado nos termos do § 3º do art. 146 (Ajuste SINIEF 09/97);

q) o número e destinação da via da nota fiscal;

r) a indicação "00.00.00" na data-limite para emissão da nota fiscal;

s) a data de emissão da nota fiscal;

t) a data da efetiva saída ou entrada da mercadoria no estabelecimento;

u) a hora da efetiva saída da mercadoria do estabelecimento; II - no quadro "DESTINATÁRIO/REMETENTE":

a) o nome ou razão social;

b) o número de inscrição no Cadastro Nacional da Pessoa Jurídica ou no Cadastro de Pessoas Físicas do Ministério da Fazenda;

c) o endereço;

d) o bairro ou distrito;

e) o Código de Endereçamento Postal;

f) o Município;

g) o telefone e/ou fax;

h) a unidade da Federação;

i) o número de inscrição estadual;

III - no quadro "FATURA", se adotado pelo emitente, as indicações previstas na legislação pertinente;

IV - no quadro "DADOS DO PRODUTO":

a) o código adotado pelo estabelecimento para identificação do produto;

b) a descrição dos produtos, compreendendo: nome, marca, tipo, modelo, série, espécie, qualidade e demais elementos que permitam sua perfeita identificação;

c) a partir de 1º de janeiro de 2010, o código estabelecido na Nomenclatura Comum do Mercosul/Sistema Harmonizado - NCM/SH, nas operações realizadas por estabelecimento industrial ou a ele equiparado, nos termos da legislação federal, e nas operações de comércio exterior (Ajuste SINIEF 11/09);

d) o Código de Situação Tributária - CST, Anexo 14;

e) a unidade de medida utilizada para a quantificação dos produtos;

f) a quantidade dos produtos;

g) o valor unitário dos produtos;

h) o valor total dos produtos;

i) a alíquota do ICMS;

j) a alíquota do IPI, quando for o caso;

l) o valor do IPI, quando for o caso;

V - no quadro "CÁLCULO DO IMPOSTO":

a) a base de cálculo total do ICMS;

b) o valor do ICMS incidente na operação;

c) a base de cálculo aplicada para a determinação do valor do ICMS retido por substituição tributária, quando for o caso;

d) o valor do ICMS retido por substituição tributária, quando for o caso;

e) o valor total dos produtos;

f) o valor do frete;

g) o valor do seguro;

h) o valor de outras despesas acessórias;

i) o valor total do IPI, quando for o caso;

j) o valor total da nota;

VI - no quadro "TRANSPORTADOR/VOLUMES TRANSPORTADOS":

a) o nome ou razão social do transportador e a expressão "AUTÔNOMO", se for o caso;

b) a condição de pagamento do frete: se por conta do emitente ou do destinatário;

c) a placa do veículo, no caso de transporte rodoviário, ou outro elemento identificativo, nos demais casos;

d) a unidade da Federação de registro do veículo;

e) o número de inscrição do transportador no Cadastro Nacional da Pessoa Jurídica ou no Cadastro de Pessoas Físicas do Ministério da Fazenda;

f) o endereço do transportador;

g) o Município do transportador;

h) a unidade da Federação do domicílio do transportador;

i) o número de inscrição estadual do transportador, quando for o caso;

j) a quantidade de volumes transportados;

l) a espécie dos volumes transportados;

m) a marca dos volumes transportados;

n) a numeração dos volumes transportados;

o) o peso bruto dos volumes transportados;

p) o peso líquido dos volumes transportados;

VII – no quadro "DADOS ADICIONAIS":

a) no campo "INFORMAÇÕES COMPLEMENTARES" – outros dados de interesse do emitente, tais como: número do pedido, vendedor, emissor da nota fiscal, local de entrega, quando diverso do endereço do destinatário nas hipóteses previstas na legislação, propaganda, etc.;

b) no campo "RESERVADO AO FISCO" – indicações estabelecidas pelo Fisco do Estado do emitente;

c) o número de controle do formulário, no caso de nota fiscal emitida por processamento eletrônico de dados;

VIII – no rodapé ou na lateral direita da nota fiscal: o nome, o endereço e os números de inscrição, estadual e no Cadastro Nacional da Pessoa Jurídica do Ministério da Fazenda, do impressor da nota; a data e a quantidade da impressão; o número de ordem da primeira e da última nota impressa e respectiva série, quando for o caso; e o número da Autorização de Impressão de Documentos Fiscais;

IX – no comprovante de entrega dos produtos, que deverá integrar apenas a 1ª via da nota fiscal, na forma de canhoto destacável:

a) a declaração de recebimento dos produtos;

b) a data do recebimento dos produtos;

c) a identificação e assinatura do recebedor dos produtos;

d) a expressão "NOTA FISCAL";

e) o número de ordem da nota fiscal;

X – REVOGADO (art. 2º do Decreto nº 35.677/14).

§ 1º A nota fiscal será de tamanho não inferior a 21,0 x 28,0 cm e 28,0 x 21,0 cm para os modelos 1 e 1-A, respectivamente, e suas vias não poderão ser impressas em papel jornal, observado o seguinte:

I – os quadros terão largura mínima de 20,3 cm, exceto os quadros:

a) "DESTINATÁRIO/REMETENTE", que terá largura mínima de 17,2 cm;

b) "DADOS ADICIONAIS", no modelo 1-A;

II – o campo "RESERVADO AO FISCO" terá tamanho mínimo de 8,0 cm x 3,0 cm, em qualquer sentido;

III – os campos "CNPJ", "INSCRIÇÃO ESTADUAL DO SUBSTITUTO TRIBUTÁRIO", "INSCRIÇÃO ESTADUAL", do quadro "EMITENTE", e os campos "CNPJ/CPF" e "INSCRIÇÃO ESTADUAL", do quadro "DESTINATÁRIO/REMETENTE", terão largura mínima de 4,4 cm.

§ 2º Serão impressas tipograficamente as indicações:

I – das alíneas "a" a "h", "m", "n", "p", "q", e "r" do inciso I, devendo as indicações das alíneas "a", "h" e "m", ser impressas, no mínimo, em corpo "8", não condensado;

II – do inciso VIII, devendo ser impressas, no mínimo, em corpo "5", não condensado;

III – das alíneas "d" e "e" do inciso IX.

§ 3º As indicações a que se referem as alíneas "a" a "h" e "m" do inciso I, poderão ser dispensadas de impressão tipográfica, a critério da Secretaria de Estado da Receita, desde que a nota fiscal seja fornecida e visada pela repartição fiscal, hipótese em que os dados a esta referentes serão inseridos no quadro "EMITENTE" e a sua denominação será "Nota Fiscal Avulsa", observado ainda (Ajustes SINIEF 01/96 e 02/97):

I – o quadro "DESTINATÁRIO/REMETENTE" será desdobrado em quadros "REMETENTE" e "DESTINATÁRIO", com a inclusão de campos destinados a identificar os códigos dos respectivos municípios;

II – no quadro informações complementares, poderão ser incluídos o código do Município do transportador e o valor do ICMS incidente sobre o frete.

§ 4º Observados os requisitos da legislação pertinente, a nota fiscal poderá ser emitida por processamento eletrônico de dados, com:

I – as indicações das alíneas "b" a "h", "m" e "p" do inciso I, e da alínea "e" do inciso IX, impressas por esse sistema;

II – espaço em branco de até 5,0 cm na margem superior, na hipótese de uso de impressora matricial.

§ 5º As indicações a que se referem a alínea "l" do inciso I, e as alíneas "c" e "d" do inciso V, só serão prestadas quando o emitente da nota fiscal for o substituto tributário.

§ 6º Nas operações de exportação o campo destinado ao Município, do quadro "DESTINATÁRIO/REMETENTE", será preenchido com a cidade e o país de destino.

§ 7º A nota fiscal poderá servir como fatura, feita a inclusão dos elementos necessários no quadro "FATURA", caso em que a denominação prevista nas alíneas "n" do inciso I, e "d" do inciso IX, passa a ser Nota Fiscal Fatura.

§ 8º Nas vendas a prazo, quando não houver emissão da Nota Fiscal Fatura ou de fatura ou, ainda, quando esta for emitida em separado, a nota fiscal, além dos requisitos exigidos neste artigo, deverá conter, impressas ou mediante carimbo, no campo "INFORMAÇÕES COMPLEMENTARES" do quadro "DADOS ADICIONAIS", indicações sobre a operação, tais como: preço à vista, preço final, quantidade, valor e data de vencimento das prestações.

§ 9º Serão dispensadas as indicações do inciso IV, se estas constarem de romaneio, que passará a constituir parte inseparável da nota fiscal, desde que obedecidos os requisitos abaixo:

I – o romaneio deverá conter, no mínimo, as indicações das alíneas "a" a "e", "h", "m", "p", "q", "s" e "t" do inciso I; "a" a "d", "f", "h" e "i" do inciso II; "j" do inciso V; e "a", "c" a "h" do inciso VI e do inciso VIII;

II – a nota fiscal deverá conter as indicações do número e da data do romaneio e, este, do número e da data daquela.

§ 10. A indicação da alínea "a", do inciso IV:

I – deverá ser efetuada com os dígitos correspondentes ao código de barras, se o contribuinte utilizar o referido código para o seu controle interno;

II – fica dispensada, no caso em que o emitente não utilizar codificação para identificação de seus produtos, hipótese em que a coluna "CÓDIGO PRODUTO", no quadro "DADOS DO PRODUTO", poderá ser suprimida.

§ 11. REVOGADO (Decreto nº 31.071/10).

§ 12. REVOGADO (Decreto nº 34.944/14, art. 7º, inciso I).

§ 13. Os dados relativos ao Imposto sobre Serviços de Qualquer Natureza serão inseridos, quando for o caso, entre os quadros "DADOS DO PRODUTO" e "CÁLCULO DO IMPOSTO", conforme legislação municipal, observado o disposto no inciso IV do § 2º do art. 143.

§ 14. Caso o transportador seja o próprio remetente ou o destinatário, esta circunstância será indicada no campo "NOME/RAZÃO SOCIAL", do quadro "TRANSPORTADOR/VOLUMES TRANSPORTADOS", com a expressão "Remetente" ou "Destinatário", dispensadas as indicações das alíneas "b" e "e" a "i" do inciso VI.

§ 15. Na nota fiscal emitida relativamente à saída de mercadorias em retorno ou em devolução deverão ser indicados, ainda, no campo "INFORMAÇÕES COMPLEMENTARES", o número, a data da emissão e o valor da operação do documento original.

§ 16. No campo "PLACA DO VEÍCULO" do quadro "TRANSPORTADOR/VOLUMES TRANSPORTADOS", deverá ser indicada a placa do veículo tracionado, quando se tratar de reboque ou semirreboque deste tipo de veículo, devendo a placa dos demais veículos tracionados, quando houver, ser indicada no campo "INFORMAÇÕES COMPLEMENTARES".

§ 17. A aposição de carimbos nas notas fiscais, quando do trânsito de mercadoria, deve ser feita no verso das mesmas, salvo quando forem carbonadas.

§ 18. Caso o campo "INFORMAÇÕES COMPLEMENTARES" não seja suficiente para conter as indicações exigidas, poderá ser utilizado, excepcionalmente, o quadro "DADOS DO PRODUTO", desde que não prejudique a sua clareza.

§ 19. É permitida a inclusão de operações enquadradas em diferentes códigos fiscais numa mesma nota fiscal, hipótese em que estes serão indicados no campo "CFOP" no quadro "EMITENTE", e no quadro "DADOS DO PRODUTO", na linha correspondente a cada item, após a descrição do produto.

§ 20. É permitida a indicação de informações complementares de interesse do emitente, impressas tipograficamente no verso da nota fiscal, hipótese em que sempre será reservado espaço com a dimensão mínima de 10 x 15 cm, em qualquer sentido, para atendimento ao disposto no § 17.

§ 21. Fica dispensada a inserção na nota fiscal, do canhoto destacável, comprovante da entrega da mercadoria, mediante indicação na AIDF.

§ 22. A nota fiscal poderá ser impressa em tamanho inferior ao estatuído no § 1º, exclusivamente nos casos de emissão por processamento eletrônico de dados, desde que as indicações a serem impressas quando da sua emissão sejam grafadas em, no máximo, 17 caracteres por polegada, sem prejuízo do disposto no § 2º.

§ 23. REVOGADO (art. 2º do Decreto nº 35.677/14).

§ 24. O contribuinte que utilizar a mesma nota fiscal para documentar operação interestadual com produtos tributados e não tributados, naquela operação, em que tenha efetuado a retenção do imposto por substituição tributária, deverá indicar no campo "INFORMAÇÕES COMPLEMENTARES", em relação aos produtos tributados e não tributados, separadamente, os valores do imposto retido por substituição (Ajuste SINIEF 01/96).

§ 25. A critério do Fisco, poderá ser exigida dos estabelecimentos gráficos, em complemento às indicações constantes do inciso VIII, a impressão do código da repartição fiscal a que estiver vinculado o contribuinte (Ajuste SINIEF 06/96).

§ 26. Em se tratando dos produtos classificados nos códigos 3003 e 3004 da Nomenclatura Brasileira de Mercadoria/Sistema Harmonizado - NBM/SH, na descrição prevista na alínea "b" do inciso IV deste artigo, deverá ser indicado o número do lote de fabricação a que a unidade pertencer, devendo a discriminação ser feita em função dos diferentes lotes de fabricação e respectivas quantidades e valores (Ajuste SINIEF 07/02).

§ 27. A partir de 1º de janeiro de 2010, nas operações não alcançadas pelo disposto na alínea "c" do inciso IV do "caput", será obrigatória somente a indicação do correspondente capítulo da Nomenclatura Comum do Mercosul/Sistema Harmonizado - NCM/SH (Ajuste SINIEF 11/09).

§ 28. A partir de 1º de dezembro de 2012, o estabelecimento que promover operação com benefício fiscal, que condicione a fruição ao abatimento do imposto dispensado, deverá informar o valor da desoneração do ICMS em relação a cada mercadoria constante do documento fiscal, logo após a sua respectiva descrição, hipótese em que o valor total da desoneração deverá ser informado no campo "Informações Complementares (Ajuste SINIEF 10/12).

§ 29. Tratando-se de destinatário não contribuinte do imposto, a entrega da mercadoria em local situado na mesma unidade federada de destino poderá ser efetuada em qualquer de seus domicílios ou em domicílio de outra pessoa, desde que esta também não seja contribuinte do imposto e o local da efetiva entrega esteja expressamente indicado no documento fiscal relativo à operação (Ajuste SINIEF 01/14).

§ 30. O disposto no § 29 deste artigo não se aplica à mercadoria cuja entrega efetiva seja destinada a não contribuinte do imposto, situado ou domiciliado no Estado de Mato Grosso (Ajuste SINIEF 01/14).

Art. 160. A nota fiscal será emitida:

I - antes de iniciada a saída das mercadorias;

II - no momento do fornecimento de alimentação, bebidas e outras mercadorias em restaurantes, bares, cafés e estabelecimentos similares;

III - antes da tradição real ou simbólica das mercadorias:

a) nos casos de transmissão de propriedade de mercadorias ou de título que as represente, quando estas não transitarem pelo estabelecimento do transmitente;

b) nos casos de ulterior transmissão de propriedade de mercadorias que, tendo transitado pelo estabelecimento transmitente, deste tenham saído sem o pagamento do imposto, em decorrência de locação ou remessas para armazéns gerais ou depósitos fechados;

IV - no reajustamento de preço em virtude de contrato escrito de que decorra acréscimo do valor das mercadorias;

V - na regularização em virtude de diferença de preço, de peso ou de quantidade das mercadorias, quando efetuada no período de apuração do imposto em que tenha sido emitida a nota fiscal originária;

VI - para lançamento do imposto não pago nas épocas próprias em virtude de erro de cálculo, quando a regularização ocorrer no período de apuração do imposto em que tenha sido emitida a nota fiscal originária;

VII - relativamente à entrada de bens ou mercadorias, nos momentos definidos neste artigo.

§ 1º Na hipótese do inciso IV, a nota fiscal será emitida dentro de 03 (três) dias, contados da data em que se efetivou o reajustamento do preço.

§ 2º Nas hipóteses dos incisos V e VI, se a regularização não se efetuar dentro dos prazos mencionados, a nota fiscal será também emitida, sendo que a diferença do imposto devido será recolhida mediante Documento de Arrecadação Estadual - DAR - modelo 1, com as especificações necessárias à regularização, devendo na via da nota fiscal presa ao talonário constar essa circunstância, mencionando-se o número e a data do referido documento.

§ 3º Ainda na hipótese do inciso V, quando a nota fiscal originária indicar valor maior do que o preço ajustado, ou quantidade de mercadoria superior à efetivamente recebida pelo destinatário, este emitirá nota fiscal referente à diferença encontrada, com menção à nota fiscal originária e com o destaque do imposto, se for o caso, condição para que possa o emitente da nota originária pleitear autorização para efeito de crédito do imposto, observado o disposto no art. 85, II.

§ 4º No caso de mercadoria cuja unidade não possa ser transportada de uma só vez, desde que o imposto deva incidir sobre o todo, serão observadas as seguintes normas:

I - será emitida nota fiscal para o todo, sem indicação correspondente a cada peça ou parte, com destaque do imposto, devendo constar que a remessa será feita em peças ou partes;

II - a cada remessa corresponderá nova nota fiscal, sem destaque do imposto, mencionando-se o número, a série e a data da nota fiscal a que se refere o inciso anterior.

§ 5º Na nota fiscal emitida no caso de ulterior transmissão de propriedade de mercadorias, prevista na alínea «b» do inciso III, deverão ser mencionados o número, a série e subsérie e a data da nota fiscal emitida anteriormente por ocasião da saída das mercadorias.

§ 6º No caso de mercadorias de procedência estrangeira que, sem entrar em estabelecimento do importador ou arrematante, sejam por este remetidas a terceiros, deverá o importador ou arrematante emitir nota fiscal com a declaração de que as mercadorias sairão diretamente da repartição federal em que se processou o desembaraço.

§ 7º Fica permitida a utilização de carta de correção, para regularização de erro ocorrido na emissão de documento fiscal, desde que o erro não esteja relacionado com:

I - as variáveis que determinam o valor do imposto tais como: base de cálculo, alíquota, diferença de preço, quantidade, valor da operação ou da prestação;

II - a correção de dados cadastrais que implique mudança do remetente ou do destinatário;

III - a data de emissão ou de saída;

IV - campos da nota fiscal de exportação informados na Declaração Única de Exportação - DU-E (Ajuste SINIEF 45/20);

V - a inclusão ou alteração de parcelas de vendas a prazo (Ajuste SINIEF 45/20).

§ 8º REVOGADO (Decreto nº 32.296/11).

Art. 161. Fora dos casos previstos neste Regulamento, observadas as normas atinentes ao Imposto sobre Produtos Industrializados, é vedada a emissão de nota fiscal que não corresponda a uma efetiva saída de mercadorias.

Art. 162. A nota fiscal será extraída, no mínimo em 03 (três) vias ou, em se tratando de saída de mercadoria para outra unidade da Federação, ou exterior, em 04 (quatro) vias.

Art. 163. Na saída de mercadorias para destinatários localizados neste Estado, as vias da nota fiscal terão o seguinte destino:

I - a 1ª via acompanhará as mercadorias e será entregue, pelo transportador, ao destinatário;

II - a 2ª via ficará presa ao bloco para exibição ao Fisco;

III - a 3ª via acompanhará também a mercadoria, ficando em poder do primeiro Posto Fiscal por onde passar o veículo condutor ou com a fiscalização externa.

Parágrafo único. Na hipótese de o contribuinte utilizar Nota Fiscal Fatura e de ser obrigatório o uso do Livro Copiador, a 2ª via será substituída pela folha do referido livro.

Art. 164. Na saída para outra unidade da Federação, as vias da nota fiscal terão o seguinte destino:

I - a 1ª via acompanhará as mercadorias e será entregue, pelo transportador, ao destinatário;

II - a 2ª via ficará presa ao bloco para exibição ao Fisco;

III - a 3ª via acompanhará as mercadorias para fins de controle do Fisco da unidade federada de destino;

IV - a 4ª via acompanhará também as mercadorias, ficando em poder do primeiro Posto Fiscal por onde passar o veículo condutor, ou com a fiscalização externa.

Parágrafo único. Na hipótese de o contribuinte utilizar a Nota Fiscal Fatura e de ser obrigatório o uso do Livro Copiador, a 2ª via será substituída pela folha do referido livro.

Art. 165. Na saída para o exterior, a nota fiscal será emitida:

I - se a mercadoria for embarcada neste Estado, na forma do artigo anterior;

II - se o embarque se processar em outra unidade da Federação, na forma prevista no artigo anterior, com via adicional que será entregue ao Fisco estadual no local do embarque.

§ 1º Na hipótese do inciso I, as 1ª e 4ª vias acompanharão as mercadorias até o local de embarque, neste Estado, onde serão entregues à repartição fiscal que reterá a 4ª via e visará a 1ª via, servindo esta como autorização de embarque.

§ 2º Na hipótese do inciso II, o emitente, antes da saída da mercadoria de seu estabelecimento, entregará a 4ª via da nota fiscal à repartição de seu domicílio fiscal, que visará a 1ª via e a adicional, as quais acompanharão a mercadoria em seu transporte.

§ 3º Na saída de produtos industrializados, inclusive os semielaborados com destino à Área de Livre Comércio, a Nota Fiscal Eletrônica - NF-e - será emitida nos termos deste Regulamento.

Subseção I-A
DA NOTA FISCAL ELETRÔNICA

Art. 166. A Nota Fiscal Eletrônica - NF-e, modelo 55, deverá ser utilizada pelos contribuintes do ICMS, observado o disposto no art. 166-A, em substituição (Ajuste SINIEF 17/16):

I - à Nota Fiscal, modelo 1 ou 1-A;

II - à Nota Fiscal de Produtor, modelo 4;

III - REVOGADO (Decreto nº 37.217/17 - Ajuste SINIEF 17/16);

IV - REVOGADO (Decreto nº 37.217/17 - Ajuste SINIEF 17/16).

§ 1º Considera-se Nota Fiscal Eletrônica - NF-e o documento emitido e armazenado eletronicamente, de existência apenas digital, com o intuito de documentar operações e prestações, cuja validade jurídica é garantida pela assinatura digital do emitente e autorização de uso pela Secretaria de Estado da Receita, antes da ocorrência do fato gerador.

§ 2º REVOGADO (Decreto nº 37.217/17 - Ajuste SINIEF 17/16)

§ 3º O estabelecimento que promover operação com benefício fiscal, que condicione a fruição ao abatimento do imposto dispensado, deverá informar, na Nota Fiscal Eletrônica - NF-e, o valor dispensado nos seguintes campos (Ajuste SINIEF 01/15):

I - para as versões anteriores a 3.10 da NF-e, nos campos "Desconto" e "Valor do ICMS" de cada item, preenchendo ainda o campo "Motivo da Desoneração do ICMS" do item com os códigos próprios especificados no Manual de Orientação do Contribuinte ou Nota Técnica da Nota Fiscal Eletrônica - NF-e;

II - para as versões 3.10 e seguintes da NF-e, no "Valor do ICMS desonerado" de cada item, preenchendo ainda o campo "Motivo da Desoneração do ICMS" do item com os códigos próprios especificados no Manual de Orientação do Contribuinte ou Nota Técnica da Nota Fiscal Eletrônica - NF-e.

§ 4º Na hipótese de não existirem na NF-e os campos próprios para prestação da informação de que trata o § 3º, o Motivo da Desoneração do ICMS, com os códigos próprios especificados no Manual de Orientação do Contribuinte ou em Nota Técnica da NF-e, e o Valor Dispensado, deverão ser informados no campo "Informações Adicionais" do correspondente item da Nota Fiscal Eletrônica, com a expressão: "Valor Dispensado R$, Motivo da Desoneração do ICMS.

§ 5º A NF-e poderá ser utilizada em substituição à Nota Fiscal de Produtor, modelo 4, somente pelos contribuintes que possuem Inscrição Estadual (Ajuste SINIEF 17/16).

§ 6º REVOGADO (Decreto nº 37.217/17 - Ajuste SINIEF 17/16).

§ 7º A Nota Fiscal Avulsa Eletrônica - NFA-e, modelo 55, de que trata o § 7º do art. 166-C, poderá ser utilizada em substituição à emissão da Nota Fiscal Avulsa de que trata o art. 184 deste Regulamento.

§ 8º A NFA-e a que se refere o § 7º deste artigo deverá atender as seguintes formalidades:

I - ser emitida, exclusivamente, pela Secretaria de Estado da Receita, observado o disposto nesta Subseção e no Ajuste SINIEF 07/05;

II - atender, no que couber, as disposições estabelecidas na legislação para a Nota Fiscal Avulsa, modelo 5, Anexo 23;

III - ser preenchida pelo:

a) Microempreendedor Individual - MEI, nas operações ou prestações que realizar, observadas a Lei Complementar nº 123, de 14 de dezembro de 2006, as resoluções, as recomendações e as demais normas emanadas pelo Comitê Gestor do Simples Nacional e a legislação estadual específica que trata do Simples Nacional, bem como, as disposições contidas neste Regulamento;

b) remetente não inscrito no CCICMS, devidamente credenciado para este fim na SER Virtual (Portal de Serviços On-Line) da Secretaria de Estado da Receita, cabendo a este a responsabilidade pela exatidão dos dados;

IV - ser assinada pela Secretaria de Estado da Receita, com assinatura digital, certificada por entidade credenciada pela Infraestrutura de Chaves Pública Brasileira - ICP - Brasil, contendo o número de seu CNPJ, a fim de garantir a autenticidade do documento digital;

V - ter a autenticidade confirmada com a respectiva chave de acesso no portal da Nota Fiscal Eletrônica na página da Secretaria de Estado da Receita na internet.

Art. 166-A. Estão obrigados à emissão de NF-e todos os estabelecimentos situados no Estado da Paraíba, independentemente da atividade exercida.

Parágrafo único. O disposto no "caput" não se aplica:

I - REVOGADO (Decreto nº 38.891/18);

II - aos produtores rurais não inscritos no Cadastro Nacional de Pessoa Jurídica - CNPJ;

III - ao Microempreendedor Individual - MEI, de que trata o art. 18-A da Lei Complementar nº 123, de 14 de dezembro de 2006.

Art. 166-B. Para emissão da NF-e, o contribuinte deverá estar previamente credenciado na Secretaria de Estado da Receita (Ajuste SINIEF 17/16).

§ 1º O contribuinte credenciado para emissão de NF-e deverá observar, no que couber, as disposições relativas à emissão de documentos fiscais por sistema eletrônico de processamento de dados, constantes dos Convênios ICMS 57/95 e 58/95, ambos de 28 de junho de 1995 e legislação superveniente.

§ 2º O credenciamento a que se refere o "caput" deste artigo poderá ser:

I – voluntário, quando solicitado pelo contribuinte;

II – de ofício, quando efetuado pela Secretaria de Estado da Receita.

§ 3º É vedada a emissão de Nota Fiscal Modelo 1 ou 1-A ou da Nota Fiscal de Produtor, modelo 4, por contribuinte credenciado à emissão de NF-e, exceto quando a legislação estadual assim permitir.

§ 4º REVOGADO (Decreto nº 37.217/17 – Ajuste SINIEF 17/16).

Art. 166-B1. Ato COTEPE publicará o "Manual de Orientação do Contribuinte – MOC", disciplinando a definição das especificações e critérios técnicos necessários para a integração entre os Portais das Secretarias de Fazendas dos Estados e os sistemas de informações das empresas emissoras de NF-e (Ajuste SINIEF 17/16).

Parágrafo único. Nota técnica publicada no Portal Nacional da NF-e poderá esclarecer questões referentes ao MOC.

Art. 166-C. A NF-e deverá ser emitida com base em leiaute estabelecido no MOC, por meio de software desenvolvido ou adquirido pelo contribuinte, observadas as seguintes formalidades (Ajuste SINIEF 01/18):

I – o arquivo digital da NF-e deverá ser elaborado no padrão XML (Extended Markup Language);

II – a numeração da NF-e será sequencial de 1 a 999.999.999, por estabelecimento e por série; devendo ser reiniciada quando atingido esse limite;

III – a NF-e deverá conter um "código numérico", gerado pelo emitente, que comporá a "chave de acesso" de identificação da NF-e, juntamente com o CNPJ ou CPF do emitente, número e série da NF-e (Ajuste SINIEF 09/17);

IV – a NF-e deverá ser assinada pelo emitente, com assinatura digital, certificada por entidade credenciada pela Infraestrutura de Chaves Públicas Brasileira – ICP-Brasil, contendo o nº do CPF ou CNPJ de qualquer dos estabelecimentos do contribuinte, a fim de garantir a autoria do documento digital (Ajuste SINIEF 09/17);

V – a identificação das mercadorias comercializadas com a utilização da NF-e deverá conter o seu correspondente código estabelecido na Nomenclatura Comum do Mercosul – NCM (Ajuste SINIEF 17/16);

VI – a NF-e deverá conter um Código Especificador da Substituição Tributária, numérico e de sete dígitos, de preenchimento obrigatório no documento fiscal que acobertar operação com as mercadorias listadas em convênio específico, independentemente de a operação estar sujeita aos regimes de substituição tributária pelas operações subsequentes ou de antecipação do recolhimento do ICMS com encerramento de tributação (Ajuste SINIEF 4/15);

VII – os GTIN informados na NF-e serão validados a partir das informações contidas no Cadastro Centralizado de GTIN, que está baseado na Sefaz Virtual do Rio Grande do Sul (SVRS), é acessível por meio de consulta posta à disposição dos contribuintes e é composto das seguintes informações (Ajuste SINIEF 14/19):

a) GTIN;

b) marca;

c) tipo GTIN (8, 12, 13 ou 14 posições);

d) descrição do produto;

e) dados da classificação do produto (segmento, família, classe e subclasse/bloco);

f) país – principal mercado de destino;

g) CEST (quando existir);

h) NCM;

i) peso bruto;

j) unidade de medida do peso bruto;

k) GTIN de nível inferior, também denominado GTIN contido/item comercial contido; e

l) quantidade de itens contidos;

VIII – os proprietários das marcas dos produtos que possuem GTIN devem disponibilizar para a Secretaria de Estado da Fazenda – SEFAZ-PB, por meio da SVRS, as informações de seus produtos relacionadas no inciso VII do "caput" deste artigo, necessárias para a alimentação do Cadastro Centralizado de GTIN, que serão validadas, conforme especificado em Nota Técnica publicada no Portal Nacional da NF-e (Ajuste SINIEF 14/19);

IX – para o cumprimento do disposto no inciso VIII do "caput" deste artigo, os proprietários das marcas devem autorizar as instituições responsáveis pela administração, outorga de licenças e gerenciamento do padrão de identificação de produtos GTIN, ou outros assemelhados, a repassar, mediante convênio, as informações diretamente para a SVRS (Ajuste SINIEF 33/19);

X – nos casos em que o local de entrega ou retirada seja diverso do endereço do destinatário, devem ser preenchidas as informações no respectivo grupo específico na NF-e, devendo também constar no DANFE (Ajuste SINIEF 04/19);

XI – a NF-e, modelo 55, deverá conter a identificação do número do CNPJ do intermediador ou agenciador da transação comercial realizada em ambiente virtual ou presencial (Ajuste SINIEF 02/21).

§ 1º As séries da NF-e serão designadas por algarismos arábicos, em ordem crescente, observando-se o seguinte (Ajuste SINIEF 17/16):

I – a utilização de série única será representada pelo número zero;

II – é vedada a utilização de subséries.

§ 2º O Fisco poderá restringir a quantidade de séries.

§ 3º Para os efeitos da geração do código numérico a que se refere o inciso III, na hipótese de a NF-e não possuir série, o campo correspondente deverá ser preenchido com zeros (Ajuste SINIEF 08/09).

§ 4º REVOGADO (Decreto nº 37.217/17 – Ajuste SINIEF 17/16).

§ 5º A NF-e deverá conter o Código de Regime Tributário – CRT – de que trata o Anexo 121 deste Regulamento (Ajuste SINIEF 14/19).

§ 6º Fica obrigatório o preenchimento dos campos cEAN e cEANTrib da NF-e, com as informações a seguir indicadas, quando o produto comercializado possuir código de barras com GTIN (Numeração Global de Item Comercial), observado o disposto nos §§ 2º e 4º do art. 166-F (Ajuste SINIEF 15/17):

I – cEAN: Código de barras GTIN do produto que está sendo comercializado na NF-e, podendo ser referente a unidade de logística do produto;

II – cEANTrib: Código de barras GTIN do produto tributável, ou seja, a unidade de venda no varejo, devendo, quando aplicável, referenciar a menor unidade identificável por código GTIN;

III – qCom: Quantidade comercial, ou seja, a quantidade de produto na unidade de comercialização na NF-e;

IV – uCom: Unidade de medida para comercialização do produto na NF-e; V – vUnCom: Valor unitário de comercialização do produto na NF-e;

VI – qTrib: Conversão da quantidade comercial à unidade de medida da apresentação do item para comercialização no varejo, devendo, quando aplicável, referenciar a menor unidade identificável por código GTIN;

VII – uTrib: Unidade de medida da apresentação do item para comercialização no varejo, devendo, quando aplicável, referenciar a menor unidade identificável por código GTIN;

VIII – vUnTrib: Conversão do valor unitário comercial à unidade de medida da apresentação do item para comercialização no varejo, devendo, quando aplicável, referenciar a menor unidade identificável por código GTIN;

IX – Os valores obtidos pela multiplicação entre os campos dos incisos "III" e "V" e dos incisos "VI" e "VIII" devem produzir o mesmo resultado.

§ 7º A NF-e emitida por sistema eletrônico disponibilizado pelas administrações tributárias das unidades federadas em seus correspondentes endereços eletrônicos, contendo a assinatura digital da respectiva administração tributária, denomina-se Nota Fiscal Avulsa Eletrônica – NFA-e, modelo 55 (Ajuste SINIEF 14/18).

Art. 166-D. O arquivo digital da NF-e só poderá ser utilizado como documento fiscal, após:

I – ser transmitido eletronicamente ao Fisco, nos termos do art. 166-E;

II – ter seu uso autorizado por meio de Autorização de Uso da NF-e, nos termos do art. 166-F.

§ 1º Ainda que formalmente regular, não será considerado documento fiscal idôneo a NF-e que tiver sido emitida ou utilizada com dolo, fraude, simulação ou erro, que possibilite, mesmo que a terceiro, o não-pagamento do imposto ou qualquer outra vantagem indevida.

§ 2º Para os efeitos fiscais, os vícios de que trata o § 1º do "caput" atingem também o respectivo DANFE impresso nos termos dos arts. 166-H e 166-J, que também não será considerado documento fiscal idôneo (Ajuste SINIEF 17/16).

§ 3º A concessão da Autorização de Uso (Ajuste SINIEF 10/11):

I – é resultado da aplicação de regras formais especificadas no MOC e não implica a convalidação das informações tributárias contidas na NF-e (Ajuste SINIEF 17/16);

II – identifica de forma única, pelo prazo decadencial estabelecido pela legislação tributária, uma NF-e através do conjunto de informações formado por CNPJ ou CPF do emitente, número, série e ambiente de autorização (Ajuste SINIEF 09/17).

Art. 166-E. A transmissão do arquivo digital da NF-e deverá ser efetuada via Internet, por meio de protocolo de segurança ou criptografia, com utilização de software desenvolvido ou adquirido pelo contribuinte (Ajuste SINIEF 01/18).

Parágrafo único. A transmissão referida no caput implica solicitação de concessão de Autorização de Uso da NF-e.

Art. 166-F. Previamente à concessão da Autorização de Uso da NF-e, a Secretaria de Estado da Receita, através do sistema da SEFAZ virtual do RS, analisará os seguintes elementos (Decreto nº 30.479/09):

I – a regularidade fiscal do emitente;

II – o credenciamento do emitente, para emissão de NF-e;

III – a autoria da assinatura do arquivo digital da NF-e;

IV – a integridade do arquivo digital da NF-e;

V – a observância ao leiaute do arquivo estabelecido no MOC (Ajuste SINIEF 17/16);

VI – a numeração do documento.

§ 1º A autorização de uso poderá ser concedida pela Secretaria de Estado da Receita por meio da infraestrutura tecnológica da Secretaria da Receita Federal do Brasil – RFB ou de outra unidade federada, na condição de contingência prevista no inciso I do art. 166-J (Ajuste SINIEF 17/16).

§ 2º Os Sistemas de Autorização da NF-e deverão validar as informações descritas nos campos cEAN e cEANTrib, junto ao Cadastro Centralizado de GTIN da organização legalmente responsável pelo licenciamento do respectivo código de barras, devendo ser rejeitadas as NF-e em casos de não conformidades das informações contidas no Cadastro Centralizado de GTIN (Ajuste SINIEF 07/17).

§ 3º As validações de que trata o § 2º deste artigo devem ter início para (Ajuste SINIEF 12/17):

I – grupo CNAE 324, a partir de 1º de janeiro de 2018;

II – grupo CNAE 121 a 122, a partir de 1º de fevereiro de 2018;

III – grupo CNAE 211 e 212, a partir de 1º de março de 2018;

IV – grupo CNAE 261 a 323, a partir de 1º de abril de 2018;

V – grupo CNAE 103 a 112, a partir de 1º de maio de 2018;

VI – grupo CNAE 011 a 102, a partir de 1º de junho de 2018;

VII – grupo CNAE 131 a 142, a partir de 1º de julho de 2018;

VIII – grupo CNAE 151 a 209, a partir de 1º de agosto de 2018;

IX – grupo CNAE 221 a 259, a partir de 1º de setembro de 2018;

X – grupo CNAE 491 a 662, a partir de 1º de outubro de 2018;

XI – grupo CNAE 663 a 872, a partir de 1º de novembro de 2018;

XII – demais grupos de CNAEs, a partir de 1º de dezembro de 2018.

§ 4º Os detentores de códigos de barras previstos no § 6º do art. 166-C deste Regulamento deverão manter atualizados os dados cadastrais de seus produtos junto à organização legalmente responsável pelo licenciamento do respectivo código de barras, de forma a manter atualizado o Cadastro Centralizado de GTIN (Ajustes SINIEF 15/17 e 10/20).

§ 5º A partir de 1º de setembro de 2021, a regularidade fiscal de que trata o inciso I do "caput" deste artigo alcançará também a inexistência de irregularidades identificadas pela Administração Tributária da unidade federada do destinatário ou tomador, por meio de cruzamento de informações do seu banco de dados fiscais, relativa às operações e prestações interestaduais que destinem bens e serviços a consumidor final não contribuinte, correspondentes à diferença entre a alíquota interna da unidade federada destinatária e a alíquota interestadual (Ajustes SINIEF 33/19 e 20/20).

§ 6º A vigência do disposto no § 5º do "caput" deste artigo poderá ser antecipada pela Secretaria de Estado da Fazenda-SEFAZ-PB, conforme disposto em Protocolo ICMS (Ajuste SINIEF 44/20).

Art. 166-G. Do resultado da análise referida no art. 166-F, o emitente será informado pela Secretaria de Estado da Receita através do sistema de autorização da NF-e (Decreto nº 30.479/09):

I – da rejeição do arquivo da NF-e, em virtude de:

a) falha na recepção ou no processamento do arquivo;

b) falha no reconhecimento da autoria ou da integridade do arquivo digital;

c) remetente não credenciado para emissão da NF-e;

d) duplicidade de número da NF-e;

e) falha na leitura do número da NF-e;

f) outras falhas no preenchimento ou no leiaute do arquivo da NF-e;

II – da denegação da Autorização de Uso da NF-e, em virtude de (Ajuste SINIEF 10/11):

a) irregularidade fiscal do emitente;

b) irregularidade fiscal do destinatário;

III – da concessão da Autorização de Uso da NF-e.

§ 1º Após a concessão da Autorização de Uso, a NF-e não poderá ser alterada.

§ 2º No caso de rejeição do arquivo digital, o mesmo não será arquivado pelo Fisco para consulta, sendo permitida ao interessado nova transmissão do arquivo da NF-e nas hipóteses das alíneas "a", "b" e "e" do inciso I deste artigo.

§ 3º No caso de denegação da Autorização de Uso da NF-e, o arquivo digital transmitido ficará arquivado pelo Fisco para consulta, nos termos do art. 166-N, identificado como "Denegada a Autorização de Uso".

§ 4º No caso do § 3º, não será possível sanar a irregularidade e solicitar nova Autorização de Uso da NF-e que contenha a mesma numeração.

§ 5º A cientificação de que trata o caput deste artigo será efetuada mediante protocolo disponibilizado ao emitente ou a terceiro autorizado pelo emitente, via internet, contendo, conforme o caso, a "chave de acesso", o número da NF-e, a data e a hora do recebimento da solicitação pela Secretaria de Estado da Receita e o número do protocolo, podendo ser autenticado mediante assinatura digital gerada com certificação digital da Secretaria de Estado da Receita ou outro mecanismo de confirmação de recebimento.

§ 6º Nos casos dos incisos I ou II do caput deste artigo, o protocolo de que trata o § 5º conterá informações que justifiquem de forma clara e precisa o motivo pelo qual a Autorização de Uso não foi concedida.

§ 7º Deverá, obrigatoriamente, ser encaminhado ou disponibilizado download do arquivo da NF-e e seu respectivo Protocolo de Autorização de Uso (Ajuste SINIEF 17/16):

I – ao destinatário da mercadoria, pelo emitente da NF-e, imediatamente após o recebimento da autorização de uso da NF-e;

II – ao transportador contratado, pelo tomador do serviço antes do início da prestação correspondente.

§ 8º As empresas destinatárias podem informar o seu endereço de correio eletrônico no Portal Nacional da NF-e, conforme padrões técnicos a serem estabelecidos no MOC (Ajuste SINIEF 17/16).

§ 9º Para os efeitos do inciso II do "caput" considera-se irregular a situação do contribuinte, emitente do documento fiscal ou destinatário das mercadorias, que, nos termos da legislação estadual, estiver impedido de praticar operações na condição de contribuinte do ICMS (Ajuste SINIEF 16/12).

Art. 166-H. É obrigatório o uso do Documento Auxiliar da NF-e – DANFE, conforme leiaute estabelecido no MOC, para acompanhar o trânsito das mercadorias acobertado por NF-e ou para facilitar a consulta prevista no art. 166-N (Ajuste SINIEF 17/16).

§ 1º O DANFE somente poderá ser utilizado para transitar com as mercadorias após a concessão da Autorização de Uso da NF-e, de que trata o inciso III do art. 166-G, ou na hipótese prevista no art. 166-J.

§ 1º-A. A concessão da Autorização de Uso será formalizada por meio do fornecimento do correspondente número de Protocolo, o qual deverá ser impresso no DANFE, conforme definido no MOC, ressalvadas as hipóteses previstas no art. 166-J (Ajuste SINIEF 17/16).

§ 2º No caso de destinatário não credenciado para emitir NF-e, a sua escrituração poderá ser efetuada com base nas informações contidas no DANFE, observado o disposto no art. 166-I.

§ 3º O DANFE utilizado para acompanhar o trânsito de mercadorias acobertado por NF-e será impresso em uma única via (Ajuste SINIEF 08/10).

§ 4º O DANFE deverá ser impresso em papel, exceto papel jornal, no tamanho mínimo A4 (210 x 297 mm) e máximo ofício 2 (230 x 330 mm), podendo ser utilizadas folhas soltas, Formulário de Segurança para Impressão de Documento Auxiliar de Documento Fiscal Eletrônico (FS-DA), formulário contínuo ou formulário pré-impresso (Ajuste SINIEF 17/16).

§ 5º O DANFE deverá conter código de barras, conforme padrão estabelecido no MOC (Ajuste SINIEF 17/16).

§ 5º-A Na hipótese de venda ocorrida fora do estabelecimento, o DANFE poderá ser impresso em qualquer tipo de papel, exceto papel jornal, em tamanho inferior ao A4 (210 x 297 mm), caso em que será denominado "DANFE Simplificado", devendo ser observadas as definições constantes no MOC (Ajuste SINIEF 02/21).

§ 5º-B. Na hipótese de venda ocorrida fora do estabelecimento em que o contribuinte opte pela emissão de NF-e no momento da entrega da mercadoria, poderá ser dispensada a impressão do DANFE, exceto nos casos de contingência ou quando solicitado pelo adquirente (Ajuste SINIEF 17/16).

§ 5º-C. Na hipótese prevista no § 5º-A, o emissor do documento deverá enviar o arquivo e a imagem do "DANFE simplificado" em formato eletrônico (Ajuste SINIEF 14/19).

§ 6º O DANFE poderá conter outros elementos gráficos, desde que não prejudiquem a leitura do seu conteúdo ou do código de barras por leitor óptico.

§ 7º As alterações de leiaute do DANFE permitidas são as previstas no MOC (Ajuste SINIEF 17/16).

§ 8º Os títulos e informações dos campos constantes no DANFE devem ser grafados de modo que seus dizeres e indicações estejam bem legíveis.

§ 9º A aposição de carimbos no DANFE, quando do trânsito da mercadoria, deve ser feita em seu verso.

§ 10. É permitida a indicação de informações complementares de interesse do emitente, impressas no verso do DANFE, hipótese em que sempre será reservado espaço, com a dimensão mínima de 10x15 cm, em qualquer sentido, para atendimento ao disposto no § 9º.

§ 11. RENUMERADO COM NOVA REDAÇÃO PARA § 5º-A (Decreto nº 39.423/19).

§ 11-A. RENUMERADO PARA § 5º-B (Decreto nº 39.423/19).

§ 12. REVOGADO (Decreto nº 34.767/14). (OBS: Efeitos a partir de 01.02.14)

§ 13. O DANFE não poderá conter informações que não existam no arquivo XML da NF-e, com exceção das hipóteses previstas no MOC (Ajuste SINIEF 17/16).

§ 14 No trânsito de mercadorias realizado no modal ferroviário, acobertado por NF-e, fica dispensada a impressão do respectivo Documento Auxiliar da Nota Fiscal Eletrônica - DANFE, desde que emitido o MDF-e e sempre apresentados quando solicitado pelo fisco (Ajuste SINIEF 05/17).

§ 15. Nas operações de venda a varejo para consumidor final, por meio eletrônico, venda por telemarketing ou processos semelhantes, o DANFE poderá ser impresso em qualquer tipo de papel, exceto papel jornal, em tamanho inferior ao A4 (210 x 297 mm), caso em que será denominado "DANFE Simplificado - Etiqueta", devendo ser observadas as definições constantes no MOC (Ajuste SINIEF 02/21).

§ 16. Nas operações de que trata o § 15 deste artigo (Ajuste SINIEF 02/21):

I - exceto nos casos de contingência com uso de Formulário de Segurança ou quando solicitado pelo adquirente, o DANFE poderá, de forma alternativa à impressão em papel, ser apresentado em meio eletrônico, seguindo a disposição gráfica especificada no MOC, desde que tenha sido emitido o MDF-e relativo ao transporte das mercadorias relacionadas na respectiva NF-e;

II - o emissor do documento deverá enviar o DANFE em arquivo eletrônico ao consumidor final, seguindo a disposição gráfica especificada no MOC.

Art. 166-H1. REVOGADO (Decreto nº 37.217/17 - Ajuste SINIEF 17/16).

Art. 166-I. O emitente deverá manter a NF-e em arquivo digital, sob sua guarda e responsabilidade, mesmo que fora da empresa, pelo prazo estabelecido na legislação tributária, para guarda dos documentos fiscais, devendo ser disponibilizado ao Fisco quando solicitado (Ajuste SINIEF 22/13). (OBS: Efeitos a partir de 01.02.14)

§ 1º O destinatário deverá verificar a validade e autenticidade da NF-e e a existência de Autorização de Uso da NF-e.

§ 2º O destinatário da NF-e também deverá cumprir o disposto no "caput" deste artigo e, caso não seja contribuinte credenciado para a emissão de NF-e, poderá, alternativamente, manter em arquivo o DANFE relativo à NF-e da operação, o qual deverá ser apresentado ao Fisco, quando solicitado (Ajuste SINIEF 17/16).

§ 3º O emitente de NF-e deverá guardar pelo prazo estabelecido na legislação tributária o DANFE que acompanhou o retorno de mercadoria não entregue ao destinatário e que contenha o motivo do fato em seu verso (Ajuste SINIEF 17/16).

Art. 166-J. Quando em decorrência de problemas técnicos não for possível transmitir a NF- e para a unidade federada do emitente, ou obter resposta à solicitação de Autorização de Uso da NF-e, o contribuinte poderá operar em contingência, gerando arquivos indicando este tipo de emissão, conforme definições constantes no MOC, mediante a adoção de uma das seguintes alternativas (Ajuste SINIEF 17/16):

I - transmitir a NF-e para a Sefaz Virtual de Contingência - SVC, nos termos dos arts. 166-D, 166-E e 166-F desta Subseção;

II - transmitir Evento Prévio de Emissão em Contingência - EPEC, nos termos do art. 166-S;

III - imprimir o DANFE em formulário de segurança - Formulário de Segurança para Impressão de Documento Auxiliar de Documento Fiscal Eletrônico (FS-DA), observado o disposto no Convênio ICMS 96/09.

§ 1º Na hipótese do inciso II do "caput" deste artigo, o DANFE deverá ser impresso em no mínimo duas vias, constando no corpo a expressão "DANFE impresso em contingência - EPEC regularmente recebido pela Secretaria da Receita Federal do Brasil", tendo as vias a seguinte destinação:

I - uma das vias permitirá o trânsito das mercadorias e deverá ser mantida em arquivo pelo destinatário pelo prazo estabelecido na legislação tributária para a guarda de documentos fiscais;

II - a outra via deverá ser mantida em arquivo pelo emitente pelo prazo estabelecido na legislação tributária para a guarda dos documentos fiscais.

§ 2º Presume-se inábil o DANFE impresso nos termos do § 1º quando não houver a regular recepção do Evento Prévio de Emissão em Contingência - EPEC pela RFB, nos termos do art. 166- S.

§ 3º Na hipótese do inciso III do "caput" deste artigo, o Formulário de Segurança - Documento Auxiliar (FS-DA) deverá ser utilizado para impressão de no mínimo duas vias do DANFE, constando no corpo a expressão "DANFE em Contingência - impresso em decorrência de problemas técnicos", tendo as vias a seguinte destinação:

I - uma das vias permitirá o trânsito das mercadorias e deverá ser mantida em arquivo pelo destinatário pelo prazo estabelecido na legislação tributária para a guarda de documentos fiscais;

II - a outra via deverá ser mantida em arquivo pelo emitente pelo prazo estabelecido na legislação tributária para a guarda dos documentos fiscais.

§ 4º Na hipótese do inciso III do "caput" deste artigo, existindo a necessidade de impressão de vias adicionais do DANFE, dispensa-se a exigência do uso do Formulário de Segurança para Impressão de Documento Auxiliar de Documento Fiscal Eletrônico (FS-DA) das vias adicionais.

§ 5º Na hipótese dos incisos II e III do "caput" deste artigo, imediatamente após a cessação dos problemas técnicos que impediram a transmissão ou recepção do retorno da autorização da NF-e, e até o prazo limite de cento e sessenta e oito horas da emissão da NF-e, contado a partir da emissão da NF-e de que trata o § 10, o emitente deverá transmitir à administração tributária de sua jurisdição as NF-e geradas em contingência.

§ 6º Se a NF-e transmitida nos termos do § 5º vier a ser rejeitada pela administração tributária, o contribuinte deverá:

I - gerar novamente o arquivo com a mesma numeração e série, sanando a irregularidade desde que não se altere:

a) as variáveis que determinam o valor do imposto tais como: base de cálculo, alíquota, diferença de preço, quantidade, valor da operação ou da prestação;

b) a correção de dados cadastrais que implique mudança do remetente ou do destinatário;

c) a data de emissão ou de saída;

II - solicitar Autorização de Uso da NF-e;

III - imprimir o DANFE correspondente à NF-e autorizada, no mesmo tipo de papel utilizado para imprimir o DANFE original;

IV - providenciar, junto ao destinatário, a entrega da NF-e autorizada bem como do novo DANFE impresso nos termos do inciso III, caso a geração saneadora da irregularidade da NF-e tenha promovido alguma alteração no DANFE.

§ 7º O destinatário deverá manter em arquivo pelo prazo decadencial estabelecido pela legislação tributária junto à via mencionada no inciso I do § 1º ou no inciso I do § 3º, a via do DANFE recebida nos termos do inciso IV do § 6º.

§ 8º Se após decorrido o prazo limite previsto no § 5º, o destinatário não puder confirmar a existência da Autorização de Uso da NF-e correspondente, deverá comunicar imediatamente o fato ao Fisco deste Estado.

§ 9º Na hipótese dos incisos II e III do "caput" deste artigo, as seguintes informações farão parte do arquivo da NF-e, devendo ser impressas no DANFE:

I – o motivo da entrada em contingência;

II – a data, hora com minutos e segundos do seu início.

§ 10. Considera-se emitida a NF-e em contingência, tendo como condição resolutória a sua autorização de uso:

I – na hipótese do inciso II do "caput" deste artigo, no momento da regular recepção do EPEC pela RFB, conforme previsto no art. 166-S;

II – na hipótese do inciso III do "caput" deste artigo, no momento da impressão do respectivo DANFE em contingência.

§ 11. É vedada a reutilização, em contingência, de número de NF-e transmitida com tipo de emissão "Normal".

§ 12. Em relação às NF-e que foram transmitidas antes da contingência e ficaram pendentes de retorno, o emitente deverá, após a cessação das falhas:

I – solicitar o cancelamento, nos termos do art. 166-K, das NF-e que retornaram com Autorização de Uso e cujas operações não se efetivaram ou foram acobertadas por NF-e emitidas em contingência;

II – solicitar a inutilização, nos termos do art. 166-M, da numeração das NF-e que não foram autorizadas nem denegadas.

Art. 166-K. Em prazo não superior a vinte e quatro horas, contado do momento em que foi concedida a Autorização de Uso da NF-e, de que trata o inciso III do art. 166-G, o emitente poderá solicitar o cancelamento da respectiva NF-e, desde que não tenha havido a circulação da mercadoria, prestação de serviço ou vinculação à Duplicata Escritural, observadas as normas constantes art. 166-L (Ajuste SINIEF 44/20).

Parágrafo único. A critério da Secretaria de Estado da Receita, em casos excepcionais, poderá ser recepcionado o pedido de cancelamento de forma extemporânea.

Art. 166-K1. O cancelamento de que trata o art. 166-K deste Regulamento, poderá ser efetuado até 31 de março de 2013, mediante Pedido de Cancelamento de NF-e, transmitido ao FISCO pelo emitente (Ajuste SINIEF 16/12).

Art. 166-L. O cancelamento de que trata o art. 166–K será efetuado por meio do registro de evento correspondente (Ajuste SINIEF 16/12).

§ 1º O Pedido de Cancelamento de NF-e deverá atender ao leiaute estabelecido no MOC (Ajuste SINIEF 17/16).

§ 2º A transmissão do Pedido de Cancelamento de NF-e será efetivada via Internet, por meio de protocolo de segurança ou criptografia.

§ 3º O Pedido de Cancelamento de NF-e deverá ser assinado pelo emitente com assinatura digital certificada por entidade credenciada pela Infraestrutura de Chaves Públicas Brasileira - ICP-Brasil, contendo o número do CPF ou CNPJ de qualquer dos estabelecimentos do contribuinte, a fim de garantir a autoria do documento digital (Ajuste SINIEF 09/17).

§ 4º A transmissão poderá ser realizada por meio de software desenvolvido ou adquirido pelo contribuinte (Ajuste SINIEF 01/18).

§ 5º A cientificação do resultado do Pedido de Cancelamento de NF-e será feita mediante protocolo de trata o § 2º, disponibilizado ao emitente via internet e autenticado por meio de assinatura digital gerada com certificação digital ou outro mecanismo de confirmação de recebimento, contendo:

I – a "chave de acesso";

II – o número da NF-e;

III – a data e a hora do recebimento da solicitação pelo Fisco;

IV – o número do protocolo.

Art. 166-L1. As informações relativas à data, à hora de saída e ao transporte, caso não constem do arquivo XML da NF-e transmitido nos termos do art. 166-E e seu respectivo DANFE, deverão ser comunicadas através de Registro de Saída (Ajuste SINIEF 17/16).

§ 1º O Registro de Saída deverá atender ao leiaute estabelecido no MOC (Ajuste SINIEF 17/16).

§ 2º A transmissão do Registro de Saída será efetivada, via Internet, por meio de protocolo de segurança ou criptografia.

§ 3º O Registro de Saída deverá ser assinado pelo emitente com assinatura digital certificada por entidade credenciada pela Infraestrutura de Chaves Públicas Brasileira – ICP-Brasil, contendo o número do CPF ou CNPJ de qualquer dos estabelecimentos do contribuinte, a fim de garantir a autoria do documento digital (Ajuste SINIEF 09/17).

§ 4º A transmissão poderá ser realizada por meio de software desenvolvido ou adquirido pelo contribuinte (Ajuste SINIEF 01/18).

§ 5º O Registro de Saída só será válido após a cientificação de seu resultado mediante o protocolo de que trata o § 2º, deste artigo, disponibilizado ao emitente, via Internet, contendo a chave de acesso da NF-e, a data e a hora do recebimento da solicitação pela Secretaria de Estado da Receita e o número do protocolo, podendo ser autenticado mediante assinatura digital gerada com certificação digital da Secretaria de Estado da Receita ou outro mecanismo de confirmação de recebimento.

§ 6º A Secretaria de Estado da Receita deverá transmitir o Registro de Saída para as administrações tributárias e entidades previstas na cláusula oitava do Ajuste SINIEF 07/05.

§ 7º Caso as informações relativas à data e à hora de saída não constem do arquivo XML da NF-e nem seja transmitido o Registro de Saída no prazo estabelecido no MOC será considerada a data de emissão da NF-e como data de saída (Ajuste SINIEF 17/16).

Art. 166-L2. REVOGADO (Decreto nº 37.217/17 - Ajuste SINIEF 17/16).

I – valor igual ou superior a R$ 10.000,00 (dez mil reais);

II – valor inferior a R$ 10.000,00 (dez mil reais), quando solicitado pelo adquirente;

III – entrega em domicílio, hipótese em que também deverá ser informado o respectivo endereço.

Parágrafo único. A identificação de que trata o “caput” será feita pelo CNPJ ou CPF ou, tratando-se de estrangeiro, documento de identificação admitido na legislação civil.

Art. 166-M. O contribuinte deverá solicitar, mediante Pedido de Inutilização de Número da NF-e, até o 10º (décimo) dia do mês subsequente, a inutilização de número de NF-e não utilizado, na eventualidade de quebra de sequência da numeração da NF-e.

§ 1º O Pedido de Inutilização da NF-e deverá ser assinado pelo emitente com assinatura digital certificada por entidade credenciada pela Infraestrutura de Chaves Públicas Brasileira - ICP-Brasil, contendo o número do CPF ou CNPJ de qualquer dos estabelecimentos do contribuinte, a fim de garantir a autoria do documento digital (Ajuste SINIEF 09/17).

§ 2º A transmissão do Pedido de Inutilização de Número da NF-e, será efetivada via Internet, por meio de protocolo de segurança ou criptografia.

§ 3º A cientificação do resultado do Pedido de Inutilização de Número da NF-e será feita mediante protocolo de que trata o § 2º disponibilizado ao emitente, via Internet, contendo, conforme o caso, os números das NF-e, a data e a hora do recebimento da solicitação pela Secretaria de Estado da receita e o número do protocolo, podendo ser autenticado mediante assinatura digital gerada com certificação digital da Secretaria de Estado da Receita ou outro mecanismo de confirmação de recebimento.

§ 4º A transmissão do arquivo digital da NF-e nos termos do art. 166-J implica cancelamento de Pedido de Inutilização de Número da NF-e já cientificado do resultado que trata o § 3º deste artigo (Ajuste SINIEF 02/21).

Art. 166-M1. Após a concessão da Autorização de Uso da NF-e de que trata o art. 166-G, o emitente poderá sanar erros em campos específicos da NF-e por meio de Carta de Correção Eletrônica - CC-e, transmitida à Secretaria de Estado da Receita, desde que o erro não esteja relacionado com (Ajuste SINIEF 17/16):

I - as variáveis que determinam o valor do imposto tais como: base de cálculo, alíquota, diferença de preço, quantidade, valor da operação ou da prestação;

II - a correção de dados cadastrais que implique mudança do remetente ou do destinatário;

III - a data de emissão ou de saída;

IV - campos da NF-e de exportação informados na Declaração Única de Exportação - DU- E (Ajuste SINIEF 44/20);

V - a inclusão ou alteração de parcelas de vendas a prazo (Ajuste SINIEF 44/20).

§ 1º A Carta de Correção Eletrônica - CC-e deverá atender ao leiaute estabelecido no MOC e ser assinada pelo emitente com assinatura digital certificada por entidade credenciada pela Infraestrutura de Chaves Públicas Brasileira - ICP-Brasil, contendo o número do CPF ou CNPJ de qualquer dos estabelecimentos do contribuinte, a fim de garantir a autoria do documento digital (Ajuste SINIEF 09/17).

§ 2º A transmissão da CC-e será efetivada via Internet, por meio de protocolo de segurança ou criptografia.

§ 3º A cientificação da recepção da CC-e será feita mediante protocolo disponibilizado ao emitente, via Internet, contendo, conforme o caso, a "chave de acesso", o número da NF-e, a data e a hora do recebimento da solicitação pela Secretaria de Estado da Receita e o número do protocolo, podendo ser autenticado mediante assinatura digital gerada com certificação digital da Secretaria de Estado da Receita ou outro mecanismo de confirmação de recebimento.

§ 4º Havendo mais de uma CC-e para a mesma NF-e, o emitente deverá consolidar na última todas as informações anteriormente retificadas.

§ 5º O protocolo de que trata o § 3º não implica validação das informações contidas na CC-e.

§ 6º É vedada a utilização de carta de correção em papel para sanar erros em campos específicos de NF-e (Ajuste SINIEF 17/16).

Art. 166-N. Após a concessão de Autorização de Uso da NF-e de que trata o art. 166-G, a Secretaria de Estado da Receita disponibilizará na internet consulta relativa à NF-e pelo prazo mínimo de 180 (cento e oitenta) dias.

§ 1º Após o prazo previsto no "caput" deste artigo, a consulta à NF-e poderá ser substituída pela prestação de informações parciais que identifiquem a NF-e (número, data de emissão, CPF ou CNPJ do emitente e do destinatário, valor e sua situação), que ficarão disponíveis pelo prazo decadencial (Ajuste SINIEF 09/17).

§ 2º A consulta à NF-e, prevista no caput, poderá ser efetuada pelo interessado, mediante informação da "chave de acesso" da NF-e.

§ 3º A consulta prevista no "caput" deste artigo, em relação à NF-e, poderá ser efetuada também, subsidiariamente, no ambiente nacional disponibilizado pela Receita Federal do Brasil (Ajuste SINIEF 17/16).

§ 4º A disponibilização completa dos campos exibidos na consulta de que trata o "caput" deste artigo será por meio de acesso restrito e vinculada à relação do consulente com a operação descrita na NF-e consultada, nos termos do MOC (Ajuste SINIEF 16/18).

§ 5º A relação do consulente com a operação descrita na NF-e consultada a que se refere o § 4º deste artigo deverá ser identificada por meio de certificado digital ou de acesso identificado do consulente ao portal da Secretaria de Estado da Receita ou ao ambiente nacional disponibilizado pela RFB (Ajuste SINIEF 16/18).

§ 6ºAs restrições previstas nos §§ 4º e 5º deste artigo não se aplicam nas operações (Ajuste SINIEF 02/21):

I – que tenham como emitente ou destinatário a União, Estados, Distrito Federal e Municípios, bem como suas fundações e autarquias, quando as consultas forem realizadas no Portal Nacional da NF-e;

II – em que o destinatário das mercadorias for pessoa física ou pessoa jurídica não contribuinte do ICMS.

Art. 166-N1. A ocorrência relacionada com uma NF-e denomina-se "Evento da NF-e (Ajuste SINIEF 16/12).

§ 1º Os eventos relacionados a uma NF-e são:

I – Cancelamento, conforme disposto no art. 166-K;

II – Carta de Correção Eletrônica, conforme disposto no art. 166-M1;

III – Registro de Passagem Eletrônico, conforme disposto no art. 166-R;

IV - Ciência da Emissão, recebimento pelo destinatário ou pelo remetente de informações relativas à existência de NF-e em que esteja envolvido, quando ainda não existem elementos suficientes para apresentar uma manifestação conclusiva (Ajuste SINIEF 07/12);

V - Confirmação da Operação, manifestação do destinatário confirmando que a operação descrita na NF-e ocorreu exatamente como informado nesta NF-e (Ajuste SINIEF 22/13); (OBS: Efeitos 01.02.14)

VI - Operação não Realizada, manifestação do destinatário reconhecendo sua participação na operação descrita na NF-e, mas declarando que a operação não ocorreu ou não se efetivou como informado nesta NF-e (Ajuste SINIEF 22/13); (OBS: Efeitos a partir de 01.02.14)

VII - Desconhecimento da Operação, manifestação do destinatário declarando que a operação descrita da NF-e não foi por ele solicitada;

VIII- Registro de Saída, conforme disposto no art. 166-L1 (Ajuste SINIEF 07/12);

IX- Vistoria Suframa, homologação do ingresso da mercadoria na área incentivada mediante a autenticação do Protocolo de Internamento de Mercadoria Nacional - PIN-e (Ajuste SINIEF 07/12);

X- Internalização Suframa, confirmação do recebimento da mercadoria pelo destinatário por meio da Declaração de Ingresso - DI (Ajuste SINIEF 07/12);

XI - Evento Prévio de Emissão em Contingência, conforme disposto no art. 166-S (Ajuste SINIEF 17/16);

XII - NF-e Referenciada em outra NF-e, registro que esta NF-e consta como referenciada em outra NF-e (Ajuste SINIEF 16/12);

XIII - NF-e Referenciada em CT-e, registro que esta NF-e consta em um Conhecimento Eletrônico de Transporte (Ajuste SINIEF 16/12);

XIV - NF-e Referenciada em MDF-e, registro que esta NF-e consta em um Manifesto Eletrônico de Documentos Fiscais (Ajuste SINIEF 16/12);

XV - Manifestação do Fisco, registro realizado pela autoridade fiscal com referência ao conteúdo ou à situação da NF-e (Ajuste SINIEF 01/13).

XVI - Pedido de Contribuinte, registro realizado pelo contribuinte de solicitação de prorrogação de prazo de retorno de remessa para industrialização (Ajuste SINIEF 21/14); (OBS: Efeitos a partir de 01.02.15)

XVII - Eventos da Sefaz Virtual do Estado da Bahia (SVBA), de uso dos signatários do Acordo de Cooperação 01/2018 (Ajuste SINIEF 16/18);

XVIII – Comprovante de Entrega do CT-e, resultante da propagação automática do registro de um evento "Comprovante de Entrega do CT-e" em um Conhecimento de Transporte Eletrônico que referência esta NF-e (Ajuste SINIEF 14/19);

XIX – Cancelamento do Comprovante de Entrega do CT-e, resultante da propagação automática do cancelamento do evento registro de entrega do CT-e propagado na NF-e (Ajuste SINIEF 14/19);

XX – Comprovante de Entrega da NF-e, registro de entrega da mercadoria, pelo remetente, mediante a captura eletrônica de informações relacionadas com a confirmação da entrega da carga (Ajuste SINIEF 22/19);

XXI – Cancelamento do Comprovante de Entrega da NF-e, registro de que houve o cancelamento do registro de entrega da mercadoria pelo remetente (Ajuste SINIEF 22/19);

XXII – Ator interessado na NF-e-Transportador, registro do emitente ou destinatário da NF- e para permissão ao download da NF-e pelos transportadores envolvidos na operação (Ajuste SINIEF 33/20).

§ 2º Os eventos de I a XVII do § 1º deste artigo serão registrados por (Ajuste SINIEF 14/19):

I – qualquer pessoa, física ou jurídica, envolvida ou relacionada com a operação descrita na NF-e, conforme leiaute, prazos e procedimentos estabelecidos no MOC (Ajuste SINIEF 17/16)

II – órgãos da Administração Pública direta ou indireta, conforme leiaute, prazos e procedimentos estabelecidos na documentação do Sistema da NF-e.

§ 2º-A Os eventos de XVIII a XIX do § 1º deste artigo serão registrados de forma automática pela propagação do registro do evento relacionado em um CT-e que referência a NF-e (Ajuste SINIEF 14/19).

§ 3º A Secretaria de Estado da Receita quando do recebimento do registro do evento deverá transmiti-lo para o Ambiente Nacional da NF-e, a partir do qual será distribuído para os demais destinatários.

§ 4º Os eventos serão exibidos na consulta definida no art. 166-N, conjuntamente com a NF-e a que se referem.

Art. 166-N2. Na ocorrência dos eventos abaixo indicados fica obrigado o seu registro pelas seguintes pessoas (Ajuste SINIEF 17/16):

I – pelo emitente da NF-e:

a) Carta de Correção Eletrônica de NF-e;

b) Cancelamento de NF-e;

c) Evento Prévio de Emissão em Contingência;

d) Comprovante de Entrega da NF-e (Ajuste SINIEF 22/19);

e) Cancelamento do Comprovante de Entrega da NF-e (Ajuste SINIEF 22/19);

II - pelo destinatário da NF-e, os seguintes eventos relativos à confirmação da operação descrita na NF-e:

a) Confirmação da Operação;

b) Operação não Realizada;

c) Desconhecimento da Operação.

Parágrafo único. O cumprimento do disposto no inciso II do "caput" desde artigo deverá observar o cronograma e os prazos constantes no Anexo 117 – Obrigatoriedade de Registros de Eventos Relacionados à Nota Fiscal Eletrônica, deste Regulamento (Ajuste SINIEF 17/16). (OBS: Efeitos a partir de 01.02.17).

Art. 166-N3. Os eventos Confirmação da Operação, Desconhecimento da Operação ou Operação não Realizada poderão ser registrados em até 180 (cento e oitenta) dias, contados a partir da data de autorização da NF-e (Ajuste SINIEF 44/20).

§ 1º O prazo previsto no "caput" deste artigo não se aplica às situações previstas no Anexo 117 - OBRIGATORIEDADE DE REGISTROS DE EVENTOS RELACIONADOS À NOTA FISCAL ELETRÔNICA, deste Regulamento.

§ 2º Os eventos relacionados no "caput" deste artigo poderão ser registrados uma única vez cada, tendo validade somente o evento com registro mais recente.

§ 3º Depois de registrado algum dos eventos relacionados no "caput" deste artigo em uma NF-e, as retificações a que se refere o § 2º poderão ser realizadas em até 30 (trinta) dias, contados da primeira manifestação.

§ 4º O Evento Ciência da Emissão poderá ser registrado em até 10 (dez) dias, contados da autorização da NF-e (Ajuste SINIEF 44/20).

§ 5º No caso de registro do evento Ciência da Emissão, fica obrigatório o registro, pelo destinatário, de um dos eventos do "caput" deste artigo (Ajuste SINIEF 44/20).

Art. 166-O. REVOGADO (Decreto nº 34.266/13).

Art. 166-P. REVOGADO (Decreto nº 37.217/17 - Ajuste SINIEF 17/16).

Art. 166-Q. A Secretaria de Estado da Receita disponibilizará, às empresas autorizadas à sua emissão, consulta eletrônica referente à situação cadastral dos contribuintes do ICMS de seu Estado, conforme padrão estabelecido no MOC (Ajuste SINIEF 17/16).

TRIBUTÁRIO E FINANCEIRO

Art. 166-R. Toda NF-e que acobertar operação interestadual de mercadoria ou relativa ao comércio exterior estará sujeita ao registro de passagem eletrônico em sistema instituído por meio do Protocolo ICMS 10/03.

Art. 166-S. O Evento Prévio de Emissão em Contingência – EPEC, transmitido pelo emitente da NF-e, deverá ser gerado com base em leiaute estabelecido no MOC, observadas as seguintes formalidades (Ajuste SINIEF 17/16):

I – o arquivo digital do EPEC deverá ser elaborado no padrão XML (Extended Markup Language);

II – a transmissão do arquivo digital do EPEC deverá ser efetuada via Internet;

III – o EPEC deverá ser assinado pelo emitente com assinatura digital certificada por entidade credenciada pela Infraestrutura de Chaves Públicas Brasileira – ICP-Brasil, contendo o número do CPF ou CNPJ de qualquer dos estabelecimentos do contribuinte, a fim de garantir a autoria do documento digital (Ajuste SINIEF 09/17).

§ 1º O arquivo do EPEC conterá, no mínimo, as seguintes informações da NF-e:

I – a identificação do emitente;

II – para cada NF-e emitida:

a) o número da chave de acesso;

b) o CNPJ ou CPF do destinatário;

c) a unidade federada de localização do destinatário;

d) o valor da NF-e;

e) o valor do ICMS, quando devido;

f) o valor do ICMS retido por substituição tributária, quando devido.

§ 2º Recebida a transmissão do arquivo do EPEC, o ambiente nacional da NF-e responsável pela autorização analisará:

I – o credenciamento do emitente para emissão de NF-e;

II – a autoria da assinatura do arquivo digital do EPEC;

III – a integridade do arquivo digital do EPEC;

IV – a observância ao leiaute do arquivo estabelecido no MOC;

V – outras validações previstas no MOC.

§ 3º Do resultado da análise, o ambiente nacional da NF-e pela autorização cientificará o emitente:

I – da regular recepção do arquivo do EPEC;

II – da rejeição do arquivo do EPEC, em virtude de:

a) falha na recepção ou no processamento do arquivo;

b) falha no reconhecimento da autoria ou da integridade do arquivo digital;

c) remetente não credenciado para emissão da NF-e;

d) duplicidade de número da NF-e;

e) outras falhas no preenchimento ou no leiaute do arquivo do EPEC.

§ 4º A cientificação de que trata o § 3º será efetuada via internet, contendo:

I – o motivo da rejeição, na hipótese do inciso II do § 3º;

II – o arquivo do EPEC, número do recibo, data, hora e minuto da recepção, bem como assinatura digital do ambiente nacional da NF-e, pela autorização, na hipótese do inciso I do § 3º.

§ 5º Presumem-se emitidas as NF-e referidas no EPEC, quando de sua regular recepção pelo ambiente nacional da NF-e, observado o disposto no art. 166-D.

Art. 166-T. Aplicam-se à NF-e, no que couber, as normas deste Regulamento (Ajuste SINIEF 17/16).

§ 1º As NF-e canceladas, denegadas e os números inutilizados, exceto os correspondentes a inutilizações canceladas nos termos do § 4º do art. 166-M, devem ser escriturados, sem valores monetários, de acordo com a legislação tributária vigente (Ajuste SINIEF 02/21).

§ 2º Nos casos em que o remetente esteja obrigado à emissão da NF-e, é vedada ao destinatário a aceitação de qualquer outro documento em sua substituição, exceto nos casos previstos na legislação estadual.

§ 3° As NF-e que, nos termos do inciso II do § 3° do art. 166-D, forem diferenciadas somente pelo ambiente de autorização deverão ser regularmente escrituradas nos termos da legislação vigente, acrescentando-se informação explicando as razões para esta ocorrência (Ajuste SINIEF 10/11)

Art. 166-U. Em relação ao DANFE e à NF-e, aplicam-se, no que couber, as normas previstas para os demais documentos fiscais.

Art. 166-V. O Secretário de Estado da Receita baixará normas complementares à aplicação do disposto neste Capítulo.

Art. 166-W. A administração tributária autorizadora de NF-e poderá suspender, de forma temporária ou definitiva, o acesso aos seus respectivos ambientes autorizadores ao contribuinte que praticar, mesmo que de maneira não intencional, o consumo indevido de tais ambientes em desacordo com os padrões estabelecidos no MOC (Ajuste SINIEF 10/20).

§ 1º A suspensão, que tem por objetivo preservar o bom desempenho dos ambientes autorizadores de NF-e, aplica-se aos diversos serviços disponibilizados aos contribuintes, impossibilitando, a quem estiver suspenso, o uso daqueles serviços por intervalo de tempo determinado, conforme especificado no MOC.

§ 2º Uma vez decorrido o prazo determinado para a suspensão, o acesso aos ambientes autorizadores será restabelecido automaticamente.

§ 3º A aplicação reiterada de suspensões por tempo determinado, conforme especificado no MOC, a critério da administração tributária autorizadora, poderá determinar a suspensão definitiva do acesso do contribuinte aos ambientes autorizadores.

§ 4º O restabelecimento do acesso aos ambientes autorizadores ao contribuinte que tenha sofrido uma suspensão definitiva dependerá de liberação realizada pela Secretaria de Estado da Fazenda - SEFAZ-PB.

Subseção II
DO CUPOM FISCAL E DA NOTA FISCAL DE VENDA A CONSUMIDOR

Art. 167. REVOGADO (Decreto nº 38.165/18).

Art. 167-A. REVOGADO (Decreto nº 38.165/18).

Art. 168. A Nota Fiscal de Venda a Consumidor conterá as seguintes indicações:

I - a denominação: "Nota Fiscal de Venda a Consumidor";

II - o número de ordem, série, subsérie e o número da via;

III - a data da emissão;

IV - nome, endereço e números de inscrição, estadual e no CNPJ, do estabelecimento emitente;

V - discriminação da mercadoria: quantidade, marca, tipo, modelo, espécie, qualidade e demais elementos que permitam sua perfeita identificação;

VI - os valores, unitário e total, da mercadoria e o valor total da operação;

VII - nome, endereço e número de inscrição, estadual e no CNPJ, do impressor da nota, a data e a quantidade de impressão, o número de ordem da primeira e da última nota impressa com a respectiva série e subsérie, e o número da Autorização de Impressão de Documentos Fiscais.

Parágrafo único. As indicações dos incisos I, II, IV e VII, serão impressas.

Art. 169. A Nota Fiscal de Venda a Consumidor será de tamanho não inferior a 7,4 cm x 10,5 cm, em qualquer sentido.

Art. 170. A Nota Fiscal de Venda a Consumidor será extraída, no mínimo, em 02 (duas) vias, sendo a primeira via entregue ao comprador e a segunda via presa ao bloco para exibição ao Fisco.

Art. 171. REVOGADO (Decreto nº 21.147/00). (Revigorado com nova redação - Decreto nº 37.217/17 - Efeitos a partir de 01.02.17)

Subseção II-A
DA NOTA FISCAL DE CONSUMIDOR ELETRÔNICA E DO DOCUMENTO AUXILIAR DA NOTA FISCAL DE CONSUMIDOR ELETRÔNICA

Art. 171. A Nota Fiscal de Consumidor Eletrônica- NFC-e, modelo 65, será utilizada pelos contribuintes do Imposto sobre Operações Relativas à Circulação de Mercadorias e sobre a Prestação de Serviços de Transporte Interestadual e Intermunicipal e de Comunicação - ICMS, em substituição (Ajuste SINIEF 19/16):

I - à Nota Fiscal de Venda a Consumidor, modelo 2;

II - ao Cupom Fiscal emitido por equipamento Emissor de Cupom Fiscal - ECF.

§ 1º Considera-se Nota Fiscal de Consumidor Eletrônica - NFC-e o documento emitido e armazenado eletronicamente, de existência apenas digital, com o intuito de documentar operações e prestações internas, cuja validade jurídica é garantida pela assinatura digital do emitente e autorização de uso pela Secretaria de Estado da Receita, antes da ocorrência do fato gerador.

§ 2º A Nota Fiscal Eletrônica - NF-e, modelo 55, poderá ser utilizada em substituição à NFC-e.

§ 3º Fica vedada a emissão de Nota Fiscal de Venda a Consumidor, modelo 2, e de Cupom Fiscal por meio de Equipamento Emissor de Cupom Fiscal - ECF ou por qualquer outro meio, respeitado o disposto em Portaria do Secretário de estado da Receita.

§ 4º A NFC-e, além das demais informações previstas na legislação, deverá conter a seguinte indicação: "Nota Fiscal de Consumidor Eletrônica- NFC-e.

§ 5º Os estabelecimentos que exerçam a atividade de venda ou revenda de mercadorias ou bens, ou de prestação de serviços em que o adquirente ou tomador seja pessoa física ou jurídica não contribuinte do imposto estadual, estão obrigados à emissão de Nota Fiscal de Consumidor Eletrônica - NFC- e.

§ 6º A obrigatoriedade de que trata o § 5º não se aplica nas operações para órgãos ou entidades públicas, nas quais há obrigatoriedade de emissão de NF-e modelo 55.

§ 7º As operações com cartão de crédito ou débito serão disciplinadas mediante portaria do Secretário de Estado da Receita.

Art. 171-A. Para emissão da NFC-e, o contribuinte deverá estar previamente credenciado na Secretaria de Estado da Receita (Ajuste SINIEF 19/16).

§ 1º O credenciamento a que se refere o "caput" deste artigo poderá ser:

I – voluntário, quando solicitado pelo contribuinte;

II – de ofício, quando efetuado pela Secretaria de Estado da Receita.

§ 2º O contribuinte credenciado à emissão da NFC-e, modelo 65, fica obrigado a emissão da NF-e, modelo 55, em substituição ao modelo 1 ou 1-A, ou da Nota Fiscal do Produtor, modelo 4, salvo disposição em contrário.

Art. 171-B. Ato COTEPE publicará o "Manual de Orientação do Contribuinte – MOC", disciplinando a definição das especificações e critérios técnicos necessários para a integração entre os Portais das Secretarias de Fazendas dos Estados e os sistemas de informações das empresas emissoras de NFC-e (Ajuste SINIEF 19/16).

Parágrafo único. Nota técnica publicada em sítio eletrônico poderá esclarecer questões referentes ao MOC.

Art. 171-C. A NFC-e deverá ser emitida com base em leiaute estabelecido no MOC, por meio de software desenvolvido ou adquirido pelo contribuinte, observadas as seguintes formalidades (Ajuste SINIEF 19/16):

I – o arquivo digital da NFC-e deverá ser elaborado no padrão XML (Extended Markup Language);

II – a numeração da NFC-e será sequencial de 1 a 999.999.999, por estabelecimento e por série, devendo ser reiniciada quando atingido esse limite;

III – a NFC-e deverá conter um código numérico, gerado pelo emitente, que comporá a chave de acesso de identificação da NFC-e, juntamente com o CNPJ do emitente, número e série da NFC-e;

IV – a NFC-e deverá ser assinada pelo emitente com assinatura digital certificada por entidade credenciada pela Infraestrutura de Chaves Públicas Brasileira – ICP-Brasil, contendo o número do CNPJ de qualquer dos estabelecimentos do contribuinte, a fim de garantir a autoria do documento digital;

V – a identificação das mercadorias na NFC-e com o correspondente código estabelecido na Nomenclatura Comum do Mercosul – NCM;

VI – o preenchimento dos campos cEAN e cEANTrib da NFC-e, com as informações a seguir indicadas, quando o produto comercializado possuir código de barras com GTIN (Numeração Global de Item Comercial), observado o disposto nos §§ 1º e 2º do art. 171-F (Ajuste SINIEF 16/17):

a) cEAN: Código de barras GTIN do produto que está sendo comercializado na NF-e, podendo ser referente a unidade de logística do produto;

b) cEANTrib: Código de barras GTIN do produto tributável, ou seja, a unidade de venda no varejo, devendo, quando aplicável, referenciar a menor unidade identificável por código GTIN;

c) qCom: Quantidade comercial, ou seja, a quantidade de produto na unidade de comercialização na NF-e;

d) uCom: Unidade de medida para comercialização do produto na NF-e;

e) vUnCom: Valor unitário de comercialização do produto na NF-e;

f) qTrib: Conversão da quantidade comercial à unidade de medida da apresentação do item para comercialização no varejo, devendo, quando aplicável, referenciar a menor unidade identificável por código GTIN;

g) uTrib: Unidade de medida da apresentação do item para comercialização no varejo, devendo, quando aplicável, referenciar a menor unidade identificável por código GTIN;

h) vUnTrib: Conversão do valor unitário comercial à unidade de medida da apresentação do item para comercialização no varejo, devendo, quando aplicável, referenciar a menor unidade identificável por código GTIN;

i) os valores obtidos pela multiplicação entre os campos das alíneas "c" e "e" e as alíneas "f" e "h" devem produzir o mesmo resultado;

VII – identificação do destinatário, a qual será feita pelo CNPJ ou CPF ou, tratando-se de estrangeiro, documento de identificação admitido na legislação civil, nas seguintes situações:

a) nas operações com valor igual ou superior ao definido em Portaria do Secretário de Estado da Receita;

b) nas operações com valor inferior ao definido em Portaria do Secretário do Secretário de Estado da Receita, quando solicitado pelo adquirente;

c) nas entregas em domicílio, hipótese em que deverá constar a informação do respectivo endereço;

VIII – a NFC-e deverá conter um Código Especificador da Substituição Tributária, numérico e de sete dígitos, de preenchimento obrigatório no documento fiscal que acobertar operação com as mercadorias listadas em convênio específico, independentemente de a operação estar sujeita aos regimes de substituição tributária pelas operações subsequentes ou de antecipação do recolhimento do ICMS com encerramento de tributação;

IX – os GTIN informados na NF-e serão validados a partir das informações contidas no Cadastro Centralizado de GTIN, que está baseado na Sefaz Virtual do Rio Grande do Sul (SVRS), é acessível por meio de consulta posta à disposição dos contribuintes e é composto das seguintes informações (Ajuste SINIEF 13/19):

a) GTIN;

b) marca;

c) tipo GTIN (8, 12, 13 ou 14 posições);

d) descrição do produto;

e) dados da classificação do produto (segmento, família, classe e subclasse/bloco);

f) país – principal mercado de destino;

g) CEST (quando existir);

h) NCM;

i) peso bruto;

j) unidade de medida do peso bruto;

k) GTIN de nível inferior, também denominado GTIN contido/item comercial contido; e

l) quantidade de itens contidos;

X – os proprietários das marcas dos produtos que possuem GTIN devem disponibilizar para Secretaria de Estado da Fazenda – SEFAZ-PB – por meio da SVRS, as informações de seus produtos relacionadas no inciso IX do "caput" deste artigo, necessárias para a alimentação do Cadastro Centralizado de GTIN, que serão validadas, conforme especificado em Nota Técnica publicada no Portal Nacional da NF-e (Ajuste SINIEF 13/19);

XI – para o cumprimento do disposto no inciso X do "caput" deste artigo, os proprietários das marcas devem autorizar as instituições responsáveis pela administração, outorga de licenças e gerenciamento do padrão de identificação de produtos GTIN, ou outros assemelhados, a repassar, mediante convênio, as informações diretamente para a SVRS (Ajuste SINIEF 26/19);

XII – a NFC-e, modelo 65, deverá conter a identificação do número do CNPJ do intermediador ou agenciador da transação comercial realizada em ambiente virtual ou presencial (Ajuste SINIEF 04/21).

§ 1º As séries da NFC-e serão designadas por algarismos arábicos, em ordem crescente, observando-se o seguinte:

I - a utilização de série única será representada pelo número zero;

II - é vedada a utilização de subséries;

III - REVOGADO (Decreto nº 40.018/20 - Ajuste SINIEF 26/19).

§ 2º O Fisco poderá restringir a quantidade de séries.

§ 3º Para efeitos da composição da chave de acesso a que se refere o inciso III do "caput", na hipótese de a NFC-e não possuir série, o campo correspondente deverá ser preenchido com zeros.

§ 4º É vedada a emissão da NFC-e, nas operações com valor igual ou superior a R$ 200.000,00 (duzentos mil reais), sendo obrigatória a emissão da NF-e.

§ 5º Portaria do Secretário de estado da Receita poderá reduzir o valor a que se refere o § 4º deste artigo.

§ 6º A NFC-e deverá conter o Código de Regime Tributário - CRT - de que trata o Anexo 12 deste Regulamento (Ajuste SINIEF 13/19).

Art. 171-D. O arquivo digital da NFC-e só poderá ser utilizado como documento fiscal, após (Ajuste SINIEF 19/16):

I - ser transmitido eletronicamente ao Fisco, nos termos do art. 171-E;

II - ter seu uso autorizado por meio de concessão de Autorização de Uso da NFC-e, nos termos do inciso I do art. 171-G.

§ 1º Ainda que formalmente regular, não será considerado documento fiscal idôneo a NFC-e que tiver sido emitida ou utilizada com dolo, fraude, simulação ou erro, que possibilite, mesmo que a terceiro, o não-pagamento do imposto ou qualquer outra vantagem indevida.

§ 2º Para os efeitos fiscais, os vícios de que trata o § 1º deste artigo atingem também o respectivo DANFE-NFC-e impresso nos termos dos arts. 171-I ou 171-J, que também não serão considerados documentos fiscais idôneos.

§ 3º A concessão da Autorização de Uso:

I - é resultado da aplicação de regras formais especificadas no MOC e não implica a convalidação das informações tributárias contidas na NFC-e;

II - identifica uma NFC-e de forma única, pelo prazo decadencial estabelecido pela legislação tributária, por meio do conjunto de informações formado por CNPJ do emitente, número, série e tipo de emissão (Ajustes SINIEF 19/19 e 18/20).

Art. 171-E. A transmissão do arquivo digital da NFC-e deverá ser efetuada via Internet, por meio de protocolo de segurança ou criptografia, com utilização de software desenvolvido ou adquirido pelo contribuinte (Ajuste SINIEF 19/16).

Parágrafo único. A transmissão referida no "caput" implica solicitação de concessão de Autorização de Uso da NFC-e.

Art. 171-F. Previamente à concessão da Autorização de Uso da NFC-e, a Secretaria de Estado da Receita, por meio do sistema da SEFAZ virtual do Rio Grande do Sul, analisará, no mínimo, os seguintes elementos (Ajuste SINIEF 19/16):

I – a regularidade fiscal do emitente;

II – o credenciamento do emitente, para emissão de NFC-e;

III – a autoria da assinatura do arquivo digital da NFC-e;

IV – a integridade do arquivo digital da NFC-e;

V – a observância ao leiaute do arquivo estabelecido no MOC;

VI – a numeração do documento.

§ 1º Os Sistemas de Autorização da NFC-e deverão validar as informações descritas nos campos cEAN e cEANTrib, junto ao Cadastro Centralizado de GTIN da organização legalmente responsável pelo licenciamento do respectivo código de barras, devendo ser rejeitadas as NFC-e em casos de não conformidades das informações contidas no Cadastro Centralizado de GTIN, observado o cronograma estabelecido no art. 171-Q1 (Ajuste SINIEF 06/17).

§ 2º Os detentores de códigos de barras previstos no inciso VI do art. 171-C deste Regulamento deverão manter atualizados os dados cadastrais de seus produtos junto à organização legalmente responsável pelo licenciamento do respectivo código de barras, de forma a manter atualizado o Cadastro Centralizado de GTIN (Ajuste SINIEF 02/20).

Art. 171-G. Do resultado da análise referida no art. 171-F, a Secretaria de Estado da Receita cientificará o emitente (Ajuste SINIEF 19/16):

I – da concessão da Autorização de Uso da NFC-e;

II – da denegação da Autorização de Uso da NFC-e, em virtude de irregularidade fiscal do emitente;

III – da rejeição do arquivo da NFC-e, em virtude de:

a) falha na recepção ou no processamento do arquivo;

b) falha no reconhecimento da autoria ou da integridade do arquivo digital;

c) remetente não credenciado para emissão da NFC-e;

d) duplicidade de número da NFC-e;

e) falha na leitura do número da NFC-e;

f) outras falhas no preenchimento ou no leiaute do arquivo da NFC-e.

§ 1° Após a concessão da Autorização de Uso da NFC-e, a NFC-e não poderá ser alterada, sendo vedada a emissão de carta de correção, em papel ou de forma eletrônica, para sanar erros da NFC-e.

§ 2º Em caso de rejeição do arquivo digital, o mesmo não será arquivado pelo Fisco para consulta, sendo permitido ao interessado nova transmissão do arquivo da NFC-e nas hipóteses das alíneas "a", "b" e "e" do inciso III do "caput" deste artigo.

§ 3º Em caso de denegação da Autorização de Uso da NFC-e, o arquivo digital transmitido ficará arquivado pelo Fisco para consulta, nos termos da art. 171-P, identificado como "Denegada a Autorização de Uso".

§ 4º No caso do § 3º deste artigo, não será possível sanar a irregularidade e solicitar nova Autorização de Uso da NFC-e que contenha a mesma numeração.

§ 5º A cientificação de que trata o "caput" deste artigo será efetuada mediante protocolo disponibilizado ao emitente ou a terceiro autorizado pelo emitente, via internet, contendo, conforme o caso, a chave de acesso, o número da NFC-e, a data e a hora do recebimento da solicitação pela Secretaria de Estado da Receita e o número do protocolo, podendo ser autenticado mediante assinatura digital gerada com certificação digital da Secretaria de Estado da Receita ou outro mecanismo de confirmação de recebimento.

§ 6º Nos casos dos incisos II ou III do "caput" deste artigo, o protocolo de que trata o § 5º conterá informações que justifiquem de forma clara e precisa o motivo pelo qual a Autorização de Uso não foi concedida.

§ 7º Quando solicitado no momento da ocorrência da operação, o emitente da NFC-e deverá encaminhar ou disponibilizar download do arquivo da NFC-e e seu respectivo Protocolo de Autorização de Uso ao adquirente.

§ 8º Para os efeitos do inciso II do "caput" deste artigo, considera-se irregular a situação do contribuinte, emitente do documento fiscal, que, nos termos da respectiva legislação estadual, estiver impedido de praticar operações na condição de contribuinte do ICMS.

Art. 171-H. O emitente deverá manter a NFC-e em arquivo digital, sob sua guarda e responsabilidade, pelo prazo estabelecido na legislação tributária, mesmo que fora da empresa, devendo ser disponibilizado ao Fisco quando solicitado (Ajuste SINIEF 19/16).

Parágrafo único. O emitente de NFC-e deverá guardar pelo prazo estabelecido na legislação tributária o DANFE – NFC-e que acompanhou o retorno de mercadoria não entregue ao destinatário e que contenha o motivo do fato em seu verso.

Art. 171-I. É obrigatório o uso do Documento Auxiliar da NFC-e – DANFE-NFC-e, conforme leiaute estabelecido no "Manual de Especificações Técnicas do DANFE – NFC-e e QR Code", para representar as operações acobertadas por NFC-e ou para facilitar a consulta prevista no art. 171-P (Ajuste SINIEF 19/16).

§ 1º O DANFE-NFC-e só poderá ser utilizado para representar as operações acobertadas por NFC-e após a concessão da Autorização de Uso da NFC-e, de que trata o inciso I do art. 171-G, ou na hipótese prevista no art. 171-J.

§ 2º O DANFE-NFC-e deverá:

I – ser impresso em papel com largura mínima de 56 mm e altura mínima suficiente para conter todas as seções especificadas no "Manual de Especificações Técnicas do DANFE-NFC-e e QR Code", com tecnologia que garanta sua legibilidade pelo prazo mínimo de 06 (seis) meses (Ajuste SINIEF 07/18);

II – conter um código bidimensional com mecanismo de autenticação digital que possibilite a identificação da autoria do DANFE-NFC-e conforme padrões técnicos estabelecidos no "Manual de Especificações Técnicas do DANFE – NFC-e e QR Code";

III – conter a impressão do número do protocolo de concessão da Autorização de Uso, conforme definido no "Manual de Especificações Técnicas do DANFE-NFC-e e QR Code", ressalvadas as hipóteses previstas no art. 171-J.

§ 3º Se o adquirente concordar, o DANFE-NFC-e poderá:

I – ter sua impressão substituída pelo envio em formato eletrônico ou pelo envio da chave de acesso do documento fiscal a qual ele se refere;

II – ser impresso de forma resumida, sem identificação detalhada das mercadorias adquiridas, conforme especificado no "Manual de Especificações Técnicas do DANFE – NFC-e e QR Code".

Art. 171-J. Quando em decorrência de problemas técnicos não for possível transmitir a NFC-e para a Secretaria de Estado da Receita, ou obter resposta à solicitação de Autorização de Uso da NFC-e, o contribuinte deverá operar em contingência e efetuar geração prévia do documento fiscal eletrônico em contingência e autorização posterior, conforme definições constantes no MOC (Ajuste SINIEF 19/16).

§ 1º Na geração prévia do documento fiscal eletrônico em contingência e autorização posterior, conforme definições constantes no MOC, o contribuinte deverá observar o que segue:

I – as seguintes informações farão parte do arquivo da NFC-e:

a) o motivo da entrada em contingência;

b) a data, hora com minutos e segundos do seu início;

c) REVOGADA (Decreto nº 39.423/19 – Ajuste SINIEF 13/19);

II – imediatamente após a cessação dos problemas técnicos que impediram a transmissão ou recepção do retorno da autorização da NFC-e, o emitente deverá transmitir à Secretaria de Estado da Receita as NFC-e geradas em contingência até o primeiro dia útil subsequente contado a partir de sua emissão;

III – se a NFC-e transmitida nos termos do inciso II deste parágrafo, vier a ser rejeitada pela Secretaria de Estado da Receita, o emitente deverá:

a) gerar novamente o arquivo com a mesma numeração e série, sanando a irregularidade desde que não se altere as variáveis que determinam o valor do imposto, a correção de dados cadastrais que implique mudança do remetente ou do destinatário e a data de emissão ou de saída;

b) solicitar Autorização de Uso da NFC-e;

c) imprimir o DANFE-NFC-e correspondente à NFC-e, autorizada, no mesmo tipo de papel utilizado para imprimir o DANFE-NFC-e original;

IV – considera-se emitida a NFC-e em contingência, tendo como condição resolutória a sua autorização de uso, no momento da impressão do respectivo DANFE-NFC-e em contingência.

§ 2º É vedada:

I – a reutilização, em contingência, de número de NFC-e transmitida com tipo de emissão “Normal”;

II – a inutilização de numeração de NFC-e emitida em contingência.

§ 3º Na geração prévia do documento fiscal eletrônico em contingência e autorização posterior, conforme definições constantes no MOC, uma via do DANFE-NFC-e emitido em contingência deverá permanecer à disposição do Fisco no estabelecimento até que tenha sido transmitida e autorizada a respectiva NFC-e.

§ 4º REVOGADO (Decreto nº 40.018/20 – Ajuste SINIEF 26/19).

§ 5º Constatada, a partir do 11º (décimo primeiro) dia do mês subsequente, quebra da ordem sequencial na emissão da NFC-e, sem que tenha havido a inutilização dos números de NFC-e não utilizados, considerar-se-á que a numeração correspondente a esse intervalo se refere a documentos emitidos em contingência e não transmitidos (Ajuste SINIEF 26/19).

Art. 171-L. Em relação às NFC-e que foram transmitidas antes da contingência e ficaram pendentes de retorno, o emitente deverá, após a cessação das falhas (Ajuste SINIEF 19/16):

I – solicitar o cancelamento, nos termos do art. 171-N1, das NFC-e que retornaram com Autorização de Uso e cujas operações foram acobertadas por NFC-e emitidas em contingência ou não se efetivaram (Ajuste SINIEF 07/18);

II – solicitar a inutilização, nos termos do art. 171-O, da numeração das NFC-e que não foram autorizadas nem denegadas.

Art. 171-M. A ocorrência relacionada com uma NFC-e denomina-se "Evento da NFC-e" (Ajuste SINIEF 19/16).

§ 1º O evento relacionado a uma NFC-e é o cancelamento, conforme disposto no art. 171-N.

§ 2º A ocorrência do evento indicado no § 1º deste artigo deve ser registrada pelo emitente.

§ 3º O evento será exibido na consulta definida no art. 171-P, conjuntamente com a NFC-e a que se refere.

Art. 171-N. O emitente poderá solicitar o cancelamento da NFC-e, desde que não tenha havido a saída da mercadoria, em prazo não superior a 30 (trinta) minutos, contado do momento em que foi concedida a Autorização de Uso da NFC-e, de que trata o inciso I do art. 171-G (Ajuste SINIEF 07/18).

§ 1º O cancelamento de que trata o "caput" será efetuado por meio do registro de evento correspondente.

§ 2º O Pedido de Cancelamento de NFC-e deverá:

I – atender ao leiaute estabelecido no MOC;

II – ser assinado pelo emitente com assinatura digital, certificada por entidade credenciada pela Infraestrutura de Chaves Públicas Brasileira – ICP-Brasil, contendo o número do CNPJ de qualquer dos estabelecimentos do contribuinte, a fim de garantir a autoria do documento digital.

§ 3º A transmissão do Pedido de Cancelamento de NFC-e será efetivada via Internet, por meio de protocolo de segurança ou criptografia, podendo ser realizada por meio de software desenvolvido ou adquirido pelo contribuinte.

§ 4º A cientificação do resultado do Pedido de Cancelamento de NFC-e será feita mediante protocolo de que trata o § 3º deste artigo disponibilizado ao emitente, via Internet, contendo, conforme o caso, a chave de acesso, o número da NFC-e, a data e a hora do recebimento da solicitação pelo Fisco e o número do protocolo, podendo ser autenticado mediante assinatura digital gerada com certificação digital da Secretaria de Estado da Receita ou outro mecanismo de confirmação de recebimento.

Art. 171-N1. Na hipótese prevista no inciso I do art. 171-L, o emitente poderá solicitar o cancelamento da NFC-e, desde que tenha sido emitida uma outra NFC-e em contingência para acobertar a mesma operação, em prazo não superior a 168 (cento e sessenta e oito) horas, contado do momento em que foi concedida a Autorização de Uso da NFC-e, de que trata o inciso I do art. 171-G (Ajuste SINIEF 07/18).

§ 1º O cancelamento de que trata o "caput" deste artigo será efetuado por meio do registro de evento correspondente.

§ 2º O Pedido de Cancelamento de NFC-e deverá:

I – atender ao leiaute estabelecido no MOC;

II – ser assinado pelo emitente com assinatura digital, certificada por entidade credenciada pela Infraestrutura de Chaves Públicas Brasileira – ICP-Brasil, contendo o número do CNPJ de qualquer dos estabelecimentos do contribuinte, a fim de garantir a autoria do documento digital;

III – fazer referência à outra NFC-e emitida em contingência que tenha acobertado a operação.

§ 3º A transmissão do Pedido de Cancelamento de NFC-e será efetivada via Internet, por meio de protocolo de segurança ou criptografia, podendo ser realizada por meio de software desenvolvido ou adquirido pelo contribuinte.

§ 4º A cientificação do resultado do Pedido de Cancelamento de NFC-e será feita mediante protocolo de que trata o § 3º disponibilizado ao emitente, via Internet, contendo, conforme o caso, a chave de acesso, o número da NFC-e, a data e a hora do recebimento da solicitação pela administração tributária e o número do protocolo, podendo ser autenticado mediante assinatura digital gerada com certificação digital da administracão tributária ou outro mecanismo de confirmação de recebimento.

Art. 171-O. O contribuinte deverá solicitar, mediante Pedido de Inutilização de Número da NFC-e, até o 10º (décimo) dia do mês subsequente, a inutilização de números de NFC-e não utilizados, na eventualidade de quebra de sequência da numeração da NFC-e (Ajuste SINIEF 19/16).

§ 1º O Pedido de Inutilização de Número da NFC-e deverá ser assinado pelo emitente com assinatura digital, certificada por entidade credenciada pela Infraestrutura de Chaves Públicas Brasileira – ICP-Brasil, contendo o número do CNPJ de qualquer dos estabelecimentos do contribuinte, a fim de garantir a autoria do documento digital.

§ 2º A transmissão do Pedido de Inutilização de Número da NFC-e, será efetivada via Internet, por meio de protocolo de segurança ou criptografia.

§ 3º A cientificação do resultado do Pedido de Inutilização de Número da NFC-e será feita mediante protocolo de que trata o § 2º deste artigo, disponibilizado ao emitente, via Internet, contendo, conforme o caso, os números das NFC-e, a data e a hora do recebimento da solicitação pelo Fisco e o número do protocolo, podendo ser autenticado mediante assinatura digital gerada com certificação digital da Secretaria de Estado da Receita ou outro mecanismo de confirmação de recebimento.

§ 4º A transmissão do arquivo digital da NFC-e nos termos do art. 171-J implica cancelamento de Pedido de Inutilização de Número da NFC-e já cientificado do resultado que trata o § 3º deste artigo (Ajuste SINIEF 04/21).

Art. 171-P. Após a concessão de Autorização de Uso da NFC-e, de que trata o inciso I do art. 171-G, a Secretaria de Estado da Receita disponibilizará consulta relativa à NFC-e (Ajuste SINIEF 19/16).

§ 1º A consulta à NFC-e será disponibilizada, pelo prazo mínimo de 180 (cento e oitenta) dias em sítio eletrônico na internet, mediante a informação da chave de acesso ou via leitura do "QR Code".

§ 2º Após o prazo previsto no § 1º deste artigo, a consulta à NFC-e poderá ser substituída pela prestação de informações parciais que identifiquem a NFC-e (número, data de emissão, valor e sua situação, CNPJ do emitente e identificação do destinatário quando essa informação constar do documento eletrônico), que ficarão disponíveis pelo prazo decadencial.

§ 3º A disponibilização completa dos campos exibidos na consulta de que trata o "caput" deste artigo será por meio de acesso restrito e vinculada à relação do consulente com a operação descrita na NFC-e consultada, nos termos do MOC (Ajuste SINIEF 15/18).

§ 4º A relação do consulente com a operação descrita na NFC-e consultada a que se refere o § 3º deste artigo deve ser identificada por meio de certificado digital ou de acesso identificado do consulente ao portal da Secretaria de Estado da Receita ou ao ambiente nacional disponibilizado pela RFB (Ajuste SINIEF 15/18).

§ 5º As restrições previstas nos §§ 3º e 4º deste artigo não se aplicam às NFC-e relativas às compras ou operações que tenham como emitente ou destinatário a União, Estados, Distrito Federal e Municípios, bem como suas fundações e autarquias, quando as consultas forem realizadas nos Portais Estaduais da NFC-e (Ajuste SINIEF 26/20).

Art. 171-Q. Aplicam-se à NFC-e, no que couber, as normas deste Regulamento (Ajuste SINIEF 19/16).

Parágrafo único. As NFC-e canceladas, denegadas e os números inutilizados, exceto os correspondentes a inutilizações canceladas nos termos do § 4º do art. 171-O, devem ser escriturados, sem valores monetários, de acordo com a legislação tributária vigente (Ajuste SINIEF 04/21).

Art. 171-Q1. As validações de que trata o parágrafo único do art. 171-F devem ter início para (Ajuste SINIEF 11/17):

I - grupo CNAE 324, a partir de 1º de janeiro de 2018;

II - grupo CNAE 121 a 122, a partir de 1º de fevereiro de 2018;

III - grupo CNAE 211 e 212, a partir de 1º de março de 2018;

IV - grupo CNAE 261 a 323, a partir de 1º de abril de 2018;

V - grupo CNAE 103 a 112, a partir de 1º de maio de 2018;

VI - grupo CNAE 011 a 102, a partir de 1º de junho de 2018;

VII - grupo CNAE 131 a 142, a partir de 1º de julho de 2018;

VIII - grupo CNAE 151 a 209, a partir de 1º de agosto de 2018;

IX - grupo CNAE 221 a 259, a partir de 1º de setembro de 2018;

X - grupo CNAE 491 a 662, a partir de 1º de outubro de 2018;

XI - grupo CNAE 663 a 872, a partir de 1º de novembro de 2018;

XII - demais grupos de CNAEs, a partir de 1º de dezembro de 2018.

Art. 171-Q2. A administração tributária autorizadora de NFC-e poderá suspender, de forma temporária ou definitiva, o acesso aos seus respectivos ambientes autorizadores ao contribuinte que praticar, mesmo que de maneira não intencional, o consumo indevido de tais ambientes em desacordo com os padrões estabelecidos no MOC (Ajuste SINIEF 02/20).

§ 1º A suspensão, que tem por objetivo preservar o bom desempenho dos ambientes autorizadores de NFC-e, aplica-se aos diversos serviços disponibilizados aos contribuintes, impossibilitando, a quem estiver suspenso, o uso daqueles serviços por intervalo de tempo determinado, conforme especificado no MOC.

§ 2º Uma vez decorrido o prazo determinado para a suspensão, o acesso aos ambientes autorizadores será restabelecido automaticamente.

TRIBUTÁRIO E FINANCEIRO

§ 3º A aplicação reiterada de suspensões por tempo determinado, conforme especificado no MOC, a critério da administração tributária autorizadora, poderá determinar a suspensão definitiva do acesso do contribuinte aos ambientes autorizadores.

§ 4º O restabelecimento do acesso aos ambientes autorizadores ao contribuinte que tenha sofrido uma suspensão definitiva dependerá de liberação realizada pela Secretaria de Estado da Fazenda.

Art. 171-Q2. A administração tributária autorizadora de NFC-e poderá suspender ou bloquear o acesso ao seu ambiente autorizador ao contribuinte que praticar, mesmo que de maneira não intencional, o consumo de tal ambiente em desacordo com os padrões estabelecidos no MOC (Ajuste SINIEF 36/20).

§ 1º A suspensão ou bloqueio, que tem por objetivo preservar o bom desempenho do ambiente autorizador de NFC-e, aplica-se aos diversos serviços disponibilizados aos contribuintes, impossibilitando seu uso, conforme especificado no MOC.

§ 2º Na hipótese de suspensão, uma vez decorrido seu prazo, o acesso ao ambiente autorizador será restabelecido automaticamente.

§ 3º A aplicação reiterada de suspensões, conforme especificado no MOC, poderá determinar o bloqueio do acesso do contribuinte ao ambiente autorizador.

§ 4º O restabelecimento do acesso aos ambientes autorizadores ao contribuinte que tenha sofrido o bloqueio dependerá de liberação realizada pela SEFAZ-PB.

Subseção III
DA EMISSÃO DE NOTA FISCAL NA ENTRADA DE MERCADORIAS

Art. 172. O contribuinte emitirá nota fiscal sempre que em seu estabelecimento entrarem bens ou mercadorias, real ou simbolicamente (Ajuste SINIEF 09/97):

I – novos ou usados, remetidos a qualquer título por particulares, produtores agropecuários ou pessoas físicas ou jurídicas não obrigados à emissão de documentos fiscais;

II – em retorno, quando remetidos por profissionais autônomos ou avulsos, aos quais tenham sido enviados para industrialização;

III – em retorno de exposições ou feiras, para as quais tenham sido remetidos exclusivamente para fins de exposição ao público;

IV – em retorno de remessas feitas para vendas fora do estabelecimento, inclusive por meio de veículos;

V – importados diretamente do exterior, bem como os arrematados em leilão ou adquiridos em concorrência promovidos pelo Poder Público;

VI – em outras hipóteses previstas na legislação.

§ 1º O documento previsto neste artigo servirá para acompanhar o trânsito das mercadorias, até o local do estabelecimento emitente, nas seguintes hipóteses:

I – quando o estabelecimento destinatário assumir o encargo de retirar ou de transportar as mercadorias, a qualquer título, remetidas por particulares ou por produtores agropecuários, do mesmo ou de outro Município;

II – nos retornos a que se referem os incisos II e III, deste artigo; III – nos casos do inciso V.

§ 2º O campo "HORA DA SAÍDA" e o canhoto de recebimento somente serão preenchidos quando a nota fiscal acobertar o transporte de mercadoria.

§ 3º A nota fiscal será também emitida pelos contribuintes nos casos de retorno de mercadorias não entregues ao destinatário, hipótese em que conterá as indicações do número, da série, da data da emissão e do valor da operação do documento original.

§ 4º ao 6º REVOGADO (Decreto nº 31.750/10).

§ 7º Na hipótese do inciso IV, a nota fiscal conterá, no campo "INFORMAÇÕES COMPLEMENTARES", ainda, as seguintes indicações:

I – o valor das operações realizadas fora do estabelecimento;

II – o valor das operações realizadas fora do estabelecimento, em outra unidade da Federação;

III – os números e as séries, se for o caso, das notas fiscais emitidas por ocasião das entregas das mercadorias.

§ 8º Para emissão de nota fiscal na hipótese deste artigo, o contribuinte deverá:

I – no caso da emissão por processamento eletrônico de dados, arquivar as 2ªs vias dos documentos emitidos, separadamente das relativas às saídas;

II – nos demais casos, sem prejuízo do disposto no inciso anterior, reservar bloco ou faixa de numeração sequencial de jogos soltos, registrando o fato no Registro de Utilização de Documentos Fiscais e Termos de Ocorrências.

§ 9º O Fisco poderá exigir do produtor agropecuário a emissão de nota fiscal, nas hipóteses a que se refere o "caput".

Art. 173. Relativamente às mercadorias ou bens importados a que se refere o inciso V, do artigo anterior, observar-se-á, ainda, o seguinte:

I – o transporte será acobertado apenas pelo documento de desembaraço, quando as mercadorias forem transportadas de uma só vez, ou por ocasião da primeira remessa, no caso previsto no inciso III, do § 1º, do artigo anterior, ressalvado o disposto no inciso III, deste artigo;

II – cada remessa, a partir da segunda, será acompanhada pelo documento de desembaraço e por nota fiscal referente à parcela remetida, na qual se mencionará o número e a data da nota fiscal a que se refere o "caput" do artigo anterior, bem como a declaração de que o ICMS, se devido, foi recolhido;

III – a critério da Secretaria de Estado da Receita, poderá ser exigida a emissão da nota fiscal para acompanhamento das mercadorias ou bens, independentemente da remessa parcelada, a que se refere o inciso III, do § 1º, do artigo anterior;

IV – a nota fiscal conterá, ainda, a identificação da repartição onde se processou o desembaraço, bem como o número e a data do documento de desembaraço;

V – a repartição competente do Fisco federal em que se processar o desembaraço, destinará uma via do correspondente documento ao Fisco da unidade federada em que se localizar o estabelecimento importador ou arrematante, salvo se dispensada pelo ente tributante.

Art. 174. Na hipótese do art. 172, a nota fiscal será emitida, conforme o caso:

I – no momento em que os bens ou as mercadorias entrarem no estabelecimento;

II – no momento da aquisição da propriedade, quando as mercadorias não devam transitar pelo estabelecimento do adquirente;

III – antes de iniciada a remessa, nos casos previstos no seu § 1º.

Art. 175. A emissão da nota fiscal, na hipótese do inciso I do § 1º do art. 172, não exclui a obrigatoriedade da emissão da Nota Fiscal de Produtor.

Art. 176. Na hipótese do art. 172, a 2ª via da nota fiscal ficará presa ao bloco e as demais terão a destinação prevista no art. 163.

Subseção IV
DA NOTA FISCAL DE PRODUTOR

Art. 177. Os estabelecimentos de produtores agropecuários emitirão Nota Fiscal de Produtor, modelo 4, Anexo 18 (Ajuste SINIEF 09/97):

I – sempre que promoverem a saída de mercadorias; II – na transmissão da propriedade de mercadorias;

III - sempre que, no estabelecimento, entrarem bens ou mercadorias, real ou simbolicamente, nas hipóteses do art. 172;

IV - em outras hipóteses previstas na legislação.

Art. 178. A Nota Fiscal de Produtor conterá as seguintes indicações (Ajuste SINIEF 09/97):

I - no quadro "EMITENTE":

a) o nome do produtor;

b) a denominação da propriedade;

c) a localização, com indicação do bairro, distrito e, conforme o caso, do endereço;

d) o Município;

e) a unidade da Federação;

f) o telefone e o fax;

g) o Código de Endereçamento Postal;

h) o número de inscrição no Cadastro Nacional da Pessoa Jurídica ou no Cadastro de Pessoas Físicas do Ministério da Fazenda;

i) a natureza da operação de que decorrer a saída ou a entrada, tais como: venda, transferência, devolução, importação, consignação, remessa (para fins de demonstração, de industrialização ou outra), retorno de exposição ou feira;

j) o número de inscrição estadual;

l) a denominação "Nota Fiscal de Produtor";

m) o número de ordem da Nota Fiscal de Produtor e, imediatamente abaixo, a expressão "SÉRIE", acompanhada do número correspondente, se adotada de acordo com a alínea "c" do inciso III do art. 147;

n) o número e destinação da via da Nota Fiscal de Produtor;

o) a data-limite para emissão da Nota Fiscal de Produtor ou, a critério do Fisco, quando não fizer uso da prerrogativa prevista no do art.152:

1. a indicação "00.00.00";

2. a data de validade da inscrição estadual;

p) a data de sua emissão;

q) a data da efetiva saída ou entrada da mercadoria no estabelecimento;

r) a hora da efetiva saída da mercadoria do estabelecimento;

II – no quadro "DESTINATÁRIO":

a) o nome ou razão social;

b) o número de inscrição no Cadastro Nacional da Pessoa Jurídica ou no Cadastro de Pessoas Físicas do Ministério da Fazenda;

c) o endereço, constando, se for o caso, o bairro ou distrito e o Código de Endereçamento Postal;

d) o Município;

e) a unidade da Federação;

f) o número de inscrição estadual;

III – no quadro "DADOS DO PRODUTO":

a) a descrição dos produtos, compreendendo: nome, marca, tipo, modelo, série, espécie, qualidade e demais elementos que permitam sua perfeita identificação;

b) a unidade de medida utilizada para a quantificação dos produtos;

c) a quantidade dos produtos;

d) o valor unitário dos produtos;

e) o valor total dos produtos;

f) a alíquota do ICMS;

IV – no quadro "CÁLCULO DO IMPOSTO":

a) o número de autenticação da guia de recolhimento do ICMS e a data, quando exigidos;

b) a base de cálculo do ICMS;

c) o valor do ICMS incidente na operação;

d) o valor total dos produtos;

e) o valor total da nota;

f) o valor do frete;

g) o valor do seguro;

h) o valor de outras despesas acessórias;

V – no quadro "TRANSPORTADOR/VOLUMES TRANSPORTADOS":

a) o nome ou a razão/denominação social do transportador;

b) a condição de pagamento do frete: se por conta do emitente ou do destinatário;

c) a placa do veículo, no caso de transporte rodoviário, ou outro elemento identificativo, nos demais casos;

d) a unidade da Federação de registro do veículo;

e) o número de inscrição do transportador no Cadastro Nacional da Pessoa Jurídica ou no Cadastro de Pessoas Físicas do Ministério da Fazenda;

f) o endereço do transportador;

g) o município do transportador;

h) a unidade da Federação do domicílio do transportador;

i) o número de inscrição estadual do transportador, quando for o caso;

j) a quantidade de volumes transportados;

l) a espécie dos volumes transportados;

m) a marca dos volumes transportados;

n) a numeração dos volumes transportados;

o) o peso bruto dos volumes transportados;

p) o peso líquido dos volumes transportados;

VI – no quadro "DADOS ADICIONAIS":

a) no campo "INFORMAÇÕES COMPLEMENTARES" – outros dados de interesse do emitente, tais como: número do pedido, vendedor, local de entrega, quando diverso do endereço do destinatário nas hipóteses previstas na legislação, propaganda, etc.;

b) o número de controle do formulário, no caso de emissão por sistema eletrônico de processamento de dados, observado o disposto nos §§ 14 e 15;

VII – no rodapé ou na lateral da Nota Fiscal de Produtor: o nome, o endereço e os números de inscrição, estadual e no Cadastro Nacional da Pessoa Jurídica do Ministério da Fazenda, do impressor da nota; a data e a quantidade da impressão; o número de ordem da primeira e da última nota impressa e respectiva série, quando for o caso, e o número da Autorização de Impressão de Documentos Fiscais;

VIII – no comprovante de entrega dos produtos, que deverá integrar apenas a 1ª via da Nota Fiscal de Produtor, na forma de canhoto destacável, observado o disposto no § 18:

a) a declaração de recebimento dos produtos;

b) a data do recebimento dos produtos;

c) a identificação e assinatura do recebedor dos produtos;

d) a expressão "NOTA FISCAL DE PRODUTOR";

e) o número de ordem da Nota Fiscal de Produtor.

§ 1º A Nota Fiscal de Produtor será de tamanho não inferior a 21 x 20,3 cm, em qualquer sentido, e suas vias não poderão ser impressas em papel jornal, observado o disposto no § 15.

§ 2º Serão impressas tipograficamente as indicações:

I – das alíneas "a" a "h" e "j" a "o" do inciso I, devendo as indicações das alíneas "a" a "h", "j" e "l" ser impressas, no mínimo, em corpo "8", não condensado;

II – do inciso VII, devendo as indicações ser impressas, no mínimo, em corpo "5", não condensado;

III – das alíneas "d" e "e" do inciso VIII.

§ 3º As indicações a que se referem as alíneas "a" a "h" e "j" do inciso I, poderão ser dispensadas de impressão tipográfica, a critério da Secretaria de Estado da Receita.

§ 4º Nas hipóteses de entrada de mercadoria ou bem na propriedade rural a qualquer título, quando o remetente não estiver obrigado a emitir documento fiscal, o produtor deverá especificar essa circunstância no campo natureza de operação.

§ 5º A Nota Fiscal de Produtor poderá servir como fatura, feita a inclusão dos elementos necessários no campo "INFORMAÇÕES COMPLEMENTARES", caso em que a denominação prevista na alínea "l" do inciso I e na alínea "d" do inciso VIII, passa a ser "Nota Fiscal Fatura de Produtor".

§ 6º Nas operações sujeitas a mais de uma alíquota, os dados do quadro "DADOS DO PRODUTO" deverão ser subtotalizados por alíquota.

§ 7º Caso o transportador seja o próprio remetente ou o destinatário, essa circunstância será indicada no campo "NOME/RAZÃO SOCIAL", do quadro "TRANSPORTADOR/VOLUMES TRANSPORTADOS", com a expressão "Remetente" ou "Destinatário", dispensadas as indicações das alíneas "b" e "e" a "i" do inciso V.

§ 8º No campo "PLACA DO VEÍCULO" do quadro "TRANSPORTADOR/ VOLUMES TRANSPORTADOS", deverá ser indicada a placa do veículo tracionado, quando se tratar de reboque ou semirreboque deste tipo de veículo, devendo a placa dos demais veículos tracionados, quando houver, ser indicada no campo "INFORMAÇÕES COMPLEMENTARES".

§ 9º A aposição de carimbos na Nota Fiscal de Produtor, durante o trânsito da mercadoria, deve ser feita no verso da mesma, salvo quando as vias forem carbonadas.

§ 10. Caso o campo "INFORMAÇÕES COMPLEMENTARES" não seja suficiente para conter todas as indicações, poderá ser utilizado, excepcionalmente, o quadro "DADOS DO PRODUTO", desde que não prejudique a sua clareza.

§ 11. É facultada:

I – a indicação de outras informações complementares de interesse do produtor, impressas tipograficamente no verso da Nota Fiscal de Produtor, hipótese em que sempre será reservado espaço, com a dimensão mínima de 10 x 15 cm, em qualquer sentido, para atendimento ao disposto no § 9º;

II – a impressão de pautas no quadro "DADOS DO PRODUTO" de modo a facilitar o seu preenchimento manuscrito.

§ 12. Serão dispensadas as indicações do inciso III, se estas constarem de romaneio, que passará a constituir parte inseparável da Nota Fiscal de Produtor, desde que obedecidos os requisitos abaixo:

I – o romaneio deverá conter, no mínimo, as indicações das alíneas "a" a "e", "h", "j", "m", "n", "p" e "q" do inciso I; do inciso II; da alínea "e" do inciso IV; das alíneas "a" a "h" do inciso V e do inciso VII;

II – a Nota Fiscal de Produtor deverá conter as indicações do número e da data do romaneio e, este, do número e da data daquela.

§ 13. Os dados referidos nas alíneas "d" e "e" do inciso III e "b" a "e" do inciso IV, poderão ser dispensados quando as mercadorias estiverem sujeitas a posterior fixação de preço, indicando-se no documento essa circunstância.

§ 14. A Nota Fiscal de Produtor poderá ser emitida por processamento eletrônico de dados, mediante procedimentos a serem definidos no RICMS e observado o seguinte:

I – poderá existir espaço em branco de até 5,0 cm na margem superior, na hipótese de uso de impressora matricial;

II – deverão ser cumpridos, no que couber, os requisitos da legislação pertinente em relação a contribuinte usuário de sistema eletrônico de processamento de dados.

§ 15. A Nota Fiscal de Produtor poderá ser confeccionada em tamanho inferior ao estabelecido no § 1º, exclusivamente nos casos de emissão por processamento eletrônico de dados, desde que as indicações a serem impressas quando da sua emissão sejam grafadas em, no máximo, 17 caracteres por polegada, sem prejuízo do disposto no § 2º.

§ 16. A critério do Fisco, poderá ser exigida dos estabelecimentos gráficos, em complemento às indicações constantes do inciso VII, a impressão do código da repartição fiscal a que estiver vinculado o produtor.

§ 17. O contribuinte produtor fica autorizado a emitir, em substituição ao documento previsto nesta Subseção, a Nota Fiscal, modelos 1 ou 1-A.

§ 18. O Fisco poderá dispensar a inserção na Nota Fiscal de Produtor, do comprovante da entrega da mercadoria, na forma de canhoto destacável, mediante indicação na AIDF.

Art. 179. A Nota Fiscal de Produtor será emitida com a seguinte quantidade de vias (Ajuste SINIEF 09/97):

I – nas operações internas ou nas saídas para o exterior em que o embarque se processe no Estado, em 3 (três) vias, que terão a seguinte destinação:

a) a 1ª via acompanhará a mercadoria no seu transporte e será entregue, pelo transportador, ao destinatário;

b) a 2ª via ficará presa ao bloco, para exibição ao Fisco;

c) a 3ª via acompanhará, também, a mercadoria, ficando em poder do primeiro Posto Fiscal por onde transitar o veículo condutor ou com a fiscalização externa;

II – nas operações interestaduais ou nas saídas para o exterior em que o embarque das mercadorias se processe em outra unidade federada, em 4 (quatro) vias, que terão a seguinte destinação:

a) a 1ª via acompanhará a mercadoria no seu transporte e será entregue, pelo transportador, ao destinatário;

b) a 2ª via ficará presa ao bloco, para exibição ao Fisco;

c) a 3ª via acompanhará a mercadoria para fins de controle do Fisco na unidade federada de destino;

d) a 4ª via acompanhará, também, a mercadoria, ficando em poder do primeiro Posto Fiscal por onde transitar o veículo condutor ou com a fiscalização externa.

§ 1º Fica facultado à Secretaria de Estado da Receita:

I – exigir número maior de vias;

II – autorizar a confecção da Nota Fiscal de Produtor em apenas 3 (três) vias, na hipótese do inciso II.

§ 2º O produtor rural poderá utilizar cópia reprográfica da 1ª via da Nota Fiscal de Produtor, quando:

I – na hipótese do inciso II do parágrafo anterior, realizar operação prevista no inciso II, do "caput", para substituir a 4ª via;

II – a legislação exigir via adicional, exceto quando esta deva acobertar o trânsito da mercadoria.

Subseção V
DA NOTA FISCAL/CONTA DE ENERGIA ELÉTRICA

Art. 180. A Nota Fiscal/Conta de Energia Elétrica, modelo 6, Anexo 19, será utilizada por quaisquer estabelecimentos que promoverem saída de energia elétrica.

Art. 181. O documento referido no artigo anterior conterá, no mínimo, as seguintes indicações:

I – a denominação "Nota Fiscal/Conta de Energia Elétrica";

II– a identificação do emitente: o nome, o endereço e inscrição estadual e no CNPJ;

III – a identificação do destinatário: o nome, o endereço e os números de inscrição, estadual e no CNPJ, se for o caso;

IV – o número da conta;

V – as datas da leitura e da emissão;

VI – a discriminação do produto;

VII – o valor do consumo/demanda;

VIII – acréscimos a qualquer título;

IX – o valor total da operação;

X – a base de cálculo do ICMS;

XI – a alíquota aplicável;

XII – o valor do ICMS.

§ 1º As indicações dos incisos I e II, serão impressas.

§ 2º A Nota Fiscal/Conta de Energia Elétrica será de tamanho não inferior a 9,0 cm x 15,0 cm, em qualquer sentido.

Art. 182. A Nota Fiscal/Conta de Energia Elétrica será emitida, no mínimo, em 02 (duas) vias, que terão a seguinte destinação:

I – a 1ª via será entregue ao destinatário;

II – a 2ª via ficará em poder do emitente para exibição ao Fisco.

Parágrafo único. A 2ª via será dispensada desde que o estabelecimento emitente mantenha em arquivo magnético, microfilme ou listagem, os dados relativos à Nota Fiscal/Conta de Energia Elétrica.

Art. 183. A Nota Fiscal/Conta de Energia Elétrica será emitida pelo fornecimento do produto, abrangendo período nunca superior a 30 (trinta) dias.

Subseção V-A
DA NOTA FISCAL DE ENERGIA ELÉTRICA ELETRÔNICA E DO DOCUMENTO AUXILIAR DA NOTA FISCAL DE ENERGIA ELÉTRICA ELETRÔNICA

Art. 183-A. A Nota Fiscal de Energia Elétrica Eletrônica – NF3e, modelo 66, poderá ser utilizada pelos contribuintes do Imposto sobre Operações Relativas à Circulação de Mercadorias e sobre a Prestação de Serviços de Transporte Interestadual e Intermunicipal e de Comunicação – ICMS – em substituição à Nota Fiscal/Conta de Energia Elétrica, modelo 6 (Ajuste SINIEF 01/19).

§ 1º Considera-se Nota Fiscal de Energia Elétrica Eletrônica – NF3e – o documento emitido e armazenado eletronicamente, de existência apenas digital, com o intuito de documentar operações relativas à energia elétrica, cuja validade jurídica é garantida pela assinatura digital do emitente e autorização de uso pela administração tributária da unidade federada do contribuinte.

§ 2º REVOGADO (Decreto nº 40.639/20 – Ajuste SINIEF 29/20).

Art. 183-B. Para emissão da NF3e, o contribuinte deve estar previamente credenciado na unidade federada em cujo cadastro de contribuintes do ICMS estiver inscrito (Ajuste SINIEF 01/19).

Parágrafo único. O credenciamento a que se refere o "caput" deste artigo será realizado de ofício pela Secretaria de Estado da Fazenda.

Art. 183-C. Ato COTEPE/ICMS publicará o "Manual de Orientação do Contribuinte – MOC", disciplinando a definição das especificações e critérios técnicos necessários para a integração entre os portais das administrações tributárias das unidades federadas e os sistemas de informações das empresas emissoras de NF3e (Ajuste SINIEF 01/19).

Parágrafo único. Nota técnica publicada em sítio eletrônico do Portal da NF3e poderá esclarecer questões referentes ao MOC.

Art. 183-D. A NF3e deverá ser emitida com base em leiaute estabelecido no MOC, por meio de software desenvolvido ou adquirido pelo contribuinte, observadas as seguintes formalidades (Ajuste SINIEF 01/19):

I - o arquivo digital da NF3e deverá ser elaborado no padrão XML (Extensible Markup Language);

II - a numeração da NF3e será sequencial e crescente de 1 a 999.999.999, por estabelecimento e por série, devendo ser reiniciada quando atingido esse limite;

III - a NF3e deverá conter um código numérico, gerado pelo emitente, que comporá a chave de acesso de identificação da NF3e, juntamente com o CNPJ do emitente, número e série da NF3e;

IV - a NF3e deverá ser assinada pelo emitente com assinatura digital certificada por entidade credenciada pela Infraestrutura de Chaves Públicas Brasileira - ICP-Brasil, contendo o número do CNPJ de qualquer dos estabelecimentos do contribuinte, a fim de garantir a autoria do documento digital.

Parágrafo único. As séries da NF3e serão designadas por algarismos arábicos, em ordem crescente, observando-se o seguinte:

I - a utilização de série única será representada pelo número zero;

II - é vedada a utilização de subséries.

Art. 183-E. O arquivo digital da NF3e só poderá ser utilizado como documento fiscal, após (Ajuste SINIEF 01/19):

I - ser transmitido eletronicamente à administração tributária, nos termos do art. 183-F deste Regulamento;

II - ter seu uso autorizado por meio de concessão de Autorização de Uso da NF3e, nos termos do inciso I do art. 183-H deste Regulamento.

§ 1º Ainda que formalmente regular, será considerado documento fiscal inidôneo a NF3e que tiver sido emitida ou utilizada com dolo, fraude, simulação ou erro, que possibilite, mesmo que a terceiro, o não-pagamento do imposto ou qualquer outra vantagem indevida.

§ 2º Para efeitos fiscais, os vícios de que trata o § 1º deste artigo atingem o respectivo DANF3E impresso nos termos dos arts. 183-J ou 183-K deste Regulamento, que também será considerado documento fiscal inidôneo.

§ 3º A concessão da Autorização de Uso:

I - é resultado da aplicação de regras formais especificadas no MOC e não implica na convalidação das informações tributárias contidas na NF3e;

II - identifica, de forma única, pelo prazo decadencial estabelecido pela legislação tributária, uma NF3e através do conjunto de informações formado por CNPJ do emitente, número, série e ambiente de autorização.

Art. 183-F. A transmissão do arquivo digital da NF3e deverá ser efetuada via internet, por meio de protocolo de segurança ou criptografia, com utilização de software desenvolvido ou adquirido pelo contribuinte (Ajuste SINIEF 01/19).

Parágrafo único. A transmissão referida no "caput" deste artigo implicará na solicitação de concessão de Autorização de Uso da NF3e.

Art. 183-G. Previamente à concessão da Autorização de Uso da NF3e, a Secretaria de Estado da Fazenda - SEFAZ-PB - analisará, no mínimo, os seguintes elementos (Ajuste SINIEF 01/19):

I - a regularidade fiscal do emitente;

II - o credenciamento do emitente, para emissão de NF3e;

III - a autoria da assinatura do arquivo digital da NF3e;

IV - a integridade do arquivo digital da NF3e;

V - a observância ao leiaute do arquivo estabelecido no MOC;

VI - a numeração do documento.

Art. 183-H. Do resultado da análise referida no art. 183-G deste Regulamento, a SEFAZ- PB cientificará o emitente (Ajuste SINIEF 01/19):

I - da concessão da Autorização de Uso da NF3e;

II - da rejeição do arquivo da NF3e, em virtude de:

a) irregularidade fiscal do emitente;

b) falha na recepção ou no processamento do arquivo;

c) falha no reconhecimento da autoria ou da integridade do arquivo digital;

d) remetente não credenciado para emissão da NF3e;

e) duplicidade de número da NF3e;

f) outras falhas no preenchimento ou no leiaute do arquivo da NF3e.

§ 1° Após a concessão da Autorização de Uso, a NF3e não poderá ser alterada, sendo vedada a emissão de carta de correção, em papel ou de forma eletrônica, para sanar erros da NF3e.

§ 2º Em caso de rejeição do arquivo digital, o mesmo não será arquivado na SEFAZ-PB para consulta, sendo permitido ao interessado nova transmissão do arquivo da NF3e nas hipóteses previstas nas alíneas "a", "b" e "c" do inciso II do "caput" deste artigo.

§ 3º A cientificação de que trata o "caput" deste artigo será efetuada mediante protocolo disponibilizado ao emitente ou a terceiro autorizado pelo emitente, via internet, contendo, conforme o caso, a chave de acesso, o número da NF3e, a data e a hora do recebimento da solicitação pela SEFAZ-PB e o número do protocolo, podendo ser autenticado mediante assinatura digital gerada com certificação digital da SEFAZ-PB ou outro mecanismo de confirmação de recebimento.

§ 4º Nos casos previstos no inciso II do "caput" deste artigo, o protocolo de que trata o § 3º deste artigo conterá informações que justifiquem, de forma clara e precisa, o motivo pelo qual a Autorização de Uso não foi concedida.

§ 5º Quando solicitado, o emitente da NF3e deverá encaminhar ou disponibilizar download do arquivo da NF3e e seu respectivo Protocolo de Autorização de Uso ao destinatário.

§ 6º Para os efeitos do disposto na alínea "a" do inciso II do "caput" deste artigo, considera-se irregular a situação do contribuinte, emitente do documento fiscal, que, nos termos da legislação estadual, estiver impedido de praticar operações na condição de contribuinte do ICMS.

Art. 183-I. O emitente deverá manter a NF3e em arquivo digital, sob sua guarda e responsabilidade, pelo prazo estabelecido na legislação tributária, mesmo que fora da empresa, devendo ser disponibilizado para a SEFAZ-PB quando solicitado (Ajuste SINIEF 01/19).

Art. 183-J. O Documento Auxiliar da NF3e -DANF3E, conforme leiaute estabelecido no MOC será utilizado, para representar as operações acobertadas por NF3e ou para facilitar a consulta prevista no art. 183-P deste Regulamento (Ajuste SINIEF 01/19).

§ 1º O DANF3E só poderá ser utilizado para representar as operações acobertadas por NF3e após a concessão da Autorização de Uso da NF3e, nos termos do inciso I do art. 183-H deste Regulamento, ou na hipótese prevista no art. 183-K deste Regulamento.

§ 2º O DANF3E deverá:

I - conter um código bidimensional com mecanismo de autenticação digital que possibilite a identificação da autoria do DANF3E, conforme padrões técnicos estabelecidos no MOC;

II - conter a impressão do número do protocolo de concessão da Autorização de Uso, conforme definido no MOC, ressalvadas as hipóteses previstas no art. 183-K deste Regulamento.

§ 3º Se o destinatário concordar, o DANF3E poderá ter sua impressão substituída pelo seu envio em formato eletrônico.

Art. 183-K. Quando, em decorrência de problemas técnicos, não for possível transmitir a NF3e para a unidade federada do emitente, ou obter resposta à solicitação de Autorização de Uso da NF3e, o contribuinte pode operar em contingência, efetuando a geração prévia do documento fiscal eletrônico em contingência e autorização posterior, conforme definições constantes no MOC (Ajuste SINIEF 01/19).

§ 1º Na emissão em contingência, o contribuinte deverá observar o que segue:

I – as seguintes informações fazem parte do arquivo da NF3e:

a) o motivo da entrada em contingência;

b) a data, hora com minutos e segundos do seu início, devendo ser impressa no DANF3E;

II - imediatamente após a cessação dos problemas técnicos que impediram a transmissão ou recepção do retorno da autorização da NF3e, o emitente deverá transmitir à SEFAZ-PB as NF3e geradas em contingência até o primeiro dia útil subsequente contado a partir de sua emissão;

III - se a NF3e, transmitida nos termos do inciso II do § 1º deste artigo, vier a ser rejeitada pela SEFAZ-PB, o emitente deverá:

a) gerar novamente o arquivo com a mesma chave de acesso, sanando a irregularidade desde que não se alterem as variáveis que determinam o valor do imposto, a correção de dados cadastrais que implique mudança do remetente ou do destinatário e a data de emissão;

b) solicitar Autorização de Uso da NF3e;

IV - considera-se emitida a NF3e em contingência, tendo como condição resolutória a sua autorização de uso, no momento da impressão do respectivo DANF3E em contingência.

§ 2º É vedada a reutilização, em contingência, de número de NF3e transmitida com tipo de emissão "Normal".

§ 3º No documento auxiliar da NF3e impresso deverá constar a expressão "Documento Emitido em Contingência".

Art. 183-L. Em relação às NF3e que foram transmitidas antes da contingência e ficaram pendentes de retorno, o emitente deverá, após a cessação das falhas, solicitar o cancelamento, nos termos do art. 183-N deste Regulamento, das NF3e que retornaram com Autorização de Uso e cujas operações não se efetivaram ou foram acobertadas por NF3e emitidas em contingência (Ajuste SINIEF 01/19).

Art. 183-M. A ocorrência relacionada com uma NF3e denomina-se "Evento da NF3e" (Ajuste SINIEF 01/19).

§ 1º Os eventos relacionados a uma NF3e são denominados:

I - Cancelamento, conforme disposto no art.183-O deste Regulamento;

II - Substituição de NF3e, conforme disposto no art. 183-O deste Regulamento.

§ 2º O evento indicado no inciso I do § 1º deste artigo deverá ser registrado pelo emitente.

§ 3º O evento indicado no inciso II deste artigo deverá ser registrado pela unidade federada autorizadora ou por órgãos da administração pública direta ou indireta que a ela prestem este serviço.

§ 4º Os eventos serão exibidos na consulta definida no art. 183-P deste Regulamento, conjuntamente com a NF3e a que se referem.

Art. 183-N. O emitente poderá solicitar o cancelamento da NF3e até o último dia do mês da sua emissão (Ajuste SINIEF 01/19).

§ 1º O cancelamento de que trata o "caput" deste artigo será efetuado por meio do registro de evento correspondente.

§ 2º O Pedido de Cancelamento de NF3e deverá:

I - atender ao leiaute estabelecido no MOC;

II - ser assinado pelo emitente com assinatura digital, certificada por entidade credenciada pela ICP-Brasil, contendo o número do CNPJ de qualquer dos estabelecimentos do contribuinte, a fim de garantir a autoria do documento digital.

§ 3º A transmissão do Pedido de Cancelamento de NF3e será efetivada via internet, por meio de protocolo de segurança ou criptografia por meio de software desenvolvido ou adquirido pelo contribuinte.

§ 4º A cientificação do resultado do Pedido de Cancelamento de NF3e será feita mediante protocolo de que trata o § 3º deste artigo, disponibilizado ao emitente, via internet, contendo, conforme o caso, a chave de acesso, o número da NF3e, a data e a hora do recebimento da solicitação pela SEFAZ-PB e o número do protocolo, podendo ser autenticado mediante assinatura digital gerada com certificação digital da administração tributária ou outro mecanismo de confirmação de recebimento.

§ 5º A critério da Secretaria de Estado da Fazenda, poderá ser recepcionado o pedido de cancelamento:

I – em até 120 (cento e vinte) horas após a data estabelecida no "caput" deste artigo;

II – de forma extemporânea, quando excedido os limites de que tratam o "caput" deste artigo ou o inciso I deste parágrafo.

Art. 183-O. Nas hipóteses permitidas pela legislação, pode ser emitida uma NF3e substituta, devendo ser referenciado o documento substituído (Ajuste SINIEF 46/20).

Art. 183-P. Após a concessão de Autorização de Uso da NF3e, de que trata o inciso I do art. 183-H, a SEFAZ-PB disponibilizará consulta relativa à NF3e (Ajuste SINIEF 01/19).

§ 1º A consulta de que trata o "caput" deste artigo conterá dados resumidos necessários para identificar a condição da NF3e perante a unidade federada autorizadora, devendo exibir os eventos vinculados à respectiva NF3e.

§ 2º A unidade federada autorizadora poderá, opcionalmente, disponibilizar também os dados completos da NF3e, desde que por meio de acesso restrito e vinculado à relação do consulente com a operação documentada na NF3e, devendo o consulente ser identificado por meio de certificado digital ou de acesso identificado aos portais das administrações tributárias.

Art. 183-Q. Na hipótese de haver determinação judicial com efeito sobre os dados contidos na NF3e, deverão ser informados, nos campos próprios, o número do processo judicial e os valores originais, desconsiderando os efeitos da respectiva decisão judicial (Ajuste SINIEF 01/19).

Art. 183-Q1. Ficam os contribuintes do ICMS obrigados ao uso da NF3e, prevista no art. 183-A deste Regulamento, a partir de 1º de setembro de 2021 (Ajuste SINIEF 29/20).

Art. 183-Q2. A administração tributária autorizadora de NF3e poderá suspender ou bloquear o acesso ao seu ambiente autorizador ao contribuinte que praticar, mesmo que de maneira não intencional, o consumo de tal ambiente em desacordo com os padrões estabelecidos no MOC (Ajuste SINIEF 41/20).

§ 1º A suspensão ou bloqueio, que tem por objetivo preservar o bom desempenho do ambiente autorizador de NF3e, aplica-se aos diversos serviços disponibilizados aos contribuintes, impossibilitando seu uso, conforme especificado no MOC.

§ 2º Na hipótese de suspensão, uma vez decorrido seu prazo, o acesso ao ambiente autorizador será restabelecido automaticamente.

§ 3º A aplicação reiterada de suspensões, conforme especificado no MOC, poderá determinar o bloqueio do acesso do contribuinte ao ambiente autorizador.

§ 4º O restabelecimento do acesso aos ambientes autorizadores ao contribuinte que tenha sofrido o bloqueio dependerá de liberação realizada pela Secretaria de Estado da Fazenda - SEFAZ-PB.

Subseção VI
DA NOTA FISCAL AVULSA

Art. 184. A Secretaria de Estado da Receita, através de suas repartições fiscais, utilizará a Nota Fiscal Avulsa, modelo 5, Anexo 23, de sua exclusiva emissão, observado o disposto no art. 186. (Decreto nº 35.933/15)

§ 1º A Nota Fiscal Avulsa de que trata o «caput» deste artigo conterá as indicações previstas no art. 159, à exceção da alínea "n" que será denominada "Nota Fiscal Avulsa", e será emitida, em ambiente eletrônico, por meio do sistema de administração financeira e tributária da Secretaria de Estado da Receita, nas seguintes situações: (Decreto nº 35.933/15)

I - na saída de semoventes, qualquer que seja a natureza da movimentação;

II - na saída de mercadorias remetidas por produtor não obrigado à emissão da nota fiscal referida no art. 177;

III - na saída de mercadorias de repartições públicas ou autárquicas, federais, estaduais ou municipais;

IV - na saída de mudança, aparelho para conserto, devolução ou remessa de objeto de uso, bem como outras saídas não especificadas e não sujeitas à tributação, quando o remetente for pessoa não inscrita como contribuinte do ICMS;

V - em qualquer caso em que não se exija o documento próprio de expedição.

§ 2º A Nota Fiscal Avulsa será emitida mesmo nos casos de operações não sujeitas à tributação ou acobertadas por suspensão ou diferimento, hipótese em que se fará menção dessa circunstância no corpo da referida nota.

§ 3º Nas operações internas e interestaduais, a Nota Fiscal Avulsa emitida na forma do § 1º seguirá em 2 (duas) vias, que acompanharão a mercadoria, e terão a seguinte destinação: (Decreto nº 35.933/15)

I - a 1ª via será entregue pelo transportador ao destinatário;

II - a 2ª via será entregue ao Fisco destinatário.

Art. 185. Nos casos previstos no § 1º, do artigo anterior, o imposto será recolhido, quando devido, através do DAR – modelo 3, que será entregue, juntamente com a 1ª via da Nota Fiscal Avulsa, pelo transportador, ao destinatário.

§ 1º A Nota Fiscal Avulsa está sujeita aos mesmos prazos de validade e revalidação previstos no art. 187 e 189.

§ 2º A Nota Fiscal Avulsa que for encontrada em trânsito desacompanhada do DAR – modelo 3 será considerada nula para todos os efeitos, ressalvado o disposto no § 2º, do artigo anterior.

Art. 186. Em substituição à emissão da Nota Fiscal Avulsa de que trata o art. 184, poderá ser emitida a Nota Fiscal Avulsa Eletrônica – NFA-e, modelo 55, observado o disposto nos §§ 7º e 8º do art. 166 deste Regulamento.

Subseção VII
DO PRAZO DE VALIDADE DA NOTA FISCAL

Art. 187. O prazo de validade da Nota Fiscal, modelo 1 e 1-A, e da Nota Fiscal de Produtor como documento hábil para acobertar o trânsito de mercadorias dentro do Estado, contar-se-á da data da saída do produto do estabelecimento e será:

I – até o dia imediato àquele em que tenha ocorrido a saída, quando se tratar de transporte rodoviário;

II – de 05 (cinco) dias, quando se tratar de transporte ferroviário ou aéreo;

III – de 08 (oito) dias, quando se tratar de nota fiscal emitida nos termos do art. 611, no caso de remessa para venda fora da localidade do emitente;

IV – de 03 (três) dias, quando se tratar de nota fiscal emitida nos termos do art. 611, no caso de remessa para venda na localidade do emitente.

§ 1º Na hipótese do inciso I, em relação às entradas de mercadorias oriundas de outras unidades da Federação, efetuadas por empresas de transporte organizadas e sindicalizadas, o prazo de validade do documento fiscal será de 03 (três) dias, observado o disposto no art.194.

§ 2º O Cupom Fiscal ou Nota Fiscal de Venda a Consumidor, modelo 2, satisfeitas as exigências dos §§ 5º e 6º do art. 167, terá o mesmo prazo de validade previsto no inciso I deste artigo.

Art. 188. Quando a emissão da nota fiscal for feita através de processamento de dados e a sede da empresa onde se localiza o centro de processamento for em outra unidade da Federação, ou for mantido contrato com empresa prestadora de serviços de processamento de dados localizada em outra unidade da Federação, os prazos previstos no artigo anterior ficam prorrogados por mais 48 (quarenta e oito) horas.

Parágrafo único. Na nota fiscal referida neste artigo deverá constar, obrigatoriamente, a unidade da Federação em que foi a mesma emitida.

Art. 189. Os prazos referidos no art. 187 poderão ser revalidados uma só vez, por prazo não superior ao primeiro, à vista das razões apresentadas pelo contribuinte ou seu representante legal e a critério da autoridade fiscal competente, antes de expirado o prazo regulamentar.

§ 1º O disposto neste artigo não se aplica aos casos em que a mercadoria esteja acompanhada de documento fiscal com prazo de validade vencido, ressalvados os casos excepcionais em que houver possibilidade de perfeita identificação entre as mercadorias transportadas e as discriminadas na nota fiscal, no que diz respeito, cumulativamente, à quantidade, marca, modelo e referência, ou em relação a operações isentas ou não tributadas pelo imposto.

§ 2º São competentes para revalidar a nota fiscal:

I – Gerentes Regionais da Receita Estadual;

II – Subgerentes de Recebedorias;

III – Coletores Estaduais;

IV – auditores fiscais em serviço nos postos de fiscalização ou nos comandos fiscais.

§ 3º No despacho de revalidação a autoridade fiscal referida no parágrafo anterior deverá deixar consignado, de forma legível, seu nome, cargo ou função e matrícula funcional.

Art. 190. Quando a saída da mercadoria não ocorrer dentro do prazo de validade ou de revalidação da nota fiscal, deverá esta ser cancelada, consignando-se em todas as suas vias as razões que impediram a saída.

Art. 191. Não perderão a validade as notas fiscais entregues, dentro do prazo estabelecido nesta Subseção, às empresas de transporte organizadas e sindicalizadas.

§ 1º O disposto neste artigo fica condicionado à emissão, por parte das empresas transportadoras, no mesmo dia do recebimento da nota fiscal, de conhecimento de transporte do qual conste a data do recebimento da mercadoria e a data de saída indicada na nota.

§ 2º No percurso entre o estabelecimento da transportadora e o destinatário, prevalecerá a data constante no «Conhecimento Rodoviário de Cargas» ou no «Manifesto de Cargas», se existente.

§ 3º No caso de mercadorias procedentes de diversos estabelecimentos da transportadora, reagrupadas para entrega aos destinatários, prevalecerá a data constante no novo «Manifesto de Carga» para esse fim emitido.

Art. 192. Na remessa para fora do Estado, por via marítima ou aérea, o prazo de validade do documento se refere ao percurso entre os estabelecimentos remetentes e o local de embarque.

Art. 193. Considera-se com o prazo de validade vencido o documento fiscal que estiver acompanhando o transporte de mercadorias, quando nele não constar a data de emissão nem a data de saída.

Art. 194. No caso de nota fiscal emitida em outra unidade da Federação, o prazo de sua validade será contado a partir da data da entrada da mercadoria em território paraibano, provada por carimbo e/ou etiqueta padronizada do posto fiscal da fronteira ou da primeira repartição fiscal do percurso.

Parágrafo único. Os prazos de que tratam o art. 187, só se iniciam ou vencem em dia útil.

Art. 195. Os prazos fixados para a validade da nota fiscal são contínuos, excluindo-se na sua contagem o dia de início e incluindo-se o de seu vencimento, ressalvada a hipótese do inciso I do art. 187.

Art. 196. Os conhecimentos de transporte ficam sujeitos ao mesmo prazo de validade do documento fiscal que acompanhar a mercadoria transportada.

Seção III
DOS DOCUMENTOS FISCAIS RELATIVOS À PRESTAÇÃO DE SERVIÇOS DE TRANSPORTE

Subseção I
DA NOTA FISCAL DE SERVIÇO DE TRANSPORTE

Art. 197. A Nota Fiscal de Serviço de Transporte, modelo 7, Anexo 20, será utilizada:

I – pelas agências de viagem ou por quaisquer transportadores que executarem serviços de transporte intermunicipal, interestadual e internacional de turistas e de outras pessoas, em veículos próprios ou afretados;

II – pelos transportadores de valores, para englobar, em relação a cada tomador de serviço, as prestações realizadas, desde que dentro do período de apuração do imposto;

III – pelos transportadores ferroviários de cargas, para englobar, em relação a cada tomador de serviço, as prestações executadas no período de apuração do imposto;

IV – pelos transportadores de passageiros, para englobar, no final do período de apuração do imposto, documentos de excesso de bagagem emitidos durante o mês, nas condições do art. 549;

V – pelos transportadores que executarem serviços de transporte intermunicipal, interestadual ou internacional de bens ou mercadorias utilizando-se de outros meios ou formas, em relação aos quais não haja previsão de documento fiscal específico (Ajuste SINIEF 9/99).

Parágrafo único. Para os efeitos do inciso I, considera-se veículo próprio, além do que se achar registrado em nome da pessoa, aquele por ela operado em regime de locação ou qualquer outra forma.

Art. 198. O documento referido no artigo anterior conterá, no mínimo, as seguintes indicações:

I – a denominação: "Nota Fiscal de Serviço de Transporte";

II – o número de ordem, a série e subsérie e o número da via;

III– a natureza da prestação do serviço, acrescida do respectivo código fiscal;

IV – a data da emissão;

V – a identificação do emitente: o nome, o endereço e os números de inscrição estadual e no CNPJ;

VI – a identificação do usuário: o nome, o endereço e os números de inscrição estadual e no CNPJ ou CPF;

VII – o percurso;

VIII – a identificação do veículo transportador;

IX – a discriminação do serviço prestado, de modo que permita sua perfeita identificação;

X – o valor do serviço prestado, bem como os acréscimos a qualquer título;

XI – o valor total da prestação;

XII – a base de cálculo do imposto;

XIII – a alíquota aplicável;

XIV – o valor do imposto;

XV – o nome, o endereço e os números de inscrição, estadual e no CNPJ, do impressor da nota, a data e a quantidade de impressão, o número de ordem da primeira e da última nota impressa e respectivas série e subsérie e o número da Autorização de Impressão de Documentos Fiscais;

XVI – data limite para utilização, quando a Secretaria de Estado da Receita fizer uso da prerrogativa prevista no inciso II do art. 156.

TRIBUTÁRIO E FINANCEIRO

§ 1º As indicações dos incisos I, II, V, XV e XVI serão impressas.

§ 2º A Nota Fiscal de Serviço de Transporte será de tamanho não inferior a 14,8 cm x 21,0 cm, em qualquer sentido.

§ 3º A exigência prevista no inciso VI, não se aplica aos casos do inciso IV, do artigo anterior.

§ 4º O disposto nos incisos VII e VIII, não se aplica às hipóteses previstas nos incisos II a IV, do artigo anterior.

Art. 199. A Nota Fiscal de Serviço de Transporte será emitida antes do início da prestação do serviço.

§ 1º É obrigatória a emissão de uma nota fiscal, por veículo, para cada viagem contratada.

§ 2º Nos casos de excursões com contratos individuais, será facultada a emissão de uma única Nota Fiscal de Serviço de Transporte, nos termos dos arts. 200 e 201, por veículo, hipótese em que a primeira via será arquivada no estabelecimento do emitente, a ela sendo anexada, quando se tratar de transporte rodoviário, autorização do DER ou DNER.

§ 3º No transporte de pessoas com característica de transporte metropolitano mediante contrato, poderá ser postergada a emissão da Nota Fiscal de Serviço de Transporte, até o final do período de apuração do imposto, desde que devidamente autorizado pelo Fisco.

§ 4º Quando a Nota Fiscal de Serviço de Transporte acobertar a prestação por modal dutoviário, esta deverá ser emitida mensalmente e em até quatro dias úteis após o encerramento do período de apuração (Ajuste SINIEF 06/13).

Art. 200. Na prestação interna de serviço de transporte, a Nota Fiscal de Serviço de Transporte será emitida no mínimo em 03 (três) vias, que terão a seguinte destinação:

I – a 1ª via será entregue ao contratante ou usuário;

II – a 2ª via acompanhará o transporte para fins de fiscalização;

III – a 3ª via ficará fixa ao bloco para exibição ao Fisco.

Parágrafo único. Relativamente ao documento de que trata este artigo, nas hipóteses dos incisos II a IV do art. 197, a emissão será em no mínimo 02 (duas) vias, que terão a seguinte destinação:

I – a 1ª via será entregue ao contratante ou usuário nos casos dos incisos II e III, e permanecerá em poder do emitente no caso do inciso IV;

II – a 2ª via ficará fixa ao bloco para exibição ao Fisco.

Art. 201. Na prestação interestadual de serviço de transporte, a Nota Fiscal de Serviço de Transporte será emitida no mínimo em 04 (quatro) vias, que terão a seguinte destinação:

I - a 1ª via será entregue ao contratante ou usuário;

II - a 2ª via acompanhará o transporte para fins de controle da unidade da Federação de destino;

III - a 3ª via será entregue, diretamente pelo emitente, à repartição de seu domicílio fiscal;

IV - a 4ª via ficará fixa ao bloco para exibição ao Fisco.

§ 1º Relativamente ao documento de que trata este artigo, nas hipóteses dos incisos II a IV do art. 197, a emissão será em no mínimo 02 (duas) vias, que terão a seguinte destinação - Ajuste SINIEF 09/07 (Decreto nº 30.084/08):

I - a 1ª via será entregue ao contratante ou usuário nos casos dos incisos II e III, e permanecerá em poder do emitente no caso do inciso IV;

II - a 2ª via ficará fixa ao bloco para exibição ao Fisco.

§ 2º Nas prestações internacionais, poderão ser exigidas tantas vias da Nota Fiscal de Serviço de Transporte quantas forem necessárias para o controle dos demais órgãos fiscalizadores Ajuste SINIEF 09/07 (Decreto nº 30.084/08).

Subseção I-A
DO CONHECIMENTO DE TRANSPORTE ELETRÔNICO

Art. 202. O Conhecimento de Transporte Eletrônico - CT-e, modelo 57, poderá ser utilizado em substituição aos seguintes documentos (Ajuste SINIEF 32/19):

I - Conhecimento de Transporte Rodoviário de Cargas, modelo 8;

II - Conhecimento de Transporte Aquaviário de Cargas, modelo 9;

III - Conhecimento Aéreo, modelo 10;

IV - Conhecimento de Transporte Ferroviário de Cargas, modelo 11;

V - Nota Fiscal de Serviço de Transporte Ferroviário de Cargas, modelo 27;

VI - Nota Fiscal de Serviço de Transporte, modelo 7, quando utilizada em transporte de cargas (Ajuste SINIEF 32/19);

VII - Conhecimento de Transporte Multimodal de Cargas - CTMC, modelo 26 (Ajuste SINIEF 26/13). (OBS: Efeitos a partir de 01.02.14)

§ 1º Considera-se CT-e o documento emitido e armazenado eletronicamente, de existência apenas digital, com o intuito de documentar prestações de serviço de transporte de cargas, cuja validade jurídica é garantida pela assinatura digital do emitente e autorização da Secretaria de Estado da Fazenda, antes da ocorrência do fato gerador (Ajuste SINIEF 32/19).

§ 2º O documento constante do "caput" deste artigo também poderá ser utilizado na prestação de serviço de transporte de cargas efetuada por meio de dutos (Ajuste SINIEF 32/19).

§ 2º-A REVOGADO (Decreto nº 40.018/20 - Ajuste SINIEF 32/19).

§ 3º A obrigatoriedade da utilização do CT-e é fixada nos termos do § 2º do art. 202-T, ficando dispensada a observância dos prazos nesse contidos na hipótese de contribuinte que possui inscrição em uma única unidade federada (Ajuste SINIEF 18/11).

§ 4º Para fixação da obrigatoriedade de que trata o § 3º, a Secretaria Executiva da Receita utilizará critérios relacionados à receita de vendas e serviços dos contribuintes, atividade econômica ou natureza da operação por eles exercida (Ajuste SINIEF 18/11).

§ 5º A obrigatoriedade de uso do CT-e por modal aplica-se a todas as prestações efetuadas por todos os estabelecimentos dos contribuintes, daquele modal, referidos no § 2º do art. 202-T, bem como os relacionados no Anexo 116 deste Regulamento, ficando vedada a emissão dos documentos referidos nos incisos do "caput" deste artigo (Ajuste SINIEF 10/16).

§ 6º Nos casos em que a emissão do CT-e for obrigatória, o tomador do serviço deverá exigir sua emissão, vedada a aceitação de qualquer outro documento em sua substituição (Ajuste SINIEF 18/11).

§ 7º Na prestação de serviço de Transporte Multimodal de Cargas, será emitido o CT-e, modelo 57, que substitui o documento tratado no inciso VII do "caput" deste artigo, sem prejuízo da emissão dos documentos dos serviços vinculados à operação de Transporte Multimodal de Cargas (Ajuste SINIEF 10/16). (OBS: Efeitos a partir de 01.09.16)

§ 8º No caso de trecho de transporte efetuado pelo próprio Operador de Transporte Multimodal - OTM será emitido CT-e, modelo 57, relativo a este trecho, sendo vedado o destaque do imposto, que conterá, além dos demais requisitos (Ajuste SINIEF 10/16):

I - como tomador do serviço: o próprio OTM;

II - a indicação: "CT-e emitido apenas para fins de controle.

§ 9º Os documentos dos serviços vinculados à operação de Transporte Multimodal de Cargas, tratados no § 7º deste artigo, devem referenciar o CT-e multimodal (Ajuste SINIEF 26/13). (OBS: Efeitos a partir de 01.02.14)

Art. 202-A. O Secretário de Estado da Fazenda baixará normas complementares à aplicação do disposto nesta Subseção.

Art. 202-B. Para efeito da emissão do CT-e, modelo 57, observado o disposto em Manual de Orientação do Contribuinte - MOC que regule a matéria, é facultado ao emitente indicar também as seguintes pessoas (Ajuste SINIEF 10/16):

I - expedidor, aquele que entregar a carga ao transportador para efetuar o serviço de transporte;

II - recebedor, aquele que deve receber a carga do transportador.

Art. 202-C. Ocorrendo subcontratação ou redespacho, na emissão do CT-e, modelo 57, para efeito de aplicação desta legislação, considera-se (Ajuste SINIEF 10/16):

I - expedidor, o transportador ou remetente que entregar a carga ao transportador para efetuar o serviço de transporte;

II - recebedor, a pessoa que receber a carga do transportador subcontratado ou redespachado.

§ 1º No redespacho intermediário, quando o expedidor e o recebedor forem transportadores de carga não própria, devidamente identificados no CT-e, fica dispensado o preenchimento dos campos destinados ao remetente e destinatário.

§ 2º Na hipótese do §1º, poderá ser emitido um único CT-e, englobando a carga a ser transportada, desde que relativa ao mesmo expedidor e recebedor, devendo ser informados, em substituição aos dados dos documentos fiscais relativos à carga transportada, os dados dos documentos fiscais que acobertaram a prestação anterior:

I - identificação do emitente, unidade federada, série, subsérie, número, data de emissão e valor, no caso de documento não eletrônico;

II - chave de acesso, no caso de CT-e.

§ 3º O emitente do CT-e, quando se tratar de redespacho ou subcontratação, deverá informar no CT-e, alternativamente (Ajustes SINIEF 14/12 e 10/16):

I - a chave do CT-e do transportador contratante;

II - os campos destinados à informação da documentação da prestação do serviço de transporte contratante.

Art. 202-C1. Na hipótese de emissão de CT-e, modelo 57, com o tipo de serviço identificado como "serviço vinculado a Multimodal", deve ser informada a chave de acesso do CT-e multimodal, em substituição aos dados dos documentos fiscais da carga transportada, ficando dispensado o preenchimento dos campos destinados ao remetente e destinatário (Ajuste SINIEF 10/16).

Art. 202-D. Para emissão do CT-e, o contribuinte deverá solicitar, previamente, seu credenciamento na Secretaria de Estado da Fazenda.

§ 1º É vedada a emissão dos documentos discriminados nos incisos do Art. 202 por contribuinte credenciado à emissão de CT-e, salvo disposição em contrário.

§ 2º O contribuinte credenciado para emissão de CT-e deverá observar, no que couber, as disposições relativas à emissão de documentos fiscais por sistema eletrônico de processamento de dados, constantes dos Convênios ICMS 57/95 e 58/95, ambos de 28 de junho de 1995 e legislação superveniente (Ajuste SINIEF 04/09).

Art. 202-E. O CT-e deverá ser emitido com base em leiaute estabelecido no MOC, por meio de software desenvolvido ou adquirido pelo contribuinte (Ajuste SINIEF 23/17).

§ 1º O arquivo digital do CT-e deverá:

I – conter os dados dos documentos fiscais relativos à carga transportada;

II – ser identificado por chave de acesso composta por código numérico gerado pelo emitente, CNPJ do emitente, número e série do CT-e;

III – ser elaborado no padrão XML (Extended Markup Language);

IV – possuir numeração sequencial de 1 a 999.999.999, por estabelecimento e por série, devendo ser reiniciada quando atingido esse limite;

V – ser assinado digitalmente pelo emitente.

§ 2º Para a assinatura digital deverá ser utilizado certificado digital emitido dentro da cadeia de certificação da Infraestrutura de Chaves Públicas Brasileira – ICP-Brasil, que contenha o CNPJ de qualquer dos estabelecimentos do contribuinte, a fim de garantir a autoria do documento digital (Ajuste SINIEF 04/09).

§ 3º O contribuinte poderá adotar séries distintas para a emissão do CT-e, designadas por algarismos arábicos, em ordem crescente, vedada a utilização de subsérie, observado o disposto no MOC (Ajuste SINIEF 14/12).

§ 4º Quando o transportador efetuar prestação de serviço de transporte iniciada em unidade federada diversa daquela em que possui credenciamento para a emissão do CT-e, deverá utilizar séries distintas, observado o disposto no § 2º do art. 202-F.

§ 5º Deverão ser indicados no CT-e o Código de Regime Tributário – CRT – de que trata o Anexo 121 deste Regulamento (Ajuste SINIEF 12/19).

Art. 202-F. O contribuinte credenciado deverá solicitar a concessão de Autorização de Uso do CT-e mediante transmissão do arquivo digital do CT-e via Internet, por meio de protocolo de segurança ou criptografia, com utilização de software desenvolvido ou adquirido pelo contribuinte (Ajuste SINIEF 23/17).

§ 1º Quando o transportador estiver credenciado para emissão de CT-e na unidade federada em que tiver início a prestação do serviço de transporte, a solicitação de autorização de uso deverá ser transmitida à administração tributária desta unidade federada.

§ 2º Quando o transportador não estiver credenciado para emissão do CT-e na unidade federada em que tiver início a prestação do serviço de transporte, a solicitação de autorização de uso deverá ser transmitida à administração tributária em que estiver credenciado.

Art. 202-G. Previamente à concessão da Autorização de Uso do CT-e, a Secretaria de Estado da Fazenda analisará, no mínimo, os seguintes elementos:

I – a regularidade fiscal do emitente;

II – o credenciamento do emitente;

III – a autoria da assinatura do arquivo digital;

IV – a integridade do arquivo digital;

V – a observância ao leiaute do arquivo estabelecido no MOC (Ajuste SINIEF 14/12);

VI – a numeração e série do documento.

§ 1º A autorização de uso poderá ser concedida pela Secretaria de Estado da Fazenda mediante a utilização da infraestrutura tecnológica de outra unidade federada (Ajuste SINIEF 04/09).

§ 2º A Secretaria de Estado da Fazenda poderá, mediante protocolo, estabelecer que a autorização de uso na condição de contingência prevista no inciso IV do "caput" do art. 202-L será concedida pela mesma, mediante a utilização da infraestrutura tecnológica de outra unidade federada (Ajuste SINIEF 04/09).

§ 3º Nas situações constante dos §§ 1º e 2º, a administração tributária que autorizar o uso do CT-e deverá observar as disposições constantes do Ajuste SINIEF 09/07 estabelecidas para a administração tributária da unidade federada do contribuinte emitente (Ajuste SINIEF 04/09).

Art. 202-H. Do resultado da análise referida no art. 202-G a Secretaria de Estado da Fazenda cientificará o emitente:

I – da rejeição do arquivo do CT-e, em virtude de:

a) falha na recepção ou no processamento do arquivo;

b) falha no reconhecimento da autoria ou da integridade do arquivo digital;

TRIBUTÁRIO E FINANCEIRO

c) emitente não credenciado para emissão do CT-e;

d) duplicidade de número do CT-e;

e) falha na leitura do número do CT-e;

f) erro no número do CNPJ, do CPF ou da IE;

g) outras falhas no preenchimento ou no leiaute do arquivo do CT-e;

II – da denegação da Autorização de Uso do CT-e, em virtude de irregularidade fiscal:

a) do emitente do CT-e;

b) REVOGADA (Decreto nº 33.722/13);

c) REVOGADA (Decreto nº 33.722/13);

III – da concessão da Autorização de Uso do CT-e.

§ 1º Após a concessão da Autorização de Uso do CT-e, o arquivo do CT-e não poderá ser alterado.

§ 2º A cientificação de que trata o "caput" será efetuada mediante protocolo disponibilizado ao emitente ou a terceiro autorizado pelo emitente, via internet, contendo, conforme o caso, a "chave de acesso", o número do CT-e, a data e a hora do recebimento da solicitação pela Secretaria de Estado da Fazenda e o número do protocolo, podendo ser autenticado mediante assinatura digital gerada com certificação digital da Secretaria de Estado da Fazenda ou outro mecanismo de confirmação de recebimento.

§ 3º Não sendo concedida a Autorização de Uso, o protocolo de que trata o § 2º conterá informações que justifiquem o motivo, de forma clara e precisa.

§ 4º Rejeitado o arquivo digital, o mesmo não será arquivado pelo Fisco para consulta, sendo permitida, ao interessado, nova transmissão do arquivo do CT-e nas hipóteses das alíneas "a", "b", "e" ou "f" do inciso I do caput.

§ 5º Denegada a Autorização de Uso do CT-e, o arquivo digital transmitido ficará arquivado pelo Fisco para consulta, identificado como "Denegada a Autorização de Uso".

§ 6º No caso do § 5º, não será possível sanar a irregularidade e solicitar nova Autorização de Uso do CT-e que contenha a mesma numeração.

§ 7º REVOGADO (Ajuste SINIEF 10/16)

§ 8º A concessão da Autorização de Uso (Ajuste SINIEF 14/12):

I – é resultado da aplicação de regras formais especificadas no MOC e não implica a convalidação das informações tributárias contidas no CT-e;

II – identifica de forma única um CT-e através do conjunto de informações formado por CNPJ do emitente, número, série e ambiente de autorização.

§ 9º O emitente do CT-e deverá encaminhar ou disponibilizar download do arquivo eletrônico do CT-e e seu respectivo protocolo de autorização ao tomador do serviço, observado leiaute e padrões técnicos definidos no MOC (Ajustes SINIEF 04/09 e 14/12).

§ 10. Para os efeitos do inciso II do "caput" deste artigo, considera-se irregular a situação do contribuinte que, nos termos da respectiva legislação estadual, estiver impedido de praticar operações ou prestações na condição de contribuinte do ICMS (Ajuste SINIEF 26/13). (OBS: Efeitos a partir de 01.02.14)

Art. 202-H1. Concedida a Autorização de Uso do CT-e, a administração tributária que autorizou o CT-e deverá transmiti-lo para (Ajuste SINIEF 04/09):

I – a Secretaria da Receita Federal do Brasil; II – a unidade federada:

a) de início da prestação do serviço de transporte;

b) de término da prestação do serviço de transporte;

c) do tomador do serviço;

III – a Superintendência da Zona Franca de Manaus – SUFRAMA, se a prestação de serviço de transporte tiver como destinatário pessoa localizada nas áreas incentivadas.

§ 1º A administração tributária que autorizou o CT-e ou a Receita Federal do Brasil também poderão transmiti-lo ou fornecer informações parciais para (Ajuste SINIEF 04/09):

I – administrações tributárias estaduais e municipais, mediante prévio convênio ou protocolo;

II – outros órgãos da administração direta, indireta, fundações e autarquias, que necessitem de informações do CT-e para desempenho de suas atividades, mediante prévio convênio ou protocolo, respeitado o sigilo fiscal.

§ 2º Na hipótese de a administração tributária da unidade federada do emitente realizar a transmissão prevista no "caput" deste artigo por intermédio de "webservice", ficará responsável a Receita Federal do Brasil ou a Sefaz Virtual do Rio Grande do Sul pelos procedimentos de que tratam os incisos do "caput" deste artigo ou pela disponibilização do acesso ao CT-e para as administrações tributárias que adotarem essa tecnologia (Ajuste SINIEF 12/19).

Art. 202-I. O arquivo digital do CT-e só poderá ser utilizado como documento fiscal, após ter seu uso autorizado por meio de Autorização de Uso do CT-e, nos termos do inciso III do art. 202-H.

§ 1º Ainda que formalmente regular, será considerado documento fiscal inidôneo o CT-e que tiver sido emitido ou utilizado com dolo, fraude, simulação ou erro, que possibilite, mesmo que a terceiro, o não-pagamento do imposto ou qualquer outra vantagem indevida.

§ 2º Para os efeitos fiscais, os vícios de que trata o § 1º deste artigo atingem também o respectivo DACTE, impresso nos termos desta Subseção, que também será considerado documento fiscal inidôneo (Ajuste SINIEF 32/19).

Art. 202-J. Fica instituído o Documento Auxiliar do CT-e - DACTE, conforme leiaute estabelecido no Manual de Orientação do Contribuinte - DACTE (MOC-DACTE), para acompanhar a carga durante o transporte ou para facilitar a consulta do CT-e, prevista no art. 202-Q (Ajuste SINIEF 14/12).

§ 1º O DACTE:

I - deverá ter formato mínimo A5 (210 x 148 mm) e máximo ofício 2 (230 x 330 mm), impresso em papel, exceto papel jornal, podendo ser utilizadas folhas soltas, formulário de segurança, Formulário de Segurança para Impressão de Documento Auxiliar de Documento Fiscal Eletrônico (FS-DA) ou formulário contínuo ou pré-impresso, e possuir títulos e informações dos campos grafados de modo que seus dizeres e indicações estejam legíveis (Ajuste SINIEF 04/09);

II– conterá código de barras, conforme padrão estabelecido no MOC-DACTE (Ajuste SINIEF 14/12);

III - poderá conter outros elementos gráficos, desde que não prejudiquem a leitura do seu conteúdo ou do código de barras por leitor óptico;

IV - será utilizado para acompanhar a carga durante o transporte somente após a concessão da Autorização de Uso do CT-e, de que trata o inciso III do art. 202-H, ou na hipótese prevista no art. 202-L.

§ 2º Quando o tomador do serviço de transporte não for credenciado para emitir documentos fiscais eletrônicos, a escrituração do CT-e poderá ser efetuada com base nas informações contidas no DACTE, observado o disposto no art. 202-K.

§ 3º Quando a legislação tributária previr a utilização de vias adicionais para os documentos previstos nos incisos do art. 202, o contribuinte que utilizar o CT-e deverá imprimir o DACTE com o número de cópias necessárias para cumprir a respectiva norma, sendo todas consideradas originais.

§ 4º As alterações de leiaute do DACTE permitidas são as previstas no Manual de Orientação do Contribuinte - DACTE (Ajuste SINIEF 26/13). (OBS: Efeitos a partir de 01.02.14)

§ 5º Quando da impressão em formato inferior ao tamanho do papel, o DACTE deverá ser delimitado por uma borda.

§ 6º É permitida a impressão, fora do DACTE, de informações complementares de interesse do emitente e não existentes em seu leiaute.

Art. 202-J1. Nas prestações de serviço de transporte de cargas realizadas nos modais ferroviário e aquaviário de cabotagem, acobertadas por CT-e, fica dispensada a impressão dos respectivos Documentos Auxiliares do Conhecimento de Transporte Eletrônico - DACTE, desde que emitido MDF-e (Ajustes SINIEF 27/13 e 10/16).

§ 1º A Secretaria de Estado da Fazenda ou o tomador do serviço poderão solicitar ao transportador as impressões dos DACTE previamente dispensadas (Ajuste SINIEF 07/14).

§ 2º Em todos os CT-e emitidos, deverá ser indicado o dispositivo legal que dispensou a impressão do DACTE.

§ 3º O disposto neste artigo não se aplica no caso da contingência com uso de Formulário de Segurança para Impressão de Documento Auxiliar de Documento Eletrônico impresso nos termos de Convênio ICMS.

Art. 202-J1. Exceto nos casos de contingência com uso de Formulário de Segurança ou quando solicitado pelo tomador, o DACTE poderá, de forma alternativa à impressão em papel, ser apresentado em meio eletrônico, seguindo a disposição gráfica especificada no MOC, desde que tenha sido emitido o MDF-e, nas seguintes situações (Ajuste SINIEF 03/21):

I - no transporte ferroviário;

II - no transporte aquaviário de cabotagem;

III - no transporte rodoviário de cargas destinadas a consumidor final.

Art. 202-J2. Na prestação de serviço de Transporte Multimodal de Cargas, fica dispensado de acompanhar a carga (Ajuste SINIEF 26/13): (OBS: Efeitos a partir de 01.02.14)

I - o DACTE dos transportes anteriormente realizados; II - o DACTE do multimodal.

Parágrafo único. O disposto no inciso II do "caput" deste artigo não se aplica no caso de contingência com uso de FS-DA previsto no inciso II do "caput" do art. 202-L.

Art. 202-J3. REVOGADO (Decreto nº 40.018/20 - Ajuste SINIEF 32/19).

Art. 202-K. O transportador e o tomador do serviço de transporte deverão manter em arquivo digital os CT-e pelo prazo estabelecido na legislação tributária para a guarda dos documentos fiscais, devendo ser apresentados ao Fisco, quando solicitado.

§ 1º O tomador do serviço deverá, antes do aproveitamento de eventual crédito do imposto, verificar a validade e autenticidade do CT-e e a existência de Autorização de Uso do CT-e, conforme disposto no art. 202-Q.

§ 2º Quando o tomador for contribuinte não credenciado à emissão de documentos fiscais eletrônicos poderá, alternativamente ao disposto no "caput" deste artigo, manter em arquivo o DACTE relativo ao CT-e da prestação (Ajuste SINIEF 32/19).

Art. 202-L. A partir de 1 de dezembro de 2012, quando em decorrência de problemas técnicos não for possível transmitir o CT-e para a unidade federada do emitente, ou obter resposta à solicitação de Autorização de Uso do CT-e, o contribuinte deverá gerar novo arquivo, conforme definido no MOC, informando que o respectivo CT-e foi emitido em contingência e adotar uma das seguintes medidas (Ajustes SINIEF 04/09 e 14/12):

I - transmitir o Evento Prévio de Emissão em Contingência - EPEC, para o Sistema de Sefaz Virtual de Contingência (SVC), nos termos do art. 202-L1 (Ajuste SINIEF 14/12);

II - imprimir o DACTE em Formulário de Segurança - Documento Auxiliar (FS-DA), observado o disposto em Convênio ICMS (Ajuste SINIEF 10/16);

III - transmitir o CT-e para o Sistema de Sefaz Virtual de Contingência (SVC), nos termos dos arts. 202-E, 202-F e 202-G (Ajuste SINIEF 14/12).

§ 1º Na hipótese do inciso I do "caput" deste artigo, o DACTE deverá ser impresso em no mínimo três vias, constando no corpo do documento a expressão "DACTE impresso em contingência - EPEC - regularmente recebido pela SVC", tendo a seguinte destinação (Ajuste SINIEF 32/19):

I - acompanhar o trânsito de cargas;

II - ser mantida em arquivo pelo emitente no prazo estabelecido na legislação tributária para a guarda dos documentos fiscais;

III - ser mantida em arquivo pelo tomador no prazo estabelecido na legislação tributária para a guarda de documentos fiscais.

§ 2º Presume-se inábil o DACTE impresso nos termos do § 1º deste artigo, quando não houver a regular recepção do EPEC pela SVC, nos termos do art. 202-L1 (Ajuste SINIEF 14/12).

§ 3º Na hipótese do inciso II do "caput" deste artigo, o Formulário de Segurança - Documento Auxiliar (FS-DA) deverá ser utilizado para impressão de no mínimo três vias do DACTE, constando no corpo a expressão "DACTE em Contingência - impresso em decorrência de problemas técnicos", tendo a seguinte destinação (Ajuste SINIEF 32/19):

I - acompanhar o veículo durante a prestação do serviço;

II - ser mantida em arquivo pelo emitente pelo prazo estabelecido na legislação tributária para a guarda dos documentos fiscais;

III - ser mantida em arquivo pelo tomador pelo prazo estabelecido na legislação tributária para a guarda de documentos fiscais.

§ 4º Nas hipóteses dos incisos I e II do "caput" deste artigo, fica dispensada a impressão da 3ª via, caso o tomador do serviço seja o destinatário da carga, devendo o tomador manter a via que acompanhou o trânsito da carga (Ajuste SINIEF 04/09).

§ 5º Na hipótese do inciso II do "caput" deste artigo, fica dispensado o uso do Formulário de Segurança - Documento Auxiliar (FS-DA) para a impressão de vias adicionais do DACTE (Ajuste SINIEF 32/19).

§ 6º Na hipótese dos incisos I ou II do "caput" deste artigo, imediatamente após a cessação dos problemas técnicos que impediram a transmissão ou recepção do retorno da autorização do CT-e, e até o prazo limite definido no MOC, contado a partir da emissão do CT-e de que trata o § 13, o emitente deverá transmitir à administração tributária de sua vinculação os CT-e gerados em contingência (Ajuste SINIEF 10/16).

§ 7º Se o CT-e transmitido nos termos do § 6º deste artigo vier a ser rejeitado pela Secretaria de Estado da Fazenda, o contribuinte deverá (Ajuste SINIEF 04/09):

I - gerar novamente o arquivo com a mesma numeração e série, sanando a irregularidade, desde que não se altere:

a) as variáveis que determinam o valor do imposto tais como: base de cálculo, alíquota, diferença de preço, quantidade, valor da operação ou da prestação;

b) a correção de dados cadastrais que implique mudança do emitente, tomador, remetente ou do destinatário;

c) a data de emissão ou de saída;

II - solicitar Autorização de Uso do CT-e;

III - imprimir o DACTE correspondente ao CT-e autorizado, no mesmo tipo de papel utilizado para imprimir o DACTE original, caso a geração saneadora da irregularidade do CT-e tenha promovido alguma alteração no DACTE (Ajuste SINIEF 32/19);

IV - providenciar, junto ao tomador, a entrega do CT-e autorizado bem como do novo DACTE impresso nos termos do inciso III deste parágrafo, caso a geração saneadora da irregularidade do CT-e tenha promovido alguma alteração no DACTE (Ajuste SINIEF 32/19).

§ 8º O tomador deverá manter em arquivo pelo prazo decadencial estabelecido pela legislação tributária junto à via mencionada no inciso III do § 1º ou no inciso III do § 3º deste artigo, a via do DACTE recebida nos termos do inciso IV do § 7º também deste artigo (Ajuste SINIEF 32/19).

§ 9º Se decorrido o prazo limite de transmissão do CT-e, referido no § 6º deste artigo, o tomador não puder confirmar a existência da Autorização de Uso do CT-e correspondente, deverá comunicar o fato à Secretaria de Estado da Fazenda dentro do prazo de 30 (trinta) dias (Ajuste SINIEF 04/09).

§ 10. Na hipótese prevista no inciso IV do "caput" deste artigo, a Secretaria de Estado da Fazenda poderá autorizar o CT-e utilizando-se da infraestrutura tecnológica da de outra unidade federada (Ajuste SINIEF 04/09).

§ 11. Após a concessão da Autorização de Uso do CT-e, conforme disposto no § 10 deste artigo, a unidade federada cuja infraestrutura foi utilizada deverá transmitir o CT-e para o Ambiente Nacional da RFB, que disponibilizará para as UF interessadas, sem prejuízo do disposto no § 3º do art. 202-G (Ajuste SINIEF 14/12).

§ 12. O contribuinte deverá registrar a ocorrência de problema técnico, conforme definido no MOC (Ajuste SINIEF 14/12).

§ 13. Considera-se emitido o CT-e em contingência, tendo como condição resolutória a sua autorização de uso (Ajuste SINIEF 14/12):

I – na hipótese do inciso I do "caput" deste artigo, no momento da regular recepção do EPEC pela SVC;

II – na hipótese do inciso II do "caput" deste artigo, no momento da impressão do respectivo DACTE em contingência (Ajuste SINIEF 32/19).

§ 14. Em relação ao CT-e transmitido antes da contingência e pendente de retorno, o emitente deverá, após a cessação do problema (Ajuste SINIEF 04/09):

I – solicitar o cancelamento, nos termos do art. 202-M, do CT-e que retornar com Autorização de Uso e cuja prestação de serviço não se efetivara ou que for acobertada por CT-e emitido em contingência;

II – solicitar a inutilização, nos termos do art. 202-N, da numeração do CT-e que não for autorizado nem denegado.

§ 15. As seguintes informações farão parte do arquivo do CT-e (Ajuste SINIEF 13/09):

I – o motivo da entrada em contingência;

II – a data, hora com minutos e segundos do seu início;

III – identificar, dentre as alternativas do "caput", qual foi a utilizada.

§ 16. É vedada a reutilização, em contingência, de número do CT-e transmitido com tipo de emissão normal (Ajuste SINIEF 14/12).

Art. 202-L1. O Evento Prévio de Emissão em Contingência - EPEC deverá ser gerado com base em leiaute estabelecido no MOC, observadas as seguintes formalidades (Ajustes SINIEF 04/09 e 14/12):

I - o arquivo digital do EPEC deverá ser elaborado no padrão XML (Extended Markup Language);

II - a transmissão do arquivo digital do EPEC deverá ser efetuada via internet;

III - o EPEC deverá ser assinado pelo emitente com assinatura digital certificada por entidade credenciada pela Infraestrutura de Chaves Públicas Brasileira - ICP-Brasil, contendo o nº do CNPJ de qualquer dos estabelecimentos do contribuinte, a fim de garantir a autoria do documento digital.

§ 1º O arquivo do EPEC deverá conter, no mínimo, as seguintes informações:

I - identificação do emitente;

II - informações do CT-e emitido, contendo:

a) chave de acesso;

b) CNPJ ou CPF do tomador;

c) unidade federada de localização do tomador, do início e do fim da prestação;

d) valor da prestação do serviço;

e) valor do ICMS da prestação do serviço;

f) valor da carga.

§ 2º Recebida a transmissão do arquivo do EPEC, a SVC analisará:

I - o credenciamento do emitente, para emissão de CT-e;

II - a autoria da assinatura do arquivo digital do EPEC;

III - a integridade do arquivo digital do EPEC;

IV - a observância ao leiaute do arquivo estabelecido no MOC;

V - outras validações previstas no MOC.

§ 3º Do resultado da análise, a SVC cientificará o emitente:

I - da rejeição do arquivo do EPEC, em virtude de:

a) falha na recepção ou no processamento do arquivo;

b) falha no reconhecimento da autoria ou da integridade do arquivo digital;

c) emitente não credenciado para emissão do CT-e;

d) duplicidade de número do EPEC;

e) falhas no preenchimento ou no leiaute do arquivo do EPEC;

II – da regular recepção do arquivo do EPEC.

§ 4º A cientificação de que trata o § 3º deste artigo será efetuada via internet, contendo o motivo da rejeição na hipótese do inciso I ou o número do protocolo de autorização do EPEC, data, hora e minuto da sua autorização, na hipótese do inciso II.

§ 5º Presume-se emitido o CT-e referido no EPEC, quando de sua regular autorização pela SVC.

§ 6º A SVC deverá transmitir o EPEC para o Ambiente Nacional da RFB, que o disponibilizará para as UF envolvidas.

§ 7º Em caso de rejeição do arquivo digital do EPEC, o mesmo não será arquivado na SVC para consulta.

Art. 202-M. Após a concessão da Autorização de Uso do CT-e, de que trata o inciso III do art. 202-H, o emitente poderá solicitar o cancelamento do CT-e, no prazo não superior a 168 horas, desde que não tenha iniciado a prestação de serviço de transporte, observadas as demais normas da legislação pertinente (Ajuste SINIEF 14/12).

§ 1º O cancelamento somente poderá ser efetuado mediante Pedido de Cancelamento de CT-e, transmitido pelo emitente ao Fisco que autorizou o CT-e.

§ 2° Cada Pedido de Cancelamento de CT-e corresponderá a um único Conhecimento de Transporte Eletrônico, devendo atender ao leiaute estabelecido no MOC (Ajuste SINIEF 14/12).

§ 3º O Pedido de Cancelamento de CT-e deverá ser assinado pelo emitente com assinatura digital certificada por entidade credenciada pela Infraestrutura de Chaves Públicas Brasileira – ICP-Brasil, contendo o CNPJ de qualquer dos estabelecimentos do contribuinte, a fim de garantir a autoria do documento digital (Ajuste SINIEF 04/09).

§ 4° A transmissão do Pedido de Cancelamento de CT-e será efetivada via Internet, por meio de protocolo de segurança ou criptografia, podendo ser realizada por meio de software desenvolvido ou adquirido pelo contribuinte (Ajuste SINIEF 23/17).

§ 5º A cientificação do resultado do Pedido de Cancelamento de CT-e será feita mediante protocolo disponibilizado ao emitente, via Internet e autenticado por meio de assinatura digital gerada com certificação digital ou outro mecanismo de confirmação de recebimento, contendo:

I – a "chave de acesso";

II – o número do CT-e;

III – a data e a hora do recebimento da solicitação pelo Fisco;

IV – o número do protocolo.

§ 6º Caso tenha sido emitida Carta de Correção Eletrônica relativa a determinado CT-e, nos termos do art. 202-O, este não poderá ser cancelado.

§ 7º Após o Cancelamento do CT-e a administração tributária que recebeu o pedido deverá transmitir os respectivos documentos de Cancelamento de CT-e para as administrações tributárias e entidades previstas no art. 202-H1.

§ 8º A critério do Fisco poderá ser recepcionado o pedido de cancelamento de forma extemporânea.

§ 9º REVOGADO (Decreto nº 40.018/20 – Ajuste SINIEF 32/19).

§ 10. REVOGADO (Decreto nº 40.018/20 – Ajuste SINIEF 32/19).

Art. 202-N. O emitente deverá solicitar, mediante Pedido de Inutilização de Número do CT-e, até o 10º (décimo) dia do mês subsequente, a inutilização de números de CT-e não utilizados, na eventualidade de quebra de sequência da numeração do CT-e.

§ 1º O Pedido de Inutilização de Número do CT-e deverá atender ao leiaute estabelecido no MOC e ser assinado pelo emitente com assinatura digital certificada por entidade credenciada pela Infraestrutura de Chaves Públicas Brasileira – ICP-Brasil, contendo o CNPJ de qualquer dos estabelecimentos, a fim de garantir a autoria do documento digital (Ajuste SINIEF 14/12).

§ 2º A transmissão do Pedido de Inutilização de Número do CT-e, será efetivada via Internet, por meio de protocolo de segurança ou criptografia.

§ 3º A cientificação do resultado do Pedido de Inutilização de Número do CT-e será feita mediante protocolo disponibilizado ao emitente, via Internet e autenticado por meio de assinatura digital gerada com certificação digital ou outro mecanismo de confirmação de recebimento, contendo:

I – o número do CT-e;

II – a data e a hora do recebimento da solicitação pelo Fisco;

III – o número do protocolo.

§ 4º A transmissão do arquivo digital do CT-e nos termos do art. 202-E implica cancelamento de Pedido de Inutilização de Número do CT-e já cientificado do resultado que trata o § 3º deste artigo (Ajuste SINIEF 03/21).

TRIBUTÁRIO E FINANCEIRO

Art. 202-O. Após a concessão da Autorização de Uso do CT-e, de que trata o inciso III do "caput" do art. 202-H, o emitente poderá sanar erros em campos específicos do CT-e, observado o disposto no art. 58-B do Convênio SINIEF nº 06/89, por meio de Carta de Correção Eletrônica - CC-e, transmitida à Secretaria de Estado da Fazenda (Ajuste SINIEF 04/09).

§ 1º A Carta de Correção Eletrônica - CC-e deverá atender ao leiaute estabelecido no MOC e ser assinada pelo emitente com assinatura digital certificada por entidade credenciada pela Infraestrutura de Chaves Públicas Brasileira - ICP-Brasil, contendo o número do CNPJ de qualquer dos estabelecimentos do contribuinte, a fim de garantir a autoria do documento digital (Ajuste SINIEF 26/13). (OBS: Efeitos a partir de 01.02.14)

§ 2º A transmissão da CC-e será efetivada via Internet, por meio de protocolo de segurança ou criptografia.

§ 3º A cientificação da recepção da CC-e será feita mediante protocolo disponibilizado ao emitente, via Internet e autenticado por meio de assinatura digital gerada com certificação digital ou outro mecanismo de confirmação de recebimento, contendo:

I - a "chave de acesso";

II - o número do CT-e;

III - a data e a hora do recebimento da solicitação pelo Fisco;

IV - o número do protocolo.

§ 4º Havendo mais de uma CC-e para o mesmo CT-e, o emitente deverá consolidar na última todas as informações anteriormente retificadas.

§ 5º O protocolo de que trata o § 3º não implica validação das informações contidas na CC-e.

§ 6º. O arquivo eletrônico da CC-e, com a respectiva informação do registro do evento, deve ser disponibilizado pelo emitente ao tomador do serviço (Ajuste SINIEF 07/14).

§ 7º. Fica vedada a utilização da Carta de Correção em papel para sanar erros em campos específicos do CT-e (Ajuste SINIEF 07/14).

Art. 202-P. Para a anulação de valores relativos à prestação de serviço de transporte, em virtude de erro devidamente comprovado como exigido pela Secretaria de Estado da Fazenda, e desde que não descaracterize a prestação, deverá ser observado (Ajuste SINIEF 10/16):

I - na hipótese de o tomador de serviço ser contribuinte do ICMS:

a) o tomador deverá emitir documento fiscal próprio, pelos valores totais do serviço e do tributo, consignando como natureza da operação "Anulação de valor relativo à aquisição de serviço de transporte", informando o número do CT-e emitido com erro, os valores anulados e o motivo, podendo consolidar as informações de um mesmo período de apuração em um único documento fiscal, devendo a primeira via do documento ser enviada ao transportador;

b) após receber o documento referido na alínea "a", o transportador deverá emitir um CT-e substituto, referenciando o CT-e emitido com erro e consignando a expressão "Este documento substitui o CT-e número e data em virtude de (especificar o motivo do erro) ";

II – na hipótese de tomador de serviço não ser contribuinte do ICMS:

a) o tomador deverá emitir declaração mencionando o número e data de emissão do CT-e emitido com erro, bem como, o motivo do erro, podendo consolidar as informações de um mesmo período de apuração em uma ou mais declarações;

b) após receber o documento referido na alínea "a", o transportador deverá emitir um CT-e de anulação para cada CT-e emitido com erro, referenciando-o, adotando os mesmos valores totais do serviço e do tributo, consignando como natureza da operação "Anulação de valor relativo à prestação de serviço de transporte", informando o número do CT-e emitido com erro e o motivo;

c) após emitir o documento referido na alínea "b", o transportador deverá emitir um CT-e substituto, referenciando o CT-e emitido com erro e consignando a expressão "Este documento substitui o CT-e número e data em virtude de (especificar o motivo do erro) ";

III – alternativamente às hipóteses previstas nos incisos I e II poderá ser utilizado o seguinte procedimento (Ajuste SINIEF 10/16):

a) o tomador registrará o evento XV do § 1º do art. 202-Q1;

b) após o registro do evento referido na alínea "a" deste inciso, o transportador emitirá um CT-e de anulação para cada CT-e emitido com erro, referenciando-o, adotando os mesmos valores totais do serviço e do tributo, consignando como natureza da operação "Anulação de valor relativo à prestação de serviço de transporte", informando o número do CT-e emitido com erro e o motivo;

c) após a emissão do documento referido na alínea "b" deste inciso, o transportador emitirá um CT-e substituto, referenciando o CT-e emitido com erro e consignando a expressão "Este documento substitui o CT-e número e data em virtude de (especificar o motivo do erro) ".

§ 1º O transportador poderá utilizar-se do eventual crédito decorrente do procedimento previsto neste artigo somente após a emissão do CT-e substituto, observada a legislação.

§ 2º Na hipótese em que a legislação vedar o destaque do imposto pelo tomador contribuinte do ICMS, deverá ser adotado o procedimento previsto no inciso II do caput, substituindo-se a declaração prevista na alínea "a" por documento fiscal emitido pelo tomador que deverá indicar, no campo "Informações Adicionais", a base de cálculo, o imposto destacado e o número do CT-e emitido com erro.

§ 3º O disposto neste artigo não se aplica nas hipóteses de erro passível de correção mediante carta de correção ou emissão de documento fiscal complementar.

§ 4º Para cada CT-e emitido com erro somente é possível a emissão de um CT-e de anulação e um substituto, que não poderão ser cancelados.

§ 5º O prazo para autorização do CT-e de anulação, assim como o respectivo CT-e de Substituição, será de 60 (sessenta) dias contados da data da autorização de uso do CT-e a ser corrigido (Ajuste SINIEF 10/16).

§ 6º O prazo para emissão do documento de anulação de valores ou do registro de um dos eventos citados no inciso III alínea "a" será de 45 (quarenta e cinco) dias contados da data da autorização de uso do CT-e a ser corrigido (Ajuste SINIEF 10/16).

§ 7º O tomador do serviço não contribuinte, alternativamente à declaração mencionada no inciso II alínea "a", poderá registrar o evento relacionado no inciso III alínea "a" (Ajuste SINIEF 10/16).

Art. 202-P1. Para a alteração de tomador de serviço informado indevidamente no CT-e, em virtude de erro devidamente comprovado como exigido em cada unidade federada, deverá ser observado (Ajuste SINIEF 08/17): (OBS: efeitos a partir de 01.11.17)

I – o tomador indicado no CT-e original deverá registrar o evento XV do § 1º do art. 202-Q1;

II – após o registro do evento referido no inciso I, o transportador deverá emitir um CT-e de anulação para cada CT-e emitido com erro, referenciando-o, adotando os mesmos valores totais do serviço e do tributo, consignando como natureza da operação "Anulação de valor relativo à prestação de serviço de transporte", informando o número do CT-e emitido com erro e o motivo;

III – após a emissão do documento referido no inciso II, o transportador deverá emitir um CT-e substituto, referenciando o CT-e emitido com erro e consignando a expressão "Este documento substitui o CT-e "número" de "data" em virtude de tomador informado erroneamente".

§ 1º O transportador poderá utilizar-se do eventual crédito decorrente do procedimento previsto neste artigo somente após a emissão do CT-e substituto, observada a legislação do Estado.

§ 2º O disposto neste artigo não se aplica nas hipóteses de erro passível de correção mediante carta de correção ou emissão de documento fiscal complementar.

§ 3º Para cada CT-e emitido com erro somente é possível a emissão de um CT-e de anulação e um substituto, que não poderão ser cancelados.

§ 4º O prazo para registro do evento citado no inciso I do "caput" deste artigo será de quarenta e cinco dias contados da data da autorização de uso do CT-e a ser corrigido.

§ 5º O prazo para autorização do CT-e substituto e do CT-e de Anulação será de sessenta dias contados da data da autorização de uso do CT-e a ser corrigido.

§ 6º O tomador do serviço do CT-e de substituição poderá ser diverso do consignado no CT-e original, desde que o estabelecimento tenha sido referenciado anteriormente como remetente, destinatário, expedidor ou recebedor.

§ 7º Além do disposto no § 6º, o tomador do serviço do CT-e de substituição poderá ser um estabelecimento diverso do anteriormente indicado, desde que pertencente a alguma das empresas originalmente consignadas como remetente, destinatário, tomador, expedidor ou recebedor no CT-e original, e desde que localizado na mesma UF do tomador original.

Art. 202-Q. A Secretaria de Estado da Fazenda disponibilizará consulta aos CT-e por ela autorizados em site, na Internet, pelo prazo mínimo de 180 (cento e oitenta) dias.

§ 1º Após o prazo previsto no caput, a consulta poderá ser substituída pela prestação de informações parciais que identifiquem o CT-e (número, data de emissão, CNPJ do emitente e do tomador, valor e sua situação), que ficarão disponíveis pelo prazo decadencial.

§ 2º A consulta prevista no caput, poderá ser efetuada pelo interessado, mediante informação da "chave de acesso" do CT-e.

§ 3º A consulta prevista no caput poderá ser efetuada também, subsidiariamente, no ambiente nacional disponibilizado pela Receita Federal do Brasil.

§ 4º A disponibilização completa dos campos exibidos na consulta de que trata o "caput" deste artigo será por meio de acesso restrito e vinculada à relação do consulente com a operação descrita no CT-e consultado, nos termos do MOC (Ajuste SINIEF 17/18).

§ 5º A relação do consulente com a operação descrita no CT-e consultado a que se refere o § 4º deste artigo deve ser identificada por meio de certificado digital ou de acesso identificado do consulente ao portal da Secretaria de Estado da Fazenda ou ao ambiente nacional disponibilizado pela Receita Federal do Brasil (Ajuste SINIEF 17/18).

§ 6º As restrições previstas nos §§ 4º e 5º deste artigo não se aplicam nas prestações de serviço de transporte (Ajuste SINIEF 03/21):

I – que tenham como emitente ou destinatário a União, Estados, Distrito Federal e Municípios, bem como suas fundações e autarquias, quando as consultas forem realizadas no Portal Nacional do CT-e;

II – em que o tomador do serviço for pessoa física ou pessoa jurídica não contribuinte do ICMS.

Art. 202-Q1. A ocorrência de fatos relacionados com um CT-e denomina-se "Evento do CT-e" (Ajuste SINIEF 28/13).

§ 1º Os eventos relacionados a um CT-e são:

I – Cancelamento, conforme disposto no art. 202-M;

II – Carta de Correção Eletrônica, conforme disposto no art. 202-O;

III – EPEC, conforme disposto no art. 202-L1;

IV – Registros do Multimodal, registro de ocorrências relacionadas à prestação multimodal (Ajuste SINIEF 10/16);

V – MDF-e autorizado, registro de que o CT-e consta em um MDF-e (Ajuste SINIEF 10/16);

VI – MDF-e cancelado, registro de que houve o cancelamento de um MDF-e que relaciona o CT-e (Ajuste SINIEF 10/16);

VII – Registro de Passagem, registro da passagem de um CT-e gerado a partir do registro de passagem do MDF-e que relaciona o CT-e (Ajuste SINIEF 10/16);

VIII – Cancelamento do Registro de Passagem, registra o cancelamento pelo Fisco do registro de passagem de um MDF-e propagado no CT-e (Ajuste SINIEF 10/16);

IX – Registro de Passagem Automático, registra a passagem de um CT-e relacionado em um MDF-e capturado por um sistema automatizado de registro de passagem (Ajuste SINIEF 10/16);

X – Autorizado CT-e Complementar, registro de que o CT-e foi referenciado em um CT-e complementar (Ajuste SINIEF 10/16);

XI – Cancelado CT-e Complementar, registro de que houve o cancelamento de um CT-e complementar que referência o CT-e original (Ajuste SINIEF 10/16);

XII – Autorizado CT-e de Substituição, registro de que este CT-e foi referenciado em um CT-e de substituição (Ajuste SINIEF 10/16);

XIII – Autorizado CT-e de Anulação, registro de que este CT-e foi referenciado em um CT-e de anulação (Ajuste SINIEF 10/16);

XIV - Autorizado CT-e com serviço vinculado ao multimodal, registro de que o CT-e foi referenciado em um CT-e vinculado ao multimodal (Ajuste SINIEF 10/16);

XV - Prestação de serviço em desacordo com o informado no CT-e, manifestação do tomador de serviço declarando que a prestação descrita do CT-e não foi descrita conforme acordado (Ajuste SINIEF 10/16);

XVI - Manifestação do Fisco, registro realizado pela autoridade fiscal com referência ao conteúdo ou à situação do CT-e (Ajuste SINIEF 10/16);

XVII - REVOGADO (Decreto nº 40.018/20 - Ajuste SINIEF 32/19);

XVIII - Autorizado Redespacho, registro de que um CT-e de redespacho foi referenciado em um CT-e com tipo de serviço normal (Ajuste SINIEF 10/16);

XIX - Autorizado Redespacho Intermediário, registro de que um CT-e de redespacho intermediário foi referenciado em um CT-e com tipo de serviço normal (Ajuste SINIEF 10/16);

XX - Autorizado Subcontratação, registro de que um CT-e de subcontratação foi referenciado em um CT-e com tipo de serviço normal (Ajuste SINIEF 10/16);

XXI - Comprovante de Entrega do CT-e, registro de entrega da mercadoria, pelo transportador, mediante a captura eletrônica de informações relacionadas com a confirmação da entrega da carga (Ajuste SINIEF 12/19);

XXII - Cancelamento do Comprovante de Entrega do CT-e, registro de que houve o cancelamento do registro de entrega da mercadoria pelo transportador (Ajuste SINIEF 12/19).

§ 2º Os eventos serão registrados:

I - pelas pessoas estabelecidas pelo art. 202-Q2, envolvidas ou relacionadas com a operação descrita no CT-e, conforme leiaute e procedimentos estabelecidos no Manual de Orientação do Contribuinte;

II- por órgãos da Administração Pública direta ou indireta, conforme leiaute e procedimentos estabelecidos no Manual de Orientação do Contribuinte.

§ 3º A Administração Tributária responsável pelo recebimento do registro do evento deverá transmiti-lo para o Ambiente Nacional do CT-e, a partir do qual será distribuído para os destinatários especificados no art. 202-H1.

§ 4º Os eventos serão exibidos na consulta definido no art. 202-Q deste Regulamento, conjuntamente com o CT-e a que se referem (Ajuste SINIEF 28/13).

Art. 202-Q2. O registro dos eventos deve ser realizado (Ajuste SINIEF 10/16
I - pelo emitente do CT-e, modelo 57:

a) Carta de Correção Eletrônica;

b) Cancelamento;

c) EPEC;

d) Registros do Multimodal;

e) Comprovante de Entrega do CT-e (Ajuste SINIEF 12/19);

f) Cancelamento do Comprovante de Entrega do CT-e (Ajuste SINIEF 12/19);

II – REVOGADO (Decreto nº 40.018/20 0 Ajuste SINIEF 32/19);

III – pelo tomador do serviço do CT-e, modelo 57, o evento "prestação de serviço em desacordo com o informado no CT-e" (Ajuste SINIEF 32/19).

Parágrafo único. A administração tributária pode registrar os eventos previstos nos incisos V a XIV, XVI e XVIII a XX do § 1º do art. 202-Q1.

Art. 202-R. REVOGADO (Decreto nº 33.722/13);

Art. 202-S. A Secretaria de Estado da Fazenda disponibilizará, às empresas autorizadas à sua emissão, consulta eletrônica referente à situação cadastral dos contribuintes do ICMS do Estado, conforme padrão estabelecido no MOC (Ajuste SINIEF 26/13).

Art. 202-S1. A administração tributária autorizadora de CT-e poderá suspender ou bloquear o acesso ao seu ambiente autorizador ao contribuinte que praticar, mesmo que de maneira não intencional, o consumo de tal ambiente em desacordo com os padrões estabelecidos no MOC (Ajustes SINIEF 42/20).

§ 1º A suspensão ou bloqueio, que tem por objetivo preservar o bom desempenho do ambiente autorizador de CT-e, aplica-se aos diversos serviços disponibilizados aos contribuintes, impossibilitando seu uso, conforme especificado no MOC.

§ 2º Na hipótese de suspensão, uma vez decorrido seu prazo, o acesso ao ambiente autorizador será restabelecido automaticamente.

§ 3º A aplicação reiterada de suspensões, conforme especificado no MOC, poderá determinar o bloqueio do acesso do contribuinte ao ambiente autorizador.

§ 4º O restabelecimento do acesso aos ambientes autorizadores ao contribuinte que tenha sofrido o bloqueio dependerá de liberação realizada pela Secretaria de Estado da Fazenda – SEFAZ-PB.

Art. 202-T. Aplicam-se ao CT-e, no que couber, as normas do Convênio SINIEF 06/89, de 21 de fevereiro de 1989 e demais disposições tributarias regentes relativas a cada modal.

§ 1º Os CT-e cancelados, denegados e os números inutilizados, exceto os correspondentes a inutilizações canceladas nos termos do § 4º do art. 202-N, devem ser escriturados, sem valores monetários, de acordo com a legislação tributária vigente (Ajuste SINIEF 03/21).

§ 2º Os contribuintes do ICMS, em substituição aos documentos citados no art. 202, ficam obrigados ao uso do CT-e, nos termos do § 3º, a partir das seguintes datas (Ajuste SINIEF 18/11):

I - 1º de dezembro de 2012, para os contribuintes do modal (Ajuste SINIEF 08/12):

a) rodoviário relacionados no Anexo 116;

b) dutoviário;

c) REVOGADA (Decreto nº 33.722/13);

d) ferroviário;

II - REVOGADO; (Ajuste SINIEF 08/12);

III - 1º de março de 2013, para os contribuintes do modal aquaviário;

IV - 1º de agosto de 2013, para os contribuintes do modal rodoviário, não optantes pelo regime do Simples Nacional (Ajuste SINIEF 14/12);

V- 1º de dezembro de 2013, para os contribuintes:

a) do modal rodoviário, optantes pelo regime do Simples Nacional;

b) REVOGADA (Decreto nº 33.722/13);

VI - 1º de fevereiro de 2013, para os contribuintes do modal aéreo (Ajuste SINIEF 21/12);

VII - 3 de novembro de 2014, para os contribuintes do Transporte Multimodal de Carga (Ajuste SINIEF 26/13);

VIII - REVOGADO (Decreto nº 40.018/20 - Ajuste SINIEF 32/19).

§ 3º Ficam mantidas as obrigatoriedades estabelecidas por este Estado em datas anteriores a 31 de dezembro de 2011 (Ajuste SINIEF 18/11).

§ 4º O disposto nos §§ 2º e 3º deste artigo não se aplica ao Microempreendedor Individual - MEI, de que trata o art.18-A da Lei Complementar nº 123, de 14 de dezembro de 2006 (Ajuste SINIEF 14/12).

§ 5º Fica vedada ao modal ferroviário a emissão do Despacho de Carga conforme Ajuste SINIEF 19/89, de 22 de agosto de 1989, a partir da obrigatoriedade de que trata o inciso I do "caput" do § 2º deste artigo (Ajuste SINIEF 14/12).

§ 6º Ficam convalidadas a emissão e a utilização, no período de 1º de dezembro de 2012, até o início de vigência deste Decreto, do Conhecimento Aéreo, modelo 10, Anexo 53, para acobertar prestações de serviços desse modal, desde que atendidas as demais normas previstas na legislação pertinente (Ajuste SINIEF 21/12).

Art. 202-T1. Os CT-e que, nos termos do inciso II do § 3º do art. 166-D, forem diferenciados somente pelo ambiente de autorização, deverão ser regularmente escriturados nos termos da legislação vigente, acrescentando-se informação explicando as razões para essa ocorrência.

Art. 202-U. Em relação ao DACTE e ao CT-e, aplicam-se, no que couber, as normas previstas para os demais documentos fiscais.

Subseção I-B
DO CONHECIMENTO DE TRANSPORTE ELETRÔNICO PARA OUTROS SERVIÇOS E DO DOCUMENTO AUXILIAR DO CT-E OUTROS SERVIÇOS

Art. 202-V. O Conhecimento de Transporte Eletrônico para Outros Serviços – CT-e OS, modelo 67, deverá ser emitido pelos contribuintes do Imposto sobre Operações Relativas à Circulação de Mercadorias e sobre a Prestação de Serviços de Transporte Interestadual e Intermunicipal e de Comunicação – ICMS, em substituição à Nota Fiscal de Serviço de Transporte, modelo 7 (Ajuste SINIEF 36/19):

I – por agência de viagem ou por transportador, sempre que executar, em veículo próprio ou afretado, serviço de transporte intermunicipal, interestadual ou internacional, de pessoas;

II – por transportador de valores para englobar, em relação a cada tomador de serviço, as prestações realizadas, desde que dentro do período de apuração do imposto;

III – por transportador de passageiro para englobar, no final do período de apuração do imposto, os documentos de excesso de bagagem emitidos durante o mês.

§ 1º Considera-se CT-e OS o documento emitido e armazenado eletronicamente, de existência apenas digital, com o intuito de documentar prestações de serviço de transporte, elencadas nos incisos I a III do "caput" deste artigo, cuja validade jurídica é garantida pela assinatura digital do emitente e pela autorização de uso de que trata o inciso III do art. 202-V6 deste Regulamento.

§ 2º A obrigatoriedade da utilização do CT-e OS é fixada por esta Subseção, nos termos do disposto no art. 202-V23 deste Regulamento.

§ 3º Para fixação da obrigatoriedade de que trata o § 2º deste artigo, a Secretaria de Estado da Fazenda poderá utilizar critérios relacionados à receita de vendas e serviços dos contribuintes, atividade econômica ou natureza da operação por eles exercida.

§ 4º A obrigatoriedade de uso do CT-e OS aplica-se a todas as prestações efetuadas por todos os estabelecimentos dos contribuintes, ficando vedada a emissão da Nota Fiscal de Serviço de Transporte, modelo 7.

§ 5º Nos casos em que a emissão do CT-e OS for obrigatória, o tomador do serviço deverá exigir sua emissão, vedada a aceitação de qualquer outro documento em sua substituição.

§ 6º O disposto nesta Subseção não se aplica ao Microempreendedor Individual (MEI), de que trata o art.18-A da Lei Complementar nº 123, de 14 de dezembro de 2006.

Art. 202-V1. Ato COTEPE/ICMS publicará o Manual de Orientação do Contribuinte do CT- e (MOC-CT-e), disciplinando a definição das especificações e critérios técnicos necessários para a integração entre os Portais das Secretarias de Fazendas, Finanças, Tributação e Economia dos Estados e os sistemas de informações das empresas emissoras de CT-e OS.

Parágrafo único. Nota técnica publicada no Portal Nacional do CT-e poderá esclarecer questões referentes ao MOC-CT-e.

Art. 202-V2. Para emissão do CT-e OS, o contribuinte deverá solicitar, previamente, seu credenciamento na Secretaria de Estado da Fazenda.

§ 1º O contribuinte credenciado para emissão de CT-e OS deverá observar, no que couber, as disposições relativas à emissão de documentos fiscais por sistema eletrônico de processamento de dados, constantes do Convênio ICMS 57/95 e do Convênio ICMS 58/95, ambos de 28 de junho de 1995, e legislação superveniente.

§ 2º É vedada a emissão da Nota Fiscal de Serviço de Transporte, modelo 7, por contribuinte credenciado à emissão de CT-e OS.

Art. 202-V3. O CT-e OS deverá ser emitido com base em leiaute estabelecido no MOC- CT-e, por meio de software desenvolvido ou adquirido pelo contribuinte.

§ 1º O arquivo digital do CT-e OS deverá:

I – ser identificado por chave de acesso composta por código numérico gerado pelo emitente, CNPJ do emitente, número e série do CT-e OS;

II – ser elaborado no padrão XML (Extended Markup Language);

III – possuir numeração sequencial de 1 a 999.999.999, por estabelecimento e por série, devendo ser reiniciada quando atingido esse limite;

IV – ser assinado digitalmente pelo emitente.

§ 2º Para a assinatura digital deverá ser utilizado certificado digital emitido dentro da cadeia de certificação da Infraestrutura de Chaves Públicas Brasileira – ICP-Brasil, que contenha o CNPJ de qualquer dos estabelecimentos do contribuinte, a fim de garantir a autoria do documento digital.

§ 3º O contribuinte poderá adotar séries distintas para a emissão do CT-e OS, designadas por algarismos arábicos, em ordem crescente, vedada a utilização de subsérie, observado o disposto no MOC-CT-e.

§ 4º Quando o transportador efetuar prestação de serviço de transporte iniciada em unidade federada diversa daquela em que possui credenciamento para a emissão do CT-e OS, deverá utilizar séries distintas, observado o disposto no § 2º do art. 202-V4 deste Regulamento.

§ 5º A partir de 1º de janeiro de 2022, deve ser indicado no CT-e OS o Código de Regime Tributário – CRT- de que trata o Anexo 121 deste Regulamento.

Art. 202-V4. O contribuinte credenciado deverá solicitar a concessão de Autorização de Uso do CT-e OS mediante transmissão do arquivo digital do CT-e OS via internet, por meio de protocolo de segurança ou criptografia, com utilização de software desenvolvido ou adquirido pelo contribuinte.

§ 1º Quando o transportador estiver credenciado para emissão de CT-e OS na unidade federada em que tiver início a prestação do serviço de transporte, a solicitação de autorização de uso deverá ser transmitida à administração tributária desta unidade federada.

§ 2º Quando o transportador não estiver credenciado para emissão do CT-e OS na unidade federada em que tiver início a prestação do serviço de transporte, a solicitação de autorização de uso deverá ser transmitida à administração tributária em que estiver credenciado.

Art. 202-V5. Previamente à concessão da Autorização de Uso do CT-e OS, a Secretaria de Estado da Fazenda analisará, no mínimo, os seguintes elementos:

I – a regularidade fiscal do emitente;

II – o credenciamento do emitente;

III – a autoria da assinatura do arquivo digital;

IV – a integridade do arquivo digital;

V – a observância ao leiaute do arquivo estabelecido no MOC-CT-e;

VI – a numeração e série do documento.

§ 1º A Secretaria de Estado da Fazenda poderá, mediante protocolo, estabelecer que a autorização de uso será concedida pela mesma, mediante a utilização da infraestrutura tecnológica de outra unidade federada.

§ 2º A Secretaria de Estado da Fazenda poderá, mediante protocolo, estabelecer que a autorização de uso na condição de contingência prevista no inciso II do art. 202-V11 deste Regulamento será concedida pela mesma, mediante a utilização da infraestrutura tecnológica de outra unidade federada.

§ 3º Nas situações constantes dos §§ 1º e 2º deste artigo, caso a Secretaria de Estado da Fazenda autorize o uso do CT-e OS deverá observar as disposições constantes desta Subseção estabelecidas para a administração tributária da unidade federada do contribuinte emitente.

Art. 202-V6. Do resultado da análise referida no art. 202-V5 deste Regulamento, a Secretaria de Estado da Fazenda cientificará o emitente:

I – da rejeição do arquivo do CT-e OS, em virtude de:

a) falha na recepção ou no processamento do arquivo;

b) falha no reconhecimento da autoria ou da integridade do arquivo digital;

c) emitente não credenciado para emissão do CT-e OS;

d) duplicidade de número do CT-e OS;

e) falha na leitura do número do CT-e OS;

f) erro no número do CNPJ, do CPF ou da IE;

g) outras falhas no preenchimento ou no leiaute do arquivo do CT-e OS;

II – da denegação da Autorização de Uso do CT-e OS, em virtude de irregularidade fiscal do emitente do CT-e OS;

III – da concessão da Autorização de Uso do CT-e OS.

§ 1º Após a concessão da Autorização de Uso do CT-e OS, o arquivo do CT-e OS não poderá ser alterado.

§ 2º A cientificação de que trata o "caput" deste artigo será efetuada mediante protocolo disponibilizado ao emitente ou a terceiro autorizado pelo emitente, via internet, contendo, conforme o caso, a "chave de acesso", o número do CT-e OS, a data e a hora do recebimento da solicitação pela Secretaria de Estado da Fazenda e o número do protocolo, podendo ser autenticado mediante assinatura digital gerada com certificação digital da Secretaria de Estado da Fazenda ou outro mecanismo de confirmação de recebimento.

§ 3º Não sendo concedida a Autorização de Uso, o protocolo de que trata o § 2º deste artigo conterá informações que justifiquem o motivo, de forma clara e precisa.

§ 4º Rejeitado o arquivo digital, o mesmo não será arquivado no Fisco para consulta, sendo permitida, ao interessado, nova transmissão do arquivo do CT-e OS nas hipóteses das alíneas "a", "b", "e" ou "f" do inciso I do "caput" deste artigo.

§ 5º Denegada a Autorização de Uso do CT-e OS, o arquivo digital transmitido ficará arquivado no Fisco para consulta, identificado como "Denegada a Autorização de Uso".

§ 6º No caso do § 5º deste artigo, não será possível sanar a irregularidade e solicitar nova Autorização de Uso do CT-e OS que contenha a mesma numeração.

§ 7º A concessão da Autorização de Uso do CT-e OS:

I – é resultado da aplicação de regras formais especificadas no MOC-CT-e e não implica a convalidação das informações tributárias contidas no CT-e OS;

II – identifica de forma única um CT-e OS através do conjunto de informações formado por CNPJ do emitente, número, série e ambiente de autorização.

§ 8º O emitente do CT-e OS deverá encaminhar ou disponibilizar o arquivo eletrônico do CT-e OS e seu respectivo protocolo de autorização ao tomador do serviço, observado leiaute e padrões técnicos definidos no MOC-CT-e.

§ 9º Para os efeitos do inciso II do "caput" deste artigo, considera-se irregular a situação do contribuinte que, nos termos da legislação estadual, estiver impedido de praticar operações ou prestações na condição de contribuinte do ICMS.

Art. 202-V7. Concedida a Autorização de Uso do CT-e OS, a Secretaria de Estado da Fazenda adotará os procedimentos cabíveis e o que determina a cláusula oitava do Ajuste SINIEF 36/19.

Art. 202-V8. O arquivo digital do CT-e OS só poderá ser utilizado como documento fiscal, após ter seu uso autorizado por meio de Autorização de Uso do CT-e OS, nos termos do inciso III do art. 202- V6 deste Regulamento.

§ 1º Ainda que formalmente regular, será considerado documento fiscal inidôneo o CT-e OS que tiver sido emitido ou utilizado com dolo, fraude, simulação ou erro, que possibilite, mesmo que a terceiro, o não-pagamento do imposto ou qualquer outra vantagem indevida.

§ 2º Para os efeitos fiscais, os vícios de que trata o § 1º deste artigo atingem também o respectivo DACTE OS, impresso nos termos deste Regulamento, que também será considerado documento fiscal inidôneo.

Art. 202-V9. É obrigatório o uso do Documento Auxiliar do CT-e Outros Serviços – DACTE OS – conforme leiaute estabelecido no MOC-CT-e, para acompanhar o veículo durante a prestação do serviço de transporte na situação prevista no inciso I do art. 202-V deste Regulamento ou para facilitar a consulta do CT-e OS, prevista no art. 202-V16 deste Regulamento (Ajuste SINIEF 36/19).

§ 1º O DACTE OS:

I – deverá ter formato mínimo A5 (210 x 148 mm) e máximo ofício 2 (230 x 330 mm), impresso em papel, exceto papel jornal, e possuir títulos e informações dos campos grafados de modo que seus dizeres e indicações estejam legíveis;

II – conterá código de barras, conforme padrão estabelecido no MOC-CT-e;

III – poderá conter outros elementos gráficos, desde que não prejudiquem a leitura do seu conteúdo ou do código de barras por leitor óptico;

IV – será utilizado para acompanhar a prestação do serviço durante o transporte somente após a concessão da Autorização de Uso do CT-e OS, de que trata o inciso III do art. 202-V6 deste Regulamento, ou na hipótese prevista no art. 202-V11 deste Regulamento.

§ 2º Quando o tomador do serviço de transporte não for credenciado para emitir documentos fiscais eletrônicos, a escrituração do CT-e OS poderá ser efetuada com base nas informações contidas no DACTE OS, observado o disposto no art. 202-V10 deste Regulamento.

§ 3º Quando a legislação tributária previr a utilização de vias adicionais para os documentos previstos nos incisos do art. 202-V, o contribuinte que utilizar o CT-e OS deverá imprimir o DACTE OS com o número de cópias necessárias para cumprir a respectiva norma, sendo todas consideradas originais.

§ 4º As alterações de leiaute do DACTE OS permitidas são as previstas no MOC-CT-e.

§ 5º Quando da impressão em formato inferior ao tamanho do papel, o DACTE OS deverá ser delimitado por uma borda.

§ 6º É permitida a impressão, fora do DACTE OS, de informações complementares de interesse do emitente e não existentes em seu leiaute.

Art. 202-V10. O transportador e o tomador do serviço de transporte deverão manter em arquivo digital os CT-e OS pelo prazo estabelecido na legislação tributária para a guarda dos documentos fiscais, devendo ser apresentados à administração tributária, quando solicitado.

§ 1º O tomador do serviço deverá, antes do aproveitamento de eventual crédito do imposto, verificar a validade e autenticidade do CT-e OS e a existência de Autorização de Uso do CT-e OS, conforme disposto no art. 202-V16 deste Regulamento.

§ 2º Quando o tomador for contribuinte não credenciado à emissão de documentos fiscais eletrônicos poderá, alternativamente ao disposto no "caput" deste artigo, manter em arquivo o DACTE OS relativo ao CT-e OS da prestação.

Art. 202-V11. Quando em decorrência de problemas técnicos não for possível transmitir o CT-e OS para a unidade federada do emitente, ou obter resposta à

TRIBUTÁRIO E FINANCEIRO

solicitação de Autorização de Uso do CT- e OS, o contribuinte deverá gerar novo arquivo, conforme definido no MOC-CT-e, informando que o respectivo CT-e OS foi emitido em contingência e adotar uma das seguintes medidas:

I – imprimir o DACTE em Formulário de Segurança – Documento Auxiliar – FS-DA, observado o disposto neste Regulamento;

II – transmitir o CT-e OS para o Sistema de Sefaz Virtual de Contingência – SVC, nos termos dos arts. 202-V4, 202-V5 e 202-V6 deste Regulamento.

§ 1º Na hipótese do inciso I do "caput" deste artigo, o FS-DA deverá ser utilizado para impressão de, no mínimo, duas vias do DACTE OS, constando no corpo a expressão "DACTE OS em Contingência – impresso em decorrência de problemas técnicos", tendo a seguinte destinação:

I – acompanhar o veículo durante a prestação do serviço;

II – ser mantida em arquivo pelo emitente pelo prazo estabelecido na legislação tributária para a guarda dos documentos fiscais;

III – ser mantida em arquivo pelo tomador pelo prazo estabelecido na legislação tributária para a guarda de documentos fiscais.

§ 2º Nas hipóteses dos incisos I, II e III do "caput" deste artigo, fica dispensada a impressão da 3ª via caso o tomador do serviço seja o destinatário, devendo o tomador manter a via que acompanhou o trânsito.

§ 3º Na hipótese do inciso I do "caput" deste artigo, fica dispensado o uso do FS-DA para a impressão de vias adicionais do DACTE OS.

§ 4º Na hipótese do inciso I do "caput" deste artigo, imediatamente após a cessação dos problemas técnicos que impediram a transmissão ou recepção do retorno da autorização do CT-e OS, e até o prazo limite definido no MOC-CT-e, contado a partir da emissão do CT-e OS de que trata o § 11 deste artigo, o emitente deverá transmitir à administração tributária de sua vinculação os CT-e OS gerados em contingência.

§ 5º Se o CT-e OS transmitido nos termos do § 4º deste artigo vier a ser rejeitado pela Secretaria de Estado da Fazenda, o contribuinte deverá:

I – gerar novamente o arquivo com a mesma numeração e série, sanando a irregularidade desde que não se altere:

a) as variáveis que determinam o valor do imposto tais como: base de cálculo, alíquota, diferença de preço, quantidade, valor da prestação;

b) a correção de dados cadastrais que implique mudança do emitente ou tomador;

c) a data de emissão ou de saída;

II – solicitar Autorização de Uso do CT-e OS;

III – imprimir o DACTE OS correspondente ao CT-e OS autorizado, no mesmo tipo de papel utilizado para imprimir o DACTE OS original, caso a geração saneadora da irregularidade do CT-e OS tenha promovido alguma alteração no DACTE OS;

IV – providenciar, junto ao tomador, a entrega do CT-e OS autorizado bem como do novo DACTE OS impresso nos termos do inciso III deste parágrafo, caso a geração saneadora da irregularidade do CT-e OS tenha promovido alguma alteração no DACTE OS.

§ 6º O tomador deverá manter em arquivo, pelo prazo decadencial estabelecido pela legislação tributária, junto à via mencionada no inciso III do § 1º deste artigo, a via do DACTE OS recebidos nos termos do inciso IV do § 5º deste artigo.

§ 7º Se decorrido o prazo limite de transmissão do CT-e OS, referido no § 4º deste artigo, o tomador não puder confirmar a existência da Autorização de Uso do CT-e OS correspondente, deverá comunicar o fato à Secretaria de Estado da Fazenda dentro do prazo de 30 (trinta) dias.

§ 8º Na hipótese prevista no inciso II do "caput" deste artigo, a administração tributária da unidade federada do emitente poderá autorizar o CT-e OS utilizando-se da infraestrutura tecnológica de outra unidade federada.

§ 9º Após a concessão da Autorização de Uso do CT-e OS, conforme disposto no § 8º deste artigo, a unidade federada cuja infraestrutura foi utilizada deverá disponibilizar o CT-e OS para o Ambiente Nacional da RFB ou para a SVRS, que disponibilizará para as UF interessadas, sem prejuízo do disposto no § 3º do art. 202-V5 deste Regulamento.

§ 10. O contribuinte deverá registrar a ocorrência de problema técnico, conforme definido no MOC-CT-e.

§ 11. Na hipótese do inciso I do "caput" deste artigo, considera-se emitido o CT-e OS em contingência no momento da impressão do respectivo DACTE OS em contingência, tendo como condição resolutória a sua autorização de uso.

§ 12. Em relação ao CT-e OS transmitido antes da contingência e pendente de retorno, o emitente deverá, após a cessação do problema:

I – solicitar o cancelamento, nos termos do art. 202-V12 deste Regulamento, do CT-e OS que retornar com Autorização de Uso e cuja prestação de serviço não se efetivaram ou que for acobertada por CT-e OS emitido em contingência;

II – solicitar a inutilização, nos termos do art. 202-V13 deste Regulamento, da numeração do CT-e OS que não for autorizado nem denegado.

§ 13. As seguintes informações farão parte do arquivo do CT-e OS:

I – o motivo da entrada em contingência;

II – a data, hora com minutos e segundos do seu início;

III – a identificação, dentre as alternativas do "caput" deste artigo, de qual foi a utilizada.

§ 14. É vedada a reutilização, em contingência, de número do CT-e OS transmitido com tipo de emissão normal.

Art. 202-V12. Após a concessão de Autorização de Uso do CT-e OS, de que trata o inciso III do art. 202-V6 deste Regulamento, o emitente poderá solicitar o cancelamento do CT-e OS, no prazo não superior a 168 (cento e sessenta e oito) horas, observadas as demais normas da legislação pertinente.

§ 1º Na hipótese do inciso I do art. 202-V deste Regulamento, o cancelamento do CT-e OS só poderá ocorrer caso não tenha sido iniciada a prestação do serviço de transporte.

§ 2º O cancelamento somente poderá ser efetuado mediante Pedido de Cancelamento de CT-e OS, transmitido pelo emitente à administração tributária que o autorizou.

§ 3º Cada Pedido de Cancelamento de CT-e OS corresponderá a um único Conhecimento de Transporte Eletrônico para Outros Serviços, devendo atender ao leiaute estabelecido no MOC-CT-e.

§ 4º O Pedido de Cancelamento de CT-e OS deverá ser assinado pelo emitente com assinatura digital certificada por entidade credenciada pela Infraestrutura de Chaves Públicas Brasileira – ICP- Brasil, contendo o CNPJ de qualquer dos estabelecimentos do contribuinte, a fim de garantir a autoria do documento digital.

§ 5º A transmissão do Pedido de Cancelamento de CT-e OS será efetivada via Internet, por meio de protocolo de segurança ou criptografia, podendo ser realizada por meio de software desenvolvido ou adquirido pelo contribuinte.

§ 6º A cientificação do resultado do Pedido de Cancelamento de CT-e OS será feita mediante protocolo disponibilizado ao emitente, via Internet, contendo, conforme o caso, a chave de acesso, o número do CT-e OS, a data e a hora do recebimento da solicitação pela administração tributária da unidade federada do contribuinte e o número do protocolo, podendo ser autenticado mediante assinatura digital gerada com certificação digital da administração tributária ou outro mecanismo de confirmação de recebimento.

§ 7º Após o cancelamento do CT-e OS, a administração tributária que recebeu o pedido deverá transmitir os respectivos documentos de cancelamento de CT-e OS para as administrações tributárias e entidades previstas no art. 202-V7 deste Regulamento.

§ 8º Caso tenha sido emitida Carta de Correção Eletrônica relativa a determinado CT-e OS, nos termos do art. 202-V14 deste Regulamento, este não poderá ser cancelado.

§ 9º A critério da Secretaria de Estado da Fazenda poderá ser recepcionado o pedido de cancelamento de forma extemporânea.

§ 10. Poderá ser autorizado o cancelamento do CT-e OS, quando emitido para englobar as prestações de serviço de transporte realizadas em determinado período.

§ 11. Na hipótese prevista no § 10 deste artigo, o contribuinte deverá, no mesmo prazo previsto no "caput" deste artigo, contado a partir da data de autorização do cancelamento, emitir novo CT-e OS, referenciando o CT-e OS cancelado.

Art. 202-V13. O emitente deverá solicitar, mediante Pedido de Inutilização de Número do CT-e OS, até o 10º (décimo) dia do mês subsequente, a inutilização de números de CT-e OS não utilizados, na eventualidade de quebra de sequência da numeração.

§ 1º O Pedido de Inutilização de Número do CT-e OS deverá atender ao leiaute estabelecido no MOC-CT-e e ser assinado pelo emitente com assinatura digital certificada por entidade credenciada pela ICP-Brasil, contendo o número do CNPJ de qualquer dos estabelecimentos do contribuinte, a fim de garantir a autoria do documento digital.

§ 2º A transmissão do Pedido de Inutilização de Número do CT-e OS, será efetivada via Internet, por meio de protocolo de segurança ou criptografia.

§ 3º A cientificação do resultado do Pedido de Inutilização de Número do CT-e OS será feita mediante protocolo disponibilizado ao emitente, via Internet, contendo, conforme o caso, o número do CT-e OS, a data e a hora do recebimento da solicitação pela administração tributária da unidade federada do contribuinte e o número do protocolo, podendo ser autenticado mediante assinatura digital gerada com certificação digital da administração tributária ou outro mecanismo de confirmação de recebimento.

Art. 202-V14. Após a concessão da Autorização de Uso do CT-e OS, de que trata o inciso III do art. 202-V6 deste Regulamento, o emitente poderá sanar erros em campos específicos do CT-e OS, observado o disposto no § 4º do art. 554 deste Regulamento, por meio de Carta de Correção Eletrônica – CC- e, transmitida à administração tributária da unidade federada do emitente.

§ 1º A CC-e deverá atender ao leiaute estabelecido no MOC-CT-e e ser assinada pelo emitente com assinatura digital certificada por entidade credenciada pela ICP-Brasil, contendo o número do CNPJ de qualquer dos estabelecimentos do contribuinte, a fim de garantir a autoria do documento digital.

§ 2º A transmissão da CC-e será efetivada via Internet, por meio de protocolo de segurança ou criptografia.

§ 3º A cientificação da recepção da CC-e será feita mediante protocolo disponibilizado ao emitente, via Internet, contendo, conforme o caso, a chave de acesso, o número do CT-e OS, a data e a hora do recebimento da solicitação pela administração tributária da unidade federada do contribuinte e o número do protocolo, podendo ser autenticado mediante assinatura digital gerada com certificação digital da administração tributária ou outro mecanismo de confirmação de recebimento.

§ 4° Havendo mais de uma CC-e para o mesmo CT-e OS, o emitente deverá consolidar na última todas as informações anteriormente retificadas.

§ 5º A administração tributária que recebeu a CC-e deverá transmiti-las às administrações tributárias e entidades previstas no art. 202-V7 deste Regulamento.

§ 6º O protocolo de que trata o § 3º deste artigo não implica validação das informações contidas na CC-e.

§ 7º O arquivo eletrônico da CC-e, com a respectiva informação do registro do evento, deve ser disponibilizado pelo emitente ao tomador do serviço.

§ 8º Fica vedada a utilização da Carta de Correção em papel para sanar erros em campos específicos do CT-e OS.

Art. 202-V15. Para a anulação de valores relativos à prestação de serviço de transporte, em virtude de erro devidamente comprovado como exigido pela Secretaria de Estado da Fazenda, e desde que não descaracterize a prestação, deverá ser observado:

I – na hipótese do tomador de serviço ser contribuinte do ICMS:

a) o tomador deverá emitir documento fiscal próprio, pelos valores totais do serviço e do tributo, consignando como natureza da operação "Anulação de valor relativo à aquisição de serviço de transporte", informando o número do CT-e OS emitido com erro, os valores anulados e o motivo, podendo consolidar as informações de um mesmo período de apuração em um único documento fiscal, devendo a primeira via do documento ser enviada ao transportador;

b) após receber o documento referido na alínea "a" deste inciso, o transportador deverá emitir um CT-e OS substituto, referenciando o CT-e OS emitido com erro e consignando a expressão "Este documento substitui o CT-e OS n° XXXXXXX, Série XXX, Data dd/mm/aaaa, em virtude de (especificar o motivo do erro) ";

II – na hipótese de tomador de serviço não ser contribuinte do ICMS:

a) o tomador deverá emitir declaração mencionando o número e data de emissão do CT-e OS emitido com erro, bem como o motivo do erro, podendo consolidar as informações de um mesmo período de apuração em uma ou mais declarações;

b) após receber o documento referido na alínea "a" deste inciso, o transportador deverá emitir um CT-e OS de anulação para cada CT-e OS emitido com erro, referenciando-o, adotando os mesmos valores totais do serviço e do tributo, consignando como natureza da operação "Anulação de valor relativo à prestação de serviço de transporte", informando o número do CT-e OS emitido com erro e o motivo;

c) após emitir o documento referido na alínea "b" deste inciso, o transportador deverá emitir um CT-e OS substituto, referenciando o CT-e OS emitido com erro e consignando a expressão "Este documento substitui o CT-e OS nº XXXXXXX, Série XXX, Data dd/mm/aaaa, em virtude de (especificar o motivo do erro) ";

III – alternativamente às hipóteses previstas nos incisos I e II deste artigo poderá ser utilizado o seguinte procedimento:

a) o tomador registrará o evento VII do art. 202-V17 deste Regulamento;

b) após o registro do evento referido na alínea "a" deste inciso, o transportador emitirá um CT-e OS de anulação para cada CT-e OS emitido com erro, referenciando-o, adotando os mesmos valores totais do serviço e do tributo, consignando como natureza da operação "Anulação de valor relativo à prestação de serviço de transporte", informando o número do CT-e OS emitido com erro e o motivo;

c) após a emissão do documento referido na alínea "b" deste inciso, o transportador emitirá um CT-e OS substituto, referenciando o CT-e OS emitido com erro e consignando a expressão "Este documento substitui o CT-e OS nº XXXXXXX, Série XXX, Data dd/mm/aaaa, em virtude de (especificar o motivo do erro) ".

§ 1º O transportador poderá utilizar-se do eventual crédito decorrente do procedimento previsto neste artigo somente após a emissão do CT-e OS substituto, observada a legislação.

§ 2º Na hipótese em que a legislação vedar o destaque do imposto pelo tomador contribuinte do ICMS, deverá ser adotado o procedimento previsto no inciso II do "caput" deste artigo, substituindo-se a declaração prevista na alínea "a" do inciso II do "caput" deste artigo por documento fiscal emitido pelo tomador que deverá indicar, no campo "Informações Adicionais", a base de cálculo, o imposto destacado e o número do CT-e OS emitido com erro.

§ 3º O disposto neste artigo não se aplica nas hipóteses de erro passível de correção mediante CC-e ou emissão de documento fiscal complementar.

§ 4º Para cada CT-e OS emitido com erro somente é possível a emissão de um CT-e OS de anulação e um substituto, que não poderão ser cancelados.

§ 5º O prazo para autorização do CT-e OS de anulação assim como o respectivo CT-e OS de substituição será de 60 (sessenta) dias contados da data da autorização de uso do CT-e OS a ser corrigido.

§ 6º O prazo para emissão do documento de anulação de valores ou do registro do evento citado na alínea "a" do inciso III do "caput" deste artigo será de 45 (quarenta e cinco) dias contados da data da autorização de uso do CT-e OS a ser corrigido.

§ 7º O tomador do serviço não contribuinte, alternativamente à declaração mencionada na alínea "a" do inciso II do "caput" deste artigo, poderá registrar o evento relacionado na aliena "a" do inciso III, também do "caput" deste artigo.

Art. 202-V16. A Secretaria de Estado da Fazenda disponibilizará consulta aos CT-e OS por ela autorizados em site, na Internet, pelo prazo mínimo de 180 (cento e oitenta) dias.

§ 1º Após o prazo previsto no "caput" deste artigo, a consulta poderá ser substituída pela prestação de informações parciais que identifiquem o CT-e OS (número, data de emissão, CNPJ do emitente e do tomador, valor e sua situação), que ficarão disponíveis pelo prazo decadencial.

§ 2º A consulta prevista no "caput" deste artigo poderá ser efetuada pelo interessado, mediante informação da chave de acesso do CT-e OS.

§ 3º A consulta prevista no "caput" deste artigo poderá ser efetuada também, subsidiariamente, no ambiente nacional disponibilizado pela RFB ou pela SVRS.

§ 4º A disponibilização completa dos campos exibidos na consulta de que trata o "caput" deste artigo será por meio de acesso restrito e vinculada à relação do consulente com a prestação descrita no CT-e OS consultado, nos termos do MOC-CT-e.

§ 5º A relação do consulente com a operação descrita no CT-e OS consultado a que se refere o § 4º deste artigo deve ser identificada por meio de certificado digital ou de acesso identificado do consulente ao portal da administração tributária da unidade federada correspondente, ou ao ambiente nacional disponibilizado pela RFB.

Art. 202-V17. A ocorrência de fatos relacionados com um CT-e OS denomina-se "Evento do CT-e OS".

§ 1º Os eventos relacionados a um CT-e OS são:

I – Cancelamento, conforme disposto no art. 202-V12 deste Regulamento;

II – CCE, conforme disposto no art. 202-V14 deste Regulamento;

III – Autorizado CT-e OS Complementar, registro de que o CT-e OS foi referenciado em um CT-e OS complementar;

IV – Cancelado CT-e OS Complementar, registro de que houve o cancelamento de um CT- e OS complementar que referencia o CT-e OS original;

V – Autorizado CT-e OS de Substituição, registro de que este CT-e OS foi referenciado em um CT-e OS de substituição;

VI – Autorizado CT-e OS de Anulação, registro de que este CT-e OS foi referenciado em um CT-e OS de anulação;

VII – Prestação de serviço em desacordo com o informado no CT-e OS, manifestação do tomador de serviço declarando que a prestação descrita do CT-e OS não foi descrita conforme acordado;

VIII – Manifestação do Fisco, registro realizado pela autoridade fiscal com referência ao conteúdo ou à situação do CT-e OS;

IX – Informações da GTV, registro das informações constantes nas Guias de Transporte de Valores – GTV.

§ 2º Os eventos serão registrados:

I – pelas pessoas estabelecidas pelo art. 202-V18 deste Regulamento, envolvidas ou relacionadas com a prestação descrita no CT-e OS, conforme leiaute e procedimentos estabelecidos no MOC-CT-e;

II – por órgãos da Administração Pública direta ou indireta, conforme leiaute e procedimentos estabelecidos no MOC-CT-e.

§ 3º A administração tributária responsável pelo recebimento do registro do evento deverá transmiti-lo para o Ambiente Nacional do CT-e OS, a partir do qual será distribuído para os destinatários especificados no art. 202-V7 deste Regulamento.

§ 4º Os eventos serão exibidos na consulta definida no art. 202-V16 deste Regulamento, conjuntamente com o CT-e OS a que se referem.

Art. 202-V18. O registro dos eventos deve ser realizado:

I – pelo emitente do CT-e OS:

a) CC-e;

b) Cancelamento do CT-e OS;

c) Informações da GTV;

II – pelo tomador do serviço do CT-e OS, o evento "prestação de serviço em desacordo com o informado no CT-e OS".

Parágrafo único. A administração tributária pode registrar os eventos previstos nos incisos III, IV, V, VI e VIII, do § 1º do art. 202-V17 deste Regulamento.

Art. 202-V19. A Secretaria de Estado da Fazenda disponibilizará, às empresas autorizadas à sua emissão, consulta eletrônica referente à situação cadastral dos contribuintes do ICMS de sua unidade, conforme padrão estabelecido no MOC-CT-e.

Art. 202-V19-A. A administração tributária autorizadora de CT-e OS poderá suspender, de forma temporária ou definitiva, o acesso aos seus respectivos ambientes autorizadores ao contribuinte que praticar, mesmo que de maneira não intencional, o consumo indevido de tais ambientes em desacordo com os padrões estabelecidos no MOC (Ajuste SINIEF 05/20).

§ 1º A suspensão, que tem por objetivo preservar o bom desempenho dos ambientes autorizadores de CT-e OS, aplica-se aos diversos serviços disponibilizados aos contribuintes, impossibilitando, a quem estiver suspenso, o uso daqueles serviços por intervalo de tempo determinado, conforme especificado no MOC.

§ 2º Uma vez decorrido o prazo determinado para a suspensão, o acesso aos ambientes autorizadores será restabelecido automaticamente.

§ 3º A aplicação reiterada de suspensões por tempo determinado, conforme especificado no MOC, a critério da administração tributária autorizadora, poderá determinar a suspensão definitiva do acesso do contribuinte aos ambientes autorizadores.

§ 4º O restabelecimento do acesso aos ambientes autorizadores ao contribuinte que tenha sofrido uma suspensão definitiva dependerá de liberação realizada pela Secretaria de Estado da Fazenda.

Art. 202-V19-A. A administração tributária autorizadora de CT-e OS poderá suspender ou bloquear o acesso ao seu ambiente autorizador ao contribuinte que praticar, mesmo que de maneira não intencional, o consumo de tal ambiente em desacordo com os padrões estabelecidos no MOC (Ajuste SINIEF 34/20).

§ 1º A suspensão ou bloqueio, que tem por objetivo preservar o bom desempenho do ambiente autorizador de CT-e OS, aplica-se aos diversos serviços disponibilizados aos contribuintes, impossibilitando seu uso, conforme especificado no MOC.

§ 2º Na hipótese de suspensão, uma vez decorrido seu prazo, o acesso ao ambiente autorizador será restabelecido automaticamente.

§ 3º A aplicação reiterada de suspensões, conforme especificado no MOC, poderá determinar o bloqueio do acesso do contribuinte ao ambiente autorizador.

§ 4º O restabelecimento do acesso aos ambientes autorizadores ao contribuinte que tenha sofrido o bloqueio dependerá de liberação realizada pela SEFAZ-PB.

Art. 202-V20. Aplicam-se ao CT-e OS, no que couber, as normas do Convênio SINIEF 06/89 e demais disposições tributárias relativas a cada modal.

Art. 202-V21. Os CT-e OS cancelados, denegados e os números inutilizados devem ser escriturados, sem valores monetários, de acordo com a legislação tributária vigente.

Art. 202-V22. Os CT-e OS que, nos termos do inciso II do § 7º do art. 202-V6 deste Regulamento, forem diferenciados somente pelo ambiente de autorização, deverão ser regularmente escriturados nos termos da legislação vigente, acrescentando-se informação explicando as razões para essa ocorrência.

Art. 202-V23. Os contribuintes do ICMS, elencados nos incisos I, II e III do art. 202-V deste Regulamento, em substituição à Nota Fiscal de Serviço de Transporte, modelo 7, estão obrigados ao uso do CT-e OS, desde 2 de outubro de 2017.

Art. 202-V24. Ficam mantidas as obrigatoriedades estabelecidas pela Secretaria de Estado da Fazenda em datas anteriores a 2 de outubro de 2017.

Subseção II
DO CONHECIMENTO DE TRANSPORTE RODOVIÁRIO DE CARGAS

Art. 203. O Conhecimento de Transporte Rodoviário de Cargas, modelo 8, Anexo 51, será utilizado por quaisquer transportadores rodoviários de carga que executarem serviços de transporte rodoviário intermunicipal, interestadual e internacional, de cargas, em veículos próprios ou afretados.

Parágrafo único. Considera-se veículo próprio, além do que se achar registrado em nome da pessoa, aquele por ela operado em regime de locação ou qualquer outra forma.

Art. 204. O Conhecimento de Transporte Rodoviário de Cargas será emitido antes do início da prestação do serviço e conterá, no mínimo, as seguintes indicações:

I - a denominação: "Conhecimento de Transporte Rodoviário de Cargas";

II - o número de ordem, a série e subsérie e o número da via;

III - a natureza da prestação do serviço, acrescida do respectivo código fiscal;

IV - o local e a data da emissão;

V - a identificação do emitente: o nome, o endereço e os números de inscrição estadual e no CNPJ;

VI - as identificações do remetente e do destinatário: os nomes, os endereços, e os números de inscrição estadual e no CNPJ ou CPF;

VII - o percurso: o local de recebimento e o da entrega;

VIII - a quantidade e espécie dos volumes ou das peças;

IX - o número da nota fiscal, o valor e a natureza da carga, bem como a quantidade em quilograma (kg), metro cúbico (m^3) ou litro (l);

X- a identificação do veículo transportador, placa, local e unidade da Federação;

XI - a discriminação do serviço prestado, de modo que permita sua perfeita identificação;

XII - a condição do frete: pago ou a pagar;

XIII - os valores dos componentes do frete;

XIV - os dados relativos a redespacho e ao consignatário que serão pré-impressos ou indicados por outra forma, quando da emissão do documento;

XV - o valor total da prestação;

XVI - a base de cálculo do imposto;

XVII - a alíquota aplicável;

XVIII - o valor do imposto;

XIX - o nome, o endereço e os números de inscrição, estadual e no CNPJ, do impressor do documento, a data e a quantidade de impressão, o número de ordem do primeiro e do último documento impresso e respectivas série e subsérie e o número da Autorização de Impressão de Documentos Fiscais.

§ 1º As indicações dos incisos I, II, V e XIX, serão impressas.

§ 2º O Conhecimento de Transporte Rodoviário de Cargas será de tamanho não inferior a 9,9 cm x 21,0 cm, em qualquer sentido.

§ 3º O transportador que subcontratar outro transportador para dar início à execução do serviço, emitirá Conhecimento de Transporte Rodoviário de Cargas, fazendo constar no campo «Observações» deste ou, se for o caso, do Manifesto de Carga, a expressão: «Transporte subcontratado com proprietário do veículo marca................, placa número, UF».

§ 4º REVOGADO - Ajuste SINIEF 02/08 (Decreto nº 29.341/08).

§ 5º A empresa subcontratada, para fins exclusivos do ICMS, fica dispensada da emissão do Conhecimento de Transporte Rodoviário de Cargas, devendo a prestação do serviço ser acobertada pelo conhecimento nos termos do § 3º.

Art. 205. Na prestação de serviço de transporte rodoviário de cargas para destinatário localizado neste Estado, o Conhecimento de Transporte Rodoviário de Cargas será emitido, no mínimo, em 04 (quatro) vias, que terão a seguinte destinação:

I - a 1ª via será entregue ao tomador do serviço;

II - a 2ª via acompanhará o transporte até o destino, podendo servir de comprovante de entrega;

III – a 3ª via será entregue diretamente pelo emitente à repartição fiscal de seu domicílio; IV – a 4ª via ficará fixa ao bloco para exibição ao Fisco.

Art. 206. Na prestação de serviço de transporte rodoviário de cargas para destinatário localizado em outra unidade da Federação, o Conhecimento de Transporte Rodoviário de Cargas será emitido com uma via adicional (5ª via), que acompanhará o transporte para fins de controle do Fisco de destino.

Parágrafo único. Nas prestações de serviço de transporte de mercadorias abrangidas por benefícios fiscais, com destino à Zona Franca de Manaus, havendo necessidade de utilização de via adicional de Conhecimento de Transporte Rodoviário de Cargas, esta poderá ser substituída por cópia reprográfica da 1ª via do documento.

Art. 207. Nas prestações internacionais poderão ser exigidas tantas vias do Conhecimento de Transporte Rodoviário de Cargas quantas forem necessárias para o controle dos demais órgãos fiscalizadores.

Art. 208. As empresas distribuidoras de derivados de petróleo e demais combustíveis e lubrificantes líquidos e gasosos, responsáveis pela retenção e recolhimento do imposto, na hipótese prevista no inciso VIII do art. 41, ficam obrigadas à emissão do Conhecimento de Transporte Rodoviário de Cargas, observado o disposto nos parágrafos seguintes.

§ 1º O disposto neste artigo também se aplica à contratação de serviço em que não se conheça, de imediato, os dados relativos a peso, distância e valor da prestação, hipótese em que se imporá a emissão de conhecimento complementar na apuração de cada período de referência.

§ 2º O conhecimento referido neste artigo poderá ser substituído pelo lançamento, no corpo da nota fiscal emitida pela empresa distribuidora, dos dados relativos à base de cálculo do imposto, à alíquota aplicável e ao valor da retenção efetuada.

Subseção III
DO CONHECIMENTO DE TRANSPORTE AQUAVIÁRIO DE CARGAS

Art. 209. O Conhecimento de Transporte Aquaviário de Cargas, modelo 9, Anexo 52, será utilizado pelos transportadores aquaviários de cargas que executarem serviços de transporte intermunicipal, interestadual e internacional de cargas.

Art. 210. O Conhecimento de Transporte Aquaviário de Cargas será emitido antes do início da prestação do serviço, e conterá, no mínimo, as seguintes indicações:

I – a denominação: "Conhecimento de Transporte Aquaviário de Cargas";

II – o número de ordem, a série e subsérie e o número da via;

III – a natureza da prestação do serviço, acrescida do respectivo código fiscal;

IV – o local e a data da emissão;

V – a identificação do armador: o nome, o endereço e os números de inscrição estadual e no CNPJ;

VI – a identificação da embarcação;

VII – o número da viagem;

VIII – o porto de embarque;

IX – o porto de desembarque;

X – o porto de transbordo;

XI – a identificação do embarcador;

XII – a identificação do destinatário: o nome, o endereço e os números de inscrição estadual e no CNPJ;

XIII – a identificação do consignatário: o nome, o endereço e os números de inscrição estadual e no CNPJ;

XIV – a identificação da carga transportada: a discriminação da mercadoria, o código, a marca e o número, a quantidade, a espécie, o volume, a unidade de medida em quilograma (kg), metro cúbico (m^3) ou litro (l) e o valor;

XV – os valores componentes do frete;

XVI – o valor total da prestação;

XVII – a alíquota aplicável;

XVIII – o valor do imposto devido;

XIX – o local e a data do embarque;

XX – a condição do frete: pago ou a pagar;

XXI – a assinatura do armador ou agente;

XXII – o nome, o endereço e os números de inscrição, estadual e no CNPJ, do impressor do documento, a data e a quantidade de impressão, o número de ordem do primeiro e do último documento impresso e respectivas séries e subséries e o número da Autorização de Impressão de Documentos Fiscais.

§ 1º As indicações dos incisos I, II, V e XXII serão impressas.

§ 2º No transporte internacional, serão dispensadas as indicações relativas às inscrições estaduais e no CNPJ, do destinatário e/ou do consignatário.

§ 3º O Conhecimento de Transporte Aquaviário de Cargas será de tamanho não inferior a 21,0 cm x 30 cm.

Art. 211. Na prestação de serviço de transporte aquaviário para destinatário localizado neste Estado, será emitido o Conhecimento de Transporte Aquaviário de Cargas, no mínimo em 04 (quatro) vias, que terão a seguinte destinação:

I – a 1ª via será entregue ao tomador do serviço;

II – a 2ª via acompanhará o transporte até o destino, podendo servir de comprovante de entrega;

III – a 3ª via será entregue, diretamente pelo emitente, à repartição fiscal do seu domicílio;

IV – a 4ª via ficará fixa ao bloco para exibição ao Fisco.

Art. 212. Na prestação de serviço de transporte aquaviário para destinatário localizado em outra unidade da Federação, o Conhecimento de Transporte Aquaviário de Cargas será emitido com uma via adicional (5ª via), que acompanhará o transporte para fins de controle do Fisco de destino.

Parágrafo único. Nas prestações de serviço de transporte de mercadorias abrangidas por benefícios fiscais, com destino à Zona Franca de Manaus, havendo necessidade de utilização de via adicional de Conhecimento de Transporte Aquaviário de Cargas, esta poderá ser substituída por cópia reprográfica da 1ª via do documento.

Art. 213. Nas prestações internacionais poderão ser exigidas tantas vias do Conhecimento de Transporte Aquaviário de Cargas quantas forem necessárias para o controle dos demais órgãos fiscalizadores.

Art. 214. No transporte internacional o Conhecimento de Transporte Aquaviário de Cargas poderá ser redigido em língua estrangeira, bem como os valores serem expressos em moedas estrangeiras, segundo acordos internacionais.

Subseção IV
DO CONHECIMENTO AÉREO

Art. 215. O Conhecimento Aéreo, modelo 10, Anexo 53, será utilizado pelas empresas que executarem serviços de transporte aeroviário intermunicipal, interestadual e internacional de cargas.

Art. 216. O Conhecimento Aéreo será emitido antes da prestação do serviço, e conterá, no mínimo, as seguintes indicações:

I - a denominação: "Conhecimento Aéreo";

II - o número de ordem, a série e subsérie e o número da via;

III - a natureza da prestação do serviço, acrescida do respectivo código fiscal;
IV - o local e a data da emissão;

V - a identificação do emitente: o nome, o endereço e os números de inscrição estadual e no CNPJ;

VI - a identificação do remetente: o nome, o endereço e os números de inscrição estadual e no CNPJ;

VII - a identificação do destinatário: o nome, o endereço e os números de inscrição estadual e no CNPJ;

VIII - o local de origem;

IX - o local de destino;

X - a quantidade e a espécie de volume ou de peças;

XI - o número da nota fiscal, o valor e a natureza da carga, bem como a quantidade em quilograma (kg), metro cúbico (m^3) ou litro (l);

XII - os valores componentes do frete;

XIII - o valor total da prestação;

XIV - a base de cálculo do imposto;

XV - a alíquota aplicável;

XVI - o valor do imposto;

XVII - a condição do frete: pago ou a pagar;

XVIII - o nome, o endereço e os números de inscrição, estadual e no CNPJ, do impressor do documento, a data e a quantidade de impressão, o número de ordem do primeiro e do último documento impresso e respectivas série e subsérie e o número da Autorização de Impressão de Documentos Fiscais.

§ 1º As indicações dos incisos I, II, V e XVIII serão impressas.

§ 2º No transporte internacional serão dispensadas as indicações relativas às inscrições, estadual e no CNPJ, do destinatário.

§ 3º O Conhecimento Aéreo será de tamanho não inferior a 14,8 cm x 21,0 cm.

Art. 217. Na prestação de serviços de transporte aeroviário de cargas para destinatário localizado neste Estado, será emitido o Conhecimento Aéreo, no mínimo em 03 (três) vias, com a seguinte destinação:

I - a 1ª via será entregue ao tomador do serviço;

II – a 2ª via acompanhará o transporte até o destino, podendo servir de comprovante de entrega;

III – a 3ª via ficará fixa ao bloco para exibição ao Fisco.

Art. 218. Na prestação de serviço aeroviário de cargas para destinatário localizado em outra unidade da Federação, o Conhecimento Aéreo será emitido com uma via adicional (4ª via), que acompanhará o transporte para fins de controle do Fisco do destino.

Parágrafo único. Nas prestações de serviço de transporte de mercadorias abrangidas por benefícios fiscais, com destino à Zona Franca de Manaus, havendo necessidade de utilização de via adicional do Conhecimento Aéreo, esta poderá ser substituída por cópia reprográfica da 1ª via do documento.

Art. 219. Nas prestações internacionais, poderão ser exigidas tantas vias do Conhecimento Aéreo quantas forem necessárias para controle dos demais órgãos fiscalizadores.

Art. 220. No transporte internacional, o Conhecimento Aéreo poderá ser redigido em língua estrangeira, segundo acordos internacionais.

Subseção V
DO CONHECIMENTO DE TRANSPORTE FERROVIÁRIO DE CARGAS

Art. 221. O Conhecimento de Transporte Ferroviário de Cargas, modelo 11, Anexo 54, será utilizado pelos transportadores sempre que executarem o serviço de transporte ferroviário intermunicipal, interestadual e internacional de cargas.

Art. 222. O Conhecimento de Transporte Ferroviário de Cargas será emitido antes do início da prestação do serviço, e conterá, no mínimo, as seguintes indicações:

I – a denominação: "Conhecimento de Transporte Ferroviário de Cargas";

II – o número de ordem, a série e subsérie e o número das vias;

III – a natureza da prestação do serviço, acrescida do respectivo código fiscal;

IV – o local e a data da emissão;

V – a identificação do emitente: o nome, o endereço e os números de inscrição estadual e no CNPJ;

VI – a identificação do remetente: o nome, o endereço e os números de inscrição estadual e no CNPJ;

VII – a identificação do destinatário: o nome, o endereço e os números de inscrição estadual e no CNPJ;

VIII – a procedência;

IX – o destino;

X – a condição de carregamento e a identificação do vagão;

XI – a via de encaminhamento;

XII – a quantidade e a espécie de volume ou peças;

XIII – o número da nota fiscal, o valor e a natureza da carga, bem como a quantidade em quilograma (kg), metro cúbico (m3) ou litro (l);

XIV – os valores componentes tributáveis do frete, destacados dos não tributáveis, podendo os componentes de cada grupo ser lançados englobadamente;

XV – o valor total da prestação;

XVI – a base de cálculo do imposto;

XVII – a alíquota aplicável;

XVIII – o valor do imposto;

XIX – a condição do frete: pago ou a pagar;

XX – o nome, o endereço e os números de inscrição, estadual e no CNPJ, do impressor do documento, a data e a quantidade de impressão, o número de ordem do primeiro e do último documento impresso e respectivas série e subsérie e o número da Autorização de Impressão de Documentos Fiscais.

Parágrafo único. As indicações dos incisos I, II, V e XX, serão impressas.

Subseção VI
DO BILHETE DE PASSAGEM RODOVIÁRIO

Art. 223. O Bilhete de Passagem Rodoviário, modelo 13, Anexo 56, será utilizado pelos transportadores que executarem transporte rodoviário intermunicipal, interestadual e internacional de passageiros.

Art. 224. O Bilhete de Passagem Rodoviário será emitido antes do início da prestação do serviço, e conterá, no mínimo, as seguintes indicações:

I – a denominação: "Bilhete de Passagem Rodoviário";

II – o número de ordem, a série e subsérie e o número da via;

III – a data da emissão, bem como a data e hora do embarque;

IV – a identificação do emitente: o nome, o endereço e os números de inscrição estadual e no CNPJ;

V – o percurso;

VI – o valor do serviço prestado, bem como os acréscimos a qualquer título;
VII – o valor total da prestação;

VIII – o local ou o respectivo código da matriz, filial, agência, posto ou o veículo onde for emitido o Bilhete de Passagem;

IX – a observação: "O passageiro manterá em seu poder este bilhete, para fins de fiscalização em viagem";

X – o nome, o endereço e os números de inscrição, estadual e no CNPJ, do impressor do documento, a data e a quantidade de impressão, o número de ordem do primeiro e do último documento impresso e respectivas série e subsérie e o número da Autorização de Impressão de Documentos Fiscais.

§ 1º As indicações dos incisos I, II, IV, IX e X, serão impressas.

§ 2º O documento de que trata este artigo será de tamanho não inferior a 5,2 cm x 7,4 cm, em qualquer sentido.

§ 3º Nos casos em que houver excesso de bagagem, as empresas de transporte rodoviário de passageiros emitirão o Conhecimento de Transporte Rodoviário de Cargas, modelo 8, Anexo 51, para acobertar o transporte da bagagem.

§ 4º No caso de cancelamento de bilhete de passagem, escriturado antes do início da prestação de serviço, havendo direito à restituição de valor ao usuário, o documento fiscal deverá conter assinatura, identificação e endereço do adquirente que solicitou o cancelamento, bem como a do chefe da agência, posto ou veículo que efetuou a venda, com a devida justificativa.

§ 5º Os bilhetes cancelados na forma do parágrafo anterior deverão constar de demonstrativo para fins de dedução no final do período de apuração.

Art. 225. O Bilhete de Passagem Rodoviário será emitido, no mínimo, em 02 (duas) vias, que terão a seguinte destinação (Ajuste SINIEF 01/11 e 05/11):

I – a 1ª via será entregue ao passageiro, que deverá conservá-la durante a viagem;

II – a 2ª via ficará em poder do emitente, para exibição ao Fisco.

Subseção VII
DO BILHETE DE PASSAGEM AQUAVIÁRIO

Art. 226. O Bilhete de Passagem Aquaviário, modelo 14, Anexo 57, será utilizado pelos transportadores que executarem transporte aquaviário intermunicipal, interestadual e internacional de passageiros.

Art. 227. O Bilhete de Passagem Aquaviário será emitido antes do início da prestação do serviço, e conterá, no mínimo, as seguintes indicações:

I - a denominação: "Bilhete de Passagem Aquaviário";

II - o número de ordem, a série e subsérie e o número da via;

III - a data da emissão, bem como a data e hora do embarque;

IV - a identificação do emitente: o nome, o endereço e os números de inscrição estadual e no CNPJ;

V - o percurso;

VI - o valor do serviço prestado, bem como os acréscimos a qualquer título;

VII - o valor total da prestação;

VIII - o local onde foi emitido o bilhete de passagem;

IX - a observação: "O passageiro manterá em seu poder este bilhete para fins de fiscalização em viagem";

X - o nome, o endereço e os números de inscrição, estadual e no CNPJ, do impressor do documento, a data e a quantidade de impressão, o número de ordem do primeiro e do último documento impresso e respectivas série e subsérie e o número da Autorização de Impressão de Documentos Fiscais.

§ 1º As indicações dos incisos I, II, IV, IX e X, serão impressas.

§ 2º O documento de que trata este artigo será de tamanho não inferior a 5,2 cm x 7,4 cm, em qualquer sentido.

§ 3º Nos casos em que houver excesso de bagagem, as empresas de transporte aquaviário de passageiros emitirão o Conhecimento de Transporte Aquaviário de Cargas, modelo 9, para acobertar o transporte da bagagem.

Art. 228. O Bilhete de Passagem Aquaviário será emitido, no mínimo, em 02 (duas) vias, que terão a seguinte destinação:

I - a 1ª via ficará em poder do emitente para exibição ao Fisco;

II - a 2ª via será entregue ao passageiro, que deverá conservá-la durante a viagem.

Subseção VIII
DO BILHETE DE PASSAGEM E NOTA DE BAGAGEM

Art. 229. O Bilhete de Passagem e Nota de Bagagem, modelo 15, Anexo 58, será utilizado pelos transportadores que executarem transporte aeroviário intermunicipal, interestadual e internacional de passageiros.

Art. 230. O Bilhete de Passagem e Nota de Bagagem será emitido antes do início da prestação do serviço, e conterá, no mínimo, as seguintes indicações:

I – a denominação: "Bilhete de Passagem e Nota de Bagagem";

II – o número de ordem, a série e subsérie e o número da via;

III – a data e o local da emissão;

IV – a identificação do emitente: o nome, o endereço e os números de inscrição estadual e no CNPJ;

V – a identificação do vôo e a da classe;

VI – o local, a data e a hora do embarque e os locais de destino e/ou retorno, quando houver;

VII – o nome do passageiro;

VIII – o valor da tarifa;

IX – o valor da taxa e outros acréscimos;

X – o valor total da prestação;

XI – a observação: "O passageiro manterá em seu poder este bilhete para fins de fiscalização em viagem";

XII – o nome, o endereço e os números de inscrição, estadual e no CNPJ, do impressor do documento, a data e a quantidade de impressão, o número de ordem do primeiro e do último documento impresso e respectivas série e subsérie e o número da Autorização de Impressão de Documentos Fiscais.

§ 1º As indicações dos incisos I, II, IV, XI e XII, serão impressas.

§ 2º O Bilhete de Passagem e Nota de Bagagem será de tamanho não inferior a 8,0 cm x 18,5 cm, em qualquer sentido.

§ 3º Nos casos em que houver excesso de bagagem, as empresas de transporte aeroviário de passageiros emitirão o Conhecimento Aéreo, modelo 10, Anexo 53, para acobertar o transporte da bagagem.

Art. 231. Na prestação de serviço de transporte aeroviário de passageiros, o Bilhete de Passagem e Nota de Bagagem será emitido, no mínimo, em 02 (duas) vias, que terão a seguinte destinação:

I – a 1ª via ficará em poder do emitente para exibição ao Fisco;

II – a 2ª via será entregue ao passageiro, que deverá conservá-la durante a viagem.

Parágrafo único. Poderão ser acrescidas vias adicionais para os casos de venda com mais de um destino ou retorno, no mesmo bilhete de passagem.

Subseção IX
DO BILHETE DE PASSAGEM FERROVIÁRIO

Art. 232. O Bilhete de Passagem Ferroviário, modelo 16, Anexo 59, será utilizado pelos transportadores que executarem transporte ferroviário intermunicipal, interestadual e internacional de passageiros.

Parágrafo único. Em substituição ao documento de que trata o "caput", o transportador poderá emitir documento simplificado de embarque de passageiro, desde que no final do período de apuração emita Nota Fiscal de Serviço de Transporte, segundo o Código Fiscal de Operações e Prestações, com base em controle diário de renda auferida, por estação, mediante prévia autorização do Fisco.

Art. 233. O Bilhete de Passagem Ferroviário será emitido antes do início da prestação do serviço, e conterá, no mínimo, as seguintes indicações:

I - a denominação: "Bilhete de Passagem Ferroviário";

II - o número de ordem, a série e subsérie e o número da via;

III - a data da emissão, bem como a data e a hora do embarque;

IV - a identificação do emitente: o nome, o endereço e os números de inscrição estadual e no CNPJ;

V - o percurso;

VI- o valor do serviço prestado, bem como os acréscimos a qualquer título;

VII - o valor total da prestação;

VIII - o local onde foi emitido o Bilhete de Passagem Ferroviário;

IX - a observação: "O passageiro manterá em seu poder este bilhete para fins de fiscalização em viagem";

X - o nome, o endereço e os números de inscrição, estadual e no CNPJ, do impressor do documento, a data e a quantidade de impressão, o número de ordem do primeiro e do último documento impresso e respectivas série e subsérie e o número da Autorização de Impressão de Documentos Fiscais.

§ 1º As indicações dos incisos I, II, IV, IX e X, serão impressas.

§ 2º O documento de que trata este artigo será de tamanho não inferior a 5,2 cm x 7,4 cm, em qualquer sentido.

§ 3º Nos casos em que houver excesso de bagagem, as empresas de transporte ferroviário de passageiros emitirão o Conhecimento de Transporte Ferroviário de Cargas, modelo 11, para acobertar o transporte da bagagem.

Art. 234. O Bilhete de Passagem Ferroviário será emitido, no mínimo, em 02 (duas) vias, que terão a seguinte destinação:

I – a 1ª via ficará em poder do emitente, para exibição ao Fisco;

II – a 2ª via será entregue ao passageiro, que deverá conservá-la durante a viagem.

Subseção IX-A
DO BILHETE DE PASSAGEM ELETRÔNICO

Art. 235. O Bilhete de Passagem Eletrônico – BP-e, modelo 63, poderá ser utilizado em substituição aos seguintes documentos (Ajuste SINIEF 01/17):

I – ao Bilhete de Passagem Rodoviário, modelo 13, Anexo 56;

II – ao Bilhete de Passagem Aquaviário, modelo 14, Anexo 57;

III – ao Bilhete de Passagem Ferroviário, modelo 16, Anexo 59;

IV – ao Resumo do Movimento Diário, modelo 18 (Ajuste SINIEF 21/19).

§ 1º Considera-se Bilhete de Passagem Eletrônico- BP-e, o documento emitido e armazenado eletronicamente, de existência apenas digital, com o intuito de documentar as prestações de serviço de transporte de passageiros, cuja validade jurídica é garantida pela assinatura digital do emitente e autorização de uso pela Secretaria de Estado da Receita, antes da ocorrência do fato gerador.

§ 2º Fica vedada a emissão de quaisquer dos documentos relacionados no "caput" deste artigo, quando o contribuinte for credenciado à emissão de Bilhete de Passagem Eletrônico- BP-e.

§ 3º A Secretaria de Estado da Fazenda poderá autorizar a emissão de tipo de BP-e com leiaute específico para o transporte metropolitano em linha, com cobrança da passagem por meio de contadores, a exemplo de catracas ou similares, mediante credenciamento específico para este tipo de emissão (Ajuste SINIEF 21/19).

§ 4º O BP-e citado no § 3º deste artigo deverá ser emitido no fim do ciclo de viagens de cada veículo transportador, podendo a administração tributária, em casos excepcionais, autorizar ciclos de duração superior a 24 (vinte e quatro) horas (Ajuste SINIEF 21/19).

Art. 235-A. Para emissão do BP-e, o contribuinte deverá estar previamente credenciado na Secretaria de Estado da Receita (Ajuste SINIEF 01/17).

Parágrafo único. O credenciamento a que se refere o "caput" poderá ser:

I – voluntário, quando solicitado pelo contribuinte;

II – de ofício, quando efetuado pela Secretaria de Estado da Receita.

Art. 235-B. Ato COTEPE/ICMS publicará o Manual de Orientação do Contribuinte – MOC do BP-e, disciplinando a definição das especificações e critérios técnicos necessários para a integração entre os Portais das Secretarias de Fazendas dos Estados e os sistemas de informações das empresas emissoras de BP-e (Ajuste SINIEF 01/17).

Parágrafo único. Nota técnica publicada em sítio eletrônico poderá esclarecer questões referentes ao MOC.

Art. 235-C. O BP-e deverá ser emitido com base em leiaute estabelecido no MOC, por meio de software desenvolvido ou adquirido pelo contribuinte, observadas as seguintes formalidades (Ajuste SINIEF 01/17):

I – a numeração será sequencial de 1 a 999.999.999, por estabelecimento e por série, devendo ser reiniciada quando atingido esse limite;

II – deverá conter um código numérico, gerado pelo emitente, que comporá a chave de acesso de identificação, juntamente com o CNPJ do emitente, número e série;

III – deverá ser assinado pelo emitente com assinatura digital certificada por entidade credenciada pela Infraestrutura de Chaves Públicas Brasileira – ICP-Brasil, contendo o nº do CNPJ de qualquer dos estabelecimentos do contribuinte, a fim de garantir a autoria do documento digital;

IV – deverá conter a identificação do passageiro, a qual será feita pelo CPF ou outro documento de identificação admitido na legislação civil;

V – será emitido apenas um BP-e por passageiro por assento, caso o passageiro opte por ocupar mais de um assento deverá ser emitido o número correspondente de BP-e.

§ 1º As séries do BP-e serão designadas por algarismos arábicos, em ordem crescente, observando-se o seguinte:

I – a utilização de série única será representada pelo número zero;

II – é vedada a utilização de subséries.

§ 2º O Fisco poderá restringir a quantidade de séries, podendo reservar séries específicas para o BP-e do tipo transporte metropolitano, especificado no § 3º do art. 235 deste Regulamento (Ajuste SINIEF 21/19).

§ 3º Para efeitos da composição da chave de acesso a que se refere o inciso II do "caput" deste artigo, na hipótese de o BP-e não possuir série, o campo correspondente deverá ser preenchido com zeros.

§ 4º O BP-e deverá conter o Código de Regime Tributário – CRT – de que trata o Anexo 121 deste Regulamento (Ajuste SINIEF 09/19).

Art. 235-D. O arquivo digital do BP-e só poderá ser utilizado como documento fiscal, após (Ajuste SINIEF 01/17):

I – ser transmitido eletronicamente ao Fisco nos termos do art. 235-E;

II – ter seu uso autorizado por meio de concessão de Autorização de Uso do BP-e, nos termos do art. 235-F.

§ 1º Ainda que formalmente regular, não será considerado documento fiscal idôneo o BP- e que tiver sido emitido ou utilizado com dolo, fraude, simulação ou erro, que possibilite, mesmo que a terceiro, o não pagamento do imposto ou qualquer outra vantagem indevida.

§ 2º Para os efeitos fiscais, os vícios de que trata o § 1º atingem também o respectivo DABPE impresso nos termos dos arts. 235-I e 235-J, que também não serão considerados documentos fiscais idôneos.

§ 3º A concessão da Autorização de Uso:

I – é resultado da aplicação de regras formais especificadas no MOC e não implica a convalidação das informações tributárias contidas no BP-e;

II – identifica de forma única, pelo prazo decadencial estabelecido pela legislação tributária, um BP-e através do conjunto de informações formado por CNPJ do emitente, número, série e ambiente de autorização.

§ 4º As prestações realizadas por meio de cartão de débito ou crédito deverão ser efetuadas mediante dispositivos de Transferência Eletrônica de Fundos – TEF integradas ao sistema de emissão BP-e, vedado o uso de equipamento POS (Point of Sale).

Art. 235-E. A transmissão do arquivo digital do BP-e deverá ser efetuada via Internet, por meio de protocolo de segurança ou criptografia, com utilização de software desenvolvido ou adquirido pelo contribuinte (Ajuste SINIEF 01/17).

Parágrafo único. A transmissão referida no "caput" deste artigo implica solicitação de concessão de Autorização de Uso do BP-e.

Art. 235-F. Previamente à concessão da Autorização de Uso do BP-e, a Secretaria de Estado da Receita analisará, no mínimo, os seguintes elementos (Ajuste SINIEF 01/17):

I – a regularidade fiscal do emitente;

II – o credenciamento do emitente para emissão de BP-e;

III – a autoria da assinatura do arquivo digital do BP-e;

IV - a integridade do arquivo digital do BP-e;

V - a observância ao leiaute do arquivo estabelecido no MOC;

VI - a numeração e série do documento.

Parágrafo único. A autorização de uso poderá ser concedida mediante a utilização de ambiente de autorização disponibilizado por meio de infraestrutura tecnológica de outra unidade federada.

Art. 235-G. Do resultado da análise referida no art. 235-F, a Secretaria de Estado da Receita cientificará o emitente (Ajuste SINIEF 01/17):

I - da concessão da Autorização de Uso do BP-e; II - da rejeição do arquivo, em virtude de:

a) falha na recepção ou no processamento do arquivo;

b) falha no reconhecimento da autoria ou da integridade do arquivo digital;

c) emitente não credenciado para emissão do BP-e;

d) duplicidade de número do BP-e;

e) falha na leitura do número do BP-e;

f) outras falhas no preenchimento ou no leiaute do arquivo do BP-e.

§ 1° Após a concessão da Autorização de Uso, o BP-e não poderá ser alterado, sendo vedada a emissão de carta de correção, em papel ou de forma eletrônica, para sanar erros do BP-e.

§ 2º Em caso de rejeição do arquivo digital, o mesmo não será arquivado pelo Fisco para consulta, sendo permitido ao interessado nova transmissão do arquivo do BP-e.

§ 3º A cientificação de que trata o "caput" deste artigo será efetuada mediante protocolo disponibilizado ao emitente ou a terceiro autorizado pelo emitente, via internet, contendo, conforme o caso, a chave de acesso, o número do BP-e, a data e a hora do recebimento da solicitação pela administração tributária e o número do protocolo, podendo ser autenticado mediante assinatura digital gerada com certificação digital da Secretaria de Estado da Receita ou outro mecanismo de confirmação de recebimento.

§ 4º No caso de rejeição do arquivo digital, o protocolo de que trata o § 3º conterá informações que justifiquem de forma clara e precisa o motivo pelo qual a Autorização de Uso não foi concedida.

§ 5º O emitente deverá disponibilizar consulta do BP-e e seu respectivo Protocolo de Autorização de Uso ao usuário adquirente.

§ 6º Para os efeitos do inciso II do "caput" deste artigo considera-se irregular a situação do contribuinte, emitente do documento fiscal, que, nos termos da respectiva legislação estadual, estiver impedido de realizar prestações de serviço de transporte de passageiros na condição de contribuinte do ICMS.

§ 7º A administração tributária da unidade federada do emitente também deverá disponibilizar o BP-e para:

I – a unidade federada de destino da viagem, no caso de prestação interestadual;

II – a unidade federada onde ocorrer o embarque do passageiro, quando iniciado em unidade federada diferente do emitente;

III – a Secretaria da Receita Federal do Brasil – RFB.

§ 8º A Secretaria de Estado da Receita, mediante prévio convênio ou protocolo no âmbito do CONFAZ e respeitado o sigilo fiscal, também poderá transmitir o BP-e ou fornecer informações parciais para outros órgãos da administração direta, indireta, fundações e autarquias, que necessitem de informações do BP-e para desempenho de suas atividades.

Art. 235-H. O emitente deverá manter o BP-e em arquivo digital, sob sua guarda e responsabilidade, pelo prazo estabelecido na legislação tributária, mesmo que fora da empresa, devendo ser disponibilizado para o Fisco quando solicitado (Ajuste SINIEF 01/17).

Art. 235-I. O Documento Auxiliar do BP-e – DABPE, conforme leiaute estabelecido no Manual de Orientação ao Contribuinte do BP-e, será utilizado para facilitar as operações de embarque ou a consulta prevista no art. 235-Q (Ajuste SINIEF 01/17).

§ 1º O DABPE só poderá ser utilizado após a concessão da Autorização de Uso do BP-e, de que trata o inciso I do "caput" do art. 235-G, ou na hipótese prevista no art. 235-J.

§ 2º O DABPE deverá:

I – ser impresso em papel com largura mínima de 56 mm e altura mínima suficiente para conter todas as seções especificadas no Manual de Orientação ao Contribuinte do BP-e, com tecnologia que garanta sua legibilidade pelo prazo mínimo de doze meses;

II – conter um código bidimensional com mecanismo de autenticação digital que possibilite a identificação da autoria do BP-e conforme padrões técnicos estabelecidos no Manual de Orientação ao Contribuinte do BP-e;

III – conter a impressão do número do protocolo de concessão da Autorização de Uso, conforme definido no Manual de Orientação ao Contribuinte do BP-e, ressalvadas as hipóteses previstas no art. 235-J.

§ 3º A critério da Secretaria de Estado da Receita e, se o adquirente concordar, o DABPE poderá ter sua impressão substituída pelo envio em formato eletrônico ou pelo envio da chave de acesso do documento fiscal a qual ele se refere.

Art. 235-J. Quando em decorrência de problemas técnicos não for possível transmitir o BP-e para a unidade federada do emitente, ou obter resposta à solicitação de Autorização de Uso do BP-e, o contribuinte deverá operar em contingência, efetuando a geração prévia do documento fiscal eletrônico em contingência e autorização posterior, conforme definições constantes no MOC (Ajuste SINIEF 01/17).

§ 1º Na emissão em contingência deverá observar o que segue:

I – as seguintes informações farão parte do arquivo da BP-e, devendo ser impressas no DABPE:

a) o motivo da entrada em contingência (avaliar necessidade de impressão do motivo);

b) a data, hora com minutos e segundos do seu início;

II – imediatamente após a cessação dos problemas técnicos que impediram a transmissão ou recepção do retorno da autorização do BP-e, o emitente deverá transmitir à administração tributária de sua jurisdição os BP-e gerados em contingência até o primeiro dia útil subsequente contado a partir de sua emissão;

III – se o BP-e, transmitido nos termos do inciso II, vier a ser rejeitado pela Secretaria de Estado da Receita, o emitente deverá:

a) gerar novamente o arquivo com a mesma numeração e série, sanando a irregularidade desde que não se altere as variáveis que determinam o valor do imposto, a correção de dados cadastrais do passageiro, a data de emissão ou de embarque;

b) solicitar Autorização de Uso do BP-e;

IV – considera-se emitido o BP-e em contingência no momento da impressão do respectivo DABPE em contingência, tendo como condição resolutória a sua autorização de uso.

§ 2º É vedada a reutilização, em contingência, de número de BP-e transmitido com tipo de emissão "Normal".

§ 3º No documento auxiliar do BP-e impresso deve constar "BP-e emitido em Contingência".

Art. 235-K. Em relação aos BP-e que foram transmitidos antes da contingência e ficaram pendentes de retorno, o emitente deverá, após a cessação das falhas, solicitar o cancelamento, nos termos do art. 235-M, dos BP-e que retornaram com Autorização de Uso e a respectiva venda da passagem não se efetivou ou foi representada por BP-e emitido em contingência (Ajuste SINIEF 01/17).

Art. 235-L. A ocorrência relacionada com um BP-e denomina-se "Evento do BP-e" (Ajuste SINIEF 01/17).

§ 1º Os eventos relacionados a um BP-e são:

I - Cancelamento, conforme disposto no art. 235-M;

II - Evento de Não Embarque, conforme disposto no art. 235-N;

III - Evento de substituição do BP-e, conforme disposto no art. 235-O;

IV - Evento de Excesso de Bagagem (Ajuste SINIEF 21/19).

§ 2º A ocorrência dos eventos indicados nos incisos I, II e IV do § 1º deste artigo deve ser registrada pelo emitente (Ajuste SINIEF 21/19).

§ 3º Os eventos serão exibidos na consulta definida no art. 235-Q, conjuntamente com o BP-e a que se referem.

Art. 235-M. O emitente poderá solicitar o cancelamento do BP-e, até a data e hora de embarque para qual foi emitido o BP-e (Ajuste SINIEF 01/17).

§ 1º O cancelamento de que trata o "caput" deste artigo será efetuado por meio do registro de evento correspondente.

§ 2º O Pedido de Cancelamento de BP-e deverá:

I - atender ao leiaute estabelecido no MOC;

II - ser assinado pelo emitente com assinatura digital, certificada por entidade credenciada pela Infraestrutura de Chaves Públicas Brasileira - ICP-Brasil, contendo o nº do CNPJ de qualquer dos estabelecimentos do contribuinte, a fim de garantir a autoria do documento digital.

§ 3º A transmissão do Pedido de Cancelamento de BP-e será efetivada via Internet, por meio de protocolo de segurança ou criptografia, podendo ser realizada por meio de software desenvolvido ou adquirido pelo contribuinte.

§ 4º A cientificação do resultado do Pedido de Cancelamento do BP-e será feita mediante protocolo de que trata o § 3º disponibilizado ao emitente, via Internet, contendo, conforme o caso, a chave de acesso, o número do BP-e, a data e a hora do recebimento da solicitação pela Secretaria de Estado da Receita e o número do protocolo, podendo ser autenticado mediante assinatura digital gerada com certificação digital da Secretaria de Estado da Receita ou outro mecanismo de confirmação de recebimento.

§ 5º A critério da Secretaria de Estado da Receita, em casos excepcionais, poderá ser recepcionado o pedido de cancelamento de forma extemporânea.

Art. 235-N. O emitente deverá registrar o evento de Não Embarque, caso o passageiro não faça a utilização do BP-e para embarque na data e hora nele constante (Ajuste SINIEF 01/17).

§ 1º O evento de Não Embarque deverá:

I – atender ao leiaute estabelecido no MOC;

II – ser assinado pelo emitente com assinatura digital, certificada por entidade credenciada pela Infraestrutura de Chaves Públicas Brasileira – ICP-Brasil, contendo o nº do CNPJ de qualquer dos estabelecimentos do contribuinte, a fim de garantir a autoria do documento digital.

§ 2º O evento de não embarque deverá ocorrer até 24 horas após o momento do embarque informado no BP-e (Ajuste SINIEF 21/17).

§ 3º A transmissão do Evento de Não Embarque será efetivada via Internet, por meio de protocolo de segurança ou criptografia, podendo ser realizada por meio de software desenvolvido ou adquirido pelo contribuinte.

§ 4º A cientificação do resultado da transmissão que trata o § 3º será feita mediante protocolo, via Internet, contendo, conforme o caso, a chave de acesso, o número do BP-e, a data e a hora do recebimento da solicitação pela Secretaria de Estado da Receita e o número do protocolo, podendo ser autenticado mediante assinatura digital gerada com certificação digital da Secretaria de Estado da Receita ou outro mecanismo de confirmação de recebimento.

Art. 235-O. Na hipótese do adquirente do BP-e solicitar a remarcação da viagem ou a transferência de passageiro, o emitente do BP-e deverá referenciar no bilhete substituto a chave de acesso do BP-e substituído, situação em que a Secretaria de Estado da Receita fará o registro do Evento de Substituição no BP-e substituído, informando a chave de acesso do BP-e que foi remarcado (Ajuste SINIEF 01/17).

Parágrafo único. Somente será autorizado o Evento de Substituição de BP-e:

I – no caso de transferência, se o passageiro estiver devidamente identificado;

II – quando a substituição ocorrer após a data e hora do embarque nele constante, se o mesmo estiver assinalado com o Evento de não embarque;

III – dentro do prazo de validade estipulado pela legislação federal ou estadual, conforme o caso, que regula o transporte de passageiros.

Art. 235-O1. Em substituição ao documento de excesso de bagagem previsto no art. 549 deste Regulamento, o contribuinte deverá registrar o Evento de Excesso de Bagagem (Ajuste SINIEF 21/19).

§ 1º O Evento de Excesso de Bagagem deverá:

I – atender ao leiaute estabelecido no MOC;

II – ser assinado pelo emitente com assinatura digital, certificada por entidade credenciada pela Infraestrutura de Chaves Públicas Brasileira – ICP-Brasil, contendo o nº do CNPJ de qualquer dos estabelecimentos do contribuinte, a fim de garantir a autoria do documento digital.

§ 2º A transmissão do Evento de Excesso de Bagagem será efetivada via Internet, por meio de protocolo de segurança ou criptografia, podendo ser realizada por meio de software desenvolvido ou adquirido pelo contribuinte.

§ 3º A cientificação do resultado da transmissão que trata o § 2º deste artigo será feita mediante protocolo, via Internet, contendo, conforme o caso, a chave de acesso, o número do BP-e, a data e a hora do recebimento da solicitação pela administração tributária e o número do protocolo, podendo ser autenticado mediante assinatura digital gerada com certificação digital da administração tributária ou outro mecanismo de confirmação de recebimento.

Art. 235-P. No caso de um BP-e ser emitido com algum benefício de gratuidade ou redução de tarifa, instituído em lei federal para o transporte interestadual ou instituído em lei estadual para o transporte intermunicipal, será autorizado o BP-e somente com a correta identificação do passageiro.

Art. 235-Q. Após a concessão de Autorização de Uso, de que trata o inciso I do "caput" do art. 235-G, a Secretaria de Estado da Receita disponibilizará consulta relativa ao BP-e.

§ 1º A consulta ao BP-e será disponibilizada, pelo prazo mínimo de doze meses a contar da data de autorização em sítio eletrônico na internet mediante a informação da chave de acesso ou via leitura do "QR Code".

§ 2º REVOGADO (Decreto nº 39.153/19 – Ajuste SINIEF 02/19)

§ 3º REVOGADO (Decreto nº 39.153/19 – Ajuste SINIEF 02/19)

Art. 235-Q1. Os contribuintes do ICMS em substituição aos documentos citados no art. 235 deste Regulamento ficam obrigados ao uso do BP-e, nos termos do § 2º do referido artigo, a partir de (Ajuste SINIEF 08/18):

I – 1º de janeiro de 2019, para os contribuintes que realizarem prestações de serviço de transporte interestadual e internacional de passageiros;

II – 1º de julho de 2019, para os contribuintes que realizarem prestações de serviço de transporte intermunicipal de passageiros.

Art. 235-Q1. Os contribuintes do ICMS em substituição aos documentos citados no art. 235 deste Regulamento ficam obrigados ao uso do BP-e, nos termos do § 2º do referido artigo, a partir de 1º de julho de 2019 (Ajuste SINIEF 22/18).

TRIBUTÁRIO E FINANCEIRO

Parágrafo único. A obrigação ao uso do BP-e citada no "caput" deste artigo não se aplica para o BP-e do tipo de transporte metropolitano, especificado no § 3º do art. 235 deste Regulamento (Ajuste SINIEF 21/19).

Art. 235-Q2. Aplicam-se ao BP-e, no que couber, as normas do Convênio SINIEF 06/89, de 21 de fevereiro de 1989, e demais disposições tributárias regentes relativas a cada modal (Ajuste SINIEF 09/19).

Art. 235-Q3. A administração tributária autorizadora de BP-e poderá suspender, de forma temporária ou definitiva, o acesso aos seus respectivos ambientes autorizadores ao contribuinte que praticar, mesmo que de maneira não intencional, o consumo indevido de tais ambientes em desacordo com os padrões estabelecidos no MOC (Ajuste SINIEF 06/20).

§ 1º A suspensão, que tem por objetivo preservar o bom desempenho dos ambientes autorizadores de BP-e, aplica-se aos diversos serviços disponibilizados aos contribuintes, impossibilitando, a quem estiver suspenso, o uso daqueles serviços por intervalo de tempo determinado, conforme especificado no MOC.

§ 2º Uma vez decorrido o prazo determinado para a suspensão, o acesso aos ambientes autorizadores será restabelecido automaticamente.

§ 3º A aplicação reiterada de suspensões por tempo determinado, conforme especificado no MOC, a critério da administração tributária autorizadora, poderá determinar a suspensão definitiva do acesso do contribuinte aos ambientes autorizadores.

§ 4º O restabelecimento do acesso aos ambientes autorizadores ao contribuinte que tenha sofrido uma suspensão definitiva dependerá de liberação realizada pela Secretaria de Estado da Fazenda.

Art. 235-Q3. A administração tributária autorizadora de BP-e poderá suspender ou bloquear o acesso ao seu ambiente autorizador ao contribuinte que praticar, mesmo que de maneira não intencional, o consumo de tal ambiente em desacordo com os padrões estabelecidos no MOC (Ajuste SINIEF 37/20).

§ 1º A suspensão ou bloqueio, que tem por objetivo preservar o bom desempenho do ambiente autorizador de BP-e, aplica-se aos diversos serviços disponibilizados aos contribuintes, impossibilitando seu uso, conforme especificado no MOC.

§ 2º Na hipótese de suspensão, uma vez decorrido seu prazo, o acesso ao ambiente autorizador será restabelecido automaticamente.

§ 3º A aplicação reiterada de suspensões, conforme especificado no MOC, poderá determinar o bloqueio do acesso do contribuinte ao ambiente autorizador.

§ 4º O restabelecimento do acesso aos ambientes autorizadores ao contribuinte que tenha sofrido o bloqueio dependerá de liberação realizada pela SEFAZ-PB.

Subseção X
DO DESPACHO DE TRANSPORTE

Art. 236. No caso de transporte de cargas, a empresa transportadora que contratar autônomo para complementar a execução do serviço, em meio de transporte diverso do original, cujo preço tenha sido cobrado até o destino da carga, poderá emitir, em substituição ao conhecimento apropriado, o "Despacho de Transporte", modelo 17, Anexo 60, que conterá, no mínimo, as seguintes indicações:

I – a denominação: "Despacho de Transporte";

II – o número de ordem, a série e subsérie e o número da via;

III – o local e a data da emissão;

IV – a identificação do emitente: o nome, o endereço e os números de inscrição estadual e no CNPJ;

V – a procedência;

VI – o destino;

VII – o remetente;

VIII – as informações relativas ao conhecimento originário e ao número de cargas desmembradas;

IX – o número da nota fiscal, valor e natureza da carga, bem como a quantidade em quilograma (kg), metro cúbico (m^3) ou litro (l);

X – a identificação do transportador: nome, CPF, INSS, placa do veículo/UF, número do certificado do veículo, número da carteira de habilitação e endereço completo;

XI – o cálculo do frete pago ao transportador: valor do frete, INSS reembolsado, IR-Fonte e valor líquido pago;

XII – a assinatura do transportador;

XIII – a assinatura do emitente;

XIV – o nome, o endereço e os números de inscrição, estadual e no CNPJ, do impressor do documento, a data e a quantidade de impressão, o número de ordem do primeiro e do último documento impresso e respectivas série e subsérie e o número da Autorização de Impressão de Documentos Fiscais;

XV – o valor do imposto retido.

§ 1º As indicações dos incisos I, II, IV e XIV, serão impressas.

§ 2º O Despacho de Transporte será emitido antes do início da prestação do serviço e individualizado para cada veículo.

§ 3º O Despacho de Transporte será emitido, no mínimo, em 03 (três) vias, com a seguinte destinação:

I – as 1ª e 2ª vias serão entregues ao transportador;

II – a 3ª via ficará fixa ao bloco para exibição ao Fisco.

§ 4º Somente será permitida a adoção do documento previsto no "caput", em prestações interestaduais, se a empresa contratante possuir estabelecimento inscrito na unidade da Federação de início da complementação do serviço.

§ 5º Quando for contratada complementação de transporte por empresa estabelecida em unidade da Federação diversa daquela da execução do serviço, a 1ª via do documento, após o transporte, será enviada à empresa contratante, para efeito de apropriação do crédito do imposto retido.

Subseção XI
DO RESUMO DE MOVIMENTO DIÁRIO

Art. 237. Os estabelecimentos que executarem serviços de transporte intermunicipal, interestadual e internacional, que possuírem inscrição centralizada, para fins de escrituração no Registro de Saídas dos documentos emitidos pelas agências, postos, filiais ou veículos, deverão adotar o "Resumo de Movimento Diário", modelo 18, Anexo 61.

§ 1º O Resumo de Movimento Diário deverá ser enviado pelo estabelecimento emitente para o estabelecimento centralizador, no prazo de 03 (três) dias, contados da data da sua emissão.

§ 2º Quando o transportador de passageiros, localizado neste Estado, remeter blocos de bilhetes de passagem para serem vendidos em outra unidade da Federação, o estabelecimento remetente deverá anotar no Registro de Utilização de Documentos Fiscais e Termos de Ocorrências, o número inicial e final dos bilhetes e o local onde serão emitidos, inclusive do Resumo de Movimento Diário, que, após emitidos pelo estabelecimento localizado em outra unidade da Federação, deverão retornar ao estabelecimento de origem para serem escriturados no Registro de Saídas, no prazo de 05 (cinco) dias, contados da data da sua emissão.

§ 3º As empresas de transporte de passageiros poderão emitir, por unidade da Federação, o Resumo de Movimento Diário na sede da empresa, com base em demonstrativo de venda de bilhetes emitidos por quaisquer postos de vendas, cuja escrituração deverá ser efetuada até o 10º (décimo) dia do mês seguinte ao da emissão.

§ 4º Os demonstrativos de vendas de bilhetes, utilizados como suporte para elaboração dos Resumos de Movimento Diário, terão numeração e seriação controladas pela empresa e deverão ser conservados por período não inferior a 05 (cinco) exercícios completos.

Art. 238. O documento referido no artigo anterior conterá as seguintes indicações:

I – a denominação: "Resumo de Movimento Diário";

II – o número de ordem, a série e subsérie e o número da via;

III – a data da emissão;

IV – a identificação do estabelecimento centralizador: o nome, o endereço e os números de inscrição estadual e no CNPJ;

V – a identificação do emitente: o nome, o endereço e os números de inscrição estadual e no CNPJ;

VI – a numeração, a série e subsérie dos documentos emitidos e a denominação do documento;

VII – o valor contábil;

VIII – a codificação: contábil e fiscal;

IX – os valores fiscais: base de cálculo, alíquota e imposto debitado;

X – os valores fiscais sem débito do imposto: isentos ou não-tributados e outros;

XI – a soma das colunas IX e X;

XII – campo destinado a "observações";

XIII – o nome, o endereço e os números da inscrição, estadual e no CNPJ, do impressor do documento, a data e a quantidade de impressão, o número de ordem do primeiro e do último documento impresso e respectivas série e subsérie e o número da Autorização de Impressão de Documentos Fiscais.

§ 1º As indicações dos incisos I, II, IV, V e XIII, serão impressas.

§ 2º O documento de que trata este artigo será de tamanho não inferior a 21,0 cm x 29,5 cm, em qualquer sentido.

§ 3º No caso de uso de catraca, a indicação prevista no inciso VI, será substituída pelo número registrado no contador da catraca, na primeira e na última viagem, bem como pelo número de voltas a 0 (zero).

Art. 239. O Resumo de Movimento Diário deverá ser emitido diariamente, no mínimo, em 02 (duas) vias que terão a seguinte destinação:

I – a 1ª via será enviada pelo emitente ao estabelecimento centralizador, para registro no Registro de Saídas, modelo 2-A, que deverá mantê-la à disposição do Fisco;

II – a 2ª via ficará em poder do emitente para exibição ao Fisco.

Art. 240. Cada estabelecimento, seja matriz, filial, agência ou posto, emitirá o Resumo de Movimento Diário, de acordo com a distribuição efetuada pelo estabelecimento centralizador, registrado no Registro de Utilização de Documentos Fiscais e Termos de Ocorrência, modelo 6, Anexo 39.

Subseção XII
DO CONHECIMENTO DE TRANSPORTE MULTIMODAL DE CARGAS

Art. 241. O Conhecimento de Transporte Multimodal de Cargas, modelo 26, Anexo 55, será utilizado pelo Operador de Transporte Multimodal-OTM, que executar serviço de transporte Intermunicipal, interestadual e internacional de cargas, em veículo próprio, afretado ou por intermédio de terceiros sob sua responsabilidade, utilizando duas ou mais modalidades de transporte, desde a origem até o destino (Lei n. 9.611, de 19 de fevereiro de 1998) (Ajuste SINIEF 06/03).

§ 1º O documento referido no "caput" conterá, no mínimo, as seguintes indicações:

I – a denominação: "Conhecimento de Transporte Multimodal de Cargas";

II – espaço para código de barras;

III – o número de ordem, a série e subsérie e o número da via;

IV – a natureza da prestação do serviço, o Código Fiscal de Operações e Prestações – CFOP e o Código da Situação Tributária;

V – o local e a data da emissão;

VI – a identificação do emitente: o nome, o endereço e os números de inscrição, na unidade federada e no CNPJ;

VII – do frete: pago na origem ou a pagar no destino;

VIII – dos locais de início e término da prestação multimodal, município e UF;

IX – a identificação do remetente: o nome, o endereço e os números de inscrição, na unidade federada e no CNPJ ou CPF;

X – a identificação destinatário: o endereço e os números de inscrição, na unidade federada e no CNPJ ou CPF;

XI – a identificação do consignatário: o nome, o endereço e os números de inscrição, na unidade federada e no CNPJ ou CPF;

XII – a identificação do redespacho: o nome, o endereço e os números de inscrição, na unidade federada e no CNPJ ou CPF;

XIII – a identificação dos modais e dos transportadores: o local de início, de término e da empresa responsável por cada modal;

XIV – a mercadoria transportada: natureza da carga, espécie ou acondicionamento, quantidade, peso em quilograma (kg), metro cúbico (m3) ou litro (l), o número da nota fiscal e o valor da mercadoria;

XV – a composição do frete de modo que permita a sua perfeita identificação;

XVI – o valor total da prestação;

XVII – o valor não tributado;

XVIII – a base de cálculo do ICMS;

XIX – a alíquota aplicável;

XX – o valor do ICMS;

XXI – a identificação do veículo transportador: deverá ser indicada a placa do veículo tracionado, do reboque ou semi-reboque e a placa dos demais veículos ou da embarcação, quando houver;

XXII – no campo "INFORMAÇÕES COMPLEMENTARES": outros dados de interesse do emitente;

XXIII – no campo "RESERVADO AO FISCO": indicações estabelecidas na legislação e outras de interesse do Fisco;

XXIV – a data, a identificação e a assinatura do expedidor;

XXV – a data, a identificação e a assinatura do Operador do Transporte Multimodal;

XXVI – a data, a identificação e a assinatura do destinatário;

XXVII – o nome, o endereço e os números de inscrição, na unidade federada e no CNPJ, do impressor do documento, a data e a quantidade de impressão, o número de ordem do primeiro e do último documento impresso e as respectivas série e subsérie e o número da autorização para impressão dos documentos fiscais.

§ 2º As indicações dos incisos I, III, VI e XXVII do parágrafo anterior serão impressas.

§ 3º O Conhecimento de Transporte Multimodal de Cargas será de tamanho não inferior a 21,0 x 29,7 cm, em qualquer sentido.

§ 4º No transporte de carga fracionada ou na unitização da mercadoria, serão dispensadas as indicações do inciso XXI do § 1º, bem como as vias dos conhecimentos mencionadas no inciso III do § 7º e a via adicional prevista no § 8º, desde que seja emitido o Manifesto de Carga, mod. 25, Anexo 64 de que trata o art. 249.

§ 5º O CTMC será emitido antes do início da prestação do serviço, sem prejuízo da emissão do Conhecimento de Transporte correspondente a cada modal.

§ 6º A prestação do serviço deverá ser acobertada pelo CTMC e pelos Conhecimentos de Transporte correspondente a cada modal.

§ 7º Na prestação de serviço para destinatário localizado na mesma unidade federada de início do serviço, o Conhecimento de Transporte Multimodal de Cargas será emitido, no mínimo, em 4 (quatro) vias, que terão a seguinte destinação:

I – a 1ª via será entregue ao tomador do serviço;

II – a 2ª via ficará fixa ao bloco para exibição ao Fisco;

III – a 3ª via terá o destino previsto na legislação da unidade federada de início do serviço;

IV – a 4ª via acompanhará o transporte até o destino, podendo servir de comprovante de entrega.

§ 8º Na prestação de serviço para destinatário localizado em unidade federada diversa a do início do serviço, o Conhecimento de Transporte Multimodal de Cargas será emitido com uma via adicional (5ª via), que acompanhará o transporte para fins de controle do Fisco do destino.

§ 9º Poderá ser acrescentada via adicional, a partir da 4ª ou 5ª via, conforme o caso, a ser entregue ao tomador do serviço no momento do embarque da mercadoria, a qual poderá ser substituída por cópia reprográfica da 4ª via do documento.

§ 10. Nas prestações de serviço de transporte de mercadorias abrangidas por benefícios fiscais, com destino à Zona Franca de Manaus, havendo necessidade de utilização de via adicional Conhecimento de Transporte Multimodal de Cargas – CTMC, esta poderá ser substituída por cópia reprográfica da 1ª via do documento.

§ 11. Nas prestações internacionais poderão ser exigidas tantas vias do Conhecimento de Transporte Multimodal Cargas, quantas forem necessárias para o controle dos demais órgãos fiscalizadores.

Art. 242. Quando o Operador de Transporte Multimodal – OTM utilizar serviço de terceiros, deverão ser adotados os seguintes procedimentos:

I – o terceiro que receber a carga:

a) emitirá conhecimento de transporte, lançando o frete e o imposto correspondente ao serviço que lhe couber executar, informando de que se trata de serviço multimodal e a razão social e os números de inscrição na unidade federada e no CNPJ do OTM;

b) anexará a 4ª via do conhecimento de transporte emitido na forma da alínea anterior, à 4ª via do conhecimento emitido pelo OTM, os quais acompanharão a carga até o seu destino;

c) entregará ou remeterá a 1ª via do conhecimento de transporte, emitido na forma da alínea "a" deste inciso, ao OTM no prazo de 5 (cinco) dias, contados da data do recebimento da carga;

II – o Operador de Transportador Multimodal de cargas:

a) anotará na via do conhecimento que ficará em seu poder, o nome do transportador, o número, a série e subsérie e a data do conhecimento referido na alínea "a" do inciso I, deste artigo;

b) arquivará em pasta própria os conhecimentos recebidos para efeito de comprovação de crédito do ICMS, quando for o caso.

Subseção XIII
DA ORDEM DE COLETA DE CARGAS

Art. 243. O estabelecimento transportador que executar serviço de coleta de cargas no endereço do remetente, emitirá o documento "Ordem de Coleta de Cargas", modelo 20, Anexo 62.

§ 1º O documento referido neste artigo conterá, no mínimo, as seguintes indicações:

I – a denominação "Ordem de Coleta de Cargas";

II – o número de ordem, série e subsérie e o número da via;

III – o local e a data da emissão;

IV – a identificação do emitente: o nome, o endereço e os números de inscrição estadual e no CNPJ;

V – a identificação do cliente: o nome e o endereço;

VI – a quantidade de volumes a serem coletados;

VII – o número e a data do documento fiscal que acompanha a mercadoria ou bem;

VIII – a assinatura do recebedor;

IX – o nome, o endereço e os números de inscrição, estadual e no CNPJ, do impressor do documento, a data e a quantidade de impressão, o número de ordem do primeiro e do último documento impresso e respectivas série e subsérie e o número da Autorização de Impressão de Documentos Fiscais.

§ 2º As indicações dos incisos I, II, IV e IX do parágrafo anterior serão impressas.

§ 3º A Ordem de Coleta de Cargas será de tamanho não inferior a 14,8 cm x 21 cm, em qualquer sentido.

§ 4º A Ordem de Coleta de Cargas será emitida antes da coleta da mercadoria e destina- se a documentar o trânsito ou transporte, intra ou intermunicipal, de carga coletada do endereço do remetente até o do transportador, para efeito de emissão do respectivo conhecimento de transporte.

§ 5º Quando do recebimento da carga no estabelecimento do transportador que promoveu a coleta, será emitido, obrigatoriamente, o conhecimento de transporte correspondente a cada carga coletada.

§ 6º Quando da coleta de mercadoria ou bem, a Ordem de Coleta de Cargas será emitida, no mínimo, em 03 (três) vias, que terão a seguinte destinação:

I – a 1ª via acompanhará a mercadoria coletada desde o endereço do remetente até o do transportador, devendo ser arquivada após a emissão do respectivo conhecimento de cargas;

II – a 2ª via será entregue ao remetente;

III – a 3ª via ficará fixa ao bloco para exibição ao Fisco.

Subseção XIV
DA AUTORIZAÇÃO DE CARREGAMENTO E TRANSPORTE

REVOGADA (DECRETO Nº 33.952/13 – AJUSTE SINIEF 03/13)

Arts. 244 ao 248. REVOGADO

Subseção XV
DO MANIFESTO DE CARGA

Art. 249. No transporte de carga fracionada, assim entendida a que corresponder a mais de um conhecimento de transporte, serão dispensadas as indicações do inciso X e do § 3º do art. 204, bem como a via do conhecimento mencionada no inciso III do art. 205 e a via adicional prevista no art. 206, desde que seja emitido o Manifesto de Carga, modelo 25, Anexo 64, por veículo, antes do início da prestação do serviço, o qual deverá conter, no mínimo, as seguintes indicações:

I – a denominação "Manifesto de Carga";

II - o número de ordem;

III - a identificação do emitente: o nome, o endereço e os números de inscrição estadual e no CNPJ;

IV - o local e a data da emissão;

V - a identificação do veículo transportador: placa, local e unidade da Federação;

VI - a identificação do condutor do veículo;

VII - os números de ordem, as séries e subséries dos conhecimentos de transporte;

VIII - os números das notas fiscais;

IX - o nome do remetente;

X - o nome do destinatário;

XI - o valor da mercadoria.

Parágrafo único. O Manifesto de Carga será emitido, no mínimo, em 02 (duas) vias, que terão a seguinte destinação:

I - a 1ª via acompanhará o transporte até o destino;

II - a 2ª via ficará fixa ao bloco para exibição ao Fisco.

Subseção XV-A
DO MANIFESTO ELETRÔNICO DE DOCUMENTOS FISCAIS MDF-E

Art. 249-A. O Manifesto Eletrônico de Documentos Fiscais - MDF-e, modelo 58, deverá ser utilizado pelos contribuintes do Imposto sobre Operações Relativas à Circulação de Mercadorias e sobre a Prestação de Serviços de Transporte Interestadual e Intermunicipal e de Comunicação - ICMS, em substituição ao Manifesto de Carga, modelo 25, Anexo 64, previsto no inciso XXII do art. 142 e no art. 249 deste Regulamento (Ajuste SINIEF 21/10).

Art. 249-B. MDF-e é o documento fiscal eletrônico, de existência apenas digital, cuja validade jurídica é garantida pela assinatura digital do emitente e Autorização de Uso de MDF-e pela Secretaria de Estado da Receita.

Art. 249-C. O MDF-e deverá ser emitido:

I - pelo contribuinte emitente de CT-e, modelo 57, de que trata o Ajuste SINIEF 09/07, de 25 de outubro de 2007 (Ajuste SINIEF 10/17);

TRIBUTÁRIO E FINANCEIRO

II – pelo contribuinte emitente de NF-e de que trata o Ajuste SINIEF 07/05, no transporte de bens ou mercadorias realizado em veículos próprios ou arrendados, ou mediante contratação de transportador autônomo de cargas (Ajuste SINIEF 09/15).

§ 1º O MDF-e deverá ser emitido nas situações descritas no «caput» deste artigo e sempre que haja transbordo, redespacho, subcontratação ou substituição do veículo, de contêiner ou inclusão de novas mercadorias ou documentos fiscais, bem como na hipótese de retenção imprevista de parte da carga transportada (Ajuste SINIEF 20/14). (OBS: Efeitos a partir de 01.02.15)

§ 2º Deverão ser emitidos tantos MDF-e distintos quantas forem as unidades federadas de descarregamento, agregando, por MDF-e, os documentos referentes às cargas a serem descarregadas em cada uma delas (Ajuste SINIEF 20/14). (OBS: Efeitos a partir de 01.02.15)

§ 3º Ao estabelecimento emissor de MDF-e fica vedada a emissão do Manifesto de Carga, modelo 25, Anexo 64, previsto no inciso XXII do art. 142 deste regulamento.

§ 4º REVOGADO (Decreto nº 36.286/15).

§ 5º Nos casos de subcontratação, o MDF-e deverá ser emitido exclusivamente pelo transportador responsável pelo gerenciamento deste serviço, assim entendido aquele que detenha as informações do veículo, da carga e sua documentação, do motorista e da logística do transporte (Ajuste SINIEF 06/14).

§ 6º Na hipótese estabelecida no inciso II do «caput» deste artigo, a obrigatoriedade de emissão do MDF-e é do destinatário quando ele é o responsável pelo transporte e está credenciado a emitir NF-e (Ajuste SINIEF 13/14).

§ 7º A critério da Secretaria de Estado da Receita, a emissão do MDF-e poderá ser exigida dos contribuintes de que tratam os incisos I e II do "caput" deste artigo, também, nas operações ou prestações internas (Ajuste SINIEF 03/17).

§ 8º Na hipótese estabelecida no inciso II do "caput" deste artigo, no transporte intermunicipal, fica autorizada a inclusão de NF-e, modelo 55, por meio do evento "Inclusão de Documento Fiscal Eletrônico", em momento posterior ao início da viagem (Ajuste SINIEF 21/18).

§ 9º O transporte de cargas realizado por transportador autônomo de cargas (TAC) pode estar acobertado simultaneamente pelo MDF-e emitido pelo TAC, nos termos do Ajuste SINIEF 37/19, de 13 de dezembro de 2019, e pelo MDF-e emitido pelo seu contratante (Ajuste SINIEF 08/21).

Art. 249-C1. A obrigatoriedade de emissão do MDF-e não se aplica (Ajuste SINIEF 08/21):

I – em operações e prestações realizadas por pessoa física ou jurídica responsável pelo transporte de veículo novo não emplacado, quando este for o próprio meio de transporte, inclusive quando estiver transportando veículo novo não emplacado do mesmo adquirente;

II - na hipótese prevista no inciso II do "caput" do art. 249-C deste Regulamento, nas operações realizadas por:

a) Microempreendedor Individual - MEI, de que trata o art. 18-A da Lei Complementar nº 123, de 14 de dezembro de 2006;

b) pessoa física ou jurídica não inscrita no cadastro de contribuintes do ICMS;

c) produtor rural, acobertadas por Nota Fiscal Avulsa Eletrônica - NFA-e, modelo 55;

d) contratante do serviço de transporte, nos casos em que o transportador autônomo de cargas emita o MDF-e pelo Regime Especial Nota Fiscal Fácil, na forma prevista no Ajuste SINIEF 37/19.

Art. 249-D. O MDF-e deverá ser emitido com base em leiaute estabelecido no Manual de Integração MDF-e - Contribuinte, por meio de software desenvolvido ou adquirido pelo contribuinte, devendo, no mínimo (Ajuste SINIEF 24/17):

I - conter a identificação dos documentos fiscais relativos à carga transportada;

II - ser identificado por chave de acesso composta por código numérico gerado pelo emitente, pelo CNPJ do emitente e pelo número e série do MDF-e;

III - ser elaborado no padrão XML (Extended Markup Language);

IV - REVOGADO (Decreto nº 34.944/14, art. 7º, inciso II);

V - possuir numeração sequencial de 1 a 999.999.999, por estabelecimento e por série, devendo ser reiniciada quando atingido esse limite;

VI - ser assinado digitalmente pelo emitente, com certificação digital realizada dentro da cadeia de certificação da Infraestrutura de Chaves Públicas Brasileira - ICP-Brasil, contendo o número do CNPJ de qualquer dos estabelecimentos do contribuinte.

§ 1º. O contribuinte poderá adotar séries distintas para a emissão do MDF-e, designadas por algarismos arábicos, em ordem crescente, vedada a utilização de subsérie, observado o disposto no MOC (Ajuste SINIEF 06/14).

§ 2º O Fisco poderá restringir a quantidade ou o uso de séries.

Art. 249-E. A transmissão do arquivo digital do MDF-e deverá ser efetuada via Internet, por meio de protocolo de segurança ou criptografia, com utilização de software desenvolvido ou adquirido pelo contribuinte (Ajuste SINIEF 24/17).

§ 1º A transmissão referida no "caput" implica solicitação de concessão de Autorização de Uso de MDF-e.

§ 2º Quando o emitente não estiver credenciado para emissão do MDF-e na unidade federada em que ocorrer o carregamento do veículo ou outra situação que exigir a emissão do MDF-e, a transmissão e a autorização deverão ser feitas por administração tributária em que estiver credenciado.

Art. 249-F. Previamente à concessão da Autorização de Uso do MDF-e a Secretaria de Estado da Receita analisará, no mínimo, os seguintes elementos:

I – a regularidade fiscal do emitente;

II – a autoria da assinatura do arquivo digital;

III – a integridade do arquivo digital;

IV – a observância ao leiaute do arquivo estabelecido no Manual de Integração MDF-e -Contribuinte;

V – a numeração e série do documento.

Art. 249-G. Do resultado da análise referida no art. 249-F a Secretaria de Estado da Receita cientificará o emitente:

I – da rejeição do arquivo do MDF-e, em virtude de:

a) falha na recepção ou no processamento do arquivo;

b) falha no reconhecimento da autoria ou da integridade do arquivo digital;

c) duplicidade de número do MDF-e;

d) erro no número do CNPJ, do CPF ou da IE;

e) outras falhas no preenchimento ou no leiaute do arquivo do MDF-e;

f) irregularidade fiscal do emitente do MDF-e;

II – da concessão da Autorização de Uso do MDF-e.

§ 1º Após a concessão da Autorização de Uso do MDF-e o arquivo do MDF-e não poderá ser alterado.

§ 2º A cientificação de que trata o "caput" será efetuada mediante protocolo disponibilizado ao transmissor, via internet, contendo a chave de acesso, o número do MDF-e, a data e a hora do recebimento da solicitação pela Secretaria de Estado da Receita e o número do protocolo, podendo ser autenticado mediante assinatura digital gerada com certificação digital da Secretaria de Estado da Receita ou outro mecanismo de confirmação de recebimento.

§ 3º Não sendo concedida a Autorização de Uso de MDF-e, o protocolo de que trata o § 2º conterá, de forma clara e precisa, as informações que justifiquem o motivo da rejeição.

§ 4º Rejeitado o arquivo digital, o mesmo não será arquivado na Secretaria de Estado da Receita.

§ 5º A concessão de Autorização de Uso de MDF-e não implica em validação da regularidade fiscal de pessoas, valores e informações constantes no documento autorizado.

Art. 249-H. O arquivo digital do MDF-e só poderá ser utilizado como documento fiscal após ter seu uso autorizado por meio de Autorização de Uso do MDF-e, nos termos do inciso II do art. 249-G.

§ 1º Ainda que formalmente regular, será considerado documento fiscal inidôneo o MDF-e que tiver sido emitido ou utilizado com dolo, fraude, simulação ou erro, que possibilite, mesmo que a terceiro, o não pagamento do imposto ou qualquer outra vantagem indevida.

§ 2º Para os efeitos fiscais, os vícios de que trata o § 1º atingem também o respectivo DAMDFE, impresso nos termos deste Regulamento, que também será considerado documento fiscal inidôneo.

Art. 249-I. É obrigatório o uso do Documento Auxiliar do MDF-e - DAMDFE, conforme leiaute estabelecido no Manual de Integração MDF-e – Contribuinte, para acompanhar a carga durante o transporte e possibilitar às unidades federadas o controle dos documentos fiscais vinculados ao MDF-e.

§ 1º O DAMDFE será utilizado para acompanhar a carga durante o transporte somente após a concessão da Autorização de Uso do MDF-e, de que trata o inciso II do "caput" do art. 249-G, ou na hipótese prevista no art. 249-J (Ajuste SINIEF 10/13).

§ 2º O DAMDFE:

I – deverá ter formato mínimo A4 (210 x 297 mm) e máximo A3 (420 x 297 mm), impresso em papel, exceto papel jornal, de modo que seus dizeres e indicações estejam bem legíveis;

II – conterá código de barras, conforme padrão estabelecido no Manual de Integração MDF-e – Contribuinte;

III – poderá conter outros elementos gráficos, desde que não prejudiquem a leitura do seu conteúdo ou do código de barras por leitor óptico.

§ 3º As alterações de leiaute do DAMDFE permitidas são as previstas no Manual de Orientação do Contribuinte – MDF-e (Ajuste SINIEF 12/13).

TRIBUTÁRIO E FINANCEIRO

§ 4º Na prestação de serviço de transporte de cargas, ficam permitidas a emissão do MDF-e e a impressão do DAMDF-e para os momentos abaixo indicados, relativamente (Ajuste SINIEF 14/14):

I – ao modal aéreo, em até três horas após a decolagem da aeronave, ficando a carga retida, sob responsabilidade do transportador aéreo, até sua emissão (Ajuste SINIEF 03/19);

II – à navegação de cabotagem, após a partida da embarcação, desde que a emissão e a correspondente impressão ocorram antes da próxima atracação;

III – ao modal ferroviário, no transporte de cargas fungíveis destinadas à formação de lote para exportação no âmbito do Porto Organizado de Santos, após a partida da composição, desde que a emissão e a correspondente impressão ocorram antes da chegada ao destino final da carga.

§ 5º No transporte de cargas realizado no modal ferroviário, fica dispensada a impressão do DAMDFE, devendo ser disponibilizado em meio eletrônico, quando solicitado pelo fisco (Ajuste SINIEF 04/17).

Art. 249-J. Quando em decorrência de problemas técnicos não for possível transmitir o arquivo do MDF-e ou obter resposta à solicitação de Autorização de Uso do MDF-e, o contribuinte poderá operar em contingência, gerando novo arquivo indicando o tipo de emissão como contingência, conforme definições constantes no Manual de Integração MDF-e – Contribuinte, e adotar as seguintes medidas:

I – imprimir o DAMDFE em papel comum constando no corpo a expressão: "Contingência";

II – transmitir o MDF-e imediatamente após a cessação dos problemas técnicos que impediram a sua transmissão ou recepção da Autorização de Uso do MDF-e, respeitado o prazo máximo de 168 (cento e sessenta e oito) horas, contadas a partir da emissão do MDF-e (Ajuste SINIEF 12/13);

III – se o MDF-e transmitido nos termos do inciso II vier a ser rejeitado pela administração tributária, o contribuinte deverá:

a) sanar a irregularidade que motivou a rejeição e regerar o arquivo com a mesma numeração e série, mantendo o mesmo tipo de emissão do documento original (Ajuste SINIEF 12/13);

b) solicitar nova Autorização de Uso do MDF-e.

§ 1º Considera-se emitido o MDF-e em contingência no momento da impressão do respectivo DAMDFE em contingência, tendo como condição resolutória a sua autorização de uso (Ajuste SINIEF 12/13).

§ 2º É vedada a reutilização, em contingência, de número do MDF-e transmitido com tipo de emissão normal (Ajuste SINIEF 12/13).

Art. 249-J1. A ocorrência de fatos relacionados com um MDF-e denomina-se "Evento do MDF-e (Ajuste SINIEF 20/14). (OBS: Efeitos a partir de 01.02.15)

§ 1º Os eventos relacionados a um MDF-e são:

I - Cancelamento, conforme disposto no art. 249-K;

II - Encerramento, conforme disposto no art. 249-L;

III- Inclusão de Motorista, conforme disposto no art. 249-L1;

IV - Registro de Passagem;

V - Inclusão de Documento Fiscal Eletrônico, conforme disposto no art. 249-L2 (Ajuste SINIEF 21/18).

§ 2º Os eventos serão registrados:

I - pelas pessoas envolvidas ou relacionadas com a operação descrita no MD-F-e, conforme leiaute e procedimentos estabelecidos no Manual de Orientação do Contribuinte;

II - por órgãos da Administração Pública direta ou indireta, conforme leiaute e procedimentos estabelecidos no Manual de Orientação do Contribuinte.

Art. 249-J2. Na ocorrência dos eventos a seguir indicados fica obrigado o seu registro pelo emitente do MDF-e (Ajuste SINIEF 20/14): (OBS: Efeitos a partir de 01.02.15)

I - Cancelamento de MDF-e;

II - Encerramento do MDF-e;

III - Inclusão de Motorista.

IV - Inclusão de Documento Fiscal Eletrônico (Ajuste SINIEF 21/18).

Art. 249-K. Após a concessão de Autorização de Uso do MDF-e de que trata o art. 249-G, o emitente poderá solicitar o cancelamento do MDF-e, em prazo não superior a vinte e quatro horas, contado do momento em que foi concedida a Autorização de Uso do MDF-e, desde que não tenha iniciado o transporte, observadas as demais normas da legislação pertinente (Ajuste SINIEF 12/13).

§ 1º O cancelamento somente poderá ser efetuado mediante Pedido de Cancelamento de MDF-e, transmitido pelo emitente à administração tributária que autorizou o MDF-e.

§ 2º Para cada MDF-e a ser cancelado deverá ser solicitado um Pedido de Cancelamento de MDF-e distinto, atendido ao leiaute estabelecido no Manual de Integração MDF-e - Contribuinte.

§ 3º O Pedido de Cancelamento de MDF-e deverá ser assinado pelo emitente com assinatura digital certificada por entidade credenciada pela Infraestrutura de Chaves Públicas Brasileira - ICP-Brasil, contendo o CNPJ do estabelecimento emitente ou da matriz, a fim de garantir a autoria do documento digital.

§ 4º A transmissão do Pedido de Cancelamento de MDF-e será efetivada via Internet, por meio de protocolo de segurança ou criptografia, podendo ser realizada por meio de software desenvolvido ou adquirido pelo contribuinte (Ajuste SINIEF 24/17).

§ 5º A cientificação do resultado do Pedido de Cancelamento de MDF-e será feita mediante protocolo disponibilizado ao transmissor, via Internet, contendo, conforme o caso, a "chave de acesso", o número do MDF-e, a data e a hora do recebimento da solicitação pela administração tributária da unidade federada autorizadora do MDF-e e o número do protocolo, podendo ser autenticado mediante assinatura digital gerada com certificação digital por órgão da Secretaria de Estado da Receita ou outro mecanismo de confirmação de recebimento.

§ 6º A critério da Secretaria de Estado da Receita poderá ser recepcionado o pedido de cancelamento de forma extemporânea (Ajuste SINIEF 04/17).

Art. 249-L. O encerramento é o ato que estabelece o fim da vigência do MDF-e, por meio do registro do evento, conforme disposto no Manual de Orientação do Contribuinte - MOC, e deverá ocorrer (Ajuste SINIEF 17/20):

I - após o final do percurso descrito no documento;

II - quando houver transbordo, redespacho, subcontratação ou substituição do veículo ou do contêiner;

III - na hipótese de retenção imprevista e parcial da carga transportada;

IV - no caso de inclusão de novas mercadorias para a mesma UF de descarregamento.

§ 1º O MDF-e pode ser encerrado de ofício pela administração tributária quando, ocorridas as situações descritas no "caput" deste artigo, o contribuinte não tenha providenciado o encerramento ou, ainda, quando entender conveniente (Ajuste SINIEF 04/18).

§ 2º Encerrado o MDF-e, a administração tributária que autorizou o evento de encerramento ou o tenha encerrado de ofício deverá disponibilizá-lo às unidades federadas envolvidas (Ajuste SINIEF 04/18).

Art. 249-L1. Sempre que houver troca, substituição ou inclusão de motorista deverá ser registrado o evento de inclusão de motorista, conforme disposto no Manual de Orientação do Contribuinte - MDF-e (Ajuste SINIEF 20/14). (OBS: Efeitos a partir de 01.02.15)

Parágrafo único. Incluído o motorista, a administração tributária que autorizou o evento deverá disponibilizá-lo às unidades federadas envolvidas.

Art. 249-L2. Na hipótese estabelecida no § 9º do art. 249-C, o emitente deverá registrar o evento "Inclusão de Documento Fiscal Eletrônico", conforme disposto no Manual de Orientação do Contribuinte - MDF-e (Ajuste SINIEF 21/18).

Art. 249-L3. A administração tributária autorizadora de MDF-e poderá suspender, de forma temporária ou definitiva, o acesso aos seus respectivos ambientes autorizadores ao contribuinte que praticar, mesmo que de maneira não intencional, o consumo indevido de tais ambientes em desacordo com os padrões estabelecidos no MOC (Ajuste SINIEF 08/20).

§ 1º A suspensão, que tem por objetivo preservar o bom desempenho dos ambientes autorizadores de MDF-e, aplica-se aos diversos serviços disponibilizados aos contribuintes, impossibilitando, a quem estiver suspenso, o uso daqueles serviços por intervalo de tempo determinado, conforme especificado no MOC.

§ 2º Uma vez decorrido o prazo determinado para a suspensão, o acesso aos ambientes autorizadores será restabelecido automaticamente.

§ 3º A aplicação reiterada de suspensões por tempo determinado, conforme especificado no MOC, a critério da administração tributária autorizadora, poderá determinar a suspensão definitiva do acesso do contribuinte aos ambientes autorizadores.

§ 4º O restabelecimento do acesso aos ambientes autorizadores ao contribuinte que tenha sofrido uma suspensão definitiva dependerá de liberação realizada pela Secretaria de Estado da Fazenda.

Art. 249-L3. A administração tributária autorizadora de MDF-e poderá suspender ou bloquear o acesso ao seu ambiente autorizador ao contribuinte que praticar, mesmo que de maneira não intencional, o consumo de tal ambiente em desacordo com os padrões estabelecidos no MOC (Ajuste SINIEF 35/20).

§ 1º A suspensão ou bloqueio, que tem por objetivo preservar o bom desempenho do ambiente autorizador de MDF-e, aplica-se aos diversos serviços disponibilizados aos contribuintes, impossibilitando seu uso, conforme especificado no MOC.

§ 2º Na hipótese de suspensão, uma vez decorrido seu prazo, o acesso ao ambiente autorizador será restabelecido automaticamente.

§ 3º A aplicação reiterada de suspensões, conforme especificado no MOC, poderá determinar o bloqueio do acesso do contribuinte ao ambiente autorizador.

§ 4º O restabelecimento do acesso aos ambientes autorizadores ao contribuinte que tenha sofrido o bloqueio dependerá de liberação realizada pela SEFAZ-PB.

Art. 249-M. Aplicam-se ao MDF-e, no que couber, as normas previstas para os demais documentos fiscais, e outras disposições tributárias que regulam cada modal.

Art. 249-N. A obrigatoriedade de emissão do MDF-e será imposta aos contribuintes de acordo com o seguinte cronograma:

I – na hipótese de contribuinte emitente do CT-e de que trata o Ajuste SINIEF 09/07, no transporte interestadual de carga fracionada, a partir das seguintes datas (Ajuste SINIEF 10/13)

a) 2 de janeiro de 2014, para os contribuintes que prestam serviço no modal rodoviário relacionados no Anexo 116 deste Regulamento e para os contribuintes que prestam serviço no modal aéreo;

b) 2 de janeiro de 2014, para os contribuintes que prestam serviço no modal ferroviário;

c) 1º de julho de 2014, para os contribuintes que prestam serviço no modal rodoviário, não optantes pelo regime do Simples Nacional e para os contribuintes que prestam serviço no modal aquaviário;

d) 1º de outubro de 2014, para os contribuintes que prestam serviço no modal rodoviário optantes pelo regime do Simples Nacional;

II – na hipótese de contribuinte emitente de NF-e de que trata o Ajuste SINIEF 07/05, no transporte interestadual de bens ou mercadorias acobertadas por mais de uma NF-e, realizado em veículos próprios ou arrendados, ou mediante contratação de transportador autônomo de cargas, a partir das seguintes datas (Ajuste SINIEF 10/13)

a) 3 de fevereiro de 2014, para os contribuintes não optantes pelo regime do Simples Nacional;

b) 1º de outubro de 2014, para os contribuintes optantes pelo regime do Simples Nacional;

III – na hipótese do contribuinte emitente de CT-e, no transporte interestadual de carga lotação, assim entendida a que corresponda a único conhecimento de transporte, ou na hipótese do contribuinte emitente de NF-e, no transporte interestadual de bens ou mercadorias acobertadas por uma única NF-e, realizado em veículos próprios do emitente ou arrendados, ou mediante contratação de transportador autônomo de cargas, a partir de 4 de abril de 2016 (Ajuste SINIEF 22/17). (OBS: efeitos a partir de 01.01.18);

IV – na hipótese de contribuinte emitente do CT-e no transporte intermunicipal de cargas e na hipótese de contribuinte emitente de NF-e no transporte intermunicipal de bens ou mercadorias acobertadas por NF-e, realizadas em veículos próprios ou arrendados, ou mediante contratação de transportador autônomo de cargas, a partir de 6 de abril de 2020 (Ajuste SINIEF 23/19).

§ 1º Portaria do Secretário de Estado da Receita poderá antecipar a obrigatoriedade de emissão de MDF-e para os contribuintes emitentes de CT-e, de que trata o Ajuste SINIEF 09/07, ou de NF-e, de que trata o Ajuste SINIEF 07/05, que em território paraibano tenha (Ajuste SINIEF 24/13):

I – sido iniciada a prestação do serviço de transporte;

II – ocorrido a saída da mercadoria, na hipótese de emitente de NF-e.

§ 2º REVOGADO.

Art. 249-N1. REVOGADO (Decreto nº 40.641/20 – DOE de 15.10.2020)

Seção IV
DOS DOCUMENTOS FISCAIS RELATIVOS À PRESTAÇÃO DE SERVIÇOS DE COMUNICAÇÃO

Subseção I
DA NOTA FISCAL DE SERVIÇO DE COMUNICAÇÃO

Art. 250. A Nota Fiscal de Serviço de Comunicação, modelo 21, Anexo 21, será utilizada por quaisquer estabelecimentos que prestem serviço de comunicação.

Art. 251. O documento referido no artigo anterior conterá, no mínimo, as seguintes indicações:

I – a denominação: "Nota Fiscal de Serviço de Comunicação", observado o disposto no art. 256;

II – o número de ordem, a série e subsérie e o número da via;

III– a natureza da prestação do serviço, acrescida do respectivo código fiscal;

IV – a data de emissão;

V – a identificação do emitente: o nome, o endereço e os números de inscrição estadual e no CNPJ;

VI – a identificação do destinatário: o nome, o endereço e os números de inscrição estadual e no CNPJ ou no CPF;

VII – a discriminação do serviço prestado, de modo que permita sua perfeita identificação;

VIII – o valor do serviço prestado, bem como acréscimo a qualquer título;

IX – o valor total da prestação;

X – a base de cálculo do imposto;

XI – a alíquota aplicável;

XII – o valor do imposto;

XIII – a data ou o período da prestação dos serviços;

XIV – o nome, o endereço e os números de inscrição, estadual e no CNPJ, do impressor da nota, a data e quantidade de impressão, o número de ordem da primeira e da última nota impressa e respectivas série e subsérie e o número da Autorização de Impressão de Documentos Fiscais;

XV – a data limite para utilização, quando a Secretaria de Estado da Receita fizer uso da prerrogativa prevista no inciso II do art. 156.

§ 1º As indicações dos incisos I, II, V, XIV e XV serão impressas.

§ 2º A Nota Fiscal de Serviço de Comunicação será de tamanho não inferior a 14,8 cm x 21 cm, em qualquer sentido.

Art. 252. Na prestação interna de serviço de comunicação, a Nota Fiscal de Serviço de Comunicação será emitida em 02 (duas) vias, que terão a seguinte destinação:

I – a 1ª via será entregue ao usuário do serviço;

II – a 2ª via ficará fixa ao bloco para exibição ao Fisco.

Parágrafo único. A Secretaria de Estado da Receita poderá exigir vias adicionais.

Art. 253. Na prestação interestadual de serviço de comunicação, a Nota Fiscal de Serviço de Comunicação será emitida, no mínimo, em 03 (três) vias, que terão a seguinte destinação:

I – a 1ª via será entregue ao usuário do serviço;

II – a 2ª via destinar-se-á ao controle do Fisco da unidade da Federação de destino;

III – a 3ª via ficará fixa ao bloco para exibição ao Fisco.

Art. 254. Na prestação internacional de serviço de comunicação, poderão ser exigidas tantas vias da Nota Fiscal de Serviço de Comunicação quantas forem necessárias para o controle dos demais órgãos fiscalizadores.

Art. 255. A Nota Fiscal de Serviço de Comunicação será emitida no ato da prestação do serviço.

Parágrafo único. Na impossibilidade de emissão de uma nota fiscal para cada um dos serviços prestados, estes poderão ser englobados em um único documento, abrangendo um período nunca superior ao fixado para apuração do imposto.

Art. 256. A Nota Fiscal de Serviço de Comunicação poderá servir como fatura, feita a inclusão dos elementos necessários, caso em que a denominação passará a ser "Nota Fiscal-Fatura de Serviço de Comunicação".

Subseção II
DA NOTA FISCAL DE SERVIÇO DE TELECOMUNICAÇÕES

Art. 257. A Nota Fiscal de Serviço de Telecomunicações, modelo 22, Anexo 22, será utilizada por quaisquer estabelecimentos que prestem serviços de telecomunicações.

Art. 258. O documento referido no artigo anterior conterá, no mínimo, as seguintes indicações:

I - a denominação: "Nota Fiscal de Serviço de Telecomunicações", observado o disposto no § 3º;

II - o número de ordem, a série e subsérie e o número da via;

III - a classe do usuário do serviço: residencial ou não residencial;

IV - a identificação do emitente: o nome, o endereço e os números de inscrição estadual e no CNPJ;

V - a identificação do usuário: o nome e o endereço;

VI - a discriminação do serviço prestado de modo que permita sua perfeita identificação;

VII - o valor do serviço prestado bem como outros valores cobrados a qualquer título;

VIII - o valor total da prestação;

IX - a base de cálculo do imposto;

X - a alíquota aplicável;

XI - o valor do imposto;

XII - a data ou o período da prestação do serviço;

XIII - o nome, o endereço e os números de inscrição, estadual e no CNPJ, do impressor da nota, a data e a quantidade de impressão, o número de ordem da primeira e da última nota impressa e respectivas série e subsérie, e o número da Autorização de Impressão de Documentos Fiscais;

XIV - a data limite para utilização, quando a Secretaria de Estado da Receita fizer uso da prerrogativa prevista no inciso II do art. 156.

§ 1º As indicações dos incisos I, II, IV, XIII e XIV serão impressas.

§ 2º A Nota Fiscal de Serviço de Telecomunicações será de tamanho não inferior a 15 cm x 9 cm, em qualquer sentido.

§ 3º A Nota Fiscal de Serviço de Telecomunicações poderá servir como fatura, feita a inclusão dos elementos necessários, caso em que a denominação passará a ser «Nota Fiscal-Fatura de Serviço de Telecomunicações».

Art. 259. A Nota Fiscal de Serviço de Telecomunicações será emitida, no mínimo, em 02 (duas) vias, que terão a seguinte destinação:

I – a 1ª via será entregue ao usuário;

II – a 2ª via ficará em poder do emitente para exibição ao Fisco.

Parágrafo único. A 2ª via poderá ser dispensada, a critério da Secretaria de Estado da Receita, desde que o estabelecimento emitente mantenha em arquivo magnético ou listagem os dados relativos à Nota Fiscal de Serviço de Telecomunicações.

Art. 260. A Nota Fiscal de Serviço de Telecomunicações será emitida por serviço prestado ou no final do período de prestação do serviço, quando este for medido periodicamente.

Parágrafo único. Em razão do pequeno valor do serviço prestado, poderá ser emitida Nota Fiscal de Serviço de Telecomunicação englobando os serviços prestados em mais de um período de medição, desde que não ultrapasse a doze meses (Convênio ICMS 87/95).

Seção V
DA GUIA NACIONAL DE RECOLHIMENTO DE TRIBUTOS ESTADUAIS

Art. 261. A Guia Nacional de Recolhimento de Tributos Estaduais – GNRE, modelo 23, Anexo 45, será utilizada para recolhimento de tributos devidos a outra unidade da Federação e conterá as indicações discriminadas na instrução de preenchimento aposta em seu verso (Ajuste SINIEF 11/97).

§ 1° A GNRE obedecerá às seguintes especificações gráficas:

I – medidas:

a) 10,5 x 21,0 cm, quando impressa em formulário plano;

b) 10,2 x 24,0 cm, quando impressa em formulário contínuo;

II – será utilizado papel sulfite (apergaminhado) branco, de primeira qualidade, gramatura de 75 gramas por metro quadrado;

III - o texto e a tarja da "GUIA NACIONAL DE RECOLHIMENTO DE TRIBUTOS ESTADUAIS - GNRE serão impressos na cor preta.

§ 2° A GNRE será emitida em 3 vias com a seguinte destinação:

I - a 1ª via será remetida pelo agente arrecadador ao Fisco da unidade da Federação favorecida;

II - a 2ª via ficará em poder do contribuinte;

III - a 3ª via será retida pelo Fisco federal, por ocasião do despacho aduaneiro ou da liberação da mercadoria na importação, ou pelo Fisco da unidade da Federação destinatária, no caso da exigência do recolhimento imediato, hipótese em que acompanhará o trânsito da mercadoria.

§ 3° Cada via conterá impressa a sua própria destinação na margem esquerda, observado, ainda, que as vias não se substituem nas suas respectivas destinações.

§ 4° As empresas interessadas ficam autorizadas a imprimir e comercializar a GNRE, desde que, ao imprimirem o documento, indiquem no rodapé do formulário sua razão social e o respectivo número de inscrição no Cadastro Nacional da Pessoa Jurídica - CNPJ/MF e atendam as especificações técnicas de que tratam os parágrafos anteriores, fazendo, também, menção ao art. 261, deste Regulamento.

§ 5° Fica autorizada a emissão da GNRE por meio eletrônico, desde que atenda às especificações mencionadas no parágrafo anterior.

§ 6º A Guia Nacional de Recolhimento de Tributos Estaduais - GNR, instituída pelo Ajuste SINIEF 06/89, de 21.02.89, poderá ser utilizada até 31 de março de 1998.

Art. 261-A. A Guia Nacional de Recolhimento de Tributos Estaduais On-Line - GNRE On-Line, modelo 28, Anexo 119, será utilizada para recolhimento de tributos devidos a unidade federada diversa da do domicílio do contribuinte (Ajuste SINIEF 01/10).

§ 1º A emissão da GNRE On-Line obedecerá ao seguinte:

I– será emitida, exclusivamente, através do Portal GNRE no sítio www.gnre.pe.gov.br, com validação nos sistemas internos de cada Secretaria Estadual;

II - será impressa em 2 (duas) e no máximo de 3 (três) vias, exclusivamente, em papel formato A4;

§ 2º As vias impressas da GNRE On-Line terão a seguinte destinação:

I - a primeira via será retida pelo agente arrecadador;

TRIBUTÁRIO E FINANCEIRO

II – a segunda via ficará em poder do contribuinte;

III – a terceira via, quando impressa, será retida pelo Fisco federal, por ocasião do despacho aduaneiro ou da liberação da mercadoria na importação, ou pelo fisco estadual da unidade da Federação destinatária, no caso da exigência do recolhimento imediato, hipótese em que acompanhará o trânsito da mercadoria.

§ 3º Cada via conterá impressa a sua própria destinação na parte inferior direita do documento, observando, ainda, que as vias não se substituem nas suas respectivas destinações.

§ 4º Na emissão da GNRE On-Line, a Secretaria de Estado da Receita poderá, também, exigir o código de classificação da receita estadual associado ao Código de Receita a que se refere o Ajuste SINIEF 01/10, hipótese em que será obrigatória a sua informação.

Capítulo IV
DOS DOCUMENTOS DE INFORMAÇÕES ECONÔMICO-FISCAIS

Seção I
DOS DOCUMENTOS DE INFORMAÇÃO EM GERAL

Art. 262. Os estabelecimentos inscritos no Cadastro de Contribuintes do ICMS apresentarão os seguintes documentos de informações econômico-fiscais:

I – Guia de Informação Mensal do ICMS – GIM, Anexo 46;

II – Guia de Informação sobre o Valor Adicionado-GIVA, modelo 01, Anexo 47, exceto, para os contribuintes enquadrados no regime de apuração normal e os optantes pelo Simples Nacional;

III – REVOGADO (Decreto nº 37.416/17); IV – REVOGADO (Decreto nº 22.320/01); V – REVOGADO (Decreto nº 21.713/01);

VI – Guia Nacional de Informação e Apuração do ICMS – Substituição Tributária (GIA-ST), Anexo 101 (Ajustes SINIEF 04/93 e 8/99);

VII – Escrituração Fiscal Digital – EFD, conforme legislação vigente (Decreto nº 34.333/13).

Parágrafo único. A GIA-ST a que se refere o inciso VI deste artigo deve ser remetida, em meio magnético, pelo sujeito passivo por substituição tributária, à Gerência Operacional de Fiscalização da Substituição Tributária e Comércio Exterior da Secretaria de Estado da Receita, até o dia 10 (dez) do mês subsequente ao da apuração do imposto, ainda que no período não tenham ocorrido operações sujeitas à substituição tributária, hipótese em que deverá assinalar o campo 1, correspondente à expressão "GIA-ST SEM MOVIMENTO.

Seção II
DA GUIA DE INFORMAÇÃO MENSAL DO ICMS GIM

Art. 263. Os contribuintes do imposto, excetuados os produtores rurais não equiparados a comerciante ou industrial e os obrigados a entregar a Escrituração Fiscal Digital - EFD, apresentarão a Guia de Informação Mensal do ICMS - GIM, conforme especificações técnicas previstas nos Anexos 06 e 46, até o período de apuração de dezembro de 2018.

§ 1º A GIM será entregue mensalmente e deverá conter declaração do movimento relativo ao mês imediatamente anterior ao da entrega, devendo cada estabelecimento apresentar declaração separadamente.

§ 2º A GIM será entregue exclusivamente em meio magnético: I - na repartição fiscal do domicílio do contribuinte;

II - através da internet, pelo endereço www.receita.pb.gov.br, até às 23h59, do dia estabelecido para a entrega.

§ 3º O prazo para entrega da GIM será o seguinte:

I- até o dia 12 (doze) do mês subsequente ao da apuração, para os contribuintes com regime de recolhimento normal, observado o disposto no inciso I do art. 562;

II- até o dia 20 (vinte) do mês subsequente ao da apuração, para os contribuintes com regime de recolhimento diverso do normal.

§ 4º No caso de encerramento de atividades, a GIM deverá ser apresentada com o pedido de baixa de inscrição.

§ 5º A GIM correspondente ao mês seguinte ao de encerramento do balanço deverá conter, além das informações regulares, os seguintes elementos:

I - valores totais dos estoques, inicial e final, do exercício correspondente, que deverão ser separados em grupos de mercadorias:

a) tributáveis;

b) não-tributáveis e isentas;

c) com substituição tributária;

d) outras não compreendidas nas alíneas anteriores;

II - as disponibilidades financeiras em caixa e em bancos;

III - as despesas administrativas e gerais do exercício correspondente.

§ 6º REVOGADO (Decreto nº 21.713/01).

§ 7º O arquivo magnético, com as informações fiscais geradas pelo contribuinte, deverá ser legível, consistente e sem divergência de valores, compatível com o sistema de processamento de dados da Secretaria de Estado da Receita e conter o movimento mensal transcrito no Registro de Apuração do ICMS, observado o seguinte:

I- os contribuintes usuários de sistema de processamento eletrônico de dados, para emissão de documentos fiscais e escrituração fiscal, deverão gerar o arquivo no "lay out" constante dos Anexos 06 e 46 deste Regulamento;

II- os contribuintes que não utilizam escrituração fiscal ou emissão de documentos fiscais por sistema de processamento eletrônico de dados deverão gerar o arquivo utilizando o novo programa da GIM (Módulo Digitação).

§ 8º É facultada a entrega das GIM's, em um só meio magnético, correspondentes a vários contribuintes desde que geradas pela mesma fonte prestadora do serviço de organização contábil.

§ 9º Considerar-se-á como não entregue a GIM cujo arquivo esteja ilegível, contenha incorreções ou esteja fora das especificações técnicas exigidas, de modo que tais ocorrências invalidem a clareza das informações nele contidas.

§ 10. O Secretário Executivo da Receita poderá baixar outras normas complementares disciplinando a entrega e a utilização do documento de que trata o "caput" deste artigo.

§ 11. Na hipótese de GIM retificadora, a apresentação deverá ser efetuada antes do início de procedimento fiscal, podendo a autoridade fiscal, para análise da alteração, exigir documentos fiscais que a comprovem (Decreto nº 30.307/09).

§ 12. REVOGADO (Decreto nº 30.307/09).

§ 13. Considera-se produtores rurais não equiparados a comerciante ou industrial, para efeito deste artigo, os contribuintes pessoa física, sem organização administrativa-fiscal, cuja receita bruta anual seja igual ao da microempresa, na forma da legislação estadual.

§ 14. Os contribuintes referidos no "caput" deste artigo, em substituição à GIM, passarão a entregar a Escrituração Fiscal Digital - EFD.

§ 15. A entrega de que trata o § 14 deste artigo alcançará todos os estabelecimentos com o mesmo radical do Cadastro Nacional de Pessoas Jurídicas (CNPJ).

§ 16. O contribuinte a que se refere o § 14 deste artigo, conforme determinação da Secretaria de Estado da Receita, deverá ser enquadrado no Perfil "B", obedecendo ao disposto no art. 5º do Decreto nº 30.478, de 28 de julho de 2009.

§ 17. Os contribuintes optantes pelo Regime Especial Unificado de Arrecadação de Tributos e Contribuições devidos pelas Microempresas e Empresas de Pequeno Porte - Simples Nacional que possuam faturamento, no exercício de 2018 e subsequentes, igual ou inferior a R$ 120.000,00 (cento e vinte mil reais) ficarão dispensados da entrega da EFD a partir de 1º de janeiro de 2019.

Seção III
DA GUIA DE INFORMAÇÃO SOBRE O VALOR ADICIONADO GIVA

Art. 264. Os estabelecimentos inscritos no Cadastro de Contribuintes do ICMS, exceto os contribuintes enquadrados no regime de apuração normal do imposto e os optantes pelo Simples Nacional, deverão apresentar à repartição fiscal de seu domicílio a Guia de Informação sobre o Valor Adicionado-GIVA, modelo 01, Anexo 47, contendo declaração do movimento comercial do estabelecimento no ano imediatamente anterior ao da entrega.

§ 1º A GIVA será entregue em arquivo magnético até o dia 31 de março de cada ano, devendo ser gerado através do programa da GIVA e transmitido pela INTERNET, mediante programa de transmissão de arquivos, nas versões indicadas pela Secretaria de Estado da Receita, disponibilizados através do endereço, http://www.paraiba.pb.gov.br, link "Receita".

§ 2º Caso o contribuinte não disponha de INTERNET poderá se dirigir à repartição fiscal do seu domicílio para:

I - receber o programa da GIVA; II - transmitir sua declaração.

§ 3º REVOGADO (Decreto nº 36.213/15).

§ 4º No caso de GIVA retificadora, o prazo para entrega, sem multa, será até o dia 30 de julho do ano da apuração, salvo quando a retificação for realizada mediante processo de impugnacão que tenha como parte prefeituras municipais ou quando for detectada, por esta Secretaria, inexatidão dos dados apresentados na declaração entregue.

§ 5º No caso de encerramento de atividade, a GIVA será apresentada juntamente com o pedido de baixa de inscrição.

§ 6º É facultada a entrega da GIVA, em um só meio magnético, correspondente a vários contribuintes desde que geradas pela mesma fonte prestadora do serviço de organização contábil.

§ 7º O Secretário de Estado da Receita baixará normas complementares visando o disciplinamento da utilização do documento de que trata o "caput" deste artigo.

§ 8º Os contribuintes, pessoas físicas, que sejam produtores rurais, cuja receita bruta anual seja inferior a R$ 360.000,00 (trezentos e sessenta mil reais), ficam dis-

TRIBUTÁRIO E FINANCEIRO

pensados do cumprimento das disposições contidas neste artigo, desde que não possuam autorização para emissão de documentos fiscais eletrônicos ou notas fiscais de qualquer modelo.

§ 9º Para fins de apuração do Índice de Participação os Municípios - IPM, as informações correspondentes à GIVA anual dos contribuintes desobrigados serão preenchidas automaticamente com as informações referentes às entradas e às saídas disponíveis nos sistemas de dados da Secretaria de Estado da Receita.

§ 10. Portaria do Secretário poderá disciplinar prazos e outras situações não previstas neste artigo.

Seção IV
DA FICHA DE CONTEÚDO DE IMPORTAÇÃO
FCI

Art. 265. A partir de 1º de outubro de 2013, no caso de operações com bens ou mercadorias importados que tenham sido submetidos a processo de industrialização, o contribuinte industrializador deverá preencher a Ficha de Conteúdo de Importação - FCI, Anexo 118 - Ficha de Conteúdo de Importação - FCI, deste Regulamento, na qual deverá constar (Convênios ICMS 38/13 e 88/13)

I – a descrição da mercadoria ou bem resultante do processo de industrialização;

II – o código de classificação na Nomenclatura Comum do MERCOSUL - NCM/SH;

III – o código do bem ou da mercadoria;

IV – o código GTIN (Numeração Global de Item Comercial), quando o bem ou mercadoria possuir;

V – a unidade de medida;

VI – o valor da parcela importada do exterior;

VII – o valor total da saída interestadual;

VIII – o Conteúdo de Importação calculado nos termos do § 5º do art. 13 deste Regulamento.

§ 1º Com base nas informações descritas nos incisos I a VIII do "caput" deste artigo, a FCI deverá ser preenchida e entregue, nos termos do § 8º deste artigo:

I – de forma individualizada por bem ou mercadoria produzidos;

II – utilizando-se o valor unitário, que será calculado pela média aritmética ponderada, praticado no penúltimo período de apuração.

§ 2º A FCI será apresentada mensalmente, sendo dispensada nova apresentação nos períodos subsequentes enquanto não houver alteração do percentual do Conteúdo de Importação que implique modificação da alíquota interestadual.

§ 3º Na hipótese de não ter ocorrido saída interestadual no penúltimo período de apuração indicado no inciso II do § 1º deste artigo, o valor referido no inciso VII do caput deste artigo deverá ser informado com base nas saídas internas, excluindo-se os valores do ICMS e do IPI.

§ 4º Na hipótese de não ter ocorrido operação de importação ou de saída interna no penúltimo período de apuração indicado no inciso II do § 1º deste artigo, para informação dos valores referidos, respectivamente, nos incisos VI ou VII do "caput" deste artigo, deverá ser considerado o último período anterior em que tenha ocorrido a operação.

§ 5º A apresentação da FCI e sua informação na Nota Fiscal Eletrônica - NF-e é obrigada, também, na operação interna.

§ 6º Na hipótese do § 5º, na operação interna serão utilizados os mesmos critérios previstos nos §§ 3º e 4º deste artigo para determinação do valor de saída.

§ 7º No preenchimento da FCI deverá ser observado ainda o disposto em Ato COTEPE/ICMS.

§ 8º Na hipótese de produto novo, para fins de cálculo do Conteúdo de Importação, serão considerados (Convênio ICMS 76/14):

I - valor da parcela importada, o referido no inciso VI do "caput" deste artigo, apurado conforme o inciso II do § 5º do art. 13 deste Regulamento;

II - valor total da saída interestadual, o referido no inciso VII do "caput" deste artigo, informado com base no preço de venda, excluindo-se os valores do ICMS e do IPI.

§ 9º ao 12 REVOGADO (Decreto nº 35.513/14).

Art. 265-A. O contribuinte sujeito ao preenchimento da FCI deverá prestar a informação à unidade federada de origem por meio de declaração em arquivo digital com assinatura digital do contribuinte ou seu representante legal, certificada por entidade credenciada pela Infraestrutura de Chaves Públicas Brasileira - ICP-Brasil (Convênio ICMS 38/13).

§ 1º O arquivo digital de que trata o "caput" deste artigo deverá ser enviado via internet para o ambiente virtual indicado pela unidade federada do contribuinte por meio de protocolo de segurança ou criptografia, com utilização de software desenvolvido ou adquirido pelo contribuinte ou disponibilizado pela administração tributária.

§ 2º Uma vez recepcionado o arquivo digital pela administração tributária, será automaticamente expedido recibo de entrega e número de controle da FCI, o qual deverá ser indicado pelo contribuinte nos documentos fiscais de saída que realizar com o bem ou mercadoria descrito na respectiva declaração.

§ 3º A informação prestada pelo contribuinte será disponibilizada para as unidades federadas envolvidas na operação.

§ 4º A recepção do arquivo digital da FCI não implicará reconhecimento da veracidade e legitimidade das informações prestadas, ficando sujeitas à homologação posterior pela administração tributária.

Art. 265-B. Nas operações interestaduais com bens ou mercadorias importados que tenham sido submetidos a processo de industrialização no estabelecimento do emitente, deverá ser informado o número da FCI em campo próprio da Nota Fiscal Eletrônica - NF-e (Convênios ICMS 38/13 e 88/13).

Parágrafo único. Nas operações subsequentes com bens ou mercadorias importados não submetidos a processo de industrialização, o estabelecimento emitente da NF-e deverá transcrever o número da FCI contido no documento fiscal relativo à operação anterior.

Art. 265-C. O contribuinte que realize operações interestaduais com bens e mercadorias importados ou com Conteúdo de Importação deverá manter sob sua guarda pelo período decadencial os documentos comprobatórios do valor da importação ou, quando for o caso, do cálculo do Conteúdo de Importação, contendo, no mínimo (Convênio ICMS 38/13):

I - descrição das matérias-primas, materiais secundários, insumos, partes e peças, importados ou que tenham Conteúdo de Importação, utilizados ou consumidos no processo de industrialização, informando ainda:

a) o código de classificação na Nomenclatura Comum do MERCOSUL - NCM/SH;

b) o código GTIN (Numeração Global de Item Comercial), quando o bem ou mercadoria possuir;

c) as quantidades e os valores;

II- o Conteúdo de Importação calculado nos termos do § 5º do art. 13 deste Regulamento, quando existente;

III - o arquivo digital de que trata o art. 265-A deste Regulamento, quando for o caso.

Art. 265-D. Na hipótese de revenda de bens ou mercadorias, não sendo possível identificar, no momento da saída, a respectiva origem, para definição do Código da Situação Tributária - CST deverá ser adotado o método contábil PEPS (Primeiro que Entra, Primeiro que Sai) (Convênio ICMS 38/13).

Art. 265-E. Enquanto não forem criados campos próprios na NF-e para preenchimento da informação de que trata o art. 265-B deste Regulamento, deverá ser informado no campo "Dados Adicionais do Produto" (TAG 325 - infAdProd), por bem ou mercadoria, o número da FCI do correspondente item da NF-e, bem como o percentual correspondente ao valor da parcela importada, com a expressão: "Resolução do Senado Federal nº 13/12, Número da FCI(-Convênio ICMS 88/13).

Seção V
DA GUIA DE INFORMAÇÃO DAS OPERAÇÕES E PRESTAÇÕES INTERESTADUAIS GI/ICMS

Art. 266. REVOGADO (Decreto nº 21.713/01).

Capítulo V
DOS LIVROS FISCAIS

Seção I
DOS LIVROS EM GERAL

Art. 267. Os contribuintes e demais pessoas obrigadas à inscrição deverão manter, em cada um dos estabelecimentos, os seguintes livros fiscais de conformidade com as operações que realizarem:

I - Registro de Entradas, modelo 1;

II - Registro de Entradas, modelo 1-A;

III - Registro de Saídas, modelo 2;

IV - Registro de Saídas, modelo 2-A;

V - Registro de Controle da Produção e do Estoque, modelo 3;

VI - Registro de Impressão de Documentos Fiscais, modelo 5;

VII - Registro de Utilização de Documentos Fiscais e Termos de Ocorrências, modelo 6;

VIII - Registro de Inventário, modelo 7;

IX - Registro de Apuração do ICMS, modelo 9;

X - Livro de Movimentação de Combustíveis;

XI - Livro Caixa.

§ 1º Os livros fiscais obedecerão aos modelos anexos, que fazem parte integrante deste Regulamento.

§ 2º Os livros Registro de Entradas, modelo 1, e Registro de Saídas, modelo 2, serão utilizados pelos contribuintes sujeitos, simultaneamente, às legislações do IPI e do ICMS.

§ 3º Os livros Registro de Entradas, modelo 1-A, e Registro de Saídas, modelo 2-A, serão utilizados pelos contribuintes sujeitos apenas à legislação do ICMS.

§ 4º O Registro de Controle da Produção e do Estoque será utilizado pelos estabelecimentos industriais ou a eles equiparados pela legislação federal, e pelos atacadistas, podendo, a critério da Secretaria de Estado da Receita, ser exigido de estabelecimentos de contribuintes de outros setores, com as adaptações necessárias.

§ 5º O Registro de Impressão de Documentos Fiscais será utilizado pelos estabelecimentos que confeccionarem documentos fiscais para terceiros ou para uso próprio.

§ 6º O Registro de Utilização de Documentos Fiscais e Termos de Ocorrências será utilizado por todos os estabelecimentos obrigados à emissão de documentos fiscais.

§ 7º O Registro de Inventário será utilizado por todos os estabelecimentos que mantenham mercadorias em estoque.

§ 8º O Registro de Apuração do ICMS será utilizado por todos os estabelecimentos inscritos como contribuintes do imposto.

§ 9º O livro referido no § 8º deste artigo será dispensado quando se tratar de produtor agropecuário.

§ 10. Relativamente aos livros fiscais referidos neste artigo, o contribuinte poderá acrescentar outras indicações de seu interesse, desde que não prejudiquem a clareza dos modelos oficiais.

§ 11. Para o Livro de Movimentação de Combustíveis de que trata o inciso X, quanto ao seu modelo e forma de escrituração, observar-se-á, no que couber, além do previsto neste Regulamento, as normas expedidas pelos órgãos federais competentes (Decreto nº 29.006/07).

§ 12. O livro Caixa de que trata o inciso XI deste artigo, será utilizado para registro diário do fluxo das receitas e despesas da empresa, inclusive a escrituração bancária, observado o disposto nos §§ 13 e 14 deste artigo.

§ 13. A escrituração do livro a que se refere o § 12 será completa, em idioma e moeda corrente nacionais, em forma mercantil, com individualização e clareza, por ordem cronológica de dia, mês e ano, sem intervalos em branco, nem entrelinhas, borraduras, rasuras, emendas e transportes para as margens.

§ 14. O Livro Caixa deverá conter, além das exigências constantes do § 13 deste artigo, o seguinte:

I - termo de abertura;

II - termo de encerramento;

III - assinaturas do contabilista responsável e do proprietário ou sócio da empresa;

IV - folhas numeradas tipograficamente e em ordem sequencial;

V - encadernação.

§ 15. Os produtores rurais de que trata o § 8º do art. 264 deste Regulamento, ficam dispensados da apresentação dos livros fiscais previstos neste artigo.

Art. 268. Os livros fiscais, que serão impressos e de folhas numeradas tipograficamente, em ordem crescente, só serão usados depois de visados pela repartição do domicílio fiscal do contribuinte.

§ 1º Os livros fiscais terão suas folhas encadernadas, de forma a impedir sua substituição.

§ 2º O «visto» será gratuito e aposto em seguida ao termo de abertura lavrado pelo contribuinte, juntamente com a apresentação do livro anterior a ser encerrado, desde que não se trate de início de atividade.

§ 3º Para os efeitos do parágrafo anterior, os livros a serem encerrados serão exibidos à repartição competente do Fisco dentro de 05 (cinco) dias, contados da data do último lançamento.

§ 4º A Secretaria de Estado da Receita poderá dispensar o "visto" ou substituí-lo por outro meio de controle previsto na legislação (Ajuste SINEF 10/10).

Art. 269. Os lançamentos nos livros fiscais serão feitos à tinta, com clareza, não podendo a escrituração atrasar-se por mais de 05 (cinco) dias, ressalvados os livros com prazos especiais de escrituração.

§ 1º Os livros fiscais não poderão conter emendas ou rasuras e seus lançamentos serão somados nos prazos estabelecidos.

§ 2º Quando não houver período expressamente previsto, os livros fiscais serão somados no último dia útil de cada mês.

§ 3º REVOGADO (Decreto nº 36.128/15).

Art. 270. O contribuinte que mantiver mais de um estabelecimento, seja filial, sucursal, agência, depósito, fábrica ou outro qualquer, manterá em cada estabelecimento escrituração distinta dos livros fiscais, vedada sua centralização, ressalvados os casos previstos neste Regulamento.

Art. 271. Sem prévia autorização da Gerência Regional da Receita Estadual, os livros fiscais não poderão ser retirados do estabelecimento, salvo para serem levados à repartição fiscal ou quando requisitados pelo Fisco, mediante a lavratura de termo específico, observado o disposto nos arts. 274 e 275 deste Regulamento.

§ 1º Presume-se retirado do estabelecimento o livro que não for exibido ao Fisco, quando solicitado.

§ 2º Os auditores fiscais arrecadarão, mediante termo, todos os livros encontrados fora do estabelecimento e os devolverão aos contribuintes, adotando-se, no ato da devolução, as providências fiscais cabíveis.

Art. 272. REVOGADO (Decreto nº 36.733/16).

Art. 273. Nos casos de fusão, incorporação, transformação ou aquisição, o novo titular do estabelecimento deverá transferir para seu nome, por intermédio da repartição de seu domicílio e no prazo de 30 (trinta) dias, contados da data da ocorrência, os livros fiscais em uso, assumindo a responsabilidade por sua guarda, conservação e cumprimento das normas estabelecidas neste Regulamento.

Seção II
DA ENTREGA DE LIVROS FISCAIS A CONTABILISTA

Art. 274. O contribuinte poderá entregar seus livros a contabilista, para fins de escrituração, desde que:

I – juntamente com o contabilista, requeira, em 3 (três) vias, ao Gerente Regional da Receita Estadual, autorização para manter livros fiscais em poder do referido profissional e sob sua responsabilidade;

II – autorize, no requerimento aludido no inciso anterior, ao contabilista tomar ciência, em seu nome, de qualquer ação fiscal contra ele movida, principalmente auto de infração;

III – o contabilista esteja devidamente registrado no Conselho Regional de Contabilidade.

§ 1º As vias do requerimento de que trata o inciso I, do "caput", após nelas lançada a autorização, terão o seguinte destino:

I – 1ª via – repartição fazendária;

II – 2ª via – contribuinte;

III – 3ª via – contabilista.

§ 2º A autorização a que se refere este artigo será concedida a critério do Fisco, que decidirá quanto à conveniência de sua concessão, podendo cassá-la quando julgar oportuno.

Art. 275. No caso de rompimento do contrato de prestação de serviço celebrado entre o contribuinte e o contabilista, deverá o fato ser comunicado por este, no prazo de 05 (cinco) dias, à repartição concedente, antes da devolução dos livros e documentos ao contribuinte.

Seção III
DO REGISTRO DE ENTRADAS

Art. 276. O Registro de Entradas, modelos 1 ou 1-A, Anexos 24 e 25, destina-se à escrituração do movimento de entradas de mercadorias, a qualquer título, no estabelecimento e de utilização de serviços de transporte e de comunicação.

§ 1º Serão também escriturados os documentos fiscais relativos às aquisições de mercadorias que não transitarem pelo estabelecimento adquirente.

§ 2º Os lançamentos serão feitos um a um, em ordem cronológica das utilizações dos serviços ou das entradas efetivas no estabelecimento ou da data da aquisição ou do desembaraço aduaneiro, na hipótese do parágrafo anterior.

§ 3º Os lançamentos serão feitos, documento por documento, desdobrados em tantas linhas quantas forem às naturezas das operações, segundo o Código Fiscal de Operações e Prestações, nas colunas próprias, da seguinte forma:

I – coluna "Data de Entrada": data da utilização do serviço ou da entrada efetiva das mercadorias no estabelecimento ou data da sua aquisição ou do desembaraço aduaneiro, na hipótese do § 1º deste artigo, ou do recebimento da nota fiscal, nos casos referidos no art. 609 e seus parágrafos;

II – coluna sob o título "Documento Fiscal": espécie, série e subsérie, número e data do documento fiscal correspondente à operação ou prestação, bem como o nome do emitente, dispensado o registro nas colunas próprias, dos números de inscrição estadual e no CNPJ;

III – coluna "Procedência": abreviatura da unidade da Federação onde se localiza o estabelecimento emitente;

IV – coluna "Valor Contábil": valor total constante do documento fiscal; V – coluna sob o título "Codificação":

a) coluna "Código Contábil": o mesmo que o contribuinte eventualmente utilizar no seu plano de contas;

b) coluna "Código Fiscal": o previsto no Código Fiscal de Operações e Prestações anexo a este Regulamento;

VI – coluna sob os títulos "ICMS – Valores Fiscais" e "Operações com Crédito do Imposto":

a) coluna "Base de Cálculo": valor sobre o qual incide o imposto;

b) coluna "Alíquota": alíquota do imposto que foi aplicada sobre a base de cálculo indicada na alínea anterior;

c) coluna "Imposto Creditado": montante do imposto creditado;

VII – coluna sob os títulos "ICMS – Valores Fiscais" e "Operações sem Crédito do Imposto":

a) coluna "Isenta ou Não Tributada": valor da operação, deduzida a parcela do Imposto sobre Produtos Industrializados, se consignada no documento fiscal, quando se tratar de entrada de mercadorias cuja saída do estabelecimento remetente tenha sido beneficiada com isenção do imposto ou esteja amparada por imunidade ou não-incidência, bem como o valor da parcela correspondente à redução da base de cálculo, quando for o caso;

b) coluna "Outras" observando o seguinte:

1.valor da operação, deduzida a parcela do Imposto sobre Produtos Industrializados, se consignada no documento fiscal, quando se tratar de entrada de mercadorias ou utilização de serviços de transporte e de comunicação, que não confira ao estabelecimento destinatário crédito do imposto ou quando se tratar de entrada de mercadorias cuja saída do estabelecimento remetente tenha sido beneficiada com diferimento ou suspensão do recolhimento do imposto;

2.valor da entrada ou aquisição de mercadoria oriunda de outra unidade da Federação, destinada a uso, consumo ou ativo fixo, e da utilização de serviço cuja prestação não esteja vinculada a operação ou prestação subsequente alcançada pela incidência do imposto, devendo ser anotado na coluna "Observações" o valor correspondente à diferença do imposto devido a este Estado;

3.valor do IPI – Imposto sobre Produtos Industrializados, quando se tratar de entrada de mercadorias, que confira ao estabelecimento destinatário crédito do imposto;

VIII – coluna "Observações": anotações diversas.

§ 4º Os lançamentos nas demais colunas constantes do Registro de Entradas, modelo 1, não referidas neste artigo, serão feitos conforme dispuser a legislação federal própria.

§ 5º A escrituração do livro será encerrada no último dia de cada mês, mediante soma das colunas de valores.

§ 6º REVOGADO (Decreto nº 31.750/10).

§ 7º Os documentos fiscais emitidos na mesma data, nos termos do inciso I do "caput" do art. 172, poderão ser registrados englobadamente, desde que não ocorra interrupção em sua numeração sequencial.

§ 8º REVOGADO (Decreto nº 31.750/10).

§ 9º REVOGADO (Decreto nº 31.750/10).

§ 10. Ao final do período de apuração, para fins de elaboração da Guia de Informação e Apuração das Operações e Prestações Interestaduais, deverão ser totalizadas e acumuladas as operações e prestações escrituradas nas colunas «Valor Contábil», «Base de Cálculo, «Outras» e na coluna «Observações», o valor do imposto pago por substituição tributária, por unidade federada de origem das mercadorias ou de início da prestação de serviço (Ajuste SINIEF 06/95).

Seção IV
DO REGISTRO DE SAÍDAS

Art. 277. O Registro de Saídas, modelo 2 ou 2-A, Anexos 28 e 29, destina-se à escrituração do movimento de saídas de mercadorias, a qualquer título, e de prestações de serviços de transporte e de comunicação.

§ 1º Serão também escriturados os documentos fiscais relativos às transmissões de propriedade das mercadorias que não tenham transitado pelo estabelecimento.

§ 2º Os lançamentos serão feitos em ordem cronológica, segundo a data da emissão dos documentos fiscais, pelos totais diários das operações ou prestações da mesma natureza, de acordo com o Código Fiscal de Operações e Prestações, sendo permitido o registro conjunto dos documentos de numeração seguida, emitidos em talões da mesma série e subsérie, relativas a um só código fiscal, exceto quando se tratar de alíquotas diferenciadas.

§ 3º Os lançamentos serão feitos nas colunas próprias da seguinte forma:

I - coluna sob o título "Documentos Fiscais": espécie, série e subsérie, números inicial e final e data dos documentos fiscais emitidos;

II- coluna "Valor Contábil": valor total constante dos documentos fiscais;

III - colunas sob o título "Codificação":

a) coluna "Código Contábil": o mesmo que o contribuinte eventualmente utilizar no seu plano de contas;

b) coluna "Código Fiscal": o previsto no Código Fiscal de Operações e Prestações;

IV - colunas sob os títulos "ICMS - Valores Fiscais" e "Operações com Débito do Imposto":

TRIBUTÁRIO E FINANCEIRO

a) coluna "Base de Cálculo": valor sobre o qual incide o imposto;

b) coluna "Alíquota": alíquota do imposto que foi aplicada sobre a base de cálculo indicada na alínea anterior;

c) coluna "Imposto Debitado": montante do imposto debitado;

V – colunas sob os títulos "ICMS – Valores Fiscais" e "Operações sem Débito do Imposto":

a) coluna "Isenta ou não Tributada": valor da operação, deduzida a parcela do Imposto sobre Produtos Industrializados, se consignada no documento fiscal, quando se tratar de mercadoria cuja saída do estabelecimento tenha ocorrido sem débito fiscal do ICMS, bem como valor da parcela correspondente à redução da base de cálculo, quando for o caso, ou valor da prestação, quando se tratar de serviços beneficiados com isenção do ICMS ou amparados por imunidade ou não-incidência, bem como o valor da parcela correspondente à redução da base de cálculo, quando for o caso;

b) coluna "Outras": valor da prestação ou da operação, deduzida a parcela do Imposto sobre Produtos Industrializados, se consignada no documento fiscal, quando se tratar de serviços ou mercadorias cuja prestação ou saída do estabelecimento tenha sido beneficiada com suspensão ou diferimento do recolhimento do ICMS;

VI – coluna "Observações": anotações diversas.

§ 4º Os lançamentos nas demais colunas constantes do Registro de Saídas, modelo 2, não referidas neste artigo, serão feitos conforme dispuser a legislação federal própria.

§ 5º As notas fiscais emitidas em um mesmo dia, de numeração contínua, relativas às operações do mesmo código fiscal e pertencentes à mesma série e subsérie, poderão ser agrupadas e lançadas de uma só vez pelo seu total.

§ 6º A escrituração do livro deverá ser encerrada no último dia de cada mês, mediante soma das colunas de valores.

§ 7º Ao final do período de apuração, para fins de elaboração da Guia de Informação e Apuração das Operações e Prestações Interestaduais, deverão ser totalizadas e acumuladas as operações e prestações escrituradas nas colunas "Valor Contábil", "Base de Cálculo" e na coluna "Observações", o valor do imposto cobrado por substituição tributária, por unidade federada de destino das mercadorias ou da prestação de serviço, separando as destinadas a não contribuintes (Ajuste SINIEF 06/95).

Art. 278. Nas operações em que a legislação defere ao remetente a responsabilidade pelo pagamento do imposto devido pelo destinatário, a base de cálculo e o imposto relativo à operação a ser realizada por este último serão escriturados na coluna "Observações", na mesma linha em que for registrada a nota fiscal correspondente.

Parágrafo único. Para observância do disposto neste artigo, os contribuintes poderão dividir a coluna "Observações" ou fazer imprimir o livro com acréscimo dos espaços e colunas necessárias.

Art. 279. A Nota Fiscal, modelo 1, relativa à totalidade das mercadorias transportadas, emitida de conformidade com o art. 611, será escriturada, permanecendo em branco a coluna "Valor Contábil".

Art. 280. Quando do retorno, as notas fiscais parciais, correspondentes às vendas efetivas, que terão subsérie distinta da prevista no artigo anterior, serão também lançadas, pelo total das operações, observado o seguinte:

I – se o valor das vendas for igual ou inferior ao da nota fiscal geral, será lançado na coluna "Valor Contábil" e na coluna "ICMS – Valores Fiscais – Operações sem Débito do Imposto – Outras";

II – se o valor das vendas for superior ao da nota fiscal a que se refere o artigo anterior, o total será lançado na coluna "Valor Contábil", a diferença a maior na coluna "ICMS – Valores Fiscais – Operações com Débito do Imposto", e o valor restante na coluna "ICMS – Valores Fiscais – Operações sem Débito do Imposto – Outras"

Seção V
DO REGISTRO DE CONTROLE DA PRODUÇÃO E DO ESTOQUE

Art. 281. O Registro de Controle da Produção e do Estoque, modelo 3, Anexo 34, destina- se à escrituração dos documentos fiscais e dos documentos de uso interno do estabelecimento, correspondentes às entradas e às saídas, à produção, bem como às quantidades referentes aos estoques de mercadorias.

§ 1º Os lançamentos serão feitos operação a operação, devendo ser utilizada uma folha para cada espécie, marca, tipo e modelo de mercadoria.

§ 2º Os lançamentos serão feitos nos quadros e nas colunas próprias da seguinte forma: I – quadro «Produto»: identificação da mercadoria como definida no parágrafo anterior;

II – quadro "Unidade": especificação da unidade (quilograma, metro, litro, dúzia, etc.), de acordo com a legislação do Imposto sobre Produtos Industrializados;

III – quadro "Classificação Fiscal": indicação da posição, subposição, item e alíquota previstos pela legislação do Imposto sobre Produtos Industrializados;

IV – coluna sob o título "Documento": espécie, série e subsérie do respectivo documento fiscal e/ou documento de uso interno do estabelecimento correspondente a cada operação;

V – coluna sob o título "Lançamento": número e folha do Registro de Entradas ou do Registro de Saídas em que o documento fiscal tenha sido lançado, bem como a respectiva codificação contábil e fiscal, quando for o caso;

VI – colunas sob o título "Entradas":

a) coluna "Produção no Próprio Estabelecimento": quantidade do produto industrializado no próprio estabelecimento;

b) coluna "Produção em outro Estabelecimento": quantidade de produto industrializado em outro estabelecimento da mesma empresa ou de terceiros, com mercadorias anteriormente remetidas para esse fim;

c) coluna "Diversas": quantidade de mercadorias não classificadas nas alíneas anteriores, inclusive as recebidas de outros estabelecimentos da mesma empresa ou de terceiros, para industrialização e posterior retorno, consignando-se o fato, nesta última hipótese, na coluna "Observações";

d) coluna "Valor": base de cálculo do Imposto sobre Produtos Industrializados, quando a entrada das mercadorias originar crédito deste tributo e, se a entrada não gerar crédito ou quando se tratar de isenção, imunidade ou não-incidência do mencionado tributo, será registrado o valor total atribuído às mercadorias;

e) coluna "IPI": valor do imposto creditado, quando de direito;

VII – colunas sob o título "Saídas":

a) coluna "Produção no Próprio Estabelecimento": em se tratando de matéria-prima, produto intermediário e material de embalagem, a quantidade remetida do almoxarifado para o setor de fabricação, para industrialização no próprio estabelecimento, e, em se tratando de produto acabado, a quantidade saída, a qualquer título, de produto industrializado no próprio estabelecimento;

b) coluna "Produção em outro Estabelecimento": em se tratando de matéria-prima, produto intermediário e material de embalagem, a quantidade saída para industrialização em outro estabelecimento da mesma empresa ou de terceiros, quando o produto industrializado deva retornar ao estabelecimento remetente e, em se tratando de produto acabado, a quantidade saída, a qualquer título, de produto industrializado em estabelecimento de terceiros;

c) coluna "Diversas": quantidade de mercadoria saída a qualquer título, não compreendida nas alíneas anteriores;

d) coluna "Valor": base de cálculo do Imposto sobre Produtos Industrializados e, se a saída estiver amparada por isenção, imunidade ou não-incidência, será registrado o valor atribuído às mercadorias;

e) coluna "IPI": valor do imposto, quando devido;

VIII – coluna "Estoque": quantidade em estoque, após cada lançamento de entrada ou de saída;

IX – coluna "Observações": anotações diversas.

§ 3º Quando se tratar de industrialização no próprio estabelecimento, será dispensada a indicação dos valores relativos às operações indicadas na alínea «a», do inciso VI, e na primeira parte da alínea «a»,do inciso VII, do parágrafo anterior.

§ 4º Não serão escrituradas neste livro as entradas de mercadorias a serem integradas ao ativo fixo ou destinadas a uso do estabelecimento.

§ 5º O disposto no inciso III, do § 2º, não se aplica aos estabelecimentos comerciais não equiparados aos industriais.

§ 6º O livro referido neste artigo poderá, a critério da Diretoria de Administração Tributária, ser substituído por ficha, as quais deverão ser:

I – impressas com os mesmos elementos do livro substituído;

II – numeradas tipograficamente, observando-se, quanto à numeração, o disposto no art. 146.

§ 7º Na hipótese do parágrafo anterior, deverá ainda ser previamente visada pelo Fisco ou pela Junta Comercial do Estado a ficha índice, que obedecerá ao modelo oficial, observando-se a ordem numérica crescente e registrando-se a utilização de cada ficha.

§ 8º A escrituração do livro mencionado no "caput" ou das fichas referidas nos §§ 6º e 7º, deste artigo, não poderá atrasar por mais de 15 (quinze) dias.

§ 9º No último dia de cada mês, deverão ser somadas as quantidades e valores constantes das colunas «Entradas e Saídas», a fim de apurar o saldo das quantidades em estoque, que será transportado para o mês seguinte.

§ 10. O Secretário de Estado da Receita poderá autorizar modelos especiais do livro referido neste artigo, de modo a adequá-lo às atividades de determinadas categorias econômicas de contribuintes.

Seção VI
DO REGISTRO DE IMPRESSÃO DE DOCUMENTOS FISCAIS

Art. 282. O Registro de Impressão de Documentos Fiscais, modelo 5, Anexo 38, destina- se à escrituração das confecções dos documentos fiscais referidos no art. 142, para terceiros ou para o próprio estabelecimento impressor.

§ 1º Os lançamentos serão feitos operação a operação, em ordem cronológica de saídas dos impressos fiscais confeccionados, ou de sua elaboração, no caso de serem utilizados pelo próprio estabelecimento.

§ 2º Os lançamentos serão feitos nas colunas próprias, da seguinte forma:

I - coluna "Autorização de Impressão - Número": número da Autorização de Impressão de Documentos Fiscais;

II - colunas sob o título "Comprador":

a) coluna "Número de Inscrição": números de inscrição estadual e no CNPJ;

b) coluna "Nome": nome do contribuinte usuário do impresso fiscal confeccionado;

c) coluna "Endereço": identificação do local do estabelecimento do contribuinte usuário do impresso confeccionado;

III - colunas sob o título "Impressos":

a) coluna "Espécie": espécie do impresso fiscal: Nota Fiscal, Nota Fiscal de Venda a Consumidor, etc.;

b) coluna "Tipo": tipo do impresso fiscal confeccionado: talonário, folhas soltas, formulários contínuos ou outro;

c) coluna "Série e Subsérie": série e subsérie correspondentes ao impresso fiscal;

d) coluna "Numeração": números dos impressos fiscais confeccionados, sendo que, no caso de impressão sem numeração, sob regime especial, tal circunstância deverá constar da coluna "Observações";

IV - colunas sob o título "Entrega":

a) coluna "Data": dia, mês e ano da efetiva entrega dos impressos fiscais confeccionados ao contribuinte usuário;

b) coluna "Notas Fiscais": série e subsérie e o número da nota fiscal emitida pelo estabelecimento gráfico, relativa à saída dos impressos fiscais confeccionados;

V - coluna "Observações": anotações diversas.

Seção VII
DO REGISTRO DE UTILIZAÇÃO DE DOCUMENTOS FISCAIS E TERMOS DE OCORRÊNCIAS

Art. 283. O Registro de Utilização de Documentos Fiscais e Termos de Ocorrências, modelo 6, Anexo 39, destina-se à escrituração das entradas de documentos fiscais, citados no artigo anterior, confeccionados por estabelecimentos gráficos ou pelo próprio contribuinte usuário, bem como à lavratura, pelo Fisco, de termos de ocorrências.

§ 1º Os lançamentos serão feitos operação a operação, em ordem cronológica da respectiva aquisição ou confecção própria, devendo ser utilizada uma folha para cada espécie, série e subsérie do impresso fiscal.

§ 2º Os lançamentos serão feitos nos quadros e colunas próprias, da seguinte forma:

I – quadro "Espécie": espécie do documento fiscal: Nota Fiscal, Nota Fiscal de Venda a Consumidor, etc.;

II – quadro "Série e Subsérie": série e subsérie correspondentes ao documento fiscal;

III – quadro "Tipo": tipo do documento fiscal confeccionado: talonário, folhas soltas, formulários contínuos ou outro;

IV – quadro "Finalidade da Utilização": fins a que se destina o documento fiscal, tais como vendas a contribuintes, vendas a não contribuintes, vendas a contribuintes de outras unidades da Federação, prestação de serviços de transporte, etc.;

V – coluna "Autorização de Impressão": número da Autorização de Impressão de Documentos Fiscais;

VI – coluna "Impressos – Numeração": os números dos documentos fiscais confeccionados, devendo, no caso de impressão sem numeração tipográfica sob regime especial, tal circunstância constar na coluna "Observações";

VII – colunas sob o título "Fornecedor":

a) coluna "Nome": nome do contribuinte que confeccionou os documentos fiscais;

b) coluna "Endereço": a identificação do local do estabelecimento impressor;

c) coluna "Inscrição": número da inscrição estadual e número da inscrição no CNPJ do estabelecimento impressor;

VIII – colunas sob o título "Recebimento":

a) coluna "Data": dia, mês e ano do efetivo recebimento dos documentos fiscais confeccionados;

b) coluna "Nota Fiscal": série, subsérie e número da nota fiscal emitida pelo estabelecimento impressor por ocasião da saída dos documentos fiscais confeccionados;

IX – coluna "Observações": anotações diversas, inclusive:

a) extravio, perda ou inutilização de blocos de documentos fiscais ou conjunto desses impressos em formulários contínuos;

b) supressão da série e subsérie;

c) entrega de blocos ou formulários de documentos fiscais à repartição para serem inutilizados.

§ 3º Do total de folhas do livro a que se refere este artigo, 50% (cinquenta por cento), no mínimo, serão destinadas para lavratura, pelo Fisco, de termos de ocorrências, as quais, devidamente numeradas, deverão ser impressas de acordo com o Anexo 39 e incluídas no final do livro.

§ 4º O Secretário de Estado da Receita poderá dispensar o uso do livro referido neste artigo, quando o estabelecimento não estiver obrigado à emissão de documentos fiscais.

Seção VIII
DO REGISTRO DE INVENTÁRIO

Art. 284. O Registro de Inventário, modelo 7, Anexo 36, destina-se a arrolar, pelos seus valores e com especificações que permitam sua perfeita identificação, as mercadorias, as matérias-primas, os produtos intermediários, os materiais de embalagem, os produtos manufaturados e os produtos em fabricação existentes no estabelecimento na época do balanço.

§ 1º No livro referido neste artigo serão também arroladas, separadamente:

I – as mercadorias, as matérias-primas, os produtos intermediários, os materiais de embalagem e os produtos manufaturados pertencentes ao estabelecimento, em poder de terceiros;

II – as mercadorias, as matérias-primas, os produtos intermediários, os materiais de embalagem, os produtos manufaturados e os produtos de fabricação de terceiros, em poder do estabelecimento.

§ 2º O arrolamento em cada grupo deverá ser feito segundo a ordenação da tabela prevista na legislação do IPI.

§ 3º Os lançamentos serão feitos nas colunas próprias, da seguinte forma:

I – coluna "Classificação Fiscal": posição, subposição e item em que as mercadorias estejam classificadas na tabela prevista na legislação do IPI;

II – coluna "Discriminação": especificação que permita a perfeita identificação das mercadorias, tais como: espécie, marca, tipo e modelo;

III – coluna "Quantidade": quantidade em estoque à data do balanço;

IV – coluna "Unidade": especificação da unidade (quilograma, metro, litro, dúzia, etc.), de acordo com a legislação do IPI;

V – coluna "Valor":

a) coluna "Unitário": valor de cada unidade das mercadorias pelo custo de aquisição ou de fabricação, ou pelo preço corrente no mercado ou bolsa, prevalecendo o critério da estimação pelo preço corrente quando este for inferior ao preço de custo, sendo que, no caso de matéria-prima e/ou produto em fabricação, o valor será o do seu preço de custo;

b) coluna "Parcial": valor correspondente ao resultado da multiplicação "quantidade" pelo"valor unitário";

c) coluna "Total": valor correspondente ao somatório dos "valores parciais" constantes da mesma posição, subposição e item, referidos no inciso I;

VI – coluna "Observações": anotações diversas.

§ 4º Após o arrolamento, deverá ser consignado o valor total de cada grupo mencionado no "caput" deste artigo e no § 1º e, ainda, o total geral do estoque existente.

§ 5º O disposto no § 2º e no inciso I, do § 3º não se aplica aos estabelecimentos comerciais não equiparados aos industriais pela legislação federal.

§ 6º Se a empresa não mantiver a escrita contábil, o inventário será levantado em cada estabelecimento no último dia útil do ano civil.

§ 7º A escrituração deverá ser efetivada dentro de 60 (sessenta) dias, contados da data do balanço referido no "caput" deste artigo ou do último dia útil do ano civil, no caso do parágrafo anterior.

§ 8º Na hipótese de inexistência de estoque, o contribuinte preencherá o cabeçalho da página imediatamente posterior ao último registro e declarará na sua primeira linha a ocorrência, utilizando-se da expressão: «Estoque inexistente nesta data».

Seção IX
DO REGISTRO DE APURAÇÃO DO ICMS

Art. 285. O Registro de Apuração do ICMS, modelo 9, Anexo 32, destina-se a registrar, mensalmente, os totais das operações com mercadorias e das prestações de serviços, extraídos dos livros próprios, agrupados segundo o Código Fiscal de Operações e Prestações – CFOP, constante do Anexo 07.

Parágrafo único. No livro a que se refere este artigo serão registrados, também, os débitos e os créditos fiscais a qualquer título, a apuração dos saldos e as obrigações a recolher, relativamente ao imposto.

Seção X
DO LIVRO DE MOVIMENTAÇÃO DE COMBUSTÍVEIS

Art. 286. O Livro de Movimentação de Combustíveis – LMC, Anexo 41, será utilizado para registro diário, pelo Posto Revendedor – PR, dos estoques e das movimentações de compra e venda de gasolinas, óleo diesel, querosene iluminante, álcool etílico hidratado carburante e mistura óleo diesel/biodiesel especificada pela ANP (Decreto nº 29.006/07).

§ 1º O LMC, terá o mínimo de 100 folhas, com numeração sequencial impressa, encadernado, com as dimensões de 32 cm de comprimento por 22 cm de largura.

§ 2º As folhas, frente e verso, terão o formato do Anexo 41, devendo ser preenchidas de acordo com o § 5º.

§ 3º O LMC deverá ser preenchido a tinta, sem emendas, ou rasuras, devendo, no caso de erro de preenchimento, ser cancelada a página e utilizada a subsequente.

§ 4º Se necessário, poderá ser utilizada mais de uma página para o mesmo produto, ou redimensionar os campos quando da confecção do LMC, observado o comprimento do campo destinado à fiscalização que não poderá ser inferior a 4 cm.

§ 5º O LMC terá termos de abertura e de fechamento, cujos números de ordem e data dos eventos serão assentados no livro de Registro de Documentos Fiscais e Termos de Ocorrência, observado o seguinte (Decreto nº 29.006/07):

I - Termo de Abertura deverá conter as seguintes informações:

a) nome do estabelecimento;

b) endereço do estabelecimento;

c) CNPJ, inscrição estadual e municipal;

d) distribuidora com a qual opera;

e) capacidade nominal de armazenamento;

f) data de abertura;

g) assinatura do representante legal da empresa;

II - Termo de Fechamento deverá conter as seguintes informações:

a) data de fechamento;

b) assinatura do representante legal da empresa;

III- o preenchimento dos campos do LMC será feito da seguinte forma:

1 - produto a que se refere à folha;

2- data;

3- estoque físico de abertura dos tanques no dia, cuja medição deverá ser realizada por um único método, sendo que a numeração dos tanques no LMC será efetuada pelo Posto Revendedor – PR;

3.1- somatório dos volumes dos tanques do produto a que se refere(m) à(s) folha(s);

4 – números e datas das notas fiscais relativas aos recebimentos do dia;

4.1– número do tanque em que foi descarregado o produto;

4.2- volume a que se refere à nota fiscal;

4.3– somatório dos volumes recebidos;

4.4- resultado de (3.1 + 4.3);

5- informações sobre as vendas do produto;

5.1- número do tanque a que se refere à venda;

5.2- número do bico ou da bomba quando essa tiver apenas um bico de abastecimento;

5.3- volume registrado no encerrante de fechamento do dia (desprezar os decimais);

5.4- volume registrado no encerrante de abertura do dia (desprezar os decimais);

5.5- aferições realizadas no dia; 5.6 – resultado de (5.3 – 5.4 – 5.5);

5.7 – somatório das vendas no dia;

6 – estoque escritural (4.4 – 5.7);

7- estoque de fechamento (9.1);

8- resultado de (7-6);

9- volumes apurados nas medições físicas de cada tanque;

9.1- somatório dos valores dos fechamentos físicos dos tanques;

10 – destinado ao valor das vendas;

10.1- anotar o resultado do total de vendas no dia, apurado no campo 5.7, multiplicado o preço bomba do produto;

10.2- valor acumulado das vendas no mês;

11 – campo destinado ao revendedor;

12 - campo destinado à fiscalização da ANP e de outros órgãos fiscais;

13 - nesse campo deverão ser informados:

a) o número de tanques com suas respectivas capacidades nominais e o número de bicos existentes, quando da escrituração da primeira e última páginas relativas a cada combustível;

b) instalação ou retirada de tanques e bicos;

c) troca ou modificação de encerrante, com anotação do volume registrado no encerrante substituído e no novo encerrante;

d) modificação do método de medição dos tanques;

e) transferência de produto entre tanques do mesmo PR, sem passar pela bomba medidora;

f) variações superiores a 0,6% (seis décimos por cento) do estoque físico, com justificativa, para fins de análise e avaliação dos órgãos de fiscalização;

g) outras informações relevantes.

§ 6º A não apresentação do LMC, ou sua apresentação, ao Fisco, com falta ou irregularidades de escrituração, ensejará notificação ao posto revendedor para apresentá-lo corretamente escriturado, no prazo de 48 (quarenta e oito) horas, sob pena de autuação, nos termos da legislação vigente (Decreto nº 29.006/07).

§ 7º A variação máxima permitida no campo 8 do LMC, previsto no item 8 do inciso III do § 5º, referente às perdas e sobras de combustíveis, será de 0,6% (seis décimos por cento) da diferença entre os campos 4.4 e 9.1 também do LMC (Decreto nº 29.006/07).

§ 8º A constatação de perda de combustível em percentual superior a 0,6% (seis décimos por cento) constitui saídas sem a emissão de documento fiscal, exceto se (Decreto nº 29.006/07):

I- for, expressamente comprovado, por órgão de controle ambiental competente, a ocorrência de vazamento nos tanques de combustíveis, caso em que o órgão de fiscalização da receita estadual deve ser imediatamente informado, independente de ação fiscal, ou;

II - tiver sido feita alguma alteração nos encerrantes, na forma estabelecida na legislação de regência, consignada no campo correspondente do LMC, na data da intervenção.

§ 9º O Posto Revendedor Varejista de Combustíveis deverá informar à repartição fiscal de seu domicílio qualquer intervenção a ser realizada nas bombas abastecedoras de combustíveis (Decreto nº 29.198/08).

§.10. A comunicação escrita deverá ser feita previamente, descrevendo pormenorizadamente o problema e o serviço a ser realizado (Decreto nº 29.198/08).

§ 11. No caso de substituição de bombas abastecedoras, ou de intervenção que enseje rompimento de lacre ou modificação de encerrantes, a comunicação deverá ser feita, no prazo de 24 horas, contado do evento, e conter, ainda, data e hora da realização do serviço, para possível acompanhamento pela Secretaria de Estado da Receita (Decreto nº 29.198/08).

§ 12. Em qualquer caso, depois de realizada a intervenção, o contribuinte deverá encaminhar cópia do Boletim Técnico, informando os encerrantes anteriores e posteriores à intervenção, no prazo máximo de 5 (cinco) dias, contados da data da realização do serviço (Decreto nº 29.198/08).

§ 13. A aquisição de novos tanques de combustíveis para uso do estabelecimento, ainda que sob a modalidade de comodato ou arrendamento, a reutilização de tanque para acondicionamento de outro tipo de combustível, bem como a cessação de uso do tanque de combustível, também deverão ser informadas à repartição fiscal de seu domicílio, no prazo de 5 (cinco) dias, contados da data do evento (Decreto nº 29.198/08).

Capítulo VI
DOS REGIMES ESPECIAIS RELATIVOS À EMISSÃO DE DOCUMENTOS FISCAIS E À ESCRITURAÇÃO FISCAL

Seção I
DISPOSIÇÕES GERAIS

Art. 287. O procedimento para exame e concessão de regimes especiais para emissão de documentos fiscais por processamento eletrônico de dados e escrituração de livros fiscais pelo sistema de processamento eletrônico de dados, obedecerá ao disposto neste Capítulo.

§ 1º O pedido de concessão de regime especial, devidamente instruído quanto à identificação da empresa e de seus estabelecimentos, se houver, e com «FAC-SIMILLE» dos modelos e sistemas pretendidos, será apresentado, pelo estabelecimento matriz ou pelo estabelecimento interessado, quando único, à repartição fiscal de seu domicílio.

§ 2º Quando o regime pleiteado abranger estabelecimento de contribuinte do IPI, a Secretaria de Estado da Receita encaminhará uma das vias do pedido de autorização e seus anexos, desde que favorável à sua concessão, à Delegacia da Receita Federal do Brasil na Paraíba.

§ 3º Aplicam-se aos livros e documentos fiscais referidos neste Capítulo, no que este não houver excepcionado, as demais disposições deste Regulamento, no que couberem.

Art. 288. Os pedidos de regimes especiais serão examinados pela Secretaria Executiva da Secretaria de Estado da Receita e aprovados pelo Secretário de Estado da Receita.

Parágrafo único. A extensão do regime especial a estabelecimento filial situado em outra unidade da Federação dependerá da aprovação do Fisco daquela unidade.

Art. 289. Aprovado o regime especial pleiteado, serão restituídas ao estabelecimento requerente, devidamente autenticadas, as vias dos modelos e sistemas aprovados juntamente com a cópia do despacho de aprovação.

Art. 290. O estabelecimento beneficiário dos regimes especiais aprovados deverá entregar à repartição fiscal de seu domicílio, para registro e arquivo na pasta do contribuinte, uma via dos modelos e sistemas especiais de emissão e escrituração de notas e livros fiscais aprovados.

Parágrafo único. A utilização, pelo estabelecimento beneficiário dos regimes especiais concedidos fica condicionada à entrega dos documentos referidos neste artigo.

Art. 291. Os regimes especiais poderão ser alterados a qualquer tempo, devendo o estabelecimento matriz ou estabelecimento beneficiário, quando único, para esse fim, apresentar, devidamente instruído, o pedido na forma prescrita no art. 287, que seguirá os mesmos trâmites da concessão original.

Art. 292. Sempre que o aconselhem os interesses da Fazenda Estadual, poderá o Fisco impor restrições à utilização dos sistemas.

Art. 293. Os regimes especiais concedidos poderão ser cassados ou alterados a qualquer tempo.

§ 1º É competente para determinar a cassação ou alteração do regime a mesma autoridade que tiver concedido o benefício na forma deste Regulamento.

§ 2º A cassação ou alteração do regime especial concedido poderá ser solicitada à autoridade concedente, pelo Fisco de qualquer unidade da Federação, na hipótese do parágrafo único do art. 288.

§ 3º Ocorrendo a cassação ou alteração, será dada ciência ao Fisco da unidade da Federação onde houver estabelecimento beneficiário do regime especial.

Art. 294. O beneficiário do regime especial poderá a ele renunciar, mediante comunicação à autoridade fiscal concedente.

Art. 295. Do ato que indeferir o pedido ou determinar a cassação ou alteração do regime especial, caberá pedido de reconsideração, sem efeito suspensivo, para o Secretário de Estado da Receita.

Art. 296. REVOGADO (Decreto nº 39.095/19).

Seção I-A
DO REGIME ESPECIAL DE SIMPLIFICAÇÃO DO PROCESSO DE EMISSÃO DE DOCUMENTOS FISCAIS ELETRÔNICOS

Art. 297. Esta Seção dispõe sobre o Regime Especial da Nota Fiscal Fácil - NFF, para a simplificação do processo de emissão, pelos contribuintes do Imposto sobre Operações Relativas à Circulação de Mercadorias e sobre a Prestação de Serviços de Transporte Interestadual e Intermunicipal e de Comunicação - ICMS, dos seguintes documentos fiscais eletrônicos (Ajuste SINIEF 37/19):

I - Nota Fiscal de Consumidor Eletrônica - NFC-e, modelo 65;

II - Conhecimento de Transporte Eletrônico - CT-e, modelo 57;

III - Manifesto Eletrônico de Documentos Fiscais - MDF-e, modelo 58;

IV - Nota Fiscal Eletrônica - NF-e, modelo 55:

a) para acobertar entrada em devolução de mercadorias;

b) para acobertar saídas realizadas por Produtores Primários, inclusive interestaduais; e

c) notas fiscais avulsas emitidas por não contribuintes ou por contribuintes eventuais.

§ 1º A adesão ao Regime Especial da NFF poderá ser:

I - por opção do contribuinte, condicionada à aprovação pelo Fisco deste Estado;

II - estabelecida pela Secretaria de Estado da Fazenda para determinados contribuintes ou grupos de contribuintes; ou

III - vedada, no todo ou em parte, a critério da Secretaria de Estado da Fazenda.

§ 2º A adesão referida no § 1º deste artigo implicará para o contribuinte:

I - o cadastramento pela Secretaria de Estado da Fazenda deste Estado como optante pelo Regime Especial da NFF no Cadastro Centralizado de Contribuintes - CCC;

II - a assunção da responsabilidade pela veracidade dos dados informados a respeito da operação a ser documentada, bem como pelas obrigações tributárias, comerciais e financeiras correspondentes que a ele possam ser legalmente atribuídas ao solicitar a autorização de uso dos documentos fiscais eletrônicos relacionados neste artigo pelo Regime Especial da NFF nos termos do art. 297-B deste Regulamento; e

III - a critério da Secretaria de Estado da Fazenda - SEFAZ-PB, a vedação da emissão dos documentos relacionados neste artigo por outros meios (Ajuste SINIEF 39/20).

§ 3º O Regime de que trata o "caput" deste artigo não alcança operações sujeitas a tributos incidentes sobre o comércio exterior e operações sujeitas à tributação pelo Imposto sobre Produtos Industrializados – IPI.

Art. 297-A. Ato COTEPE/ICMS publicará o Manual de Orientação do Contribuinte para o uso do regime especial da Nota Fiscal Fácil – MOC NFF, dispondo sobre os detalhes técnicos correspondentes ao Portal Nacional da NFF e às ferramentas emissoras, incluindo especificações com respeito à autenticação de pessoas, sistemas e equipamentos, bem como instruções de utilização.

§ 1º O Portal Nacional da NFF será colocado à disposição e mantido na Internet pela Sefaz Virtual do Rio Grande do Sul – SVRS.

§ 2º Nota Técnica publicada no Portal Nacional da NFF poderá esclarecer matérias contidas no MOC NFF.

Art. 297-B. A solicitação de autorização de uso dos documentos fiscais eletrônicos relacionados no art. 297 deste Regulamento, pelo Regime Especial da NFF, será disponibilizada quando os dados necessários forem informados, conforme definições dispostas no MOC NFF e obedecido o disposto no art. 297-E deste Regulamento.

§ 1º As informações necessárias para a geração do documento fiscal a ser autorizado são prestadas pelo contribuinte em ferramenta emissora de NFF, por um dos seguintes meios:

I – aplicativo para ser executado em dispositivos móveis, posto à disposição pela administração tributária deste Estado;

II – página no Portal Nacional da NFF;

III – outro meio que venha a ser especificado no MOC NFF.

§ 2º A solicitação de autorização de uso dos documentos fiscais eletrônicos pelo Regime Especial da NFF provoca o envio dos dados correspondentes para o Portal Nacional da NFF, onde, seguido o procedimento de que trata o art. 297-E deste Regulamento, será gerado o documento fiscal eletrônico correspondente.

§ 3º Os dados enviados pela ferramenta para o Portal Nacional da NFF serão assinados, nos termos da Medida Provisória nº 2.200, de 11 de setembro de 2001, ou legislação federal posterior que a venha a substituir, seguindo definições do MOC NFF.

§ 4º O contribuinte poderá utilizar mais de um dispositivo móvel elencado no inciso I do § 1º deste artigo, não podendo o referido dispositivo móvel estar cadastrado por mais de um contribuinte.

Art. 297-C. Na impossibilidade do envio dos dados para o Portal Nacional da NFF, a ferramenta emissora realizará a transmissão no momento que for restabelecida a comunicação.

§ 1º A ferramenta emissora não permitirá o início de entrada de dados referentes a novas solicitações de emissão quando houver sido atingido um dos seguintes limites (Ajuste SINIEF 39/20):

I – limite temporal: solicitação de emissão ainda não transmitida há mais de 168 (cento e sessenta e oito) horas;

II – volume financeiro: solicitações de emissão ainda não transmitidas cujos valores totais de operação somados representem um total superior a:

a) R$ 15.000,00 (quinze mil reais) em operações de venda interna a consumidor final;

b) R$ 30.000,00 (trinta mil reais) em prestações de serviço de transporte rodoviário de cargas; ou

c) R$ 50.000,00 (cinquenta mil reais) em operações de saída de mercadorias promovidas por produtores primários, excetuadas as operações relacionadas a animais reprodutores;

III – número de solicitações de emissão ainda não transmitidas superior a:

a) 50 (cinquenta) em operações de venda interna a consumidor final;

b) 10 (dez) em prestações de serviço de transporte rodoviário de cargas ou em operações de saída de mercadorias promovidas por produtores primários.

§ 2º A desinstalação do aplicativo no dispositivo móvel indicado no inciso I do § 1º do art. 297-B deste Regulamento não apaga os dados relativos às solicitações de emissão ainda não transmitidas.

Art. 297-D. São dados necessários para a solicitação de autorização de uso dos documentos fiscais eletrônicos pelo Regime Especial da NFF, além de outros que poderão ser especificados no MOC NFF:

I – data, hora e número sequencial diário de emissão;

II – código do ponto ou equipamento de emissão;

III – dados de identificação do adquirente ou tomador:

a) por sua solicitação, o CNPJ ou CPF do adquirente ou, tratando-se de estrangeiro, número de documento de identificação admitido na legislação civil;

b) nas operações de entrega a domicílio, nome e endereço do adquirente;

c) nas prestações de serviço de transporte, nome do tomador e endereço de entrega;

d) dados que permitam o envio do endereço para consulta eletrônica do Documento Auxiliar especificado no art. 297-G deste Regulamento;

IV – na circulação de mercadorias, especificação de cada um dos itens da operação por meio das seguintes informações:

a) descrição;

b) quantidade;

c) valor unitário;

d) opcionalmente: código do produto, e desconto no valor do item;

V – na prestação de serviço de transporte rodoviário de cargas:

a) número do Registro Nacional de Transportador Rodoviário de Cargas – RNTRC do emitente;

b) informações da carga transportada;

c) dados referentes ao início e fim da prestação de serviço de transporte;

d) opcionalmente, dados do documento de arrecadação utilizado para recolher o ICMS devido na prestação; e

e) valor total da prestação;

VI – opcionalmente, desconto no valor total da operação ou prestação;

VII – valor dos tributos referentes à operação ou prestação.

Parágrafo único. Os dados mencionados nos incisos I, II e VII do "caput" deste artigo serão gerados automaticamente pela ferramenta emissora e confirmados pelo contribuinte.

Art. 297-E. O arquivo digital correspondente aos documentos fiscais eletrônicos previstos no art. 297 deste Regulamento:

I – será gerado no Portal Nacional da NFF a partir da solicitação de emissão de que trata o art. 297-B deste Regulamento;

II – será assinado digitalmente pela SVRS, nos termos do § 1º do art. 10 da Medida Provisória nº 2.200, de 11 de setembro de 2001, ou legislação federal posterior que a venha a substituir;

III – terá seu uso autorizado por meio de concessão de autorização de uso, nos termos do art. 297-F deste Regulamento;

IV – será identificado univocamente por meio da chave de acesso ou do respectivo Protocolo de Autorização de Uso.

Art. 297-E1. A critério da Secretaria de Estado da Fazenda – SEFAZ-PB, a ferramenta emissora de NFF disponibilizará função para carga e recarga de créditos de ICMS pagos antecipadamente, por meio de Guia Nacional de Recolhimento de Tributos Estaduais - GNRE, conforme especificado no MOC NFF e no sistema da GNRE (Ajuste SINIEF 06/21).

Art. 297-F. A SVRS cientificará o emitente da geração do arquivo digital do documento fiscal eletrônico adequado e da concessão da correspondente autorização de uso por meio de comunicação automática entre a ferramenta emissora e o Portal Nacional da NFF.

§ 1º A concessão da autorização de uso é resultado do êxito da aplicação das regras técnicas especificadas no manual de orientação ao contribuinte correspondente ao respectivo documento fiscal eletrônico, com relação unicamente ao formato das informações contidas no arquivo digital respectivo, e às inter-relações entre estas informações, não implicando a convalidação destas informações, ou das relações dessas informações com a operação que realmente ocorreu.

§ 2º Após a concessão da autorização de uso o documento fiscal eletrônico gerado não poderá ser alterado, sendo vedada a emissão de carta de correção, em papel ou de forma eletrônica.

§ 3º As informações do arquivo digital do documento fiscal eletrônico gerado serão armazenadas no Portal Nacional da NFF.

Art. 297-G. Os documentos auxiliares dos documentos fiscais eletrônicos relacionados no art. 297 deste Regulamento poderão ser visualizados no Portal Nacional da NFF, a partir de link gerado pela ferramenta emissora.

§ 1º O link mencionado no "caput" deste artigo será transmitido pela ferramenta emissora para o endereço eletrônico de que trata a alínea "d" do inciso III do "caput" do art. 297-D deste Regulamento.

§ 2º É dispensada a impressão dos documentos auxiliares dos documentos fiscais eletrônicos emitidos nos termos desta Seção, observado o disposto no § 3º deste artigo.

§ 3º Havendo exigência de apresentação do documento auxiliar para acompanhar a mercadoria ou prestação, deverá ser demonstrada à Secretaria de Estado da Fazenda deste Estado a efetiva emissão do documento fiscal eletrônico na forma referida no "caput" deste artigo ou na forma impressa.

Art. 297-H. O emitente poderá solicitar o cancelamento do documento fiscal eletrônico autorizado nos termos desta Seção, por meio da ferramenta emissora, desde que:

I - não tenha ocorrido a saída da mercadoria ou o início da prestação de serviço de transporte; e

II - não tenham decorrido 24 (vinte e quatro) horas, contadas do momento da autorização de uso dos documentos fiscais eletrônicos relacionados no art. 297 deste Regulamento (Ajuste SINIEF 39/20).

§ 1º O Registro do Evento de Cancelamento será efetuado pela SVRS.

§ 2º A critério da Secretaria de Estado da Fazenda, poderão ser definidos procedimentos para os casos de necessidade de cancelamento vedados neste artigo.

Art. 297-I. Aplicam-se aos documentos fiscais eletrônicos emitidos nos termos desta Seção, no que couber, as normas do Convênio SINIEF S/N, de 15 de dezembro de 1970, do Ajuste SINIEF 07/05, de 30 de setembro de 2005, do Ajuste SINIEF 09/07, de 25 de outubro de 2007, do Ajuste SINIEF 21/10, de 10 de dezembro de 2010, e do Ajuste SINIEF 19/16, de 9 de dezembro de 2016 e da legislação tributária estadual.

Seção II
DA ESCRITURAÇÃO DOS LIVROS POR PROCESSO MECANIZADO OU DATILOGRÁFICO (REVOGADA DECRETO Nº 39.095/19)

Art. 298 ao 300. REVOGADO – Decreto nº 39.095/19.

Seção III
DA EMISSÃO DE DOCUMENTOS FISCAIS E ESCRITURAÇÃO FISCAL POR PROCESSAMENTO ELETRÔNICO DE DADOS

Subseção I
DOS OBJETIVOS

Art. 301. Esta Seção fixa normas reguladoras da emissão e escrituração por sistema eletrônico de processamento de dados dos documentos fiscais previstos no Convênio S/N, de 15 de dezembro de 1970, que instituiu o Sistema Nacional Integrado de Informações Econômico-Fiscais – SINIEF, e no Convênio SINIEF 06/89, de 21 de fevereiro de 1989, bem como a escrituração dos livros fiscais, a seguir enumerados:

I – Registro de Entradas, modelo P/1, Anexo 26;

II – Registro de Entradas, modelo P/1-A, Anexo 27;

III – Registro de Saídas, modelo P/2, Anexo 30;

IV – Registro de Saídas, modelo P/2-A, Anexo 31;

V – Registro de Controle da Produção e do Estoque, modelo P/3, Anexo 35;

VI – Registro de Inventário, modelo P/7, Anexo 37;

VII – Registro de Apuração do ICMS, modelo P/9, Anexo 33;

VIII – Livro de Movimentação de Combustíveis – LMC, Anexo 41.

§ 1º Fica obrigado às disposições desta seção, exceto o Microempreendedor Individual (MEI), o contribuinte que (Convênio ICMS 104/10):

I - emitir documento fiscal e/ou escriturar livro fiscal em equipamento que utilize ou tenha condições de utilizar arquivo magnético ou equivalente;

II - utilizar equipamento Emissor de Cupom Fiscal (ECF), que tenha condições de gerar arquivo magnético, por si ou quando conectado a outro computador, em relação às obrigações previstas no art. 306;

III - não possuindo sistema eletrônico de processamento de dados próprio, utilize serviços de terceiros com essa finalidade.

§ 2º A emissão de Nota Fiscal de Venda a Consumidor, modelo 2, fica condicionada ao uso de equipamento que atenda às disposições contidas nos arts. 337 a 389.

§ 3º Entende-se que a utilização de, no mínimo, computador e impressora para preenchimento de documento fiscal é uso de sistema eletrônico de processamento de dados, estando abrangido pelo inciso I do § 1º (Convênio ICMS 31/99).

§ 4º A Secretaria de Estado da Receita poderá exigir que a emissão dos documentos fiscais, por contribuintes de determinadas atividades econômicas, seja feita mediante utilização de sistema eletrônico de processamento de dados (Ajuste SINIEF 10/01).

Subseção II
DO PEDIDO

Art. 302. O uso, alteração do uso ou desistência do uso do sistema eletrônico de processamento de dados para emissão de documentos fiscais e/ou escrituração de livros fiscais, será autorizada pelo chefe da repartição fiscal do domicílio do contribuinte, mediante a protocolização do documento "Pedido/Comunicação de Uso de Sistema Eletrônico de Processamento de Dados", Anexo 74, preenchido em 3 (três) vias, contendo as seguintes informações (Convênio ICMS 75/03):

I - motivo de preenchimento;

II - identificação do usuário;

III - documentos e livros processados;

IV - unidade de processamento de dados;

V - configuração dos equipamentos;

VI - identificação e assinatura do declarante.

§ 1º O pedido de uso ou de alteração referido neste artigo deverá ser instruído com:

I - os modelos dos documentos e livros fiscais a serem emitidos ou escriturados pelo sistema;

II - a declaração conjunta do contribuinte e do responsável pelos programas aplicativos, modelo padronizado pela SER/PB, garantindo a conformidade destes à legislação vigente;

III - xerox da nota fiscal de aquisição dos equipamentos.

§ 2º Atendido os requisitos exigidos pelo Fisco, este terá 30 (trinta) dias para a sua apreciação.

§ 3º A solicitação de alteração ou a comunicação de desistência do uso do sistema eletrônico de processamento de dados serão apresentadas ao Fisco, com antecedência mínima de 30 (trinta) dias.

§ 4º As vias do requerimento de que trata este artigo, após sua autorização, terão a seguinte destinação:

I - a original e outra via serão retidas pelo Fisco;

II - REVOGADO (Decreto nº 24.578/0);

III - uma via será devolvida ao requerente para servir como comprovante.

§ 5º O pedido referido neste artigo poderá ser dispensado, a critério do Fisco (Convênio ICMS 104/10).

§ 6º Em relação ao parágrafo anterior, a escrituração dos livros fiscais deverá obedecer ao disposto nos arts. 301 ao 336, deste Regulamento.

§ 7º O pedido/comunicação de uso do sistema de que trata este artigo, poderá ser exigido por empresa, abrangendo todos os seus estabelecimentos localizados neste Estado (Convênio ICMS 42/00).

§ 8º A critério do Secretário Executivo da Receita Estadual, o formulário previsto no «caput» poderá ser alterado, desde que contenha, no mínimo, as informações dispostas nos incisos I a VI do "caput" deste artigo.

Art. 303. Os contribuintes que se utilizarem de serviços de terceiros prestarão, no pedido de que trata o artigo anterior, as informações ali enumeradas relativamente ao prestador do serviço.

Subseção III
DA DOCUMENTAÇÃO TÉCNICA

Art. 304. O contribuinte usuário de sistema eletrônico de processamento de dados e o responsável pelo programa aplicativo deverão fornecer, quando solicitado, documentação minuciosa, completa e atualizada do sistema, contendo descrição, gabarito de registro ("layout") dos arquivos, listagem dos programas e as alterações ocorridas no período a que se refere o art. 332.

Art. 305. Quando do pedido de uso, deverá ser apresentado ao Fisco o contrato específico garantindo a entrega das informações mencionadas no artigo anterior, quando se tratar de contribuintes que utilizem serviços de terceiros.

Subseção IV
DAS CONDIÇÕES ESPECIAIS

Art. 306. O contribuinte usuário do sistema de emissão e escrituração fiscal de que trata o art. 301, estará obrigado a manter, pelo prazo decadencial, as informações atinentes ao registro fiscal dos documentos recebidos ou emitidos por qualquer meio, referentes à totalidade das operações de entrada e de saída e das aquisições e prestações realizadas no exercício de apuração, na forma estabelecida neste Regulamento (Convênios ICMS 57/95, 66/98 e 39/00):

I – por totais de documento fiscal e por item de mercadoria (classificação fiscal), quando se tratar de (Convênio ICMS 12/06).:

a) Nota Fiscal, modelos 1 e 1-A;

b) a partir de 1º de janeiro de 2007, Nota Fiscal Eletrônica, modelo 55;

c) Nota Fiscal do Produtor, modelo 4, e o cupom fiscal;

II – por totais de documento fiscal, quando se tratar de (Convênio ICMS 69/02):

a) Nota Fiscal/Conta de Energia Elétrica, modelo 6;

b) Nota Fiscal de Serviços de Transporte, modelo 7;

c) Conhecimento de Transporte Rodoviário de Cargas, modelo 8;

d) Conhecimento de Transporte Aquaviário de Cargas, modelo 9;

e) Conhecimento Aéreo, modelo 10;

f) Conhecimento de Transporte Ferroviário de Cargas, modelo 11;

g) Nota Fiscal de Serviço de Comunicação, modelo 21;

h) Nota Fiscal de Serviço de Telecomunicações, modelo 22;

i) Nota Fiscal de Serviço de Transporte Ferroviário, modelo 27 (Convênio ICMS 22/07);

j) Conhecimento de Transporte Eletrônico, modelo 57 (Convênio ICMS 42/09);

III – por total diário, por equipamento, quando se tratar de Cupom Fiscal ECF, na saída;

IV – por total diário, por espécie de documento fiscal, nos demais casos (Convênio ICMS75/96).

§ 1º O disposto neste artigo também se aplica aos documentos fiscais nele mencionados, ainda que não emitidos por sistema eletrônico de processamento de dados.

§ 2º O contribuinte do Imposto sobre Produtos Industrializados – IPI deverá manter arquivado em meio magnético as informações a nível de item (classificação fiscal), conforme dispuser a legislação específica desse imposto.

§ 3º A obrigatoriedade do arquivamento das informações em meio magnético ao nível de item (classificação fiscal), de que trata o parágrafo anterior, se estende para o Cupom Fiscal emitido por ECF, dados do livro Registro de Inventário ou outros documentos fiscais (Convênio ICMS 69/02).

§ 4º O registro fiscal por item de mercadoria de que trata o inciso I, fica dispensado quando o estabelecimento utilizar sistema eletrônico de processamento de dados somente para a escrituração de livro fiscal (Convênio ICMS 66/98).

§ 5º O contribuinte deverá fornecer, nos casos estabelecidos neste Regulamento, arquivo magnético contendo as informações previstas neste artigo, atendendo às especificações técnicas descritas no Manual de Orientação vigentes na data de entrega do arquivo (Convênio ICMS 39/00).

Art. 307. Ao estabelecimento que requerer autorização para emissão de documento fiscal por sistema eletrônico de processamento de dados será concedido o prazo de 06 (seis) meses, contado da data da autorização, para adequar-se às exigências desta Seção, relativamente aos documentos que não forem emitidos pelo sistema.

Subseção V
DA NOTA FISCAL

Art. 308. A Nota Fiscal, modelo 1 e 1-A, será emitida, no mínimo, com o número de vias e destinação previstas nos arts. 162 a 166.

§ 1º Quando a quantidade de itens de mercadorias não puder ser discriminada em um único formulário, poderá o contribuinte utilizar mais de um formulário para uma mesma nota fiscal, obedecido o seguinte (Convênio ICMS 54/96):

I – em cada formulário, exceto o último, deverá constar, no campo "Informações Complementares" do quadro "Dados Adicionais", a expressão "Folha XX/NN – Contínua", sendo NN o número total de folhas utilizadas e XX o número que representa a sequência da folha no conjunto total utilizado;

II – quando não se conhecer previamente a quantidade de formulários a serem utilizados, omitir-se-á, salvo o disposto no inciso III, abaixo, o número total de folhas utilizadas (NN);

III – os campos referentes aos quadros "Cálculo do Imposto" e "Transportador/ Volumes Transportados" só deverão ser preenchidos no último formulário, que também deverá conter, no campo "Informações Complementares", a expressão "Folha XX/NN";

IV – nos formulários que antecedem o último, os campos referentes ao quadro "Cálculo do Imposto" deverão ser preenchidos com asteriscos;

V – fica limitada a 990 (novecentos e noventa) a quantidade de itens de mercadoria por nota fiscal emitida (Convênio ICMS 31/99).

§ 2º As indicações referentes ao transportador e à data da efetiva saída da mercadoria do estabelecimento, podem ser feitas mediante a utilização de qualquer meio gráfico indelével (Convênio ICMS 31/99).

Art. 309. O contribuinte remeterá, a partir dos fatos geradores de 1º de janeiro de 2003, às Secretarias de Fazenda, Finanças ou Tributação das unidades da Federação, até o dia quinze (15), arquivo magnético, com registro fiscal, das operações e prestações interestaduais efetuadas no mês anterior (Convênio ICMS 69/02).

§ 1º Sempre que, informada uma operação em arquivo, por qualquer motivo a mercadoria não for entregue ao destinatário, far-se-á geração de arquivo esclarecendo o fato, com o código de finalidade "5" (item 09.1.3 do Manual de Orientação /Processamento de Dados, Anexo 06), que será remetido juntamente com o relativo ao mês em que se verificar a ocorrência.

§ 2º O arquivo remetido a cada unidade da Federação restringir-se-á às operações e prestações com contribuintes nela localizados.

§ 3º O arquivo magnético deverá ser previamente consistido por programa validador fornecido pela SER/PB.

§ 4º Não deverão constar do arquivo os Conhecimentos emitidos em função de redespacho ou subcontratação.

§ 5º Ficam dispensados do cumprimento da obrigatoriedade prevista no "caput", os contribuintes que satisfaçam as exigências previstas no § 6º e art. 263.

§ 6º A dispensa prevista no parágrafo anterior fica condicionada à:

I – efetiva entrega, pelos contribuintes, dos arquivos magnéticos contendo o registro fiscal de suas operações e prestações, a SER/PB;

II– imediata disponibilização dos arquivos magnéticos, a que se refere o inciso anterior, pela SER/PB à unidade federada de destino.

Subseção VI
DOS CONHECIMENTOS DE TRANSPORTE RODOVIÁRIO, TRANSPORTE AQUAVIÁRIO E AÉREO

Art. 310. Na hipótese de emissão por sistema eletrônico de processamento de dados de Conhecimento de Transporte Rodoviário de Cargas, Conhecimento de Transporte Aquaviário de Cargas e Conhecimento Aéreo, fica dispensado a via adicional para controle do Fisco de destino.

§ 1º O arquivo remetido à cada unidade da Federação restringir-se-á aos destinatários nela localizados.

§ 2º Não deverão constar do arquivo os Conhecimentos emitidos em função de redespacho ou subcontratação.

§ 3º O arquivo magnético será previamente consistido por programa validador fornecido pelo Fisco deste Estado.

§ 4º A obrigatoriedade prevista no "caput" poderá ser dispensada desde que o contribuinte comprove (Convênio ICMS 30/02):

I- a efetiva entrega dos arquivos magnéticos contendo o registro fiscal de suas prestações, à unidade da Federação de seu domicílio fiscal;

II- a imediata disponibilização dos arquivos magnéticos, a que se refere o inciso anterior, pela unidade federada do domicílio fiscal do contribuinte à unidade federada de destino.

§ 5º Após receber as informações de que trata o parágrafo anterior, o Fisco paraibano deve informar às Unidades Estaduais de Enlace/Sintegra das demais unidades federadas, a relação dos contribuintes dispensados do cumprimento da obrigatoriedade prevista no "caput" (Convênio ICMS 30/02).

Subseção VII
DAS DISPOSIÇÕES COMUNS AOS DOCUMENTOS FISCAIS

Art. 311. No caso de impossibilidade técnica para a emissão dos documentos a que se refere o art. 301, por sistema eletrônico de processamento de dados, em caráter excepcional, poderá o documento ser preenchido de outra forma, hipótese em que deverá ser incluído no sistema (Convênio ICMS 31/99).

Art. 312. Os documentos fiscais devem ser emitidos no estabelecimento que promover a operação ou prestação.

Art. 313. As vias dos documentos fiscais, que devem ficar em poder do estabelecimento emitente, serão encadernadas em grupos de até quinhentas (500), obedecida sua ordem numérica sequencial (Convênio ICMS 31/99).

Subseção VIII
DAS DISPOSIÇÕES COMUNS AOS FORMULÁRIOS DESTINADOS À EMISSÃO DE DOCUMENTOS FISCAIS

Art. 314. Os formulários destinados à emissão dos documentos fiscais a que se refere o art. 301, deverão:

I - ser numerados tipograficamente, por modelo, em ordem consecutiva de 000.001 a 999.999, reiniciada a numeração quando atingido este limite;

II - ser impresso tipograficamente, facultada a impressão por sistema eletrônico de processamento de dados da série e subsérie, e no que se refere à identificação do emitente:

a) do endereço do estabelecimento;

b) do número de inscrição no CNPJ;

c) do número de inscrição estadual;

III - ter o número do documento fiscal impresso por sistema eletrônico de processamento de dados, em ordem numérica sequencial consecutiva, por estabelecimento, independentemente da numeração tipográfica do formulário;

IV - conter o nome, o endereço e os números de inscrição, estadual e no CNPJ, do impressor do formulário, a data e a quantidade da impressão, os números de ordem do primeiro e do último formulário impressos, o número da Autorização de Impressão de Documentos Fiscais - AIDF e o número da autorização de uso do sistema eletrônico de processamento de dados (Convênio ICMS 31/99);

V - quando inutilizados, antes de se transformarem em documentos fiscais, ser enfeixados em grupos uniforme de até 200 (duzentos) jogos, em ordem numérica sequencial, permanecendo em poder do estabelecimento emitente, pelo prazo de 05 (cinco) anos, contado do encerramento do exercício de apuração em que ocorreu o fato.

Art. 315. A empresa que possua mais de um estabelecimento no Estado é permitido o uso do formulário com numeração tipográfica única, desde que destinado à emissão de documentos fiscais do mesmo modelo.

§ 1º O controle de utilização será exercido nos estabelecimentos do encomendante e dos usuários do formulário.

§ 2º O uso de formulários com numeração tipográfica única poderá ser estendido a estabelecimento não relacionado na correspondente autorização, desde que haja aprovação prévia pela repartição fiscal a que estiver vinculado.

TRIBUTÁRIO E FINANCEIRO

Subseção IX
DA AUTORIZAÇÃO PARA CONFECÇÃO DE FORMULÁRIOS DESTINADOS À EMISSÃO DE DOCUMENTOS FISCAIS

Art. 316. Os estabelecimentos gráficos somente poderão confeccionar formulários, destinados à emissão de documentos fiscais, mediante prévia autorização da repartição fiscal do domicílio do contribuinte, observado o disposto no art. 153.

§ 1º Na hipótese do artigo anterior, será solicitada autorização única, indicando-se:

I – a quantidade total dos formulários a serem impressos e utilizados em comum;

II – os dados cadastrais dos estabelecimentos usuários;

III – os números de ordem dos formulários destinados aos estabelecimentos a que se refere o inciso anterior, devendo ser comunicadas ao Fisco eventuais alterações.

§ 2º Relativamente às confecções subsequentes à primeira, a respectiva autorização somente será concedida mediante a apresentação da 2ª via do formulário da autorização imediatamente anterior.

Subseção X
DO REGISTRO FISCAL

Art. 317. Entende-se por registro fiscal as informações gravadas em meio magnético referentes aos elementos contidos nos documentos fiscais.

Art. 318. O armazenamento do registro fiscal em meio magnético será disciplinado pelo Manual de Orientação/Processamento de Dados, Anexo 06, de que trata o art. 335, deste Regulamento.

Art. 319. O arquivo magnético de registros fiscais, conforme especificação e modelo previstos no Manual de Orientação/Processamento de Dados, conterá as seguintes informações:

I – tipo de registro;

II – data de lançamento;

III – CNPJ do emitente/remetente/destinatário;

IV – inscrição estadual do emitente/remetente/destinatário;

V – unidade da Federação do emitente/remetente/destinatário;

VI– identificação do documento fiscal modelo, série e subsérie e número de ordem;

VII - Código Fiscal de Operações e Prestações;

VIII - valores a serem consignados nos livros Registro de Entradas ou Registro de Saídas;

IX - Código da Situação Tributária Federal da operação.

Art. 320. A captação e consistência dos dados referentes aos elementos contidos nos documentos fiscais, para o meio magnético, a fim de compor o registro fiscal, não poderão atrasar por mais de 05 (cinco) dias úteis, contados da data da operação a que se referir.

Art. 321. Ficam os contribuintes autorizados a retirar do estabelecimento os documentos fiscais para compor o registro de que trata o art. 317, devendo a ele retornar dentro de prazo de 10 (dez) dias úteis, contados do encerramento do período de apuração.

Subseção XI
DA ESCRITURAÇÃO FISCAL

Art. 322. Os livros fiscais previstos no art. 301, obedecerão aos modelos dos Anexos 26, 27, 30, 31, 33, 35 e 37, com exceção do Livro de Movimentação de Combustíveis - LMC, que atenderá o modelo instituído pelo Departamento Nacional de Combustíveis (Convênio ICMS 55/97).

§ 1º É permitida a utilização de formulários em branco, desde que, em cada um deles, os títulos previstos nos modelos sejam impressos por sistema eletrônico de processamento de dados.

§ 2º Obedecida a independência de cada livro, os formulários serão numerados por sistema eletrônico de processamento de dados, em ordem numérica consecutiva de 000.001 a 999.999, reiniciada a numeração quando atingido este limite.

§ 3º Os formulários referentes a cada livro fiscal deverão ser encadernados por exercício de apuração, em grupos de até quinhentas (500) folhas (Convênio ICMS 31/99).

§ 4º Relativamente aos livros previstos no art. 301, fica facultado (Convênio ICMS 31/99):

I- encadernar os formulários mensalmente e reiniciar a numeração, mensal ou anualmente;

II- encadernar dois ou mais livros fiscais diferentes de um mesmo exercício num único volume de, no máximo, 500 (quinhentas) folhas, desde que sejam separados por contracapas com identificação do tipo de livro fiscal e expressamente nominados na capa da encadernação;

III – dimensionar as colunas de acordo com as possibilidades técnicas do equipamento do usuário;

IV – imprimir o registro em mais de uma linha, utilizando códigos apropriados;

V – suprimir as colunas que o estabelecimento não estiver obrigado a preencher;

VI – suprimir a coluna destinada a "OBSERVAÇÕES" desde que as eventuais observações sejam impressas em seguida ao registro a que se referir ou ao final do relatório mensal com as remissões adequadas, devendo haver ao final de cada registro a indicação do evento;

VII – admitir-se-á o preenchimento manual da coluna "OBSERVAÇÕES" para inserir informações que somente possam ser conhecidas após o prazo de emissão do livro fiscal.

Art. 323. Os livros fiscais escriturados por sistema eletrônico de processamentos de dados serão encadernados e autenticados em até 120 (cento e vinte) dias, contados da data do último lançamento (Convênio ICMS 31/99).

Art. 324. É facultada a escrituração das operações ou prestações de todo o período de apuração através de emissão única.

§ 1º Para os efeitos deste artigo, havendo desigualdade entre os períodos de apuração do IPI e do ICMS, tomar-se-á por base o menor.

§ 2º Os livros fiscais escriturados por sistema eletrônico de processamento de dados deverão estar disponíveis no estabelecimento do contribuinte, decorridos 10 (dez) dias úteis, contados do encerramento do período de apuração.

Art. 325. Os lançamentos nos formulários constitutivos do Registro de Controle da Produção e do Estoque podem ser feitos de forma contínua, dispensada a utilização de formulário autônomo para cada espécie, marca, tipo ou modelo de mercadoria.

Art. 326. O exercício da faculdade prevista no artigo anterior não excluirá a possibilidade de o Fisco exigir, em emissão específica de formulário autônomo, a apuração dos estoques, bem como as entradas e as saídas de qualquer espécie, marca, tipo ou modelo de mercadoria.

Art. 327. É facultada a utilização de códigos:

I – de emitentes – para os lançamentos nos formulários constitutivos do Registro de Entradas, elaborando-se Lista de Códigos de Emitentes, Anexo 77, que deverá ser mantida em todos os estabelecimentos usuários do sistema;

II – de mercadorias – para os lançamentos nos formulários constitutivos dos livros Registro de Inventário e Registro de Controle da Produção e do Estoque, elaborando-se Tabela de Códigos de Mercadorias, Anexo 78, que deverá ser mantida em todos os estabelecimentos usuários do sistema.

Art. 328. A Lista de Códigos de Emitentes e a Tabela de Códigos de Mercadorias deverão ser encadernadas por exercício, juntamente com cada livro fiscal, contendo apenas os códigos neles utilizados, com observações relativas às alterações, se houver, e respectivas datas de ocorrência (Convênio ICMS 31/99).

Subseção XII
DA FISCALIZAÇÃO

Art. 329. O contribuinte fornecerá ao Fisco, quando exigido, os documentos e arquivo magnético de que trata esta Seção, no prazo de 05 (cinco) dias úteis, contados da data da exigência, sem prejuízo do acesso imediato às instalações, equipamentos e informações em meios magnéticos.

§ 1º Por acesso imediato entende-se inclusive o fornecimento dos recursos e informações necessárias para verificação e/ou extração de quaisquer dados, tais como, senhas, manuais de aplicativos e sistemas operacionais e formas de desbloqueio de áreas de disco (Convênio ICMS 96/97).

§ 2º O arquivo magnético de que trata este artigo será previamente consistido por programa validador fornecido pelo Fisco (Convênio ICMS 31/99).

Art. 330. O contribuinte que escriturar livros fiscais por sistema eletrônico de processamento de dados fornecerá ao Fisco, quando exigido, por meio de emissão específica de formulário autônomo, os registros ainda não impressos.

Art. 331. Será de 10 (dez) dias úteis o prazo para o cumprimento da exigência de que trata o artigo anterior.

Subseção XIII
DISPOSIÇÕES FINAIS E TRANSITÓRIAS

Art. 332. Para os efeitos desta Seção, entende-se como exercício de apuração o período compreendido entre 1º de janeiro a 31 de dezembro, inclusive.

Art. 333. Aplicam-se ao sistema de emissão de documentos fiscais e escrituração de livros fiscais, previstos nesta Seção, as disposições contidas no SINIEF e suas alterações, no que não estiver excepcionado ou disposto de forma diversa.

Art. 334. Na salvaguarda de seus interesses, o Fisco poderá impor restrições, impedir a utilização ou cassar autorização de uso do sistema eletrônico de processamento de dados, para emissão de documentos fiscais e/ou escrituração de livros fiscais.

Art. 335. As instruções complementares necessárias à aplicação desta Seção, constam do Manual de Orientação/Processamento de Dados, Anexo 06.

Art. 336. REVOGADO (Decreto nº 24.578/03).

Capítulo VII
DAS OPERAÇÕES COM USO DE EQUIPAMENTO EMISSOR DE CUPOM FISCAL ECF

Seção I
DAS DISPOSIÇÕES GERAIS

Art. 337. Este Capítulo fixa normas reguladoras para o uso de Equipamento Emissor de Cupom Fiscal - ECF.

Art. 338. Os estabelecimentos emitentes de bilhete de passagem modelos 13, 14 e 16 poderão utilizar o equipamento Emissor de Cupom Fiscal - ECF, facultativamente, até a obrigatoriedade do Bilhete de Passagem Eletrônico - BP-e, modelo 63.

Seção II
DA COMUNICAÇÃO DE USO E DAS DEMAIS INTERVENÇÕES EM ECF

Art. 339. A comunicação de uso e das demais intervenções em ECF iniciadas pelo contribuinte usuário de ECF se dará mediante acesso, via Internet, ao sistema corporativo da Secretaria de Estado da Receita - SER, através do site: www.receita.pb.gov.br,.informando todos os dados necessários.

§ 1° O acesso a que se refere o "caput" deste artigo será realizado mediante utilização de usuário e senha fornecidos ao contribuinte, que ficará responsável por sua exclusiva utilização.

§ 2° Após o preenchimento dos dados e a consequente indicação da empresa credenciada que realizará a intervenção no equipamento, será gerado o Documento de Solicitação de Intervenção Técnica em ECF, em 02 (duas) vias, que deverão ser impressas, assinadas e encaminhadas conforme disposição a seguir, observado o disposto no § 4º deste artigo:

I - 1ª via - contribuinte, que deverá ser anexada ao livro Registro de Utilização de Documentos Fiscais e Termo de Ocorrências;

II - 2ª via - credenciado, que deverá acompanhar o equipamento e ser entregue à credenciada.

§ 3º Nos casos em que a intervenção seja realizada fora do estabelecimento do usuário, caberá ao contribuinte emitir e encaminhar, juntamente com o ECF, nota fiscal de remessa para conserto. Na impossibilidade de emissão de nota fiscal pelo contribuinte, caberá ao credenciado emitir nota fiscal de entrada para acobertar a entrada do equipamento.

§ 4º A indicação da empresa credenciada para intervir no equipamento poderá ser alterada pelo contribuinte, desde que a solicitação referente à intervenção técnica ainda não tenha sido recebida no sistema pela credenciada.

§ 5º O contribuinte só poderá realizar solicitação de intervenção em ECF, se não houver nenhuma solicitação anterior não finalizada ou bloqueada para o mesmo equipamento.

§ 6º O ECF deverá ser instalado no recinto de atendimento ao público, em local visível ao consumidor.

§ 7º O contribuinte deverá utilizar o ECF lacrado, através dos lacres controlados pela SER. Caso ocorra rompimento do lacre, o usuário do ECF deverá solicitar intervenção por motivo de "Rompimento de Lacre", imediatamente após a ocorrência do fato, situação que também deverá ser anotada no Livro Registro de Utilização de Documentos Fiscais e Termo de Ocorrências.

§ 8º A autorização para utilização de ECF é pessoal e intransferível, perdendo sua validade em caso de suspensão ou encerramento das atividades da empresa, por qualquer motivo.

§ 9º É vedado ao contribuinte que possua mais de um estabelecimento transferir o ECF de um para outro, mesmo que seja entre matriz e filial, sem a prévia autorização do Fisco.

§ 10. O treinamento de funcionários operadores de ECF durante a fase de instalação do mesmo deverá se dar em equipamento instalado fora do recinto de atendimento ao público, mediante solicitação prévia à SER, que poderá autorizar o treinamento por período não superior a 15 (quinze) dias.

§ 11. Os cupons emitidos durante a fase de treinamento deverão ser arquivados pelo prazo de 02 (dois) anos.

§ 12. O contribuinte usuário de equipamento ECF e o responsável pelo programa aplicativo deverão fornecer, documentação minuciosa, completa e atualizada do sistema, quando solicitada, contendo descrição e listagem dos programas e as alterações ocorridas.

§ 13. O usuário de ECF deverá informar, através do sistema corporativo, qual Programa Aplicativo Fiscal - PAF, previamente cadastrado pela SER, utilizará para emitir o cupom fiscal, sendo vedado o uso de programa distinto daquele informado.

§ 14. O contribuinte usuário de ECF deverá substituir o programa de que trata o § 13 deste artigo quando se der o término da autorização, ou quando, a critério da SER, seja cancelada a respectiva autorização.

§ 15. É vedado o uso de PAF não autorizado, com autorização vencida ou em desconformidade com a legislação vigente.

§ 16. Os contribuintes usuários de ECF que possuem o requisito de Memória de Fita- Detalhe – MFD deverão gerar e gravar, em mídia óptica, não regravável, os arquivos eletrônicos estabelecidos a seguir:

I – mensalmente, arquivo do tipo binário da Memória Fiscal – MF e da Memória de Fita Detalhe – MFD do mês imediatamente anterior;

II – mensalmente, arquivo do tipo texto (TXT), gerado a partir dos arquivos binários, tanto da MF quanto da MFD do mês imediatamente anterior, obedecendo ao leiaute estabelecido no Ato COTEPE/ICMS 17/04;

III– quando solicitados, arquivo do tipo binário da MF e da MFD com seus respectivos arquivos do tipo texto, obedecendo ao leiaute estabelecido no Ato COTEPE/ICMS 17/04, contendo informações referentes ao período indicado por autoridade fiscal.

§ 17. Os arquivos eletrônicos de que trata o § 16 deste artigo deverão ser gerados e assinados digitalmente por DLL (Dynamic Link Library), desenvolvida pelo fabricante do ECF para o Programa Aplicativo Fiscal – PAF-ECF do contribuinte usuário ou para funcionamento com o programa aplicativo eECFc versão 3.14 ou posterior, disponibilizado pelo Fisco.

§ 18. Na hipótese de esgotamento ou dano irrecuperável no dispositivo de armazenamento da Memória Fiscal ou da Memória de Fita Detalhe, que esteja fixado ao gabinete do equipamento por meio de resina, não poderá ser instalado outro dispositivo, ainda que o ECF possua receptáculo adicional, devendo o contribuinte usuário solicitar a cessação de uso do ECF.

§ 19. Os equipamentos que não atenderem às especificações do PAF-ECF, definidas no Convênio ICMS 15/08, deverão ser cessados.

Seção III
DA CESSAÇÃO DE USO

Art. 340. A Cessação de Uso de ECF poderá resultar de iniciativa da Secretaria de Estado da Receita ou através de comunicação pelo contribuinte, nos termos do art. 339 deste Regulamento.

§ 1º A Cessação de Uso de ECF por iniciativa da Secretaria de Estado da Receita terá origem em parecer emitido pela Gerência Operacional de Fiscalização de Estabelecimentos – GOFE diante de prova de que o contribuinte:

I – utilizou o ECF com dispositivo desautorizado;

II – utilizou o ECF com dispositivo violado;

III – prestou falsas declarações sobre o ECF;

IV – omitiu registro de vendas;

V – não atende ou não atendeu às exigências legais relativas ao uso de ECF;

VI – incorreu em outras infrações previstas na legislação tributária.

§ 2º A Cessação de Uso de ofício poderá ocorrer, também, quando a utilização do ECF se mostrar prejudicial aos interesses fazendários.

§ 3º A Cessação de Uso que alcançar todos os ECF›s do estabelecimento obrigado ao uso de ECF, implica necessariamente na substituição simultânea por outros, caso contrário, no cancelamento de ofício da inscrição do estabelecimento.

Art. 341. A Cessação de Uso de ofício previsto no "caput" do art. 340 poderá ser revista, mediante parecer favorável da Gerência Operacional de Fiscalização de Estabelecimentos – GOFE, a requerimento do interessado.

Arts. 342 e 343. REVOGADO (DECRETO Nº 32.071/11).

Art. 344. A Cessação de Uso de ECF, sem que haja o encerramento simultâneo das atividades do estabelecimento, obriga o contribuinte à imediata retomada do sistema de emissão de nota fiscal, de conformidade com a legislação vigente.

Seção IV
DOS REQUISITOS PARA UTILIZAÇÃO DO EQUIPAMENTO EMISSOR DE CUPOM FISCAL

Subseção I
DAS CARACTERÍSTICAS DO EQUIPAMENTO

Art. 345. O ECF deverá apresentar, no mínimo, as seguintes características:

I – dispositivo que possibilite a visualização, por parte do consumidor, do registro das operações;

II – emissor de Cupom Fiscal;

III – emissor de Fita Detalhe;

IV – Totalizador Geral (GT);

V – Totalizadores Parciais;

VI – Contador de Ordem da Operação;

VII – Contador de Reduções;

VIII – Contador de Reinício de Operação;

TRIBUTÁRIO E FINANCEIRO

IX – Memória Fiscal;

X – capacidade de imprimir o Logotipo Fiscal (BR);

XI – capacidade de impressão, na Leitura "X", na Redução "Z" e na Fita Detalhe, do valor acumulado no GT e nos Totalizadores Parciais;

XII – bloqueio automático de funcionamento ante a perda, por qualquer motivo, de dados acumulados nos contadores e totalizadores de que trata o § 1º;

XIII – capacidade de impressão do número de ordem sequencial do ECF;

XIV – dispositivo inibidor do funcionamento do ECF, na hipótese de término da bobina autocopiativa destinada à impressão da Fita Detalhe e do documento original (Convênio ICMS 132/97);

XV – lacre destinado a impedir que o ECF sofra qualquer intervenção, nos dispositivos por aquele assegurados, sem que esta fique evidenciada, colocado conforme o indicado no parecer de homologação do equipamento;

XVI – número de fabricação, visível, estampado em relevo diretamente no chassi ou na estrutura do ECF onde se encontre a Memória Fiscal, ou, ainda, em plaqueta metálica fixada nesta estrutura de forma irremovível;

XVII – relógio interno que registrará data e hora, a serem impressas no início e no fim de todos os documentos emitidos pelo ECF, acessável apenas através de intervenção técnica, exceto quanto ao ajuste para o horário de verão;

XVIII – o ECF deve ter apenas um Totalizador Geral (GT);

XIX – rotina uniforme de obtenção, por modelo de equipamento, das Leituras "X" e da Memória Fiscal, sem a necessidade de uso de cartão magnético ou número variável de acesso;

XX – capacidade de emitir a Leitura da Memória Fiscal por intervalo de datas e por número sequencial do Contador de Redução;

XXI – capacidade de assegurar que os recursos físicos e lógicos da Memória Fiscal, do "software" básico e do mecanismo impressor, não sejam acessados diretamente por aplicativo, de modo que estes recursos sejam utilizados unicamente pelo "software" básico, mediante recepção exclusiva de comandos fornecidos pelo fabricante do equipamento;

XXII – capacidade, controlada pelo "software" básico, de informar, na Leitura X e na Redução Z, o tempo em que permaneceu operacional no dia respectivo e, dentro deste, o tempo em que esteve emitindo documentos fiscais, exceto para Leitura X, Redução Z e Leitura da Memória Fiscal, em se tratando de ECF-IF e de ECF-PDV (Convênio ICMS 02/98);

XXIII - Contador de Cupons Fiscais Cancelados (Convênio ICMS 132/97);

XXIV - Contador de Notas Fiscais de Venda a Consumidor (Convênio ICMS 132/97);

XXV - Contador de Notas Fiscais de Venda a Consumidor Canceladas (Convênio ICMS 132/97);

XXVI - Contador de Cupons Fiscais - Bilhete de Passagem (Convênio ICMS 132/97);

XXVII - Contador de Cupons Fiscais - Bilhete de Passagem Cancelados (Convênio ICMS 132/97);

XXVIII - Contador de Leitura X (Convênio ICMS 132/97).

§ 1º O Totalizador Geral, o Contador de Ordem de Operação, o Contador Geral de Comprovante Não Fiscal, se existir, o Número de Ordem Sequencial do ECF, o Contador de Cupons Fiscais Cancelados, se existir, e os totalizadores parciais serão mantidos em memória não volátil residente no equipamento, que deverá ter capacidade de assegurar os dados acumulados por, pelo menos, setecentas e vinte horas, mesmo ante a ausência de energia elétrica (Convênios ICMS 156/94 e 65/98).

§ 2º No caso de perda dos valores acumulados no Totalizador Geral (GT), estes deverão ser recuperados, juntamente com o número acumulado no Contador de Reduções, a partir dos dados gravados na Memória Fiscal.

§ 3º No caso de ECF-IF, os contadores, totalizadores, a memória fiscal e o «software» básico exigidos neste Capítulo estarão residentes no módulo impressor, que deve ter unidade central de processamento (CPU) independente.

§ 4º A capacidade de registro de item será de, no máximo, 11 (onze) dígitos, devendo manter, no mínimo, em relação à venda bruta, aos Totalizadores Parciais e ao Totalizador Geral uma diferença mínima de 4 (quatro) dígitos.

§ 5º Os registros das mercadorias vendidas devem ser impressos no cupom fiscal de forma concomitante à respectiva captura das informações referentes a cada item vendido ao consumidor.

§ 6º A soma dos itens de operações efetuadas e indicadas no documento fiscal emitido pelo ECF deve ser designada pela expressão «Total», residente unicamente no «software» básico, sendo sua impressão impedida quando comandada diretamente pelo programa aplicativo.

§ 7º A troca da situação tributária dos Totalizadores Parciais somente pode ocorrer mediante intervenção técnica ou, no caso de ECF-MR, após anuência do Fisco.

§ 8º A impressão de Cupom Fiscal e da Fita-Detalhe deve ocorrer em uma mesma estação impressora (Convênios ICMS 156/94 e 65/98).

§ 9º Ao ser reconectada a Memória Fiscal à placa controladora do «software» básico, deve ser incrementado o Contador de Reinício de Operação, ainda que os totalizadores e contadores referidos no § 1º, não tenham sido alterados.

§ 10. O equipamento poderá ter Modo de Treinamento (MT) com a finalidade de possibilitar o aprendizado do seu funcionamento, desde que seja parte integrante da programação do "software" básico, devendo a rotina desenvolvida para este modo atender ainda às seguintes condições (Convênios ICMS 73/97 e 95/97):

I – imprima a expressão "Trei" no lugar do Logotipo Fiscal (BR);

II – imprima a expressão "MODO DE TREINAMENTO" no início, a cada dez linhas e no fim dos documentos emitidos;

III – preencha todos os espaços em branco à esquerda de um caractere impresso em uma linha com o símbolo "?" (ponto de interrogação);

IV – some nos totalizadores parciais e no Totalizador Geral o valor das operações, incremente os contadores respectivos e grave na Memória Fiscal as informações previstas no art. 347;

V – não indique o símbolo de acumulação no Totalizador Geral;

VI – faculte a emissão de mais de uma Redução Z por dia;

VII – imprima o Contador de Ordem de Operação;

VIII – indique a situação tributária no documento emitido, quando for o caso;

IX – a gravação na Memória Fiscal do número de inscrição federal e estadual ou municipal do primeiro usuário deve encerrar definitivamente a utilização do Modo de Treinamento.

§ 11. O equipamento que possibilite a autenticação de documentos deverá atender às seguintes condições (Convênios ICMS 73/97 e 95/97):

I – limitar a 4 (quatro) repetições para uma mesma autenticação;

II – somente efetuar a autenticação imediatamente após o registro do valor correspondente no documento emitido ou em emissão;

III – a impressão da autenticação deverá ser gerenciada pelo "software" básico e impressa em até duas linhas, contendo:

a) a expressão "AUT:";

b) a data da autenticação;

c) o Número de Ordem Sequencial do ECF;

d) o Número do Contador de Ordem de Operação do documento emitido ou em emissão;

e) o valor da autenticação;

f) facultativamente, a identificação do estabelecimento.

§ 12. As informações das alíneas "a" a "e" do inciso anterior serão de comando exclusivo do "software" básico (Convênios ICMS 73/97 e 95/97).

§ 13. O equipamento pode imprimir cheque desde que o comando de impressão seja controlado exclusivamente pelo "software" básico, devendo conter os seguintes argumentos (Convênio ICMS 132/97):

I - quantia em algarismos, de preenchimento obrigatório, com no máximo dezesseis dígitos, cujo extenso será impresso automaticamente pelo "software" básico;

II - nome do favorecido, limitado a oitenta caracteres, utilizando apenas uma linha;

III - nome do lugar de emissão, com no máximo trinta caracteres;

IV - data, no formato "ddmma", "ddmmaa", "ddmmaaa" ou "ddmmaaaa", sendo a impressão do mês feita por extenso automaticamente pelo "software" básico;

V - informações adicionais, com até cento e vinte caracteres, utilizando no máximo duas linhas.

§ 14. O comando das formas de pagamento será gerenciado pelo "software" básico, devendo ser o único aceito imediatamente após a totalização das operações, possuindo os seguintes argumentos (Convênio ICMS 132/97):

I - identificação da forma de pagamento, com dois dígitos e de preenchimento obrigatório;

II - valor pago, com até dezesseis dígitos e de preenchimento obrigatório;

III - informações adicionais, com até oitenta caracteres, utilizando, no máximo, duas linhas.

§ 15. Na hipótese do parágrafo anterior, o registro da forma de pagamento deve ser finalizado automaticamente quando o somatório das formas de pagamento igualar ou exceder o valor total do documento, devendo ser impresso imediatamente após o recebimento do primeiro comando enviado ao "software" básico (Convênios 132/97e 65/98):

I - o valor total pago, indicado pela expressão "VALOR RECEBIDO", sendo esta integrante do "software" básico;

II - se for o caso, o valor referente à diferença entre o valor pago e o valor total do documento, indicado pela expressão "TROCO", sendo esta integrante do "software" básico.

§ 16. Em todos os documentos emitidos, além das demais exigências deste Capítulo, serão impressos os seguintes elementos de identificação do equipamento (Convênio ICMS 132/97):

I - a marca;

II - o modelo;

III - o número de série de fabricação gravado na Memória Fiscal; IV - a versão do "software" básico.

§ 17. O equipamento deverá imprimir ao ser ligado e em intervalo máximo de uma hora em funcionamento, comandado pelo "software" básico, exclusivamente os valores acumulados (Convênio ICMS 132/97):

I - no Contador de Ordem de Operação;

II - no Contador Geral de Comprovante Não Fiscal (Convênio ICMS 65/98);

III - no Totalizador de Cancelamento (Convênio ICMS 65/98);

IV - no Totalizador de Desconto (Convênio ICMS 65/98);

V - no Totalizador de Venda Bruta Diária;

VI - nos demais totalizadores parciais tributados e não tributados ativos armazenados na Memória de Trabalho.

§ 18. Na hipótese do parágrafo anterior, deverão ser observados (Convênio ICMS 132/97):

I - havendo documento em emissão, a impressão deve ocorrer imediatamente após a finalização do documento;

II - quando o valor acumulado no contador ou totalizador for igual a zero, deverá ser impresso o símbolo "*";

III - a separação entre os valores impressos deverá ser feita com a impressão do símbolo "#";

IV - somente os valores significativos deverão ser impressos, sem indicação de ponto ou vírgula;

V - os totalizadores parciais ativos deverão ser impressos na ordem em que são apresentados na Leitura X.

§ 19. O controle do mecanismo impressor no ECF-IF e no ECF-PDV deverá ser gerenciado pelo "software" básico do equipamento, observadas as seguintes condições (Convênios ICMS 132/97 e 65/98):

I – estar localizado na placa controladora fiscal com processador único;

II – em processador localizado em placa que não seja a placa controladora fiscal, se estiver junto a esta em gabinete que possibilite seu isolamento dos demais componentes do equipamento mediante utilização do lacre previsto no inciso XV do art. 345.

§ 20. O usuário de ECF, deverá manter em seu estabelecimento, à disposição do Fisco, cópia dos Atestados de Intervenção em Equipamento Emissor de Cupom Fiscal.

Art. 346. O ECF não deve ter tecla, dispositivo ou função que:

I – iniba a emissão de documentos fiscais e o registro de operações na Fita Detalhe;

II – vede a acumulação dos valores das operações sujeitas ao ICMS no GT;

III – permita a emissão de documento para outros controles, que se confunda com o Cupom Fiscal.

Subseção II
DA MEMÓRIA FISCAL

Art. 347. O ECF deve ter Memória Fiscal destinada a gravar:

I)o número de fabricação do ECF;

II)os números de inscrição, Federal e Estadual, do estabelecimento;

III)o Logotipo Fiscal;

IV)a versão do programa fiscal homologada pela COTEPE/ICMS;

V)diariamente:

a) venda bruta e as respectivas data e hora da gravação;

b) o Contador de Reinício de Operação;

c) o Contador de Reduções;

d) o valor acumulado em cada totalizador parcial de situação tributária (Convênio ICMS 02/98).

§ 1º A gravação, na Memória Fiscal, da venda bruta diária acumulada no Totalizador Geral, do Contador de Redução e das respectivas data e hora, dar-se-á quando da emissão da Redução «Z», a ser efetuada no final do expediente ou, no caso de funcionamento contínuo, às 24 (vinte e quatro) horas, sendo as demais informações relacionadas neste artigo gravadas concomitante ou imediatamente após a respectiva introdução na memória do equipamento.

§ 2º Quando a capacidade remanescente da Memória Fiscal for inferior necessária para armazenar dados relativos a 60 (sessenta) dias, o ECF deve informar esta condição nos cupons de Leitura «X» e nos de Redução «Z».

§ 3º Em caso de falha, desconexão ou esgotamento da Memória Fiscal, o fato deverá ser detectado pelo ECF que permanecerá bloqueado para operações, exceto, no caso de esgotamento, para Leitura «X « e da Memória Fiscal.

§ 4º O Logotipo Fiscal (BR), aprovado pela COTEPE/ICMS, deverá ser impresso nos seguintes documentos:

I - Cupom Fiscal;

II - Cupom Fiscal Cancelamento;

III - Leitura "X";

IV - Redução "Z";

V - Leitura da Memória Fiscal;

VI - documentos fiscais emitidos em formulários pré-impressos (Convênio ICMS 65/98).

§ 5º As inscrições, Federal e Estadual, o Logotipo Fiscal, a versão do programa fiscal aprovado pela COTEPE/ICMS, o Contador de Reinício de Operação, o Contador de Reduções e o número de fabricação do ECF, devem ser gravados unicamente na Memória Fiscal, de onde são buscados quando das respectivas emissões dos documentos relacionados no parágrafo anterior.

§ 6º Em caso de transferência de posse do ECF ou de alteração cadastral, os novos números de inscrição, Federal e Estadual, devem ser gravados na Memória Fiscal.

§ 7º O número de dígitos reservados para gravar o valor da venda bruta diária na Memória Fiscal, será de, no mínimo, 12 (doze).

§ 8º O fato da introdução, na Memória Fiscal, de dados de um novo proprietário encerra um período, expresso pela totalização das vendas brutas registradas pelo usuário anterior, para efeito de Leitura da Memória Fiscal.

§ 9º No caso de esgotamento ou dano irrecuperável na Memória Fiscal que inviabilize o uso do ECF, o fabricante poderá colocar nova PROM ou EPROM que atenda ao disposto no inciso X do art. 384, observado, ainda, o seguinte (Convênio ICMS 132/97):

I - a nova PROM ou EPROM deverá ser fixada internamente na estrutura do ECF de forma permanente, envolvida em resina termoendurecedora opaca, impedindo o acesso e a remoção da mesma;

II – a PROM ou EPROM anterior deverá ser mantida no equipamento, devendo:

a) no caso de esgotamento, possibilitar a sua leitura;

b) no caso de danificação, ser inutilizada de forma que não possibilite o seu uso;

III – deverá ser anexado ao Atestado de Intervenção, documento fornecido pelo fabricante atestando que a substituição da PROM ou EPROM atendeu as exigências e especificações deste Capítulo.

§ 10. Na hipótese do parágrafo anterior, a nova PROM ou EPROM da Memória Fiscal deverá ser inicializada pelo fabricante, com a gravação do mesmo número de série de fabricação acrescido de uma letra, respeitada a ordem alfabética crescente, devendo ser afixada nova plaqueta de identificação no equipamento, mantida a anterior (Convênio ICMS 132/97).

Seção V
DO CREDENCIAMENTO

Subseção I
DA COMPETÊNCIA

Art. 348. A Secretaria Executiva da Secretaria de Estado da Receita poderá credenciar para garantir o funcionamento e a inviolabilidade do ECF, bem como para nele efetuar qualquer intervenção técnica:

I – o fabricante;

II – o importador;

III – outro estabelecimento, possuidor de "Atestado de Capacitação Técnica" fornecido pelo fabricante ou importador da respectiva marca.

Parágrafo único. O credenciamento é obrigatoriamente precedido de cadastramento na unidade da Federação correspondente.

Art. 349. A proposta de credenciamento para intervenção em ECF será formulada ao Secretário Executivo da Secretaria de Estado da Receita, em requerimento não padronizado, contendo nome, endereço, telefone e números de inscrição estadual e no CNPJ, da empresa, bem como endereços e telefones dos principais sócios, e será instruída com os seguintes documentos:

I – cópia do documento de constituição da empresa, inclusive aditivos;

II – cópia da FAC;

III – Atestado de Capacitação Técnica do fabricante de ECF à firma solicitante do credenciamento;

IV – cópia da cédula de identidade, CPF e atestado de residência dos Técnicos;

V – Atestado de Capacitação Técnica fornecido pela empresa fabricante para os técnicos autorizados em intervir em ECF;

VI – REVOGADO (Decreto nº 32.071/11);

VII – cópia da cédula de identidade e do CPF dos principais sócios.

Parágrafo único. Excepcionalmente, no interesse da Secretaria de Estado da Receita, poderão ser aceitos os documentos a que se referem os incisos III e V do "caput" deste artigo até 3 (três) anos após os seus respectivos vencimentos.

Subseção II
DAS ATRIBUIÇÕES DOS CREDENCIADOS

Art. 350. Constitui atribuição e consequente responsabilidade do credenciado:

I – atestar o funcionamento do ECF, de conformidade com as exigências previstas neste Capítulo;

II– instalar o lacre de segurança contra violação dos dispositivos e registros do ECF, conforme determina o Ato COTEPE/ICMS de homologação do equipamento;

III – intervir no ECF para manutenção, reparos e outras atividades correlatas, observado o seguinte:

a) o credenciado, após receber o equipamento ECF do usuário, deve providenciar o conserto no prazo máximo de 3 (três) dias;

b) no caso de danos irrecuperáveis no equipamento o credenciado deve informar de imediato ao Fisco;

c) nos casos de envio do ECF para a fábrica, o credenciado deverá informar ao Fisco e entregar o ECF ao usuário, em condições de uso, no prazo máximo de 30 (trinta) dias;

IV – vistoriar o ECF para efeito de autorização de uso ou cessação de uso e quando exigido pelo Fisco;

V – orientar o contribuinte para o correto uso do ECF, de acordo com a legislação vigente;

VI – emitir o Atestado de Intervenção em Equipamento Emissor de Cupom Fiscal – ECF sempre que exercer vistoria, reparo, manutenção ou atividade afim;

VII – exercer o credenciamento com exemplar probidade, sob pena de responsabilidade administrativa, civil e penal sem prejuízo da responsabilidade tributária solidária e da cassação do respectivo credenciamento.

§ 1º A Secretaria de Estado da Receita é competente para determinar os procedimentos relativos à liberação de uso de ECF, assim como a cessação de uso, inclusive nos casos de intervenção.

§ 2º É da exclusiva responsabilidade do credenciado a guarda dos lacres, de forma a evitar a sua indevida utilização.

§ 3º A Leitura «X» deverá ser emitida antes e depois de qualquer intervenção no equipamento e anexada ao atestado de que trata o inciso VI, deste artigo.

§ 4º Na impossibilidade de emissão do primeiro cupom de leitura de que trata o parágrafo anterior, os totais acumulados devem ser apurados mediante a soma dos dados constantes na última Leitura X, ou Redução Z, ou Leitura da Memória de Trabalho, a que for mais recente, e das importâncias posteriormente registradas na Fita-Detalhe (Convênio ICMS 02/98).

§ 5º A empresa credenciada a intervir em ECF comunicará a realização das intervenções técnicas e dos demais serviços em ECF, lançando as informações do serviço prestado, mediante acesso, via Internet, através do sistema corporativo da Secretaria de Estado da Receita.

§ 6º O acesso a que se refere o § 5º deste artigo será concedido mediante utilização de usuário e senha fornecidos ao credenciado, que ficará responsável por sua exclusiva utilização.

§ 7º O credenciado só poderá receber o ECF para realizar intervenção se vier acompanhado do documento previsto no § 2º do art. 339, devidamente assinado.

§ 8º O credenciado poderá recusar a solicitação de intervenção, desde que não tenha recebido no sistema corporativo, deslacrado ou realizado qualquer tipo de intervenção no equipamento, observado o disposto no § 9º deste artigo.

§ 9º No caso de solicitação de intervenção com rompimento de lacres, o credenciado, também, poderá recusar a solicitação, desde que o ECF não tenha entrado em modo de Intervenção Técnica.

§ 10. Na hipótese do § 9 º deste artigo, o credenciado deverá receber a solicitação de intervenção, atestar a conformidade do equipamento, informando quais lacres foram fixados e o motivo da recusa que resultou no rompimento de lacres.

§ 11. Caberá ao credenciado atestar se o ECF encaminhado para intervenção está em conformidade com os dados cadastrados no sistema corporativo, antes de realizar a intervenção no equipamento.

§ 12. A indicação pelo credenciado da desconformidade acarretará no bloqueio da solicitação de intervenção, situação que só será cessada após análise de autoridade fiscal.

§ 13. O credenciado que atestar conformidade ou emitir atestado de intervenção técnica de forma equivocada ou inverídica será responsável solidariamente com o contribuinte pela não observância da legislação, perdendo a condição de credenciado, sem prejuízo da representação ao Ministério Público.

Art. 351. A remoção do lacre somente poderá ser feita nas seguintes hipóteses:

I - manutenção, reparo, adaptação ou instalação de dispositivos que impliquem essa medida;

II - outras hipóteses conforme determinação ou autorização do Fisco.

Art. 352. A emissão do Atestado de Intervenção, mediante acesso ao sistema corporativo, deverá ser realizada através do preenchimento de formulário eletrônico, devendo conter as seguintes informações:

I - a inscrição estadual e razão social do proprietário do ECF;

II - a inscrição estadual e a razão social do credenciado;

III - a data de início e a data final da intervenção;

IV - a marca, o modelo e o número de fabricação do ECF;

V - a numeração dos lacres afixados e retirados no equipamento;

VI - a especificação dos serviços executados no equipamento;

VII - os contadores do ECF: COO, CRZ, CRO e GT anterior e posterior a intervenção;

VIII - a versão do software básico instalado;

IX - o número do atestado de intervenção;

X- a data da emissão do atestado de intervenção;

XI - o técnico interveniente.

§ 1º O credenciado poderá, a qualquer momento, antes do início do procedimento de fiscalização, alegar equívoco na emissão do Atestado de Intervenção Técnica, hipótese em que formalizará processo de Revisão de Intervenção Técnica.

§ 2º O credenciado deverá, em qualquer intervenção posterior à inicialização, gerar e gravar, em mídia óptica não regravável, utilizando o aplicativo de que trata o § 18 do art. 339, arquivo do tipo binário da Memória Fiscal - MF e da Memória de Fita-Detalhe - MFD, se houver, com seus respectivos arquivos do tipo texto, obedecendo ao leiaute estabelecido no Ato COTEPE/ICMS 17/04, contendo as informações de todo o período de utilização do ECF.

§ 3º Em qualquer intervenção técnica deverá ser providenciada a troca do software básico do ECF por versão mais atual, se houver.

§ 4º O credenciado deverá lacrar o dispositivo do software básico sempre que não existir lacres controlados pela SER, hipótese em que será alertado, pelo sistema, no momento do preenchimento do atestado de intervenção técnica.

§ 5º Deverão ser guardados pelo credenciado e apresentados à autoridade fiscal, quando solicitados, os documentos emitidos e recebidos, as leituras emitidas pelo ECF e os arquivos digitais gerados de que trata este capítulo.

§ 6º O Atestado de Intervenção emitido deverá ser impresso e assinado, em 02 (duas) vias, observando os seguintes encaminhamentos:

I – a 1ª via – credenciada – deverá ser guardada junto aos outros documentos referentes ao mesmo proprietário do ECF;

II – a 2ª via – contribuinte – deverá ser encaminhada com o ECF ao contribuinte para que seja anexada à via do Documento de Solicitação de Intervenção Técnica em ECF, de que trata o § 2º do art. 339 deste Regulamento.

§ 7º Nos casos em que seja realizada a intervenção fora do estabelecimento do usuário o credenciado deverá emitir, adicionalmente, uma nota fiscal de retorno de conserto.

§ 8º As vias de que trata o § 7º deste artigo deverão ser guardadas nos estabelecimentos a que se destinam pelo prazo de 05 (cinco) anos, contado da data da emissão.

Subseção III
DA AUTORIZAÇÃO DE PRODUÇÃO DE LACRES DE ECF

Art. 353. O fabricante de lacres para ECF deverá se cadastrar, conforme portaria do Secretário de Estado da Receita, para fornecer lacres às empresas credenciadas a intervir em ECF.

§ 1º A autorização de produção de lacres para realização de intervenções em ECF será emitida pelo credenciado, mediante acesso via internet, ao sistema corporativo da Secretaria de Estado da Receita.

§ 2º O credenciado deverá informar, através do preenchimento do formulário eletrônico, qual fabricante, previamente cadastrado, será responsável pela fabricação do lote de lacres, assim como a quantidade que deseja adquirir, devendo imprimir e assinar em 02 (duas) vias o Documento de Autorização de Produção de Lacres, realizando os seguintes encaminhamentos:

I– 1ª via – credenciado – deverá ser guardada e apresentada à autoridade fiscal quando solicitada;

II- 2ª via - fabricante - deverá ser encaminhada ao fabricante de lacre.

§ 3° O fabricante cadastrado só poderá confeccionar os lacres solicitados após receber e confirmar a validade do Documento de Autorização de Produção de Lacres, através de acesso à internet, no site da Secretaria de Estado da Receita.

§ 4º O credenciado poderá informar o cancelamento dos lacres solicitados, através do sistema corporativo, desde que não os tenha utilizado em intervenções técnicas, devendo informar a faixa de lacres e o motivo do cancelamento. Os lacres cancelados deverão ser guardados, pelo prazo de 05 (cinco) anos, se o cancelamento ocorrer após a produção dos lacres.

Seção VI
DOS DOCUMENTOS FISCAIS

Subseção I
DO CUPOM FISCAL

Art. 354. O Cupom Fiscal a ser entregue ao consumidor final, qualquer que seja o seu valor, deve conter, no mínimo, impressas pelo próprio ECF, as seguintes indicações:

I - denominação Cupom Fiscal;

II - denominação, firma, razão social, endereço e números de inscrição, estadual e CNPJ, do emitente;

III - data (dia, mês e ano) e hora, de início e término, da emissão;

IV - número de ordem de cada operação, obedecida a sequência numérica consecutiva;

V - número de ordem sequencial do ECF, atribuído pelo estabelecimento;

VI - indicação da situação tributária de cada item registrado, mesmo que por meio de código, observada a seguinte codificação:

a) T - Tributado;

b) F - Substituição Tributária;

c) I - Isenção;

d) N - Não-Incidência;

VII - sinais gráficos que identifiquem os totalizadores parciais correspondentes às demais funções do ECF-MR;

VIII - discriminação, código, quantidade e valor unitário da mercadoria ou serviço;

IX - valor total da operação;

X - Logotipo Fiscal (BR estilizado);

XI - o Contador Geral de Comprovante Não Fiscal (Convênio ICMS 65/98).

§ 1º As indicações do inciso II, excetuados os números de inscrição estadual e CNPJ do emitente, podem ser impressas, tipograficamente, no verso.

§ 2º No caso de emissão de cupom adicional, referente a uma mesma operação, o segundo cupom somente poderá indicar o total da mesma e conter o mesmo número de operação, devendo, quando do cancelamento do Cupom Fiscal a que se refere, a este ser anexado, sob pena de ser glosado o crédito fiscal.

§ 3º REVOGADO (Decreto nº 19.470/98).

§ 4º O usuário de ECF deverá manter no estabelecimento, à disposição do Fisco, listagem atualizada de todas as mercadorias comercializadas, contendo (Convênio ICMS 132/97):

I - código da mercadoria;

II - descrição;

III - situação tributária;

IV - valor unitário.

§ 5º O ECF poderá imprimir mensagens promocionais no Cupom Fiscal até um máximo de 8 (oito) linhas, após o total da operação e o fim do cupom.

§ 6º O contribuinte deve emitir o Cupom Fiscal e entregá-lo ao comprador ou consumidor, independentemente de solicitação deste.

§ 7º É facultado incluir no Cupom Fiscal o CNPJ ou CPF do consumidor, desde que impresso pelo próprio equipamento.

§ 8º No caso das diferentes alíquotas e no da redução de base de cálculo, a situação tributária será indicada por «Tn», onde «n» corresponderá à alíquota efetiva incidente sobre a operação.

§ 9º É permitido o cancelamento de item lançado no Cupom Fiscal emitido por ECF-MR, ainda não totalizado, desde que:

I - se refira, exclusivamente, ao lançamento imediatamente anterior; II - o ECF-MR possua:

a) totalizador específico para a acumulação de valores desta natureza, zerável quando da emissão da Redução "Z";

b) função inibidora de cancelamento de item diverso do previsto no inciso I.

§ 10. Em relação à prestação de serviço de transporte de passageiros, deverão ainda ser acrescidas as indicações contidas nos arts. 224, 227, 230 e 233, observada a denominação Cupom Fiscal, dispensada a indicação do número de ordem, série e subsérie e o número da via e a Autorização de Impressão de Documentos Fiscais.

§ 11. A bobina de papel para uso em ECF deve atender, no mínimo, as disposições abaixo, vedada a utilização de papel contendo revestimento químico agente e reagente na mesma face (tipo self) (Convênios ICMS 73/97 e 132/97):

I – ser autocopiativa com, no mínimo, duas vias;

II – manter a integridade dos dados impressos pelo período decadencial;

III – a via destinada à emissão do Cupom Fiscal deve conter:

a) no verso, revestimento químico agente (coating back);

b) na frente, tarja de cor com, no mínimo, cinquenta centímetros de comprimento assinalada no último metro para o término da bobina;

IV – a via destinada à impressão da Fita Detalhe deve conter:

a) na frente, revestimento químico reagente (coating front);

b) no verso, o nome e o CNPJ/MF do fabricante e o comprimento da bobina no último metro;

V – ter comprimento mínimo de dez metros para bobinas com três vias e vinte metros para bobinas com duas vias;

VI – no caso de bobina com três vias, a via intermediária deve conter, na frente, revestimento químico reagente e, no verso, revestimento químico agente (coating front and back).

§ 12. No caso de ECF-MR com duas estações impressoras e sem possibilidade de interligação a computador, aplicam-se apenas as exigências contidas no inciso II e na alínea "b", dos incisos III e IV, do parágrafo anterior, hipótese em que a bobina de papel deverá ter comprimento mínimo de 25 metros (Convênio ICMS 73/97, 132/97 e 02/98).

§ 13. As exigências constantes dos incisos III a V, do § 10 entrarão em vigor a partir de 1º de janeiro de 1998 (Convênio ICMS 73/97).

§ 14. O estabelecimento usuário de ECF deve registrar e imprimir, nos documentos emitidos pelo equipamento, a forma ou o meio de pagamento efetivamente utilizado pelo consumidor ou adquirente, identificando, inclusive, por qual credenciadora de cartões se deu o pagamento.

Art. 355. O Cupom Fiscal emitido por ECF-PDV ou ECF-IF, além dos requisitos previstos no artigo anterior, deve conter:

I - código da mercadoria ou serviço, dotado de dígito verificador;

II - símbolo característico, uniforme por fabricante, indicativo da acumulação do respectivo valor no Totalizador Geral;

III - valor acumulado no Totalizador Geral atualizado, admitindo-se a codificação do mesmo, desde que o algoritmo de decodificação seja fornecido ao Fisco, quando da apresentação do pedido de uso.

Art. 356. As prerrogativas para uso de ECF previstas neste Capítulo, não eximem o usuário de emitir Nota Fiscal de Venda a Consumidor quando solicitado pelo adquirente da mercadoria, assim como não vedam a emissão de Nota Fiscal, modelos 1 ou 1-A, em função da natureza da operação.

Parágrafo único. A operação de venda acobertada por Nota Fiscal ou Nota Fiscal de Venda a Consumidor, não emitida por ECF, deve ser registrada no mesmo, hipótese em que:

I - serão anotados, nas vias do documento fiscal emitido, os números de ordem do Cupom Fiscal e do ECF, este atribuído pelo estabelecimento;

II - serão indicados na coluna "Observações", do Registro de Saídas, apenas o número e a série do documento;

III - será o Cupom Fiscal anexado à via fixa do documento emitido.

Subseção II
DA NOTA FISCAL DE VENDA A CONSUMIDOR E DOS BILHETES DE PASSAGEM

Art. 357. A Nota Fiscal de Venda a Consumidor, modelo 2, ou os Bilhetes de Passagem, modelos 13 a 16, emitidos por ECF, devem conter, no mínimo, as seguintes indicações:

I - denominação:

a) Nota Fiscal de Venda a Consumidor;

b) Bilhete de Passagem Rodoviário;

c) Bilhete de Passagem Aquaviário;

d) Bilhete de Passagem e Nota de Bagagem;

e) Bilhete de Passagem Ferroviário;

II – número de ordem específico;

III – série e subsérie e número da via;

IV – número de ordem do equipamento, atribuído pelo estabelecimento;

V – número de ordem da operação;

VI – natureza da operação ou prestação;

VII – data de emissão: dia, mês e ano;

VIII – nome do estabelecimento emitente;

IX – endereço e números de inscrição, estadual e no CNPJ do estabelecimento emitente;

X – discriminação das mercadorias ou dos serviços, em relação aos quais serão exigidos: quantidade, marca, tipo, modelo, espécie, qualidade e demais elementos que permitam sua perfeita identificação;

XI – valores, unitário e total, a mercadoria ou serviço e o valor total da operação;

XII – codificação da situação tributária e o símbolo de acumulação no GT;

XIII – valor acumulado no Totalizador Geral;

XIV – número de controle do formulário, referido no art. 358;

XV – expressão: "Emitido por ECF";

XVI – nome, endereço e números de inscrição, estadual e no CNPJ, do impressor do formulário, data e quantidade da impressão, número de controle do primeiro e do último formulário impresso e número da Autorização de Impressão de Documentos Fiscais;

XVII – o Contador Geral de Comprovante Não Fiscal (Convênio ICMS 65/98).

§ 1º O exercício da faculdade prevista neste artigo implicará que a impressora utilizada possua uma estação específica para a emissão dos documentos previstos neste artigo e que a primeira impressão corresponda ao número de ordem específico do documento referido do inciso II.

§ 2º Serão impressas tipograficamente as indicações dos incisos I, III, VIII, XIV e XVI.

§ 3º As indicações dos incisos IX, excetuadas as inscrições federal e estadual, e XV poderão ser impressas tipograficamente ou pelo equipamento.

§ 4º As demais indicações serão impressas pelo equipamento.

§ 5º A identificação das mercadorias, de que trata o inciso X, poderá ser feita por meio de código, se no próprio documento, mesmo que no verso, constar a decodificação.

§ 6º Em relação aos Bilhetes de Passagem, modelos 13 a 16, deverão ainda ser acrescidas as indicações contidas, respectivamente nos arts. 224, 227, 230 e 233.

Art. 358. Para efeito de controle, os formulários destinados à emissão dos documentos de que trata esta Seção serão numerados por impressão tipográfica, em ordem sequencial, de 000.001 a 999.999, reiniciada a numeração quando atingido este limite.

§ 1º Os formulários inutilizados antes de se transformarem em documento fiscal serão enfeixados em grupos uniformes de até 50 (cinquenta), em ordem numérica sequencial, permanecendo em poder do estabelecimento usuário, pelo prazo de 5 (cinco) anos, contado do primeiro dia do exercício seguinte àquele em que o lançamento poderia ser efetuado.

§ 2º Entende-se como documento fiscal, para os efeitos do parágrafo anterior, o formulário que, tendo ingressado no equipamento, contenha qualquer impressão efetuada pelo ECF.

Art. 359. As vias dos documentos fiscais, que devam ficar em poder do estabelecimento emitente, serão enfeixadas em grupos de até 500 (quinhentas), obedecida a ordem numérica sequencial específica do documento, em relação a cada ECF.

Art. 360. À empresa que possua mais de um estabelecimento no Estado é permitido o uso de formulário com numeração tipográfica única, desde que destinado à emissão de documentos do mesmo modelo.

Subseção III
DA LEITURA "X"

Art. 361. A Leitura "X" emitida por ECF deverá conter, no mínimo, a expressão Leitura "X" e as informações relativas aos incisos II a XI, XIV e XV do art. 362.

Parágrafo único. No início de cada dia, será emitida uma Leitura "X" de todos os ECF's em uso, devendo o cupom de leitura ser mantido junto ao equipamento no decorrer do dia, para exibição ao Fisco, se solicitado.

Subseção IV
DA REDUÇÃO "Z"

Art. 362. No final de cada dia, será emitida uma Redução "Z" de todos os ECF's em uso, devendo o cupom respectivo ser mantido à disposição do Fisco por 5 (cinco) anos e conter, no mínimo, as seguintes indicações:

I – denominação: Redução "Z";

II - nome, endereço e números de inscrição, estadual e no CNPJ, do emitente;

III - data (dia, mês e ano) e hora da emissão;

IV - número indicado no Contador de Ordem da Operação;

V - Número de Ordem sequencial do ECF, atribuído pelo estabelecimento;

VI - número indicado no Contador de Reduções;

VII - relativamente ao Totalizador Geral:

a) importância acumulada no final do dia;

b) diferença entre os valores acumulados no final do dia e no final do dia anterior;

VIII - valor acumulado no Totalizador Parcial de Cancelamento, quando existente;

IX - valor acumulado no Totalizador Parcial de Desconto, quando existente;

X - diferença entre o valor resultante da operação realizada na forma da alínea "b", do inciso VII e a soma dos valores acusados nos totalizadores referidos nos incisos VIII e IX;

XI - separadamente, os valores acumulados nos totalizadores parciais de operações:

a) com substituição tributária;

b) isentas;

c) não tributadas;

d) tributadas;

XII - valores sobre os quais incide o ICMS, segundo as alíquotas aplicáveis às operações, respectivas alíquotas e montante do correspondente imposto debitado, em se tratando de ECF-PDV e ECF- IF;

XIII - Totalizadores Parciais e contadores de operações não fiscais, quando existentes (Convênios ICMS 156/94 e 65/98);

XIV - versão do programa fiscal;

XV - Logotipo Fiscal (BR estilizado);

XVI- o Contador Geral de Comprovante Não Fiscal (Convênio ICMS 65/98).

§ 1º No caso de não ter sido emitida a Redução «Z» no encerramento diário das atividades do contribuinte ou, às 24 (vinte e quatro) horas, na hipótese de funcionamento contínuo do estabelecimento, o equipamento deve detectar o fato e só permitir a continuidade das operações após a emissão da referida redução, com uma tolerância de duas horas.

§ 2º Tratando-se de operação com redução de base de cálculo, esta deverá ser demonstrada nos cupons de Leitura «X» e de Redução «Z», emitidos por ECF-PDV ou ECF-IF, através de totalizadores parciais específicos, por alíquota efetiva.

§ 3º Os relatórios gerenciais somente podem estar contidos na Leitura "X" ou na Redução "Z", em campo definido, devendo ser impressa a cada dez linhas, ao longo deste campo, a mensagem "COO: xxxxxx Leitura X" ou "COO: Redução Z", onde xxxxxx é, respectivamente, o número do Contador de Ordem de Operação da Leitura "X" ou da Redução "Z" em emissão (Convênio ICMS 02/98).

§ 4º Na hipótese do parágrafo anterior, o tempo de emissão da Leitura "X" ou da Redução "Z", que contiver relatório gerencial, fica limitado a dez minutos contados do início de sua emissão (Convênio ICMS 02/98).

§ 5º Somente o comando de emissão de Leitura "X" ou de Redução "Z" pode conter argumento para habilitar ou não a emissão de relatório gerencial (Convênio ICMS 02/98).

§ 6º Havendo opção de emitir, ou não, relatório gerencial, o "software" básico do equipamento deve conter parametrização, acessada unicamente por meio de intervenção técnica (Convênio ICMS 02/98).

Subseção V
DA FITA DETALHE

Art. 363. A Fita Detalhe, que representa o conjunto das segundas vias de todos os documentos emitidos no equipamento, deve ser impressa pelo ECF concomitantemente à sua indicação no dispositivo de visualização do registro das operações por parte do consumidor, devendo, ainda, sua utilização atender às seguintes condições (Convênio ICMS 73/97):

I - conter Leitura "X" no início e no fim;

II - no caso de emissão de documento fiscal pré-impresso, em formulário solto, deve ser impresso na Fita Detalhe, automaticamente, ao final da emissão, somente a data, a hora, o número do documento fiscal, o Contador de Ordem Específico do documento fiscal e o Contador de Ordem de Operação, nesta ordem;

III - a bobina que contém a Fita Detalhe deve ser armazenada inteira, sem seccionamento, por equipamento e mantida em ordem cronológica pelo prazo decadencial, em relação a cada equipamento.

Parágrafo único. No caso de intervenção técnica que implique na necessidade de seccionamento da bobina da Fita Detalhe, deverão ser apostos nas extremidades do local seccionado o número do Atestado de Intervenção correspondente e a assinatura do técnico interventor.

Subseção VI
LEITURA DA MEMÓRIA FISCAL

Art. 364. A Leitura da Memória Fiscal deve conter, no mínimo, as seguintes indicações:

I – denominação "Leitura da Memória Fiscal";

II – número de fabricação do equipamento;

III – números de inscrição, estadual e no CNPJ do usuário atual e dos anteriores, se houver, com a respectiva data e hora de gravação, em ordem, no início de cada cupom;

IV – Logotipo Fiscal;

V – valor total da venda bruta diária e as respectivas data e hora da gravação;

VI – soma das vendas brutas diárias do período relativo à leitura solicitada;

VII – os números constantes do Contador de Reduções;

VIII – Contador de Reinício de Operação com a indicação da respectiva data da intervenção;

IX – Contador de Ordem de Operação;

X – Número de Ordem sequencial do ECF, atribuído pelo estabelecimento usuário ao equipamento;

XI – data (dia, mês e ano) e hora da emissão;

XII – versão do programa fiscal;

XIII – o valor acumulado em cada totalizador parcial de situação tributária (Convênio ICMS 65/98).

§ 1º A Leitura da Memória Fiscal deve ser emitida ao final de cada período de apuração, relativamente às operações neste efetuadas, e mantida à disposição do Fisco pelo prazo de 5 (cinco) anos, anexada ao Mapa Resumo ECF do dia respectivo.

§ 2º No caso de o ECF-MR permitir ser interligado a computador, de ECF-PDV e de ECF-IF, o "software" básico, através de comandos emitidos pelo aplicativo, deve possibilitar a gravação do conteúdo da Memória Fiscal em disco magnético flexível, como arquivo texto de fácil acesso.

Seção VII
DA ESCRITURAÇÃO

Subseção I
DO MAPA RESUMO ECF

Art. 365. Com base no cupom previsto no art. 362, as operações e/ou prestações serão registradas, diariamente, em documento, conforme Anexo 89, contendo as seguintes indicações:

I - denominação "Mapa Resumo ECF";

II - numeração, em ordem sequencial, de 000.001 a 999.999, reiniciada quando atingido este limite;

III - nome, endereço e números de inscrição, estadual e no CNPJ, do estabelecimento;

IV - data (dia, mês e ano);

V - Número de Ordem sequencial do ECF;

VI - número constante no Contador de Reduções, quando for o caso;

VII - número do Contador de Ordem de Operação da última operação do dia;

VIII - série, subsérie e número de ordem específico final dos documentos pré-impressos emitidos no dia, quando for o caso;

IX - coluna "Movimento do Dia" ou "Venda Bruta Diária": diferença entre os valores acumulados, no final do dia e no final do dia anterior, no Totalizador Geral referido no inciso IV do art. 345;

X - coluna "Cancelamento/Desconto", quando for o caso: importâncias acumuladas nos totalizadores parciais de cancelamento e desconto;

XI - coluna "Valor Contábil": valor apontado na coluna "Movimento do Dia" ou a diferença entre os valores indicados nas colunas "Movimento do Dia" e "Cancelamento/Desconto";

XII - coluna "Substituição Tributária": importância acumulada no totalizador parcial de substituição tributária;

XIII - coluna "Isenta ou Não-Tributada": soma das importâncias acumuladas nos totalizadores parciais de isentas e não tributadas;

XIV - coluna "Base de Cálculo": valores sobre os quais incide o ICMS, segundo as alíquotas aplicáveis às operações e/ou prestações discriminadas por situação tributária;

XV - coluna "Alíquota": alíquota do ICMS aplicada à base de cálculo indicada conforme inciso anterior;

XVI- coluna "Imposto Debitado": montante do correspondente imposto debitado;

XVII - coluna "Outros Recebimentos";

XVIII - linha "Totais": soma de cada uma das colunas prevista nos incisos IX a XVII.

§ 1º O «Mapa Resumo ECF» poderá ser dispensado para estabelecimentos que possuam até 3 (três) ECF's e não utilizem os procedimentos previstos nos arts. 369, 370 e 371.

§ 2º Relativamente ao «Mapa Resumo ECF», será permitido:

I - supressão das colunas não utilizáveis pelo estabelecimento;

II - acréscimo de indicações de interesse do usuário, desde que não prejudiquem a clareza dos documentos;

III - dimensionamento das colunas de acordo com as necessidades do estabelecimento;

IV - indicação de eventuais observações em seguida ao registro a que se referirem ou ao final do período diário, com as remissões adequadas.

§ 3º Os registros das indicações previstas nos incisos IX a XVII, serão efetivados em tantas linhas quantas forem as situações tributárias das operações correspondentes.

§ 4º A identificação dos lançamentos de que trata o inciso X, pode ser feita por meio de códigos, indicando-se no próprio documento a respectiva decodificação.

§ 5º O «Mapa Resumo ECF» deve ser conservado, em ordem cronológica, pelo prazo de 5 (cinco) anos, contado da data de sua emissão, juntamente com os respectivos cupons previstos no art. 362.

§ 6º Na hipótese da ocorrência do disposto no § 4º do art. 350, deverá o usuário lançar os valores apurados através da soma da fita detalhe no campo «Observações» do Mapa Resumo de Caixa ou do livro Registro de Saídas, acrescendo aos mesmos os valores das respectivas situações tributárias do dia.

§ 7º Deverá ser anexo ao Mapa Resumo de ECF, ao final de cada mês, a leitura da memória fiscal referente àquele período.

Subseção II
DO REGISTRO DE SAÍDAS

Art. 366. Os totais apurados na forma do inciso XVIII, do artigo anterior, devem ser escriturados nas colunas próprias do Registro de Saídas, observando-se, quanto à coluna sob o título "Documento Fiscal", o seguinte:

I – como espécie: a sigla "CF";

II – como série e subsérie: a sigla "ECF";

III – como números inicial e final do documento fiscal: o número do "Mapa Resumo ECF" emitido no dia;

IV – como data: aquela indicada no respectivo "Mapa Resumo ECF".

Art. 367. O estabelecimento que for dispensado da emissão do "Mapa Resumo ECF" deve escriturar o Registro de Saídas, consignando-se as seguintes indicações:

I – na coluna "Documento Fiscal":

a) como espécie: a sigla "CF";

b) como série e subsérie: o número de ordem sequencial do ECF atribuído pelo estabelecimento;

c) como números inicial e final do documento: os números de ordem inicial e final das operações do dia;

II – nas colunas "Valor Contábil" e "Base de Cálculo" de "Operações com Débito do Imposto", o montante das operações realizadas no dia, que deve ser igual à diferença entre o valor acumulado no final do dia e o acumulado no final do dia anterior, no Grande Total;

III – na coluna "Observações", o valor do Totalizador Geral – GT, o número do Contador de Reduções e o número e a serie das notas fiscais emitidas paralelamente fora do sistema.

Seção VIII
DO ECF-PDV E DO ECF-IF

Subseção I
DA INTERLIGAÇÃO

Art. 368. É permitida a interligação de ECF-PDV ou ECF-IF a computador ou a periféricos que permitam um posterior tratamento de dados.

§ 1º É permitido ECF-MR interligado a computador, desde que o «software» básico, a exemplo do que acontece nos demais equipamentos, não possibilite ao aplicativo alterar totalizadores e contadores, habilitar funções ou teclas bloqueadas, modificar ou ignorar a programação residente do equipamento ou do «software» básico, conforme estabelecido em parecer de homologação da COTEPE/ICMS.

§ 2º Os ECF's podem ser interligados entre si para efeito de relatório e tratamento de dados.

Subseção II
DAS OPERAÇÕES NÃO FISCAIS

Art. 369. O ECF pode emitir, também, Comprovante Não Fiscal, desde que, além das demais exigências deste Capítulo, o documento contenha (Convênio ICMS 02/98):

I – nome, endereço e número de inscrição federal e estadual e, se for o caso, municipal, do emitente;

II – denominação da operação realizada;

III – data de emissão;

IV – hora inicial e final de emissão;

V – Contador de Ordem de Operação;

VI – Contador de Comprovante Não Fiscal, específico para a operação, e não vinculado à operação ou prestação de serviço;

VII – Contador Geral de Comprovante Não Fiscal;

VIII – valor da operação;

IX – a expressão "Não é Documento Fiscal", impressa no início e a cada dez linhas.

§ 1º Relativamente ao cancelamento, acréscimo ou o desconto referente às operações indicadas no Comprovante Não Fiscal, o "software" básico deverá ter contador e totalizador parcial específico.

§ 2º O nome do documento, o Contador de Comprovante Não Fiscal específico para a operação e do totalizador parcial respectivo, a serem indicados no Comprovante Não Fiscal emitido, devem ser cadastrados na Memória de Trabalho após uma Redução "Z" e somente alterados por intervenção técnica.

§ 3º O Comprovante Não Fiscal não vinculado a documento fiscal emitido deve restringir- se a um registro por comprovante, sendo vedada a realização de operações algébricas sobre o valor da operação, exceto para acréscimos e descontos.

§ 4º A emissão de Comprovante Não Fiscal vinculado a uma operação ou prestação:

I – somente é admitida se efetuada imediatamente após a emissão do documento fiscal correspondente;

II – terá seu tempo de impressão limitado a dois minutos.

§ 5º Devem ser impressos no Comprovante Não Fiscal o Contador de Ordem de Operação e o valor da operação do documento fiscal a que estiver aquele vinculado, sob o comando exclusivo do "software" básico, podendo o aplicativo determinar sua posição no documento.

§ 6º É facultado a utilização do Contador de Comprovante Não Fiscal específico e totalizador parcial específico para registro das operações referidas no parágrafo anterior.

§ 7º A utilização do sistema previsto neste artigo obriga o contribuinte a manter os documentos relacionados com a emissão de Comprovantes Não Fiscais pelo prazo previsto neste Regulamento.

§ 8º A utilização do Modo de Treinamento, previsto no § 10 do art. 345, fica condicionada a prévia comunicação ao Fisco na forma e condições estabelecidas neste Regulamento.

Subseção III
DO CUPOM FISCAL CANCELAMENTO

Art. 370. O ECF pode emitir Cupom Fiscal Cancelamento, desde que o faça imediatamente após a emissão do cupom a ser cancelado.

§ 1º O Cupom Fiscal Cancelamento deverá conter as assinaturas do operador do equipamento e do supervisor do estabelecimento.

§ 2º A prerrogativa prevista neste artigo obriga a escrituração do «Mapa Resumo ECF» previsto no art. 365, ao qual deverão ser anexados os cupons relativos à operação.

§ 3º O Cupom Fiscal totalizado em zero, é considerado cupom cancelado e, como tal, deverá incrementar o Contador de Cupons Fiscais Cancelados.

§ 4º Nos casos de cancelamento de item ou cancelamento do total da operação, os valores acumulados nos totalizadores parciais de cancelamento serão sempre brutos.

Subseção IV
DO DESCONTO

Art. 371. É permitida, em ECF-PDV ou ECF-IF a operação de desconto em documento fiscal ainda não totalizado, desde que:

I – o ECF não imprima, isoladamente, o subtotal nos documentos emitidos;

II – o ECF possua Totalizador Parcial de Desconto para a acumulação dos respectivos valores líquidos.

Seção IX
DAS DISPOSIÇÕES COMUNS

Art. 372. Fica vedado o uso de ECF exclusivamente para operações de controle interno do estabelecimento, bem como de qualquer outro equipamento emissor de cupom ou com possibilidade de emiti-lo, que possa ser confundido com cupom fiscal, no recinto de atendimento ao público.

Art. 373. Em relação aos documentos fiscais emitidos pelo sistema previsto neste Capítulo, poderá ser permitido:

I – o cancelamento, imediatamente após a emissão, hipótese em que deverá conter, ainda que no verso, as assinaturas do operador do ECF e do responsável pelo estabelecimento, desde que:

a) emita, se for o caso, novo Cupom Fiscal relativo às mercadorias efetivamente comercializadas;

b) emita, diariamente, exceto no caso de emissão do Cupom Fiscal Cancelamento previsto no art. 370, nota fiscal (entrada) globalizando todas as anulações do dia, que deverá conter anexados os Cupons Fiscais respectivos;

II – acréscimo de indicações necessárias ao controle de outros impostos, obedecidas às normas da legislação pertinente;

III – acréscimo de indicações de interesse do emitente, que não prejudiquem a clareza do documento;

IV – acréscimos financeiros, desde que possua totalizador parcial específico, sejam adicionados ao Totalizador Geral e, se tributados, adicione aos totalizadores parciais da respectiva situação tributária.

Art. 374. A memória que contém o "software" básico homologado pela COTEPE/ICMS deverá ser afixada à placa de controle fiscal mediante soquete e etiqueta (Convênio ICMS 132/97).

§ 1º A etiqueta deverá possuir os seguintes requisitos:

I – numeração sequencial pré-impressa;

II – número do parecer homologatório correspondente;

III – identificação do fabricante, pré-impressa;

IV – identificação do credenciado, pré-impressa, se por este substituída;

V – destruir-se a ser retirada.

§ 2º A etiqueta deve ser colocada sobrepondo-se à memória, à superfície da placa de controle fiscal e, se necessário, aos componentes eletrônicos adjacentes.

Seção X
DAS DISPOSIÇÕES FINAIS

Art. 375. O fabricante e/ou o credenciado responderão solidariamente com os usuários, sempre que contribuírem para o uso indevido do ECF.

Art. 376. O contribuinte que mantiver ECF em desacordo com as disposições deste Capítulo pode ter fixada, mediante arbitramento, a base de cálculo do imposto devido.

Art. 377. O fabricante, o importador ou o revendedor que promover a saída de ECF deve comunicar mensalmente ao Fisco estadual a entrega deste equipamento.

§ 1º A comunicação referida no "caput" deve conter os seguintes elementos:

I – denominação: "Comunicação de Entrega de ECF";

II – mês e ano de referência;

III – nome, endereço e inscrição, estadual e no CNPJ, do estabelecimento emitente;

IV – nome, endereço e inscrição estadual e no CNPJ do estabelecimento destinatário;

V – em relação a cada destinatário:

a) número da Nota Fiscal do emitente;

b) marca, modelo e número de fabricação do ECF;

c) finalidade: comercialização ou uso próprio do destinatário.

§ 2º A comunicação de que trata o "caput" deverá ser enviada pelo estabelecimento remetente do ECF ao Fisco da unidade da Federação onde esteja situado o estabelecimento destinatário, até o dia 10 (dez) do mês subsequente ao da operação.

§ 3º Não se aplica a exigência deste artigo à saída e ao correspondente retorno de assistência técnica por credenciado.

§ 4º O usuário de ECF que vender ou, por qualquer outra forma, ceder a posse e/ou uso de ECF, deverá comunicar ao Fisco até o dia 10 (dez) do mês subsequente ao da operação (Convênio ICMS 132/97).

Art. 378. Os lacres utilizados nos equipamentos de que trata este Capítulo, destinados a impedir que o equipamento sofra qualquer intervenção sem que fique evidenciada, deverão ser numerados.

Art. 379. São considerados tributados valores registrados em ECF utilizados em desacordo com as normas deste Capítulo.

Art. 380. É vedado o aproveitamento de crédito em razão da entrada de mercadoria isenta, não tributada, submetida a substituição tributária ou, de qualquer forma, não onerada integralmente pelo imposto, relativamente à parcela não tributada.

Art. 381. As referências feitas neste Capítulo à venda de mercadoria aplicam-se, também, à prestação de serviços, quando sujeita ao ICMS.

Art. 382. REVOGADO (Decreto nº 19.810/98).

Art. 383. O ECF deverá ter sua utilização vedada para fins fiscais sempre que for constatado, tanto a nível de programação ("software"), como de construção do equipamento ("hardware"), possibilidade de prejuízo aos controles fiscais.

Art. 384. Para os efeitos deste Capítulo entende-se como:

I – ECF – o equipamento com capacidade de emitir Cupom Fiscal, bem como outros documentos de natureza fiscal, que atenda às disposições deste Capítulo, compreendendo três tipos básicos:

a) ECF-PDV: com capacidade de efetuar o cálculo do imposto por alíquota incidente e indicar, no Cupom Fiscal, o GT atualizado, o símbolo característico de acumulação neste totalizador e o da situação tributária da mercadoria;

b) ECF-MR: que, sem os recursos citados na alínea anterior, apresenta a possibilidade de identificar as situações tributárias das mercadorias registradas através da utilização de Totalizadores Parciais;

c) ECF-IF: com capacidade de atender as mesmas disposições do ECF-PDV, constituído de módulo impressor e periférico;

II – Leitura "X" – documento fiscal emitido pelo ECF com a indicação dos valores acumulados nos contadores e totalizadores, sem que isso importe o zeramento ou a diminuição desses valores;

III – Redução "Z" – o documento fiscal emitido pelo ECF contendo idênticas informações às Leitura "X", indicando a totalização dos valores acumulados e importando, exclusivamente, no zeramento dos Totalizadores Parciais;

IV - Totalizador Geral ou Grande Total (GT) - acumulador irreversível com capacidade mínima de dezesseis dígitos, residente na Memória de Trabalho, e destinado à acumulação do valor bruto de todo registro relativo a operação ou prestação sujeita ao ICMS ou ao ISS, inclusive o valor referente ao acréscimo, até atingir a capacidade máxima de dígitos, quando então, é reiniciada automaticamente a acumulação (Convênio ICMS 02/98);

V - Totalizadores Parciais - os acumuladores líquidos dos registros de valores efetuados pelo ECF, individualizados pelas situações tributárias das mercadorias vendidas, serviços prestados ou pelas operações de descontos e cancelamentos, ou de operações não sujeitas ao ICMS, redutíveis quando da emissão da Redução "Z", com o limite mínimo de 11 (onze) dígitos;

VI - Contador de Ordem de Operação - o acumulador irreversível com, no mínimo, 4 (quatro) dígitos, incrementado de uma unidade, a partir de 1 (um), ao ser emitido qualquer documento pelo ECF;

VII- Contador de Reduções - o acumulador irreversível com, no mínimo 4 (quatro) dígitos, incrementado de uma unidade sempre que for efetuada a Redução "Z";

VIII - Contador de Reinício de Operação - o acumulador irreversível com, no mínimo, 4 (quatro) dígitos, incrementado de uma unidade sempre que o equipamento for recolocado em condições de uso em função de intervenção técnica que implique em alteração de dados fiscais, ou na hipótese prevista no § 9º do art. 345;

IX - "Software" básico - o programa que atende às disposições deste Regulamento, de responsabilidade do fabricante, residente de forma permanente no equipamento, em memória "PROM" ou "EPROM", com a finalidade específica e exclusiva de gerenciamento das operações e impressão de documentos através do ECF, não podendo ser modificado ou ignorado por programa aplicativo;

X - Memória Fiscal - o banco de dados implementado em memória PROM ou EPROM, inviolável, com capacidade de armazenar os dados de interesse fiscal relativo a no mínimo 1825 (mil oitocentos e vinte e cinco) dias, fixada internamente na estrutura do ECF de forma permanente, envolvida em resina termoendurecedora opaca, impedindo o acesso e a remoção da mesma (Convênio ICMS 132/97);

XI - Logotipo Fiscal - o símbolo resultante de programa específico, residente apenas na Memória Fiscal, de onde é requisitado para a impressão das letras "BR", nos documentos fiscais emitidos pelo ECF;

XII - Número de Ordem Sequencial do ECF - o número de ordem sequencial, a partir de 1 (um), atribuído pelo usuário do estabelecimento ao ECF, impresso nos documentos emitidos pelo equipamento e alterável somente mediante intervenção técnica;

XIII - Contador de Comprovante Não Fiscal - o acumulador irreversível com, no mínimo, quatro dígitos, residente na Memória de Trabalho do equipamento, específico para a operação registrada no documento Comprovante Não Fiscal, incrementado de uma unidade quando da emissão deste documento (Convênio ICMS 02/98);

XIV – Contador de Cupons Fiscais Cancelados – o acumulador irreversível com, no mínimo, 4 (quatro) dígitos, incrementado de uma unidade sempre que o equipamento efetuar o cancelamento de Cupom Fiscal;

XV – Aplicativo – o programa ("software") desenvolvido para o usuário, com a possibilidade de enviar comandos, estabelecidos pelo fabricante do ECF, ao "software" básico, sem ter, entretanto, capacidade de alterá-lo ou ignorá-lo;

XVI – Contador de Cupons Fiscais Cancelados – o acumulador irreversível com, no mínimo, quatro dígitos, incrementado de uma unidade ao ser cancelado um Cupom Fiscal (Convênio ICMS 132/97);

XVII – Contador de Notas Fiscais de Venda a Consumidor – o acumulador irreversível com, no mínimo, quatro dígitos, incrementado de uma unidade ao ser emitida uma Nota Fiscal de Venda a Consumidor (Convênio ICMS 132/97);

XVIII – Contador de Notas Fiscais de Venda a Consumidor Canceladas – o acumulador irreversível com, no mínimo, quatro dígitos, incrementado de uma unidade ao ser cancelada uma Nota Fiscal de Venda a Consumidor (Convênio ICMS 132/97);

XIX – Contador de Cupons Fiscais – Bilhete de Passagem – o acumulador irreversível com, no mínimo, quatro dígitos, incrementado de uma unidade ao ser emitida um Cupom Fiscal – Bilhete de Passagem (Convênio ICMS 132/97);

XX – Contador de Cupons Fiscais – Bilhete de Passagem Cancelados – o acumulador irreversível com, no mínimo, quatro dígitos, incrementado de uma unidade ao ser cancelado um Cupom Fiscal – Bilhete de Passagem (Convênio ICMS 132/97);

XXI – Contador de Leitura "X" – o acumulador irreversível com, no mínimo, quatro dígitos, incrementado de uma unidade ao ser emitida uma Leitura "X" (Convênio ICMS 132/97);

XXII – Comprovante Não Fiscal – documento emitido pelo ECF, sob o controle do "software" básico, para registro não relacionado ao ICMS ou ao ISS, podendo ser vinculado ou não ao último documento fiscal emitido (Convênio ICMS 02/98);

XXIII – Contador Geral de Comprovante Não Fiscal – o acumulador irreversível com, no mínimo, quatro dígitos, residente na Memória de Trabalho, incrementado de uma unidade ao ser emitido qualquer Comprovante Não Fiscal (Convênio ICMS 02/98);

XXIV – Leitura da Memória de Trabalho – a leitura emitida pelo ECF nos termos dos §§ 16 e 17 do art. 345 (Convênio ICMS 02/98).

Art. 385. O código utilizado para identificar as mercadorias e os serviços registrados em ECF deve ser o Número Global de Item Comercial – GTIN (Global Trade Item Number) do sistema EAN.UCC (European Article Numbering), porém admite-se a utilização de outro código, nos seguintes casos:

I – na falta de codificação da mercadoria ou serviço no padrão EAN.UCC;

II – quando a codificação no padrão EAN.UCC não se adequar à especificação da mercadoria ou serviço.

Art. 386. Na salvaguarda de seus interesses, o Fisco pode impor restrições ou impedir a utilização de ECF.

§ 1º O estabelecimento usuário terá suspensa, a qualquer tempo, a autorização para uso de ECF com emissão de Cupom Fiscal, quando (Convênio ICMS 132/97):

I – realizar operações de entrada ou saída de mercadorias sem emissão de documento fiscal legalmente exigido;

II – utilizar o equipamento como meio de evasão fiscal, forjar, adulterar ou falsificar os documentos fiscais emitidos, com a finalidade de se eximir do pagamento do imposto;

III – deixar de atender as obrigações exigidas neste Capítulo.

§ 2º A retirada do equipamento ECF do estabelecimento usuário somente será permitida quando se destinar ao conserto, devidamente acompanhada da documentação fiscal própria para a operação, hipótese em que deverá ser precedida de comunicação ao Fisco, ou quando o Fisco assim o determinar.

§ 3º O usuário de ECF, não autorizado a emitir Nota Fiscal modelo 1 ou 1 A, para acobertar o trânsito do equipamento conforme exigência prevista no parágrafo anterior, exclusivamente nas exceções regulamentares, poderá emitir a Nota Fiscal modelo 2, mantidas as demais exigências.

Art. 387. Fica vedada a concessão de autorização de uso para Equipamento Emissor de Cupom Fiscal – ECF que não possua capacidade de codificar e discriminar a mercadoria no documento fiscal emitido (Convênio ICMS 132/97) (Decreto nº 28.259/07).

§ 1º Os contribuintes usuários de Máquina Registradora e Terminal de Ponto de Venda – PDV, com memória fiscal, continuarão a observar as normas dispostas nos Convênios ICM 24/86, de 17.06.86, e 44/87, de 18.08.87, e suas alterações.

§ 2º O disposto no § 8º do art. 345, em relação ao ECF-MR, aplica-se somente para o equipamento cujo pedido de homologação seja protocolizado na forma do Convênio ICMS 72/97, de 25 de junho de 1997, a partir de 29 de junho de 1998 (Convênio ICMS 65/98).

Art. 388. Além das disposições contidas neste capítulo, aplica-se, no que couber, o disposto no Convênio ICMS nº 09, de 03 de abril de 2009 - Convênio ICMS 09/09 (Decreto nº 30.480/09).

Capítulo VIII
DAS OBRIGAÇÕES DE TERCEIROS

Art. 389. Ficam obrigadas a fornecer à Secretaria de Estado da Fazenda - SEFAZ-PB, até o último dia do mês subsequente, as informações relativas às operações realizadas pelos beneficiários de pagamentos que utilizem os instrumentos de pagamento referentes às transações com cartões de débito, crédito, de loja (private label) e demais instrumentos de pagamento:

I - as instituições e os intermediadores financeiros e de pagamento, integrantes ou não do Sistema de Pagamentos Brasileiro-SPB;

II - as empresas que, por meio de aplicativos, softwares e/ou plataformas de informática, realizem intermediação, entre dois ou mais contribuintes ou entre contribuintes e consumidores finais, de operações e/ou prestações de serviços sujeitas à incidência do ICMS, quando sejam responsáveis pelo recebimento e repasse dos pagamentos realizados para a concretização de tais operações e/ou prestações;

III - os intermediadores de serviços e de negócios em relação às informações relativas às operações realizadas pelos estabelecimentos e usuários de seus serviços.

Parágrafo único. Norma do Poder Executivo disporá acerca da apresentação das informações de que trata este Capítulo.

TÍTULO V
DOS REGIMES ESPECIAIS DE TRIBUTAÇÃO

Capítulo I
DA SUBSTITUIÇÃO TRIBUTÁRIA

Seção I
DISPOSIÇÕES PRELIMINARES

Art. 390. Nas operações internas e interestaduais com os produtos constantes do Anexo 05, adotar-se-á o regime de substituição tributária, obedecendo-se aos percentuais nele fixados como índices mínimos de taxa de valor acrescido (TVA).

§ 1º A substituição tributária far-se-á mediante a retenção do imposto devido em função de operações antecedentes, concomitantes ou subsequentes sujeitas a esse regime de tributação.

§ 2º Nas operações interestaduais, a substituição tributária obedecerá aos termos de convênios e protocolos de que o Estado da Paraíba seja signatário e, no que couber, às disposições deste Capítulo.

§ 3º O regime de substituição tributária estende-se:

I - ao veículo destinado ao Ativo Imobilizado;

II- aos acessórios colocados no veículo pelo estabelecimento fabricante;

III - às operações destinadas ao município de Manaus e às áreas de Livre Comércio.

§ 4º Sujeitam-se às normas comuns deste Regulamento e não serão objeto de substituição tributária as seguintes operações tributadas sem a retenção do imposto:

I - as transferências de mercadorias entre estabelecimentos industriais da mesma empresa e nas remessas efetuadas pela indústria para seu estabelecimento filial atacadista (Protocolo ICMS 28/97);

II - as operações que destinem mercadorias a sujeito passivo por substituição da mesma mercadoria;

III - as transferências entre estabelecimentos de empresa fabricante ou importador, hipótese em que a responsabilidade pelo pagamento do imposto retido recairá sobre o estabelecimento que realizar a operação interestadual;

IV - as saídas para outras unidades da Federação não signatárias de convênios ou protocolos que tratem de substituição tributária;

V - REVOGADO (Decreto nº 36.545/16);

VI - as saídas para estabelecimento industrial desde que para utilização em processo de industrialização;

VII - as saídas para consumidor final;

VIII - as operações que envolvam pneumáticos e câmaras de ar para uso em bicicletas;

IX - as operações com produtos farmacêuticos medicinais, soros e vacinas destinados ao uso veterinário;

X- as operações com os acessórios colocados pelo revendedor do veículo;

XI - as operações de remessas em que as mercadorias devam retornar ao estabelecimento remetente.

§ 5º Na hipótese do inciso I do parágrafo anterior, a substituição tributária caberá ao estabelecimento da empresa industrial, do atacadista ou ao sujeito passivo por substituição industrial que promover a saída de mercadorias para estabelecimento de pessoa diversa.

§ 6º As mercadorias que estejam sob regime de substituição tributária, quando provenientes de outras unidades da Federação, sem retenção do imposto, ficarão sujeitas ao pagamento antecipado do imposto, nas formas e prazos estabelecidos neste Capítulo.

§ 7º Nas operações de que trata o "caput" deste artigo, é irrelevante para cobrança do ICMS a incorreta classificação das mercadorias constantes do Anexo 05, na Nomenclatura Comum do Mercosul NCM (Decreto nº 29.198/08).

Seção II
DO SUJEITO PASSIVO POR SUBSTITUIÇÃO

Art. 391. Fica atribuída a responsabilidade pelo recolhimento do imposto e respectivos acréscimos legais, na qualidade de sujeito passivo por substituição, ao:

I – industrial, comerciante, produtor, extrator, gerador, inclusive de energia elétrica ou outra categoria de contribuinte, em relação às mercadorias ou bens constantes do Anexo 05 (Lei nº 7.334/03);

II – contratante de serviço ou terceiro, nas prestações de serviços de transporte interestadual e intermunicipal e de comunicação de que participem (Lei nº 7.334/03);

III - REVOGADO (Decreto nº 36.213/15);

IV – ao remetente da mercadoria, pelo pagamento do imposto devido na prestação de serviço de transporte contratado junto a transportador autônomo ou a empresa transportadora de outra unidade da Federação, não inscrita neste Estado.

§ 1º A responsabilidade será atribuída em relação ao imposto e respectivos acréscimos legais incidentes sobre uma ou mais operações ou prestações, sejam antecedentes, concomitantes ou subsequentes, inclusive, ao valor decorrente da diferença entre alíquotas interna e interestadual nas operações e prestações que destinem bens e serviços a consumidor final localizado em outro Estado, que seja contribuinte do imposto.

§ 2º A responsabilidade será também atribuída:

I – ao contribuinte que realizar operação interestadual com petróleo, inclusive lubrificantes, combustíveis líquidos e gasosos dele derivados, em relação às operações subsequentes;

II – às empresas geradoras de energia elétrica, nas operações e prestações internas e interestaduais, na condição de contribuinte ou de substituto tributário, pelo pagamento do imposto e respectivos acréscimos legais, desde a produção ou importação até a última operação, sendo seu cálculo efetuado sobre o preço praticado na operação final, assegurado seu recolhimento ao Estado onde deva ocorrer essa operação.

§ 3º Nas operações interestaduais com as mercadorias de que tratam os incisos I e II do parágrafo anterior, que tenham como destinatário consumidor final, o imposto incidente na operação será devido ao Estado onde estiver localizado o adquirente e será pago pelo remetente.

§ 4º O sujeito passivo por substituição sub-roga-se em todas as obrigações do contribuinte substituído, relativamente às operações internas.

§ 5º A substituição tributária não exclui a responsabilidade do contribuinte substituído, na hipótese de o documento fiscal próprio não indicar o valor do imposto, objeto da substituição tributária.

§ 6º O recolhimento do imposto pelo regime de substituição tributária encerrará a fase de tributação e não dará ensejo a utilização de crédito fiscal pelo adquirente, ressalvado o disposto no art. 72, incisos II,V, VI e VII.

§ 7º Equiparam-se às categorias mencionadas no "caput":

I - o contribuinte de outra unidade da Federação que realizar, inclusive por meio de veículos, operações com produtos sujeitos à retenção antecipada do imposto, sem destinatário certo neste Estado;

II - qualquer possuidor, inclusive o comerciante varejista, que adquirir os produtos constantes no Anexo 05, sem retenção e pagamento do imposto.

§ 8º REVOGADO (Decreto nº 36.213).

Art. 392. É assegurado ao contribuinte substituído o direito à restituição do imposto pago por força da substituição tributária, correspondente ao fato gerador presumido que não se realizar, mediante pedido apresentado ao Secretário de Estado da Fazenda, instruído da cópia do documento fiscal de aquisição dos produtos com destaque do ICMS retido e do comprovante do efetivo recolhimento do imposto pago por retenção.

§ 1º Deferido o pedido de restituição de que trata o "caput" o contribuinte fará o respectivo lançamento diretamente no Registro de Apuração do ICMS, no item "007. Outros Créditos".

§ 2º Formulado o pedido de restituição e não havendo deliberação no prazo de noventa dias, o contribuinte substituído poderá se creditar, em sua escrita fiscal, do valor objeto do pedido, devidamente atualizado, segundo os mesmos critérios aplicados ao tributo.

§ 3º Na hipótese do parágrafo anterior, sobrevindo decisão contrária irrecorrível, o contribuinte substituído, no prazo de quinze dias da respectiva notificação procederá ao estorno dos créditos lançados, também devidamente atualizados, com o pagamento dos acréscimos legais cabíveis.

§ 4º Não caberá a restituição ou cobrança complementar do ICMS quando a operação ou prestação subsequente à cobrança do imposto, sob a modalidade da substituição tributária, se realizar com valor inferior ou superior àquele estabelecido com base no art. 395.

Art. 393. A responsabilidade pelo imposto devido nas operações entre o associado e a cooperativa de produtores de que faça parte, situada neste Estado, fica transferida para a destinatária.

§ 1º O disposto neste artigo é aplicável às mercadorias remetidas pelo estabelecimento de cooperativa de produtores para estabelecimento, neste Estado, da própria cooperativa, de cooperativa central ou de federação de cooperativas de que a cooperativa remetente faça parte.

§ 2º O imposto devido pelas saídas mencionadas neste artigo será recolhido pela destinatária, na condição de sujeito passivo por substituição, quando da saída subsequente esteja esta sujeita ou não ao pagamento do imposto.

Art. 394. O Poder Executivo poderá, a qualquer momento, suspender a aplicação do regime de substituição tributária em razão do descredenciamento do sujeito passivo por substituição, verificado por motivo da inadimplência deste em relação ao imposto retido e não recolhido nos prazos regulamentares.

Parágrafo único. A responsabilidade pelo recolhimento do imposto e respectivos acréscimos legais, a partir das operações ou prestações subsequentes ao descredenciamento, ficará transferida para o adquirente da mercadoria ou prestador do serviço.

Seção III
DA BASE DE CÁLCULO

Art. 395. A base de cálculo, para fins de substituição tributária, será:

I – em relação às operações ou prestações antecedentes ou concomitantes, o valor da operação ou prestação praticado pelo contribuinte substituído;

II – em relação às operações subsequentes, obtida pelo somatório das parcelas seguintes:

a) valor da operação ou prestação própria realizada pelo sujeito passivo por substituição ou pelo substituído intermediário;

b) o montante dos valores de seguro, de frete, impostos e outros encargos cobrados ou transferidos aos adquirentes ou tomadores de serviço não sendo admitidos descontos condicionados ou não;

c) a margem de valor agregado, inclusive lucro, relativa às operações ou prestações subsequentes.

§ 1º Na hipótese de responsabilidade tributária em relação às operações ou prestações antecedentes, o imposto devido pelas referidas operações ou prestações será pago pelo responsável, quando:

I - da entrada ou recebimento da mercadoria ou do serviço;

II- da saída subsequente por ele promovida ainda que isenta ou não tributada;

III - ocorrer qualquer saída ou evento que impossibilite a ocorrência do fato determinante do pagamento do imposto.

§ 2º Tratando-se de mercadoria ou serviço cujo preço final a consumidor, único ou máximo, seja fixado por órgão público competente, a base de cálculo do imposto, para fins de substituição tributária, é o referido preço por ele estabelecido.

§ 3º Existindo preço final a consumidor sugerido pelo fabricante ou importador, a base de cálculo será este preço.

§ 4º A margem a que se refere a alínea "c" do inciso II, do "caput" será estabelecida com base em preços usualmente praticados no mercado considerado, obtidos por levantamento, ainda que por amostragem ou através de informações e outros elementos fornecidos por entidades representativas dos respectivos setores, adotando-se a média ponderada dos preços coletados, sendo permitido eventualmente, acrescentar-se outros critérios que venham a subsidiar a sua fixação.

§ 5º O imposto a ser pago por substituição tributária, na hipótese do inciso II, do "caput", corresponderá a diferença entre o valor resultante da aplicação da alíquota prevista para às operações ou prestações internas do Estado de destino sobre a respectiva base de cálculo e o valor do imposto devido pela operação ou prestação própria do sujeito passivo por substituição.

§ 6º Em se tratando de veículo importado, a base de cálculo do imposto, para fins de substituição tributária, não poderá ser inferior a que serviu de base de cálculo para pagamento dos Impostos sobre Importação e sobre Produtos Industrializados.

§ 7º Em relação a operações com produtos farmacêuticos, inexistindo o preço a que se refere o § 2º ou § 3º, o valor inicial para o cálculo do imposto retido será o preço praticado pelo distribuidor ou atacadista, quando o estabelecimento industrial não realizar operações diretamente com o comércio varejista.

§ 8º Na impossibilidade de inclusão do valor de frete na composição da base de cálculo, o recolhimento do imposto correspondente será efetuado pelo estabelecimento destinatário.

§ 9º A base de cálculo do imposto devido pelas empresas distribuidoras de energia elétrica, responsáveis pelo pagamento do imposto relativamente às operações anteriores e posteriores, na condição de sujeitos passivos por substituição, é o valor da operação da qual decorra a entrega ao consumidor.

Seção IV
DA APURAÇÃO DO IMPOSTO

Art. 396. A apuração do imposto a ser retido pelo sujeito passivo por substituição far-se-á da seguinte maneira:

I – à base de cálculo obtida na forma do artigo anterior, aplicar a alíquota vigente para as operações internas;

II – deduzir do valor encontrado, o imposto devido pelo próprio contribuinte na respectiva operação.

§ 1º Nas operações internas realizadas por estabelecimento atacadista, distribuidor ou depósito, com os produtos constantes no Anexo 05, a substituição tributária caberá ao remetente, exceto nos casos em que o imposto já tenha sido retido anteriormente.

§ 2º Na hipótese do parágrafo anterior, salvo exceções expressas, fica encerrada a fase de tributação e não será admitida a utilização do crédito fiscal pelo adquirente, ressalvado o disposto nos §§ 8º e 9º do art. 41.

§ 3º Nas operações interestaduais realizadas por estabelecimento atacadista, distribuidor ou depósito com os produtos relacionados no Anexo 05, e para os quais o Estado da Paraíba mantenha convênios ou protocolos com outras unidades da Federação, a substituição tributária caberá ao remetente, mesmo que já tenha havido a retenção anteriormente, ficando, porém, assegurado ao remetente o direito a recuperação da importância destacada, na forma de crédito fiscal, a ser escriturado no item «008. Estorno de Débitos», do Registro de Apuração do ICMS.

§ 4º Na hipótese do § 3º deste artigo, o ressarcimento do imposto retido deverá ser feito por meio de requerimento dirigido ao Secretário Executivo da Receita da Secretaria de Estado da Fazenda, instruído dos seguintes elementos:

I – 1ª via da nota fiscal de ressarcimento;

II – relação discriminando as operações interestaduais;

III – cópias das GNRE's destinadas a outras unidades da Federação.

§ 5º O valor do ICMS retido por substituição tributária a ser ressarcido, não poderá ser superior ao valor retido quando da entrada do produto no estabelecimento.

§ 6º A relação prevista no inciso II, do § 4º poderá ser apresentada por meio magnético.

§ 7º As cópias das GNRE's destinadas a outras unidades da Federação, relativas ao ressarcimento autorizado, deverão ser apresentadas ao Fisco do Estado de origem, 10 (dez) dias após o prazo de vencimento.

§ 8º Na hipótese de desfazimento do negócio, se o imposto houver sido recolhido, aplica- se o disposto nos parágrafos anteriores, conforme o caso.

§ 9º Constitui crédito tributário deste Estado o imposto retido, bem como a correção monetária, multa, juros de mora e demais acréscimos legais com ele relacionados.

§ 10. Para efeito de ressarcimento das perdas decorrentes da quebra de estoques de produtos embalados em recipientes de vidro retornáveis, ao final do período de apuração, os estabelecimentos distribuidores de cervejas e ou refrigerantes deverão adotar os seguintes procedimentos:

I – emitir nota fiscal para ressarcimento junto ao sujeito passivo por substituição, fazendo constar no campo "Informações Complementares" a expressão "Emitida para fins de ressarcimento", o número das notas fiscais relativas à entrada dos produtos, o valor total do ICMS pago por substituição, bem como o valor do ICMS a ser ressarcido que corresponderá a 1,5% (um inteiro e cinco décimos por cento) do imposto efetivamente recolhido por substituição tributária dos produtos envasados em recipientes de vidro retornáveis, excetuando o valor correspondente ao Fundo de Combate e Erradicação da Pobreza no Estado da Paraíba – FUNCEP/PB;

II – escriturar a nota fiscal para ressarcimento referida no inciso I deste parágrafo no livro Registro de Saídas, na coluna "Operações ou Prestações sem Débito do Imposto", devendo constar na coluna "Observações" a expressão "Emitida para fins de ressarcimento";

III – manter toda a documentação referente ao pedido de ressarcimento disponível à fiscalização periódica e ou à fiscalização específica da Gerência Operacional de Fiscalização da Substituição Tributária e do Comércio Exterior.

Seção V
DA FORMA DE RECOLHIMENTO

Art. 397. O recolhimento do imposto devido por contribuintes que realizem operações sujeitas à substituição tributária far-se-á nas seguintes formas:

I – nas entradas de mercadorias procedentes de outras unidades da Federação, para comercialização neste Estado, quando não houver retenção na origem:

a) por meio do DAR modelo 1, quando o contribuinte regularmente inscrito possuir regime especial para dilação de prazo, concedido pelo Secretário de Estado da Fazenda, previsto no § 3º do art. 106;

b) através do DAR modelo 3, nos demais casos;

II – nas operações interestaduais, o imposto retido será recolhido em qualquer banco oficial signatário do Convênio patrocinado pela Associação Brasileira de Bancos Comerciais Estaduais – ASBACE, ou, na falta deste, em qualquer banco localizado na praça do remetente, a crédito da conta nº 201.329-0, do Banco do Brasil, Agência 1618-7, João Pessoa, por meio de Guia Nacional de Recolhimento de Tributos Estaduais - GNRE, observado o seguinte:

a) nas operações que destinem mercadorias a este Estado, o estabelecimento que efetuar retenção do imposto deverá também emitir listagem do ICMS retido, podendo ser emitida por meio magnético, que conterá as seguintes indicações:

1.nome, endereço, CEP, número de inscrição, estadual e no CNPJ/MF, dos estabelecimentos emitente e destinatário;

2.número, série, subsérie e data da emissão da nota fiscal;

3.valores totais das mercadorias;

4.valor da operação;

5.valores do IPI e ICMS relativos à operação;

6.valores das despesas acessórias;

7.valor da base de cálculo do imposto retido;

8.valor do imposto retido;

9.nome do banco em que foi efetuado o recolhimento, data e número do respectivo documento de arrecadação;

b) a listagem a que se refere a alínea anterior será emitida, no mínimo, em 02 (duas) vias, que terão a seguinte destinação:

1.1ª via - Secretaria de Estado da Fazenda - SEFAZ - PB, encaminhada pelo sujeito passivo por substituição no prazo previsto para o recolhimento do imposto;

2.2ª via - contribuinte emitente, para exibição ao Fisco, quando solicitada;

III - nas saídas internas promovidas por estabelecimentos industriais, atacadistas, depósitos, filiais ou distribuidores autorizados, através do DAR, modelo 1, acompanhado de listagem de ICMS retido, que terão as mesmas indicações e destinação previstas nas alíneas "a" e "b", do inciso II.

§ 1º Na hipótese do inciso I, alínea «a», observar-se-á o seguinte:

I - será emitida, pela primeira repartição fiscal de entrada de mercadoria, Etiqueta Fiscal padronizada, onde deverá constar a informação de que a operação está amparada por Regime Especial;

II - a Etiqueta Fiscal de que trata o inciso anterior, servirá para acobertar o trânsito das mercadorias até seu destino;

III – o recolhimento do imposto deverá ser efetuado na repartição fiscal do contribuinte destinatário, no prazo definido no inciso II do art. 399, mediante apresentação das 1ªs vias das notas fiscais;

IV – a Gerência Executiva de Arrecadação e de Informações Fiscais emitirá, mensalmente, relação, por município, de todas as operações amparadas pelo regime, no mês anterior, e a enviará para a Gerência Operacional de Fiscalização de Mercadorias em Trânsito, que se encarregará do seu acompanhamento.

§ 2º O recolhimento do imposto de que trata este artigo, far-se-á:

I – no caso do inciso I, alínea "a", deste artigo, na repartição fiscal do domicílio do contribuinte, observado o disposto no § 1º do art. 401;

II – no caso do inciso I, alínea "b", deste artigo, quando da passagem na primeira repartição fiscal deste Estado;

III – no caso do inciso II, deste artigo:

a) nas entradas de mercadorias, nos termos do instrumento de credenciamento expedido pela Secretaria de Estado da Fazenda – SEFAZ – PB, à vista de solicitação do sujeito passivo por substituição de outra unidade da Federação;

b) nas saídas de mercadorias, de acordo com o estabelecido pela unidade da Federação favorecida, no caso de imposto retido por contribuintes deste Estado.

§ 3º A mercadoria que for encontrada em trânsito sem a devida retenção, ultrapassado o posto fiscal de fronteira ou a primeira repartição fiscal do percurso, salvo exceções expressas, implica na penalidade prevista na alínea "c» do inciso V do art. 667, sem prejuízo da exigência do recolhimento do imposto devido.

§ 4º REVOGADO (Decreto nº 39.017/19).

§ 5º REVOGADO (Decreto nº 39.017/19).

Art. 398. Às operações ou prestações sujeitas ao pagamento do imposto por substituição tributária, cuja retenção considere-se indevida em razão de descredenciamento do sujeito passivo por substituição, aplicam-se as disposições do art. 397, I, § 1º e incisos I e II do § 2º.

Seção VI
DOS PRAZOS DE RECOLHIMENTO

Art. 399. O recolhimento do imposto nas operações com produtos submetidos ao regime de substituição tributária será efetuado:

I – no momento da entrada do produto no território deste Estado, nos casos de operações efetuadas sem a retenção antecipada;

II – até o dia 9 (nove) do mês subsequente ao da saída da mercadoria e do bem:

a) nas operações procedentes de outra unidade da Federação, sem retenção antecipada, destinadas a contribuintes que possuam Regime Especial concedido pelo Secretário de Estado da Fazenda – SEFAZ – PB;

b) nas operações internas com retenção, promovidas por estabelecimento industrial, comércio atacadista, distribuidor e/ou depósito;

c) nas prestações de serviços de transporte com retenção, realizadas por contribuintes inscritos no CCICMS;

III - REVOGADO (Decreto nº 21.678/00);

IV – nas operações com cimento será observado o seguinte:

a) se internas com retenção, até o dia 9 (nove) do mês subsequente ao da saída da mercadoria e do bem;

b) se interestaduais:

1.com retenção, no prazo previsto em legislação específica;

2.sem retenção, no prazo estabelecido neste Regulamento;

V – relativamente a fato gerador ocorrido antes da entrada da mercadoria ou do serviço prestado ao sujeito passivo por substituição até o dia 9 (nove) do mês subsequente àquele em que ocorrer a respectiva entrada;

VI – até o dia 9 (nove) do mês subsequente ao da saída da mercadoria e do bem, nos demais casos não previstos neste artigo.

Art. 400. O recolhimento através da Guia Nacional de Recolhimento de Tributos Estaduais -GNRE, de que trata o inciso II do art. 397, será efetuado:

I - REVOGADO (Decreto nº 35.928/15);

II – até o 9º (nono) dia do mês subsequente ao da saída, nas operações com veículos;

III – até o dia 10 (dez) do mês subsequente ao que ocorreu a retenção nas operações com farinha de trigo, cerveja e refrigerante para os Estados integrantes das regiões Norte e Nordeste;

IV – até o dia 9 (nove) do mês subsequente ao da saída da mercadoria e do bem, nos demais casos não previstos neste artigo.

Seção VII
DOS CONTRIBUINTES DE OUTROS ESTADOS

Art. 401. A Secretaria de Estado da Fazenda, nos casos previstos em convênios e/ou protocolos, poderá atribuir ao estabelecimento industrial, distribuidor ou atacadista, localizado em outra unidade da Federação, a responsabilidade pela retenção e recolhimento do imposto relativo às operações subsequentes realizadas no território paraibano com produtos sujeitos à substituição tributária.

§ 1º Na hipótese do "caput" deste artigo, o sujeito passivo por substituição deverá ser inscrito no Cadastro de Contribuintes do ICMS (CCICMS), devendo preencher a Ficha de Atualização Cadastral (FAC) e apresentar a seguinte documentação:

I – requerimento dirigido ao Chefe do Centro de Atendimento ao Cidadão da Gerência Regional da Primeira Região – João Pessoa, solicitando cadastramento;

II – REVOGADO (Decreto nº 39.527/19 – DOE de 26/09/19. Republicado por incorreção no DOE de 12.10.19);

III – ficha de inscrição no Cadastro de Contribuintes do Estado de origem (duas cópias);

IV – ficha de inscrição no CNPJ/MF (duas cópias);

V – contrato social da empresa ou documento substituto (duas cópias);

VI – certidão negativa de débitos estaduais para com a Secretaria da Fazenda do Estado de origem (duas vias);

VII – comprovante de titularidade ou preposto com relação à empresa (duas cópias);

VIII – endereço completo, inclusive telefone, dos sócios e do contador;

IX – CPF dos sócios e do contador (duas cópias);

X – o número do CRC do contador (duas cópias);

XI – registro ou autorização de funcionamento expedido por órgão competente pela regulação do respectivo setor de atividade econômica (Convênio ICMS 146/02);

XII – REVOGADO (Decreto nº 35.245/14 – Convênio ICMS 111/06).

§ 2º Os números de inscrições a que se refere o parágrafo anterior será aposto em todos os documentos dirigidos a este Estado, inclusive no documento de arrecadação.

§ 3º Na falta de inscrição a que se refere este artigo, em relação a cada operação, o sujeito passivo por substituição deverá efetuar o recolhimento do imposto devido a este Estado, por ocasião da saída da mercadoria do seu estabelecimento, através da

Guia Nacional de Recolhimento de Tributos Estaduais – GNRE, nos termos do inciso II do art. 397, devendo uma via da GNRE acompanhar o transporte da mercadoria.

§ 4º No caso previsto no parágrafo anterior, deverá ser emitida uma GNRE distinta para cada um dos destinatários, constando no campo informações complementares o número da nota fiscal a que se refere o respectivo recolhimento (Convênio ICMS 95/01).

Seção VIII
DOS DOCUMENTOS FISCAIS

Art. 402. O sujeito passivo por substituição emitirá nota fiscal, contendo, além dos requisitos legais, os valores correspondentes à base de cálculo e ao imposto retido, apurados na forma do art. 396.

Art. 403. Na hipótese de adoção de nota fiscal, emitida por processamento eletrônico de dados, será obrigatória a separação, ainda que por meio de código, das operações efetuadas com imposto retido.

Seção IX
DA ESCRITA FISCAL

Art. 404. O sujeito passivo por substituição deverá:

I – se fabricante:

a) escriturar as notas fiscais de aquisição de mercadorias no Registro de Entradas, na coluna "Crédito do Imposto", quando utilizados no processo industrial cuja saída seja tributada, observado o disposto na alínea "b" do inciso II e inciso V do art. 72;

b) emitir nota fiscal por ocasião da saída da mercadoria, contendo, além das indicações exigidas na legislação, o valor da base de cálculo da retenção e o valor do imposto retido e número de inscrição no Cadastro de Contribuintes da unidade da Federação em favor da qual é retido o imposto;

c) lançar a nota fiscal mencionada na alínea anterior nas colunas próprias do Registro de Saídas, indicando o valor do imposto retido na coluna "Observações";

d) escriturar a soma dos valores do imposto retido, lançados de conformidade com a alínea "c" no campo "Observações", do Registro de Apuração do ICMS;

II – se importador do exterior, adotar a regra prevista no inciso anterior, devendo o imposto retido ser calculado por ocasião da saída da mercadoria do referido estabelecimento;

III – se atacadista, distribuidor ou depósito, quando estiver autorizado a receber mercadorias sem imposto retido, nos termos do § 4º do art. 390, deverá proceder da seguinte forma:

a) escriturar as notas fiscais de aquisição de mercadorias no Registro de Entradas, na coluna "Crédito do Imposto";

b) emitir nota fiscal por ocasião da saída da mercadoria, contendo, além das indicações exigidas na legislação, o valor da base de cálculo da retenção e o valor do imposto retido;

c) lançar a nota fiscal mencionada na alínea anterior nas colunas próprias do Registro de Saídas, indicando o valor do imposto retido na coluna "Observações";

d) escriturar a soma dos valores do imposto retido, lançados de conformidade com a alínea anterior, no campo "Observações", do Registro de Apuração do ICMS;

IV – se atacadista, distribuidor ou depósito, quando receber mercadorias com imposto retido, deverá:

a) escriturar a nota fiscal do fornecedor na coluna "Outras", "Operações sem Crédito do Imposto", do Registro de Entradas;

b) emitir nota fiscal, por ocasião da saída da mercadoria, contendo, além dos requisitos exigidos na legislação, a indicação, ainda que por meio de carimbo, de que o imposto foi recolhido pelo regime de substituição tributária, observado o disposto nos §§ 8º e 9º do art. 41;

V – se varejista, quando receber mercadoria sem imposto retido, se for o caso, deverá:

a) proceder ao recolhimento do imposto nos termos do art. 408, adotado o procedimento constante da alínea "a", do inciso anterior;

b) escriturar a nota fiscal emitida por ocasião da saída da mercadoria na coluna "Outras", "Operações sem Débito do Imposto", do Registro de Saídas, observado o disposto na alínea "b", do inciso anterior;

VI– se varejista, quando receber mercadoria com imposto retido, deverá:

a) escriturar a nota fiscal do fornecedor na coluna "Outras", "Operações sem Crédito do Imposto", do Registro de Entradas;

b) escriturar a nota fiscal emitida por ocasião da saída de mercadoria na coluna "Outras", "Operações sem Débito do Imposto", do Registro de Saídas, observado o disposto na alínea "b", do inciso IV.

§ 1º Na hipótese de escrituração por processamento de dados do Registro de Saídas, o valor do imposto retido a que se refere a alínea «c», inciso I, deste artigo, poderá ser escriturado na coluna «Imposto Debitado», em linha dupla, abaixo do valor do imposto devido por obrigação própria, contendo no respectivo cabeçalho a indicação Imposto Debitado/Imposto Retido.

§ 2º Na hipótese da existência de operações interestaduais, serão observados os seguintes procedimentos:

I – o lançamento da nota fiscal pertinente à operação será feito no Registro de Saídas, com a indicação da sigla da unidade da Federação destinatária, colocada ao lado do valor do imposto retido;

II – a apuração do imposto retido em favor de outras unidades da Federação será feita no próprio Registro de Saídas, mediante a soma de valores respectivos e correspondentes a cada unidade da Federação destinatária, e será lançado no campo "Observações", do Registro de Apuração do ICMS, observado o disposto no § 3º do art. 396.

§ 3º O disposto no parágrafo anterior, aplica-se, também, às operações internas, com retenção do imposto.

Seção X
DA FISCALIZAÇÃO

Art. 405. A fiscalização do sujeito passivo por substituição domiciliado neste Estado, com referência ao imposto retido na fonte em favor de outras unidades da Federação, signatárias de protocolos e/ou convênios nesse sentido, inclusive a instauração de processo fiscal, será feita por este Estado, caso em que deverá ser remetida à unidade da Federação de destino cópia do processo administrativo respectivo.

Seção XI
DAS DISPOSIÇÕES GERAIS

Art. 406. O imposto retido pelo sujeito passivo por substituição será recolhido em moeda corrente, mediante a utilização de documentos de arrecadação próprios, vedado o aproveitamento de qualquer crédito existente na conta gráfica do ICMS.

Art. 407. O imposto recolhido por substituição tributária, salvo exceções expressas, não se constituirá em crédito fiscal do contribuinte adquirente, sendo vedado o seu aproveitamento.

Art. 408. Os contribuintes que receberem mercadorias sujeitas à substituição tributária, sem a devida retenção, deverão comparecer à repartição fiscal do seu domicílio, no prazo de 05 (cinco) dias, contados da data de entrada da mercadoria, para recolhimento do imposto.

Parágrafo único. A falta de recolhimento do imposto no prazo fixado neste artigo, sujeitará o contribuinte à penalidade prevista na alínea "c" do inciso V do art. 667.

Art. 409. O Secretário de Estado da Fazenda baixará as normas necessárias à complementação das disposições deste Capítulo, podendo instituir documento para controle de entradas de mercadorias procedentes de outras unidades da Federação sem retenção do imposto.

Art. 410. As disposições deste Capítulo aplicam-se, no que couber, às demais hipóteses de que trata o art. 41.

Capítulo II
DO REGIME DE SUBSTITUIÇÃO TRIBUTÁRIA COM COMBUSTÍVEIS DERIVADOS DE PETRÓLEO, ÁLCOOL ANIDRO E HIDRATADO

Seção I
DAS DISPOSIÇÕES COMUNS

Subseção I
DA BASE DE CÁLCULO

Art. 411. REVOGADO (Decreto nº 20.445/99).

Subseção II
DA FORMA DE RECOLHIMENTO

Arts. 412 ao 414. REVOGADO (Decreto nº 20.445/99).

Seção II
DAS OPERAÇÕES COM COMBUSTÍVEIS DERIVADOS DE PETRÓLEO

Arts. 415 ao 420. REVOGADO (Decreto nº 20.445/99).

Seção III
DAS OPERAÇÕES COM ÁLCOOL ANIDRO E HIDRATADO

Arts. 421 ao 423. REVOGADO (Decreto nº 20.445/99).

Capítulo III
DAS OPERAÇÕES REALIZADAS PELA COMPANHIA NACIONAL DE ABASTECIMENTO CONAB

(REVOGADO – Decreto nº 36.650/16 – CONVÊNIO ICMS 156/15)

Arts. 424 ao 434. REVOGADO (Decreto nº 36.650/16 – Convênio ICMS 156/15).

Capítulo IV
DAS OPERAÇÕES COM A ZONA FRANCA DE MANAUS

Art. 435. Nas saídas de produtos industrializados, de origem nacional com destino à Zona Franca de Manaus e para os municípios a que se refere o inciso LXII e o § 20 do art. 5º deste Regulamento, deverão ser observados o disposto neste Capítulo e nos Convênios ICM 65/88 e ICMS 52/92, 49/94, 134/19 e nos Ajustes SINIEF 02/94 e 03/94.

§ 1º Para os efeitos deste Capítulo, o remetente e o destinatário deverão estar regularmente inscritos no Sistema de Cadastro da SUFRAMA e o destinatário estar regularmente inscrito no cadastro de contribuintes do ICMS da unidade da Federação de destino.

§ 2º Para fins de cumprimento do disposto neste Capítulo, é responsabilidade do remetente e do destinatário observar e cumprir as obrigações previstas em legislação específica da SUFRAMA aplicada às áreas incentivadas sob a sua jurisdição.

Art. 436. A SUFRAMA disponibilizará o internamento da mercadoria como evento na Nota Fiscal Eletrônica - NF-e.

§ 1º A regularidade da operação de ingresso de produto, para fins do gozo do benefício previsto no Convênio ICM 65/88, por parte do remetente, será comprovada pelo evento a que se refere o "caput" deste artigo.

§ 2º Considera-se não efetivada a internalização a falta de registro do evento após o prazo de 120 (cento e vinte) dias contados a partir da data de emissão da NF-e, exceto nos casos de vistoria extemporânea, requerida neste prazo.

§ 3º Decorrido o prazo estabelecido no § 2º deste artigo, sem que tenha a comprovação do internamento de produto nos termos do Convênio ICMS 134/19, o remetente será notificado a efetuar o recolhimento do imposto com atualização monetária e demais acréscimos legais, inclusive multa.

§ 4º Para o cálculo da atualização monetária e dos demais acréscimos legais, tomar-se-á por base a data prevista para o recolhimento correspondente ao mês em que tiver sido realizada a operação.

§ 5º Os estabelecimentos emitentes efetuarão o registro prévio dos dados da NF-e, do Conhecimento de Transporte - CT-e - e do Manifesto Eletrônico de cargas - MDF-e - no sistema eletrônico instituído pela SUFRAMA, nos termos da cláusula segunda do Convênio ICMS 134/19, para a formalização do ingresso de produtos industrializados de origem nacional nas áreas de que trata o "caput" do art. 435 deste Regulamento.

§ 6º Fica dispensada a apresentação à SUFRAMA do CT-e ou do Documento Auxiliar do Conhecimento de Transporte eletrônico - DACTE - nos seguintes casos:

I - transporte executado pelo próprio remetente ou destinatário (carga própria), desde que sejam disponibilizados à SUFRAMA os dados do veículo transportador e do seu respectivo condutor, no caso de transporte rodoviário e, nos demais casos, os dados do responsável pelo transporte da carga;

II – transporte efetuado por transportadores autônomos;

III – transporte realizado por via postal, pela Empresa Brasileira de Correios e Telégrafos – ECT.

§ 7º O estabelecimento remetente deverá emitir NF-e contendo, além dos requisitos exigidos pela legislação, as seguintes informações:

I – nos campos específicos:

a) número de inscrição na SUFRAMA do destinatário;

b) indicação do valor do ICMS desonerado;

c) motivo da desoneração do ICMS: SUFRAMA;

II – nas Informações Complementares:

a) dispositivo legal referente à isenção ou à suspensão do Imposto sobre Produtos Industrializados – IPI, no que couber;

b) número e ano do Programa Especial de Exportação da Amazônia – PEXPAM, caso seja destinada à industrialização de produtos para atendimento específico de programa de exportação aprovado pela SUFRAMA.

§ 8º Até o último dia do mês subsequente às saídas dos produtos, a Secretaria de Estado da Fazenda – SEFAZ-PB – poderá remeter à SUFRAMA e às unidades da Federação destinatárias informações, em meio eletrônico, sobre as saídas de produtos para as áreas incentivadas de que trata este Capítulo, no mínimo, com os seguintes dados:

I – nome do município ou repartição fazendária deste Estado;

II – nome e números da inscrição estadual e do CNPJ do remetente;

III – número, série, valor e data de emissão da NF-e;

IV – nome e números da inscrição estadual e do CNPJ do destinatário.

Art. 437. Na hipótese do produto internado vier a ser reintroduzido no mercado interno, antes de decorrido o prazo de 5 (cinco) anos de sua remessa, o estabelecimento que tiver dado causa ao desinternamento recolherá o imposto, com atualização monetária, demais acréscimos legais, inclusive multa em favor do Estado da Paraíba.

§ 1º Considera-se desinternado, também, o produto:

I – remetido para fins de comercialização ou industrialização que for incorporado ao ativo fixo do destinatário;

II – remetido para fins de comercialização ou industrialização que for utilizado para uso ou consumo do destinatário;

III – que tiver saído das áreas incentivadas de que trata este Capítulo para fins de transferência, locação, comodato ou outra forma jurídica de cessão.

§ 2º Não configura hipótese de desinternamento, a saída do produto para fins de conserto, restauração, revisão, demonstração, exposição em feiras e eventos, limpeza, recondicionamento, ou outras situações previstas em legislação específica da SEFAZ das unidades da Federação de destino, desde que o retorno ocorra no prazo de 180 (cento e oitenta) dias, contados a partir da data da emissão da NF-e.

§ 3º A Secretaria de Estado da Fazenda – SEFAZ-PB, a qualquer tempo, poderá solicitar à SUFRAMA o desinternamento de produtos quando constatadas irregularidades no ingresso ou indícios de simulação de remessa para as áreas incentivadas de que trata este Capítulo.

§ 4º A Secretaria de Estado da Fazenda – SEFAZ-PB – poderá solicitar às SEFAZ das unidades da Federação do destinatário ou à SUFRAMA, a qualquer tempo, informações complementares relativas aos procedimentos de ingresso e internamento de produtos ocorridos no prazo de 5 (cinco) anos, que serão prestadas no prazo máximo de 120 (cento e vinte) dias.".

Art. 438. No caso de refaturamento pelo remetente para outro destinatário dentro da mesma unidade federada de destino, a regularização do efetivo ingresso dar-se-á nos termos da cláusula quarta do Convênio ICMS 134/19, sendo observados, adicionalmente, os seguintes procedimentos:

I – a NF-e, objeto de regularização, deverá mencionar no seu corpo os dados da(s) nota(s) fiscal(is) referentes à operação original;

II – a documentação fiscal deverá estar acompanhada do PIN-e autenticado e homologado pela SUFRAMA, à época do efetivo ingresso, e das NF-e referentes à operação original.

Capítulo V
DAS OPERAÇÕES RELATIVAS A CIGARROS E OUTROS DERIVADOS DE FUMO

Seção I
DO REGIME ESPECIAL

Art. 439. Os estabelecimentos fabricantes de cigarros e outros derivados de fumo, bem como seus depósitos, que, em virtude das atividades exercidas, forem responsáveis p elo recolhimento do ICMS na qualidade de sujeitos passivos por substituição, poderão adotar o regime especial estabelecido nesta Seção, observado o disposto no art. 455.

Art. 440. Na hipótese do artigo anterior, o imposto devido pelas sucessivas saídas dos diversos estabelecimentos situados no Estado, será calculado e antecipadamente lançado pelos estabelecimentos optantes, quando da entrada, em seus depósitos de venda, de mercadoria procedente de outras unidades da Federação, tendo por base de cálculo:

I – nos casos de cigarros, o preço de venda no varejo, marcado pelo fabricante;

II – tratando-se de charutos, cigarrilhas, fumo e papéis para cigarros, o preço de atacado acrescido de 30% (trinta por cento) de margem de lucro atribuída ao estabelecimento varejista.

Parágrafo único. Sendo o imposto recolhido nos termos deste artigo, os estabelecimentos optantes deverão:

I – no último dia de cada período de apuração, bem como na véspera de mudanças de preço, da alíquota ou de base de cálculo, o estabelecimento principal deverá lançar a crédito o montante total do imposto incidente sobre o estoque de todos os produtos existentes no território estadual;

II – no dia seguinte haverá lançamento do débito sobre o estoque referido no inciso anterior, tendo por base o preço de venda no varejo que estiver em vigor.

Art. 441. O imposto devido pelas empresas optantes deverá ser recolhido na forma e prazo estabelecidos no art. 104 e inciso V do art. 106.

Art. 442. Para efeito do recolhimento do imposto referido no artigo anterior, será emitido um DAR – modelo 1 para cada estabelecimento, devendo sua apresentação ser feita à repartição fiscal de seu domicílio, com referência às operações realizadas, excetuando-se aquelas correspondentes a mercadorias não citadas nesta Seção.

Parágrafo único. Ocorrendo a exceção mencionada neste artigo o estabelecimento emitirá DAR – modelo 1 complementar, referente às operações realizadas com outras mercadorias, recolhendo o imposto no prazo normal.

Art. 443. O estabelecimento principal de que trata o art. 455, inciso II, entregará mensalmente, até o dia 20 (vinte) do mês subsequente, à Coordenadoria de Informações Econômico-Fiscais, relação discriminando o valor tributável e o valor total do imposto devido pela substituição tributária, decorrente das operações de venda realizadas no mês anterior, em cada Município do Estado.

Art. 444. Havendo transferência, para outra unidade da Federação, de produtos em relação aos quais já tenha ocorrido o recolhimento do imposto pelo estabelecimento optante, ser-lhe-á permitida, independentemente de requerimento, a utilização, como crédito fiscal, do imposto pago antecipadamente.

Parágrafo único. O crédito fiscal a que alude este artigo terá por base os valores registrados na nota fiscal relativa à transferência, devendo ser lançado no Registro de Apuração do ICMS, com a observação: "Utilizado de acordo com o art. 444, do Regulamento do ICMS".

Seção II
DA NOTA FISCAL

Art. 445. Nas saídas de produtos já tributados, do estabelecimento principal de que trata o art. 455, inciso II, para qualquer depósito de vendas ou de um depósito para outro, quando localizados neste Estado, será emitida a Nota Fiscal, modelo 1, de transferência interna sem o destaque do imposto.

Parágrafo único. A nota fiscal de que trata este artigo será emitida, no mínimo, em 03 (três) vias, que terão a seguinte destinação:

I – a 1ª via acompanhará a mercadoria até o destino, para controle do estabelecimento;

II – a 2ª via destinar-se-á à fiscalização no trânsito da mercadoria;

III – a 3ª via ficará presa ao talão para exibição ao Fisco.

Art. 446. Nas vendas realizadas através de veículos, será emitida a Nota Fiscal, modelo 1, contendo, além das exigências previstas no art. 159, os seguintes dados:

I – no lugar reservado ao destinatário da mercadoria, o nome do vendedor responsável;

II – identificação da placa do veículo utilizado no transporte;

III – série, subsérie e números das notas fiscais que serão utilizadas na venda dos produtos transportados;

IV – descrição e quantidade dos produtos transportados; V – data da saída e do retorno do veículo;

VI – coluna "quantidades", dividida em: "carga", "vendas" e "devoluções".

§ 1º Por ocasião do retorno do veículo serão mencionados, na via fixa da nota fiscal, os elementos referidos nos incisos III, V e VI.

§ 2º A nota fiscal de que trata este artigo será emitida sem destaque do imposto e seu prazo de validade será de 15 (quinze) dias, contados da data da saída dos produtos, permanecendo em vigor mesmo que o veículo retorne ao depósito de origem, inclusive para recebimento de carga adicional, desde que a carga inicial ou o que dela restar permaneça no veículo.

§ 3º A carga adicional referida no parágrafo anterior só poderá ser feita dentro do prazo de validade da nota fiscal, devendo a nota fiscal complementar mencionar o número da anterior e os elementos citados no § 1º, dispensados estes da nota fiscal inicial.

§ 4º Havendo transferência de carga de um para outro veículo, desde que sob a responsabilidade do mesmo vendedor, deverá constar na nota fiscal a nova identificação do veículo transportador, alteração esta a ser feita também nas notas fiscais referidas no inciso III, inclusive nas vias anexadas ao talão daquelas já emitidas.

§ 5º As Notas Fiscais, modelo 1, bem como as notas fiscais de venda referidas no inciso III, deste artigo, serão emitidas, no mínimo, em 03 (três) vias, que terão o seguinte destino:

I - a 1ª via acompanhará a carga e será arquivada em pasta especial, quando do retorno do veículo, pelo estabelecimento emitente;

II - a 2ª via destinar-se-á à fiscalização, no trânsito da mercadoria;

III - a 3ª via ficará presa ao bloco para exibição ao Fisco.

Art. 447. A Nota Fiscal, modelo 1, destinada a venda diretamente a comerciante varejista, será emitida sem destaque do ICMS, contendo declaração de que o imposto foi recolhido antecipadamente e incluído no valor da operação.

Parágrafo único. A nota fiscal de que trata este artigo será emitida, no mínimo, em 02 (duas) vias, ficando a 1ª de posse do adquirente do produto e a 2ª presa ao talão para exibição ao Fisco.

Art. 448. Nas vendas a estabelecimento varejista de qualquer outro Estado da Região Nordeste, diretamente ou através de veículos, o imposto, destacado no documento fiscal, correspondente à substituição tributária, será recolhido ao estabelecimento bancário credenciado, através da Guia Nacional de Recolhimento de Tributos Estaduais - GNRE, para crédito da unidade da Federação destinatária.

Parágrafo único. No caso deste artigo, o estabelecimento optante remeterá ao Estado adquirente dos produtos, a relação de que trata o art. 443.

Art. 449. Em todas as notas fiscais referidas nesta Seção serão mencionados, por impresso ou carimbo, o número e a data do processo em que foi deferido o pedido de adoção do regime especial de tributação.

Art. 450. O pedido de autorização para impressão de documentos fiscais utilizados pelo estabelecimento optante nos diversos departamentos localizados no Estado poderá ser dirigido à repartição fiscal do domicílio do estabelecimento principal, observado o disposto no art. 455.

Art. 451. É dispensada a emissão de nota fiscal para acobertar o trânsito, dentro do Estado, de material destinado exclusivamente à propaganda ou promoção dos produtos de responsabilidade do estabelecimento optante, tais como: quadros, cartazes, monitores, folhinhas e outros, desde que sua distribuição seja gratuita, sem qualquer ônus para o destinatário, e que o transporte, manutenção, reposição e colocação sejam feitos em veículos e por funcionários do optante.

Seção III
DOS LIVROS FISCAIS

Art. 452. A escrituração dos livros fiscais dos depósitos de venda do estabelecimento optante será feita pelo estabelecimento principal, nos termos do art. 455, inciso II, com lançamentos simultâneos de entradas e saídas, no prazo máximo de 10 (dez) dias, a contar da data do recebimento dos produtos, ressalvada a hipótese em que tais depósitos operem com outras mercadorias não referidas nesta Seção, em relação às quais deverão ser observadas as normas de escrituração previstas neste Regulamento.

Parágrafo único. Os depósitos de venda do optante, ao receberem produtos provenientes de outras unidades da Federação, anotarão, nos respectivos documentos, a data de seu recebimento e os remeterão ao estabelecimento principal para o devido registro nos livros fiscais de cada depósito recebedor.

Art. 453. Além dos livros fiscais destinados à escrituração de suas próprias operações, o estabelecimento principal de que trata o art. 455, inciso II, escriturará os seguintes livros para cada estabelecimento de venda que tiver neste Estado:

I – Registro de Entradas;

II – Registro de Saídas;

III – Registro de Apuração do ICMS;

IV – Registro de Utilização de Documentos Fiscais e Termos de Ocorrências;

V – Registro de Inventário.

§ 1º No Registro de Saídas de cada estabelecimento de vendas do optante haverá coluna própria, sob o título «ICMS do Varejista», para controle do imposto devido em decorrência da substituição tributária.

§ 2º Os estabelecimentos referidos neste artigo ficam dispensados da escrituração do Registro de Controle da Produção e do Estoque, modelo 3, desde que mantenham controle quantitativo equivalente, observada a legislação federal pertinente.

Art. 454. O pedido de autenticação dos livros e documentos fiscais utilizados pelo estabelecimento optante, nos diversos departamentos localizados no Estado, poderá ser dirigido à repartição fiscal do domicílio do estabelecimento principal, observado o disposto no artigo seguinte.

Seção IV
DAS DISPOSIÇÕES FINAIS

Art. 455. As empresas interessadas na utilização do regime especial de tributação estabelecido neste Capítulo deverão solicitar o seu enquadramento, mediante petição ao Secretário de Estado da Fazenda, contendo, no mínimo:

I – números de inscrição estadual e no CNPJ, e endereços de todos os seus departamentos de venda localizados no Estado;

II – indicacão de qual será, para os efeitos do disposto nesta Seção, o seu estabelecimento principal localizado no Estado.

Art. 456. Cientificado do diferimento do pedido referido no artigo anterior, que determinará a data em que deverá ter início o regime especial de tributação, o estabelecimento optante deverá:

I – providenciar, no dia imediatamente anterior àquele em que entrará em vigor o regime especial, a apuração do estoque existente em todo o território estadual, a preço de venda, calculando o valor do imposto devido pelas saídas, inclusive o decorrente de substituição tributária;

II – recolher, na data de entrada em vigor do regime especial de tributação, na repartição fiscal do domicílio de cada estabelecimento de vendas, o total do imposto calculado na forma do inciso anterior.

Art. 457. Os estabelecimentos optantes que realizarem vendas através de veículos poderão atender aos pedidos de comerciantes varejistas mesmo fora de seus estabelecimentos comerciais, desde que estes estejam de posse e apresentem a Ficha de Inscrição Cadastral (FIC) devidamente atualizada.

Art. 458. Nas entradas dos produtos referidos no art. 440, procedentes de outras unidades da Federação e destinados a revendedores atacadistas e/ou varejistas, sem a intermediação do fabricante e depositário, ou quando este não tiver optado pelo regime especial, o imposto será recolhido por antecipação, no primeiro posto fiscal do Estado.

Parágrafo único. Para efeitos deste artigo, a base de cálculo será a mesma estabelecida nos incisos I e II do art. 440.

Art. 459. Nas saídas internas de cigarros e outros produtos derivados de fumo, promovidas por estabelecimento fabricante e seus depósitos, quando não optantes pelo regime especial de tributação de que trata este Capítulo, para estabelecimentos atacadistas e/ou varejistas, o imposto devido por estes será retido no ato da operação pelo estabelecimento fabricante e depositário, mediante substituição tributária.

§ 1º Para os efeitos deste artigo, a base de cálculo será a mesma estabelecida nos incisos I e II do art. 440.

§ 2º Os estabelecimentos que receberem os produtos referidos neste artigo, lançarão os documentos fiscais relativos às entradas e saídas nas colunas «Operações sem Crédito do Imposto» e «Operações sem Débito do Imposto» dos livros Registro de Entradas e Registro de Saídas, respectivamente.

Capítulo VI
DAS OPERAÇÕES COM GADO E PRODUTOS RESULTANTES DO SEU ABATE

Art. 460. Nas operações com gado bovino, suíno, bufalino e produtos resultantes de sua matança, observar-se-á o seguinte:

I – nas operações internas com gado o imposto será diferido para o momento de seu abate, onde será efetuado o recolhimento;

II – nas remessas interestaduais com gado e nas saídas internas e interestaduais com produtos resultantes de sua matança, o imposto será recolhido na saída do estabelecimento produtor.

§ 1º O disposto neste artigo não se aplica aos estabelecimentos que possuírem organização administrativa e fiscal, considerada pela autoridade fiscal competente como adequada ao atendimento das obrigações fiscais, hipótese em que o recolhimento do imposto será efetuado até o 20º (vigésimo) dia do mês subsequente ao que tiver ocorrido o fato gerador, observado o disposto no inciso VIII do art. 35.

§ 2º Nas operações internas, para abate, promovidas por produtores inscritos no CCICMS deste Estado, sem organização administrativa e fiscal, poderá ser aplicado o disposto no inciso VIII do art. 35, na forma disciplinada em portaria do Secretário de Estado da Receita.

§ 3º O imposto será recolhido através de DAR modelo 3.

Art. 461. Nas entradas dos produtos de que trata o artigo anterior, procedentes de outras unidades da Federação, o imposto será recolhido por ocasião de seu ingresso no Estado, na primeira repartição fiscal do percurso.

§ 1º Nas operações previstas no "caput", a base de cálculo do imposto será o valor constante do documento fiscal de origem acrescidos das despesas de frete e do percentual de agregação de 10% (dez por cento), nunca inferior ao preço mínimo de pauta, abatendo-se o crédito fiscal do ICMS legalmente destacado na nota fiscal de origem.

§ 2º Na impossibilidade de aplicação da regra prevista no § 1º deste artigo, o imposto devido será o valor fixado em portaria do Secretário de Estado da Receita, desde que o seu recolhimento seja efetuado espontaneamente.

§ 3º Nas operações de que trata este artigo, com gado para fins de recria, o imposto a recolher terá o mesmo tratamento de que trata o inciso I do artigo anterior.

Art. 462. Nas operações internas com gado bovino, suíno, bufalino e produtos comestíveis resultantes de sua matança, em estado natural, resfriado ou congelado, a base de cálculo do imposto é o valor da operação, nunca inferior ao preço mínimo de pauta, observado o disposto no inciso IX do art. 35.

Art. 463. O valor unitário do gado, que servirá como preço mínimo para a cobrança do imposto, será fixado através de pauta fiscal, pelo Secretário de Estado da Receita.

Art. 464. O imposto pago por antecipação, nos termos deste Capítulo não encerra a fase de tributação, devendo o contribuinte utilizar nos seus registros o mecanismo de crédito e débito.

Art. 465. É considerada operação tributável a saída de gado para engorda em outra unidade da Federação, excetuados os casos de remessa para "recurso de pasto", observado o disposto em protocolos celebrados entre este Estado e quaisquer das demais unidades da Federação.

Art. 466. As exposições de animais são consideradas, para o disposto neste Regulamento, como estabelecimento do criador durante o período de exposição, sujeitando-se as saídas de animais para o seu recinto às normas de transferência de mercadorias para estabelecimento do contribuinte.

Parágrafo único. Nas operações com gado destinado à exposição em outra unidade da Federação, será emitida Nota Fiscal Avulsa, mediante depósito de importância correspondente ao valor do imposto, que será convertido em receita se não houver a comprovação do respectivo retorno, no prazo de 60 (sessenta) dias, contados da data da remessa.

Art. 467. São isentas do imposto:

I - as entradas de reprodutores e matrizes de animais vacuns, ovinos, suínos ou bufalinos, importados do exterior pelo titular do estabelecimento, em condições de obter no País o registro genealógico a que se refere o inciso seguinte (Convênios ICMS 78/91 e 124/93);

II - as saídas internas ou interestaduais de reprodutores e matrizes de animais vacuns, ovinos, suínos, bufalinos e de fêmeas de gado girolando, puros de origem, puros por cruza ou de livro aberto de vacuns, desde que possuam registro genealógico oficial e sejam destinados a estabelecimentos agropecuários devidamente cadastrados na repartição fiscal a que estiverem jurisdicionados (Convênio ICMS 74/04);

III - operações internas e interestaduais com caprinos e ovinos, e dos produtos comestíveis resultantes do seu abate (Convênios ICM 44/75, ICMS 78/91 e ICMS 24/91).

Parágrafo único. A isenção prevista neste artigo, aplica-se também ao animal que ainda não tenha atingido a maturidade para reproduzir (Convênio ICMS 12/04).

Art. 468. Em qualquer despacho de gado bovino promovido neste Estado, o documento fiscal deverá trazer discriminado dados referentes a peso, sexo e cor, a fim de se estabelecer a necessária vinculação da mercadoria ao documento fiscal respectivo durante o seu trânsito da origem ao destino.

Art. 469. As operações previstas neste Capítulo deverão ser acompanhadas de Nota Fiscal Avulsa ou Nota Fiscal de Produtor, nos termos deste Regulamento, observado o disposto no art. 460.".

Art. 470. É considerado inidôneo o documento fiscal que acoberte o trânsito de gado em pé dentro do território do Estado, quando:

I - contenha declarações inexatas, em especial as relativas à quantidade, espécie e destino do gado em pé transportado;

II - esteja com o prazo de validade vencido;

III - sua circulação caracterize trajeto estranho ao percurso de destinação original, sem prévia autorização da autoridade fiscal competente;

IV - REVOGADO (Decreto nº 26.810/06).

Art. 471. A Secretaria de Estado da Receita celebrará convênios ou protocolos com os demais órgãos da administração pública estadual e Prefeituras Municipais, no sentido de viabilizar os procedimentos que se fizerem necessários para garantia do cumprimento das obrigações tributárias.

Art. 472. Os estabelecimentos abatedores públicos ou particulares apresentarão à repartição fiscal a que estiverem jurisdicionados, até o dia 10 (dez) do mês subsequente, relação quantitativa das entradas e abates de gado bovino ocorridos no mês anterior.

Art. 473. O Secretário de Estado da Receita baixará as normas que se fizerem necessárias à complementação das disposições deste Capítulo.

Capítulo VII
DAS OPERAÇÕES RELATIVAS A ALGODÃO EM CAROÇO

Art. 474. A responsabilidade pelo pagamento do imposto incidente sobre as operações com algodão em caroço proveniente de estabelecimento produtor, fica transferida para a usina de beneficiamento, desde que localizada neste Estado, na qualidade de sujeito passivo por substituição.

Art. 475. A circulação do algodão em caroço, dentro deste Estado, far-se-á acompanhada da Nota Fiscal de Produtor, se promovida por produtor agropecuário, ou de Nota Fiscal modelos 1 ou 1-A, nos demais casos.

Parágrafo único. A Nota Fiscal de Produtor de que trata este artigo poderá ser substituída pela Nota Fiscal Avulsa, de emissão da Secretaria de Estado da Receita, desde que o produtor não possua organização administrativa e fiscal considerada pela autoridade competente como adequada ao atendimento das obrigações fiscais.

Art. 476. Em quaisquer das hipóteses previstas no artigo anterior, o estabelecimento recebedor emitirá a Nota Fiscal de Entrada.

Art. 477. A base de cálculo, para efeito de cobrança do imposto, será o preço constante de contrato escrito de compra com "preço fixo" entre o produtor e o beneficiador.

§ 1º Quando a entrada no estabelecimento beneficiador ocorrer em virtude de contrato com «preço a fixar», a base de cálculo será o valor da pauta vigente para o produto no dia da entrada.

§ 2º No caso do parágrafo anterior, quando houver diferença entre o valor da operação e o que serviu de base de cálculo, o imposto devido sobre a diferença a maior será recolhido na forma do artigo seguinte.

Art. 478. A usina de beneficiamento recolherá o imposto de sua responsabilidade por ocasião da saída dos produtos resultantes das entradas referidas neste capítulo, observado o disposto no inciso XII do art. 10.

Art. 479. Nas saídas efetuadas para fora do Estado, o imposto será recolhido pelo produtor ou por quem o substituir:

I – no primeiro posto fiscal por onde transitar a mercadoria ou, em sua falta, na repartição fiscal do domicílio do produtor;

II – até o 15º (décimo quinto) dia do mês subsequente à saída, quando o produtor ou seu substituto for pessoa jurídica ou tiver organização administrativa e comercial considerada pela autoridade fiscal como adequada ao atendimento das obrigações fiscais.

Art. 480. Os contribuintes que receberem algodão em caroço de produção deste Estado, na forma do art. 477, ficam obrigados a fornecer, mensalmente, à repartição fiscal de seu domicílio, relação em 02 (duas) vias, por Município de procedência, contendo no mínimo:

I – nome e número do Código de Endereçamento Postal do Município de procedência;

II – peso em quilos;

III – valor das compras;

IV – fundo agrícola e nome do produtor.

Capítulo VIII
DAS OPERAÇÕES REALIZADAS COM SUCATA

Art. 481. O pagamento do imposto incidente sobre as sucessivas saídas de sucatas, promovidas por quaisquer estabelecimentos, fica diferido para o momento em que ocorrer:

I – a entrada em estabelecimento industrial para utilização em processo produtivo;

II – a saída com destino a outras unidades da Federação.

Art. 482. Nos casos previstos no artigo anterior, o imposto será recolhido:

I – pelo estabelecimento industrial, na qualidade de sujeito passivo por substituição, no prazo de 30 (trinta) dias, contados do término do mês de ocorrência da entrada do produto, no caso do inciso I, do artigo anterior;

II – pelo remetente, antes de iniciada a remessa, através de DAR – modelo 3, na hipótese do inciso II, do artigo anterior.

§ 1º Na hipótese do inciso I, do artigo anterior, o estabelecimento industrializador deverá emitir nota fiscal na entrada da mercadoria relativamente a cada aquisição, lançando a operação no Registro de Entradas.

§ 2º O documento de que trata o inciso II, deste artigo será emitido pela repartição arrecadadora, à vista da Nota Fiscal, modelo 1 ou 1-A, ou Nota Fiscal Avulsa, devidamente preenchida, inclusive com destaque do imposto, fazendo menção, em seu histórico, ao número e valor da nota, bem como à data da respectiva emissão.

§ 3º Efetuado o recebimento do imposto, deverá a repartição arrecadadora promover a averbação das diversas vias da nota fiscal, de modo a se identificar o número, valor e data do DAR – modelo 3, comprovando o recolhimento.

§ 4º A 1ª via do DAR – modelo 3 acompanhará a mercadoria, juntamente com a nota fiscal, até o estabelecimento destinatário, para fins de comprovação do recolhimento do imposto.

§ 5º A nota fiscal de que trata o § 2º será lançada no Registro de Saídas, na coluna própria, ressaltando-se na coluna «Observações» o número e valor do DAR – modelo 3, referente à quitação do imposto diferido.

Art. 483. Para os efeitos deste Capítulo, consideram-se sucatas, resíduos, aparas ou fragmentos, as mercadorias que se tornarem definitiva e totalmente inservíveis para o uso a que se destinavam originariamente e que só se prestem ao emprego, como matéria-prima, na fabricação de outro produto.

Art. 484. Na documentação fiscal relativa às operações com o imposto diferido deverá constar, em destaque, o dispositivo legal concessor do diferimento.

Capítulo IX
DAS ENTRADAS DE MERCADORIAS IMPORTADAS DO EXTERIOR

Art. 485. O ICMS incidente nas entradas no país, de bens ou mercadorias importadas do exterior, por pessoa física ou jurídica, ainda que não seja contribuinte habitual do imposto, qualquer que seja a sua finalidade, será recolhido no momento do desembaraço, na repartição aduaneira.

§ 1º O disposto no "caput" aplica-se também às aquisições em licitação pública de bens ou mercadorias importados do exterior e apreendidos ou abandonados, hipótese em que o imposto será recolhido pelo arrematante ou adquirente, antes da saída das mercadorias da repartição aduaneira, mediante o documento de arrecadação próprio.

§ 2º O disposto neste artigo não se aplicará à entrada de mercadorias importadas do exterior isentas do Imposto de Importação ou despachadas com suspensão desse imposto em decorrência de trânsito aduaneiro, entreposto aduaneiro e entreposto industrial.

§ 3º Quando forem despachadas, neste Estado, mercadorias destinadas a contribuinte de outra unidade da Federação, o recolhimento do ICMS será feito, com indicação da unidade da Federação beneficiária, na rede bancária autorizada para o recolhimento dos tributos e demais gravames federais devidos na ocasião, mediante:

I- Guia Nacional de Recolhimento de Tributos Estaduais - GNRE, modelo 23, Anexo 45, em quatro vias, sendo:

a) 1ª e 2ª vias: Fisco estadual da unidade da Federação beneficiária do tributo, retidas pela agência recebedora do Banco do Brasil S.A.;

b) 3ª via: contribuinte, devendo acompanhar a mercadoria ou bem no seu transporte;

c) 4ª via: Fisco federal, retida quando do despacho ou da liberação das mercadorias;

II- Guia Nacional de Recolhimento de Tributos Estaduais - GNRE, modelo 28, Anexo 119, em três vias, sendo:

a) 1ª via: Fisco estadual da unidade da Federação beneficiária do tributo, retida pela agência recebedora do Banco do Brasil S.A.;

b) 2ª via: contribuinte, devendo acompanhar a mercadoria ou bem no seu transporte;

c) 3ª via: Fisco federal, retida quando do despacho ou da liberação das mercadorias.

§ 4º Quando se tratar de entradas de mercadorias que devam ser escrituradas com direito a crédito do ICMS, este crédito poderá ser levado a efeito no período de apuração em que ocorreu o recolhimento, ainda que as entradas efetivas das mercadorias se dêem no período seguinte.

Art. 486. No despacho de mercadorias importadas para consumo, ativo fixo, bem como na liberação de mercadorias importadas e apreendidas, arrematadas em leilão ou adquiridas em licitação promovida pelo Poder Público, será exigida a comprovação do pagamento do ICMS ou de que se trata de operação isenta ou não sujeita ao imposto.

Art. 487. A não exigência do pagamento do imposto, integral ou parcial, por ocasião da liberação de bens ou mercadorias, em virtude de imunidade, isenção, não incidência, diferimento ou outro motivo, será comprovada mediante apresentação da Guia para Liberação de Mercadoria Estrangeira sem Comprovação do Recolhimento do ICMS - GLME -, Anexo 79, observado o seguinte:

I – o Fisco aporá o "visto" no campo próprio da GLME, sendo esta condição indispensável, em qualquer caso, para a liberação de bens ou mercadorias importados;

II– o depositário do recinto alfandegado do local onde ocorrer o desembaraço aduaneiro, após o "visto" da GLME da unidade federada do importador, efetuará o registro da entrega da mercadoria no campo 8 da GLME.

§ 1º O visto na GLME, que poderá ser concedido eletronicamente, não tem efeito homologatório, sujeitando-se o importador, adquirente ou o responsável solidário ao pagamento do imposto, das penalidades e dos acréscimos legais, quando cabíveis.

§ 2º A GLME, que poderá ser emitida eletronicamente, será preenchida pelo contribuinte em 3 (três) vias, que, após serem visadas, terão a seguinte destinação:

I – 1ª via: importador, devendo acompanhar o bem ou mercadoria no seu transporte;

II – 2ª via: Fisco federal ou recinto alfandegado – retida por ocasião do desembaraço aduaneiro ou entrega do bem ou mercadoria;

III – 3ª via: Fisco da unidade federada do importador.

§ 3º A GLME emitida eletronicamente poderá conter código de barras, contendo, no mínimo, as seguintes informações:

I– CNPJ/CPF do importador;

II– número da Declaração de Importação – DI -, Declaração Simplificada de Importação – DSI – ou Declaração de Admissão em regime aduaneiro especial – DA -;

III– código do recinto alfandegado constante do Sistema Integrado de Comércio Exterior – SISCOMEX -;

IV– unidade federada do destino da mercadoria ou bem.

§ 4º A SER poderá dispensar as assinaturas dos campos 6, 7 e 8 da GLME, nos casos de emissão eletrônica.

§ 5º A entrega da mercadoria ou bem importado pelo recinto alfandegado fica condicionada ao atendimento do disposto nos arts. 54 e 55 da Instrução Normativa RFB nº 680/06, da Secretaria da Receita Federal do Brasil, ou outro instrumento normativo que venha a substituí-lo.

§ 6º O acesso aos sistemas de controle eletrônico de importação das unidades federadas poderá ser centralizado em portal via web.

§ 7º As unidades federadas prestar-se-ão assistência mútua, no que diz respeito às normas disciplinadas neste Capítulo.

Art. 488. A Receita Federal do Brasil exigirá, antes da entrega da mercadoria ou bem ao importador, a exibição do comprovante de pagamento do ICMS ou da GLME, de acordo com os §§ 2º e 6º do art. 3º deste Regulamento, exceto se o pagamento ou a solicitação de exoneração for feito por meio do módulo "Pagamento Centralizado", do Portal Único de Comércio Exterior (Convênio ICMS 171/19).

§ 1º Em qualquer hipótese de recolhimento ou exoneração do ICMS, uma das vias do comprovante de recolhimento ou da GLME deverá acompanhar a mercadoria ou bem em seu trânsito.

§ 2º A solicitação de exoneração de que trata o "caput" deste artigo, por meio do módulo "Pagamento Centralizado", do Portal Único de Comércio Exterior, deverá ser apresentada em via única da GLME, e o seu deferimento pelo Fisco estadual dispensa o visto, sendo substituído por assinatura digital (Convênio ICMS 171/19).

Art. 489. A GLME emitida eletronicamente, após visada, somente poderá ser cancelada mediante deferimento de petição, encaminhada à unidade federada do importador, devidamente fundamentada e instruída com todas as vias, nas seguintes hipóteses:

I- quando estiver em desacordo com o disposto neste Capítulo;

II- quando verificada a impossibilidade da ocorrência do desembaraço aduaneiro da mercadoria ou bem importados.

§ 1º A GLME também será exigida na hipótese de admissão em regime aduaneiro especial, amparado ou não pela suspensão dos tributos federais.

§ 2º O ICMS, na hipótese do "caput", quando devido, será recolhido por ocasião do despacho aduaneiro de nacionalização da mercadoria ou bem importados ou nas hipóteses de extinção do regime aduaneiro especial previstas na legislação federal, nos termos da legislação estadual.

Art. 490. Fica dispensada a exigência da GLME:

I – na entrada de mercadoria ou bem despachados sob o regime aduaneiro especial de trânsito aduaneiro, definido nos termos da legislação federal pertinente;

II – na importação de bens de caráter cultural, de que trata a Instrução Normativa RFB nº 874/08, de 08 de setembro de 2008, da Secretaria da Receita Federal do Brasil, ou por outro dispositivo normativo que venha a regulamentar estas operações.

§ 1º O transporte de mercadorias sob o regime aduaneiro especial de que trata o inciso I deste artigo, acobertado pelo Certificado de Desembaraço de Trânsito Aduaneiro, ou por documento que venha a substituí-lo, deverá ser apresentado ao Fisco sempre que exigido.

§ 2º O transporte destes bens de que trata o inciso II do "caput" far-se-á com cópia da Declaração Simplificada de Importação – DSI – ou da Declaração de Bagagem Acompanhada – DBA -, instruída com seu respectivo Termo de Responsabilidade – TR -, quando cabível, conforme disposto em legislação específica.

Art. 491. A entrega da mercadoria ou bem importado pelo recinto alfandegado fica condicionada ao atendimento do disposto nos arts. 54 e 55 da Instrução Normativa RFB nº 680/06, da Secretaria da Receita Federal do Brasil, ou outro instrumento normativo que venha a substituí-lo.

§ 1º O acesso aos sistemas de controle eletrônico de importação das unidades federadas poderá ser centralizado em portal via web.

§ 2º As unidades federadas prestar-se-ão assistência mútua, no que diz respeito às normas disciplinadas neste Capítulo.

Capítulo IX-A
DAS OPERAÇÕES DE IMPORTAÇÃO REALIZADAS SOB REGIMES ADUANEIROS ESPECIAIS DE ADMISSÃO TEMPORÁRIA E EXPORTAÇÃO TEMPORÁRIA, AO AMPARO DO CARNÊ ATA

Art. 491. O Estado da Paraíba observará, além das regras pertinentes na legislação estadual, o disposto neste Capítulo nas importações de bens realizadas sob Regime de Admissão Temporária ao amparo de Carnê ATA emitido por entidade garantidora na condição de membro filiado à cadeia de garantia internacional – International Chamber of Commerce World Chambers Federation (ICC- WCF ATA), observados os termos, limites e condições estabelecidos na Convenção de Istambul, promulgada pelo Decreto Federal nº 7.545, de 2 de agosto de 2011 (Ajuste SINIEF 24/19).

Art. 491-A. Fica dispensada a exigência da Guia para Liberação de Mercadoria Estrangeira sem Comprovação do Recolhimento do Imposto sobre Operações relativas à Circulação de Mercadorias e Prestação de Serviços de Transporte Interestadual e Intermunicipal e de Comunicação – ICMS -GLME – nas hipóteses de importação e reimportação de bens realizadas, respectivamente, sob o Regime de Admissão Temporária ao amparo do Carnê ATA de que trata este Capítulo.

Parágrafo único. Na hipótese deste artigo, assim como na circulação dos bens em território nacional e na saída destes para o exterior, haverá a dispensa da emissão da Nota Fiscal, desde que sejam acompanhadas do Carnê ATA.

Art. 491-B. Em caso de descumprimento do regime, a entidade garantidora deverá comunicar à administração tributária deste Estado e providenciar o devido recolhimento de ICMS.

§ 1º Para os efeitos do disposto neste Capítulo, entende-se por entidade garantidora a Confederação Nacional da Indústria - CNI.

§ 2º O recolhimento do ICMS e sua comprovação serão realizados mediante apresentação de Guia Nacional de Recolhimento de Tributos Estaduais - GNRE - ou Documento Estadual de Arrecadação.

§ 3º A RFB será responsável por exigir da entidade garantidora, nos termos previstos no art. 8° do Anexo A da Convenção de Istambul, a comprovação do recolhimento do ICMS devido na hipótese de descumprimento do Regime de Admissão Temporária.

Art. 491-C. Na hipótese de transferência dos bens para outro regime aduaneiro especial deverão ser observados os procedimentos referentes às obrigações tributárias previstas na legislação do ICMS.

Art. 491-D. A entidade garantidora disponibilizará, até 1º de março de 2020, à administração tributária deste Estado o acesso ao sistema de controle do Carnê ATA desenvolvido para a RFB.

Art. 491-E. O disposto neste Capítulo produzirá efeitos a partir de 1º de abril de 2020.

Parágrafo único. A produção de efeitos prevista no "caput" deste artigo somente terá eficácia se comprovado o cumprimento do disposto no art. 491-D deste Capítulo.

Capítulo X
DAS OPERAÇÕES COM VEÍCULOS USADOS

Art. 492. As pessoas físicas ou jurídicas que pratiquem ou promovam com habitualidade operações de comercialização com veículos usados deverão se inscrever no Cadastro de Contribuintes do ICMS - CCICMS, antes de iniciarem suas atividades.

Art. 493. O disposto neste Capítulo não se aplica aos estabelecimentos que se dediquem apenas a operações de agenciamento de veículos.

Parágrafo único. Para os efeitos deste artigo, considerar-se-á operação de agenciamento aquela realizada por pessoa física ou jurídica, devidamente inscrita na Prefeitura Municipal de sua localidade para o exercício dessa atividade.

Art. 494. Nas operações a que se refere o art. 492, o estabelecimento deverá emitir nota fiscal na entrada, nos termos deste Regulamento, salvo se o remetente for contribuinte do ICMS e tiver emitido a respectiva nota fiscal de saída.

Art. 495. As pessoas referidas no art. 492, deverão escriturar as operações no "Registro de Veículos", Anexo 40, que deverá conter, no mínimo, observado o disposto nos arts. 271 e 640, as seguintes indicações:

I - data de entrada;

II - número da nota fiscal que acobertou a entrada no estabelecimento;

III - identificação completa do proprietário;

IV - procedência;

V - ano de fabricação;

VI - número do chassi;

VII - número do Certificado de Registro de Veículos - CRV;

VIII - número da placa;

IX - data de saída;

X - número da nota fiscal de saída;

XI - natureza da operação.

Art. 496. Nas saídas de veículos usados, pertencentes ao proprietário do estabelecimento responsável pela operação, serão observadas as disposições estabelecidas nas alíneas "b" e "e" do inciso I do art. 31 deste Regulamento.

Art. 497. Configura-se infração a existência de veículo em poder do estabelecimento quando desatendidas as disposições previstas neste Capítulo e, ainda, ao estabelecido, no que couber, às do art. 119.

Art. 498. Sempre que se fizer necessário para comprovação da infração de que trata o artigo anterior, a autoridade fiscal deverá proceder na forma estabelecida no art. 655.

Art. 499. O recolhimento do imposto oriundo das operações de que trata este Capítulo far-se-á no prazo estabelecido na alínea "a" do inciso II do art. 106, quando da sua apuração mensal, observado o disposto no inciso VI do art. 30 deste Regulamento.

Capítulo XI
DAS OPERAÇÕES RELATIVAS À DISTRIBUIÇÃO DE BRINDES POR CONTA PRÓPRIA

Art. 500. Considera-se brinde a mercadoria que não constituindo objeto normal da atividade do contribuinte, tenha sido adquirida para distribuição gratuita a consumidor ou usuário final.

Art. 501. O contribuinte que adquirir brindes para distribuição direta a consumidor ou usuário final deverá:

I – lançar a nota fiscal emitida pelo fornecedor no Registro de Entradas, com direito a crédito do imposto destacado no documento fiscal;

II – emitir, no ato da entrada da mercadoria no estabelecimento, nota fiscal com lançamento do imposto, incluindo-se no valor da mercadoria adquirida a parcela do Imposto sobre Produtos Industrializados eventualmente pago pelo fornecedor, devendo constar, no local destinado à indicação do destinatário, a seguinte expressão: "Emitida nos termos do art. 501, do Regulamento do ICMS";

III – lançar a nota fiscal referida no inciso anterior no Registro de Saídas, na forma prevista neste Regulamento.

§ 1º Fica dispensada a emissão de nota fiscal na entrega a consumidor ou usuário final.

§ 2º Se o contribuinte efetuar o transporte dos brindes para distribuição direta a consumidores ou usuários finais, observar-se-á o seguinte:

I – deverá emitir nota fiscal relativa a toda carga transportada, contendo os requisitos exigidos e, especialmente:

a) natureza da operação: "Remessa para distribuição de brindes – art. 501 do Regulamento do ICMS";

b) número, série, subsérie, data e valor da nota fiscal referida no inciso II, deste artigo;

II – a nota fiscal referida no inciso anterior não será lançada no Registro de Saídas.

§ 3º Na hipótese de o contribuinte adquirir brindes para distribuição por intermédio de outro estabelecimento, seja esta filial, sucursal, agência, concessionária ou outro qualquer, cumulada ou não com distribuição direta a consumidor, ou usuário final, observar-se-á o seguinte:

I – o estabelecimento adquirente deverá:

a) lançar a nota fiscal emitida pelo fornecedor no Registro de Entradas, com direito ao crédito do imposto destacado no documento fiscal;

b) emitir, nas remessas aos estabelecimentos referidos neste parágrafo, nota fiscal com lançamento do imposto, incluindo-se no valor da mercadoria adquirida a parcela do Imposto sobre Produtos Industrializados eventualmente pago pelo fornecedor;

c) emitir, no final do dia, relativamente às entregas a consumidores ou usuários finais, efetuadas durante o dia, nota fiscal com lançamento do imposto, incluindo-se no valor da mercadoria adquirida a parcela do Imposto sobre Produtos Industrializados eventualmente pago pelo fornecedor, devendo constar no local destinado a indicação do destinatário a expressão: "Emitida nos termos do § 3º do art. 501 do Regulamento do ICMS";

d) lançar as notas fiscais referidas nas alíneas "b" e "c", no Registro de Saídas, na forma prevista neste Regulamento;

II – os estabelecimentos destinatários, referidos na alínea "b", do inciso I deste parágrafo, deverão:

a) proceder na forma prevista no "caput" e nos §§ 1º e 2º deste artigo, se apenas efetuarem distribuições diretas a consumidores ou usuários finais;

b) observar o disposto no inciso I deste parágrafo, se ocorrer a hipótese prevista no "caput" deste parágrafo.

§ 4º Os estabelecimentos referidos no § 3º observarão o disposto nos §§ 1º e 2º, deste artigo.

Capítulo XI-A
DAS OPERAÇÕES DE REMESSA DE MERCADORIAS DESTINADAS A DEMONSTRAÇÃO E MOSTRUÁRIO

Art. 502. As operações com mercadorias destinadas a demonstração e mostruário deverão observar o disposto neste Capítulo, sem prejuízo das demais disposições contidas neste Regulamento (Ajuste SINIEF 02/18).

Art. 502-A. Considera-se demonstração a operação pela qual o contribuinte remete mercadorias a terceiros, em quantidade necessária para se conhecer o produto (Ajuste SINIEF 02/18).

Art. 502-B. Considera-se operação com mostruário a remessa de amostra de mercadoria, com valor comercial, a empregado ou representante, com o objetivo de estes apresentarem o produto aos seus potenciais clientes (Ajuste SINIEF 02/18).

§ 1º Não se considera mostruário aquele formado por mais de uma peça com características idênticas, tais como: mesma cor, mesmo modelo, espessura, acabamento e numeração diferente.

§ 2º Na hipótese de produto formado por mais de uma unidade, tais como: meias, calçados, luvas, brincos, somente será considerado como mostruário se composto apenas por uma unidade das partes que o compõem.

Art. 502-C. Fica suspenso o imposto incidente na saída de mercadoria remetida para demonstração, inclusive com destino a consumidor ou usuário final, condicionado ao retorno da mercadoria ao estabelecimento de origem em até 60 (sessenta) dias, contados da data da saída (Ajuste SINIEF 02/18).

§ 1º O disposto no "caput" deste artigo abrange, inclusive, o recolhimento do imposto correspondente à diferença entre a alíquota interna do Estado destinatário e a alíquota interestadual, previsto no Convênio ICMS 93/15, de 17 de setembro de 2015.

§ 2º A suspensão compreende, também, a saída da mercadoria promovida pelo destinatário em retorno ao estabelecimento de origem.

§ 3º O imposto suspenso nos termos deste artigo deve ser exigido, conforme o caso, no momento em que ocorrer:

I – a transmissão da propriedade;

II – o decurso do prazo de que trata o "caput" deste artigo sem que ocorra a transmissão da propriedade ou o retorno da mercadoria, sujeitando-se o recolhimento espontâneo à atualização monetária e aos acréscimos legais, observado o disposto no § 1º do art. 502-D. deste Regulamento.

Art. 502-D. Na saída de mercadoria a título de demonstração, promovida por estabelecimento contribuinte, deverá ser emitida Nota Fiscal, sem destaque do valor do imposto, que deverá conter, além dos demais requisitos, as seguintes indicações (Ajuste SINIEF 02/18):

I – como natureza da operação: Remessa para Demonstração;

II – no campo do CFOP: o código 5.912 ou 6.912;

III – no campo relativo às Informações Adicionais, as expressões: "Mercadoria remetida para demonstração" e "Imposto suspenso nos termos do Ajuste SINIEF 02/18".

§ 1º Ocorrendo o decurso do prazo de que trata o inciso II do § 3º do art. 502-C deste Regulamento, o remetente deverá emitir outra Nota Fiscal, com destaque do imposto, se devido, que além dos demais requisitos, deverá conter:

I – no campo de identificação do destinatário: os dados do adquirente;

II – a referência da chave de acesso da Nota Fiscal original;

III – a expressão "Emitida nos termos do art. 502-D do Regulamento do ICMS do Estado da Paraíba – RICMS/PB".

§ 2º Se devido, o recolhimento do imposto, com atualização monetária e acréscimos legais, relativo:

I – à operação própria do remetente, deverá ser realizado por meio de Documento de Arrecadação Estadual – DAR, nos termos deste Regulamento;

II – à diferença entre a alíquota interna deste Estado e a alíquota interestadual, na hipótese de o destinatário ser consumidor final, deve ser feito:

a) em conformidade com o disposto na cláusula quarta do Convênio ICMS 93/15, quando se tratar de não contribuinte do ICMS;

b) na forma definida na legislação da unidade federada de destino, quando se tratar de contribuinte do ICMS.

Art. 502-E. O estabelecimento que receber, em retorno, de pessoa natural ou jurídica não contribuinte ou não obrigada à emissão de documentos fiscais, mercadoria remetida para demonstração, nos termos do "caput" do art. 502-D deste Regulamento, deverá emitir Nota Fiscal relativa à mercadoria que retorna (Ajuste SINIEF 02/18):

I – se dentro do prazo previsto no art. 502-C deste Regulamento, sem destaque do imposto, que, além dos demais requisitos, deverá conter:

a) como natureza da operação: Retorno de mercadoria remetida para Demonstração;

b) o campo CFOP: o código 1.913 ou 2.913;

c) a referência da chave de acesso da Nota Fiscal prevista no art. 502-D deste Regulamento;

d) no campo relativo às Informações Adicionais, a expressão: "Imposto suspenso nos termos do art. 502-C do RICMS/PB";

II – se decorrido o prazo previsto no art. 502-C deste Regulamento, com destaque do imposto, aplicando-se a mesma base de cálculo e a mesma alíquota constante da Nota Fiscal de que trata o § 1º do art. 502-D deste Regulamento, contendo as informações ali previstas.

§ 1º Eventual recolhimento do imposto correspondente à diferença entre a alíquota interna deste Estado e a alíquota interestadual, nos termos da alínea "a" do inciso II do § 2º do art. 502-D deste Regulamento, deverá ser objeto de recuperação nos moldes previstos na legislação.

§ 2º A Nota Fiscal de que trata este artigo deverá acompanhar a mercadoria em seu retorno ao estabelecimento de origem.

Art. 502-F. O estabelecimento contribuinte ou qualquer outro obrigado à emissão de Nota Fiscal que remeter, em retorno ao estabelecimento de origem, mercadoria recebida para demonstração, deverá emitir Nota Fiscal (Ajuste SINIEF 02/18):

I – se dentro do prazo previsto no art. 502-C deste Regulamento, sem destaque do imposto, que, além dos demais requisitos, deverá conter:

a) como natureza da operação: Retorno de Demonstração;

b) no campo do CFOP: o código 5.913 ou 6.913;

c) a referência da chave de acesso da Nota Fiscal pela qual tiver recebido a mercadoria em seu estabelecimento;

d) no campo relativo às Informações Adicionais, a expressão: "Imposto suspenso nos termos do art. 502-C do RICMS/PB";

II – se decorrido o prazo previsto no art. 502-C deste Regulamento, com destaque do imposto, aplicando-se a mesma base de cálculo e a mesma alíquota constante da Nota Fiscal de que trata o § 1º do art. 502-D deste Regulamento, contendo as informações ali previstas.

Art. 502-G. Na transmissão da propriedade de mercadoria remetida para demonstração a qualquer pessoa natural ou jurídica não-contribuinte ou não obrigada à emissão de documentos fiscais, sem que tenha retornado ao estabelecimento de origem, o estabelecimento transmitente deverá (Ajuste SINIEF 02/18):

I – emitir Nota Fiscal, sem destaque do imposto, identificada como de entrada de mercadoria, que, além dos demais requisitos, deverá conter:

a) como natureza da operação: "Entrada Simbólica em Retorno de Mercadoria remetida para Demonstração";

b) no campo do CFOP: o código 1.949 ou 2.949;

c) a referência das chaves de acesso da Nota Fiscal emitida por ocasião da remessa para demonstração;

d) no campo relativo às Informações Adicionais, a expressão: "Imposto suspenso nos termos do art. 502-C do RICMS/PB";

II – emitir Nota Fiscal, com destaque do valor do imposto, que, além dos demais requisitos, deverá conter:

a) no campo de identificação do destinatário: os dados do adquirente;

b) o CFOP adequado à venda;

c) a referência da chave de acesso da nota fiscal da remessa para demonstração;

d) no campo relativo às Informações Adicionais: "Transmissão da Propriedade de mercadoria remetida para Demonstração".

Art. 502-H. Na transmissão da propriedade de mercadoria remetida para demonstração a estabelecimento contribuinte ou qualquer outro obrigado à emissão de Nota Fiscal, sem que tenha retornado ao estabelecimento de origem, deverão ser observadas as seguintes disposições (Ajuste SINIEF 02/18):

I – o estabelecimento adquirente deverá emitir Nota Fiscal, sem destaque do valor do imposto, que, além dos demais requisitos, conterá:

a) no campo de identificação do destinatário: os dados do estabelecimento de origem;

b) como natureza da operação: "Retorno Simbólico de Mercadoria em Demonstração";

c) CFOP 5.949 ou 6.949;

d) a referência da chave de acesso da Nota Fiscal pela qual tiver recebido a mercadoria em seu estabelecimento;

e) no campo relativo às Informações Adicionais, a expressão: "Imposto suspenso nos termos do Ajuste SINIEF 02/18";

II – o estabelecimento transmitente deverá emitir Nota Fiscal, com destaque do imposto, se devido, que, além dos demais requisitos, conterá:

a) no campo de identificação do destinatário: os dados do adquirente;

b) o CFOP adequado à venda, com destaque do valor do imposto;

c) a referência da chave de acesso da nota fiscal emitida por ocasião da remessa para demonstração;

d) no campo relativo às Informações Adicionais: "Transmissão da Propriedade de mercadoria remetida para Demonstração".

Art. 502-I. Fica suspenso o imposto incidente na saída de mercadoria remetida para mostruário, condicionado ao retorno da mercadoria ao estabelecimento de origem em até 90 (noventa) dias, contados da data da saída, podendo ser prorrogado por igual período a critério da unidade federada (Ajuste SINIEF 02/18).

Parágrafo único. O disposto no "caput" deste artigo abrange, inclusive, o recolhimento do imposto correspondente à diferença entre a alíquota interna do Estado destinatário e a alíquota interestadual, previsto no Convênio ICMS 93/15, de 17 de setembro de 2015.

Art. 502-J. Na saída de mercadoria a título de mostruário, o contribuinte deverá emitir Nota Fiscal indicando como destinatário o seu empregado ou representante, sem destaque do imposto, que, além dos demais requisitos, conterá (Ajuste SINIEF 02/18):

I – no campo natureza da operação: Remessa de Mostruário;

II – no campo do CFOP: o código 5.912 ou 6.912;

III – no campo relativo às Informações Adicionais, a expressão: "Imposto suspenso nos termos do art. 502-I do RICMS/PB".

Parágrafo único. O trânsito de mercadoria destinada a mostruário, em todo o território nacional, deverá ser efetuado com a Nota Fiscal prevista no "caput" desde que a mercadoria retorne ao estabelecimento de origem no prazo previsto neste artigo.

Art. 502-K. O disposto no art. 502-J deste Regulamento, aplica-se, ainda, na hipótese de remessa de mercadorias a serem utilizadas em treinamentos sobre o uso das mesmas, desde que a mercadoria retorne ao estabelecimento de origem no prazo previsto no art. 502-I deste Regulamento, que, além dos demais requisitos, conterá (Ajuste SINIEF 02/18):

I – no campo de identificação do destinatário: os dados do próprio remetente;

II – como natureza da operação: Remessa para Treinamento;

III – no campo do CFOP: o código 5.912 ou 6.912;

IV – no campo relativo às Informações Adicionais, o endereço dos locais de treinamento e a expressão: "Imposto suspenso nos termos do Ajuste SINIEF 02/18".

Art. 502-L. No retorno das mercadorias remetidas a título de mostruário ou treinamento, o contribuinte deverá emitir Nota Fiscal relativa à entrada das mercadorias, que, além dos demais requisitos, conterá (Ajuste SINIEF 02/18):

I – no campo de identificação do destinatário: os dados do próprio emitente;

II – como natureza da operação: Retorno de Mostruário ou Retorno de Treinamento;

III – no campo do CFOP: o código 1.913 ou 2.913;

IV – a referência da chave de acesso da nota fiscal emitida por ocasião da remessa para mostruário ou treinamento;

V – no campo relativo às Informações Adicionais, o endereço dos locais de treinamento e a expressão: "Imposto suspenso nos termos dos arts. 502-J e 502-K do RICMS/PB".

Art. 502-M. O disposto neste Capítulo aplica-se, no que couber, às operações (Ajuste SINIEF 02/18):

a) com mercadorias isentas ou não tributadas;

b) efetuadas por contribuintes optantes pelo Regime Especial Unificado de Arrecadação de Tributos e Contribuições devidos pelas Microempresas e Empresas de Pequeno Porte - "Simples Nacional".

Capítulo XII
DAS OPERAÇÕES REALIZADAS POR EMPRESAS SEGURADORAS

Art. 503. Aplicar-se-á às empresas seguradoras o sistema especial previsto neste Capítulo, no que se refere às operações:

I - relativas à circulação das seguintes mercadorias, identificadas como salvados de sinistro: máquinas, aparelhos e veículos;

II - relativas à aquisição de peças a serem empregadas em consertos de máquinas, aparelhos e veículos segurados.

Art. 504. Na hipótese de a entrada ter sido onerada pelo imposto, o montante a recolher corresponderá à diferença a maior entre o valor do imposto devido sobre a saída tributada, promovida pela empresa seguradora, e o valor do imposto pago na operação imediatamente anterior, efetuada com a mesma mercadoria.

Art. 505. Na hipótese de a entrada não ter sido onerada pelo imposto, a base de cálculo corresponderá a 20% (vinte por cento) do valor da operação de que decorrer a saída tributada, promovida pela empresa seguradora.

Art. 506. A entrada de mercadoria será acompanhada dos seguintes documentos fiscais:

I - se o indenizado for contribuinte do imposto, a mercadoria entrada no estabelecimento da seguradora, real ou simbolicamente, deverá ser acompanhada de documento fiscal emitido pelo remetente;

II - se o indenizado não for contribuinte do imposto, a empresa seguradora emitirá nota fiscal na entrada, que servirá, se for o caso, para acompanhar a mercadoria no transporte para seu estabelecimento.

Art. 507. Na saída de mercadoria, a empresa seguradora emitirá nota fiscal, na forma prevista neste Regulamento.

Art. 508. A empresa seguradora que adquirir peças para serem aplicadas em consertos de máquinas, aparelhos e veículos acidentados, em virtude de cobertura de responsabilidade decorrente de contrato de seguro, deverá proceder de acordo com o disposto nos artigos subsequentes.

Art. 509. Na aquisição das peças, a empresa seguradora emitirá documento que conterá, no mínimo, as seguintes indicações:

I - a denominação "Pedido";

II – o número de ordem e o número da via;

III – a data da emissão;

IV – o nome, o endereço e os números de inscrição, estadual e no CNPJ, do emitente;

V – o nome, o endereço e os números de inscrição, estadual e no CNPJ, do fornecedor;

VI – o nome, o endereço e os números de inscrição, estadual e no CNPJ, da oficina que irá proceder ao conserto;

VII – os dados que identifiquem a máquina, o aparelho ou o veículo a serem consertados;

VIII – o número da apólice ou bilhete de seguro que cobriu o acidente;

IX – a descrição das peças requisitadas.

Parágrafo único. As empresas seguradoras deverão observar, em relação ao "Pedido", as normas pertinentes à guarda e exibição de documentos fiscais.

Art. 510. O "Pedido" será emitido, no mínimo, em 03 (três) vias, que terão o seguinte destino:

I – as 1ª e 2ª vias serão remetidas ao fornecedor, que providenciará:

a) a anexação da 1ª via à nota fiscal de sua emissão, que acompanhará as peças à oficina;

b) o arquivamento, em ordem cronológica, da 2ª via;

II – a 3ª via ficará presa ao bloco, para exibição ao Fisco.

Art. 511. A oficina que realizar o conserto observará as seguintes determinações:

I – escriturará a nota fiscal emitida pelo fornecedor, sem direito a crédito;

II – manterá arquivada a 1ª via do "Pedido", juntamente com a nota fiscal do fornecedor;

III – emitirá nota fiscal em nome da seguradora, discriminando o valor das peças recebidas, o preço dos serviços prestados e o valor de outras peças e acessórios empregados, destacando o imposto sobre o valor destes.

Art. 512. A empresa seguradora recolherá o imposto nos prazos normais estabelecidos neste Regulamento.

Art. 513. A empresa seguradora ficará dispensada da manutenção de livros fiscais, exceto o Registro de Utilização de Documentos Fiscais e Termos de Ocorrências e o Registro de Apuração do ICMS, desde que arquive os documentos fiscais, por espécie e em ordem cronológica, para exibição ao Fisco.

Art. 514. Fica a empresa seguradora obrigada ao cumprimento das demais obrigações, principal e acessória, previstas neste Regulamento.

Capítulo XIII
DAS EMPRESAS QUE OPERAM COM ARRENDAMENTO MERCANTIL ("LEASING")

Art. 515. O imposto não incide sobre operações de arrendamento mercantil, não compreendida a venda do bem ao arrendatário, nas hipóteses de cláusula de opção de compra por este, observado o disposto no inciso VI do art. 30 e no inciso I do art. 31.

§ 1º Para os efeitos deste artigo, considera-se arrendamento mercantil a operação realizada, que tenha por objeto o arrendamento de bens adquiridos de terceiros pela arrendadora, para fins de uso próprio da arrendatária.

§ 2º Não terá o tratamento previsto neste artigo o arrendamento de bens contratado entre pessoas jurídicas direta ou indiretamente coligadas ou interdependentes, assim como o contrato com o próprio fabricante, excetuados os casos expressamente previstos na legislação específica.

§ 3º O tratamento previsto neste artigo somente se aplica às operações realizadas por empresa arrendadora devidamente registrada no Banco Central do Brasil, e que delas fizer o objeto principal de sua atividade, ou que as centralizar em um departamento especializado que disponha de escrituração própria.

§ 4º As práticas, requisitos e condições a serem observados nos contratos de arrendamento mercantil reger-se-ão pelas especificações contidas na Lei Federal nº 6.099, de 12 de setembro de 1974, e pelas disposições do Banco Central do Brasil, que se aplicarão subsidiariamente a este Regulamento.

Art. 516. Na operação de arrendamento mercantil, o estabelecimento arrendatário do bem, contribuinte do ICMS, fica autorizado a creditar-se do valor do imposto pago quando da aquisição do referido bem pela empresa arrendadora.

§ 1º Para fruição deste benefício a empresa arrendadora deverá possuir inscrição no Cadastro de Contribuintes do ICMS deste Estado, através da qual o arrendatário promoverá a aquisição do respectivo bem.

§ 2º A apropriação do crédito por parte do contribuinte arrendatário far-se-á mediante lançamento no livro próprio de cópia da nota fiscal de aquisição emitida pela empresa arrendadora.

§ 3º Na nota fiscal de aquisição do bem por parte da empresa arrendadora deverá constar, no campo "INFORMAÇÕES COMPLEMENTARES", a identificação do estabelecimento arrendatário.

§ 4º O imposto creditado deverá ser integralmente estornado, atualizado monetariamente, através de débito nos livros fiscais próprios, no mesmo período de apuração em que, por qualquer motivo, o arrendatário efetuar a restituição do bem.

§ 5º O estabelecimento que venha a se creditar do ICMS na forma prevista neste Capítulo sujeita-se, ainda, ao cumprimento das demais normas estabelecidas neste Regulamento, especialmente aquelas previstas no art. 85, §§ 8º a 11.

Art. 517. A pessoa jurídica arrendadora deverá escriturar em conta especial do ativo fixo os bens destinados a arrendamento mercantil, mantendo em sua escrita o registro individualizado de cada bem, de modo a permitir sua perfeita identificação, mediante especificações que constarão, obrigatoriamente, nos contratos de arrendamento, bem como nos documentos fiscais respectivos.

Art. 518. Os contratos de arrendamento mercantil conterão, no mínimo, as seguintes disposições:

I – prazo de validade, que deverá ser de 03 (três) anos, exceto no caso de arrendamento de veículos, hipótese em que o prazo mínimo será de dois anos;

II – valor de cada contraprestação por períodos determinados, não superiores a um semestre;

III – opção de compra, de renovação do contrato ou de devolução do bem, como faculdade da arrendatária;

IV – preço para opção de compra (valor residual), ou critério para sua fixação, quando for estipulada cláusula ou disposição nesse sentido.

Art. 519. Só se considera válida a operação de arrendamento mercantil se a opção de compra for exercida pela arrendatária no término do contrato.

Art. 520. É vedado o arrendamento mercantil de equipamentos importados do exterior.

Art. 521. A aquisição, pela arrendatária, de bens arrendados em desacordo com as disposições deste Capítulo, será considerada operação de compra e venda à prestação, hipótese em que a base de cálculo do imposto será o valor total da operação, ou seja, o montante das contraprestações pagas durante a vigência do arrendamento, acrescido da parcela paga a título de preço de aquisição.

Capítulo XIII-A
DAS OPERAÇÕES DE CONSIGNAÇÃO MERCANTIL

Art. 522. Os procedimentos fiscais a serem observados na prática de operações de consignação mercantil obedecerão ao disposto neste Capítulo, sem prejuízo das demais disposições constantes neste Regulamento.

Art. 522-A. Na saída de mercadoria a título de consignação mercantil (Ajuste SINIEF 02/93):

I – o consignante emitirá nota fiscal contendo, além dos demais requisitos exigidos, o seguinte:

a) natureza da operação: "Remessa em consignação";

b) destaque do ICMS e do IPI, quando devidos;

II – o consignatário lançará a nota fiscal no livro Registro de Entradas, creditando-se do valor do imposto, quando permitido.

Art. 522-B. Havendo reajuste do preço contratado por ocasião da remessa em consignação mercantil (Ajuste SINIEF 02/93):

I – o consignante emitirá nota fiscal complementar contendo, além dos demais requisitos exigidos, o seguinte:

a) natureza da operação: Reajuste de preço de mercadoria em consignação;

b) base de cálculo: o valor do reajuste;

c) destaque do ICMS e do IPI, quando devidos;

d) a expressão "Reajuste de preço de mercadoria em consignação – NF nº......, de......./........./";

II – o consignatário lançará a nota fiscal no livro Registro de Entradas, creditando-se do valor do imposto, quando permitido.

Art. 522-C. Na venda da mercadoria remetida a título de consignação mercantil (Ajuste SINIEF 02/93):

I – o consignatário deverá:

a) emitir nota fiscal contendo, além dos demais requisitos exigidos, como natureza da operação, a expressão "Venda de mercadoria recebida em consignação";

b) emitir nota fiscal contendo, além dos demais requisitos exigidos:

1.como natureza da operação, a expressão "Devolução simbólica de mercadoria recebida em consignação";

2.no campo Informações Complementares, a expressão "Nota fiscal emitida em função de venda de mercadoria recebida em consignação pela NF nº..., de.../.../...";

c) registrar a Nota fiscal de que trata o inciso II, no livro Registro de Entradas, apenas nas colunas "Documento fiscal" e "Observações", indicando nesta a expressão "Compra em consignação – NF nº..., de.../.../...";

II – o consignante emitirá nota fiscal, sem destaque do ICMS e do IPI, contendo, além dos demais requisitos exigidos, o seguinte:

a) natureza da operação: Venda;

b) valor da operação: o valor correspondente ao preço da mercadoria efetivamente vendida, neste incluído, quando for o caso, o valor relativo ao reajuste do preço;

c) a expressão "Simples faturamento de mercadoria em consignação – NF nº,-de......./...../...... (e, se for o caso) reajuste de preço – NF nº......., de..../....../".

Parágrafo único. O consignante lançará a nota fiscal a que se refere o inciso II do "caput" deste artigo, no livro Registro de Saídas, apenas nas colunas "Documento Fiscal", "Observações", indicando nesta a expressão "Venda em consignação – NF nº........., de......./......../ ".

Art. 522-D. Na devolução de mercadoria remetida em consignação mercantil (Ajuste SINIEF 02/93):

I – o consignatário emitirá nota fiscal contendo, além dos demais requisitos exigidos, o seguinte:

a) natureza da operação: Devolução de mercadoria recebida em consignação;

b) base de cálculo: o valor da mercadoria efetivamente devolvida, sobre o qual foi pago o imposto;

c) destaque do ICMS e indicação do IPI nos valores debitados, por ocasião da remessa em consignação;

d) a expressão "Devolução (parcial ou total, conforme o caso) de mercadoria em consignação – NF nº......., de......../........./.";

II – o consignante lançará a nota fiscal, no livro Registro de Entradas, creditando-se do valor do imposto.

Art. 522-E. As disposições contidas neste Capítulo não se aplicam a mercadorias sujeitas ao regime de substituição tributária (Ajuste SINIEF 02/93).

Capítulo XIV
DAS OPERAÇÕES RELATIVAS À CONSTRUÇÃO CIVIL

(REVOGADO – Decreto nº 36.545/16)

Seção I
DAS EMPRESAS DE CONSTRUÇÃO CIVIL

Art. 523. REVOGADO (Decreto nº 36.545/16).

Seção II
DA INSCRIÇÃO

Art. 524. REVOGADO (Decreto nº 32.018/11).

Seção III
DA INCIDÊNCIA

Art. 525. REVOGADO (Decreto nº 32.018/11).

Seção IV
DA NÃO-INCIDÊNCIA E DA ISENÇÃO

Arts. 526 e 527. REVOGADO (Decreto nº 32.018/11).

Seção V
DA BASE DE CÁLCULO

Art. 528. REVOGADO (Decreto nº 32.018/11).

Seção VI
DA VEDAÇÃO DO CRÉDITO

Art. 529. REVOGADO (Decreto nº 32.018/11).

Seção VII
DOS DOCUMENTOS FISCAIS

Arts. 530 e 531. REVOGADO (Decreto nº 32.018/11).

Seção VIII
DOS LIVROS FISCAIS

Arts. 532 a 534. REVOGADO (Decreto nº 36.545/16)

Capítulo XV
DAS PRESTAÇÕES DE SERVIÇOS PÚBLICOS DE TELECOMUNICAÇÕES

Arts. 535 a 539. REVOGADO (Decreto nº 20.275/99).

Capítulo XVI
DAS PRESTAÇÕES DE SERVIÇOS DE TRANSPORTE

Art. 540. Na hipótese de subcontratação de prestação de serviço de transporte de carga, fica atribuída a responsabilidade pelo pagamento do imposto devido à empresa transportadora contratante, desde que inscrita no cadastro de contribuintes da unidade da Federação de início da prestação.

Parágrafo único. O disposto neste artigo não se aplica na hipótese de transporte intermodal.

Art. 541. Na prestação de serviço de transporte de carga iniciada neste Estado, efetuada por transportador autônomo ou por empresa transportadora de outra unidade da Federação, não inscrita no cadastro de contribuintes do Estado da Paraíba - CCICMS/PB, a responsabilidade pelo pagamento do imposto devido, salvo disposição em contrário, fica atribuída (Convênio ICMS 25/90):

I - ao alienante ou remetente da mercadoria, exceto se microempreendedor individual ou produtor rural (Convênio ICMS 132/10);

II - ao depositário da mercadoria a qualquer título, na saída da mercadoria ou bem depositado por pessoa física ou jurídica;

III - ao destinatário da mercadoria:

a) na prestação interna, exceto se microempreendedor individual ou produtor rural (Convênio ICMS 132/10);

b) nas prestações interestaduais, na modalidade FOB, para contribuinte com inscrição ativa no Estado da Paraíba na condição de sujeito passivo por substituição tributária.

§ 1º Nas hipóteses deste artigo, o transportador autônomo fica dispensado da emissão de conhecimento de transporte, desde que na emissão da Nota Fiscal que acobertar o transporte da mercadoria sejam indicados, além dos requisitos exigidos, os seguintes dados relativos à prestação do serviço (Convênio ICMS 17/15):

I - o preço;

II - a base de cálculo do imposto;

III - a alíquota aplicável;

IV - o valor do imposto;

V - a identificação do responsável pelo pagamento do imposto.

§ 2º Em substituição ao disposto no parágrafo anterior, poderá o contribuinte remetente e contratante do serviço emitir conhecimento de transporte.

§ 3º Fica o contratante-tomador de serviço ou terceiro que participe da prestação de serviços de transporte interestadual ou intermunicipal e, portanto, responsável pelo pagamento do imposto devido na condição de sujeito passivo por substituição, quando o prestador não for inscrito no Cadastro de Contribuintes do ICMS do

Estado da Paraíba - CCICMS/PB, obrigado a informar, nos registros próprios de sua respectiva declaração, o valor da prestação de serviço de transporte que se originou neste Estado, em favor do município onde esta se iniciou.

Art. 541-A. O remetente da mercadoria, na qualidade de sujeito passivo por substituição do frete, fica obrigado a informar na Nota Fiscal Eletrônica - NF-e os dados relativos aos seguintes campos do Grupo de Retenção ICMS Transporte, observado o disposto no inciso XIV do "caput" do art. 82, deste Regulamento:

I- Valor do Serviço;

II- Base de Cálculo da Retenção do ICMS;

III - Alíquota da Retenção;

IV - Valor do ICMS Retido;

V - CFOP;

VI - Código do Município de ocorrência do fato gerador do ICMS transporte.

§ 1º Para efeitos do disposto no "caput" deste artigo, os dados também deverão ser informados no campo informações adicionais do DANFE, exceto para os contribuintes que utilizem leiaute de DANFE que demonstre os dados exigidos nos incisos I a VI do «caput» deste artigo.

§ 2º Caso seja emitida mais de uma Nota Fiscal Eletrônica - NF-e por operação, cada uma deverá consignar os dados correspondentes sobre sua prestação de serviço de transporte, não podendo a base de cálculo ser inferior ao fixado em Pauta Fiscal, estabelecida pela Secretaria de Estado da Receita.

§ 3º O recolhimento do imposto de responsabilidade do sujeito passivo por substituição tributária far-se-á nos termos da alínea "c" do inciso II do art. 399, deste Regulamento.

§ 4º Para efeitos do disposto no inciso I do "caput" do art. 541, nas prestações interestaduais em que o imposto incidente sobre o frete, na modalidade FOB, tenha sido pago pelo destinatário em favor do Estado da Paraíba, antes do início da prestação do serviço, fica o remetente das mercadorias desobrigado das exigências previstas no "caput" e nos §§ 1º e 2º deste artigo.

§ 5º Na hipótese do § 4º deste artigo, a base de cálculo do imposto não poderá ser inferior à fixada em portaria expedida pelo Secretário de Estado da Receita.

Art. 542. Excetuadas as hipóteses previstas nos arts. 540 e 541, na prestação de serviço de transporte por transportador autônomo ou empresa transportadora de outra unidade da Federação, não inscrita no cadastro de contribuintes deste Estado, o pagamento do imposto será efetuado pelo contribuinte antes do início da prestação do serviço.

§ 1º O documento de arrecadação acompanhará o transporte, sendo dispensada a emissão de conhecimento de transporte na prestação de serviço de transporte realizada por transportador autônomo (Convênio ICMS 17/15).

§ 2º O documento de arrecadação deverá conter, além dos requisitos exigidos, as seguintes informações, ainda que no verso:

I – o nome da empresa transportadora contratante do serviço, se for o caso;

II – a placa do veículo e a unidade da Federação, no caso de transporte rodoviário, ou outro elemento identificativo, nos demais casos;

III – o preço do serviço, a base de cálculo do imposto e a alíquota aplicável;

IV – o número, série e subsérie do documento fiscal que acobertar a operação, ou identificação do bem, quando for o caso;

V – o local de início e final da prestação do serviço.

Art. 543. A empresa transportadora estabelecida e inscrita em unidade da Federação diversa daquela do início da prestação, cujo imposto tenha sido recolhido na forma do artigo anterior, procederá da seguinte forma:

I – REVOGADO (Decreto nº 35.887/15)

II – recolherá, se for o caso, por meio da Guia Nacional de Recolhimento de Tributos Estaduais, a diferença entre o imposto devido à unidade da Federação do início da prestação e o imposto pago na forma do artigo anterior, até o dia 9 do mês subsequente ao da prestação do serviço;

III – REVOGADO (Decreto nº 35.887/15)

Art. 544. No caso do transporte de passageiros, cuja venda de bilhete de passagem ocorra em outra unidade da Federação, o imposto será devido à unidade da Federação onde se iniciar a prestação do serviço.

Art. 545. Consideram-se locais de início da prestação de serviço de transporte de passageiros aqueles onde se iniciarem trechos da viagem indicados no bilhete de passagem.

Parágrafo único. Não se aplica o disposto neste artigo às escalas e conexões no transporte aéreo.

Art. 546. Quando o serviço de transporte de carga for efetuado por redespacho, deverão ser adotados os seguintes procedimentos:

I – o transportador que receber a carga para redespacho:

a) emitirá o competente conhecimento de transporte lançando o frete e o imposto correspondentes ao serviço que lhe couber executar, bem como os dados relativos ao redespacho;

b) anexará a 2ª via do conhecimento de transporte emitido na forma da alínea anterior, à 2ª via do conhecimento de transporte que acobertou a prestação do serviço até o seu estabelecimento, as quais acompanharão a carga até o seu destino;

c) entregará ou remeterá a 1ª via do conhecimento de transporte, emitido na forma da alínea "a" deste inciso, ao transportador contratante do redespacho, dentro de 05 (cinco) dias, contados da data do recebimento da carga;

II – o transportador contratante do redespacho:

a) anotará na via do conhecimento que fica em seu poder (emitente), referente à carga redespachada, o nome e endereço de quem aceitou o redespacho, bem como o número, a série e subsérie e a data do conhecimento referido na alínea "a", do inciso I;

b) arquivará em pasta própria os conhecimentos recebidos do transportador para o qual redespachou a carga, para efeito de comprovação de crédito do imposto, quando for o caso.

Parágrafo único. Define-se como redespacho a operação em que a empresa transportadora transfere as mercadorias recebidas para uma ou mais transportadoras, ocasionando, assim, emissão de novo Conhecimento de Transporte.

Art. 547. As empresas prestadoras de serviço de transporte rodoviário intermunicipal, interestadual e internacional, de passageiros, poderão manter uma única inscrição estadual, desde que:

I – no campo "Observações" ou no verso da Autorização de Impressão de Documentos Fiscais sejam indicados os locais, mesmo que através de códigos, em que serão emitidos os Bilhetes de Passagem Rodoviários;

II – o estabelecimento mantenha controle de distribuição dos documentos citados no inciso anterior para os diversos locais de emissão;

III – o estabelecimento inscrito centralize os registros e as informações fiscais e mantenha à disposição do Fisco estadual os documentos relativos a todos os locais envolvidos.

Art. 548. Os estabelecimentos que prestem serviços de transporte de passageiros poderão:

I – utilizar bilhetes de passagem, contendo impressas todas as indicações exigidas, a serem emitidos por marcação, mediante perfuração, picotamento ou assinalação, em todas as vias, dos dados relativos à viagem, desde que os nomes das localidades e paradas autorizadas sejam impressos, obedecendo sequência das secções permitidas pelos órgãos concedentes;

II – emitir bilhetes de passagem por meio de máquina registradora, Terminal Ponto de Venda – PDV ou qualquer outro sistema, desde que:

a) o procedimento tenha sido autorizado pelo Fisco estadual, mediante pedido contendo os dados identificadores dos equipamentos, a forma de registro das prestações no livro fiscal próprio e os locais em que serão utilizados (agência, filial, posto ou veículo);

b) sejam lançados no Registro de Utilização de Documentos Fiscais e Termos de Ocorrências, modelo 6, os dados exigidos na alínea anterior;

c) os cupons contenham as indicações exigidas pela legislação tributária estadual;

III - em se tratando de transporte em linha com preço único, efetuar a cobrança da passagem por meio de contadores, catracas ou similar, com dispositivo de irreversibilidade, desde que o procedimento tenha sido autorizado pelo Fisco, mediante pedido contendo os dados identificadores dos equipamentos, a forma de registro das prestações no livro fiscal próprio e os locais em que serão utilizados (agência, filial, posto ou veículo).

Art. 549. Nos casos de transporte de passageiros, havendo excesso de bagagem, a empresa transportadora poderá emitir, em substituição ao conhecimento próprio, Conhecimento de Transporte Simplificado de Excesso de Bagagem, Anexo 55, que conterá, no mínimo, as seguintes indicações:

I - a identificação do emitente: o nome, o endereço e os números de inscrição, estadual e no CNPJ;

II - o número de ordem e o número da via;

III - o preço do serviço;

IV - o local e a data da emissão;

V - o nome, o endereço e os números de inscrição, estadual e no CNPJ, do impressor do documento, a data e a quantidade de impressão e o número de ordem do primeiro e do último documento impresso e o número de Autorização de Impressão de Documentos Fiscais.

§ 1º As indicações dos incisos I, II e V, serão impressas.

§ 2º Ao final do período de apuração será emitida Nota Fiscal de Serviço de Transporte, modelo 7, Anexo 20, englobando as prestações de serviço documentadas na forma deste artigo.

§ 3º No corpo da Nota Fiscal de Serviço de Transporte será anotada, além dos requisitos exigidos, a numeração dos documentos de excesso de bagagem emitidos.

Art. 550. O documento de excesso de bagagem será emitido antes do início da prestação do serviço, no mínimo, em 02 (duas) vias, que terão a seguinte destinação:

I - a 1ª via será entregue ao usuário do serviço;

II - a 2ª via ficará fixa ao bloco para exibição ao Fisco.

Art. 551. A emissão dos Conhecimentos de Transporte, modelo 8 a 11, poderá ser dispensada, a critério do Secretário de Estado da Receita, a cada prestação, na hipótese de transporte vinculado a contrato que envolva repetidas prestações de serviço, sendo obrigatório constar, nos documentos que acompanhem a carga, referência ao respectivo despacho concessório.

Parágrafo único. No retorno de mercadoria ou bem, por qualquer motivo não entregue ao destinatário, o conhecimento de transporte original servirá para acobertar a prestação de retorno ao remetente, desde que observado o motivo no seu verso.

Art. 552. As mercadorias ou bens procedentes de outras unidades da Federação ou do exterior, não destinados a este Estado, deverão ser acompanhados, no trânsito pelo território paraibano, do Termo de Responsabilidade de Mercadorias em Trânsito, Anexo 91.

§ 1º A emissão do Termo de Responsabilidade de Mercadorias em Trânsito, a transferência de responsabilidade e sua baixa serão regulados em Instrução Normativa editada pela Diretoria de Administração Tributária.

§ 2º As empresas de transportes e os armazéns gerais devidamente inscritos no Cadastro de Contribuintes do ICMS, que mantenham depósito para mercadorias ou bens em trânsito livre, deverão observar o seguinte:

I – ao receber mercadorias ou bens em trânsito livre, assinar a transferência de responsabilidade, assumindo assim a responsabilidade definitiva pelo desinternamento dos citados produtos;

II – manter a Secretaria de Estado da Receita informada sobre as mercadorias ou bens em trânsito livre que se encontrem em seus depósitos, após decorridos os prazos previstos na legislação em vigor;

III – qualquer mudança ou alteração nos envoltórios das mercadorias ou bens em trânsito livre só poderá ser feita mediante autorização da Secretaria de Estado da Receita.

§ 3º Constatada irregularidade ou pendência de trânsito, verificada através da placa do veículo, do nº do termo, do nº do prontuário do motorista ou do nº do CNJP do transportador, será emitida notificação, com o prazo de 15 (quinze) dias, por cada ocorrência, para comprovação de desinternamento dos bens ou mercadorias.

§ 4º Não havendo comprovação do desinternamento dos bens ou mercadorias, na forma prevista no parágrafo anterior, deverá ser lavrado auto de infração para exigência do imposto sobre bens ou mercadorias em razão da entrega destes em local diverso do indicado nos documentos fiscais de origem.

§ 5º São responsáveis pelo pagamento do imposto, na condição de contribuinte substituto, o transportador autônomo ou a empresa de transporte consignados no

Termo de Responsabilidade de Mercadorias em Trânsito, que não comprovarem o desinternamento de bens ou mercadorias em trânsito pelo território paraibano.

§ 6º A omissão de baixa do Termo, de que trata o "caput" deste artigo, autoriza a presunção de que as mercadorias foram internadas em território paraibano, observado o parágrafo seguinte.

§ 7º A presunção a que se refere o parágrafo anterior é relativa e pode ser ilidida por prova inequívoca, a cargo do sujeito passivo ou do terceiro a que aproveite.

Art. 553. No transporte intermodal o conhecimento de transporte será emitido pelo preço total do serviço, devendo o imposto ser recolhido à unidade da Federação onde se inicie a prestação do serviço, observado o seguinte:

I – o conhecimento de transporte poderá ser acrescido dos elementos necessários à caracterização do serviço, incluídos os veículos transportadores e a indicação da modalidade do serviço;

II – a cada início de modalidade será emitido o conhecimento de transporte correspondente ao serviço a ser executado;

III – para fins de apuração do imposto, será lançado, a débito, o conhecimento intermodal e, a crédito, o(s) conhecimento(s) emitido(s) ao ensejo da realização de cada modalidade da prestação.

Art. 554. A partir de 02 de junho de 2008, para efeito de aplicação da legislação, em relação à prestação de serviço de transporte, considera-se (Ajuste SINIEF 02/08):

I – remetente, a pessoa que promove a saída inicial da carga;

II – destinatário, a pessoa a quem a carga é destinada;

III – tomador do serviço, a pessoa que contratualmente é a responsável pelo pagamento do serviço de transporte, podendo ser o remetente, o destinatário ou um terceiro interveniente;

IV – emitente, o prestador de serviço de transporte que emite o documento fiscal relativo à prestação do serviço de transporte.

§ 1º O remetente e o destinatário serão consignados no documento fiscal relativo à prestação do serviço de transporte, conforme indicado na Nota Fiscal, quando exigida.

§ 2º Subcontratação de serviço de transporte é aquela firmada na origem da prestação do serviço, por opção do prestador de serviço de transporte em não realizar o serviço por meio próprio.

§ 3º Redespacho é o contrato entre transportadores em que um prestador de serviço de transporte (redespachante) contrata outro prestador de serviço de transporte (redespachado) para efetuar a prestação de serviço de parte do trajeto.

§ 4º Fica permitida a utilização de carta de correção, para regularização de erro ocorrido na emissão de documentos fiscais relativos à prestação de serviço de transporte, desde que o erro não esteja relacionado com:

I - as variáveis que determinam o valor do imposto tais como: base de cálculo, alíquota, diferença de preço, quantidade, valor da prestação;

II - a correção de dados cadastrais que implique mudança do emitente, tomador, remetente ou do destinatário;

III - a data de emissão ou de saída.

§ 5º Para a anulação de valores relativos à prestação de serviço de transporte de cargas, em virtude de erro devidamente comprovado como exigido em cada unidade federada, e desde que não descaracterize a prestação, deverá ser observado:

I- na hipótese de o tomador de serviço ser contribuinte do ICMS:

a) o tomador deverá emitir documento fiscal próprio, pelo valor total do serviço, sem destaque do imposto, consignando como natureza da operação "Anulação de valor relativo à aquisição de serviço de transporte", informando o número do documento fiscal emitido com erro, os valores anulados e o motivo, devendo a primeira via do documento ser enviada ao prestador de serviço de transporte;

b) após receber o documento referido na alínea "a", o prestador de 0,serviço de transporte deverá emitir outro Conhecimento de Transporte, referenciando o documento original emitido com erro, consignando a expressão "Este documento está vinculado ao documento fiscal número e data em virtude de (especificar o motivo do erro) ", devendo observar as disposições deste Regulamento;

II - na hipótese de o tomador de serviço não ser contribuinte do ICMS:

a) o tomador deverá emitir declaração mencionando o número e data de emissão do documento fiscal original, bem como o motivo do erro;

b) após receber o documento referido na alínea "a", o prestador de serviço de transporte deverá emitir Conhecimento de Transporte, pelo valor total do serviço, sem destaque do imposto, consignando como natureza da operação "Anulação de valor relativo à prestação de serviço de transporte", informando o número do documento fiscal emitido com erro e o motivo;

c) o prestador de serviço de transporte deverá emitir outro Conhecimento de Transporte, referenciando o documento original emitido com erro, consignando a expressão "Este documento está vinculado ao documento fiscal número...e data...em virtude de (especificar o motivo do erro) ", devendo observar as disposições deste Regulamento.

§ 6º O prestador de serviço de transporte e o tomador deverão, observadas as regras da legislação vigente, estornar eventual débito ou crédito relativo ao documento fiscal emitido com erro.

§ 7º Não se aplica o disposto no § 5º nas hipóteses de erro passível de correção mediante carta de correção ou emissão de documento fiscal complementar, conforme inciso IV do art. 160 deste Regulamento.

§ 8º Não caracteriza, para efeito de emissão de documento fiscal, o início de nova prestação de serviço de transporte, os casos de transbordo de cargas, de turistas ou outras pessoas ou de passageiros, realizados pela empresa transportadora, ainda que através de estabelecimentos situados nesta ou em outra unidade da Federação e desde que sejam utilizados veículos próprios, como definidos no parágrafo único do art. 203, e que no documento fiscal respectivo sejam mencionados o local de transbordo e as condições que o ensejarem.

§ 9º Define-se como transbordo a operação de transferência das mercadorias do veículo que ingressou no Estado para outro da mesma transportadora, conservando-se o Conhecimento de Transporte original.

Art. 554-A. As empresas de prestação de serviços de transporte de carga com inscrição no Cadastro de Contribuintes do ICMS do Estado da Paraíba - CCICMS-PB são consideradas fiéis depositárias:

I – nas condições estabelecidas na legislação tributária estadual, nas operações interestaduais de entrada em território paraibano, de mercadorias e produtos destinados a:

a) contribuinte estabelecido no território paraibano que se encontrar com "bloqueio de fronteira";

b) consumidor final sem retenção da parcela do imposto destinado ao Estado da Paraíba, em conformidade com o estabelecido na Emenda Constitucional nº 87, de 16 de abril de 2015;

c) destinatário sem inscrição no Cadastro de Contribuintes do ICMS do Estado da Paraíba - CCICMS-PB, em quantidade e volume que caracterizem o intuito comercial;

d) destinatário previamente cadastrado pela fiscalização nos sistemas de cobrança da Secretaria de Estado da Receita, como sujeito à cobrança antecipada;

II – em outras situações previstas em legislação tributária.

Parágrafo único. Ficam desobrigadas de pararem nos postos fiscais de fronteira as empresas de que trata o "caput" deste artigo, devendo observar o tratamento dado ao Manifesto Eletrônico de Documento Fiscal - MDF-e pelos sistemas de cobrança da Secretaria de Estado da Receita, e demais recomendações estabelecidas na legislação, obrigando-se à condição de fiéis depositárias nas operações interestaduais de entrada no Estado, quando:

I – subcontratarem empresas de transporte de cargas inscritas ou não no Cadastro de Contribuintes do ICMS do Estado da Paraíba, devendo informar à SER a condição de subcontratante;

II – disponibilizarem seus depósitos às cargas de empresas de serviços de transporte de carga sem inscrição no Cadastro de Contribuintes do ICMS do Estado da Paraíba.

Capítulo XVII
DO TRANSPORTE AQUAVIÁRIO DE CARGAS EFETUADO POR EMPRESAS NÃO ESTABELECIDAS NO ESTADO

Art. 555. As empresas de transporte aquaviário de cargas que iniciarem prestação de serviços no Estado da Paraíba, e neste não possuírem sede ou filial, e estiverem optado pelo crédito presumido de que trata o inciso II do art. 35, deverão:

I – providenciar sua inscrição no Cadastro de Contribuintes do ICMS deste Estado e a identificação dos agentes dos armadores junto ao Fisco local;

II – declarar por escrito a numeração dos Conhecimentos de Transporte Aquaviário de Cargas que serão usados nos serviços de cabotagem no Estado;

III – entregar relação, até o dia 10 (dez) do mês seguinte, contendo a numeração dos Conhecimentos de Transporte Aquaviário de Cargas emitidos, bem como os demais documentos de informações econômico-fiscais previstos nos incisos I, II e IV do art. 262;

IV – manter o Registro de Documentos Fiscais e Termos de Ocorrências, modelo 6;

V – manter arquivada uma via dos Conhecimentos de Transporte Aquaviário de Cargas emitidos;

VI – recolher o imposto no prazo previsto no inciso IV do art. 106.

Art. 556. A inscrição referida no artigo anterior se processará no local do estabelecimento do agente, mediante a apresentação da inscrição do estabelecimento sede, no CNPJ e no Cadastro de Contribuintes do ICMS da unidade da Federação em que estiver localizado.

Parágrafo único. Fica atribuída aos agentes dos armadores a responsabilidade pelo cumprimento das obrigações acessórias previstas neste Capítulo, inclusive a guarda de documentos fiscais pertinentes aos serviços prestados.

Art. 557. As unidades da Federação onde as empresas possuírem sede autorizarão a impressão dos Conhecimentos de Transporte Aquaviário de Cargas, que serão numerados tipograficamente, e deverão, obrigatoriamente, reservar espaço para o número da inscrição estadual, CNPJ e declaração do local onde tiver início a prestação de serviço.

§ 1º Nas prestações de serviço iniciadas neste Estado deverá constar do conhecimento o nome e o endereço do agente.

§ 2º Havendo necessidade de correção no conhecimento, deverá ser emitido outro com os dados corretos, mencionando sempre o documento anterior e o motivo da correção.

§ 3º No Registro de Utilização de Documentos Fiscais e Termos de Ocorrências, modelo 6, do estabelecimento sede, será indicada a destinação dos impressos de Conhecimento de Transporte Aquaviário de Cargas por porto e unidade da Federação.

Art. 558. A adoção da sistemática estabelecida neste Capítulo dispensará as demais obrigações acessórias previstas neste Regulamento, exceto o disposto no art. 310.

Capítulo XVIII
DAS PRESTAÇÕES DE SERVIÇO DE TRANSPORTE AÉREO

Seção I
DA SISTEMÁTICA DE TRIBUTAÇÃO

Art. 559. Fica adotada para as prestações internas de serviço de transporte aéreo, a alíquota de 12% (doze por cento).

Art. 560. A partir de 1º de janeiro de 1997, será concedido um crédito presumido de 4% (quatro por cento) para contribuinte do imposto nas prestações internas e interestaduais de serviço de transporte aéreo.

Parágrafo único. O contribuinte que optar pelo tratamento previsto neste artigo não poderá utilizar quaisquer outros créditos.

Art. 561. Nas prestações de serviço de transporte aéreo interestadual de pessoa, carga e mala postal, quando tomadas por não contribuinte do ICMS ou a este destinadas, adotar-se-á a alíquota prevista para a operação interna.

Art. 562. Os estabelecimentos prestadores de serviço de transporte aéreo poderão ainda adotar, para o cumprimento das obrigações indicadas, o tratamento tributário a seguir:

I - REVOGADO (Decreto nº 34.333/13);

II - o recolhimento do imposto será efetuado, parcialmente, em percentual não inferior a 70% (setenta por cento) do valor devido no mês anterior ao da ocorrência dos fatos geradores, até o dia 10 (dez) do mês subsequente e a sua complementação até o último dia útil do mês subsequente ao da prestação dos serviços.

Parágrafo único. O disposto neste artigo não se aplica às prestações de serviços efetuadas por táxi aéreo e congêneres.

Art. 563. Ficam isentas do ICMS as operações interestaduais de transferências de bens de ativo fixo e uso e consumo realizadas pelas empresas prestadoras de serviço de transporte aéreo (Convênio ICMS 18/97).

Seção II
DO TRANSPORTE AÉREO REGULAR DE PASSAGEIROS E DE CARGAS

Art. 564. Às empresas, nacionais e regionais, concessionárias de serviços públicos de transporte aéreo regular de passageiros e de cargas, que optarem pelo crédito presumido de que trata o inciso I do art. 35, fica concedido regime especial de apuração do imposto, nos termos desta Seção (Ajuste SINIEF 10/89).

Art. 565. Cada estabelecimento centralizador terá escrituração própria, que será executada no estabelecimento que efetue a contabilidade da concessionária.

§ 1º As concessionárias que prestam serviços no território paraibano e em todo o território nacional manterão um estabelecimento e inscrição neste Estado, onde recolherão o imposto e arquivarão uma via do Relatório de Emissão de Conhecimentos Aéreos, Anexo 65, e do Demonstrativo de Apuração do ICMS, Anexo 82, juntamente com uma via do respectivo comprovante do recolhimento do imposto.

§ 2º As concessionárias de serviços de amplitude regional manterão um estabelecimento inscrito na unidade da Federação onde tenha sede a escrituração fiscal e contábil, e somente inscrição nas unidades da Federação onde prestem serviços, sendo que os documentos citados no parágrafo anterior, se solicitados pelo Fisco, serão apresentados no prazo de 5 (cinco) dias.

Art. 566. As concessionárias emitirão, antes do início da prestação do serviço de transporte de passageiro, o Relatório de Embarque de Passageiros, Anexo 66, que não expressará valores e se destinará a registrar os bilhetes de passagem e as notas fiscais de serviço de transporte que englobarão os documentos de excesso de bagagem, contendo, no mínimo, os seguintes dados:

I – a denominação: Relatório de Embarque de Passageiros;

II – o número de ordem em relação a cada unidade da Federação;

III – o nome, o endereço e os números de inscrição estadual e no CNPJ;

IV – os números dos documentos citados no "caput";

V- o número de voo atribuído pelo Departamento de Aviação Civil (DAC);

VI- o código de classe ocupada "F" - primeira; "S" - executiva; "K" - econômica);

VII - o tipo do passageiro ("DAT" - adulto; "CHD" - meia passagem; "INF" - colo);

VIII - a hora, a data e o local do embarque;

IX - o destino;

X - a data do início da prestação do serviço.

§ 1º O Relatório de Embarque de Passageiros, de tamanho não inferior a 28,0 cm x 21,5 cm, em qualquer sentido, será arquivado na sede centralizadora da escrituração contábil e fiscal para exibição ao Fisco.

§ 2º O Relatório de Embarque de Passageiros poderá ser emitido após o início da prestação do serviço, dentro do período de apuração, na sede centralizadora da escrituração fiscal e contábil, desde que tenha como suporte, para a sua elaboração, o documento emitido antes da prestação do serviço denominado Manifesto Estatístico de Peso e Balanceamento (load sheet) que deverá ser guardado por cinco exercícios completos para exibição ao Fisco.

Art. 567. Ao final do período de apuração, os bilhetes de passagem serão quantificados mediante o rateio de suas utilizações por fato gerador, e seus totais, por números de vôos, serão escriturados em conjunto com os dados constantes dos Relatórios de Embarque de Passageiros (data, número do vôo, número do Relatório de Embarque de Passageiros e espécie de serviço), no Demonstrativo de Apuração do ICMS, Anexo 82.

§ 1º Nas prestações de serviço de transporte de passageiros estrangeiros, domiciliados no exterior, pela modalidade Passe Aéreo Brasil (BRASIL AIR PASS), cuja tarifa é fixada pelo DAC, as concessionárias apresentarão à Secretaria de Estado da Receita no prazo de 30 (trinta) dias, sempre que alterada a tarifa, cálculo demonstrativo estatístico do novo índice de pró-rateio, definido a contar de 1º de maio de 1990, no percentual de 44,946% (quarenta e quatro inteiros e novecentos e quarenta e seis milésimos por cento), que é proporcional ao preço da tarifa doméstica pública em dólar americano.

§ 2º O Demonstrativo de Apuração do ICMS será preenchido em 02 (duas) vias, sendo remetido ao estabelecimento localizado em cada unidade da Federação, até o último dia útil do mês subsequente ao da ocorrência dos fatos geradores e conterá, no mínimo, os seguintes dados:

I - nome, número de inscrição estadual do estabelecimento centralizador em cada unidade da Federação, número de ordem, mês de apuração, numeração inicial e final das páginas e nome, cargo e assinatura do titular ou do procurador responsável pela concessionária;

II – discriminação, por linha: do dia da prestação do serviço, do número do vôo, da especificação e preço do serviço, da base de cálculo, da alíquota e do valor do ICMS devido;

III – apuração do imposto.

§ 3º Poderá ser elaborado um Demonstrativo de Apuração do ICMS para cada espécie de serviço prestado (passageiro, carga com Conhecimento Aéreo Valorizado, Rede Postal Noturna e Mala Postal).

Art. 568. As prestações de serviços de transporte de cargas aéreas serão sistematizadas em três modalidades:

I – cargas aéreas com Conhecimento Aéreo Valorizado;

II – Rede Postal Noturna (RPN);

III – Mala Postal.

Art. 569. O Conhecimento Aéreo poderá ser impresso centralizadamente, mediante autorização do Fisco da localidade onde seja elaborada a escrituração contábil e terá numeração sequencial única para todo o País.

§ 1º A Nota Fiscal de Serviço de Transporte que englobar documentos de excesso de bagagem poderá ser impressa centralizadamente, mediante autorização do Fisco da localidade onde seja elaborada a escrituração contábil e terá numeração sequencial por unidade da Federação.

§ 2º Os documentos previstos neste artigo serão lançados no Registro de Utilização de Documentos Fiscais e Termos de Ocorrências, modelo 6, pelos estabelecimentos remetente e destinatário, com a indicação da respectiva numeração, em função do estabelecimento usuário.

Art. 570. Os Conhecimentos Aéreos serão registrados, por agência, posto ou loja autorizados, em Relatórios de Emissão de Conhecimentos Aéreos emitidos por prazo não superior ao de apuração e guardados à disposição do Fisco, em duas vias: uma nos estabelecimentos centralizadores em cada unidade da Federação e outra na sede da escrituração fiscal e contábil.

§ 1º As concessionárias regionais manterão as duas vias do Relatório de Emissão de Conhecimentos Aéreos na sede da escrituração fiscal e contábil.

§ 2º Os Relatórios de Emissão de Conhecimentos Aéreos serão de tamanho não inferior a 25 cm x 21 cm, podendo ser elaborados em folhas soltas, por agência, loja ou posto emitente, e conterão, no mínimo, as seguintes indicações:

I – a denominação: "Relatório de Emissão de Conhecimentos Aéreos";

II - o nome do transportador e a identificação, ainda que por meio de códigos, da loja, agência ou posto emitente;

III - o período de apuração;

IV - a numeração sequencial atribuída pela concessionária;

V - o registro dos Conhecimentos Aéreos emitidos, constando de: numeração inicial e final dos Conhecimentos Aéreos, englobada por código fiscal de operação e prestação, a data da emissão e o valor da prestação.

§ 3º Os Relatórios de Emissão de Conhecimentos Aéreos serão registrados, um a um, por seus totais, no Demonstrativo de Apuração do ICMS.

§ 4º No campo destinado às indicações relativas ao dia, vôo e espécie do serviço, no Demonstrativo de Apuração do ICMS, será mencionado o número dos Relatórios de Emissão de Conhecimentos Aéreos.

Art. 571. Nos serviços de transporte de carga prestados à Empresa de Correios e Telégrafos - ECT, de que tratam incisos II e III do art. 568, fica dispensada a emissão de Conhecimento Aéreo a cada prestação.

§ 1º No final do período de apuração, com base nos contratos de prestação de serviço e na documentação fornecida pela ECT, as concessionárias emitirão, em relação a cada unidade da Federação em que se tenha iniciado as prestações, um único Conhecimento Aéreo englobando as prestações do período.

§ 2º Os Conhecimentos Aéreos emitidos na forma do parágrafo anterior serão registrados diretamente no Demonstrativo de Apuração do ICMS.

Art. 572. O preenchimento e a guarda dos documentos de que trata esta Seção tornam as concessionárias dispensadas da escrituração dos livros fiscais, com exceção do Registro de Utilização de Documentos Fiscais e Termos de Ocorrências, modelo 6.

Capítulo XIX
DAS PRESTAÇÕES DE SERVIÇO DE TRANSPORTE FERROVIÁRIO

Art. 573. Aos concessionários de serviço público de transporte ferroviário, relacionados no Anexo 02, denominados de "Ferrovias", neste Capítulo, fica concedido regime especial de apuração e escrituração do imposto, na prestação de serviços de transporte ferroviário.

§ 1º Para o cumprimento das obrigações principal e acessórias do imposto, as Ferrovias poderão manter inscrição única, em relação a seus estabelecimentos localizados neste Estado.

§ 2º As Ferrovias poderão centralizar, em um único estabelecimento, a elaboração da escrituração fiscal e a apuração do imposto.

§ 3º Sem prejuízo da escrituração fiscal centralizada de que trata o parágrafo anterior, as Ferrovias que prestarem serviços em mais de uma unidade da Federação, recolherão para a de origem do transporte, quando for o caso, o imposto devido.

§ 4º Fica a Nota Fiscal de Serviço de Transporte, modelo 7, como documento fiscal a ser emitido pelas Ferrovias que procederem à cobrança do serviço prestado de transporte ferroviário intermunicipal e interestadual, ao fim da prestação do serviço, com base no Despacho de Cargas.

§ 5º Poderá ser utilizada, em substituição à indicação prevista no inciso IX do art. 198, a Relação de Despachos, Anexo 67, que conterá, no mínimo, as seguintes indicações:

I – a denominação: "Relação de Despachos";

II – o número de ordem, série e subsérie da nota fiscal a que se vincula;

III – a data da emissão, idêntica a da nota fiscal;

IV – a identificação do emitente: o nome, o endereço e os números de inscrição estadual e no CNPJ;

V – razão social do tomador do serviço;

VI – o número e a data do despacho;

VII – procedência, destino, peso e importância, por despacho;

VIII – total dos valores.

§ 6º A Nota Fiscal de Serviço de Transporte só poderá englobar mais de um despacho, por tomador de serviço, quando acompanhada da Relação de Despachos, prevista no parágrafo anterior.

Art. 574. Para acobertar o transporte intermunicipal ou interestadual de mercadorias, desde a origem até o destino, independentemente do número de Ferrovias coparticipantes, as Ferrovias, onde se iniciar o transporte, emitirão um único Despacho de Cargas, sem destaque do imposto, quer para tráfego próprio quer para tráfego mútuo, que servirá como documento auxiliar da fiscalização.

§ 1º O Despacho de Cargas em Lotação, Anexo 68, de tamanho não inferior a 19 cm x 30 cm em qualquer sentido, será emitido, no mínimo, em 05 (cinco) vias, com a seguinte destinação:

I – 1ª via: ferrovia de destino;

II – 2ª via: ferrovia emitente;

III – 3ª via: tomador do serviço;

IV – 4ª via: ferrovia coparticipante, quando for o caso;

V – 5ª via: estação emitente.

§ 2º O Despacho de Cargas Modelo Simplificado, de tamanho não inferior a 12 cm x 18 cm em qualquer sentido, será emitido, no mínimo, em 04 (quatro) vias, com a seguinte destinação:

I – 1ª via: ferrovia de destino;

II – 2ª via: ferrovia emitente;

III – 3ª via: tomador do serviço;

IV – 4ª via: estação emitente.

§ 3º O Despacho de Cargas em Lotação e o Despacho de Cargas Modelo Simplificado conterão, no mínimo, as seguintes indicações:

I – denominação do documento;

II – nome da ferrovia emitente;

III – número de ordem;

IV – datas (dia, mês e ano) da emissão e do recebimento;

V – denominação da estação ou agência de procedência e do lugar de embarque, quando este se efetuar fora do recinto daquela estação ou agência;

VI – nome e endereço do remetente, por extenso;

VII – nome e endereço do destinatário, por extenso;

VIII – denominação da estação ou agência de destino e do lugar de desembarque;

IX – nome do consignatário, por extenso, ou uma das expressões "à ordem" ou "ao portador", podendo o remetente designar-se como consignatário, ou ficar em branco o espaço a este reservado, caso em que o título se considerará "ao portador";

X – indicação, quando necessária, da via de encaminhamento;

XI – espécie e peso bruto do volume ou volumes despachados;

XII – quantidade dos volumes, suas marcas e acondicionamento;

XIII – espécie e número de animais despachados;

XIV – condições do frete, se pago na origem ou a pagar no destino, ou em conta corrente;

XV – declaração do valor provável da expedição;

XVI – assinatura do agente responsável autorizado pela emissão do despacho;

XVII– o nome, o endereço e os números de inscrição estadual e no CNPJ, do impressor do documento, a data e quantidade de impressão, o número de ordem do primeiro e do último documento impresso, e o número da autorização para impressão dos documentos fiscais (Ajuste SINIEF 04/05).

Art. 575. As Ferrovias elaborarão, por estabelecimento centralizador, dentro dos 15 (quinze) dias subsequentes ao mês da emissão da Nota Fiscal de Serviço de Transporte, os seguintes demonstrativos:

I – REVOGAÇÃO TÁCITA (Decreto nº 26.836/06 e Ajuste SINIEF 10/05);

II – REVOGAÇÃO TÁCITA (Decreto nº 26.836/06 e Ajuste SINIEF 10/05);

III – Demonstrativo de Contribuinte Substituto do ICMS (DSICMS), Anexo 85, relativo às prestações de serviços cujo recolhimento do imposto devido tenha sido efetuado por outra ferrovia, que não a de origem dos serviços, devendo ser emitido pela ferrovia arrecadadora do valor dos serviços, conforme art. 574, um demonstrativo por contribuinte substituído, contendo, no mínimo, as seguintes indicações:

a) identificação do sujeito passivo por substituição: nome, endereço e números de inscrição estadual e no CNPJ;

b) identificação do contribuinte substituído: nome, endereço e números de inscrição estadual e no CNPJ;

c) mês de referência;

d) unidade da Federação e Município de origem dos serviços;

e) despacho, número, série e data;

f) número, série, subsérie e data da Nota Fiscal de Serviço de Transporte emitida pelo sujeito passivo por substituição;

g) valor dos serviços tributados;

h) alíquota;

i) imposto a recolher.

Art. 576. O valor do imposto a recolher, apurado nos demonstrativos DAICMS e DSICMS, será recolhido pelas Ferrovias até o 20º (vigésimo) dia do mês subsequente ao da emissão da Nota Fiscal de Serviço de Transporte.

Parágrafo único. O valor do imposto correspondente ao diferencial de alíquota, apurado no demonstrativo DCICMS, será recolhido no prazo previsto no inciso III do art. 106.

Art. 577. As Ferrovias encaminharão à Secretaria de Fazenda ou Finanças de cada unidade da Federação documento de informação anual consolidando os dados necessários ao cálculo do índice de participação dos Municípios na receita do ICMS.

Art. 578. REVOGADO (Decreto nº 26.765/05).

Art. 579. O Documento de Informação e Apuração do ICMS será entregue à Secretaria de Estado da Receita deste Estado até o 20º (vigésimo) dia do mês subsequente ao da emissão da Nota Fiscal de Serviço de Transporte.

Art. 580. Na prestação de serviço de transporte ferroviário com tráfego entre as ferrovias, na condição "frete a pagar no destino" ou "conta corrente a pagar no destino", a empresa arrecadadora do valor do serviço emitirá a Nota Fiscal de Serviço de Transporte, e recolherá, na qualidade de sujeito passivo por substituição, o imposto devido ao Estado de origem.

Parágrafo único. O recolhimento será efetuado no banco indicado em convênio próprio ou, na sua ausência, no banco indicado pela unidade da Federação.

Capítulo XX
DAS PRESTAÇÕES DE SERVIÇO DE TRANSPORTE DE VALORES

Art. 581. As empresas que realizarem transporte de valores, nas condições previstas na Lei 7.102, de 20 de junho de 1983 e no Decreto Federal nº 89.056, de 24 de novembro de 1983, poderão emitir quinzenal ou mensalmente, sempre dentro do mês de prestação do serviço, a correspondente Nota Fiscal de Serviço de Transporte englobando as prestações de serviço realizadas no período.

Art. 582. As empresas transportadoras de valores manterão em seu poder, para exibição ao Fisco, Extrato de Faturamento, correspondente a cada Nota Fiscal de Serviço de Transporte emitida, que conterá no mínimo:

I – o número da Nota Fiscal de Serviço de Transporte;

II – o nome, o endereço e os números de inscrição, estadual e no CNPJ, do estabelecimento emitente;

III – o local e a data de emissão;

IV – o nome do tomador dos serviços;

V – o(s) número(s) da(s) Guia(s) de Transporte de Valores – GTV;

VI– o local de coleta (origem) e entrega (destino) de cada valor transportado;

VII – o valor transportado em cada serviço;

VIII – a data da prestação de cada serviço;

IX - o valor total transportado no mês;

X - o valor cobrado pelos serviços no mês com todos os seus acréscimos.

Art. 583. A Guia de Transporte de Valores - GTV, Anexo 106, a que se refere o inciso V, do artigo anterior, servirá como suporte de dados para a emissão do Extrato de Faturamento e deverá conter, no mínimo, as seguintes indicações (Ajuste SINIEF 04/03):

I - a denominação: "Guia de Transporte de Valores - GTV";

II - o número de ordem, a série e a subsérie e o número da via e o seu destino;

III - o local e a data de emissão;

IV - a identificação do emitente: o nome, o endereço e os números de inscrição, na unidade federada e no CNPJ;

V- a identificação do tomador do serviço: o nome, o endereço e os números de inscrição na unidade federada e no CNPJ ou no CPF, se for o caso;

VI - a identificação do remetente e do destinatário: os nomes e os endereços;

VII- a discriminação da carga: a quantidade de volumes/malotes, a espécie do valor (numerário, cheques, moeda, outros) e o valor declarado de cada espécie;

VIII - a placa, local e unidade federada do veículo;

IX- no campo "INFORMAÇÕES COMPLEMENTARES": outros dados de interesse do emitente;

X - o nome, o endereço e os números de inscrição na unidade federada e no CNPJ do impressor do documento, a data e a quantidade de impressão, número de ordem do primeiro e do último documento impresso e as respectivas série e subsérie e o número da Autorização de Impressão de Documentos Fiscais.

§ 1º As indicações dos incisos I, II, IV e X do "caput" serão impressas tipograficamente.

§ 2º A Guia de Transporte de Valores - GTV será de tamanho não inferior a 11 x 26 cm e a ela se aplicam as demais normas da legislação do ICMS referentes à impressão, uso e conservação de impressos e de documentos fiscais.

§ 3º Poderão ser acrescentados dados de acordo com as peculiaridades de cada prestador de serviço, desde que não prejudique a clareza do documento.

§ 4º A Guia de Transporte de Valores - GTV, cuja escrituração nos livros fiscais fica dispensada, será emitida antes da prestação do serviço, no mínimo, em 3 (três) vias, que terão a seguinte destinação (Ajuste SINIEF 02/04):

I – a 1ª via ficará em poder do remetente dos valores;

II – a 2ª via ficará presa ao bloco para exibição ao Fisco;

III – a 3ª via acompanhará o transporte e será entregue ao destinatário, juntamente com os valores.

§ 5º Para atender a roteiro de coletas a ser cumprido por veículo, impressos da Guia de Transporte de Valores – GTV, indicados no livro Registro de Utilização de Documentos Fiscais e Termos de Ocorrências, modelo 6, poderão ser mantidos no veículo e no estabelecimento do tomador do serviço para emissão no local do início da remessa dos valores, podendo os dados já disponíveis, antes do início do roteiro, serem indicados antecipadamente nos impressos por qualquer meio gráfico indelével, ainda que diverso daquele utilizado para sua emissão (Ajuste SINIEF 14/03).

Art. 583-A. A Guia de Transporte de Valores Eletrônica – GTV-e, modelo 64, de que trata o inciso XXXVIII do art. 142, deverá ser emitida pelos contribuintes do Imposto sobre Operações Relativas à Circulação de Mercadorias e sobre Prestações de Serviços de Transporte Interestadual e Intermunicipal e de Comunicação – ICMS, que realizarem transporte de valores nas condições previstas na Lei nº 7.102, de 20 de junho de 1983, e no Decreto Federal nº 89.056, de 24 de novembro de 1983, em substituição aos seguintes documentos instituídos pelo Ajuste SINIEF 20/89, de 22 de agosto de 1989 (Ajuste SINIEF 03/20):

I – Guia de Transporte de Valores – GTV;

II – Extrato de Faturamento.

§ 1º Considera-se GTV-e o documento emitido e armazenado eletronicamente, de existência apenas digital, com o intuito de documentar prestações de serviço de transporte de valores, cuja validade jurídica é garantida pela assinatura digital do emitente e pela autorização de uso de que trata o inciso II do "caput" do art. 583-G deste Regulamento.

§ 2º Ficam os contribuintes do ICMS, em substituição aos documentos citados nos incisos I e II do "caput" deste artigo, obrigados ao uso da GTV-e a partir de 1º de setembro de 2022 (Ajuste SINIEF 25/20).

Art. 583-B. Ato COTEPE/ICMS publicará o Manual de Orientação do Contribuinte – MOC – do CT-e, contendo capítulo específico a respeito da GTV-e, disciplinando a definição das especificações e critérios técnicos necessários para a integração entre os Portais das Secretarias de Fazendas, Economia, Finanças, Receita e Tributação dos Estados e os sistemas de informações das empresas emissoras de GTV – e (Ajuste SINIEF 03/20).

Parágrafo único. Nota técnica publicada no Portal Nacional do CT-e poderá esclarecer questões referentes ao MOC.

Art. 583-C. Para emissão da GTV-e, o contribuinte deverá estar previamente credenciado como emissor do CT-e OS, modelo 67, na Secretaria de Estado da Fazenda - SEFAZ-PB, onde deverá estar regularmente inscrito (Ajuste SINIEF 03/20).

Art. 583-D. A GTV-e deverá ser emitida com base em leiaute estabelecido no MOC, por meio de software desenvolvido ou adquirido pelo contribuinte.

§ 1º O arquivo digital da GTV-e deverá:

I – conter os dados que discriminam a carga: quantidade de volumes/malotes, espécie do valor (numerário, cheques, moeda, outros) e valor declarado de cada espécie;

II – ser identificado por chave de acesso composta por código numérico gerado pelo emitente, CNPJ do emitente, número e série da GTV-e;

III – ser elaborado no padrão XML (Extended Markup Language);

IV – possuir numeração sequencial de 1 a 999.999.999, por estabelecimento e por série;

V – ser assinado digitalmente pelo emitente.

§ 2º Para a assinatura digital, deverá ser utilizado certificado digital emitido dentro da cadeia de certificação da Infraestrutura de Chaves Públicas Brasileira - ICP-Brasil, que contenha o CNPJ de qualquer dos estabelecimentos do contribuinte, a fim de garantir a autoria do documento digital.

§ 3º O contribuinte poderá adotar séries distintas para a emissão da GTV-e, designadas por algarismos arábicos, em ordem crescente, vedada a utilização de subsérie, observado o disposto no MOC do CT-e.

§ 4º Quando o transportador efetuar prestação de serviço de transporte iniciada em unidade federada diversa daquela em que possui credenciamento, deverá utilizar séries distintas, observado o disposto no § 2º do art. 583-E deste Regulamento.

§ 5º As GTV-e emitidas nas prestações de serviço previstas no § 4º deste artigo deverão ser consolidadas em CT-e OS distintos para cada unidade federada onde os serviços se iniciaram.

Art. 583-E. O contribuinte credenciado deverá solicitar a concessão de Autorização de Uso da GTV-e mediante transmissão do arquivo digital da GTV-e via Internet, por meio de protocolo de segurança ou criptografia, com utilização de software desenvolvido ou adquirido pelo contribuinte.

§ 1º O prazo máximo para autorização da GTV-e será até o momento da autorização do CT-e OS que a referencie.

§ 2º Quando o transportador estiver credenciado para emissão da GTV-e na unidade federada em que tiver início a prestação do serviço de transporte, a solicitação de autorização de uso deverá ser transmitida à administração tributária em que estiver credenciado.

§ 3º Quando o transportador não estiver credenciado para emissão da GTV-e na unidade federada em que tiver início a prestação do serviço de transporte, a solicitação de autorização de uso deverá ser transmitida à administração tributária em que estiver credenciado.

Art. 583-F. Previamente à concessão da Autorização de Uso da GTV-e, a Secretaria de Estado da Fazenda – SEFAZ-PB – analisará, no mínimo, os seguintes elementos:

I – a regularidade fiscal do emitente;

II – o credenciamento do emitente;

III – a autoria da assinatura do arquivo digital;

IV – a integridade do arquivo digital;

V – a observância ao leiaute do arquivo estabelecido no MOC do CT-e;

VI – a numeração e série do documento.

Art. 583-G. Do resultado da análise referida no art. 583-F deste Regulamento, a Secretaria de Estado da Fazenda – SEFAZ-PB – cientificará o emitente:

I – da rejeição do arquivo da GTV-e, em virtude de:

a) falha na recepção ou no processamento do arquivo;

b) falha no reconhecimento da autoria ou da integridade do arquivo digital;

c) emitente não credenciado para emissão da GTV-e ou emitente com irregularidade fiscal;

d) duplicidade do número da GTV-e;

e) falha na leitura do número da GTV-e;

f) erro no número do CNPJ, do CPF ou da IE;

g) outras falhas no preenchimento ou no leiaute do arquivo da GTV-e;

II – da concessão da Autorização de Uso da GTV-e.

§ 1º Após a concessão da Autorização de Uso da GTV-e, o arquivo da GTV-e não poderá ser alterado.

§ 2º A cientificação de que trata o "caput" deste artigo será efetuada mediante protocolo disponibilizado ao emitente ou a terceiro autorizado pelo emitente, via Internet, contendo, conforme o caso, a "chave de acesso", o número da GTV-e, a data e a hora do recebimento da solicitação pela administração tributária e o número do protocolo, podendo ser autenticado mediante assinatura digital gerada com certificação digital da Secretaria de Estado da Fazenda – SEFAZ-PB – ou outro mecanismo de confirmação de recebimento.

§ 3º Não sendo concedida a Autorização de Uso, o protocolo de que trata o § 2º deste artigo conterá informações que justifiquem o motivo, de forma clara e precisa.

§ 4º Rejeitado o arquivo digital, o mesmo não será arquivado na Secretaria de Estado da Fazenda – SEFAZ-PB – para consulta, sendo permitida, ao interessado, nova transmissão do arquivo da GTV – e nas hipóteses das alíneas "a", "b", "e" ou "f" do inciso I do "caput" deste artigo.

§ 5º A concessão da Autorização de Uso:

I – é resultado da aplicação de regras formais especificadas no MOC do CT-e e não implica a convalidação das informações tributárias contidas na GTV-e;

II – identifica de forma única uma GTV-e por meio do conjunto de informações formado por CNPJ do emitente, número, série e ambiente de autorização.

Art. 583-H. O arquivo digital da GTV-e só poderá ser utilizado como documento fiscal após ter seu uso autorizado por meio de Autorização de Uso da GTV-e, nos termos do inciso II do "caput" do art. 583-G deste Regulamento.

Parágrafo único. Ainda que formalmente regular, será considerado documento fiscal inidôneo a GTV-e que tiver sido emitida ou utilizada com dolo, fraude, simulação ou erro, que possibilite, mesmo que a terceiro, o não pagamento do imposto ou qualquer outra vantagem indevida.

Art. 583-I. O transportador e o tomador do serviço de transporte deverão manter em arquivo digital as GTV-e pelo prazo estabelecido na legislação tributária para a guarda dos documentos fiscais, devendo ser apresentadas à administração tributária, quando solicitado.

Art. 583-J. Quando em decorrência de problemas técnicos não for possível transmitir a GTV-e para a unidade federada do emitente, ou não obtiver resposta à solicitação de Autorização de Uso da GTV-e, o contribuinte deverá gerar novo arquivo, conforme definido no MOC, informando que a respectiva GTV-e foi emitida em contingência e transmitir a GTV-e para o Sistema de SEFAZ Virtual de Contingência (SVC), nos termos dos arts. 583-D, 583-E e 583-F deste Regulamento.

Art. 583-K. Após a concessão de Autorização de Uso da GTV-e, de que trata o inciso II do "caput" do art. 583-G deste Regulamento, o emitente poderá solicitar o cancelamento da GTV-e, no prazo não superior ao da autorização do CT-e OS que a referencie, observadas as demais normas da legislação pertinente.

§ 1º O cancelamento somente poderá ser efetuado mediante Pedido de Cancelamento de GTV-e, transmitido pelo emitente à administração tributária que autorizou a GTV-e.

§ 2º Cada Pedido de Cancelamento de GTV-e corresponderá a uma única Guia de Transporte de Valores Eletrônica - GTV-e, devendo atender ao leiaute estabelecido no MOC.

§ 3º O Pedido de Cancelamento de GTV-e deverá ser assinado pelo emitente com assinatura digital certificada por entidade credenciada pela Infraestrutura de Chaves Públicas Brasileira - ICP- Brasil, contendo o CNPJ de qualquer dos estabelecimentos do contribuinte, a fim de garantir a autoria do documento digital.

§ 4º A transmissão do Pedido de Cancelamento da GTV-e será efetivada via Internet, por meio de protocolo de segurança ou criptografia, podendo ser realizada por meio de software desenvolvido ou adquirido pelo contribuinte.

§ 5º A cientificação do resultado do Pedido de Cancelamento da GTV-e será feita mediante protocolo disponibilizado ao emitente, via Internet, contendo, conforme o caso, a "chave de acesso", o número da GTV-e, a data e a hora do recebimento da solicitação pela administração tributária da unidade federada do contribuinte e o número do protocolo, podendo ser autenticado mediante assinatura digital gerada com certificação digital da administração tributária ou outro mecanismo de confirmação de recebimento.

§ 6º A GTV-e não poderá ser cancelada após autorização do CT-e OS, modelo 67, que a referencie.

Art. 583-L. A ocorrência de fatos relacionados com uma GTV-e denomina-se "Evento da GTV-e".

§ 1º Os eventos relacionados a uma GTV-e são:

I - Cancelamento, conforme disposto no art. 583-K deste Regulamento;

II - CT-e OS Autorizado, registro de que uma GTV-e foi referenciada em um CT-e OS;

III - CT-e OS Cancelado, registro de que o CT-e OS que referenciava uma GTV-e foi cancelado.

§ 2º A administração tributária registrará os eventos previstos nos incisos II e III do § 1º deste artigo.

Art. 583-M. A administração tributária autorizadora poderá suspender, de forma temporária ou definitiva, o acesso aos seus respectivos ambientes autorizadores ao contribuinte que praticar, mesmo que de maneira não intencional, o consumo indevido de tais ambientes em desacordo com os padrões estabelecidos no MOC.

§ 1º A suspensão, que tem por objetivo preservar o bom desempenho dos ambientes autorizadores de GTV-e, aplica-se aos diversos serviços disponibilizados aos contribuintes, impossibilitando, a quem estiver suspenso, o uso daqueles serviços por intervalo de tempo determinado, conforme especificado no MOC.

§ 2º Uma vez decorrido o prazo determinado para a suspensão, o acesso aos ambientes autorizadores será restabelecido automaticamente.

§ 3º A aplicação reiterada de suspensões por tempo determinado, conforme especificado no MOC, a critério da administração tributária autorizadora, poderá determinar a suspensão definitiva do acesso do contribuinte aos ambientes autorizadores.

§ 4º O restabelecimento do acesso aos ambientes autorizadores ao contribuinte que tenha sofrido uma suspensão definitiva dependerá de liberação realizada pela Secretaria de Estado da Fazenda -SEFAZ-PB.

Art. 583-N. Aplicam-se à GTV-e, no que couber, as normas do Ajuste SINIEF 20/89, de 22 de agosto de 1989, e demais disposições tributárias regentes relativas à prestação de serviço de transporte de valores.

Art. 584. O presente regime somente se aplica às prestações de serviços realizados por transportadoras de valores inscritas neste Estado.

Art. 585. Excluir-se-ão do disposto neste Capítulo os contribuintes que deixarem de cumprir suas obrigações tributárias.

Capítulo XXI
DAS OPERAÇÕES PROMOVIDAS POR INSTITUIÇÕES FINANCEIRAS

Art. 586. Para uniformização, em nível nacional, de procedimentos relacionados com a circulação de bens, as instituições financeiras, quando contribuintes do imposto, poderão, em sendo o caso, manter inscrição única neste Estado em relação aos seus estabelecimentos aqui localizados.

Parágrafo único. Para os efeitos deste artigo, as instituições financeiras elegerão um de seus estabelecimentos, preferentemente, se for o caso, o localizado na capital.

Art. 587. A circulação de bens do ativo e material de uso e consumo entre os estabelecimentos de uma mesma instituição financeira será documentada pela Nota Fiscal, modelo 1.

§ 1º No corpo da nota fiscal deverá ser anotado o local de saída do bem ou do material.

§ 2º O documento aludido neste artigo não será escriturado nos livros fiscais das instituições financeiras destinados ao registro de operações sujeitas ao imposto, caso efetuadas.

§ 3º O controle da utilização, pelos estabelecimentos localizados neste Estado, do documento fiscal de que trata o "caput", ficará sob a responsabilidade do estabelecimento centralizador.

Art. 588. As instituições financeiras manterão arquivados em ordem cronológica, no estabelecimento centralizador de que trata o parágrafo único, do art. 586, os documentos fiscais e demais controles administrativos inerentes aos procedimentos previstos neste Capítulo.

Parágrafo único. O arquivo de que trata este artigo poderá ser mantido no estabelecimento sede ou outro indicado pela instituição financeira, que terá o prazo de 10 (dez) dias úteis, contados da data do recebimento da notificação no estabelecimento centralizador, para a sua apresentação.

Art. 589. As instituições financeiras ficam dispensadas das demais obrigações acessórias, inclusive da apresentação de informações econômico-fiscais.

TÍTULO VI
DAS OPERAÇÕES E PRESTAÇÕES DIVERSAS

Capítulo I
DAS OPERAÇÕES COM DEPÓSITO FECHADO

Art. 590. Na saída de mercadorias com destino a depósito fechado do próprio contribuinte, localizado no Estado, será emitida nota fiscal contendo os requisitos exigidos e, especialmente:

I – valor das mercadorias;

II– natureza da operação: "outras saídas – remessa para depósito fechado";

III – dispositivos legais que prevêem a não incidência do imposto.

Art. 591. Na saída de mercadorias em retorno ao estabelecimento depositante, remetidas por depósito fechado, este emitirá nota fiscal contendo os requisitos exigidos e, especialmente:

I – valor das mercadorias;

II– natureza da operação: "outras saídas – retorno de mercadorias depositadas";

III – dispositivos legais que prevêem a não incidência do imposto.

Art. 592. Na saída de mercadorias armazenadas em depósito fechado, com destino a outro estabelecimento, ainda que da mesma empresa, o depositante emitirá nota fiscal contendo os requisitos exigidos e, especialmente:

I - valor da operação;

II - natureza da operação;

III - destaque do imposto, se devido;

IV - circunstância de que as mercadorias serão retiradas do depósito fechado, mencionando-se o endereço e números de inscrição, estadual e no CNPJ, deste.

§ 1º Na hipótese deste artigo, o depósito fechado, no ato da saída da mercadoria, emitirá nota fiscal em nome do estabelecimento depositante, sem destaque do imposto, contendo os requisitos exigidos e, especialmente:

I - valor das mercadorias, que corresponderá àquele atribuído por ocasião de sua entrada no depósito fechado;

II - natureza da operação: "outras saídas - retorno simbólico de mercadorias depositadas";

III - número, série, subsérie e data da nota fiscal emitida pelo estabelecimento depositante;

IV - nome, endereço e números de inscrição, estadual e no CNPJ, do estabelecimento a que se destinarem as mercadorias.

§ 2º O depósito fechado indicará no verso das vias da nota fiscal emitida pelo estabelecimento depositante, que deverão acompanhar as mercadorias, a data de sua efetiva saída, o número, a série e subsérie e a data da nota fiscal a que se refere o parágrafo anterior.

§ 3º A nota fiscal a que alude o § 1º será enviada ao estabelecimento depositante, que deverá registrá-la, na coluna própria do Registro de Entradas, no prazo de 10 (dez) dias, contados da data da saída efetiva das mercadorias do depósito fechado.

§ 4º As mercadorias serão acompanhadas em seu transporte pela nota fiscal emitida pelo estabelecimento depositante.

§ 5º Na hipótese do § 1º, poderá ser emitida nota fiscal de retorno simbólico, contendo resumo diário das saídas mencionadas neste artigo, à vista da via adicional de cada nota fiscal emitida pelo estabelecimento depositante, que permanecerá arquivada no depósito fechado, dispensada a obrigação prevista no inciso IV, do parágrafo mencionado.

Art. 593. Na saída de mercadorias para entrega a depósito fechado, localizado neste Estado, pertencente à mesma empresa, o estabelecimento destinatário será considerado depositante, devendo o remetente emitir nota fiscal contendo os requisitos exigidos, indicando:

I – como destinatário, o estabelecimento depositante;

II – no corpo da nota fiscal, o local da entrega, endereço e números de inscrição, estadual e no CNPJ, do depósito fechado.

§ 1º O depósito fechado deverá:

I – registrar a nota fiscal que acompanhou a mercadoria, na coluna própria do Registro de Entradas;

II – apor na nota fiscal referida no inciso anterior a data da entrada efetiva da mercadoria, remetendo-a ao estabelecimento depositante.

§ 2º O estabelecimento depositante deverá:

I – registrar a nota fiscal na coluna própria do Registro de Entradas, dentro de 10 (dez) dias, contados da data da entrada efetiva da mercadoria no depósito fechado;

II – emitir nota fiscal relativa à saída simbólica, dentro de 10 (dez) dias, contados da data da entrada efetiva da mercadoria no depósito fechado, na forma do art. 590, mencionando, ainda, número e data do documento fiscal emitido pelo remetente;

III – remeter a nota fiscal aludida no inciso anterior ao depósito fechado, no prazo de 05 (cinco) dias, contados da respectiva emissão.

§ 3º O depósito fechado deverá acrescentar na coluna «Observações» do Registro de Entradas, relativamente ao lançamento previsto no inciso I, do § 1º, o número, série, subsérie e a data da nota fiscal referida no inciso II, do parágrafo anterior.

§ 4º Todo e qualquer crédito do imposto, quando cabível, será conferido ao estabelecimento depositante.

Art. 594. O depósito fechado deverá lançar no Registro de Inventário, separadamente, os estoques de cada estabelecimento depositante.

Capítulo II
DAS OPERAÇÕES COM ARMAZÉM GERAL

Art. 595. Na saída de mercadorias para depósito em armazém geral localizado neste Estado, o estabelecimento remetente emitirá nota fiscal contendo os requisitos exigidos e, especialmente:

I – valor das mercadorias;

II – natureza da operação: “outras saídas – remessa para depósito”;

III – dispositivos legais que prevêem a não incidência do imposto.

Parágrafo único. Na hipótese deste artigo, se o depositante for produtor agropecuário, emitirá Nota Fiscal de Produtor prevista no art. 177.

Art. 596. Nas saídas das mercadorias referidas no artigo anterior, em retorno ao estabelecimento depositante, o armazém geral emitirá nota fiscal contendo os requisitos exigidos e, especialmente:

I – valor das mercadorias;

II – natureza da operação: "outras saídas – retorno de mercadorias depositadas";

III – dispositivos legais que prevêem a não incidência do imposto.

Art. 597. Na saída de mercadorias depositadas em armazém geral, situado, como o depositante, neste Estado, com destino a outro estabelecimento, ainda que da mesma empresa, o depositante emitirá nota fiscal em nome do destinatário, contendo os requisitos exigidos e, especialmente:

I – valor da operação;

II – natureza da operação;

III – destaque do imposto se devido;

IV – circunstância de que as mercadorias serão retiradas do armazém geral, mencionando- se seu endereço e números de inscrição, estadual e no CNPJ.

§ 1º Na hipótese deste artigo, o armazém geral, no ato da saída da mercadoria, emitirá nota fiscal em nome do estabelecimento depositante, sem destaque do imposto, contendo os requisitos exigidos e, especialmente:

I – valor da mercadoria, que corresponderá àquele atribuído por ocasião de sua entrada no armazém geral;

II – natureza da operação: "outras saídas – retorno simbólico de mercadorias depositadas";

III – número, série, subsérie e data da nota fiscal emitida pelo estabelecimento depositante, na forma do "caput" deste artigo;

IV – nome, endereço e números de inscrição, estadual e no CNPJ, do estabelecimento a que se destinar a mercadoria.

§ 2º O armazém geral indicará no verso das vias da nota fiscal emitida pelo estabelecimento depositante, que deverão acompanhar a mercadoria, a data de sua efetiva saída, número, série, subsérie e data da nota fiscal a que se refere o parágrafo anterior.

§ 3º A nota fiscal a que alude o § 1º será enviada ao estabelecimento depositante, que deverá registrá-la na coluna própria do Registro de Entradas, dentro de 10 (dez) dias, contados da saída efetiva da mercadoria do armazém geral.

§ 4º A mercadoria será acompanhada, no seu transporte, pela nota fiscal emitida pelo estabelecimento depositante.

Art. 598. Na hipótese do artigo anterior, se o depositante for produtor agropecuário, emitirá a Nota Fiscal de Produtor prevista no art. 177, em nome do estabelecimento destinatário, contendo os requisitos exigidos e, especialmente:

I - valor da operação;

II - natureza da operação;

III - indicações, quando ocorrer uma das hipóteses abaixo:

a) dos dispositivos legais que prevêem a imunidade, não-incidência ou isenção do imposto;

b) do número e data do DAR e identificação do respectivo órgão arrecadador, quando o produtor deva recolher o imposto;

c) dos dispositivos legais que prevêem o diferimento ou a suspensão do recolhimento do imposto;

d) da declaração de que o imposto será recolhido pelo estabelecimento destinatário;

IV - circunstância de que a mercadoria será retirada do armazém geral, mencionando-se o seu endereço e números de inscrição, estadual e no CNPJ.

§ 1º O armazém geral, no ato da saída da mercadoria, emitirá nota fiscal, em nome do estabelecimento destinatário, contendo os requisitos exigidos e, especialmente:

I - valor da operação, que corresponderá ao do documento fiscal emitido pelo produtor agropecuário, na forma do "caput" deste artigo;

II - natureza da operação: 'Outras saídas - remessa simbólica por conta e ordem de terceiros' (Ajuste SINIEF 14/09);

III - número e data da Nota Fiscal de Produtor emitida na forma do "caput" deste artigo pelo produtor agropecuário, bem como o nome, endereço e número de inscrição estadual deste;

IV - número e data do DAR referido no inciso III, alínea "b", e identificação do respectivo órgão arrecadador, quando for o caso.

§ 2º A mercadoria será acompanhada no seu transporte pela Nota Fiscal de Produtor referida no "caput" deste artigo e pela nota fiscal mencionada no parágrafo anterior.

§ 3º O estabelecimento destinatário, ao receber a mercadoria, emitirá a Nota Fiscal pela entrada, contendo os requisitos exigidos e, especialmente:

TRIBUTÁRIO E FINANCEIRO

I – número e data da Nota Fiscal de Produtor emitida na forma do "caput" deste artigo, pelo produtor agropecuário;

II – número e data do DAR referido no inciso III, alínea "b", deste artigo, quando for o caso;

III – número, série, subsérie e data da nota fiscal emitida na forma do § 1º pelo armazém geral, bem como o nome, endereço e números de inscrição, estadual e no CNPJ, deste.

Art. 599. Na saída de mercadorias depositadas em armazém geral, situado em outra unidade da Federação, com destino a outro estabelecimento ainda que da mesma empresa, o depositante emitirá nota fiscal, contendo os requisitos exigidos e, especialmente:

I – valor da operação;

II – natureza da operação;

III – circunstância de que a mercadoria será retirada do armazém geral, mencionando-se o seu endereço e números de inscrição, estadual e no CNPJ.

§ 1º Na nota fiscal emitida pelo depositante na forma do "caput" deste artigo não será efetuado o destaque do imposto.

§ 2º Na hipótese deste artigo, o armazém geral, no ato da saída da mercadoria, emitirá:

I – nota fiscal em nome do estabelecimento destinatário, contendo os requisitos exigidos e, especialmente:

a) valor da operação, que corresponderá ao da nota fiscal emitida pelo estabelecimento depositante, na forma do "caput" deste artigo;

b) natureza da operação: "outras saídas – remessa por conta e ordem de terceiros";

c) número, série, subsérie e data da nota fiscal emitida na forma do "caput" deste artigo pelo estabelecimento depositante, bem como o nome, endereço e números de inscrição, estadual e no CNPJ, deste;

d) destaque do imposto, se devido, com declaração: "o recolhimento do imposto é de responsabilidade do armazém geral";

II – nota fiscal em nome do estabelecimento depositante, sem destaque do imposto, contendo os requisitos exigidos e, especialmente:

a) valor da mercadoria, que corresponderá àquele atribuído por ocasião de sua entrada no armazém geral;

b) natureza da operação: "outras saídas – retorno simbólico de mercadoria depositada";

c) número, série, subsérie e data da nota fiscal emitida na forma do "caput" deste artigo pelo estabelecimento depositante, bem como nome, endereço e os números de inscrição, estadual e no CNPJ, deste;

d) nome, endereço e números de inscrição, estadual e no CNPJ, do estabelecimento destinatário e número, série, subsérie e data da nota fiscal referida no inciso I.

§ 3º A mercadoria será acompanhada em seu transporte pelas notas fiscais referidas no "caput" deste artigo e no inciso I, do parágrafo anterior.

§ 4º A nota fiscal a que se refere o inciso II, do § 2º, será enviada ao estabelecimento depositante, que deverá registrá-la na coluna própria do Registro de Entradas, dentro de 10 (dez) dias, contados da saída efetiva da mercadoria do armazém geral.

§ 5º O estabelecimento destinatário, ao receber a mercadoria, lançará no Registro de Entradas a nota fiscal a que se refere o "caput" deste artigo, acrescentando na coluna «Observações» o número, série, subsérie e data da nota fiscal a que alude o inciso I, do § 2º, bem como o nome, endereço e números de inscrição, estadual e no CNPJ, do armazem geral, lançando nas colunas próprias, quando for o caso, os créditos dos impostos pagos pelo armazém geral.

Art. 600. Na hipótese do artigo anterior, se o depositante for produtor agropecuário emitirá Nota Fiscal de Produtor prevista no art. 177, em nome do estabelecimento destinatário, contendo os requisitos exigidos e, especialmente:

I – valor da operação;

II – natureza da operação;

III – declaração de que o imposto, se devido, será recolhido pelo armazém geral;

IV – circunstância de que a mercadoria será retirada do armazém geral, mencionando-se o endereço e números de inscrição, estadual e no CNPJ, deste.

§ 1º O armazém geral, no ato da saída da mercadoria, emitirá nota fiscal em nome do estabelecimento destinatário, contendo os requisitos exigidos e, especialmente:

I – valor da operação, que corresponderá ao do documento fiscal emitido pelo produtor agropecuário, na forma do "caput" deste artigo;

II – natureza da operação: "outras saídas – remessa por conta e ordem de terceiros";

III – número e data da Nota Fiscal de Produtor emitida na forma do "caput" deste artigo pelo produtor agropecuário, bem como nome, endereço e número da inscrição estadual deste;

IV – destaque do imposto, se devido, com a declaração: "o recolhimento do ICMS é de responsabilidade do armazém geral".

§ 2º A mercadoria será acompanhada em seu transporte pela Nota Fiscal de Produtor referida no "caput" deste artigo e pela nota fiscal mencionada no parágrafo anterior.

§ 3º O estabelecimento destinatário, ao receber a mercadoria, emitirá Nota Fiscal pela entrada contendo os requisitos exigidos e, especialmente:

I – número e data da nota fiscal emitida na forma do "caput" deste artigo pelo produtor agropecuário;

II – número, série e subsérie da nota fiscal emitida na forma do § 1º pelo armazém geral, bem como o nome, endereço e números de inscrição, estadual e no CNPJ, deste;

III – valor do imposto, se devido, destacado na nota fiscal emitida na forma do § 1º.

Art. 601. Na saída de mercadorias para entrega em armazém geral localizado na mesma unidade da Federação do estabelecimento destinatário, este será considerado depositante, devendo o remetente emitir nota fiscal contendo os requisitos exigidos e, especialmente:

I – como destinatário, o estabelecimento depositante;

II – valor da operação;

III – natureza da operação;

IV – local da entrega, endereço e números de inscrição, estadual e no CNPJ, do armazém geral;

V – destaque do imposto, se devido.

§ 1º O armazém geral deverá:

I – registrar a nota fiscal que acompanhou a mercadoria, no Registro de Entradas;

II – apor na nota fiscal referida no inciso anterior, a data da entrada efetiva da mercadoria, remetendo-a ao estabelecimento depositante.

§ 2º O estabelecimento depositante deverá:

I – lançar a nota fiscal na coluna própria do Registro de Entradas, dentro de 10 (dez) dias, contados da data da entrada efetiva da mercadoria no armazém geral;

II – emitir nota fiscal relativa à saída simbólica, dentro de 10 (dez) dias, contados da data da entrada efetiva da mercadoria no armazém geral, na forma do art. 597, mencionando, ainda, o número e data do documento fiscal emitido pelo remetente;

III - remeter a nota fiscal aludida no inciso anterior ao armazém geral, dentro de 05 (cinco) dias, contados da data de sua emissão.

§ 3º O armazém geral deverá acrescentar na coluna «Observações» do Registro de Entradas, relativamente ao lançamento previsto no inciso I, do § 1º, o número, série, subsérie e data da nota fiscal referida no inciso II, do parágrafo anterior.

§ 4º Todo e qualquer crédito do imposto, quando cabível, será conferido ao estabelecimento depositante.

Art. 602. Na hipótese do artigo anterior, se o remetente for produtor agropecuário deverá emitir Nota Fiscal de Produtor prevista no art. 177, contendo os requisitos exigidos e, especialmente:

I - como destinatário, o estabelecimento depositante;

II - valor da operação;

III - natureza da operação;

IV - local da entrega, endereço e números de inscrição, estadual e no CNPJ, do armazém geral;

V - indicações, quando ocorrer uma das hipóteses abaixo:

a) dos dispositivos legais que prevêem a imunidade, não incidência ou isenção do imposto;

b) número e data do DAR, e identificação do respectivo órgão arrecadador, quando o produto for tributado;

c) dos dispositivos legais que prevêem o diferimento ou a suspensão do recolhimento do imposto;

d) da declaração de que o imposto será recolhido pelo estabelecimento destinatário.

§ 1º O armazém geral deverá:

I - lançar a Nota Fiscal de Produtor, que acompanhou a mercadoria, no Registro de Entradas;

II - apor na Nota Fiscal de Produtor, referida no inciso anterior, data da entrada efetiva da mercadoria, remetendo-a ao estabelecimento depositante.

§ 2º O estabelecimento depositante deverá:

I - emitir Nota Fiscal pela entrada contendo os requisitos exigidos e, especialmente:

a) número e data da Nota Fiscal de Produtor emitida na forma do "caput" deste artigo;

b) número e data do documento de arrecadação referido no inciso V, alínea "b" deste artigo, quando for o caso;

c) circunstância de que a mercadoria foi entregue no armazém geral, mencionando-se endereço e números de inscrição, estadual e no CNPJ, deste;

II – emitir a nota fiscal relativa à saída simbólica, dentro de 10 (dez) dias, contados da data da entrada efetiva da mercadoria no armazém geral, na forma do art. 597, mencionando, ainda, os números e datas da Nota Fiscal de Produtor e da nota fiscal pela entrada;

III – remeter a nota fiscal aludida no inciso anterior ao armazém geral, dentro de 05 (cinco) dias, contados da data de sua emissão.

§ 3º O armazém geral deverá acrescentar na coluna «Observações», do Registro de Entradas, relativamente ao lançamento previsto no inciso I, do § 1º, o número, série, subsérie e data da nota fiscal referida no inciso II, do parágrafo anterior.

§ 4º Todo e qualquer crédito do imposto, quando cabível, será conferido ao estabelecimento depositante.

Art. 603. Na saída de mercadorias para entrega em armazém geral situado em unidade da Federação diversa do estabelecimento destinatário, este será considerado depositante, devendo o remetente:

I – emitir nota fiscal contendo os requisitos exigidos e, especialmente:

a) como destinatário, o estabelecimento depositante;

b) valor da operação;

c) natureza da operação;

d) local de entrega, endereço e números de inscrição, estadual e no CNPJ, do armazém geral;

e) destaque do imposto, se devido;

II – emitir nota fiscal para o armazém geral, a fim de acompanhar o transporte da mercadoria, sem destaque do imposto, contendo os requisitos exigidos e, especialmente:

a) valor da operação;

b) natureza da operação: "outras saídas – para depósito por conta e ordem de terceiros";

c) nome, endereço e números de inscrição, estadual e no CNPJ, do estabelecimento destinatário e depositante;

d) número, série, subsérie e data da nota fiscal referida no inciso anterior.

§ 1º O estabelecimento destinatário e depositante, quando localizado neste Estado, dentro de 10 (dez) dias, contados da data da entrada efetiva da mercadoria no armazém geral, deverá emitir nota fiscal para este, relativa à saída simbólica, contendo os requisitos exigidos e, especialmente:

I - valor da operação;

II - natureza da operação: "outras saídas - remessa para depósito";

III - destaque do imposto, se devido;

IV - circunstância de que a mercadoria foi entregue diretamente ao armazém geral, mencionando-se número, série, subsérie e data da nota fiscal emitida na forma do inciso I, deste artigo pelo estabelecimento remetente, bem como o nome, endereço e números de inscrição, estadual e no CNPJ, deste.

§ 2º A nota fiscal referida no parágrafo anterior deverá ser remetida ao armazém geral, dentro de 05 (cinco) dias, contados da data de sua emissão.

§ 3º Quando localizado neste Estado, o armazém geral registrará a nota fiscal referida no § 1º, anotando na coluna «Observações», o número, série, subsérie e data da nota fiscal a que alude o inciso II, deste artigo, bem como nome, endereço e números de inscrição, estadual e no CNPJ, do estabelecimento remetente.

Art. 604. Na hipótese do artigo anterior, se o remetente for produtor agropecuário, deverá:

I - emitir Nota Fiscal de Produtor, prevista no art. 177, contendo os requisitos exigidos e, especialmente:

a) como destinatário, o estabelecimento depositante;

b) valor da operação;

c) natureza da operação;

d) local da entrega, endereço e números de inscrição, estadual e do CNPJ, do armazém geral;

e) indicação, quando for o caso, dos dispositivos legais que prevêem a imunidade, não incidência ou isenção do imposto;

f) indicação, quando for o caso, do número e data do DAR, e identificação do respectivo órgão arrecadador, quando o produtor deva recolher o imposto;

g) indicação, quando for o caso, dos dispositivos legais que prevêem o diferimento ou a suspensão do recolhimento do imposto;

h) declaração, quando for o caso, de que o imposto será recolhido pelo estabelecimento destinatário;

II – emitir Nota Fiscal de Produtor para o armazém geral, a fim de acompanhar o transporte da mercadoria, contendo os requisitos exigidos e, especialmente:

a) valor da operação;

b) natureza da operação: "outras saídas – para depósito por conta e ordem de terceiros";

c) nome, endereço e números de inscrição, estadual e no CNPJ, do estabelecimento destinatário e depositante;

d) número e data da Nota Fiscal de Produtor referida no inciso anterior;

e) indicação, quando for o caso, dos dispositivos legais que prevêem a imunidade, não- incidência ou isenção do imposto;

f) indicação, quando for o caso, do número e data do DAR e identificação do respectivo órgão arrecadador quando o produtor deva recolher o imposto;

g) indicação, quando for o caso, dos dispositivos legais que prevêem o diferimento ou a suspensão do recolhimento do imposto;

h) declaração, quando for o caso, de que o imposto será recolhido pelo estabelecimento destinatário.

§ 1º O estabelecimento destinatário e depositante deverá:

I– emitir nota fiscal pela entrada, contendo os requisitos exigidos e, especialmente:

a) número e data da Nota Fiscal de Produtor emitida na forma do inciso I, deste artigo;

b) número e data do documento de arrecadação referido no inciso I, alínea "f", deste artigo, quando for o caso;

c) circunstância de que a mercadoria foi entregue no armazém geral, mencionando-se endereço e números de inscrição, estadual e no CNPJ, deste;

II – emitir nota fiscal para o armazém geral, dentro de 10 (dez) dias, contados da data da entrada efetiva da mercadoria no referido armazém, relativa à saída simbólica, contendo os requisitos exigidos e, especialmente:

a) valor da operação;

b) natureza da operação: "outras saídas - remessa para depósito";

c) destaque do imposto, se devido;

d) circunstância de que a mercadoria foi entregue diretamente ao armazém geral, mencionando-se número e data da Nota Fiscal de Produtor, emitida na forma do inciso I, deste artigo, pelo produtor agropecuário, bem como nome, endereço e números de inscrição, estadual e no CNPJ, deste;

III - remeter a nota fiscal aludida no inciso anterior, ao armazém geral, dentro de 05 (cinco) dias, contados da data de sua emissão.

§ 2º O armazém geral registrará a nota fiscal referida no inciso II, do parágrafo anterior, anotando na coluna «Observações» do Registro de Entradas o número e data da Nota Fiscal de Produtor a que alude o inciso II, deste artigo, bem como o nome, endereço e número de inscrição estadual do produtor agropecuário remetente.

Art. 605. Nos casos de transmissão de propriedade de mercadoria, quando esta permanecer no armazém geral, situado neste Estado, como também o estabelecimento depositante e transmitente, este emitirá nota fiscal para o estabelecimento adquirente, contendo os requisitos exigidos e, especialmente:

I - valor da operação;

II - natureza da operação;

III - destaque do imposto, se devido;

IV - circunstância de que a mercadoria se encontra depositada no armazém geral, mencionando-se o endereço e números de inscrição, estadual e no CNPJ, deste.

§ 1º Na hipótese deste artigo, o armazém geral emitirá nota fiscal para o estabelecimento depositante transmitente, sem destaque do imposto, contendo os requisitos exigidos e, especialmente:

I - valor da mercadoria, que corresponderá àquele atribuído por ocasião de sua entrada no armazém geral;

II - natureza da operação: "outras saídas - retorno simbólico de mercadoria depositada";

III - número, série, subsérie e data da nota fiscal emitida pelo estabelecimento depositante e transmitente, na forma do "caput" deste artigo;

IV - nome, endereço e números de inscrição, estadual e no CNPJ, do estabelecimento adquirente.

§ 2º A nota fiscal a que alude o parágrafo anterior será enviada ao estabelecimento depositante e transmitente, que deverá registrá-la na coluna própria do Registro de Entradas, dentro de 10 (dez) dias, contados da data de sua emissão.

§ 3º O estabelecimento adquirente deverá registrar a nota fiscal referida no "caput" deste artigo na coluna própria do Registro de Entradas, dentro de 10 (dez) dias, contados da data de sua emissão.

§ 4º No prazo referido no parágrafo anterior o estabelecimento adquirente emitirá nota fiscal para o armazém geral, sem destaque do imposto, contendo os requisitos exigidos e, especialmente:

I – valor das mercadorias, que corresponderá ao da nota fiscal emitida pelo estabelecimento depositante e transmitente, na forma do "caput" deste artigo;

II – natureza da operação: "outras saídas – remessa simbólica de mercadorias depositadas";

III – número, série, subsérie e data da nota fiscal emitida na forma do "caput" deste artigo pelo estabelecimento depositante e transmitente, bem como nome, endereço e números de inscrição, estadual e no CNPJ, deste.

§ 5º Se o estabelecimento adquirente se situar em unidade da Federação diversa do armazém geral, na nota fiscal a que se refere o parágrafo anterior será efetuado o destaque do imposto, se devido.

§ 6º A nota fiscal a que alude o § 4º será enviada, dentro de 05 (cinco) dias, contados da data de sua emissão, ao armazém geral, que deverá lançá-la no Registro de Entradas, dentro de 05 (cinco) dias, contados da data de seu recebimento.

Art. 606. Na hipótese do artigo anterior, se o depositante e transmitente for produtor agropecuário, deverá emitir Nota Fiscal de Produtor para o estabelecimento adquirente, contendo os requisitos exigidos e, especialmente:

I – valor da operação;

II – natureza da operação;

III – indicação, quando ocorrer uma das hipóteses abaixo:

a) dos dispositivos legais que prevêem a imunidade, não-incidência ou isenção do imposto;

b) do número e data do DAR e identificação do respectivo órgão arrecadador, quando o produtor deva recolher o imposto;

c) dos dispositivos legais que prevêem o diferimento ou a suspensão do recolhimento do imposto;

d) da declaração de que o imposto será recolhido pelo estabelecimento destinatário;

IV – circunstância de que a mercadoria se encontra depositada em armazém geral, mencionando-se endereço e números de inscrição, estadual e no CNPJ, deste.

§ 1º Na hipótese deste artigo, o armazém geral emitirá nota fiscal para o estabelecimento adquirente, sem destaque do imposto, contendo os requisitos exigidos e, especialmente:

I – valor da operação, que corresponderá ao da Nota Fiscal de Produtor, emitida pelo produtor agropecuário na forma do "caput" deste artigo;

II – natureza da operação: "outras saídas – remessa por conta e ordem de terceiros";

III – número e data da Nota Fiscal de Produtor emitida na forma do "caput" deste artigo pelo produtor agropecuário, bem como o nome, endereço e números de inscrição, estadual e no CNPJ, deste;

IV – número e data do documento de arrecadação referido no inciso III, alínea "b", deste artigo, quando for o caso.

§ 2º O estabelecimento adquirente deverá:

I – emitir nota fiscal pela entrada, contendo os requisitos exigidos e, especialmente:

a) número e data da Nota Fiscal de Produtor emitida na forma do "caput" deste artigo;

b) número e data do documento de arrecadação referido no inciso III, alínea "b", deste artigo;

c) circunstância de que a mercadoria se encontra depositada no armazém geral, mencionando-se endereço e números de inscrição, estadual e no CNPJ, deste;

II – emitir, na mesma data da emissão da nota fiscal na entrada, nota fiscal para o armazém geral, sem destaque do imposto, contendo os requisitos exigidos e, especialmente:

a) valor da operação, que corresponderá ao da Nota Fiscal de Produtor, emitida pelo produtor agropecuário na forma do "caput" deste artigo;

b) natureza da operação: "outras saídas – remessa simbólica de mercadorias depositadas";

c) números e datas da Nota Fiscal de Produtor e da nota fiscal pela entrada, bem como o nome e endereço do produtor agropecuário.

§ 3º Se o estabelecimento adquirente se situar em unidade da Federação diversa da do armazém geral, na nota fiscal a que se refere o inciso II, do parágrafo anterior será efetuado o destaque do imposto, se devido.

§ 4º A nota fiscal referida no inciso II, do § 2º, será enviada, dentro de 05 (cinco) dias, contados da data de sua emissão, ao armazém geral, que deverá lançá-la no Registro de Entradas, dentro de 05 (cinco) dias, contados da data de seu recebimento.

Art. 607. Nos casos de transmissão de propriedade de mercadoria, quando esta permanecer no armazém geral situado em unidade da Federação diversa da do estabelecimento depositante e transmitente, este emitirá nota fiscal para o estabelecimento adquirente, sem destaque do imposto, contendo os requisitos exigidos e, especialmente:

I - valor da operação;

II - natureza da operação;

III - circunstância de que a mercadoria se encontra depositada em armazém geral, mencionando-se endereço e números de inscrição, estadual e no CNPJ, deste.

§ 1º Na hipótese deste artigo, o armazém geral emitirá:

I - nota fiscal para o estabelecimento depositante e transmitente, sem destaque do imposto, contendo os requisitos exigidos e, especialmente:

a) valor da mercadoria, que corresponderá àquele atribuído por ocasião de sua entrada no armazém geral;

b) natureza da operação: "outras saídas - retorno simbólico de mercadorias depositadas";

c) número, série, subsérie e data da nota fiscal emitida pelo estabelecimento depositante e transmitente, na forma do "caput" deste artigo;

d) nome, endereço e números de inscrição, estadual e no CNPJ, do estabelecimento adquirente;

II - nota fiscal para o estabelecimento adquirente, contendo os requisitos exigidos e, especialmente:

a) valor da operação, que corresponderá ao da nota fiscal emitida pelo estabelecimento depositante e transmitente, na forma do "caput" deste artigo;

b) natureza da operação: "outras saídas - transmissão de propriedade de mercadoria por conta e ordem de terceiros";

c) destaque do imposto, se devido;

d) número, série, subsérie e data da nota fiscal emitida na forma do "caput" deste artigo pelo estabelecimento depositante, bem como o nome, endereço e números de inscrição, estadual e no CNPJ, deste.

§ 2º A nota fiscal a que alude o inciso I, do parágrafo anterior, será enviada, dentro de 05 (cinco) dias, contados da data de sua emissão, ao estabelecimento depositante e transmitente, que deverá lançá-la na coluna própria do Registro de Entradas, dentro de 05 (cinco) dias, contados da data de seu recebimento.

§ 3º A nota fiscal referida no inciso II, do § 1º, será enviada, dentro de 05 (cinco) dias, contados da data de sua emissão, ao estabelecimento adquirente, que deverá lançá-la na coluna própria do Registro de Entradas, dentro de 05 (cinco) dias, contados da data de seu recebimento, acrescentando na coluna «Observações» do Registro de Entradas o número, série, subsérie e data da nota fiscal referida no "caput" deste artigo, bem como o nome, endereço e números de inscrição, estadual e no CNPJ, do estabelecimento depositante e transmitente.

§ 4º No prazo referido no parágrafo anterior, o estabelecimento adquirente emitirá nota fiscal para o armazém geral, sem destaque do imposto, contendo os requisitos exigidos e, especialmente:

I – valor da operação, que corresponderá ao da nota fiscal emitida pelo estabelecimento depositante e transmitente, na forma do "caput" deste artigo;

II – natureza da operação: "outras saídas – remessa simbólica de mercadorias depositadas";

III – número, série, subsérie e data da nota fiscal emitida na forma do "caput" deste artigo pelo estabelecimento depositante e transmitente, bem como nome, endereço e números de inscrição, estadual e no CNPJ, deste.

§ 5º Se o estabelecimento adquirente se situar em unidade da Federação diversa da do armazém geral, na nota fiscal a que se refere o parágrafo anterior será efetuado o destaque do imposto, se devido.

§ 6º A nota fiscal referida no § 4º será enviada, dentro de 05 (cinco) dias, contados da data de sua emissão, ao armazém geral, que deverá lançá-la no Registro de Entradas, dentro de 05 (cinco) dias, contados da data de seu recebimento.

Art. 608. Na hipótese do artigo anterior, se o depositante e transmitente for produtor agropecuário, aplicar-se-á o disposto no art. 606.

Capítulo III
DAS OPERAÇÕES DE VENDA À ORDEM OU PARA ENTREGA FUTURA

Art. 609. Nas vendas à ordem ou para entrega futura, poderá ser exigida a emissão da Nota Fiscal, para simples faturamento, vedado o destaque do Imposto sobre Circulação de Mercadorias e Prestação de Serviços de Transporte Interestadual, Intermunicipal e de Comunicação – ICMS (Ajuste SINIEF 19/17).

§ 1º Na hipótese deste artigo, o Imposto sobre Produtos Industrializados será destacado antecipadamente pelo vendedor por ocasião da venda e o ICMS será recolhido por ocasião da efetiva saída da mercadoria.

§ 2º No caso de venda para entrega futura, por ocasião da efetiva saída global ou parcial das mercadorias, o vendedor emitirá nota fiscal em nome do adquirente, com destaque do valor do imposto, quando devido, indicando-se, além dos requisitos exigidos, como natureza da operação, «Remessa - Entrega Futura», e o número, a data e o valor da operação da nota fiscal relativa ao simples faturamento.

§ 3º No caso de venda à ordem, por ocasião da entrega global ou parcial das mercadorias a terceiros, deverá ser emitida nota fiscal:

I - pelo adquirente originário, com destaque do imposto, quando devido, em nome do destinatário das mercadorias, consignando-se, além dos requisitos exigidos, nome do titular, endereço e números de inscrição, estadual e no CNPJ, do estabelecimento que irá promover as remessas das mercadorias;

II - pelo vendedor remetente:

a) em nome do destinatário, para acompanhar o transporte das mercadorias, sem destaque do valor do imposto, na qual, além dos requisitos exigidos, constarão, como natureza da operação, "Remessa por Conta e Ordem de Terceiros", e número, série, subsérie e data da nota fiscal de que trata o item anterior, bem como o nome, endereço e os números de inscrição, estadual e no CNPJ, do seu emitente;

b) em nome do adquirente originário, com destaque do imposto, quando devido, na qual, além dos requisitos exigidos, constarão, como natureza da operação, "Remessa Simbólica - Venda à Ordem", e número, série e subsérie da nota fiscal prevista na alínea anterior.

§ 4º Provado, em qualquer caso, que a venda se desfez antes da saída das mercadorias e que o comprador estornou o crédito correspondente à compra, poderá o vendedor requerer a compensação dos impostos pagos.

§ 5º Para atualização da base de cálculo, o valor consignado na nota fiscal emitida para simples faturamento será atualizada até a data da emissão da nota fiscal de que trata o § 2º (Ajuste SINIEF 01/91).

Capítulo IV
DAS OPERAÇÕES REALIZADAS FORA DO ESTABELECIMENTO, INCLUSIVE POR MEIO DE VEÍCULOS

Seção I
DAS OPERAÇÕES REALIZADAS POR CONTRIBUINTES DE OUTRAS UNIDADES DA FEDERAÇÃO

Art. 610. Nas entregas, a serem realizadas em território paraibano, de mercadorias provenientes de outra unidade da Federação sem destinatário certo, o imposto será calculado mediante aplicação de alíquota vigente para as operações internas sobre o valor da base de cálculo prevista no art. 27 e antecipadamente recolhido no primeiro posto fiscal por onde transitarem, deduzindo-se o valor do imposto cobrado na unidade da Federação de origem, até a importância resultante da aplicação da alíquota vigente para as operações interestaduais realizadas entre contribuintes, para fins de comercialização ou industrialização, sobre o valor das mercadorias indicado nos documentos fiscais.

§ 1º Presumem-se destinadas à entrega neste Estado as mercadorias provenientes de outra unidade da Federação, sem documentação comprobatória de seu destino.

§ 2º Se as mercadorias não estiverem acompanhadas de documentação fiscal, o imposto será exigido pelo seu valor total, sem qualquer dedução.

§ 3º Na hipótese de entrega das mercadorias por preço superior ao que serviu de base para cálculo do tributo, sobre a diferença será também pago o imposto em qualquer Município paraibano.

Seção II
DAS OPERAÇÕES REALIZADAS POR CONTRIBUINTES DESTE ESTADO

Art. 611. Na saída de mercadorias para realização de operações fora do estabelecimento, inclusive por meio de veículos, o contribuinte emitirá nota fiscal na qual, além das exigências previstas no art. 159, será feita a indicação dos números, séries e subséries respectivos das notas fiscais a serem emitidas por ocasião da entrega da mercadoria, observado o disposto no art. 279.

§ 1º Por ocasião do retorno do veículo, o estabelecimento arquivará a 1ª via da nota fiscal relativa à remessa e emitirá a nota fiscal pela entrada a fim de se creditar do imposto em relação à mercadoria não entregue, mediante o lançamento deste documento no Registro de Entradas.

§ 2º Antes do arquivamento da 1ª via da nota fiscal de remessa, na forma do parágrafo anterior, serão, em seu verso, lançados:

I – o valor das vendas realizadas;

II – o valor do imposto incidente sobre as vendas realizadas;

III – o valor das mercadorias em retorno;

IV – o valor do imposto relativo às mercadorias em retorno;

V – as séries, subséries e números das notas fiscais referentes às vendas realizadas.

§ 3º As notas fiscais emitidas por ocasião da entrega efetiva das mercadorias, fora do estabelecimento, serão escrituradas na coluna «Observações», no Registro de Saídas, na mesma linha que corresponder à escrituração da nota fiscal de remessa.

§ 4º Sempre que a mercadoria for vendida ou entregue por valor superior ao constante da nota fiscal de remessa, o contribuinte deverá complementar o lançamento do imposto.

§ 5º Os contribuintes que operarem na conformidade deste artigo, por intermédio de prepostos, fornecerão a estes o documento comprobatório de sua condição.

Art. 612. Nas operações referidas neste Capítulo, quando realizadas com produtos sujeitos a substituição tributária, o contribuinte deverá observar o disposto nos arts. 390 a 410.

Capítulo V
DAS OPERAÇÕES DE REMESSA PARA INDUSTRIALIZAÇÃO

Art. 613. Nas operações em que um estabelecimento mandar industrializar mercadorias com fornecimento de matéria-prima, produto intermediário e material de embalagem, adquiridos de outros, os quais, sem transitar pelo estabelecimento adquirente, forem entregues pelo fornecedor diretamente ao industrializador, observar-se-á o disposto neste Capítulo.

§ 1º O estabelecimento fornecedor deverá:

I – emitir nota fiscal em nome do estabelecimento adquirente, da qual, além das exigências previstas no art. 159, constarão também nome, endereço e números de inscrição, estadual e no CNPJ, do estabelecimento em que os produtos serão entregues, bem como a circunstância de que se destinam à industrialização;

II – efetuar o destaque do imposto na nota fiscal referida no inciso anterior, quando devido, que será aproveitado como crédito pelo adquirente, se for o caso;

III – emitir nota fiscal sem destaque do imposto, para acompanhar o transporte da mercadoria ao estabelecimento industrializador, mencionando-se, além das exigências previstas no art. 159, número, série e data da nota fiscal referida no inciso I, e o nome, endereço e números de inscrição, estadual e no CNPJ, do adquirente, por cuja conta e ordem será a mercadoria industrializada.

§ 2º O estabelecimento industrializador deverá:

I – emitir nota fiscal na saída do produto industrializado com destino ao adquirente, autor da encomenda, da qual, além das exigências contidas no art. 159, constarão o nome, endereço e números de inscrição, estadual e no CNPJ, do fornecedor, e número, série, e data da nota fiscal por este emitida, bem como o valor da mercadoria recebida para industrialização e o valor total cobrado do autor da encomenda, destacando deste o valor da mercadoria empregada;

II – efetuar, na nota fiscal referida no inciso anterior, sobre o valor total cobrado do autor da encomenda, o destaque do imposto, se exigido, que será aproveitado como crédito pelo autor da encomenda, se for o caso.

Art. 614. Na hipótese do artigo anterior, se a mercadoria tiver que transitar por mais de um estabelecimento industrializador, antes de ser entregue ao adquirente, autor da encomenda, cada industrializador deverá:

I – emitir nota fiscal para acompanhar o transporte da mercadoria ao industrializador seguinte, sem destaque do imposto, contendo também, além das exigências previstas no art. 159:

a) a indicação de que a remessa se destina à industrialização por conta e ordem do adquirente, autor da encomenda, que será qualificado nessa nota;

b) a indicação do número, série e data da nota fiscal e nome, endereço e números de inscrição, estadual e no CNPJ, de seu emitente, pela qual foi a mercadoria recebida em seu estabelecimento;

II – emitir nota fiscal em nome do estabelecimento adquirente, autor da encomenda, contendo também, além das exigências previstas no art. 159:

a) a indicação do número, série e data da nota fiscal e nome, endereço e números de inscrição, estadual e no CNPJ, de seu emitente, pela qual foi a mercadoria recebida em seu estabelecimento;

b) a indicação do número, série e data da nota fiscal referida no inciso anterior;

c) o valor da mercadoria recebida para industrialização e o valor total cobrado do autor da encomenda, destacando deste o valor da mercadoria empregada;

d) o destaque, sobre o valor total cobrado do autor da encomenda, do imposto, se exigido, que será aproveitado como crédito pelo autor da encomenda, se for o caso.

Capítulo VI
DAS OPERAÇÕES DE IMPORTAÇÃO SOB O REGIME DE "DRAWBACK"

Art. 615. Ficam isentas do ICMS as operações de importação realizadas sob o regime aduaneiro especial na modalidade drawback integrado suspensão, em que a mercadoria seja empregada ou consumida no processo de industrialização de produto a ser exportado (Convênios ICMS 27/90, 185/10 e 48/17).

§ 1º O benefício previsto neste artigo:

I – somente se aplica às mercadorias:

a) beneficiadas com suspensão dos impostos federais sobre importação e sobre produtos industrializados;

b) das quais resultem, para exportação, produtos industrializados ou os arrolados na lista de que trata a cláusula segunda do Convênio ICMS nº 15/91, de 25 de abril de 1991;

II – fica condicionado à efetiva exportação pelo importador, do produto resultante da industrialização da mercadoria importada, comprovada mediante a Declaração de Exportação, devidamente averbada com o respectivo embarque para o exterior (Convênio ICMS 48/17).

§ 2º Para efeitos do disposto neste artigo, considera-se:

I – empregada no processo de industrialização, a mercadoria que for integralmente incorporada ao produto a ser exportado;

II– consumida, a mercadoria que for utilizada diretamente no processo de industrialização, na finalidade que lhe é própria, sem implicar sua integração ao produto a ser exportado.

§ 3º O disposto neste artigo não se aplica às operações com combustíveis e energia elétrica e térmica.

§ 4º A Secretaria de Estado da Receita, para fins de cumprimento da condição prevista no inciso II do § 1º deste artigo, poderá autorizar que a exportação do produto resultante da industrialização seja efetivada por outro estabelecimento da empresa importadora, localizado neste Estado (Convênio ICMS 48/17).

§ 5º A isenção prevista neste artigo não se aplica às operações nas quais participem importador e exportador localizados em unidades da federação distintas (Convênio ICMS 48/17).

Art. 616. O contribuinte deverá manter pelo prazo decadencial, a Declaração de Importação, a correspondente Nota Fiscal de Entrada e o Ato Concessório do regime, com a expressa indicação do bem a ser exportado, bem como a Declaração de Exportação, devidamente averbada (Convênio ICMS 48/17).

§ 1º Obriga-se, ainda, a manter os seguintes documentos (Convênio ICMS 48/17):

I – o Ato Concessório aditivo, emitido em decorrência da prorrogação do prazo de validade originalmente estipulado;

II – novo Ato Concessório, resultante da transferência dos saldos de insumos importados ao abrigo de Ato Concessório original e ainda não aplicados em mercadorias exportadas.

§ 2º A Secretaria de Estado da Receita poderá estabelecer que os documentos identificados neste artigo sejam exigidos em meio eletrônico (Convênio ICMS 48/17).

Art. 617. A isenção prevista no art. 615, estende-se também às saídas e retornos dos produtos importados com destino à industrialização por conta e ordem do importador.

Art. 618. O disposto no artigo anterior não se aplica a operações nas quais participem estabelecimentos localizados em unidades da Federação distintas.

Art. 619. Nas operações de que resultem saídas, inclusive com a finalidade de exportação, de produtos resultantes da industrialização de matéria-prima ou insumos importados na forma deste Capítulo, tal circunstância deverá ser informada na respectiva nota fiscal, consignando-se, também, o número do correspondente Ato Concessório do regime de "drawback".

Art. 620. A inobservância das disposições deste Capítulo acarretará a exigência do imposto devido na importação e nas saídas previstas no art. 617, resultando na descaracterização do benefício ali previsto, devendo o imposto devido ser recolhido com a atualização monetária, multa e demais acréscimos legais, calculados a partir da data da entrada do produto importado no estabelecimento ou do seu recebimento ou das saídas, conforme o caso, e do vencimento do prazo em que o imposto deveria ter sido recolhido caso a operação não fosse realizada com a isenção.

Art. 621. A Secretaria de Estado da Receita, por meio de convênio de mútua cooperação técnica, deverá disponibilizar ao Departamento de Comércio Exterior – DECEX – do Ministério do Desenvolvimento, Indústria e Comércio Exterior – MDIC, informações relacionadas com a isenção prevista no inciso XXV do "caput" do art. 5º e no art. 615, deste Regulamento (Convênio ICMS 48/17).

Art. 622. O Ministério de Desenvolvimento, Indústria e Comércio Exterior – MDIC, por meio de convênio de mútua cooperação técnica, deverá disponibilizar à Secretaria de Estado da Receita, consulta aos dados dos atos concessórios do regime especial drawback integrado suspensão, para fins de verificação do efetivo cumprimento das condições necessárias à fruição do benefício previsto neste capítulo (Convênio ICMS 48/17).

Art. 623. Aplicam-se as disposições deste Capítulo, no que couber, às importações do PROEX/SUFRAMA.

Capítulo VII
DAS OPERAÇÕES COM O FIM ESPECÍFICO DE EXPORTAÇÃO

Seção I
DAS DISPOSIÇÕES GERAIS

Art. 624. O imposto não incide sobre operações e prestações que destinem ao exterior mercadorias, inclusive produtos primários e produtos industrializados e semielaborados.

TRIBUTÁRIO E FINANCEIRO

Seção I-A
DO CONTROLE DAS REMESSAS DE MERCADORIAS PARA FORMAÇÃO DE LOTE DE EXPORTAÇÃO EM RECINTOS ALFANDEGADOS

Art. 624-A. Por ocasião da remessa para formação de lotes em recintos alfandegados para posterior exportação, o estabelecimento remetente deverá emitir nota fiscal em seu próprio nome, sem destaque do valor do imposto, indicando como natureza da operação "Remessa para Formação de Lote para Posterior Exportação" (Convênio ICMS 83/06).

Parágrafo único. Além dos demais requisitos exigidos, a nota fiscal de que trata o "caput" deste artigo deverá conter:

I – a indicação de não incidência do imposto, por se tratar de saída de mercadoria com destino ao exterior;

II – a identificação e o endereço do recinto alfandegado onde serão formados os lotes para posterior exportação.

Art. 624-B. Por ocasião da exportação da mercadoria o estabelecimento remetente deverá (Convênio ICMS 83/06):

I – emitir nota fiscal relativa à entrada em seu próprio nome, sem destaque do valor do imposto, indicando como natureza da operação "Retorno Simbólico de Mercadoria Remetida para Formação de Lote e Posterior Exportação";

II – emitir nota fiscal de saída para o exterior, contendo, além dos requisitos previstos na legislação:

a) a indicação de não incidência do imposto, por se tratar de saída de mercadoria com destino ao exterior;

b) a indicação do local de onde sairão fisicamente as mercadorias;

c) a chave de acesso das notas fiscais, referidas no art. 624-A, correspondentes às saídas para formação de lote, no campo "chave de acesso" da NF-e referenciada (Convênio ICMS 119/19).

Art. 624-C. Nas exportações de que trata esta Seção, quando o despacho aduaneiro de exportação for processado por meio de Declaração Única de Exportação – DU-E, nos termos da legislação federal, o exportador deve informar na DU-E, nos campos específicos (Convênio ICMS 119/19):

I – a chave de acesso das notas fiscais correspondentes à remessa para formação de lote de exportação;

II – a quantidade na unidade de medida tributável do item efetivamente exportado.

Parágrafo único. Para fins fiscais nas operações de que trata o "caput" deste artigo, considera-se não efetivada a exportação a falta de registro do evento de averbação na nota fiscal de remessa para formação de lote de exportação, observando-se, no que couber, o disposto no art. 624-D deste Regulamento.

Art. 624-D. O estabelecimento remetente ficará obrigado ao recolhimento do imposto devido, monetariamente atualizado, sujeitando-se aos acréscimos legais, inclusive multa, nos termos deste Regulamento, nos casos em que não se efetivar a exportação das mercadorias remetidas para formação de lote (Convênio ICMS 83/06):

I - após decorrido o prazo de 90 (noventa) dias, contado da data da primeira nota fiscal de remessa para formação de lote;

II - em razão de perda, extravio, perecimento, sinistro, furto da mercadoria ou qualquer evento que dê causa a dano ou avaria;

III - em virtude de reintrodução da mercadoria no mercado interno.

Parágrafo único. O prazo estabelecido no inciso I deste artigo poderá ser prorrogado, uma única vez, por igual período, a critério do fisco deste Estado.

Seção II
DOS MECANISMOS DE CONTROLE

Art. 625. Os mecanismos para controle das saídas de mercadorias com o fim específico de exportação, promovidas por contribuintes localizados neste Estado para empresa comercial exportadora ou outro estabelecimento da mesma empresa, obedecerão ao disposto neste Capítulo (Convênio ICMS 20/16).

Parágrafo único. Para os efeitos deste Capítulo, entende-se como empresa comercial exportadora, as empresas comerciais que realizarem operações mercantis de exportação, inscritas no Cadastro de Exportadores e Importadores da Secretaria de Comércio Exterior - SECEX, do Ministério do Desenvolvimento, Indústria e Comércio Exterior.

Art. 626. O estabelecimento remetente deverá emitir nota fiscal contendo, além dos requisitos exigidos pela legislação, a indicação de CFOP específico para a operação de remessa com o fim específico de exportação (Convênio ICMS 20/16).

Parágrafo único Ao final de cada período de apuração, o remetente encaminhará à repartição fiscal do seu domicílio, as informações contidas na nota fiscal, em meio magnético, conforme o Manual de Orientação, Anexo 06, podendo, em substituição, ser exigidas em listagem, a critério do Fisco.

Art. 626-A. O estabelecimento destinatário, ao emitir nota fiscal com a qual a mercadoria, total ou parcialmente, será remetida para o exterior, deverá informar (Convênio ICMS 20/16):

I – nos campos relativos ao item da nota fiscal:

a) o CFOP específico para a operação de exportação de mercadoria adquirida com o fim específico de exportação;

b) a mesma classificação tarifária NCM/SH constante na nota fiscal emitida pelo estabelecimento remetente;

c) a mesma unidade de medida constante na nota fiscal emitida pelo estabelecimento remetente;

II – no grupo de controle de exportação, por item da nota fiscal:

a) o número do Registro de Exportação;

b) a chave de acesso da NF-e relativa às mercadorias recebidas para exportação;

c) a quantidade do item efetivamente exportado.

Parágrafo único. As unidades de medida das mercadorias constantes das notas fiscais do destinatário deverão ser as mesmas das constantes nas notas fiscais de remessa com fim específico de exportação dos remetentes.

Art. 627. Relativamente às operações de que trata este Capítulo, o estabelecimento destinatário, além dos procedimentos previstos na legislação deste Estado, deverá emitir "Memorando- Exportação", conforme modelo constante do Anexo 104 deste Regulamento, contendo, no mínimo, as seguintes indicações (Convênio ICMS 20/16):

I – denominação: "Memorando-Exportação";

II – número de ordem;

III – data da emissão;

IV – nome, endereço e números de inscrição, estadual e no CNPJ, do estabelecimento emitente;

V – nome, endereço e números de inscrição, estadual e no CNPJ ou CPF, do estabelecimento remetente da mercadoria;

VI – chave de acesso, número e data da(s) nota(s) fiscal(is) de remessa com fim específico de exportação;

VII – chave de acesso, número e data da(s) nota(s) fiscal(is) de exportação;

VIII – número da Declaração de Exportação;

IX – número do Registro de Exportação;

X – número do Conhecimento de Embarque e a data do respectivo embarque;

XI – a classificação tarifária NCM/SH e a quantidade da mercadoria exportada;

XII – data e assinatura do emitente ou seu representante legal.

§ 1º Até o último dia do mês subsequente ao do embarque da mercadoria para o exterior, o estabelecimento exportador encaminhará ao estabelecimento remetente o "Memorando-Exportação", que será acompanhado:

I – da cópia do comprovante de exportação;

II– da cópia do registro de exportação averbado.

§ 2º O Memorando-Exportação poderá ser emitido em meio digital, em formato a ser definido pela unidade federada do exportador.

Art. 627-A. Nas saídas para feiras ou exposições no exterior, bem como nas exportações em consignação, o memorando previsto no art. 627 somente será emitido após a efetiva contratação cambial.

Parágrafo único Até o último dia do mês subsequente ao da contratação cambial, o estabelecimento que promover a exportação emitirá o "Memorando-Exportação", conservando os comprovantes da venda, durante o prazo decadencial.

Art. 628. O estabelecimento remetente ficará obrigado ao recolhimento do imposto devido, inclusive o relativo à prestação de serviço de transporte, quando for o caso, monetariamente atualizado, sujeitando-se aos acréscimos legais, inclusive multa, nos casos em que não se efetivar a exportação:

I – no prazo de 180 (cento e oitenta) dias, contado da data da saída da mercadoria do seu estabelecimento;

II – em razão de perda, furto, roubo, incêndio, calamidade, perecimento, sinistro da mercadoria, ou qualquer outra causa;

III – em virtude de reintrodução da mercadoria no mercado interno;

IV – em razão de descaracterização da mercadoria remetida, seja por beneficiamento, rebeneficiamento ou industrialização.

§ 1º Em relação a produtos primários e semielaborados, o prazo de que trata o inciso I do "caput", será de 90 (noventa) dias, exceto quanto aos produtos classificados no código 2401 da NCM/SH em que o prazo poderá ser de 180 (cento e oitenta) dias, a critério do Fisco.

§ 2º Os prazos estabelecidos no inciso I do "caput" e no § 1º deste artigo poderão ser prorrogados, uma única vez, por igual período, a critério do Fisco.

§ 3º O recolhimento do imposto não será exigido na devolução da mercadoria, nos prazos fixados neste artigo, ao estabelecimento remetente.

§ 4º A devolução da mercadoria de que trata o § 3º deve ser comprovada pelo extrato do contrato de câmbio cancelado, pela fatura comercial cancelada e pela comprovação do efetivo trânsito de retorno da mercadoria.

§ 5º A devolução simbólica da mercadoria, remetida com fim específico de exportação, somente será admitida nos termos que dispuser a legislação estadual do estabelecimento remetente.

§ 6º As alterações dos registros de exportação, após a data da averbação do embarque, somente serão admitidas após anuência formal de um dos gestores do SISCOMEX, mediante formalização em processo administrativo específico, independentemente de alterações eletrônicas automáticas.

§ 7º Para fins fiscais, somente será considerada exportada a mercadoria cujo despacho de exportação esteja averbado (Convênio ICMS 20/16).

Art. 628-A A empresa comercial exportadora ou outro estabelecimento da mesma empresa que houver adquirido mercadorias de empresa optante pelo Simples Nacional, com o fim específico de exportação para o exterior, que, no prazo de 180 (cento e oitenta) dias, contado da data da emissão da nota fiscal pela vendedora, não efetivar a exportação, nos termos do § 7º do art. 628, ficará sujeita ao pagamento do imposto que deixou de ser pago pela empresa vendedora, acrescido dos juros de mora e multa, de mora ou de ofício, calculados na forma da legislação relativa à cobrança do tributo não pago (Convênio ICMS 20/16).

Art. 629. A comercial exportadora ou outro estabelecimento da mesma empresa, por ocasião da operação de exportação, deverá registrar no SISCOMEX, para fins de comprovação de exportação da mercadoria adquirida com o fim específico de exportação, o Registro de Exportação (RE) com as seguintes informações (Convênio ICMS 20/16):

I – no quadro "Dados da Mercadoria":

a) código da NCM/SH da mercadoria, idêntico ao da nota fiscal de remessa com o fim específico de exportação;

b) unidade de medida de comercialização da mercadoria, idêntica à da nota fiscal de remessa com o fim específico de exportação;

c) resposta "NÃO" à pergunta "O exportador é o único fabricante?";

d) no campo "Observação do Exportador": O CNPJ ou o CPF do remetente e o número da(s) nota(s) fiscal(is) do remetente da mercadoria adquirida com o fim específico de exportação;

II – no quadro "Unidade da Federação Produtora":

a) a identificação do fabricante da mercadoria exportada e da sua unidade federada, mediante informação da UF e do CNPJ/CPF do produtor;

b) a quantidade de mercadoria efetivamente exportada.

§ 1º O Registro de Exportação deverá ser individualizado para cada unidade federada do produtor/fabricante da mercadoria.

§ 2º A critério do Fisco poderá ser exigida a apresentação do Registro de Exportação em meio impresso, conforme disciplinado neste artigo.

Art. 629-A. Nas exportações de que tratam este Capítulo quando o despacho aduaneiro de exportação for processado por meio de Declaração Única de Exportação (DU-E), nos termos da legislação federal, o exportador deve informar na DU-E nos campos específicos (Convênio ICMS 203/17):

I - a chave de acesso da(s) nota(s) fiscal(is) eletrônica(s) ou os dados relativos à Nota Fiscal Formulário correspondentes à remessa com fim específico de exportação;

II - a quantidade na unidade de medida tributável do item efetivamente exportado.

Parágrafo único. No caso de impossibilidade técnica de se informar os campos indicados neste artigo na DU-E, em virtude de divergência entre a unidade de medida tributável informada na nota fiscal eletrônica de exportação e na(s) nota(s) fiscal(is) eletrônica(s) de remessa com fim específico de exportação, apenas nesta situação, será dispensada a obrigatoriedade de que cita este artigo, mantendo-se a obrigatoriedade prevista na alínea "b" do inciso II do art. 626-A (Convênio ICMS 78/18).

Art. 629-B. Na hipótese de que trata o art. 629-A, e desde que a operação de exportação e a remessa com fim específico de exportação estejam amparadas por Nota Fiscal Eletrônica, não se aplicam os seguintes dispositivos (Convênio ICMS 203/17):

I - alínea "a" do inciso II do art. 626-A;

II - art. 627;

III - art. 627-A;

IV - § 6º do art. 628;

V - art. 629.

Parágrafo único. Para fins fiscais nas operações de que trata o "caput" deste artigo, considera-se não efetivada a exportação a falta de registro do evento de averbação na nota fiscal eletrônica de remessa com fim específico, após o prazo de 180 (cento e oitenta) dias contados da data da saída, observando-se no que couber o disposto no art. 628 deste Regulamento.

Art. 629-C. Quando o despacho aduaneiro de exportação for processado por meio de DU-E e se tratar da hipótese descrita no parágrafo único do art. 629-A ou quando a operação de remessa com fim específico de exportação estiver amparada por Nota Fiscal Formulário, não se aplicam os seguintes dispositivos (Convênio ICMS 78/18):

I – alínea "a" do inciso II do art. 626-A;

II – § 6º do art. 628;

III – art. 629.

Parágrafo único. Nas operações de que trata o "caput" deste artigo, as indicações de que tratam os incisos VIII e IX do art. 627 devem ser preenchidas, em substituição, com o número da DU-E.

Art. 630. O estabelecimento remetente ficará exonerado do cumprimento da obrigação prevista no art. 628, se o pagamento do débito fiscal tiver sido efetuado pelo adquirente à unidade federada de origem da mercadoria.

Art. 630-A. O depositário da mercadoria recebida com o fim específico de exportação exigirá o comprovante do recolhimento do imposto para a liberação da mercadoria, nos casos previstos no art. 628.

Art. 631. Na operação de remessa com o fim específico de exportação em que o adquirente da mercadoria determinar a entrega em local diverso do seu estabelecimento, serão observadas as legislações tributárias das unidades federadas envolvidas, inclusive quanto ao local de entrega.

Seção III
DAS DISPOSIÇÕES FINAIS

Art. 632. Para efeito dos procedimentos disciplinados neste Capítulo, quando o remetente e o destinatário situarem-se em unidades federadas distintas, poderá a Secretaria de Estado da Receita instituir regime especial quando o estabelecimento remetente estiver localizado neste Estado.

Art. 633. A Secretaria de Estado da Receita, juntamente com as Secretarias de outras unidades da Federação, prestarão assistência mútua para a fiscalização das operações abrangidas por este Capítulo, podendo, também, mediante acordo prévio, designar funcionários para exercerem atividades de interesse da unidade federada junto às repartições da outra.

Capítulo VIII
DAS OPERAÇÕES COM ENERGIA ELÉTRICA

Seção I
DA CONCESSÃO DE REGIME ESPECIAL RELACIONADO COM OBRIGAÇÕES ACESSÓRIAS NAS OPERAÇÕES COM ENERGIA ELÉTRICA E DOS PROCEDIMENTOS RELACIONADOS AO PREENCHIMENTO DA NOTA FISCAL ELETRÔNICA, MODELO 55, PELO TRANSMISSOR DE ENERGIA ELÉTRICA

Art. 634. Fica concedido regime especial relacionado às obrigações acessórias nas operações com energia elétrica, nos termos definidos nesta Seção.

Art. 635. As empresas de distribuição, de transmissão e de geração de energia elétrica, exclusivamente em relação à atividade desenvolvida mediante concessão, permissão ou autorização da ANEEL, deverão manter (Ajuste SINIEF 19/18):

I – inscrição única no "Cadastro de Contribuintes" do ICMS, em relação aos seus estabelecimentos situados no Estado da Paraíba;

II – centralizada a escrituração fiscal e o recolhimento do ICMS correspondente.

Art. 635-A. A transmissora de energia elétrica, devidamente inscrita no cadastro de contribuintes do Imposto sobre Operações relativas à Circulação de Mercadorias e sobre Prestação de Serviços de Transporte Interestadual e Intermunicipal e de Comunicação - ICMS - nos termos do Ajuste SINIEF 19/18, de 14 de dezembro de 2018, emitirá Nota Fiscal Eletrônica - NF-e, modelo 55, de saída, sem destaque do imposto, por usuário conectado ao sistema de transmissão, refletindo em cada nota os valores recebidos ou a receber de cada usuário, relativamente, conforme o caso, aos seguintes contratos (Ajuste SINIEF 11/20):

I - CUST - Contrato de Uso do Sistema de Transmissão: a transmissora de energia elétrica emitirá uma nota fiscal por usuário conectado ao sistema interligado nacional de transmissão, refletindo em cada nota os valores recebidos no Aviso de Crédito - AVC - emitido pelo Operador Nacional do Sistema Elétrico - ONS, podendo emitir nota fiscal por vencimento;

II - CCT - Contrato de Conexão ao Sistema de Transmissão: a transmissora de energia elétrica emitirá uma nota fiscal por usuário conectado ao sistema de transmissão do emitente, refletindo os valores contidos nos contratos firmados, podendo emitir nota fiscal por vencimento.

Art. 635-B. Para emissão da nota fiscal deverá ser observado o contrato de concessão firmado com a União para prestação do serviço de transmissão de energia elétrica, podendo a nota fiscal ser emitida, conforme o caso, pela matriz ou uma das suas filiais (Ajuste SINIEF 11/20).

Art. 635-C. A emissão da nota fiscal deverá ser feita com não incidência, pois a responsabilidade pelo pagamento do imposto devido pela conexão e pelo uso dos sistemas de transmissão é atribuída ao consumidor que, estando conectado diretamente à Rede Básica de Transmissão, promover a entrada de energia elétrica no seu estabelecimento ou domicílio, conforme cláusula primeira do Convênio ICMS 117/04, de 10 de dezembro de 2004 (Ajuste SINIEF 11/20).

Art. 635-D. Os dados de preenchimento da nota fiscal de que trata o art. 635-A serão definidos no "Manual de Orientação do Contribuinte - MOC" de que trata o art. 166-B1 deste Regulamento (Ajuste SINIEF 11/20).

Art. 635-E. Aplica-se subsidiariamente, no que couber, o Ajuste SINIEF 07/05 e demais disposições contidas na legislação tributária (Ajuste SINIEF 11/20).

Art. 636 As empresas de distribuição de energia elétrica, ainda que não possuam estabelecimentos, deverão inscrever-se nas unidades federadas onde promoverem o fornecimento de energia elétrica a consumidor final.

Art. 637 As empresas de que trata o art. 636 deverão:

I – indicar o endereço e CNPJ de sua sede, para fins de inscrição;

II – promover a escrituração fiscal e a manutenção de livros e documentos no estabelecimento referido no inciso anterior.

Seção II
DO ESTORNO DE DÉBITOS DE ICMS POR EMPRESAS FORNECEDORAS DE ENERGIA ELÉTRICA

Art. 637-A. Quando ocorrer o estorno de débito de ICMS relativo ao fornecimento de energia elétrica, deverá ser elaborado relatório interno, por período de apuração e de forma consolidada, contendo, no mínimo, as seguintes informações (Convênio ICMS 30/04):

I – o número, a série e a data de emissão da Nota Fiscal/Conta de Energia Elétrica – NF/CEE, objeto de estorno de débito;

II – a data de vencimento da conta de energia elétrica;

III – o CNPJ ou o CPF, a inscrição estadual e a razão social ou o nome do destinatário;

IV – o código de identificação da unidade consumidora;

V – o valor total, a base de cálculo e o valor do ICMS da NF/CEE objeto de estorno de débito;

VI – o valor do ICMS correspondente ao estorno;

VII- a critério da Secretaria de Estado da Receita, o número da NF/CEE emitida em substituição àquela objeto de estorno de débito;

VIII - o motivo determinante do estorno.

§ 1° O relatório de que trata o "caput" deste artigo:

I - deverá ser mantido em arquivo eletrônico no formato texto (txt), e quando solicitado, ser fornecido ao Fisco;

II - poderá, a critério da Secretaria de Estado da Receita, ser exigido em papel.

§ 2° O contribuinte deverá manter pelo prazo decadencial os elementos comprobatórios do estorno de débito realizado e o relatório de que trata este artigo.

§ 3º Com base no arquivo eletrônico de que trata o § 1°, deverá ser emitida nota fiscal, modelo 1 ou 1-A, por período de apuração, para documentar o estorno de débito.

§ 4º Na nota fiscal de que trata o § 3º, poderá constar, a critério da Secretaria de Estado da Receita, chave de autenticação digital do arquivo eletrônico de que trata o § 1°, obtida pela aplicação de algoritmo de autenticação digital sobre o referido arquivo.

Capítulo IX
DAS TRANSFERÊNCIAS INTERESTADUAIS DE BENS DO ATIVO FIXO OU DE MATERIAL PARA USO OU CONSUMO

Art. 638. Nas operações interestaduais, relativas às transferências entre estabelecimentos da mesma empresa, de bens integrados ao ativo imobilizado ou de material de uso ou consumo, observar-se- á:

I - nas saídas do estabelecimento remetente, este emitirá nota fiscal, indicando como valor da operação o da última entrada do bem imobilizado ou do material de consumo, aplicando-se a alíquota interestadual, e lançará os créditos fiscais originários cobrados, a qualquer título, sobre o respectivo bem ou material de uso ou consumo;

II - nas entradas no estabelecimento destinatário, este deverá recolher o diferencial de alíquota, correspondente à diferença entre a alíquota interna e a interestadual, sobre a base de cálculo referida no inciso anterior, através de DAR, modelo 1, nos prazos estabelecidos nos incisos I e III do art. 106.

§ 1º Na hipótese do inciso I, deste artigo:

I - fica concedido crédito presumido, se do confronto entre os créditos e os débitos resultar crédito inferior, no valor correspondente à diferença apurada;

II - será efetuado estorno de crédito, se do confronto referido no inciso anterior, resultar crédito superior, no valor correspondente à diferença constatada.

§ 2º Fica suspenso o recolhimento do imposto nas saídas interestaduais de bens integrados ao ativo imobilizado, bem como de moldes, matrizes, gabaritos, padrões, chapelonas, modelos e estampas para fornecimento de serviços fora do estabelecimento, ou com destino a outro estabelecimento inscrito como contribuinte do imposto para serem utilizados na elaboração de produtos encomendados pelo remetente e desde que devam retornar ao estabelecimento de origem no prazo de 180 (cento e oitenta) dias, contados da saída efetiva.

Capítulo X
DAS OPERAÇÕES DE ENTREGA DE BENS E MERCADORIAS A TERCEIROS, ADQUIRIDOS POR ÓRGÃOS OU ENTIDADES DA ADMINISTRAÇÃO PÚBLICA

Art. 638-A. A entrega de bens e mercadorias adquiridas por órgão ou entidade da Administração Pública Direta da União, dos Estados, do Distrito Federal e dos Municípios, bem como suas autarquias e fundações, poderá ser feita diretamente a outros órgãos ou entidades, indicados pelo adquirente, observando-se o disposto neste Regulamento (Ajustes SINIEF 13/13 e 02/14).

Art. 638-B. O fornecedor deverá emitir a Nota Fiscal Eletrônica - NF-e, modelo 55, relativamente (Ajuste SINIEF 13/13):

I - ao faturamento, sem destaque do imposto, contendo, além das informações previstas na legislação (Ajuste SINIEF 08/16):

a) como destinatário, o órgão ou entidade da Administração Pública Direta ou Indireta adquirente;

b) no grupo de campos "Identificação do Local de Entrega", o nome, o CNPJ e o endereço do destinatário efetivo;

c) no campo "Nota de Empenho", o número da respectiva nota.

II - a cada remessa das mercadorias, com destaque do imposto, se devido, contendo além das informações previstas na legislação. (Ajuste SINIEF 08/16):

a) como destinatário, aquele determinado pelo adquirente;

b) como natureza da operação, a expressão "Remessa por conta e ordem de terceiros";

c) no campo "Chave de Acesso da NF-e Referenciada", a chave de acesso da NF-e relativa ao faturamento, emitida de acordo com o disposto no inciso I;

d) no campo "Informações Complementares", a expressão "NF-e emitida nos termos do Ajuste 13/13".

TÍTULO VII
DA FISCALIZAÇÃO

Capítulo I
DISPOSIÇÕES GERAIS

Seção I
DA COMPETÊNCIA

Art. 639. A fiscalização do imposto é de competência privativa dos auditores fiscais, observadas as disposições da Lei nº 10.094, de 27 de setembro de 2013 e deste Regulamento.

Art. 640. As pessoas físicas ou jurídicas domiciliadas no Estado, contribuintes do imposto ou intermediárias de negócio, não poderão escusar-se de exibir à fiscalização os livros e documentos das escritas fiscal e contábil, bem como todos os papéis relacionados com a sua escrituração.

§ 1º A dispensa de escrita fiscal não exime as pessoas mencionadas neste artigo da obrigação de apresentar ao Fisco os documentos relativos a atos de comércio por elas praticados.

§ 2º No caso de recusa, a fiscalização poderá lacrar os móveis ou depósitos onde possivelmente estejam os documentos exigidos, lavrando termo desse procedimento, do qual deixará cópia com o contribuinte, solicitando de imediato, à autoridade administrativa a que estiver subordinada, providências para que se faça a exibição judicial.

§ 3º A recusa a que se refere o parágrafo anterior caracteriza embaraço à fiscalização.

Art. 641. Não tem aplicação quaisquer disposições legais excludentes ou limitativas do direito de fiscalizar estabelecimentos industriais, comerciais, produtores ou prestadores de serviços de transporte interestadual, intermunicipal e de comunicação.

Art. 642. A fiscalização lavrará termo destinado a documentar o dia e a hora do início do procedimento, bem como os atos e termos necessários à demonstração do resultado da ação fiscal.

§ 1º Para efeitos do disposto no "caput", deverão, também, ser observadas as disposições contidas no art. 37 da Lei nº 10.094, de 27 de setembro de 2013.

§ 2º Não exclui a espontaneidade a expedição de ofício ou notificação para regularização da situação fiscal do contribuinte, desde que integralmente atendida a solicitação no prazo de 10 (dez) dias.

§ 3º Os trabalhos de fiscalização normais deverão ser concluídos em até 60 (sessenta) dias e os especiais em até 120 (cento e vinte) dias, podendo ambos os prazos ser prorrogados por período estabelecido em Portaria do Secretário de Estado da Receita, desde que as circunstâncias ou complexidade dos serviços justifiquem.

§ 4° As diligências solicitadas deverão ser concluídas no prazo de 30 (trinta) dias, podendo ser prorrogado por igual período dependendo do nível de complexidade das tarefas a realizar, observado o disposto nos arts. 59 a 61 da Lei n° 10.094, de 27 de setembro de 2013.

§ 5º Constatada a prática de infração, será lavrado o Auto de Infração correspondente, consignando o período fiscalizado, livros e documentos examinados e quaisquer outras informações úteis à instrução do feito.

§ 6° Para efeitos do disposto no § 5° deste artigo, o Secretário de Estado da Receita poderá, mediante expedição de portaria, determinar o acréscimo de outros requisitos a serem inseridos no Auto de Infração ou na Representação Fiscal, bem como definir-lhes normas simplificadas e aprovar os seus modelos.

§ 7º REVOGADO (Decreto nº 40.006/20 - DOE de 30.01.2020.)

§ 8º Na hipótese de Representação Fiscal, até a inscrição em Dívida Ativa, havendo erro formal, de cálculo ou a comprovação de pagamento anterior, atestados por parecer da fiscalização, o chefe da repartição preparadora do domicílio do contribuinte determinará, por despacho fundamentado, o seu arquivamento e a correção do lançamento no sistema da Secretaria de Estado da Receita.

§ 9° Para efeitos do disposto no § 8º, arquivada a Representação Fiscal fica o contribuinte autorizado a proceder, quando for o caso, à retificação da Guia de Informação Mensal do ICMS - GIM ou da Escrituração Fiscal Digital - EFD.

Seção II
DO EXAME DA ESCRITA

Art. 643. No interesse da Fazenda Estadual, será procedido exame nas escritas fiscal e contábil das pessoas sujeitas à fiscalização, especialmente no que tange à exatidão dos lançamentos e recolhimento do imposto, consoante as operações de cada exercício.

§ 1º Ao realizar exame da escrita, o Auditor Fiscal Tributário Estadual - AFTE convidará o proprietário do estabelecimento ou seu representante a acompanhar o trabalho ou indicar pessoa que o faça e, no caso de recusa, fará constar essa ocorrência do termo ou auto que lavrar.

§ 2º Para os efeitos deste artigo, considera-se exercício:

I – o período compreendido entre dois balanços, quando o contribuinte mantiver escrita contábil;

II – o ano civil, nos demais casos.

§ 3º No exame da escrita fiscal de contribuinte que não mantenha escrituração contábil regular devidamente registrada na Junta Comercial, será exigido o livro Caixa, devidamente autenticado pela repartição fiscal do domicílio do contribuinte, com a escrituração analítica dos recebimentos e pagamentos ocorridos em cada mês.

§ 4º Para efeito de aferição da regularidade das operações quanto ao recolhimento do imposto, deverão ser utilizados, onde couber, os procedimentos abaixo, dentre outros, cujas repercussões são acolhidas por este Regulamento:

I – a elaboração de Demonstrativo Financeiro, através do qual deverão ser evidenciadas todas as receitas e despesas, bem como considerada a disponibilidade financeira existente em Caixa e Bancos, devidamente comprovada, no início e no final do período fiscalizado;

II – o levantamento da Conta Mercadorias, caso em que o montante das vendas deverá ser equivalente ao custo das mercadorias vendidas (CMV) acrescido de valor nunca inferior a 30% (trinta por cento) para qualquer tipo de atividade, observado o disposto no inciso III do parágrafo único do art. 24.

§ 5º Na ausência da escrituração do livro Caixa, que trata o § 3º deste artigo, para que se possa levar a efeito o demonstrativo financeiro referido no § 4º deste artigo, os saldos no início e no final do exercício serão considerados inexistentes.

§ 6º As diferenças verificadas em razão dos procedimentos adotados nos incisos I e II do § 4º deste artigo denunciam irregularidade de omissão de saídas de mercadorias tributáveis, observado o disposto no parágrafo único do art. 646 deste Regulamento.

§ 7º A aceitação das escritas contábil e fiscal para a realização de auditoria e como prova processual junto aos órgãos julgadores administrativos, fica condicionada à apresentação dos livros Diário e Caixa, devidamente autenticados, no prazo estipulado pela fiscalização.

Art. 644. Se pelos livros e documentos apresentados não se puder apurar convenientemente o movimento comercial do estabelecimento, colher-se-ão elementos necessários mediante exame dos livros e documentos de outros estabelecimentos que com o fiscalizado transacionem, ou nos despachos, livros e papéis das empresas de transporte, suas estações ou agências ou noutras fontes subsidiárias.

Art. 645. Constituem elementos subsidiários para o cálculo da produção e correspondente pagamento do imposto dos estabelecimentos industriais o valor e quantidade de matérias-primas, produtos intermediários e embalagens adquiridos e empregados na industrialização e acondicionamento dos produtos, a mão-de-obra empregada, os gastos gerais de fabricação e os demais componentes do custo de produção, assim como as variações dos estoques.

§ 1º Apurada qualquer falta no confronto da produção, resultante do cálculo dos elementos constantes deste artigo com a registrada pelo estabelecimento, exigir-se-á o imposto correspondente.

§ 2º Para a exigência do imposto a que se refere o § 1º deste artigo, ter-se-á em conta que o valor das saídas será, pelo menos, igual ao custo dos produtos fabricados, quando da transferência ou venda, conforme o caso, observado o disposto no parágrafo único do art. 646, deste Regulamento.

§ 3º Relativamente aos estabelecimentos panificadores, para formação do preço final dos produtos, observar-se-á o disposto no Decreto nº 21.728, de 15 de fevereiro de 2001.

§ 4º Os estabelecimentos panificadores que promoverem saída de mercadorias que não integraram o processo de industrialização manterão escrituração fiscal específica para essas operações, devendo a apuração de resultado, em cada exercício, corresponder à soma dos custos determinados na forma dos critérios seguintes:

I – custo das mercadorias vendidas não sujeitas à retenção na fonte, computado o valor correspondente ao excedente do limite fixado no inciso II, do parágrafo anterior, adicionado de parcela equivalente a 30% (trinta por cento) do custo total apurado;

II – custo das mercadorias vendidas adicionado de parcela equivalente ao percentual aplicado sobre o custo apurado, respectivamente das mercadorias sujeitas à retenção na fonte, nos limites fixados neste Regulamento.

Art. 646. Autorizam a presunção de omissão de saídas de mercadorias tributáveis ou a realização de prestações de serviços tributáveis sem o recolhimento do imposto, ressalvada ao contribuinte a prova da improcedência da presunção:

I– o fato de a escrituração indicar:

a) insuficiência de caixa;

b) suprimentos a caixa ou a bancos, não comprovados;

II– a manutenção no passivo de obrigações já pagas ou inexistentes;

III – qualquer desembolso não registrado no Caixa;

IV– a ocorrência de entrada de mercadorias não contabilizadas;

V– declarações de vendas pelo contribuinte em valores inferiores às informações fornecidas por instituições financeiras e administradoras de cartões de crédito.

Parágrafo único. A presunção de que cuida este artigo aplica-se, igualmente, a qualquer situação em que a soma dos desembolsos no exercício seja superior à receita do estabelecimento, levando- se em consideração os saldos inicial e final de caixa e bancos, bem como, a diferença tributável verificada no levantamento da Conta Mercadorias, quando do arbitramento do lucro bruto ou da comprovação de que houve saídas de mercadorias de estabelecimento industrial em valor inferior ao Custo dos Produtos Fabricados, quando da transferência ou venda, conforme o caso.

Art. 647. Ocorrendo extravio, deterioração ou destruição de livros, notas fiscais ou quaisquer outros documentos da escrita fiscal e/ou contábil do contribuinte, este comunicará o fato por escrito e minudentemente à repartição fiscal de seu domicílio dentro das 48 (quarenta e oito) horas seguintes à ocorrência.

Parágrafo único. Havendo necessidade de reconstituição da escrita, os trabalhos serão acompanhados por representante fazendário para tal designado.

Art. 648. Os livros e documentos fiscais, bem como outros papéis relacionados com o imposto, poderão ser retirados do estabelecimento pelas autoridades fiscais, por prazo certo, sem prejuízo para a escrituração que regularmente o contribuinte deva promover.

Parágrafo único. Na hipótese deste artigo, será lavrado termo de apreensão em 02 (duas) vias, uma das quais será entregue ao contribuinte ou seu preposto.

Art. 649. Os livros e documentos fiscais, bem como outros papéis, que constituam provas de infração à legislação tributária, poderão ser apreendidos pelas autoridades fiscais estaduais.

Parágrafo único. O Fisco estadual comunicar-se-á com o federal, quando houver interesse recíproco a respeito da ocorrência, com a remessa de uma das vias do termo de apreensão.

Seção III
DO PEDIDO DE REVISÃO

(REVOGADA -Decreto nº 32.718/12)

Arts. 650 a 652. REVOGADO (Decreto nº 32.718/12)

Seção IV
DO REGIME ESPECIAL DE CONTROLE E FISCALIZAÇÃO

Art. 653. O Secretário de Estado da Receita poderá submeter o contribuinte ou responsável a regime especial de controle e fiscalização, quando:

I – funcionar sem inscrição estadual;

II – notificado para exibir livros e documentos fiscais, não o fizer no prazo concedido pela autoridade fiscal, mesmo sob alegação de desaparecimento, extravio, sinistro, furto, roubo ou atraso de escrituração;

III - emitir irregularmente documentos fiscais que resultem em redução ou omissão do imposto devido;

IV - utilizar irregularmente o equipamento ECF - Emissor de Cupom Fiscal, que resulte em redução ou omissão do imposto devido, ou ainda não apresente valor acrescido compatível com a respectiva atividade econômica;

V - incidir em prática de sonegação fiscal, não sendo possível apurar o montante real da base de cálculo, em decorrência da omissão de lançamento nos livros fiscais ou contábeis ou de seu lançamento fictício ou inexato;

VI - impedir o acesso de auditores fiscais aos locais onde estejam depositados mercadorias e bens relacionados com a ação fiscalizadora;

VII - utilizar, em desacordo com as finalidades previstas na legislação, livro ou documento fiscal, bem como alterar-lhes valores ou declará-los notoriamente inferiores ao preço corrente da mercadoria ou sua similar, na praça em que estiver situado;

VIII - receber, entregar ou tiver sob sua guarda mercadoria desacobertada de documentação fiscal;

IX - transportar, por meios próprios ou de terceiros, mercadoria desacobertada de documentação fiscal ou não coincidente com a especificada no documento;

X - recusar-se a apresentar documento ou declaração exigidos por lei ou regulamento;

XI - deixar de recolher imposto devido, relativo às suas operações ou prestações, nos prazos exigidos em lei ou regulamento;

XI - deixar de recolher (Decreto nº 30.927/09):

a) por mais de três meses consecutivos, o imposto relativo às suas operações ou prestações;

b) no prazo regulamentar, o imposto retido ou que deveria ter sido retido, em razão de substituição tributária;

XII - reiteradamente o contribuinte cometer infração à legislação tributária;

XIII- deixar de emitir ou emitir sem os requisitos exigidos pela legislação, os documentos fiscais exigidos para as operações ou prestações realizadas (Decreto nº 30.927/09).

Art. 654. Sem prejuízo de outras salvaguardas de interesse da Fazenda, o regime especial de controle e fiscalização poderá consistir em:

I - plantão permanente de auditores fiscais no estabelecimento ou junto aos veículos a serem utilizados pelo contribuinte ou responsável;

II - prestação periódica, pelo contribuinte ou responsável, de informações relativas às operações ou prestações realizadas em seu estabelecimento, para fins de comprovação do recolhimento do imposto devido;

III - obrigatoriedade do pagamento do imposto relativo às operações de saídas de mercadorias ou prestações de serviços, diariamente, ou mesmo antes da remessa ou entrega;

IV - obrigatoriedade do recolhimento do imposto apurado por quaisquer dos critérios de arbitramento previstos no parágrafo único do art. 24, inclusive com base em exercício anterior, hipótese em que o valor, corrigido monetariamente, será dividido por 12 (doze), encontrando-se, dessa forma, o montante a ser recolhido no 1º mês da implantação do regime, o qual deverá ser atualizado monetariamente a cada mês subsequente.

V - sujeição do contribuinte ou responsável a qualquer outro regime de recolhimento do imposto.

§ 1º O plantão fiscal previsto no inciso I, deste artigo terá por objetivo:

I - a conferência do recolhimento do imposto devido relativamente às operações de saídas de mercadorias ou às prestações de serviços;

II - a determinação dos valores a serem recolhidos mensalmente com base em arbitramento;

III - assistir a embalagem e desembalagem de mercadorias;

IV - verificar a emissão de documentos fiscais em cada operação ou prestação.

§ 2º O disposto neste artigo poderá ser aplicado, isolada ou cumulativamente, em relação a um contribuinte, ou a vários da mesma atividade econômica, por tempo suficiente à normalização do cumprimento das obrigações tributárias.

§ 3º O ato que submeter o contribuinte a regime especial de controle e fiscalização fixará o prazo de duração e as medidas a serem adotadas.

Seção IV-A
DO DEVEDOR CONTUMAZ

Art. 654-A. A Secretaria de Estado da Receita deverá declarar como devedor contumaz o contribuinte do ICMS que se enquadrar em uma das seguintes condições:

I - sistematicamente deixar de recolher, no prazo regulamentar, o imposto declarado na Escrituração Fiscal Digital - EFD por qualquer de seus estabelecimentos localizados no Estado, relativo a 8 (oito) períodos de apuração, sucessivos ou não, nos últimos 12 (doze) meses;

II – sistematicamente deixar de recolher, no prazo regulamentar, mais de 70% (setenta por cento) do imposto declarado na Escrituração Fiscal Digital – EFD pela totalidade dos seus estabelecimentos localizados no Estado, nos últimos 12 (doze) meses;

III – tiver créditos tributários inscritos em Dívida Ativa do Estado da Paraíba em valor superior a 8.000 (oito mil) UFR-PB, referente à totalidade dos seus estabelecimentos localizados no Estado.

§ 1º O contribuinte deverá ser notificado que está enquadrado em uma das condições previstas para ser declarado devedor contumaz, facultando-o o prazo de 30 (trinta) dias da ciência para se regularizar.

§ 2º Esgotado o prazo concedido no § 1º deste artigo sem que a empresa se regularize, o Secretário de Estado da Receita deverá emitir portaria declarando o contribuinte devedor contumaz.

§ 3º O contribuinte que for declarado devedor contumaz ficará sujeito, isolada ou cumulativamente, às seguintes medidas:

I – Regime Especial de Fiscalização, Controle, Apuração e Arrecadação na forma prevista neste Regulamento;

II – impedimento à utilização de benefícios ou incentivos fiscais relativos ao ICMS, na forma prevista neste Regulamento;

III – apuração do ICMS por operação ou prestação;

IV – pagamento antecipado do ICMS na entrada de mercadoria em seu estabelecimento;

V – pagamento antecipado do ICMS devido pela saída de mercadoria do seu estabelecimento.

§ 4º Serão desconsiderados, para fins de declaração de devedor contumaz:

I – os créditos tributários cuja exigibilidade estiver suspensa;

II – os contribuintes que forem titulares originários de créditos relativos a precatórios inadimplidos pelo Estado ou por suas autarquias, até o limite do respectivo crédito tributário inscrito em Dívida Ativa;

III – o sujeito passivo que esteja submetido à recuperação judicial.

§ 5º O enquadramento do regime especial de que trata o inciso I do § 3º deste artigo não dispensará o contribuinte do cumprimento das demais obrigações acessórias.

§ 6º A Secretaria de Estado da Receita poderá aplicar outras medidas que julgar necessárias, tais como arrolamento administrativo de bens, formalização de Representação Fiscal para Fins Penais ou representação para propositura de medida cautelar fiscal.

§ 7º O contribuinte deixará de ser considerado devedor contumaz se os débitos que motivaram essa condição forem extintos ou tiverem sua exigibilidade suspensa.

Capítulo II
DAS MERCADORIAS EM SITUAÇÃO IRREGULAR E OS EFEITOS FISCAIS

Art. 655. Serão apreendidas e apresentadas à repartição competente, mediante as formalidades legais, notas fiscais, livros e demais documentos em contravenção às disposições da legislação do imposto e todas as coisas móveis que forem necessárias à comprovação da infração.

§ 1º Se não for possível efetuar a remoção das mercadorias ou objetos apreendidos, o apreensor, tomadas as necessárias cautelas, incumbirá de sua guarda ou depósito, pessoa idônea, que poderá ser o próprio infrator, mediante termo de depósito, tendo-se que:

I – havendo despesas com a guarda das mercadorias apreendidas, estas correrão por conta do contribuinte ou responsável;

II – o desvio das mercadorias, quando confiadas ao próprio infrator, será tomado como atestado de comportamento infringente, sem prejuízo das sanções aplicáveis ao depositário infiel.

§ 2º Se a prova das faltas existentes em livros ou documentos fiscais ou comerciais, ou verificadas através deles, independer de verificação da mercadoria, será feita a apreensão somente do documento que contiver a infração ou que comprovar a sua existência.

§ 3º Nos casos de apreensão de mercadorias ou documentos fiscais constará, também, do Auto de Infração o competente Termo de Apreensão e de Depósito, com descrição do lugar onde tenham sido depositados e o nome do depositário, devendo ser assinado pelo apreensor, pelo detentor dos bens apreendidos, pelo depositário e, se possível, por duas testemunhas.

Art. 656. A escolha de pessoa natural ou jurídica para responder pela guarda ou depósito de mercadorias apreendidas deverá recair, sempre que possível, em pessoa de capacidade econômica bastante para responder pelos encargos tributários, em seu valor máximo, que possam advir da mercadoria apreendida.

Art. 657. Havendo prova ou fundada suspeita de que as mercadorias, objetos e livros fiscais se encontram em residência particular ou em dependência de estabelecimento comercial, industrial, produtor, prestador de serviços, profissional ou qualquer outro mesmo utilizado como moradia, tomadas as necessárias cautelas para evitar a sua remoção clandestina, será promovida judicialmente a busca e apreensão se o morador ou detentor, pessoalmente intimado, recusar-se a fazer a sua entrega.

Art. 658. No caso de suspeita de estarem em situação irregular as mercadorias que devam ser expedidas nas estações de transportes ferroviário, rodoviário, aéreo, fluvial ou marítimo, serão tomadas as medidas necessárias à retenção dos volumes até que se proceda à verificação.

§ 1º No caso de ausência da fiscalização a empresa transportadora se encarregará de comunicar o fato ao órgão fiscalizador mais próximo, aguardando as providências legais.

§ 2º Se a suspeita ocorrer na ocasião da descarga a empresa transportadora agirá pela forma indicada no final do "caput" deste artigo e no parágrafo anterior.

Art. 659. Considera-se em situação irregular, estando sujeita a apreensão, a mercadoria que:

I – não esteja acompanhada de documento fiscal regular, nos termos da legislação vigente;

II – o documento fiscal tenha sido confeccionado sem a respectiva autorização para impressão;

III – embora acompanhada de documento revestido das formalidades legais esteja sendo utilizado com objeto de fraude;

IV – tenha cobertura de documento que consigne transmitente ou adquirente fictício;

V – não guarde relação com as especificações constantes do documento fiscal, em especial a numeração de fábrica, espécie e quantidade;

VI – esteja em desacordo com a legislação federal que regulamente a atividade econômica na qual estiver inserida (Decreto nº 29.006/07).

Art. 660. As mercadorias apreendidas poderão ser restituídas, a requerimento da parte interessada, antes do julgamento definitivo do processo, depois de sanadas as irregularidades que motivaram a apreensão, mediante depósito, na repartição competente, do valor do imposto e do máximo da multa aplicável, ou prestação de fiança idônea, quando cabível, ficando retidos os espécimes necessários ao esclarecimento do processo.

§ 1º REVOGADO (Decreto nº 36.128/15).

§ 2º REVOGADO (Decreto nº 36.128/15).

Art. 661. As mercadorias e bens apreendidos e não procuradas pelos seus titulares serão alienadas em leilão, obedecido o disposto nos arts. 96 a 116 da Lei nº 10.094, de 27 de setembro de 2013.

Art. 662. A mercadoria apreendida poderá ser liberada e entregue ao contribuinte, até o momento da realização do leilão, desde que sejam pagos o imposto, as multas cabíveis e as despesas realizadas.

Art. 663. Os produtos falsificados, adulterados ou deteriorados serão inutilizados logo que a decisão do processo tiver passado em julgado.

Parágrafo único. A falsificação, adulteração ou deterioração deverão ser atestadas pelos órgãos competentes.

Art. 664. As mercadorias e os objetos apreendidos que estiverem depositados em poder de comerciante que vier a falir não serão arrecadados na massa, mas removidos para outro local a pedido do chefe da repartição arrecadadora ou de autoridade fiscal superior competente.

TÍTULO VIII DAS DISPOSIÇÕES PENAIS

Capítulo I DAS MULTAS

Art. 665. As multas serão calculadas tomando-se como base:

I – o valor da Unidade Fiscal de Referência do Estado da Paraíba (UFR-PB), prevista no art. 134 da Lei nº 6.379, de 02 de dezembro de 1996, vigente no exercício em que se tenha constatado a infração;

II – o valor do imposto não recolhido tempestivamente, no todo ou em parte;

III – o valor do acréscimo de que trata o art. 675;

IV – os valores das operações e das prestações ou do faturamento.

§ 1º As multas são cumulativas quando resultarem concomitantemente do não cumprimento das obrigações tributárias principal e acessória.

§ 2º O pagamento de multa não dispensa a exigência do imposto, quando devido, e a imposição de outras penalidades.

§ 3º REVOGADO (Decreto nº 20.820/99)

Art. 666. A multa para a qual se adotará o critério referido no inciso III, do art. 665, é fixada em 50% (cinquenta por cento) do valor do acréscimo e será aplicada aos que recolherem o imposto devido, fora do prazo legal, espontaneamente, sem a multa de mora correspondente.

Art. 666-A. As multas para as quais se adotará o critério referido no inciso IV do art. 665 serão as seguintes:

I – 2% (dois por cento) do valor das operações ou prestações no período contemplado na notificação fiscal, não inferior a 5 (cinco) UFR-PB, aos que não fornecerem ou fornecerem incompletas as informações econômico-fiscais relativas a operações ou prestações de terceiros realizadas em ambiente virtual ou mediante utilização de cartões de crédito ou de débito;

II – 5% (cinco por cento) do somatório dos valores totais das operações ou das prestações que deveriam constar no arquivo magnético/digital fornecido, exclusivamente, por meio da Guia de Informação Mensal – GIM, ou aqueles que, mesmo constando do arquivo, apresentem omissão ou divergência entre as informações constantes do arquivo magnético/digital e as constantes dos livros fiscais obrigatórios, não podendo a multa ser inferior a 10 (dez) UFR-PB e nem superior a 400 (quatrocentas) UFR- PB; (Nova Redação – efeitos desde 29.07.17)

III – 70% (setenta por cento) do valor da operação ou prestação pela aquisição de mercadoria ou serviço, em operação ou prestação interestadual, acobertada por documento fiscal, no qual se consigne, indevidamente, a alíquota interestadual, sob a pretensa condição de contribuinte do destinatário da mercadoria ou do serviço;

IV – 0,2% (dois décimos por cento) sobre o valor médio mensal das saídas, excluídas as deduções previstas neste Regulamento, não podendo ser inferior a 5 (cinco) UFR-PB, aos que, estando obrigados à entrega de Escrituração Fiscal Digital – EFD, deixarem de enviar, mensalmente, ao Fisco, os arquivos nos prazos estabelecidos pela legislação;

V – 5% (cinco por cento), aos que deixarem de informar ou informarem com divergência, na forma e prazo regulamentares, em registros do bloco específico de escrituração:

a) documento fiscal relativo à operação de circulação de mercadorias ou de prestação de serviço, por documento não informado ou divergência de valores encontrada, não podendo a multa ser inferior a 10 (dez) UFR-PB e nem superior a 400 (quatrocentas) UFR-PB; (Nova Redação – efeitos desde 29.07.17)

b) o valor total das vendas realizadas com uso de cartão de crédito ou de débito, por venda não informada ou divergência de valores encontrada;

c) os documentos vinculados à exportação, por documento não informado ou divergência de valores encontrada, não podendo a multa ser inferior a 10 (dez) UFR-PB e nem superior a 400 (quatrocentas) UFR-PB; (Nova Redação – efeitos desde 29.07.17)

d) na apuração do ICMS da EFD, o valor do ICMS devido por substituição tributária, por valor não informado ou divergência encontrada;

e) as movimentações de entrada e saída de créditos fiscais extra-apuração, por movimentação não informada, divergência de valores encontrada ou sem o correspondente detalhamento;

f) o valor total de estornos de créditos de ICMS relativo às prestações de serviços de transporte aéreo de passageiros, por valor não informado, divergência de valores encontrada ou sem o correspondente detalhamento;

g) os documentos fiscais nas operações de saídas interestaduais de energia elétrica, por documento não informado ou divergência de valores encontrada, não podendo a multa ser inferior a 10 (dez) UFR-PB e nem superior a 400 (quatrocentas) UFR-PB; (Nova Redação – efeitos desde 29.07.17)

h) as informações mensais utilizadas para o cálculo do valor adicionado por município, por valor não informado ou divergência encontrada.

§ 1º Para efeitos de aplicação da multa prevista no inciso IV deste artigo, a autoridade fiscal poderá utilizar informações disponibilizadas pelo Fisco de outra unidade da Federação, bem como, aquelas fornecidas pelo contribuinte e por outros sujeitos passivos e registradas na base de dados da Administração Tributária Estadual.

§ 2º Verificado que a empresa deixou de informar ou informou a menor, em um ou mais meses, as saídas anteriores ao período em que se deu a obrigação e que serviram de base para determinar a penalidade prevista no inciso IV deste artigo, a autoridade fiscal deverá lavrar Auto de Infração, nos termos deste Regulamento.

§ 3º Para os efeitos de aplicação da penalidade prevista no inciso IV do "caput" deste artigo, o valor médio mensal será obtido pela média aritmética das saídas dos 6 (seis) meses anteriores ao período em que se deu a obrigação, observado o disposto no § 4º deste artigo.

§ 4º No caso de início de atividade, o valor apurado nos termos do § 3º deste artigo será proporcional ao número de meses de funcionamento da empresa no período.

§ 5º Não sendo possível obter o valor médio mensal das saídas na forma prevista nos §§ 1º, 3º e 4º deste artigo, aplicar-se-á a penalidade igual à mínima estabelecida no inciso IV do "caput" deste artigo.

Art. 667. As multas para as quais se adotará o critério referido no inciso II do art. 665, serão as seguintes:

I – de 20% (vinte por cento):

a) aos que, desobrigados da escrita fiscal e da emissão de documentos, deixarem de recolher o imposto no prazo legal;

b) aos que, tendo emitido os documentos fiscais e lançado no livro próprio as operações e prestações efetivadas, deixarem de recolher no prazo legal, no todo ou em parte, o imposto correspondente;

II – de 50% (cinquenta por cento):

TRIBUTÁRIO E FINANCEIRO

a) REVOGADA (Decreto nº 22.320/01);

b) aos que, sujeitos a escrita fiscal, não lançarem nos livros fiscais próprios, as notas fiscais emitidas e deixarem de recolher no prazo legal, no todo ou em parte, o imposto correspondente;

c) aos que deixarem de recolher o imposto em decorrência do uso antecipado de crédito fiscal;

d) aos que transferirem para outros estabelecimentos créditos do imposto, nas hipóteses não permitidas pela legislação tributária;

e) aos que deixarem de recolher o imposto no todo ou em parte, nas demais hipóteses não contidas neste artigo;

III – de 60% (sessenta por cento) aos que deixarem de recolher o imposto em virtude de haver registrado de forma incorreta, nos livros fiscais, o valor real das operações ou prestações;

IV – de 75% (setenta e cinco por cento) aos que indicarem como isentas ou não tributadas, nos documentos fiscais, as operações ou prestações sujeitas ao imposto;

V – de 100% (cem por cento):

a) aos que deixarem de emitir nota fiscal pela entrada ou saída de mercadorias, de venda a consumidor ou de serviço, ou as emitirem sem observância dos requisitos legais;

b) aos que entregarem, remeterem, transportarem, receberem, estocarem, depositarem mercadorias ou efetuarem prestações desacompanhadas de documentos fiscais hábeis;

c) aos que entregarem, remeterem, transportarem, receberem, estocarem ou depositarem mercadorias sujeitas à substituição tributária, sem o recolhimento do imposto;

d) aos que desviarem, do seu destino, mercadorias em trânsito ou as entregarem sem prévia autorização do órgão competente a destinatário diverso do indicado no documento fiscal;

e) aos que entregarem mercadorias depositadas a pessoa ou estabelecimento diverso do depositante, quando este não tenha emitido o documento fiscal correspondente;

f) aos que deixarem de recolher o imposto proveniente de saída de mercadoria ou de prestação serviço, dissimulada por receita de origem não comprovada, inclusive, a representada por despesa realizada a descoberto de caixa, pela existência de passivo fictício ou por qualquer outra forma apurada através de levantamento da escrita contábil ou do livro Caixa quando o contribuinte não estiver obrigado à escrituração;

g) aos que deixarem de reter, na qualidade de sujeito passivo por substituição, e/ou de recolher, nesta condição, o imposto retido na fonte;

h) aos que utilizarem crédito indevidamente;

i) aos que emitirem documento fiscal com numeração e/ou seriação em duplicidade;

j) aos que emitirem documento fiscal contendo indicações diferentes nas respectivas vias;

k) aos que consignarem no documento fiscal importância diversa do valor da operação ou da prestação;

l) aos que forjarem, adulterarem ou falsificarem livros ou documentos fiscais ou contábeis, com finalidade de se eximirem do pagamento do imposto ou proporcionarem a outrem a mesma vantagem;

m) aos que receberem mercadorias ou utilizarem serviço cujo documento fiscal de origem consigne importância inferior à do efetivo valor da operação ou prestação ou quantidade inferior à efetivamente entrada, sobre a diferença apurada;

n) aos que emitirem documento fiscal que não corresponda efetivamente a uma prestação, a uma saída de mercadoria, a uma transmissão de propriedade desta ou ainda a uma entrada no estabelecimento;

o) aos que não efetuarem baixa no Termo de Responsabilidade de Mercadorias em Trânsito, do Passe Fiscal, ou não comprovarem o desinternamento das mercadorias do território paraibano.

p) aos que não efetuarem o registro de passagem do Documento Auxiliar da Nota Fiscal Eletrônica (DANFE) e não comprovarem o desinternamento do território paraibano, das mercadorias indicadas nos respectivos documentos fiscais (Lei nº 8.613/08).

Art. 668. Não se aplicará a penalidade prevista na alínea "g" do inciso V, do artigo anterior, quando ficar provado o recolhimento do imposto pelo contribuinte substituído.

Art. 669. Além das penalidades previstas no inciso V do art. 667, o contribuinte poderá responder por crime contra a ordem tributária, nos termos definidos na Lei Federal nº 8.137, de 27 de dezembro de 1990.

Art. 670. As multas para as quais se adotará o critério referido no inciso I do art. 665, serão as seguintes:

I - REVOGADO (Decreto nº32.718/12);

II - de 03 (três) UFR-PB:

a) aos que, nas operações ou prestações não sujeitas ao pagamento do imposto, sendo legalmente obrigados a emitir nota fiscal ou outro documento de controle, não o fizerem;

b) aos que, sujeitos à escrita fiscal, não lançarem as notas fiscais correspondentes às mercadorias recebidas ou às prestações efetuadas nos livros fiscais próprios, por documento (Decreto nº 28.259/07);

c) aos que, sujeitos à escrita fiscal, deixarem de apresentar no prazo legal, o documento de arrecadação próprio, quando exigido;

d) aos contribuintes com faturamento anual inferior a R$ 1.200.000,00 (um milhão e duzentos mil reais) que não fizerem a entrega de quaisquer documentos de controle e informações econômico-fiscais, nos prazos estabelecidos na legislação, por documento (Lei nº 8.613/08);

e) aos que, nas saídas internas e interestaduais, deixarem de informar no DANFE os dados referentes à prestação do serviço de transporte de carga (Decreto nº 36.213/15);

III – de 05 (cinco) UFR-PB:

a) aos que utilizarem livros ou notas fiscais sem autenticação na repartição competente, nos prazos estabelecidos neste Regulamento;

b) aos que não fizerem a entrega de quaisquer documentos de controle e informações econômico-fiscais, nos prazos estabelecidos, por documento;

c) aos que deixarem de comunicar à repartição fiscal o encerramento ou suspensão da atividade do estabelecimento;

d) aos que deixarem de comunicar à repartição competente o montante das mercadorias existentes em seu estabelecimento por ocasião do encerramento do exercício financeiro, no prazo e na forma previstos neste Regulamento;

IV – de 10 (dez) UFR-PB:

a) aos que deixarem de comunicar à repartição fazendária as alterações contratuais e estatutárias, bem como as mudanças de domicílio fiscal, venda, fusão, cisão, transformação, incorporação, sucessão motivada pela morte do titular, transferência de estabelecimento, no prazo de 30 (trinta) dias após a ocorrência do fato;

b) aos que imprimirem ou mandarem imprimir documento sem autorização da repartição competente ou em desacordo com a mesma;

V – 10, 20, 30, 100, 200 (dez, vinte, trinta, cem ou duzentas) UFR-PB, aos que, por qualquer forma, embaraçarem ou iludirem a ação fiscal, ou ainda, se recusarem a apresentar livros ou documentos exigidos pela fiscalização, na forma estabelecida no § 1º deste artigo (Decreto nº 28.259/07);

VI - de 5, 10, 15 ou 20 (cinco, dez, quinze ou vinte) UFR-PB, aos que infringirem disposições da legislação do imposto para as quais não haja penalidade, como disposto no § 2º, deste artigo;

VII - de 1 (uma) a 200 (duzentas) UFR-PB, aos que cometerem as infrações abaixo relacionadas relativas ao uso de Equipamento Emissor de Cupom Fiscal - ECF ou equipamentos similares (Lei nº 7.334/03):

a) deixar de utilizar, quando obrigado pela legislação - 100 (cem) UFR-PB por estabelecimento;

b) utilizar fora do recinto de atendimento ou em local não visível ou sem dispositivo de visualização ao consumidor das operações ou prestações realizadas - 50 (cinquenta) UFR-PB por equipamento;

c) utilizar no recinto de atendimento ao público, sem autorização fazendária, equipamento que possibilite o registro ou o processamento de dados relativos às operações com mercadorias ou prestações de serviços - 100 (cem) UFR-PB por equipamento, sem prejuízo de sua apreensão e utilização como prova de infração à legislação tributária;

d) deixar de emitir ou não entregar ao consumidor o cupom fiscal ou seccionar a bobina que contém a fita detalhe - 10 (dez) UFR- PB por documento, ato ou situação;

e) emitir documento fiscal para consumidor final por outro meio, que não seja através do ECF, exceto nas condições previstas na legislação - 20 (vinte) UFR-PB por cada documento emitido em desacordo com as exigências da legislação;

f) utilizar programas aplicativos que permitam o registro de vendas sem a impressão concomitante do cupom fiscal ou a interferência nos valores registrados que impossibilite sua acumulação no totalizador geral e nos totalizadores parciais, ou ainda, o registro de vendas através de equipamento fiscal ou qualquer outro equipamento com possibilidade de emissão que se assemelhe ou possa ser confundido com cupom fiscal - 200 (duzentas) UFR-PB por equipamento, sem prejuízo da representação a ser encaminhada ao Ministério Público, nas hipóteses de crime contra a ordem tributária definidas na Lei Federal nº 8.137, de 27 de dezembro de 1990;

g) indicar a expressão "sem valor fiscal" ou equivalente em documento referente à operação sujeita ao imposto - 10 (dez) UFR-PB por documento, ato ou situação;

h) utilizar equipamento sem o dispositivo de segurança, quando exigido, ou com este rompido ou adulterado - 100 (cem) UFR-PB por equipamento;

i) utilizar equipamento em estabelecimento diverso daquele para o qual tenha sido autorizado, ainda que os estabelecimentos pertençam ao mesmo titular - 30 (trinta) UFR-PB por equipamento;

j) deixar de apresentar o cupom de leitura das operações ou prestações do dia (redução Z) ou da leitura da memória fiscal do período de apuração – 5 (cinco) UFR-PB por documento não apresentado;

k) deixar de apresentar a fita-detalhe ou apresentação desta com indicações ilegíveis ou com ausência de indicações que tenham repercussão na obrigação tributária – 10 (dez) UFR-PB por dia de operação;

l) deixar de emitir o cupom de leitura X do equipamento fiscal no início do dia e no início e no fim da fita-detalhe – 5 (cinco) UFR-PB por bobina;

m) escriturar incorretamente os lançamentos das operações e prestações no Mapa Resumo e no livro Registro de Saídas – 5 (cinco) UFR-PB por lançamento;

n) descumprir formalidade relacionada ao uso dos equipamentos, para a qual não esteja prevista penalidade específica – 15 (quinze) UFR-PB por ato ou situação;

o) extraviar, destruir ou utilizar equipamento ECF de forma irregular – 200 (duzentas) UFR- PB por equipamento;

p) retirar equipamento ECF do estabelecimento sem a prévia anuência da SER-PB, exceto no caso de remessa para conserto em empresa credenciada a intervir no ECF – 50 (cinquenta) UFR-PB por equipamento;

q) deixar de exibir em local visível e de fácil leitura, cartazes informativos destacando a obrigatoriedade de emissão de cupom fiscal – 10 (dez) UFR-PB por estabelecimento;

r) deixar de emitir, pelo equipamento ECF, o comprovante de pagamento de operação ou prestação efetuada por cartão de crédito ou débito, nos termos da legislação vigente – 200 (duzentas) UFR- PB por equipamento;

s) deixar de apresentar, quando solicitada pelo Fisco, listagem atualizada contendo código, descrição, situação tributária e valor unitário das mercadorias comercializadas pelo estabelecimento – 30 (trinta) UFR-PB por estabelecimento;

t) utilizar programa aplicativo para impressão de cupom fiscal sem prévia comunicação de uso à SER – 50 (cinquenta) UFR-PB por estabelecimento;

u) deixar de fornecer, quando solicitada, a documentação técnica relativa ao programa aplicativo destinado à impressão de cupom fiscal – 200 (duzentas) UFR-PB, por estabelecimento;

v) deixar de exibir ao Fisco, quando solicitado, ou manter em desacordo com a legislação tributária arquivos eletrônicos, cópias-demonstração de programas aplicativos, senha ou meio eletrônico que possibilite o acesso a equipamento, banco de dados, telas, funções e comandos de programa aplicativo fiscal, bem como a realização de leituras, consultas e gravação de conteúdo das memórias de ECF - 200 (duzentas) UFR-PB, por estabelecimento;

x) deixar de substituir, quando intimada pelo Fisco, em todos os equipamentos que utilizarem o programa aplicativo, as versões que contiverem rotinas prejudiciais aos controles fiscais - 100 (cem) UFR-PB, por estabelecimento;

VIII - de 5 (cinco) a 200 (duzentas) UFR-PB, aos que, na qualidade de credenciados, cometerem as infrações abaixo relacionadas, relativas ao uso de Equipamento Emissor de Cupom Fiscal - ECF ou (Lei nº 7.334/03):

a) deixar de exercer o credenciamento com exemplar probidade ou fornecer informações inverídicas - 100 (cem) UFR-PB por ato ou situação;

b) deixar de emitir o Atestado de Intervenção Técnica sempre que exercer vistoria, reparo, manutenção ou atividade afim ou emiti-lo de forma inexata, incompleta ou com a finalidade de simular intervenção não realizada - 50 (cinquenta) UFR-PB;

c) realizar intervenção técnica sem a emissão imediata, antes e depois da intervenção, dos cupons de leitura X - 10 (dez) UFR-PB por leitura;

d) deixar de apresentar à repartição do domicílio fiscal do contribuinte o atestado de intervenção técnica, ou apresentá-lo fora do prazo estabelecido - 20 (vinte) UFR-PB por intervenção técnica;

e) deixar de apresentar ao Fisco, mensalmente, comunicação da comercialização a usuário final dos equipamentos ECF, dos mapas de lacres e atestados de intervenção utilizados - 10 (dez) UFR-PB por ato;

f) instalar, fornecer ou divulgar programas aplicativos que permitam o registro de vendas sem a impressão concomitante do cupom fiscal ou a interferência nos valores registrados que impossibilite sua acumulação no totalizador geral e nos totalizadores parciais, ou ainda, o registro de vendas através de equipamento fiscal ou qualquer outro equipamento com possibilidade de emissão que se assemelhe ou possa ser confundido com cupom fiscal - 200 (duzentas) UFR-PB por equipamento, sem prejuízo da representação a ser encaminhada ao Ministério Público, nas hipóteses de crimes contra a ordem tributária definidos na Lei Federal nº 8.137, de 27 de dezembro de 1990;

g) adulterar dados acumulados no totalizador geral - GT, na memória fiscal, memória de trabalho ou na memória de fita-detalhe de equipamento ECF ou contribuir para adulteração destes - 200 (duzentas) UFR-PB por ato;

h) liberar equipamentos sem observância dos requisitos legais - 20 (vinte) UFR-PB por equipamento;

i) extraviar, deixar de instalar ou instalar incorretamente lacres fornecidos pelo Fisco - 50 (cinquenta) UFR-PB por lacre;

j) deixar de proceder à substituição da versão do "software" básico, quando obrigada sua troca, no prazo previsto no Ato Homologatório – 30 (trinta) UFR-PB por equipamento;

k) instalar, no estabelecimento usuário de ECF, programa aplicativo destinado à impressão do cupom fiscal sem o cadastramento prévio do fornecedor responsável - 100 (cem) UFR-PB por programa;

l) deixar de apor, nas extremidades do local seccionado da fita detalhe, o nome da empresa credenciada, o número do atestado de intervenção, a data e a assinatura do interventor - 20 (vinte) UFR-PB por ato ou situação;

m) incorrer em infração para a qual não haja penalidade específica - 15 (quinze) UFR-PB por ato, situação ou circunstância;

IX - de 5 (cinco) a 400 (quatrocentas) UFR-PB, aos que cometerem as infrações relativas a processamento de dados, abaixo relacionadas (Lei nº 7.334/03):

a) utilizar sistemas para escrituração de livros fiscais, em desacordo com a legislação - 15 (quinze) UFR-PB, por livro, por mês escriturado;

b) emitir documentos fiscais sem autorização ou autenticação fazendária - 5 (cinco) UFR- PB, por documento (Decreto nº 28.259/07);

c) não entregar ou entregar em desacordo com a legislação tributária ou não manter ou manter em divergência com a legislação tributária arquivos eletrônicos referentes à emissão de documentos fiscais, à escrituração de livros fiscais ou à Escrituração Fiscal Digital - 300 (trezentas) UFR-PB (Unidades Fiscais de Referência do Estado da Paraíba), por período de apuração, independentemente de intimação e/ou notificação do Fisco;

d) deixar de manter arquivo magnético/digital ou mantê-lo fora das especificações previstas na legislação tributária - 100 (cem) UFR-PB, por mês;

e) utilizar processamento de dados em desacordo com a respectiva autorização - 50 (cinquenta) UFR-PB, por mês;

f) deixar de fornecer ao Fisco, quando solicitada, documentação técnica relativa ao programa ou sistema eletrônico de processamento de dados e suas alterações - 400 (quatrocentas) UFR-PB, por estabelecimento;

g) utilizar processamento de dados em desacordo com a respectiva autorização - 50 (cinquenta) UFR-PB;

h) vender, adquirir ou utilizar formulário de segurança sem autorização, aplicável tanto ao fabricante quanto ao usuário - 10 (dez) UFR-PB, por formulário;

i) faltar com a numeração tipográfica nos formulários contínuos - 05 (cinco) UFR-PB, por formulário;

j) deixar de comunicar ao Fisco o vínculo e a cessação deste com o desenvolvedor ou responsável pelo programa aplicativo utilizado para emissão de documentos fiscais – 50 (cinquenta) UFR-PB por estabelecimento;

k) REVOGADA (Decreto nº 34.083/13);

l) utilizar, fornecer ou divulgar programas relativos à emissão de documentos fiscais que permitam manter informação fiscal/contábil diversa daquela legalmente fornecida ao Fisco ou em desacordo com a legislação – 100 (cem) UFR-PB por estabelecimento, sem prejuízo da representação a ser encaminhada ao Ministério Público, nas hipóteses de crime contra a ordem tributária definidas na Lei Federal nº 8.137, de 27 de dezembro de 1990;

m) incorrer em infração para a qual não haja penalidade específica – 10 (dez) UFR-PB, por ato, situação ou circunstância;

X – de 10 (dez) a 50 (cinquenta) UFR-PB, aos que cometerem as infrações relativas ao uso do selo de autenticação fiscal, abaixo relacionadas:

a) deixar de informar à repartição fiscal e de publicar no Diário Oficial do Estado, no prazo de até 05 (cinco) dias, o extravio de documento fiscal selado – 10 (dez) UFR-PB, por documento extraviado;

b) deixar de comunicar à repartição fiscal e de publicar no Diário Oficial do Estado, o extravio de selo fiscal de autenticidade – 10 (dez) UFR-PB, por selo extraviado;

c) falta de aposição do selo fiscal de autenticidade no correspondente documento estabelecido na Autorização de Impressão de Documentos Fiscais – AIDF – 05 (cinco) UFR-PB, por documento irregular;

d) aposição de selo fiscal de autenticidade em documento diverso do estabelecido na Autorização de Impressão de Documentos Fiscais – AIDF – 05 (cinco) UFR-PB, por documento irregular;

e) deixar de devolver à repartição competente o saldo de selos fiscais não utilizados, em razão de encerramento de atividade – 15 (quinze) UFR- PB, por selo não devolvido;

f) deixar de comunicar à repartição fiscal irregularidade constatada na conferência dos documentos selados – 20 (vinte) UFR-PB, por documento;

g) deixar de comunicar à repartição fiscal a existência de documento com selo fiscal irregular que tenha acobertado aquisição de mercadoria ou prestação de serviço – 25 (vinte e cinco) UFR-PB, por documento;

h) outras irregularidades constatadas pela fiscalização – 50 (cinquenta) UFR-PB, por ocorrência;

XI - 20 (vinte) UFR-PB, por cada um dos contribuintes, em relação aos quais a instituição financeira e de pagamento, integrantes ou não do Sistema de Pagamento Brasileiro - SPB, deixar de prestar as informações a que se refere o art. 389 deste Regulamento, no período fixado na legislação; (Nova Redação - efeitos desde 13.06.17)

XII - de 1 (uma) a 10 (dez) UFR-PB, aos que cometerem as infrações relativas ao selo fiscal, abaixo relacionadas:

a) falta de aposição do selo fiscal pelo estabelecimento envasador, em vasilhame de 20 (vinte) litros que contenha água mineral natural, água natural ou água adicionada de sais, flagrado em trânsito no território paraibano, em veículo de sua propriedade ou de terceiro contratado - 1 (uma) UFR-PB, por vasilhame;

b) aposição irregular do selo fiscal pelo estabelecimento envasador, em desacordo com o estabelecido na legislação específica, flagrado em trânsito no território paraibano, em veículo de sua propriedade ou de terceiro contratado - 1 (uma) UFR-PB por vasilhame de 20 (vinte) litros que contenha água mineral natural, água natural ou água adicionada de sais, conforme o caso;

c) falta de comunicação ao Fisco estadual, pelo estabelecimento envasador de água mineral natural, água natural ou água adicionada de sais, de inutilização de selo fiscal, até o quinto dia do mês subsequente relativo às ocorrências do mês anterior - 1 (uma) UFR-PB, por selo fiscal inutilizado;

d) falta do selo fiscal em vasilhame de 20 (vinte) litros contendo água mineral natural, água natural ou água adicionada de sais que for encontrado em estabelecimento distribuidor ou revendedor, bem como, aquele que for flagrado em trânsito no território paraibano, em veículo de sua propriedade ou de terceiro contratado - 1 (uma) UFR-PB, por vasilhame;

e) falta de comunicação ao Fisco estadual pelo estabelecimento envasador de água mineral natural, água natural ou água adicionada de sais, de extravio de selo fiscal, até o quinto dia após a ocorrência - 6 (seis) UFR-PB, por selo fiscal extraviado;

f) exposição de vasilhame de 20 (vinte) litros que contenha água mineral natural, água natural ou água adicionada de sais, encontrado para comercialização em estabelecimentos envasadores, distribuidores ou revendedores com a presença de selo fiscal falsificado ou adulterado, sem prejuízo de outras penalidades cabíveis - 10 (dez) UFR-PB, por vasilhame;

g) saídas de vasilhames de 20 (vinte) litros contendo água mineral natural, água natural ou água adicionada de sais em quantidade superior à emissão de selos fiscais - 1 (uma) UFR-PB por vasilhame desacompanhado de selo fiscal, limitada a 500 (quinhentas) UFR-PB por exercício.

§ 1º As multas previstas no inciso V do «caput» deste artigo serão aplicadas (Decreto nº 28.259/07):

I – de 10 (dez) UFR-PB aos estabelecimentos com faturamento mensal até 100 (cem) UFR-PB;

II – de 20 (vinte) UFR-PB aos estabelecimentos com faturamento mensal superior a 100 (cem) até 250 (duzentos e cinquenta) UFR-PB;

III – de 30 (trinta) UFR-PB aos estabelecimentos com faturamento mensal superior a 250 (duzentos e cinquenta) até 350 (trezentas e cinquenta) UFR-PB;

IV – de 100 (cem) UFR-PB aos estabelecimentos com faturamento mensal superior a 350 (trezentas e cinquenta) até 500 (quinhentas) UFR-PB;

V– de 200 (duzentas) UFR-PB aos estabelecimentos com faturamento mensal superior a 500 (quinhentas) UFR-PB.

§ 2º As multas previstas no inciso VI, do "caput" deste artigo, serão aplicadas:

I – de 5 (cinco) UFR-PB, quando o estabelecimento tenha faturamento mensal até 100(cem) UFR-PB;

II – de 10 (dez) UFR-PB, quando o estabelecimento tenha faturamento mensal até 200 (duzentas) UFR-PB;

III – de 15 (quinze) UFR-PB, quando o estabelecimento tenha faturamento mensal até 300 (trezentas) UFR-PB;

IV – de 20 (vinte) UFR-PB, quando o estabelecimento tenha faturamento mensal superior a 300 (trezentas) UFR-PB.

§ 3º REVOGADO (Decreto nº 24.092/03).

§ 4º REVOGADO (Decreto nº 24.092/03).

§ 5º Nas hipóteses previstas no inciso XII, alíneas "a", "b", "d" e "f", será feita a apreensão das mercadorias, nos termos de legislação específica.

Art. 671. Será adotado, também, o critério referido no inciso I do art. 665, com aplicação de multa, na forma a seguir:

I– de 10 (dez) a 300 (trezentas) UFR-PB, nos seguintes casos:

a) aos que transportarem, receberem, estocarem, depositarem mercadorias ou efetuarem prestações de serviços de transporte sem etiqueta ou visto no documento fiscal, Termo de Responsabilidade de Mercadorias em Trânsito ou Passe Fiscal, emitidos pelos Postos Fiscais de fronteira, ou sem o registro de passagem do Documento Auxiliar da Nota Fiscal Eletrônica (DANFE);

b) aos que, antes de qualquer ação fiscal, deixarem de entregar documentos fiscais correspondentes às mercadorias ou bens transportados;

c) aos que violarem o lacre de segurança aposto nos malotes ou veículos pela fiscalização de mercadorias em trânsito, sem prejuízo do disposto no inciso IV do art. 140 (Lei nº 8.613/08);

II- de 50 (cinquenta) UFR-PB, aos que, por qualquer forma, embaraçarem a ação da fiscalização de trânsito de mercadorias;

III - 60 (sessenta) UFR-PB aos que deixarem de comunicar à repartição fiscal de seu domicílio (Lei nº 8.613/08):

a) qualquer intervenção em bomba de combustível utilizada no estabelecimento ou quando esta apresentar problemas, descrevendo a ocorrência pormenorizadamente na comunicação;

b) a aquisição de novos tanques de combustíveis para uso do estabelecimento, ainda que sob a modalidade do comodato ou arrendamento, a reutilização de tanque para acondicionamento de outro tipo de combustível, bem como a cessação de uso do tanque de combustível.

IV- de 10 (dez) a 300 (trezentas) UFR-PB, aos que cometerem as infrações relativas a documentos fiscais eletrônicos, abaixo relacionadas (Decreto nº 32.019/11):

a) deixarem de emitir documento fiscal eletrônico, quando este for exigido, desde que a irregularidade não tenha sido detectada na fiscalização de trânsito de mercadorias;

b) deixar o destinatário de comunicar ao Fisco erros de validade, de autenticidade e de existência de autorização de uso do documento fiscal eletrônico;

c) deixar o emitente de transmitir, de acordo com a legislação vigente, os documentos fiscais eletrônicos emitidos em contingência, quando exigido pela legislação;

d) REVOGADA (efeitos desde 29.07.17 - Decreto nº 37.536/17);

e) deixar o emitente de encaminhar ou não disponibilizar ao destinatário, imediatamente após o recebimento da autorização de uso, o arquivo do documento fiscal eletrônico e seu respectivo protocolo de autorização de uso;

f) deixar o destinatário de comunicar ao Fisco a falta de autorização de uso do documento fiscal eletrônico, emitido em contingência, até 30 dias contados a partir do prazo estabelecido na legislação para o emitente autorizar a NF-e;

g) deixarem de guardar os arquivos digitais de documentos fiscais eletrônicos, na forma e prazos previstos na legislação;

h) REVOGADA (Decreto nº 36.393/15);

i) cancelar o emitente o documento fiscal eletrônico, após a circulação física da mercadoria ou a prestação do serviço de transporte;

j) REVOGADA (Decreto nº 36.393/15);

k) emitirem documento fiscal eletrônico em desacordo com a legislação tributária;

V- de 03 (três) UFR-PB por documento, aos que emitirem ou danificarem documento auxiliar de documento fiscal eletrônico de forma que impossibilite a leitura da chave de acesso por meio de código de barras (Decreto nº 32.019/11);

VI - de 05 (cinco) UFR-PB por documento, ao emitente que deixar de solicitar, no prazo previsto na legislação, a inutilização de numeração em série de documento fiscal eletrônico (Decreto nº 32.019/11);

VII - REVOGADO (Decreto nº 35.995/15);

VIII - de 5 (cinco) UFR-PB, aos que deixarem de informar, ou informarem com divergência, em registros do bloco específico de escrituração do Controle do Crédito de ICMS do Ativo Permanente - CIAP, por informação omitida ou divergência encontrada;

IX - de 5 (cinco) UFR-PB, aos que deixarem de informar ou informarem com divergência, na forma e prazo regulamentares, em registros do bloco específico de escrituração:

a) os estoques diários de combustíveis, por estoque não informado ou divergência encontrada;

b) as movimentações diárias de entrada e saída de combustíveis, por movimentação não informada ou divergência encontrada;

c) a produção diária da usina, por produção não informada ou divergência encontrada;

X - de 100 (cem) UFR-PB, aos que deixarem de enviar, ou enviarem com divergência, na forma e no prazo regulamentares, os registros da EFD que estejam obrigados, quando não cabíveis as sanções previstas nos incisos V do art. 666-A e VIII e IX deste artigo;

XI - de 3 (três) UFR-PB por documento fiscal eletrônico, quando o destinatário deixar de prestar informações sobre o recebimento das mercadorias, caso exigidas, na forma e prazos previstos na legislação, limitada a 500 (quinhentas) UFR por exercício;

XII - de 1 (uma) UFR-PB por documento, aos que emitirem Nota Fiscal de Consumidor Eletrônica-NFC-e, modelo 65, de valor igual ou superior ao fixado em Portaria do titular da Secretaria de Estado da Receita, sem inserir o CPF do consumidor, limitada a 20 (vinte) UFR-PB por mês; (Acrescido o inciso XII ao art. 671 - efeitos desde 13.06.17)

XIII – de 2 (duas) UFR-PB por documento, aos que deixarem de transmitir para o Sistema SEFAZ/VIRTUAL, Nota Fiscal de Consumidor Eletrônica – NFC-e, modelo 65, emitida em contingência. (Acrescido o inciso XIII ao art. 671 – efeitos desde 29.07.17)

XIV – de 1 (uma) UFR-PB por documento, limitada a 10 (dez) UFR-PB por mês, aos que transmitirem com atraso para o Sistema SEFAZ/VIRTUAL, Nota Fiscal de Consumidor Eletrônica – NFC- e, modelo 65, emitida em contingência;

XV – de 100 (cem) UFR-PB por documento fiscal, às empresas de prestação de serviço de transporte de cargas que, consideradas fiéis depositárias, inscritas no Cadastro de Contribuintes do ICMS do Estado da Paraíba – CCICMS-PB, efetuarem a entrega de mercadorias ou bens antes da liberação pelo fisco de Nota Fiscal Eletrônica – NF-e bloqueada, listada ou não em Manifesto Eletrônico de Documentos Fiscais – MDF-e, por qualquer situação prevista na legislação vigente;

XVI – de 5 (cinco) UFR-PB por documento, ao emitente que deixar de informar em documento fiscal eletrônico os registros e os campos obrigatórios;

XVII – de 100 (cem) UFR-PB por equipamento de cartão utilizado pela empresa que não emita documento fiscal eletrônico de forma integrada;

XVIII – de 100 (cem) UFR-PB, ao contribuinte que não emita CT-e, NF-e e MDF-e quando esteja obrigado pela legislação tributária à emissão de tais documentos fiscais;

XIX – de 10 (dez) UFR-PB, ao transportador que circule sem o Documento Auxiliar de Manifesto Eletrônico de Documentos Fiscais – DAMDF-e, ou não o apresente quando solicitado;

XX – de 10 (dez) UFR-PB, por documento fiscal, ao transportador que circule com mercadoria ou bem cujo documento fiscal não esteja relacionado no respectivo Manifesto Eletrônico de Documentos Fiscais – MDF-e – que acompanhe a carga;

XXI – de 20 (vinte) UFR-PB, ao transportador que circule com Documento Auxiliar do Manifesto Eletrônico de Documentos Fiscais – DAMDF-e – com situação "cancelado" ou "encerrado";

XXII – de 15 (quinze) UFR-PB, ao transportador que circule com veículo diverso do consignado no Documento Auxiliar do Manifesto Eletrônico de Documentos Fiscais – DAMDF-e, ou o faça com documento fiscal que não possua indicação da(s) placa(s) do veículo;

XXIII – de 50 (cinquenta) UFR-PB, ao órgão de registro público mencionado no § 6º do art. 49 da Lei nº 10.094, de 27 de setembro de 2013, que não comunicar à Secretaria de Estado da Fazenda – SEFAZ-PB – a alteração promovida no registro público em decorrência de alienação, oneração ou transferência, a qualquer título, inclusive aquela decorrente de cisão parcial, arrematação ou adjudicação em leilão ou pregão, desapropriação ou perda total, de qualquer dos bens ou direitos arrolados;

XXIV - de 100 (cem) UFR-PB, ao proprietário dos bens e direitos arrolados que não comunicar à Secretaria de Estado da Fazenda - SEFAZ-PB - a alteração promovida no registro público em decorrência de alienação, oneração ou transferência, a qualquer título, inclusive aquela decorrente de cisão parcial, arrematação ou adjudicação em leilão ou pregão, desapropriação ou perda total, de qualquer dos bens ou direitos arrolados;

XXV - de 10% (dez por cento) do valor dos bens ou direitos não informados à Secretaria de Estado da Fazenda - SEFAZ-PB - quando solicitados pela fiscalização para formação do arrolamento.

§ 1º Na hipótese dos incisos I e IV deste artigo, a multa a ser aplicada será (Decreto nº 32.019/11):

I- de 10 (dez) UFR-PB, por documento com valor até 100 (cem) UFR-PB;

II - de 50 (cinquenta) UFR-PB, por documento com valor superior a 100 (cem) e inferior a 500 (quinhentas) UFR-PB;

III - de 100 (cem) UFR-PB, por documento com valor igual ou superior a 500 (quinhentas) e inferior a 1000 (mil) UFR-PB;

IV - de 200 (duzentas) UFR-PB, por documento com valor igual ou superior a 1000 (mil) e inferior a 2000 (duas mil) UFR-PB;

V - de 300 (trezentas) UFR-PB, por documento com valor igual ou superior a 2000 (duas mil) UFR-PB.

§ 2º As multas previstas neste artigo terão como limite máximo 20% do valor das mercadorias ou bens.

Art. 672. Para fins do disposto nos incisos V, do art. 670 e II, do art. 671, constitui embaraço à ação fiscal o não atendimento das solicitações da fiscalização, em razão de circunstâncias que dependam da vontade do sujeito passivo.

Art. 673. A reincidência punir-se-á com multa acrescida de 50% (cinquenta por cento), adicionando-se a essa pena de 10% (dez por cento) da multa original a cada nova recidiva.

Parágrafo único. Considera-se reincidência a prática de nova infração ao mesmo dispositivo legal, por parte da mesma pessoa, natural ou jurídica, dentro de 5 (cinco) anos contados da data do pagamento da infração, da decisão definitiva referente à infração anterior ou da inscrição em Dívida Ativa na hipótese de crédito tributário não quitado ou não parcelado, conforme disposto no art. 39 da Lei nº 10.094, de 27 de setembro de 2013.

Art. 674. O valor da multa será reduzido de:

I – 60% (sessenta por cento), no caso de recolhimento integral da importância exigida, dentro de 10 (dez) dias contados da data do recebimento da notificação constante do auto de infração, ou da representação fiscal, observado o disposto no § 2º deste artigo e no art. 675 deste Regulamento;

II – 50% (cinquenta por cento), no caso de recolhimento integral da importância exigida, dentro de 30 (trinta) dias contados da data da ciência do auto de infração ou da representação fiscal, observado o inciso VII deste artigo;

III – 40% (quarenta por cento), no caso de recolhimento integral da importância exigida, quando decorridos mais de 30 (trinta) dias da data de ciência do auto de infração ou da representação fiscal até a data da inscrição em Dívida Ativa;

IV – 30% (trinta por cento), no caso de recolhimento parcelado da importância exigida, no prazo de 30 (trinta) dias contados da data da ciência do auto de infração ou da representação fiscal;

V – 20% (vinte por cento), no caso de recolhimento parcelado da importância exigida, quando decorridos mais de 30 (trinta) dias da data da ciência do auto de infração ou da representação fiscal até a data da inscrição em Dívida Ativa;

VI – 50% (cinquenta por cento), no caso de pagamento integral da importância exigida, dentro de 30 (trinta) dias contados da ciência do auto de infração, quando da prática das irregularidades descritas no inciso III do art. 666-A deste Regulamento.

VII – 75% (setenta e cinco por cento), no caso de pagamento integral da importância exigida, no prazo de 30 (trinta) dias contados da data da ciência do auto de infração ou da representação fiscal, quando da prática da irregularidade descrita no inciso IV do "caput" do art. 666-A, nas seguintes situações:

a) operações não sujeitas ao recolhimento do imposto;

b) operações sujeitas ao regime de substituição tributária, quando o imposto devido já tiver sido recolhido.".

§ 1º O disposto neste artigo não se aplica às multas previstas nos arts. 666-A, 670 e 671 deste Regulamento.

§ 2º O disposto no inciso I não se aplica às autuações efetuadas no trânsito de mercadorias e nos casos previstos no art. 666 (Lei nº 7.334/03).

§ 3º As reduções de que tratam os incisos IV e V aplicam-se, também, às parcelas recolhidas fora dos prazos estabelecidos em composição de parcelamento, desde que o recolhimento da parcela em atraso seja efetuado no prazo máximo de 30 (trinta) dias, contados da data do seu vencimento (Decreto nº 28.259/07).

§ 4º Não será permitido o pagamento parcelado previsto no inciso I deste artigo quando se tratar de imposto retido na fonte pelo contribuinte, na condição de sujeito passivo por substituição tributária.

Art. 675. Os que, antes de qualquer procedimento fiscal, procurarem, espontaneamente, a repartição fazendária de seu domicílio para sanar irregularidades, não sofrerão penalidades, salvo, quando se tratar de falta de lançamento ou de recolhimento do imposto, caso em que ficarão sujeitos aos juros e à multa de mora de que trata o art. 114 deste Regulamento.

§ 1º A multa de que trata o "caput" deste artigo será calculada a partir do primeiro dia subsequente ao do vencimento do prazo previsto para o pagamento do imposto, até o dia em que ocorrer a sua liquidação.

§ 2º A espontaneidade de que trata o "caput" deste artigo não se aplica aos casos em que:

I – o contribuinte esteja obrigado a apresentar documentos de controle e informações econômico-fiscais, nos prazos estabelecidos neste Regulamento;

II – haja registro em nome do interessado, nos sistemas da Secretaria de Estado da Receita, em funcionalidade própria, de agendamento prévio para atender notificação de regularização de situação fiscal, emanada pelo Fisco, recebida e não solucionada.

§ 3º Os débitos, cujos fatos geradores tenham ocorrido até 31 de dezembro de 2012, deverão ser atualizados por outros índices anteriormente utilizados e, a partir de 1º de janeiro de 2013, submeter-se-ão às regras estabelecidas no art. 114 deste Regulamento.

Capítulo II
DOS CRIMES CONTRA A ORDEM TRIBUTÁRIA

Art. 676. O Servidor Fiscal Tributário da Secretaria de Estado da Receita que, no exercício de suas atribuições, identificar situações que, em tese, tipifiquem crime contra a ordem tributária, nos termos definidos na Lei Federal nº 8.137, de 27 de dezembro de 1990, formalizará Representação Fiscal para Fins Penais, a ser encaminhada ao Ministério Público Estadual pelo chefe da repartição preparadora.

§ 1º A Representação Fiscal para Fins Penais será acompanhada de cópia do Processo Administrativo Tributário.

§ 2º O encaminhamento da Representação Fiscal para Fins Penais ao Ministério Público deverá ocorrer após decisão desfavorável ao contribuinte, já transitada em julgado na esfera administrativa, em até 30 (trinta) dias, contados do término do prazo constante da notificação para o recolhimento do tributo e penalidades impostas.

§ 3º A Representação Fiscal para Fins Penais não será encaminhada se o contribuinte promover o recolhimento do crédito tributário antes de esgotado o prazo previsto na notificação de que trata o § 2º.

§ 4º Na hipótese de parcelamento do crédito tributário, ocorrendo a interrupção do pagamento, a Representação Fiscal para Fins Penais será encaminhada, de imediato, ao Ministério Público Estadual.

§ 5º O processo fiscal instaurado na esfera administrativa independe da apuração do ilícito penal.

LIVRO SEGUNDO
DO PROCESSO ADMINISTRATIVO TRIBUTÁRIO E DA ADMINISTRAÇÃO TRIBUTÁRIA

TÍTULOI
DO PROCESSO ADMINISTRATIVO TRIBUTÁRIO

Capítulo I
DAS DISPOSIÇÕES GERAIS

Arts. 677 ao 690. REVOGADO (Decreto nº 36.128/15).

Capítulo II
DO PROCESSO CONTENCIOSO

Seção I
DAS DISPOSIÇÕES GERAIS

Arts. 691 ao 693. REVOGADO (Decreto nº 36.128/15).

Seção II
DO INÍCIO DO PROCEDIMENTO

Arts. 694 ao 699. REVOGADO (Decreto nº 36.128/15).

Seção III
DO PREPARO

Arts. 700 ao 703. REVOGADO (Decreto nº 36.128/15).

Seção IV
DAS DILIGÊNCIAS

Arts. 704 ao 707. REVOGADO (Decreto nº 36.128/15).

Seção V
DA DEFESA

Arts. 708 ao 715. REVOGADO (Decreto nº 36.128/15).

Seção VI
DA REVELIA E DA INTEMPESTIVIDADE

Arts. 716 e 717. REVOGADO (Decreto nº 36.128/15).

Seção VII
DO JULGAMENTO EM PRIMEIRA INSTÂNCIA

Arts. 718 ao 720. REVOGADO (Decreto nº 36.128/15).

Seção VIII
DO RECURSO VOLUNTÁRIO

Arts. 721 ao 723. REVOGADO (Decreto nº 36.128/15).

Seção IX
DO RECURSO DE OFÍCIO

Arts. 724 e 725. REVOGADO (Decreto nº 36.128/15).

Seção X
DO JULGAMENTO EM SEGUNDA INSTÂNCIA

Arts. 727 ao 732. REVOGADO (Decreto nº 36.128/15).

Seção XI
DA INSTÂNCIA ESPECIAL

Arts. 733 e 734. REVOGADO (Decreto nº 36.128/15).

Seção XII
DA EXECUÇÃO DAS DECISÕES

Arts. 735 ao 738. REVOGADO (Decreto nº 36.128/15).

Seção XIII
DO LEILÃO

Art. 739. No caso de apreensão de bens ou mercadorias ou seu abandono a execução far-se-á pela venda dos produtos em leilão, nos termos da Lei n° 10.094, de 27 de setembro de 2013.

Arts. 740 ao 759. REVOGADO (Decreto nº 36.128/15).

Capítulo III
DOS PROCESSOS ESPECIAIS

Seção I
DO PROCESSO DE CONSULTA

Art. 760. Ao sujeito passivo é assegurado o direito de formular consulta em caso de dúvida sobre a interpretação ou a aplicação da legislação tributária do Estado da Paraíba, nos termos da Lei n° 10.094, de 27 de setembro de 2013.

Arts. 761 ao 766. REVOGADO (Decreto nº 36.128/15).

Seção II
DO PROCESSO DE RESTITUIÇÃO

Art. 767. O processo de restituição total ou parcial do ICMS, além das disposições contidas na Lei nº 10.094, de 27 de setembro de 2013, atenderá o disposto neste Regulamento.

Art. 768. As quantias indevidamente recolhidas aos cofres do Estado serão restituídas, sempre que possível, pelo sistema de autorização do registro do crédito correspondente no livro Registro de Entradas, em lançamento na coluna própria.

§ 1º A restituição far-se-á, necessariamente, em moeda corrente quando o beneficiário:

I – houver deixado a condição de contribuinte;

II – for optante pelo Simples Nacional, observado o disposto no § 3º deste artigo.

§ 2º No lançamento referido neste artigo, deverá ser mencionado o número do processo e a data do deferimento do pedido de restituição.

§ 3º Na hipótese do inciso II do § 1º deste artigo, a existência do crédito a ser restituído deverá ser certificado pelas informações constantes nos aplicativos de consulta no Portal do Simples Nacional, devendo a Secretaria de Estado da Receita:

I – registrar os dados referentes à restituição processada no aplicativo específico do Simples Nacional, para bloqueio de novas restituições ou compensações efetuadas na forma da legislação do Simples Nacional, do mesmo valor;

II – informar no processo administrativo, que deu origem ao pedido de restituição correspondente, a data do registro a que se refere o inciso I deste parágrafo.

Art. 769. O imposto indevidamente recolhido terá seu valor corrigido em função da variação do poder aquisitivo da moeda, segundo coeficientes fixados pelo órgão federal competente e adotados para correção dos débitos fiscais.

Parágrafo único. A restituição de tributos será acrescida de juros equivalentes à taxa referencial do Sistema Especial de Liquidação e de Custódia – SELIC, para títulos federais, acumulada mensalmente, ou qualquer outro índice que vier substituí-la, calculados a partir do primeiro dia do mês subsequente ao do pagamento indevido ou a maior até o mês anterior ao da restituição, acrescidos de 1% (um por cento) relativo ao mês em que houver a decisão da autoridade competente para reconhecimento da dívida e autorização da restituição.

Arts. 770 ao 773. REVOGADO (Decreto nº 36.128/15).

Seção III
DO PROCESSO DE PARCELAMENTO DE DÉBITO FISCAL

Art. 774. O débito fiscal relativo ao imposto, proveniente de Auto de Infração, Representação Fiscal ou denúncia espontânea, poderá ser recolhido em parcelas mensais e sucessivas, nos casos em que, pela conjuntura financeira específica do contribuinte, se constate ser impraticável o pagamento à vista, observados os limites e as condições previstas na Lei nº 10.094, de 27 de setembro de 2013 e neste Regulamento.

§ 1º Para os efeitos deste artigo, considera-se débito fiscal o valor do imposto, da multa por infração e dos demais acréscimos previstos na legislação, inclusive, multa por descumprimento de obrigação acessória, atualizados monetariamente.

§ 2º No caso de parcelamento do débito decorrente de denúncia espontânea, observar-se- á a gradação da multa estabelecida no art. 675, deste Regulamento.

§ 3º No caso de parcelamento de débito proveniente de Auto de Infração ou de Representação Fiscal, inscrito ou não na Dívida Ativa, aplicar-se-ão as mesmas regras estabelecidas no art. 114 deste Regulamento.

§ 4º No caso de parcelamento oriundo de REFIS, o valor consolidado nos termos definidos na legislação autorizativa será submetido ao disposto no art. 114 deste Regulamento, bem como aos acréscimos estabelecidos em legislação específica.

Art. 775. A concessão de parcelamento de débitos fiscais dependerá de requerimento do interessado ou do seu representante legal dirigido à repartição preparadora do seu domicílio fiscal, ou, quando disponível, por meio da página oficial da Secretaria de Estado da Receita na rede mundial de computadores, no endereço eletrônico: www.receita.pb.gov.br ou outro indicado em legislação.

Art. 776. O parcelamento de débitos fiscais poderá ser concedido, em até 60 (sessenta) parcelas, pelo chefe da repartição preparadora da circunscrição fiscal em que o contribuinte seja cadastrado, e será homologado automaticamente na data do recolhimento da 1ª (primeira) parcela.

§ 1º O valor de cada parcela não poderá ser inferior a 5 (cinco) UFR-PB.

§ 2º Sem prejuízo do disposto no art. 777 deste Regulamento, será permitido, na esfera administrativa, por contribuinte, até 2 (dois) parcelamentos de débitos fiscais, desde que:

I – um deles seja relativo a débito fiscal proveniente da soma do imposto, da multa por infração e dos demais acréscimos previstos na legislação;

II – o outro seja relativo a débito fiscal oriundo de descumprimento de obrigação acessória.

§ 3º O requerente está obrigado ao pagamento, no prazo de 5 (cinco) dias, contados da formalização do requerimento, de valor correspondente, no mínimo, ao resultado da divisão do montante do débito, atualizado até a data do cadastramento do pedido, pela quantidade de parcelas requeridas.

§ 4º REVOGADO (Decreto nº 35.514/14).

§ 5º O interessado para usufruir o benefício do parcelamento deverá comprovar o recolhimento da 1ª parcela, observado o prazo estabelecido no § 3º deste artigo.

§ 6º REVOGADO (Decreto nº 35.514/14).

Art. 777. Serão admitidos, no máximo, 2 (dois) reparcelamentos, com faculdade de inclusão de novos débitos fiscais desde que a 1ª (primeira) parcela do:

I – primeiro reparcelamento não seja inferior a 5% (cinco por cento) do novo débito consolidado;

II – segundo reparcelamento não seja inferior a 10% (dez por cento) do novo débito consolidado.

Parágrafo único. O reparcelamento previsto no "caput" deste artigo deverá ser concedido em parcelas não superiores à quantidade que faltava no parcelamento cancelado pelos motivos previstos no inciso II do "caput" do art. 781 deste Regulamento.

Art. 778. Aos débitos inscritos em Dívida Ativa para cobrança executiva aplicam-se as mesmas regras utilizadas para os débitos parcelados na fase administrativa, exceto os benefícios previstos no artigo 674 deste Regulamento.

Art. 779. O prazo para recolhimento das parcelas dos débitos em fase administrativa e/ou inscritos em Dívida Ativa para cobrança judicial obedecerá ao que segue:

I- em relação à primeira parcela, ao disposto no § 3º do art. 776 deste Regulamento;

II- as demais parcelas serão debitadas na conta corrente indicada pelo requerente ou quitadas na Repartição Fiscal, conforme o caso, até o dia 25 (vinte e cinco) dos meses subsequentes ao da homologação do parcelamento, atualizadas monetariamente.

Art. 780. A concessão de parcelamento ou de reparcelamento de débito inscrito em Dívida Ativa sujeitar-se-á à autorização da Procuradoria Geral do Estado, após regularização dos honorários sucumbenciais devidos, na forma estabelecida pelo Conselho Gestor do Fundo de Modernização e Reaparelhamento da Procuradoria Geral do Estado da Paraíba - FUNPEPB, de acordo com a Lei Estadual nº 9.004, de 30 de dezembro de 2009.

Parágrafo único. O curso da Ação Executiva Fiscal somente será sobrestado após a efetivação do parcelamento.

Art. 781. O parcelamento considera-se:

I - efetivado, com o recolhimento da primeira parcela;

II- cancelado, com a falta de recolhimento, nos respectivos prazos, de 3 (três) parcelas, consecutivas ou não, ou 90 (noventa) dias de atraso de qualquer uma delas.

§ 1º Denunciado o parcelamento, prosseguir-se-á na cobrança do débito, sujeitando-se o saldo devedor à atualização monetária e aos acréscimos legais, nos termos deste Regulamento.

§ 2º Na hipótese do inciso II, deste artigo, quando se tratar de débito não inscrito, far-se-á a competente inscrição em Dívida Ativa do saldo remanescente para cobrança executiva.

Art. 782. Para o parcelamento de débitos de contribuintes cancelados no cadastro de contribuintes de ICMS da Secretaria Executiva da Receita deverá o requerente apresentar comprovante de residência dos sócios e do representante legal da empresa.

Art. 783. O pedido de parcelamento, após protocolizado na repartição competente, implicará a confissão irretratável do débito fiscal e renúncia à defesa, administrativa ou judicial, objeto do pedido, bem como, desistência dos interpostos, relativamente à parte objeto do pedido.

Art. 784. Cada estabelecimento do mesmo titular é considerado autônomo para efeito de parcelamento de débito.

Art. 785. Não será concedido parcelamento quando:

I - tratar-se de imposto retido na fonte pelo contribuinte, na condição de sujeito passivo por substituição tributária;

II - o débito decorrer de atos praticados com dolo, fraude ou simulação pelo sujeito passivo ou por terceiro em benefício daquele.

§ 1º Considera-se não cumprido o parcelamento, sempre que o débito remanescente tenha sido inscrito em Dívida Ativa.

§ 2º O disposto neste artigo aplica-se aos parcelamentos de débitos não inscritos, bem como aos débitos inscritos em Dívida Ativa.

Art. 786. O recolhimento referente a parcelamento de débito fiscal não inscrito e inscrito para cobrança executiva se processará através de débito em conta corrente ou através de Documento de Arrecadação - DAR, modelo 1, conforme o caso.

§ 1º Os contribuintes que optarem pelo pagamento mediante débito em conta corrente deverão apresentar "AUTORIZAÇÃO PARA DÉBITO EM CONTA DE PRESTAÇÕES DE PARCELAMENTO», Anexo 100, em 3 (três) vias, com os campos I, III e IV preenchidos, devendo constar no campo V o abono da agência bancária onde o débito em conta deverá ser efetivado.

§ 2º Para fins do disposto no § 1º deste artigo, somente serão admitidas contas correntes movimentadas em instituições financeiras credenciadas pela Secretaria Executiva da Receita.

§ 3º O abono bancário restringir-se-á à validação, pela agência bancária, das informações apostas nos campos I, III e IV da autorização, que identificam o contribuinte junto ao banco.

§ 4º Admitir-se-á a quitação antecipada de parcelas vincendas, desde que na ordem inversa dos respectivos vencimentos.

§ 5° Quando o débito em conta corrente não for realizado, por qualquer motivo, durante 3 (três) parcelas consecutivas ou não, ainda que adimplente o parcelamento correspondente, a modalidade do parcelamento será alterada para "RECOLHIMENTO MEDIANTE EMISSÃO DE BOLETO PELA REPARTIÇÃO" em caráter definitivo.

§ 6º No pagamento por débito automático, caso o contribuinte efetue recolhimento adicional por meio de DAR, aquele em duplicidade será utilizado para liquidar o saldo devedor de parcela a vencer.

Art. 787. O Secretário Executivo da Receita poderá baixar normas necessárias à complementação das disposições contidas nesta Seção.

Seção IV
DOS PROCESSOS DE REGIME ESPECIAL

Art. 788. O Secretário de Estado da Receita poderá conceder, a requerimento da parte interessada, regime especial de tributação, bem como de concessão de inscrição, emissão, escrituração, dispensa de documentos e livros fiscais, apuração e recolhimento do imposto, transporte fracionado de mercadorias, outras obrigações acessórias, bem como os mecanismos e medidas de proteção à economia do Estado, inclusive as que visem ao apoio a novos empreendimentos, mediante a instituição de tratamentos fiscais diferenciados, considerando as peculiaridades e circunstâncias das operações, de modo a justificar a adoção da medida (Decreto nº 30.927/09).

§ 1º Para aplicação do disposto no "caput" será observado o seguinte:

I- na concessão e aplicação das medidas e dos procedimentos a que se refere este artigo, será considerado o critério da proporcionalidade em relação à carga tributária final a ser praticada pelo segmento;

II - a necessidade de garantir a competitividade dos setores ou segmentos da economia estadual, mediante a adesão às isenções, aos incentivos e aos benefícios fiscais ou financeiro-fiscais concedidos ou prorrogados por outra unidade federada da Região Nordeste.

§ 2º O pedido deverá fundamentar-se em exposição clara e concisa do regime pretendido e das circunstâncias que o justifiquem, através de petição escrita de que conste:

I - nome, denominação ou razão social do requerente;

II - inscrição no Cadastro de Contribuintes do ICMS e no CNPJ/MF;

III - endereço e domicílio fiscal;

IV - ramo de negócio;

V - sistema de recolhimento do imposto;

VI - forma utilizada para comprovação das saídas;

VII - indicação das dificuldades de cumprimento da legislação regente;

VIII - esboço do procedimento que pretende adotar;

IX - informação sobre ser ou não contribuinte do IPI;

X - certidão negativa de débito para com a Fazenda Estadual.

§ 3º Em sendo omissa a petição, em relação a qualquer dos incisos do parágrafo anterior, será o requerente intimado a sanar a omissão, no prazo de 10 (dez) dias.

§ 4º Durante a sua vigência, o benefício previsto no "caput" será acompanhado e, a critério da SER, anualmente revisado e renovado.

Art. 789. O despacho concessivo ou denegatório de pedido de regime especial levará em conta parecer do Secretário Executivo da Receita da Secretaria de Estado da Fazenda - SEFAZ-PB, que deverá conter informações relativas a:

I - normas legais regentes para o pleito em questão;

II – possíveis prejuízos à Fazenda Estadual que possam advir em função da medida adotada;

III – eventuais dificuldades ou impedimentos de controle fiscal;

IV – cumprimento das obrigações principal e acessórias perante a Fazenda Estadual pelo contribuinte, nos prazos e formas previstos neste Regulamento.

§ 1º A concessão de Regime Especial fica condicionada a que o contribuinte:

I – encontre-se em situação regular junto à Fazenda Estadual relativamente ao cumprimento das obrigações principal e acessórias;

II – não apresente pendências cadastrais;

III – não incorra em omissão de declaração;

IV – não apresente participantes do seu quadro societário em outra empresa que esteja em situação de irregularidade junto à Fazenda Estadual, bem como em situação de omissão de declaração;

V – não apresente pessoas físicas participantes do seu quadro societário que estejam em situação de irregularidade fiscal perante a Fazenda Estadual.

§ 2º Considerar-se-á em situação regular o contribuinte ainda que tenha débito:

I – objeto de parcelamento que esteja sendo cumprido regularmente;

II – inscrito em dívida ativa, garantido por depósito judicial ou administrativo do montante integral do crédito tributário, ou, ainda, fiança bancária, seguro garantia, ou outro tipo de garantia a critério da Procuradoria Geral do Estado expressamente aceito em juízo;

III – nas demais hipóteses de suspensão de exigibilidade previstas no art. 151 da Lei nº 5.172, de 25 de outubro de 1966 – Código Tributário Nacional – CTN.

Art. 790. O regime especial poderá ser cassado ou alterado a qualquer tempo, desde que se mostre inconveniente aos interesses da Fazenda Estadual.

Parágrafo único. A cassação referida neste artigo compete à mesma autoridade capaz de conceder o regime especial, a qual fixará prazo nunca inferior a 10 (dez) dias, para que o contribuinte adote o regime estabelecido no despacho de cassação.

Art. 791. Do ato que indeferir o pedido ou determinar a cassação ou alteração de regime especial caberá pedido de reconsideração, sem efeito suspensivo, para o Secretário de Estado da Receita, no prazo de 30 (trinta) dias.

Art. 792. REVOGADO (Decreto nº 30.927/09 – DOE de 29.11.09).

TÍTULO II
DA ADMINISTRAÇÃO TRIBUTÁRIA

Capítulo I
DA JUSTIÇA FISCAL ADMINISTRATIVA

Seção I
DAS DISPOSIÇÕES GERAIS

Art. 793. REVOGADO (Decreto nº 36.128/15).

Seção II
DO CONSELHO DE RECURSOS FISCAIS

Arts. 794 ao 800. REVOGADO (Decreto nº 36.128/15).

Seção III
DA COORDENADORIA DE JULGAMENTO DE PROCESSOS FISCAIS

Arts. 801 ao 805. REVOGADO (Decreto nº 36.128/15). A

Capítulo II
DA FISCALIZAÇÃO DOS TRIBUTOS

Arts. 806 ao 810. REVOGADO (Decreto nº 36.128/15).

Capítulo III
DAS INFRAÇÕES

Arts. 811 ao 815. REVOGADO (Decreto nº 36.128/15).

Capítulo IV
DA DENÚNCIA ESPONTÂNEA

Art. 816. REVOGADO (Decreto nº 36.128/15).

Capítulo V
DAS FORMAS ESPECIAIS DE PAGAMENTO

Art. 817. O Poder Executivo, através de decreto que indicará a autoridade competente, poderá autorizar a realização de compensação, transação, concessão de anistia, remissão, moratória e ampliação do prazo de recolhimento do ICMS, observadas as condições gerais definidas em convênios celebrados e ratificados pelos Estados e Distrito Federal, na forma prevista em Lei Complementar.

Capítulo VI
DA CERTIDÃO NEGATIVA DE DÉBITO

Arts. 818 ao 821. REVOGADO (Decreto nº 36.128/15).

TÍTULO III
DAS DISPOSIÇÕES GERAIS, FINAIS E TRANSITÓRIAS

Art. 822. Compete ao Secretário de Estado da Receita, através da expedição de portaria, atualizar o valor da Unidade Fiscal de Referência do Estado da Paraíba (UFR-PB), mediante aplicação do coeficiente de atualização monetária estabelecido pela legislação federal competente.

Art. 823. O Código Fiscal de Operações e Prestações - CFOP, Anexo 07 - e o Código de Situação Tributária - CST, Anexo 14 - serão interpretados de acordo com as suas Notas Explicativas, também anexas, competindo à Secretaria Executiva da Receita da Secretaria de Estado da Fazenda solucionar as dúvidas quanto a sua correta aplicação.

Art. 823-A. O Código de Regime Tributário - CRT - Anexo 121 - identifica o regime de tributação a que está sujeito o contribuinte do ICMS ou do IPI, e será interpretado de acordo com as respectivas Normas Explicativas (Ajuste SINIEF 11/19).

Art. 824. O Estado participará do Sistema Nacional Integrado de Informações Econômico - Fiscais (SINIEF), para cujo objetivo incorporará a este Regulamento as normas necessárias.

Art. 825. Durante a vigência de medida judicial que determinar a suspensão da exigibilidade do crédito tributário poderá ser instaurado procedimento fiscal contra o contribuinte destinado a prevenir a decadência, salvo no caso em que a própria medida judicial expressamente impedir a constituição do crédito tributário.

§ 1º Considera-se medida judicial com força para suspender a exigibilidade do crédito tributário:

I - a concessão de medida liminar em mandado de segurança;

II - a concessão de medida liminar ou de tutela antecipada, em outras espécies de ação judicial.

§ 2º Para efeitos do disposto no "caput" deste artigo, não caberá multa por infração aos casos em que a suspensão da exigibilidade do crédito tributário tenha ocorrido antes do início de qualquer procedimento fiscal a ele relativo.

§ 3º Na intimação que cientificar o sujeito passivo do lançamento do ICMS deverá constar que o crédito tributário ficará suspenso enquanto durar os efeitos da medida judicial.

§ 4º A multa de mora será exigida 30 (trinta) dias após a data do trânsito em julgado da decisão judicial que considerar devido o tributo.

§ 5º Consideram-se cessados os efeitos da medida judicial:

I – pela cassação ou revogação da liminar, a partir da publicação do respectivo acórdão ou despacho;

II – pelo decurso do prazo de vigência da liminar;

III – pela suspensão da execução ou reforma da decisão favorável de primeira ou segunda instância, a partir da publicação do respectivo despacho ou acórdão.

§ 6º O contribuinte poderá recolher o crédito tributário lançado até o prazo estabelecido no § 4º sem a incidência de multa de mora.

§ 7º Na hipótese de a medida judicial transitar em julgado favorável ao contribuinte, o crédito tributário será extinto por decisão judicial.

§ 8º Caso haja processo fiscal em tramitação na Secretaria de Estado da Receita relativo à matéria objeto da medida judicial, o contencioso administrativo será encerrado e o crédito tributário deverá ficar suspenso até que os efeitos da medida judicial sejam cessados.

§ 9º Importa renúncia às instâncias administrativas a propositura pelo sujeito passivo de ação judicial por qualquer modalidade processual, antes ou depois do lançamento de ofício, com o mesmo objeto do processo administrativo, sendo cabível apenas a apreciação, pelo órgão de julgamento administrativo, de matéria distinta da constante do processo judicial.

§ 10. O crédito tributário não poderá ser inscrito em Dívida Ativa nem ser ajuizada execução fiscal, caso a exigibilidade esteja suspensa por força de medida judicial.

Art. 826. O Secretário de Estado da Receita é competente para disciplinar, integrar, interpretar e suprir as omissões deste Regulamento, podendo delegar às autoridades subordinadas a competência que o presente diploma lhe outorga.

LEI ESTADUAL Nº 11.007, DE 6 DE NOVEMBRO DE 2017

- DISPÕE SOBRE O IMPOSTO SOBRE A PROPRIEDADE DE VEÍCULOS AUTOMOTORES - IPVA

ÍNDICE

Capítulo I
DAS DISPOSIÇÕES PRELIMINARES

Art. 1º Esta Lei estabelece o tratamento tributário pertinente ao Imposto sobre a Propriedade de Veículos Automotores - IPVA, nos termos do art. 159, inciso III, da Constituição do Estado da Paraíba.

Parágrafo único. Considera-se veículo automotor aquele dotado de mecanismo de propulsão própria e que sirva para o transporte de pessoas ou coisas ou para a tração de veículos utilizados para o transporte de pessoas ou coisas.

Capítulo II
DA INCIDÊNCIA

Art. 2º O Imposto sobre a Propriedade de Veículos Automotores - IPVA, disciplinado com base nesta Lei, incide sobre a propriedade de veículos automotores, uma única vez em cada exercício.

Capítulo III
DA NÃO INCIDÊNCIA

Art. 3º O imposto não incide:

I – na hipótese em que o proprietário, residente no exterior, cujo veículo não seja registrado ou licenciado no País, obtiver licença, em caráter temporário, para trafegar no território nacional, de acordo com a legislação pertinente, observado o § 1º deste artigo;

II – sobre a propriedade de veículos automotores que integram o patrimônio, observado o § 3º deste artigo:

a) da União, dos Estados, do Distrito Federal, dos Municípios, e das suas respectivas autarquias e fundações

b) dos templos de qualquer culto

c) dos partidos políticos e suas fundações, das entidades sindicais dos trabalhadores, das instituições de educação e de assistência social, sem fins lucrativos, observado o § 2º deste artigo e os seguintes requisitos:

1. não distribuam qualquer parcela de seu patrimônio ou de suas vendas, a qualquer título;

2. apliquem, integralmente, no País, os seus recursos, na manutenção dos objetivos institucionais previstos nos respectivos estatutos ou atos constitutivos;

3. mantenham escrituração de suas receitas e despesas, em livros capazes de assegurar sua exatidão;

III – quando o veículo se encontrar sob a guarda do judiciário, em razão de ação que faça sobrestar do proprietário a posse do bem, enquanto perdurar a demanda;

IV – sobre a propriedade de veículos automotores pertencentes à empresa pública estadual custeada com recursos do Tesouro Estadual.

§ 1º Para os efeitos do inciso I, a referida licença não poderá ter prazo superior a 1 (um) ano.

§ 2º A falta de observância de quaisquer dos requisitos estabelecidos na alínea «c» do inciso II implica perda do benefício por parte das instituições e das entidades.

§ 3º A não incidência de que trata o inciso II restringe-se aos veículos relacionados com as finalidades das instituições e das entidades ou delas decorrentes.

§ 4º A não incidência de que trata este artigo não exclui as instituições e as entidades nele indicadas da condição de responsáveis tributários, nem as dispensas da prática de atos que assegurem o cumprimento das obrigações tributárias por parte de terceiros.

Capítulo IV
DAS ISENÇÕES

Art. 4º São isentos do pagamento do imposto:

I – os veículos de Corpo Diplomático credenciado junto ao Governo Brasileiro, observado o § 2º deste artigo;

II – os veículos de propriedade ou posse de turistas estrangeiros, portadores de "Certificado Internacional de Circular e Conduzir", pelo prazo estabelecido nesses certificados, mas nunca superior a 1 (um) ano, desde que o país de origem adote tratamento recíproco com os veículos do Brasil, observado o § 2º deste artigo;

III – as máquinas agrícolas e de terraplenagem, observado o § 2º deste artigo;

IV – os veículos rodoviários utilizados na categoria de táxi, inclusive motocicletas, com capacidade para até 7 (sete) passageiros, de propriedade de motorista profissional autônomo ou cooperativado, por ele utilizado em sua atividade profissional, limitada a isenção a 1 (um) veículo por beneficiário, observados os §§ 1º, 3º, 5º, 10, 11 e 12 deste artigo;

V – os veículos com potência até 50 (cinquenta) cilindradas, observado o § 2º deste artigo;

VI – os veículos de fabricação nacional ou nacionalizados, de propriedade de pessoas portadoras de deficiência física, visual, mental severa ou profunda, ou autista, limitada a isenção a 1 (um) veículo por beneficiário, observados os §§ 1º, 3º, 6º, 7º, 8º, 9º, 10,11 e 12, deste artigo;

VII – os veículos do tipo ambulância ou de uso no combate a incêndio, desde que sejam destinados a serviços de utilidade pública e que não haja cobrança por estes serviços, observado o § 2º deste artigo;

VIII – os veículos adquiridos em leilão promovido pelo poder público, no período compreendido entre a data de sua apreensão e a data da arrematação em hasta pública, observado o § 2º deste artigo;

IX – os veículos automotores com mais de 15 (quinze) anos de uso, contados a partir do ano de sua fabricação, observado o § 2º deste artigo;

X – os veículos rodoviários empregados, exclusivamente, no Transporte Escolar, com capacidade para até 16 (dezesseis) passageiros, de propriedade de motorista profissional autônomo ou cooperativado, devidamente habilitado para dirigir esse tipo de veículo, limitada a isenção a 1 (um) veículo por beneficiário, desde que seja portador de concessão ou permissão do órgão Municipal competente e comprovadamente registrado na categoria aluguel, observados os §§ 1º, 3º, 10, 1 1 e 12, deste artigo;

XI – as motocicletas ou motonetas nacionais, com até 200 (duzentas) cilindradas, destinadas ao uso exclusivo do adquirente na atividade agrícola ou pesqueira artesanal, limitada a isenção a 1 (um) veículo por beneficiário, observados os §§ 1º, 3º, 10,11, 12 e 13, deste artigo;

XII – os triciclos de propriedade de pessoas com deficiência física, visual, mental severa ou profunda, ou autista, adquiridos diretamente ou por intermédio de seu representante legal, limitada a isenção a 1 (um) veículo por beneficiário, observados os §§ 1º, 3º, 8º, 9º, 10,11 e 12, deste artigo;

XVIII – sobre a propriedade de veículos automotores pertencentes à sociedade de economia mista prestadora de serviço público exclusivo e essencial, cujo acionista majoritário seja o Estado da Paraíba. (Redação dada pela Lei Nº 11032 DE 12/12/2017, efeitos a partir de 01/01/2018).

XIV – os ônibus, micro-ônibus, vans e demais veículos utilizados no transporte de turismo, nos termos dos arts. 28 e 29 da Lei Geral do Turismo (Lei nº 11.771, de 17 de setembro de 2008), observados os §§ 1º, 3º, 4º, 10, 15, 16 e 17, deste artigo;

XV – os veículos roubados, furtados ou extorquidos, no período entre a data da ocorrência do fato devidamente comprovado e a data de sua devolução ao proprietário, observados os §§ 2º e 18, deste artigo;

XVI – os veículos sinistrados com perda total, conforme disposto no § 4º do art. 13, a partir da data da ocorrência do sinistro, observados os §§ 2º e 18, deste artigo;

XVII – os veículos de propriedade de empresa locadora:

a) no ano da transferência do cadastro do veículo para este Estado, desde que seja comprovado o pagamento do IPVA no Estado de origem, observado o art. 18 desta Lei; (Redação da alínea dada pela Lei Nº 11247 DE 13/12/2018).

b) quando, na hipótese prevista no inciso II do § 7º do art. 5º desta Lei, tratar-se de veículo destinado à locação avulsa, e a permanência neste Estado seja temporária, conforme disposição regulamentar.

XVIII – sobre a propriedade de veículos automotores pertencentes à sociedade de economia mista prestadora de serviço público essencial.

§ 1º As isenções previstas neste artigo, quando não concedidas em caráter geral, serão efetivadas, em cada caso, por despacho da autoridade administrativa em requerimento com o qual o interessado faça prova do preenchimento das condições e do cumprimento dos requisitos para sua concessão, observado o § 2º deste artigo.

§ 2º É dispensado o requerimento de que trata o § 1º deste artigo em se tratando das isenções previstas nos incisos I, II, III, V, VII, VIII, IX, XV, XVI, XVII e XVIII do «caput» deste artigo. (Redação do parágrafo dada pela Lei Nº 11032 DE 12/12/2017, efeitos a partir de 01/01/2018).

§ 3º O direito à fruição das isenções de que trata este artigo deverá ser previamente reconhecido pela Secretaria de Estado da Receita e solicitado, anualmente, até o dia 31 de dezembro do exercício anterior ao da fruição do benefício, observado o § 4º deste artigo.

§ 4º À exceção das isenções previstas nos incisos I, II, III, V, VII e IX do «caput», o benefício previsto neste artigo somente se aplica no caso em que o adquirente não tiver débitos para com a Fazenda Pública Estadual.

§ 5º A isenção do IPVA para veículos rodoviários utilizados na categoria de táxi, prevista no inciso IV do «caput» deste artigo, deverá ser condicionada à comprovação da regularidade da permissão ou autorização para a exploração de serviço de táxi concedida por Prefeitura Municipal deste Estado.

§ 6º A isenção prevista no inciso VI do «caput» deste artigo será concedida desde que o valor venal não seja superior ao estabelecido na legislação estadual para o gozo da isenção do Imposto sobre Operações Relativas à Circulação de Mercadorias e sobre Prestações de Serviços de Transporte Interestadual e Intermunicipal e de Comunicação – ICMS, observado o § 7º deste artigo.

§ 7º Na adoção do valor venal a que se refere o § 6º, será observado o art. 13 desta Lei.

§ 8º Para efeitos do benefício previsto nos incisos VI e XII do «caput» deste artigo, o conceito de pessoas portadoras de deficiência física, visual, mental severa ou profunda, ou autista deverá ser definido no Regulamento do IPVA.

§ 9º Caso a pessoa portadora de deficiência ou o autista, beneficiário da isenção do IPVA, não seja o condutor do veículo, poderá indicar, diretamente ou por meio de seu representante legal, até 3 (três) condutores autorizados, sendo permitida a substituição destes, com indicação de novos condutores, desde que informe esse fato à autoridade competente.

§ 10. Antes de constituído o crédito tributário mediante a lavratura de Auto de Infração, o adquirente beneficiário das isenções previstas nos incisos IV, VI, X, XI, XII, XIII e XIV do «caput» deste artigo deverá recolher o imposto, com multa de mora e juros de mora, a contar da data da aquisição constante no documento fiscal, nos termos da legislação vigente sem prejuízo das sanções penais cabíveis, na hipótese de:

I – transmissão do veículo, a qualquer título, a pessoa que não faça jus ao mesmo tratamento fiscal, dentro dos prazos a seguir indicados: (Redação do inciso dada pela Lei Nº 11470 DE 25/10/2019)

I – transmissão do veículo, a qualquer título, a pessoa que não faça jus ao mesmo tratamento fiscal, dentro dos prazos a seguir indicados:

a) 2 (dois) anos da data da aquisição, para as isenções constantes nos incisos IV, X, XI, XIII e XIV do "caput" deste artigo;

b) 4 (quatro) anos da data da aquisição para as isenções constantes nos incisos VI e XII do "caput" deste artigo;

II – emprego do veículo em finalidade diversa da que justificou a isenção.

§ 11. Nas isenções previstas nos incisos IV, VI, X, XI, XII e XIII do «caput» deste artigo, quando se tratar de aquisição de outro veículo no mesmo ano em que já tenha sido concedida isenção, o beneficiário poderá optar sobre qual bem incidirá o benefício, se sobre a nova aquisição ou sobre o veículo já isento.

§ 12. Na hipótese do § 11 deste artigo, o imposto a recolher será calculado por duodécimo ou fração, nos termos do regulamento.

§ 13. Para obtenção do benefício previsto no inciso XI do «caput» deste artigo, o requerente deverá comprovar o exercício da atividade rural, como pequeno proprietário ou trabalhador, ou, no caso da atividade pesqueira, como pescador artesanal, mediante os seguintes documentos:

I – se proprietário rural:

a) certidão do INCRA que ateste sua condição de pequeno proprietário e produtor rural ou de assentado em áreas desapropriadas para efeito de reforma agrária;

b) declaração, sob as penas da lei, de que sua renda familiar anual não ultrapassa o dobro do valor do limite de isenção do Imposto de Renda;

II – se trabalhador rural ou pescador artesanal, declaração do sindicato rural ou da colônia de pescadores, com firma reconhecida em cartório local, atestando o exercício da atividade rural ou pesqueira artesanal.

§ 14. O condutor de motocicleta, nas atividades especificadas no inciso XIII do «caput» deste artigo, além de obedecer ao disposto na Lei Federal nº 12.009, de 29 de julho de 2009, no Código de Trânsito Brasileiro, Lei nº 9.503, de 23 de setembro de 1997, e nas normas editadas pelo Departamento Nacional de Trânsito – DENATRAN e pelo Departamento Estadual de Trânsito da Paraíba – DETRAN/PB, deverá:

I – portar Carteira Nacional de Habilitação – CNH apropriada para condução de veículos de duas rodas (motocicletas);

II – estar autorizado, pelo órgão competente de cada Município em que atuar, a exercer a atividade de moto-fretista ou motoboy;

III – estar filiado à entidade representativa da categoria profissional, devidamente registrada no Ministério do Trabalho e Emprego.

§ 15. A atividade especificada no inciso XIV do «caput» deste artigo deverá ter sede e seu condutor residência no Estado da Paraíba, devendo ser obedecidas as normas editadas pela Agência Nacional de Transportes Terrestres – ANTT, pelo Departamento Nacional de Trânsito – DENATRAN e pelo Departamento Estadual de Trânsito da Paraíba – DETRAN/PB e as determinações do Ministério do Turismo – MTur, observados os §§ 16 e 17 deste artigo.

§ 16. O inciso XIV do «caput» deste artigo deve ser interpretado de modo a se incluírem, entre os veículos objetos de isenção do IPVA, os de propriedade de quaisquer pessoas físicas e jurídicas, sem limite quantitativo de veículos por pessoa ou proprietário, inclusive os pertencentes a pessoas físicas associadas a cooperativas, a Microempreendedores Individuais – MEI e os veículos de pessoas físicas agregadas a frotas de pessoas jurídicas, desde que o veículo esteja cadastrado no Ministério do Turismo na qualidade de transporte turístico, nos termos da Lei nº 10.875, de 26 de abril de 2017.

§ 17. As determinações do Ministério do Turismo – Mtur de que trata o § 15 deste artigo, referem-se, apenas, aos requisitos para cadastro do veículo na qualidade de transporte de turismo perante o Ministério de Turismo, comprovando-se seu preenchimento com o mero cadastro do veículo na qualidade de transporte de turismo no Cadastro dos Prestadores de Serviços Turísticos – Cadastur, independentemente do referido transporte ser a atividade econômica primária ou secundária da pessoa. (Redação do parágrafo dada pela Lei Nº 11470 DE 25/10/2019).

§ 18. Não se aplica aos veículos de que trata o inciso XV do «caput» deste artigo, sem devolução ao proprietário, e aos veículos previstos no inciso XVI do «caput» deste artigo, inclusive se a seguradora recuperar e vender em leilão o veículo sinistrado, o disposto no «caput» do § 10 para os casos previstos no inciso I do referido parágrafo, bem como o disposto no § 11.

Capítulo V
DO FATO GERADOR

Art. 5º O Imposto sobre a Propriedade de Veículos Automotores - IPVA, devido anualmente, tem como fato gerador a propriedade de veículo automotor.

§ 1º Em se tratando de veículo novo, considera-se ocorrido o fato gerador na data da emissão da Nota Fiscal Eletrônica - NF-e, modelo 55, para consumidor final, pessoa física ou jurídica, ou quando da incorporação ao ativo imobilizado por empresa fabricante ou revendedora.

§ 2º Em se tratando de veículo usado, considera-se ocorrido o fato gerador do imposto em 1º de janeiro de cada exercício.

§ 3º Na aquisição de veículo usado e não licenciado neste Estado, considera-se ocorrido o fato gerador na data da aquisição, quando se tratar de veículo procedente de outra unidade da Federação e não houver comprovação do pagamento do imposto na unidade de origem, no respectivo exercício.

§ 4º Em se tratando de veículo de procedência estrangeira, para efeito da primeira tributação, considera-se ocorrido o fato gerador:

I – na data do desembaraço aduaneiro, quando importado por consumidor final, pessoa física ou jurídica;

II – na data da emissão da Nota Fiscal Eletrônica - NF-e, modelo 55, para consumidor final, pessoa física ou jurídica, quando importado por empresa revendedora;

III – no momento da incorporação ao ativo imobilizado por empresa fabricante ou revendedora importadora.

§ 5º Considera-se ocorrido o fato gerador na data em que deixar de ser preenchido requisito que tiver dado causa a não incidência ou a isenção.

§ 6º Considera-se ocorrido o fato gerador no prazo previsto no § 2º deste artigo, quando o veículo automotor de proprietário domiciliado ou residente neste Estado, circular de forma rotineira na malha viária urbana e/ou nas estradas da Paraíba, a partir do ano subsequente ao da aquisição do veículo e continuar licenciado em outra unidade da Federação, com endereço comprovadamente falso.

§ 7º Relativamente a veículo de propriedade de empresa locadora, considera-se ocorrido o fato gerador:

I – no dia 1º de janeiro de cada exercício, em se tratando de veículo usado já inscrito no Cadastro de Veículos deste Estado;

II – na data em que vier a ser locado ou colocado à disposição para locação no território deste Estado, em se tratando de veículo usado registrado anteriormente em outro Estado;

III – na data de sua aquisição para integrar a frota destinada à locação neste Estado, em se tratando de veículo novo.

§ 8º O disposto no § 7º deste artigo, aplica-se às empresas locadoras de veículos qualquer que seja o seu domicílio, sem prejuízo das disposições dos §§ 1º a 5º, no que couber.

Art. 6º O imposto será devido no local do domicílio do proprietário do veículo, neste Estado.

§ 1º Para os efeitos desta Lei, considerar-se-á domicílio:

I – se o proprietário for pessoa natural:

a) a sua residência habitual;

b) o centro habitual de sua atividade onde o veículo esteja sendo utilizado, se a residência habitual for incerta ou desconhecida;

II – se o proprietário for pessoa jurídica de direito privado:

a) o estabelecimento situado no território deste Estado, quanto aos veículos automotores que a ele estejam vinculados na data da ocorrência do fato gerador;

b) o estabelecimento onde o veículo estiver disponível para entrega ao locatário na data da ocorrência do fato gerador, na hipótese de contrato de locação avulsa;

c) o local do domicílio do locatário ao qual estiver vinculado o veículo na data da ocorrência do fato gerador, na hipótese de locação de veículo para integrar sua frota;

III – qualquer de suas repartições no território deste Estado, se o proprietário ou locatário for pessoa jurídica de direito público.

§ 2º No caso de pessoa natural com múltiplas residências, presume-se como domicílio tributário para fins de pagamento do IPVA:

I – o local onde, cumulativamente, possua residência e exerça profissão;

II – caso possua residência e exerça profissão em mais de um local, o endereço constante da Declaração de Imposto de Renda.

§ 3º Na impossibilidade de se precisar o domicílio tributário da pessoa natural nos termos do inciso I do § 1º e do § 2º deste artigo, a autoridade administrativa poderá fixá-lo tomando por base o endereço que vier a ser apurado em órgãos públicos, nos cadastros de domicílio eleitoral e nos cadastros de empresa seguradora e concessionária de serviço público, dentre outros.

§ 4º No caso de pessoas jurídicas de direito privado, não sendo possível determinar a vinculação do veículo na data da ocorrência do fato gerador, nos termos do inciso II do § 1º deste artigo, presume-se como domicílio o local do estabelecimento onde haja indícios de utilização do veículo com predominância sobre os demais estabelecimentos da mesma pessoa jurídica.

§ 5º Presume-se domiciliado no Estado da Paraíba, o proprietário cujo veículo estiver registrado no órgão competente deste Estado.

§ 6º Em se tratando de veículo de propriedade de empresa de arrendamento mercantil (leasing), o imposto será devido no local do domicílio ou residência do arrendatário, nos termos deste artigo.

§ 7º Para efeitos da alínea «b» do inciso II do § 1º deste artigo, equipara-se a estabelecimento da empresa locadora neste Estado, o lugar de situação dos veículos mantidos ou colocados à disposição para locação.

Capítulo VI
DO CONTRIBUINTE E DO RESPONSÁVEL

Art. 7º Contribuinte do imposto é o proprietário do veículo automotor.

Parágrafo único. No caso de pessoa jurídica, considera-se contribuinte:

I – cada um dos seus estabelecimentos para fins de cumprimento das obrigações contidas nesta Lei;

II – o conjunto dos estabelecimentos para fins de garantia do cumprimento das obrigações.

Art. 8º São responsáveis pelo pagamento do imposto e acréscimos legais:

I – o adquirente, em relação ao veículo adquirido sem o pagamento do imposto e acréscimos legais do exercício ou exercícios anteriores;

II – o proprietário de veículo automotor que o alienar e não fornecer os dados necessários à alteração no Cadastro de Veículos no prazo de 30 (trinta) dias, em relação aos fatos geradores ocorridos entre o momento da alienação e o do conhecimento desta pela autoridade responsável;

III – o leiloeiro, em relação ao veículo adquirido ou arrematado em leilão e entregue sem comprovação do pagamento do imposto e acréscimos legais pendentes sobre o mesmo;

IV – o inventariante, pelos débitos devidos pelo espólio;

V – o tutor ou o curador, pelos débitos de seu tutelado ou curatelado;

VI – a pessoa jurídica que resultar da fusão, incorporação ou cisão de outra ou em outra pessoa jurídica;

VII – o servidor que autorizar ou efetuar o registro, licenciamento ou a transferência de propriedade de veículo automotor neste Estado, sem a comprovação do pagamento ou do reconhecimento da não incidência ou da isenção;

VIII – a pessoa jurídica de direito privado, bem como o sócio, diretor, gerente ou administrador, que tomar em locação veículo para uso neste Estado, em relação aos fatos geradores ocorridos nos exercícios em que o veículo estiver sob locação;

IX – o agente público responsável pela contratação de locação de veículo, para uso neste Estado por pessoa jurídica de direito público, em relação aos fatos geradores ocorridos nos exercícios em que o veículo estiver sob locação;

X – o sócio, diretor, gerente, administrador ou responsável pela empresa locadora, em relação aos veículos locados ou colocados à disposição para locação neste Estado;

XI – o titular do domínio ou o possuidor a qualquer título;

XII – todo aquele que efetivamente concorrer para a sonegação do imposto.

§ 1º No caso de veículo abrangido pela não incidência ou isenção, o agente público ou o leiloeiro deverá exigir a respectiva comprovação.

§ 2º A responsabilidade prevista nos incisos I, II, III, VII, VIII, IX, X, XI e XII deste artigo é solidária e não comporta benefício de ordem.

§ 3º Para eximir-se da responsabilidade prevista nos incisos VIII e IX deste artigo, a pessoa jurídica ou o agente público deverá exigir comprovação de regular inscrição da empresa locadora no Cadastro de Veículos, bem como do pagamento do imposto devido a este Estado, relativamente aos veículos objetos da locação.

Capítulo VII
DO CADASTRO DE VEÍCULOS

Art. 9º A Secretaria de Estado da Receita poderá utilizar o Cadastro de Veículos disponibilizado pelo DETRAN/PB.

Art. 10. Na hipótese de a Secretaria de Estado da Receita estruturar seu próprio Cadastro de Veículos, este, será disciplinado por Decreto do Poder Executivo.

Art. 11. Os dirigentes dos órgãos ou instituições responsáveis pelo registro e manutenção de Cadastros de Veículos deverão fornecer ao Fisco a relação de veículos constantes no respectivo cadastro, as transferências registradas com seus respectivos valores, bem como informar o nome e o endereço dos alienantes e dos adquirentes.

Capítulo VIII
DA ALÍQUOTA

Art. 12. As alíquotas do imposto são:

I – 1,0% (um por cento) para ônibus, caminhões e cavalos mecânicos;

II – 2,5% (dois e meio por cento) para automóveis, motocicletas, micro-ônibus, caminhonetes, bem como para qualquer outro veículo automotor não incluído no inciso I deste artigo.

Parágrafo único. Para os efeitos do inciso I deste artigo, entende-se por caminhão o veículo rodoviário com capacidade de carga igual ou superior a 3.500 Kg.

Capítulo IX
DA BASE DE CÁLCULO

Art. 13. A base de cálculo do imposto é:

I – para veículos novos, o valor venal constante da nota fiscal ou do documento que represente a transmissão da propriedade, não podendo o valor ser inferior ao preço de mercado, observado o § 7º deste artigo;

II – para veículos usados, observado o § 1º deste artigo, o maior entre:

a) o valor venal com base nos preços médios praticados no mercado;

b) o valor constante em tabela anualmente elaborada ou aprovada pela Secretaria de Estado da Receita – SER;

III – para veículos do tipo ônibus de empresas concessionárias, permissionárias ou autorizadas de serviço público de transporte coletivo, ou cuja posse a mencionada empresa detenha em decorrência de contrato de arrendamento mercantil (leasing), empregados, exclusivamente, no transporte urbano e metropolitano, 20% (vinte por cento) do valor venal do veículo;

IV – para efeito do primeiro lançamento relativo a veículo importado diretamente pelo consumidor final, o valor constante do documento relativo ao desembaraço aduaneiro, acrescido dos tributos e demais acréscimos legais;

V – em se tratando de veículo estrangeiro, novo ou usado, adquirido por empresa revendedora, para efeito da primeira operação, o valor constante na nota fiscal de venda a consumidor final ou em outro documento que represente a transmissão de propriedade, não podendo, ser inferior ao do documento de desembaraço aduaneiro, acrescido dos tributos e demais obrigações devidas pela importação.

§ 1º A Secretaria de Estado da Receita poderá, a título de uniformização, adotar os valores venais constantes em tabela que venha a ser aprovada mediante protocolo firmado entre os Estados.

§ 2º Nas hipóteses dos §§ 1º e 4º do art. 5º, o imposto será devido proporcionalmente ao número de meses restantes do exercício, calculado a partir do mês de ocorrência do fato gerador, inclusive.

§ 3º Ocorrendo perda total do veículo, por sinistro, roubo, furto ou outro motivo que descaracterize sua propriedade, seu domínio ou sua posse, o imposto será calculado por duodécimo ou fração, considerada a data do evento, cabendo restituição proporcional se a perda se der após o recolhimento do imposto.

§ 4º Para efeitos do disposto no § 3º, considera-se perda total do veículo por sinistro, a danificação oriunda do corte ou destruição do chassi ou de qualquer outra ocorrência devidamente comprovada pelo órgão oficial competente que o considere inutilizável, devendo o proprietário do veículo recolher o IPVA proporcional no prazo de até 90 (noventa) dias da ocorrência do fato, sem os acréscimos legais, observado o § 5º deste artigo.

§ 5º O recolhimento do IPVA proporcional no prazo definido no § 4º deste artigo só será efetuado sem os acréscimos legais se o proprietário do veículo não estiver em atraso com o pagamento do imposto;

§ 6º Em se tratando de veículo automotor com até 15 (quinze) anos de fabricação, o valor do imposto não poderá ser inferior a:

I – 1,5 (uma vírgula cinco) Unidade Fiscal de Referência do Estado da Paraíba – UFR-PB do mês de novembro do exercício anterior à vigência da tabela divulgada pela SER, para motos e similares;

II – 2,0 (duas) UFR-PB do mês de novembro do exercício anterior à vigência da tabela divulgada pela SER, para os demais veículos.

§ 7º Em se tratando de veículo novo adquirido neste Estado, a base de cálculo, no primeiro emplacamento, poderá ser reduzida em até 50% (cinquenta por cento), conforme dispuser o Regulamento do IPVA.

§ 8º A base de cálculo do imposto para os veículos automotores destinados à locação, de propriedade de empresas locadoras, ou cuja posse estas detenham em decorrência de contrato de arrendamento mercantil, desde que registrados neste Estado, poderá ser reduzida em 20% (vinte por cento).

§ 9º Considera-se empresa locadora de veículos, para os efeitos do § 8º deste artigo, a pessoa jurídica cuja atividade de locação de veículos represente, no mínimo, 50% (cinquenta por cento) de sua receita bruta, mediante reconhecimento da Secretaria de Estado da Receita.

Capítulo X
DA APURAÇÃO, DO VENCIMENTO E DO PAGAMENTO

Art. 14. O valor do imposto resultará da aplicação da alíquota correspondente sobre a respectiva base de cálculo.

Art. 15. A Secretaria de Estado da Receita divulgará no mês de dezembro de cada ano, tabela com os valores do imposto, expressos em moeda corrente, a serem recolhidos no exercício seguinte.

Art. 16. A Secretaria de Estado da Receita fixará, anualmente, calendário para pagamento do imposto, que poderá ser realizado em cota única, ou em até 3 (três) parcelas mensais e sucessivas.

§ 1º No caso de veículos automotores nacionais novos e nacionalizados, novos e usados, fica estabelecido o prazo de 10 (dez) dias, contado a partir da data da emissão da nota fiscal pelo revendedor, ou do desembaraço aduaneiro, para que o adquirente do veículo automotor efetue, junto ao órgão ao qual esteja vinculado, o recolhimento do imposto devido.

§ 2º No caso de veículos adquiridos em outra unidade da Federação, o prazo a que se refere o § 1º será contado a partir da sua entrada no território deste Estado.

§ 3º Sobre o valor do imposto a ser recolhido integralmente e no prazo legal, poderá ser concedido desconto, conforme dispuser o regulamento.

§ 4º Os prazos só se iniciam ou se vencem em dia de expediente normal na repartição fiscal, observado o § 5º deste artigo.

§ 5º Quanto ao término do prazo de recolhimento do imposto será observado o seguinte:

I – se este cair em dia não útil ou em dia que não haja expediente bancário, o referido prazo será postergado para o primeiro dia útil subsequente;

II – se cair no último dia do mês e este não for dia útil, considerar-se-á antecipado o prazo para o primeiro dia útil que o anteceder.

§ 6º O crédito tributário não recolhido no prazo previsto na legislação, poderá ser inscrito na Dívida Ativa para cobrança judicial.

Art. 17. As alterações no registro do veículo só serão efetivadas com a prova do pagamento do imposto ou de que o veículo é isento ou de que não há incidência do imposto sobre o mesmo.

Art. 18. O imposto é vinculado ao veículo, não se exigindo, nos casos de transferência, novo pagamento do imposto já pago neste Estado ou em outra unidade da Federação, observado sempre o respectivo exercício.

Parágrafo único. Na hipótese deste artigo, o comprovante do pagamento do imposto transmite-se ao novo proprietário do veículo para efeito do registro, inscrição, matrícula ou averbação de qualquer alteração desses assentamentos.

Capítulo XI
DOS ACRÉSCIMOS LEGAIS

Art. 19. Os débitos decorrentes do não recolhimento do imposto no prazo legal ficarão sujeitos a:

I – juros de mora equivalentes à taxa referencial do Sistema Especial de Liquidação e de Custódia – SELIC, para títulos federais, ou qualquer outro índice que vier a substituí-la, acumulada mensalmente, calculados a partir do primeiro dia do mês subsequente ao do vencimento do prazo até o mês anterior ao da liquidação, acrescidos de 1% (um por cento) no mês do pagamento;

II – multa de mora, calculada à taxa de 0,33% (trinta e três centésimos por cento), por dia de atraso, limitada a 20% (vinte por cento).

§ 1º Os juros a que se refere este artigo incidirão sobre o principal e as multas, exceto de mora, bem como, sobre os débitos parcelados, relativamente às prestações vincendas.

§ 2º As disposições contidas neste artigo aplicam-se, também, aos:

I – saldos dos créditos tributários existentes, que tenham sido atualizados, monetariamente, até 31 de dezembro de 2012, por outros índices anteriormente utilizados;

II – débitos inscritos em Dívida Ativa para cobrança executiva.

§ 3º Para fins do disposto no § 2º, constitui crédito tributário deste Estado, o principal, as multas e os juros de mora, disciplinados neste artigo.

§ 4º Tratando-se de parcelamento, o disposto no «caput» deste artigo incidirá sobre o crédito tributário.

Capítulo XII
DA RESTITUIÇÃO

Art. 20. A restituição do imposto será acrescida de juros equivalentes à taxa referencial do Sistema Especial de Liquidação e de Custódia – SELIC para títulos federais, ou qualquer outro índice que vier a substituí-la, acumulada mensalmente, calculados a partir da data do pagamento indevido ou a maior, até o mês anterior ao da restituição, acrescido de 1% (um por cento) relativamente ao mês em que estiver sendo efetuada.

Capítulo XIII
DA ADMINISTRAÇÃO E DA FISCALIZAÇÃO

Art. 21. A administração e a fiscalização do imposto são de competência da Secretaria de Estado da Receita.

Art. 22. Todo aquele a quem for solicitada informações de interesse da fiscalização está obrigado a prestá-las.

Art. 23. Os contribuintes e terceiros que tenham informações sobre fatos relacionados ao imposto não poderão embaraçar a ação fiscalizadora e, mediante notificação, serão obrigados a exibir documentos, guias, impressos ou arquivos magnéticos relacionados à administração e à arrecadação.

Art. 24. São obrigados a fornecer ao Fisco, na forma estabelecida pela Secretaria de Estado da Receita:

I – os fabricantes, os revendedores de veículos e os importadores, informações sobre veículos novos vendidos e respectivos adquirentes;

II – os revendedores, informações sobre operações com veículos usados;

III – as empresas locadoras, informações sobre os veículos locados ou colocados à disposição para locação neste Estado;

IV – os leiloeiros que realizarem leilões de veículo automotor, relação dos veículos objetos do leilão, bem como valores das transferências e o nome e endereço dos alienantes e dos adquirentes;

V – os despachantes que auxiliarem no registro ou transferência de veículos, relação desses veículos, bem como os valores das transferências e o nome e endereço do alienante e do adquirente;

VI – os notários, informações sobre as transações com veículos perante eles realizadas, sem ônus para as partes do negócio;

VII – as seguradoras de veículos, informações sobre os veículos segurados ou indenizados;

VIII – as empresas de arrendamento mercantil, informações sobre os veículos arrendados e seus respectivos arrendatários;

IX – as instituições financeiras, informações sobre os veículos financiados e os respectivos adquirentes;

X – os autódromos, oficinas de manutenção e quaisquer pessoas, físicas ou jurídicas, que cedam ou aluguem espaços para estacionamento, ou que prestem serviços de guarda ou manutenção de veículos automotores, informações sobre os veículos que se encontram ou se encontraram estacionados em suas dependências ou sob sua guarda.

Capítulo XIV
DO LANÇAMENTO

Art. 25. O lançamento do IPVA dar-se-á anualmente.

Art. 26. O contribuinte ou o responsável efetuará, anualmente, o pagamento do imposto, até o prazo de vencimento e no valor estabelecido pela Secretaria de Estado da Receita.

§ 1º O contribuinte ou o responsável poderá solicitar a revisão do valor estabelecido pela Secretaria de Estado da Receita, uma única vez.

§ 2º O pedido de revisão, de que trata o § 1º deste artigo, deverá ser apreciado em instância única pelo Gerente Operacional de Fiscalização do Imposto sobre Transmissão «Causa Mortis» e Doação de Quaisquer Bens ou Direitos e do Imposto Sobre a Propriedade de Veículos Automotores da Gerência Executiva de Fiscalização de Tributos Estaduais.

Art. 27. Enquanto não extinto o direito de constituir o crédito tributário, o lançamento poderá ser revisto de ofício pela autoridade administrativa, quando verificado erro ou fato não conhecido ou não provado. (Redação do artigo dada pela Lei Nº 11301 DE 13/03/2019).

Art. 28. A Secretaria de Estado da Receita deverá proceder ao lançamento mediante a lavratura de Auto de Infração quando:

I – houver falta de pagamento ou pagamento a menor do IPVA, decorrente de dolo, fraude ou simulação do sujeito passivo ou de terceiro;

II – for constatado que o beneficiário não preenchia ou deixou de preencher as condições exigidas para o gozo de isenção ou de não incidência, conforme previstas nesta Lei;

III – houver transmissão do veículo, a qualquer título, a pessoa que não faça jus ao mesmo benefício fiscal, dentro do prazo previsto no inciso I do § 10 do art. 4º;

IV – houver emprego do veículo em finalidade diversa da que justificou a isenção ou a não incidência;

V – o sujeito passivo tiver medida judicial determinando a suspensão da exigibilidade do IPVA, para prevenir a decadência;

VI – o sujeito passivo for enquadrado em condutas passíveis de imposição de multa por infração, conforme previsto no art. 32 desta Lei.

Parágrafo único. Sem prejuízo do disposto no art. 41, da Lei nº 10.094, de 27 de setembro de 2013, no que couber, o Auto de Infração deverá conter:

I – o local e a data da emissão;

II – a identificação do sujeito passivo;

III – a identificação do veículo;

IV – a data de vencimento;

V – a descrição da infração e a capitulação legal da penalidade aplicável;

VI – o valor do tributo lançado de ofício;

VII – a intimação para pagamento do imposto ou apresentação da impugnação, no prazo de 30 (trinta) dias;

VIII – a identificação funcional do auditor fiscal e sua assinatura, ficando esta dispensada no caso de lançamento emitido por processo digital ou eletrônico.

Art. 29. Para efeitos do disposto no art. 28, Ato do Chefe do Poder Executivo poderá determinar o acréscimo de outros requisitos a serem inseridos no Auto de Infração. (Redação do artigo dada pela Lei Nº 11301 DE 13/03/2019).

Art. 30. O direito de a Secretaria de Estado da Receita constituir o crédito tributário extingue-se após 5 (cinco) anos, contados do primeiro dia do exercício seguinte àquele em que o lançamento poderia ter sido efetuado.

Capítulo XV
DAS PENALIDADES

Art. 31. Deverá ser aplicada multa por infração sobre o valor do imposto lançado no percentual de 100 % (cem por cento), nas seguintes situações: (Redação do artigo dada pela Lei Nº 11301 DE 13/03/2019)

I – falta de pagamento ou pagamento a menor de IPVA, decorrente de dolo, fraude ou simulação do sujeito passivo ou de terceiro;

II – uso indevido de benefício de isenção ou de não incidência, previstos nesta Lei;

III – quando houver transmissão do veículo, a qualquer título, a pessoa que não faça jus ao mesmo benefício fiscal, dentro do prazo previsto no inciso I do § 10 do art. 4º desta Lei;

IV – emprego do veículo em finalidade diversa da que justificou a isenção ou a não incidência.

Art. 32. Constituem condutas passíveis de imposição de multa por infração, calculadas tomando-se como base o valor da Unidade Fiscal de Referência do Estado da Paraíba – UFR-PB, nos seguintes valores:

I – 10 (dez) UFR-PB por veículo, para as seguintes infrações, quando o proprietário ou responsável:

a) embaraçar, desacatar, dificultar ou impedir, por qualquer meio, a ação da autoridade fiscal no exercício da fiscalização do tributo;

b) deixar de exibir no prazo estabelecido, quando notificado, quaisquer documentos exigidos pelo Fisco;

c) disponibilizar para locação no território do Estado da Paraíba, a partir do ano subsequente ao da sua aquisição ou transferência para este Estado, veículo automotor de sua propriedade registrado ou licenciado em outra unidade da federação.

d) usar veículo automotor licenciado em outra unidade da Federação com endereço do proprietário comprovadamente falso, flagrado circulando na Paraíba a partir do ano subsequente ao da sua aquisição, cujo proprietário é domiciliado ou residente neste Estado e ficar comprovado que o veículo circula de forma rotineira na malha viária urbana e/ou nas estradas da Paraíba. (Alínea acrescentada pela Lei Nº 11247 DE 13/12/2018, efeitos a partir de 01/01/2019).

II – 5 (cinco) UFR-PB por veículo, para as seguintes infrações, quando o proprietário ou responsável:

a) deixar de prestar informações ao Fisco quando obrigado, ou fazê-lo de forma inexata ou incompleta;

b) cometer outra infração a dispositivo da legislação relativa ao imposto, sem penalidade especifica.

§ 1º As multas por infração previstas neste artigo:

I – não excluem o pagamento do imposto, quando devido;

II – são aplicáveis distinta e cumulativamente, na hipótese de concurso de infrações.

§ 2º Para cálculo das multas por infração baseadas em UFR-PB, deve ser considerado o seu valor na data da lavratura do Auto de Infração.

§ 3º A multa por infração prevista para cada alínea dos incisos I e II deste artigo será limitada a 200 (duzentas) UFR – PB por exercício. (Alínea acrescentada pela Lei Nº 11247 DE 13/12/2018, efeitos a partir de 01/01/2019).

Art. 33. Ao sujeito passivo que após a ciência do Auto de Infração efetuar o pagamento ou o parcelamento do IPVA ou da multa por infração de que trata o art. 32, será concedida redução das multas nos seguintes percentuais:

I – 50% (cinquenta por cento), se for efetuado o pagamento no prazo de 30 (trinta) dias, contado da data em que o sujeito passivo foi cientificado do lançamento;

II – 40% (quarenta por cento), se o sujeito passivo requerer o parcelamento no prazo de 30 (trinta) dias, contado da data em que foi cientificado do lançamento;

III – 30% (trinta por cento), se for efetuado o pagamento no prazo de 30 (trinta) dias, contado da data em que o sujeito passivo foi cientificado da decisão administrativa de primeira instância;

IV – 20% (vinte por cento), se o sujeito passivo requerer o parcelamento no prazo de 30 (trinta) dias, contado da data em que foi cientificado da decisão administrativa de primeira instância.

Capítulo XVI
DO PROCESSO ADMINISTRATIVO TRIBUTÁRIO

Art. 34. O Processo Administrativo Tributário contencioso referente ao IPVA iniciar-se-á com o Auto de Infração. (Redação do artigo dada pela Lei Nº 11301 DE 13/03/2019).

Art. 35. O Processo Administrativo Tributário contencioso deverá ser regido pela Lei nº 10.094, de 27 de setembro de 2013.

Parágrafo único. Aplica-se ao Processo Administrativo Tributário contencioso do IPVA, no que couber, a legislação do ICMS referente às normas sobre administração tributária.

Art. 36. Serão encaminhados para inscrição na Dívida Ativa do Estado: (Redação do artigo dada pela Lei Nº 11301 DE 13/03/2019)

I – o imposto exigido conforme o art. 26 desta Lei, não recolhido no prazo de 90 (noventa) dias, depois de esgotado o prazo de vencimento estabelecido pela Secretaria de Estado da Receita;

II – o débito lançado mediante Auto de Infração:

a) não contestado tempestivamente;

b) definitivamente julgado e não recolhido, nem parcelado no prazo de 30 (trinta) dias após a ciência.

Capítulo XVII
DO PARCELAMENTO DOS DÉBITOS

Art. 37. Os débitos fiscais do IPVA poderão ser parcelados, conforme critérios fixados no regulamento do IPVA.

Art. 38. A opção pelo parcelamento implica confissão irrevogável e irretratável dos débitos nele incluídos e obriga o devedor a manter o pagamento regular das parcelas.

Parágrafo único. A transferência de propriedade do veículo que teve seus débitos parcelados somente será efetuada com a liquidação do saldo remanescente do parcelamento ou com a assunção da dívida pelo adquirente, mediante de Termo de Adesão.

Art. 39. No caso de opção pelo parcelamento, ficarão suspensas as pretensões punitivas do Estado, previstas nos arts. 1º e 2º da Lei nº 8.137, de 27 de dezembro de

1990, operando-se a extinção das ações ao término do pagamento dos débitos consolidados e a liberação dos respectivos gravames e garantias.

Capítulo XVIII
DA DESTINAÇÃO DO PRODUTO ARRECADADO

Art. 40. O produto da arrecadação do imposto será distribuído da seguinte forma:

I - 50% (cinquenta por cento) para o município onde estiver licenciado o veículo automotor;

II - 50% (cinquenta por cento) constituirá receita do Estado.

Capítulo XIX
DA REMISSÃO

Art. 41. Fica o Poder Executivo autorizado a remitir, por veículo automotor, crédito tributário relativo ao IPVA cujo montante atualizado em janeiro do ano corrente seja igual ou inferior a 1 (uma) UFR-PB.

Capítulo XX
DAS DISPOSIÇÕES FINAIS

Art. 42. A Secretaria de Estado da Receita poderá firmar convênios com os órgãos e entidades componentes do Sistema Nacional de Trânsito para a troca de informações, no interesse da administração do imposto.

Art. 43. Fica o chefe do Poder Executivo autorizado a editar os atos regulamentares necessários à execução desta Lei.

Art. 44. Ficam revogadas, a partir de 1º de janeiro de 2018, as disposições em contrário, especialmente, a Lei nº 7.131, de 05 de julho de 2002.

Art. 45. Esta Lei entra em vigor na data de sua publicação, produzido seus efeitos a partir de 1º de janeiro de 2018.

PALÁCIO DO GOVERNO DO ESTADO DA PARAÍBA, em João Pessoa, 06 de novembro de 2017; 129º da Proclamação da República.

DECRETO ESTADUAL Nº 37.814, DE 17 DE NOVEMBRO DE 2017

- APROVA O REGULAMENTO DO IMPOSTO SOBRE A PROPRIEDADE DE VEÍCULOS AUTOMOTORES - RIPVA

ÍNDICE

Capítulo I
DISPOSIÇÕES PRELIMINARES

Art. 1º Este Regulamento trata do Imposto sobre a Propriedade de Veículos Automotores – IPVA, nos termos da Lei nº 11.007, de 06 de novembro de 2017.

Parágrafo único. Considera-se veículo automotor aquele dotado de mecanismo de propulsão própria e que sirva para o transporte de pessoas ou coisas ou para a tração de veículos utilizados para o transporte de pessoas ou coisas.

Capítulo II
DA INCIDÊNCIA

Art. 2º O Imposto sobre a Propriedade de Veículos Automotores – IPVA incide sobre a propriedade de veículos automotores uma única vez em cada exercício.

Capítulo III
DA NÃO INCIDÊNCIA

Art. 3º O imposto não incide:

I – na hipótese em que o proprietário, residente no exterior, cujo veículo não seja registrado ou licenciado no País, obtiver licença, em caráter temporário, para trafegar no território nacional, de acordo com a legislação pertinente, observado o § 1º deste artigo;

II – sobre a propriedade de veículos automotores que integram o patrimônio, observado o § 3º deste artigo:

a) da União, dos Estados, do Distrito Federal, dos Municípios e das suas respectivas autarquias e fundações;

b) dos templos de qualquer culto;

c) dos partidos políticos e suas fundações, das entidades sindicais dos trabalhadores, das instituições de educação e de assistência social, sem fins lucrativos, observados o § 2º deste artigo e os seguintes requisitos:

1. não distribuam qualquer parcela de seu patrimônio ou de suas rendas, a qualquer título;

2. apliquem, integralmente, no País, os seus recursos, na manutenção dos objetivos institucionais previstos nos respectivos estatutos ou atos constitutivos;

3. mantenham escrituração de suas receitas e despesas, em livros revestidos de formalidades capazes de assegurar sua exatidão;

III – quando o veículo se encontrar sob a guarda do judiciário, em razão de ação que faça sobrestar do proprietário a posse do bem, enquanto perdurar a demanda;

IV – sobre a propriedade de veículos automotores pertencentes à empresa pública estadual custeada com recursos do Tesouro Estadual.

§ 1º Para os efeitos do inciso I, a referida licença não poderá ter prazo superior a 1 (um) ano.

§ 2º A falta de observância de quaisquer dos requisitos estabelecidos na alínea «c» do inciso II implica na perda do benefício por parte das instituições e das entidades.

§ 3º A não incidência de que trata o inciso II restringe-se aos veículos relacionados com as finalidades das instituições ou delas decorrentes.

§ 4º A não incidência de que trata este artigo não exclui as instituições e as entidades nele indicadas da condição de responsáveis tributários, nem as dispensa da prática de atos que assegurem o cumprimento das obrigações tributárias por parte de terceiros.

Capítulo IV
DAS ISENÇÕES

Art. 4º São isentos do pagamento do imposto:

I – os veículos de Corpo Diplomático credenciado pelo Governo Brasileiro, desde que os respectivos países de origem adotem reciprocidade de tratamento, observado o § 2º deste artigo;

II – os veículos de propriedade ou posse de turistas estrangeiros, portadores de "Certificado Internacional de Circular e Conduzir", pelo prazo estabelecido nesses certificados, mas nunca superior a 1 (um) ano, desde que o país de origem adote tratamento recíproco com os veículos do Brasil, observado o § 2º deste artigo;

III – as máquinas agrícolas e de terraplenagem, observado o § 2º deste artigo;

IV – os veículos rodoviários utilizados na categoria de táxi, inclusive motocicletas, com capacidade para até 7 (sete) passageiros, de propriedade de motorista profissional autônomo ou cooperativado, por ele utilizado em sua atividade profissional, limitada a isenção a 1 (um) veículo por beneficiário, observados os §§ 1º, 3º, 5º, 10, 11 e 12 deste artigo;

V – os veículos com potência até 50 (cinquenta) cilindradas, observado o § 2º deste artigo;

VI – os veículos de fabricação nacional ou nacionalizados, de propriedade de pessoas portadoras de deficiência física, visual, mental severa ou profunda, ou autista, limitada a isenção a 1 (um) veículo por beneficiário, observados os §§ 1º, 3º, 6º, 7º, 8º, 9º, 10, 11, 12 e 20, deste artigo; (Redação do inciso dada pelo Decreto Nº 40959 DE 29/12/2020).

VII – os veículos do tipo ambulância ou de uso no combate a incêndio, desde que sejam destinados a serviços de utilidade pública e que não haja cobrança por estes serviços, observado o § 2º deste artigo;

VIII – os veículos adquiridos em leilão promovido pelo poder público, no período compreendido entre a data de sua apreensão e a data da arrematação em hasta pública, observado o § 2º deste artigo;

IX – os veículos automotores com mais de 15 (quinze) anos de uso, contados a partir do ano de sua fabricação, observado o § 2º deste artigo;

X – os veículos rodoviários empregados, exclusivamente, no Transporte Escolar, com capacidade para até 16 (dezesseis) passageiros, de propriedade de motorista profissional autônomo ou cooperativado, devidamente habilitado para dirigir esse tipo de veículo, limitada a isenção a 1 (um) veículo por beneficiário, desde que seja portador de concessão ou permissão do órgão Municipal competente e comprovadamente registrado na categoria aluguel, observados os §§ 1º, 3º, 10, 11 e 12, deste artigo;

XI – as motocicletas ou motonetas nacionais, com até 200 (duzentas) cilindradas, destinadas ao uso exclusivo do adquirente na atividade agrícola ou pesqueira artesanal, limitada a isenção a 1 (um) veículo por beneficiário, observados os §§ 1º, 3º, 10, 11, 12 e 13, deste artigo;

XII – os triciclos de propriedade de pessoas com deficiência física, visual, mental severa ou profunda, ou autista, adquiridos diretamente ou por intermédio de seu representante legal, limitada a isenção a 1 (um) veículo por beneficiário, observados os §§ 1º, 3º, 8º, 9º, 10,11, 12 e 20, deste artigo; (Redação do inciso dada pelo Decreto Nº 40959 DE 29/12/2020).

XIII – as motocicletas de até 150cc (cento e cinquenta cilindradas), utilizadas por cooperativas de moto-fretistas ou motoboys nessas atividades, limitadas ao número de cooperativados não beneficiados por esta isenção, ou a 1 (uma) motocicleta, de até l50cc (cento e cinquenta cilindradas), por profissional moto-fretista ou motoboy, autônomo ou cooperativado, nos termos da Lei Federal nº 12.009, de 29 de julho de 2009, e do art. 139-A do Código de Trânsito Brasileiro (Lei nº 9.503, de 23 de setembro de 1997), observados os §§ 1º, 3º, 4º, 10, 11 e 14, deste artigo;

XIV – os ônibus, micro-ônibus, vans e demais veículos utilizados no transporte de turismo, nos termos dos arts. 28 e 29 da Lei Geral do Turismo (Lei nº 11.771, de 17 de setembro de 2008), observados os §§ 1º, 3º, 4º, 10, 15, 16 e 17, deste artigo;

XV – os veículos roubados, furtados ou extorquidos, no período entre a data da ocorrência do fato devidamente comprovado e a data de sua devolução ao proprietário, observados os §§ 2º, 18 e 19, deste artigo;

XVI – os veículos sinistrados com perda total, conforme disposto no § 6º do art. 13, a partir da data da ocorrência do sinistro, observados os §§ 2º e 18, deste artigo;

XVII – os veículos de propriedade de empresa locadora:

a) no ano da transferência do cadastro do veículo para este Estado, desde que seja comprovado o pagamento do IPVA no Estado de origem, observados os §§ 1º e 2º do art. 21 deste Regulamento; (Redação da alínea dada pelo Decreto Nº 39820 DE 21/12/2018).

b) quando, na hipótese prevista na alínea "b" do inciso IV do § 1º do art. 5º deste Regulamento do IPVA, tratar-se de veículo destinado à locação avulsa, e a permanência neste Estado seja temporária;

XVIII – a propriedade de veículos automotores pertencentes à sociedade de economia mista prestadora de serviço público exclusivo e essencial, cujo acionista majoritário seja o Estado da Paraíba. (Redação do inciso dada pelo Decreto Nº 37984 DE 21/12/2017, efeitos a partir de 01/01/2018).

§ 1º As isenções previstas neste artigo, quando não concedidas em caráter geral, serão efetivadas, em cada caso, por despacho da autoridade administrativa em requerimento com o qual o interessado faça prova do preenchimento das condições e do cumprimento dos requisitos para sua concessão, observado o § 2º deste artigo.

§ 2º É dispensado o requerimento de que trata o § 1º deste artigo em se tratando das isenções previstas nos incisos I, II, III, V, VII, VIII, IX, XV, XVI, XVII e XVIII do «caput» deste artigo. (Redação do parágrafo dada pelo Decreto Nº 37984 DE 21/12/2017, efeitos a partir de 01/01/2018).

§ 3º O direito à fruição das isenções de que trata este artigo deverá ser previamente reconhecido pela Secretaria de Estado da Receita e solicitado, anualmente, até o dia 31 de dezembro do exercício anterior ao da fruição do benefício, observado o § 4º deste artigo.

§ 4º À exceção das isenções previstas nos incisos I, II, III, V, VII, e IX do «caput», o benefício previsto neste artigo somente se aplica no caso em que o adquirente não tiver débitos para com a Fazenda Pública Estadual.

§ 5º A isenção do IPVA para veículos rodoviários utilizados na categoria de táxi, prevista no inciso IV do «caput» deste artigo, deverá ser condicionada à comprovação da regularidade da permissão ou autorização para a exploração de serviço de táxi concedida por Prefeitura Municipal deste Estado.

§ 6º A isenção prevista no inciso VI do «caput» deste artigo será concedida desde que o valor venal não seja superior ao estabelecido na legislação estadual para o gozo da isenção do Imposto sobre Operações Relativas à Circulação de Mercadorias e sobre Prestações de Serviços de Transporte Interestadual e Intermunicipal e de Comunicação – ICMS, observado o § 7º deste artigo.

§ 7º Na adoção do valor venal a que se refere o § 6º, será observado o art. 13 deste Decreto.

§ 8º Para efeitos do benefício previsto nos incisos VI e XII do «caput» deste artigo, é considerada pessoa portadora de:

I – deficiência física, aquela que apresenta alteração completa ou parcial de um ou mais segmentos do corpo humano, alcançando, tão somente, as deficiências de grau moderado ou grave, assim entendidas aquelas que causem comprometimento parcial ou total das funções dos segmentos corpóreos que envolvam a segurança da direção veicular, acarretando o comprometimento da função física e a incapacidade total ou parcial para dirigir, apresentando-se sob a forma de paraplegia, paraparesia, monoplegia, monoparesia, nanismo, tetraplegia, tetraparesia, triplegia, triparesia, hemiplegia, hemiparesia, amputação ou ausência de membro, paralisia cerebral, membros com deformidade congênita ou adquirida, exceto as deformidades estéticas e as que não produzam dificuldades para o desempenho de funções; (Redação do inciso dada pelo Decreto Nº 40959 DE 29/12/2020).

II – deficiência visual, aquela que apresenta acuidade visual igual ou menor que 20/200 (tabela de Snellen) no melhor olho, após a melhor correção, ou campo visual inferior a 20º, ou ocorrência simultânea de ambas as situações;

III – deficiência mental severa ou profunda, aquela que apresenta o funcionamento intelectual significativamente inferior à média, com manifestação anterior aos dezoito anos e limitações associadas a duas ou mais áreas de habilidades adaptativas;

IV – autismo aquela que apresenta transtorno autista ou autismo atípico e gera a incapacidade de dirigir, caracterizados nas seguintes formas:

a) deficiência persistente e clinicamente significativa da comunicação e da interação sociais, manifestada por deficiência marcada de comunicação verbal e não verbal usada para interação social, ausência de reciprocidade social, falência em desenvolver e manter relações apropriadas ao seu nível de desenvolvimento;

b) padrões restritivos e repetitivos de comportamentos, interesses e atividades, manifestados por comportamentos motores ou verbais estereotipados ou por comportamentos sensoriais incomuns, excessiva aderência a rotinas e padrões de comportamento ritualizados, interesses restritos e fixos.

V – deficiência: toda perda ou anormalidade de uma estrutura ou função psicológica, fisiológica ou anatômica que gere incapacidade para o desempenho de uma atividade, dentro do padrão considerado normal para o ser humano; (Inciso acrescentado pelo Decreto Nº 40959 DE 29/12/2020)

VI – deficiência permanente: a que ocorreu ou se estabilizou durante um período de tempo suficiente para não permitir recuperação ou ter probabilidade de que se altere, apesar de novos tratamentos; (Inciso acrescentado pelo Decreto Nº 40959 DE 29/12/2020).

VII – incapacidade: uma redução efetiva e acentuada da capacidade de integração social, com necessidade de equipamentos, adaptações, meios ou recursos especiais para que a pessoa com deficiência possa receber ou transmitir informações necessárias ao seu bem-estar e ao desempenho de função ou atividade a ser exercida. (Inciso acrescentado pelo Decreto Nº 40959 DE 29/12/2020).

§ 9º Caso a pessoa portadora de deficiência ou o autista, beneficiário da isenção do IPVA, não seja o condutor do veículo, poderá indicar, diretamente ou por meio de seu representante legal, até 3 (três) condutores autorizados, sendo permitida a substituição destes, com indicação de novos condutores, desde que informe esse fato à autoridade competente.

§ 10. Antes de constituído o crédito tributário mediante a lavratura de Auto de Infração, o adquirente beneficiário das isenções previstas nos incisos IV, VI, X, XI, XII, XIII e XIV do «caput» deste artigo deverá recolher o imposto, com multa de mora e juros de mora, a contar da data da aquisição constante no documento fiscal, nos termos da legislação vigente sem prejuízo das sanções penais cabíveis, na hipótese de:

I – transmissão do veículo, a qualquer título, dentro do prazo de 2 (dois) anos da data da aquisição, a pessoa que não faça jus ao mesmo tratamento fiscal;

II – emprego do veículo em finalidade diversa da que justificou a isenção.

§ 11. Nas isenções previstas nos incisos IV, VI, X, XI, XII e XIII do «caput» deste artigo, quando se tratar de aquisição de outro veículo no mesmo ano em que já tenha sido concedida isenção, o beneficiário poderá optar sobre qual bem incidirá o benefício, se sobre a nova aquisição ou sobre o veículo já isento.

§ 12. Na hipótese do § 11 deste artigo, o imposto a recolher será calculado por duodécimo ou fração, nos termos deste Regulamento.

§ 13. Para obtenção do benefício previsto no inciso XI do «caput» deste artigo, o requerente deverá comprovar o exercício da atividade rural, como pequeno proprietário ou trabalhador, ou, no caso da atividade pesqueira, como pescador artesanal, mediante os seguintes documentos:

I – se proprietário rural:

a) certidão do INCRA que ateste sua condição de pequeno proprietário e produtor rural ou de assentado em áreas desapropriadas para efeito de reforma agrária;

b) declaração, sob as penas da lei, de que sua renda familiar anual não ultrapassa o dobro do valor do limite de isenção do Imposto de Renda;

II - se trabalhador rural ou pescador artesanal, declaração do sindicato rural ou da colônia de pescadores, com firma reconhecida em cartório local, atestando o exercício da atividade rural ou pesqueira artesanal.

§ 14. O condutor de motocicleta, nas atividades especificadas no inciso XIII do «caput» deste artigo, além de obedecer ao disposto na Lei Federal nº 12.009, de 29 de julho de 2009, no Código de Trânsito Brasileiro, Lei nº 9.503, de 23 de setembro de 1997, e nas normas editadas pelo Departamento Nacional de Trânsito - DENATRAN e pelo Departamento Estadual de Trânsito da Paraíba - DETRAN/PB, deverá:

I - portar Carteira Nacional de Habilitação - CNH apropriada para condução de veículos de duas rodas (motocicletas);

II - estar autorizado, pelo órgão competente de cada Município em que atuar, a exercer a atividade de moto-fretista ou motoboy;

III - estar filiado à entidade representativa da categoria profissional, devidamente registrada no Ministério do Trabalho e Emprego.

§ 15. A atividade especificada no inciso XIV do «caput» deste artigo deverá ter sede e seu condutor residência no Estado da Paraíba, devendo ser obedecidas as normas editadas pela Agência Nacional de Transportes Terrestres - ANTT, pelo Departamento Nacional de Trânsito - DENATRAN e pelo Departamento Estadual de Trânsito da Paraíba - DETRAN/PB e as determinações do Ministério do Turismo - MTur, observados os §§ 16 e 17 deste artigo.

§ 16. O inciso XIV do «caput» deste artigo deve ser interpretado de modo a se incluírem, entre os veículos objetos de isenção do IPVA, os de propriedade de quaisquer pessoas físicas e jurídicas, sem limite quantitativo de veículos por pessoa ou proprietário, inclusive os pertencentes a pessoas físicas associadas a cooperativas, a Microempreendedores Individuais - MEI e os veículos de pessoas físicas agregadas a frotas de pessoas jurídicas, desde que o veículo esteja cadastrado no Ministério do Turismo na qualidade de transporte turístico, nos termos da Lei nº 10.875, de 26 de abril de 2017.

§ 17. O § 15 deste artigo no tocante as determinações do Ministério do Turismo - MTur refere-se, apenas, aos requisitos para cadastro do veículo na qualidade de transporte de turismo perante o Ministério de Turismo, comprovando-se seu preenchimento com o mero cadastro do veículo na qualidade de transporte de turismo no Cadastro dos Prestadores de Serviços Turísticos - Cadastur, independentemente de o transporte de turismo ser a atividade econômica primária ou secundária da pessoa, somado à declaração do sindicato de transportadores de turismo que se exerce atualmente a atividade de transporte turístico, nos termos da Lei nº 10.875, de 26 de abril de 2017.

§ 18. Não se aplica aos veículos de que trata o inciso XV do «caput» deste artigo, sem devolução ao proprietário, e aos veículos previstos no inciso XVI do «caput» deste artigo, inclusive se a seguradora recuperar e vender em leilão o veículo sinistrado, o disposto no «caput» do § 10 para os casos previstos no inciso I do referido parágrafo, bem como o disposto no § 11.

§ 19. Nas hipóteses de roubo ou furto de veículo, comprovadas mediante a apresentação de certidão fornecida pela Delegacia de Roubos e Furtos de Veículos da Polícia Civil do Estado da Paraíba, serão observados os seguintes critérios para a restituição e isenção do IPVA:

I – relativamente ao ano em que ocorreu o roubo ou o furto:

a) o valor do IPVA já pago, a que se refere o respectivo exercício, será restituído ao sujeito passivo proporcionalmente ao período decorrido entre a data do crime e a data da devolução do veículo, se esta ocorrer dentro do mesmo ano; ou

b) se o veículo não for devolvido ao proprietário até 31 de dezembro do ano em que ocorreu o roubo ou furto, o período a ser considerado para fins de restituição proporcional do IPVA já pago será contado até essa data;

II – nos anos subsequentes, enquanto não devolvido o veículo, aplica-se a isenção prevista no inciso XV do "caput" deste artigo e, quando devolvido, o imposto será devido proporcionalmente ao número de meses restantes do exercício, calculado a partir do mês da devolução.

§ 20. O requerente do benefício previsto nos incisos VI e XII do «caput» deste artigo, deverá comprovar, alternativamente, que: (Parágrafo acrescentado pelo Decreto Nº 40959 DE 29/12/2020)

I – o veículo foi especialmente adaptado e customizado para sua situação de deficiência física, conforme regulamentação a ser editada pelo Secretário de Estado da Fazenda; ou

II – é portador de deficiência física, visual, mental severa ou profunda, ou autismo, que o torna totalmente incapaz de dirigir veículo automotor, cujo veículo deverá ser conduzido por motoristas autorizados pelo beneficiário da isenção ou por seu tutor, curador ou representante legal.

Capítulo V
DO FATO GERADOR

Art. 5º O Imposto sobre a Propriedade de Veículos Automotores IPVA, devido anualmente, tem como fato gerador a propriedade de veículo automotor.

§ 1º Ocorre o fato gerador do imposto:

I – em se tratando de veículo de fabricação nacional novo:

a) na data da emissão da Nota Fiscal Eletrônica - NF-e, modelo 55, para consumidor final, pessoa física ou jurídica, ou quando da incorporação ao ativo imobilizado por empresa fabricante ou revendedora;

b) na data de sua recuperação, em relação a veículo roubado ou furtado;

c) na data do arremate em leilão;

II - em se tratando de veículo de procedência estrangeira, para efeito da primeira tributação:

a) na data do desembaraço aduaneiro, quando importado por consumidor final, pessoa física ou jurídica;

b) na data da emissão da Nota Fiscal Eletrônica - NF-e, modelo 55, para consumidor final, pessoa física ou jurídica, quando importado por empresa revendedora;

c) no momento da incorporação ao ativo imobilizado por empresa fabricante ou revendedora importadora;

III - em se tratando de veículo usado:

a) em 1º de janeiro de cada exercício;

b) na data da aquisição, quando se tratar de veículo procedente de outra unidade federada e não houver comprovação do pagamento do imposto na unidade de origem, no respectivo exercício;

c) na data em que deixar de ser preenchido requisito que tiver dado causa a não incidência ou a isenção;

d) na data da devolução ao proprietário, na hipótese de recuperação de veículo furtado, roubado ou extorquido;

e) na data do arremate em leilão promovido pelo poder público, em relação a veículo que se encontrava ao abrigo do disposto no inciso VIII do art. 4º deste Decreto;

IV - relativamente a veículo de propriedade de empresa locadora:

a) no dia 1º de janeiro de cada exercício, em se tratando de veículo usado já inscrito no Cadastro de Veículos deste Estado;

b) na data em que vier a ser locado ou colocado à disposição para locação no território deste Estado, em se tratando de veículo usado registrado anteriormente em outro Estado;

c) na data de sua aquisição para integrar a frota destinada à locação neste Estado, em se tratando de veículo novo.

§ 2º Considera-se ocorrido o fato gerador no prazo previsto na alínea «a» do inciso III do § 1º deste artigo, quando o veículo automotor de proprietário domiciliado ou residente neste Estado, circular de forma rotineira na malha viária urbana e/ou nas estradas da Paraíba, a partir do ano subsequente ao da aquisição do veículo e continuar licenciado em outra unidade da Federação, com endereço comprovadamente falso.

§ 3º O disposto no inciso IV do § 1º, aplica-se às empresas locadoras de veículos qualquer que seja o seu domicílio, sem prejuízo das disposições dos incisos I a III, no que couber.

§ 4º Para os efeitos deste Regulamento, novo é o veículo que ainda não tenha sido objeto de operação destinada a consumidor final, nem incorporado ao ativo imobilizado de fabricante, revendedor ou importador.

§ 5º Equipara-se à propriedade, a posse legítima do veículo, a qualquer título, inclusive quando decorrente de alienação fiduciária em garantia ou com a cláusula de reserva do domínio.

Art. 6º O imposto será devido no local do domicílio do proprietário do veículo, neste Estado.

§ 1º Para os efeitos deste Regulamento, considerar-se-á domicílio:

I – se o proprietário for pessoa natural:

a) a sua residência habitual;

b) o centro habitual de sua atividade onde o veículo esteja sendo utilizado, se a residência habitual for incerta ou desconhecida;

II – se o proprietário for pessoa jurídica de direito privado:

a) o estabelecimento situado no território deste Estado, quanto aos veículos automotores que a ele estejam vinculados na data da ocorrência do fato gerador;

b) o estabelecimento onde o veículo estiver disponível para entrega ao locatário na data da ocorrência do fato gerador, na hipótese de contrato de locação avulsa;

c) o local do domicílio do locatário ao qual estiver vinculado o veículo na data da ocorrência do fato gerador, na hipótese de locação de veículo para integrar sua frota;

III – qualquer de suas repartições no território deste Estado, se o proprietário ou locatário for pessoa jurídica de direito público.

§ 2º No caso de pessoa natural com múltiplas residências, presume-se como domicílio tributário para fins de pagamento do IPVA:

I – o local onde, cumulativamente, possua residência e exerça profissão;

TRIBUTÁRIO E FINANCEIRO

II – caso possua residência e exerça profissão em mais de um local, o endereço constante da Declaração de Imposto de Renda.

§ 3º Na impossibilidade de se precisar o domicílio tributário da pessoa natural nos termos do inciso I do § 1º e do § 2º deste artigo, a autoridade administrativa poderá fixá-lo tomando por base o endereço que vier a ser apurado em órgãos públicos, nos cadastros de domicílio eleitoral e nos cadastros de empresa seguradora e concessionária de serviço público, dentre outros.

§ 4º No caso de pessoas jurídicas de direito privado, não sendo possível determinar a vinculação do veículo na data da ocorrência do fato gerador, nos termos do inciso II do § 1º deste artigo, presume-se como domicílio o local do estabelecimento onde haja indícios de utilização do veículo com predominância sobre os demais estabelecimentos da mesma pessoa jurídica.

§ 5º Presume-se domiciliado no Estado da Paraíba, o proprietário cujo veículo estiver registrado no órgão competente deste Estado.

§ 6º Em se tratando de veículo de propriedade de empresa de arrendamento mercantil (leasing), o imposto será devido no local do domicílio ou residência do arrendatário, nos termos deste artigo.

§ 7º Para efeitos da alínea «b» do inciso II do § 1º deste artigo, equipara-se a estabelecimento da empresa locadora neste Estado, o lugar de situação dos veículos mantidos ou colocados à disposição para locação.

Capítulo VI
DO CONTRIBUINTE E DO RESPONSÁVEL

Art. 7º Contribuinte do imposto é o proprietário do veículo automotor.

§ 1º Considera-se contribuinte o detentor legítimo da posse do veículo nos casos de alienação fiduciária em garantia, reserva de domínio, «leasing» ou outra modalidade contratual semelhante.

§ 2º No caso de pessoa jurídica, considera-se contribuinte:

I – cada um dos seus estabelecimentos para fins de cumprimento das obrigações contidas neste Regulamento;

II – o conjunto dos estabelecimentos para fins de garantia do cumprimento das obrigações.

Art. 8º São responsáveis pelo pagamento do imposto e acréscimos legais:

I – o adquirente, em relação ao veículo adquirido sem o pagamento do imposto e acréscimos legais do exercício ou exercícios anteriores;

II – o proprietário de veículo automotor que o alienar e não fornecer os dados necessários à alteração no Cadastro de Veículos no prazo de 30 (trinta) dias, em relação aos fatos geradores ocorridos entre o momento da alienação e o do conhecimento desta pela autoridade responsável;

III – o leiloeiro, em relação ao veículo adquirido ou arrematado em leilão e entregue sem comprovação do pagamento do imposto e acréscimos legais pendentes sobre o mesmo;

IV – o inventariante, pelos débitos devidos pelo espólio;

V – o tutor ou o curador, pelos débitos de seu tutelado ou curatelado;

VI – a pessoa jurídica que resultar da fusão, incorporação ou cisão de outra ou em outra pessoa jurídica;

VII – o servidor que autorizar ou efetuar o registro, licenciamento ou a transferência de propriedade de veículo automotor neste Estado, sem a comprovação do pagamento ou do reconhecimento da não incidência ou da concessão da isenção;

VIII – a pessoa jurídica de direito privado, bem como o sócio, diretor, gerente ou administrador, que tomar em locação veículo para uso neste Estado, em relação aos fatos geradores ocorridos nos exercícios em que o veículo estiver sob locação;

IX – o agente público responsável pela contratação de locação de veículo, para uso neste Estado por pessoa jurídica de direito público, em relação aos fatos geradores ocorridos nos exercícios em que o veículo estiver sob locação;

X – o sócio, diretor, gerente, administrador ou responsável pela empresa locadora, em relação aos veículos locados ou colocados à disposição para locação neste Estado;

XI – o titular do domínio ou o possuidor a qualquer título;

XII – todo aquele que efetivamente concorrer para a sonegação do imposto.

§ 1º No caso de veículo abrangido pela não incidência ou isenção, o agente público ou o leiloeiro deverá exigir a respectiva comprovação.

§ 2º A responsabilidade prevista nos incisos I, II, III, VII, VIII, IX, X, XI e XII deste artigo é solidária e não comporta benefício de ordem.

§ 3º Para eximir-se da responsabilidade prevista nos incisos VIII e IX deste artigo, a pessoa jurídica ou o agente público deverá exigir comprovação de regular inscrição da empresa locadora no Cadastro de Veículos, bem como do pagamento do imposto devido a este Estado, relativamente aos veículos objetos da locação.

Capítulo VII
DO CADASTRO DE VEÍCULOS

Art. 9º O Departamento Estadual de Trânsito da Paraíba – DETRAN/PB deverá fornecer à Secretaria de Estado da Receita, para fins exclusivamente fiscais, os dados cadastrais relativos aos veículos automotores e aos seus proprietários ou possuidores.

Parágrafo único. O DETRAN/PB deverá franquear à Secretaria de Estado da Receita as informações necessárias à fiscalização e arrecadação do IPVA, bem como promover no cadastro de veículos as modificações indispensáveis à atividade tributária.

Art. 10. Na hipótese da Secretaria de Estado da Receita estruturar seu próprio Cadastro de Veículos, este, será disciplinado por Decreto do Poder Executivo.

Art. 11. Os dirigentes dos órgãos ou instituições responsáveis pelo registro e manutenção de Cadastros de Veículos deverão fornecer ao Fisco a relação de veículos constantes no respectivo cadastro, as transferências registradas com seus respectivos valores, bem como informar o nome e o endereço dos alienantes e dos adquirentes.

Parágrafo único. No interesse da fiscalização e arrecadação do IPVA, a Secretaria de Estado da Receita poderá utilizar informações constantes de outros cadastros mantidos por órgãos da administração pública direta e indireta Federal, Estadual ou Municipal.

Capítulo VIII
DA ALÍQUOTA

Art. 12. As alíquotas do imposto são:

I – 1,0% (um por cento) para ônibus, caminhões e cavalos mecânicos;

II – 2,5% (dois e meio por cento) para automóveis, motocicletas, microônibus, caminhonetes, bem como para qualquer outro veículo automotor não incluído no inciso I deste artigo.

Parágrafo único. Para os efeitos do inciso I deste artigo, entende-se por caminhão o veículo rodoviário com capacidade de carga igual ou superior a 3.500 Kg.

Capítulo IX
DA BASE DE CÁLCULO

Art. 13. A base de cálculo do imposto é:

I – para veículos novos, o valor venal constante da nota fiscal ou do documento que represente a transmissão da propriedade, não podendo o valor ser inferior ao preço de mercado, observados os incisos I e II do "caput" do art. 15 deste Regulamento;

II – para veículos usados, observados os §§ 1º e 3º deste artigo, o maior entre:

a) o valor venal com base nos preços médios praticados no mercado;

b) o valor constante em tabela anualmente aprovada e divulgada pela Secretaria de Estado da Receita, no mês de dezembro do exercício anterior ao da cobrança do imposto;

III – para veículos do tipo ônibus de empresas concessionárias, permissionárias ou autorizadas de serviço público de transporte coletivo, ou cuja posse a mencionada empresa detenha em decorrência de contrato de arrendamento mercantil (leasing), empregados, exclusivamente, no transporte urbano e metropolitano, 20% (vinte por cento) do valor venal do veículo;

IV – para efeito do primeiro lançamento relativo a veículo importado diretamente pelo consumidor final, o valor constante do documento relativo ao desembaraço aduaneiro, convertido em moeda nacional pela taxa cambial vigente na data do desembaraço, acrescido dos tributos e demais acréscimos legais;

V – em se tratando de veículo estrangeiro, novo ou usado, adquirido por empresa revendedora, para efeito da primeira operação, o valor constante na nota fiscal de venda a consumidor final ou em outro documento que represente a transmissão de propriedade, não podendo ser inferior ao do documento de desembaraço aduaneiro, convertido em moeda nacional pela taxa cambial vigente na data do desembaraço, acrescido dos tributos e demais obrigações devidas pela importação.

§ 1º A Secretaria de Estado da Receita poderá, a título de uniformização, adotar os valores venais constantes em tabela que venha a ser aprovada mediante protocolo firmado entre os Estados.

§ 2º Nas hipóteses dos incisos I e II do § 1º do art. 5º, o imposto será devido proporcionalmente ao número de meses restantes do exercício, calculado a partir do mês de ocorrência do fato gerador, inclusive.

§ 3º O valor da base de cálculo constante na tabela anualmente aprovada e divulgada pela Secretaria de Estado da Receita é calculado com base nos preços médios praticados no mercado, pesquisado por empresa especializada, levando-se em consideração, dentre outras características do veículo, a potência do motor, o tipo de combustível, a marca, o modelo e o ano de fabricação.

§ 4º É irrelevante, para determinação da base de cálculo, o estado de conservação do veículo individualmente considerado.

§ 5º Ocorrendo perda total do veículo, por sinistro, roubo, furto ou outro motivo que descaracterize sua propriedade, seu domínio ou sua posse, o imposto será calculado por duodécimo ou fração, considerada a data do evento, cabendo restituição proporcional se a perda se der após o recolhimento do imposto.

§ 6º Para efeitos do disposto no § 5º, considera-se perda total do veículo por sinistro, a danificação oriunda do corte ou destruição do chassi ou de qualquer outra ocorrência devidamente comprovada pelo órgão oficial competente que o considere inutilizável, devendo o proprietário do veículo recolher o IPVA proporcional no prazo de até 90 (noventa) dias da ocorrência do fato, sem os acréscimos legais, observado o § 7º deste artigo.

§ 7º O recolhimento do IPVA proporcional no prazo definido no § 6º deste artigo só será efetuado sem os acréscimos legais se o proprietário do veículo não estiver em atraso com o pagamento do imposto.

§ 8º Para efeito do primeiro lançamento relativo a veículo do tipo «buggy», a base de cálculo será o somatório dos valores constantes das notas fiscais de aquisição da carroceria, do chassi, da caixa de câmbio, do motor, dos equipamentos e dos acessórios, não podendo este valor ser inferior ao de mercado.

§ 9º Para efeito do primeiro lançamento relativo a veículos do tipo ônibus, caminhões e «pick-ups», a base de cálculo será o somatório dos valores constantes das notas fiscais de aquisição da carroceria, do chassi e do opcional 3º eixo, quando couber.

§ 10. Na hipótese do § 9º deste artigo, dever-se-á considerar a data da emissão da última nota fiscal para efeito do primeiro lançamento.

§ 11. Nas hipóteses dos §§ 8º e 9º, dever-se-á fazer referência, no corpo da nota fiscal de aquisição da carroceria, ao número da nota fiscal do chassi e demais acessórios e ao número das placas do veículo transformado.

§ 12. Em nenhuma hipótese, a base de cálculo poderá ser inferior ao valor constante da tabela de que trata o art. 17.

§ 13. Considera-se empresa locadora de veículos, para os efeitos do inciso II do art. 15, a pessoa jurídica cuja atividade de locação de veículos represente, no mínimo, 50% (cinquenta por cento) de sua receita bruta, mediante reconhecimento da Secretaria de Estado da Receita.

§ 14. Na hipótese de a empresa locadora alienar o veículo a pessoa que não atenda as condições previstas no § 13 deste artigo, o novo proprietário fica obrigado à complementação da alíquota devida relativamente aos meses restantes do exercício fiscal.

§ 15. Na impossibilidade da aplicação da base de cálculo prevista neste artigo, deverá ser adotado o valor:

I – de veículo similar constante da tabela;

II – arbitrado pela autoridade administrativa na inviabilidade da aplicação da regra precedente.

Art. 14. O valor do imposto para veículo automotor com até 15 (quinze) anos de fabricação não poderá ser inferior a:

I – 1,5 (uma vírgula cinco) Unidade Fiscal de Referência do Estado da Paraíba – UFR-PB do mês de novembro do exercício anterior à vigência da tabela divulgada pela SER, para motos e similares;

II – 2,0 (duas) UFR-PB do mês de novembro do exercício anterior à vigência da tabela divulgada pela SER, para os demais veículos.

Art. 15. A base de cálculo do imposto será reduzida de:

I – 50% (cinquenta por cento), no primeiro emplacamento de veículos automotores novos, adquiridos de estabelecimentos de concessionárias autorizadas, estabelecidas neste Estado;

II – 20% (vinte por cento), para os veículos automotores destinados à locação, de propriedade de empresas locadoras, ou cuja posse estas detenham em decorrência de contrato de arrendamento mercantil, desde que registrados neste Estado, observado o § 13 do art. 13.

§ 1º Para a concessão do benefício previsto no inciso I do «caput» deste artigo, a prova da aquisição deve ser feita mediante a apresentação da cópia do Documento Auxiliar da Nota Fiscal Eletrônica – DANFE, emitido por estabelecimento revendedor localizado no Estado da Paraíba.

§ 2º O disposto no inciso I do «caput» deste artigo não se aplica a veículos cuja alíquota do imposto seja igual a 1% (um) por cento.

TRIBUTÁRIO E FINANCEIRO

Capítulo X
DA APURAÇÃO, DO VENCIMENTO E DO PAGAMENTO

Art. 16. O valor do imposto resultará da aplicação da alíquota correspondente sobre a respectiva base de cálculo.

Art. 17. A Secretaria de Estado da Receita divulgará no mês de dezembro de cada ano, tabela com os valores do imposto, expressos em moeda corrente, a serem recolhidos no exercício seguinte.

Parágrafo único. É facultado ao Secretário de Estado da Receita modificar, a qualquer tempo, a tabela prevista no "caput" deste artigo, para incluir item ou reduzir o valor do imposto de algum item, sempre que as condições do mercado de veículos assim o exigirem.

Art. 18. A Secretaria de Estado da Receita fixará, anualmente, calendário para pagamento do imposto, que poderá ser realizado em cota única, ou em até 3 (três) parcelas mensais e sucessivas.

§ 1º O documento de arrecadação deverá ser emitido pela internet na página da Secretaria de Estado da Receita, no site www.receita.pb.gov.br.

§ 2º Sobre o valor do imposto a ser recolhido integralmente e no prazo da primeira parcela, será concedido desconto de 10% (dez por cento).

§ 3º O valor do imposto deverá ser proporcional ao número de meses restantes do exercício, a razão de 1/12 (um doze avos) por mês, contados a partir do mês da ocorrência do evento até o término do ano civil, nas seguintes situações:

I – primeira aquisição de veículo por consumidor final;

II – importação de veículo por consumidor final;

III – incorporação de veículo ao ativo imobilizado do fabricante, do revendedor ou do importador;

IV – perda de isenção ou de não incidência;

V – devolução do veículo ao proprietário, no caso de furto, roubo ou extorsão.

§ 4º Os prazos só se iniciam ou se vencem em dia de expediente normal na repartição fiscal, observado o § 5º deste artigo.

§ 5º Quanto ao término do prazo de recolhimento do imposto será observado o seguinte:

I – se este cair em dia não útil ou em dia que não haja expediente bancário, o referido prazo será postergado para o primeiro dia útil subsequente;

II – se cair no último dia do mês e este não for dia útil, considerar-se-á antecipado o prazo para o primeiro dia útil que o anteceder.

§ 6º O crédito tributário não recolhido no prazo previsto na legislação, será inscrito na Dívida Ativa para cobrança judicial.

Art. 19. O recolhimento do IPVA deverá ser efetuado no prazo de 10 (dez) dias, a partir da data da emissão da nota fiscal pelo revendedor para os veículos automotores nacionais novos, ou do desembaraço aduaneiro para os nacionalizados, novos e usados.

§ 1º No caso de veículos adquiridos em outra unidade da Federação, o prazo a que se refere o «caput» deste artigo será contado a partir da data da sua entrada no território deste Estado, comprovada pelo visto na documentação fiscal por onde transitar o veículo.

§ 2º No caso de veículos novos, o pagamento far-se-á em cota única.

§ 3º O veículo que se encontrar neste Estado, sem o visto de que trata o § 1º, para efeito do disposto no «caput» deste artigo, terá seu prazo contado a partir da data da emissão da nota fiscal pelo revendedor.

Art. 20. As inscrições ou alterações no registro do veículo só serão efetivadas com a prova do pagamento do imposto ou de que o veículo é isento ou de que não há incidência do imposto sobre o mesmo.

Art. 21. No caso de transferência da propriedade ou da posse do veículo para pessoa domiciliada neste Estado ou em outra unidade da Federação, deverá ser exigida a quitação integral do imposto, ainda que não se tenha esgotado o prazo regulamentar para o seu pagamento. (Redação do caput dada pelo Decreto Nº 40503 DE 09/09/2020).

§ 1º O imposto é vinculado ao veículo, não se exigindo, nos casos de transferência, novo pagamento do imposto já pago neste Estado ou em outra unidade da Federação, observado sempre o respectivo exercício.

§ 2º Na hipótese do § 1º deste artigo, o comprovante do pagamento do imposto transmite-se ao novo proprietário do veículo para efeito do registro, inscrição, matrícula ou averbação de qualquer alteração desses assentamentos no órgão responsável.

§ 3º A exigência de quitação integral do imposto a que se refere o «caput» deste artigo não se aplica em caso de assunção da dívida pelo adquirente, na hipótese prevista no parágrafo único do art. 49 deste Regulamento. (Parágrafo acrescentado pelo Decreto Nº 40503 DE 09/09/2020).

Capítulo XI
DOS ACRÉSCIMOS LEGAIS

Art. 22. Os débitos decorrentes do não recolhimento do imposto no prazo legal ficarão sujeitos a:

I – juros de mora equivalentes à taxa referencial do Sistema Especial de Liquidação e de Custódia – SELIC, para títulos federais, ou qualquer outro índice que vier a substitui-la, acumulada mensalmente, calculados a partir do primeiro dia do mês subsequente ao do vencimento do prazo até o mês anterior ao da liquidação, acrescidos de 1% (um por cento) no mês do pagamento;

II – multa de mora, calculada à taxa de 0,33% (trinta e três centésimos por cento), por dia de atraso, limitada a 20% (vinte por cento).

§ 1º A multa de que trata o inciso II do «caput» deste artigo deverá ser calculada a partir do primeiro dia subsequente ao do vencimento do imposto, até o dia em que ocorrer a sua liquidação.

§ 2º Os juros a que se refere este artigo incidirão sobre o principal e as multas, exceto de mora, bem como sobre os débitos parcelados, relativamente às prestações vincendas.

§ 3º As disposições contidas neste artigo aplicam-se, também, aos:

I – saldos dos créditos tributários existentes, que tenham sido atualizados, monetariamente, até 31 de dezembro de 2012, por outros índices anteriormente utilizados;

II – débitos inscritos em Dívida Ativa para cobrança executiva.

§ 4º Para fins do disposto no § 3º, constitui crédito tributário deste Estado, o principal, as multas e os juros de mora, disciplinados neste artigo.

§ 5º Tratando-se de parcelamento, o disposto no «caput» deste artigo incidirá sobre o crédito tributário.

§ 6º Não sofrerá os acréscimos legais a que se refere este artigo o crédito tributário não vencido, ainda que pago em parcelas sucessivas ou não.

§ 7º O contribuinte que, antes de qualquer procedimento fiscal, procurar espontaneamente a repartição fazendária para sanar irregularidades não sofrerá penalidades, salvo, quando se tratar de falta de recolhimento do imposto que sofrerá a incidência de juros e multa de mora de que tratam os incisos I e II do «caput» deste artigo.

Capítulo XII
DA RESTITUIÇÃO

Art. 23. O contribuinte ou responsável tem direito à restituição total ou parcial do imposto, nos casos e nos termos previstos da Lei nº 10.094, de 27 de setembro de 2013.

Parágrafo único. A restituição será indeferida se o sujeito passivo tiver débito para com a Fazenda Estadual.

Art. 24. A concessão de restituição da quantia paga indevidamente dependerá de requerimento ao Secretário de Estado da Receita, instruído com a seguinte documentação:

I – qualificação do requerente;

II – identificação do veículo;

III – cópia do comprovante de pagamento;

IV – indicação do dispositivo legal em que se ampara o pedido e prova de nele estar enquadrado.

§ 1º A instrução do processo de restituição far-se-á pelo chefe da repartição fiscal e seguirá para a Gerência Executiva de Tributação da Secretaria de Estado da Receita.

§ 2º A Gerência Executiva de Tributação da Secretaria de Estado da Receita deverá:

I – comprovar o efetivo recolhimento do tributo;

II – analisar a solicitação de restituição, podendo solicitar diligências que se fizerem necessárias;

III – emitir parecer conclusivo, para aprovação do Secretário Executivo da Secretaria de Estado da Receita, ratificado pelo titular da Secretaria de Estado da Receita.

§ 3º Será admitido um único pedido de reconsideração, quando apresentado no prazo de 30 (trinta) dias da ciência do indeferimento do pedido de restituição.

§ 4º O pedido de reconsideração será analisado em instância única pelo Secretário de Estado da Receita.

Art. 25. A restituição do imposto será acrescida de juros equivalentes à taxa referencial do Sistema Especial de Liquidação e de Custódia – SELIC para títulos federais, ou qualquer outro índice que vier a substitui-la, acumulada mensalmente, calculados a partir da data do pagamento indevido ou a maior, até o mês anterior ao da restituição, acrescido de 1% (um por cento) relativamente ao mês em que estiver sendo efetuada.

Parágrafo único. As quantias indevidamente pagas aos cofres do Estado serão restituídas, em moeda corrente, mediante a apresentação de prova do pagamento indevido.

Art. 26. O valor restituído será rateado, em partes iguais, para o Estado e o Município onde fora licenciado o veículo.

Parágrafo único. A Secretaria de Estado da Receita providenciará o estorno da importância indevidamente repassada ao Município, em função da repetição do indébito.

Art. 27. O pedido de restituição referente a veículos sinistrados, roubados, furtados ou extorquidos deverá ser analisado a partir do ano subsequente à data da ocorrência do sinistro ou do fato devidamente comprovado.

Art. 28. O direito de pleitear restituição extingue-se com o decurso do prazo de 5 (cinco) anos, contados da data do pagamento do imposto.

Art. 29. Prescreve em 2 (dois) anos a ação anulatória da decisão administrativa que denegar a restituição.

Parágrafo único. O prazo de prescrição é interrompido pelo início da ação judicial, recomeçando o seu curso, por metade, a partir da data da intimação validamente feita ao representante judicial da Fazenda Estadual.

Capítulo XIII
DA ADMINISTRAÇÃO E DA FISCALIZAÇÃO

Art. 30. A administração e a fiscalização do imposto são de competência da Secretaria de Estado da Receita.

Art. 31. À fiscalização do imposto compete, além das atribuições inerentes à função:

I - cumprir e fazer cumprir as disposições referentes ao imposto;

II - orientar o contribuinte ou o responsável, por quaisquer meios, inclusive diretamente ou por meio das associações de classe;

III - lavrar Auto de Infração, notificações, intimações e outros documentos fiscais, efetuando ou revendo, de ofício, quando for o caso, o lançamento do crédito tributário.

Art. 32. A fiscalização será efetuada:

I - junto aos contribuintes que estiverem obrigados ao cumprimento das disposições da legislação do IPVA, mesmo aqueles proprietários de veículos que gozem de não incidência ou de isenção;

II - nas empresas de comércio, reparo, conserto ou exposição de veículos;

III - nas concessionárias autorizadas e agências revendedoras de veículos;

IV - nos cartórios;

V - nas vias públicas do Estado da Paraíba;

VI - em outros locais, a critério da Secretaria de Estado da Receita.

Art. 33. Os contribuintes e terceiros que tenham informações sobre fatos relacionados ao imposto não poderão embaraçar a ação fiscalizadora e, mediante notificação, serão obrigados a exibir documentos, guias, impressos ou arquivos magnéticos relacionados à administração e à arrecadação.

Parágrafo único. Quando vítimas de embaraço ou desacato no exercício de suas funções, ou quando seja necessária a efetivação de medida acauteladora de interesse do Fisco, ainda que não se configure fato definido em lei como crime de sonegação fiscal ou contra a ordem tributária, os Auditores Fiscais, diretamente ou por intermédio da Secretaria de Estado da Receita, poderão requisitar o auxílio da força pública estadual.

Art. 34. São obrigados a fornecer ao Fisco, na forma estabelecida pela Secretaria de Estado da Receita:

I - os fabricantes, os revendedores de veículos e os importadores, informações sobre veículos novos vendidos e respectivos adquirentes;

II - os revendedores, informações sobre operações com veículos usados;

III - as empresas locadoras, informações sobre os veículos locados ou colocados à disposição para locação neste Estado;

IV – os leiloeiros que realizarem leilões de veículo automotor, relação dos veículos objetos do leilão, bem como valores das transferências e o nome e endereço dos alienantes e dos adquirentes;

V – os despachantes que auxiliarem no registro ou transferência de veículos, relação desses veículos, bem como os valores das transferências e o nome e endereço do alienante e do adquirente;

VI – os notários, informações sobre as transações com veículos perante eles realizadas, sem ônus para as partes do negócio;

VII – as seguradoras de veículos, informações sobre os veículos segurados ou indenizados;

VIII – as empresas de arrendamento mercantil, informações sobre os veículos arrendados e seus respectivos arrendatários;

IX – as instituições financeiras, informações sobre os veículos financiados e os respectivos adquirentes;

X – os autódromos, oficinas de manutenção e quaisquer pessoas, físicas ou jurídicas, que cedam ou aluguem espaços para estacionamento, ou que prestem serviços de guarda ou manutenção de veículos automotores, informações sobre os veículos que se encontram ou se encontraram estacionados em suas dependências ou sob sua guarda;

XI – todo aquele a quem for solicitada informações de interesse da administração tributária.

Capítulo XIV
DO LANÇAMENTO

Art. 35. O lançamento do IPVA dar-se-á anualmente.

Art. 36. O contribuinte ou o responsável efetuará, anualmente, o pagamento do imposto, até o prazo de vencimento e no valor estabelecido pela Secretaria de Estado da Receita.

§ 1º O contribuinte ou o responsável poderá apresentar pedido de revisão, uma única vez, em caso de discordância do valor da base de cálculo apurada nos termos do § 3º do art. 13, no prazo de 30 (trinta) dias contado da data da publicação da tabela a que se refere o art. 17.

§ 2º O pedido a que se refere o § 1º poderá ser protocolizado em qualquer repartição da Secretaria de Estado da Receita e conterá:

I – nome do proprietário, arrendatário ou devedor fiduciário do veículo;

II – endereço atualizado do proprietário do veículo;

III – código RENAVAM e placa do veículo;

IV – descrição precisa da matéria objeto da discordância, inclusive valores;

V – cópia do Certificado de Registro e Licenciamento de Veículo (CRLV);

VI – cópia de publicações especializadas (jornal ou revista) de, no mínimo, 2 (duas) fontes diversas e correspondentes a edições de meses definidos em portaria do Secretário de Estado da Receita, contendo a cotação do veículo utilizada como fonte para a contestação, com identificação clara da fonte e data.

§ 3º A revisão será deferida quando existir diferença acima de 20% (vinte por cento), entre o valor da base de cálculo publicado na tabela a que se refere o § 3º do art. 13 deste Regulamento e o valor médio comprovado nos termos deste artigo.

§ 4º O pedido de revisão deverá ser apreciado em instância única pelo Gerente Operacional de Fiscalização do Imposto sobre Transmissão «Causa Mortis» e Doação de Quaisquer Bens ou Direitos e do Imposto Sobre a Propriedade de Veículos Automotores da Gerência Executiva de Fiscalização de Tributos Estaduais.

Art. 37. Enquanto não extinto o direito de constituir o crédito tributário, o lançamento poderá ser revisto de ofício pela autoridade administrativa, quando verificado erro ou fato não conhecido ou não provado. (Redação do artigo dada pelo Decreto Nº 39096 DE 04/04/2019).

Art. 38. A Secretaria de Estado da Receita deverá proceder ao lançamento mediante a lavratura de Auto de Infração quando:

I – houver falta de pagamento ou pagamento a menor do IPVA, decorrente de dolo, fraude ou simulação do sujeito passivo ou de terceiro;

II – for constatado que o beneficiário não preenchia ou deixou de preencher as condições exigidas para o gozo de isenção ou de não incidência, conforme previstas neste Regulamento;

III – houver transmissão do veículo, a qualquer título, a pessoa que não faça jus ao mesmo benefício fiscal, dentro do prazo previsto no inciso I do § 10 do art. 4º deste Regulamento;

IV – houver emprego do veículo em finalidade diversa da que justificou a isenção ou a não incidência;

V – o sujeito passivo tiver medida judicial determinando a suspensão da exigibilidade do IPVA, para prevenir a decadência;

VI – o sujeito passivo for enquadrado em condutas passíveis de imposição de multa por infração, conforme previsto no art. 42 deste Regulamento.

Parágrafo único. Sem prejuízo do disposto no art. 41 da Lei nº 10.094, de 27 de setembro de 2013, no que couber, o Auto de Infração deverá conter:

I – o local e a data da emissão;

II – a identificação do sujeito passivo;

III – a identificação do veículo;

IV – a data de vencimento;

V – a descrição da infração e a capitulação legal da penalidade aplicável;

VI – o valor do tributo lançado de ofício;

VII – a intimação para pagamento do imposto ou apresentação da impugnação, no prazo de 30 (trinta) dias;

VIII – a identificação funcional do auditor fiscal e sua assinatura, ficando esta dispensada no caso de lançamento emitido por processo digital ou eletrônico.

Art. 39. Para efeitos do disposto no art. 38 deste Regulamento, Ato do Poder Executivo poderá determinar o acréscimo de outros requisitos a serem inseridos no Auto de Infração. (Redação do artigo dada pelo Decreto Nº 39096 DE 04/04/2019).

I – o sujeito passivo não efetuar o pagamento até o prazo de vencimento, ou não houver a suspensão da exigibilidade do IPVA;

II – existir saldo remanescente de parcelamento cancelado de IPVA, exceto quando decorrente de Auto de Infração.

Parágrafo único. A Representação Fiscal deverá ter os mesmos requisitos constantes no parágrafo único do art. 38 deste Regulamento.

Art. 40. O direito de a Secretaria de Estado da Receita constituir o crédito tributário extingue-se após 5 (cinco) anos, contados do primeiro dia do exercício seguinte àquele em que o lançamento poderia ter sido efetuado.

Capítulo XV
DAS PENALIDADES

Art. 41. Deverá ser aplicada multa por infração sobre o valor do imposto lançado no percentual de 100 % (cem por cento), nas seguintes situações: (Redação do artigo dada pelo Decreto Nº 39096 DE 04/04/2019)

I – falta de pagamento ou pagamento a menor de IPVA, decorrente de dolo, fraude ou simulação do sujeito passivo ou de terceiro;

II – uso indevido de benefício de isenção ou de não incidência, previstos neste Regulamento;

III – quando houver transmissão do veículo, a qualquer título, a pessoa que não faça jus ao mesmo benefício fiscal, dentro do prazo previsto no inciso I do § 10 do art. 4º deste Regulamento;

IV – emprego do veículo em finalidade diversa da que justificou a isenção ou a não incidência.

Art. 42. Constituem condutas passíveis de imposição de multa por infração, calculadas tomando-se como base o valor da Unidade Fiscal de Referência do Estado da Paraíba – UFR-PB, nos seguintes valores:

I – 10 (dez) UFR-PB por veículo, para as seguintes infrações, quando o proprietário ou responsável:

a) embaraçar, desacatar, dificultar ou impedir, por qualquer meio, a ação da autoridade fiscal no exercício da fiscalização do tributo;

b) deixar de exibir no prazo estabelecido, quando notificado, quaisquer documentos exigidos pelo Fisco;

c) disponibilizar para locação no território do Estado da Paraíba, a partir do ano subsequente ao da sua aquisição ou transferência para este Estado, veículo automotor de sua propriedade registrado ou licenciado em outra unidade da Federação;

d) usar veículo automotor licenciado em outra unidade da Federação com endereço do proprietário comprovadamente falso, flagrado circulando na Paraíba a partir do ano subsequente ao da sua aquisição, cujo proprietário é domiciliado ou residente neste Estado e ficar comprovado que o veículo circula de forma rotineira na malha viária urbana e/ou nas estradas da Paraíba; (Alínea acrescentada pelo Decreto Nº 39820 DE 21/12/2018).

II – 5 (cinco) UFR-PB por veículo, para as seguintes infrações, quando o proprietário ou responsável:

a) deixar de prestar as informações ao Fisco previstas no art. 34 deste Regulamento, no prazo estabelecido pela Secretaria de Estado da Receita, ou fazê-lo de forma inexata ou incompleta; (Redação da alínea dada pelo Decreto Nº 39820 DE 21/12/2018).

b) cometer outra infração a dispositivo da legislação relativa ao imposto, sem penalidade específica.

§ 1º As multas por infração previstas neste artigo:

I – não excluem o pagamento do imposto, quando devido;

II – são aplicáveis distinta e cumulativamente, na hipótese de concurso de infrações.

§ 2º Para cálculo das multas por infração baseadas em UFR-PB, deve ser considerado o seu valor na data da lavratura do Auto de Infração.

§ 3º A multa por infração prevista para cada alínea dos incisos I e II deste artigo será limitada a 200 (duzentas) UFR - PB por exercício. (Parágrafo acrescentado pelo Decreto Nº 39820 DE 21/12/2018).

Art. 43. Ao sujeito passivo que após a ciência do Auto de Infração efetuar o pagamento ou o parcelamento do IPVA ou da multa por infração de que trata o art. 42, será concedida redução das multas nos seguintes percentuais:

I - 50% (cinquenta por cento), se for efetuado o pagamento no prazo de 30 (trinta) dias, contado da data em que o sujeito passivo foi cientificado do lançamento;

II - 40% (quarenta por cento), se o sujeito passivo requerer o parcelamento no prazo de 30 (trinta) dias, contado da data em que foi cientificado do lançamento;

III - 30% (trinta por cento), se for efetuado o pagamento no prazo de 30 (trinta) dias, contado da data em que o sujeito passivo foi cientificado da decisão administrativa de primeira instância;

IV - 20% (vinte por cento), se o sujeito passivo requerer o parcelamento no prazo de 30 (trinta) dias, contado da data em que foi cientificado da decisão administrativa de primeira instância.

Art. 44. Constitui infração toda ação ou omissão, voluntária ou involuntária, que importe em inobservância, por parte de pessoa natural ou jurídica, de norma estabelecida por lei, por este Regulamento ou pelos atos administrativos de caráter normativo destinado a complementá-los.

§ 1º Respondem pela infração, conjunta ou isoladamente, todos os que, de qualquer forma, concorrerem para sua prática, ou dela se beneficiarem.

§ 2º A responsabilidade independe da intenção do agente ou do responsável e da efetividade, natureza ou extensão dos efeitos do ato.

Capítulo XVI
DO PROCESSO ADMINISTRATIVO TRIBUTÁRIO

Art. 45. O Processo Administrativo Tributário contencioso referente ao IPVA iniciar-se-á com o Auto de Infração e será instaurado com a interposição de impugnação ou manifestação tempestiva do sujeito passivo, na forma da legislação. (Redação do artigo dada pelo Decreto Nº 39096 DE 04/04/2019).

Art. 45-A. O processo de parcelamento, restituição, reconhecimento da não incidência ou concessão da isenção do IPVA, inclusive o decorrente de lançamento constituído por intermédio de Auto de Infração com crédito tributário não impugnado no prazo regulamentar, quitado ou parcelado em sua totalidade, assegurado o direito de agravo, deverá ser tratado como Processo Administrativo Tributário não contencioso. (Artigo acrescentado pelo Decreto Nº 39096 DE 04/04/2019).

Art. 46. O Processo Administrativo Tributário contencioso deverá ser regido pela Lei nº 10.094, de 27 de setembro de 2013.

Parágrafo único. Aplica-se ao Processo Administrativo Tributário contencioso do IPVA, no que couber, a legislação do ICMS referente às normas sobre administração tributária.

Art. 47. Serão encaminhados para inscrição na Dívida Ativa do Estado: (Redação do artigo dada pelo Decreto Nº 39096 DE 04/04/2019)

I – o imposto exigido conforme o art. 36 deste Regulamento, não recolhido no prazo de 90 (noventa) dias, depois de esgotado o prazo de vencimento estabelecido pela Secretaria de Estado da Receita;

II – o débito lançado mediante Auto de Infração:

a) não contestado tempestivamente;

b) definitivamente julgado e não recolhido, nem parcelado no prazo de 30 (trinta) dias após a ciência.

Capítulo XVII
DO PARCELAMENTO DOS DÉBITOS

Art. 48. O parcelamento de débitos fiscais do IPVA poderá ser concedido, em até 18 (dezoito) parcelas mensais, pelo chefe da repartição preparadora da circunscrição fiscal em que o veículo seja registrado e será homologado automaticamente na data do recolhimento da 1ª (primeira) parcela. (Redação do caput dada pelo Decreto Nº 38381 DE 13/06/2018).

§ 1º O valor de cada parcela não poderá ser inferior a 2 (duas) UFR-PB.

§ 2º As prestações vencerão no dia 25 (vinte e cinco) de cada mês, a partir do mês subsequente ao da data da homologação do parcelamento. (Redação do parágrafo dada pelo Decreto Nº 38381 DE 13/06/2018).

§ 3º Para usufruir o benefício do parcelamento, o interessado deverá comprovar o recolhimento do exercício em curso. (Redação do parágrafo dada pelo Decreto Nº 38946 DE 24/01/2019).

§ 4º Para os efeitos deste artigo, considera-se débito fiscal a soma do imposto, da multa e de juros de mora, consolidados na data do pedido de parcelamento.

§ 5º A concessão de parcelamento ou de reparcelamento de débito inscrito em Dívida Ativa sujeitar-se-á à autorização da Procuradoria Geral do Estado, após regularização dos honorários sucumbenciais devidos, na forma estabelecida pelo Conselho Gestor do Fundo de Modernização e Reaparelhamento da Procuradoria Geral do Estado da Paraíba – FUNPEPB, de acordo com a Lei Estadual nº 9.004, de 30 de dezembro de 2009.

§ 6º A multa de mora será aplicada no valor máximo fixado pela legislação.

§ 7º Serão aplicadas na consolidação as reduções das multas de lançamento de ofício previstas nos incisos II e IV do art. 33 da Lei nº 11.007, de 06 de novembro de 2017.

§ 8º À exceção do disposto no § 9º, em relação ao mesmo veículo, fica vedada a concessão de mais de um parcelamento, ainda que se refira a exercícios distintos.

(Redação do parágrafo dada pelo Decreto Nº 38381 DE 13/06/2018):

§ 9º Serão admitidos, no máximo, 2 (dois) reparcelamentos, com faculdade de inclusão de novos débitos fiscais, desde que a 1ª (primeira) parcela do:

I – primeiro reparcelamento não seja inferior a 5% (cinco por cento) do novo débito consolidado;

II – segundo reparcelamento não seja inferior a 10% (dez por cento) do novo débito consolidado.

§ 10. O reparcelamento previsto no § 9º deste artigo deverá ser concedido em parcelas não superiores à quantidade que faltava no parcelamento cancelado pelos motivos previstos no § 11 deste artigo. (Redação do parágrafo dada pelo Decreto Nº 38381 DE 13/06/2018).

§ 11. O parcelamento do débito será automaticamente cancelado:

I – pela falta de pagamento de 3 (três) parcelas consecutivas ou não; ou

II – pelo atraso de pagamento por 90 (noventa) dias de qualquer uma das parcelas.

§ 12. O cancelamento do parcelamento previsto no § 11 deste artigo, implicará imediata exigibilidade da totalidade do débito confessado e ainda não pago, além dos acréscimos legais, na forma da legislação aplicável à época da ocorrência do fato gerador, devendo o crédito tributário ser inscrito em Dívida Ativa para cobrança judicial.

Art. 49. A opção pelo parcelamento de que trata o art. 48 deste Decreto, implica confissão irrevogável e irretratável dos débitos nele incluídos e obriga o devedor a manter o pagamento regular das parcelas.

Parágrafo único. A transferência de propriedade do veículo que teve seus débitos parcelados somente será efetuada com a liquidação do saldo remanescente do parcelamento ou com a assunção da dívida pelo adquirente, mediante de Termo de Adesão.

Art. 50. Serão apresentados no ato da formalização do parcelamento, os seguintes documentos:

I – pedido de parcelamento assinado pelo proprietário do veículo ou seu representante legal;

II – discriminação do débito tributário a parcelar;

III – autorização para Débito em Conta de Prestações de Parcelamento com abono da agência bancária onde o débito em conta deverá ser efetivado;

IV – original e cópia do Certificado de Registro e Licenciamento de Veículos – CRLV;

V – original e cópia, com ou sem autenticação, do documento de identidade do proprietário do veículo, pessoa física, ou ainda do procurador legalmente habilitado;

VI – original e cópia, com ou sem autenticação de documento que permita identificar o responsável pela gestão da empresa: Contrato Social, acompanhado da última alteração, se for o caso, quando o veículo pertencer à pessoa jurídica;

VII – original e cópia, com ou sem autenticação, de procuração particular com firma reconhecida ou de procuração pública com poderes específicos para prática desse ato, se for o caso;

VIII – cópia do comprovante de recolhimento referente ao pagamento da primeira parcela.

§ 1º O requerente está obrigado ao pagamento da primeira parcela no prazo de 5 (cinco) dias, contados da formalização do parcelamento, de valor correspondente, no mínimo, ao resultado da divisão do montante do débito, consolidado na data do cadastramento do pedido, pela quantidade de parcelas requeridas, sem prejuízo do disposto no § 1º do art. 48 deste Regulamento.

§ 2º (Revogado pelo Decreto Nº 38381 DE 13/06/2018)

§ 3º O pedido de parcelamento será analisado em instância única, sendo admitido apenas um único pedido de reconsideração, quando apresentado no prazo de 30 (trinta) dias da ciência do indeferimento.

§ 4º O pedido de reconsideração será analisado, em instância única, pelo Gerente Regional da Secretaria de Estado da Receita da circunscrição fiscal relativa à repartição preparadora que indeferiu o pedido de parcelamento.

Art. 51. Nos exercícios subsequentes ao da concessão do benefício previsto no art. 48 deste Regulamento, o CRLV somente será expedido se o proprietário do veículo estiver adimplente com o parcelamento.

Art. 52. A fruição dos benefícios de que trata este Regulamento não confere o direito à restituição ou à compensação de importâncias já pagas a qualquer título.

Art. 53. No caso de opção pelo parcelamento, ficarão suspensas as pretensões punitivas do Estado, previstas nos arts. 1º e 2º da Lei nº 8.137, de 27 de dezembro de 1990, operando-se a extinção das ações ao término do pagamento dos débitos consolidados e a liberação dos respectivos gravames e garantias.

Art. 54. O Secretário de Estado da Receita poderá editar as normas necessárias à complementação das disposições contidas neste Capítulo.

Capítulo XVIII
DO RECONHECIMENTO DA NÃO INCIDÊNCIA OU DA CONCESSÃO DA ISENÇÃO DE IPVA

Art. 55. O reconhecimento da não incidência ou a concessão da isenção do IPVA e a documentação necessária para formalização do processo administrativo deverão ser disciplinados em Portaria do Secretário de Estado da Receita.

§ 1º A não incidência ou a isenção do IPVA deverá ser reconhecida ou concedida caso a caso, por despacho da autoridade administrativa, mediante requerimento do interessado, desde que comprove e preencha os requisitos e as condições previstas em lei.

§ 2º No reconhecimento da não incidência ou da concessão da isenção de IPVA será admitido apenas um pedido de reconsideração, quando apresentado até 30 (trinta) dias da ciência do indeferimento.

§ 3º Considerada a operação tributável, o imposto deverá ser pago sem prejuízo dos acréscimos moratórios cabíveis.

§ 4º O benefício concedido não exclui o direito da Secretaria de Estado da Receita de revê-lo e de exigir o pagamento do imposto, com os devidos acréscimos legais, quando comprovada a ocorrência de omissão ou fraude na documentação apresentada pelo beneficiário.

§ 5º Implica desistência de eventual pedido de reconhecimento da não incidência ou de concessão da isenção de IPVA, bem como do pedido de reconsideração contra decisão de autoridade fiscal em processo administrativo sobre o mesmo assunto, a propositura de medida judicial visando ao mesmo propósito.

Capítulo XIX
DA DESTINAÇÃO DO PRODUTO ARRECADADO

Art. 56. O produto da arrecadação do imposto será distribuído na forma seguinte:

I – 50% (cinquenta por cento) para o município onde estiver licenciado o veículo automotor;

II – 50% (cinquenta por cento) constituirá receita do Estado.

Parágrafo único. Para fins do disposto no "caput", considera-se como produto da arrecadação do imposto, o valor efetivamente pago pelo contribuinte, a qualquer título, inclusive atualização monetária, juros e multas.

Capítulo XX
DA REMISSÃO

Art. 57. Fica o Poder Executivo autorizado a remitir, por veículo automotor, crédito tributário relativo ao IPVA cujo montante atualizado em janeiro do ano corrente seja igual ou inferior a 1 (uma) UFR-PB.

Capítulo XXI
DAS DISPOSIÇÕES FINAIS

Art. 58. A Secretaria de Estado da Receita poderá firmar convênios com os órgãos e entidades componentes do Sistema Nacional de Trânsito para a troca de informações, no interesse da administração do imposto.

Art. 59. Ao Secretário de Estado da Receita compete emitir normas complementares, disciplinar, integrar, interpretar e suprir as omissões deste Regulamento, podendo delegar às autoridades subordinadas a competência que o presente diploma lhe outorga.

LEI ESTADUAL Nº 10.094, DE 27 DE SETEMBRO DE 2013

- DISPÕE SOBRE O ORDENAMENTO PROCESSUAL TRIBUTÁRIO, O PROCESSO ADMINISTRATIVO TRIBUTÁRIO, BEM COMO SOBRE A ADMINISTRAÇÃO TRIBUTÁRIA

ÍNDICE

Art. 1º Esta Lei disciplina o Ordenamento Processual Tributário, o Processo Administrativo Tributário, bem como, dispõe sobre a Administração Tributária, no âmbito da Secretaria de Estado da Receita.

TÍTULO I
DO ORDENAMENTO PROCESSUAL TRIBUTÁRIO

Capítulo I
DAS DISPOSIÇÕES PRELIMINARES

Seção I
DA ABRANGÊNCIA

Art. 2º O Ordenamento Processual Tributário abrange as regras estabelecidas nesta Lei, sem prejuízo, no que não lhe confrontar, do disposto em legislação específica de cada tributo.

Seção II
DOS ATOS E TERMOS PROCESSUAIS

Art. 3º Os atos e termos processuais, quando a legislação não prescrever forma determinada, deverão conter o indispensável a sua finalidade, registrados por processo mecânico, eletrônico ou escritos em tinta indelével, no vernáculo nacional, sem rasuras, espaços em branco, entrelinhas ou emendas não ressalvadas.

Parágrafo único. Todos os atos e termos processuais serão dispostos em ordem cronológica.

Seção III
DO DOMICÍLIO DO CONTRIBUINTE

Art. 4º Para os efeitos do cumprimento da obrigação tributária e da determinação de competência das autoridades administrativas, considerar-se-á domicílio tributário do contribuinte ou responsável:

I – quanto às pessoas naturais, a sua residência habitual ou, sendo esta incerta, o local habitual de sua atividade;

II – quanto às pessoas jurídicas de direito privado, o local onde estejam sediados os respectivos estabelecimentos comerciais ou em relação aos atos ou fatos que deram origem à obrigação, o de cada estabelecimento;

III – quanto às pessoas jurídicas de direito público, qualquer de suas repartições no território da entidade tributante;

IV – o lugar da situação dos bens ou da ocorrência dos atos e fatos que determinaram a obrigação;

V – o endereço eletrônico que venha a ser a ele disponibilizado pela Administração Tributária Estadual, observado o disposto no art. 4º-A desta Lei. (Redação do inciso dada pela Lei Nº 10860 DE 17/03/2017).

Parágrafo único. Quando não couber a aplicação das regras fixadas em qualquer dos incisos deste artigo, deverão ser observadas as regras constantes na legislação específica de cada tributo.

Art. 4º-A. Fica instituída a comunicação eletrônica entre a Secretaria de Estado da Receita - SER e o sujeito passivo, por meio do Domicílio Tributário Eletrônico - DT-e, sem prejuízo de outras disposições na forma prevista na legislação. (Redação do artigo dada pela Lei Nº 10860 DE 17/03/2017)

§ 1º A Secretaria de Estado da Receita utilizará a comunicação eletrônica para, dentre outras finalidades:

I – cientificar o sujeito passivo de quaisquer tipos de atos administrativos;

II – encaminhar notificações e intimações;

III – expedir avisos em geral.

§ 2º A legislação poderá estabelecer a obrigatoriedade ou a adesão mediante opção do sujeito passivo, da utilização do Domicílio Tributário Eletrônico – DT-e, podendo dispensá-lo a quem a ele se obriga, bem como autorizá-lo a quem a ele não se obriga.

§ 3º A comunicação eletrônica será considerada pessoal para todos os efeitos legais.

§ 4º No interesse da Receita Estadual, a comunicação com o sujeito passivo credenciado a que se refere o § 8º do art. 11 poderá ser realizada mediante outras formas previstas na legislação.

Art. 5º Em se tratando de produtor rural e se o imóvel estiver situado em território de mais de um Município, considera-se o contribuinte domiciliado no Município em que estiver localizada a sede da propriedade ou, na ausência desta, naquele em que se situar a maior área do imóvel.

Seção IV
DA MUDANÇA DE DOMICÍLIO

Art. 6º O sujeito passivo comunicará, previamente, à repartição preparadora de sua circunscrição, qualquer alteração de seu domicílio tributário.

§ 1º A comunicação referida neste artigo não produzirá efeitos quando se tratar de endereço inverídico ou houver recusa do domicílio eleito, na forma do § 2º do art. 127 da Lei nº 5.172, de 25 de outubro de 1966 – Código Tributário Nacional – CTN.

§ 2º A falta de recebimento de intimação, notificação, aviso ou qualquer outra comunicação, em virtude do não cumprimento do disposto neste artigo, não é oponível à Administração Tributária Estadual.

§ 3º O sujeito passivo ou o responsável deverá comunicar mudança de endereço ocorrida durante o curso do Processo Administrativo Tributário, sob pena de valerem as intimações feitas com base na indicação constante nos autos.

Seção V
DOS IMPEDIMENTOS E DA SUSPEIÇÃO

Art. 7º O auditor fiscal está impedido de exercer atividade de fiscalização ou efetuar diligência junto a contribuinte:

I – em relação ao qual tenha interesse econômico ou financeiro;

II – de quem seja cônjuge ou parente, consanguíneo ou afim, até o terceiro grau;

III – de cujo titular, sócio, acionista majoritário ou dirigente seja cônjuge ou parente, consanguíneo ou afim, até o terceiro grau.

§ 1º O impedimento será declarado de ofício pelo próprio auditor fiscal, antes da ciência do Termo de Início de Fiscalização, podendo, também, ser arguido por qualquer interessado.

§ 2º A arguição de impedimento pelo sujeito passivo será formalizada por escrito, no prazo de até 5 (cinco) dias, contado da data da ciência do Termo de Início de Fiscalização ou da notificação e deverá ser dirigida ao gerente da unidade de trabalho a que estiver subordinado o auditor fiscal, o qual decidirá a questão em 5 (cinco) dias, a contar da data do recebimento e, se acatada a arguição, designará, no mesmo ato, outro auditor para efetuar o procedimento.

Art. 8º Está impedido de participar do julgamento, em qualquer instância, aquele que:

I – tenha intervido em fase anterior do processo:

a) no exercício de atividade de auditoria ou diligência fiscal;

b) na qualidade de perito ou mandatário;

c) na prática de ato decisório;

II – tenha, no processo, interesse econômico ou financeiro;

III – tenha parente consanguíneo ou afim, até o terceiro grau, interessado no litígio.

§ 1º O impedimento será declarado de ofício ou poderá ser arguido por qualquer interessado, inclusive, pelo impedido, sendo decidido antes de proferido o respectivo julgamento.

§ 2º A rejeição da exceção de impedimento da autoridade julgadora constará da decisão singular, podendo ser a matéria reapreciada, como preliminar, em grau de recurso.

§ 3º Compete ao interessado, na arguição de impedimento, fundamentar sua alegação e comprovar as circunstâncias de fato que constituam a sua causa.

Art. 9º Incorre em suspeição o auditor fiscal ou a autoridade julgadora que tenha amizade íntima ou inimizade notória com o sujeito passivo ou com a pessoa interessada no resultado do procedimento ou do Processo Administrativo Tributário, ou com seus respectivos cônjuges, companheiros e afins até o terceiro grau.

§ 1º A suspeição será declarada pelo suscitado ou por qualquer interessado, cabendo ao arguido, neste caso, pronunciar-se por escrito sobre a alegação antes do término do procedimento ou do Processo Administrativo Tributário.

§ 2º Salvo disposição em contrário, na arguição de suspeição devem ser observadas as mesmas regras constantes do § 2º do art. 7º desta Lei.

§ 3º No caso de Processo Administrativo Tributário, a primeira instância de julgamento deverá publicar, no Diário Oficial Eletrônico – DOe-SER, a relação dos processos contenciosos distribuídos para julgamento, ocasião em que marcará o prazo de 5 (cinco) dias para arguição de suspeição contra a autoridade julgadora designada para apreciar o litígio. (Redação do parágrafo dada pela Lei Nº 10802 DE 12/12/2016).

§ 4º Na hipótese do § 3º deste artigo, as arguições de suspeição deverão ser dirigidas ao Gerente da Gerência Executiva de Julgamento de Processos Fiscais, que, ante a pertinência da matéria, redistribuirá o processo para outro julgador.

§ 5º A rejeição da exceção de suspeição da autoridade julgadora constará da decisão singular, podendo ser a matéria reapreciada, como preliminar, em grau de recurso.

§ 6º A declaração de suspeição, no âmbito da segunda instância julgadora, obedecerá às disposições contidas no Regimento Interno do Conselho de Recursos Fiscais.

Art. 10. (Revogado pela Lei Nº 10507 DE 18/09/2015)

Seção VI
DA INTIMAÇÃO

Art. 11. Far-se-á a intimação:

I – pessoalmente, na repartição ou fora dela, provada com a assinatura do sujeito passivo, seu mandatário ou preposto, ou, no caso de recusa, com declaração escrita de quem o intimar;

II – por via postal, com Aviso de Recebimento (AR), encaminhado ao domicílio tributário do sujeito passivo, observados os §§ 2º, 9º e 10 deste artigo. (Redação do inciso dada pela Lei Nº 11247 DE 13/12/2018, efeitos a partir de 01/01/2019).

III - por meio eletrônico, com prova de recebimento, mediante:

a) envio ao endereço eletrônico disponibilizado ao sujeito passivo pela Administração Tributária Estadual, observado o art. 4º-A desta Lei; (Redação da alínea dada pela Lei Nº 11247 DE 13/12/2018, efeitos a partir de 01/01/2019).

b) registro em meio magnético ou equivalente utilizado pelo sujeito passivo;

IV - por qualquer outro meio ou via, com prova de recebimento.

§ 1º Quando resultarem improfícuos um dos meios previstos neste artigo, a intimação poderá ser feita por edital publicado: (Redação dada pela Lei Nº 10802 DE 12/12/2016).

I - no endereço da Administração Tributária Estadual na Internet;

II - em dependência, franqueada ao público, do órgão encarregado da intimação;

III - no Diário Oficial Eletrônico - DOe-SER, uma única vez. (Redação do inciso dada pela Lei Nº 10802 DE 12/12/2016).

§ 2º Considera-se efetuada a ciência por via postal com a prova que a correspondência foi entregue no endereço do domicílio tributário eleito pelo próprio sujeito passivo, mesmo que o Aviso de Recebimento (AR) tenha sido assinado por outra pessoa pertencente ou não ao quadro funcional da empresa. (Redação do parágrafo dada pela Lei Nº 11247 DE 13/12/2018, efeitos a partir de 01/01/2019).

§ 3º Considerar-se-á feita a intimação:

I - na data da ciência do intimado ou da declaração de quem fizer a intimação, se pessoal;

II - no caso do inciso II do "caput" deste artigo, na data do recebimento, ou, se omitida, 5 (cinco) dias após a entrega do Aviso de Recebimento - AR, ou ainda, da data da declaração de recusa firmada por funcionário da Empresa Brasileira de Correios e Telégrafos;

III - se por meio eletrônico: (Redação do inciso dada pela Lei Nº 10860 DE 17/03/2017)

a) na data em que o sujeito passivo efetuar a consulta no endereço eletrônico a ele disponibilizado pela Administração Tributária Estadual;

b) 15 (quinze) dias após a data registrada do envio, se não houver acesso neste período;

IV - 5 (cinco) dias após a publicação do edital, se este for o meio utilizado.

§ 4º Para fins do disposto na alínea «a» do inciso III do «caput» deste artigo, o endereço eletrônico disponibilizado pela Secretaria de Estado da Receita para a comunicação eletrônica com o sujeito passivo deverá ser implementado mediante seu credenciamento, e a Administração Tributária Estadual informar-lhe-á as normas e condições de sua utilização e manutenção. (Redação do parágrafo dada pela Lei Nº 10860 DE 17/03/2017).

§ 5º (Revogado pela Lei Nº 10912 DE 12/06/2017)

§ 6º A falta de intimação ou a intimação passível de nulidade fica suprida pelo comparecimento do interessado à repartição, a partir do momento em que lhe sejam comunicados os elementos necessários à prática do ato ou permitido o acesso aos autos.

§ 7º À exceção do ICMS, a intimação dos demais tributos poderá ser realizada diretamente por edital publicado no Diário Oficial Eletrônico -DOe-SER, no endereço da Secretaria de Estado da Receita na Internet, uma única vez. (Revigorado pela Lei Nº 11301 DE 13/03/2019).

§ 8º Para efeitos do disposto no § 4º deste artigo, ao sujeito passivo credenciado será atribuído registro e acesso com tecnologia que preserve o sigilo, a identificação, a autenticidade e a integridade das comunicações. (Redação do parágrafo dada pela Lei Nº 10860 DE 17/03/2017).

(Parágrafo acrescentado pela Lei Nº 11247 DE 13/12/2018, efeitos a partir de 01/01/2019):

§ 9º Para efeitos do disposto no inciso II do «caput» deste artigo, a intimação, quando o sujeito passivo não estiver com sua inscrição ativa perante o Cadastro de Contribuintes do ICMS do Estado, deverá ser realizada:

I – no endereço do sócio administrador da empresa;

II – no endereço do representante legal constante no Cadastro de Contribuintes do ICMS, caso a pessoa jurídica não tenha sócio administrador;

III – por edital, publicado no Diário Oficial Eletrônico – DOE-SER, no caso de devolução do Aviso de Recebimento (AR) sem lograr êxito na entrega da intimação, nos termos dos incisos I e II deste parágrafo.

(Parágrafo acrescentado pela Lei Nº 11247 DE 13/12/2018, efeitos a partir de 01/01/2019):

§ 10. Para efeitos do § 9º e em caso de endereço desatualizado no CCICMS/PB, fica facultado ao sócio administrador da empresa ou ao representante legal constante no Cadastro de Contribuintes do ICMS indicar endereço no Processo Administrativo Tributário para intimação dos atos referentes a este processo.

§ 11. Para aferição da tempestividade da defesa remetida pelos Correios, será considerada como data de interposição da impugnação ou recurso, a data da postagem. (Parágrafo acrescentado pela Lei Nº 11247 DE 13/12/2018, efeitos a partir de 01/01/2019).

§ 12. O disposto no § 11 deste artigo não se aplica aos contribuintes credenciados no Domicílio Tributário Eletrônico DT-e, respeitados os prazos previstos na legislação tributária deste Estado. (Parágrafo acrescentado pela Lei Nº 11301 DE 13/03/2019).

§ 13. A interposição de impugnação ou de recurso referente ao processo eletrônico para os contribuintes credenciados no Domicílio Tributário Eletrônico – DT-e só poderá ser efetuada por meio do e-processo, em conformidade com os prazos de que trata o § 12 deste artigo. (Parágrafo acrescentado pela Lei Nº 11301 DE 13/03/2019).

Seção VII
REVELIA E INTEMPESTIVIDADE

Art. 12. Decorrido o prazo da intimação, não sendo cumprida a exigência, à vista ou parceladamente, nem apresentada a impugnação, o chefe da repartição preparadora deverá lavrar, nos autos, o Termo de Revelia, observado o prazo para interposição de Recurso de Agravo, quando for o caso.

§ 1º Lavrado o Termo de Revelia e sem que tenha sido interposto Recurso de Agravo ou havendo decisão do Agravo desfavorável ao interessado fica definitivamente constituído o crédito tributário devendo o órgão preparador encaminhar para registro em Dívida Ativa, observado ainda o disposto no art. 33 desta Lei.

§ 2º Na hipótese de o Termo de Revelia de Auto de Infração com Termo de Apreensão de Mercadorias ser mantido, as mercadorias deverão ser consideradas abandonadas e tratadas de acordo com o art. 96 desta Lei. (Redação do parágrafo dada pela Lei Nº 11247 DE 13/12/2018, efeitos a partir de 01/01/2019).

Art. 13. A impugnação ou recurso apresentado intempestivamente será juntado aos autos pela repartição preparadora, não se tomando conhecimento dos seus termos. (Redação do artigo dada pela Lei Nº 10912 DE 12/06/2017)

§ 1º A autoridade preparadora deverá lavrar Termo de Revelia e juntar ao processo.

§ 2º O sujeito passivo deverá ser cientificado da lavratura do Termo de Revelia, sendo-lhe facultado o direito de interpor Recurso de Agravo perante o Conselho de Recursos Fiscais, no prazo de 10 (dez) dias, contado da ciência.

§ 3º O Recurso de Agravo a que se refere o § 2º deste artigo deverá ser encaminhado ao Conselho de Recursos Fiscais dentro do prazo de 5 (cinco) dias, contado da apresentação do mesmo na repartição preparadora, com as informações da autoridade agravada.

§ 4º Caso o acórdão do Recurso de Agravo seja favorável ao recorrente, a repartição preparadora deverá declarar cancelado o Termo de Revelia e remeter o processo para julgamento na instância competente.

§ 5º O Recurso de Agravo é facultado à parte e tem por finalidade a reparação de erro na contagem do prazo de impugnação ou recurso.

Seção VIII
DAS NULIDADES E DOS VÍCIOS

Art. 14. São nulos:

I – os atos e termos lavrados por pessoa incompetente;

II – os despachos e decisões proferidas por autoridade incompetente;

III – os lançamentos cujos elementos sejam insuficientes para determinar a matéria objeto da exigência tributária e o respectivo sujeito passivo, ressalvada, quanto à identificação deste, a hipótese de bens considerados abandonados;

IV – os despachos e as intimações que não contenham os elementos essenciais ao cumprimento de suas finalidades;

V – os autos de infração de estabelecimentos lavrados pelos auditores fiscais tributários estaduais de mercadorias em trânsito.

§ 1º A nulidade de qualquer ato só prejudica os posteriores que dele diretamente dependam ou lhes sejam consequentes.

§ 2º Ao declarar a nulidade, a autoridade fiscal julgadora competente indicará os atos por ela atingidos, ordenando as providências necessárias ao prosseguimento ou solução do processo.

Art. 15. As incorreções, omissões ou inexatidões, que não importem nulidade, serão sanadas quando não ocasionarem prejuízo para a defesa do administrado, salvo, se este lhes houver dado causa ou quando influírem na solução do litígio.

Parágrafo único. Sem prejuízo do disposto no "caput", não será declarada a nulidade do auto de infração sob argumento de que a infração foi descrita de forma genérica ou imprecisa, quando não constar da defesa, pedido neste sentido.

Art. 16. Os lançamentos que contiverem vício de forma devem ser considerados nulos, de ofício, pelos Órgãos Julgadores, observado o disposto no art. 15 desta Lei.

Art. 17. Está incluído na hipótese prevista no art. 16 desta Lei, o Auto de Infração lavrado em desacordo com os requisitos obrigatórios estabelecidos no art. 142 do Código Tributário Nacional, quanto:

I – à identificação do sujeito passivo;

II – à descrição dos fatos;

III – à norma legal infringida;

IV – ao nome, ao cargo, ao número de matrícula e à assinatura do autor do feito;

V – ao local, à data e à hora da lavratura;

VI – à intimação para o sujeito passivo pagar, à vista ou parceladamente, ou impugnar a exigência, no prazo de 30 (trinta) dias, contado a partir da data da ciência do lançamento.

Art. 18. Declarada a nulidade do lançamento por vício formal, dispõe a Fazenda Estadual do prazo de 5 (cinco) anos para efetuar novo lançamento, contado da data em que a decisão declaratória da nulidade se tornar definitiva na esfera administrativa.

Seção IX
DOS PRAZOS

Art. 19. Os prazos processuais serão contínuos, excluindo-se na contagem o dia do início e incluindo-se o do vencimento.

§ 1º Os prazos só se iniciam ou vencem em dia de expediente normal, na repartição fiscal em que corra o processo ou deva ser praticado o ato.

§ 2º Considera-se expediente normal aquele determinado pelo Poder Executivo para o funcionamento ordinário das repartições estaduais, desde que flua todo o tempo, sem interrupção ou suspensão.

Art. 20. Os atos, termos e informações processuais serão escritos e elaborados no prazo de até 15 (quinze) dias, se não houver indicação de prazo específico.

Parágrafo único. O prazo a que se refere o "caput" não se aplica no âmbito das instâncias julgadoras.

Art. 21. A inobservância dos prazos destinados à instrução, movimentação e julgamento de processo poderá responsabilizar, disciplinarmente, o funcionário que lhe der causa, mas não acarretará a nulidade do procedimento fiscal.

Seção X
DA DECADÊNCIA E DA PRESCRIÇÃO

Art. 22. Os prazos de decadência e prescrição obedecerão ao disposto na legislação específica de cada tributo, respeitadas as regras do Código Tributário Nacional.

§ 1º A decadência deve ser reconhecida e declarada de ofício.

§ 2º Aplica-se o prazo decadencial previsto no § 4º do art. 150 do Código Tributário Nacional aos casos de lançamento por homologação.

§ 3º Na hipótese de tributo sujeito a lançamento por homologação, em que o contribuinte tenha realizado a entrega de declaração de informações fiscais, à Fazenda Estadual, ou tenha realizado recolhimento a menor do que o declarado, o prazo decadencial será de 5 (cinco) anos, contado exatamente da data da ocorrência do fato gerador.

§ 4º O pedido de parcelamento ou qualquer outra espécie de confissão espontânea de débito tributário, apresentado após o prazo decadencial, não têm o poder de restabelecer a exigibilidade do crédito tributário extinto pela decadência. (Parágrafo acrescentado pela Lei Nº 11032 DE 12/12/2017).

Art. 23. O direito de constituir o crédito tributário extingue-se com o decurso de 5 (cinco) anos, contados do primeiro dia do exercício seguinte àquele em que o lançamento deveria ter sido efetuado.

Art. 24. A ação para a cobrança do crédito tributário prescreve em 5 (cinco) anos, contados da data de sua constituição definitiva.

Parágrafo único. A prescrição se interrompe:

I – pelo despacho do juiz que ordenar a citação em execução fiscal; (Redação do inciso dada pela Lei Nº 10912 DE 12/06/2017)

II – pelo protesto judicial; (Redação do inciso dada pela Lei Nº 10912 DE 12/06/2017)

III – por qualquer ato judicial que constitua em mora o devedor;

IV – por qualquer ato inequívoco, ainda que extrajudicial, que importe em reconhecimento do débito pelo devedor.

Art. 25. Os prazos de prescrição não fluem nos períodos em que o titular do direito não puder exercê-lo, em decorrência de determinação judicial.

Art. 25-A. A prescrição dos créditos tributários poderá ser reconhecida de ofício pelo Secretário de Estado da Receita quando o crédito tributário prescrever no âmbito da Secretaria de Estado da Receita ou pelo Procurador Geral do Estado, quando o mesmo prescrever após a inscrição em Dívida Ativa. (Artigo acrescentado pela Lei Nº 10802 DE 12/12/2016).

TÍTULO II
DO PROCESSO ADMINISTRATIVO TRIBUTÁRIO

Capítulo I
DAS DISPOSIÇÕES GERAIS

Art. 26. Serão autuados em forma de Processo Administrativo Tributário:

I – o pedido de reconhecimento de isenção solicitada em caráter individual;

II – o pedido de restituição de indébito tributário;

III – a formulação de consulta sobre aplicação da legislação tributária;

IV – o pedido de regime especial;

V – a solicitação de parcelamento de débitos;

VI – a avaliação para fins de cálculo do Imposto sobre a Transmissão "Causa Mortis" e Doação de Quaisquer Bens ou Direitos – ITCD;

VII – a formalização de crédito tributário.

Art. 27. Sem prejuízo das informações peculiares a cada processo, a petição do interessado conterá:

I – o nome do órgão ou da autoridade administrativa a que seja dirigida;

II – a identificação do interessado e, se representado, de quem o represente, acompanhada da respectiva procuração com firma reconhecida;

III – o domicílio do interessado ou o local para recebimento de correspondência;

IV – a exposição dos fatos, o fundamento legal e a formulação do pedido, com clareza;

V – a data e a assinatura, com firma reconhecida, do interessado ou de seu representante.

Art. 28. O Processo Administrativo Tributário será organizado à semelhança de autos forenses, observado o seguinte:

I – a numeração das folhas do processo iniciar-se-á pela de número 2 (dois) e deverá ocorrer em ordem crescente e seguida da rubrica, sendo vedado repetir-se o número da folha anterior acrescido de letra do alfabeto, não se numerando a capa e a contracapa;

II – será aberto novo volume dos autos, observando-se a ordem de juntada dos documentos, sempre que um volume atingir, aproximadamente, 200 (duzentas) folhas, sendo vedado o uso de pastas tipo "A-Z" na confecção dos mesmos;

III – os documentos de tamanho irregular serão previamente afixados em papel ofício, de modo que todas as folhas do processo tenham dimensão única;

IV – as páginas em branco serão inutilizadas com a expressão "em branco", manuscrita, ou mediante a utilização de carimbo, ou com um risco no sentido da diagonal do espaço a ser inutilizado, ou, ainda, por certidão, especificando-se as folhas que estão em branco, dispensando-se, neste caso, o registro folha a folha.

§ 1º O Processo Administrativo Tributário formar-se-á na repartição preparadora competente, mediante a autuação dos documentos necessários à apuração da liquidez e certeza do crédito tributário não recolhido ou recolhido irregularmente.

§ 2º É de responsabilidade da repartição preparadora, onde se formar o processo, iniciar sua organização na forma estabelecida neste artigo, devendo as demais repartições por onde tramitar o mesmo, dar continuidade àquela organização.

§ 3º O Auto de Infração, assinado, e seus anexos, antes de protocolizados, deverão ser numerados e rubricados pela autoridade autuante, sendo aquele, obrigatoriamente, à terceira folha dos autos, após a capa e o ofício de encaminhamento.

Art. 29. A instrução do Processo Administrativo Tributário compete às repartições preparadoras, sob a supervisão das Gerências Regionais, quando for o caso.

§ 1º A juntada, separação ou desentranhamento de documento serão objeto de termo lavrado no processo correspondente.

§ 2º É vedada a intercalação «a posteriori» de documentos ou informações nos autos, salvo se for devidamente justificada, bem como, as suas retiradas, exceto, se feita mediante lavratura de termo de desentranhamento, desde que não haja prejuízo à instrução do processo e deles fiquem cópias autenticadas em cartório ou por autoridade fiscal competente perfeitamente identificada.

Art. 30. A intervenção de interessado em processo administrativo far-se-á, pessoalmente ou por intermédio de seu representante legalmente habilitado, quer seja mandatário ou preposto, munido do respectivo instrumento comprobatório de legitimidade.

§ 1º Tem legitimidade para postular, além do contribuinte, todo aquele a quem a lei atribuir responsabilidade pelo pagamento de crédito tributário ou cumprimento de obrigação acessória.

§ 2º Consideram-se válidos os atos praticados por representante legalmente habilitado, até o momento em que o interessado declare no processo, expressamente, a extinção do mandato.

§ 3º A irregularidade de constituição de representante legal não poderá ser alegada em proveito próprio.

Art. 31. A errônea denominação dada à peça processual ou o seu encaminhamento por via diversa da indicada nesta Lei, em decorrência de erro escusável das partes, não impedirão a produção dos efeitos que lhe são próprios.

Art. 32. É garantida ao contribuinte a ampla defesa e o contraditório na esfera administrativa, respeitada a observância dos prazos legais.

Art. 33. Quando na tramitação do Processo Administrativo Tributário, for constatada a ocorrência de atos ou fatos que, em tese, configuram crime contra a ordem tributária, nos termos previstos nos arts. 1º e 2º da Lei Federal nº 8.137, de 27 de dezembro de 1990, deverá ser formalizada representação fiscal para fins penais. (Redação do artigo dada pela Lei Nº 11247 DE 13/12/2018, efeitos a partir de 01/01/2019).

Art. 34. Nenhum processo por infração à legislação tributária será arquivado, senão, após decisão final proferida pelos órgãos julgadores administrativos, nem sobrestado, salvo, caso legalmente previsto, sob pena de responsabilidade.

Parágrafo único. O disposto no "caput" não se aplica na hipótese do crédito tributário constituído por meio de lançamento, em processo contencioso ou não, integralmente liquidado no período da preparação.

Art. 34-A. O lançamento será revisto de ofício pelo Secretário de Estado da Receita ou por autoridade fiscal por ele delegada, nos seguintes casos: (Artigo acrescentado pela Lei Nº 10802 DE 12/12/2016)

I – quando deva ser apreciado fato não conhecido ou não provado por ocasião do lançamento anterior;

II – quando se comprovar que no lançamento anterior houve erro formal, de cálculo ou comprovação de pagamento.

§ 1º A revisão de ofício do lançamento somente poderá ser iniciada enquanto não extinto o crédito tributário constituído.

§ 2º Não será cabível revisão de ofício quando a matéria estiver submetida aos órgãos de julgamento administrativo ou já tenha sido objeto de apreciação destes.

§ 3º A revisão de ofício será realizada em instância única, não admitindo nenhum tipo de recurso administrativo.

§ 4º Aplica-se a regra prevista no «caput» deste artigo, em relação ao lançamento inscrito em Dívida Ativa, quando a Procuradoria Geral do Estado – PGE se posicionar favorável à revisão de ofício.

§ 5º O despacho decisório será o instrumento adequado para que a autoridade administrativa efetue a revisão de ofício de lançamento regularmente cientificado.

Art. 35. A restauração ou reconstituição de Processo Administrativo Tributário que por qualquer circunstância tenha sido extraviado, destruído ou do qual tiver sido peça subtraída ou adulterada, caberá à Corregedoria Fiscal da Secretaria de Estado da Receita.

§ 1º Na hipótese de o autor do feito possuir cópias dos elementos que embasaram o Auto de Infração serão estas anexadas e utilizadas para suprir os originais.

§ 2º Havendo necessidade de confirmação da validade ou autenticidade da cópia referida no § 1º deste artigo, o chefe da repartição preparadora ou a autoridade julgadora solicitará a realização de diligência visando confirmar, suprir ou reconstituir os elementos pertinentes.

§ 3º Poderão ser inquiridos sobre o processo a ser restaurado ou reconstituído todos os interessados, bem como, servidores, auditores fiscais e demais pessoas encarregadas da instauração, preparo, instrução ou tramitação do mesmo.

§ 4º Tratando-se de processo contencioso:

I – uma vez concluída a restauração ou reconstituição, os interessados serão cientificados da ocorrência, na forma desta Lei, reabrindo-se, se for o caso, o prazo para impugnação ou recurso, para que se manifestem no prazo legal;

II – a manifestação do sujeito passivo poderá consistir na simples apresentação de cópia da impugnação ou recurso, anteriormente formulada.

§ 5º Na impossibilidade da reconstituição, os responsáveis pela destruição, extravio ou adulteração dos autos originais, responderão pelo valor do débito atualizado e acréscimos legais, inclusive multa.

§ 6º Sendo servidor público o responsável pela destruição, extravio ou adulteração dos autos, ficará sujeito, também, a processo disciplinar, e, se comprovado dolo, o fato será comunicado ao Ministério Público para instauração do processo criminal correspondente.

Capítulo II
DA AVALIAÇÃO PARA FINS DE ITCD

Art. 36. Os procedimentos para avaliação de bens e direitos e obrigações para fins do Imposto sobre Transmissão "Causa Mortis" e Doação de Quaisquer Bens ou Direitos – ITCD serão estabelecidos na legislação do Imposto.

Capítulo III
DOS PROCEDIMENTOS ADMINISTRATIVOS FISCAIS

Seção I
DO INÍCIO DO PROCEDIMENTO FISCAL

Art. 37. Considerar-se-á iniciado o procedimento fiscal para apuração das infrações à legislação tributária: (Redação do caput dada pela Lei Nº 10446 DE 30/03/2015).

I – com a lavratura do termo de início de fiscalização;

II – com a lavratura do termo de apreensão de mercadorias e documentos fiscais ou de intimação para sua apresentação;

III – com a lavratura de Auto de Infração ou de Representação Fiscal, inclusive na modalidade eletrônica;

IV – com qualquer outro ato escrito por auditor fiscal, próprio de sua atividade funcional específica, a partir de quando o fiscalizado for cientificado.

§ 1º O início do procedimento alcança todos aqueles que estejam diretamente envolvidos nas infrações porventura apuradas no decorrer da ação fiscal, somente abrangendo os atos que lhes forem anteriores.

§ 2º Quando houver indícios de infração, os bens ou mercadorias que estiverem envolvidos poderão ser retidos até que seja concluído o correspondente procedimento de fiscalização, sendo o responsável cientificado da retenção e intimado a prestar as informações necessárias à identificação do sujeito passivo.

§ 3º Os trabalhos de fiscalização deverão ser concluídos nos prazos definidos em legislação.

§ 4º O início e o encerramento do trabalho de auditoria da fiscalização, na situação que dispuser a legislação, devem ser feitos por termo escrito, lavrado pelo próprio autuante.

§ 5º O Auto de Infração e a Representação Fiscal na modalidade eletrônica serão disciplinados por ato do titular da Secretaria de Estado da Receita.

§ 6º A peça base será encaminhada à repartição preparadora, juntamente com os termos e documentos que a instruírem e bem assim, as coisas apreendidas, no prazo de 03 (três) dias úteis, a contar da data da ciência do sujeito passivo ou da declaração de recusa.

§ 7º A administração tributária poderá utilizar procedimento de notificação prévia visando à autorregularização, na forma e prazos a serem regulamentados pelo Secretário de Estado da Receita, que não constituirá início de procedimento fiscal. (Parágrafo acrescentado pela Lei Nº 10802 DE 12/12/2016).

Seção II
DOS ANTECEDENTES FISCAIS

Art. 38. Constatada a existência de antecedentes fiscais e configurada a reincidência, de imediato, o auditor fiscal, proporá a multa recidiva, nos termos do art. 87 da Lei nº 6.379, de 02 de dezembro de 1996.

§ 1º Para fins do disposto no «caput», no momento da lavratura do Auto de Infração, o autor do procedimento efetuará a pesquisa sobre antecedentes fiscais do sujeito passivo no sistema de controle da Secretaria de Estado da Receita.

§ 2º No Termo de Antecedentes Fiscais deverá constar:

I – o número do processo do qual conste a decisão que houver condenado o contribuinte por idêntica infração;

II – a data do julgamento que tornou definitiva a decisão;

III – os dispositivos infringidos;

IV – a data da ciência, ao autuado, da decisão final administrativo-tributária ou da lavratura do Termo de Revelia;

V – a data de pagamento da infração.

Art. 39. Considera-se reincidência a prática de nova infração ao mesmo dispositivo legal, por parte da mesma pessoa, natural ou jurídica, dentro de 5 (cinco) anos contados da data do pagamento da infração, da decisão definitiva referente à infração anterior ou da inscrição em Dívida Ativa na hipótese de crédito tributário não quitado ou não parcelado.

Seção III
DO AUTO DE INFRAÇÃO E DA REPRESENTAÇÃO FISCAL

Art. 40. O Auto de Infração tem por fim exigir o crédito tributário, determinar a pessoa do autuado, a infração verificada, o respectivo valor e propor as penalidades cabíveis, inclusive as recidivas, quando for o caso.

§ 1º A Representação Fiscal terá como objeto qualquer das seguintes hipóteses:

I – o imposto declarado e não recolhido;

II – o imposto lançado e apurado em livro próprio, não declarado e não recolhido, no todo ou em parte;

III – o saldo remanescente de parcelamento cancelado decorrente de confissão espontânea de débito; (Redação do inciso dada pela Lei Nº 10912 DE 12/06/2017):

IV – a omissão da entrega de documentos de controle e informações fiscais.

V – o imposto não recolhido decorrente da confissão de débito; (Inciso acrescentado pela Lei Nº 10912 DE 12/06/2017)

VI – as taxas administradas pela Secretaria de Estado da Receita; (Inciso acrescentado pela Lei Nº 10912 DE 12/06/2017)

VII – o IPVA cobrado anualmente pela Secretaria de Estado da Receita que não foi extinto ou suspenso na data de vencimento. (Inciso acrescentado pela Lei Nº 10912 DE 12/06/2017)

VIII – o imposto retido, descontado ou cobrado por substituição tributária, declarado em qualquer declaração obrigatória e não recolhido, no todo ou em parte. (Inciso acrescentado pela Lei Nº 11247 DE 13/12/2018, efeitos a partir de 01/01/2019).

§ 2º Entende-se como imposto declarado e não recolhido aquele sujeito ao lançamento por homologação, não recolhido, total ou parcialmente, no prazo estabelecido, mas declarado pelo contribuinte:

I – por escrituração fiscal eletrônica;

II – em guias de informação e apuração.

§ 3º O registro do imposto em livros fiscais importa a confissão de dívida, ressalvada a hipótese de retificação, quando houver, na forma prevista em legislação específica.

Art. 41. São requisitos do Auto de Infração e da Representação Fiscal:

I – a indicação da repartição preparadora;

II – a hora, a data e o local da lavratura;

III – a qualificação do autuado, o endereço, e dependendo do tributo, o número do registro no Cadastro de Pessoas Físicas (CPF/MF), sua inscrição no Cadastro de Contribuintes do Estado (CCICMS/PB) e no Cadastro Nacional da Pessoa Jurídica do Ministério da Fazenda (CNPJ/MF);

IV – sendo o caso, a qualificação dos dirigentes ou responsáveis legais pela empresa, quando possível tal identificação;

V – a descrição da infração com o respectivo montante tributável; (Redação do inciso dada pela Lei Nº 10912 DE 12/06/2017)

VI – a capitulação da infração e a indicação da penalidade aplicável;

VII – o valor do tributo lançado de ofício;

VIII – o valor da penalidade aplicável;

IX – a intimação para o pagamento do tributo e penalidade ou para apresentação da impugnação, se for o caso, indicando o prazo e seu permissivo legal;

X – o esclarecimento de que, havendo expressa renúncia à impugnação, o contribuinte poderá beneficiar-se das reduções legais, nas hipóteses de pagamento, à vista ou parcelado;

XI – a assinatura e qualificação funcional do autor;

XII – a assinatura do autuado ou seu representante, inclusive na modalidade virtual, nos termos previstos na legislação, sendo substituída, no caso de recusa ou outro obstáculo, por declaração das razões pelas quais não foi feita a intimação;

XIII – a assinatura de testemunhas, quando houver.

§ 1º Ato do chefe do poder Executivo poderá determinar o acréscimo de outros requisitos a serem inseridos no Auto de Infração ou na Representação Fiscal.

§ 2º Quando o Auto de Infração tiver como fundamento a apreensão de mercadorias, livros ou documentos, o fato infringente será nele mencionado, anexando-se os Termos de Apreensão e de Depósito, quando houver.

§ 3º O Auto de Infração e a Representação Fiscal serão lavrados observado o disposto no art. 3º desta Lei, podendo ser inteiramente impressos ou emitidos por processamento eletrônico, seguindo os moldes e as palavras usuais, devidamente numerados, preenchidos à mão, datilografados ou digitalizados, e inutilizadas as partes em branco ou os claros existentes, por quem os lavrar.

§ 4º O Auto de Infração e a Representação Fiscal reportam-se à data da ocorrência do fato gerador da obrigação e regem-se pela legislação tributária então vigente, ainda que posteriormente modificada ou revogada.

§ 5º Aplica-se ao Auto de Infração e à Representação Fiscal a legislação que, posteriormente à ocorrência do fato gerador da obrigação, tenha instituído novos critérios de apuração ou processos de fiscalização, ampliado os poderes de investigação das autoridades administrativas ou outorgado ao crédito maiores garantias ou privilégios, exceto, neste último caso, para o efeito de atribuir responsabilidade a terceiros.

§ 6º A lavratura do Auto de Infração deverá se processar, preferencialmente, no local em que for detectada a infração à legislação tributária, mesmo que este não corresponda ao domicílio do infrator.

§ 7º Na hipótese de Processo de Representação Fiscal, até a inscrição em Dívida Ativa, havendo erro formal, de cálculo ou a comprovação de pagamento anterior, atestados por parecer da fiscalização, o chefe da repartição preparadora do domicílio do contribuinte, determinará, por despacho fundamentado, o seu arquivamento e a correção do lançamento no sistema da Secretaria de Estado da Receita.

Art. 42. A lavratura do Auto de Infração ou de Representação Fiscal é de competência exclusiva dos auditores fiscais, com exercício nas repartições fiscais.

Art. 43. Quando, através de exames posteriores à lavratura do Auto de Infração, verificarem-se irregularidades, lavrar-se-á:

I – Termo Complementar de Infração, quando for constatada necessidade de complementação do crédito tributário, e não tiver sido proferida decisão de primeira instância;

II – Auto de Infração específico, quando já tiver sido proferida a decisão de primeira instância;

III – Termo de Sujeição Passiva, quando se constatar como responsável pela infração outra pessoa além da originalmente acusada.

§ 1º As hipóteses descritas nos incisos I e III deste artigo ensejam a reabertura do prazo de impugnação.

§ 2º Na hipótese do inciso III, deste artigo, a lavratura do referido termo ensejará anulação de todos os atos praticados anteriores à data da ciência pelos acusados.

Art. 44. O sujeito passivo deverá ser cientificado da lavratura do Auto de Infração ou da Representação Fiscal, por uma das formas previstas no art. 46 desta Lei. (Redação do artigo dada pela Lei Nº 11247 DE 13/12/2018, efeitos a partir de 01/01/2019)

Parágrafo único. Na hipótese de constar nos autos responsável solidário, este também deverá ser cientificado da lavratura do Auto de Infração ou da Representação Fiscal

Art. 45. A não autuação de contribuinte infrator da legislação tributária, por desídia, conivência ou má-fé dos servidores competentes, configura a responsabilidade administrativa prevista nos termos da Lei Complementar nº 58, de 30 de dezembro de 2003.

Art. 46. A ciência do Auto de Infração ou da Representação Fiscal dar-se-á, alternativamente, da seguinte forma:

I – pessoalmente, mediante entrega de cópia da peça lavrada, contra recibo nos respectivos originais, ao próprio sujeito passivo, seu representante legal ou preposto ou a quem detenha a administração da empresa;

II – por via postal, com Aviso de Recebimento (AR), encaminhado ao domicílio tributário do sujeito passivo, observados os §§ 2º e 3º deste artigo; (Redação da alínea dada pela Lei Nº 11247 DE 13/12/2018, efeitos a partir de 01/01/2019).

III – por meio eletrônico, com juntada de prova de expedição mediante:

a) certificação digital;

b) envio ao endereço eletrônico disponibilizado ao sujeito passivo pela Administração Tributária Estadual, observado o art. 4º-A desta Lei. (Redação da alínea dada pela Lei Nº 11247 DE 13/12/2018, efeitos a partir de 01/01/2019).

§ 1º Na hipótese de resultar improfícuo um dos meios previstos nos incisos I, II e III do «caput» deste artigo, a ciência poderá ser feita por edital, publicado no Diário Oficial Eletrônico – DOe-SER, no endereço da Secretaria de Estado da Receita na Internet, observado o disposto no § 3º deste artigo. (Redação do parágrafo dada pela Lei Nº 10912 DE 12/06/2017)

§ 2º Considera-se efetuada a ciência por via postal com a prova que a correspondência foi entregue no endereço do domicílio tributário eleito pelo próprio sujeito passivo, mesmo que o Aviso de Recebimento (AR) tenha sido assinado por outra pessoa pertencente ou não ao quadro funcional da empresa. (Redação do parágrafo dada pela Lei Nº 11247 DE 13/12/2018, efeitos a partir de 01/01/2019).

§ 3º Para efeitos do disposto no inciso II do «caput» deste artigo, a ciência, quando o sujeito passivo não estiver com sua inscrição ativa perante o Cadastro de Contribuintes do ICMS do Estado, deverá ser realizada: (Redação do parágrafo dada pela Lei Nº 10912 DE 12/06/2017)

I – no endereço do sócio administrador da empresa;

II – no endereço do representante legal constante no Cadastro de Contribuintes do ICMS, caso a pessoa jurídica não tenha sócio administrador;

III – por edital, publicado no Diário Oficial Eletrônico – DOe-SER, no caso de devolução do Aviso de Recepção (AR) sem lograr êxito na entrega da notificação ou intimação no endereço do sócio administrador da empresa ou do representante legal, nos termos dos incisos I e II deste parágrafo, respectivamente.

(Redação do artigo dada pela Lei Nº 11247 DE 13/12/2018, efeitos a partir de 01/01/2019)

Art. 47. O Servidor Fiscal Tributário da Secretaria de Estado da Receita que, no exercício de suas atribuições, identificar atos ou fatos que, em tese, configuram crime contra a ordem tributária, nos termos definidos na Lei Federal nº 8.137, de 27 de dezembro de 1990, deverá formalizar representação fiscal para fins penais.

Parágrafo único. A representação fiscal para fins penais deverá ser remetida ao Ministério Público, depois de proferida a decisão final na esfera administrativa sobre a exigência fiscal do crédito tributário correspondente, ou quando declarada a revelia nos termos do art. 12 desta Lei.

Art. 48. Concluída a formalização da peça base e efetuado o seu registro no protocolo do sistema de controle da Secretaria de Estado da Receita, os autos deverão ser remetidos à repartição preparadora.

§ 1º Na hipótese de não constar a ciência dos autos, a autoridade competente para promover a intimação, no curso do processo, será o chefe da repartição preparadora.

§ 2º Ocorrendo à situação em que na autuação figure responsável solidário, a repartição preparadora deverá encaminhar ao mesmo, por ocasião da intimação do sujeito passivo, cópia da peça base, para exercer, facultativamente, o direito de defesa previsto no art. 62 desta Lei. (Redação do parágrafo dada pela Lei Nº 11247 DE 13/12/2018, efeitos a partir de 01/01/2019).

Seção IV
DO ARROLAMENTO

Art. 49. O arrolamento administrativo de bens e direitos como medida preventiva contra a deterioração do patrimônio do sujeito passivo, ou outro ato tendente a frustrar a liquidação do crédito tributário, será efetivado pela Secretaria de Estado da Receita SER, nos termos desta Lei e de legislação posterior destinada a complementá-la. (Redação do artigo dada pela Lei Nº 11247 DE 13/12/2018, efeitos a partir de 01/01/2019)

§ 1º A autoridade fiscal competente procederá ao arrolamento de bens e direitos do sujeito passivo sempre que o valor dos créditos tributários de sua responsabilidade for superior a:

I – 30% (trinta por cento) do seu patrimônio conhecido, que na falta de outros elementos indicativos será o valor constante da última declaração de rendimentos apresentada à Receita Federal do Brasil;

II – 8.000 (oito mil) Unidade Fiscal de Referência do Estado da Paraíba – UFR-PB.

§ 2º O arrolamento de que trata este artigo será reduzido a termo e recairá sobre bens e direitos suscetíveis de registro público, com prioridade aos imóveis, e em valor suficiente para cobrir o montante do crédito tributário de responsabilidade do sujeito passivo.

§ 3º Observada à legislação de regência, caso o patrimônio do sujeito passivo não seja suficiente para satisfação do crédito tributário, o arrolamento alcançará ainda os bens e direitos do sócio administrador da empresa, do acionista controlador e dos que, em razão do contrato social ou estatuto, tenham poderes para fazer a empresa cumprir suas obrigações fiscais.

§ 4º A partir da data da notificação do ato de arrolamento, mediante entrega de cópia do respectivo termo, o proprietário dos bens e direitos arrolados ao transferi-los, aliená-los ou onerá-los, deverá comunicar o fato à unidade da Secretaria de Estado da Receita que jurisdiciona o domicílio tributário do sujeito passivo no prazo de 30 (trinta) dias.

§ 5º A alienação, oneração ou transferência, a qualquer título, dos bens e direitos arrolados, sem o cumprimento da formalidade prevista no § 4º deste artigo, autoriza o requerimento de medida cautelar fiscal contra o sujeito passivo, fundamentado na Lei Federal nº 8.397, de 06 de janeiro de 1992.

§ 6º O termo de arrolamento de que trata este artigo será registrado com dispensa de pagamento de custas ou emolumentos:

I – no competente registro imobiliário, relativamente aos bens imóveis;

II – nos órgãos ou entidades onde, por força de lei, os bens móveis ou direitos sejam registrados ou controlados;

III – no Cartório de Títulos e Documentos e Registros Especiais do domicílio tributário do sujeito passivo, relativamente aos demais bens e direitos.

§ 7º Os órgãos e entidades listadas no § 6º deste artigo deverão:

I – expedir certidões com informação quanto à existência de arrolamento;

II – comunicar à Secretaria de Estado da Receita, até o dia 15 (quinze) de cada mês, a ocorrência de alienação, transferência ou oneração dos bens arrolados, realizadas no mês imediatamente anterior.

§ 8º Liquidado, antes do seu encaminhamento para inscrição em Dívida Ativa, o crédito tributário que tenha motivado o arrolamento, a autoridade competente da Secretaria de Estado da Receita comunicará o fato ao registro imobiliário, cartório, órgão ou entidade competente de registro e controle, em que o termo de arrolamento tenha sido registrado, nos termos do § 6º deste artigo, para que sejam anulados os efeitos do arrolamento.

§ 9º Liquidado ou garantido, nos termos da Lei nº 6.830, de 22 de setembro de 1980, o crédito tributário que tenha motivado o arrolamento, após seu encaminhamento para inscrição em Dívida Ativa, a comunicação de que trata o § 8º deste artigo, será feita pela autoridade competente da Procuradoria Geral do Estado da Paraíba.

§ 10. Os órgãos de registro público onde os bens e direitos foram arrolados tem o prazo de 30 (trinta) dias para liberá-los, contados a partir do protocolo de cópia do documento comprobatório da comunicação ao órgão fazendário referido no § 4º deste artigo.

§ 11. O sujeito passivo poderá às suas custas, requerer, anualmente, por petição fundamentada, aos órgãos de registro público onde os bens e direitos estiverem arrolados, avaliação dos referidos ativos para identificar o valor justo dos bens e direitos arrolados e evitar, deste modo, excesso de garantia.

§ 12. A autoridade fiscal competente poderá, a requerimento do sujeito passivo, substituir bem ou direito arrolado por outro que seja de valor igual ou superior, desde que respeitada à ordem de prioridade de bens a serem arrolados definidos pela Secretaria de Estado da Receita e seja realizada a avaliação do bem arrolado e do bem a ser substituído nos termos do § 11 deste artigo.

§ 13. Caso o crédito tributário seja formalizado contra pessoa física, no arrolamento devem ser identificados, inclusive, os bens e direitos em nome do cônjuge não gravados com a cláusula de incomunicabilidade.

§ 14. Para os efeitos do disposto no § 11 deste artigo, os órgãos de registro público deverão comunicar à Secretaria de Estado da Fazenda, a alteração no valor do bem ou direito arrolado, no prazo de 15 (quinze) dias contados da data da nova avaliação. (Parágrafo acrescentado pela Lei Nº 11615 DE 26/12/2019).

Seção V
DO PREPARO

Art. 50. O preparo dos processos é atribuído à repartição preparadora da localidade em que ocorrer a sua instauração, compreendendo:

I – a intimação para pagamento, apresentação de impugnação ou de documentos;

II – a "vista" do processo aos acusados e aos autores do procedimento;

III – o recebimento das petições de impugnação e de recurso e a anexação destas ao processo;

IV – a informação sobre inexistência de pagamento, impugnação ou de recurso e a lavratura do respectivo termo de revelia;

V – a organização dos autos, compreendendo a fiel observância do contido nos arts. 28 e 29 desta Lei;

VI – o encaminhamento do processo às autoridades julgadoras;

VII – o cumprimento dos atos ordenados pelas autoridades julgadoras.

Capítulo IV
DO PROCESSO NÃO CONTENCIOSO

Art. 51. São Processos Administrativos Tributários não contenciosos os decorrentes de lançamentos constituídos por intermédio de:

I – Auto de Infração com crédito tributário não impugnado no prazo regulamentar, quitado ou parcelado na sua totalidade, observado o direito de interposição de recurso de agravo;

II – Representação Fiscal.

Capítulo V
DO PROCESSO CONTENCIOSO

Seção I
DAS DISPOSIÇÕES GERAIS

Art. 52. Instaura-se o Processo Administrativo Tributário contencioso, com a interposição tempestiva do sujeito passivo:

I – de impugnação contra o lançamento de crédito tributário;

II – de manifestação, na forma desta lei, contra decisão que negar seguimento à impugnação.

Art. 53. O Processo Administrativo Tributário contencioso, para apuração das infrações à legislação tributária, terá como peça base o Auto de Infração, lavrado por auditor fiscal.

Parágrafo único. (Revogado pela Lei nº 11615 de 26/12/2019):

Art. 54. O Processo Administrativo Tributário contencioso desenvolve-se, ordinariamente, em duas instâncias, para apreciação e julgamento das questões surgidas entre os contribuintes e a Fazenda Estadual, relativamente à interpretação e à aplicação da legislação tributária.

§ 1º A instância administrativa começa com apresentação da impugnação e termina com o pagamento, total ou parcial, no que tange à parte correspondente a decisão definitiva ou a propositura, pelo contribuinte, contra a Fazenda Pública da Paraíba, de ação judicial sobre o mesmo objeto.

§ 2º Para efeito do § 1º deste artigo, importa renúncia às instâncias administrativas a propositura pelo sujeito passivo de ação judicial por qualquer modalidade processual, antes ou depois do lançamento de ofício, com o mesmo objeto do processo administrativo, sendo cabível apenas a apreciação, pelo órgão de julgamento administrativo, de matéria distinta da constante do processo judicial. (Redação do parágrafo dada pela Lei Nº 10912 DE 12/06/2017):

Art. 54-A. Durante a vigência de medida judicial que determinar a suspensão da exigibilidade do crédito tributário poderá ser instaurado procedimento fiscal contra o contribuinte destinado a prevenir a decadência, salvo no caso em que a própria medida judicial expressamente impedir a constituição do crédito tributário. (Artigo acrescentado pela Lei Nº 10928 DE 29/06/2017)

§ 1º Considera-se medida judicial com força para suspender a exigibilidade do crédito tributário:

I – a concessão de medida liminar em mandado de segurança;

II – a concessão de medida liminar ou de tutela antecipada, em outras espécies de ação judicial.

§ 2º Para efeitos do disposto no «caput» deste artigo, não caberá multa por infração aos casos em que a suspensão da exigibilidade do crédito tributário tenha ocorrido antes do início de qualquer procedimento fiscal a ele relativo.

§ 3º Na intimação que cientificar o sujeito passivo do lançamento do tributo deverá constar que o crédito tributário ficará suspenso enquanto durarem os efeitos da medida judicial.

§ 4º A multa de mora será exigida 30 (trinta) dias após a data do trânsito em julgado da decisão judicial que considerar devido o tributo.

§ 5º Consideram-se cessados os efeitos da medida judicial:

I – pela cassação ou revogação da liminar, a partir da publicação do respectivo acórdão ou despacho;

II – pelo decurso do prazo de vigência da liminar;

III – pela suspensão da execução ou reforma da decisão favorável de primeira ou segunda instância, a partir da publicação do respectivo despacho ou acórdão.

§ 6º O contribuinte poderá recolher o crédito tributário lançado até o prazo estabelecido no § 4º sem a incidência de multa de mora.

§ 7º Na hipótese da medida judicial transitar em julgado favorável ao contribuinte, o crédito tributário será extinto por decisão judicial.

§ 8º Caso haja processo fiscal em tramitação na Secretaria de Estado da Receita relativo à matéria objeto da medida judicial, o contencioso administrativo será encerrado e o crédito tributário deverá ficar suspenso até que os efeitos da medida judicial sejam cessados.

§ 9º O crédito tributário não poderá ser inscrito em Dívida Ativa nem ser ajuizada Execução Fiscal, caso a exigibilidade esteja suspensa por força de medida judicial.

Art. 55. Não se inclui na competência dos órgãos julgadores:

I – a declaração de inconstitucionalidade;

II – a aplicação de equidade.

Seção II
DAS PROVAS

Art. 56. Todos os meios legais, ainda que não especificados nesta Lei, são hábeis para provar a verdade dos fatos em que se funda a ação, a impugnação ou o recurso.

Parágrafo único. O ônus da prova compete a quem esta aproveita.

Art. 57. As provas são aquelas necessárias e vinculadas à matéria objeto do litígio.

Art. 58. As provas documentais serão apresentadas e as demais requeridas na impugnação, precluindo o direito de o sujeito passivo de fazê-lo em outro momento processual, a menos que:

I – fique demonstrada a impossibilidade de sua oportuna apresentação ou requerimento, por motivo de força maior, assim entendido, o evento imprevisto, alheio à sua vontade e que o impediu de produzi-la no momento próprio;

II – se refiram a fato ou direito superveniente;

III – se destinem a contrapor fatos ou razões posteriormente trazidas aos autos;

IV – se trate de pedido de produção de prova indeferido pelo julgador de primeira instância.

§ 1º A produção de prova e a juntada de documento após a impugnação deverá ser requerida mediante petição fundamentada do interessado à autoridade julgadora, acompanhada da comprovação de uma das condições previstas neste artigo.

§ 2º Caso já tenha sido proferida a decisão de primeira instância, os documentos apresentados na forma deste artigo permanecerão nos autos para serem apreciados pela autoridade julgadora de segunda instância, na hipótese de interposição de recurso.

Art. 58-A. A cópia de documento tem o mesmo valor probante que o original, desde que a repartição fiscal proceda à conferência e certifique a conformidade entre a cópia e o original, observada a Lei Federal nº 13.726, de 8 de outubro de 2018. (Redação do caput dada pela Lei Nº 11247 DE 13/12/2018, efeitos a partir de 01/01/2019).

§ 1º Fica dispensada a exigência de: (Redação do parágrafo dada pela Lei Nº 11247 DE 13/12/2018, efeitos a partir de 01/01/2019)

I - reconhecimento de firma, devendo o servidor público efetivo, confrontando a assinatura com aquela constante do documento de identidade do signatário, ou estando este presente e assinando o documento diante do servidor, lavrar sua autenticidade no próprio documento;

II - autenticação de cópia de documento, cabendo ao servidor público efetivo, mediante a comparação entre o original e a cópia, atestar a autenticidade;

III - juntada de documento pessoal do sujeito passivo, que poderá ser substituído por cópia autenticada pelo próprio servidor público efetivo.

§ 2º Somente o servidor público efetivo poderá, em confronto com o documento original, autenticar a cópia, declarando que «confere com o original».

§ 3º A autenticação de que trata o § 2º deverá ser feita com a carimbagem, constando, obrigatoriamente, a data, o nome, a matrícula e a lotação do servidor.

§ 4º Fica dispensada a exigência da Certidão Negativa de Débitos ou da Certidão Positiva de Débitos com Efeito de Negativa, prevista no Capítulo V do Título III - arts. 158 e 161, desta Lei.»

Art. 58-B. As disposições desta Seção se aplicam a todas as provas e documentos exigidos por esta Lei e demais legislações tributárias do Estado; (Artigo acrescentado dada pela Lei Nº 11247 DE 13/12/2018, efeitos a partir de 01/01/2019).

Seção III
DAS DILIGÊNCIAS

Art. 59. Apresentada a impugnação, e até a decisão final administrativa, havendo diligências a realizar serão elas determinadas pelo órgão julgador, de ofício, ou a pedido do autor do procedimento ou do sujeito passivo.

§ 1º A autoridade julgadora que deferir ou negar o pedido de realização de diligência fundamentará sua decisão.

§ 2º O sujeito passivo que requerer diligência responde pelas despesas correspondentes, devendo indicar, com precisão, os pontos controversos que pretende que sejam elucidados e fornecer os elementos necessários ao esclarecimento das dúvidas.

§ 3º Na hipótese do § 2º deste artigo, os custos com a diligência solicitada deverão ser recolhidos aos cofres públicos, no prazo de 5 (cinco) dias, contado da ciência da notificação do deferimento, observando-se, em relação ao custo da respectiva diligência, o seguinte: (Redação do parágrafo dada pela Lei Nº 10802 DE 12/12/2016)

I – será de 1% (um por cento) do valor do crédito tributário, não podendo ser inferior a 10 UFR-PB; ou

II – será arbitrado pela autoridade preparadora quando o valor do crédito tributário for superior a 10.000 (dez mil) UFR-PB, não podendo ser inferior a 100 (cem) UFR-PB.

§ 4º A solicitação de diligência anterior à impugnação ou o não pagamento dos custos de que trata o § 3º deste artigo implicará o arquivamento do pedido.

§ 5º Os trabalhos de diligências deverão ser concluídos nos prazos definidos em legislação específica, levando-se em conta o nível de complexidade das tarefas a realizar.

Art. 60. As diligências ordenadas pela autoridade julgadora serão realizadas pelo autuante e na ausência ou impossibilidade deste, por auditor fiscal designado.

Art. 61. Para os efeitos desta Lei, entende-se por diligência a realização de ato por ordem da autoridade competente para que se cumpra uma exigência processual ou qualquer outra providência que vise à elucidação da matéria suscitada.

Parágrafo único. A realização de diligência suspende os prazos processuais, que recomeçarão a correr após o retorno do processo com a conclusão dos trabalhos solicitados, computado o tempo anterior à suspensão. (Parágrafo acrescentado pela Lei Nº 10446 DE 30/03/2015).

Seção IV
DA DEFESA

Art. 62. A defesa compreende qualquer manifestação do sujeito passivo com vistas a, dentro dos princípios legais, mediante processo, impugnar, apresentar recurso ou opor embargos. (Redação do artigo dada pela Lei Nº 10912 DE 12/06/2017):

Art. 63. Na defesa, o contribuinte alegará, por escrito, toda a matéria que entender útil, indicando ou requerendo as provas que pretende produzir e juntando, desde logo, as que constarem de documentos.

Art. 64. Ao sujeito passivo ou ao seu representante legal é facultado examinar o processo no recinto das repartições em que tiver curso, observado o seguinte:

I – o sujeito passivo ou seu representante legal poderá requerer cópia de Processo Administrativo Tributário do qual seja parte;

II – o chefe da repartição preparadora poderá autorizar que servidor acompanhe o requerente para reprodução de cópia do processo em estabelecimento prestador de tal serviço.

Art. 65. A instrução do processo, no âmbito da repartição preparadora, deverá ter o seu término dentro de 60 (sessenta) dias, contados da data do termo inicial do prazo para cumprimento da exigência ou impugnação.

Parágrafo único. Em casos especiais e mediante despacho fundamentado, a autoridade preparadora poderá prorrogar, pela metade, o prazo previsto no "caput" deste artigo.

Art. 66. Expirada a fase de preparo e havendo impugnação, os autos serão imediatamente conclusos à Gerência Executiva de Julgamento de Processos Fiscais.

Seção V
DA IMPUGNAÇÃO

Art. 67. O prazo para apresentação de impugnação pelo autuado é de 30 (trinta) dias, a contar da data da ciência do Auto de Infração.

§ 1º A impugnação deverá ser protocolizada na repartição preparadora do processo, dando-se nela recibo ao interessado, podendo se dar, inclusive, por via digital.

§ 2º Em sendo a impugnação protocolizada em repartição diversa da preparadora do processo, o chefe daquela providenciará, até o dia seguinte, o seu encaminhamento à autoridade processante de origem.

§ 3º Interposta a impugnação, o servidor que a receber providenciará, até o dia útil seguinte, a sua juntada aos autos, com os documentos que a acompanharem.

Art. 68. Quando, no decorrer da ação fiscal, indicar-se como responsável pela falta, pessoa diversa da que figure no Auto de Infração ou forem apurados novos fatos infringentes envolvendo o autuado ou outras pessoas, ser-lhes-á marcado igual prazo para impugnação no mesmo processo.

Art. 69. A impugnação que versar sobre uma ou algumas das infrações ou lançamentos implicará no reconhecimento da condição de devedor relativo à parte não litigiosa, ficando definitivamente constituído o crédito tributário e, em caso de não recolhida até o término do respectivo prazo, à vista ou parceladamente, será lançada em Dívida Ativa, observado ainda o disposto no art. 33 desta Lei.

Parágrafo único. Considerar-se-á não impugnada e preclusa a matéria que não tenha sido expressamente contestada pelo impugnante. (Parágrafo acrescentado pela Lei Nº 10912 DE 12/06/2017)

Art. 69-A. A mercadoria retida poderá ser liberada mediante depósito do montante integral, na forma prevista no inciso II do art. 151 da Lei nº 5.172, de 25 de outubro de 1966 – Código Tributário Nacional. (Artigo acrescentado pela Lei Nº 10912 DE 12/06/2017)

§ 1º O depósito do montante integral deverá corresponder ao valor do ICMS lançado, assim entendido os valores do tributo devido, com os devidos acréscimos legais, calculado no dia de sua efetivação.

§ 2º O valor do depósito do montante integral deverá ser creditado na conta única do Tesouro Estadual, por meio de Documento de Arrecadação Estadual - DAR, em código instituído em portaria do Secretário de Estado da Receita.

§ 3º O depósito do montante integral poderá ser realizado no prazo de apresentação de impugnação ou do recurso voluntário e enquanto o processo estiver em julgamento.

§ 4º Se a decisão em última instância administrativa for:

I - favorável ao contribuinte, o valor atualizado do depósito até a data da decisão será restituído, acrescido de juros de mora, calculados segundo os mesmos critérios adotados pela legislação tributária para pagamento de tributos em atraso, computados a partir da data da efetivação do depósito;

II - desfavorável ao contribuinte, o depósito será convertido em renda e o pagamento se reputa efetuado.

§ 5º Mesmo não tendo mercadoria retida, o sujeito passivo poderá utilizar o depósito do montante integral na esfera administrativa para suspender a exigibilidade do crédito tributário. (Parágrafo acrescentado pela Lei Nº 10928 DE 29/06/2017):

Seção VI
DO JULGAMENTO DOS PROCESSOS

Art. 70. O julgamento do Processo Administrativo Tributário compete à Gerência Executiva de Julgamento de Processos Fiscais - GEJUP e ao Conselho de Recursos Fiscais - CRF, em primeira e segunda instâncias, respectivamente. (Redação do artigo dada pela Lei Nº 10912 DE 12/06/2017):

Art. 71. Na apreciação do litígio, a autoridade julgadora formará livremente sua convicção de forma motivada, podendo determinar a produção das provas que entender necessárias.

Art. 72. É vedado à autoridade julgadora divulgar, antecipadamente, o resultado de decisão a ser prolatada em Processo Administrativo Tributário.

Art. 72-A. No julgamento do processo administrativo tributário é vedado afastar a aplicação de lei sob alegação de inconstitucionalidade, ressalvadas as hipóteses em que a inconstitucionalidade tenha sido proclamada: (Redação do artigo dada pela Lei Nº 10977 DE 25/09/2017)

I - em ação direta de inconstitucionalidade;

II - por decisão definitiva do Supremo Tribunal Federal, em via incidental, desde que o Senado Federal tenha suspendido a execução do ato normativo.

Seção VII
DO JULGAMENTO EM PRIMEIRA INSTÂNCIA

Art. 73. Instaurado o contraditório, com a interposição da impugnação, compete à Gerência Executiva de Julgamento de Processos Fiscais - GEJUP o julgamento do Processo Administrativo Tributário em primeira instância.

Art. 74. Recebidos e registrados os processos na Gerência Executiva de Julgamento de Processos Fiscais, depois de feita a necessária correição no prazo de 15 (quinze) dias, os autos deverão ser distribuídos aos julgadores fiscais. (Redação do artigo dada pela Lei Nº 10507 DE 18/09/2015).

Art. 75. A decisão de primeira instância conterá: (Redação do caput dada pela Lei Nº 10802 DE 12/12/2016).

I - o relatório, que será uma síntese do processo, devendo mencionar:

a) a qualificação do autuado;

b) os fundamentos do auto de infração;

c) os fundamentos da impugnação;

II - os fundamentos de fato e de direito;

III - a indicação dos dispositivos legais aplicados;

IV - a quantia devida, as penalidades impostas e os tributos exigíveis, quando for o caso;

V - a conclusão;

VI - a ordem de intimação;

VII - recurso de ofício para instância superior, quando for o caso.

Art. 76. Proferida a decisão, será o processo remetido à repartição preparadora, para que providencie as necessárias intimações, que se efetivarão na forma prevista nesta Lei.

Parágrafo único. Da decisão proferida na primeira instância não caberá pedido de reconsideração.

Seção VIII
DO RECURSO VOLUNTÁRIO

Art. 77. Da decisão contrária ao contribuinte caberá recurso voluntário, com efeito suspensivo, para o Conselho de Recursos Fiscais, no prazo de 30 (trinta) dias, contado da data da ciência da sentença.

§ 1º O recurso que versar sobre uma ou algumas das infrações ou lançamentos implicará no reconhecimento da condição de devedor relativo à parte não litigiosa, ficando definitivamente constituído o crédito tributário.

§ 2º Na hipótese do § 1º deste artigo, não sendo cumprida a exigência relativa à parte não questionada do crédito tributário, à vista ou parceladamente, no prazo estabelecido no «caput» deste artigo, deverá o órgão preparador encaminhar para registro em Dívida Ativa, sem prejuízo do disposto no art. 33 desta Lei.

Art. 78. O recurso será interposto por petição escrita para o Conselho de Recursos Fiscais e protocolizada, preferencialmente, na repartição preparadora do processo.

Parágrafo único. É vedado reunir em uma só petição recursos referentes a mais de uma decisão, ainda que versando sobre idêntico assunto e alcançando o mesmo contribuinte.

Art. 79. Se, dentro do prazo legal, não for apresentada a petição de recurso, ou sendo considerada intempestiva, será feita declaração nesse sentido, seguindo o processo os trâmites legais, observado o disposto no art. 13 desta Lei.

Seção IX
DO RECURSO DE OFÍCIO

Art. 80. Da decisão de primeira instância contrária à Fazenda Estadual, no todo ou em parte, é obrigatório recurso de ofício para o Conselho de Recursos Fiscais.

§ 1º Será dispensada a interposição do recurso de ofício quando:

I – o valor atualizado da parte contrária à Fazenda Estadual não exceder o valor correspondente a 1.000 (um mil) UFR-PB."; (Redação do inciso dada pela Lei Nº 11247 DE 13/12/2018, efeitos a partir de 01/01/2019).

II – houver nos autos prova do cumprimento da exigência total do tributo e penalidades propostas, à vista ou parceladamente, conforme for;

III – o julgamento do processo tiver por fundamento disposição expressa em lei que importe em remissão do crédito tributário ou anistia da pena discutida, conforme o caso.

§ 2º O recurso de ofício será manifestado mediante declaração na própria decisão.

Seção X
DO JULGAMENTO EM SEGUNDA INSTÂNCIA

Art. 81. O julgamento em segunda instância far-se-á pelo Conselho de Recursos Fiscais, cujas decisões são definitivas, no que tange a serem irrecorríveis por parte do sujeito passivo, respeitados os recursos previstos em seu Regimento.

§ 1º A distribuição dos processos aos Conselheiros será feita mediante sorteio eletrônico.

§ 2º Na impossibilidade de se proceder à distribuição dos processos por sorteio eletrônico, esta será feita em sessão pública, mediante sorteio convencional.

Art. 82. As decisões de segunda instância serão tomadas por maioria de votos, de forma colegiada e em sessão pública, cabendo ao Presidente da sessão, apenas o voto de desempate.

Art. 83. Será facultada a sustentação oral de recurso perante o Conselho de Recursos Fiscais, com observância do princípio do contraditório e da ampla defesa, na forma do seu Regimento Interno.

Art. 84. Das decisões das Câmaras de Julgamento do Conselho de Recursos Fiscais, previstas no Regimento Interno daquele órgão, contrárias à Fazenda Estadual, haverá recurso de ofício, para o Conselho Pleno do Conselho de Recursos Fiscais. (Redação do caput dada pela Lei Nº 10977 DE 25/09/2017).

Parágrafo único. Será dispensada a interposição do recurso de ofício quando:

I - o valor atualizado da parte contrária à Fazenda Estadual não exceder 4.000 (quatro mil) UFR-PB, vigente à data da decisão; (Redação do inciso dada pela Lei Nº 10977 DE 25/09/2017).

II - houver, nos autos, prova de recolhimento total, à vista ou parceladamente, do tributo e/ou penalidades exigidos;

III - o cancelamento do feito fiscal tiver por fundamento disposição expressa em lei que importe em remissão do crédito tributário ou anistia da pena discutida;

IV - quando as decisões forem proferidas à unanimidade.

Art. 85. O acórdão proferido pelo Conselho de Recursos Fiscais substituirá a decisão recorrida naquilo que tiver sido objeto do recurso e, observará, no que couber, os requisitos estabelecidos no art. 75 desta Lei, sem prejuízo do que estiver previsto em legislação.

Art. 86. As ementas dos acórdãos do Conselho de Recursos Fiscais serão publicadas no Diário Oficial Eletrônico - DOe-SER e o inteiro teor da decisão no "site" da Secretaria de Estado da Receita. (Redação do artigo dada pela Lei Nº 10912 DE 12/06/2017):

Art. 87. A intimação às partes, da decisão do Conselho de Recursos Fiscais, far-se-á através da repartição preparadora do processo, de acordo com o disposto nesta Lei.

Seção XI
DA INSTÂNCIA ESPECIAL

Art. 88. (Revogado pela Lei Nº 10977 DE 25/09/2017 e pela Medida Provisória Nº 263 DE 28/07/2017):

Art. 89. (Revogado pela Lei Nº 10912 DE 12/06/2017):

Seção XII
DAS SÚMULAS

Art. 90. Compete ao Conselho de Recursos Fiscais apreciar proposta de súmula para consolidar suas decisões reiteradas e uniformes. (Redação do artigo dada pela Lei Nº 11031 DE 12/12/2017):

§ 1º A proposta de súmula será de iniciativa dos Conselheiros do CRF ou dos representantes da Procuradoria Geral do Estado junto ao CRF.

§ 2º A proposta de súmula será aprovada por, pelo menos, 2/3 (dois terços) dos votos dos membros do Conselho Pleno do CRF.

§ 3º As súmulas serão numeradas sequencialmente, após ratificadas por Portaria do Secretário de Estado da Fazenda ou por autoridade por ele delegada, e publicada no Diário Oficial Eletrônico - DOE-SEFAZ, passando a ter efeito vinculante em relação à Administração Tributária Estadual e aos contribuintes e responsáveis. (Redação do parágrafo dada pela Lei Nº 11615 DE 26/12/2019).

Art. 91. A súmula poderá ser revista ou cancelada por proposta dos Conselheiros do Conselho de Recursos Fiscais, ou dos representantes da Procuradoria Geral do Estado junto ao CRF. (Redação do artigo dada pela Lei Nº 11031 DE 12/12/2017)

§ 1º A revisão ou o cancelamento da súmula observará, no que couber, os procedimentos e critérios adotados para sua edição.

§ 2º A revisão ou cancelamento de súmula entrará em vigor na data de sua publicação no Diário Oficial Eletrônico da Secretaria de Estado da Receita - DOe-SER.

Seção XIII
DA EXECUÇÃO DAS DECISÕES

Art. 92. São definitivas as decisões:

I - de primeira instância, esgotado o prazo para recurso voluntário sem que este tenha sido interposto, desde que não esteja sujeita a recurso de ofício;

II - de segunda instância, que não caiba mais recurso, ou, se cabível, quando decorrido o prazo sem sua interposição;

III - (Revogado pela Lei Nº 11031 DE 12/12/2017)

Parágrafo único. Serão também definitivas as decisões de primeira instância na parte que não for objeto de recurso voluntário ou não estiver sujeita a recurso de ofício.

Art. 93. Das decisões condenatórias proferidas em processos administrativos tributários será intimado o sujeito passivo, fixando-se o prazo de 30 (trinta) dias para apresentação de recurso, quando admissível, ou a realização do pagamento ou parcelamento dos tributos exigidos e respectivos encargos legais. (Redação do artigo dada pela Lei Nº 11247 DE 13/12/2018, efeitos a partir de 01/01/2019)

§ 1º Na hipótese de constar nos autos, responsável solidário, este também deverá ser intimado das decisões condenatórias proferidas em processos administrativos tributários, devendo ser concedido o mesmo prazo estabelecido no «caput» deste artigo para apresentação de recurso, quando admissível, pagamento ou parcelamento dos tributos exigidos e respectivos encargos legais.

§ 2º A intimação será efetuada pela repartição preparadora do processo administrativo tributário, por uma das formas previstas no art. 11 desta Lei.

Art. 94. Tornada definitiva a decisão e não havendo o cumprimento da exigência, à vista ou parceladamente, será o débito inscrito em dívida ativa pela Procuradoria Geral do Estado para posterior execução judicial ou extrajudicial.

Parágrafo único. O débito inscrito em Dívida Ativa se sujeita, quando da cobrança amigável ou contenciosa ao pagamento dos honorários devidos à Procuradoria Geral do Estado, na forma estabelecida pelo Conselho Gestor do Fundo de Modernização e Reaparelhamento da Procuradoria Geral do Estado da Paraíba - FUNPEPB, de acordo com a Lei Estadual nº 9.004, de 30 de dezembro de 2009, observado, ainda, o que dispuser norma complementar.

Art. 95. A dívida ativa regularmente inscrita goza de presunção de certeza e liquidez e tem o efeito de prova pré-constituída.

Parágrafo único. A presunção a que se refere este artigo é relativa, ficando a cargo do sujeito passivo ou de terceiros a quem aproveite, o ônus de ilidi-la por prova inequívoca.

Seção XIV
Do Leilão, da Doação, da Incorporação ou da Destruição (Redação do título da seção dada pela Lei Nº 11247 DE 13/12/2018, efeitos a partir de 01/01/2019).

Art. 96. Os bens ou mercadorias declaradas abandonadas por decisão administrativa irreformável da Secretaria de Estado da Fazenda deverão ser destinadas para leilão, doação, incorporação ou destruição. (Redação do caput dada pela Lei Nº 11470 DE 25/10/2019).

§ 1º Os Processos Administrativos Tributários referentes às mercadorias ou bens apreendidos terão tramitação, apreciação célere e prioritária em relação às demais matérias postas em julgamento.

§ 2º O Estado poderá, antes da venda em leilão dos bens ou mercadorias abandonadas, exercer o direito de, nas hipóteses dos incisos: (Redação do artigo dada pela Lei Nº 10912 DE 12/06/2017)

I – I, II, V e VI do § 3º deste artigo:

a) incorporar a órgãos da administração pública direta ou indireta estadual;

b) doar a órgãos da administração pública direta ou indireta federal ou municipal, dotados de personalidade jurídica de direito público;

c) doar às entidades sem fins lucrativos, declaradas de utilidade pública federal, estadual ou municipal;

II – III e IV do § 3º deste artigo, doar às entidades sem fins lucrativos, declaradas de utilidade pública federal, estadual ou municipal.

§ 3º Considerar-se-ão abandonados os bens ou mercadorias nas situações a seguir: (Redação dada pela Lei Nº 10977 DE 25/09/2017).

I – se não impugnado o Auto de Infração ou não retirados os bens ou mercadorias retidas, no prazo de 30 (trinta) dias após a ciência; (Redação do inciso dada pela Lei Nº 10977 DE 25/09/2017).

II – não retirados em 30 (trinta) dias, do trânsito em julgado da decisão administrativa contrária ao sujeito passivo;

III – de fácil deterioração cuja liberação não tiver sido promovida no prazo máximo de 72 (setenta e duas) horas ou, excepcionalmente, em prazo inferior fixado pelo autuante, à vista de sua natureza ou seu estado de conservação;

IV – quando faltarem menos de 30 (trinta) dias para expirar o prazo de validade dos bens ou das mercadorias, observado o disposto no inciso III deste parágrafo;

V – não retiradas pelo interessado no prazo de 60 (sessenta) dias, após decisão administrativa ou judicial definitiva favorável ao sujeito passivo;

VI – na impossibilidade de identificação do sujeito passivo.

§ 4º Na destinação de que trata este artigo será observada a legislação que der tratamento próprio a mercadorias ou bens com características especiais.

§ 5º Na hipótese em que as mercadorias apreendidas se encontrem em poder de depositário fiel, e, após intimação não forem devolvidas, serão adotadas as medidas jurídicas cabíveis.

§ 6º As mercadorias abandonadas sem identificação do sujeito passivo poderão ter a destinação prevista no § 2º deste artigo, imediatamente, após a formalização do processo administrativo tributário, quando se tratar de: (Parágrafo acrescentado pela Lei Nº 10912 DE 12/06/2017)

I - semoventes, perecíveis, inflamáveis e explosivos ou outras mercadorias que exijam condições especiais de armazenamento;

II - mercadorias deterioradas, danificadas, estragadas, com data de validade vencida, que não atendam exigências sanitárias ou agropecuárias, ou que estejam em desacordo com regulamentos ou normas técnicas.

§ 7º Na hipótese dos bens ou das mercadorias aprendidas estarem assegurando o valor do crédito tributário exigido e sejam declaradas abandonadas em decisão administrativa irreformável da Secretaria de Estado da Fazenda e, posteriormente, destinadas à doação, à incorporação ou à destruição, nos termos desta Lei, o citado crédito tributário será declarado extinto. (Redação do parágrafo dada pela Lei Nº 11470 DE 25/10/2019).

§ 8º Enquanto não tiver ocorrida a destinação dos bens ou das mercadorias declaradas abandonadas, o sujeito passivo poderá requerer a sua devolução, mediante o pagamento do valor do crédito tributário, acrescido dos devidos acréscimos legais. (Redação do parágrafo dada pela Lei Nº 10977 DE 25/09/2017).

Art. 97. O Secretário Executivo da Receita da Secretaria de Estado da Fazenda é a autoridade competente para determinar a modalidade de destinação que deverá ser aplicada aos bens ou às mercadorias abandonadas, administradas pela Secretaria de Estado da Fazenda. (Redação do caput dada pela Lei Nº 11470 DE 25/10/2019).

§ 1º A Comissão de Leilão será responsável pelos procedimentos administrativos referentes ao leilão, à doação ou à incorporação de bens ou mercadorias abandonadas.

§ 2º A Comissão de Destruição de mercadorias será responsável pelos procedimentos administrativos referentes à destruição de mercadorias abandonadas.

Art. 98. Determinada a venda em leilão, a comissão de leilão, mediante despacho exarado no processo, designará 2 (dois) servidores fazendários para classificarem e avaliarem os bens ou as mercadorias. (Redação do artigo dada pela Lei Nº 11470 DE 25/10/2019).

Art. 99. A comissão de leilão será designada pelo Secretário Executivo da Receita da Secretaria de Estado da Fazenda, e integrada por, no mínimo, 3 (três) servidores públicos em exercício na Secretaria de Estado da Fazenda, cabendo a um deles a presidência da mencionada comissão. (Redação da artigo dada pela Lei Nº 11470 DE 25/10/2019)

Parágrafo único. Não poderão participar da comissão de leilão, os auditores fiscais que sejam responsáveis por apreensão de mercadorias e os servidores responsáveis pelo controle físico dos bens ou das mercadorias e por movimentações contábeis no Sistema de Controle de Mercadorias Apreendidas - CMA, no âmbito da Secretaria de Estado da Fazenda.

Art. 100. A avaliação das mercadorias abandonadas para a fixação de seu preço mínimo de arrematação poderá ser inferior ou superior ao valor constante no respectivo processo fiscal, que será considerado apenas como indicativo, devendo ser observados outros critérios de avaliação, tais como condições de mercado, estado de conservação, depreciação, obsolescência, entre outros, visando a resguardar o caráter competitivo do leilão. (Redação do artigo dada pela Lei Nº 10977 DE 25/09/2017).

Art. 101. O edital será publicado no Diário Oficial Eletrônico -DOe-SEFAZ, no endereço da Secretaria de Estado da Fazenda na Internet, determinando o local, o dia e a hora da realização do leilão em primeira e segunda praças, e discriminando os bens ou as mercadorias oferecidas à licitação. (Redação do caput dada pela Lei Nº 11470 DE 25/10/2019).

Parágrafo único. O edital será publicado com antecedência mínima de 15 (quinze) dias, contados da data da realização do leilão.

Art. 102. Efetivada a arrematação em leilão, não é mais possível sua desistência, devendo o interessado, antes de iniciado o processo licitatório, vistoriar os bens e as mercadorias, bem como, seu estado de conservação.

Art. 103. Os bens e as mercadorias leiloadas serão entregues ao licitante que oferecer o maior lanço.

Art. 104. Não serão entregues nem consideradas arrematadas os bens e as mercadorias, se o maior lanço oferecido não atingir o preço da avaliação, na primeira praça, ou 50% (cinquenta por cento) daquele preço, na segunda praça.

Art. 105. Se não houver licitante em nenhuma das praças, ou quando as ofertas forem inferiores a 50% (cinquenta por cento) do preço de avaliação, o presidente da comissão de leilão exporá o caso ao Secretário Executivo da Receita da Secretaria de Estado da Fazenda para que o resolva como for mais conveniente ao interesse da Fazenda Estadual. (Redação do artigo dada pela Lei Nº 11470 DE 25/10/2019).

Art. 106. Quando a mercadoria ou bem se encontrar em repartição sediada em localidade onde o presidente da comissão de leilão verificar impossibilidade de arrematação, este poderá determinar, a qualquer tempo, desde que ainda não se tenha aberto a praça, que o leilão se faça em outra localidade.

Art. 107. Todas as ocorrências do leilão, inclusive o resultado da classificação e avaliação, serão reduzidas a termo que ficará integrando o Processo Administrativo Tributário.

Art. 108. O arrematante pagará, após a arrematação, como sinal, o correspondente a 20% (vinte por cento) do valor desta e, dentro de 3 (três) dias, os 80% (oitenta por cento) restantes e o respectivo imposto, se devido.

Art. 109. O recolhimento de qualquer importância devida, nos termos desta Seção, será efetuado mediante emissão do Documento de Arrecadação Estadual – DAR, pela Fazenda Estadual.

Art. 110. No ato da arrematação, o arrematante deverá entregar os documentos solicitados, assinar o Auto de Arrematação pelo qual se obrigará a recolher, ato contínuo, o valor do sinal, bem como, na forma e prazo previstos, o restante do valor da arrematação e o imposto devido.

Art. 111. Se o pagamento do sinal não for efetuado, será o valor da arrematação inscrito na dívida ativa e remetido para cobrança executiva, marcando-se a realização de novo leilão.

Art. 112. A entrega dos produtos leiloados ao arrematante somente será feita após o recolhimento de todas as importâncias devidas.

Art. 113. O leilão poderá ser substituído por outra modalidade de licitação pública, reservado à autoridade fazendária competente, inclusive, o direito de promover a sua anulação, por despacho fundamentado, se houver causa justa.

Art. 114. O produto do resultado do leilão deverá ser escriturado como receita do Estado e será destinado ao pagamento dos tributos e multas devidos à Fazenda Estadual e ao ressarcimento das despesas de execução, ficando o eventual saldo a ser lançado como depósito, colocado à disposição do autuado.

Parágrafo único. Na hipótese de o produto do resultado do leilão de bens e mercadorias apreendidas, que estejam assegurando o valor do crédito fiscal exigido não alcançarem o montante deste, o mesmo será declarado extinto, devendo a comissão de leilão expor as razões no respectivo Processo Administrativo Tributário.

Art. 115. Competirá ao Secretário de Estado da Fazenda a edição de normas necessárias ao funcionamento da comissão de leilão, bem como o estabelecimento de regras a serem utilizadas na incorporação, na doação e na destruição de bens ou mercadorias apreendidas e/ou abandonadas. (Redação do artigo dada pela Lei Nº 11470 DE 25/10/2019).

Art. 116. A Secretaria de Estado da Fazenda poderá estabelecer parcerias, realizar convênios ou contratar empresas, instituições ou órgãos públicos, objetivando a destruição ou inutilização dos bens ou das mercadorias, observadas, no que couber, a Lei nº 8.666, de 21 de junho de 1993, bem como a legislação ambiental. (Redação do artigo dada pela Lei Nº 11470 DE 25/10/2019)

Parágrafo único. A destruição ou inutilização de mercadorias será acompanhada por comissão própria, designada pelo Secretário Executivo da Receita da Secretaria de Estado da Fazenda, integrada por, no mínimo, 3 (três) servidores públicos em exercício na Secretaria de Estado da Fazenda.

Capítulo VI
DOS PROCESSOS ESPECIAIS

Seção I
DO PROCESSO DE RECONHECIMENTO DE ISENÇÃO

Art. 117. O reconhecimento de isenção de tributo estadual concedida em caráter individual depende de requerimento do interessado, protocolizado na repartição a que estiver circunscrito, indicando o dispositivo legal em que se ampare o pedido e a prova de nele estar enquadrado.

Art. 118. Sem prejuízo de outras exigências constantes na legislação específica de cada tributo, o pedido de isenção deverá estar instruído com os documentos comprobatórios e conterá, no mínimo:

I – qualificação do interessado;

II – tipo do benefício e os dispositivos legais que o prevêem;

III – especificação do tributo;

IV – o período de referência, quando for o caso;

V – certidão negativa de débitos tributários para com a Fazenda Pública Estadual.

Art. 119. O pedido de reconhecimento de isenção será decidido pelo Secretário de Estado da Receita, ou por autoridade a quem ele delegar, salvo os casos em que legislação específica de cada tributo estabeleça outra.

Seção II
DO PROCESSO DE RESTITUIÇÃO

Art. 120. Além das hipóteses constantes na legislação específica de cada tributo, o contribuinte ou responsável tem direito à restituição total ou parcial do tributo, nos seguintes casos:

I – cobrança ou pagamento espontâneo do tributo indevido ou maior que o devido, em face da legislação tributária aplicável ou da natureza ou circunstâncias materiais do fato gerador efetivamente ocorrido;

II – erro na identificação do sujeito passivo, na determinação da alíquota aplicável, no cálculo do montante do débito ou na elaboração ou conferência de qualquer documento relativo ao pagamento efetuado;

III – reforma, anulação, revogação ou rescisão de decisão administrativa condenatória;

IV – quando não se efetivar o ato ou contrato sobre o qual tiver sido pago o tributo;

V – quando for declarada, por decisão judicial passada em julgado, a nulidade do ato ou contrato sobre que se tiver sido pago o tributo;

VI – quando ocorrer erro de fato.

Art. 121. A concessão de restituição de tributo ou penalidade dependerá de requerimento ao Secretário de Estado da Fazenda, por meio da repartição preparadora do domicílio fiscal do interessado, instruído com a documentação necessária, contendo: (Redação do caput dada pela Lei Nº 11615 DE 26/12/2019).

I – a qualificação do requerente;

II – a indicação do dispositivo legal em que se ampara o pedido e a prova de nele estar enquadrado;

III – A certidão negativa de débito perante a Secretaria de Estado da Fazenda; (Redação do inciso dada pela Lei Nº 11615 DE 26/12/2019).

IV – a prova do recolhimento indevido;

V – a prova de não haver transferido a outro contribuinte o crédito relativo às quantias indevidamente recolhidas;

VI – a prova de haver assumido o encargo total do pagamento indevido ou, no caso de tê-lo transferido a terceiro, estar por este expressamente autorizado a recebê-lo.

§ 1º O chefe da repartição preparadora promoverá a instrução do processo, diligenciando, através da fiscalização, a autenticidade dos documentos juntados.

§ 2º Instruídos na forma do § 1º deste artigo, os autos serão encaminhados ao Secretário Executivo da Receita da Secretaria de Estado da Fazenda, que emitirá parecer conclusivo e o levará à decisão do Secretário de Estado da Fazenda ou de autoridade por este delegada, mediante portaria, para reconhecimento da dívida e autorização da restituição, bem como os casos de reconsideração. (Redação do parágrafo dada pela Lei Nº 11615 DE 26/12/2019).

§ 3º O terceiro que fizer prova de haver pago, pelo contribuinte, o tributo indevidamente, nos termos deste artigo, sub-roga-se no direito daquele à respectiva restituição.

§ 4º No caso de pedido de restituição de importância paga a título de Imposto sobre Transmissão «Causa Mortis» e Doação de Quaisquer Bens ou Direitos – ITCD, em virtude de não efetivação de doação de bem imóvel, o requerimento deverá estar instruído, além daqueles constantes nos incisos I, II, III, IV e VI do «caput», com os seguintes documentos, sem prejuízo dos exigidos em legislação específica:

I – certidão do cartório de notas, que tenha expedido o documento de informação do imposto, de que a escritura não foi lavrada ou, se o foi, de ter sido declarada judicialmente a nulidade do ato;

II – certidão do cartório de registro de imóveis da situação do bem de que ele não foi transferido.

Art. 122. O crédito tributário passível de restituição deverá ser restituído com o acréscimo de juros equivalentes à taxa referencial do Sistema Especial de Liquidação e de Custódia -SELIC para títulos federais, acumulada mensalmente, ou qualquer outro índice que vier substituí-la, calculados a partir do primeiro dia do mês subsequente ao do pagamento indevido ou a maior até o mês anterior ao da restituição, acrescidos de 1% (um por cento) no mês em que houver a decisão da autoridade competente para reconhecimento da dívida e autorização da restituição. (Redação do artigo dada pela Lei Nº 11247 DE 13/12/2018, efeitos a partir de 01/01/2019)

§ 1º O pagamento da restituição será exclusivamente mediante crédito em conta corrente bancária ou de poupança de titularidade do beneficiário.

§ 2º Ao pleitear a restituição, o requerente deverá indicar o banco, a agência e o número da conta corrente bancária ou de poupança de titularidade do sujeito passivo na qual pretende que o crédito seja efetuado.

Art. 123. O direito de pleitear restituição extingue-se com o decurso do prazo de 5 (cinco) anos, contados:

I – da data em que foi recolhido o tributo, nos casos dos incisos I, II, IV e VI do art. 120 desta Lei;

II – da data em que se tornar definitiva a decisão administrativa ou passar em julgado a decisão judicial que tenha reformado, anulado, revogado ou rescindido a decisão condenatória, na hipótese dos incisos III e V do art. 120 desta Lei.

Art. 124. Prescreve em 2 (dois) anos a ação anulatória da decisão administrativa que denegar a restituição.

Parágrafo único. O prazo de prescrição é interrompido pelo início da ação judicial, recomeçando o seu curso, por metade, a partir da data da intimação validamente feita ao representante judicial da Fazenda Estadual.

Art. 124-A. O pagamento indevido ou a maior que o devido de ICMS poderá ser compensado pelo sujeito passivo contribuinte do ICMS, sempre que possível, no período de apuração subsequente, pelo sistema de autorização de registro do crédito fiscal correspondente na Escrituração Fiscal Digital, conforme dispuser a legislação. (Artigo acrescentado pela Lei Nº 11247 DE 13/12/2018, efeitos a partir de 01/01/2019)

Parágrafo único. O crédito tributário previsto no "caput" deste artigo:

I – será compensado com o acréscimo de juros equivalentes à taxa referencial do Sistema Especial de Liquidação e de Custódia – SELIC, para títulos federais, acumulada mensalmente, ou qualquer outro índice que vier substitui-la, calculados a partir do primeiro dia do mês subsequente ao do pagamento indevido ou a maior até o mês anterior ao registro, acrescido de 1% (um por cento) relativo ao mês em que for registrado na Escrituração Fiscal Digital;";

II – Deverá ser autorizado pelo Secretário Executivo da Receita da Secretaria de Estado da Fazenda ou outra autoridade fiscal por ele delegada. (Redação do inciso dada pela Lei Nº 11615 DE 26/12/2019).

Seção III
DO PROCESSO DE CONSULTA

Subseção I
DO DIREITO DE FORMULAR CONSULTA

Art. 125. Ao sujeito passivo é assegurado o direito de formular consulta em caso de dúvida sobre a interpretação ou a aplicação da legislação tributária do Estado da Paraíba.

§ 1º A faculdade prevista neste artigo estende-se aos órgãos da Administração Pública e às entidades representativas das categorias econômicas, profissionais ou sindicais, relativamente às atividades desenvolvidas por seus representados. (Antigo parágrafo único renumerado pela Lei Nº 11247 DE 13/12/2018, efeitos a partir de 01/01/2019):

§ 2º No caso de pessoa jurídica, a consulta será formulada pelo estabelecimento matriz. (Parágrafo acrescentado pela Lei Nº 11247 DE 13/12/2018, efeitos a partir de 01/01/2019).

§ 3º Não será permitida a apresentação de consulta formulada por mais de um sujeito passivo em um único processo, ainda que sejam partes interessadas no mesmo fato, envolvendo a mesma matéria, fundada em idêntica norma jurídica. (Parágrafo acrescentado pela Lei Nº 11247 DE 13/12/2018, efeitos a partir de 01/01/2019).

Subseção II
DO OBJETO E REQUISITOS

Art. 126. A consulta, exarada em parecer de autoridade competente, tem por objeto o esclarecimento de dúvidas relativas ao entendimento de aplicação da legislação tributária estadual, em relação a fato concreto de interesse do peticionário.

Art. 127. A consulta será formulada mediante petição escrita ao Secretário Executivo da Secretaria de Estado da Receita, assinada pelo consulente ou seu representante legal, com firma reconhecida, devendo conter, sob pena de rejeição:

I – identificação do consulente;

II – instrumento de procuração, se for o caso;

III – descrição objetiva dos fatos, na sua integralidade, em referência à qual o consulente deseja ser orientado sobre a aplicação da legislação tributária e dos aspectos controvertidos, indicando com fidelidade e em toda sua extensão o fato que lhe deu origem;

IV – declaração de que a matéria consultada não versa acerca de decisão anterior, em consulta proferida em processo contencioso ou não, em que tenha sido parte o consulente;

V – indicação clara se versa sobre hipótese em relação à qual se verificou ou não a ocorrência do fato gerador;

VI – data da ocorrência do fato gerador;

VII – as seguintes informações:

a) se está cientificado de Termo de Início de Fiscalização;

b) se está sob procedimento fiscal destinado a apurar fatos relativos ao objeto da consulta;

c) se foi intimado a cumprir obrigação relativa ao objeto da consulta;

d) se existe litígio pendente de decisão definitiva, nas esferas administrativa ou judicial, em referência à matéria consultada, informando o número do processo correspondente;

VIII – outros elementos e informações especificadas em ato do Secretário de Estado da Receita.

§ 1º A consulta deverá referir-se a matéria específica e determinada, claramente explicitada na petição, devendo identificar o dispositivo da legislação tributária sobre cuja aplicação necessite esclarecimentos.

§ 2º Na hipótese de consulta que verse sobre situação determinada ainda não ocorrida, deverá o consulente demonstrar a sua vinculação com o fato, bem como, a efetiva possibilidade de sua ocorrência.

§ 3º Ao consulente é facultado anexar à petição, pareceres, documentos, laudos ou qualquer trabalho técnico sobre a matéria consultada.

§ 4º O disposto nas alíneas «a», «b», «c» e «d» do inciso VII do «caput» deste artigo se estende a todos os estabelecimentos do consulente localizados no Estado da Paraíba. (Parágrafo acrescentado pela Lei Nº 11247 DE 13/12/2018, efeitos a partir de 01/01/2019).

§ 5º A exigência de reconhecimento de firma pode ser dispensada quando atendida as condições previstas no art. 58-A desta Lei. (Parágrafo acrescentado pela Lei Nº 11247 DE 13/12/2018, efeitos a partir de 01/01/2019).

Art. 128. A consulta será rejeitada quando:

TRIBUTÁRIO E FINANCEIRO

I – formulada em desacordo com o disposto no art. 127 desta Lei;

II – solicitada por quem esteja:

a) cientificado de Termo de Início de Fiscalização;

b) sob procedimento fiscal destinado a apurar fatos relativos ao objeto da consulta;

c) intimado a cumprir obrigação relativa ao objeto da consulta;

III – versar sobre disposições claramente expressas na legislação tributária;

IV – formulada sobre matéria em litígio, de que o consulente faça parte, pendente de decisão definitiva nas esferas administrativa ou judicial;

V – o fato já houver sido objeto de solução anterior, em consulta ou litígio em que tenha sido parte o consulente e cujo entendimento por parte da administração tributária não tenha sido alterado por fato superveniente;

VI – não descrever, completa e exatamente, a hipótese a que se referir, ou não contiver os elementos necessários a sua solução, salvo se a inexatidão ou omissão for escusável, a critério da autoridade competente;

VII – versar sobre constitucionalidade ou legalidade da legislação tributária;

VIII – o fato estiver definido como crime ou contravenção penal;

IX – tratar sobre questão de direito já resolvida por decisão administrativa ou judicial, definitiva ou transitada em julgado, publicada há mais de 30 (trinta) dias da apresentação da consulta.

§ 1º Cabe à autoridade competente para apreciar a consulta declarar sua rejeição.

§ 2º Não cabe pedido de reconsideração bem como recurso ao Conselho de Recurso Fiscais de decisão proferida em processo de consulta que declarou a sua rejeição.

Art. 129. A consulta formaliza a espontaneidade do contribuinte em relação à espécie consultada, exceto quando rejeitada.

Parágrafo único. Proferido o despacho de solução dada à consulta e cientificada o consulente, desaparece a espontaneidade prevista neste artigo.

Subseção III
DOS EFEITOS DA CONSULTA

Art. 130. A apresentação de consulta sobre a incidência de tributo suspende o curso do prazo legal para pagamento, recomeçando a correr com a ciência da decisão definitiva, computado o tempo anterior à suspensão.

Art. 131. Os efeitos da consulta que se reportar a situação não ocorrida, somente se aperfeiçoam caso o fato concretizado for aquele sobre o qual versou a consulta previamente formulada.

Art. 132. O consulente adotará o entendimento da solução dada à consulta, a partir da data da ciência, salvo o direito de recurso.

§ 1º A adoção da solução dada à consulta não exime o consulente das sanções cabíveis, se já houver se consumado o ilícito tributário à data de sua protocolização na repartição competente. (Antigo parágrafo único renumerado pela Lei Nº 11247 DE 13/12/2018, efeitos a partir de 01/01/2019).

§ 2º Quando a pessoa jurídica possuir vários estabelecimentos, os efeitos da consulta formulada pela matriz serão estendidos aos demais estabelecimentos localizados no Estado da Paraíba. (Parágrafo acrescentado pela Lei Nº 11247 DE 13/12/2018, efeitos a partir de 01/01/2019).

Art. 133. O sujeito passivo não será submetido a procedimento fiscal ou compelido a cumprir obrigações tributárias, principal ou acessória, relativas à matéria consultada, desde a data de protocolo da consulta até a ciência do despacho que rejeitá-la ou da decisão transitada em julgado.

Parágrafo unico. A consulta não suspende o prazo para recolhimento de tributos declarados, antes ou depois de sua apresentação, nem a entrega de obrigações acessórias. (Parágrafo acrescentado pela Lei Nº 11247 DE 13/12/2018, efeitos a partir de 01/01/2019).

Art. 134. O tributo considerado devido pela decisão da consulta, quando recolhido antes de qualquer procedimento fiscal, será cobrado:

I – sem qualquer penalidade, quando, na data do pagamento, aplicada a norma do art. 130 desta Lei, não tiver sido ultrapassado o prazo legal de recolhimento;

II – com as multas devidas e acréscimos legais, quando já houver sido ultrapassado o prazo legal de recolhimento.

Parágrafo unico. Quando a consulta for rejeitada, havendo imposto a cobrar, será o processo encaminhado à repartição preparadora do domicílio do consulente para instauração do procedimento fiscal de lançamento tributário de ofício e proposição da penalidade cabível.

Subseção IV
DAS DECISÕES DA CONSULTA E DO RECURSO

Art. 135. A consulta será decidida, em primeira instância, pelo Secretário Executivo da Secretaria de Estado da Receita que proferirá o despacho, com base em parecer exarado pela Gerência Executiva de Tributação desta Secretaria, devolvendo os autos ao órgão de origem que dará ciência ao interessado.

Art. 136. Das decisões proferidas em primeira instância caberá recurso ao Conselho de Recursos Fiscais:

I – de ofício, no despacho decisório, quando a decisão for favorável ao consulente;

II – voluntário, com efeito suspensivo, dentro de 30 (trinta) dias, contados da data em que o consulente tomou ciência da decisão.

§ 1º Para efeitos deste artigo e do art. 135 desta Lei, são consideradas definitivas as decisões:

I – de primeira instância, esgotado o prazo para recurso voluntário, sem que este tenha sido interposto, desde que não esteja sujeita a recurso de ofício;

II – a partir da ciência da decisão de segunda instância.

§ 2º Na hipótese de questionamento de matérias diversas na consulta serão também definitivas as decisões de primeira instância na parte que não for passível de interposição de recurso voluntário ou de recurso de ofício.

Art. 136-A. O Secretário de Estado da Receita poderá a qualquer tempo, apresentar pedido de reexame de decisão do Conselho de Recursos Fiscais desfavorável ao Estado da Paraíba, proferido em processo de consulta. (Artigo acrescentado pela Lei Nº 11247 DE 13/12/2018, efeitos a partir de 01/01/2019)

Parágrafo único. O Secretário de Estado da Receita só poderá apresentar um único pedido de reexame para cada processo de consulta.

Art. 137. A resposta dada ao consulente poderá ser modificada ou revogada, tácita ou expressamente: (Redação do artigo dada pela Lei Nº 11247 DE 13/12/2018, efeitos a partir de 01/01/2019)

I – por outra resposta dada ao mesmo consulente;

II – pela legislação tributária superveniente que altere ou revogue normas que tenham fundamentado a resposta anteriormente prolatada;

III – por súmula do Conselho de Recursos Fiscais com efeito vinculante.

Parágrafo único. Modificada ou revogada a resposta, esta produzirá efeitos apenas nas situações supervenientes a que lhe deu causa e a partir da:

I – data da ciência da nova resposta;

II – vigência da legislação tributária superveniente;

III – publicação da respectiva súmula.

Seção IV
DOS PROCESSOS DE PARCELAMENTO

Art. 138. A concessão de parcelamento de débitos fiscais dependerá de requerimento do interessado ou do seu representante legal dirigido à repartição preparadora do seu domicílio fiscal, ou, quando disponível, através da página oficial da Secretaria de Estado da Receita na rede mundial de computadores, ou outro endereço eletrônico indicado em legislação.

Parágrafo único. As exigências para solicitação de parcelamento de débitos fiscais, assim como as condições para sua concessão, obedecerão ao que dispuser a legislação.

Art. 139. Aos débitos inscritos em Dívida Ativa para cobrança executiva aplicam-se as mesmas regras utilizadas para os débitos parcelados na fase administrativa.

§ 1º O disposto no «caput» deste artigo não prejudica as disposições regulamentares que vedem reduções para débitos inscritos em Dívida Ativa.

§ 2º A concessão de parcelamento de débito inscrito em dívida ativa sujeitar-se-á à autorização da Procuradoria Geral do Estado, após a regularização dos honorários devidos, na forma estabelecida pelo Conselho Gestor do Fundo de Modernização e Reaparelhamento da Procuradoria Geral do Estado da Paraíba – FUNPEPB, de acordo com a Lei Estadual nº 9.004, de 30 de dezembro de 2009, observado, ainda, o que dispuser norma complementar.

Art. 140. O pedido de parcelamento, depois de protocolizado, implicará confissão irretratável do débito fiscal e a renúncia à defesa, administrativa ou judicial, objeto do pedido, bem como, desistência dos recursos interpostos, relativamente à parte objeto do pedido, observado o § 4º do art. 22 desta Lei. (Redação do inciso dada pela Lei Nº 11247 DE 13/12/2018, efeitos a partir de 01/01/2019).

TÍTULO III
DA ADMINISTRAÇÃO TRIBUTÁRIA

Capítulo I
DA JUSTIÇA FISCAL ADMINISTRATIVA

Seção I
DAS DISPOSIÇÕES GERAIS

Art. 141. A Justiça Fiscal Administrativa é instituída para dirimir as controvérsias relativas à interpretação e à aplicação da legislação tributária estadual, assegurando ao sujeito passivo da obrigação tributária o contraditório e ampla defesa nos processos contenciosos que versem sobre tributos estaduais e será exercida: (Redação do caput dada pela Lei Nº 10912 DE 12/06/2017):

I – (Revogado pela Lei Nº 11031 DE 12/12/2017)

II – pelo Conselho de Recursos Fiscais;

III – pela Gerência Executiva Julgamento de Processos Fiscais.

Seção II
DO CONSELHO DE RECURSOS FISCAIS

Art. 142. Ao Conselho de Recursos Fiscais, com sede na Capital, órgão de composição paritária que representa as entidades e a Fazenda Estadual, supervisionado pela Secretaria de Estado da Receita, junto à qual funciona, compete, em segunda instância administrativa, julgar os recursos interpostos contra decisões proferidas em processos contenciosos fiscais ou de consulta. (Redação do artigo dada pela Lei Nº 10802 DE 12/12/2016).

Art. 143. O Conselho de Recursos Fiscais compor-se-á de 8 (oito) membros, além do Conselheiro-Presidente, denominados Conselheiros, e de 8 (oito) membros eventuais, denominados suplentes, nomeados pelo Governador do Estado, para um mandato de 2 (dois) anos, escolhidos da seguinte forma: (Redação do artigo dada pela Lei Nº 10802 DE 12/12/2016)

I – 1 (um) Conselheiro-Presidente, Auditor Fiscal Tributário Estadual, com curso de graduação em nível superior, de preferência Bacharel em Direito, indicado pelo Secretário de Estado da Receita;

II – 4 (quatro) Conselheiros titulares e 4 (quatro) Conselheiros suplentes, todos Auditores Fiscais Tributários Estaduais, com curso de graduação em nível superior, de preferência Bacharel em Direito ou Ciências Contábeis, indicados pelo Secretário de Estado da Receita;

III – 4 (quatro) Conselheiros titulares e 4 (quatro) Conselheiros suplentes, representantes das entidades, todos indicados em lista sêxtupla, elaboradas pelo Conselho Regional de Contabilidade da Paraíba – CRC/PB, pela Ordem dos Advogados do Brasil, Seccional do Estado da Paraíba – OAB/PB e pelas Federações Representativas de Categorias Econômicas, preferencialmente pela Federação das Indústrias do Estado da Paraíba – FIEP, pela Federação do Comércio do Estado da Paraíba – FECOMÉRCIO e pela Federação das Microempresas e Empresas de Pequeno Porte do Estado da Paraíba – FEMIPE, dentre pessoas com curso de graduação em nível superior, de preferência Bacharel em Direito ou Ciências Contábeis, em pleno gozo de seus direitos individuais, de ilibada reputação e de reconhecido conhecimento nas áreas de direito tributário, processo administrativo tributário e tributos estaduais.

§ 1º O mandato de que trata o «caput» deste artigo terá início, em cada período, na data da posse dos Conselheiros titulares e dos suplentes. (Redação do parágrafo dada pela Lei Nº 11247 DE 13/12/2018, efeitos a partir de 01/01/2019).

§ 2º Expirado o mandato, o Conselheiro permanecerá no exercício de suas funções, pelo prazo máximo de 90 (noventa) dias, até sua recondução ou enquanto não tomar posse o novo titular, sem prejuízo da remuneração que fizer jus.

§ 3º Os Conselheiros, o Presidente e o Secretário do Conselho de Recursos Fiscais serão remunerados mediante jeton, no valor e condições estabelecidas pelo Regimento Interno do Conselho de Recursos Fiscais, por sessão que efetivamente comparecerem, nos seguintes percentuais: (Redação do parágrafo dada pela Lei Nº 11247 DE 13/12/2018, efeitos a partir de 01/01/2019)

I - Conselheiro: 100% (cem por cento) do valor do jeton;

II - Presidente: 30% (trinta por cento) do valor do jeton;

III - Secretário: 20% (vinte por cento) do valor do jeton

§ 4º É permitida a recondução de Conselheiros titulares ou suplentes, desde que o tempo total de exercício dos mandatos não exceda ou venha a exceder 6 (seis) anos.

§ 5º No caso de o Conselheiro suplente assumir a titularidade, o tempo de exercício nos mandatos de suplente não será computado para fins de que trata o § 4º.

§ 6º Os Conselheiros indicados na forma do inciso III do «caput» deste artigo deverão apresentar um «curriculum vitae» para serem analisados por uma comissão nomeada pelo Secretário de Estado da Receita, sendo facultada a essa comissão entrevistar os pré-selecionados para avaliar os conhecimentos dos mesmos nas áreas de direito tributário, processo administrativo tributário e tributos estaduais.

§ 7º Recusadas as indicações das entidades, o Secretário de Estado da Receita fixará prazo de 30 (trinta) dias para apresentação de nova lista sêxtupla.

§ 8º Findo o prazo de que trata o § 7º deste artigo, o Governador do Estado nomeará o Conselheiro e seu suplente dentre as pessoas indicadas por outra entidade.

§ 9º A lista sêxtupla a que se refere o inciso III do «caput» deste artigo não poderá ser composta por cônjuge, companheiro ou pessoa que tenha relação de parentesco, em linha reta ou colateral, por consanguinidade ou afinidade, até o terceiro grau, com membros da diretoria executiva ou equivalente da entidade que indicar.

§ 10 Durante mandato de Conselheiro Titular, o advogado não poderá exercer advocacia contra órgãos do Poder Executivo da Administração Pública Estadual Direta e Indireta. (Redação do parágrafo dada pela Lei Nº 11247 DE 13/12/2018, efeitos a partir de 01/01/2019).

§ 11. A cada Conselheiro corresponde um suplente, que se convocado receberá o jeton proporcional ao número de processos que relatar ou vier a substituir o relator, correspondente ao número de processos julgados por sessão a que efetivamente comparecer.

§ 12. Ocorrida a vacância de Conselheiro, o suplente assumirá a titularidade para complementar o mandato.

§ 13. Em caso de vacância e diante da ausência de suplente que venha a substituir o Conselheiro, a autoridade competente fará indicação de outro para completar o mandato, dentre pessoas com curso de graduação em nível superior, preferencialmente Bacharel em Direito ou Ciências Contábeis.

§ 14. Ocorre a vacância do cargo de Conselheiro, nos seguintes casos:

I – se a posse não ocorrer no prazo de 30 (trinta) dias, contados da publicação do ato no Diário Oficial do Estado – DOE;

II – término, perda ou renúncia expressa do mandato;

III – falecimento;

IV – aposentadoria ou perda do cargo efetivo, quando se tratar de membro da representação do fisco;

V – acúmulo de cargo ou função na administração pública, na hipótese de incompatibilidade de horários ou norma que impeça o exercício regular de suas atribuições.

§ 15. Perderá o mandato o Conselheiro que:

I – adiar, sem justificativa, o julgamento, o Acórdão ou outros atos processuais;

II – mantiver, em seu poder, por mais de 2 (duas) sessões, e sem justificativa, processo cujo julgamento foi adiado por motivo de pedido de vista;

III – deixar de comparecer no período de 1 (um) ano, a 3 (três) sessões consecutivas ou 5 (cinco) intercaladas, excetuadas as que houver justificativa formal ao presidente, com antecedência de até 48 (quarenta e oito) horas do início da sessão;

IV – na condição de suplente deixar de comparecer, no período de 1 (um) ano, a 2 (duas) convocações consecutivas ou a 4 (quatro) intercaladas, excetuadas as que houver justificativa formal ao presidente, com antecedência de até 24 (vinte e quatro) horas do início da sessão;

V – relatar e incluir em pauta de julgamento menos de 6 (seis) processos mensais, durante 3 (três) meses consecutivos ou 5 (cinco) intercalados, no período de 1 (um) ano, exceto se não tiver sob sua posse esta quantidade de processos;

VI – praticar, no exercício da função, quaisquer atos de favorecimento.

Art. 144. O Secretário de Estado da Receita solicitará, ao Procurador Geral do Estado, a indicação de 2 (dois) Procuradores de Estado, sem prejuízo de suas funções, para assessorar a Primeira e a Segunda Câmara de Julgamento, respectivamente, sendo que um destes atuará, cumulativamente, no Conselho Pleno do Conselho de Recursos Fiscais. (Redação do artigo dada pela Lei Nº 10928 DE 29/06/2017)

Parágrafo único. Os Procuradores a que se refere o "caput" deste artigo perceberão, por cada sessão que efetivamente comparecerem, a remuneração prevista para o Conselheiro no Regimento Interno do Conselho de Recursos Fiscais."

Art. 145. A estrutura, o funcionamento e a administração do Conselho de Recursos Fiscais serão estabelecidos no seu Regimento, que poderá autorizar a sua divisão em Turmas de Julgamento, mediante convocação de suplentes.

Parágrafo único. O Presidente dirigirá o Conselho administrativamente e, nas funções de julgamento, proferirá o voto de desempate nas decisões do Colegiado.

Seção III
DA GERÊNCIA EXECUTIVA DE JULGAMENTO DE PROCESSOS FISCAIS

Art. 146. À Gerência de Julgamento de Processos Fiscais, com sede em João Pessoa, compete-lhe julgar, em primeira instância administrativa, as questões tributárias surgidas em qualquer parte do território paraibano, entre os contribuintes e a Fazenda Estadual.

Art. 147. A Gerência Executiva de Julgamento de Processos Fiscais, além do Gerente, compor-se-á, no mínimo, 8 (oito) e, no máximo, 16 (dezesseis) membros, denominados Julgadores Fiscais, todos Auditores Fiscais Tributários Estaduais, possuidores de curso de graduação em nível superior, devendo ter, pelo menos, um dos seguintes requisitos: (Redação do caput dada pela Lei Nº 10802 DE 12/12/2016).

I - exercido função por, no mínimo, 2 (dois) anos, em um dos órgãos julgadores da justiça fiscal administrativa;

II - exercido função por, no mínimo, 2 (dois) anos, na Gerência Executiva de Tributação, na Assessoria Técnica Tributária e na Assessoria Jurídica;

III - ter prestado serviços por, no mínimo, 2 (dois) anos, em um dos órgãos de que tratam os incisos I e II;

IV - exercido a função de fiscal de estabelecimentos por, no mínimo, 02 (dois) anos;

V - possuir certificado de curso de especialização na área tributária, com carga mínima de 360 (trezentos e sessenta) horas/aula.

Art. 148. A Gerência Executiva de Julgamento de Processos Fiscais será assessorada por um Auditor Jurídico, Bacharel em Direito, dentre o cargo de Auditor Fiscal Tributário Estadual.

Parágrafo único. Os integrantes das funções de que trata este artigo e o art. 147 desta Lei, serão nomeados pelo Governador do Estado, mediante indicação do Secretário de Estado da Receita.

Art. 149. A estrutura e o funcionamento da Gerência Executiva de Julgamento de Processos Fiscais compreendem:

I – o Gerente Executivo;

II – a Auditoria Jurídica de Processos Fiscais;

III – o Corpo de Julgadores Fiscais;

IV – (Revogado pela Lei Nº 11247 DE 13/12/2018, efeitos a partir de 01/01/2019)

§ 1º O Gerente Executivo, após as necessárias correições, distribuirá os autos observando os critérios estabelecidos em portaria do Secretário de Estado da Receita aos membros do corpo de julgadores, segundo a ordem de prioridade nessa estabelecidos.

§ 2º À Auditoria Jurídica de Processos Fiscais incumbe a correição dos processos e formulação de pareceres sobre os aspectos jurídicos das questões, na fase que antecede a sua distribuição aos Julgadores Fiscais de primeira instância, tornando-os conclusos para julgamento.

§ 3º Os Julgadores Fiscais atuarão à semelhança de juízes singulares, com independência de decisão e livre convencimento motivado, incumbindo-lhes aplicar e integrar a legislação, conforme se tratar de tributo ou de penalidade.

Art. 150. Compete ao Secretário de Estado da Receita editar normas complementares relativas ao funcionamento da Gerência Executiva de Julgamento de Processos Fiscais e tramitação burocrática dos feitos em primeira instância.

Capítulo II
DA FISCALIZAÇÃO DOS TRIBUTOS

Seção I
DA COMPETÊNCIA

Art. 151. A fiscalização dos tributos é de competência privativa dos auditores fiscais, nos termos da Lei nº 8.427, de 10 de dezembro de 2007, tendo como atribuições:

I – O Auditor Fiscal Tributário Estadual: a tributação, a arrecadação e a fiscalização das receitas tributárias estaduais, nas atividades de estabelecimento e de mercadoria em trânsito, em qualquer fase, inclusive a documentação que lhes é respectiva, correlatas às atribuições do cargo;

II – O Auditor Fiscal Tributário Estadual de Mercadorias em Trânsito: as atividades relativas à fiscalização de mercadoria em trânsito e arrecadação dos tributos estaduais, inclusive a documentação que lhes é respectiva.

Parágrafo único. Os auditores fiscais poderão requisitar o auxílio policial quando vítimas de embaraço ou desacato no exercício de suas funções ou quando necessária à efetivação de medida prevista na legislação tributária, ainda que não se configure fato definido em lei como crime ou contravenção.

Art. 152. A competência dos auditores fiscais não é determinada pela circunscrição territorial do órgão em que estiverem lotados, sendo válidos os atos formalizados por auditor fiscal de circunscrição diversa do domicílio do sujeito passivo.

Seção II
DA SUJEIÇÃO À FISCALIZAÇÃO

Art. 153. Sujeitam-se à fiscalização todas as pessoas naturais ou jurídicas de direito público ou de direito privado, contribuintes ou não, inclusive as que gozem de imunidade, isenção ou qualquer outro benefício fiscal.

§ 1º Mediante intimação escrita, também, são obrigados a prestar à autoridade fiscalizadora todas as informações de que disponham com relação aos bens, negócios ou atividades próprias ou de terceiros:

I - os tabeliães, escrivães e demais serventuários da Justiça;

II - os servidores do Estado;

III - os condutores de veículos em geral, empregados no transporte de mercadorias;

IV - os síndicos, comissários, liquidatários e inventariantes;

V - os corretores, leiloeiros e despachantes oficiais;

VI - os bancos, as instituições financeiras e os estabelecimentos de crédito em geral;

VII - as empresas de administração de bens;

VIII - as companhias de armazéns gerais;

IX - todos os que, embora não contribuintes de tributos estaduais, prestem serviços ou forneçam mercadorias ou bens a comerciantes, industriais ou produtores;

X - quaisquer outras entidades ou pessoas em razão de seu cargo, ofício, função, ministério, atividade ou profissão;

XI - os prestadores de serviços de intermediação comercial em ambiente virtual, com utilização de tecnologia da informação, inclusive, por meio de leilões eletrônicos;

XII - os prestadores de serviço de tecnologia da informação, tendo por objeto o gerenciamento e o controle de operações comerciais em meio eletrônico, inclusive, dos respectivos meios de pagamento.

§ 2º No caso do inciso VI do § 1º deste artigo, a intimação será sempre antecipada da instauração de Processo Administrativo Tributário, com a autuação dos documentos indicativos de sonegação fiscal, a fim de serem apuradas as responsabilidades tributárias correspondentes, observados, ainda, os procedimentos relativos à formalização de Representação Fiscal para Fins Penais, em casos de crime contra a ordem tributária, estabelecidos em legislação.

§ 3º Os livros e documentos que envolvam, direta ou indiretamente, matéria de interesse tributário são de exibição obrigatória ao Fisco, quando solicitados.

Capítulo III
DAS INFRAÇÕES

Art. 154. Constitui infração toda ação ou omissão, voluntária ou involuntária, que importe em inobservância, por parte de pessoa natural ou jurídica, de norma estabelecida por lei, por regulamento específico dos tributos de competência do Estado ou pelos atos administrativos de caráter normativo destinados a complementá-los.

§ 1º Respondem pela infração, conjunta ou isoladamente, todos os que, de qualquer forma, concorrerem para sua prática, ou dela se beneficiarem, e em especial o proprietário de veículo ou seu responsável, quando esta decorrer do exercício de atividade própria do mesmo.

§ 2º A responsabilidade independe da intenção do agente ou do responsável e da efetividade, natureza ou extensão dos efeitos do ato.

§ 3º Nos casos de impossibilidade de exigência do cumprimento da obrigação principal pelo contribuinte, respondem solidariamente com este nos atos em que intervierem ou pelas omissões de que forem responsáveis, as pessoas referidas no art. 134 do Código Tributário Nacional.

Art. 155. Interpreta-se a legislação tributária definidora de infração ou cominadora de penalidade de maneira mais favorável ao acusado, desde que haja dúvida quanto a:

I – capitulação legal do fato;

II – natureza ou circunstâncias materiais do fato, ou natureza ou extensão de seus efeitos;

III – autoria, imputabilidade ou punibilidade;

IV – natureza da penalidade aplicável ou sua gradação.

Art. 156. Os infratores serão punidos com as seguintes penas, aplicadas isoladas ou cumulativamente:

I – multa;

II – sujeição a sistemas especiais de controle, fiscalização e recolhimento do imposto;

III – cassação de regime ou controles especiais estabelecidos em benefício do contribuinte.

Capítulo IV
DA DENÚNCIA ESPONTÂNEA

Art. 157. A responsabilidade por infração decorrente do não cumprimento de obrigação tributária será excluída pela denúncia espontânea acompanhada do pagamento do tributo devido e de juros de mora, ou do depósito da importância arbitrada pela autoridade administrativa, quando o montante do tributo dependa de apuração. (Redação do caput dada pela Lei Nº 10912 DE 12/06/2017):

Parágrafo único. Não se considera espontânea a denúncia apresentada após o início de qualquer procedimento administrativo ou ação fiscal relacionada com o período em que foi cometida a infração, exceto nos casos em que dispuser a legislação.

Capítulo V
DA CERTIDÃO NEGATIVA DE DÉBITOS

Art. 158. Será assegurado ao contribuinte, pessoa física ou jurídica, o direito de obter certidão acerca de sua regularidade fiscal relativamente aos tributos estaduais administrados pela Secretaria de Estado da Receita ou pela Procuradoria Geral do Estado da Paraíba, sendo emitida, conforme o caso: (Redação do artigo dada pela Lei Nº 10802 DE 12/12/2016)

I – Certidão Negativa de Débitos;

II – Certidão Positiva de Débitos com Efeitos de Negativa.

§ 1º A certidão de que trata o inciso I do «caput» deste artigo, será fornecida quando não existirem na Secretaria de Estado da Receita ou na Procuradoria Geral do Estado da Paraíba pendências em nome do sujeito passivo relativas a débitos, a dados cadastrais e a descumprimento de obrigações acessórias.

§ 2º A certidão de que trata o inciso II do «caput» deste artigo, será fornecida, ainda, quando, em relação ao contribuinte requerente, não houver pendência, cadastral ou por descumprimento de obrigações acessórias, e constar débito fiscal cuja exigibilidade esteja suspensa em virtude de moratória, de depósito do seu montante integral, de impugnação ou recurso, de concessão de medida liminar em mandado de segurança, de concessão de medida liminar ou de tutela antecipada, em outras espécies de ação judicial ou que tenha sido objeto de parcelamento.

§ 3º As certidões serão fornecidas no prazo máximo de 10 (dez) dias após a solução das pendências, se for o caso, tendo sua validade fixada em 60 (sessenta) dias.

Art. 159. Tem os mesmos efeitos previstos no art. 158 desta Lei a certidão de que conste a existência de créditos tributários não vencidos, em curso de cobrança executiva em que tenha sido efetivada a penhora, ou cuja exigibilidade esteja suspensa.

Art. 160. A Certidão Negativa de Débitos será exigida nos seguintes casos:

I – pedido de restituição de tributo e/ou multas pagas indevidamente;

II – transação de qualquer natureza com órgãos públicos ou autárquicos estaduais;

III – recebimento de créditos decorrentes das transações referidas no inciso anterior;

IV – inscrição no Cadastro de Contribuintes do ICMS;

V – registro, alteração ou baixa na Junta Comercial do Estado;

VI – obtenção de regimes especiais, benefícios e incentivos fiscais de qualquer natureza;

VII – transmissão "causa mortis" e doação de quaisquer bens ou direitos.

Art. 161. O funcionário que proceder à expedição indevida de Certidão Negativa de Débito incorrerá em falta grave, punível nos termos do Regime Jurídico dos Servidores Públicos Civis do Estado da Paraíba, sem prejuízo da responsabilidade penal que a hipótese comportar.

TÍTULO IV
DAS DISPOSIÇÕES GERAIS, FINAIS E TRANSITÓRIAS

Art. 162. A Administração Tributária tem o dever de guardar sigilo sobre as informações a que tem acesso, relativas à situação econômica ou financeira do sujeito passivo, atribuindo-se responsabilidade funcional e criminal ao servidor que, sem autorização escrita da parte ou do Poder Judiciário, divulgue ou contribua para que se divulgue matéria só conhecida no exercício da sua atividade.

Parágrafo único. O sigilo de que trata o "caput" deste artigo não prejudica os Convênios celebrados entre as administrações tributárias para troca de informações ou outras hipóteses previstas em legislação específica, bem como, os fatos que ensejam representação criminal, ou para o atendimento à requisição de informações por Comissão Parlamentar de Inquérito.

Art. 162-A. Fica o Poder Executivo autorizado a remitir, por Processo Administrativo Tributário, crédito tributário cujo valor consolidado seja igual ou inferior a 0,2 (dois décimos) da Unidade Fiscal de Referência do Estado da Paraíba – UFR-PB. (Artigo acrescentado pela Lei Nº 11031 DE 12/12/2017).

Art. 163. Fica o Chefe do Poder Executivo autorizado a editar os atos regulamentares necessários à execução desta Lei.

Parágrafo único. Enquanto não forem editados os atos a que se refere este artigo, continuam em vigor, no que não colidirem com esta Lei, a atual legislação tributária e os demais atos normativos que o complementam.

Art. 164. Revogam-se as disposições em contrário, em especial os arts. 91 ao 157, os arts. 159 ao 178 e os arts. 180 ao 183 da Lei nº 6.379, de 02 de dezembro de 1996.

Art. 165. Esta Lei entra em vigor na data de sua publicação, produzindo seus efeitos a partir do primeiro dia do sexto mês subsequente ao da sua publicação.

PALÁCIO DO GOVERNO DO ESTADO DA PARAÍBA, em João Pessoa, 27 de setembro de 2013; 125º da Proclamação da República.

DIREITO

AMBIENTAL

LEI ESTADUAL Nº 6.002, DE 29 DE DEZEMBRO DE 1994

- INSTITUI O CÓDIGO FLORESTAL DO ESTADO DA PARAÍBA.

ÍNDICE

O GOVERNADOR DO ESTADO DA PARAÍBA, Faço saber que o Poder Legislativo decreta e eu sanciono a seguinte Lei:

Capítulo I
DA POLÍTICA FLORESTAL

Art. 1º – As Florestas nativas e demais formas de vegetação natural existente no território estadual, reconhecidas de utilidade das serras que revestem, são considera dos bens de interesse comum a todos os habitantes do Estado, exercendo-se os direitos de propriedades com as limitações que a legislação em geral e, especialmente, esta lei estabelece.

Art. 2º – A Política Florestal do Estado tem por fim o uso adequado e racional dos recursos florestais com base nos conhecimentos ecológicos, visando à melhoria da qualidade de vida da população e a compatibilização do desenvolvimento socioeconômico com a preservação do ambiente e do equilíbrio ecológico.

Art. 3º – São objetivos específicos da política florestal do Estado:

I – Identificar, criar, implantar e manter um Sistema Estadual de Unidades de Conservação de forma a proteger comunidades biológicas representativas dos ecossistemas naturais existentes, em conformidade com o art.227 da Constituição do Estado;

II – Facilitar e promover o desenvolvimento e difusão de pesquisas e tecnologia voltadas à atividade florestal;

III – Incrementar a oferta de produtos específicos através de plantios florestais de uso múltiplo, de maneira que estas ações associem-se ao modelo produtivo atual;

IV – Monitorar a cobertura florestal do Estado com a divulgação de dados de forma a permitir o planejamento e racionalização das atividades florestais;

V – Exercer o Poder de Polícia florestal no território estadual, quer em áreas públicas ou privadas;

VI – Instituir os programas de revegetação, de florestamento e reflorestamento considerando as características socioeconômicas e ambientais das diferentes regiões do Estado;

VII – Estabelecer programas de educação formal e informal, visando à formação da consciência ecológica quanto à necessidade do uso racional e conservação do patrimônio florestal;

VIII – Facilitar e promover a proteção de recuperação dos recursos hídricos, edáficos e da diversidade biológica;

IX – Promover a recuperação de áreas degradadas especialmente nas áreas de preservação permanente, reserva legal, entorno das unidades de conservação, bem como proteger as áreas ameaçadas de degradação;

X – Instituir programas de proteção florestal que permitam prevenir e controlar pragas, doenças e incêndios florestais;

XI – Identificar, monitorar as associações vegetais relevantes, espécies raras ou endêmicas e ameaçadas de extinção, objetivando sua proteção e perpetuação;

XII – Implantar um banco de dados a que reúna todas as informações existentes na área florestal;

XIII – Manter cadastro de produtos, comerciantes e consumidores de produtos florestais no Estado;

XIV – Os consumidores da biomassa florestal para fins energéticos, exceto resíduos, deverão efetuar o plantio de quantidade de árvore ou outro vegetal que produza a equivalência ao volume consumido;

XV – Planejar e implantar ações que permitam encontrar o equilíbrio dinâmico entre a oferta e a procura de matéria-prima florestal no âmbito estadual, com base no princípio do regime sustentado e uso múltiplo.

Art. 4º – O Órgão Estadual do Meio Ambiente poderá firmar convênios com pessoas jurídicas de direito público e privado visando a implantação e execução do programa de Desenvolvimento Florestal.

Art. 5º – São instrumentos da política florestal:

I – o órgão ambiental competente;

II – a pesquisa florestal;

III – a educação florestal;

IV – o zoneamento ecológico/econômico florestal;

V – o plano de produção florestal estadual;

VI – o incentivo à produção florestal;

VII – o incentivo à preservação florestal;

VIII – o monitoramento e fiscalização dos recursos florestais;

IX – o estabelecimento de percentuais mínimos de cobertura florestal;

X – o estudo prévio de impacto ambiental;

XI – o plantio de manejo florestal;

XII – a autorização para exploração florestal;

XIII – a obrigatoriedade da reposição florestal;

XIV – as sanções administrativas e disciplinares do descumprimento da legislação florestal;

XV – as unidades de conservação estadual;

XVI – a polícia florestal estadual.

Capítulo II
DA EXPLORAÇÃO E REPOSIÇÃO FLORESTAL

Art. 6º – Toda exploração florestal no Estado dependerá de prévia autorização do órgão competente.

Art. 7º - A autorização para exploração das florestas nativas primárias ou em estágio médio ou avançado de regeneração somente será concedida através de apresentação de um plano de manejo florestal, não sendo permitido o corte raso.

§ 1º - O plano de manejo florestal de que trata este artigo, será projetado e executado com o objetivo de promover o manejo ecológico das espécies e ecossistemas locais e assegurar um meio ambiente ecologicamente equilibrado.

§ 2º - Nas florestas de que trata este artigo será proibida a destoca, sendo competente.

Art. 8º - As florestas nativas que apresentam, no inventário florestal, volume inferior ao valor médio deter minado, pelo órgão florestal competente para a formação florestal inventariada, não poderão ser exploradas.

Art. 9º - Não poderão ser cortados indevidos representativos de espécies que apresentarem, no inventário florestal, abundância absoluta e freqüência absoluta inferiores aos valores médios determinados para a espécie na formação florestal inventariada.

Art. 10 - O plano de manejo florestal deverá sempre indicar árvores adultas como matrizes e porta sementes a serem preservadas a título de banco genético.

Art. 11 - Fica obrigado à reposição florestal a pessoa física ou jurídica que explore, utilize, transforme ou consuma matéria-prima florestal.

Parágrafo Único - A reposição florestal de que trata o caput deste artigo será efetuada neste Estado, mediante o plantio de espécies florestais nativas, vedado o plantio de exóticas, cuja produção será no mínimo igual ao volume anual necessário à plena sustentação da atividade desenvolvida, cabendo ao órgão competente estabelecer os parâmetros para este fim.

Art. 12 - As empresas industriais que, por sua natureza, consumirem grandes quantidades de matéria-prima florestal, serão obrigadas a manter, dentro do raio em que a exploração e o transporte sejam julgados econômicos, um serviço organizado, que assegure o plantio de novas áreas, em terras próprias ou pertencentes a terceiros, cuja produção, sob exploração racional, seja equivalente ao consumo para o seu abastecimento.

Art. 13 - As empresas siderúrgicas de transpor te e outras, a base de carvão vegetal, lenha ou outra matéria-prima vegetal, são obrigadas a manter florestas próprias para exploração racional ou a formar, diretamente ou por intermédio de empreendimentos dos quais participem, florestas destinadas ao seu suprimento.

Art. 14 - Nas florestas plantadas, não vincula das, é livre a exploração, transportes e comercialização de matéria-prima florestal desde que acompanhada de documento fiscal expedido pelo órgão ambiental competente.

Art. 15 - A comercialização ou venda de lenha e a produção de carvão vegetal só será permitida a partir de florestas plantadas ou provenientes de subprodutos oriundos de florestas nativas manejadas conforme estabelecida no artigo 7º desta Lei.

Art. 16 – A autorização para utilização dos recursos florestais fica condicionada ao cumprimento desta Lei e à quitação de débitos oriundos de infrações florestais, comprovadas através de certidão negativa de dívidas florestais.

Capítulo III
PROTEÇÃO FLORESTAL

Art. 17 – O Estado estimulará a pesquisa de espécies nativas a serem utilizadas para projetos de proteção e recuperação ambiental.

Art. 18 – O Poder Público Estadual, em projetos de manejos de bacias hidrográficas, deverá priorizar a proteção de cobertura vegetal dos mananciais de abastecimentos públicos.

Art. 19 – É proibido o uso de fogo ou queimadas nas florestas e demais formas de vegetação florestal.

Parágrafo Único – Se peculiaridades locais justificarem o emprego do fogo em práticas agrosilvopastoris, a permissão será estabelecida em ato do poder público, demarca das as áreas e estabelecendo normas de precaução.

Art. 20 – Ficam proibidos a coleta, o comércio e o transporte de plantas ornamentais oriundas de florestas nativas.

Parágrafo Único – será permitida a coleta de exemplares, fora das unidades de conservação, com finalidade científica, por pesquisadores autônomos ou entidades, mediante autorização especial do órgão ambiental competente.

Art. 21 – Ficam proibidos a coleta, a industrialização, o comércio e o transporte do xaxim (dickisônia selwiana) provenientes de florestas nativas.

Art. 22 – Ficam proibidos o corte a exploração e a supressão de vegetação primária ou nos estágios avançados e médio de regeneração da Mata Atlântica.

Parágrafo Único – Excepcionalmente, a supressão da vegetação primária ou estágio de médio de regeneração da Mata Atlântica, poderá ser autorizada, mediante decisão motivada do órgão Estadual competente com anuência prévia do Instituto Brasileiro do Meio Ambiente e dos Recursos Naturais Renováveis – IBAMA, informam-se ao Conselho Nacional do Meio Ambiente – CONAMA, quando necessária a execução de obras, planos, atividades ou projetos de utilidade pública ou interesse social, mediante aprovação de estudo e relatório de impacto ambiental.

Capítulo IV
DISPOSIÇÕES FINAIS

Art. 23 – O Estado entre outras atribuições, fiscalizará as florestas nativas e demais formações florísticas do Estado em colaboração com outras entidades de direito público ou privado.

Art. 24 - O Poder Público Estadual através da integração de órgãos públicos e privados deverá promover, de forma permanente, programas de conscientização e educação ambiental nos ensinos de primeiro e segundo grau.

Art. 25 - Nos mapas e cartas oficiais do Estado serão obrigatoriamente assinaladas as unidades estaduais públicas de conservação e áreas indígenas.

Art. 26 - É criado o Fundo Estadual de Proteção ao Meio Ambiente, a fim de arrecadar recursos a executar a política ambiental do Estado com ênfase a proteção florestal.

Art. 27 - Fica o Poder executivo autorizado a firmar convênios, termos de cooperação e ajustes com o Instituto Brasileiro do Meio Ambiente e dos Recursos Naturais Renováveis - IBAMA e com outros órgãos públicos, visando dar fiel cumprimento às determinações desta Lei.

Art. 28 - O Estado, diretamente, através do órgão ambiental competente, ou em convênio com outros órgãos estaduais ou municipais fiscalizará a aplicação deste Código, podendo para tanto, criar os serviços indispensáveis.

Art. 29 - Constitui infração, para efeito desta Lei, qualquer ação ou omissão que importe na inobservância dos seus preceitos, bem como aos de regulamento e demais normas dela decorrentes.

Art. 30 - Sem prejuízos das demais cominações estabelecidas em normas federais, estaduais e municipais, os infratores sujeitar-se-ão as seguintes sanções:

I - multa;

II - apreensão;

III - interdição;

IV - embargo;

V - suspensão;

VI - cassação da licença.

Art. 31 - O Poder Executivo regulamentara a presente Lei, no que for necessário à sua execução, a contar da data da publicação.

Art. 32 - Esta Lei entrará em vigor na data de sua publicação, revogadas as disposições em contrário.

PALÁCIO DO GOVERNO DO ESTADO DA PARAÍBA, em João Pessoa, 29 de dezembro de 1994, 106º da Proclamação da República.

LEI ESTADUAL Nº 6.308, DE 2 DE JULHO DE 1996

- POLÍTICA ESTADUAL DE RECURSOS HÍDRICOS.

ÍNDICE

Capítulo I
DA GESTÃO DA POLÍTICA DOS RECURSOS HÍDRICOS

Seção I
DAS DISPOSIÇÕES PRELIMINARES

Art. 1º – Fica instituída a Política de Recursos Hídricos do Estado da Paraíba, que será desenvolvida de acordo com os critérios e princípios estabelecidos nesta lei, observadas as disposições das constituições e legislações Federal e Estadual, bem como a Política Nacional do Meio Ambiente e de Recursos Hídricos.

Seção II
DOS OBJETIVOS E PRINCÍPIOS BÁSICOS

Art. 2º – A Política Estadual de Recursos Hídricos visa assegurar o uso integrado e racional destes recursos, para a promoção do desenvolvimento e do bem-estar da população do Estado da Paraíba, baseada nos seguintes princípios:

I – O acesso aos Recursos Hídricos é direito de todos e objetiva atender às necessidades essenciais da sobrevivência humana.

II – Os Recursos Hídricos são um bem público, de valor econômico, cuja utilização deve ser tarifada.

III – A bacia hidrográfica é uma unidade básica físico-territorial de planejamento e gerenciamento dos Recursos Hídricos.

IV – O gerenciamento dos Recursos Hídricos far-se-á de forma participativa e integrada, considerando os aspectos quantitativos e qualitativos desses Recursos e as diferentes fases do ciclo hidrológico.

V – O aproveitamento dos Recursos Hídricos deverá ser feito racionalmente de forma a garantir o desenvolvimento e a preservação do meio ambiente.

VI – O aproveitamento e o gerenciamento dos Recursos Hídricos serão utilizados como instrumento de combate aos efeitos adversos da poluição, da seca, de inundações, do desmatamento indiscriminado, de queimadas, da erosão e do assoreamento.

Seção III
DAS DIRETRIZES GERAIS

Art. 3º – A Política Estadual de Recursos Hídricos será desenvolvida de acordo com as seguintes diretrizes:

I – Otimização da oferta de água para as diversas demandas e, em qualquer circunstância, priorizando o abastecimento da população humana.

II – Proteção dos Recursos Hídricos contra ações comprometedoras da sua qualidade, quantidade e usos.

III – Estabelecimento em conjunto com os municípios de um sistema de alerta e defesa civil, quando da ocorrência de eventos extremos tais como, secas e cheias.

IV – Compatibilização dos Programas de uso e preservação dos Recursos Hídricos com os da União, dos Estados vizinhos e dos municípios, através da articulação intergovernamental.

V – Maximização dos benefícios socioeconômicos nos aproveitamentos múltiplos dos Recursos Hídricos.

VI – Racionalização do uso dos Recursos Hídricos superficiais e subterrâneos, evitando exploração inadequada.

VII – Estabelecimento de prioridades no planejamento e na utilização dos Recursos Hídricos de modo a se evitar ou minimizar os conflitos de uso.

VIII – Distribuição dos custos das obras públicas de aproveitamento múltiplo, ou de interesse coletivo, através do princípio do rateio entre as diversas esferas de governo e os beneficiários.

IX – Fixação das tarifas, considerando os aspectos e condições socioeconômicas das populações usuárias.

X – Estabelecimento de áreas de proteção aos mananciais, reservatórios, cursos de água e demais Recursos Hídricos no Estado sujeitas à restrição de uso.

Seção IV
DA EXECUÇÃO DA POLÍTICA DE RECURSOS HÍDRICOS

Art. 4º – São instrumentos da execução da Política de Recursos Hídricos:

I – Sistema Integrado de Planejamento e Gerenciamento de Recursos Hídricos.

II – Plano Estadual de Recursos Hídricos.

III – Planos e Programas Intergovernamentais.

Capítulo II
DO SISTEMA INTEGRADO DE PLANEJAMENTO E GERENCIAMENTO DE RECURSOS HÍDRICOS

Seção I
DOS OBJETIVOS

Art. 5º - O Sistema Integrado de Planejamento e Gerenciamento de Recursos Hídricos tem como finalidade a execução da Política Estadual de Recursos Hídricos e a formulação, atualização e aplicação do Plano Estadual de Recursos Hídricos, em consonância com os órgãos e entidades estaduais e municipais, com a participação da sociedade civil organizada.

Seção II
DA ESTRUTURA DO SISTEMA DE GERENCIAMENTO

Art. 6º - O Sistema Integrado de Planejamento e Gerenciamento de Recursos Hídricos será composto pelos seguintes órgãos:

I - Órgão de Coordenação: Secretaria de Estado da Ciência e Tecnologia e do Meio Ambiente - SECTMA;

II - Órgão Deliberativo e Normativo: Conselho Estadual de Recursos Hídricos - CERH;

III - Órgão Gestor: Agência Executiva de Gestão das Águas do Estado da Paraíba - AESA;

IV - Órgãos de Gestão Participativa e Descentralizada: Comitês de Bacia Hidrográfica. (Redação dada pela Lei 8.446/2007)

Art. 7º - Fica criado o Conselho Estadual de Recursos Hídricos, com atuação em todo o território do Estado da Paraíba, tendo a seguinte composição: (Redação dada pela Lei 8.446/2007)

I – o Secretário de Estado da Ciência e Tecnologia e do Meio Ambiente – SECTMA, que o presidirá;

II – os Secretários de Estado ou seus substitutos legais:

a) do Planejamento e Gestão;

b) do Desenvolvimento da Agropecuária e da Pesca;

c) da Infraestrutura;

d) da Saúde;

III – um representante de cada um dos seguintes órgãos e entidades:

a) Agência Executiva de Gestão das Águas do Estado da Paraíba – AESA;

b) Superintendência da Administração do Meio Ambiente – SUDEMA;

c) Agência Estadual de Vigilância Sanitária da Paraíba – AGEVISA;

d) Empresa de Assistência Técnica e Extensão Rural da Paraíba – EMATER;

e) Companhia de Desenvolvimento de Recursos Minerais da Paraíba – CDRM;

f) Departamento Nacional de Obras Contra as Secas – DNOCS;

g) Instituto Brasileiro do Meio Ambiente e dos Recursos Naturais Renováveis – IBAMA;

IV – um representante do Poder Público municipal e respectivo suplente, indicados pela Federação das Associações de Municípios da Paraíba – FAMUP;

V – um representante de cada um dos seguintes usuários e entidades representativas de usuários de recursos hídricos:

a) Companhia de Água e Esgotos da Paraíba – CAGEPA;

b) Federação das Indústrias do Estado da Paraíba – FIEP;

c) Federação da Agricultura e Pecuária da Paraíba – FAEPA;

d) Associação de Plantadores de Cana da Paraíba – ASPLAN;

e) SINDALCOOL – Sindicato da Indústria de Fabricação de Álcool no Estado da Paraíba;

VI – um representante de cada uma das seguintes organizações civis de recursos hídricos:

a) Universidade Federal da Paraíba – UFPB;

b) Universidade Federal de Campina Grande – UFCG;

c) Universidade Estadual da Paraíba – UEPB;

d) Associação Brasileira de Recursos Hídricos – ABRH;

e) Associação Brasileira de Engenharia Sanitária – ABES;

VII – um representante de cada um dos Comitês de Bacia Hidrográfica de rios de domínio estadual;

VIII – um representante das organizações não-governamentais com objetivos, interesses e atuação comprovada na área de recursos hídricos, com mais de um ano de existência legal, e seu suplente, escolhido em processo seletivo a ser coordenado pelo Conselho Estadual de Recursos Hídricos – CERH.

§ 1º Os representantes de que tratam os incisos III, V e VI do caput deste artigo e seus suplentes serão indicados pelos titulares dos respectivos órgãos e entidades.

§ 2º Ocorrendo a extinção de quaisquer dos órgãos ou entidades previstos no caput deste artigo ou a recusa à ocupação da vaga, caberá ao CERH promover o ajuste na sua composição, respeitado o respectivo setor.

§ 3º Para os efeitos do § 2º deste artigo, equipara-se à recusa à ocupação da vaga a falta injustificada do representante do órgão ou entidade a mais de quatro reuniões consecutivas.

§ 4º O Diretor Presidente da AESA comporá o Conselho Estadual de Recursos Hídricos – CERH, na condição de Secretário Executivo e, nos impedimentos do presidente, será seu substituto legal.

Art. 8º – O órgão integrador do Sistema Integrado de Planejamento e Gerenciamento de Recursos Hídricos será a Secretaria do Planejamento do Estado da Paraíba.

Art. 9º – O Órgão Gestor será o GRUPO GESTOR DE RECURSOS HÍDRICOS, pertencente à estrutura interna da Secretaria do Planejamento constituído por técnicos lotados naquela Pasta, que terá função executiva.

Seção III
DA COMPETÊNCIA

Art. 10 – Fica o Poder Executivo autorizado a definir no Regulamento as atribuições do Conselho Estadual de Recursos Hídricos. (Redação dada pela Lei 6.544/97)

Parágrafo único – Por proposta do Conselho Estadual de Recursos Hídricos, o Governador do Estado poderá criar, por Decreto, na estrutura do Sistema, Câmaras de Recursos Hídricos e Comitês de Bacias Hidrográficas, definindo os objetivos, a competência e a estrutura interna desses órgãos.

Subseção I
DO CONSELHO ESTADUAL DE RECURSOS HÍDRICOS

Art. 10-A. Compete ao Conselho Estadual de Recursos Hídricos: (Redação dada pela Lei 8.446/2007)

I – analisar e aprovar a Política Estadual de Recursos Hídricos e acompanhar a sua execução;

II – analisar propostas de alteração da legislação pertinente a recursos hídricos e à Política Estadual de Recursos Hídricos;

III – aprovar o Plano Estadual de Recursos Hídricos, acompanhar a sua execução e determinar as providências necessárias ao cumprimento de suas metas;

IV – definir as prioridades de investimento de recursos financeiros relacionados com o Plano Estadual de Recursos Hídricos;

V – aprovar o relatório anual sobre a situação dos recursos hídricos do Estado da Paraíba;

VI – aprovar o enquadramento de corpos de água em classes de uso preponderante, com base nas propostas dos órgãos e entidades que compõem o Sistema Integrado de Planejamento e Gerenciamento de Recursos Hídricos;

VII – formular programas anuais e plurianuais de aplicação de recursos do Fundo Estadual dos Recursos Hídricos – FERH;

VIII – estabelecer diretrizes complementares para implementação da Política Estadual de Recursos Hídricos, aplicação de seus instrumentos e atuação do Sistema Integrado de Planejamento e Gerenciamento de Recursos Hídricos;

IX – estabelecer os critérios gerais para a outorga de direitos de uso de recursos hídricos e para a cobrança por seu uso e definir os valores a serem cobrados;

X – deliberar sobre as acumulações, derivações, captações e lançamentos de pouca expressão, para efeito de isenção da obrigatoriedade de outorga de direitos de uso de recursos hídricos, com base nas propostas apresentadas pelos Comitês de Bacia Hidrográfica;

XI – estabelecer critérios e promover o rateio de custo das obras de uso múltiplo, de interesse comum ou coletivo;

XII – aprovar propostas de instituição dos Comitês de Bacia Hidrográfica e estabelecer critérios gerais para a elaboração de seus regimentos;

XIII – arbitrar, em segunda instância administrativa, os conflitos relacionados aos recursos hídricos;

XIV – deliberar sobre as questões que lhe tenham sido encaminhadas pelos Comitês de Bacia Hidrográfica;

XV – arbitrar os conflitos existentes entre Comitês de Bacia Hidrográfica; XVI – instituir Câmaras Técnicas;

XVII – elaborar e submeter à aprovação do Governador do Estado o seu regimento interno;

XVIII – colaborar com o Governo do Estado na celebração de convênios e acordos com entidades nacionais e internacionais para o desenvolvimento do setor de recursos hídricos;

XIX – exercer as competências de comitê de bacia hidrográfica, nas bacias de rios estaduais enquanto estes não forem instituídos;

XX – estabelecer os mecanismos e regulamentos de reuso de águas servidas e de dessalinização de água salobra no âmbito do Estado da Paraíba;

XXI – incentivar e subsidiar todas as formas de acumulação de recursos hídricos destinado à produção de alimentos e à produção agroindustrial de bioenergia, respeitando as necessidades e as limitações dos setores produtivos e da agroindústria, de forma a garantir a sustentabilidade econômica.

Subseção II
DOS COMITÊS DE BACIA HIDROGRÁFICA

Art. 10-B. Compete aos Comitês de Bacia Hidrográfica, no âmbito de sua área de atuação: (Redação dada pela Lei 8.446/2007)

I – promover o debate das questões relacionadas a recursos hídricos e articular a atuação das entidades intervenientes;

II – arbitrar, em primeira instância administrativa, os conflitos relacionados aos recursos hídricos;

III – aprovar o Plano de Recursos Hídricos da bacia, acompanhar a sua execução e sugerir as providências necessárias ao cumprimento de suas metas;

IV – propor ao Conselho Estadual de Recursos Hídricos as acumulações, derivações, captações e lançamentos de pouca expressão, para efeito de isenção da obrigatoriedade de outorga de direitos de uso de recursos hídricos, de acordo com os domínios destes;

V – propor os mecanismos de cobrança pelo uso de recursos hídricos, sempre com o propósito de responsabilizar e ampliar o universo de usuários sobre a importância dos mesmos, e sugerir os valores a serem cobrados com base em estudos de viabilidade econômico-financeira sobre o impacto de qualquer cobrança sobre as atividades e a competitividade do agronegócio e da agricultura familiar, assim como sobre a geração de empregos na região.".

Capítulo III
DO PLANO ESTADUAL DE RECURSOS HÍDRICOS

Art. 11 – O Plano Estadual de Recursos Hídricos será instituído por Lei, obedecidos os princípios e diretrizes da Política Estadual de Recursos Hídricos e terá como base os Planos das Bacias Hidrográficas. (Redação dada pela Lei 6.544/97)

§1º – O Plano Estadual de Recursos Hídricos será avaliado anualmente pelo Conselho Estadual de Recursos Hídricos.

§2º – A avaliação do Plano será feita a partir da elaboração de um Relatório Anual sobre a situação dos Recursos Hídricos no Estado da Paraíba, tomando-se por base a situação das Bacias Hidrográficas, objetivando propor a atualização do orçamento plurianual de investimentos.

§3º – O Relatório de que trata o parágrafo anterior deverá conter, no mínimo:

I – a avaliação da qualidade das águas;

II – o balanço entre a disponibilidade e a demanda;

III – uma avaliação do cumprimento dos programas previstos nos vários Planos das Bacias Hidrográficas.

Art. 12 – O Plano Estadual de Recursos Hídricos terá objetivos geral e específicos, diretrizes e metas definidas a partir de um processo de planejamento integrado e participativo, perfeitamente compatibilizado com outros planos gerais, regionais e setoriais.

§1º – Na elaboração do Plano Estadual de Recursos Hídricos deverão ser compatibilizadas as questões interbacias e consolidados os programas anuais e plurianuais de cada Bacia Hidrográfica.

§2º – O Plano Estadual de Recursos Hídricos será composto de programas de desenvolvimento institucional, tecnológico, gerencial e de formação de Recursos Humanos, especializados no campo dos Recursos Hídricos.

§3º – O Plano apoiará a realização de estudos e pesquisas desenvolvidas por instituições de ensino e pesquisa.

§4º – Integrará o Plano, um quadro de dispêndios financeiros com a definição de usos e fontes, cujos valores e critérios deverão constar da Lei de Diretrizes Orçamentarias, do Orçamento Plurianual de Investimento e do Orçamento Programa Anual.

Art. 13 – Os Planos das Bacias Hidrográficas, serão elaborados através do Sistema Integrado de Planejamento e Gerenciamento de Recursos Hídriços e conterão, entre outros, os seguintes elementos:

I – Diretrizes gerais a nível regional capazes de orientar Planos Diretores Municipais, notadamente nos setores de crescimento urbano, localização industrial, proteção dos mananciais, exploração mineral, irrigação, saneamento, pesca e piscicultura, segundo as necessidades de recuperação, proteção e conservação dos Recursos Hídricos das bacias ou regiões, bem como do Meio Ambiente.

II – Metas de curto, médio e longo prazos para se atingir índices progressivos, traduzidos, entre outros em:

a) planos de utilização prioritária e propostas de enquadramento dos corpos de água em classes de uso preponderante;

b) programas Anuais e Plurianuais de utilização, recuperação, proteção e conservação dos Recursos Hídricos da Bacia Hidrográfica correspondente, inclusive com especificações dos recursos financeiros necessários.

Capítulo IV
DOS PLANOS E PROGRAMAS INTERGOVERNAMENTAIS

Art. 14 - O Estado promoverá programas conjuntos com outros níveis de Governo, federal, estadual e municipal mediante convênios, com vistas:

I – Identificação de áreas de proteção e conservação de águas de possível utilização para abastecimento das populações.

II – Implantação, conservação e recuperação das áreas de proteção permanente e obrigatória, nas Bacias Hidrográficas.

III – Tratamento de águas residuárias, efluentes e esgotos urbanos, industriais e outros, antes do lançamento nos corpos de água.

IV – Construção de barragens, transposição e reversão de águas interbacias.

V – Combate e prevenção das inundações, da erosão e o zoneamento das áreas inundáveis.

VI – Promoção de campanhas educativas visando o disciplinamento do uso dos Recursos Hídricos.

Capítulo V
DOS INSTRUMENTOS DE GERENCIAMENTO DE RECURSOS HÍDRICOS

Seção I
DA OUTORGA DE DIREITOS DE USO DOS RECURSOS HÍDRICOS

Art. 15 - No âmbito da competência do Estado, qualquer intervenção nos cursos de água ou aqüífero que implique na utilização dos Recursos Hídricos, a execução de obras ou serviços que alterem o regime, a quantidade ou a qualidade dos mesmos, depende da autorização do órgão Gestor, do Sistema de Planejamento e Gerenciamento dos Recursos Hídricos do Estado Paraíba.

§ 1 ° A Agência Executiva de Gestão das Águas do Estado da Paraíba - AESA cobrará uma taxa administrativa para fazer face às despesas de análise processual e de vistoria técnica, para fins de outorga de direito de uso de recursos hídricos e de licença de obra hídrica, cujos critérios e valores serão estabelecidos por Decreto do Poder

Executivo, assegurada a isenção da cobrança para as obras de perfuração de poços nos municípios inseridos no semiárido paraibano. (Redação dada pela Lei 10.122/2013)

§2° Fica dispensada de autorização, outorga e licença a perfuração de poços artesianos em municípios que tenham decretada situação de emergência decorrente de estiagem, desde que apresentada pelo interessado cópia do decreto de situação de emergência e parecer lavrado por analista ambiental, devidamente credenciado junto ao órgão de classe competente, atestando a conformidade da obra com as normas ambientais. (Redação dada pela Lei 10.374/2014)

Art. 16 - Depende de cadastramento e da outorga do direito de uso pelo Órgão Gestor, a derivação de água de seu curso ou depósito superficial ou subterrâneo, para fins de utilização no abastecimento urbano, industrial, agrícola e outros, bem como, o lançamento de efluentes nos corpos de água, obedecida a legislação federal e estadual pertinente.

Parágrafo Único - A outorga não implica na alienação parcial das águas, que são inalienáveis, mas o simples direito do seu uso.

Art. 17 - Constitui infração às normas de utilização dos Recursos Hídricos e sujeito portanto as penalidades específicas:

I - Derivar ou utilizar os Recursos Hídricos superficiais e subterrâneos para qualquer finalidade sem a respectiva outorga de direito de uso, salvo o disposto no parágrafo único do Artigo 16 desta Lei.

II - Iniciar, sem autorização do Órgão Gestor, a implantação ou implantar qualquer empreendimento relacionado com a derivação ou a utilização de Recursos Hídricos que implique em alterações em regime, na quantidade e qualidade dos mesmos.

III - Utilizar os Recursos Hídricos fora do prazo estabelecido na outorga, sem solicitar a devida prorrogação ou renovação, em tempo hábil.

IV - Executar obras ou serviços para a utilização dos Recursos Hídricos, em desacordo com as condições estabelecidas na outorga.

V - Fraudar ou informar valores incorretos das medições dos volumes de água, utilizados ou captados conforme a outorga.

VI - Infringir as normas estabelecidas nesta Lei, ou outras de natureza administrativa, compreendendo instruções e procedimentos fixados pelo Órgão Gestor.

VII - Não atender as solicitações, contrárias a proteção e a conservação dos Recursos Hídricos e do Meio Ambiente, na forma fixada em lei.

Art. 18 - A infringência às disposições do artigo anterior será punida através de penalidades indicadas em Regulamento aprovado por ato governamental, que deverá estabelecer o procedimento para sua aplicação, assegurada ampla defesa ao infrator.

§1º – Qualquer prejuízo ao serviço público de abastecimento de água, riscos à saúde ou à vida, perecimento de bens ou animais, ou prejuízos de qualquer natureza à terceiros, implicará além das multas, o encaminhamento do fato delituoso à justiça para as providências legais, respondendo a autoridade omissa por crime de responsabilidade.

§2º – No caso de reincidência, as multas deverão ser cobradas em dobro. Parágrafo Terceiro – Das sanções previstas, caberá recurso ao Conselho Estadual de Recursos Hídricos.

Seção II
DA COBRANÇA PELO USO DOS RECURSOS HÍDRICOS

Art. 19 – A cobrança do uso da água é um instrumento gerencial a ser aplicado pela sua utilização, e obedecerá aos seguintes critérios, entre outros, que o Conselho Estadual de Recursos Hídricos vier a estabelecer: (Redação dada pela Lei 8.446/2007)

I – Considerar as peculiaridades das Bacias Hidrográficas, inclusive o excesso ou déficit da disponibilidade hídrica.

II – Considerar a classe de uso preponderante, em que se enquadra o corpo de água onde se localiza o uso ou derivação, o consumo efetivo e a finalidade a que se destina.

III – Estabelecer a cobrança pela diluição, transporte e assimilação de efluentes de sistemas de esgotos ou outros contaminantes de qualquer natureza, considerando a classe de uso em que se enquadra o corpo de água receptor, a proporção da carga lançada em relação à vazão natural ou regularizada, ponderando-se dentre outros os parâmetros orgânicos físico-químicos e bacteriológicos dos efluentes.

§ 1º A cobrança será efetuada pela Agência Executiva de Gestão das Águas do Estado da Paraíba – AESA e deverá estar compatibilizada e integrada com os demais instrumentos da Política Estadual de Recursos Hídricos, sendo vinculada aos programas de investimentos definidos nos Planos de Recursos Hídricos.

§ 2º Os critérios, mecanismos e valores a serem cobrados serão estabelecidos mediante Decreto do Poder Executivo, após aprovação pelo Conselho Estadual de Recursos Hídricos, com base em proposta de cobrança encaminhada pelo respectivo Comitê de Bacia Hidrográfica, fundamentada em estudos técnicos elaborados pela Agência Executiva de Gestão das Águas do Estado da Paraíba – AESA.

§ 3º Os Comitês de Bacia Hidrográfica poderão propor ao Conselho Estadual de Recursos Hídricos mecanismos de incentivo e redução do valor a ser cobrado pelo uso de recursos hídricos, em razão de investimentos voluntários para ações de melhoria da qualidade e da quantidade da água e do regime fluvial, as quais resultem em sustentabilidade ambiental da bacia e tenham sido aprovados pelo respectivo Comitê.

§ 4º Os valores da cobrança pelo uso de recursos hídricos originários de bacias hidrográficas localizadas em outros Estados, transferidos através de obras implantadas pela União, serão estabelecidos pela Agência Executiva de Gestão das Águas do Estado da Paraíba - AESA, em articulação com o órgão federal competente, assegurada a participação do Conselho Estadual de Recursos Hídricos e dos Comitês das Bacias Hidrográficas beneficiárias na discussão da proposta de cobrança.

Art. 20. A periodicidade de revisão dos valores a serem cobrados, bem como da isenção da obrigatoriedade de outorga de direitos de uso de recursos hídricos, será estabelecida pelo Conselho Estadual de Recursos Hídricos, em articulação com os Comitês de Bacia Hidrográfica, com base em estudos técnicos elaborados pela Agência Executiva de Gestão das Águas do Estado da Paraíba - AESA. (Redação dada pela Lei 8.446/2007)

Seção III
DO RATEIO DOS CUSTOS DAS OBRAS DE USO MÚLTIPLO

Art. 21 - O princípio do rateio dos custos, se aplicará direta ou indiretamente às obras públicas de uso múltiplo ou de interesse coletivo segundo critérios e normas a serem estabelecidos em regulamento pelo Conselho Estadual de Recursos Hídricos atendidos os seguintes procedimentos:

I - A negociação do rateio dos custos entre as entidades beneficiadas, deverá ser precedida de concessão ou autorização para realização de obras de aproveitamento múltiplo, e quando envolver a geração de energia hidroelétrica, a União fará parte da negociação.

II - No caso de obras de uso múltiplo ou de interesse coletivo, com dotações a fundo perdido, sua execução dependerá além dos estudos de viabilidade técnica, econômica, social e ambiental, de uma previsão de retorno dos investimentos públicos na forma de benefícios ou de uma justificativa circunstanciada.

Parágrafo Único - Os recursos provenientes do rateio dos custos serão destinados ao Fundo Estadual de Recursos Hídricos.

Capítulo VI
DO FUNDO ESTADUAL DE RECURSOS HÍDRICOS

Seção I
DOS OBJETIVOS

Art. 22 - Fica criado o Fundo Estadual de Recursos Hídricos, mediante esta Lei, com a finalidade de oferecer suporte financeiro à execução da Política Estadual de Recursos Hídricos.

Seção II
DA GESTÃO DO FUNDO

Art. 23. O Fundo Estadual de Recursos Hídricos - FERH será administrado pela Agência Executiva de Gestão das Águas do Estado da Paraíba - AESA e supervisionado pelo Conselho Estadual de Recursos Hídricos. (Redação dada pela Lei 8.446/2007)

§ 1º A Agência Executiva de Gestão das Águas do Estado da Paraíba - AESA submeterá, semestralmente, a prestação de contas referente à movimentação financeira do FERH para aprovação do Conselho Estadual de Recursos Hídricos, que terá o prazo de até trinta dias para apreciá-la.

§ 2º O regulamento do FERH será aprovado por Decreto do Poder Executivo.

Seção III
DOS RECURSOS DO FUNDO

Art. 24 - O Fundo Estadual de Recursos Hídricos será suprido pelas seguintes fontes:

I - Recursos Orçamentários do Estado.

II - Transferência da União ou de Estados vizinhos destinados à execução de planos e programas de Recursos Hídricos de interesse comum.

III - Compensação financeira que o Estado receber em decorrência dos aproveitamentos hidroenergéticos.

IV - Parte da arrecadação relativa a Compensação financeira que o Estado receber pela exploração de recursos minerais para a aplicação exclusiva em levantamentos, estudos e programas de interesse para o gerenciamento dos Recursos Hídricos subterrâneos.

V - Recursos financeiros resultantes da cobrança pela utilização dos Recursos Hídricos.

VI - Empréstimos de entidades nacionais e internacionais.

VII - Recursos provenientes de ajuda e cooperação internacional e de acordos intergovernamentais.

VIII - Produto de operação de crédito e os rendimentos provenientes da aplicação dos recursos do Fundo Estadual de Recursos Hídricos.

IX - Resultado da aplicação de multas cobradas dos infratores, previstas na presente Lei.

X - Recursos decorrentes do rateio de custos conforme o estabelecido na presente Lei.

XI – Das contribuições pelo melhoramento e taxas cobradas dos beneficiados pelas obras de aproveitamento ou serviços prestados.

XII – Doações de pessoas físicas ou jurídicas, públicas ou privadas, nacionais ou estrangeiras e quaisquer outros recursos concedidos ao Fundo.

Seção IV
DAS APLICAÇÕES DO FUNDO

Art. 25 – A aplicação de recursos do Fundo Estadual de Recursos Hídricos deverá ser orientada pela Política Estadual de Recursos Hídricos, baseada no Plano Estadual de Recursos Hídricos, devidamente compatibilizada com o Orçamento Plurianual de Investimento e os recursos orçamentários do Estado destinados ao referido Fundo. (Redação dada pela Lei 8.446/2007)

§ 1º As prioridades na aplicação dos recursos do FERH serão definidas pelo Conselho Estadual de Recursos Hídricos, em articulação com os Comitês de Bacia Hidrográfica, com base em estudos técnicos elaborados pela Agência Executiva de Gestão das Águas do Estado da Paraíba – AESA.

§ 2º Os recursos do FERH serão depositados obrigatoriamente em conta específica a ser aberta e mantida em instituição financeira oficial.

§ 3º Fica autorizada a aplicação financeira das disponibilidades do FERH em operações ativas, de modo a preservá-las contra eventual perda do poder aquisitivo da moeda.

§ 4º Os saldos verificados no final de cada exercício financeiro serão automaticamente transferidos para o exercício seguinte.

Art. 26. Os valores arrecadados com a cobrança pelo uso de recursos hídricos serão obrigatoriamente depositados no Fundo Estadual de Recursos Hídricos e aplicados prioritariamente na bacia hidrográfica em que foram gerados, devendo ser utilizados: (Redação dada pela Lei 8.446/2007)

I – no financiamento de estudos, programas, projetos e obras incluídos nos Planos de Recursos Hídricos;

II – no pagamento de despesas de implantação e custeio administrativo dos órgãos e entidades integrantes do Sistema Integrado de Planejamento e Gerenciamento de Recursos Hídricos.

§1º A aplicação nas despesas previstas no inciso II deste artigo é limitada a 7,5% (sete e meio por cento) do total arrecadado.

§2º Os valores previstos no caput deste artigo poderão ser aplicados a fundo perdido em projetos e obras que alterem, de modo considerado benéfico à coletividade, a qualidade, a quantidade e o regime de vazão de um corpo de água.

§3º Os valores arrecadados com a cobrança pelo uso de recursos hídricos serão consignados em fontes de recursos próprias, por bacia hidrográfica, para as aplicações previstas neste artigo.

§4º A Agência Executiva de Gestão das Águas do Estado da Paraíba - AESA manterá registros contábeis que correlacionem as receitas e as despesas com as bacias hidrográficas em que foram geradas.

§5º A prioridade na aplicação dos recursos da cobrança pelo uso de recursos hídricos provenientes de obras de transposição de bacias realizadas pela União será a restituição, no que couber, das despesas com operação e manutenção da infraestrutura hídrica.

§ 6º Aplica-se aos recursos a que se refere o caput o disposto no § 2º do art. 9º da Lei Complementar Federal no 101, de 04 de maio de 2000.

Art. 27 - Parte dos Recursos do Fundo Estadual de Recursos Hídricos será destinado especificamente para realização de estudos e pesquisas, visando o desenvolvimento tecnológico e a capacitação de Recursos Humanos do setor.

Parágrafo Único - É vedada a utilização dos recursos financeiros da arrecadação da outorga e utilização dos Recursos Hídricos, para pagamento de salários, diárias e gratificações aos servidores públicos e empregados de empresas estatais.

Capítulo VII
DAS DISPOSIÇÕES TRANSITÓRIAS

Art. 28 - Para ocorrer com às despesas decorrentes da implantação desta Lei, fica o Poder Executivo autorizado a abrir no orçamento do corrente exercício um crédito especial de R$ 50.000,00 (cinqüenta mil reais), para o Fundo Estadual de Recursos Hídricos.

Capítulo VIII
DAS DISPOSIÇÕES FINAIS

Art. 29 - A Estrutura Organizacional Básica do Poder Executivo, de que trata a Lei nº 3.936, de 22 de novembro de 1977, com as alterações da lei nº 5.404, de 06 de maio de 1991 e 5.583, de 19 de maio de 1992 passa a vigorar com as seguintes modificações:

I - A Secretaria da Justiça, Cidadania e Meio Ambiente volta a denominar-se SECRETARIA DA CIDADANIA E JUSTIÇA;

II - Para os efeitos do inciso anterior fica denominado de SECRETÁRIO DA CIDADANIA E JUSTIÇA O Secretário da Justiça, Cidadania e Meio Ambiente;

III - Fica vinculada à Secretaria do Planejamento a Superintendência de Administração do Meio Ambiente (SUDEMA).

Art. 30 - A Coordenadoria de Irrigação e Recursos Hídricos da Secretaria de Agricultura, Irrigação e Abastecimento, passará a denominar-se: COORDENADORIA DE IRRIGAÇÃO E DRENAGEM.

Art. 31 - Esta Lei entrará em vigor na data de sua publicação, revogadas as disposições em contrário.

PALÁCIO DO GOVERNO DO ESTADO DA PARAÍBA,

Em João Pessoa, de julho de 1996, 107° da Proclamação da República.

LEI ESTADUAL Nº 9.336, DE 31 DE JANEIRO DE 2011

- POLÍTICA ESTADUAL DE MUDANÇAS CLIMÁTICAS.

O GOVERNADOR DO ESTADO DA PARAÍBA: Faço saber que o Poder Legislativo decreta e eu sanciono a seguinte Lei:

Art. 1° Esta lei institui a Política Estadual de Mudanças Climáticas - PEMC, contendo seus princípios, objetivos, diretrizes e instrumentos.

Art. 2° A Política Estadual de Mudanças Climáticas - PEMC e as ações dela decorrentes, executadas sob a responsabilidade dos entes políticos e dos órgãos da administração pública, observarão os princípios da precaução, da prevenção, da participação cidadã, do desenvolvimento sustentável e o das responsabilidades comuns, porém diferenciadas, este último no âmbito internacional, e, quanto às medidas a serem adotadas na sua execução, será considerado o seguinte:

I - todos tem o dever de atuar, em benefício das presentes e futuras gerações, para a redução dos impactos decorrentes das interferências antrópicas sobre o sistema climático;

II - serão tomadas medidas para prever, evitar ou minimizar as causas identificadas da mudança climática com origem antrópica no território nacional, sobre as quais haja razoável consenso por parte dos meios científicos e técnicos ocupados no estudo dos fenômenos envolvidos;

III - as medidas tomadas devem levar em consideração os diferentes contextos socioeconômicos de sua aplicação, distribuir os ônus e encargos decorrentes entre os setores econômicos e as populações e comunidades interessadas de modo equitativo e equilibrado e sopesar as responsabilidades individuais quanto à origem das fontes emissoras e dos efeitos ocasionados sobre o clima;

IV – o desenvolvimento sustentável é a condição para enfrentar as alterações climáticas e conciliar o atendimento às necessidades comuns e particulares das populações e comunidades que vivem no território nacional;

V – as ações de âmbito estadual para o enfrentamento das alterações climáticas, atuais, presentes e futuras, devem considerar e integrar as ações promovidas no âmbito federal e municipal por entidades públicas e privadas.

Art. 3° A Política Estadual de Mudanças Climáticas – PEMC visará:

I – à compatibilização do desenvolvimento econômico-social com a proteção do sistema climático;

II – à redução das emissões antrópicas de gases de efeito estufa em relação às suas diferentes fontes;

III – ao fortalecimento das remoções antrópicas por sumidouros de gases de efeito estufa no território estadual;

IV – à implementação de medidas para promover a adaptação à mudança do clima com a participação e a colaboração dos agentes econômicos e sociais interessados ou beneficiários, em particular aqueles especialmente vulneráveis aos seus efeitos adversos;

V – à preservação, à conservação e à recuperação dos recursos ambientais, com particular atenção aos grandes biomas naturais;

VI – à consolidação e à expansão das áreas legalmente protegidas e ao incentivo aos reflorestamentos e à recomposição da cobertura vegetal em áreas degradadas.

Parágrafo único – Os objetivos da Política sobre Mudança do Clima deverão estar em consonância com o desenvolvimento sustentável, a fim de buscar o crescimento econômico, a erradicação da pobreza e a redução das desigualdades sociais.

Art. 4° São diretrizes da Política Estadual sobre Mudança do Clima:

I – os compromissos assumidos pelo Brasil na Convenção-Quadro das Nações Unidas sobre Mudança do Clima, no Protocolo de Quioto e nos demais documentos sobre mudança do clima dos quais vier a ser signatário;

II – as ações de mitigação da mudança do clima em consonância com o desenvolvimento sustentável, que sejam, sempre que possível, mensuráveis para sua adequada quantificação e verificação a posteriori;

III – as medidas de adaptação para reduzir os efeitos adversos da mudança do clima e a vulnerabilidade dos sistemas ambiental, social e econômico;

IV – as estratégias integradas de mitigação e adaptação à mudança do clima nos âmbitos local, regional e nacional;

V – o estímulo e o apoio à participação dos governos municipais, assim como do setor produtivo, do meio acadêmico e da sociedade civil organizada, no desenvolvimento e na execução de políticas, planos, programas e ações relacionados à mudança do clima;

VI – a promoção e o desenvolvimento de pesquisas científico-tecnológicas e a difusão de tecnologias, processos e práticas orientados a:

a) mitigar a mudança do clima por meio da redução de emissões antrópicas por fontes e do fortalecimento das remoções antrópicas por sumidouros de gases de efeito estufa;

b) reduzir as incertezas nas projeções estaduais futuras da mudança do clima;

c) identificar vulnerabilidades e adotar medidas de adaptação adequadas.

VII – a utilização de instrumentos financeiros e econômicos para promover ações de mitigação e adaptação à mudança do clima;

VIII – a identificação e sua articulação com a Política prevista nesta Lei, de instrumentos de ação governamental já estabelecidos aptos a contribuir para proteger o sistema climático;

IX – o apoio e o fomento às atividades que efetivamente reduzam as emissões ou promovam as remoções por sumidouros de gases de efeito estufa;

X – a promoção da cooperação internacional no âmbito bilateral, regional e multilateral para o financiamento, a capacitação, o desenvolvimento, a transferência e a difusão de tecnologias e processos para a implementação de ações de mitigação e adaptação, incluindo a pesquisa científica, a observação sistemática e o intercâmbio de informações;

XI – o aperfeiçoamento da observação sistemática e precisa do clima e suas manifestações no território nacional e nas áreas oceânicas contíguas;

XII – a promoção da disseminação de informações, a educação, a capacitação e a conscientização pública sobre mudança do clima;

XIII – o estímulo e o apoio à manutenção e à promoção: a) de práticas, atividades e tecnologias de baixas emissões de gases de efeito estufa; b) de padrões sustentáveis de produção e consumo.

Art. 5° São objetivos regionais da Política Estadual de Mudanças Climáticas – PEMC:

I – recuperar as matas ciliares;

II – revitalizar sistemas aquáticos;

III – formular programas de arborização dos centros urbanos com plantas nativas;

IV – implantar a gestão integrada de resíduos sólidos, contendo capacitação e inclusão dos(as) catadores(as) e demais profissionais que lidam com resíduos sólidos;

V – revisar livros didáticos e Atlas que contenham conteúdos referentes ao bioma caatinga, por expor conceitos que não condizem com a realidade e retratam preconceitos e desvalorizam o bioma caatinga e os povos que dele dependem;

VI – reconhecer o bioma caatinga como floresta e as pessoas que dele dependem enquanto povos da floresta;

VII – implantar sistemas de captação de água de chuva em prédios públicos e empresas privadas, especialmente nas escolas, de forma a contribuir para o armazenamento e disponibilidade de água de qualidade;

VIII – qualificar os agentes do Programa de Agente Comunitário de Saúde e Ambientais para que sejam formadores das suas áreas e comunidade de atuação;

IX – motivar e favorecer a participação dos municípios e da sociedade civil nos Comitês de Bacias Hidrográficas;

X – catalogar, publicar e proteger os ecossistemas cavernícolas (cavernas) localizados na zona da mata paraibana, bem como reflorestar com vegetação nativa; das cavernas;

XI – desenvolver um roteiro turístico – turismo sustentável, a sustentabilidade;

XII – promover a conscientização das populações ribeirinhas dos mangues, para proteger esses ecossistemas, como também a atividade econômica sustentável na região para geração de renda;

XII – estabelecer programas de manejo florestal para reposição de lenha consumida, visando a um sistema de exploração sustentável de estoque madeireiro;

XIV – capacitar profissionais na produção artesanal, utilizando as fibras de bananeira, coco, bucha do mato, fibra e palha de carnaúba, sementes, dentre outras;

XV – criar APAS (Áreas de Proteção Ambiental) na Serra da Santa Catarina (São José da Lagoa, Tapada, Nazarezinho e Cajazeiras), Serra Branca (Vieiropólis), Serra do Comissário (Santa Cruz, Pombal e Lagoa).

Art. 6° São instrumentos da Política Estadual sobre Mudança do Clima:

I – a Comunicação Nacional do Brasil à Convenção-Quadro das Nações Unidas sobre Mudança do Clima, de acordo com os critérios estabelecidos por essa Convenção e por suas Conferências das Partes;

II – as medidas fiscais e tributárias destinadas a estimular a redução das emissões e remoção de gases de efeito estufa, incluindo alíquotas diferenciadas, isenções, compensações e incentivos, a serem estabelecidos em lei específica;

III – as linhas de crédito e financiamento específicas de agentes financeiros públicos e privados;

IV – o desenvolvimento de linhas de pesquisa por agências de fomento;

V – os mecanismos financeiros e econômicos referentes à mitigação da mudança do clima e à adaptação aos efeitos da mudança do clima que existam no âmbito da Convenção-Quadro das Nações Unidas sobre Mudança do Clima e do Protocolo de Quioto;

VI – as medidas existentes, ou a serem criadas, que estimulem o desenvolvimento de processos e tecnologias, que contribuam para a redução de emissões e remoções de gases de efeito estufa, bem como para a adaptação, dentre as quais o estabelecimento de critérios de preferência nas licitações e concorrências públicas, compreendidas aí as parcerias público-privadas e a autorização, permissão, outorga e concessão para exploração de serviços públicos e recursos naturais, para as propostas que propiciem maior economia de energia, água e outros recursos naturais e redução da emissão de gases de efeito estufa e de resíduos;

VII – os registros, inventários, estimativas, avaliações e quaisquer outros estudos de emissões de gases de efeito estufa e de suas fontes, elaborados com base em informações e dados fornecidos por entidades públicas e privadas;

VIII – as medidas de divulgação, educação e conscientização;

IX – o monitoramento climático estadual;

X – os indicadores de sustentabilidade;

XI – o estabelecimento de padrões ambientais e de metas, quantificáveis e verificáveis, para a redução de emissões antrópicas por fontes e para as remoções antrópicas por sumidouros de gases de efeito estufa;

XII – a avaliação de impactos ambientais sobre o microclima e o macroclima.

Art. 7° Os órgãos institucionais para a atuação da Política Estadual de Mudança do Clima incluem:

I – Secretaria Estadual de Meio Ambiente e Recursos Hídricos;

II – o Conselho Estadual do Meio Ambiente;

III – SUDEMA;

IV – AGEVISA.

Art. 8° Cabe ao Poder Público propor e fomentar medidas que privilegiem padrões sustentáveis de produção, comércio e consumo, de maneira a reduzir a demanda de insumos, utilizarem materiais menos impactantes e gerar menos resíduos, com a consequente redução das emissões dos gases de efeito estufa.

Art. 9° O Estado da Paraíba estabelecerá parcerias com entes públicos e privados, com o objetivo de capacitar e auxiliar o micro e pequeno empreendedor em projetos de redução de emissão de gases de efeito estufa.

Art. 10. O Poder Público orientará a sociedade sobre os fins desta Lei, por meio de outros instrumentos normativos, normas técnicas e manuais de boas práticas.

Art. 11. Ao Poder Público, incumbirá, juntamente com a sociedade civil:

I – desenvolver programas de sensibilização, conscientização, mobilização e disseminação de informações, para que a sociedade civil possa efetivamente contribuir com a proteção do sistema climático, em particular, divulgar informações ao consumidor sobre o impacto de emissões de gases de efeito estufa dos produtos e serviços;

II – apoiar e facilitar a realização de estudos, pesquisas e ações de educação e capacitação nos temas relacionados às Mudanças Climáticas, com particular ênfase na execução de inventários de emissões e sumidouros, bem como na identificação das vulnerabilidades decorrentes do aumento médio da temperatura do planeta, para fins de promover medidas de prevenção, adaptação e de mitigação;

III – estimular linhas de pesquisa sobre as mudanças climáticas, impactos, mitigação, vulnerabilidade, adaptação e novas tecnologias de menor emissão de gases de efeito estufa, inclusive mediante convênios públicos com universidades e institutos;

IV – integrar às ações de governo os resultados das pesquisas técnico-científicas;

V – fomentar e articular ações em âmbito municipal, oferecendo assistência técnica em tópicos como transporte sustentável, uso do solo, recuperação florestal, conservação de energia, gerenciamento de resíduos e mitigação de emissões de metano.

Art. 12. Os princípios, objetivos, diretrizes e instrumentos das políticas públicas e programas governamentais deverão compatibilizar-se com os princípios, objetivos, diretrizes e instrumentos desta Política Estadual sobre Mudança do Clima.

Parágrafo único – Decreto do Poder Executivo estabelecerá, em consonância com a Política Estadual sobre Mudança do Clima, os Planos setoriais de mitigação e de adaptação às mudanças climáticas, visando à consolidação de uma economia de baixo consumo de carbono, na geração e distribuição de energia elétrica, no transporte público urbano e nos sistemas modais de transporte interestadual de cargas e passageiros, na indústria de transformação e na de bens de consumo duráveis, nas indústrias químicas fina e de base, na indústria de papel e celulose, na mineração, na indústria da construção civil, nos serviços de saúde e na agropecuária, com vistas em atender metas gradativas de redução de emissões antrópicas quantificáveis e verificáveis, considerando as especificidades de cada setor, inclusive por meio do Mecanismo de Desenvolvimento Limpo – MDL e das Ações de Mitigação Nacionalmente Apropriadas – NAMAs.

Art. 13. Para alcançar os objetivos da PEMC, o Estado adotará, como compromisso voluntário, ações de mitigação das emissões de gases de efeito estufa, com vistas a reduzir entre 36,1% (trinta e seis inteiros e um décimo por cento) e 38,9% (trinta e oito inteiros e nove décimos por cento) suas emissões projetadas até 2020, de acordo com a Política Nacional de Mudanças Climáticas

AMBIENTAL

DECRETO FEDERAL Nº 99.274, DE 6 DE JUNHO DE 1990

- REGULAMENTA A LEI Nº 6.902, DE 27 DE ABRIL DE 1981, E A LEI Nº 6.938, DE 31 DE AGOSTO DE 1981, QUE DISPÕEM, RESPECTIVAMENTE SOBRE A CRIAÇÃO DE ESTAÇÕES ECOLÓGICAS E ÁREAS DE PROTEÇÃO AMBIENTAL E SOBRE A POLÍTICA NACIONAL DO MEIO AMBIENTE.

ÍNDICE

O PRESIDENTE DA REPÚBLICA, no uso das atribuições que lhe confere o art. 84, incisos IV e VI, da Constituição, e tendo em vista o disposto na Lei nº 6.902, de 27 de abril de 1981, e na Lei nº 6.938, de 31 de agosto de 1981, alterada pelas Leis nºs 7.804, de 18 de julho de 1989, e 8.028, de 12 de abril de 1990, DECRETA:

TÍTULO I
DA EXECUÇÃO DA POLÍTICA NACIONAL DO MEIO AMBIENTE

Capítulo I
DAS ATRIBUIÇÕES

Art. 1º Na execução da Política Nacional do Meio Ambiente cumpre ao Poder Público, nos seus diferentes níveis de governo:

I – manter a fiscalização permanente dos recursos ambientais, visando à compatibilização do desenvolvimento econômico com a proteção do meio ambiente e do equilíbrio ecológico;

II – proteger as áreas representativas de ecossistemas mediante a implantação de unidades de conservação e preservação ecológica;

III – manter, através de órgãos especializados da Administração Pública, o controle permanente das atividades potencial ou efetivamente poluidoras, de modo a compatibilizá-las com os critérios vigentes de proteção ambiental;

IV – incentivar o estudo e a pesquisa de tecnologias para o uso racional e a proteção dos recursos ambientais, utilizando nesse sentido os planos e programas regionais ou setoriais de desenvolvimento industrial e agrícola;

V – implantar, nas áreas críticas de poluição, um sistema permanente de acompanhamento dos índices locais de qualidade ambiental;

VI – identificar e informar, aos órgãos e entidades do Sistema Nacional do Meio Ambiente, a existência de áreas degradadas ou ameaçadas de degradação, propondo medidas para sua recuperação; e

VII – orientar a educação, em todos os níveis, para a participação ativa do cidadão e da comunidade na defesa do meio ambiente, cuidando para que os currículos escolares das diversas matérias obrigatórias contemplem o estudo da ecologia.

Art. 2º A execução da Política Nacional do Meio Ambiente, no âmbito da Administração Pública Federal, terá a coordenação do Secretário do Meio Ambiente.

Capítulo II
DA ESTRUTURA DO SISTEMA NACIONAL DO MEIO AMBIENTE

Art. 3º O Sistema Nacional do Meio Ambiente (Sisnama), constituído pelos órgãos e entidades da União, dos Estados, do Distrito Federal, dos Municípios e pelas fundações instituídas pelo Poder Público, responsáveis pela proteção e melhoria da qualidade ambiental, tem a seguinte estrutura:

I – Órgão Superior: o Conselho de Governo;

II – Órgão Consultivo e Deliberativo: o Conselho Nacional do Meio Ambiente (Conama);

III – Órgão Central: a Secretaria do Meio Ambiente da Presidência da República (Semam/PR);

IV – Órgãos Executores: o Instituto Brasileiro do Meio Ambiente e dos Recursos Naturais Renováveis – IBAMA e o Instituto Chico Mendes de Conservação da Biodiversidade – Instituto Chico Mendes; (Redação dada pelo Decreto nº 6.792, de 2009)

V – Órgãos Seccionais: os órgãos ou entidades da Administração Pública Federal direta e indireta, as fundações instituídas pelo Poder Público cujas atividades estejam associadas às de proteção da qualidade ambiental ou àquelas de disciplinamento do uso de recursos ambientais, bem assim os órgãos e entidades estaduais responsáveis pela execução de programas e projetos e pelo controle e fiscalização de atividades capazes de provocar a degradação ambiental; e

VI – Órgãos Locais: os órgãos ou entidades municipais responsáveis pelo controle e fiscalização das atividades referidas no inciso anterior, nas suas respectivas jurisdições.

Seção I
DA CONSTITUIÇÃO E FUNCIONAMENTO DO CONSELHO NACIONAL DO MEIO AMBIENTE

Art. 4º O CONAMA compõe-se de: (Redação dada pelo Decreto nº 6.792, de 2009)

I – Plenário; (Redação dada pelo Decreto nº 6.792, de 2009)

II – (Revogado pelo Decreto nº 9.806, de 2019)

III – Comitê de Integração de Políticas Ambientais; (Redação dada pelo Decreto nº 6.792, de 2009)

IV – Câmaras Técnicas; (Redação dada pelo Decreto nº 6.792, de 2009)

V – Grupos de Trabalho; e (Redação dada pelo Decreto nº 6.792, de 2009)

VI – Grupos Assessores. (Redação dada pelo Decreto nº 6.792, de 2009)

Art. 5º Integram o Plenário do Conama:(Redação dada pelo Decreto nº 99.355, de 1990)

I – o Ministro de Estado do Meio Ambiente, que o presidirá; (Redação dada pelo Decreto nº 3.942, de 2001)

II – o Secretário-Executivo do Ministério do Meio Ambiente, que será o seu Secretário-Executivo; (Redação dada pelo Decreto nº 3.942, de 2001)

III – o Presidente do Ibama; (Redação dada pelo Decreto nº 9.806, de 2019)

IV – um representante dos seguintes Ministérios, indicados pelos titulares das respectivas Pastas: (Redação dada pelo Decreto nº 9.806, de 2019)

a) Casa Civil da Presidência da República;(Incluída pelo Decreto nº 9.806, de 2019)

b) Ministério da Economia; (Incluída pelo Decreto nº 9.806, de 2019)

c) Ministério da Infraestrutura; (Incluída pelo Decreto nº 9.806, de 2019)

d) Ministério da Agricultura, Pecuária e Abastecimento; (Incluída pelo Decreto nº 9.806, de 2019)

e) Ministério de Minas e Energia; (Incluída pelo Decreto nº 9.806, de 2019)

f) Ministério do Desenvolvimento Regional; e(Incluída pelo Decreto nº 9.806, de 2019)

g) Secretaria de Governo da Presidência da República; (Incluída pelo Decreto nº 9.806, de 2019)

V – um representante de cada região geográfica do País indicado pelo governo estadual; (Redação dada pelo Decreto nº 9.806, de 2019) (Vide Decreto nº 10.483, de 2020)

VI – dois representantes de Governos municipais, dentre as capitais dos Estados; (Redação dada pelo Decreto nº 9.806, de 2019) (Vide Decreto nº 10.483, de 2020)

VII – quatro representantes de entidades ambientalistas de âmbito nacional inscritas, há, no mínimo, um ano, no Cadastro Nacional de Entidades Ambientalistas -Cnea, mediante carta registrada ou protocolizada junto ao Conama; e(Redação dada pelo Decreto nº 9.806, de 2019) (Vide Decreto nº 10.483, de 2020)

VIII – dois representantes indicados pelas seguintes entidades empresariais: (Redação dada pelo Decreto nº 9.806, de 2019) (Vide Decreto nº 10.483, de 2020)

a) Confederação Nacional da Indústria; (Redação dada pelo Decreto nº 9.806, de 2019)

b) Confederação Nacional do Comércio; (Redação dada pelo Decreto nº 9.806, de 2019)

c) Confederação Nacional de Serviços; (Redação dada pelo Decreto nº 9.806, de 2019)

d) Confederação Nacional da Agricultura; e (Redação dada pelo Decreto nº 9.806, de 2019)

e) Confederação Nacional do Transporte.(Redação dada pelo Decreto nº 9.806, de 2019)

IX – (Revogado pelo Decreto nº 9.806, de 2019)

X – (Revogado pelo Decreto nº 9.806, de 2019)

§ 1º (Revogado pelo Decreto nº 9.806, de 2019)

§ 2º Os representantes a que se referem os incisos IV a VIII do caput e o § 12, os seus respectivos suplentes e o suplente do Presidente do Ibama serão designados pelo Ministro de Estado do Meio Ambiente. (Redação dada pelo Decreto nº 9.938, de 2019)

§ 3º (Revogado pelo Decreto nº 9.806, de 2019)

§ 4º (Revogado pelo Decreto nº 9.806, de 2019)

§ 5º (Revogado pelo Decreto nº 9.806, de 2019)

§ 6º (Revogado pelo Decreto nº 9.806, de 2019)

§ 7º (Revogado pelo Decreto nº 9.806, de 2019)

§ 8º Os representantes a que se referem os incisos V, VI e VIII do caput terão mandato de um ano e serão escolhidos de forma sequencial conforme lista estabelecida por sorteio. (Incluído pelo Decreto nº 9.806, de 2019)

§ 9º Cada entidade ou órgão integrante do Plenário do Conama deverá indicar, além do membro titular, um membro suplente para representá-lo em suas ausências e seus impedimentos. (Incluído pelo Decreto nº 9.806, de 2019)

§ 10. Os representantes a que se refere o inciso VII do caput terão mandato de um ano e serão escolhidos por sorteio anual, vedada a participação das entidades ambientalistas detentoras de mandato. (Incluído pelo Decreto nº 9.806, de 2019)

§ 11. O Distrito Federal será incluído no sorteio do representante dos Governos estaduais da região Centro-Oeste. (Incluído pelo Decreto nº 9.806, de 2019)

§ 12. O Ministério Público Federal poderá indicar um representante, titular e suplente, para participar do Plenário do Conama na qualidade de membro convidado, sem direito a voto. (Incluído pelo Decreto nº 9.939, de 2019)

Art. 6º O Plenário do CONAMA reunir-se-á, em caráter ordinário, a cada três meses, no Distrito Federal, e, extraordinariamente, sempre que convocado pelo seu Presidente, por iniciativa própria ou a requerimento de pelo menos dois terços de seus membros.

§ 1º (Revogado pelo Decreto nº 9.806, de 2019)

§ 2º O Plenário do CONAMA reunir-se-á em sessão pública, com a presença de pelo menos a metade mais um dos seus membros e deliberará por maioria simples dos membros presentes no Plenário, cabendo ao Presidente da sessão, além do voto pessoal, o de qualidade. (Redação dada pelo Decreto nº 3.942, de 2001)

§ 3º O Presidente do Conama será substituído, em suas ausências e seus impedimentos, pelo Secretário-Executivo do Conama. (Redação dada pelo Decreto nº 9.806, de 2019)

§ 4º A participação dos membros do CONAMA é considerada serviço de natureza relevante e não será remunerada, cabendo às instituições representadas o custeio das despesas de deslocamento e estadia.

§ 5º Os representantes de que trata o inciso VII do caput do art. 5º poderão ter as despesas de deslocamento e estada pagas à conta de recursos orçamentários do Ministério do Meio Ambiente.(Redação dada pelo Decreto nº 9.806, de 2019)

Art. 6º-A. (Revogado pelo Decreto nº 9.806, de 2019)

Art. 6º-B. (Revogado pelo Decreto nº 9.806, de 2019)

Art. 6º-C O Conama poderá realizar reuniões regionais, de caráter não deliberativo, com a participação de representantes dos Estados, do Distrito Federal e das capitais dos Estados das respectivas regiões. (Incluído pelo Decreto nº 9.806, de 2019)

Seção II
DA COMPETÊNCIA DO CONSELHO NACIONAL DO MEIO AMBIENTE

Art. 7º Compete ao CONAMA: (Redação dada pelo Decreto nº 3.942, de 2001)

I – estabelecer, mediante proposta do IBAMA, normas e critérios para o licenciamento de atividades efetiva ou potencialmente poluidoras, a ser concedido pela União, Estados, Distrito Federal e Municípios e supervisionada pelo referido Instituto; (Redação dada pelo Decreto nº 3.942, de 2001)

II – determinar, quando julgar necessário, a realização de estudos das alternativas e das possíveis conseqüências ambientais de projetos públicos ou privados, requisitando aos órgãos federais, estaduais e municipais, bem assim a entidades privadas, as informações indispensáveis para apreciação dos estudos de impacto ambiental, e respectivos relatórios, no caso de obras ou atividades de significativa degradação ambiental, especialmente nas áreas consideradas patrimônio nacional; (Redação dada pelo Decreto nº 3.942, de 2001)

III – (Revogado pelo Decreto nº 9.806, de 2019)

IV – determinar, mediante representação do IBAMA, a perda ou restrição de benefícios fiscais concedidos pelo Poder Público, em caráter geral ou condicional, e a perda ou suspensão de participação em linhas de financiamento em estabelecimentos oficiais de crédito; (Redação dada pelo Decreto nº 3.942, de 2001)

V – estabelecer, privativamente, normas e padrões nacionais de controle da poluição causada por veículos automotores, aeronaves e embarcações, mediante audiência dos Ministérios competentes; (Redação dada pelo Decreto nº 3.942, de 2001)

VI – estabelecer normas, critérios e padrões relativos ao controle e à manutenção da qualidade do meio ambiente com vistas ao uso racional dos recursos ambientais, principalmente os hídricos; (Redação dada pelo Decreto nº 3.942, de 2001)

VII – assessorar, estudar e propor ao Conselho de Governo diretrizes de políticas governamentais para o meio ambiente e os recursos naturais; (Redação dada pelo Decreto nº 3.942, de 2001)

VIII – deliberar, no âmbito de sua competência, sobre normas e padrões compatíveis com o meio ambiente ecologicamente equilibrado e essencial à sadia qualidade de vida; (Redação dada pelo Decreto nº 3.942, de 2001)

IX – estabelecer os critérios técnicos para declaração de áreas críticas, saturadas ou em vias de saturação; (Redação dada pelo Decreto nº 3.942, de 2001)

X – acompanhar a implementação do Sistema Nacional de Unidades de Conservação da Natureza-SNUC, conforme disposto no inciso I do art. 6º da Lei no 9.985, de 18 de julho de 2000; (Redação dada pelo Decreto nº 3.942, de 2001)

XI – propor sistemática de monitoramento, avaliação e cumprimento das normas ambientais; (Redação dada pelo Decreto nº 3.942, de 2001)

XII – incentivar a instituição e o fortalecimento institucional dos Conselhos Estaduais e Municipais de Meio Ambiente, de gestão de recursos ambientais e dos Comitês de Bacia Hidrográfica; (Redação dada pelo Decreto nº 3.942, de 2001)

XIII – avaliar a implementação e a execução da política ambiental do País; (Redação dada pelo Decreto nº 3.942, de 2001)

XIV – recomendar ao órgão ambiental competente a elaboração do Relatório de Qualidade Ambiental, previsto no art. 9º inciso X da Lei no 6.938, de 31 de agosto de 1981; (Redação dada pelo Decreto nº 3.942, de 2001)

XV – estabelecer sistema de divulgação de seus trabalhos; (Incluído pelo Decreto nº 3.942, de 2001)

XVI – promover a integração dos órgãos colegiados de meio ambiente; (Incluído pelo Decreto nº 3.942, de 2001)

XVII – elaborar, aprovar e acompanhar a implementação da Agenda Nacional de Meio Ambiente, a ser proposta aos órgãos e às entidades do SISNAMA, sob a forma de recomendação; (Incluído pelo Decreto nº 3.942, de 2001)

XVIII – deliberar, sob a forma de resoluções, proposições, recomendações e moções, visando o cumprimento dos objetivos da Política Nacional de Meio Ambiente; e (Incluído pelo Decreto nº 3.942, de 2001)

XIX – elaborar o seu regimento interno. (Incluído pelo Decreto nº 3.942, de 2001)

§ 1º As normas e os critérios para o licenciamento de atividades potencial ou efetivamente poluidoras deverão estabelecer os requisitos necessários à proteção ambiental. (Redação dada pelo Decreto nº 3.942, de 2001)

§ 2º As penalidades previstas no inciso IV deste artigo somente serão aplicadas nos casos previamente definidos em ato específico do CONAMA, assegurando-se ao interessado a ampla defesa. (Redação dada pelo Decreto nº 3.942, de 2001)

§ 3º Na fixação de normas, critérios e padrões relativos ao controle e à manutenção da qualidade do meio ambiente, o CONAMA levará em consideração a capacidade de auto-regeneração dos corpos receptores e a necessidade de estabelecer parâmetros genéricos mensuráveis. (Redação dada pelo Decreto nº 3.942, de 2001)

§ 4º A Agenda Nacional de Meio Ambiente de que trata o inciso XVII deste artigo constitui-se de documento a ser dirigido ao SISNAMA, recomendando os temas, programas e projetos considerados prioritários para a melhoria da qualidade ambiental e o desenvolvimento sustentável do País, indicando os objetivos a serem alcançados num período de dois anos. (Incluído pelo Decreto nº 3.942, de 2001)

Seção III
DAS CÂMARAS TÉCNICAS

Art. 8º O Conama poderá dividir-se em Câmaras Técnicas, para examinar e relatar ao Plenário assuntos de sua competência.

§ 1º A competência, a composição e o prazo de funcionamento de cada uma das Câmaras Técnicas constará do ato do Conama que a criar.

§ 2º(Revogado pelo Decreto nº 9.806, de 2019)

Art. 9º Em caso de urgência, o Presidente do Conama poderá criar Câmaras Técnicas ad referendum do Plenário.

Seção IV
DO ÓRGÃO CENTRAL

Art. 10. Caberá ao Ministério do Meio Ambiente, por intermédio de sua Secretaria-Executiva, prover os serviços de apoio técnico e administrativo do CONAMA. (Redação dada pelo Decreto nº 3.942, de 2001)

Art. 11. Para atender ao suporte técnico e administrativo do CONAMA, a Secretaria-Executiva do Ministério do Meio Ambiente deverá: (Redação dada pelo Decreto nº 3.942, de 2001)

I – solicitar colaboração, quando necessário, aos órgãos específicos singulares, ao Gabinete e às entidades vinculadas ao Ministério do Meio Ambiente; (Redação dada pelo Decreto nº 3.942, de 2001)

II – coordenar, por meio do Sistema Nacional de Informações sobre o Meio Ambiente-SINIMA, o intercâmbio de informações entre os órgãos integrantes do SISNAMA; e (Redação dada pelo Decreto nº 3.942, de 2001)

III – promover a publicação e divulgação dos atos do CONAMA. (Redação dada pelo Decreto nº 3.942, de 2001)

Seção V
DA COORDENAÇÃO DOS ÓRGÃOS SECCIONAIS FEDERAIS

Art. 12. Os Órgãos Seccionais, de que trata o art. 3º, inciso V, primeira parte, serão coordenados, no que se referir à Política Nacional do Meio Ambiente, pelo Secretário do Meio Ambiente.

Seção VI
DOS ÓRGÃOS SECCIONAIS ESTADUAIS E DOS ÓRGÃOS LOCAIS

Art. 13. A integração dos Órgãos Setoriais Estaduais (art. 30, inciso V, segunda parte) e dos Órgãos Locais ao Sisnama, bem assim a delegação de funções do nível federal para o estadual poderão ser objeto de convênios celebrados entre cada Órgão Setorial Estadual e a Semam/PR, admitida a interveniência de Órgãos Setoriais Federais do Sisnama.

Capítulo III
DA ATUAÇÃO DO SISTEMA NACIONAL DO MEIO AMBIENTE

Art. 14. A atuação do Sisnama efetivar-se-á mediante articulação coordenada dos órgãos e entidades que o constituem, observado o seguinte:

I – o acesso da opinião pública às informações relativas às agressões ao meio ambiente e às ações de proteção ambiental, na forma estabelecida pelo Conama; e

II – caberá aos Estados, ao Distrito Federal e aos Municípios a regionalização das medidas emanadas do Sisnama, elaborando normas e padrões supletivos e complementares.

Parágrafo único. As normas e padrões dos Estados, do Distrito Federal e dos Municípios poderão fixar parâmetros de emissão, ejeção e emanação de agentes poluidores, observada a legislação federal.

Art. 15. Os Órgãos Seccionais prestarão ao Conama informações sobre os seus planos de ação e programas em execução, consubstanciadas em relatórios anuais, sem prejuízo de relatórios parciais para atendimento de solicitações específicas.

Parágrafo único. A Semam/PR consolidará os relatórios mencionados neste artigo em um relatório anual sobre a situação do meio ambiente no País, a ser publicado e submetido à consideração do Conama, em sua segunda reunião do ano subseqüente.

Art. 16. O Conama, por intermédio da Semam/PR, poderá solicitar informações e pareceres dos Órgão Seccionais e Locais, justificando, na respectiva requisição, o prazo para o seu atendimento.

1º Nas atividades de licenciamento, fiscalização e controle deverão ser evitadas exigências burocráticas excessivas ou pedidos de informações já disponíveis.

2º Poderão ser requeridos à Semam/PR, bem assim aos Órgãos Executor, Seccionais e Locais, por pessoa física ou jurídica que comprove legítimo interesse, os resultados das análises técnicas de que disponham.

3º Os órgãos integrantes do Sisnama, quando solicitarem ou prestarem informações, deverão preservar o sigilo industrial e evitar a concorrência desleal, correndo o processo, quando for o caso, sob sigilo administrativo, pelo qual será responsável a autoridade dele encarregada.

Capítulo IV
DO LICENCIAMENTO DAS ATIVIDADES

Art. 17. A construção, instalação, ampliação e funcionamento de estabelecimento de atividades utilizadoras de recursos ambientais, consideradas efetiva ou potencialmente poluidoras, bem assim os empreendimentos capazes, sob qualquer forma, de causar degradação ambiental, dependerão de prévio licenciamento do órgão estadual competente integrante do Sisnama, sem prejuízo de outras licenças legalmente exigíveis.

§ 1º Caberá ao Conama fixar os critérios básicos, segundo os quais serão exigidos estudos de impacto ambiental para fins de licenciamento, contendo, entre outros, os seguintes itens:

a) diagnóstico ambiental da área;

b) descrição da ação proposta e suas alternativas; e

c) identificação, análise e previsão dos impactos significativos, positivos e negativos.

2º O estudo de impacto ambiental será realizado por técnicos habilitados e constituirá o Relatório de Impacto Ambiental Rima, correndo as despesas à conta do proponente do projeto.

3º Respeitada a matéria de sigilo industrial, assim expressamente caracterizada a pedido do interessado, o Rima, devidamente fundamentado, será acessível ao público.

4º Resguardado o sigilo industrial, os pedidos de licenciamento, em qualquer das suas modalidades, sua renovação e a respectiva concessão da licença serão objeto de publicação resumida, paga pelo interessado, no jornal oficial do Estado e em um periódico de grande circulação, regional ou local, conforme modelo aprovado pelo Conama.

Art. 18. O órgão estadual do meio ambiente e o Ibama, este em caráter supletivo, sem prejuízo das penalidades pecuniárias cabíveis, determinarão, sempre que necessário, a redução das atividades geradoras de poluição, para manter as emissões gasosas ou efluentes líquidos e os resíduos sólidos nas condições e limites estipulados no licenciamento concedido.

Art. 19. O Poder Público, no exercício de sua competência de controle, expedirá as seguintes licenças:

I - Licença Prévia (LP), na fase preliminar do planejamento de atividade, contendo requisitos básicos a serem atendidos nas fases de localização, instalação e operação, observados os planos municipais, estaduais ou federais de uso do solo;

II - Licença de Instalação (LI), autorizando o início da implantação, de acordo com as especificações constantes do Projeto Executivo aprovado; e

III - Licença de Operação (LO), autorizando, após as verificações necessárias, o início da atividade licenciada e o funcionamento de seus equipamentos de controle de poluição, de acordo com o previsto nas Licenças Prévia e de Instalação.

1º Os prazos para a concessão das licenças serão fixados pelo Conama, observada a natureza técnica da atividade.

2º Nos casos previstos em resolução do Conama, o licenciamento de que trata este artigo dependerá de homologação do Ibama.

3º Iniciadas as atividades de implantação e operação, antes da expedição das respectivas licenças, os dirigentes dos Órgãos Setoriais do Ibama deverão, sob pena de responsabilidade funcional, comunicar o fato às entidades financiadoras dessas atividades, sem prejuízo da imposição de penalidades, medidas administrativas de interdição, judiciais, de embargo, e outras providências cautelares.

4º O licenciamento dos estabelecimentos destinados a produzir materiais nucleares ou a utilizar a energia nuclear e suas aplicações, competirá à Comissão Nacional de Energia Nuclear (CENEN), mediante parecer do Ibama, ouvidos os órgãos de controle ambiental estaduais ou municipais.

5º Excluída a competência de que trata o parágrafo anterior, nos demais casos de competência federal o Ibama expedirá as respectivas licenças, após considerar o exame técnico procedido pelos órgãos estaduais e municipais de controle da poluição.

Art. 20. Caberá recurso administrativo:

I – para o Secretário de Assuntos Estratégicos, das decisões da Comissão Nacional de Energia Nuclear (CNEN); e

II – para o Secretário do Meio Ambiente, nos casos de licenciamento da competência privativa do Ibama, inclusive nos de denegação de certificado homologatório.

Parágrafo único. No âmbito dos Estados, do Distrito Federal e dos Municípios, o recurso de que trata este artigo será interposto para a autoridade prevista na respectiva legislação.

Art. 21. Compete à Semam/PR propor ao Conama a expedição de normas gerais para implantação e fiscalização do licenciamento previsto neste decreto.

1º A fiscalização e o controle da aplicação de critérios, normas e padrões de qualidade ambiental serão exercidos pelo Ibama, em caráter supletivo à atuação dos Órgãos Seccionais Estaduais e dos Órgãos Locais.

2º Inclui-se na competência supletiva do Ibama a análise prévia de projetos, de entidades públicas ou privadas, que interessem à conservação ou à recuperação dos recursos ambientais.

3º O proprietário de estabelecimento ou o seu preposto responsável permitirá, sob a pena da lei, o ingresso da fiscalização no local das atividades potencialmente poluidoras para a inspeção de todas as suas áreas.

4º As autoridades policiais, quando necessário, deverão prestar auxílio aos agentes fiscalizadores no exercício de suas atribuições.

Art. 22. O Ibama, na análise dos projetos submetidos ao seu exame, exigirá, para efeito de aprovação, que sejam adotadas, pelo interessado, medidas capazes de assegurar que as matérias-primas, insumos e bens produzidos tenham padrão de qualidade que elimine ou reduza, o efeito poluente derivado de seu emprego e utilização.

Capítulo V
DOS INCENTIVOS

Art. 23. As entidades governamentais de financiamento ou gestoras de incentivos, condicionarão a sua concessão à comprovação do licenciamento previsto neste decreto.

Capítulo VI
DO CADASTRAMENTO

Art. 24. O Ibama submeterá à aprovação do Conama as normas necessárias à implantação do Cadastro Técnico Federal de Atividades e Instrumentos de Defesa Ambiental.

TÍTULO II
DAS ESTAÇÕES ECOLÓGICAS E DAS ÁREAS DE PROTEÇÃO AMBIENTAL

Capítulo I
DAS ESTAÇÕES ECOLÓGICAS

Art. 25. As Estações Ecológicas Federais serão criadas por Decreto do Poder Executivo, mediante proposta do Secretário do Meio Ambiente, e terão sua administração coordenada pelo Ibama.

§ 1º O ato de criação da Estação Ecológica definirá os seus limites geográficos, a sua denominação, a entidade responsável por sua administração e o zoneamento a que se refere o art. 1º, § 2º, da Lei nº 6.902, de 27 de abril de 1981.

§ 2º Para a execução de obras de engenharia que possam afetar as estações ecológicas, será obrigatória a audiência prévia do Conama.

Art. 26. Nas Estações Ecológicas Federais, o zoneamento a que se refere o art. 1º, § 2º, da Lei nº 6.902, de 1981, será estabelecido pelo Ibama.

Art. 27. Nas áreas circundantes das Unidades de Conservação, num raio de dez quilômetros, qualquer atividade que possa afetar a biota ficará subordinada às normas editadas pelo Conama.

Capítulo II
DAS ÁREAS DE PROTEÇÃO AMBIENTAL

Art. 28. No âmbito federal, compete ao Secretário do Meio Ambiente, com base em parecer do Ibama, propor ao Presidente da República a criação de Áreas de Proteção Ambiental.

Art. 29. O decreto que declarar a Área de Proteção Ambiental mencionará a sua denominação, limites geográficos, principais objetivos e as proibições e restrições de uso dos recursos ambientais nela contidos.

Art. 30. A entidade supervisora e fiscalizadora da Área de Proteção Ambiental deverá orientar e assistir os proprietários, a fim de que os objetivos da legislação pertinente sejam atingidos.

Parágrafo único. Os proprietários de terras abrangidas pelas Áreas de Proteção Ambiental poderão mencionar os nomes destas nas placas indicadoras de propriedade, na promoção de atividades turísticas, bem assim na indicação de procedência dos produtos nela originados.

Art. 31. Serão considerados de relevância e merecedores do reconhecimento público os serviços prestados, por qualquer forma, à causa conservacionista.

Art. 32. As instituições federais de crédito e financiamento darão prioridade aos pedidos encaminhados com apoio da Semam/PR, destinados à melhoria do uso racional do solo e das condições sanitárias e habitacionais das propriedades situadas nas Áreas de Proteção Ambiental.

TÍTULO III
DAS PENALIDADES

Art. 33. Constitui infração, para os efeitos deste decreto, toda ação ou omissão que importe na inobservância de preceitos nele estabelecidos ou na desobediência às determinações de caráter normativo dos órgãos ou das autoridades administrativas competentes.

Art. 34. Serão impostas multas diárias de 61,70 a 6.170 Bônus do Tesouro Nacional (BTN), proporcionalmente à degradação ambiental causada, nas seguintes infrações:

I – contribuir para que um corpo d'água fique em categoria de qualidade inferior à prevista na classificação oficial;

II – contribuir para que a qualidade do ar ambiental seja inferior ao nível mínimo estabelecido em resolução;

III – emitir ou despejar efluentes ou resíduos sólidos, líquidos ou gasosos causadores de degradação ambiental, em desacordo com o estabelecido em resolução ou licença especial;

IV – exercer atividades potencialmente degradadoras do meio ambiente, sem a licença ambiental legalmente exigível ou em desacordo com a mesma;

V – causar poluição hídrica que torne necessária a interrupção do abastecimento público de água de uma comunidade;

VI – causar poluição de qualquer natureza que provoque destruição de plantas cultivadas ou silvestres;

VII – ferir, matar ou capturar, por quaisquer meios, nas Unidades de Conservação, exemplares de espécies consideradas raras da biota regional;

VIII – causar degradação ambiental mediante assoreamento de coleções d'água ou erosão acelerada, nas Unidades de Conservação;

IX – desrespeitar interdições de uso, de passagem e outras estabelecidas administrativamente para a proteção contra a degradação ambiental;

X – impedir ou dificultar a atuação dos agentes credenciados pelo Ibama, para inspecionar situação de perigo potencial ou examinar a ocorrência de degradação ambiental;

XI – causar danos ambientais, de qualquer natureza, que provoquem destruição ou outros efeitos desfavoráveis à biota nativa ou às plantas cultivadas e criações de animais;

XII – descumprir resoluções do Conama.

Art. 35. Serão impostas multas de 308,50 a 6.170 BTN, proporcionalmente à degradação ambiental causada, nas seguintes infrações:

I – realizar em Área de Proteção Ambiental, sem licença do respectivo órgão de controle ambiental, abertura de canais ou obras de terraplanagem, com movimentação de areia, terra ou material rochoso, em volume superior a 100m3, que possam causar degradação ambiental;

II – causar poluição de qualquer natureza que possa trazer danos à saúde ou ameaçar o bem-estar.

Art. 36. Serão impostas multas de 617 a 6.170 BTN nas seguintes infrações:

I – causar poluição atmosférica que provoque a retirada, ainda que momentânea, dos habitantes de um quarteirão urbano ou localidade equivalente;

II – causar poluição do solo que torne uma área, urbana ou rural, imprópria para a ocupação humana;

III – causar poluição de qualquer natureza, que provoque mortandade de mamíferos, aves, répteis, anfíbios ou peixes.

Art. 37. O valor das multas será graduado de acordo com as seguintes circunstâncias:

I – atenuantes:

a) menor grau de compreensão e escolaridade do infrator;

b) reparação espontânea do dano ou limitação da degradação ambiental causada;

c) comunicação prévia do infrator às autoridades competentes, em relação a perigo iminente de degradação ambiental;

d) colaboração com os agentes encarregados da fiscalização e do controle ambiental;

II – agravantes:

a) reincidência específica;

b) maior extensão da degradação ambiental;

c) dolo, mesmo eventual;

d) ocorrência de efeitos sobre a propriedade alheia;

e) infração ocorrida em zona urbana;

f) danos permanentes à saúde humana;

g) atingir área sob proteção legal;

h) emprego de métodos cruéis na morte ou captura de animais.

Art. 38. No caso de infração continuada, caracterizada pela permanência da ação ou omissão inicialmente punida, será a respectiva penalidade aplicada diariamente até cessar a ação degradadora.

Art. 39. Quando a mesma infração for objeto de punição em mais de um dispositivo deste decreto, prevalecerá o enquadramento no item mais específico em relação ao mais genérico.

Art. 40. Quando as infrações forem causadas por menores ou incapazes, responderá pela multa quem for juridicamente responsável pelos mesmos.

Art. 41. A imposição de penalidades pecuniárias, por infrações à legislação ambiental, pelos Estados, pelo Distrito Federal e pelos Municípios, excluirá a exigência de multas federais, na mesma hipótese de incidência. (Redação dada pelo Decreto nº 122, de 1991)

Art. 42. As multas poderão ter a sua exigibilidade suspensa quando o infrator, por termo de compromisso aprovado pela autoridade ambiental que aplicou a penalidade, se obrigar à adoção de medidas específicas para cessar e corrigir a degradação ambiental.

Parágrafo único. Cumpridas as obrigações assumidas pelo infrator, a multa será reduzida em até noventa por cento.

Art. 43. (Revogado pelo Decreto nº 9.806, de 2019)

Art. 44. O Ibama poderá celebrar convênios com entidades oficiais dos Estados, delegando-lhes, em casos determinados, o exercício das atividades de fiscalização e controle.

TÍTULOS IV
DAS DISPOSIÇÕES FINAIS

Art. 45. Este decreto entra em vigor na data de sua publicação.

Art. 46. Revogam-se os Decretos nºs 88.351, de 1º de junho de 1983, 89.532, de 6 de abril de 1984, 91.305, de 3 de junho de 1985, 93.630, de 28 de novembro de 1986, 94.085, de 10 de março de 1987, 94.764 de 11 de agosto de 1987, 94.998, de 5 de outubro de 1987, 96.150 de 13 de junho de 1988, 97.558, de 7 de março de 1989, 97.802, de 5 de junho de 1989, e 98.109, de 31 de agosto de 1989.

Brasília, 6 de junho de 1990; 169º da Independência e 102º da República.

RESOLUÇÃO CONAMA Nº 1, DE 23 DE JANEIRO DE 1986

DISPÕE SOBRE CRITÉRIOS BÁSICOS E DIRETRIZES GERAIS PARA A AVALIAÇÃO DE IMPACTO AMBIENTAL.

O Conselho Nacional do Meio Ambiente – CONAMA, no uso das atribuições que lhe confere o art. 48 do Decreto nº 88.351, de 1º de junho de 1983, para efetivo exercício das responsabilidades que lhe são atribuídas pelo art. 18 do mesmo decreto, e

Considerando a necessidade de se estabelecerem as definições, as responsabilidades, os critérios básicos e as diretrizes gerais para uso e implementação da Avaliação de Impacto Ambiental como um dos instrumentos da Política Nacional do Meio Ambiente,

Resolve:

Art. 1º Para efeito desta Resolução, considera-se impacto ambiental qualquer alteração das propriedades físicas, químicas e biológicas do meio ambiente, causada por qualquer forma de matéria ou energia resultante das atividades humanas que, direta ou indiretamente, afetam:

I – a saúde, a segurança e o bem-estar da população;

II – as atividades sociais e econômicas;

III – a biota;

IV – as condições estéticas e sanitárias do meio ambiente;

V – a qualidade dos recursos ambientais.

Art. 2º Dependerá de elaboração de estudo de impacto ambiental e respectivo relatório de impacto ambiental – RIMA, a serem submetidos à aprovação do órgão estadual competente, e do SEMA em caráter supletivo, o licenciamento de atividades modificadoras do meio ambiente, tais como:

I – Estradas de rodagem com duas ou mais faixas de rolamento;

II – Ferrovias;

III – Portos e terminais de minério, petróleo e produtos químicos;

IV – Aeroportos, conforme definidos pelo inciso I, art. 48, do Decreto-Lei nº 32, de 18.11.1966;

V – Oleodutos, gasodutos, minerodutos, troncos coletores e emissários de esgotos sanitários;

VI – Linhas de transmissão de energia elétrica, acima de 230 Kv;

VII – Obras hidráulicas para exploração de recursos hídricos, tais como: barragem para fins hidrelétricos, acima de 10 MW, de saneamento ou de irrigação, abertura de canais para navegação, drenagem e irrigação, retificação de cursos d'água, abertura de barras e embocaduras, transposição de bacias, diques;

VIII – Extração de combustível fóssil (petróleo, xisto, carvão);

IX – Extração de minério, inclusive os da classe II, definidas no Código de Mineração;

X – Aterros sanitários, processamento e destino final de resíduos tóxicos ou perigosos;

Xl – Usinas de geração de eletricidade, qualquer que seja a fonte de energia primária, acima de 10 MW;

XII – Complexo e unidades industriais e agroindustriais (petroquímicos, siderúrgicos, cloroquímicos, destilarias de álcool, hulha, extração e cultivo de recursos hídricos);

XIII – Distritos industriais e zonas estritamente industriais – ZEI;

XIV – Exploração econômica de madeira ou de lenha, em áreas acima de 100 hectares ou menores, quando atingir áreas significativas em termos percentuais ou de importância do ponto de vista ambiental;

XV – Projetos urbanísticos, acima de 100 ha ou em áreas consideradas de relevante interesse ambiental a critério da SEMA e dos órgãos municipais e estaduais competentes;

XVI – Qualquer atividade que utilizar carvão vegetal, derivados ou produtos similares, em quantidade superior a dez toneladas por dia. (Redação dada ao inciso pela Resolução CONAMA nº 11, de 18.03.1986, DOU 02.05.1986)

XVII – Projetos Agropecuários que contemplem áreas acima de 1.000 ha ou menores, neste caso, quando se tratar de áreas significativas em termos percentuais ou de importância do ponto de vista ambiental, inclusive nas áreas de proteção ambiental. (Inciso acrescentado pela Resolução CONAMA nº 11, de 18.03.1986, DOU 02.05.1986)

Art. 3º (Revogado pela Resolução CONAMA nº 237, de 19.12.1997, DOU 22.12.1997)

Art. 4º Os órgãos ambientais competentes e os órgãos setoriais do SISNAMA deverão compatibilizar os processos de licenciamento com as etapas de planejamento e implantação das atividades modificadoras do meio Ambiente, respeitados os critérios e diretrizes estabelecidos por esta Resolução e tendo por base a natureza, o porte e as peculiaridades de cada atividade.

Art. 5º O estudo de impacto ambiental, além de atender à legislação, em especial os princípios e objetivos expressos na Lei de Política Nacional do Meio Ambiente, obedecerá às seguintes diretrizes gerais:

I – Contemplar todas as alternativas tecnológicas e de localização do projeto, confrontando-as com a hipótese de não execução do projeto;

II – Identificar e avaliar sistematicamente os impactos ambientais gerados nas fases de implantação e operação da atividade;

III – Definir os limites da área geográfica a ser direta ou indiretamente afetada pelos impactos, denominada área de influência do projeto, considerando, em todos os casos, a bacia hidrográfica na qual se localiza;

IV – Considerar os planos e programas governamentais, propostos e em implantação na área de influência do projeto, e sua compatibilidade.

Parágrafo único. Ao determinar a execução do estudo de impacto ambiental, o órgão estadual competente, ou a SEMA ou, quando couber, o Município, fixará as diretrizes adicionais que, pelas peculiaridades do projeto e características ambientais da área, forem julgadas necessárias, inclusive os prazos para conclusão e análise dos estudos.

Art. 6º O estudo de impacto ambiental desenvolverá, no mínimo, as seguintes atividades técnicas:

I – Diagnóstico ambiental da área de influência do projeto completa descrição e análise dos recursos ambientais e suas interações, tal como existem, de modo a caracterizar a situação ambiental da área, antes da implantação do projeto, considerando:

a) o meio físico – o subsolo, as águas, o ar e o clima, destacando os recursos minerais, a topografia, os tipos e aptidões do solo, os corpos d'água, o regime hidrológico, as correntes marinhas, as correntes atmosféricas;

b) o meio biológico e os ecossistemas naturais – a fauna e a flora, destacando as espécies indicadoras da qualidade ambiental, de valor científico e econômico, raras e ameaçadas de extinção e as áreas de preservação permanente;

c) o meio socioeconômico – o uso e ocupação do solo, os usos da água e a sócio economia, destacando os sítios e monumentos arqueológicos, históricos e culturais da comunidade, as relações de dependência entre a sociedade local, os recursos ambientais e a potencial utilização futura desses recursos.

II – Análise dos impactos ambientais do projeto e de suas alternativas, através de identificação, previsão da magnitude e interpretação da importância dos prováveis impactos relevantes, discriminando: os impactos positivos e negativos (benéficos e adversos), diretos e indiretos, imediatos e a médio e longo prazos, temporários e permanentes; seu grau de reversibilidade; suas propriedades cumulativas e sinérgicas; a distribuição dos ônus e benefícios sociais.

III – Definição das medidas mitigadoras dos impactos negativos, entre elas os equipamentos de controle e sistemas de tratamento de despejos, avaliando a eficiência de cada uma delas.

IV – Elaboração do programa de acompanhamento e monitoramento dos impactos positivos e negativos, indicando os fatores e parâmetros a serem considerados.

Parágrafo único. Ao determinar a execução do estudo de impacto ambiental, o órgão estadual competente, ou a SEMA ou, quando couber, o Município fornecerá as instruções adicionais que se fizerem necessárias, pelas peculiaridades do projeto e características ambientais da área.

Art. 7º (Revogado pela Resolução CONAMA nº 237, de 19.12.1997, DOU 22.12.1997)

Art. 8º Correrão por conta do proponente do projeto todas as despesas e custos referentes à realização do estudo de impacto ambiental, tais como: coleta e aquisição dos dados e informações, trabalhos e inspeções de campo, análises de laboratório, estudos técnicos e científicos e acompanhamento e monitoramento dos impactos, elaboração do RIMA e fornecimento de pelo menos 5 (cinco) cópias.

Art. 9º O relatório de impacto ambiental – RIMA refletirá as conclusões do estudo de impacto ambiental e conterá, no mínimo:

I – Os objetivos e justificativas do projeto, sua relação e compatibilidade com as políticas setoriais, planos e programas governamentais;

II – A descrição do projeto e suas alternativas tecnológicas e locacionais, especificando para cada um deles, nas fases de construção e operação a área de influência, as matérias primas, e mão-de-obra, as fontes de energia, os processos e técnicas operacionais, os prováveis efluentes, emissões, resíduos e perdas de energia, os empregos diretos e indiretos a serem gerados;

III – A síntese dos resultados dos estudos de diagnósticos ambiental da área de influência do projeto;

IV – A descrição dos prováveis impactos ambientais da implantação e operação da atividade, considerando o projeto, suas alternativas, os horizontes de tempo de incidência dos impactos e indicando os métodos, técnicas e critérios adotados para sua identificação, quantificação e interpretação;

V – A caracterização da qualidade ambiental futura da área de influência, comparando as diferentes situações da adoção do projeto e suas alternativas, bem como com a hipótese de sua não realização;

VI – A descrição do efeito esperado das medidas mitigadoras previstas em relação aos impactos negativos, mencionando aqueles que não puderem ser evitados, e o grau de alteração esperado;

VII – O programa de acompanhamento e monitoramento dos impactos;

VIII – Recomendação quanto à alternativa mais favorável (conclusões e comentários de ordem geral).

Parágrafo único. O RIMA deve ser apresentado de forma objetiva e adequada à sua compreensão. As informações devem ser traduzidas em linguagem acessível, ilustradas por mapas, cartas, quadros, gráficos e demais técnicas de comunicação visual, de modo que se possam entender as vantagens e desvantagens do projeto, bem como todas as consequências ambientais de sua implementação.

Art. 10. O órgão estadual competente, ou a SEMA ou, quando couber, o Município terá um prazo para se manifestar de forma conclusiva sobre o RIMA apresentado.

Parágrafo único. O prazo a que se refere o caput deste artigo terá o seu termo inicial na data do recebimento pelo órgão estadual competente ou pela SEMA do estudo do impacto ambiental e seu respectivo RIMA.

Art. 11. Respeitado o sigilo industrial, assim solicitando e demonstrando pelo interessado o RIMA será acessível ao público. Suas cópias permanecerão à disposição dos interessados, nos centros de documentação ou bibliotecas da SEMA e do órgão estadual de controle ambiental correspondente, inclusive durante o período de análise técnica.

§ 1º Os órgãos públicos que manifestarem interesse, ou tiverem relação direta com o projeto, receberão cópia do RIMA, para conhecimento e manifestação.

§ 2º Ao determinar a execução do estudo de impacto ambiental e apresentação do RIMA, o órgão estadual competente ou a SEMA ou, quando couber o Município, determinará o prazo para recebimento dos comentários a serem feitos pelos órgãos públicos e demais interessados e, sempre que julgar necessário, promoverá a realização de audiência pública para informação sobre o projeto e seus impactos ambientais e discussão do RIMA.

Art. 12. Esta Resolução entra em vigor na data de sua publicação.

RESOLUÇÃO CONAMA Nº 237, DE 19 DE DEZEMBRO DE 1997

- DISPÕE SOBRE CONCEITOS, SUJEIÇÃO, E PROCEDIMENTO PARA OBTENÇÃO DE LICENCIAMENTO AMBIENTAL.

O Conselho Nacional do Meio Ambiente - CONAMA, no uso das atribuições e competências que lhe são conferidas pela Lei nº 6.938, de 31 de agosto de 1981, regulamentadas pelo Decreto nº 99.274, de 06 de junho de 1990, e tendo em vista o disposto em seu Regimento Interno, e

Considerando a necessidade de revisão dos procedimentos e critérios utilizados no licenciamento ambiental, de forma a efetivar a utilização do sistema de licenciamento como instrumento de gestão ambiental, instituído pela Política Nacional do Meio Ambiente;

Considerando a necessidade de se incorporar ao sistema de licenciamento ambiental os instrumentos de gestão ambiental, visado o desenvolvimento sustentável e a melhoria contínua;

Considerando as diretrizes estabelecidas na Resolução CONAMA nº 011/94, que determina a necessidade de revisão no sistema de licenciamento ambiental;

Considerando a necessidade de regulamentação de aspectos do licenciamento ambiental estabelecidos na Política Nacional de Meio Ambiente que ainda não foram definidos;

Considerando a necessidade de ser estabelecido critério para exercício da competência para o licenciamento a que se refere o artigo 10 da Lei nº 6.938, de 31 de agosto de 1981;

Considerando a necessidade de se integrar a atuação dos órgãos competentes do Sistema Nacional de Meio Ambiente - SISNAMA na execução da Política Nacional do Meio Ambiente, em conformidade com as respectivas competências, resolve:

Art. 1º. Para efeito desta Resolução são adotadas as seguintes definições:

I - Licenciamento Ambiental: procedimento administrativo pelo qual o órgão ambiental competente licencia a localização, instalação, ampliação e a operação de empreendimentos e atividades utilizadoras de recursos ambientais consideradas efetiva ou potencialmente poluidoras ou daquelas que, sob qualquer forma, possam causar degradação ambiental, considerando as disposições legais e regulamentares e as normas técnicas aplicáveis ao caso;

II - Licença Ambiental: ato administrativo pelo qual o órgão ambiental competente estabelece as condições, restrições e medidas de controle ambiental que deverão ser obedecidas pelo empreendedor, pessoa física ou jurídica, para localizar, instalar, ampliar e operar empreendimentos ou atividades utilizadoras dos recursos ambientais consideradas efetiva ou potencialmente poluidoras ou aquelas que, sob qualquer forma, possam causar degradação ambiental;

III - Estudos Ambientais: são todos e quaisquer estudos relativos aos aspectos ambientais relacionados à localização, instalação, operação e ampliação de uma atividade ou empreendimento, apresentado como subsídio para a análise da licença requerida, tais como: relatório ambiental, plano e projeto de controle ambiental, relatório ambiental preliminar, diagnóstico ambiental, plano de manejo, plano de recuperação de área degradada e análise preliminar de risco;

IV - Impacto Ambiental Regional: é todo e qualquer impacto ambiental que afete diretamente (área de influência direta do projeto), no todo ou em parte, o território de dois ou mais Estados.

Art. 2º. A localização, construção, instalação, ampliação, modificação e operação de empreendimentos e atividades utilizadoras de recursos ambientais consideradas efetiva ou potencialmente poluidoras, bem como os empreendimentos capazes, sob qualquer forma, de causar degradação ambiental, dependerão de prévio licenciamento do órgão ambiental competente, sem prejuízo de outras licenças legalmente exigíveis.

§ 1º. Estão sujeitos ao licenciamento ambiental os empreendimentos e as atividades relacionadas no Anexo I, parte integrante desta Resolução.

§ 2º. Caberá ao órgão ambiental competente definir os critérios de exigibilidade, o detalhamento e a complementação do Anexo I, levando em consideração as especificidades, os riscos ambientais, o porte e outras características do empreendimento ou atividade.

Art. 3º. A licença ambiental para empreendimentos e atividades consideradas efetiva ou potencialmente causadoras de significativa degradação do meio dependerá de prévio estudo de impacto ambiental e respectivo relatório de impacto sobre o meio ambiente (EIA/RIMA), ao qual dar-se-á publicidade, garantida a realização de audiências públicas, quando couber, de acordo com a regulamentação.

Parágrafo único. O órgão ambiental competente, verificando que a atividade ou empreendimento não é potencialmente causador de significativa degradação do meio ambiente, definirá os estudos ambientais pertinentes ao respectivo processo de licenciamento.

Art. 4º. Compete ao Instituto Brasileiro do Meio Ambiente e dos Recursos Naturais Renováveis - IBAMA, órgão executor do SISNAMA, o licenciamento ambiental, a que se refere o artigo 10 da Lei nº 6.938, de 31 de agosto de 1981, de empreendimentos e atividades com significativo impacto ambiental de âmbito nacional ou regional, a saber:

I - localizadas ou desenvolvidas conjuntamente no Brasil e em país limítrofe; no mar territorial; na plataforma continental; na zona econômica exclusiva; em terras indígenas ou em unidades de conservação do domínio da União;

II - localizadas ou desenvolvidas em dois ou mais Estados;

III - cujos impactos ambientais diretos ultrapassem os limites territoriais do País ou de um ou mais Estados;

IV - destinados a pesquisar, lavrar, produzir, beneficiar, transportar, armazenar e dispor material radioativo, em qualquer estágio, ou que utilizem energia nuclear em qualquer de suas formas e aplicações, mediante parecer da Comissão Nacional de Energia Nuclear - CNEN;

V - bases ou empreendimentos militares, quando couber, observada a legislação específica.

§ 1º. O IBAMA fará o licenciamento de que trata este artigo após considerar o exame técnico procedido pelos órgãos ambientais dos Estados e Municípios em que se localizar a atividade ou empreendimento, bem como, quando couber, o parecer dos demais órgãos competentes da União, dos Estados, do Distrito Federal e dos Municípios, envolvidos no procedimento de licenciamento.

§ 2º. O IBAMA, ressalvada sua competência supletiva, poderá delegar aos Estados o licenciamento de atividade com significativo impacto ambiental de âmbito regional, uniformizando, quando possível, as exigências.

Art. 5º. Compete ao órgão ambiental estadual ou do Distrito Federal o licenciamento ambiental dos empreendimentos e atividades:

I - localizados ou desenvolvidos em mais de um Município ou em unidades de conservação de domínio estadual ou do Distrito Federal;

II – localizados ou desenvolvidos nas florestas e demais formas de vegetação natural de preservação permanente relacionadas no artigo 2º da Lei nº 4.771, de 15 de setembro de 1965, e em todas as que assim forem consideradas por normas federais, estaduais ou municipais;

III – cujos impactos ambientais diretos ultrapassem os limites territoriais de um ou mais Municípios;

IV – delegados pela União aos Estados ou ao Distrito Federal, por instrumento legal ou convênio.

Parágrafo único. O órgão ambiental estadual ou do Distrito Federal fará o licenciamento de que trata este artigo após considerar o exame técnico procedido pelos órgãos ambientais dos Municípios em que se localizar a atividade ou empreendimento, bem como, quando couber, o parecer dos demais órgãos competentes da União, dos Estados, do Distrito Federal e dos Municípios, envolvidos no procedimento de licenciamento.

Art. 6º. Compete ao órgão ambiental municipal, ouvidos os órgãos competentes da União, dos Estados e do Distrito Federal, quando couber, o licenciamento ambiental de empreendimentos e atividades de impacto ambiental local e daquelas que lhe forem delegadas pelo Estado por instrumento legal ou convênio.

Art. 7º. Os empreendimentos e atividades serão licenciados em um único nível de competência, conforme estabelecido nos artigos anteriores.

Art. 8º. O Poder Público, no exercício de sua competência de controle, expedirá as seguintes licenças:

I – Licença Prévia (LP) – concedida na fase preliminar do planejamento do empreendimento ou atividade aprovando sua localização e concepção, atestando a viabilidade ambiental e estabelecendo os requisitos básicos e condicionantes, a serem atendidos nas próximas fases de sua implementação;

II – Licença de Instalação (LI) – autoriza a instalação do empreendimento ou atividade de acordo com as especificações constantes dos planos, programas e projetos aprovados, incluindo as medidas de controle ambiental e demais condicionantes da qual constituem motivo determinante;

III – Licença de Operação (LO) – autoriza a operação da atividade ou empreendimento, após a verificação do efetivo cumprimento do que consta das licenças anteriores, com as medidas de controle ambiental e condicionantes determinados para a operação.

Parágrafo único. As licenças ambientais poderão ser expedidas isolada ou sucessivamente, de acordo com a natureza, características e fase do empreendimento ou atividade.

Art. 9º. O CONAMA definirá, quando necessário, licenças ambientais específicas, observadas a natureza, características e peculiaridades da atividade ou empreendimento e, ainda, a compatibilização do processo de licenciamento com as etapas de planejamento, implantação e operação.

Art. 10. O procedimento de licenciamento ambiental obedecerá às seguintes etapas:

I – definição pelo órgão ambiental competente, com a participação do empreendedor, dos documentos, projetos e estudos ambientais, necessários ao início do processo de licenciamento correspondente à licença a ser requerida;

II – requerimento da licença ambiental pelo empreendedor, acompanhado dos documentos, projetos e estudos ambientais pertinentes, dando-se a devida publicidade;

III – análise pelo órgão ambiental competente, integrante do SISNAMA, dos documentos, projetos e estudos ambientais apresentados e a realização de vistorias técnicas, quando necessárias;

IV – solicitação de esclarecimentos e complementações pelo órgão ambiental competente, integrante do SISNAMA, uma única vez, em decorrência da análise dos documentos, projetos e estudos ambientais apresentados, quando couber, podendo haver a reiteração da mesma solicitação caso os esclarecimentos e complementações não tenham sido satisfatórios;

V – audiência pública, quando couber, de acordo com a regulamentação pertinente;

VI – solicitação de esclarecimentos e complementações pelo órgão ambiental competente, decorrente de audiências públicas, quando couber, podendo haver reiteração da solicitação quando os esclarecimentos e complementações não tenham sido satisfatórios;

VII – emissão de parecer técnico conclusivo e, quando couber, parecer jurídico;

VIII – deferimento ou indeferimento do pedido de licença, dando-se a devida publicidade.

§ 1º. No procedimento de licenciamento ambiental deverá constar, obrigatoriamente, a certidão da Prefeitura Municipal, declarando que o local e o tipo de empreendimento ou atividade estão em conformidade com a legislação aplicável ao uso e ocupação do solo e, quando for o caso, a autorização para supressão de vegetação e a outorga para o uso da água, emitidas pelos órgãos competentes.

§ 2º. No caso de empreendimentos e atividades sujeitos ao estudo do impacto ambiental – EIA, se verificada a necessidade de nova complementação em decorrência de esclarecimentos já prestados, conforme incisos IV e VI, o órgão ambiental competente, mediante decisão motivada e com a participação do empreendedor, poderá formular novo pedido de complementação.

Art. 11. Os estudos necessários ao processo de licenciamento deverão ser realizados por profissionais legalmente habilitados, às expensas do empreendedor.

Parágrafo único. O empreendedor e os profissionais que subscrevem os estudos previstos no caput deste artigo serão responsáveis pelas informações apresentadas, sujeitando-se às sanções administrativas, civis e penais.

Art. 12. O órgão ambiental competente definirá, se necessário, procedimentos específicos para as licenças ambientais, observadas a natureza, características e peculiaridades da atividade ou empreendimento e, ainda, a compatibilização do processo de licenciamento com as etapas de planejamento, implantação e operação.

§ 1º. Poderão ser estabelecidos procedimentos simplificados para as atividades e empreendimentos de pequeno potencial de impacto ambiental, que deverão ser aprovados pelos respectivos Conselhos de Meio Ambiente.

§ 2º. Poderá ser admitido um único processo de licenciamento ambiental para pequenos empreendimentos e atividades similares e vizinhos ou para aqueles integrantes de planos de desenvolvimento aprovados, previamente, pelo órgão governamental competente, desde que definida a responsabilidade legal pelo conjunto de empreendimentos ou atividades.

§ 3º. Deverão ser estabelecidos critérios para agilizar e simplificar os procedimentos de licenciamento ambiental das atividades e empreendimentos que implementem planos e programas voluntários de gestão ambiental, visando a melhoria contínua e o aprimoramento do desempenho ambiental.

Art. 13. O custo de análise para a obtenção da licença ambiental deverá ser estabelecido por dispositivo legal, visando o ressarcimento, pelo empreendedor, das despesas realizadas pelo órgão ambiental competente.

Parágrafo único. Facultar-se-á ao empreendedor acesso à planilha de custos realizados pelo órgão ambiental para a análise da licença.

Art. 14. O órgão ambiental competente poderá estabelecer prazos de análise diferenciados para cada modalidade de licença (LP, LI e LO), em função das peculiaridades da atividade ou empreendimento, bem como para a formulação de exigências complementares, desde que observado o prazo máximo de 6 (seis) meses a contar do ato de protocolar o requerimento até seu deferimento ou indeferimento, ressalvados os casos em que houver EIA/RIMA e/ou audiência pública, quando o prazo será de até 12 (doze) meses.

§ 1º. A contagem do prazo previsto no caput deste artigo será suspensa durante a elaboração dos estudos ambientais complementares ou preparação de esclarecimentos pelo empreendedor.

§ 2º. Os prazos estipulados no caput poderão ser alterados, desde que justificados e com a concordância do empreendedor e do órgão ambiental competente.

Art. 15. O empreendedor deverá atender à solicitação de esclarecimentos e complementações formuladas pelo órgão ambiental competente, dentro do prazo máximo de 4 (quatro) meses, a contar do recebimento da respectiva notificação.

Parágrafo único. O prazo estipulado no caput poderá ser prorrogado, desde que justificado e com a concordância do empreendedor e do órgão ambiental competente.

Art. 16. O não cumprimento dos prazos estipulados nos artigos 14 e 15, respectivamente, sujeitará o licenciamento à ação do órgão que detenha competência para atuar supletivamente e o empreendedor ao arquivamento de seu pedido de licença.

Art. 17. O arquivamento do processo de licenciamento não impedirá a apresentação de novo requerimento de licença, que deverá obedecer aos procedimentos estabelecidos no artigo 10, mediante novo pagamento de custo de análise.

Art. 18. O órgão ambiental competente estabelecerá os prazos de validade de cada tipo de licença, especificando-os no respectivo documento, levando em consideração os seguintes aspectos:

I – o prazo de validade da Licença de Prévia (LP) deverá ser, no mínimo, o estabelecido pelo cronograma de elaboração dos planos, programas e projetos relativos ao empreendimento ou atividade, não podendo ser superior a 5 (cinco) anos;

II – o prazo de validade da Licença de Instalação (LI) deverá ser, no mínimo, o estabelecido pelo cronograma de instalação do empreendimento ou atividade, não podendo ser superior a 6 (seis) anos;

III – o prazo de validade da Licença de Operação (LO) deverá considerar os planos de controle ambiental e será de, no mínimo, 4 (quatro) anos e, no máximo, 10 (dez) anos.

§ 1º. A Licença Prévia (LP) e a Licença de Instalação (LI) poderão ter os prazos de validade prorrogados, desde que não ultrapassem os prazos máximos estabelecidos nos incisos I e II.

§ 2º. O órgão ambiental competente poderá estabelecer prazos de validade específicos para a Licença de Operação (LO) de empreendimentos ou atividades que, por sua natureza e peculiaridades, estejam sujeitos a encerramento ou modificação em prazos inferiores.

§ 3º. Na renovação da Licença de Operação (LO) de uma atividade ou empreendimento, o órgão ambiental competente poderá, mediante decisão motivada, aumentar ou diminuir o seu prazo de validade, após avaliação do desempenho ambiental da atividade ou empreendimento no período de vigência anterior, respeitados os limites estabelecidos no inciso III.

§ 4º. A renovação da Licença de Operação (LO) de uma atividade ou empreendimento deverá ser requerida com antecedência mínima de 120 (cento e vinte) dias da expiração de seu prazo de validade, fixado na respectiva licença, ficando este automaticamente prorrogado até a manifestação definitiva do órgão ambiental competente.

Art. 19. O órgão ambiental competente, mediante decisão motivada, poderá modificar os condicionantes e as medidas de controle e adequação, suspender ou cancelar uma licença expedida, quando ocorrer:

I – violação ou inadequação de quaisquer condicionantes ou normas legais;

II – omissão ou falsa descrição de informações relevantes que subsidiaram a expedição da licença;

III – superveniência de graves riscos ambientais e de saúde.

Art. 20. Os entes federados, para exercerem suas competências licenciatórias, deverão ter implementados os Conselhos de Meio Ambiente, com caráter deliberativo e participação social e, ainda, possuir em seus quadros ou a sua disposição profissionais legalmente habilitados.

Art. 21. Esta Resolução entra em vigor na data de sua publicação, aplicando seus efeitos aos processos de licenciamento em tramitação nos órgãos ambientais competentes, revogadas as disposições em contrário, em especial os artigo 3º e 7º da Resolução CONAMA nº 001, de 23 de janeiro de 1986.

Gustavo Krause Gonçalves Sobrinho – Presidente do Conselho

Raimundo Deusdará Filho – Secretário Executivo

ANEXO I

ATIVIDADES OU EMPREENDIMENTOS

SUJEITOS AO LICENCIAMENTO AMBIENTAL

Extração e tratamento de minerais

- pesquisa mineral com guia de utilização

- lavra a céu aberto, inclusive de aluvião, com ou sem beneficiamento

- lavra subterrânea com ou sem beneficiamento

- lavra garimpeira

- perfuração de poços e produção de petróleo e gás natural

Indústria de produtos minerais não metálicos

- beneficiamento de minerais não metálicos, não associados à extração

- fabricação e elaboração de produtos minerais não metálicos tais como: produção de material cerâmico, cimento, gesso, amianto e vidro, entre outros Indústria metalúrgica

- fabricação de aço e de produtos siderúrgicos

- produção de fundidos de ferro e aço/forjados/arames/relaminados com ou sem tratamento de superfície, inclusive galvanoplastia

- metalurgia dos metais não-ferrosos, em formas primárias e secundárias, inclusive ouro

- produção de laminados/ligas/artefatos de metais não-ferrosos com ou sem tratamento de superfície, inclusive galvanoplastia

- relaminação de metais não-ferrosos, inclusive ligas

- produção de soldas e anodos

- metalurgia de metais preciosos

- metalurgia do pó, inclusive peças moldadas

- fabricação de estruturas metálicas com ou sem tratamento de superfície, inclusive galvanoplastia

- fabricação de artefatos de ferro/aço e de metais não-ferrosos com ou sem tratamento de superfície, inclusive galvanoplastia

- têmpera e cementação de aço, recozimento de arames, tratamento de superfície Indústria mecânica

- fabricação de máquinas, aparelhos, peças, utensílios e acessórios com e sem tratamento térmico e/ou de superfície Indústria de material elétrico, eletrônico e comunicações

- fabricação de pilhas, baterias e outros acumuladores

- fabricação de material elétrico, eletrônico e equipamentos para telecomunicação e informática

- fabricação de aparelhos elétricos e eletrodomésticos Indústria de material de transporte

- fabricação e montagem de veículos rodoviários e ferroviários, peças e acessórios

- fabricação e montagem de aeronaves

- fabricação e reparo de embarcações e estruturas flutuantes

Indústria de madeira

- serraria e desdobramento de madeira

- preservação de madeira

- fabricação de chapas, placas de madeira aglomerada, prensada e compensada

- fabricação de estruturas de madeira e de móveis

Indústria de papel e celulose

- fabricação de celulose e pasta mecânica

- fabricação de papel e papelão

- fabricação de artefatos de papel, papelão, cartolina, cartão e fibra prensada

Indústria de borracha

- beneficiamento de borracha natural

- fabricação de câmara de ar e fabricação e recondicionamento de pneumáticos

- fabricação de laminados e fios de borracha

- fabricação de espuma de borracha e de artefatos de espuma de borracha, inclusive látex

Indústria de couros e peles

- secagem e salga de couros e peles

- curtimento e outras preparações de couros e peles

- fabricação de artefatos diversos de couros e peles

- fabricação de cola animal

Indústria química

- produção de substâncias e fabricação de produtos químicos

- fabricação de produtos derivados do processamento de petróleo, de rochas betuminosas e da madeira

- fabricação de combustíveis não derivados de petróleo

- produção de óleos/gorduras/ceras vegetais-animais/óleos essenciais vegetais e outros produtos da destilação da madeira

- fabricação de resinas e de fibras e fios artificiais e sintéticos e de borracha e látex sintéticos

- fabricação de pólvora/explosivos/detonantes/munição para caça-desporto, fósforo de segurança e artigos pirotécnicos

- recuperação e refino de solventes, óleos minerais, vegetais e animais

- fabricação de concentrados aromáticos naturais, artificiais e sintéticos

- fabricação de preparados para limpeza e polimento, desinfetantes, inseticidas, germicidas e fungicidas

- fabricação de tintas, esmaltes, lacas, vernizes, impermeabilizantes, solventes e secantes

- fabricação de fertilizantes e agroquímicos

- fabricação de produtos farmacêuticos e veterinários

- fabricação de sabões, detergentes e velas

- fabricação de perfumarias e cosméticos

- produção de álcool etílico, metanol e similares

Indústria de produtos de matéria plástica

- fabricação de laminados plásticos

- fabricação de artefatos de material plástico

Indústria têxtil, de vestuário, calçados e artefatos de tecidos

- beneficiamento de fibras têxteis, vegetais, de origem animal e sintéticos

- fabricação e acabamento de fios e tecidos

- tingimento, estamparia e outros acabamentos em peças do vestuário e artigos diversos de tecidos

- fabricação de calçados e componentes para calçados

Indústria de produtos alimentares e bebidas

- beneficiamento, moagem, torrefação e fabricação de produtos alimentares

- matadouros, abatedouros, frigoríficos, charqueadas e derivados de origem animal

- fabricação de conservas

- preparação de pescados e fabricação de conservas de pescados

- preparação, beneficiamento e industrialização de leite e derivados

- fabricação e refinação de açúcar.

- refino/preparação de óleo e gorduras vegetais

- produção de manteiga, cacau, gorduras de origem animal para alimentação

- fabricação de fermentos e leveduras

- fabricação de rações balanceadas e de alimentos preparados para animais

- fabricação de vinhos e vinagre

- fabricação de cervejas, chopes e maltes

- fabricação de bebidas não alcoólicas, bem como engarrafamento e gaseificação de águas minerais

- fabricação de bebidas alcoólicas

Indústria de fumo

- fabricação de cigarros/charutos/cigarrilhas e outras atividades de beneficiamento do fumo

Indústrias diversas

- usinas de produção de concreto

- usinas de asfalto

- serviços de galvanoplastia

Obras civis

- rodovias, ferrovias, hidrovias, metropolitanos

- barragens e diques

- canais para drenagem

- retificação de curso de água

- abertura de barras, embocaduras e canais

- transposição de bacias hidrográficas

- outras obras de arte.

Serviços de utilidade

- produção de energia termelétrica

- transmissão de energia elétrica

- estações de tratamento de água

- interceptores, emissários, estação elevatória e tratamento de esgoto sanitário

- tratamento e destinação de resíduos industriais (líquidos e sólidos)

- tratamento/disposição de resíduos especiais, tais como: de agroquímicos e suas embalagens usadas e de serviço de saúde, entre outros

- tratamento e destinação de resíduos sólidos urbanos, inclusive aqueles provenientes de fossas

- dragagem e derrocamentos em corpos d'água

- recuperação de áreas contaminadas ou degradadas

Transporte, terminais e depósitos

- transporte de cargas perigosas

- transporte por dutos

- marinas, portos e aeroportos

- terminais de minério, petróleo e derivados e produtos químicos

- depósitos de produtos químicos e produtos perigosos

Turismo

- complexos turísticos e de lazer, inclusive parques temáticos e autódromos

Atividades diversas

- parcelamento do solo

- distrito e polo industrial

Atividades agropecuárias

- projeto agrícola

- criação de animais

- projetos de assentamentos e de colonização

Uso de recursos naturais

- silvicultura

- exploração econômica da madeira ou lenha e subprodutos florestais

- atividade de manejo de fauna exótica e criadouro de fauna silvestre

- utilização do patrimônio genético natural

- manejo de recursos aquáticos vivos

- introdução de espécies exóticas e/ou geneticamente modificadas

- uso da diversidade biológica pela biotecnologia

RESOLUÇÃO CONAMA Nº 302, DE 20 DE MARÇO DE 2002

– DISPÕE SOBRE OS PARÂMETROS, DEFINIÇÕES E LIMITES DE ÁREAS DE PRESERVAÇÃO PERMANENTE DE RESERVATÓRIOS ARTIFICIAIS E O REGIME DE USO DO ENTORNO.

O Conselho Nacional do Meio Ambiente-CONAMA, no uso das competências que lhe são conferidas pela Lei nº 6.938, de 31 de agosto de 1981, regulamentada pelo Decreto nº 99.274, de 6 de junho de 1990, e tendo em vista o disposto nas Leis nºs 4.771, de 15 de setembro de 1965, 9.433, de 8 de janeiro de 1997, e no seu Regimento Interno, e

Considerando que a função socioambiental da propriedade prevista nos arts. 5º, inciso XXIII, 170, inciso VI, 182, § 2º, 186, inciso II e 225 da Constituição, os princípios da prevenção, da precaução e do poluidor-pagador;

Considerando a necessidade de regulamentar o art. 2º da Lei nº 4.771, de 1965, no que concerne às áreas de preservação permanente no entorno dos reservatórios artificiais;

Considerando as responsabilidades assumidas pelo Brasil por força da Convenção da Biodiversidade, de 1992, da Convenção de Ramsar, de 1971 e da Convenção de Washington, de 1940, bem como os compromissos derivados da Declaração do Rio de Janeiro, de 1992;

Considerando que as Áreas de Preservação Permanente e outros espaços territoriais especialmente protegidos, como instrumento de relevante interesse ambiental, integram o desenvolvimento sustentável, objetivo das presentes e futuras gerações;

Considerando a função ambiental das Áreas de Preservação Permanente de preservar os recursos hídricos, a paisagem, a estabilidade geológica, a biodiversidade, o fluxo gênico de fauna e flora, proteger o solo e assegurar o bem-estar das populações humanas, resolve:

Art. 1º Constitui objeto da presente Resolução o estabelecimento de parâmetros, definições e limites para as Áreas de Preservação Permanente de reservatório artificial e a instituição da elaboração obrigatória de plano ambiental de conservação e uso do seu entorno.

Art. 2º Para efeito desta Resolução são adotadas as seguintes definições:

I - Reservatório artificial: acumulação não natural de água destinada a quaisquer de seus múltiplos usos;

II - Área de Preservação Permanente: a área marginal ao redor do reservatório artificial e suas ilhas, com a função ambiental de preservar os recursos hídricos, a paisagem, a estabilidade geológica, a biodiversidade, o fluxo gênico de fauna e flora, proteger o solo e assegurar o bem-estar das populações humanas;

III - Plano Ambiental de Conservação e Uso do Entorno de Reservatório Artificial: conjunto de diretrizes e proposições com o objetivo de disciplinar a conservação, recuperação, o uso e ocupação do entorno do reservatório artificial, respeitados os parâmetros estabelecidos nesta Resolução e em outras normas aplicáveis;

IV - Nível Máximo Normal: é a cota máxima normal de operação do reservatório;

V - Área Urbana Consolidada: aquela que atende aos seguintes critérios:

a) definição legal pelo poder público;

b) existência de, no mínimo, quatro dos seguintes equipamentos de infraestrutura urbana:

1. malha viária com canalização de águas pluviais;

2. rede de abastecimento de água;

3. rede de esgoto;

4. distribuição de energia elétrica e iluminação pública;

5. recolhimento de resíduos sólidos urbanos;

6. tratamento de resíduos sólidos urbanos; e

c) densidade demográfica superior a cinco mil habitantes por km^2.

Art. 3º Constitui Área de Preservação Permanente a área com largura mínima, em projeção horizontal, no entorno dos reservatórios artificiais, medida a partir do nível máximo normal de:

I - trinta metros para os reservatórios artificiais situados em áreas urbanas consolidadas e cem metros para áreas rurais;

II - quinze metros, no mínimo, para os reservatórios artificiais de geração de energia elétrica com até dez hectares, sem prejuízo da compensação ambiental;

III - quinze metros, no mínimo, para reservatórios artificiais não utilizados em abastecimento público ou geração de energia elétrica, com até vinte hectares de superfície e localizados em área rural.

§ 1º Os limites da Área de Preservação Permanente, previstos no inciso I, poderão ser ampliados ou reduzidos, observando-se o patamar mínimo de trinta metros, conforme estabelecido no licenciamento ambiental e no plano de recursos hídricos da bacia onde o reservatório se insere, se houver.

§ 2º Os limites da Área de Preservação Permanente, previstos no inciso II, somente poderão ser ampliados, conforme estabelecido no licenciamento ambiental, e, quando houver, de acordo com o plano de recursos hídricos da bacia onde o reservatório se insere.

§ 3º A redução do limite da Área de Preservação Permanente, prevista no § 1º deste artigo não se aplica às áreas de ocorrência original da floresta ombrófila densa - porção amazônica, inclusive os cerradões e aos reservatórios artificiais utilizados para fins de abastecimento público.

§ 4º A ampliação ou redução do limite das Áreas de Preservação Permanente, a que se refere o § 1º, deverá ser estabelecida considerando, no mínimo, os seguintes critérios:

I - características ambientais da bacia hidrográfica;

II - geologia, geomorfologia, hidrogeologia e fisiografia da bacia hidrográfica;

III - tipologia vegetal;

IV - representatividade ecológica da área no bioma presente dentro da bacia hidrográfica em que está inserido, notadamente a existência de espécie ameaçada de extinção e a importância da área como corredor de biodiversidade;

V - finalidade do uso da água;

VI - uso e ocupação do solo no entorno;

VII - o impacto ambiental causado pela implantação do reservatório e no entorno da Área de Preservação Permanente até a faixa de cem metros.

§ 5º Na hipótese de redução, a ocupação urbana, mesmo com parcelamento do solo através de loteamento ou subdivisão em partes ideais, dentre outros mecanismos, não poderá exceder a dez por cento dessa área, ressalvadas as benfeitorias existentes na área urbana consolidada, à época da solicitação da licença prévia ambiental.

§ 6º Não se aplicam as disposições deste artigo às acumulações artificiais de água, inferiores a cinco hectares de superfície, desde que não resultantes do barramento ou represamento de cursos d›água e não localizadas em Área de Preservação Permanente, à exceção daquelas destinadas ao abastecimento público.

Art. 4º O empreendedor, no âmbito do procedimento de licenciamento ambiental, deve elaborar o plano ambiental de conservação e uso do entorno de reservatório artificial em conformidade com o termo de referência expedido pelo órgão ambiental competente, para os reservatórios artificiais destinados à geração de energia e abastecimento público.

§ 1º Cabe ao órgão ambiental competente aprovar o plano ambiental de conservação e uso do entorno dos reservatórios artificiais, considerando o plano de recursos hídricos, quando houver, sem prejuízo do procedimento de licenciamento ambiental.

§ 2º A aprovação do plano ambiental de conservação e uso do entorno dos reservatórios artificiais deverá ser precedida da realização de consulta pública, sob pena de nulidade do ato administrativo, na forma da Resolução CONAMA nº 09, de 3 de dezembro de 1987, naquilo que for aplicável, informando-se ao Ministério Público com antecedência de trinta dias da respectiva data.

§ 3º Na análise do plano ambiental de conservação e uso de que trata este artigo, será ouvido o respectivo comitê de bacia hidrográfica, quando houver.

§ 4º O plano ambiental de conservação e uso poderá indicar áreas para implantação de polos turísticos e lazer no entorno do reservatório artificial, que não poderão exceder a dez por cento da área total do seu entorno.

§ 5º As áreas previstas no parágrafo anterior somente poderão ser ocupadas respeitadas a legislação municipal, estadual e federal, e desde que a ocupação esteja devidamente licenciada pelo órgão ambiental competente.

Art. 5º Aos empreendimentos objeto de processo de privatização, até a data de publicação desta Resolução, aplicam-se às exigências ambientais vigentes à época da privatização, inclusive os cem metros mínimos de Área de Preservação Permanente.

Parágrafo único. Aos empreendimentos que dispõem de licença de operação aplicam-se as exigências nela contidas.

Art. 6º Esta Resolução entra em vigor na data de sua publicação, incidindo, inclusive, sobre os processos de licenciamento ambiental em andamento.

RESOLUÇÃO CONAMA Nº 303, DE 20 DE MARÇO DE 2002

- DISPÕE SOBRE PARÂMETROS, DEFINIÇÕES E LIMITES DE ÁREAS DE PRESERVAÇÃO PERMANENTE.

O Conselho Nacional do Meio Ambiente-CONAMA, no uso das competências que lhe são conferidas pela Lei nº 6.938, de 31 de agosto de 1981, regulamentada pelo Decreto nº 99.274, de 6 de junho de 1990, e tendo em vista o disposto nas Leis nºs 4.771, de 15 de setembro e 1965, 9.433, de 8 de janeiro de 1997, e o seu Regimento Interno, e

Considerando a função socioambiental da propriedade prevista nos arts. 5º, inciso XXIII, 170, inciso VI, 182, § 2º, 186, inciso II e 225 da Constituição e os princípios da prevenção, da precaução e do poluidor-pagador;

Considerando a necessidade de regulamentar o art. 2º da Lei nº 4.771, de 15 de setembro de 1965, no que concerne às Áreas de Preservação Permanente;

Considerando as responsabilidades assumidas pelo Brasil por força da Convenção da Biodiversidade, de 1992, da Convenção Ramsar, de 1971 e da Convenção de Washington, de 1940, bem como os compromissos derivados da Declaração do Rio de Janeiro, de 1992;

Considerando que as Áreas de Preservação Permanente e outros espaços territoriais especialmente protegidos, como instrumentos de relevante interesse ambiental, integram o desenvolvimento sustentável, objetivo das presentes e futuras gerações;

Considerando a conveniência de regulamentar os arts. 2º e 3º da Lei nº 4.771, de 15 de setembro de 1965, no que concerne às Áreas de Preservação Permanente; (Considerando acrescentado pela Resolução CONAMA nº 341, de 25.09.2003, DOU 03.11.2003)

Considerando ser dever do Poder Público e dos particulares preservar a biodiversidade, notadamente a flora, a fauna, os recursos hídricos, as belezas naturais e o equilíbrio ecológico, evitando a poluição das águas, solo e ar, pressuposto intrínseco ao reconhecimento e exercício do direito de propriedade, nos termos dos arts. 5º, caput (direito à vida) e inciso XXIII (função social da propriedade), 170, VI, 186, II, e 225, todos da Constituição Federal, bem como do art. 1.299, do Código Civil, que obriga o proprietário e posseiro a respeitarem os regulamentos administrativos; (Considerando acrescentado pela Resolução CONAMA nº 341, de 25.09.2003, DOU 03.11.2003)

Considerando a função fundamental das dunas na dinâmica da zona costeira, no controle dos processos erosivos e na formação e recarga de aqüíferos; (Considerando acrescentado pela Resolução CONAMA nº 341, de 25.09.2003, DOU 03.11.2003)

Considerando a excepcional beleza cênica e paisagística das dunas, e a importância da manutenção dos seus atributos para o turismo sustentável; resolve: (Considerando acrescentado pela Resolução CONAMA nº 341, de 25.09.2003, DOU 03.11.2003)

Art. 1º Constitui objeto da presente Resolução o estabelecimento de parâmetros, definições e limites referentes às Áreas de Preservação Permanente.

Art. 2º Para os efeitos desta Resolução, são adotadas as seguintes definições:

I – nível mais alto: nível alcançado por ocasião da cheia sazonal do curso d'água perene ou intermitente;

II – nascente ou olho d'água: local onde aflora naturalmente, mesmo que de forma intermitente, a água subterrânea;

III – vereda: espaço brejoso ou encharcado, que contém nascentes ou cabeceiras de cursos d'água, onde há ocorrência de solos hidromórficos, caracterizado predominantemente por renques de buritis do brejo (Mauritia flexuosa) e outras formas de vegetação típica;

IV – morro: elevação do terreno com cota do topo em relação a base entre cinqüenta e trezentos metros e encostas com declividade superior a trinta por cento (aproximadamente dezessete graus) na linha de maior declividade;

V – montanha: elevação do terreno com cota em relação a base superior a trezentos metros;

VI – base de morro ou montanha: plano horizontal definido por planície ou superfície de lençol d'água adjacente ou, nos relevos ondulados, pela cota da depressão mais baixa ao seu redor;

VII – linha de cumeada: linha que une os pontos mais altos de uma seqüência de morros ou de montanhas, constituindo-se no divisor de águas;

VIII – restinga: depósito arenoso paralelo a linha da costa, de forma geralmente alongada, produzido por processos de sedimentação, onde se encontram diferentes comunidades que recebem influência marinha, também consideradas comunidades edáficas por dependerem mais da natureza do substrato do que do clima. A cobertura vegetal nas restingas ocorrem mosaico, e encontra-se em praias, cordões arenosos, dunas e depressões, apresentando, de acordo com o estágio sucessional, estrato herbáceo, arbustivos e arbóreo, este último mais interiorizado;

IX – manguezal: ecossistema litorâneo que ocorre em terrenos baixos, sujeitos à ação das marés, formado por vasas lodosas recentes ou arenosas, às quais se associa, predominantemente, a vegetação natural conhecida como mangue, com influência flúvio-marinha, típica de solos limosos de regiões estuarinas e com dispersão descontínua ao longo da costa brasileira, entre os estados do Amapá e Santa Catarina;

X – duna: unidade geomorfológica de constituição predominante arenosa, com aparência de cômoro ou colina, produzida pela ação dos ventos, situada no litoral ou no interior do continente, podendo estar recoberta, ou não, por vegetação;

XI – tabuleiro ou chapada: paisagem de topografia plana, com declividade média inferior a dez por cento, aproximadamente seis graus e superfície superior a dez hectares, terminada de forma abrupta em escarpa, caracterizando-se a chapada por grandes superfícies a mais de seiscentos metros de altitude;

XII – escarpa: rampa de terrenos com inclinação igual ou superior a quarenta e cinco graus, que delimitam relevos de tabuleiros, chapadas e planalto, estando limitada no topo pela ruptura positiva de declividade (linha de escarpa) e no sopé por ruptura negativa de declividade, englobando os depósitos de colúvio que localizam-se próximo ao sopé da escarpa;

XIII – área urbana consolidada: aquela que atende aos seguintes critérios:

a) definição legal pelo poder público;

b) existência de, no mínimo, quatro dos seguintes equipamentos de infraestrutura urbana:

1. malha viária com canalização de águas pluviais;

2. rede de abastecimento de água;

3. rede de esgoto;

4. distribuição de energia elétrica e iluminação pública;

5. recolhimento de resíduos sólidos urbanos;

6. tratamento de resíduos sólidos urbanos; e

c) densidade demográfica superior a cinco mil habitantes por km^2.

Art. 3º Constitui Área de Preservação Permanente a área situada:

I – em faixa marginal, medida a partir do nível mais alto, em projeção horizontal, com largura mínima, de:

a) trinta metros, para o curso d'água com menos de dez metros de largura;

b) cinqüenta metros, para o curso d'água com dez a cinqüenta metros de largura;

c) cem metros, para o curso d'água com cinqüenta a duzentos metros de largura;

d) duzentos metros, para o curso d'água com duzentos a seiscentos metros de largura;

e) quinhentos metros, para o curso d'água com mais de seiscentos metros de largura;

II – ao redor de nascente ou olho d'água, ainda que intermitente, com raio mínimo de cinqüenta metros de tal forma que proteja, em cada caso, a bacia hidrográfica contribuinte;

III – ao redor de lagos e lagoas naturais, em faixa com metragem mínima de:

a) trinta metros, para os que estejam situados em áreas urbanas consolidadas;

b) cem metros, para as que estejam em áreas rurais, exceto os corpos d'água com até vinte hectares de superfície, cuja faixa marginal será de cinqüenta metros;

IV – em vereda e em faixa marginal, em projeção horizontal, com largura mínima de cinqüenta metros, a partir do limite do espaço brejoso e encharcado;

V – no topo de morros e montanhas, em áreas delimitadas a partir da curva de nível correspondente a dois terços da altura mínima da elevação em relação a base;

VI – nas linhas de cumeada, em área delimitada a partir da curva de nível correspondente a dois terços da altura, em relação à base, do pico mais baixo da cumeada, fixando-se a curva de nível para cada segmento da linha de cumeada equivalente a mil metros;

VII – em encosta ou parte desta, com declividade superior a cem por cento ou quarenta e cinco graus na linha de maior declive;

VIII – nas escarpas e nas bordas dos tabuleiros e chapadas, a partir da linha de ruptura em faixa nunca inferior a cem metros em projeção horizontal no sentido do reverso da escarpa;

IX – nas restingas:

a) em faixa mínima de trezentos metros, medidos a partir da linha de preamar máxima;

b) em qualquer localização ou extensão, quando recoberta por vegetação com função fixadora de dunas ou estabilizadora de mangues;

X - em manguezal, em toda a sua extensão;

XI - em duna;

XII - em altitude superior a mil e oitocentos metros, ou, em Estados que não tenham tais elevações, à critério do órgão ambiental competente;

XIII - nos locais de refúgio ou reprodução de aves migratórias;

XIV - nos locais de refúgio ou reprodução de exemplares da fauna ameaçadas de extinção que constem de lista elaborada pelo Poder Público Federal, Estadual ou Municipal;

XV - nas praias, em locais de nidificação e reprodução da fauna silvestre.

Parágrafo único. Na ocorrência de dois ou mais morros ou montanhas cujos cumes estejam separados entre si por distâncias inferiores a quinhentos metros, a Área de Preservação Permanente abrangerá o conjunto de morros ou montanhas, delimitada a partir da curva de nível correspondente a dois terços da altura em relação à base do morro ou montanha de menor altura do conjunto, aplicando-se o que segue:

I - agrupam-se os morros ou montanhas cuja proximidade seja de até quinhentos metros entre seus topos;

II - identifica-se o menor morro ou montanha;

III - traça-se uma linha na curva de nível correspondente a dois terços deste; e

IV - considera-se de preservação permanente toda a área acima deste nível.

Art. 4º O CONAMA estabelecerá, em Resolução específica, parâmetros das Áreas de Preservação Permanente de reservatórios artificiais e o regime de uso de seu entorno.

Art. 5º Esta Resolução entra em vigor na data de sua publicação, revogando-se a Resolução CONAMA 004, de 18 de setembro de 1985.

RESOLUÇÃO CONAMA Nº 378, DE 19 DE OUTUBRO DE 2006

- DEFINE OS EMPREENDIMENTOS POTENCIALMENTE CAUSADORES DE IMPACTO AMBIENTAL NACIONAL OU REGIONAL PARA FINS DO DISPOSTO NO INCISO III, § 1º, ART. 19 DA LEI Nº 4.771, DE 15 DE SETEMBRO DE 1965.

O CONSELHO NACIONAL DO MEIO AMBIENTE-CONAMA, no uso de suas competências previstas na Lei nº 6.938, de 31 de agosto de 1981, regulamentada pelo Decreto nº 99.274, de 6 de julho de 1990, e tendo em vista o disposto em seu Regimento Interno, anexo à Portaria nº 168, de 10 de junho de 2005; e

Considerando a necessidade de se definir quais são os empreendimentos potencialmente causadores de impacto ambiental nacional ou regional para fins do disposto no inciso III, § 1º, do art. 19 da Lei nº 4.771, de 15 de setembro de 1965, alterado pelo art. 83 da Lei nº 11.284, de 2 de março de 2006, que estabelece as competências dos entes federados para autorizar a exploração de florestas e formações sucessoras, resolve:

Art. 1º Para fins do disposto no inciso III, § 1º, art. 19 da Lei nº 4.771, de 15 de setembro de 1965, com redação dada pelo art. 83 da Lei nº 11.284, de 2 de março de 2006, compete ao Instituto Brasileiro do Meio Ambiente e dos Recursos Naturais Renováveis – IBAMA a aprovação dos seguintes empreendimentos:

I – exploração de florestas e formações sucessoras que envolvam manejo ou supressão de espécies enquadradas no Anexo II da Convenção sobre Comércio Internacional das Espécies da Flora e Fauna Selvagens em Perigo de Extinção – CITES, promulgada pelo Decreto nº 76.623, de 17 de novembro de 1975, com texto aprovado pelo Decreto Legislativo nº 54, de 24 de junho de 1975;

II – exploração de florestas e formações sucessoras que envolvam manejo ou supressão de florestas e formações sucessoras em imóveis rurais que abranjam dois ou mais Estados;

III – supressão de florestas e outras formas de vegetação nativa em área maior que:

a) dois mil hectares em imóveis rurais localizados na Amazônia Legal;

b) mil hectares em imóveis rurais localizados nas demais regiões do país;

IV – supressão de florestas e formações sucessoras em obras ou atividades potencialmente poluidoras licenciadas pelo IBAMA;

V – manejo florestal em área superior a cinqüenta mil hectares.

Parágrafo único. A exploração de florestas e formações sucessoras deverá respeitar as regras e limites dispostos em normas específicas para o bioma.

Art. 2º Os entes federados poderão celebrar instrumentos de cooperação para exercerem as competências previstas no art. 19 da Lei nº 4.771, de 1965, com redação dada pelo art. 83 da Lei nº 11.284, de 2006.

Art. 3º A autorização para manejo ou supressão de florestas e formações sucessoras em zona de amortecimento de unidade de conservação e nas Áreas de Proteção Ambiental – APAs somente poderá ser concedida pelo órgão competente mediante prévia manifestação do órgão responsável por sua administração.

Parágrafo único. (Revogado pela Resolução CONAMA nº 428, de 17.12.2010, DOU 20.12.2010)

Art. 4º A autorização para exploração de florestas e formações sucessoras que envolva manejo ou supressão de florestas e formações sucessoras em imóveis rurais numa faixa de dez quilômetros no entorno de terra indígena demarcada deverá ser precedida de informação georreferenciada à Fundação Nacional do Índio – FUNAI, exceto no caso da pequena propriedade rural ou posse rural familiar, definidas no art. 1º, § 2º, inciso I da Lei nº 4.771, de 1965.

Art. 5º Aplicam-se a esta Resolução, no que couber, as disposições da Resolução CONAMA nº 237, de 19 de dezembro de 1997.

Art. 6º Esta Resolução entra em vigor na data de sua publicação.

RESOLUÇÃO CNRH Nº 16, DE 8 DE MAIO DE 2001

– DISPÕE SOBRE A OUTORGA DE DIREITO DE USO DE RECURSOS HÍDRICOS.

O Conselho Nacional de Recursos Hídricos, no uso das competências que lhe são conferidas pelo art. 13 da Lei nº 9.433, de 08 de janeiro de 1997, pelo art. 1º do Decreto nº 2.612, de 03 de junho de 1998, e conforme o disposto em seu Regimento Interno, e:

Considerando a necessidade da atuação integrada dos órgãos componentes do SNGRH na execução da Política Nacional de Recursos Hídricos, em conformidade com as respectivas competências, resolve:

Art. 1º A outorga de direito de uso de recursos hídricos é o ato administrativo mediante o qual a autoridade outorgante faculta ao outorgado previamente ou mediante o direito de uso de recurso hídrico, por prazo determinado, nos termos e nas condições expressas no respectivo ato, consideradas as legislações específicas vigentes.

§ 1º A outorga não implica alienação total ou parcial das águas, que são inalienáveis, mas o simples direito de uso.

§ 2º A outorga confere o direito de uso de recursos hídricos condicionado à disponibilidade hídrica e ao regime de racionamento, sujeitando o outorgado à suspensão da outorga.

§ 3º O outorgado é obrigado a respeitar direitos de terceiros.

§ 4º A análise dos pleitos de outorga deverá considerar a interdependência das águas superficiais e subterrâneas e as interações observadas no ciclo hidrológico visando a gestão integrada dos recursos hídricos.

Art. 2º A transferência do ato de outorga a terceiros deverá conservar as mesmas características e condições da outorga original e poderá ser feita total ou parcialmente quando aprovada pela autoridade outorgante e será objeto de novo ato administrativo indicando o(s) titular(es).

Art. 3º O outorgado poderá disponibilizar ao outorgante, a critério deste, por prazo igual ou superior a um ano, vazão parcial ou total de seu direito de uso, devendo o outorgante emitir novo ato administrativo.

Art. 4º Estão sujeitos à outorga:

I – a derivação ou captação de parcela de água existente em um corpo de água, para consumo final, inclusive abastecimento público ou insumo de processo produtivo;

II – extração de água de aqüífero subterrâneo para consumo final ou insumo de processo produtivo;

III – lançamento em corpo de água de esgotos e demais resíduos líquidos ou gasosos, tratados ou não, com o fim de sua diluição, transporte ou disposição final;

IV – o uso para fins de aproveitamento de potenciais hidrelétricos; e

V – outros usos e/ou interferências, que alterem o regime, a quantidade ou a qualidade da água existente em um corpo de água.

Parágrafo único. A outorga poderá abranger direito de uso múltiplo e/ou integrado de recursos hídricos, superficiais e subterrâneos, ficando o outorgado responsável pela observância concomitante de todos os usos a ele outorgados.

Art. 5º Independem de outorga:

I – o uso de recursos hídricos para a satisfação das necessidades de pequenos núcleos populacionais distribuídos no meio rural;

II – as derivações, captações e lançamentos considerados insignificantes, tanto do ponto de vista de volume quanto de carga poluente; e

III – as acumulações de volumes de água consideradas insignificantes.

Parágrafo único. Os critérios específicos de vazões ou acumulações de volumes de água consideradas insignificantes serão estabelecidos nos planos de recursos hídricos, devidamente aprovados pelos correspondentes comitês de bacia hidrográfica ou, na inexistência destes, pela autoridade outorgante.

Art. 6º A outorga de direito de uso de recursos hídricos terá o prazo máximo de vigência de trinta e cinco anos, contados da data da publicação do respectivo ato administrativo, respeitados os seguintes limites de prazo:

I – até dois anos, para o início da implantação do empreendimento objeto da outorga;

II – até seis anos, para conclusão da implantação do empreendimento projetado.

§ 1º O prazo de que trata o caput poderá ser prorrogado, pela respectiva autoridade outorgante, respeitando-se as prioridades estabelecidas nos Planos de Recursos Hídricos.

§ 2º Os prazos de vigência das outorgas de direito de uso e recursos hídricos serão fixados em função da natureza, finalidade e do porte do empreendimento, levando-se em consideração, quando for o caso, o período de retorno do investimento.

§ 3º Os prazos a que se referem os incisos I e II deste artigo, poderão ser ampliados quando o porte e a importância social e econômica do empreendimento o justificar, ouvido o Conselho de Recursos Hídricos competente.

§ 4º A outorga de direito de uso de recursos hídricos para concessionárias e autorizadas de serviços públicos e de geração de energia hidrelétrica, bem como suas prorrogações, vigorará por prazo coincidente com o do correspondente contrato de concessão ou ato administrativo de autorização.

Art. 7º A autoridade outorgante poderá emitir outorgas preventivas de uso de recursos hídricos, instituídas pelo art. 6º da Lei nº 9.984, de 17 de julho de 2000, mediante requerimento, com a finalidade de declarar a disponibilidade de água para os usos requeridos, observado o disposto no art. 13 da Lei nº 9.433 de 08 de janeiro de 1997.

§ 1º A outorga preventiva não confere direito de uso de recursos hídricos e se destina a reservar a vazão passível de outorga, possibilitando, aos investidores, o planejamento de empreendimentos que necessitem desses recursos.

§ 2º O prazo de validade da outorga preventiva será fixado levando-se em conta a complexidade do planejamento do empreendimento, limitando-se ao máximo de três anos, findo o qual será considerado o disposto nos incisos I e II do artigo anterior.

§ 3º A outorga de que trata este artigo deverá observar as prioridades estabelecidas nos Planos de Recursos Hídricos e os prazos requeridos no procedimento de licenciamento ambiental.

Art. 8º A autoridade outorgante deverá estabelecer prazos máximos de análise dos procedimentos de outorga preventiva e de outorga de direito de uso, considerando as peculiaridades da atividade ou empreendimento, a contar da data da protocolização do requerimento, ressalvada a necessidade da formulação de exigências complementares.

Art. 9º As outorgas preventiva e de direito de uso dos recursos hídricos relativas a atividades setoriais, poderão ser objeto de resolução, em consonância com o disposto nesta Resolução.

Art. 10. A autoridade outorgante deverá assegurar ao público o acesso aos critérios que orientaram as tomadas de decisão referentes a outorga.

Art. 11. Para licitar a concessão ou autorizar o uso de potencial de energia hidráulica, a Agência Nacional de Energia Elétrica - ANEEL deverá promover, junto à autoridade outorgante competente, a prévia obtenção de declaração de reserva de disponibilidade hídrica, observando o período de transição conforme estipulado na Lei nº 9.984, de 2000.

§ 1º A declaração de reserva de disponibilidade hídrica será transformada, pela respectiva autoridade outorgante, em outorga de direito de uso de recursos hídricos à entidade que receber da ANEEL a concessão ou a autorização de uso do potencial de energia hidráulica.

§ 2º A declaração de reserva de disponibilidade hídrica obedecerá ao disposto no art. 13 da Lei nº 9.433, de 1997, e será fornecida em prazos a serem regulamentados.

Art. 12. A outorga deverá observar os planos de recursos hídricos e, em especial:

I – as prioridades de uso estabelecidas;

II – a classe em que o corpo de água estiver enquadrado, em consonância com a legislação ambiental;

III – a preservação dos usos múltiplos previstos; e

IV – a manutenção das condições adequadas ao transporte aquaviário, quando couber.

§ 1º As vazões e os volumes outorgados poderão ficar indisponíveis, total ou parcialmente, para outros usos no corpo de água, considerando o balanço hídrico e a capacidade de autodepuração para o caso de diluição de efluentes.

§ 2º A vazão de diluição poderá ser destinada a outros usos no corpo de água, desde que não agregue carga poluente adicional.

Art. 13. A emissão da outorga obedecerá, no mínimo, às seguintes prioridades:

I – o interesse público;

II – a data da protocolização do requerimento, ressalvada a complexidade de análise do uso ou interferência pleiteados e a. necessidade de complementação de informações.

Art. 14. Os Planos de Recursos Hídricos de Bacias Hidrográficas deverão considerar as outorgas existentes em suas correspondentes áreas de abrangência e recomendar às autoridades outorgantes, quando for o caso, a realização de ajustes e adaptações nos respectivos atos.

Art. 15. A outorga de direito de uso da água para o lançamento de efluentes será dada em quantidade de água necessária para a diluição da carga poluente, que pode variar ao longo do prazo de validade da outorga, com base nos padrões de qualidade da água correspondentes à classe de enquadramento do respectivo corpo receptor e/ou em critérios específicos definidos no correspondente plano de recursos hídricos ou pelos órgãos competentes.

Art. 16. O requerimento de outorga, de uso de recursos hídricos será formulado por escrito, à autoridade competente e instruído com, no mínimo, as seguintes informações:

I – em todos os casos:

a) identificação do requerente;

b) localização geográfica do(s) ponto(s) característico(s) objeto do pleito de outorga, incluindo nome do corpo de água e da bacia hidrográfica principal;

c) especificação da finalidade do uso da água;

II – quando se tratar de derivação ou captação de água oriunda de corpo de água superficial ou subterrâneo:

a) razão máxima instantânea e volume diário que se pretenda derivar;

b) regime de variação em termos de número de dias de captação, em cada mês, e de número de horas de captação, em cada dia;

III – quando se tratar de lançamento de esgotos e demais resíduos líquidos ou gasosos, tratados ou não, com o fim de sua diluição, transporte ou disposição final:

a) vazão máxima instantânea e volume diário a ser lançado no corpo de água receptor e regime de variação do lançamento;

b) concentrações e cargas de poluentes físicos, químicos e biológicos.

Parágrafo único. Os estudos e projetos hidráulicos, geológicos, hidrológicos e hidrogeológicos, correspondentes às atividades necessárias ao uso dos recursos hídricos, deverão ser executados sob a responsabilidade de profissional devidamente habilitado junto ao Conselho Regional de Engenharia, Arquitetura e Agronomia – CREA.

Art. 17. O requerimento de outorga e seus anexos deverão ser protocolizados junto à autoridade outorgante competente, de acordo com a jurisdição onde se localizarem os corpos de água objetos da outorga.

Art. 18. O processo objeto do requerimento de outorga de direito de uso de recursos hídricos, poderá ser arquivado quando o requerente deixar de apresentar as informações ou documentos solicitados pela autoridade outorgante, após três meses contados da data da solicitação.

Art. 19. Os pedidos de outorga poderão ser indeferidos em função do não-cumprimento das exigências técnicas ou legais ou do interesse público, mediante decisão devidamente fundamentada, devendo ser publicada na forma de extrato no Diário Oficial.

Art. 20. Do ato administrativo da outorga, deverão constar, no mínimo, as seguintes informações:

I - identificação do outorgado;

II - localização geográfica e hidrográfica, quantidade, e finalidade a que se destinem as águas;

III - prazo de vigência;

IV - obrigação, nos termos da legislação, de recolher os valores da cobrança pelo uso dos recursos hídricos, quando exigível, que será definida mediante regulamento específico;

V - condição em que a outorga poderá cessar seus efeitos legais, observada a legislação pertinente; e

VI - situações ou circunstâncias em que poderá ocorrer a suspensão da outorga em observância ao art. 15 da Lei nº 9.433, de 1997 e do art. 24 desta Resolução.

Art. 21. A autoridade outorgante manterá cadastro dos usuários de recursos hídricos contendo, para cada corpo de água, no mínimo:

I - registro das outorgas emitidas e dos usos que independem de outorga;

II - vazão máxima instantânea e volume diário outorgado no corpo de água e em todos os corpos de água localizados a montante e a jusante;

III - vazão máxima instantânea e volume diário disponibilizados no corpo de água e nos corpos de água localizados a montante e a jusante, para atendimento aos usos que independem de outorga; e

IV - vazão mínima do corpo de água necessária à prevenção da degradação ambiental, à manutenção dos ecossistemas aquáticos e à manutenção de condições adequadas ao transporte aquaviário, quando couber, dentre outros usos.

§ 1º As informações sobre o cadastro e o registro das outorgas integrarão o Sistema Nacional de Informações sobre Recursos Hídricos.

§ 2º A cada emissão de nova outorga a autoridade outorgante fará o registro do aumento da vazão e do volume outorgados no respectivo corpo de água.

§ 3º Será obrigatório o cadastro para qualquer tipo de uso de recurso hídrico e deverá ser efetuada a comunicação à autoridade outorgante, da paralisação temporária de uso por período superior a seis meses, bem como da desistência do(s) uso(s) outorgado(s).

Art. 22. O outorgado interessado em renovar a outorga deverá apresentar requerimento à autoridade outorgante competente com antecedência mínima de noventa dias da data de término da outorga.

§ 1º O pedido de renovação somente será atendido se forem observadas as normas, critérios e prioridades vigentes na época da renovação.

§ 2º Cumpridos os termos do caput, se a autoridade outorgante não houver se manifestado expressamente a respeito do pedido de renovação até a data de término da outorga, fica esta automaticamente prorrogada até que ocorra deferimento ou indeferimento do referido pedido.

Art. 23. As outorgas emitidas serão publicadas no Diário Oficial da União, do Estado ou do Distrito Federal, conforme o caso, na forma de extrato, no qual deverá constar, no mínimo, as informações constantes do art. 20, desta Resolução.

§ 1º Fica facultada às autoridades outorgantes a adoção de sistema eletrônico para requerimento das outorgas, podendo dispensar a apresentação dos originais da documentação exigível, desde que seja assegurada sua disponibilidade a qualquer tempo, para fins de verificação e fiscalização.

§ 2º Caso a autoridade outorgante verifique inexatidão quanto à documentação apresentada pelo requerente, serão aplicadas as sanções cabíveis, previstas em lei.

Art. 24. A outorga de. uso de recursos hídricos poderá ser suspensa pela autoridade outorgante, parcial ou totalmente, em definitivo ou por prazo determinado, sem qualquer direito de indenização ao usuário, nas seguintes circunstâncias:

I – não-cumprimento pelo outorgado dos termos da outorga;

II – ausência de uso por três anos consecutivos;

III – necessidade premente de água para atender a situações de calamidade, inclusive as decorrentes de condições climáticas adversas;

IV – necessidade de se prevenir ou reverter grave degradação ambiental;

V – necessidade de se atender a usos prioritários de interesse coletivo para os quais não se disponha de fontes alternativas;

VI – necessidade de serem mantidas as características de navegabilidade do corpo de água; e

VII – indeferimento ou cassação da licença ambiental.

§ 1º A suspensão da outorga só poderá ser efetivada se devidamente fundamentada em estudos técnicos que comprovem a necessidade do ato.

§ 2º A suspensão de outorga de uso de recursos hídricos, prevista neste artigo, implica automaticamente no corte ou na redução dos usos outorgados.

Art. 25. A outorga de direito de uso de recursos hídricos extingue-se, sem qualquer direito de indenização ao usuário, nas seguintes circunstâncias:

I – morte do usuário – pessoa física;

II – liquidação judicial ou extrajudicial do usuário – pessoa jurídica; e

III – término do prazo de validade de outorga sem que tenha havido tempestivo pedido de renovação.

Parágrafo único. No caso do inciso I deste artigo, os herdeiros ou inventariantes do usuário outorgado, se interessados em prosseguir com a utilização da outorga, deverão solicitar em até cento e oitenta dias da data do óbito, a retificação do ato administrativo da portaria, que manterá seu prazo e condições originais, quando da definição do(s) legítimo(s) herdeiro(s), sendo emitida nova portaria, em nome deste(s).

Art. 26. Quando da ocorrência de eventos críticos na bacia hidrográfica, a autoridade outorgante poderá instituir regime de racionamento de água para os usuários, pelo período que se fizer necessário, ouvido o respectivo Comitê.

§ 1º Serão prioritariamente assegurados os volumes mínimos necessários para consumo humano e dessedentação de animais.

§ 2º Em caso onde haja o não-atendimento da vazão outorgada, poderá o usuário prejudicado solicitar providências à autoridade outorgante, de modo a garantir providências que assegure o seu direito de uso ou o tratamento eqüitativo.

§ 3º Poderão ser racionadas, indistintamente, as captações de água e/ou as diluições de efluentes, sendo que, neste último caso, o racionamento poderá implicar restrição ao lançamento de efluentes que comprometam a qualidade de água do corpo receptor.

Art. 27. As Unidades da Federação a quem compete a emissão das outorgas dos recursos hídricos subterrâneos, deverão manter os serviços indispensáveis à avaliação destes recursos, ao comportamento hidrológico dos aquíferos e ao controle da qualidade e quantidade.

Art. 28. Em caso de conflito no uso das águas subterrâneas de aquíferos que se estendam a mais de uma Unidade da Federação, caberá ao Conselho Nacional de Recursos Hídricos arbitrá-lo.

Art. 29. A autoridade outorgante poderá delegar às Agências de Água o exercício das seguintes atividades relacionadas à outorga de uso dos recursos hídricos situados em suas respectivas áreas de atuação:

I – recepção dos requerimentos de outorga;

II – análise técnica dos pedidos de outorga;

III – emissão de parecer sobre os pedidos de outorga.

Art. 30. O ato administrativo de outorga não exime o outorgado do cumprimento da legislação ambiental pertinente ou das exigências que venham a ser feitas por outros órgãos e entidades competentes.

Art. 31. O outorgado deverá implantar e manter o monitoramento da vazão captada e/ou lançada e da qualidade do efluente, encaminhando à autoridade outorgante os dados observados ou medidos na forma preconizada no ato da outorga.

Art. 32. O não-cumprimento ao disposto nesta Resolução acarretará aos infratores as sanções previstas na Lei nº 9.433, de 1997, e na legislação correlata.

Art. 33. Esta Resolução entra em vigor na data de sua publicação.

DIREITO PROCESSUAL CIVIL

LEI COMPLEMENTAR ESTADUAL Nº 96, DE 4 DE DEZEMBRO DE 2010

- DISPÕE SOBRE A LEI DE ORGANIZAÇÃO E DIVISÃO JUDICIÁRIA DO ESTADO DA PARAÍBA.

ÍNDICE

Seção VI - DAS COMISSÕES - art. 35 e 35-A

Seção VII - DA ESCOLA SUPERIOR DA MAGISTRATURA - art. 36 ao 39

Seção VIII - DA OUVIDORIA DE JUSTIÇA - art. 40

[...]

Capítulo XVIII - DA COMPETÊNCIA DA JUSTIÇA DO PRIMEIRO GRAU DE JURISDIÇÃO

Seção I - DAS DISPOSIÇÕES GERAIS - art. 161

Seção II - DA COMPETÊNCIA EM GERAL

Subseção I - DO CRITÉRIO GERAL DE FIXAÇÃO DE COMPETÊNCIA - art. 162 e 163

Subseção II - DA COMPETÊNCIA DE VARA CÍVEL - art. 164

Subseção III - DA COMPETÊNCIA DE VARA DA FAZENDA PÚBLICA - art. 165

Subseção IV - DA COMPETÊNCIA DE VARA DE EXECUTIVOS FISCAIS - art. 166

Subseção V - DA COMPETÊNCIA DO JUIZADO DE VIOLÊNCIA DOMÉSTICA E FAMILIAR CONTRA A MULHER - art. 167

Subseção VI - DA COMPETÊNCIA DE VARA DE FAMÍLIA - art. 168

Subseção VII - DA COMPETÊNCIA DE VARA DE FEITOS ESPECIAIS - art. 169

Subseção VIII - DA COMPETÊNCIA DE VARA DE SUCESSÕES - art. 170

Subseção IX - DA COMPETÊNCIA DE VARA DE INFÂNCIA E JUVENTUDE - art. 171 ao 173

Subseção X - DA COMPETÊNCIA DA VARA DE CONFLITOS AGRÁRIOS - art. 174

Subseção XI - DA COMPETÊNCIA DE VARA CRIMINAL - art. 175

Subseção XII - DA COMPETÊNCIA DE VARA DE TRIBUNAL DO JÚRI - art. 176

Subseção XIII - DA COMPETÊNCIA DE VARA DE EXECUÇÃO PENAL - art. 177

Subseção XIV - DA COMPETÊNCIA DE VARA DE EXECUÇÃO DE PENAS ALTERNATIVAS - art. 178

Subseção XV - DA COMPETÊNCIA DE VARA DE ENTORPECENTES - art. 179

Subseção XVI - DA COMPETÊNCIA DOS JUIZADOS AUXILIARES - art. 180 ao 182

[...]

TÍTULO V - DOS JUIZADOS ESPECIAIS

Capítulo I - DAS DISPOSIÇÕES GERAIS - art. 199 ao 201

Capítulo II - DA ESTRUTURA DOS JUIZADOS ESPECIAIS - art. 202

Seção I - DA COORDENAÇÃO DOS JUIZADOS ESPECIAIS - COJE - art. 203

Seção II - DA TURMA DE UNIFORMIZAÇÃO - art. 204

Seção III - DA TURMA RECURSAL - art. 205 ao 207

Subseção I - DA SUBSTITUIÇÃO DE MEMBRO DE TURMA RECURSAL - art. 208 e 209

Subseção II - DA COMPETÊNCIA DE TURMA RECURSAL - art. 210

Subseção III - DAS DISPOSIÇÕES GERAIS - art. 211 ao 214

Seção III - DOS JUIZADOS ESPECIAIS CÍVEIS, CRIMINAIS E DA FAZENDA PÚBLICA - art. 215 ao 217

Seção IV - DO SERVIÇO DE ATENDIMENTO IMEDIATO PARA ACIDENTES DE TRÂNSITO - SAI - art. 218 ao 220

[...]

TÍTULO VII - DOS SERVIÇOS AUXILIARES DA JUSTIÇA

[...]

DISPOSIÇÕES PRELIMINARES

Art. 1º A organização e a divisão judiciárias do Estado da Paraíba obedecerão ao disposto nesta Lei.

LIVRO I
DA ORGANIZAÇÃO JUDICIÁRIA

Art. 2º São órgãos do Poder Judiciário do Estado:

I – o Tribunal de Justiça;

II – o Tribunal do Júri;

III – os Juízes Substitutos e de Direito;

IV – a Justiça Militar;

V – os Juizados Especiais;

VI – a Justiça de Paz.

Art. 3º São serviços auxiliares da Justiça do Estado os serviços dos foros judicial e extrajudicial.

TÍTULO I
DO TRIBUNAL DE JUSTIÇA

Art. 4º O Tribunal de Justiça, com sede na Capital e jurisdição em todo o território do Estado, compõe-se de dezenove desembargadores, sendo presidido por um deles, e tem sua competência disposta na Constituição Federal (§ 1º, art. 125), na Constituição do Estado e na legislação federal.

Art. 5º Um quinto dos lugares do Tribunal de Justiça é composto por membros do Ministério Público e por advogados, na forma disposta na Constituição Federal.

Capítulo I
DOS ÓRGÃOS DO TRIBUNAL DE JUSTIÇA

Art. 6º São órgãos do Tribunal de Justiça:

I – o Tribunal Pleno;

II – as Seções Especializadas;

III – as Câmaras Especializadas;

IV – o Conselho da Magistratura;

V – a Presidência do Tribunal de Justiça;

VI – a Vice-Presidência do Tribunal de Justiça;

VII – a Corregedoria-Geral de Justiça;

VIII – as Comissões;

IX – a Escola Superior da Magistratura;

X – a Ouvidoria de Justiça.

Parágrafo único. O Regimento Interno do Tribunal de Justiça disporá sobre a competência e o funcionamento dos seus órgãos.

Seção I
DO TRIBUNAL PLENO

Art. 7º O Tribunal Pleno é constituído da totalidade dos desembargadores, sendo presidido pelo presidente do Tribunal de Justiça.

Seção II
DAS SEÇÕES ESPECIALIZADAS

Art. 8º Há no Tribunal de Justiça duas seções especializadas cíveis, sendo cada uma composta pelos membros das câmaras da respectiva área de especialização. (Regulamentado pela Res. nº 51, de 19 de dezembro de 2011– DJ 20-12-2011, modificada pela Res. nº 01, de 09 de janeiro de 2012 – DJ 10-01-2012, pela Res. nº 21, de 13 de fevereiro de 2012 – DJ 14-02-2012 e pela Res. 28, de 29 de fevereiro de 2012 – DJ 16-03-2012).

§ 1º A primeira Seção Especializada Cível é integrada pela primeira e segunda Câmaras Cíveis; e a segunda pela terceira e quarta Câmaras Cíveis.

§ 2º Cada Seção Especializada Cível será presidida por um dos seus integrantes.

§ 3º No julgamento pela Seção Especializada Cível a decisão será tomada pela totalidade dos seus membros.

Seção III
DAS CÂMARAS ESPECIALIZADAS

Art. 9º Há no Tribunal de Justiça cinco Câmaras Especializadas, sendo quatro com área de especialização cível e uma com área de especialização criminal, presididas por um dos seus membros, na forma disposta no Regimento Interno do Tribunal de Justiça.

§ 1º. Cada Câmara Especializada Cível é composta por três desembargadores; a Câmara Especializada Criminal é composta por cinco desembargadores; (transformado pela LC nº 141, de 19-10-2016 - DO 20-10-2016).

§ 2º. O Tribunal de Justiça poderá, em caráter excepcional, convocar câmara auxiliar de julgamento, com jurisdição e número de integrantes idênticos aos da principal, composta por juízes de terceira entrância da Comarca da Capital e presidida pelo mais antigo na carreira, quando o acúmulo de processos o exigir. (acrescentado pela LC nº 141, de 19-10-2016 - DO 20-10-2016).

Subseção I
DA SUBSTITUIÇÃO NO TRIBUNAL DE JUSTIÇA

Art. 10. Para compor o quorum de julgamento, o desembargador, nas ausências ou impedimentos eventuais, será substituído por outro da mesma câmara, na ordem de antiguidade, ou, se impossível, de outra câmara, de preferência da mesma seção especializada, na forma disposta no Regimento Interno do Tribunal de Justiça.

Art. 11. Em caso de vaga, afastamento, licença e férias de desembargador, por prazo superior a trinta dias, será convocado em substituição juiz titular de vara da Comarca da Capital, escolhido na forma disposta em resolução do Tribunal de Justiça, respeitada a ordem dos quintos sucessivos.

Parágrafo único. A escolha do juiz para a substituição de desembargador será aprovada pelo voto da maioria absoluta dos membros do Tribunal de Justiça.

Subseção II
DA REMOÇÃO E DA PERMUTA NO TRIBUNAL DE JUSTIÇA

Art. 12. Os desembargadores poderão permutar de câmara ou, voluntariamente, remover-se para aquela em que haja vaga, mediante requerimento aprovado pelo voto da maioria simples dos membros do Tribunal de Justiça. (Disciplinado pela Res. nº 19, de 15 de outubro de 2014 - DJ 17-10-2014)

§ 1º Em caso de mais de um pedido de remoção, terá preferência o desembargador mais antigo.

§ 2º O Regimento Interno do Tribunal de Justiça disporá sobre o procedimento para os pedidos de remoção e permuta.

Subseção III
DA ESTRUTURA ORGANIZACIONAL ADMINISTRATIVA DO TRIBUNAL DE JUSTIÇA

Art. 13. Lei de iniciativa do Tribunal de Justiça disporá sobre a estrutura organizacional e as atribuições das unidades administrativas do Tribunal de Justiça.

Seção IV
DO CONSELHO DA MAGISTRATURA

Art. 14. O Conselho da Magistratura, órgão de fiscalização e disciplina no primeiro grau de jurisdição, e de planejamento da organização e da administração judiciárias no primeiro e segundo graus de jurisdição, tem como órgão superior o Tribunal Pleno e compõe-se dos seguintes membros:

I - natos:

a) o presidente do Tribunal de Justiça;

b) o vice-presidente do Tribunal de Justiça;

c) o corregedor-geral de Justiça.

II - eleitos:

a) três desembargadores titulares;

b) três desembargadores suplentes.

Parágrafo único. O Conselho da Magistratura é presidido pelo presidente do Tribunal de Justiça.

Art. 15. Os desembargadores são eleitos na forma disposta no Regimento Interno do Tribunal de Justiça, para um mandato que coincidirá com o mandato dos membros natos, permitida uma reeleição.

Art. 16. Os desembargadores titulares são substituídos, em suas faltas, licenças e impedimentos, pelos desembargadores suplentes.

Seção V
DA PRESIDÊNCIA, VICE-PRESIDÊNCIA E CORREGEDORIA-GERAL DE JUSTIÇA

Subseção I
DAS DISPOSIÇÕES GERAIS

Art. 17. A direção do Tribunal de Justiça é exercida pelo Presidente, Vice- Presidente e Corregedor-Geral de Justiça.

§ 1º Concorrerão aos cargos de direção todos os Desembargadores do Tribunal de Justiça, eleitos pela maioria absoluta de seus membros, por votação secreta, para um mandato de 02 (dois) anos, proibida a reeleição.

§ 2º O Desembargador que houver exercido quaisquer cargos de direção por 04 (quatro) anos, consecutivos ou alternados, ou o de Presidente, ou que for membro do Tribunal Regional Eleitoral, não figurará entre os elegíveis.

§ 3º A aceitação do cargo é obrigatória, salvo recusa manifestada e acolhida pelo Tribunal Pleno antes da eleição.

§ 4º O Regimento Interno do Tribunal de Justiça disporá sobre a eleição dos Órgãos Diretivos do Tribunal de Justiça, da Escola Superior da Magistratura e do Ouvidor Geral do Tribunal de Justiça;

§ 5º O disposto na parte final do § 1º deste artigo não se aplica ao Desembargador eleito para completar período de mandato inferior a um ano. NR (Redação dada pela LC nº 129, de 13-05-2015 - DO 14-05-2015).

Art. 18. O mandato dos dirigentes do Tribunal de Justiça inicia-se no primeiro dia útil do mês de fevereiro.

Art. 19. O presidente e o corregedor-geral de Justiça não integram os órgãos fracionários do Tribunal de Justiça.

Art. 20. É vedada a cumulação dos cargos de presidente do Tribunal de Justiça, de vice-presidente e de corregedor-geral de Justiça com o exercício da jurisdição eleitoral.

Art. 21. A Presidência e a Vice-Presidência do Tribunal de Justiça poderão ser auxiliadas por juízes de terceira entrância, que serão convocados na forma disposta em resolução do Tribunal de Justiça.

Subseção II
DA PRESIDÊNCIA DO TRIBUNAL DE JUSTIÇA

Art. 22. A Presidência do Tribunal de Justiça, órgão com função jurisdicional e administrativa, é dirigida pelo presidente, a quem compete, também, a chefia e a representação do Poder Judiciário do Estado.

Art. 23. Junto à Presidência do Tribunal de Justiça funcionará a Coordenadoria da Infância e da Juventude do Estado, órgão permanente de assessoramento, dirigido por magistrado com competência jurisdicional ou reconhecida experiência na área.

Parágrafo único. Resolução do Tribunal de Justiça disporá sobre a composição, o funcionamento e as atribuições da Coordenadoria da Infância e da Juventude do Estado.

Subseção III
DA VICE-PRESIDÊNCIA DO TRIBUNAL DE JUSTIÇA

Art. 24. A Vice-Presidência do Tribunal de Justiça, órgão com função jurisdicional e administrativa, é dirigida pelo vice-presidente do Tribunal de Justiça.

Subseção IV
DA CORREGEDORIA-GERAL DE JUSTIÇA

Art. 25. A Corregedoria-Geral de Justiça, órgão de correição, disciplina e orientação administrativa, com jurisdição em todo o Estado, é dirigida por um desembargador, com o título de corregedor-geral de Justiça, auxiliado por juízes corregedores.

Art. 26. Os juízes corregedores são indicados pelo corregedor-geral de Justiça dentre os juízes de direito de terceira entrância e aprovados pelo voto da maioria simples dos membros do Tribunal de Justiça, em sessão pública e por votação aberta, nominal e fundamentada.

§ 1º Uma vez designado para exercer a função de juiz corregedor, o juiz fica afastado de suas funções ordinárias até o fim do encargo.

§ 2º É vedada a cumulação da função de juiz corregedor com o exercício de jurisdição eleitoral.

§ 3º A designação do juiz corregedor considerar-se-á finda com o término do mandato do corregedor-geral de Justiça.

§ 4º O juiz corregedor poderá ser dispensado da função a pedido ou mediante proposta do corregedor-geral de Justiça, dirigida ao Tribunal de Justiça.

§ 5º Em nenhuma hipótese, o juiz corregedor poderá servir por mais de quatro anos, consecutivos ou alternados.

Art. 27. O juiz corregedor exercerá suas atribuições relativas aos juízes e servidores da Justiça em exercício no primeiro grau de jurisdição por delegação do corregedor-geral de Justiça.

Art. 28. O corregedor-geral de Justiça, durante o mandato, fica afastado de suas funções ordinárias, salvo a de vogal perante o Tribunal Pleno e a de relator de processo administrativo perante o Tribunal Pleno e o Conselho da Magistratura.

Art. 29. O corregedor-geral de Justiça visitará, anualmente, no mínimo, seis comarcas em correição geral ordinária, sem prejuízo das correições extraordinárias, gerais ou parciais, que entenda fazer, ou haja de realizar por determinação do Conselho da Magistratura.

Art. 30. O corregedor-geral de Justiça atestará, para efeito de percepção de subsídio e diárias, o exercício e o deslocamento, seu e dos juízes corregedores, a serviço da Corregedoria-Geral de Justiça.

Parágrafo único. O corregedor-geral de Justiça também atestará, para efeito de percepção de vencimentos e diárias, o exercício e o deslocamento dos servidores lotados na Corregedoria-Geral de Justiça.

Art. 31. Junto à Corregedoria-Geral de Justiça funcionará a Comissão Estadual Judiciária de Adoção – CEJA, Autoridade Central Estadual, órgão sujeito à sua supervisão e controle, que terá composição e competência dispostas em lei.

Art. 32. A Corregedoria-Geral de Justiça será ouvida, obrigatoriamente, sobre a conveniência da remoção de preso para cumprimento de pena em estabelecimento prisional localizado em outra unidade da jurisdição, desde que haja divergência entre os juízes envolvidos.

Art. 33. Resolução do Tribunal de Justiça disporá sobre o Regimento Interno da Corregedoria-Geral de Justiça.

Art. 34. O Tribunal de Justiça proverá os meios necessários à Corregedoria-Geral de Justiça, para a consecução de seus fins institucionais, conforme dotação orçamentária do Poder Judiciário.

Seção VI
DAS COMISSÕES

Art. 35. O Tribunal de Justiça poderá constituir comissões permanentes ou temporárias.

§ 1º O Regimento Interno do Tribunal de Justiça disporá sobre a constituição e as atribuições das comissões permanentes.

§ 2º As comissões temporárias terão sua composição e atribuições dispostas em Resolução do Tribunal de Justiça.

Art. 35-A. Enquanto não editadas as Resoluções a que se referem o caput do art.163 e o inciso I e §4° do art. 183, continuarão em vigor os Anexos V e XIV desta Lei. (Acrescentado pela LC nº 160, de 19-03-2020 -DO de 20-03-2020)

Seção VII
DA ESCOLA SUPERIOR DA MAGISTRATURA

Art. 36. A Escola Superior da Magistratura (ESMA), com sede na Capital, é dirigida por um magistrado escolhido pelo voto da maioria simples dos membros do Tribunal de Justiça, em sessão pública e por votação aberta e nominal.

Parágrafo único. O diretor permanecerá na função por dois anos, permitida uma recondução.

Art. 37. O diretor da ESMA atestará, para efeito de percepção de verba remuneratória (inciso I, alínea b, art. 118 desta Lei) e de diárias, respectivamente, o exercício na função e o seu deslocamento a serviço.

Parágrafo único. O diretor da ESMA também atestará, para efeito de percepção de vencimentos e diárias, o exercício e o deslocamento dos servidores lotados na ESMA.

Art. 38. Resolução do Tribunal de Justiça disporá sobre o Regimento Interno da ESMA, que definirá a composição, a organização e as atribuições dos integrantes da respectiva escola. (Regulamentado pela Res. nº 51, de 30 de outubro de 2013 - DJ 01-11-2013. Republicado DJ 16-01-2014)

Art. 39. O Tribunal de Justiça proverá os meios necessários à ESMA, para a consecução de seus fins institucionais, conforme dotação orçamentária do Poder Judiciário.

Seção VIII
DA OUVIDORIA DE JUSTIÇA

Art. 40. A Ouvidoria de Justiça tem por missão servir de canal de comunicação direta entre o cidadão e o Poder Judiciário do Estado, com vistas a orientar, transmitir informações e colaborar no aprimoramento das atividades desenvolvidas pelo Tribunal de Justiça.

Parágrafo único. Resolução do Tribunal de Justiça disporá sobre o Regimento Interno da Ouvidoria de Justiça, que definirá a composição, a organização e as atribuições dos integrantes do respectivo órgão. (Regimento Interno aprovado pela Res. nº 09, de 30 de janeiro de 2013 - DJ 31-01-2013)

[...]

Capítulo XVIII
DA COMPETÊNCIA DA JUSTIÇA DO PRIMEIRO GRAU DE JURISDIÇÃO

Seção I
DAS DISPOSIÇÕES GERAIS

Art. 161. A competência da Justiça do primeiro grau de jurisdição do Estado será disciplinada nesta Lei, respeitado o disposto na Constituição Federal, na Constituição do Estado e na legislação federal.

Seção II
DA COMPETÊNCIA EM GERAL

Subseção I
DO CRITÉRIO GERAL DE FIXAÇÃO DE COMPETÊNCIA

Art. 162. A fixação de competência será por distribuição equitativa entre os juízes, respeitada a especialização de cada vara, a ser definida de acordo com as regras gerais constantes das subseções seguintes.

Parágrafo único. As varas por distribuição, com competência comum, e as especializadas, por distribuição ou não, em cada comarca do Estado, são as constantes dos Anexos II, III e IV desta Lei.

Art. 163. A competência dos órgãos judiciários é comum e cumulativa nas comarcas, salvo as varas especializadas, e, em ambos os casos, serão definidas por Resoluções do Tribunal de Justiça. (NR dada pela LC nº 160, de 19-03-2020 -DO de 20- 03-2020)

Subseção II
DA COMPETÊNCIA DE VARA CÍVEL

Art. 164. Compete à Vara Cível processar e julgar as ações de natureza civil, e cumprir carta precatória cível, salvo as de competência de varas especializadas.

Parágrafo único. Compete às 8ª e 12ª Varas Cíveis da Comarca da Capital, ainda, processar e julgar as ações relativas aos conflitos decorrentes da Lei de Arbitragem, resguardada a devida compensação na distribuição dos feitos. (Acrescentado pela LC nº 134, de 03-12-2015 - DO 04-12-2015).

Subseção III
DA COMPETÊNCIA DE VARA DA FAZENDA PÚBLICA

Art. 165. Compete a Vara de Fazenda pública processar e julgar:

I – as ações em que Estado ou seus municípios, respectivas autarquias, empresas públicas e fundações instituídas ou mantidas pelo poder público estadual ou municipal, forem interessados na condição de autor, réu, assistente ou oponente, excetuadas as de falências e recuperação de empresas;

II – os mandados de segurança, os habeas data e os mandados de injunção contra ato de autoridade estadual ou municipal, respeitada a competência originária do Tribunal de Justiça;

III – as ações por improbidade administrativa, as ações populares, as ações civis públicas de responsabilidade por danos morais e patrimoniais causados a bens e direitos de valor artístico, estético, histórico e paisagístico, por infração da ordem econômica e da economia popular e, ainda à ordem urbanística;

IV – as justificações destinadas a servir de prova junto ao Estado ou aos municípios, respectivas autarquias, empresas públicas e fundações instituídas ou mantidas pelo poder público estadual ou municipal.

Parágrafo único. Cabe ainda a Vara de Fazenda Pública cumprir carta precatória relativa à matéria de sua competência.

Subseção IV
DA COMPETÊNCIA DE VARA DE EXECUTIVOS FISCAIS

Art. 166. Compete a Vara de Executivos Fiscais processar e julgar as execuções fiscais propostas pelo Estado ou seus municípios, os incidentes ou ações acessórias e cumprir carta precatória relativa à matéria de sua competência.

Parágrafo único. Nas comarcas onde não houver Vara de Executivos Fiscais, compete a Vara da Fazenda Pública, processar e julgar as execuções fiscais propostas pelo Estado ou seus municípios, os seus incidentes ou ações acessórias e cumprir carta precatória relativa à matéria de sua competência.

Subseção V
DA COMPETÊNCIA DO JUIZADO DE VIOLÊNCIA DOMÉSTICA E FAMILIAR CONTRA A MULHER

Art. 167. Compete ao Juizado de Violência Doméstica e Familiar Contra a Mulher o processo, o julgamento e a execução das causas cíveis e criminais decorrentes da prática de violência doméstica e familiar contra a mulher, nos termos da Lei Federal nº 11.340, de 07 de agosto de 2006, bem como o cumprimento de carta precatória relativa à matéria de sua competência.

Parágrafo único. Compreendem-se como causas cíveis as medidas protetivas de urgência, estabelecidas no Capítulo II, do Título IV, da Lei Federal nº 11.340, de 07 de agosto de 2006.

Subseção VI
DA COMPETÊNCIA DE VARA DE FAMÍLIA

Art. 168. Compete a Vara de Família processar e julgar:

I – as ações de nulidade e anulação de casamento, separação judicial e divórcio, bem como as relativas a impedimentos matrimoniais e à separação de corpos;

II – os pedidos de emancipação e suprimento de consentimento dos pais e tutores;

III – as ações relativas às uniões estáveis e sua dissolução, bem como as que tratem de relações de parentesco e de entidade familiar;

IV – as ações relativas a direitos e deveres de cônjuges ou companheiros e de pais, tutores ou curadores para com seus filhos, tutelados ou curatelados, respectivamente;

V – as ações de investigação de paternidade ou de maternidade, cumuladas ou não com petição de herança ou alimentos, ou com a de nulidade de testamento, bem como as ações ordinárias de reconhecimento de filiação paterna ou materna;

VI – as ações concernentes ao regime de bens entre cônjuges e companheiros, pacto antenupcial, usufruto e administração de bens de filhos menores e bem de família;

VII – as ações relativas a alimentos;

VIII – as ações de adoção de maiores de dezoito anos;

IX – as ações relativas ao estado civil e à capacidade das pessoas e seus incidentes processuais;

X – os pedidos de alienação, arrendamento ou oneração de bens de menores, de órfãos e de interditos;

XI – os pedidos de especialização de hipoteca legal.

Parágrafo único. Cabe ao juiz da Vara de Família cumprir cartas precatórias relativas à matéria de sua competência.

Subseção VII
DA COMPETÊNCIA DE VARA DE FEITOS ESPECIAIS

Art. 169. Compete a Vara de Feitos Especiais processar e julgar:

I – as matérias relativas aos registros públicos, inclusive a celebração de casamentos e a fiscalização dos serviços notarial e de registro;

II – os pedidos de falência e de recuperação judicial de empresas;

III – os procedimentos de jurisdição voluntária, nos casos previstos na Lei n.º 6.858, de 24 de novembro de 1980, salvo quando haja bens a inventariar;

IV – as ações de acidente de trabalho, incluindo a concessão, o restabelecimento e a revisão do benefício acidentário.

Parágrafo único. Cabe ao juiz da Vara de Feitos Especiais cumprir carta precatória relativa à matéria de sua competência.

Subseção VIII
DA COMPETÊNCIA DE VARA DE SUCESSÕES

Art. 170. Compete a Vara de Sucessões processar e julgar:

I – os inventários, arrolamentos e partilhas, bem como os seus incidentes;

II – as ações de anulação de testamentos e legados, assim como as pertinentes ao cumprimento e à execução de testamento;

III – as ações relativas à sucessão causa mortis, inclusive fideicomisso e usufruto, cancelamentos, inscrições e sub-rogações de cláusulas ou gravames, ainda que decorrentes de atos entre vivos;

IV – as ações de petição de herança quando não cumuladas com as de investigação de paternidade;

V – as declarações de ausência e abertura de sucessão provisória ou definitiva, as ações que envolvam bens vagos ou de ausentes, bem como a herança jacente e seus acessórios;

VI – os pedidos de alvarás relativos a bens de espólio e os previstos na Lei n.º 6.858, de 24 de novembro de 1980, quando haja outros bens a inventariar;

Parágrafo único. Cabe ao juiz da Vara de Sucessões cumprir carta precatória relativa à matéria de sua competência.

Subseção IX
DA COMPETÊNCIA DE VARA DE INFÂNCIA E JUVENTUDE

Art. 171. Compete a Vara de Infância e Juventude:

I – conhecer de representações promovidas pelo Ministério Público para apuração de ato infracional atribuído a adolescente, aplicando as medidas cabíveis;

II – conceder a remissão, como forma de suspensão ou extinção do processo;

III – conhecer de ações civis fundadas em interesses individuais, difusos ou coletivos afetos à criança e ao adolescente;

IV – conhecer de ações decorrentes de irregularidades em entidades de atendimento, relativas à matéria de sua competência, aplicando as medidas cabíveis;

V – aplicar penalidades administrativas, nos casos de infrações contra norma de proteção à criança ou adolescente;

VI – conhecer de casos encaminhados pelo Conselho Tutelar, relativos à matéria de sua competência, aplicando as medidas cabíveis;

VII – processar e julgar os crimes praticados contra criança e adolescente previstos na Lei n.º 8.069, de 13 de julho de 1990;

VIII – processar e julgar as infrações administrativas decorrentes de inobservância ao disposto no Título VII, Capítulo II, da Lei n.º 8.069, de 13 de julho de 1990 e conhecer dos casos previstos no art. 148, incisos I e VI, do citado diploma legal;

IX – disciplinar, através de portaria, ou autorizar, mediante alvará, a entrada e permanência de criança e adolescente, desacompanhados dos pais ou responsáveis, em estádio, ginásio e campo desportivo, bailes ou promoções dançantes, boates, cassinos ou congêneres, casas que explorem comercialmente diversões eletrônicas, bem como em estúdios cinematográficos, de teatro, rádio e televisão;

X – disciplinar, na forma cabível, a participação de criança e adolescente em espetáculo público e ensaios, bem como em certames de beleza;

XI – conhecer e julgar as ações referentes à constituição, eleição, posse e funcionamento dos Conselhos Municipais de Direitos da Criança e do Adolescente e dos Conselhos Tutelares;

XII – cumprir carta precatória relativa à matéria de sua competência.

Art. 172. Compete a Vara de Infância e Juventude, nos termos do art. 98 da Lei n.º 8.069, de 13 de julho de 1990:

I – conhecer de pedidos de guarda e tutela;

II – conhecer de ações de destituição do poder familiar, perda ou modificação da tutela ou guarda;

III – suprir a capacidade ou o consentimento para o casamento;

IV – conhecer de pedidos contendo discordância paterna ou materna, em relação ao exercício do poder familiar;

V – conceder a emancipação, nos termos da lei civil, quando faltarem os pais;

VI – designar curador especial em casos de apresentação de queixa ou representação, bem como de outros procedimentos judicial ou extrajudicial em que haja interesse de criança ou adolescente;

VII – conhecer de ações de alimentos;

VIII – credenciar, a título gratuito, comissários voluntários de proteção à infância e à juventude, dentre pessoas reconhecidamente idôneas;

IX – autorizar viagem de criança ou adolescente, nos casos previstos em lei, bem como o trabalho a ser exercido nas ruas, praças e outros logradouros.

Art. 173. Compete, também, a Vara de Infância e Juventude:

I – processar e julgar as ações de adoção de criança e adolescente com idade inferior a dezoito anos, bem como seus incidentes;

II – o poder normativo previsto no art. 149, da Lei n.º 8.069, de 13 de julho de 1990, especialmente para conceder autorização a menores de dezoito anos para quaisquer atos ou atividades em que ela seja exigida.

Subseção X
DA COMPETÊNCIA DA VARA DE CONFLITOS AGRÁRIOS

Art. 174. Compete a Vara de Conflitos Agrários processar e julgar:

I – as ações cíveis e criminais oriundas de conflitos agrários e fundiários em todo o Estado, bem como os procedimentos judiciais concernentes a essas questões;

II – as matérias contenciosas e administrativas referentes a assuntos ambientais, independentemente da presença de interesses difusos, coletivos ou individuais homogêneos, que tenham como fim o resguardo e o controle do meio ambiente ou apuração de agressões ao mesmo.

§1º. Compete ao juiz da Vara de Conflitos Agrários fazer-se presente no local do litígio, sempre que essa medida seja necessária à eficiente prestação jurisdicional.

§2º. Cabe ao juiz da Vara de Conflitos Agrários cumprir carta precatória relativa à matéria de sua competência.

Subseção XI
DA COMPETÊNCIA DE VARA CRIMINAL

Art. 175. Compete à Vara Criminal:

I – processar e julgar as ações penais, seus incidentes e os habeas corpus, salvo as de competência de vara especializada;

II – processar e julgar os delitos de trânsito;

III – executar e fiscalizar, no período de prova, o cumprimento das condições impostas ao acusado em função da suspensão condicional do processo;

IV – revogar a suspensão condicional do processo e declarar extinta a punibilidade em razão da expiração do prazo sem revogação;

V – cumprir carta precatória criminal relativa à matéria de sua competência. (NR) (Redação dada pela LC nº 130, de 14-05-2015 – DO 15-05-2015).

Subseção XII
DA COMPETÊNCIA DE VARA DE TRIBUNAL DO JÚRI

Art. 176. Compete a Vara de Tribunal do Júri, sob a presidência do juiz competente:

I – conhecer das ações penais da competência do Tribunal do Júri, ainda que anteriores à propositura da ação penal, até a pronúncia, inclusive;

II – preparar as ações para julgamento, conhecendo e decidindo os incidentes posteriores à pronúncia;

III – julgar os feitos de sua competência, nos termos da lei.

IV – cumprir carta precatória relativa à matéria de sua competência.

Subseção XIII
DA COMPETÊNCIA DE VARA DE EXECUÇÃO PENAL

Art. 177. Compete a Vara de Execução Penal:

I – funcionar nas execuções penais de condenados que cumprem pena ou medida de seguranca na comarca; (NR) (Redação dada pela LC nº 130, de 14-05-2015 – DO 15-05-2015).

II – fiscalizar periodicamente os estabelecimentos destinados ao cumprimento de pena e medida de segurança, tomando providência para o seu adequado funcionamento, distribuindo os presos nos respectivos estabelecimentos prisionais, conforme sua capacidade real, e promovendo, quando for o caso, a apuração de responsabilidade;

III – decretar prescrição e declarar extinta a punibilidade nos casos admitidos em lei, em processo de sua competência;

IV – aplicar aos casos julgados lei posterior que, de qualquer modo, venha favorecer o condenado;

V – interditar, no todo ou em parte, ouvida a Corregedoria-Geral da Justiça, estabelecimento penal que esteja funcionando em condições inadequadas ou com violação a dispositivo legal.

VI – cumprir carta precatória relativa à matéria de sua competência.

VII – resolver os incidentes administrativos dos presos provisórios recolhidos aos presídios situados no âmbito de sua jurisdição. (Acrescentado pela LC nº 130, de 14-05-2015 – DO 15-05-2015).

Subseção XIV
DA COMPETÊNCIA DE VARA DE EXECUÇÃO DE PENAS ALTERNATIVAS

Art. 178. Compete à Vara de Execução de Penas Alternativas:

I – promover a execução e fiscalização do beneficiário à suspensão da pena (SURSIS), podendo, inclusive, revogar o benefício, encaminhando os autos ao juízo competente, e declarar extinta a punibilidade em razão da expiração do prazo sem revogação, procedendo à comunicação necessária;

II – (Revogado pela LC nº 130, de 14-05-2015 - DO 15-05-2015).

III – cadastrar e credenciar entidades públicas ou privadas e firmar com elas convênio para fins de programas comunitários, com vista à execução de penas restritivas de direitos; NR (Redação dada pela LC nº 130, de 14-05-2015 - DO 15-05- 2015).

IV – instituir e supervisionar programas comunitários para os fins previstos no inciso III deste artigo;

V – acompanhar pessoalmente, quando necessário, a execução dos trabalhos;

VI – (Revogado pela LC nº 130, de 14-05- 2015 - DO 15-05-2015).

VII – funcionar nas execuções penais dos que estejam cumprindo penas alternativas, salvo nas hipóteses de transações penais e de penas privativas exclusivas de multa, em que a execução ficará a cargo do juízo processante; (Acrescentado pela LC nº 130, de 14-05-2015 - DO 15-05-2015).

VIII – cumprir carta precatória relativa à matéria de sua competência; (Acrescentado pela LC nº 130, de 14-05-2015 - DO 15-05-2015).

IX – presidir as audiências de custódia decorrentes de prisão em flagrante, relativas à Comarca da Capital, com exceção daquelas de competência do juiz plantonista. (Acrescentado pela LC nº 160, de 19-03-2020 -DO de 20-03-2020)

Subseção XV
DA COMPETÊNCIA DE VARA DE ENTORPECENTES

Art. 179. Compete a Vara de Entorpecentes:

I – processar e julgar as ações penais dos crimes relativos a entorpecentes e com eles conexos, ressalvada a competência de vara de Tribunal do Júri;

II – cumprir carta precatória relativa à matéria de sua competência.

Subseção XVI
DA COMPETÊNCIA DOS JUIZADOS AUXILIARES

Art. 180. Os juízes de direito auxiliares terão competência mista, incumbindo-lhes substituir e auxiliar as unidades integrantes da respectiva circunscrição judiciária. (NR dada pela LC nº 160, de 19-03-2020 -DO de 20-03-2020)

Parágrafo único. Excepcionalmente, constatada a carência de juízes e havendo prévia concordância do Juiz de Direito Auxiliar, a designação poderá recair em unidades judiciárias integrantes de outras circunscrições. (Acrescentado pela LC nº 160, de 19-03-2020 -DO de 20-03-2020)

Art. 181. Compete ao juiz de direito titular de Juizado Auxiliar Especializado substituir e auxiliar as unidades judiciárias especializadas em sua área de competência, integrantes da respectiva circunscrição judiciária.

Parágrafo único. Excepcionalmente, o presidente do Tribunal de Justiça poderá designar juiz titular de juizado auxiliar para substituir ou auxiliar quaisquer das unidades judiciárias integrantes das respectivas circunscrições judiciárias, independentemente da especialidade do juizado auxiliar do qual for titular.

Art. 182. Considera-se auxílio o exercício jurisdicional conjunto do juiz titular de juizado auxiliar e do juiz titular da unidade judiciária auxiliada, na forma prevista nos arts. 287 ou 287-A desta Lei. (NR dada pela LC nº 160, de 19-03-2020 -DO de 20-03-2020)

[...]

TÍTULO V
DOS JUIZADOS ESPECIAIS

Capítulo I
DAS DISPOSIÇÕES GERAIS

Art. 199. Os juizados especiais têm organização, competência e funcionamento disciplinados na Constituição Federal, na Constituição do Estado e em lei.

Art. 200. Os juizados especiais têm competência para o processamento, a conciliação, o julgamento e a execução de título judicial ou extrajudicial, das causas cíveis de menor complexidade e de infrações penais de menor potencial ofensivo, dispostas na Lei n.º 9.099, de 26 de setembro de 1995; bem como para o processamento, a conciliação, o julgamento e a execução das causas cíveis dispostas na Lei nº 12.153, de 22 de dezembro de 2009.

Art. 201. Na comarca onde não houver juizado especial, os feitos da sua competência tramitarão perante o juiz de direito com jurisdição comum e respectivo cartório de justiça, observado o procedimento especial das Leis n.ºs 9.099, de 26 de setembro de 1995 e 12.153, de 22 de dezembro de 2009.

Capítulo II
DA ESTRUTURA DOS JUIZADOS ESPECIAIS

Art. 202. Integram os Juizados Especiais:

I – a Coordenação dos Juizados Especiais – COJE;

II – a Turma de Uniformização;

III – as Turmas Recursais;

IV – os Juizados Especiais Cíveis, Criminais e da Fazenda Pública;

V – o Serviço de Atendimento Imediato para Acidentes de Trânsito – SAI.

Seção I
DA COORDENAÇÃO DOS JUIZADOS ESPECIAIS COJE

Art. 203. A Coordenação dos Juizados Especiais – COJE – constitui órgão administrativo que integra o Sistema dos Juizados Especiais do Estado.

Parágrafo único. Resolução do Tribunal de Justiça disporá sobre a composição, o funcionamento e as atribuições da Coordenadoria dos Juizados Especiais.

Seção II
DA TURMA DE UNIFORMIZAÇÃO

Art. 204. Resolução do Tribunal de Justiça disporá sobre a composição, a sede, a jurisdição e o funcionamento da Turma de Uniformização.

Parágrafo único. A resolução a que faz referência o caput deste artigo disporá, ainda, sobre o procedimento de uniformização de interpretação de lei quando houver divergência entre decisões proferidas por Turmas Recursais do Estado sobre questões de direito material, na forma da lei. (Regulamentado pela Res. nº 72, de 06 de agosto de 2012 – DJ 17-09-2012).

Seção III
DA TURMA RECURSAL

Art. 205. A Turma Recursal é composta por três Juízes de Direito de 3ª entrância, denominado Juiz de Turma Recursal, com a competência de que trata o art. 210 desta Lei.

Parágrafo único. Nos casos de impedimento, suspeição ou afastamento legal de Juiz de Direito de Turma Recursal, a Presidência designará juiz de outra turma recursal ou, na impossibilidade, juiz de 3ª entrância da comarca sede da turma para substituí-lo, obedecida a ordem decrescente de antiguidade da entrância. NR (Redação dada pela LC nº 157, de 29-12-2015 - DO 30-12-2015). Republicada no DO de 10-03-2016, como LC nº 137, de 29-12-2015.

Art. 205-A. O provimento do cargo de Juiz de Direito de Turma Recursal obedecerá ao disposto nos capítulos VI, VII e VIII do Título III, do Livro I desta Lei. (Acrescentado pela LC nº 157, de 29-12-2015 - DO 30-12-2015). Republicada no DO de 10-03- 2016, como LC nº 137, de 29-12-2015.

Art. 206. Na comarca onde for possível, o magistrado que exercer jurisdição eleitoral ou função de direção do fórum não integrará a Turma Recursal, salvo, quanto ao primeiro, se estiver no último semestre do biênio de exercício da jurisdição eleitoral.

Art. 207. O magistrado que estiver afastado da jurisdição, por qualquer motivo, não comporá a Turma Recursal, enquanto durar o afastamento.

Subseção I
DA SUBSTITUIÇÃO DE MEMBRO DE TURMA RECURSAL

Art. 208. Nas faltas e impedimentos, o presidente da Turma Recursal será substituído pelo membro titular mais antigo.

Art. 209. Nos casos de férias, licença e outros afastamentos, o membro titular da Turma Recursal será substituído pelo suplente, na ordem crescente da composição da suplência.

Parágrafo único. Nas comarcas onde houver mais de uma Turma Recursal, esgotada a suplência, por impedimento ou afastamento de suplentes de uma das Turmas, será convocado, se possível, o suplente da Turma seguinte, observada a ordem a que faz referência o caput deste artigo.

Subseção II
DA COMPETÊNCIA DE TURMA RECURSAL

Art. 210. Compete à Turma Recursal processar e julgar os recursos previstos nas Leis nºs 9.099, de 26 de setembro de 1995 e 12.153, de 22 de dezembro de 2009.

Subseção III
DAS DISPOSIÇÕES GERAIS

Art. 211. Haverá três Turmas Recursais, duas na Comarca da Capital e uma na Comarca de Campina Grande. (A Res. nº 11, de 20 de abril de 2016, autorizou a instalação das 1ª e 2ª Turmas Recursais da Comarca da Capital e Turma Recursal da Comarca de Campina Grande – DJ 25-04-2016)

§ 1º O Presidente da Turma Recursal será eleito pelos seus integrantes para um mandato de dois anos, vedada a recondução.

§ 2º As Turmas Recursais com sede na Comarca da Capital terão jurisdição nas comarcas que integram as 1ª e 6ª Circunscrições.

§ 3º A Turma Recursal de Campina Grande, terá jurisdição nas comarcas que integram a 2ª, 3ª, 4ª e 5ª Circunscrições. NR (Redação dada pela LC nº 157, de 29-12- 2015 – DO 30-12-2015). Republicada no DO de 10-03-2016, como LC nº 137, de 29-12-2015.

Art. 212. As Turmas Recursais serão criadas por lei de iniciativa do Tribunal de Justiça, que disporá a respeito de sua sede e competência territorial.

Art. 213. Junto a cada Turma Recursal funcionará uma secretaria, que será composta por um Analista Judiciário e, no mínimo, dois Técnicos Judiciários/Área Judiciária.

§ 1º A Turma Recursal será secretariada pelo Analista Judiciário, e, na sua falta, por um dos Técnicos Judiciários/Área Judiciária que se encontrar lotado no Banco de Recursos Humanos nas respectivas comarcas sedes.

§ 2º O servidor designado para secretariar as Turmas Recursais exercerá a função de confiança de Chefe de Secretaria de Turma Recursal, Nível II, com a gratificação fixada no Anexo IX, desta Lei.

§ 3º A designação para as funções a que fazem referência o § 2º deste artigo, será realizada pelo Presidente do Tribunal de Justiça, ouvido o juiz- presidente da respectiva turma. NR (Redação dada pela LC nº 157, de 29-12-2015 – DO 30- 12-2015). Republicada no DO de 10-03-2016, como LC nº 137, de 29-12-2015.

Art. 214. Compete à Secretaria da Turma Recursal:

I – organizar o expediente e agenda dos seus membros;

II – organizar as pautas de julgamento;

III – distribuir os recursos e os feitos originários, além de outras atividades definidas em regulamento;

IV – exercer outras atribuições vinculadas a sua função, ordenadas pelo juiz presidente da turma.

Seção III
DOS JUIZADOS ESPECIAIS CÍVEIS, CRIMINAIS E DA FAZENDA PÚBLICA

Art. 215. Os Juizados Especiais Cíveis, Criminais e da Fazenda Pública são compostos de um juiz togado e, no mínimo, de um juiz leigo e um conciliador.

Art. 216. A designação do juiz leigo será realizada pelo presidente do Tribunal de Justiça, após aprovação em seleção pública de provas e títulos.

§ 1º O juiz leigo será, obrigatoriamente, advogado com mais de dois anos de exercício profissional.

§ 2º O juiz leigo ficará impedido de exercer a advocacia perante os Juizados Especiais.

Art. 217. O conciliador será recrutado, preferencialmente, dentre bacharéis em Direito.

§ 1º. O recrutamento do conciliador independe de aprovação em seleção pública de provas e títulos.

§ 2º O exercício da função de conciliador por, no mínimo, um ano e dezesseis horas mensais, é considerado atividade jurídica, para fins de comprovação junto às bancas dos concursos para o ingresso nas carreiras da Magistratura e do Ministério Público.

§ 3º Resolucão do Tribunal de Justiça disporá sobre a forma de recrutamento do conciliador. (Regulamentado pela Res. nº 08, de 09 de março de 2011- DJ 12-03-2011).

Seção IV
DO SERVIÇO DE ATENDIMENTO IMEDIATO PARA ACIDENTES DE TRÂNSITO SAI

Art. 218. O Serviço de Atendimento Imediato para Acidentes de Trânsito, denominado de "SAI" ou "Juizado Volante", funcionará nas comarcas que integram a primeira e a segunda Circunscrições Judiciárias do Estado.

Art. 219. O SAI funcionará em veículo apropriado, adaptado para a prestação de serviços cartorários e realização de audiência conciliatória, com equipes compostas de, no mínimo:

I - um motorista;

II - um técnico judiciário;

III - um conciliador;

IV - um oficial de justiça;

V - um policial militar.

Art. 220. Resolução do Tribunal de Justiça disporá sobre o funcionamento do SAI. (Regulamentado pela Res. nº 11, de 23 de março de 2011- DJ 19-04-2011).

TÍTULO VII
DOS SERVIÇOS AUXILIARES DA JUSTIÇA

[...]

Capítulo II
DOS SERVIDORES DO FORO JUDICIAL

[...]

Seção IV
DO FUNCIONAMENTO DOS SERVIÇOS AUXILIARES DO FORO JUDICIAL

Subseção I
DO EXPEDIENTE

Art. 278. O juiz é obrigado a cumprir expediente diário na comarca, pelo menos durante um dos turnos.

Parágrafo único. O Tribunal de Justiça, atendendo à natureza do serviço, poderá estabelecer normas especiais para o expediente do juiz.

Art. 279. O servidor da Justiça não pode afastar-se dos cartórios durante o expediente forense, salvo para cumprir diligências, devendo os respectivos cartórios de justiça permanecer abertos durante os horários estabelecidos, sujeitando-se os infratores às penalidades previstas em lei.

§ 1º Não haverá expediente forense aos sábados, salvo para a prática de atos indispensáveis à salvaguarda de direitos e outros atos, a critério do Tribunal de Justiça.

§ 2º Os pontos facultativos que a União, o Estado ou o Município decretarem não prejudicarão quaisquer atos do serviço forense.

Art. 280. Resolução do Tribunal de Justiça disporá sobre o expediente forense em todas as comarcas do Estado.

Art. 281. O Tribunal de Justiça poderá, por relevante interesse público, decretar o encerramento do expediente forense antes da hora estabelecida.

Subseção II
DO FERIADO FORENSE

Art. 282. São feriados forenses:

I – em todo o território do Estado:

a) os declarados em lei federal;

b) os declarados em lei estadual;

II – na comarca, os declarados por lei do município-sede da comarca.

Subseção III
DO RECESSO FORENSE

Art. 283. O Tribunal de Justiça poderá suspender o expediente forense no período de vinte de dezembro a seis de janeiro, garantindo o atendimento aos casos urgentes, novos ou em curso, através do sistema de plantão.

Art. 284. A deliberação que aprovar a suspensão do expediente forense suspenderá, igualmente, os prazos processuais e a publicação de decisões, bem como a intimação de partes ou advogados, no primeiro e no segundo graus de jurisdição, salvo com relação às medidas consideradas urgentes e necessárias à preservação de direito.

Subseção IV
DO PLANTÃO JUDICIÁRIO

Art. 285. Encerrado o expediente normal e nos dias em que não houver expediente, o Tribunal de Justiça, mediante resolução, organizará o funcionamento do plantão judiciário, de modo a garantir a continuidade da prestação jurisdicional. (Regulamentado pela Res. nº 24, de 29 de junho de 2011- DJ 02-07- 2011, alterada pela Res. nº 73, de 10 de setembro de 2012 - DJ 17-12-2012; pela Res. nº 25, de 29 de junho de 2011- DJ 02-07-2011, alterada pela Res. nº 36, de 05-09-2011 - DJ 06-09-2011; pela Res. nº 92, de 17 de dezembro de 2012- DJ 19-12-2012).

Seção V
DAS MEDIDAS SANEADORAS DA PRESTAÇÃO JURISDICIONAL

Subseção I
DA CORREIÇÃO PARCIAL

Art. 286. Cabe correição parcial para sanear erros ou abusos que importem na inversão tumultuária de atos e fórmulas legais, na paralisação injustificada dos feitos ou na prorrogação abusiva de prazos, quando, para o caso, não haja recurso previsto em lei.

§ 1º O pedido de correição parcial poderá ser formulado pelos interessados ou pelo Ministério Público, perante o Tribunal de Justiça, sem prejuízo do andamento do feito.

§ 2º O Regimento Interno do Tribunal de Justiça disporá sobre o procedimento da correição parcial e a competência para processá-la e julgá-la.

Subseção II
DO EXERCÍCIO JURISDICIONAL CONJUNTO

Art. 287. Constatado pela Corregedoria-Geral de Justiça, acúmulo excessivo de serviço em unidade judiciária, poderá o Tribunal de Justiça designar um ou mais juízes para exercerem, conjuntamente com o juiz titular, plena jurisdição no respectivo juízo.

§ 1º A designação será por tempo determinado.

§ 2º Se conveniente, o Tribunal de Justiça poderá determinar que a competência do juiz designado seja limitada a matéria ou acervo específicos. (NR dada pela LC nº 160, de 19-03-2020 -DO de 20-03-2020)

Art. 287-A. O Juiz de Direito Auxiliar que não estiver substituindo unidade judiciária por mais de 60 (sessenta) dias ou auxiliando em exercício jurisdicional conjunto, deverá ser designado, por decisão motivada, para outra unidade judiciária pertencente à mesma circunscrição, aplicando-se o disposto no § 2º do art. 287. (Acrescentado pela LC nº 160, de 19-03-2020 -DO de 20-03-2020)

Capítulo III
DOS SERVIÇOS AUXILIARES DO FORO EXTRAJUDICIAL

Seção I
DOS SERVIÇOS NOTARIAL E DE REGISTRO

Art. 288. Os serviços notarial e de registro, organizados no território estadual para garantir a publicidade, a autenticidade, a segurança e a eficácia dos atos jurídicos, são exercidos em caráter privado por delegação do Poder Judiciário do Estado, conforme estabelecido na legislação federal e em lei de iniciativa do Tribunal de Justiça.

Art. 289. Lei de iniciativa do Tribunal de Justiça disporá sobre a criação e a extinção dos serviços notarial e de registro do Estado (CF, art. 96, I, b).

Art. 290. Resolução do Tribunal de Justiça disporá sobre a instalação, a acumulação ou a anexação; a desacumulação ou a desanexação de serviços notarial e de registro, bem como sobre as normas que definirem as circunscrições geográficas dos oficiais de registro de imóveis e civis das pessoas naturais.

Parágrafo único. A resolução a que faz referência o caput deste artigo será votada após estudo elaborado pela Corregedoria-Geral de Justiça, dispondo sobre a viabilidade econômica e o interesse público da medida, respeitado o direito adquirido.

Art. 291. Haverá, em cada município-sede de comarca, no mínimo, os seguintes serviços notarial e de registro:

I - um tabelionato de notas;

II - um tabelionato de protesto de títulos;

III - um oficialato de registro de imóveis;

IV - um oficialato de registro de títulos e documentos e registro civil das pessoas jurídicas;

V - um oficialato de registro civil das pessoas naturais e de interdição e tutela.

Parágrafo único. Nos demais municípios, haverá, no mínimo, um oficial de registro civil das pessoas naturais.

Art. 292. A competência do registrador civil das pessoas naturais dos cartórios distritais é restrita aos atos de notas para os quais estão habilitados por lei e o registro de nascimento e óbito.

Seção II
DOS EMOLUMENTOS

Art. 293. Lei estadual fixará o valor dos emolumentos relativos aos atos praticados pelos respectivos serviços notarial e de registro, atendidas as normas gerais estabelecidas na Lei Federal n.º 10.169, de 29 de dezembro de 2000.

DIREITOS

DIFUSOS, SOCIAIS E COLETIVOS

LEI ESTADUAL Nº 5.556, DE 14 DE JANEIRO DE 1992

- DISPÕE SOBRE O PERCENTUAL DE VAGAS PARA OS DEFICIENTES FÍSICOS NOS CONCURSOS PÚBLICOS NO ESTADO.

Art. 1º – Fica estabelecido que cinco por cento das vagas nos concursos públicos realizados no Estado, serão destinadas a pessoas portadoras de deficiência física, de acordo com o que estabelece esta Lei.

Art. 2º – Uma junta médica do Estado examinará o candidato e fornecerá atestado médico comprovando que sua deficiência é compatível com a atividade que irá exercer.

Parágrafo único – O atestado médico referido no caput deste artigo deverá ser apresentado no ato de inscrição.

Art. 3º – As provas dos deficientes terão o mesmo conteúdo exigidos dos outros candidatos.

Art. 4º – A classificação dos candidatos portadores de deficiência física será publicada no mesmo dia e em separado.

Art. 5º – Caso o número de vagas reservadas aos deficientes não seja totalmente preenchido, passam a ser convocados, pela ordem de classificação, os demais candidatos.

Art. 6º – Esta Lei entrará em vigor na data de sua publicação.

Art. 7º – Revogam-se todas as disposições em contrário.

LEI ESTADUAL Nº 7.504, DE 11 DE DEZEMBRO DE 2003

- ASSEGURA PROTEÇÃO AOS PORTADORES DE DEFICIÊNCIAS NO ATENDIMENTO NOS SERVIÇOS DE SAÚDE PÚBLICA DO ESTADO DA PARAÍBA, E DÁ OUTRAS PROVIDÊNCIAS.

Art. 1 º - Fica assegurado aos portadores de deficiência física, mental ou sensorial o atendimento preferencial nos serviços de saúde pública no âmbito do Estado da Paraíba.

Parágrafo único – Compreende serviço público de saúde aqueles prestados nos centros e postos de saúde, ambulatórios, laboratórios e hospitais e maternidades.

Art. 2º - Será procedido atendimento seqüencial quando o portador de deficiência necessitar de atendimento clínico em mais de uma especialidade existente no local do atendimento.

Art. 3° - O descumprimento da presente Lei acarretará para o diretor dos serviços, dos profissionais de saúde e seus auxiliares, penalidades disciplinares, sujeitando os agentes as cominações previstas em seu regime jurídico.

Parágrafo único – No caso dos estabelecimentos integrados do Sistema Único de Saúde (SUS) ou sujeitos a fiscalização do Estado, representação nos órgãos responsáveis pela defesa e proteção do deficiente, em consonância com a Política Nacional de Integração da pessoa portadora de deficiência, a fim de tomar as providências cabíveis.

Art. 4° - Esta Lei entra em vigor na data de sua publicação.

Art. 5° - Revogam-se as disposições em contrário.

LEI ESTADUAL Nº 8.102, DE 14 DE NOVEMBRO DE 2006

- FUNDO ESPECIAL DE PROTEÇÃO DOS BENS, VALORES E INTERESSES DIFUSOS.

Art. 1º Fica criado o Fundo Especial de Proteção dos Bens, Valores e Interesses Difusos, nos termos da Lei Federal no 7.347, de 24 de julho de 1985, vinculado à Procuradoria-Geral de Justiça e regido pelo disposto nesta Lei.

Art. 2° O Fundo Especial de Proteção dos Interesses Difusos tem por objetivo gerir os recursos destinados à reparação, à remediação, à recuperação, à compensação, à conservação e à preservação de bens de valor artístico, estético, cultural, histórico, turístico e paisagístico, bem como de bens, valores e interesses relacionados ao ambiente, natural ou artificial, ao consumidor, à infância e juventude, ao contribuinte, às fundações privadas, ao portador de necessidades especiais, ao idoso, ao mercado de valores mobiliários, à ordem econômica, à concorrência, à habitação e urbanismo, à cidadania e a qualquer outro interesse transindividual no território do Estado.

§1° Os recursos do Fundo serão aplicados:

I – na prevenção de danos e na recuperação dos bens lesados;

II – na promoção de eventos educativos e/ou científicos que visem à qualificação de pessoal e à multiplicação de opinião, bem como na edição de material informativo que tenha por objeto a preservação ou a conservação dos bens, valores e interesses especificados no caput deste artigo;

III – na aquisição e manutenção de instrumentos necessários à atuação do Ministério Público e de seus parceiros na defesa dos bens, valores e interesses especificados nesta Lei;

IV – no custeio de exames periciais, vistoria e estudos técnico-científicos, necessários à instrução de procedimentos administrativos, inquéritos civis ou ações civis públicas, instaurados para apuração de fatos lesivos a interesses difusos, coletivos ou individuais homogêneos.

§2° Na hipótese do inciso IV deste artigo, deverá o Conselho Gestor considerar a gravidade do dano, a existência de fontes e meios alternativos para o custeio da perícia, da vistoria ou do estudo técnico-científico, sua relevância e sua urgência.

§3° Na aplicação dos recursos, o Conselho Gestor deverá, preferencialmente, destiná-los às localidades de ocorrência do dano.

§4° Serão destinados diretamente ao Fundo Especial do Ministério Público (F.E.M.P.), previsto na Lei n° 5.508, de 21 de novembro de 1991, e na Lei n° 9.947, de 27 de dezembro de 2012, 30% (trinta por cento) dos valores depositados no FDD, que terão a finalidade, dentre os objetivos do Fundo, de dar cumprimento ao disposto nos incisos m e IV, notadamente o pagamento de perícias, capacitação e aparelhamento finalístico do MPPB. (Redação dada pela Lei 11.109/2018)

Art. 3° Constituem receitas do Fundo:

I – as compensações, as indenizações e as multas, estabelecidas em termos de ajustamento de conduta celebrados pelo Ministério Público ou resultantes de condenações em ações civis públicas, que tenham por objeto compensar, reparar, conservar ou prevenir danos aos bens, a valores e a interesses descritos no artigo anterior:

II – os rendimentos decorrentes de depósitos bancários e aplicações financeiras, observadas as disposições legais pertinentes;

III – as contribuições e doações de pessoas físicas ou jurídicas, nacionais ou estrangeiras, públicas ou privadas;

IV – o produto de incentivos fiscais instituídos a favor dos bens descritos no artigo anterior;

V – multas que lhe sejam destinados por expressa disposição legal;

VI – outras receitas que vierem a ser destinadas ao Fundo.

Parágrafo único. Não constituem receita do Fundo as multas decorrentes de aplicação de sanções administrativas por órgãos estaduais de defesa dos mesmos bens, valores e interesses, ou que tenham outra destinação prevista em Lei.

Art. 4° Os recursos do Fundo serão depositados em conta especial de instituições financeiras oficiais no Estado, gerida pelo Conselho Gestor.

§1° A instituição financeira comunicará ao Conselho Gestor, mensalmente, até o dia 1 O do mês subseqüente, os depósitos realizados a crédito do Fundo, com especificação da origem.

§2° Fica autorizada a aplicação financeira das disponibilidades do Fundo em operações ativas, de modo a preservá-las contra eventual perda do poder aquisitivo da moeda.

§ 3° O saldo credor do Fundo, apurado em balanço no término de cada exercício financeiro, será transferido para o exercício seguinte, a seu crédito.

§ 4° O Presidente do Conselho Gestor é obrigado a proceder à publicação mensal dos demonstrativos da receita e das despesas gravadas nos recursos do Fundo.

§ 5° Os recursos do Fundo serão separados, conforme a natureza do interesse que lhes deu origem, em diversas contas relativas a indenizações por danos causados:

I – ao ambiente natural, artificial ou do trabalho;

II – aos bens de valor artístico, estético, cultural, histórico, turístico e paisagístico;

III ao consumidor;

IV – à infância e juventude;

V – ao contribuinte

VI – à proteção das pessoas portadoras de necessidades especiais;

VII – aos idosos;

VIII – às fundações privadas;

IX – ao mercado de valores mobiliários, à defesa da ordem econômica e da livre concorrência;

X – à habitação e urbanismo;

XI -à saúde pública;

XII – à defesa dos direitos da cidadania e a outros interesses difusos, coletivos ou individuais homogêneos.

§ 6° O Conselho Gestor disporá sobre a separação dos recursos do Fundo, respeitados os objetivos descritos no artigo 2° desta Lei, cabendo-lhe criar, unificar, dividir, extinguir ou, por qualquer forma, rever as contas previstas neste artigo, observados o volume e o valor dos créditos, bem como a natureza do bem ou interesse que lhes deu origem.

Art. 5º O Fundo será gerido por um Conselho Gestor, com a seguinte composição:

I – o Procurador-Geral de Justiça do Estado da Paraíba;

II – um representante da Procuradoria-Geral do Estado;

III – um representante da Ordem dos Advogados do Brasil, Secção da Paraíba;

IV – um membro da Assembléia Legislativa do Estado, indicado por seu Presidente;

V – um associado à Associação Paraibana do Ministério Público, indicado por sua Presidência;

VI – dois membros do Ministério Público Estadual, indicados pelo Colégio de Procuradores de Justiça e ligados à defesa dos bens, valores e interesses difusos, coletivos e individuais homogêneos;

VII – dois membros do Ministério Público Estadual, indicados pelo Conselho Superior do Ministério Público e ligados à defesa dos bens, valores e interesses difusos, coletivos e individuais homogêneos.

§1° O Conselho Gestor será presidido pelo Procurador-Geral de Justiça e, em sua ausência ou impedimento, pelo Subprocurador-Geral de Justiça.

§2° O Conselho Gestor terá uma Secretaria Executiva, que lhe será diretamente subordinada e ocupada por servidor do Ministério Público, de provimento efetivo, designado pela Presidência do Conselho.

§3° Cada representante de que trata este artigo terá um suplente que o substituirá nos seus afastamentos e impedimentos legais, e será nomeado para o Conselho Gestor por ato do Procurador geral de Justiça, tomando posse no prazo de 30(trinta) dias.

§4° Cada membro do Conselho Gestor, no ato de posse, entregará à Presidência do Conselho uma declaração de bens, que será arquivada na Secretaria Executiva.

§5° A atuação, no Conselho Gestor, é considerada serviço público relevante, vedada a remuneração a qualquer título.

§6° Os membros do Conselho Gestor e seus suplentes terão mandatos de dois anos, permitida uma recondução, ressalvada a Presidência do Conselho, cujo mandato coincidirá com o exercício do cargo de Procurador-Geral de Justiça do Estado da Paraíba;

§ 7° O Conselho Gestor poderá criar comissões permanentes e câmaras setoriais para análise de projetos e seu desenvolvimento.

§ 8° O Conselho Gestor terá sede na Capital do Estado, onde se reunirá ordinariamente, podendo reunir-se extraordinariamente em qualquer ponto do território estadual.

Art. 6° Ao Conselho Gestor, compete administrar, econômica e financeiramente, os recursos do Fundo, bem como deliberar sobre os critérios e as formas de sua aplicação na preservação, na conservação, na reconstituição, na reparação e na recuperação de bens, valores e interesses difusos, referidos no artigo 2°, cabendo-lhe, ainda:

I – zelar pela utilização prioritária dos recursos do Fundo no próprio local onde o bem, valor ou interesse difuso esteja ameaçado de dano ou o tenha sofrido;

II – examinar e aprovar projetos relativos à reconstituição, reparação, recuperação, conservação e preservação dos bens mencionados no artigo 2°;

III – firmar convênios e contratos com o objetivo de elaborar, acompanhar e executar projetos pertinentes aos objetivos do Fundo, diretamente ou mediante repasse de valores a órgãos ou instituições, públicas ou privadas, de notória especialização nessas atividades;

IV – solicitar a colaboração dos Conselhos Estaduais e Municipais de Defesa do Meio Ambiente, de Defesa e de Proteção do Consumidor, de Defesa do Patrimônio Artístico, Estético, Cultural, Histórico, Turístico e Paisagístico, de Defesa dos Direitos da Criança e do Adolescente, de Defesa das Pessoas Portadoras de Necessidades Especiais, de Defesa dos Idosos, bem como de outros Conselhos ligados à proteção dos interesses difusos, coletivos e a aplicação de seus recursos;

V – elaborar seu Regimento Interno, no prazo de 90 (noventa) dias;

VI – prestar contas aos órgãos competentes, na forma legal

Art. 7° Os membros do Conselho Gestor responderão solidariamente, nas esferas administrativa, civil e criminal, por danos e desvios de conduta praticados no exercício das atribuições do conselheiro do Fundo.

Art. 8º O Conselho Gestor receberá e apreciará projetos relativos à reconstituição, reparação, conservação e preservação dos bens, valores e interesses referidos no artigo 2° desta Lei, apresentados por Membro do Conselho, por entidade que preencha os requisitos do art. 5° da Lei Federal n° 7.347/85 ou por qualquer cidadão.

Art. 9º A Procuradoria-Geral de Justiça inscreverá o Fundo Especial de Proteção dos Bens, Valores e Interesses Difusos no Cadastro Nacional de Pessoa Jurídica e lhe prestará apoio administrativo, fornecendo os recursos humanos e materiais necessários ao funcionamento eficiente do Conselho Gestor e de sua Secretaria Executiva.

Art. 10. Esta Lei entra em vigor na data de sua publicação.

Art. 11. Revogam-se as disposições em contrário.

§ 3º O Conselho Gestor terá sede na Capital do Estado, onde se reunirá ordinariamente, podendo reunir-se extraordinariamente em qualquer ponto do território estadual.

Art. 6º Ao Conselho Gestor, compete administrar, coordenar e financeiramente, os recursos do Fundo, bem como deliberar sobre os critérios e as formas de sua aplicação na preservação, na conservação, na reconstituição, na reparação e na recuperação de bens, valores e interesses difusos referidos no artigo 2º, cabendo, ainda:

I – zelar pela aplicação prioritária dos recursos do Fundo no próprio local onde o bem, valor ou interesse difuso esteja ameaçado de dano ou o tenha sofrido;

II – examinar e aprovar projetos relativos à reconstituição, reparação, recuperação, conservação e preservação dos bens mencionados no artigo 2º;

III – firmar convênios e contratos com o objetivo de elaborar, acompanhar e executar projetos pertinentes aos objetivos do Fundo, diretamente ou mediante repasse de valores a órgãos ou instituições públicas ou privadas, de notória especialização nessas finalidades;

IV – solicitar a colaboração dos Conselhos Estaduais e Municipais de Defesa do Meio Ambiente, de Defesa e de Proteção do Consumidor, de Defesa do Patrimônio Artístico, Estético, Cultural, Histórico, Turístico e Paisagístico, de Defesa dos Direitos da Criança e do Adolescente, de Defesa das Pessoas Portadoras de Necessidades Especiais, de Defesa dos Idosos, bem como de outros Conselhos ligados à proteção dos interesses difusos e coletivos e à aplicação de seus recursos;

V – elaborar o seu Regimento Interno, no prazo de 90 (noventa) dias;

VI – prestar contas aos órgãos competentes, na forma legal.

Art. 7º Os membros do Conselho Gestor responderão solidariamente, nas esferas administrativa, civil e criminal, por danos e desvios de conduta praticados no exercício das atribuições de Conselheiro do Fundo.

Art. 8º O Conselho Gestor receberá e examinará projetos relativos à reconstituição, reparação, conservação e preservação dos bens, valores e interesses referidos no artigo 2º desta Lei, apresentados por Membro do Conselho, por entidade que preencha os requisitos do art. 5º da Lei Federal n.º 7.347/85 ou por qualquer cidadão.

Art. 9º A Procuradoria-Geral de Justiça inscreverá o Fundo Especial de Proteção dos Bens, Valores e Interesses Difusos no Cadastro Nacional de Pessoa Jurídica e lhe prestará apoio administrativo, fornecendo os recursos humanos e materiais necessários ao funcionamento eficiente do Conselho Gestor e de sua Secretaria Executiva.

Art. 10. Esta Lei entra em vigor na data de sua publicação.

Art. 11. Revogam-se as disposições em contrário.

LEI ESTADUAL Nº 8.706, DE 27 DE NOVEMBRO DE 2008

- INSTITUI A LEI ORGÂNICA DE SEGURANÇA ALIMENTAR E NUTRICIONAL - LOSAN, CRIA O SISTEMA ESTADUAL DE SEGURANÇA ALIMENTAR E NUTRICIONAL - SESAN, COM VISTAS A ASSEGURAR DIREITO HUMANO À ALIMENTAÇÃO ADEQUADA.

ÍNDICE

Capítulo I
Das disposições Gerais

Art. 1 ° As definições, os princípios, as diretrizes, os objetivos e a composição da Lei Orgânica de Segurança Alimentar e Nutricional e do Sistema Estadual de Segurança Alimentar e Nutricional da Paraíba – SESAN são os dispostos nesta Lei.

Parágrafo único. O Poder Público, com a participação da sociedade civil organizada, formulará e implementará políticas planos, programas e ações com vistas a assegurar o direito humano à alimentação adequada.

Art. 2° A alimentação adequada é um direito fundamental do ser humano, devendo o Poder Público adotar todas as medidas que se façam necessárias para assegurar que todos estejam livres da fome e da má-nutrição e tenham acesso à alimentação adequada.

§ 1° Considera-se o direito de estar livre da fome a não postergação do direito humano à alimentação e nutrição, requerendo ações necessárias para mitigar c aliviar a fome de grupos e lares vulneráveis em situação de risco nutricional e desnutrição, mesmo em épocas de desastres natura is ou não, de forma emergencial ou com ações específicas.

§ 2° Considera-se segurança alimentar e nutricional a garantia do direito humano fundamental ao acesso regular e permanente a alimentos de qualidade, em quantidade suficiente, sem comprometer o acesso a outras necessidades essenciais, com base em práticas alimentares saudáveis, que respeitem a diversidade cultural e sejam sociais, econômica e ambiental mente sustentáveis.

Art. 3º É dever do Estado a formulação de políticas públicas específicas com a finalidade de assegurar a realização deste direito à população, sendo vedada a utilização dos alimentos como instrumento de pressão política e econômica, bem como respeitar, proteger, promover, prover, in formar, monitorar, fiscalizar e avaliar a realização do direito humano à alimentação adequada e garantir os mecanismos para sua exigibilidade.

Art. 4° A segurança alimentar e nutricional abrange:

I – a ampliação das condições de acesso aos alimentos por meio da produção, em especial, da agricultura tradicional e familiar, do processamento, da industrialização, da comercialização, incluindo-se os acordos nacionais e internacionais, do abastecimento e da distribuição dos alimentos, o acesso à terra e à água, bem como da geração de emprego e da redistribuição da renda;

II – a conservação da biodiversidade e a utilização sustentável dos recursos;

III – a promoção da saúde, da nutrição e da alimentação da população, incluindo-se grupos populacionais específicos e populações em situação de vulnerabilidade social;

IV – a garantia da qualidade biológica, sanitária, nutricional e tecnológica dos alimentos, bem como seu aproveitamento, estímulo à implementação de políticas públicas com estratégias sustentáveis e participativas de produção, comercialização e consumo de alimentos, respeitando-se as múltiplas características, práticas, estilos de vida saudáveis e diversidade étnica, racial e cultural da população Paraibana;

V – a produção de conhecimento e o acesso à informação.

Capítulo II
Do Sistema Estadual de Segurança Alimentar e Nutricional

Art. 5° O Poder Público Estadual deve-se empenhar na promoção de cooperação técnica com o Poder Público Federal e o Poder Público Municipal, contribuindo assim para a realização do direito humano à alimentação adequada.

Art. 6° O SESAN é integrado por um conjunto de órgãos e entidades da União, do Estado e da sociedade civil, com ou sem fins lucrativos, afetas à segurança alimentar e nutricional e que manifestem interesse em integrar o Sistema Estadual de Segurança Alimentar e Nutricional - SESAN, respeitada a legislação aplicável.

§ 1º A participação no SESAN de que trata este artigo deverá obedecer aos princípios e diretrizes do Sistema e será definido a partir de critérios estabelecidos pelo Conselho Estadual de Segurança Alimentar e Nutricional - CONSEA-PB e pela Câmara Intersecretarial de Segurança Alimentar e Nutricional, a ser criada em ato do Poder Executivo Estadual.

§ 2° Os órgãos responsáveis pela definição dos critérios de que trata o § 10 poderão estabelecer requisitos distintos e específicos para os setores públicos e privados.

§ 3º Os órgãos e entidades públicos ou privados que integram o SESAN fá-lo-ão em caráter interdependente, assegurada a autonomia dos seus processos decisórios.

§ 4° O dever do Poder Público não exclui a responsabilidade das entidades da sociedade civil integrantes do SESAN.

Art. 7° A LOSAN reger-se-á pelos seguintes princípios:

I - universalidade e eqüidade no acesso a uma alimentação adequada, sem qualquer espécie de discriminação;

II - preservação da autonomia e respeito à dignidade das pessoas;

III - participação social na formulação, execução, acompanhamento, monitoramento e controle das políticas e dos planos de segurança alimentar e nutricional em todas as esferas de governo;

IV - transparência dos programas, ações e recursos públicos e privados, e dos critérios para sua concessão.

Art. 8° O SESAN tem como base as seguintes diretrizes:

I - promoção da intersetorial idade das políticas, programas e ações governamentais e não governamentais;

II - descentralização das ações e articulação, em regime de colaboração, entre as esferas de Governo;

III - monitoramento da situação alimentar e nutricional, visando a subsidiar o ciclo de gestão das políticas para a área nas diferentes esferas de Governo;

IV - conjugação de medidas diretas e imediatas de garantia de acesso à alimentação adequada, com ações que ampliem a capacidade de subsistência autônoma da população;

V - articulação entre orçamento e gestão;

VI – estímulo ao desenvolvimento de pesquisas e à capacitação de recursos humanos.

Art. 9° O SESAN tem por objetivos formular e implementar políticas e planos de segurança alimentar e nutricional, estimular a integração dos esforços entre governo e sociedade civil, bem como promover o acompanhamento, o monitoramento e a avaliação da segurança alimentar e nutricional no Estado.

Art. 10. Integram o SESAN:

I – a Conferência Estadual de Segurança Alimentar e Nutricional, instância responsável pela indicação ao CONSEA-PB das diretrizes e prioridades da Política e do Plano Estadual de Segurança Alimentar, bem como pela avaliação do SESAN;

II – o CONSEA-PB, órgão de assessoramento imediato ao Governo do Estado, vinculado ao Gabinete do Governador, com orçamento próprio, responsável pelas seguintes atribuições:

a) sugerir ao Chefe do Poder Executivo a convocação da Conferência Estadual de Segurança Alimentar e Nutricional, com periodicidade não superior a quatro anos, bem como definir seus parâmetros de composição, organização e funcionamento, por meio de regulamento próprio;

b) propor ao Poder Executivo Estadual, considerando as deliberações da Conferência Estadual de Segurança Alimentar e Nutricional, as diretrizes e prioridades da Política e do Plano Estadual de Segurança Alimentar e Nutricional;

c) monitorar planos, programas e ações da política de segurança alimentar e nutricional, no âmbito estadual;

d) articular, acompanhar e monitorar, em regime de colaboração com os demais integrantes do Sistema, a implementação e a convergência de ações inerentes à Política e ao Plano Estadual de Segurança Alimentar e Nutricional;

e) definir, em regime de colaboração com a Câmara Intersecretarial de Segurança Alimentar e Nutricional, os critérios e procedimentos de adesão ao SESAN;

f) instituir mecanismos permanentes de articulação com órgãos e entidades congêneres de segurança alimentar e nutricional, com a finalidade de promover o diálogo e a convergência das ações que integram o SESAN;

g) mobilizar e apoiar entidades da sociedade civil na discussão e na implementação de ações públicas de segurança alimentar e nutricional;

h) incentivar, coordenar a mobilização e a organização de Conselhos Municipais de Segurança Alimentar e Nutricional, que deverão ser criados por leis dos respectivos municípios, observando as diretrizes, os planos, os programas e as ações da política estadual de segurança alimentar e nutricional sustentável;

i) coordenar e promover campanhas de educação alimentar e de formação da opinião pública sobre o direito humano à alimentação adequada;

j) apoiar a atuação integrada dos órgãos governamentais e das organizações da sociedade civil envolvidos nas ações de promoção da alimentação saudável e de combate à fome e à desnutrição.

III – a Câmara Intersecretarial de Segurança Alimentar e Nutricional, integrada por Secretários de Estados e Assessores responsáveis pelas pastas afetas à definição da segurança alimentar e nutricional, com as seguintes atribuições, dentre outras:

a) elaborar, ouvindo O CONSEA-PB, a Política e o Plano Estadual de Segurança Alimentar e Nutricional, indicando diretrizes, metas, fontes de recursos e instrumentos de acompanhamento, monitoramento e avaliação de sua implementação;

b) coordenar a execução da Política e do Plano Estadual;

c) articular as políticas e planos de suas congêneres municipais;

IV – os órgãos e entidades de segurança alimentar do Estado e Municípios;

V – as instituições privadas, com ou sem fins lucrativos, que manifestem interesse na adesão e que respeitem os critérios, princípios e diretrizes do SESAN.

§10 A Conferência Estadual de Segurança Alimentar e Nutricional será precedida de conferências sub-regionais e/ou municipais, que deverão ser convocadas e organizadas pelo CONSEA-PB, órgãos e entidades congêneres das sub-regiões e municípios, onde serão escolhidos os delegados para a Conferência Estadual.

§ 2° Participarão da Conferência, como delegados natos, os Conselheiros do CONSEA-PB, cabendo às Conferência subregionais e/ou municipais a indicação dos demais delegados.

§ 3° O CONSEA-PB será composto a partir dos seguintes critérios:

I – um terço de representantes governamentais, Federal e estadual da administração direta e indireta, constituído pelas pastas afetas à consecução da segurança alimentar e nutricional;

II – dois terços de representantes da sociedade civil, escolhidos a partir de critérios de indicação, aprovados na Conferência Estadual de Segurança Alimentar e Nutricional, na forma definida em Decreto do Chefe do Poder Executivo; e

III – observadores, incluindo-se representantes dos conselhos de âmbito estadual afins, de órgãos federais com atuação estadual, de organismos nacionais e do Ministério Público Estadual.

§ 4° O CONSEA-PB será presidido por um de seus integrantes indicado pelo plenário do Colegiado, na forma do regulamento, e designado pelo Governador do Estado.

§ 5° A atuação no Conselho de Segurança Alimentar, como membro titular ou suplente é voluntária e honorífica, não gerando direito a qualquer remuneração, sendo seu exercício considerado de relevante interesse público.

§ 6° A falta não justificada a três reuniões consecutivas ou quatro alternadas implica a perda do mandato de Conselheiro.

§ 7° A perda do mandato será comunicada de imediato, por ato formal do Conselho ao órgão ou entidade que representa e ao Governador do Estado.

§ 8° Os Conselheiros membros do CONSEA-PB, serão indicados por órgãos governamentais e/ou entidades da Sociedade Civil organizada, designados pelo Governador do Estado, que terão mandato de 2 (dois) anos, permitida a recondução e a substituição.

Capítulo III
Da Exigibilidade do Direito Humano à Alimentação

Art. 11 A alimentação adequada, como um direito humano fundamental e corolário dos direitos à dignidade humana e da liberdade, é um direito subjetivo público, autoaplicável, absoluto, intransmissível, irrenunciável, imprescritível e de natureza extrapatrimonial e se exerce mediante:

I – direito de petição;

II – direito de ação individual ou individual homogêneo, coletivo ou difuso, segundo os procedimentos judiciais previstos em lei;

III – inclusão nos programas e ações de segurança alimentar nutricional.

Art. 12, Configura violação ao direito humano à alimentação adequada sempre que um indivíduo ou grupo se encontre em situação de fome c/ou desnutrição ou de não acesso à alimentação adequada.

Art. 13. A interpretação dos dispositivos desta Lei atenderá ao princípio da mais ampla proteção dos direitos humanos.

§ 1º Serão observados, além dos princípios e direitos previstos nesta Lei, todas as disposições decorrentes de tratados ou convenções internacionais ele que o Brasil seja signatário, da legislação interna e das disposições administrativas.

§ 2º Para fins de interpretação e aplicação desta Lei, serão observadas, sempre que mais benéficas, as diretrizes traçadas pelas Cortes Internacionais de Direitos Humanos, devidamente reconhecidas pelo Brasil, o Comentário Geral nº 12, do Comitê de Direitos Econômicos, Sociais e Culturais do Alto Comissariado de Direitos Humanos/ONU, e as Diretrizes Voluntárias do GTIG – Grupo de Trabalho Intergovernamental do Conselho da Organização das Nações Unidas para a Agricultura e Alimentação – FAO.

Capítulo IV
Das Disposições Finais e Transitórias

Art. 14. O CONSEA-PB deverá, no prazo do mandato de seus atuais membros, definir a realização da próxima Conferência Estadual de Segurança Alimentar e Nutricional, a composição dos delegados, bem como os procedimentos para sua indicação.

Art. 15. Esta Lei entra em vigor na data da sua publicação.

DIREITO

DA SAÚDE

LEI FEDERAL Nº 14.125, DE 10 DE MARÇO DE 2021

– RESPONSABILIDADE CIVIL RELATIVA A EVENTOS ADVERSOS PÓS--VACINAÇÃO CONTRA A COVID-19 E SOBRE A AQUISIÇÃO E DISTRIBUIÇÃO DE VACINAS POR PESSOAS JURÍDICAS DE DIREITO PRIVADO.

Dispõe sobre a responsabilidade civil relativa a eventos adversos pós-vacinação contra a Covid-19 e sobre a aquisição e distribuição de vacinas por pessoas jurídicas de direito privado.

O PRESIDENTE DA REPÚBLICA Faço saber que o Congresso Nacional decreta e eu sanciono a seguinte Lei:

Art. 1º Enquanto perdurar a Emergência em Saúde Pública de Importância Nacional (Espin), declarada em decorrência da infecção humana pelo novo coronavírus (SARS-CoV-2), ficam a União, os Estados, o Distrito Federal e os Municípios autorizados a adquirir vacinas e a assumir os riscos referentes à responsabilidade civil, nos termos do instrumento de aquisição ou fornecimento de vacinas celebrado, em relação a eventos adversos pós-vacinação, desde que a Agência Nacional de Vigilância Sanitária (Anvisa) tenha concedido o respectivo registro ou autorização temporária de uso emergencial.

§ 1º A União, os Estados, o Distrito Federal e os Municípios poderão constituir garantias ou contratar seguro privado, nacional ou internacional, em uma ou mais apólices, para a cobertura dos riscos de que trata o caput deste artigo.

§ 2º A assunção dos riscos relativos à responsabilidade civil de que trata o caput deste artigo restringe-se às aquisições feitas pelo respectivo ente público.

§ 3º Os Estados, o Distrito Federal e os Municípios adotarão medidas efetivas para dar transparência:

I – à utilização dos recursos públicos aplicados na aquisição das vacinas e dos demais insumos necessários ao combate à Covid-19;

II – ao processo de distribuição das vacinas e dos insumos.

§ 4º (VETADO).

Art. 2º Pessoas jurídicas de direito privado poderão adquirir diretamente vacinas contra a Covid-19 que tenham autorização temporária para uso emergencial, autorização excepcional e temporária para importação e distribuição ou registro sanitário concedidos pela Anvisa, desde que sejam integralmente doadas ao Sistema Único de Saúde (SUS), a fim de serem utilizadas no âmbito do Programa Nacional de Imunizações (PNI).

§ 1º Após o término da imunização dos grupos prioritários previstos no Plano Nacional de Operacionalização da Vacinação contra a Covid-19, as pessoas jurídicas de direito privado poderão, atendidos os requisitos legais e sanitários, adquirir, distribuir e administrar vacinas, desde que pelo menos 50% (cinquenta por cento) das doses sejam, obrigatoriamente, doadas ao SUS e as demais sejam utilizadas de forma gratuita.

§ 2º As vacinas de que trata o caput deste artigo poderão ser aplicadas em qualquer estabelecimento ou serviço de saúde que possua sala para aplicação de injetáveis autorizada pelo serviço de vigilância sanitária local, observadas as exigências regulatórias vigentes, a fim de garantir as condições adequadas para a segurança do paciente e do profissional de saúde.

§ 3º As pessoas jurídicas de direito privado deverão fornecer ao Ministério da Saúde, na forma de regulamento, de modo tempestivo e detalhado, todas as informações relativas à aquisição, incluindo os contratos de compra e doação, e à aplicação das vacinas contra a Covid-19.

§ 4º (VETADO).

Art. 3º O Poder Executivo federal poderá instituir procedimento administrativo próprio para a avaliação de demandas relacionadas a eventos adversos pós-vacinação.

Art. 4º Esta Lei entra em vigor na data de sua publicação.

Parágrafo único. (VETADO).

Brasília, 10 de março de 2021; 200o da Independência e 133º da República.

LEI FEDERAL Nº 14.152, DE 19 DE MAIO DE 2021

- EXTENSÃO DO PRAZO DE VALIDADE DE PRESCRIÇÕES MÉDICAS E DE PEDIDOS DE EXAMES COMPLEMENTARES DE DIAGNÓSTICO EMITIDOS PARA GESTANTES E PUÉRPERAS, E SOBRE O ACESSO FACILITADO A CUIDADOS INTENSIVOS E À INTERNAÇÃO EM LEITOS DE UNIDADE DE TERAPIA INTENSIVA (UTI).

Dispõe sobre a extensão do prazo de validade de prescrições médicas e de pedidos de exames complementares de diagnóstico emitidos para gestantes e puérperas, e sobre o acesso facilitado a cuidados intensivos e à internação em leitos de unidade de terapia intensiva (UTI) enquanto perdurar a pandemia de covid-19.

O PRESIDENTE DA REPÚBLICA Faço saber que o Congresso Nacional decreta e eu sanciono a seguinte Lei:

Art. 1º Esta Lei dispõe sobre a extensão do prazo de validade de prescrições médicas e de pedidos médicos para a realização de exames de pré-natal e de acompanhamento do estado puerperal, bem como sobre o acesso facilitado a cuidados intensivos e à internação em leitos de unidade de terapia intensiva (UTI) enquanto perdurar a pandemia de covid-19.

Art. 2º As prescrições médicas e os pedidos para a realização de exames diagnósticos complementares previstos para o adequado acompanhamento da saúde, no período do pré-natal e do puerpério, poderão, a critério médico, ser válidos durante todo o período da gravidez e/ou do puerpério em que foi realizada a prescrição ou o pedido, podendo ser utilizados formulários em meio eletrônico.

Art. 3º Até a declaração oficial do término da emergência de saúde pública no Brasil decorrente da pandemia de covid-19, as gestantes e as puérperas devem ter acesso facilitado a cuidados intensivos e à internação em leitos de UTI.

Art. 4º Esta Lei entra em vigor na data de sua publicação.

Brasília, 19 de maio de 2021; 200o da Independência e 133º da República.

LEI FEDERAL Nº 14.160, DE 2 DE JUNHO DE 2021

- ESTABELECIMENTO DE BARREIRAS SANITÁRIAS PROTETIVAS DE ÁREAS INDÍGENAS.

Faço saber que o PRESIDENTE DA REPÚBLICA adotou a Medida Provisória nº 1.027, de 2021, que o Congresso Nacional aprovou, e eu, Rodrigo Pacheco, Presidente da Mesa do Congresso Nacional, para os efeitos do disposto no art. 62 da Constituição Federal, com a redação dada pela Emenda Constitucional nº 32, combinado com o art. 12 da Resolução nº 1, de 2002-CN, promulgo a seguinte Lei:

Art. 1º Fica estabelecida a instalação de barreiras sanitárias protetivas de áreas indígenas para controlar o trânsito de pessoas e de mercadorias que se dirijam a essas áreas, com a finalidade de evitar o contágio e a disseminação da covid-19.

Art. 2º As barreiras sanitárias de que trata o art. 1º serão compostas por servidores públicos federais, prioritariamente, ou por militares e, com a anuência do respectivo Chefe do Poder Executivo, por servidores públicos e militares dos Estados, do Distrito Federal e dos Municípios.

Parágrafo único. Para a anuência a que se refere o caput deste artigo, a solicitação para o emprego dos servidores públicos e militares dos Estados, do Distrito Federal e dos Municípios será realizada pelo Ministro de Estado da Justiça e Segurança Pública, permitida a delegação.

Art. 3º A Fundação Nacional do Índio (Funai) fica autorizada, de forma excepcional e temporária, observado o disposto no art. 6º desta Lei, a efetuar diretamente o pagamento de diárias a servidores públicos e militares integrantes dos órgãos de segurança pública estaduais e distritais que atuarão na proteção das barreiras sanitárias, de acordo com o disposto no art. 2º desta Lei.

§ 1º Os servidores públicos e os militares integrantes dos órgãos de segurança pública estaduais e distritais farão jus ao recebimento das diárias a que se refere o caput deste artigo na condição de colaboradores eventuais, nos termos do art. 4º da Lei nº 8.162, de 8 de janeiro de 1991.

§ 2º Os custos com as diárias a que se refere o caput deste artigo correrão à conta da dotação orçamentária da Funai.

§ 3º Os valores e os procedimentos para o pagamento de diárias a que se refere o caput deste artigo observarão a legislação federal aplicável.

Art. 4º A FUNAI será responsável pelo planejamento e pela operacionalização das ações de controle das barreiras sanitárias de que trata o art. 1º desta Lei.

Art. 5º O Ministro de Estado da Justiça e Segurança Pública poderá editar atos complementares para o cumprimento do disposto nesta Lei.

Art. 6º Esta Lei entra em vigor na data de sua publicação e vigorará até 31 de dezembro de 2021.

Congresso Nacional, em 2 de junho de 2021; 200º da Independência e 133º da República.

EDITORA JusPODIVM
www.editorajuspodivm.com.br

Impressão e Acabamento
PlenaPrint
Indústria Gráfica